O CAPITAL

III

Karl Marx

O CAPITAL

CRÍTICA DA ECONOMIA POLÍTICA

LIVRO III

O processo global da produção capitalista

Edição
Friedrich Engels

Tradução
Rubens Enderle

Apresentação
Marcelo Dias Carcanholo

Inclui "O segundo e o terceiro volumes d'*O Capital*", de Rosa Luxemburgo

BOITEMPO

Traduzido dos originais em alemão *Das Kapital. Kritik der politischen Ökonomie. Dritter Band. Der Gesamtprozeß der kapitalistischen Produktion. Hamburg 1894* (MEGA-2 II/15, Berlim, Akademie, 2004; editado por Regina Roth, Eike Kopf e Carl-Erich Vollgraf, com a participação de Gerald Hubmann); *Das Kapital. Kritik der politischen Ökonomie. Dritter Band. Buch III: Der Gesamtprozeß der kapitalistischen Produktion* (Marx-Engels Werke/MEW 25, Berlim, Dietz, 1983).

Direção editorial
Ivana Jinkings

Edição
Bibiana Leme

Assistência editorial
Thaisa Burani

Tradução
Rubens Enderle

Preparação
Thais Rimkus

Revisão
Maíra Bregalda e Tiago Ferro

Coordenação de produção
Livia Campos

Assistência de produção
Elaine Alves

Capa
Antonio Kehl
Sobre ilustração de Cássio Loredano

Diagramação
Crayon Editorial

Ilustração da p. 2: Karl Marx e Friedrich Engels por Nikolai Zhukov; janeiro de 1968

Equipe de apoio: Allan Jones / Ana Yumi Kajiki / Artur Renzo / Eduardo Marques / Elaine Ramos / Frederico Indiani / Isabella Marcatti / Ivam Oliveira / Kim Doria / Marlene Baptista / Maurício Barbosa / Renato Soares / Thaís Barros / Tulio Candiotto

CIP-BRASIL. CATALOGAÇÃO NA PUBLICAÇÃO
SINDICATO NACIONAL DOS EDITORES DE LIVROS, RJ

M355c

Marx, Karl, 1818-1883
O capital : crítica da economia política : livro III: o processo global da produção capitalista / Karl Marx ; tradução Rubens Enderle ; edição de Friedrich Engels. - 1. ed. - São Paulo: Boitempo, 2017.
(Marx-Engels)

Tradução de: Das kapital : kritik der politischen ökonomie: buch III: der gesamtprozess der kapitalistischen produktion
Apêndice
Cronologia
ISBN 978-85-7559-510-7 (brochura)
978-85-7559-552-7 (capa dura)

1. Economia. 2. Capital (Economia) 3. Capitalismo. I. Enderle, Rubens. II. Engels, Friedrich, 1820-1895. III. Título. IV. Série.

17-40958 CDD: 335.4
CDU: 330.85

1ª edição: abril de 2017; 1ª reimpressão: maio de 2018;
2ª reimpressão: fevereiro de 2019; 3ª reimpressão: julho de 2020;
4ª reimpressão: maio de 2021; 5ª reimpressão: agosto de 2021;
6ª reimpressão: maio de 2023

BOITEMPO
Jinkings Editores Associados Ltda.
Rua Pereira Leite, 373
05442-000 São Paulo SP
Tel.: (11) 3875-7250 / 3875-7285
editor@boitempoeditorial.com.br
boitempoeditorial.com.br | blogdaboitempo.com.br
facebook.com/boitempo | twitter.com/editoraboitempo
youtube.com/tvboitempo | instagram.com/boitempo

SUMÁRIO

O CAPITAL
Crítica da economia política
LIVRO III
O processo global da produção capitalista

Seção II
A transformação do lucro em lucro médio

Seção III
A lei da queda tendencial da taxa de lucro

Seção IV
Transformação de capital-mercadoria e de capital monetário em capital de comércio de mercadorias e capital de comércio de dinheiro (capital comercial)

Seção V
Cisão do lucro em juros e ganho empresarial. O capital portador de juros

Seção VI
Transformação do lucro extra em renda fundiária

NOTA DA EDIÇÃO

Para citar Friedrich Engels, editor primeiro do Livro III d'*O capital*, a Boitempo finalmente logra "dar ao público este terceiro volume da principal obra de Marx" – e 22º volume da coleção Marx-Engels, que desde 1998 vem publicando, sempre em traduções diretas do idioma original, a obra dos dois filósofos alemães. A frase de Engels tem razão de ser: assim como o Livro II, este também foi publicado por ele após a morte de Karl Marx (quase doze anos depois, nesse caso), num grande esforço de organização e interpretação dos manuscritos, muitas vezes incompletos (para maiores detalhes a respeito do método de trabalho de Engels, ver seu prefácio às páginas 31-49 deste volume).

Esta edição brasileira ganhou dois reforços de peso: uma apresentação do economista Marcelo Dias Carcanholo, que destaca as principais contribuições do Livro III para a teoria marxiana, e uma análise dos Livros II e III redigida por Rosa Luxemburgo, entre 1917 e 1918, com fins de divulgação desses dois trabalhos, à época, menos conhecidos de Marx (pela publicação desse valioso documento, agradecemos à sempre generosa tradutora e estudiosa da obra luxemburguiana Isabel Loureiro, bem como à Editora Unesp, na pessoa de Jézio Gutierre, que primeiro publicou essa tradução e gentilmente autorizou sua republicação neste volume).

Os critérios editoriais aqui adotados foram os seguintes: as citações originalmente em língua estrangeira foram mantidas, acompanhadas de sua tradução em nota ou entre colchetes; as notas numeradas são de autoria do próprio Marx ou de Engels, quando seguidas de "F. E.". Há também notas da edição alemã, Marx-Engels-Gesamtausgabe (MEGA), seguidas da abreviação "N. E. A."; notas da edição brasileira, acompanhadas de "N. E."; e notas do tradutor, com "N. T.". As citações no corpo do texto foram mantidas entre aspas, preservando os comentários de Marx intercalados a elas. As supressões em citações foram feitas por Marx e estão indicadas por "[...]"; demais colchetes são da edição brasileira. As remissões aos Livros I e II foram mantidas como no original, sendo que em relação ao Livro I há sempre duas paginações, referentes à primeira e à segunda edições; a paginação das edições brasileiras vem a seguir, entre colchetes. Inclusões de Engels foram mantidas conforme sua própria escolha: entre chaves. Ao final do volume encontra-se a cronobiografia de Marx e Engels, bem como um resumo da situação do mundo em sua época. Foram mantidas as unidades de moeda e peso do local e do período, que podem ser convertidas de acordo com a tabela abaixo:

Pesos	**Medida de volume**
Tonelada (*ton*) = 20 quintais (*hundredweights*) 1.016,05 kg	Alqueire (*bushel*) = 8 galões 36,349 litros
Quintal (*hundredweight*) (*cwt.*) = 112 libras 50,802 kg	**Moedas**[1]
Quarter (*qrtr.*, *qrs.*) = 28 libras 12,700 kg	Libra esterlina (£) = 20 xelins 20,43 marcos alemães
Libra (*pound*) = 16 onças 453,592 g	Xelim (*shilling*) = 12 pence 1,02 marco alemão
Onça (*ounce*) 28,349 g	*Penny* (plural: *pence*) = 4 *farthing* 8,51 *pfennig*
Medidas de comprimento	Guinéu (*guinea*) = 21 xelins 21,45 marcos alemães
Milha inglesa (*British mile*) = 5280 pés 1609,329 m	*Sovereign* (moeda de ouro inglesa) = 1 £ 20,43 marcos
Pé (*foot*) = 12 polegadas 30,480 cm	Franco = 100 cêntimos 80 *pfennig*
Polegada (*inch*) 2,540 cm	Cêntimo (moeda francesa) 0,8 *pfennig*
Medidas de superfície	Libras (*livres*) (moeda francesa de prata) = 1 franco 80 *pfennig*
Acre 4046,7 m²	Ducado (moeda de ouro na Europa, originalmente na Itália) cerca de 9 marcos alemães
Vara (*Rute*) 14,21 m²	

A Boitempo agradece a todos que colaboraram com esta edição: tradutores, revisores, diagramadoras e capista, bem como à sua sempre aguerrida equipe interna. A editora é grata ainda à equipe da MEGA-2, em especial a seu diretor-executivo, Gerald Hubmann. Agradece também a Sara Granemann, professora da Escola de Serviço Social da Universidade Federal do Rio de Janeiro (UFRJ) e autora do texto de orelha que acompanha este volume; e a Cássio Loredano, autor da genial ilustração de capa.

[1] Os valores em marcos alemães e *pfennig* (centavos de marco) referem-se ao ano de 1871 (1 marco = 1/2.790 kg de ouro).

APRESENTAÇÃO – SOBRE O CARÁTER NECESSÁRIO DO LIVRO III D'*O CAPITAL*

Marcelo Dias Carcanholo

Este Livro III d'*O capital*, assim como o Livro II, foi publicado por Engels após a morte de Marx. No prefácio que abre a edição de 1894, Engels apresenta ao leitor a forma em que encontrou os manuscritos de Marx e discorre a respeito de certas dificuldades para preparar o material publicado – algumas delas referentes à própria condição de tais manuscritos.

Para que tenhamos uma ideia dessas dificuldades, Engels relata que, das sete seções que constituem o Livro III, o original lhe permitiu a edição sem maiores percalços apenas para as de número II, III e IV. Na primeira seção, Engels teve a necessidade de escrever um capítulo completo, o IV, do qual constava, no texto deixado por Marx, apenas o título. Engels também relata que a seção que lhe proporcionou mais dificuldade foi a V, a qual, segundo ele mesmo, discute o assunto mais complexo do livro e que, para os dias atuais, é de enorme importância: trata-se do que, hoje, poderíamos chamar de aspectos financeiros do capital.

Por essas e outras razões, alguns autores poderiam minimizar a importância da leitura deste livro, o que seria extensivo ao Livro II. Afinal, o Livro I é o único que Marx teria deixado pronto para a publicação; os outros dois resultariam muito mais de uma interpretação de Engels sobre o assunto, que não necessariamente estaria de acordo com a formulação teórica original de Marx.

Além de desconsiderar todo o trabalho coletivo desses dois grandes pensadores ao longo da maior parte de sua trajetória intelectual, em que pesem possíveis diferenças, esse tipo de concepção contém, implicitamente, uma desqualificação da importância dos Livros II e III d'*O capital*. Adicionalmente, perpassa a ideia de que, para entender o pensamento de Marx sobre a sociedade burguesa, bastaria a compreensão do Livro I, a parte relativa à essência dessa sociedade.

Nossa primeira observação para quem inicia os estudos sobre o pensamento de Marx é que o Livro III se mostra tão importante quanto o Livro I para essa complexa tarefa. A leitura – pressupondo a compreensão – do Livro I não apenas é insuficiente, como, restrita em si mesma, leva necessariamente a uma incompreensão da teoria de Marx sobre a sociedade burguesa.

Comecemos pelo subtítulo do Livro III, *O processo global da produção capitalista*, entendendo este como uma unidade entre o processo de produção do capital (Livro I) e o processo de sua circulação (Livro II). Mas não se trata apenas de uma reunião das leis gerais da sociedade capitalista descobertas nos outros livros. O autor se vê na necessidade de elucidar, a partir do movimento real do capitalismo, as formas já conhecidas, em maior nível de abstração nos livros anteriores, em suas determinações mais concretas. Ou seja, trata-se de expor, com todas as suas características, a relação dialética entre as categorias, levando em conta seus aspectos mais essenciais e suas formas de manifestação na aparência. Isso não constitui uma interpretação – entre as muitas possíveis – da obra de Marx. Ele mesmo nos informa nos primeiros parágrafos do Livro III o que foi feito nos dois livros anteriores e qual é o sentido – necessário – deste terceiro.

Isso também permitirá ao leitor entender como essas formas mais aparentes do capitalismo são apreendidas pela consciência dos agentes da produção, pelas distintas classes no capitalismo, o que retoma uma linha de entendimento que perpassa toda a obra. Trata-se da mistificação característica do capitalismo, a partir da qual os indivíduos percebem as formas da aparência sem necessariamente terem consciência do que está por trás delas, a essência, e muito menos da relação dialética que existe entre as duas instâncias. A última seção do Livro III ("Os rendimentos e suas fontes") resgata, não casualmente, a temática do fetichismo da mercadoria e sua relação com a alienação e a mistificação tipicamente capitalistas. Que essa seção e, portanto, o livro se encerrem com o famoso capítulo 52, sobre as classes sociais, tampouco é uma casualidade.

Esse último capítulo talvez seja o que cause maior frustração para um leitor desavisado, que considere a obra mais como um manual característico do pensamento tradicional, no qual cada capítulo tem um sentido independentemente dos outros. De fato, apenas a leitura desse capítulo deixará o leitor sem a resposta sobre como, afinal, se diferenciam as classes sociais no capitalismo, segundo Marx. A sensação de frustração fica ainda mais intensa ao final, pois o capítulo não termina, isto é, o manuscrito original se interrompe no ponto em que, presumidamente, Marx daria a resposta sobre qual é o critério para a diferenciação de classes no capitalismo.

Entretanto, se o leitor souber que o objeto tratado por Marx é o mesmo ao longo de todo *O capital*, apenas com determinações cada vez mais concretas, e entender qual é o sentido específico do Livro III, ele saberá que as classes sociais constituem uma temática que não se restringe a esse capítulo e, portanto, encontra suas determinações – talvez mais abstratas, em distintos níveis de abstração conforme o momento – ao longo de todo o desenrolar d'*O capital*.

Há outras razões para defender a obrigatoriedade da leitura do Livro III d'*O capital*, se o objetivo for entender o pensamento de Marx sobre o assunto. É neste livro que se encontram os dois últimos níveis de abstração para a compreensão do que se costuma chamar de "lei do valor", ou o fato de que, no capitalismo, as relações sociais são intermediadas pelas trocas de mercadorias, segundo seus valores, equivalentes.

Aquele leitor, ainda desavisado, que não enfrente a leitura do Livro III ficará com a impressão de que, de acordo com Marx, as mercadorias são vendidas pelos valores, conforme os Livros I e II. Não sem razão. Afinal, se no Livro I trata-se de entender como o capital se produz, deve-se supor que sua produção (de valor) espera ser vendida (realizada) na circulação de mercadorias. Sem esse pressuposto, o objeto não faz sentido. Qual capital seria produzido se, de antemão, espera-se que não seja realizado?

Da mesma forma, no Livro II, o objeto é a circulação do capital – muitas vezes confundida com a circulação de mercadorias; trata-se de entender como e por que o capital percorre o movimento (circulação), de forma dialética, entre os processos de produção e circulação de mercadorias (trocas). Se o objeto do Livro II é o movimento do capital, qual é o sentido de pressupor que esse movimento, em algum momento (realização do valor no mercado), não ocorre?

É no Livro III que as formas concretas, inclusive aquelas de apropriação do valor produzido (lucro, juros, renda da terra e salários), são tratadas. Em função do nível de abstração, aqui cabe a pergunta: o valor produzido pelo capital encontra na circulação de mercadorias demanda suficiente para realizá-lo?

Em determinado momento – Livro III, seção II –, Marx se dá conta de que as mercadorias não são vendidas por seus valores nem poderiam sê-lo... ainda que o sejam!

Isso, que para um pensamento simples (e formal) pode parecer uma contradição da teoria de Marx, é na verdade uma contradição real percebida pelo autor. Ele o faz em três níveis de abstração.

No primeiro nível de abstração (mais intenso), ainda no Livro I, Marx percebe que as mercadorias não são vendidas pelos valores individuais dentro de um processo produtivo porque existem distintas produtividades. O valor, pelo qual será vendida a mercadoria, é o tempo de trabalho socialmente necessário, que não corresponde – a não ser para o capital particular com produtividade média – aos valores individuais. Assim, as mercadorias não são vendidas por seus valores (individuais), salvo para o caso do capital com produtividade média – nem poderiam ser, uma vez que a concorrência redunda em distintas produtividades para a produção de uma mesma mercadoria. Mas na totalidade são, uma vez que todo o valor produzido é apropriado.

O segundo nível de abstração corresponde à famosa seção II deste Livro III. Nela, Marx percebe que capitais de igual montante e apenas com composições orgânicas distintas do capital, caso as mercadorias fossem vendidas por seus valores, obteriam taxas diferenciadas de lucro, o que faria com que: 1) capitais de maior produtividade se apropriassem de menores taxas de lucro, enquanto capitais com menor produtividade obtivessem maiores taxas de lucro; 2) fosse negada a própria tendência da concorrência entre capitais de distintos setores de procurar maiores taxas de lucro, o que poderia negar, assim, a própria tendência à formação da taxa média de lucro.

Esta última, aplicada ao capital adiantado, define o lucro médio, que, somado ao preço de custo, forma os preços de produção, os quais, por sua vez, garantem que capitais de igual montante se apropriem do mesmo lucro médio, independentemente de quanto mais-valor produziram no processo produtivo. Dessa forma, exceto em setores de composição orgânica do capital igual à média, os preços de produção necessariamente são distintos dos valores. Comprova-se, com isso, que as mercadorias não são nem podem ser vendidas por seus valores. Entretanto, para o capital total, os preços de produção (magnitude de valor apropriada) equivalem aos valores (magnitude de valor produzida). Logo, no segundo nível de abstração, assim como no primeiro, as mercadorias não são nem podem ser vendidas por seus valores, ainda que sejam!

No terceiro e último nível de abstração, Marx constata (capítulo 10 deste livro) que os preços de mercado só corresponderiam aos preços de produção por uma casualidade. Se a oferta é maior do que a demanda, os preços de mercado são inferiores aos de produção, e vice-versa, o que nos leva à conclusão de que as mercadorias, de fato, não são vendidas por seus valores (intermediados pelos preços de produção). Observando mais de perto, quando os preços de mercado são inferiores aos preços de produção, a taxa efetiva de lucro (resultado dos preços efetivos de mercado) é inferior à taxa média. Capitais instalados em tais setores tendem a reduzir os volumes de produção ou simplesmente a abandonar essas esferas de produção. Por uma razão e/ou por outra, a quantidade de produção no mercado tende a cair, fazendo com que o preço de mercado suba em direção ao preço de produção. O mesmo processo ocorre, em sentido inverso, quando os preços de mercado são superiores aos de produção. Logo, a aparente flutuação indeterminada dos preços de mercado, na verdade, tem uma determinação: o valor da mercadoria, intermediado pelo preço de produção.

Assim, a lei (teoria) do valor em Marx não significa que os preços de mercado corresponderão quantitativamente aos valores das mercadorias – nem poderia ser dessa forma, como visto. A troca de equivalentes (lei do valor), de acordo com a teoria de Marx, significa que o valor é o centro pelo qual flutuam os preços, explicando/determinando, portanto, essa flutuação. Sem a leitura deste Livro III, o leitor desavisado continuaria em desaviso.

A já mencionada seção V, no sentido que aqui destacaremos, deve ser entendida junto com a seção IV: o processo de autonomização/substantivação das formas do capital. No Livro II, Marx percebeu que o capital, enquanto conteúdo, nas distintas fases de seu processo de circulação, assume formas variadas: dinheiro, mercadoria e produção. Neste Livro III, ele percebe que também faz parte das leis gerais da sociedade capitalista que essas formas se autonomizem em capitais particulares. A partir daí, derivam o capital de comércio de mercadorias e o capital de comércio de dinheiro. A complexificação dialética deste último nos leva ao capital portador de juros e à forma mais mistificada do capital, o fictício.

Atrevemos-nos a dizer que o não entendimento da dialética desse processo e, em específico, daquela própria ao capital fictício acarreta o risco de não compreender o capitalismo contemporâneo e sua crise, momento em que ainda nos encontramos. Evidentemente Marx não poderia antever o capitalismo do século XXI, mas conseguiu, melhor do que ninguém, entender como funciona o sistema capitalista. Infelizmente, para alguns, ainda vivemos nesse tipo de sociedade.

Isso nos leva a um último argumento para defender a leitura do Livro III d'*O capital*. Para aqueles que buscam em Marx o entendimento de por que o processo de acumulação de capital segue uma trajetória cíclica, a seção III é fundamental. Uma vez mais, não entenderá as crises do capitalismo quem se restringir a buscar tal resposta única e exclusivamente nessa seção. Não casualmente, aqueles que se limitam a relacionar as crises do capitalismo com a famosa lei da queda tendencial da taxa de lucro perdem – no melhor dos casos – muito da riqueza teórica que o autor nos fornece para o entendimento do capitalismo. A crise cíclica em Marx não pode ser entendida apenas como momento do ciclo em que a crise irrompe; deve ser vista como a totalidade do processo de acumulação do capital, em sua trajetória cíclica, com momentos de expansão e retração, mediados pelas rupturas (crise e retomada). Nesse sentido, a crise cíclica em Marx seria outra forma de descrever o capitalismo em suas leis gerais (sempre de tendência!).

Bem entendido, Marx não é um profeta das crises, segundo quem elas, inexoravelmente, levariam o capitalismo à derrocada final. Ao contrário, o capitalismo é dinâmico, flexível e maleável o suficiente para, a partir de suas crises, reconstruir as bases de um novo processo de acumulação de capital. Quem pensa o contrário entende Marx como ele nunca foi: determinista e teleológico. Ao leitor que estranhar esse Marx, recomenda-se a leitura da seção III deste livro, em especial o capítulo 15.

Não era o propósito aqui sintetizar e/ou resumir o presente livro; isso é impossível, ao menos se a pretensão é constatar sua riqueza e complexidade. O objetivo era ressaltar que Marx continua, apesar de muito mencionado, um desconhecido, mesmo para alguns que o reivindicam. A leitura atenta deste Livro III, como desdobramento necessário do que foi tratado nos dois anteriores, permite uma primeira boa aproximação para o entendimento do autor sobre como funciona a sociedade capitalista.

Não importa se para defendê-lo ou criticá-lo, o pressuposto para qualquer posicionamento sério a respeito de um autor como Marx é entendê-lo. Alguns dos equívocos que se podem cometer – se não é conhecida a obra completa – foram aqui apontados. No caso de Marx e de sua teoria sobre o capitalismo, o Livro III é mais que necessário, é obrigatório.

Deixamos, portanto, a cargo do leitor essa tarefa. Boa leitura.

Rio de Janeiro, maio de 2016

Marcelo Dias Carcanholo é professor associado da faculdade de economia da Universidade Federal Fluminense (UFF), membro do Núcleo Interdisciplinar de Estudos e Pesquisas em Marx e Marxismo (Niep-UFF) e presidente da Sociedade Latino-Americana de Economia Política e Pensamento Crítico (Sepla).

O SEGUNDO E O TERCEIRO VOLUMES D'*O CAPITAL**

Rosa Luxemburgo

O segundo e o terceiro volumes d'*O capital* tiveram o mesmo destino do primeiro. Marx esperava publicá-los logo na sequência, mas muitos anos se passaram, e ele não conseguiu terminá-los para impressão.

Novos estudos, cada vez mais profundos e urgentes, longas enfermidades e, por fim, a morte impediram-no de completar a obra, tendo sido Engels quem editou os Livros II e III com base nos manuscritos inéditos deixados pelo amigo. Eram anotações, esboços, notas, ora capítulos inteiros terminados, ora breves observações feitas de passagem como faz um pesquisador para sua compreensão pessoal – um trabalho intelectual poderoso, que, com interrupções prolongadas, cobria o largo período de 1861 a 1878.

Essas circunstâncias explicam por que nos dois últimos volumes d'*O capital* não devemos buscar uma solução acabada e definitiva para todos os problemas mais importantes da economia política, mas, em parte, apenas a apresentação de tais problemas e indicações da direção em que se deveria procurar a solução. A principal obra de Marx, assim como toda sua visão de mundo, não é nenhuma bíblia com verdades de última instância, acabadas e válidas para sempre, mas um manancial inesgotável de sugestões para levar adiante o trabalho intelectual, continuar pesquisando e lutando pela verdade. As mesmas circunstâncias explicam também por que, no que se refere à forma literária, o segundo e o terceiro volumes não são tão perfeitos, não têm um espírito tão brilhante, tão cintilante como o

* Texto redigido na prisão em 1917 ou 1918, a pedido de Franz Mehring, para compor a biografia de sua autoria, *Karl Marx – história de sua vida* (1918). Trata-se de um resumo didático dos Livros II e III d'*O capital*, publicados por Engels depois da morte do amigo e pouco conhecidos pelos socialistas da época. Este texto não menciona as reservas que Rosa Luxemburgo nutria em relação ao Livro II de Marx e que haviam sido expostas em *A acumulação do capital*, sua grande obra teórica, publicada em 1913. Tradução de Isabel Loureiro, com base em Rosa Luxemburgo, "Der zweite und der dritte Band [des 'Kapitals']", em Rosa Luxemburgo, *Gesammelte Werke* (Berlim, Dietz, 1987); publicada originalmente em Rosa Luxemburgo, *Textos escolhidos*, v. 2 (São Paulo, Editora Unesp, 2011), p. 263-74. (N. T.)

primeiro. No entanto, precisamente em sua forma descuidada, o simples trabalho do pensamento oferece a muitos leitores um prazer ainda maior que o primeiro. Por seu conteúdo, esses dois volumes, que infelizmente até hoje não foram considerados em nenhuma das popularizações e continuam desconhecidos pela grande massa dos trabalhadores esclarecidos, constituem um complemento essencial e um desenvolvimento do primeiro volume, sendo indispensáveis para a compreensão do sistema como um todo.

No primeiro volume, Marx trata da principal questão da economia política: de onde vem a riqueza, qual é a fonte do lucro? Antes de Marx, a resposta a essa pergunta era dada em duas direções distintas.

Os defensores "científicos" do melhor dos mundos, este em que vivemos, alguns homens que, como Schulze-Delitzsch, gozavam de prestígio e confiança também entre os trabalhadores, explicavam a riqueza capitalista por meio de uma série de razões justificadoras, mais ou menos plausíveis, e de astutas manipulações: como fruto do aumento sistemático do preço das mercadorias com que o empresário se "indenizava" pelo capital generosamente "cedido" por ele à produção; como remuneração pelo "risco" que todo empresário corria; como salário pela "direção intelectual" da empresa; e assim por diante. De acordo com essas explicações, tratava-se apenas de apresentar como algo "justo" e, portanto, imutável a riqueza de uns e a pobreza de outros.

Em contrapartida, os críticos da sociedade burguesa, quer dizer, as escolas socialistas anteriores a Marx, explicavam a riqueza dos capitalistas, na maioria das vezes, como pura trapaça, como roubo contra os trabalhadores, provocado pela intervenção do dinheiro ou pela falta de organização do processo produtivo. A partir daí, aqueles socialistas chegavam aos mais diferentes planos utópicos, com o objetivo de acabar com a exploração por meio da abolição do dinheiro, da "organização do trabalho", e assim sucessivamente.

No primeiro volume d'*O capital*, Marx descobre a verdadeira raiz do enriquecimento capitalista. Ele não busca razões justificadoras para os capitalistas nem lança incriminações contra a injustiça deles. Marx mostra, pela primeira vez, como nasce o lucro e como este vai parar no bolso dos capitalistas. Explica isso por dois fatos econômicos decisivos: o primeiro é que a massa dos trabalhadores é formada por proletários que precisam vender sua força de trabalho como mercadoria, e o segundo é que essa mercadoria força de trabalho possui hoje um grau tão alto de produtividade que pode produzir, em certo tempo, um produto muito maior do que o necessário, nesse mesmo tempo, para a própria manutenção. Esses dois fatos, puramente econômicos e ao mesmo tempo decorrentes do desenvolvimento histórico objetivo, fazem com que o fruto criado pelo trabalho proletário caia por si mesmo no colo do capitalista, acumulando-se de maneira mecânica com a continuação do sistema de assalariamento até formar um capital sempre mais poderoso.

Marx explica assim o enriquecimento capitalista não como remuneração do capitalista por supostos sacrifícios e benfeitorias, tampouco como trapaça e roubo no sentido corrente da palavra, mas como troca perfeitamente legal, no sentido do direito penal, entre capitalista e trabalhador, troca que se desenvolve segundo as mesmas leis de qualquer outra compra e venda de mercadorias. Para esclarecer com cuidado esse negócio irrepreensível que dá ao capitalista seus frutos de ouro, Marx teve de desenvolver até o fim, aplicando-a à mercadoria força de trabalho, a lei do valor formulada entre o final do século XVIII e o começo do XIX pelos grandes economistas clássicos ingleses [Adam] Smith e [David] Ricardo, ou seja, a explicação das leis imanentes da troca de mercadorias. A lei do valor, o salário e o mais-valor que dela derivam, quer dizer, a explicação de como, sem nenhuma trapaça violenta, o produto do trabalho assalariado se converte por si mesmo num miserável meio de vida para o trabalhador e em riqueza ociosa para o capitalista, eis o conteúdo essencial do primeiro volume de sua obra. E nisto reside o grande significado histórico de tal livro: ele demonstrou que a exploração só poderá acabar se for abolida a venda da força de trabalho, isto é, o sistema do assalariamento.

No primeiro volume d'*O capital*, passamos o tempo inteiro no local de trabalho: a fábrica, a mina ou a exploração agrícola moderna. O que aqui se expõe vale para qualquer empresa capitalista. Lidamos apenas com o capital individual como modelo de todo esse modo de produção. Ao fecharmos o livro, vemos claramente a formação cotidiana do lucro, ilumina-se até as profundezas o mecanismo da exploração. Diante de nós, jazem montanhas de mercadorias de todo tipo, recém-saídas do local de trabalho ainda úmidas do suor do trabalhador, e em todas elas podemos distinguir nitidamente a parte do valor que provém do trabalho não pago do proletário e que, de modo tão legítimo como a mercadoria toda, cai na posse do capitalista. As raízes da exploração ficam evidentes.

Mas falta muito para que a colheita do capitalista seja levada ao celeiro. O fruto da exploração está ali, mas ainda sob uma forma de que o empresário não pode desfrutar. Enquanto o capitalista possuir esse fruto apenas na forma de mercadorias armazenadas, não pode ficar satisfeito com a exploração. Ele não é evidentemente o senhor de escravos do antigo mundo greco-romano nem o senhor feudal da Idade Média, que esfolavam o povo trabalhador para manter o próprio luxo e viver à grande. O capitalista precisa de sua riqueza em dinheiro sonante, a fim de, juntamente com um "padrão de vida adequado a sua posição", usá-lo para ampliar incessantemente seu capital. Para isso, precisa vender as mercadorias produzidas pelo trabalhador assalariado, com o mais-valor que nelas se encerra. A mercadoria precisa sair do depósito da fábrica e do celeiro do agricultor para o mercado; o capitalista segue a mercadoria desde seu escritório até a Bolsa, até a loja, e nós vamos com ele no segundo volume d'*O capital*.

No reino da troca de mercadorias, onde se passa o segundo capítulo da vida do capitalista, surgem algumas dificuldades. Em sua fábrica, seu baluarte, ele era o senhor. Ali dominavam a organização, a disciplina e o planejamento mais severos. Em contrapartida, no mercado a que chega com suas mercadorias, domina a mais total anarquia, a chamada livre concorrência. Aqui ninguém se preocupa com o outro e ninguém se preocupa com o todo. No entanto, justamente no meio dessa anarquia, o capitalista sente a que ponto depende dos outros, a que ponto depende, em todos os sentidos, da sociedade.

O capitalista precisa estar à mesma altura de todos os seus concorrentes. Se gastar mais tempo na venda definitiva de suas mercadorias do que o estritamente necessário, se não se abastecer com dinheiro suficiente para comprar a tempo as matérias-primas e tudo que for necessário para que a atividade não sofra nenhuma interrupção, se não cuidar para que o dinheiro resultante da venda das mercadorias volte a suas mãos, que não fique ocioso, mas que seja investido onde dê lucro, de uma maneira ou de outra, ele ficará para trás. Os últimos pagam a conta, e o empresário individual que não cuidar para que seu negócio, no constante vaivém entre a fábrica e o mercado, funcione tão bem quanto na própria fábrica, por mais conscienciosamente que explore o trabalhador assalariado, não alcançará o lucro costumeiro. Uma parte do lucro "bem merecido" se fixará em outro lugar e não entrará em seu bolso.

Mas isso não é tudo. O capitalista só pode acumular riqueza produzindo mercadorias, ou seja, objetos úteis. Porém, ele deve produzir precisamente aqueles tipos e espécies de mercadorias de que a sociedade necessita – e na quantidade exata. Caso contrário, as mercadorias não serão vendidas nem será realizado o mais-valor que elas contêm. Mas como pode o capitalista individual saber de tudo isso? Ninguém lhe diz de quais e quantos objetos úteis a sociedade necessita, justamente porque ninguém sabe. A verdade é que vivemos numa sociedade não planejada, anárquica! Cada empresário individual encontra-se na mesma situação. No entanto, desse caos, dessa confusão, tem de sair uma totalidade que permita tanto o negócio individual dos capitalistas e seu enriquecimento quanto a satisfação das necessidades e a subsistência de toda a sociedade.

Dito de modo mais preciso, com base na confusão existente no mercado anárquico, tem de ser possível, em primeiro lugar, o movimento cíclico permanente do capital individual, a possibilidade de produzir, vender, comprar e novamente produzir, ciclo em que o capital passa constantemente da forma dinheiro à forma mercadoria, e vice-versa: essas fases devem encaixar-se umas nas outras, é preciso haver uma reserva de dinheiro para aproveitar a conjuntura do mercado favorável à compra e para cobrir as despesas correntes da empresa; por sua vez, o dinheiro que reflui de maneira paulatina à medida que as mercadorias são vendidas deve ser de novo imediatamente investido. Os capitalistas individuais, na aparência completamente independentes uns dos outros, formam de fato uma grande irmandade em que, por meio do sistema de crédito, dos bancos, adiantam sempre uns aos outros o dinheiro necessário e tomam aquele disponível, possibilitando, assim, a continuação ininterrupta da produção e da venda de mercadorias, tanto para o indivíduo quanto para a sociedade. No segundo volume de sua obra, Marx mostra, de passagem, de que modo o crédito, que a economia política burguesa só consegue explicar como uma sagaz instituição para "facilitar a troca de mercadorias", constitui um simples modo de vida do capital, uma articulação entre as duas fases vitais deste, a produção e o mercado, assim como entre os movimentos aparentemente soberanos dos capitais individuais.

Em segundo lugar, nessa confusão dos capitais individuais, é preciso que o contínuo movimento circular da produção e do consumo de toda a sociedade seja mantido em funcionamento, de tal modo que fiquem garantidas as condições da produção capitalista: criação de meios de produção, sustento da classe trabalhadora e enriquecimento progressivo da classe capitalista, ou seja, acumulação e emprego progressivos do capital social total. Como se forma o todo a partir dos inúmeros movimentos dos capitais individuais dissociados uns dos outros? Como esse movimento do todo, por meio de contínuos desvios, ora pela superabundância das conjunturas de alta, ora pelo colapso das crises, retorna ao devido lugar para, no momento seguinte, cair fora novamente? Como de tudo isso que é apenas meio para a sociedade atual – seu próprio sustento juntamente com o progresso econômico – resulta seu fim – a acumulação progressiva do capital em dimensões cada vez maiores? Embora Marx não tenha resolvido definitivamente essas questões, ele as colocou, no segundo volume de sua obra, sobre o sólido fundamento das leis imanentes.

Mas isso não esgotou ainda a espinhosa missão do capitalista. Agora que o lucro finalmente se converteu em dinheiro, surge a grande questão: como repartir o butim? Muitos grupos diferentes apresentam sua reivindicação: o industrial, o comerciante, o capitalista que emprestou dinheiro, o latifundiário. Todos contribuíram, cada um com sua parte, para a exploração do trabalhador assalariado e para a venda das mercadorias produzidas por ele, e todos exigem sua parte no lucro. Porém, essa repartição constitui uma tarefa muito mais complicada do que pode parecer à primeira vista. Pois também entre os empresários, de acordo com o tipo de empresa, existem grandes diferenças no tocante ao lucro obtido, que é tirado – fresco, por assim dizer – do local de trabalho.

Em alguns ramos da produção, a fabricação e a venda das mercadorias se realizam muito rapidamente, e o capital retorna com acréscimo no mais curto prazo;

aqui os negócios sempre correm bem e os lucros estão garantidos. Em outros ramos, o capital fica preso na produção durante anos e só dá lucro depois de muito tempo. Em certos ramos da produção, o empresário tem de investir a maior parte de seu capital em meios de produção mortos: edifícios, máquinas custosas etc., que por si sós não rendem nada, não incubam lucro, por mais necessários que sejam à geração dele. Em outros ramos, o empresário pode, com gastos mínimos, aplicar seu capital, sobretudo no recrutamento de trabalhadores, as galinhas diligentes que põem ovos de ouro para ele.

Assim, na própria geração do lucro, existem grandes diferenças entre os capitais individuais, que, aos olhos da sociedade burguesa, representam uma "injustiça" muito mais gritante que a própria "repartição" entre capitalista e trabalhador. Como estabelecer aqui um equilíbrio, uma repartição "justa" do butim, de modo que cada capitalista obtenha aquilo que é "seu"? A verdade é que todas essas tarefas têm de ser cumpridas sem nenhuma regulamentação consciente, planejada. Na sociedade atual, a repartição é tão anárquica quanto a produção. A rigor, não existe nenhuma verdadeira "repartição" que suporia algum critério social; o que existe é simplesmente troca, apenas circulação de mercadorias, só compra e venda. Como é que, então, apenas pela via cega da troca de mercadorias, cada grupo de exploradores e cada indivíduo desse grupo conseguem, do ponto de vista da dominação do capital, uma porção "justa" da riqueza tirada da força de trabalho do proletariado?

A essas questões responde Marx no terceiro volume d'*O capital*. Como no primeiro volume ele havia analisado a produção do capital e o segredo da extração do lucro daí decorrente e no segundo descreveu o movimento do capital entre o local de trabalho e o mercado, no terceiro volume investiga a repartição do lucro. E sempre observando as mesmas três condições fundamentais: que tudo que acontece na sociedade capitalista não é obra da arbitrariedade, mas obedece a leis determinadas, atuando regularmente, ainda que os interessados não tenham nenhuma consciência disso; que, ademais, a situação econômica não se assenta em medidas violentas visando à pilhagem e ao roubo; e, por fim, que não existe nenhuma razão social atuando sobre o todo através de atividades planejadas. É exclusivamente do mecanismo da troca, ou seja, da lei do valor e do mais-valor que dela decorre, que Marx pouco a pouco extrai todos os fenômenos e relações da economia capitalista com uma lógica e uma clareza penetrantes.

Considerando essa grande obra como um todo, pode-se dizer que o primeiro volume, no qual se desenvolvem a lei do valor, o salário e o mais-valor, desnuda o fundamento da sociedade atual, enquanto o segundo e o terceiro volumes mostram os andares do edifício que nele se apoia. Também seria possível dizer, com uma imagem totalmente diferente, que o primeiro volume mostra o coração do organismo social, onde é criada a seiva vivificadora, enquanto o segundo e o terceiro volumes mostram a circulação do sangue e a alimentação do todo, até as últimas células.

Nos dois últimos volumes, em correspondência com o conteúdo, nós nos movemos num terreno distinto do primeiro. Neste, tratava-se da fábrica, do profundo fosso social do trabalho, onde detectávamos a fonte da riqueza capitalista. No segundo e no terceiro volumes, movemo-nos na superfície, no palco oficial da sociedade. O primeiro plano é ocupado por armazéns, bancos, bolsas, operações financeiras, "latifundiários em dificuldades" e seus interesses. O operário não representa aqui nenhum papel. Na realidade, ele também não se preocupa com o que ocorre a suas costas depois que lhe curtiram a pele. E, no tumulto barulhento da multidão dos homens de negócios, na verdade só encontramos os operários quando em grupos, ao romper do dia, caminham lentamente para as fábricas e quando, em longos cortejos, delas são outra vez expelidos ao cair da noite.

Por isso talvez não fique claro que interesse o operário pode ter pelas inúmeras preocupações particulares dos capitalistas para obter lucro e por suas rixas quando da repartição do butim. No entanto, o segundo e o terceiro volumes d'*O capital* são tão necessários quanto o primeiro para o conhecimento minucioso do mecanismo da economia atual. É certo que eles não têm, para o movimento operário moderno, o significado histórico, decisivo e fundamental, do primeiro volume. Mas contêm uma grande riqueza de perspectivas, de valor incalculável para equipar intelectualmente o proletariado para a luta prática. Vejamos apenas dois exemplos.

No segundo volume, ao tratar de como a nutrição regular da sociedade pode resultar da disposição caótica dos capitais individuais, Marx toca também naturalmente na questão das crises. Não se deve esperar aqui nenhum tratado sistemático e doutrinário sobre elas, somente algumas observações passageiras e cuja valorização seria de grande utilidade para os trabalhadores esclarecidos e que pensam. Faz parte, por assim dizer, do estoque de reserva da agitação social-democrata, sobretudo sindical, a ideia de que as crises se produzem, antes de tudo, pela miopia dos capitalistas que simplesmente não querem entender que as massas trabalhadoras são seus melhores consumidores e que eles apenas precisam pagar-lhes salários maiores para manter uma clientela solvente, evitando, assim, o perigo das crises.

Por mais popular que seja essa concepção, ela é totalmente equivocada, sendo refutada por Marx com as seguintes palavras:

"É pura tautologia dizer que as crises surgem da falta de um consumo solvente, ou da carência de consumidores solventes. O sistema capitalista desconhece outros tipos de consumo que não aquele capaz de pagar, excetuando o consumo *sub forma pauperis* [próprio dos miseráveis] ou o do 'velhaco'. Que as mercadorias sejam invendáveis

> significa apenas que não foram encontrados compradores solventes para elas e, portanto, consumidores [...]. Mas caso se queira dar a essa tautologia a aparência de uma fundamentação profunda, dizendo que a classe trabalhadora recebe uma parte demasiadamente pequena de seu próprio produto, de modo que o mal seria remediado tão logo ela recebesse uma fração maior de tal produto e, por conseguinte, seu salário aumentasse nessa proporção, bastará observar que as crises são sempre preparadas num período em que o salário sobe de maneira geral e a classe trabalhadora obtém *realiter* [realmente] uma participação maior na parcela do produto anual destinada ao consumo. Já do ponto de vista desses paladinos do entendimento humano saudável e 'simples' (!), esses períodos teriam, ao contrário, de eliminar as crises. Parece, pois, que a produção capitalista implica condições independentes da boa ou má vontade, condições que somente de forma momentânea permitem essa prosperidade relativa da classe trabalhadora e, mesmo assim, somente como prenúncio de uma crise."*

De fato, as exposições do segundo e do terceiro volumes nos fazem penetrar profundamente na essência das crises, que são simples consequência inevitável do movimento do capital, um movimento que em seu ímpeto violento e insaciável para acumular, para crescer, costuma ultrapassar todas as barreiras do consumo, por mais que este se amplie aumentando o poder aquisitivo de uma camada da sociedade ou conquistando mercados totalmente novos. Portanto, também se deve dizer adeus à ideia da harmonia de interesses entre capital e trabalho, que apenas seria menosprezada pela miopia dos empresários e está latente no fundo de toda agitação sindical popular, e renunciar a toda esperança de remendar suavemente a anarquia econômica do capitalismo. A luta pela melhoria material do proletário assalariado tem mil armas mais eficazes em seu arsenal intelectual e não precisa de um argumento insustentável na teoria e ambíguo na prática.

Outro exemplo. No terceiro volume, Marx oferece pela primeira vez uma explicação científica para um fenômeno que a economia política, desde seu nascimento, olhava com pasmo e perplexidade: em todos os ramos da produção, os capitais, por mais diferentes que sejam as condições em que são investidos, costumam render o chamado lucro "usual no país". À primeira vista, esse fenômeno parece contradizer uma explicação dada pelo próprio Marx, a saber, a de que a riqueza capitalista simplesmente provinha do trabalho não pago do proletário assalariado. De fato, como pode o capitalista, que tem de investir uma parte relativamente grande de seu capital em meios de produção mortos, obter o mesmo

---

* Karl Marx, *Das Kapital. Zweiter Band* (MEW 24, Berlim, Dietz, 1972), p. 409-10 [ed. bras.: *O capital: crítica da economia política*, Livro II: *O processo de circulação do capital*, trad. Rubens Enderle, São Paulo, Boitempo, 2014, p. 514-5]. (N. T.)

lucro que seu colega que tem poucos gastos desse tipo e que pode, assim, empregar mais trabalho vivo?

Pois bem, Marx resolve o enigma com surpreendente simplicidade, ao mostrar como, ao ser vendida uma espécie de mercadoria acima de seu valor e outra abaixo, as diferenças nos lucros se nivelam, formando um "lucro médio" igual para todos os ramos da produção. Sem que os capitalistas tenham a menor ideia disso, sem nenhum acordo consciente entre eles, procedem de tal maneira na troca de suas mercadorias que é como se compartilhassem em massa o mais-valor tirado de seus trabalhadores e dividissem fraternalmente entre eles a colheita coletiva da exploração, de acordo com o volume de seu capital. Portanto, o capitalista individual não desfruta de forma nenhuma do lucro obtido pessoalmente, mas apenas da parte que lhe cabe no lucro obtido por todos os seus colegas.

> "No que diz respeito ao lucro, os diversos capitalistas se comportam aqui como meros acionistas de uma sociedade por ações, na qual os dividendos se repartem igualmente por 100, de modo que se distinguem entre si apenas pela grandeza do capital investido por cada um no empreendimento total, pelo número de ações que cada um possui [...]."*

Como essa lei da "taxa média de lucro", aparentemente tão seca, oferece uma visão profunda do sólido fundamento material da solidariedade de classe dos capitalistas, que, mesmo sendo irmãos inimigos em sua atividade cotidiana, formam, perante a classe trabalhadora, uma maçonaria fortemente e pessoalmente interessada na exploração coletiva dessa classe! Sem que os capitalistas tenham, naturalmente, a menor consciência dessa lei econômica objetiva, em seu instinto infalível de classe dominante manifesta-se um sentido para os próprios interesses de classe, antagônico aos do proletariado, sentido que, através de todas as tormentas da história, tem infelizmente se revelado muito mais seguro do que a consciência de classe dos trabalhadores, esclarecida de maneira científica pelas obras de Marx e Engels e nelas fundamentada.

Esses dois breves exemplos, escolhidos ao acaso, podem dar uma ideia de quantos tesouros de estímulo e aprofundamento intelectual para o operariado esclarecido ainda existem guardados nos dois últimos volumes d'*O capital*, à espera de uma apresentação popular. Inacabados como estão, oferecem algo infinitamente mais valioso que qualquer verdade acabada: estímulo à reflexão, à crítica e à autocrítica, que são o elemento mais original da teoria que Marx nos legou.

---

* Idem, *Das Kapital. Dritter Band* (MEW 25, Berlim, Dietz, 1972), p. 168 [ver, neste volume, p. 193]. (N. T.)

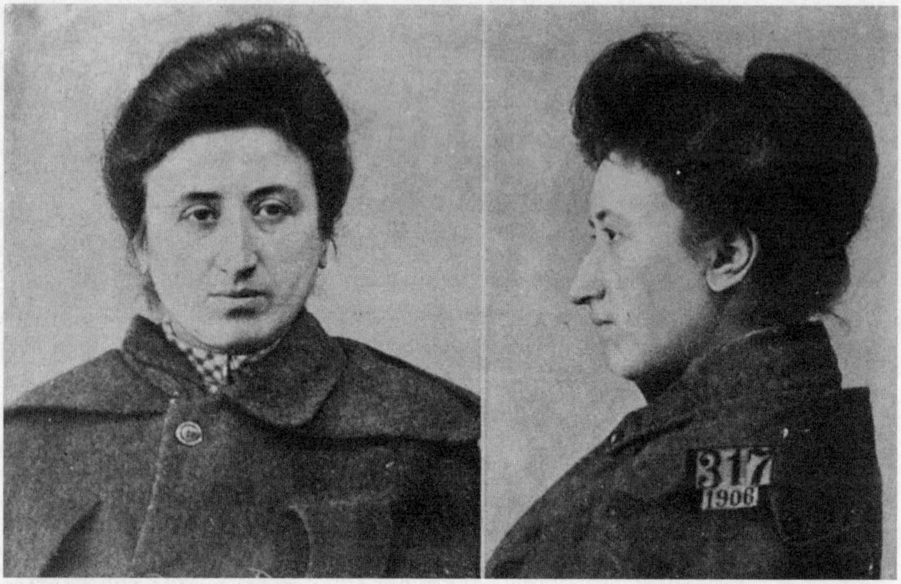

Rosa Luxemburgo ao ser presa em Varsóvia, em 1906, quando permaneceu quatro meses detida por suas atividades revolucionárias.

Rosa Luxemburgo (1871-1919), economista e filósofa nascida na Polônia e de cidadania alemã, foi uma incansável militante comunista que atuou na Social-Democracia da Polônia (SDKP), no Partido Social-Democrata da Alemanha (SPD) e no Partido Social-Democrata Independente da Alemanha (USPD). Ao lado de Karl Liebknecht, fundou a Liga Espartaquista, que viria a ser o Partido Comunista da Alemanha (KPD). Presa diversas vezes, acabou assassinada numa emboscada até hoje não esclarecida (o mais aceito é que Rosa tenha sido executada por um grupo paramilitar alemão mercenário, mas a autoria do crime permanece desconhecida). É autora de consistente obra, da qual se destacam *Reforma ou revolução?*, *A Revolução Russa* e *A acumulação do capital*.

O CAPITAL

CRÍTICA DA ECONOMIA POLÍTICA

LIVRO III

O processo global da produção capitalista

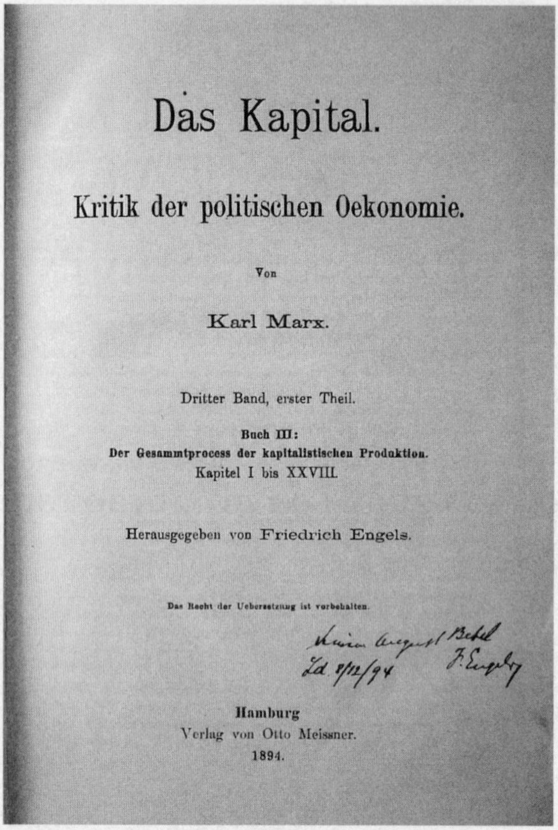

Das Kapital.

Kritik der politischen Oekonomie.

Von

Karl Marx.

Dritter Band, erster Theil.

Buch III:
Der Gesammtprocess der kapitalistischen Produktion.
Kapitel I bis XXVIII.

Herausgegeben von Friedrich Engels.

Das Recht der Uebersetzung ist vorbehalten.

Seinem August Bebel
Ld. 8/12/94 F. Engels

Hamburg
Verlag von Otto Meissner.
1894.

Folha de rosto da primeira edição do Livro III d'*O capital* (Hamburgo, 1894).

Prefácio

Finalmente logro dar ao público este terceiro volume da principal obra de Marx, a conclusão da parte teórica. Ao editar o Livro II, em 1885, pensei que o Livro III apresentaria apenas dificuldades técnicas, com exceção, é claro, de algumas seções muito importantes. E, com efeito, foi isso mesmo; mas naquele momento eu não tinha noção das dificuldades que justamente essas seções mais importantes me trariam, tampouco dos demais obstáculos que tanto retardariam o acabamento deste volume.

Em primeiro lugar, e mais do que tudo, perturbou-me uma persistente debilidade visual, que durante anos limitou a um mínimo meu tempo de trabalho para as tarefas escritas e que ainda agora só em casos excepcionais me permite empunhar a pena para trabalhar sob luz artificial. A isso se somaram outras tarefas que não podiam ser adiadas: novas edições e traduções de trabalhos anteriores de Marx e meus, isto é, revisões e elaboração de prefácios e notas complementares, que, muitas vezes, demandavam novos estudos etc. Sobretudo a edição inglesa do Livro I, por cujo texto sou responsável em última instância e que, por isso, tomou-me muito tempo. Quem de algum modo acompanhou o crescimento colossal da literatura socialista internacional durante os últimos dez anos, em especial o número de traduções de trabalhos anteriores de Marx e meus, há de me dar razão quando me congratulo pelo fato de ser muito limitado o número das línguas em que eu podia ser útil ao tradutor e, por isso, ficava impedido de recusar uma revisão de seu trabalho. Mas o crescimento da literatura era apenas um sintoma do correspondente crescimento do próprio movimento operário internacional, o qual me impunha novas obrigações. Desde os primeiros dias de nossa atividade pública, recaíra sobre Marx e sobre mim boa parte do trabalho de intermediação entre os movimentos nacionais dos socialistas e dos trabalhadores em diversos países; esse trabalho cresceu junto com o fortalecimento do movimento global. Mas, depois da morte de Marx, que em vida havia assumido a parte mais pesada de tal fardo, coube unicamente a mim dar continuidade a esse trabalho, sempre crescente. Entrementes, o contato mútuo e direto entre os diversos partidos operários nacionais converteu-se em regra e, felizmente, aumenta a cada dia; apesar disso, minha ajuda é requerida com uma frequência muito maior do que me agradaria, no interesse de meus trabalhos teóricos. Para quem, como eu, esteve ativo nesse movimento por mais de cinquenta anos, os trabalhos dele provenientes constituem um dever impreterível, a ser imediatamente cumprido. Tal como no século XVI, também em nossos agitados tempos, no terreno dos interesses públicos, os teóricos puros existem apenas do lado da reação, e precisamente por isso esses senhores nem sequer são verdadeiros teóricos, mas simples apologistas dessa reação.

A circunstância de que vivo em Londres acarreta o fato de que, durante o inverno, essas relações partidárias ocorrem geralmente por cartas, ao passo que, no verão, na maior parte, por contatos pessoais diretos. Por isso, bem como pela necessidade de seguir o curso do movimento num número sempre crescente de países e num número ainda maior de órgãos da imprensa, tornou-se impossível para mim concluir trabalhos que não permitem interrupções em outra época que não o inverno, especialmente nos três primeiros meses do ano. Quando já se ultrapassou os setenta anos, as fibras associativas cerebrais de Meynert trabalham com uma lentidão fatal; já não se superam interrupções em difíceis trabalhos teóricos com tanta facilidade e rapidez como antes. Por isso, o trabalho que não se conseguia concluir num inverno tinha de ser refeito, em grande parte, no inverno seguinte, o que ocorreu particularmente com a seção V, a mais difícil de todas.

Como o leitor há de notar a partir dos dados que seguem, o trabalho de redação foi essencialmente distinto do efetuado no segundo volume. No caso deste terceiro, dispunha-se apenas de uma primeira versão, ainda por cima repleta de lacunas. Em regra, o início de cada seção estava elaborado de forma bastante cuidadosa e, na maior parte, estilisticamente acabada. Mas, ao avançar, maiores eram o caráter de esboço da elaboração e as lacunas que esta apresentava, bem como o número de digressões sobre pontos secundários que surgiam no curso da investigação e cujo lugar definitivo ficava dependente de um ordenamento ulterior; tanto mais longos e intricados se tornavam os períodos em que se expressavam as ideias anotadas *in statu nascendi* [em estado nascente]. Em numerosas passagens, tanto a grafia como a exposição denotam nitidamente a irrupção e os progressos graduais de alguma daquelas enfermidades originadas do excesso de trabalho, que começaram por dificultar cada vez mais o trabalho autônomo do autor, até que, por fim, acabaram impossibilitando-o completamente a intervalos cada vez menores. Não é de se admirar. Entre 1863 e 1867, Marx não só escreveu a primeira versão dos dois últimos livros d'*O capital* e completou o manuscrito definitivo do Livro I, como desenvolveu também o enorme trabalho de fundação e difusão da Associação Internacional de Trabalhadores. Isso fez com que em 1864 e 1865 já se apresentassem os primeiros sintomas dos transtornos de saúde que o impossibilitariam de dar o último acabamento aos Livros II e III.

Comecei meu trabalho ditando, para obter uma cópia legível, todo o manuscrito a partir do original, que mesmo para mim era muitas vezes difícil de decifrar, e essa tarefa me tomou bastante tempo. Só então pude começar a redação propriamente dita. Limitei-a ao mínimo necessário e, na medida do possível, tentei conservar o caráter da primeira versão, sempre que a clareza o permitia; decidi não suprimir certas repetições quando elas enfocam o objeto sob outro ângulo, como é comum em Marx, ou mesmo o expressam de maneira diferente. Onde minhas alterações ou acréscimos não são meras correções estilísticas ou onde tive de reelaborar o material fático fornecido por Marx, para dele extrair conclusões próprias, ainda que, o mais possível, dentro do espírito marxiano, toda a passagem foi colocada entre chaves e assinalada com minhas iniciais. Em minhas notas de rodapé, as chaves se encontram ocasionalmente ausentes, mas, quando nelas se veem minhas iniciais, sou eu o responsável por toda a nota.

Como é natural num primeiro esboço, encontram-se no manuscrito numerosas indicações de pontos a ser desenvolvidos posteriormente, sem que tais promessas se tenham cumprido em todos os casos. Decidi mantê-las, porque expõem as intenções do autor em relação a uma futura elaboração.

Passemos agora aos detalhes.

Para a seção I, o manuscrito principal só pôde ser utilizado com grandes limitações. Logo no começo, incorpora-se todo o cálculo matemático da relação entre taxa de mais-valor e taxa de lucro (o que constitui nosso capítulo 3), ao passo que o tema desenvolvido em nosso capítulo 1 é abordado apenas adiante, de forma ocasional. Aqui foram de grande ajuda dois começos de reelaboração, cada um deles com oito páginas in-fólio, material que tampouco havia recebido o acabamento necessário. A partir deles foi composto o atual capítulo 1. O capítulo 2 provém do manuscrito principal. Para o capítulo 3, foi encontrada uma série inteira de elaborações matemáticas incompletas, além de um caderno quase completo, da década de 1870, em que se expunha em equações a relação entre a taxa de mais-valor e a taxa de lucro. Meu amigo Samuel Moore, que também efetuou a maior parte da tradução inglesa do primeiro volume, assumiu a tarefa de elaborar para mim esse caderno, para o que ele, como antigo matemático de Cambridge, estava mais habilitado. A partir de seu resumo, compus o capítulo 3, com eventual emprego do manuscrito principal. Do capítulo 4 só se encontrava o título. Como, porém, o ponto nele abordado – o efeito da rotação sobre a taxa de lucro – é de importância decisiva, eu mesmo o elaborei, motivo pelo qual todo o texto se encontra entre chaves. Constatou-se, então, que, de fato, a fórmula do capítulo 3 para a taxa de mais-valor carecia de modificação, a fim de ser válida de forma geral. A partir do capítulo 5, o manuscrito principal é a única fonte para o resto da seção, embora também aqui tenham sido necessárias muitas reordenações e complementações.

Para as três seções seguintes, com exceção de reparos estilísticos, pude ater-me quase sempre ao manuscrito original. Algumas passagens isoladas, na maioria relativas ao efeito da rotação, tiveram de ser elaboradas em concordância com o capítulo 4, inserido por mim: da mesma forma, elas foram colocadas entre chaves e assinaladas com minhas iniciais.

A dificuldade principal se deu na seção V, que também trata do assunto mais intricado de todo o livro. E foi precisamente em sua elaboração que Marx se surpreendeu por um dos graves acessos de enfermidade já mencionados. Não temos aqui, portanto, uma primeira versão acabada nem sequer um esquema cujos contornos se pudessem completar, mas apenas um começo de elaboração que, em mais de uma oportunidade, desemboca num amontoado caótico de notas, observações e materiais em forma de extratos. Num primeiro momento, tentei completar essa seção, tal como eu havia conseguido em certa medida com a seção I, preenchendo as lacunas e elaborando os fragmentos apenas indicados, de modo a oferecer, ao menos de forma aproximada, tudo aquilo que o autor tivera a intenção de expressar. Tentei fazer isso pelo menos três vezes, mas fracassei em todas elas, e no tempo perdido com essas tentativas está uma das principais causas de minha demora. Por fim, compreendi que esse não era o caminho correto. Para isso, eu teria de percorrer toda a enorme literatura existente nesse terreno e, ao final, acabaria produzindo algo que não seria o livro de Marx. Não me restou outro recurso, em certo sentido, senão cortar o nó górdio, limitando-me a ordenar o máximo possível o material existente e fazer apenas os acréscimos mais imprescindíveis. Assim, na primavera de 1893, concluí a tarefa principal dedicada a essa seção.

Dos outros capítulos, aqueles que vão do 21 ao 24 estavam, em sua maior parte, elaborados. Os de número 25 e 26 exigiam um cotejo das citações documentais e a inclusão de material que se encontrava em outros lugares. Os capítulos 27 e 29 puderam ser reproduzidos quase por completo de acordo com o manuscrito, ao passo que o capítulo 28, pelo contrário, teve de ser reordenado em algumas passagens. Com o capítulo 30, sim, começaram as verdadeiras dificuldades. A partir daí era preciso ordenar corretamente não só o material das citações, mas também a sequência das ideias, interrompida a todo momento por orações secundárias, digressões etc., e com frequência continuada de maneira casual, em outro lugar. Assim redigi o capítulo 30, transpondo algumas passagens e excluindo outras, que foram utilizadas alhures. Já o capítulo 31 estava elaborado mais de acordo com o contexto. Então se seguia, no manuscrito, uma longa seção, intitulada "A confusão", composta somente de extratos dos relatórios parlamentares sobre as crises de 1848 e 1857, nos quais se encontram reunidos os depoimentos de 23 homens de negócios e escritores econômicos, versando especialmente sobre dinheiro e capital, escoamento de ouro, hiperespeculação etc., e que são aqui e ali brevemente glosados de forma humorística. Neles estão representados, ora por quem pergunta, ora por quem responde, quase todos os pontos de vista correntes à época sobre a relação entre dinheiro e capital; e é dessa "confusão", que aí se manifesta sobre o que seriam dinheiro e capital no mercado de dinheiro, que Marx queria tratar crítica e satiricamente. Depois de muitas tentativas, convenci-me da impossibilidade de elaborar tal capítulo; empreguei o material, especialmente o que fora glosado por Marx, sempre que havia um contexto adequado para fazê-lo.

A isso se segue, de forma bastante ordenada, o que introduzi no capítulo 32; imediatamente depois disso, um novo acúmulo de extratos dos relatórios parlamentares acerca de todos os assuntos tratados nessa seção, misturados com observações mais extensas ou mais breves do autor. Na parte final, extratos e glosas se concentram cada vez mais no movimento dos metais monetários e da taxa de câmbio, concluindo novamente com todo tipo de observações complementares. Já a parte sobre "O período pré-capitalista" (capítulo 36), ao contrário, estava completamente elaborada.

A partir de todo esse material, a começar pela "confusão", e na medida em que já não tivesse sido disposto em passagens anteriores, compus os capítulos 33 a 35. Naturalmente, isso não foi possível sem grandes interpolações de minha parte, a fim de estabelecer o nexo necessário. Em todos os casos que não são de natureza meramente formal, essas interpolações estão expressamente assinaladas como de minha autoria. Desse modo, foi-me possível, por fim, incluir no texto *todas* as proposições do autor de alguma maneira pertinentes à questão; nada ficou de fora, exceto uma parte ínfima dos extratos que ou apenas repetia algo dado em outro lugar ou tocava pontos em cuja consideração mais detalhada o manuscrito não entrava.

A seção sobre a renda fundiária estava desenvolvida de maneira muito mais completa, ainda que não estivesse ordenada, como já revela o próprio fato de que Marx, no capítulo 43 (no manuscrito, a última parte da seção sobre a renda), considera necessário retomar brevemente o plano de toda a seção. Isso era desejável para a edição, tanto mais porque o manuscrito começa com o capítulo 37, seguido pelos de número 45 a 47, e só depois deles vêm os capítulos 38 a 44. O maior trabalho deram as tabelas sobre a renda diferencial II e a descoberta de que o capítulo 43, que deveria conter um exame do terceiro caso desse tipo de renda, nem sequer tocava na questão.

Para essa seção sobre a renda fundiária, Marx havia feito, na década de 1870, pesquisas especiais totalmente novas. Ele estudara no idioma original os registros estatísticos e outras publicações sobre a propriedade fundiária – tornados inevitáveis depois da "reforma" de 1861 na Rússia –, que lhe haviam sido fornecidos por amigos russos da forma mais completa possível; desse material, ele extraiu citações, as quais pretendia utilizar na reelaboração dessa seção. Dada a variedade das formas, tanto da propriedade fundiária quanto da exploração dos produtores agrícolas na Rússia, esse país deveria desempenhar, na seção sobre a renda fundiária, o mesmo papel que, no Livro I, havia sido assumido pela Inglaterra no que diz respeito ao trabalho assalariado industrial. Lamentavelmente, não lhe foi possível executar esse plano.

Por fim, a seção VII estava completamente redigida, mas apenas como primeira versão, cujos períodos intermináveis e intricados tinham antes de ser decompostos para ficar em condições de ser impressos. Do último capítulo, existe só o início. Nele, as três grandes classes da sociedade capitalista desenvolvida – proprietários fundiários, capitalistas e assalariados –, que correspondem às três grandes formas de rendimento – renda fundiária, lucro e salário –, e a luta de classes necessariamente dada com sua existência deveriam ser apresentadas como resultado palpável do período capitalista. Marx costumava reservar esse tipo de resumo conclusivo à redação final, imediatamente antes da impressão, quando, então, os mais recentes acontecimentos históricos lhe forneciam, com infalível regularidade, as provas de seus desenvolvimentos teóricos com a maior atualidade possível.

As citações e provas documentais são, como já no Livro II, muito mais escassas do que no Livro I. As citações do Livro I dão a paginação da segunda e terceira edições. Onde, no manuscrito, há referência a proposições teóricas de economistas anteriores, estas aparecem, na maioria das vezes, indicadas apenas com o nome do autor, ao passo que a localização da passagem deveria ser agregada na elaboração final. Tive naturalmente de deixar isso como estava. Dos relatórios parlamentares, há apenas quatro, mas esses também foram abundantemente utilizados. São os seguintes:

1. *Reports from Committees* (da Câmara dos Comuns), v. VIII, *Commercial Distress*, v. II, parte I, 1847/1848, *Minutes of Evidence*. Citado como: *Commercial Distress*, 1847/1848.
2. *Secret Committee of the House of Lords on Commercial Distress, 1847, Report printed 1848, Evidence printed 1857* (porque em 1848 fora considerada demasiado comprometedora). Citado como: *C. D.*, 1848-1857.
3. *Report: Bank Acts*, 1857. Idem, 1858. Relatórios da comissão da Câmara dos Comuns sobre o efeito das leis bancárias de 1844 e 1845, com testemunhos. Citado como: *B. A.* (às vezes também *B. C.*), 1857, ou, a depender do caso, 1858.

Ao Livro IV – a história da teoria do mais-valor –, eu me dedicarei assim que me seja de algum modo possível.

* * *

No prefácio do Livro II d'*O capital*, tive de acertar contas com os senhores que, naquela ocasião, lançaram um grande clamor porque pretendiam ter encontrado "em [Johann Karl] Rodbertus a fonte secreta e um precursor de Marx". Ofereci-lhes a oportunidade de mostrar "do que é capaz a economia rodbertiana"; desafiei-os a demonstrar "de que maneira uma taxa média de lucro igual pode e deve ser formada, não apenas sem infringir a lei do valor, mas sobre a própria base dessa lei"*. Os mesmos senhores que, naquela época, por motivos subjetivos ou objetivos – mas, em regra, de modo nenhum por motivos científicos –, proclamaram o bom Rodbertus como estrela econômica de primeira grandeza ficaram, sem exceção, devendo a resposta. Já outras pessoas consideraram valer a pena ocupar-se com o problema.

Em sua crítica ao Livro II ("*Conrads Jahrbücher*", XI, 5, 1885, p. 452-65), o prof. W.[ilhelm] Lexis aborda a questão, embora não queira dar nenhuma solução direta. Diz ele: "A solução daquela contradição" (entre a lei do valor ricardo-marxiana e a taxa média igual de lucro) "é impossível, se os diferentes tipos de mercadorias são examinados isoladamente e seu valor é igual a seu valor de troca, sendo este igual ou proporcional a seu preço". Segundo ele, tal solução só é possível se

* Cf. *O Capital*, Livro II, cit., p. 100. (N. T.)

"abandonarmos a medição do valor para tipos individuais de mercadorias, segundo o trabalho, e considerarmos apenas a produção de mercadorias *em sua totalidade* e a distribuição destas últimas entre as classes globais dos capitalistas e trabalhadores. [...] Do produto total, a classe trabalhadora só obtém certa parte [...] e a outra, a parte que vai para os capitalistas, constitui, em sentido marxiano, o mais-produto e, por conseguinte, também [...] o mais-valor. Os membros da classe capitalista distribuem, então, entre si esse mais-valor total, não de acordo com o número de trabalhadores por eles empregados, mas de acordo com a proporção da grandeza de capital posta por cada um deles, sendo que o solo também entra no cálculo como valor de capital."

Os valores ideais de Marx, determinados pelas unidades de trabalho incorporadas nas mercadorias, não correspondem aos preços, mas "podem ser considerados ponto de partida de um deslocamento que conduz aos verdadeiros preços. Estes são condicionados pelo fato de que capitais de mesma grandeza demandam ganhos de mesma grandeza". Por meio disso, alguns capitalistas receberão por suas mercadorias preços mais altos que seus valores ideais, outros receberão preços mais baixos. "Como, porém, as perdas e os ganhos de mais-valor dentro da classe capitalista se compensam mutuamente, a grandeza total do mais-valor é a mesma que seria se todos os preços fossem proporcionais aos valores ideais das mercadorias."

Como se vê, nem de longe a questão está aqui resolvida, mas, ainda que de maneira desleixada e superficial, está corretamente *posta* em sua totalidade. Isso é, com efeito, mais do que poderíamos esperar de alguém que, como o autor, se apresenta com certo orgulho como um "economista vulgar"; é até mesmo surpreendente, quando o comparamos com as realizações de outros economistas vulgares, de que trataremos adiante. A economia vulgar do autor é, sem dúvida, muito particular. Ele diz que o ganho de capital *pode* ser deduzido à maneira de Marx, mas que nada *obriga* a adotar essa concepção, muito pelo contrário. A economia vulgar teria uma explicação no mínimo mais plausível:

"Os vendedores capitalistas, o produtor de matérias-primas, o fabricante, o atacadista e o varejista obtêm ganhos em seus negócios na medida em que cada um vende mais caro do que compra, ou seja, na medida em que aumenta em certa porcentagem o preço de custo de sua mercadoria. Apenas o trabalhador não está em condições de aplicar semelhante acréscimo de valor, porquanto, em virtude de sua situação desvantajosa em face do capitalista, é obrigado a vender seu trabalho pelo preço que este custa para ele mesmo, isto é, pelos meios necessários de subsistência [...]. Dessa maneira, tais aumentos de preço conservam sua plena significação em face dos assalariados, que compram e provocam a transferência de uma parte do valor do produto total para a classe dos capitalistas."

Ora, não é preciso grande esforço intelectual para compreender que essa explicação "econômico-vulgar" do lucro do capital desemboca praticamente nos mesmos resultados que a teoria marxiana do mais-valor; que os trabalhadores, de acordo com a concepção de Lexis, encontram-se exatamente na mesma "situação desfavorável" que em Marx; que são, exatamente da mesma maneira, os logrados, já que qualquer não trabalhador pode vender acima do preço, ao passo que o trabalhador não pode fazê-lo; e que, com base nessa teoria, é possível construir um socialismo vulgar ao menos tão plausível quanto o construído aqui na Inglaterra sobre a base da teoria do valor de uso e da utilidade marginal de [William Stanley] Jevons e [Carl] Menger. Sim, suspeito até mesmo que, se essa teoria do lucro fosse do conhecimento do sr. George Bernard Shaw, ele seria capaz de aferrar-se a ela com ambas as mãos, dar adeus a Jevons e Menger e sobre essa pedra erigir de novo a Igreja Fabiana do futuro.

Na realidade, porém, essa teoria não é senão uma paráfrase da teoria marxiana. De onde, pois, provêm os recursos necessários para cobrir todos os acréscimos do preço? Do "produto global" dos trabalhadores. E precisamente na medida em que a mercadoria "trabalho", ou, como diz Marx, a força de trabalho, tem de ser vendida abaixo de seu preço. Pois, se todas as mercadorias têm em comum a particularidade de ser vendidas mais caras do que os custos de produção; se, no entanto, apenas o trabalho está excluído dessa particularidade e é sempre vendido apenas pelos custos de produção, então ele é, de fato, vendido abaixo do preço que constitui a regra nesse mundo da economia vulgar. O lucro extra daí decorrente e que flui para o capitalista ou, respectivamente, para a classe capitalista consiste exatamente nisso e, em última instância, só surge pelo fato de o trabalhador, após reproduzir o que repõe o preço de seu trabalho, ter de produzir ainda outro produto adicional, pelo qual ele não é pago: o mais-produto, produto do trabalho não pago, mais-valor. Lexis é um homem extremamente prudente na escolha de seus termos. Em nenhum momento ele afirma diretamente que a concepção citada seja sua; no entanto, se ela é, então está claro como a luz do sol que aqui não estamos lidando com um daqueles economistas vulgares habituais, dos quais ele mesmo diz que cada um deles, aos olhos de Marx, "não passa de um imbecil incurável, na melhor das hipóteses", mas sim com um marxista disfarçado de economista vulgar. Que esse disfarce se tenha produzido consciente ou inconscientemente é um problema psicológico que não nos interessa aqui. Quem pretenda averiguar isso pode também investigar como foi possível que, em dado momento, um homem tão inteligente, como Lexis certamente é, tenha podido defender tamanha estupidez como o bimetalismo.

O primeiro que tentou realmente responder à questão foi o dr. Conrad Schmidt, em *Die Durchsnittsprofitrate auf Grundlage des Marx'schen Werthgesetzes** (Stuttgart, Dietz, 1889). Schmidt tenta harmonizar os detalhes da formação do preço de mercado tanto com a lei do valor quanto com a taxa média de lucro. O capitalista industrial recebe em seu produto, primeiro, a reposição de seu capital adiantado e, segundo, um mais-produto pelo qual ele nada pagou. Para obter esse mais-produto, ele tem de adiantar seu capital na produção; ou seja, tem de empregar determinada quantidade de trabalho objetivado para poder apropriar-se desse mais-produto. Portanto, para o capitalista, esse seu capital adiantado é a quantidade de trabalho objetivado socialmente necessário para lhe fornecer esse mais-produto. O mesmo vale para qualquer outro capitalista industrial. Como os produtos se intercambiam reciprocamente de acordo com a lei do valor, em proporção ao trabalho socialmente necessário a sua produção, e como para o capitalista o trabalho necessário para a produção de seu mais-produto não é senão o trabalho pretérito acumulado em seu capital, deduz-se que os mais-produtos se intercambiam na proporção dos capitais requeridos para sua produção, mas não de acordo com o trabalho que neles é *efetivamente* incorporado. A parcela que cabe a cada unidade de capital é, portanto, igual à soma de todos os mais-valores produzidos dividida pela soma dos capitais empregados na produção. De acordo com isso, capitais iguais geram lucros iguais em intervalos iguais de tempo, e isso se consegue ao adicionar ao preço de custo do produto pago o preço de custo do mais-produto assim calculado, ou seja, o lucro médio, e ao vender ambos – o produto pago e o não pago – por esse preço aumentado. A taxa média de lucro está estabelecida, apesar de, como pensa Schmidt, os preços médios das distintas mercadorias serem determinados segundo a lei do valor.

A construção é engenhosíssima, em total acordo com o modelo hegeliano, mas compartilha com a maioria das construções hegelianas a circunstância de não estar correta. Mais-produto e produto pago não se diferenciam em nada: se a lei do valor também tem de valer *diretamente* para os preços médios, então ambos precisam ser vendidos em proporção ao trabalho socialmente necessário para sua produção e consumido nesta última. A lei do

* *"A taxa média de lucro sobre a base da lei marxiana do valor."* (N. T.)

valor se orienta de antemão contra o ponto de vista, herdado da concepção capitalista, de que o trabalho pretérito acumulado, em que consiste o capital, não é apenas uma soma determinada de valor já acabado, mas, por ser um fator da produção e da formação de lucro, também seria criador de valor, isto é, de mais valor do que o que ele mesmo possui; a lei estabelece que só o trabalho vivo ostenta esse atributo. É sabido que os capitalistas têm a expectativa de obter lucros na proporção da grandeza de seus capitais e que, portanto, consideram seu adiantamento de capital uma espécie de preço de custo de seu lucro. Porém, quando Schmidt lança mão dessa concepção para, por meio dela, harmonizar os preços calculados de acordo com a taxa média de lucro com a lei do valor, ele abole a própria lei do valor ao incorporar a esta, como um dos fatores determinantes, uma concepção que a contradiz totalmente.

Das duas, uma: ou o trabalho acumulado cria valor juntamente com o trabalho vivo. Nesse caso, a lei do valor não tem vigência.

Ou, pelo contrário, ele não cria valor. Nesse caso, a argumentação de Schmidt é incompatível com a lei do valor.

Schmidt se perdeu quando estava muito próximo da solução, porque achava que teria de encontrar uma fórmula, possivelmente matemática, que permitisse comprovar a harmonia do preço médio de cada mercadoria individual com a lei do valor. Mas, se ao chegar a esse ponto, bem próximo de sua meta, ele enveredou por uma trilha errada, o conteúdo restante de seu opúsculo demonstra a compreensão com que extraiu outras conclusões dos dois primeiros livros d'*O capital*. Cabe-lhe a honra de ter descoberto de maneira independente a explicação correta da queda tendencial da taxa de lucro, que Marx expusera no Livro III, seção III; o mesmo ocorreu com a derivação do lucro comercial a partir do mais-valor industrial e com uma série de observações sobre os juros e a renda fundiária, nas quais se antecipam os elementos que Marx desenvolve nas seções IV e V do Livro III.

Num trabalho posterior (*Die Neue Zeit*, 1892/1893, n. 4 e 5), Schmidt procura a solução por outro caminho. Este conduz ao seguinte: é a concorrência que produz a taxa média de lucro, ao fazer com que o capital emigre de ramos da produção com sublucro para outros ramos, nos quais se obtém sobrelucro. Que a concorrência seja a grande niveladora dos lucros, isso não é novidade. Mas Schmidt tenta agora provar que essa nivelação dos lucros é idêntica à redução do preço de venda das mercadorias excedentes ao valor médio que a sociedade pode pagar por elas conforme a lei do valor. As considerações de Marx no próprio livro revelam suficientemente por que isso não podia conduzir à solução do problema.

Depois de Schmidt, foi P.[eter] Fireman quem enfrentou o problema (*Conrads Jahrbücher*, série terceira, III, p. 793). Não detalharei suas observações sobre outros aspectos da exposição de Marx. Elas se baseiam no equívoco de que Marx quer criar definições no momento mesmo em que argumenta e de que, em geral, seria necessário procurar em Marx definições fixas e prontas, válidas de uma vez por todas. É evidente que, quando as coisas e suas relações recíprocas não são concebidas como fixas, mas como mutáveis, também seus reflexos mentais, os conceitos, estão igualmente submetidos a modificação e renovação; que estes não se encontram enclausurados em definições rígidas, mas desenvolvidos em seu processo de formação histórico ou, a depender do caso, lógico. De acordo com isso, portanto, ficará claro por que Marx, no começo do Livro I – onde toma como ponto de partida a produção simples de mercadorias como seu pressuposto histórico para, então, avançar desde essa base até o capital –, parte precisamente da mercadoria simples, e não de uma forma conceitual e historicamente secundária, da mercadoria já modificada de maneira capitalista, o que, como é óbvio, Fireman não consegue compreender. Preferimos deixar de lado essas e outras questões secundárias, que ainda poderiam dar azo a diversas objeções, e passarmos logo ao cerne da questão. Enquanto a teoria ensina ao autor que, com dada taxa de mais-valor, o mais-valor é proporcional ao número de forças de trabalho empregadas, a experiência lhe mostra que, com dada taxa média de lucro, este é proporcional à grandeza do capital total aplicado. Fireman explica isso dizendo que o lucro é apenas um fenômeno convencional (termo que, para ele, significa algo pertencente a uma formação social determinada, com a qual ele se mantém e desaparece); sua existência se encontra simplesmente vinculada ao capital; este, quando é forte o suficiente para extrair um lucro para si, vê-se obrigado pela concorrência a extrair também uma taxa de lucro igual para todos os capitais. Sem uma taxa de lucro uniforme, nenhuma produção capitalista é possível; pressupondo-se esse modo de produção, a massa do lucro para cada capitalista individual só depende, com dada taxa de lucro, da grandeza de seu capital. Por outro lado, o lucro consiste em mais-valor, em trabalho não pago. Como ocorre aqui a transformação do mais-valor, cuja grandeza depende da exploração do trabalho, em lucro, cuja grandeza depende da grandeza do capital necessário para isso?

> "Simplesmente porque em todos os ramos da produção nos quais a relação entre [...] capital constante e capital variável é máxima as mercadorias são vendidas acima de seu valor, o que também significa que, naqueles ramos da produção em que a relação entre capital constante : capital variável = $c : v$ é mínima,

> as mercadorias são vendidas abaixo de seu valor e que, só onde a relação *c* : *v* constitui uma grandeza média determinada, as mercadorias são vendidas por seu valor real [...]. Essa incongruência de diversos preços individuais com seus respectivos valores pode ser considerada uma refutação do princípio do valor? De modo nenhum. Pois, pelo fato de que os preços de algumas mercadorias sobem acima de seu valor na mesma medida em que os preços de outras caem abaixo dele, a soma total dos preços permanece igual à soma total dos valores [...], desaparece, 'em última instância', a incongruência."

Essa incongruência é uma "perturbação"; "mas, nas ciências exatas, jamais se costuma considerar uma perturbação calculável como a refutação de uma lei".

Comparem-se com isso as passagens correspondentes no capítulo 9 e pode-se ver que, de fato, Fireman colocou o dedo no ponto decisivo. A acolhida imerecidamente fria que recebeu seu artigo tão significativo demonstra, porém, quantos elos intermediários ainda seriam requeridos, mesmo depois dessa descoberta, para permitir a Fireman elaborar a solução plena e evidente do problema. Muitos se interessaram pelo problema, mas tinham medo de queimar os dedos ao tocá-lo. Isso se explica não só pela forma incompleta em que Fireman deixou seu achado, mas também pela inegável precariedade tanto de sua concepção das teses de Marx quanto de sua própria crítica geral destas últimas, baseada nessa concepção.

Onde quer que se apresente uma oportunidade de cair no ridículo diante de uma questão difícil, lá está o sr. prof. Julius Wolf, de Zurique. Todo esse problema, diz ele (*Conrads Jahrbücher*, série terceira, II, p. 352 e segs.), resolve-se pelo mais-valor relativo. A produção do mais-valor relativo baseia-se no aumento do capital constante em face do variável.

> "Um aumento de capital constante pressupõe um aumento na força produtiva dos trabalhadores. Como esse aumento de força produtiva (pela via do barateamento dos meios de subsistência) acarreta um aumento de mais-valor, fica estabelecida a relação direta entre o crescimento do mais-valor e o crescimento da participação do capital constante no capital global. Um aumento de capital constante comprova um aumento na força produtiva do trabalho. Por isso, mantendo-se constante o capital variável e crescendo o capital constante, o mais-valor tem de aumentar, de acordo com a tese de Marx. Tal era o problema que nos foi colocado."

É certo que Marx diz exatamente o contrário em uma centena de passagens do Livro I; é certo que a afirmação de que, segundo Marx, o mais-valor relativo aumentaria ao diminuir o capital variável na mesma proporção em que sobe o capital constante é tão assombrosa que não pode ser expressa em termos parlamentares; é certo que o sr. Julius Wolf dá provas, a cada linha, de que não entendeu o mínimo, nem relativa nem absolutamente, do mais-valor absoluto nem do relativo; ele diz, é verdade, que "aqui, à primeira vista, parece que nos encontramos num ninho de disparates", o que, diga-se de passagem, é a única coisa certa em seu artigo inteiro. Por que tudo isso importa? O sr. Julius Wolf está tão orgulhoso de sua genial descoberta que não consegue deixar de conferir a Marx elogios póstumos, por conta disso, e de celebrar esse seu próprio disparate insondável como uma "nova prova da agudeza e amplitude de visão de seu" (o de Marx) "sistema crítico da economia capitalista".

E ainda há algo melhor, diz o sr. Wolf:

> "Ricardo também afirmou que, para igual aplicação de capital, igual mais-valor (lucro); assim como, para igual aplicação de trabalho, igual mais-valor (quanto a sua massa). O problema era, então, como uma coisa se harmoniza com a outra. Mas Marx não reconheceu a questão dessa forma. Sem dúvida, ele *demonstrou (no Livro III)* que a segunda afirmação não é consequência inevitável da lei do valor, mas que, na verdade, contradiz sua lei do valor e, por conseguinte [...], deveria ser diretamente rejeitada."

Então, ele examina quem de nós dois teria se equivocado, eu ou Marx. Naturalmente, nem sequer lhe passa pela cabeça que é ele mesmo quem perambula pelo erro.

Eu não poderia desperdiçar uma única palavra acerca dessa esplêndida passagem, sob pena de ofender meus leitores e ignorar por completo a comicidade da situação. Acrescento apenas o seguinte: com a mesma audácia com que ele então já podia dizer o que, "sem dúvida, Marx demonstrou no Livro III", ele aproveita a oportunidade para relatar uma pretensa intriga professoral, segundo a qual o supramencionado escrito de Conrad Schmidt "seria diretamente inspirado por Engels". Ora, sr. Julius Wolf! É possível que, no mundo em que o senhor vive e atua, seja algo habitual que o homem que coloca publicamente um problema aos outros revele a seus amigos particulares, em segredo, a solução desse problema. Que o senhor seja capaz disso, quero crer sem dificuldade. Que no mundo em que transito ninguém precisa rebaixar-se a tais mesquinharias, isso demonstra-lhe o presente prefácio.

Mal falecera Marx, e o sr. Achille Loria já publicava o mais rápido possível um artigo sobre ele na *Nuova Antologia* (abril de 1883): primeiro, uma biografia repleta de dados falsos, seguida por uma crítica de sua atividade pública, política e literária. Nele, com uma segurança que deixa entrever um grande objetivo, a concepção materialista da história de Marx se vê falsificada e deformada. E esse objetivo foi alcançado: em 1886, o mesmo sr. Loria publicou um livro, *La teoria economica della costituzione politica*, no qual anuncia ao assombrado mundo de seus contemporâneos que a teoria marxiana da história, que em 1883 se encontrava desfigurada de maneira tão completa e intencional, era sua própria descoberta. É verdade que a teoria de Marx é aí rebaixada a um nível bastante filisteu; nas citações e nos exemplos históricos também abundam erros que não se perdoariam a um colegial; mas que importa tudo isso? Como ele demonstra, a descoberta de que, sempre e em toda parte, as situações e os acontecimentos políticos encontram sua explicação nas correspondentes condições econômicas não foi de modo nenhum feita por Marx em 1845, mas pelo sr. Loria em 1886. Ao menos foi isso o que ele fez crer alegremente a seus compatriotas e, desde que seu livro apareceu em francês, também a alguns franceses, de modo que agora pode pavonear-se na Itália como autor de uma nova e memorável teoria da história, até que os socialistas de lá tenham tempo para arrancar do *illustre* Loria as plumas de pavão roubadas.

Essa é apenas uma pequena amostra do estilo do sr. Loria. Ele nos assegura que todas as teorias de Marx se baseiam num sofisma consciente (*un consaputo sofisma*); que Marx não se intimidava diante de paralogismos, mesmo *reconhecendo-os como tais* (*sapendoli tali*) etc. E, depois de ter transmitido a seus leitores, com uma série de artifícios de similar baixeza, o necessário para que eles vejam em Marx um arrivista *à la* Loria, que põe em cena seus efeitinhos com as mesmas trapacinhas podres que nosso professor de Pádua, ele pode agora revelar-lhes um importante segredo, que nos leva de volta à taxa de lucro.

O sr. Loria diz: segundo Marx, a massa de mais-valor (que o sr. Loria identifica aqui com o lucro) produzida numa empresa industrial capitalista deve ser determinada pelo capital variável nela aplicado, uma vez que o capital constante não proporciona lucro. Isso contradiz a realidade. Pois, na prática, o lucro não é determinado pelo capital variável, mas pelo capital total. O próprio Marx reconhece isso (Livro I, capítulo 11) e admite que, na aparência, os fatos contradizem sua teoria. Como ele resolve a contradição? Ele remete seus leitores a um volume seguinte, ainda não publicado. A respeito desse volume, sobre o qual Loria já havia dito a *seus* leitores que não acreditava que Marx tivesse pensado em escrever, ele exclama agora, triunfante:

> "Não sem razão, pois, afirmei que esse segundo volume, com o qual Marx não cessava de ameaçar seus adversários, sem jamais publicá-lo, poderia muito bem

> ser um engenhoso expediente criado por Marx em substituição dos argumentos científicos que lhe faltavam (*un ingegnoso spediente ideato dal Marx a sostituzione degli argomenti scientifici*)."

E quem agora não estiver convencido de que Marx está no mesmo nível da fraude científica de *l'illustre* Loria é um caso perdido.

Porém, havíamos aprendido que, segundo o sr. Loria, a teoria marxiana do mais-valor seria totalmente incompatível com o fato da taxa geral e uniforme de lucro. Então, nesse ínterim, apareceu o Livro II e, com ele, minha interrogação, publicamente colocada, exatamente sobre esse mesmo ponto*. Se o sr. Loria fosse um de nós, alemães estúpidos, ele teria ficado numa situação um tanto embaraçosa. Mas estamos diante de um atrevido meridional, que vem de um clima quente, no qual, como ele mesmo pode afirmar, a desinibição é, em certa medida, condição natural. O problema da taxa de lucro está colocado publicamente. O sr. Loria o declarou publicamente como insolúvel. E exatamente por isso ele agora superará a si mesmo, resolvendo-o publicamente.

Esse milagre ocorre em *Conrads Jahrbücher*, nova série, v. XX, p. 272 e segs., num artigo sobre o texto de Conrad Schmidt, já citado. Depois de ter aprendido com Schmidt como se origina o lucro comercial, de repente tudo se torna claro para ele.

> "Uma vez que a determinação do valor mediante o tempo de trabalho dá certa vantagem aos capitalistas que investem uma parte maior de seu capital em salários, o capital improdutivo" (o certo seria *capital comercial*) "pode impor a esses capitalistas privilegiados juros" (o certo seria *lucro*) "mais altos e gerar a igualdade entre os diversos capitalistas industriais. [...] Assim, por exemplo, se os capitalistas industriais *A*, *B* e *C* empregam na produção, cada um, 100 jornadas de trabalho e um capital constante de, respectivamente, 0, 100, 200, e se o salário de 100 jornadas de trabalho contém 50 jornadas de trabalho, cada capitalista recebe um mais-valor de 50 jornadas de trabalho e a taxa de lucro é de 100% para o primeiro, 33,3% para o segundo e 20% para o terceiro. Mas, se um quarto capitalista, *D*, acumula um capital improdutivo de 300, que requer juros" (lucro) "no valor de 40 jornadas de trabalho de *A*, juros de 20 jornadas de trabalho de *B*, então a taxa de lucro dos capitalistas *A* e *B* cairá a 20%, como a de *C*; *D*, com um capital de 300, obterá um lucro de 60, ou seja, uma taxa de lucro de 20%, como os capitalistas restantes."

* Cf. *O Capital*, Livro II, cit., p. 90. (N. T.)

Com tão surpreendente destreza, num passe de mágica, *l'illustre* Loria resolve a mesma questão que dez anos antes ele declarara insolúvel. Infelizmente ele não nos revelou o segredo de onde o "capital improdutivo" recebe o poder não só para extorquir dos industriais esse seu lucro extra, que ultrapassa a taxa média de lucro, mas também para conservá-lo em seus próprios bolsos, exatamente como o proprietário fundiário põe no bolso, como renda fundiária, o lucro excedente do arrendatário. De acordo com isso, os comerciantes recolheriam dos industriais um tributo totalmente análogo à renda da terra e, dessa maneira, estabeleceriam a taxa média de lucro. O capital comercial é, decerto, um fator essencialíssimo no estabelecimento da taxa geral de lucro, como quase todo mundo sabe. Mas só um aventureiro literário, que no fundo do coração menospreza toda a economia, permite-se afirmar que esse tipo de capital possui o poder mágico de absorver todo o mais-valor que excede a taxa de lucro geral – e, ainda por cima, antes que essa taxa esteja estabelecida –, de transformá-la em renda fundiária para si mesmo e, ainda por cima, sem que tenha para isso necessidade de nenhuma propriedade fundiária. Não menos assombrosa é a afirmação de que o capital comercial conseguiria descobrir aqueles industriais cujo mais-valor não faz mais que cobrir exatamente a taxa média de lucro e que considera uma questão de honra aliviar de algum modo a sina dessas infelizes vítimas da lei marxiana do valor, vendendo-lhes gratuitamente seus produtos, inclusive sem cobrar comissão nenhuma. Que prestidigitador é preciso ser para imaginar que Marx necessitaria de tão lamentáveis truques!

Mas nosso *illustre* Loria só resplandece em toda a sua glória quando o comparamos com seus concorrentes nórdicos – por exemplo, com o sr. Julius Wolf, que também não nasceu ontem. Que pequeno charlatão nos parece este último, mesmo em seu grosso livro *Socialismo e ordem social capitalista*, em comparação com o italiano! Quão desamparado – eu diria até quão modesto – ele se encontra ali, ao lado da nobre impertinência com o que o *maestro* afirma como coisa óbvia que também o próprio Marx, nem mais nem menos que todos os outros, era um sofista, paralogista, fanfarrão e charlatão tão consciente disso quanto o sr. Loria; que Marx, toda vez que se via em apuros, enganava o público prometendo-lhe a conclusão de sua teoria em algum volume seguinte, o qual, como ele sabia muito bem, não podia nem desejava fornecer! Quem chegaria a seus pés em matéria de um atrevimento sem limites, aliado à habilidade de deslizar como uma enguia por situações impossíveis, de um desprezo heroico pelos pontapés recebidos, de uma rápida apropriação das produções alheias, de um insistente escarcéu propagandístico de charlatão de feira e da manutenção da fama por meio de uma camarilha de cupinchas?

A Itália é a terra do classicismo. Desde a grande época em que nela raiava a aurora do mundo moderno, produziu personalidades grandiosas, de inalcançável perfeição clássica, desde Dante até Garibaldi. Mas também a época da humilhação e da dominação estrangeira deixou nesse país personagens cênicos clássicos, entre eles dois tipos altamente elaborados: Sganarelle e Dulcamara. A unidade clássica de ambos vemos encarnada em nosso *illustre* Loria.

Para finalizar, preciso conduzir meu leitor ao outro lado do oceano. Em Nova York, o doutor em medicina George C. Stiebeling também encontrou uma solução para o problema – de fato, uma solução simplicíssima. Tão simples que ninguém queria reconhecê-la, nem lá nem aqui; isso lhe enfureceu enormemente, a ponto de fazê-lo queixar-se com amargor de tal iniquidade numa série interminável de folhetos e artigos de jornal, publicados em ambos os lados do oceano. É verdade que, na *Die Neue Zeit*, foi-lhe dito que toda a sua solução se baseava num erro de cálculo. Mas isso não podia perturbá-lo; Marx também cometeu erros de cálculo e, mesmo assim, continuou a ter razão em muitas coisas. Examinemos, pois, a solução de Stiebeling.

> "Suponho duas fábricas que trabalham com o mesmo capital e durante o mesmo tempo, mas com uma proporção diferente entre capital constante e capital variável. Suponho que o capital total $(c + v) = y$ e designo com x a diferença na proporção entre capital constante e capital variável. Na fábrica I, $y = c + v$, enquanto na fábrica II $y = (c - x) + (v + x)$. Portanto, na fábrica I a taxa de mais-valor é $= m/v$ e na fábrica I ela é $= m/v + x$. Denomino lucro (l) o mais-valor total (m) em que aumenta o capital total y ou $c + v$ no tempo dado, isto é, que $l = m$. Consequentemente, a taxa de lucro é, na fábrica I, $= l/y$ ou $m/(c + v)$ e, na fábrica II, ela é também $= l/y$ ou $m/(c - x) + (v + x)$, isto é, também $= m/(c + v)$. O [...] problema se resolve, pois, de tal maneira que, com base na lei do valor, empregando-se o mesmo capital no mesmo tempo, a modificação da taxa de mais-valor produz uma taxa média de lucro igual." (G.[eorg] C.[hristian] Stiebeling, *Das Wertgesetz und die Profitrate*, Nova York, John Heinrich)

Por mais belo e ilustrativo que resulte o cálculo anterior, vemo-nos obrigados a formular *uma única* pergunta ao sr. dr. Stiebeling: como ele sabe que a soma do mais-valor produzido pela fábrica I é exatamente igual à soma do mais-valor produzido na fábrica II? Acerca de c, v, y e x – portanto, de todos os fatores restantes do cálculo –, ele nos diz expressamente que têm a mesma grandeza em ambas as fábricas, mas nem uma palavra acerca de m. Isso não se deduz de modo algum do fato de que designe algebricamente com m as duas quantidades de mais-valor que aparecem aqui. Isso é, antes, o que precisa ser provado, uma vez que o sr. Stiebeling também identifica o lucro, *l*, com o mais-valor. Ora, há apenas dois casos possíveis: ou ambos *m* são iguais e cada fábrica produz a mesma massa de mais-valor, isto é, também a mesma quantidade de lucro empregando o mesmo capital total – nesse caso, o sr. Stiebeling já terá pressuposto de antemão aquilo que teria de demonstrar. Ou, então, uma das fábricas produz uma soma maior de mais-valor – nesse caso, todo seu cálculo vem abaixo.

O sr. Stiebeling não poupou esforços nem custos para construir sobre esse erro de cálculo montanhas inteiras de cálculos e expô-las ao público. Para que ele fique tranquilo, posso assegurar-lhe que quase todos esses cálculos são igualmente incorretos e que, nos casos em que isso excepcionalmente não ocorre, eles demonstram algo totalmente diverso do que o sr. Stiebeling quer demonstrar. Assim, por exemplo, a partir da comparação dos relatórios dos censos americanos de 1870 e 1880, ele apresenta, de fato, a queda da taxa de lucro, mas a explica de maneira totalmente errônea e acredita ter de corrigir, mediante a prática, a teoria marxiana de uma taxa de lucro sempre constante e estável. Porém, com base na seção III do presente volume, conclui-se que essa "taxa de lucro fixa" de Marx é pura fantasia e que a queda tendencial da taxa de lucro se baseia em causas diametralmente opostas às indicadas pelo sr. dr. Stiebeling. Certamente o sr. dr. Stiebeling é movido por boas intenções, mas, quando alguém quer ocupar-se com questões científicas, esse alguém tem de aprender, em primeiro lugar, a lidar corretamente com os escritos que se pretende empregar, lendo-os tal como o autor os escreveu e, acima de tudo, sem lhes imputar coisas que ali não constam.

Resultado de toda a investigação: também com relação à presente questão, foi novamente apenas a escola marxiana que realizou alguma coisa. Ao ler este Livro III, Fireman e Conrad Schmidt podem, cada um por seu lado, ficar satisfeitos com seus próprios trabalhos.

F. Engels
Londres, 4 de outubro de 1894

Seção I

A TRANSFORMAÇÃO DO MAIS-VALOR EM LUCRO E DA TAXA DE MAIS-VALOR EM TAXA DE LUCRO

Karl Marx, retrato de John Jabez Edwin Mayall, 1875.

Capítulo 1

Preço de custo e lucro

No Livro I, investigamos os modos de manifestação que o *processo de produção* capitalista, considerado em si mesmo, apresenta como processo direto de produção; nessa análise, ainda abstraíamos de todos os efeitos secundários provocados por circunstâncias alheias a ele. Mas o processo direto de produção não esgota a biografia do capital. Ele é complementado, no mundo real, pelo *processo de circulação*, que constituiu o objeto das investigações do Livro II. Nesse último, especialmente na seção III, dedicada à análise do processo de circulação como mediação do processo social de reprodução, mostramos que o processo de produção capitalista, considerado como um todo, consiste na unidade de processo de produção e processo de circulação. Neste Livro III, nosso objetivo não poderia ser o de desenvolver reflexões gerais sobre essa unidade. Trata-se, antes, de descobrir e expor as formas concretas que brotam do *processo de movimento do capital considerado como um todo*. Em seu movimento real, os capitais se confrontam em formas concretas, para as quais a configuração do capital no processo direto de produção, do mesmo modo que sua configuração no processo de circulação, aparece apenas como momento particular. Assim, as configurações do capital, tal como as desenvolvemos neste livro, aproximam-se passo a passo da forma em que se apresentam na superfície da sociedade, na ação recíproca dos diferentes capitais, na concorrência e no senso comum dos próprios agentes da produção.

* * *

O valor de cada mercadoria M – capitalisticamente [*kapitalistisch*] produzida – apresenta-se na seguinte fórmula: $M = c + v + m$. Se desse valor-produto [*Produkentwert*] subtraímos o mais-valor m, resta um mero equivalente ou um valor de reposição em mercadoria para o valor-capital $c + v$ despendido nos elementos de produção.

Se, por exemplo, a produção de certo artigo consome um dispêndio de capital de £500 – sendo £20 para o desgaste dos meios de trabalho, £380 para os materiais de produção e £100 para a força de trabalho – e a taxa de mais-valor é de 100%, então o valor-produto = 400*c* + 100*v* + 100*m* = £600.

Após a dedução do mais-valor de £100, resta um valor-mercadoria de £500, e este repõe apenas o capital de £500 que foi gasto. Essa parcela de valor da mercadoria, que repõe o preço dos meios de produção consumidos e o preço da força de trabalho empregada, repõe apenas aquilo que a mercadoria custa ao próprio capitalista e, assim, constitui para ele o preço de custo da mercadoria.

Porém, o que a mercadoria custa para o capitalista e o que custa a produção da própria mercadoria são duas grandezas distintas. Se a parte do valor-mercadoria constituída de mais-valor não custa nada ao capitalista, é justamente porque ela custa trabalho não pago ao trabalhador. No entanto, como, com base na produção capitalista, o próprio trabalhador, após sua entrada no processo de produção, constitui um ingrediente do capital produtivo em funcionamento e pertencente ao capitalista, sendo este último, portanto, o verdadeiro produtor de mercadorias, o preço de custo da mercadoria aparece para o trabalhador como o custo real da própria mercadoria. Se chamamos o preço de custo de p, a fórmula $M = c + v + m$ se converte em $M = p + m$, ou valor-mercadoria = preço de custo + mais-valor.

Por um lado, a síntese das diversas parcelas de valor da mercadoria, que apenas repõem o valor-capital despendido em sua produção, expressa, sob a categoria do preço de custo, o caráter específico da produção capitalista. O custo capitalista da mercadoria se mede pelo dispêndio de *capital*, e o custo real da mercadoria, pelo dispêndio de *trabalho*. O preço de custo capitalista da mercadoria é, desse modo, quantitativamente distinto de seu valor ou de seu preço de custo real; ele é menor que o valor-mercadoria, pois, como $M = p + m$, então $p = M - m$. Por outro lado, o preço de custo da mercadoria não é de modo nenhum uma categoria que só existe na contabilidade capitalista. Na prática, a autonomização dessa parcela de valor impõe-se continuamente, já que ela precisa ser sempre reconvertida, por meio do processo de circulação, de sua forma-mercadoria em forma de capital produtivo; portanto, o preço de custo da mercadoria tem de recomprar constantemente os elementos de produção consumidos em sua produção.

A categoria de preço de custo, por sua vez, não guarda nenhuma relação com a criação de valor da mercadoria nem com o processo de valorização do capital. Se sei que $\frac{5}{6}$ do valor-mercadoria de £600 – ou seja, £500 – constituem apenas um valor de reposição do capital despendido de £500 e que, assim, são suficientes apenas para recomprar os elementos materiais desse capital, com tais informações não sei como foram produzidos nem esses ⅚ do valor da mercadoria que formam seu preço de custo nem o último ⅙ que constitui seu mais-valor. A investigação mostrará, no entanto, que na economia capitalista o preço de custo assume a falsa aparência de uma categoria da própria produção de valor.

Retornemos ao exemplo. Se supomos que o valor produzido por um trabalhador numa jornada de trabalho social média pode ser representado numa soma monetária de 6 xelins = 6M, então o capital adiantado de £500 é = 400*c* + 100*v*, isto é, ao produto de valor de 1.666⅔ jornadas de trabalho de 10 horas, das quais 1.333⅓ jornadas de trabalho estão cristalizadas no valor dos meios de produção = 400*c*, e 333⅓, no valor da força de trabalho = 100*v*. Assim, considerando a taxa de mais-valor pressuposta de 100%, a própria produção das novas mercadorias a ser criadas custa um dispêndio de força de trabalho = 100*v* + 100*m* = 666⅔ de jornadas de trabalho de 10 horas.

Sabemos, então (ver Livro I, capítulo 7, p. 201/193 [289]), que o valor do novo produto criado de £600 se compõe 1) do valor ressurgente do capital constante de £400 despendido em meios de produção e 2) de um novo valor produzido de £200. O preço de custo da mercadoria = £500 engloba as 400*c* ressurgentes e metade do novo valor produzido de £200 (= 100*v*), ou seja, dois elementos do valor-mercadoria totalmente distintos no que diz respeito a seu surgimento.

Por meio do caráter adequado [*zweckgemäßen Charakter*] do trabalho despendido durante 666⅔ jornadas de 10 horas, transfere-se desses meios de produção ao produto o valor dos meios de produção consumidos, no montante de £400. Assim, esse antigo valor volta a aparecer como componente do valor-produto, mas não é engendrado no processo de produção dessa mercadoria. Ele só existe como componente do valor-mercadoria porque existia anteriormente como componente do capital adiantado. O capital constante despendido é, pois, reposto pela parte do valor-mercadoria que ele mesmo repõe ao valor-mercadoria. Esse elemento do preço de custo tem, portanto, um duplo sentido: por um lado, ele entra no preço de custo da mercadoria pelo fato de ser um componente do valor-mercadoria que repõe o capital despendido; por outro, ele constitui apenas um componente do valor-mercadoria pelo fato de ser o valor do capital despendido ou porque os meios de produção custam esse mesmo valor.

Ocorre exatamente o contrário com o outro componente do preço de custo. As 666⅔ jornadas de trabalho despendidas durante a produção de mercadorias constituem um novo valor de £200. Desse novo valor, uma parte repõe apenas o capital variável adiantado de £100, ou o preço da força de trabalho empregada. Mas esse valor-capital adiantado não entra de maneira nenhuma na criação do novo valor. No interior do adiantamento de capital a força de trabalho conta como valor, mas no processo de produção ela funciona como *criadora de valor*. Em vez do valor da força de trabalho, que figura no interior do adiantamento de capital, surge, no capital produtivo realmente *em funcionamento*, a própria força de trabalho viva, criadora de valor.

A diferença entre esses distintos componentes do valor-mercadoria, que juntos constituem o preço de custo, salta à vista tão logo ocorre uma variação na grandeza de valor, ora da parte constante, ora da parte variável do capital que foi despendida. O preço dos mesmos meios de produção ou da parte constante de capital aumenta de £400 para £600 ou, ao contrário, diminui para £200. No primeiro caso, aumenta não só o preço de custo da mercadoria de £500 para $600c + 100v$ = £700, mas o próprio valor-mercadoria, de £600 para $600c + 100v + 100m$ = £800. No segundo caso, diminui não só o preço de custo de £500 para $200c + 100v$ = £300, mas o próprio valor-mercadoria, de £600 para $200c + 100v + 100m$ = £400. Porque o capital constante despendido transfere seu próprio valor ao produto, o valor-produto cresce ou decresce – mantendo-se iguais as demais circunstâncias – juntamente com a grandeza absoluta daquele valor-capital. Suponhamos, inversamente, que, mantendo-se invariáveis as demais circunstâncias, o preço da mesma massa de força de trabalho aumente de £100 para £150 ou, ao contrário, diminua para £50. No primeiro caso, o preço de custo certamente aumenta de £500 para $400c + 150v$ = £550; no segundo caso, diminui de £500 para $400c + 50v$ = £450. Em ambos os casos, porém, o valor-mercadoria permanece inalterado = £600, sendo uma vez = $400c + 150v + 50m$ e a outra vez = $400c + 50v + 150m$. O capital variável adiantado não acrescenta seu próprio valor ao produto. Em vez de seu valor, entrou no produto, antes, um novo valor criado pelo trabalho. Uma variação na grandeza absoluta de valor do capital variável, na medida em que expressa apenas uma variação no preço da força de trabalho, não altera em nada a grandeza absoluta do valor-mercadoria porque não modifica a grandeza absoluta do novo valor criado pela força fluida de trabalho. Tal variação afeta, antes, apenas a proporção de grandeza entre os dois componentes do novo valor, dos quais um constitui mais-valor e o outro repõe o capital variável e, assim, entra no preço de custo da mercadoria.

As duas partes do preço de custo – nesse caso, $400c + 100v$ – têm em comum apenas o fato de que ambas são parte do valor-mercadoria que repõem o capital adiantado.

Mas esse fato real aparece necessariamente de modo falso do ponto de vista da produção capitalista.

O modo de produção capitalista se distingue do modo de produção fundado na escravidão, entre outros motivos, pelo fato de que o valor ou preço da força de trabalho se apresenta como valor ou preço do próprio trabalho, ou como salário (Livro I, capítulo 17). Desse modo, a parcela variável de valor do adiantamento de capital aparece como capital despendido em salário, como um valor-capital que paga o valor ou o preço de todo o trabalho despendido na produção. Supondo-se, por exemplo, que uma jornada de trabalho social média de 10 horas se incorpore numa massa monetária de 6 xelins, então o adiantamento de capital variável de £100 será a expressão monetária de um valor produzido em 333⅓ jornadas de trabalho de 10 horas. Mas esse valor que figura no adiantamento de capital da força de trabalho comprada não constitui nenhuma parte do capital realmente em funcionamento. Em seu lugar, entra no próprio processo de produção a força de trabalho viva. Se, como no exemplo, o grau de exploração dessa força de trabalho for de 100%, então ela será despendida durante 666⅔ jornadas de trabalho de 10 horas e, com isso, adicionará ao produto um novo valor de £200. No adiantamento de capital, porém, o capital variável figura como capital desembolsado em salário, ou como preço do trabalho realizado durante 666⅔ jornadas de 10 horas. Dividindo £100 por 666⅔, obtemos, como preço da jornada de trabalho de 10 horas, 3 xelins, o produto de valor de 5 horas de trabalho.

Se compararmos o adiantamento de capital com o valor-mercadoria, teremos:

1. Adiantamento de capital de £500 = £400 em capital despendido em meios de produção (preço dos meios de produção) + £100 em capital despendido em trabalho (preço de 666⅔ jornadas de trabalho ou salário destas).
2. Valor-mercadoria de £600 = preço de custo de £500 (£400 relativas ao preço dos meios de produção consumidos + £100 relativas ao preço das 666⅔ jornadas de trabalho despendidas) + £100 de mais-valor.

Nessa fórmula, a parte do capital desembolsada em trabalho diferencia-se da parte do capital desembolsada em meios de produção – por exemplo, algodão ou carvão – apenas pelo fato de que serve para o pagamento de um elemento de produção materialmente distinto, mas de modo nenhum pelo fato de que desempenhe papel funcionalmente distinto no processo de valorização da mercadoria e, portanto, também no processo de valorização do capital. No preço de custo da mercadoria, o preço dos meios de produção volta a ser aquele que já figurava no adiantamento de capital, precisamente porque esses meios de produção foram consumidos de modo adequado. Da mesma maneira, no preço de custo da mercadoria, o preço ou o salário para as 666⅔ jornadas volta a ser aquele que já figurava no adiantamento de capital, e isso precisamente pelo fato de que essa massa de trabalho foi despendida de forma adequada. Vemos apenas valores prontos, existentes – as parcelas de valor do capital adiantado, que entram na criação do valor-produto –, mas nenhum elemento que cria novo valor. A diferença entre capital variável e capital constante desapareceu. O preço de custo integral de £500 assume, agora, o duplo sentido de ser, em primeiro lugar, o componente do valor-mercadoria de £600, que repõe o capital de £500 gasto na produção da mercadoria; em segundo lugar, esse próprio componente de valor da mercadoria só existe porque já existia anteriormente como preço de custo dos elementos de produção empregados, como preço de custo dos meios de produção e do trabalho, isto é, como adiantamento de capital. O valor-capital retorna como preço de custo da mercadoria porque e na medida em que foi gasto como valor-capital.

Do fato de que os diferentes componentes de valor do capital adiantado foram desembolsados em elementos de produção materialmente distintos – em meios de trabalho, matérias-primas, materiais auxiliares e trabalho – resulta apenas que o preço de custo da mercadoria tem de recomprar esses elementos de produção materialmente distintos. Já com relação à formação do próprio preço de custo, ao contrário, importa apenas uma diferença, aquela entre capital fixo e capital circulante. No exemplo dado, foram calculadas £20 para o desgaste dos meios de trabalho (400*c* = £20 para o desgaste dos meios de trabalho + £380 para os materiais de produção). Se antes da produção da mercadoria o valor desses meios de trabalho era = £1.200, após sua produção ele existe em duas configurações: £20 como parte do valor-mercadoria e [£]1.200 – [£]20 = £1.180 como valor restante dos meios de trabalho que se encontram nas mãos do capitalista ou como elemento de valor não de seu capital-mercadoria, mas de seu capital produtivo. Em oposição aos meios de trabalho, os materiais de produção e o salário são integralmente despendidos na produção da mercadoria, de modo que seu valor integral entra no valor da mercadoria produzida. Vimos anteriormente como esses distintos componentes do capital adiantado assumem, com relação à rotação, as formas de capital fixo e circulante.

O adiantamento de capital é, portanto = £1.680: capital fixo = £1.200 + capital circulante = £480 (= £380 em materiais de produção + £100 em salário).

Em contrapartida, o preço de custo da mercadoria é apenas = £500 (£20 para o desgaste do capital fixo, £480 para o capital circulante).

No entanto, essa diferença entre preço de custo da mercadoria e adiantamento de capital confirma apenas que o preço de custo da mercadoria é formado exclusivamente pelo capital realmente despendido para sua produção.

Na produção da mercadoria são utilizados meios de trabalho no valor de £1.200; desse valor-capital adiantado, porém, só £20 são perdidas na produção. Assim, o capital fixo aplicado entra apenas parcialmente no preço de custo da mercadoria, porque é apenas parcialmente gasto em sua produção. O capital circulante aplicado entra integralmente no preço de custo da mercadoria, porque é integralmente gasto em sua produção. Mas o que isso prova, senão o fato de que as partes fixas e circulantes de capital consumidas entram em proporções iguais no preço de custo de sua mercadoria, proporcionalmente a sua grandeza de valor, e que esse componente de valor da mercadoria provém unicamente do capital despendido em sua produção? Se não fosse assim, não veríamos por que o capital fixo adiantado de £1.200 não adiciona ao valor do produto, em vez das £20 que ele perde no processo de produção, também as £1.180 que ele não perde.

Assim, no que diz respeito ao cálculo do preço de custo, essa diferença entre capital fixo e circulante confirma apenas a origem aparente do preço de custo a partir do valor-capital despendido ou do preço que os elementos de produção gastos, incluindo o trabalho, custaram ao próprio capitalista. Por outro lado, no que diz respeito à criação de valor, a parte variável do capital desembolsada em força de trabalho é aqui, sob a categoria de capital circulante, expressamente identificada com o capital constante (a parte do capital consistente em materiais de produção), consumando, assim, a mistificação do processo de valorização do capital[1].

Até o momento, consideramos apenas um elemento do valor-mercadoria: o preço de custo. Precisamos agora voltar a atenção para o outro componente do valor-mercadoria: o excedente do preço de custo, ou o mais-valor. Inicialmente, o mais-valor é, pois, um excedente do valor da mercadoria acima de seu preço de custo. Mas, como o preço de custo é igual ao valor do capital despendido, em cujos elementos materiais ele é também constantemente reconvertido, então esse excedente de valor é um crescimento do valor do capital que é despendido na produção da mercadoria e que retorna de sua circulação.

---

1 Mostramos a perplexidade que isso pode provocar na cabeça do economista político no Livro I, cap. 7, item 3, p. 216/206, com o exemplo de N. W. Senior [ed. bras.: Karl Marx, *O capital: crítica da economia política*, Livro I: *O processo de produção do capital*, trad. Rubens Enderle, São Paulo, Boitempo, 2013, p. 299-303 – N. E.].

Vimos anteriormente que, embora *m*, o mais-valor, tenha origem apenas numa alteração de valor de *v*, do capital variável, e, assim, seja originalmente mero incremento do capital variável, ele constitui, no entanto, após concluído o processo de produção, apenas um crescimento de valor de $c + v$, do capital total despendido. A fórmula $c + (v + m)$, que indica que *m* é produzido mediante a conversão do valor-capital determinado *v* – adiantado em força de trabalho – numa grandeza fluida, ou seja, de uma grandeza constante numa grandeza variável, apresenta-se igualmente como $(c + v) + m$. Antes da produção, tínhamos um capital de £500. Após a produção, temos o capital de £500 + um crescimento de valor de £100[2].

No entanto, o mais-valor constitui um crescimento não apenas para a parte do capital adiantado que entra no processo de valorização, ou seja, um crescimento de valor não apenas para o capital despendido que é reposto com base no preço de custo da mercadoria, mas também para o capital aplicado na produção em geral. Antes do processo de produção, tínhamos um valor-capital de £1.680: £1.200 em capital fixo desembolsado em meios de trabalho, das quais apenas £20 entram no valor da mercadoria para o desgaste, mais £480 em capital circulante desembolsado em materiais de produção e salário. Após o processo de produção, temos £1.180 como componente de valor do capital produtivo + um capital-mercadoria de £600. Somando essas duas quantias de valor, o capitalista possui um valor de £1.780. Deduzindo dessa soma o capital total adiantado de £1.680, resta um crescimento de valor de £100. Assim, as £100 de mais-valor constituem um crescimento de valor tanto em relação ao capital aplicado de £1.680 quanto em relação à fração de £500 desse capital despendida durante a produção.

Agora está claro para o capitalista que esse crescimento de valor tem origem nos empreendimentos produtivos realizados com o capital, ou seja, que ele deriva do próprio capital, pois depois do processo de produção ele existe e antes ele não existia. Primeiro, no que diz respeito ao capital despendido na produção, o mais-valor parece derivar de iguais proporções de seus distintos elementos de valor, que consistem em meios de produção e trabalho. Esses elementos entram em iguais proporções na formação do preço de custo. Adicionam ao valor-produto iguais proporções de seus valores existentes como

2 "Já sabemos que o mais-valor é mera consequência de uma mudança de valor de *v*, a parte do capital transformada em força de trabalho, e que, portanto, $v + m = v + \Delta v$ (*v* mais um incremento de *v*). Mas a verdadeira mudança de valor, bem como as condições dessa mudança, é obscurecida pelo fato de que, em consequência do crescimento de seu componente variável, tem-se também um crescimento do capital total adiantado. Ele era £500 e agora é £590" (Livro I, cit., cap. 7, item 1, p. 203/195 [290]).

adiantamentos de capital e não se diferenciam entre si como grandezas constantes e variáveis de valor. Isso se torna palpável se, por um instante, pressupomos que todo capital despendido consiste exclusivamente de salário ou exclusivamente do valor dos meios de produção. Teríamos, então, no primeiro caso, em vez do valor-mercadoria $400v + 100v + 100m$, o valor-mercadoria $500v + 100m$. O capital de £500 desembolsado em salário é o valor de todo o trabalho empregado na produção do valor-mercadoria de £600 e, precisamente por isso, constitui o preço de custo do produto integral. Mas a formação desse preço de custo, por meio da qual o valor do capital despendido reaparece como componente de valor do produto, é o único processo que nos é conhecido na formação desse valor-mercadoria. A origem de seu componente de mais-valor de £100 é algo que não sabemos. O mesmo ocorre no segundo caso, em que o valor-mercadoria seria $= 500c + 100m$. Em ambos os casos, sabemos que o mais-valor deriva de um valor dado porque esse valor foi adiantado na forma de capital produtivo, não importa se na forma de trabalho ou na forma de meios de produção. Por outro lado, o valor-capital adiantado não pode constituir o mais-valor, já que ele foi gasto e, por conseguinte, constitui o preço de custo da mercadoria. Pois, justamente na medida em que ele constitui o preço de custo da mercadoria, ele não constitui mais-valor nenhum, apenas um equivalente, um valor de reposição do capital despendido. Portanto, na medida em que cria mais-valor, ele não o cria em sua qualidade específica como capital despendido, mas como capital adiantado e, assim, como capital utilizado em geral. Por isso, o mais-valor provém tanto da parte de capital adiantado que entra no preço de custo da mercadoria como da parte daquele capital que entra no preço de custo; em suma, provém por igual dos componentes fixos e circulantes do capital empregado. O capital global – os meios de trabalho, bem como os materiais de produção e o trabalho – serve materialmente [*stofflich*] como criador de produto. O capital global entra materialmente no processo de trabalho real, ainda quando apenas uma parte dele ingressa no processo de valorização. Talvez seja precisamente esse o motivo pelo qual ele só contribui de maneira parcial para a formação do preço de custo, mas de maneira total para a formação do mais valor. Seja como for, o resultado é que o mais-valor surge simultaneamente de todas as partes do capital empregado. A dedução pode ser ainda muito abreviada, se, com Malthus, dizemos de modo tão grosseiro quanto simples: "O capitalista *espera* uma vantagem igual em todas as partes do capital que ele adianta"[3].

---

3 [Thomas] Malthus, *Principles of Pol.[itical] Econ.[omy Considered with a View to their Practical Application]* (2. ed., Londres, [W. Pickering,] 1836), p. 268.

Como tal derivado imaginário do capital total adiantado, o mais-valor assume a forma transformada do *lucro*. Uma soma de valor é capital, portanto, porque é desembolsada para gerar um lucro[4], ou o lucro é engendrado porque uma soma de valor é empregada como capital. Se chamamos o lucro de l, então a fórmula $M = c + v + m = p + m$ se transforma em $M = p + l$, ou *valor-mercadoria = preço de custo + lucro*.

O lucro, tal como ele se apresenta aqui, é, então, o mesmo que o mais-valor, apenas numa forma mistificada, que, no entanto, tem origem necessariamente no modo de produção capitalista. Pelo fato de que na formação aparente do preço de custo não se percebe qualquer diferença entre capital constante e capital variável, a origem da alteração de valor que ocorre durante o processo de produção precisa ser deslocada da parte variável do capital para o capital total. Uma vez que num polo o preço da força de trabalho aparece na forma transformada do salário, no polo oposto o mais-valor aparece na forma transformada do lucro.

Vimos que o preço de custo da mercadoria é menor que seu valor. Como $M = p + m$, $p = M - m$. A fórmula $M = p + m$ reduz-se apenas a $M = p$, valor-mercadoria = preço de custo da mercadoria, se $m = 0$, caso que jamais ocorre com base na produção capitalista, ainda que, sob conjunturas especiais de mercado, o preço de venda das mercadorias possa cair até seu preço de custo ou mesmo abaixo dele.

Assim, se a mercadoria é vendida por seu valor, realiza-se um lucro igual ao excedente de seu valor acima de seu preço de custo, ou seja, igual ao mais-valor contido inteiramente no valor-mercadoria. Mas o capitalista pode vender a mercadoria com lucro, embora ele a venda abaixo de seu valor. Enquanto seu preço de venda se encontra acima de seu preço de custo, mesmo que abaixo de seu valor, uma parte do mais-valor nele contida é sempre realizada, ou seja, um lucro é sempre gerado. No exemplo dado, se o valor-mercadoria = £600, o preço de custo = £500. Se a mercadoria é vendida por £510, £520, £530, £560, £590, então ela é vendida respectivamente por £90, £80, £70, £40, £10 abaixo de seu valor; no entanto, obtém-se com sua venda um lucro de, respectivamente, £10, £20, £30, £60, £90. Entre o valor da mercadoria e seu preço de custo, é claramente possível uma série indeterminada de preços de venda. Quanto maior o elemento do valor-mercadoria constituído de mais-valor, maior o campo de ação para a prática desses preços intermediários.

[4] "Capital: that which is expended with a view to profit" [Capital: aquilo que é despendido com vistas ao lucro], [Thomas] Malthus. *Definitions in Pol.[itical] Econ.[omy]* (Londres, [J. Murray,] 1827), p. 86.

Isso explica não apenas fenômenos diários da concorrência, como, por exemplo, certos casos de venda abaixo do preço (*underselling*), o nível anormalmente baixo do preço das mercadorias em determinados ramos industriais[5] etc. A lei fundamental da concorrência, até agora não compreendida pela economia política, isto é, a lei que regula a taxa geral de lucro e os assim chamados preços de produção por ela determinados, repousa, como veremos adiante, sobre essa diferença entre valor e preço de custo da mercadoria e sobre a possibilidade daí derivada de se obter lucro vendendo a mercadoria abaixo de seu valor.

O limite mínimo do preço de venda da mercadoria é dado por seu preço de custo. Se são vendidos abaixo de seu preço de custo, os componentes gastos do capital produtivo não podem ser inteiramente repostos com base no preço de venda. Se esse processo continua, desaparece o valor-capital adiantado. Já desse ponto de vista, o capitalista é inclinado a manter o preço de custo para o valor propriamente *interno* da mercadoria, porque ele é o preço necessário para a mera manutenção de seu capital. A isso se acrescenta, porém, que o preço de custo da mercadoria é o preço de compra que o próprio capitalista pagou por sua produção, ou seja, é o preço de compra determinado por seu próprio processo de produção. Assim, o excedente de valor ou mais-valor realizado na venda da mercadoria aparece para o capitalista como excedente de seu preço de venda sobre seu valor, e não como excedente de seu valor sobre seu preço de custo, de modo que o mais-valor contido na mercadoria não se realiza mediante sua venda, mas emana da própria venda. Embora já tenhamos tratado dessa ilusão de modo mais detalhado no Livro I, capítulo 4, item 2 ("Contradições da fórmula geral"), retornemos aqui brevemente à forma em que ela foi apresentada, por Torrens, entre outros, como um progresso da economia política para além de Ricardo.

> "O preço natural, que é formado pelo custo de produção ou, em outras palavras, pelo investimento de capital na produção ou na fabricação de mercadoria, não pode incluir o lucro [...]. Se um arrendatário desembolsa 100 *quarters* de cereal no cultivo de seus campos e após a colheita obtém 120 *quarters* de retorno, os 20 *quarters* do produto que excedem o investimento constituem seu lucro; mas seria absurdo chamar esse excedente ou lucro de uma parte de seu investimento [...]. O fabricante desembolsa certa quantidade de matérias-primas, ferramentas e meios de subsistência para o trabalho e, em troca, recebe uma quantidade de mercadoria acabada. Essa mercadoria acabada tem de possuir um valor de troca

---

5 Cf. *O capital*, Livro I, cit., cap. 18, p. 571/561 e seg. [618-20].

maior do que as matérias-primas, as ferramentas e os meios de subsistência adiantados para sua obtenção."

Disso conclui Torrens que o excedente do preço de venda acima do preço de custo – ou o lucro – emana do fato de que os consumidores, "por meio de um intercâmbio imediato ou mediato (*circuitous*), cedem certa porção de todos os ingredientes do capital numa grandeza maior do que o custo de sua produção"[6].

Com efeito, o excedente sobre dada grandeza não pode constituir nenhuma parte dessa grandeza, ou seja, tampouco o lucro, o excedente do valor-mercadoria sobre os investimentos do capitalista, pode constituir uma parte desses investimentos. Portanto, se na criação de valor da mercadoria não entra nenhum outro elemento que não o adiantamento de valor do capitalista, com isso não se vislumbra como da produção deve sair mais valor do que o que nela entrou, a não ser que algo surja do nada. Mas Torrens só escapa dessa criação a partir do nada deslocando-a da esfera da produção de mercadorias para a esfera da circulação de mercadorias. O lucro não pode provir da produção, diz Torrens, pois, se assim fosse, ele já estaria contido nos custos da produção, ou seja, não seria um excedente sobre esses custos. O lucro não pode provir da troca de mercadorias, responde-lhe Ramsay, se ele já não existia antes da troca de mercadorias. É evidente que a soma de valor dos produtos intercambiados não se altera mediante o intercâmbio dos produtos dos quais ela é a soma de valor. Ela permanece igual, antes e após o intercâmbio. Observe-se que Malthus baseia-se expressamente na autoridade de Torrens[7], embora ele mesmo desenvolva – ou, antes, não desenvolva – de um modo diferente a venda das mercadorias acima de seu valor, uma vez que, com efeito, todos os argumentos desse tipo acabam infalivelmente por coincidir com o peso negativo do flogístico, muito célebre em sua época.

No interior de uma situação social dominada pela produção capitalista, também o produtor não-capitalista é dominado pelas representações capitalistas. Em seu último romance, *Les paysans* [Os camponeses], Balzac apresenta de modo preciso, absolutamente brilhante, por intermédio de uma profunda apreensão das relações reais, como o pequeno camponês, para preservar o bem-estar de seu agiota, presta gratuitamente a este todo tipo de

6 R.[obert] Torrens, *An Essay on the Production of Wealth* (Londres, [Longman, Hurst, Rees, Orme, and Brown,] 1821), p. 51-3, 349.

7 [Thomas] Malthus, *Definitions in Pol.[itical] Econ.[omy]*, cit., p. 70-1.

trabalho e, com isso, crê não lhe ceder nada, porquanto para ele mesmo seu próprio trabalho não custa desembolso nenhum em dinheiro. O agiota, por sua vez, mata assim dois coelhos com uma só cajadada. Ele economiza desembolso em dinheiro para o pagamento de salário e, à medida que o camponês é progressivamente arruinado ao deixar de trabalhar seu próprio campo, enreda sua presa cada vez mais fundo na teia de aranha da agiotagem.

A representação irrefletida de que o preço de custo da mercadoria constitui seu valor real, mas que o mais-valor deriva da venda da mercadoria acima de seu valor, ou seja, de que as mercadorias são vendidas por seus valores quando seu preço de venda é igual a seu preço de custo, isto é, igual ao preço dos meios de produção nelas consumidos mais o salário, foi alardeada por Proudhon, com seu habitual charlatanismo travestido de cientificidade, como o segredo recém-descoberto do socialismo. Essa redução do valor das mercadorias a seu preço de custo constitui, na realidade, o fundamento de seu banco popular. Vimos anteriormente que os diferentes componentes de valor do produto se apresentam em partes proporcionais do próprio produto. Se, por exemplo (Livro I, capítulo 7, item 2, p. 211/203 [296-7]), o valor de 20 libras de fio é 30 xelins – mais precisamente, 24 xelins de meios de produção, 3 xelins de força de trabalho e 3 xelins de mais-valor –, então esse mais-valor pode ser representado em $^1/_{10}$ do produto = 2 libras de fio. Se 20 libras de fio forem agora vendidas por seu preço de custo, a 27 xelins, o comprador obterá 2 libras de fio gratuitamente ou a mercadoria será vendida $^1/_{10}$ abaixo de seu valor; mas o trabalhador terá realizado seu mais-trabalho tal como antes, com a única diferença de que para o comprador do fio, e não para o produtor capitalista do fio. Seria absolutamente falso pressupor que, se todas as mercadorias fossem vendidas por seu preço de custo, o resultado seria realmente o mesmo que se todas elas fossem vendidas acima de seu preço de custo, mas por seu valor. Mesmo que o valor da força de trabalho, a duração da jornada de trabalho e o grau de exploração do trabalho sejam por toda parte equiparados, ainda assim as massas de mais-valor contidas no valor dos diversos tipos de mercadorias são absolutamente diferentes, conforme a diferente composição orgânica dos capitais adiantados para sua produção[8].

---

8 "As massas de valor e mais-valor produzidas por diferentes capitais – com dado valor da força de trabalho e o grau de exploração desta última sendo igual – estão na razão direta da grandeza dos componentes variáveis desses capitais, isto é, de seus componentes convertidos em força viva de trabalho" ([*O capital,*] Livro I, cit., cap. 9, p. 312/303 [378]).

Capítulo 2

A taxa de lucro

A fórmula geral do capital é D-M-D'; isto é, uma soma de valor é posta em circulação para dela se extrair uma soma de valor maior. O processo que cria essa soma de valor maior é a produção capitalista; o processo que a realiza é a circulação do capital. O capitalista produz a mercadoria não em razão dela mesma, não em razão de seu valor de uso ou para consumo próprio. O produto que o capitalista tem realmente em vista não é o produto palpável em si, mas o excedente de valor do produto, acima do valor do capital nele consumido. O capitalista adianta o capital total sem levar em consideração os diferentes papéis que seus componentes desempenham na produção do mais-valor. Ele adianta todos esses componentes em igual medida, não só para reproduzir o capital adiantado, mas para produzir um excedente de valor sobre esse capital. Transformar o valor do capital variável por ele adiantado num valor maior é algo que ele só pode fazer por meio de seu intercâmbio com trabalho vivo, da exploração de trabalho vivo. E ele só pode explorar o trabalho na medida em que adianta as condições para a realização desse trabalho – os meios e os objetos de trabalho, a maquinaria e a matéria-prima –, isto é, na medida em que utiliza, na forma de condições de produção, uma soma de valor de que dispõe; do mesmo modo, ele só é capitalista, só é capaz de promover o processo de exploração do trabalho, porque, como proprietário das condições de trabalho, ele se confronta com o trabalhador como mero proprietário da força de trabalho. No Livro I*, já mostramos que é precisamente a posse desses meios de produção pelo não trabalhador que transforma os trabalhadores em assalariados e os não trabalhadores em capitalistas.

Para o capitalista, é indiferente adiantar o capital constante para extrair um ganho do capital variável ou adiantar o capital variável a fim de valorizar

* Cf. Karl Marx, *O capital*, Livro I, cit., p. 244. (N. T.)

o capital constante; desembolsar dinheiro em salário para dar um valor maior às máquinas e às matérias-primas ou adiantar o dinheiro em maquinaria e matéria-prima para poder explorar o trabalho. Embora somente a parte variável do capital crie mais-valor, ela o faz sob a condição de que também as outras partes, as condições de produção do trabalho, sejam adiantadas. Como o capitalista só pode explorar o trabalho mediante o adiantamento do capital constante e só pode valorizar o capital constante por meio do adiantamento do capital variável, essas duas partes do capital equivalem-se para ele na representação, e isso tanto mais quanto mais o grau efetivo de seu ganho for determinado não com relação ao capital variável, mas ao capital total, não pela taxa de mais-valor, mas pela taxa do lucro, que, como veremos, pode permanecer a mesma e, não obstante, expressar diferentes taxas de mais-valor.

Aos custos do produto pertencem todos os componentes que o capitalista paga ou para os quais ele lançou um equivalente na produção. Tais custos precisam ser repostos para que o capital simplesmente se conserve ou se reproduza em sua grandeza originária.

O valor contido na mercadoria é igual ao tempo de trabalho que custa sua produção, e a soma desse trabalho consiste em trabalho pago e trabalho não pago. Os custos da mercadoria para os capitalistas compõem-se, por sua vez, somente da parte do trabalho nela objetivado pelo qual ele pagou. O mais-trabalho contido na mercadoria não custa nada ao capitalista, embora para o trabalhador ele custe tanto quanto o trabalho pago e embora crie tanto valor como este último e entre na mercadoria como elemento criador de valor. O lucro do capitalista provém do fato de que ele possui para vender algo pelo qual não pagou. O mais-trabalho, ou lucro, consiste precisamente no excedente do valor-mercadoria sobre seu preço de custo, isto é, no excedente da soma total de trabalho contida na mercadoria sobre a soma de trabalho paga nela contida. O mais-valor, independentemente de onde provenha, é, pois, um excedente sobre o capital total adiantado. Esse excedente encontra-se numa proporção para com o capital total que se expressa na fração $^{m}/_{C}$, onde C significa o capital total. Assim, obtemos a *taxa de lucro* $^{m}/_{C} = {}^{m}/_{C+v}$ em contraste com a taxa de mais-valor $^{m}/_{v}$.

A taxa de mais-valor medida sobre o capital variável chama-se taxa de mais-valor; a taxa de mais-valor medida sobre o capital total chama-se taxa de lucro. Trata-se de duas medições distintas da mesma grandeza, as quais, em decorrência da diversidade dos padrões de medida, expressam simultaneamente proporções ou relações distintas da mesma grandeza.

Da transformação da taxa de mais-valor em taxa de lucro deve ser derivada a transformação de mais-valor em lucro, e não o inverso. Com efeito, é da taxa de lucro que se parte historicamente. Mais-valor e taxa de mais-valor são, relativamente, o invisível e o essencial a ser investigados, ao passo que a taxa de lucro e, assim, a forma do mais-valor como lucro são fenômenos superficiais.

No que diz respeito ao capitalista individual, está claro que a única coisa que lhe importa é a relação do mais-valor ou do excedente de valor – para cuja obtenção ele vende sua mercadoria – com o capital total adiantado para a produção da mercadoria, ao passo que a relação determinada e a composição interna desse excedente com os componentes particulares do capital não só não lhe importam, como é de seu interesse lançar fumaça sobre essa relação determinada e essa composição interna.

Embora o excedente do valor da mercadoria sobre seu preço de custo tenha origem no processo direto de produção, ele se realiza apenas no processo de circulação e assume tão mais facilmente a aparência de derivar do processo de circulação quanto, na realidade, no interior da concorrência, no terreno efetivo do mercado, são as relações de mercado que decidem se e em que medida esse excedente é realizado. Aqui não é preciso explicação para o fato de que, quando uma mercadoria é vendida acima ou abaixo de seu valor, tem-se apenas outra distribuição do mais-valor e de que essa diferente distribuição, a proporção alterada na qual diferentes pessoas repartem entre si o mais-valor, não altera em nada a grandeza nem a natureza do mais-valor. No processo efetivo de circulação não apenas ocorrem as transformações que observamos no Livro II, como estas se combinam com a concorrência real, com a compra e a venda das mercadorias acima ou abaixo de seu valor, de modo que, para os capitalistas individuais, o mais-valor realizado depende tanto da vantagem que eles obtêm uns sobre os outros quanto da exploração direta do trabalho.

No processo de circulação, apresenta-se, além do tempo de trabalho, o tempo efetivamente em circulação, que limita a massa do mais-valor realizável em determinado período. No processo imediato de produção atuam ainda outros elementos, derivados da circulação. Ambos, o processo imediato de produção e o processo de circulação, invadem constantemente os domínios um do outro, interpenetram-se e, desse modo, falseiam constantemente os traços característicos que os distinguem. A produção do mais-valor, assim como do valor em geral, assume no processo de circulação, como mostramos anteriormente, novas determinações; o capital percorre o ciclo de suas transformações; por fim, ele abandona, por assim dizer, sua vida interna orgânica para estabelecer relações vitais com o estrangeiro, relações nas quais se confrontam não o capital e o trabalho, mas, de um lado, o capital e o capital e, de outro, os indivíduos, divididos simplesmente em compradores e vendedores; tempo de circulação e tempo de trabalho se entrecruzam e, por isso, ambos aparentam determinar, na mesma medida, o mais-valor; a forma originária na qual capital e salário se confrontam é disfarçada por meio da intromissão de relações aparentemente independentes dessa forma; o próprio mais-valor aparece não como produto da apropriação do tempo de trabalho, mas como excedente do preço de venda das mercadorias sobre seu preço de custo, que, por esse motivo, apresenta-se facilmente como seu verdadeiro valor (*valeur intrinsèque*), de modo que o lucro aparece como excedente do preço de venda das mercadorias sobre seu valor imanente.

Com efeito, durante o processo imediato de produção, a natureza do mais-valor ocupa continuamente a consciência do capitalista, como demonstra sua avidez por tempo de trabalho alheio etc., que já vimos ao analisar o mais-valor. No entanto, 1) o próprio processo imediato de produção é apenas um momento transitório, que migra constantemente para o processo de circulação, assim como este migra para o primeiro, de modo que a noção mais ou menos clara da fonte do ganho obtido no processo de produção, isto é, da natureza do mais-valor, aparece, no máximo, como momento dotado de tanta validade quanto a representação de que o excedente realizado provém do movimento independente do processo de produção, derivado da própria circulação, ou seja, do movimento realizado pelo capital independentemente de sua relação com o trabalho. Mesmo economistas modernos, como Ramsay, Malthus, Senior, Torrens etc., servem-se desses fenômenos da circulação como prova de que o capital, em sua mera existência material [*dinglichen*], independentemente da relação social com o trabalho, na qual ele é precisamente capital, é uma fonte autônoma do mais-valor, ao lado e independentemente do trabalho; 2) na categoria dos custos, na qual se enquadra o salário, assim como o preço da matéria-prima, o desgaste da maquinaria etc., a extração de trabalho não pago aparece apenas como economia de um dos artigos que compõem os custos, apenas como pagamento menor para uma quantidade determinada de trabalho, do mesmo modo como se economiza quando se compra a matéria-prima mais barata ou quando o desgaste da maquinaria é reduzido. Assim, a compressão [*Abpressung*] de mais-trabalho perde seu caráter específico; sua relação específica com o mais-valor é obscurecida; e isso é muito favorecido e facilitado, como mostra o Livro I, seção VI*, pela exposição do valor da força de trabalho na forma de salário.

---

* Ibidem, cap. 17, p. 605-12. (N. T.)

Pelo fato de que todas as partes do capital aparecem simultaneamente como fonte do valor excedente (lucro), a relação do capital é mistificada.

No entanto, o modo como o mais-valor adquire a forma do lucro por meio de sua passagem pela taxa de lucro é apenas o desenvolvimento subsequente da inversão de sujeito e objeto que já ocorria durante o processo de produção. Já vimos diversas forças produtivas subjetivas do trabalho que se apresentam como forças produtivas do capital*. Por um lado, o valor, o trabalho morto que domina o trabalho vivo, é personificado no capitalista; por outro lado, inversamente, o trabalhador aparece como mera força de trabalho objetivada, como mercadoria. Dessa relação invertida deriva necessariamente, já na mais simples relação de produção, a representação errônea correspondente, uma consciência deslocada [*transponiertes Bewußtsein*] que continua a se desenvolver por meio de transformações e modificações do processo de circulação propriamente dito.

Como se pode ver na escola ricardiana, querer expor as leis da taxa de lucro imediatamente como leis da taxa de mais-valor, ou o inverso, é uma tentativa totalmente equivocada. Na cabeça do capitalista, é óbvio que essas leis não se distinguem uma da outra. Na expressão $^{m}/_{c}$, o mais-valor é medido pelo valor do capital total, que foi adiantado para sua produção e nela foi em parte consumido em sua integralidade, em parte apenas aplicado. Na realidade, a proporção $^{m}/_{c}$ expressa o grau de valorização do capital integralmente adiantado, isto é, considerando o contexto conceitual, interno e correspondente à natureza do mais-valor, ela indica como a grandeza da variação do capital variável se relaciona com a grandeza do capital total adiantado. A grandeza de valor do capital total, em si mesma, não se encontra em nenhuma relação interna com a grandeza do mais-valor, ao menos não imediatamente. No que diz respeito a seus elementos materiais, o capital total menos o capital variável – ou seja, o capital constante – compõe-se das condições materiais para a efetivação do trabalho: meios e materiais de trabalho. Para que determinada quantidade de trabalho se efetive em mercadorias e, assim, crie também valor, requer-se uma quantidade determinada de meios e materiais de trabalho. Conforme o caráter particular do trabalho adicionado, encontra-se uma dada relação técnica entre a massa do trabalho e a massa dos meios de produção aos quais se deve adicionar esse trabalho vivo. Nessa medida, encontra-se uma relação determinada entre a massa do mais-valor ou do mais-trabalho e a massa dos meios de produção. Se, por exemplo, o trabalho necessário para a produção do salário

* Ibidem, p. 408-9. (N. T.)

é de 6 horas diárias, o trabalhador precisa trabalhar 12 horas para realizar 6 horas de mais-trabalho a fim de criar um mais-valor de 100%. Em 12 horas, ele consome o dobro de meios de produção do que em 6 horas. Em razão disso, porém, o mais-valor que ele adiciona em 6 horas não se encontra, de forma nenhuma, em relação com o valor dos meios de produção empregados nas 6 horas ou nas 12 horas. Esse valor é, aqui, irrelevante; o que importa é apenas a quantidade tecnicamente necessária. Se a matéria-prima ou o meio de trabalho é barato ou caro é indiferente, desde que possuam o valor de uso requerido e estejam disponíveis na proporção tecnicamente prescrita para o trabalho vivo ser absorvido. No entanto, se sei que em 1 hora x libras de algodão são fiadas e custam y xelins, sei também que em 12 horas são fiadas $12x$ libras de algodão = $12y$ xelins; posso, então, calcular a proporção do mais-valor para o valor de 12 tanto quanto para o valor de 6. Mas a proporção entre o trabalho vivo e o *valor* dos meios de produção só é aqui considerada na medida em que y xelins serve como nome para x libras de algodão; isso porque determinada quantidade de algodão tem um preço determinado e, assim, também um preço determinado pode, inversamente, servir de índice para uma quantidade determinada de algodão, enquanto o preço do algodão não se altera. Se sei que, para me apropriar de 6 horas de mais-trabalho, tenho de trabalhar 12 horas e, portanto, de dispor antecipadamente de algodão para 12 horas, e se conheço o preço dessa quantidade de algodão requerida para 12 horas, então existe, por desvio, uma relação entre o preço do algodão (como índice da quantidade necessária) e o mais-valor. Inversamente, porém, a partir do preço da matéria-prima, eu jamais poderia determinar a massa de matéria-prima, por exemplo, a ser fiada em 1 hora, e não em 6 horas. Não se encontra, pois, qualquer relação interna, necessária, entre o valor do capital constante – portanto, tampouco entre o valor do capital total (= $c + v$) – e o mais-valor.

Quando a taxa de mais-valor é conhecida e sua grandeza é dada, a taxa de lucro não expressa mais do que o que ela é na realidade: outra medição do mais-valor, sua medição pelo valor do capital total em vez de pelo valor da parte do capital da qual ela provém diretamente mediante seu intercâmbio com o trabalho. Na realidade (isto é, no mundo fenomênico), o que se vê é o inverso. O mais-valor é dado, mas como excedente do preço de venda da mercadoria sobre seu preço de custo; nisso, permanece misterioso de onde provém esse excedente, se da exploração do trabalho no processo de produção, da vantagem obtida sobre os compradores no processo de circulação ou de ambas. Está dada, além disso, a relação desse excedente com o valor do capital total, ou a taxa de lucro. O cálculo desse excedente do preço de venda sobre o preço de custo no valor do capital total adiantado é muito importante e natural, já que, por meio dele, encontra-se, na verdade, a razão na qual o capital total se valorizou, ou seu grau de valorização. Se partimos dessa taxa de lucro, não devemos nos deter em nenhuma relação específica entre o excedente e a parte do capital desembolsada em salário. Em capítulo posterior*, veremos que cômicas cabriolas dá Malthus quando, seguindo por esse caminho, tenta penetrar nos mistérios do mais-valor e da relação específica entre este e a parte variável do capital. O que a taxa de lucro evidencia é, antes, como o excedente se comporta de modo igual com partes do capital dotadas de mesma grandeza e como o capital, desse ponto de vista, não mostra absolutamente nenhuma diferença além daquela entre capital fixo e capital circulante. Além disso, só mostra essa diferença porque o excedente é duplamente calculado. Primeiro, como grandeza simples: excedente sobre o preço de custo. Nessa primeira forma, o capital circulante inteiro entra no preço de custo, ao passo que, do capital fixo, nele só entra o desgaste. Além disso, em segundo lugar: a relação entre esse excedente de valor e o valor total do capital adiantado. Aqui entra no cálculo tanto o valor do capital fixo inteiro quanto o do capital circulante. Este entra, portanto, nas duas vezes da mesma maneira, ao passo que o capital fixo entra em uma vez de maneira diferente e na outra vez da mesma maneira que o capital circulante. Assim, a diferença entre capital fixo e capital circulante impõe-se aqui como a única.

Portanto, quando o excedente – hegelianamente falando – volta a se retrorrefletir [*zurückreflektiert*] a partir da taxa de lucro, ou, dito de outro modo, quando o excedente é caracterizado mais de perto por meio da taxa de lucro, ele aparece como um excedente que o capital cria para além de seu valor anualmente ou em determinado período de circulação.

Assim, embora a taxa de lucro seja numericamente distinta da taxa de mais-valor, ao mesmo tempo que o mais-valor e o lucro são, na verdade, a mesma coisa, e também numericamente iguais, o lucro é uma forma transformada do mais-valor, uma forma em que sua origem e o segredo de sua existência são encobertos e apagados. Na verdade, o lucro é a forma de manifestação do mais-valor, tendo este de ser revelado mediante a análise daquele. No mais-valor está revelada a relação entre capital e trabalho. Na relação entre capital e lucro, isto é, entre capital e mais-valor, tal como ele aparece, por um lado, como excedente sobre o preço de custo da mercadoria realizado no processo de circulação e, por outro, como um excedente

* Karl Marx, *Theorien über den Mehrwert* [Teorias do mais-valor] (MEW 26, Berlim, Dietz, 1965-1968), parte III, p. 25-8. (N. T.)

determinado mais de perto por sua relação com o capital total, se dá *o capital como relação consigo mesmo*, uma relação em que ele, como soma originária de valor, diferencia-se de um novo valor posto por ele mesmo. Que ele cria esse novo valor durante seu movimento no processo de produção e no processo de circulação é algo de que se tem consciência. Mas o modo como isso ocorre é algo mistificado e aparenta provir de qualidades ocultas que lhe são próprias.

À medida que prosseguimos no acompanhamento do processo de valorização do capital, cada vez mais a relação do capital se mistifica e cada vez menos se revela o segredo de seu organismo interno.

Nesta seção, a taxa de lucro é numericamente distinta da taxa de mais-valor; em contrapartida, o lucro e o mais-valor são tratados como a mesma grandeza numérica, apenas em forma distinta. Na próxima seção, veremos como prossegue a exteriorização [*Veräußerlichung*] e o lucro se apresenta também numericamente como grandeza distinta do mais-valor.

Capítulo 3

Relação entre a taxa de lucro e a taxa de mais-valor

Como foi destacado na conclusão do capítulo precedente, aqui pressupomos – e em geral fazemos isso em toda esta primeira seção – que a soma do lucro sobre dado capital é igual à soma total do mais-valor produzido por intermédio desse capital numa seção da circulação. Por ora, portanto, abstraímos do fato de que o mais-valor, por um lado, cinde-se em diversas subformas – juros de capital, renda fundiária, tributos etc. – e que, por outro lado, na maioria dos casos ele não coincide com o lucro, assim como o fato de que ele é apropriado graças à taxa média geral de lucro, da qual trataremos na segunda seção.

Tão logo o lucro é quantitativamente igualado ao mais-valor, sua grandeza, e a grandeza da taxa de lucro, está determinada pelas relações de grandezas numéricas simples, dadas ou determináveis em cada caso. Portanto, a investigação se move, de início, sobre um terreno puramente matemático.

Manteremos, aqui, os mesmos signos empregados nos Livros I e II. O capital total C divide-se no capital constante *c* e no capital variável *v* e produz um mais-valor *m*. À razão entre esse mais-valor e o capital variável adiantado, $^{m}/_{v}$, chamamos de taxa de mais-valor e simbolizamos com *m′*. Assim, $^{m}/_{v} = m'$ e, consequentemente, $m = m'v$. Se esse mais-valor se refere ao capital total, em vez de ao capital variável, então ele se chama lucro (*l*), e a relação entre o mais-valor *m* e o capital total C, $^{m}/_{C}$, chama-se taxa de lucro (*l′*). Temos, assim:

$$l' = {}^{m}/_{C} = {}^{m}/_{c+v}$$

Se substituímos *m* por seu valor encontrado, *m′v*, temos:

$$l' = m'\, {}^{v}/_{C} = m'\, {}^{v}/_{c+v}$$

Essa equação também pode ser expressa na proporção:

$l' : m' = v : C$

A taxa de lucro se relaciona com a taxa de mais-valor do mesmo modo que o capital variável se relaciona com o capital total.

Dessa proporção, segue-se que l', a taxa de lucro, é sempre menor que m', a taxa de mais-valor, porque v, o capital variável é sempre menor que C, a soma de $v + c$, capital variável e capital constante; excetuando-se o único caso, praticamente impossível, em que $v = C$, ou seja, em que absolutamente nenhum capital constante, nenhum meio de produção, foi adiantado, apenas o salário do capitalista.

No entanto, na investigação entra em consideração uma série de outros fatores que influenciam na grandeza de c, v e m e, por isso, têm de ser aqui mencionados.

Em primeiro lugar, o *valor do dinheiro*. Este podemos supor sempre como constante.

Em segundo lugar, a *rotação*. Esse fator deixaremos por enquanto fora de consideração, visto que sua influência sobre a taxa de lucro será examinada em capítulo posterior*. {Aqui antecipamos apenas um ponto, o de que a fórmula $l' = m' \, {}^{v}/_{C}$ é correta somente para *um* período de rotação do capital variável, mas que a adequamos à rotação anual ao substituirmos m', a taxa simples de mais-valor, por $m'n$, a taxa anual de mais-valor, sendo n o número de rotações do capital variável no período de um ano. (Cf. Livro II, capítulo 16, item 1.) – F. E.}

Em terceiro lugar, entra em consideração a *produtividade do trabalho*, cuja influência sobre a taxa de mais-valor foi discutida detalhadamente no Livro I, seção IV. Ela pode exercer também uma influência direta sobre a taxa de lucro, ao menos a de um capital individual, se, como foi desenvolvido no Livro I, capítulo 10, p. 323/314 [390-1], esse capital individual trabalha com uma produtividade maior do que a produtividade social média e, assim, gera um lucro extra. Porém, esse caso permanece aqui fora de consideração, porquanto também nesta seção partimos do pressuposto de que as mercadorias são produzidas sob condições socialmente normais e vendidas por seus valores. Em cada caso, partimos, portanto, do pressuposto de que a produtividade do trabalho permanece constante. Na verdade, a composição de valor do capital investido num ramo industrial, ou seja, determinada proporção

* Ver, neste volume, cap. 4. (N. T.)

entre o capital variável e o capital constante, expressa, em cada caso, um grau determinado da produtividade do trabalho. Assim, tão logo essa proporção sofra uma modificação distinta daquela provocada pela mera alteração de valor dos componentes materiais do capital constante, ou pela alteração do salário, também a produtividade do trabalho tem de sofrer uma modificação – e veremos com frequência que as alterações ocorridas com os fatores c, v e m acarretam também alterações na produtividade do trabalho.

O mesmo vale para os três fatores restantes: *duração da jornada de trabalho, intensidade do trabalho* e *salário*. Sua influência sobre a massa e a taxa de mais-valor foi detalhadamente desenvolvida no Livro I*. Deve-se entender, portanto, que, embora partamos sempre – com vistas à simplificação – do pressuposto de que esses três fatores permanecem constantes, as modificações que ocorrem com v e m podem também provocar variações na grandeza desses seus elementos determinativos. Devemos apenas lembrar brevemente que o salário exerce sobre a grandeza do mais-valor e o nível da taxa de mais-valor um efeito inverso àquele exercido pela duração da jornada de trabalho e pela intensidade deste; que o aumento do salário reduz o mais-valor, ao passo que o prolongamento da jornada de trabalho e a elevação da intensidade do trabalho o aumentam.

Suponhamos, por exemplo, que um capital de 100, com 20 trabalhadores, numa jornada de trabalho de 10 horas e com um salário semanal total de 20 produza um mais-valor de 20. Temos, então:

$$80c + 20v + 20m;\ m' = 100\%,\ l' = 20\%$$

A jornada de trabalho é prolongada, sem aumento de salário, a 15 horas; com isso, o produto de valor total dos 20 trabalhadores eleva-se de 40 para 60 (10 : 15 = 40 : 60); como v, o salário pago, permanece o mesmo, o mais-valor aumenta de 20 para 40, e temos:

$$80c + 20v + 40m;\ m' = 200\%,\ l' = 40\%$$

Se, por outro lado, com uma jornada de trabalho de 10 horas, o salário cai de 20 para 12, temos, então, como inicialmente, um produto de valor total de 40, porém distribuído de modo distinto; v cai para 12 e, por conseguinte, deixa os 28 restantes para m. Temos, pois:

---

* Ibidem, p. 542-52. (N. T.)

$$80c + 12v + 28m;\ m' = 233\tfrac{1}{3}\%,\ l' = \tfrac{28}{92} = 30\tfrac{10}{23}\%$$

Vemos, portanto, que tanto a jornada prolongada de trabalho (ou a intensidade aumentada do trabalho nessa jornada) quanto a redução do salário expandem a massa e, com isso, também a taxa de mais-valor; inversamente, o aumento do salário reduziria – mantendo-se constantes as demais circunstâncias – a taxa de mais-valor. Assim, se *v* cresce mediante a elevação do salário, ele expressa, nesse caso, uma quantidade de trabalho não aumentada, mas apenas mais cara; *m'* e *l'* não aumentam, mas diminuem.

Aqui já se mostra que alterações na jornada de trabalho, intensidade do trabalho e salário não podem ocorrer sem uma simultânea alteração em *v* e *m* e em sua proporção, portanto, também em *l'*, a proporção de *m* para *c* + *v*, o capital constante; e é igualmente evidente que alterações na proporção de *m* para *v* incluem uma variação em no mínimo uma das três condições de trabalho mencionadas.

Nisso se mostra precisamente a relação orgânica particular entre o capital variável e o movimento do capital total e sua valorização, assim como sua diferença com o capital constante. Este último, no que diz respeito à criação de valor, só é importante devido ao valor que ele possui, e nisso é absolutamente indiferente para a criação de valor se um capital constante de £1.500 representa 1.500 toneladas de ferro a, digamos, £1 a tonelada, ou 500 toneladas de ferro a £3 a tonelada. A quantidade dos materiais efetivos que seu valor representa é indiferente para a criação de valor e para a taxa de lucro, que varia no sentido inverso a esse valor, independentemente de qual seja a relação entre o aumento ou a diminuição do valor do capital constante e a massa dos valores materiais de uso que ele representa.

Totalmente distinto é o que ocorre com o capital variável. Nesse caso, o que importa não é o valor que ele possui, o trabalho que nele está objetivado, mas sim esse valor como mero índice do trabalho total que ele põe em movimento e que não está expresso nele; o trabalho total, cuja diferença em relação ao trabalho nele mesmo expresso e, por conseguinte, pago, cuja parte criadora de mais-valor é tanto maior quanto menor é o trabalho nele mesmo contido. Suponhamos que uma jornada de trabalho de 10 horas seja = 10 xelins = 10 marcos. Se o trabalho necessário, que repõe o salário e, portanto, o capital variável = 5 horas = 5 xelins, então o mais-trabalho = 5 horas, e o mais-valor = 5 xelins; se aquele trabalho é = 4 horas = 4 xelins, então o mais-trabalho = 6 horas, e o mais-valor = 6 xelins.

Portanto, tão logo a grandeza de valor do capital variável deixa de ser o índice da massa de trabalho por ele posta em movimento e a massa desse próprio índice se altera, com ela também se altera a taxa do mais-valor, em sentido contrário e em proporção inversa.

Passaremos, agora, à aplicação da equação da taxa de lucro $l' = m'\,^{v}/_{C}$ aos diversos casos possíveis. Alteraremos sucessivamente os fatores singulares de $m'\,^{v}/_{C}$ e verificaremos o efeito dessas alterações sobre a taxa de lucro. Obtemos, desse modo, diferentes séries de casos, que podemos considerar ou como sucessivas circunstâncias alteradas de eficácia de um e mesmo capital ou como diferentes capitais que existem simultaneamente, uns ao lado dos outros, e são postos em comparação, por exemplo, em diversos ramos industriais ou em países distintos. Se, por conseguinte, conceber vários de nossos exemplos como estados temporalmente sucessivos de um único e mesmo capital parece forçado ou praticamente impossível, essa objeção cai por terra tão logo é entendida como comparação entre capitais independentes.

Separamos, portanto, o produto $m'\,^{v}/_{C}$ em seus dois fatores m' e $^{v}/_{C}$; num primeiro momento, tratamos m' como constante e investigamos o efeito das possíveis variações de $^{v}/_{C}$; estabelecemos, então, a fração $^{v}/_{C}$ como constante e fizemos com que m' produzisse as possíveis variações; por último, estabelecemos todos os fatores como variáveis e, com isso, esgotamos os casos a partir dos quais se podem deduzir leis sobre a taxa de lucro.

I. m' constante, $^{v}/_{C}$ variável

Para esse caso, que abarca diversos subcasos, é possível lançar mão de uma fórmula geral. Suponha dois capitais C e C_1, com seus respectivos componentes variáveis v e v_1, com uma taxa conjunta de mais-valor m' e uma taxa de lucro l' e l'_1. Temos, então:

$$l' = m'\, v/C;\ l'_1 = m'\,^{v}/_{C_1}$$

Se, no entanto, colocamos C em relação com C_1, assim como v em relação com v_1, e supomos, por exemplo, que o valor da fração $^{C1}/_{C} = E$ e o valor da fração $^{v1}/_{v} = e$, então $C_1 = EC$ e $v_1 = ev$. Ao colocar na equação anterior os valores assim obtidos para l'_1, C_1 e v_1, temos:

$$l'_1 = m'\,^{ev}/_{EC}$$

Porém, podemos ainda derivar das equações citadas uma segunda fórmula, ao transformá-las na proporção:

$l' : l_1 = m' \, {}^{v}/_{C} : m' \, {}^{v1}/_{C_1} = {}^{v}/_{C} : {}^{v1}/_{C_1}$

Como o valor de uma fração permanece o mesmo quando numeradores e denominadores são multiplicados ou divididos pelo mesmo número, podemos reduzir ${}^{v}/_{C}$ e ${}^{v1}/_{C_1}$ a determinadas porcentagens, isto é, estabelecer que C e C_1 são ambos = 100. Assim, temos ${}^{v}/_{C} = {}^{v}/_{100}$ e ${}^{v1}/_{C1} = {}^{v1}/_{100}$ e podemos abandonar o denominador na proporção anterior, com o que obtemos:

$l' : l'_1 = v : v_1$; ou:

Em dois capitais quaisquer, que funcionam com taxas iguais de mais-valor, as taxas de lucro se comportam como as partes variáveis de capital, calculadas percentualmente sobre seus respectivos capitais totais.

Essas duas formas abrangem todos os casos da variação de ${}^{v}/_{C}$.

Antes que investiguemos individualmente esses casos, cabe ainda uma observação. Como C é a soma de *c* e *v*, do capital constante e do capital variável, e como tanto a taxa de mais-valor como a taxa de lucro costumam ser expressas de forma percentual, é cômodo que a soma $c + v$ também seja igualada a 100, isto é, que *c* e *v* sejam expressos percentualmente. É indiferente, não para a determinação da massa, mas da taxa de lucro, se dizemos que um capital de 15.000, do qual 12.000 é capital constante e 3.000 é capital variável, produz um mais-valor de 3.000 ou se reduzimos esse capital a uma porcentagem:

15.000C = 12.000*c* + 3.000*v* (+ 3.000*m*)
100C = 80*c* + 20*v* (+ 20*m*)

Em ambos os casos, a taxa de mais-valor *m'* = 100%, e a taxa de mais-valor = 20%.

Do mesmo modo, se comparamos dois capitais entre si, por exemplo, outro capital com o anterior:

12.000C = 10.800*c* + 1.200*v* (+ 1.200*m*)
100C = 90*c* + 10*v* (+ 10*m*)

Nesse caso, *m'* = 100% e *l'* = 10% nas duas vezes, e a comparação com o capital anterior é muito mais fácil de notar.

Em se tratando de alterações que afetam um e o mesmo capital, porém, a forma percentual deve ser usada raramente, uma vez que ela quase sempre apaga essas alterações. Se um capital passa da forma percentual

$80c + 20v + 20m$

para a forma percentual

$90c + 10v + 10m$,

então não é visível se a composição percentual alterada $90c + 10v$ surgiu por meio da redução absoluta de v, pelo aumento absoluto de c ou por ambos. Para isso, necessitamos das grandezas numéricas absolutas. Mas para a investigação dos sucessivos casos individuais de variação o que importa é como essa alteração foi realizada, se os $80c + 20v$ se transformaram em $90c + 10v$ como resultado da conversão de $12.000c + 3.000v$ em $27.000c + 3.000v$ (percentualmente, $90c + 10v$), conversão realizada por meio do aumento do capital constante e mantendo-se igual o capital variável; ou se eles assumiram essa forma pela redução do capital variável e mantendo-se igual o capital constante, ou seja, mediante sua conversão em $12.000c + 1.333\frac{1}{3}v$ (percentualmente, também $90c + 10v$); ou, por último, mediante a alteração de ambos os termos da adição, por exemplo, $13.500c + 1.500v$ (percentualmente, uma vez mais, $90c + 10v$). A seguir, analisaremos todos esses casos, renunciando às comodidades da forma percentual ou a empregando apenas de modo secundário.

1) m' e C constantes, v variável

Se v altera sua grandeza, C só pode permanecer inalterado se o outro componente de C, a saber, o capital constante c, altera sua grandeza na mesma soma de v, porém em sentido contrário. Se C é originalmente $= 80c + 20v = 100$, sendo v, então, reduzido a 10, C só pode permanecer $= 100$ se c aumenta para 90; $90c + 10v = 100$. De modo geral, se v se transforma em $v \pm d$, isto é, se em v aumenta ou diminui uma soma d, então c tem necessariamente de se converter em $c \pm d$, tem de variar na mesma soma, porém em sentido inverso, a fim de satisfazer as condições do caso presente.

Do mesmo modo, permanecendo inalterada a taxa de mais-valor m', porém modificando-se o capital variável v, a massa do mais valor m necessariamente se altera, porquanto $m = m'v$ e um fator de $m'v$, a saber, v, assume outro valor.

Dos pressupostos desse caso resulta, ao lado da equação originária

$l' = m' \, {}^{v}/_{C}$,

mediante variação de v, uma segunda equação,

$$l'_1 = m' \, {}^{v_1}/_C,$$

na qual v trasladou-se para v_1, e podemos encontrar l'_1, a taxa de lucro alterada que dela se segue.

Essa taxa de lucro é encontrada mediante a proporção correspondente:

$$l' : l'_1 = m' \, {}^{v}/_C : m' \, {}^{v_1}/_C = v : v_1$$

Ou: mantendo-se igual a taxa de mais-valor e o capital total, a taxa de lucro originária está para a taxa de lucro surgida da alteração do capital variável tal como o capital variável originário está para o capital variável alterado.

Se originalmente o capital era de:

15.000C = 12.000*c* + 3.000*v* (+ 3.000*m*); e agora é de:
15.000C = 13.000*c* + 2.000*v* (+ 2.000*m*); então C = 15.000 e *m'* = 100% em ambos os casos, e a taxa de lucro de I, de 20%, está para a taxa de lucro de II, de 13⅓%, tal como o capital variável de I, de 3.000, está para o capital variável de II, de 2.000. Ou seja, 20% : 13⅓% = 3.000 : 2.000.

O capital variável pode aumentar ou diminuir. Vejamos primeiro um exemplo em que ele aumenta. Suponhamos um capital inicial constituído e que funcione como:

I. 100*c* + 20*v* + 10*m*; C = 120, *m'* = 50%, *l'* = 8⅓%

Suponhamos, então, que o capital variável aumente para 30; nesse caso, será preciso, segundo o pressuposto, que o capital constante diminua de 100 para 90 para que o capital total permaneça inalterado = 120. Já o mais-valor produzido, segundo a mesma taxa de mais-valor de 50%, tem de aumentar para 15. Temos, portanto:

90*c* + 30*v* + 15*m*; C = 120, *m'* = 50%, *l'* = 12½%

Partamos, inicialmente, do pressuposto de que o salário permanece inalterado. Nesse caso, também os outros fatores da taxa de mais-valor, a jornada de trabalho e a intensidade do trabalho, têm de permanecer inalterados. Portanto, o aumento de v (de 20 para 30) só pode ter o sentido de que o número de trabalhadores empregados aumentou pela metade. Então, também o produto total aumenta pela metade, de 30 para 45, e se distribui, exatamente como antes, em ⅔ para o salário e ⅓ para o mais-valor. Ao mesmo tempo, porém, com o número aumentado de trabalhadores, o capital constante, o valor dos meios de produção, caiu de 100 para 90. Temos, portanto, uma produtividade decrescente do trabalho associada a uma simultânea redução do capital constante; seria esse caso economicamente possível?

Na agricultura e na indústria extrativa, em que a redução da produtividade do trabalho e, assim, o aumento do número de trabalhadores ocupados é fácil de perceber, esse processo – nos limites da produção capitalista e sobre sua base – não está associado à redução, mas ao aumento do capital constante. Mesmo se a redução já mencionada de *c* fosse condicionada pela mera queda dos preços, um capital individual só poderia realizar a transição de I para II sob circunstâncias excepcionais. Mas com dois capitais independentes, que fossem investidos em países distintos ou em ramos diversos da agricultura ou da indústria extrativa, não seria nada excepcional se num caso mais trabalhadores (e, por conseguinte, um capital variável maior) fossem empregados e trabalhassem com meios de produção menos valiosos ou mais econômicos do que no outro caso.

Se deixamos de lado o pressuposto de que o salário permanece igual e explicamos o aumento do capital variável de 20 para 30 por meio do aumento do salário pela metade, temos, então, um caso totalmente distinto. O mesmo número de trabalhadores – digamos, 20 – continua a trabalhar com os mesmos meios de produção, ou com estes reduzidos numa quantidade insignificante. Se a jornada de trabalho permanece inalterada – por exemplo, em 10 horas –, o produto de valor total está igualmente inalterado; ele é, como antes, 30. Mas esses 30 são inteiramente utilizados para repor o capital variável adiantado de 30; assim, o mais-valor teria desaparecido. Porém, o pressuposto era de que a taxa de mais-valor era constante, ou seja, de que ela permanecia fixa, como em I, em 50%. Isso só é possível se a jornada de trabalho for prolongada pela metade, sendo elevada a 15 horas. Nesse caso, os 20 trabalhadores produziriam, em 15 horas, um valor total de 45, e todas as condições estariam cumpridas:

$$90c + 30v + 15m;\ C = 120,\ m' = 50\%,\ l' = 12\tfrac{1}{2}\%$$

Nesse caso, os 20 trabalhadores não precisam de uma quantidade maior de meios de trabalho, ferramentas, máquinas etc. do que no caso I; apenas a matéria-prima ou os materiais auxiliares teriam de aumentar pela metade.

Ocorrendo uma queda no preço desses materiais, a transição de I para II seria, antes, muito mais viável, do ponto de vista econômico e sob os nossos pressupostos, para um capital individual. Mediante um lucro maior, o capitalista seria ressarcido, ao menos em alguma medida, pelo prejuízo que teria sofrido com a desvalorização de seu capital constante.

Suponhamos que o capital variável diminua, em vez de aumentar. Nesse caso, precisamos apenas inverter o exemplo anterior, estabelecer o n. II como o capital originário e transitar de II para I.

II. $90c + 30v + 15m$ transforma-se, então, em

I. $100c + 20v + 10m$, e é evidente que, por meio desse deslocamento, não se alteram em absolutamente nada as condições que regem as taxas de lucro de ambos os capitais e a relação recíproca entre elas.

Se v diminui de 30 para 20 porque, com o capital constante crescente, emprega-se um número de trabalhadores ⅓ menor, temos o caso normal da indústria moderna: produtividade crescente do trabalho, manejo de uma massa maior de meios de produção por um número menor de trabalhadores. Que esse movimento está necessariamente associado à simultânea queda na taxa de lucro é algo que se evidenciará na terceira seção deste livro.

No entanto, se v diminuísse de 30 para 20 porque o mesmo número de trabalhadores estaria empregado, porém com um salário mais baixo, nesse caso, mantendo-se igual a jornada de trabalho, o produto de valor total permaneceria, tal como antes, $30v + 15m = 45$; como v caiu para 20, o mais-valor subiria para 25, e a taxa de mais-valor, de 50% para 125%, o que seria contrário ao pressuposto. Para permanecer nas condições desse caso, o mais-valor tem, antes, de cair na taxa de 50%, para 10, ou seja, o produto de valor total tem de diminuir de 45 para 30, e isso só é possível mediante o encurtamento da jornada de trabalho em ⅓. Temos, então, como antes:

$100c + 20v + 10m;\ m' = 50\%,\ l' = 8\tfrac{1}{3}\%$

Não é preciso mencionar que essa redução do tempo de trabalho com o salário decrescente não ocorreria na prática. De qualquer maneira, isso é irrelevante. A taxa de lucro é uma função de diversas variáveis, e, se queremos saber como essas variáveis atuam sobre a taxa de lucro, temos de investigar o efeito individual de cada uma delas em ordem sucessiva, não importando se tal efeito isolado é economicamente viável ou não no caso de um único e mesmo capital.

2) *m'* constante, *v* variável, C alterado pela variação de *v*

A diferença entre este caso e o antecedente é apenas de grau. Em vez de diminuir ou aumentar na mesma medida em que *v* aumenta ou diminui, *c* permanece, aqui, constante. Mas, sob as condições atuais da grande indústria e da agricultura, o capital variável é apenas uma parte relativamente pequena do capital total, razão pela qual a diminuição ou o crescimento deste último, sendo determinados pela alteração do primeiro, são, do mesmo modo, relativamente pequenos. Se partimos outra vez de um capital:

I. $100c + 20v + 10m$; $C = 120$, $m' = 50\%$, $l' = 8\frac{1}{3}\%$

Então isso se transformaria, por exemplo, em:

II. $100c + 30v + 15m$; $C = 130$, $m' = 50\%$, $l' = 11\frac{7}{13}\%$

O caso contrário, da diminuição do capital variável, seria novamente ilustrado pela transição de II para I.

As condições econômicas seriam essencialmente as mesmas do caso anterior e, por isso, não precisam ser novamente mencionadas. A transição de I para II inclui a redução da produtividade do trabalho pela metade; e o manejo de 100*c* exige uma quantidade de trabalho 50% maior em II do que em I. Essa queda pode ocorrer na agricultura[9].

Porém, enquanto no caso precedente o capital total permaneceu constante pelo fato de que o capital constante foi transformado em variável, ou vice-versa, temos aqui, com o aumento da parte variável, a vinculação de capital adicional e, com a diminuição daquela parte, a liberação do capital anteriormente aplicado.

3) *m'* e *v* constantes; *c* e, por conseguinte, também C variáveis

Neste caso, a equação

$l' = m' \, {}^{v}/_{C}$ altera-se para $l'_1 = m' \, {}^{v}/_{C_1}$

e, eliminando os fatores presentes dos dois lados da equação, temos a proporção:

[9] No manuscrito, lê-se: "Investigar depois como esse caso se correlaciona com a renda fundiária". (F. E.)

$l'_1 : l' = C : C_1$

Com uma taxa igual de mais-valor e partes iguais de capital variável, as taxas de lucro se comportam de modo inverso em relação ao capital total.

Se, por exemplo, temos três capitais ou três estados distintos do mesmo capital:

I. $80c + 20v + 20m$; $C = 100$, $m' = 100\%$, $l' = 20\%$
II. $100c + 20v + 20m$; $C = 120$, $m' = 100\%$, $l' = 16\frac{1}{3}\%$
III. $60c + 20v + 20m$; $C = 80$, $m' = 100\%$, $l' = 25\%$

Então as proporções são as seguintes:

$20\% : 16\frac{2}{3}\% = 120 : 100$ e $20\% : 25\% = 80 : 100$

A fórmula apresentada anteriormente para as variações de v/C com m' constante era:

$l'_1 = m' \, ev/EC$; ela se torna, agora $l'_1 = m' \, v/EC$

Como v não admite qualquer alteração, o fator $e = v_1/v$ se torna, aqui, = 1.

Como $m'v = m$, a massa do mais-valor, e como m' e v permanecem constantes, também m permanece intocado pela variação de C; a massa de mais-valor conserva-se a mesma de antes da alteração.

Se c diminuísse para zero, teríamos $l' = m'$, a taxa de lucro igual à taxa de mais-valor.

A alteração de c pode derivar ou da mera variação de valor dos elementos materiais do capital constante ou da composição técnica alterada do capital total, isto é, de uma alteração na produtividade do trabalho no ramo de produção em questão*. No último caso, a produtividade do trabalho social que cresce com o desenvolvimento da grande indústria e da agricultura em larga escala faria com que a transição se realizasse na sequência (no exemplo anterior) de III para I e de I para II. Uma quantidade de trabalho que é paga com 20 e que produz um valor de 40 manejaria, inicialmente, uma massa de meios de trabalho no valor de 60; com a produtividade crescente e o valor permanecendo igual, os meios de trabalho aumentariam, num primeiro

* Na primeira edição, "ramo produtivo". (N. E. A.)

momento, para 80; depois, para 100. A sequência inversa condicionaria uma redução da produtividade; a mesma quantidade de trabalho conseguiria movimentar menos meios de produção, e o empreendimento seria restringido, tal como pode ocorrer na agricultura, na mineração etc.

A economia de capital constante, por um lado, aumenta a taxa de lucro e, por outro, libera capital constante; ela é, com isso, importante para o capitalista. Voltaremos a esse ponto adiante*, assim como ao efeito da variação de preço dos elementos do capital constante, especialmente das matérias-primas.

Aqui também se evidencia, uma vez mais, que a variação do capital constante age do mesmo modo sobre a taxa de lucro, não importando se essa variação é provocada pelo aumento ou pela diminuição dos componentes materiais de *c* ou pela mera alteração de valor desses componentes.

4) *m′* constante, *v*, *c* e C variáveis

Neste caso, a fórmula geral apresentada antes para a taxa alterada de lucro

$$l'_1 = m' \, {}^{ev}/_{EC}$$

continua a valer como padrão. Disso resulta que, com a taxa de mais-valor permanecendo igual:

a) a taxa de lucro cai quando E é maior que *e*, isto é, quando o capital constante aumenta em tal medida que o capital total cresce em proporção maior que o capital variável. Se um capital de 80*c* + 20*v* + 20*m* assume a composição 170*c* + 30*v* + 30*m*, então *m′* permanece 100%, mas $^{v}/_{C}$ cai de $^{20}/_{100}$ para $^{30}/_{200}$, ainda que tanto *v* quanto C tenham aumentado, e a taxa de lucro cai correspondentemente de 20% para 15%.

b) a taxa de lucro conserva-se inalterada apenas quando *e* = E, isto é, quando a fração $^{v}/_{C}$, com uma visível alteração, conserva o mesmo valor, ou seja, quando numeradores e denominadores são multiplicados ou divididos pelo mesmo número. 80*c* + 20*v* + 20*m* e 160*c* + 40*v* + 40*m* têm aparentemente a mesma taxa de lucro de 20%, porquanto *m′* continua = 100%, e $^{v}/_{C} = {}^{20}/_{100} = {}^{40}/_{200}$ apresenta o mesmo valor em ambos os exemplos.

c) a taxa de lucro aumenta quando *e* é maior que E, isto é, quando o capital variável cresce em proporção maior que o capital total. Se 80*c* + 20*v* + 20*m* se transforma em 120*c* + 40*v* + 40*m*, então a taxa de lucro sobe de 20% para

* Ver, neste volume, cap. 5 e 6. (N. T.)

25%, porquanto, com *m'* inalterado, $^{v}/_{C} = {}^{200}/_{100}$ aumentou para $^{40}/_{160}$, de $1/5$ para $1/4$.

Com a variação de *c* e C na mesma direção, podemos conceber essa alteração de grandezas de tal forma que ambos variem, até certo grau, na mesma proporção e que, até lá, $^{v}/_{C}$ permaneça inalterada. Para além desse grau, somente um deles variaria, e, com isso, reduzimos esse caso mais complicado a um dos casos mais simples até aqui.

Se, por exemplo, 80*c* + 20*v* + 20*m* transforma-se em 100*c* + 30*v* + 30*m*, a proporção de *v* para *c* e, portanto, também para C conserva-se inalterada, com essa variação, até: 100*c* + 25*v* + 25*m*. Até lá, portanto, também a taxa de lucro permanece intacta. Agora podemos, pois, tomar 100*c* + 25*v* + 25*m* como ponto de partida. Temos que *v* aumentou em 5, para 30*v*, e, com isso, C aumentou de 125 para 130; assim se dá o segundo caso, o da variação simples de *v* e o da variação de C, causada pela primeira. A taxa de lucro, que originalmente era de 20%, aumenta, por meio desse acréscimo de 5*v* e com uma taxa igual de mais-valor, para $23^{1}/_{13}$%.

A mesma redução, num caso mais simples, pode ocorrer também quando *v* e C alteram suas grandezas em sentido contrário. Se, por exemplo, partimos de 80*c* + 20*v* + 20*m* e fazemos com que isso passe à forma 110*c* + 10*v* + 10*m*, então, com uma alteração para 40*c* + 10*v* + 10*m*, a taxa de lucro seria a mesma que no início, a saber, 20%. Mediante o acréscimo de 70*c* a essa forma intermediária, esta diminui para $8\frac{1}{3}$%. Portanto, reduzimos o caso novamente a um caso da variação de uma única variável, a saber, de *c*.

A variação simultânea de *v*, *c* e C não oferece, assim, novos pontos de vista e, em última instância, conduz sempre de volta a um caso em que somente um fator é variável.

Mesmo o único caso que resta já está, com efeito, esgotado, a saber, o caso em que *v* e C conservam a mesma grandeza numérica, porém seus elementos materiais sofrem uma variação de valor; portanto, *v* indica uma quantidade alterada de trabalho posto em movimento, e *c*, uma quantidade alterada de meios de produção postos em movimento.

Em 80*c* + 20*v* + 20*m*, 20*v* representa originalmente o salário de 20 trabalhadores para 10 horas de trabalho diárias. Suponhamos que o salário de cada um aumente de 1 para $1\frac{1}{4}$. Nesse caso, 20*v* pagam, em vez de 20, apenas 16 trabalhadores. Mas, se esses 20 produziam em 200 horas de trabalho um valor de 40, os 16, em 10 horas diárias, ou seja, 160 horas de trabalho no total, produzirão apenas um valor de 32. Deduzidos 20*v* para o salário, restam, de 32, apenas 12 para o mais-valor; a taxa do mais-valor teria caído de 100%

para 60%. Como, segundo o pressuposto, a taxa do mais-valor tem de permanecer constante, a jornada de trabalho teria de ser prolongada em ¼, de 10 horas para 12½; assim, se 20 trabalhadores produzem em 10 horas diárias = 200 horas de trabalho um valor de 80, então 16 trabalhadores produzem em 12½ horas diárias = 200 horas o mesmo valor, e o capital de 80*c* + 20*v* produziria, como antes, um mais-valor de 20.

Inversamente, se o salário cair de modo que 20*v* cubra o salário de 30 trabalhadores, então *m′* só poderá se manter constante se a jornada de trabalho for reduzida de 10 para 6⅔ horas. 20 × 10 = 30 × 66⅔ = 200 horas de trabalho.

Em que medida, nesses pressupostos contrários, *c* pode permanecer igual no que diz respeito a sua expressão de valor em dinheiro, porém representando a quantidade alterada de meios de produção, a qual corresponde às condições alteradas, é algo que, em essência, já foi explicado. Em sua pureza, esse caso só poderia ser admitido muito excepcionalmente.

A variação de valor dos elementos de *c*, porque aumenta ou diminui sua massa, mas conserva inalterada a soma de valor *c*, deixa intactas tanto a taxa de lucro quanto a taxa de mais-valor, na medida em que não acarreta nenhuma alteração na grandeza de *v*.

Com isso, esgotamos as possibilidades de variação de *v*, *c* e C em nossa equação. Vimos que a taxa de lucro, conservando-se inalterada a taxa de mais-valor, pode cair, permanecer igual ou aumentar, uma vez que a mais ínfima alteração na proporção de *v* para *c*, ou C, basta para modificar também a taxa de lucro.

Além disso, mostramos que, com a variação de *v*, chega-se a um limite a partir do qual a constância de *m′* torna-se economicamente impossível. Como cada variação unilateral de *c* tem também de chegar a um limite no qual *v* não pode mais permanecer constante, fica evidente que para todas as variações possíveis de v/c colocam-se limites para além dos quais *m′* tem de ser igualmente variável. No caso das variações de *m′*, que investigaremos a partir de agora, esse efeito recíproco das diversas variáveis de nossa equação aparecerá ainda mais nitidamente.

II. *m′* variável

Uma fórmula geral para as taxas de lucro em taxas diversas de mais-valor, não importando se v/c permanece constante ou também varia, resulta quando fazemos com que a equação

$l' = m' \, {}^{v}/_{C}$

se transforme em

$l'_1 = m'_1 \, {}^{v1}/_{C1} \, {}^{v1}/_{C}$

em que l'_1, m'_1, v_1 e C_1 representam os valores modificados de l', m', v e C.

Temos, então:

$l' : l'_1 = m' \, {}^{v}/_{C} : m'_1 \, {}^{v1}/_{C1}$

E, a partir dessa equação, surge:

$l'_1 = {}^{m'1}/_{m'} \times {}^{v1}/_{v} \times {}^{C}/_{C1} \times l'$

1) *m'* variável, ${}^{v}/_{C}$ constante

Neste caso, temos as equações:

$l' = m' \, {}^{v}/_{C}$; $l'_1 = m'_1 \, {}^{v}/_{C}$

E ${}^{v}/_{C}$ possui o mesmo valor em ambas. As proporções são, portanto:

$l' : l'_1 = m' : m'_1$

A proporção entre as taxas de lucro de dois capitais de igual composição é a mesma que entre suas respectivas taxas de mais-valor. Como na fração ${}^{v}/_{C}$ não se chega às grandezas absolutas de v e C, apenas à proporção entre eles, isso vale para todos os capitais de igual composição, independentemente de suas grandezas absolutas.

$80c + 20v + 20m$; C = 100, $m' = 100\%$, $l' = 20\%$
$160c + 40v + 20m$; C = 200, $m' = 50\%$, $l' = 10\%$
$100\% : 50\% = 20\% : 10\%$

Se as grandezas absolutas de v e C são as mesmas em ambos os casos, a proporção entre as taxas de lucro é, além disso, a mesma que entre as massas de mais-valor:

$l' : l'_1 = m'v : m'_1 v = m : m_1$

Por exemplo:

$80c + 20v + 20m;\ m' = 100\%,\ l' = 20\%$
$80c + 20v + 10m;\ m' = 50\%,\ l' = 10\%$
$20\% : 10\% = 100 \times 20 : 50 \times 20 = 20m : 10m$

Está claro, agora, que, com capitais de igual composição absoluta ou percentual, a taxa de mais-valor só pode ser diferente quando o salário, a duração da jornada de trabalho ou a intensidade do trabalho são diferentes.

I. $80c + 20v + 10m;\ m' = 50\%,\ l' = 10\%$
II. $80c + 20v + 20m;\ m' = 100\%,\ l' = 20\%$
III. $80c + 20v + 40m;\ m' = 200\%,\ l' = 40\%$

Nesses três casos, um produto de valor total é criado em I de 30 ($20v + 10m$), em II de 40, em III de 60. Isso pode ocorrer de três maneiras.

Primeiro, quando os salários são diferentes, ou seja, se em cada caso $20v$ expressa um número de trabalhadores diferente. Suponhamos que em I sejam empregados 15 trabalhadores por 10 horas pelo salário de £1⅓ e que eles produzam um valor de £30, das quais £20 repõem o salário e £10 compõem o mais-valor. Se o salário cai para £1, então 20 trabalhadores podem ser empregados por 10 horas e produzir um valor de £40, das quais £20 para o salário e £20 para o mais-valor. Se o salário continua a cair, agora para £⅔, então 30 trabalhadores são empregados por 10 horas e produzem um valor de £60, das quais, depois de deduzidas £20 para o salário, restam £40 para o mais-valor.

Este caso – composição constante e percentual do capital, jornada constante de trabalho, intensidade constante do trabalho, variação da taxa de mais-valor causada pela variação do salário – é o único que se encaixa na suposição de Ricardo: "*Profits would be high or low,* exactly in proportion *as wages would be low or high*"* ("*Principles...*", seção III, capítulo 1, p. 18 de *Works of D. Ricardo*, MacCulloch, 1852).

Em segundo lugar, quando a intensidade do trabalho é distinta. Nesse caso, por exemplo, 20 trabalhadores produzem, com os mesmos meios de trabalho e em 10 horas diárias de trabalho, em I, 30; em II, 40; e em III, 60 peças de determinada mercadoria, da qual cada peça, além do valor dos meios de produção nela consumidos, representa um novo valor de £1. Como em cada

* "Os lucros seriam altos ou baixos, exatamente na proporção em que os salários seriam baixos ou altos." (N. T.)

caso 20 peças = £20 repõem o salário, restam para o mais-valor, em I, 10 peças = £10; em II, 20 peças = £20; e em III, 40 peças = £40.

Em terceiro lugar, quando a jornada de trabalho é de diferente duração. Se 20 trabalhadores trabalham, com igual intensidade, por 9 horas diárias em I, 12 horas em II e 18 horas em III, então a proporção de seu produto total 30 : 40 : 60 é a mesma que entre as horas de trabalho de cada um, 9 : 12 : 18, e, como o salário é = 20 para cada um dos três, restam novamente 10, 20 e 40 para o mais-valor.

O aumento ou a redução do salário atuam, portanto, em sentido inverso, ao passo que o aumento ou a redução da intensidade do trabalho e o prolongamento ou o encurtamento da jornada de trabalho atuam no mesmo sentido sobre a grandeza da taxa de mais-valor e, no caso de $^{v}/_{C}$ constante, sobre a taxa de lucro.

2) *m'* e *v* variáveis, C constante

Nesse caso, vale a proporção:

$$l' : l'_1 = m'\, v/C : m'_1\, {}^{v1}/C = m'v : m'_1 v_1 = m : m_1$$

As taxas de lucro se relacionam entre si como as respectivas massas de mais-valor.

A variação da taxa de mais-valor acompanhada de um capital variável que se mantém igual significa uma alteração na grandeza e na distribuição do produto de valor. Do mesmo modo, uma simultânea variação de v e m' inclui outra distribuição, mas nem sempre uma variação da grandeza do produto de valor. Três casos são possíveis:

a) A variação de v e m' se dá em sentido contrário, mas na mesma grandeza. Por exemplo:

$80c + 20v + 10m;\ m' = 50\%,\ l' = 10\%$
$90c + 10v + 20m;\ m' = 200\%,\ l' = 20\%$

O produto de valor é, nos dois casos, igual, ou seja, a quantidade de trabalho realizado; $20v + 10m = 10v + 20m = 30$. A diferença é apenas que, no primeiro caso, 20 são pagos para o salário e 10 restam para o mais-valor, enquanto, no segundo caso, o salário é de apenas 10 e, assim, o mais-valor é de 20. Este é o único caso em que, com uma variação simultânea de v e m', o número de trabalhadores, a intensidade do trabalho e a duração da jornada de trabalho permanecem inalterados.

b) A variação de *m′* e *v* se dá também em sentido contrário, mas não na mesma grandeza em ambos. Nesse caso, prepondera ou a variação de *v* ou a de *m′*.

I. 80*c* + 20*v* + 20*m*; *m′* = 100%, *l′* = 20%
II. 72*c* + 28*v* + 20*m*; *m′* = $71\frac{3}{7}$%, *l′* = 20%
III. 84*c* + 16*v* + 20*m*; *m′* = 125%, *l′* = 20%

Em I, um produto de valor de 40 é pago com 20*v*; em II, um de 48, com 28*v*; e, em III, um de 36, com 16*v*. Tanto o produto de valor como o salário se modificaram, mas alteração do produto de valor significa alteração da quantidade de trabalho realizada, ou seja, do número de trabalhadores, da duração do trabalho, da intensidade do trabalho ou de uma combinação desses três fatores.

c) A variação de *m′* e *v* se realiza no mesmo sentido; nesse caso, um reforça o efeito do outro.

90*c* + 10*v* + 10*m*; *m′* = 100%, *l′* = 10%
80*c* + 20*v* + 30*m*; *m′* = 150%, *l′* = 30%
92*c* + 8*v* + 6*m*; *m′* = 75%, *l′* = 6%

Também aqui os três produtos de valor são distintos – a saber, 20, 50 e 14; essa diferença na grandeza da quantidade de trabalho em cada caso se reduz, por sua vez, à diferença do número de trabalhadores, da duração do trabalho, da intensidade do trabalho, de uma combinação desses fatores ou até mesmo de todos eles.

3) *m′*, *v* e C variáveis

Esse caso não oferece nenhum novo ponto de vista e resolve-se mediante a fórmula geral dada em "II. *m′* variável".

* * *

O efeito de uma variação de grandeza da taxa de mais-valor sobre a taxa de lucro produz, portanto, os seguintes casos:

1. *l′* aumenta ou diminui na mesma proporção de *m′*, quando $^{v}/_{C}$ permanece constante.

$80c + 20v + 20m; m' = 100\%, l' = 20\%$
$80c + 20v + 10m; m' = 50\%, l' = 10\%$
$100\% : 50\% = 20\% : 10\%$

2. *l'* sobe ou cai numa proporção maior que *m'*, quando $^{v}/_{C}$ se move no mesmo sentido que *m'*, isto é, aumenta ou diminui quando *m'* aumenta ou diminui.

$80c + 20v + 10m; m' = 50\%, l' = 10\%$
$70c + 30v + 20m; m' = 66\frac{2}{3}\%, l' = 20\%$
$50\% : 66\frac{2}{3}\% < 10\% : 20\%$

3. *l'* sobe ou cai numa proporção menor que *m'*, quando $^{v}/_{C}$ altera-se em sentido contrário a *m'*, porém em menor proporção.

$80c + 20v + 10m; m' = 50\%, l' = 10\%$
$90c + 10v + 15m; m' = 150\%, l' = 15\%$
$50\% : 150\% > 10\% : 15\%$

4. *l'* sobe, ainda que *m'* caia, ou cai, ainda que *m'* suba, quando $^{v}/_{C}$ altera-se em sentido contrário a *m'* e em proporção maior que este último.

$80c + 20v + 20m; m' = 100\%, l' = 20\%$
$90c + 10v + 15m; m' = 150\%, l' = 15\%$

m' subiu de 100% para 150%, e *l'* caiu de 20% para 15%.

5. Por último, *l'* permanece constante, ainda que *m'* suba ou caia, ou cai, quando $^{v}/_{C}$ altera-se em sentido contrário, porém exatamente na mesma proporção que *m'* altera sua grandeza.

Apenas este último caso carece de explicação. Tal como vimos anteriormente, nas variações de $^{v}/_{C}$, que uma única e mesma taxa de mais-valor pode se expressar nas mais diversas taxas de lucro, aqui se percebe que uma única e mesma taxa de lucro pode estar fundada em taxas de mais-valor muito distintas. Porém, ao passo que com *m'* constante qualquer alteração na proporção entre *v* e C bastava para gerar uma diferença na taxa de lucro, para que a taxa de lucro permaneça a mesma é preciso que, na variação da grandeza de *m'*, ocorra uma variação exatamente inversa de $^{v}/_{C}$. Com um e mesmo capital, ou dois capitais num mesmo país, isso só é possível muito excepcionalmente. Tomemos, por exemplo, um capital

$80c + 20v + 20m$; $C = 100$, $m' = 100\%$, $l' = 20\%$

e suponhamos que o salário caia de tal modo que o mesmo número de trabalhadores receba $16v$, em vez de $20v$. Nesse caso, mantendo-se inalteradas as demais condições, temos, com a liberação de $4v$:

$80c + 16v + 24m$; $C = 96$, $m' = 150\%$, $l' = 25\%$

Ora, para que l' seja $= 20\%$, como antes, o capital total teria de aumentar para 120, ou seja, o capital constante teria de passar a 104:

$104c + 16v + 24m$; $C = 120$, $m' = 150\%$, $l' = 20\%$

Isso só seria possível se, juntamente com a queda do salário, tivéssemos uma alteração na produtividade do trabalho a exigir essa composição alterada do capital; ou, então, se o valor monetário do capital constante aumentasse de 80 para 104; em suma, uma conjunção de condições que só ocorre muito excepcionalmente. Com efeito, uma alteração de m' que não implique simultaneamente uma alteração de v e, com isso, também de $^v/_C$ só pode ser pensada sob circunstâncias muito determinadas, especialmente naqueles ramos industriais em que são empregados somente capital e trabalho e o objeto do trabalho é fornecido pela natureza.

Na comparação entre as taxas de lucro de dois países, isso é diferente. Aqui, com efeito, a mesma taxa de lucro costuma expressar taxas de mais-valor distintas.

Do conjunto dos cinco casos resulta, pois, que uma taxa crescente de lucro pode corresponder a uma taxa de mais-valor decrescente ou crescente; uma taxa decrescente de lucro a uma taxa de mais-valor crescente ou decrescente; e uma taxa constante de lucro a uma taxa de mais-valor crescente ou decrescente. Que uma taxa crescente, decrescente ou constante de lucro possa corresponder também a uma taxa constante de mais-valor é algo que vimos no item I.

* * *

A taxa de lucro é, assim, determinada por dois fatores principais: a taxa do mais-valor e a composição de valor do capital. É possível resumir os efeitos desses dois fatores da seguinte forma, podendo a composição ser expressa percentualmente, pois aqui não importa de qual das duas partes do capital parte a alteração:

As taxas de lucro de dois capitais ou de um e mesmo capital em dois estados distintos e sucessivos

são iguais

1. quando há uma igual composição percentual dos capitais e igual taxa de mais-valor;
2. no caso de uma composição percentual desigual e taxa desigual de mais--valor, quando os produtos das taxas de mais-valor pelas partes percentuais variáveis do capital (m' e v), isto é, as massas de mais-valor ($m = m'v$) percentualmente calculadas sobre o capital total, são iguais; em outras palavras, quando em ambas as vezes os fatores m' e v encontram-se na proporção inversa um do outro.

são desiguais

1. no caso de uma igual composição percentual, quando as taxas de mais--valor são desiguais, quando se acham na mesma relação que as taxas de mais-valor;
2. quando a taxa de mais-valor é igual e a composição percentual é desigual, sendo a proporção entre elas a mesma que entre as partes do capital;
3. no caso de uma taxa desigual de mais-valor e de uma composição percentual desigual, sendo a proporção entre elas a mesma que entre os produtos $m'v$, isto é, entre as massas de mais-valor percentualmente calculadas sobre o capital total[10].

---

10 No manuscrito encontram-se ainda cálculos bastante detalhados sobre a diferença entre taxa de mais-valor e taxa de lucro ($m' - l'$), diferença que possui peculiaridades interessantes e cujo movimento evidencia os casos em que as duas taxas se afastam ou se aproximam uma da outra. Tais movimentos podem ser representados em curvas. Abdico aqui de reproduzir esse material por ser ele menos importante para os objetivos mais imediatos deste livro, bastando deixar esse ponto indicado para aqueles leitores que eventualmente queiram investigá-lo. (F. E.)

Capítulo 4

Efeito da rotação sobre a taxa de lucro

{O efeito da rotação sobre a produção de mais-valor, ou seja, de lucro, foi mencionado no Livro II. Podemos resumi-lo dizendo que, em decorrência do período requerido para a rotação, o capital inteiro não pode ser simultaneamente empregado na produção; que, portanto, uma parte do capital é continuamente imobilizada, seja na forma de capital monetário, de matérias-primas em estoque, de capital-mercadoria acabado, porém ainda não vendido, seja na forma de títulos de crédito ainda não prescritos; que do capital operante na produção ativa, ou seja, na criação e na apropriação de mais-valor, subtraia-se continuamente essa parte e que o mais-valor criado e apropriado seja continuamente reduzido na mesma proporção. Quanto mais curto o tempo de rotação, tanto menor se torna essa parte imobilizada do capital em comparação com o todo; tanto maior, também, torna-se o mais-valor apropriado, conservando-se inalteradas as demais circunstâncias.

Já no Livro II*, desenvolvemos em detalhes como o encurtamento do tempo de rotação ou de uma de suas duas seções, o tempo de produção e o tempo de circulação, aumenta a massa do mais-valor produzido. Mas, como a taxa de lucro expressa apenas a relação entre a massa de mais-valor produzido e o capital total engajado em sua produção, é evidente que todo encurtamento desse tipo aumenta a taxa de lucro. O que desenvolvemos na segunda seção do Livro II com relação ao mais-valor vale igualmente para o lucro e para a taxa de lucro e, por isso, não precisa ser aqui reiterado. Vale destacar apenas alguns elementos centrais.

O principal meio do encurtamento do tempo de produção é o aumento da produtividade do trabalho, que se costuma chamar de progresso da indústria. Se esse encurtamento não provoca um incremento significativo do

* Cf. Karl Marx, *O capital: crítica da economia política*, Livro II: *O processo de circulação do capital* (trad. Rubens Enderle, São Paulo, Boitempo, 2014), p. 391-5. (N. T.)

desembolso total de capital mediante o emprego de maquinaria cara etc. e, com isso, uma queda da taxa de lucro a ser calculada sobre o capital total, então essa taxa de lucro tem necessariamente de aumentar. Esse é, de fato, o caso de muitos dos mais recentes progressos da metalurgia e da indústria química. Os métodos recém-descobertos de produção de ferro e aço de Bessemer, Siemens, Gilchrist-Thomas, entre outros, encurtam a um mínimo, com custos relativamente baixos, processos que antes eram extremamente longos. A obtenção da alizarina ou da garancina a partir do alcatrão de hulha proporciona em poucas semanas, e com as mesmas instalações fabris atualmente utilizadas para os corantes de alcatrão de hulha, o resultado que antes exigia muitos anos; a garança precisava de um ano para crescer e, então, suas raízes tinham ainda de amadurecer por vários anos, antes de ser tingidas.

O principal meio para o encurtamento do tempo de circulação é a melhoria das comunicações, e nisso os últimos cinquenta anos acarretaram uma revolução, comparável apenas à revolução industrial da última metade do século anterior. No campo, a estrada macadamizada foi suplantada pela estrada de ferro; no mar, a lenta e irregular navegação a vela cedeu lugar às velozes e regulares linhas da navegação a vapor, e o globo terrestre inteiro foi atravessado por cabos de telégrafo. O canal de Suez integrou a Ásia oriental e a Austrália ao tráfego dos navios a vapor. O tempo de circulação de uma encomenda para a Ásia oriental, que em 1847 era de no mínimo doze meses (cf. Livro II, p. 235 [347-8]), pode ser agora reduzida a aproximadamente doze semanas. Por essa revolução dos meios de transporte, os dois grandes focos de crises de 1825-1857, a América e a Índia, tornaram-se de 70% a 90% mais próximos dos países industrializados e, com isso, perderam grande parte de sua capacidade explosiva. O tempo de rotação do comércio mundial encurtou-se na mesma medida, e a capacidade de ação do capital nele empenhado mais do que dobrou ou triplicou. É evidente que isso não deixou de provocar um efeito sobre a taxa de lucro.

Para expor, em sua forma pura, o efeito da rotação do capital total sobre a taxa de lucro, temos de, nos dois capitais a ser comparados, supor todas as demais circunstâncias como iguais. Que, além da taxa de mais-valor e da jornada de trabalho, seja também igual, portanto, a composição percentual desses capitais. Suponhamos, então, um capital A de composição $80c + 20v = 100C$, o qual, com uma taxa de mais-valor de 100%, efetua duas rotações no ano. Nesse caso, o produto anual é $160c + 40v + 40m$. Porém, a fim de investigar a taxa de lucro, calculamos esses $40m$ não sobre o valor-capital rodado de 200, mas sobre o valor-capital adiantado de 100, e obtemos, assim, $l' = 40\%$.

Comparemos com isso um capital B = 160c + 40v = 200C, que roda com a mesma taxa de mais-valor de 100%, porém somente uma vez no ano. Nesse caso, o produto anual é, como antes, 160c + 40v + 40m. Dessa vez, no entanto, os 40m devem ser calculados sobre um capital adiantado de 200, o que dá uma taxa de lucro de apenas 20%, ou seja, apenas a metade da taxa para A.

Disso resulta, portanto, que, em capitais de igual composição percentual, taxa igual de mais-valor e igual jornada de trabalho, a relação entre as taxas de lucro de dois capitais é inversa à relação entre seus tempos de rotação. Se nos dois casos comparados apresenta-se uma desigualdade, seja na composição, ou na taxa de mais-valor, ou na jornada de trabalho ou no salário, é verdade que desse modo também se produzem diferenças subsequentes na taxa de lucro; mas tais diferenças são independentes da rotação e, por isso, não nos importam aqui. Elas também foram mencionadas no capítulo 3.

O efeito direto do tempo reduzido de rotação sobre a produção de mais-valor – portanto, também do lucro – consiste na eficácia aumentada que, desse modo, se confere à parte variável do capital; sobre isso, cf. Livro II, capítulo 16, "A rotação do capital variável". Lá mostramos que um capital variável de 500 que efetue dez rotações no ano apropria nesse tempo tanto mais-valor quanto um capital variável de 5.000 que, com a mesma taxa de mais-valor e o mesmo salário, efetue apenas uma rotação no ano.

Tomemos um capital I, composto de 10.000 de capital fixo (cuja depreciação anual seja de 10% = 1.000), 500 de capital constante circulante e 500 de capital variável. Suponhamos que, com uma taxa de mais-valor de 100%, esse capital efetue dez rotações no ano. Para simplificar, partamos do pressuposto de que, em todos os exemplos a seguir, o capital constante circulante efetua, no mesmo tempo, igual número de rotações que o capital variável, o que, na maior parte das vezes, é o que ocorre na prática. Nesse caso, o produto de um desses períodos de rotação será:

100c (depreciação) + 500c + 500v + 500m = 1.600

O produto de um ano inteiro, de dez dessas rotações:

1.000c (depreciação) + 5.000c + 5.000v + 5.000m = 16.000
C = 11.000, m = 5.000, $l' = {}^{5.000}/_{11.000} = 45^{6}/_{11}\%$

Tomemos agora um capital II, com capital fixo de 9.000 (com depreciação anual de 1.000), capital constante circulante de 1.000, capital variável de

1.000, taxa de mais-valor de 100% e número de rotações anuais do capital variável: 5. O produto de cada um dos períodos de rotação do capital variável será, portanto:

200*c* (depreciação) + 1.000*c* + 1.000*v* + 1.000*m* = 3.200

O produto total anual, em cinco rotações:

1.000*c* (depreciação) + 5.000*c* + 5.000*v* + 5.000*m* = 16.000
C = 11.000, *m* = 5.000, *l'* = $^{5.000}/_{11.000}$ = $45^{6}/_{11}$%

Tomemos, além disso, um capital III, no qual não se encontra nenhum capital fixo, mas 6.000 de capital constante circulante e 5.000 de capital variável. Suponhamos que, com uma taxa de mais-valor de 100%, ele efetue uma rotação no ano. O produto total no ano é, então:

6.000*c* + 5.000*v* + 5.000*m* = 16.000
C = 11.000, *m* = 5.000, *l'* = $^{5.000}/_{11.000}$ = $45/_{11}$%

Temos, portanto, nos três casos, a mesma massa anual de mais-valor = 5.000 e, como nos três casos também o capital total é igual, a saber = 11.000, temos a mesma taxa de lucro de $45^{5}/_{11}$%.

Se no capital I, ao contrário, há, em vez de 10, apenas 5 rotações anuais de sua parte variável, então a situação é diversa. O produto de uma rotação é, então:

200*c* (depreciação) + 500*c* + 500*v* + 500*m* = 1.700

O produto anual:

1.000*c* (depreciação) + 2.500*c* + 2.500*v* + 2.500*m* = 8.500
C = 11.000, *m* = 2.500, *l'* = $^{2.500}/_{11.000}$ = $22^{8}/_{11}$%

A taxa de lucro caiu pela metade porque o tempo de rotação dobrou.

A massa de mais-valor apropriada no curso do ano é, assim, igual à massa do mais-valor apropriada num período de rotação do capital *variável* multiplicada pelo número dessas rotações no ano. Se chamamos de M o mais-valor ou o lucro anualmente apropriado, de *m* o mais-valor apropriado num período de rotação e de *n* o número das rotações anuais do capital variável, então M = *mn*, e a taxa anual de mais-valor M′ = *m′n*, tal como já foi desenvolvido no Livro II, capítulo 16, item 1*.

Naturalmente, a fórmula da taxa de lucro $l' = m' \, {}^{v}/_{C} = m' \, {}^{v}/_{c+v}$ só é correta quando o v do numerador é o mesmo que o do denominador. No denominador, v é a parte total inteira, empregada em média como capital variável, para o salário. Inicialmente, o v do numerador é determinado apenas pelo fato de ele ter produzido e apropriado certa quantidade de mais-valor = m, cuja relação com v é ${}^{m}/_{v}$, isto é, a taxa de mais-valor m'. Apenas desse modo a equação $l' = {}^{m}/_{c+v}$ se transformou em $l' = m' \, {}^{v}/_{c+v}$. O v do numerador é, agora, determinado pelo fato de que ele tem de ser igual ao v do denominador, isto é, à parte variável inteira do capital C. Em outras palavras, a equação $l' = {}^{m}/_{C}$ só pode ser transformada sem erros na equação $l' = m' \, {}^{v}/_{c+v}$, se m significa o mais-valor produzido em um período de rotação do capital variável. Se m abarca apenas parte desse mais-valor, então $m = m'v$ é decerto correto, mas esse v é aqui menor que o v em $C = c + v$, porquanto no salário foi desembolsado menos do que o capital variável inteiro. Mas, se m abarca mais que o mais-valor de uma rotação de v, uma parte – ou a totalidade – desse v funciona duas vezes, a saber, na primeira e na segunda rotações e, eventualmente, em rotações subsequentes; o v que produz o mais-valor e que é a soma de todos os salários pagos é, assim, maior que o v em $c + v$, e o cálculo se revela errado.

Para que a fórmula da taxa anual de lucro seja correta, é preciso que nela lancemos, em vez da taxa simples de mais-valor, a taxa anual do mais-valor, ou seja, M′ ou $m'n$ no lugar de m'. Em outras palavras, temos de multiplicar m', a taxa de mais-valor – ou, o que resulta no mesmo, a parte variável de capital v contida em C –, por n, o número das rotações desse capital variável no ano; obtemos, assim, $l' = m'n \, {}^{v}/_{C}$, que é a fórmula para o cálculo da taxa de lucro anual.

Mas quão grande é o capital variável num negócio é algo que o próprio capitalista, na maior parte dos casos, não sabe. No Livro II, capítulo 8, vimos – e ainda veremos adiante – que a única diferença no interior de um capital que se impõe ao capitalista como essencial é a diferença entre capital fixo e circulante. Do caixa que contém a parte do capital circulante que se encontra em suas mãos na forma de dinheiro – na medida em que esse capital não esteja no banco –, o capitalista retira o dinheiro para o salário, o dinheiro para as matérias-primas e os materiais auxiliares e lança esses débitos numa mesma conta. Ainda que ele tivesse de manter uma conta separada

* Cf. Karl Marx, *O capital*, Livro II, cit., p. 391. (N. T.)

para os salários pagos, no final desse ano essa conta mostraria apenas a soma paga para esse item, isto é, *vn*, mas não o próprio capital variável *v*. Para investigar isso, ele teria de realizar um cálculo próprio, do qual daremos aqui um exemplo.

Para tanto, tomemos a fiação de algodão de 10.000 fusos descrita no Livro I (p. 209/201 [295]) e suponhamos que os dados que lá correspondiam a uma semana de abril de 1871 conservam seu valor para o ano inteiro. O capital fixo contido na maquinaria era de £10.000. O capital circulante não foi fornecido, mas suponhamos que fosse de £2.500, um volume bastante alto, que, no entanto, é justificado pelo pressuposto de que temos sempre de partir aqui, a saber, de que não ocorrem quaisquer operações de crédito, ou seja, nenhum emprego duradouro ou momentâneo de capital alheio. O produto semanal era, quanto ao valor, composto de £20 para o desgaste da maquinaria, £358 de adiantamento do capital constante circulante (aluguel, £6; algodão, £342; carvão, gás, óleo, £10), £52 de capital variável desembolsado em salário e £80 de mais-valor, portanto:

$$20c \text{ (depreciação)} + 358c + 52v + 80m = 510$$

O adiantamento semanal de capital circulante era, assim, $358c + 52v = 410$, e sua composição percentual = $87{,}3c + 12{,}7v$. Isso, calculado sobre todo o capital circulante de £2.500, resulta em £2.182 de capital constante e £318 de capital variável. Como o desembolso total para o salário no ano era de 52 vezes £52, logo, £2.704, o resultado é que o capital variável de £318 no ano efetuou quase 8½ rotações. A taxa do mais-valor era de $^{80}/_{52} = 153^{11}/_{13}\%$. A partir desses elementos, calculamos a taxa de lucro, inserindo na fórmula $l' = m'n\, ^{v}/_{C}$ os valores $m' = 153^{11}/_{13}$, $n = 8½$, $v = 318$, $C = 12.500$; portanto:

$$l' = 153^{11}/_{13} \times 8½ \times 318/_{12.500} = 33{,}27\%$$

A prova disso fazemos mediante o uso da fórmula simples $l' \times {}^{m}/_{C}$. O mais-valor ou o lucro total no ano é de [£]80 × £52 = £4.160; essa soma, dividida pelo capital total de £12.500, tem como resultado, tal como antes, 33,28%, uma taxa de lucro anormalmente alta, que só se explica com base em circunstâncias momentâneas extremamente favoráveis (algodão muito barato, acompanhado de preço muito alto do fio) e que, na realidade, certamente não valia ao longo de todo o ano.

Na fórmula $l' = m'n\, ^{v}/_{C}$, $m'n$ é, como dito, aquilo que no Livro II foi calculado como a taxa anual do mais-valor. Esta é, no caso citado, $153^{11}/_{13}\% \times 8½$

ou, calculado com exatidão, $1.307^{9}/_{13}$%. Se, portanto, um certo Biedermann* ficou horrorizado com a monstruosidade de uma taxa anual de mais-valor de 1.000%, tal como foi apresentada em exemplo no Livro II**, talvez ele agora se tranquilize com uma taxa anual de mais-valor acima de 1.300%, fato que se lhe apresenta a partir da prática de Manchester. Em épocas de extrema prosperidade, como há muito tempo não vivenciamos, uma taxa assim não é de modo algum uma raridade.

De passagem, temos aqui um exemplo da composição factual do capital no interior da grande indústria moderna. O capital total de £12.500 divide-se em £12.182 de capital constante e £318 de capital variável. Percentualmente, $97\frac{1}{2}c + 2\frac{1}{2}v = 100C$. Apenas a quarta parte do total serve para o pagamento de salário, porém retornando mais que oito vezes no ano.

Como apenas a poucos capitalistas ocorre efetuar tais cálculos sobre o próprio negócio, a estatística silencia quase absolutamente sobre a relação entre as partes constante e variável do capital social total. Apenas o censo norte-americano fornece aquilo que é possível sob as atuais condições: a soma dos salários pagos em cada ramo de negócio e dos lucros obtidos. Por mais suspeitos que esses dados possam ser, já que se baseiam apenas sobre informações fornecidas pelos próprios industriais e não posteriormente controladas, eles são, de qualquer modo, extremamente valiosos, a única coisa de que dispomos sobre o assunto. Na Europa, somos demasiado ternos para confrontar nossos grandes industriais com revelações desse tipo. – F. E.}

---

* Referência a Karl Biedermann, historiador e jornalista liberal. Engels faz aqui um jogo de palavras com Biedermann, que significa "filisteu", "pequeno-burguês". (N. T.)

** Cf. *O Capital*, Livro II, cit., p. 392 e seg. (N. T.)

Capítulo 5

Economia no emprego do capital constante

I. Considerações gerais

O aumento do mais-valor absoluto ou o prolongamento do mais-trabalho e, com isso, da jornada de trabalho, mantendo-se igual o capital variável, ou seja, com o emprego do mesmo número de trabalhadores por um salário nominalmente igual – sendo aqui indiferente se o sobretempo é pago ou não –, reduz relativamente o valor do capital constante em relação ao capital total e ao capital variável e, desse modo, eleva a taxa de lucro, também independentemente do crescimento e da massa do mais-valor e da taxa possivelmente crescente do mais-valor. O volume da parte fixa do capital constante, dos edifícios de fábrica, da maquinaria etc. permanece o mesmo, não importando se são 12 ou 16 horas de trabalho. O prolongamento da jornada não exige qualquer novo desembolso nessa parte mais onerosa do capital constante. A isso se acrescenta o fato de que o valor do capital fixo é reproduzido numa série mais curta de períodos de rotação, ou seja, reduz-se o tempo pelo qual ele é adiantado para gerar determinado lucro. O prolongamento da jornada de trabalho eleva, assim, o lucro, mesmo quando o sobretrabalho é pago e, até certo limite, mesmo quando se paga por ele um valor maior que pelas horas normais de trabalho. A necessidade sempre crescente do aumento do capital fixo no sistema industrial moderno foi, por conseguinte, um dos principais fatores a estimular os capitalistas gananciosos a prolongar a jornada de trabalho[11].

---

[11] "Como em todas as fábricas um montante muito alto de capital fixo está investido em edifícios e máquinas, o ganho será tanto maior quanto maior for o número de horas durante as quais essa maquinaria puder se manter em funcionamento." (*Rep.[orts] of Insp.[ectors] of Fact.[ories], October 31, 1858*, p. 8.)

Essa relação não ocorre na jornada de trabalho constante. Aqui, é necessário aumentar o número de trabalhadores e, com eles, até certa proporção, a massa do capital fixo, os edifícios, a maquinaria etc., a fim de explorar uma massa maior de trabalho (pois abstraímos das deduções no salário ou de sua exploração abaixo de seu nível normal). Ou, então, aumentar a intensidade do trabalho – elevar sua força produtiva –, criando, em geral, um volume maior de mais-valor relativo. Nesse caso, nos ramos da indústria que utilizam matérias-primas, cresce a massa da parte circulante do capital constante na medida em que mais matéria-prima etc. é trabalhada no mesmo período; em segundo lugar, aumenta a maquinaria posta em movimento pelo mesmo número de trabalhadores, portanto, também essa parte do capital constante. O crescimento do mais-valor é, assim, acompanhado de um crescimento do capital constante, e a exploração crescente do trabalho é acompanhada de um encarecimento das condições de produção por meio das quais o trabalho é explorado, isto é, de um desembolso maior de capital. Por isso, a taxa de lucro diminui de um lado quando aumenta do outro.

Toda uma série de despesas correntes conserva-se quase ou totalmente igual tanto na jornada de trabalho mais longa como na mais curta. Os custos de supervisão são menores para 500 trabalhadores em 18 horas de trabalho do que para 750 trabalhadores em 12 horas. "Os custos de funcionamento de uma fábrica com jornada de trabalho de 10 horas são quase iguais aos de uma fábrica com jornada de trabalho de 12 horas" (*Rep.[orts of the Inspectors of] Fact.[ories], Oct.[ober] 1848*, p. 37). Impostos estatais e municipais, seguros contra incêndio, salários de empregados de diferentes níveis, desvalorização da maquinaria e diversas outras despesas de uma fábrica transcorrem inalterados com um tempo de trabalho mais longo ou mais curto; na mesma medida em que a produção diminui, eles aumentam em relação ao lucro (*Rep.[orts of the Inspectors of] Fact.[ories], Oct.[ober] 1862*, p. 19).

O período em que se reproduz o valor da maquinaria e de outros componentes do capital fixo é praticamente determinado não pelo tempo de sua duração, mas pela duração total do processo de trabalho durante o qual eles funcionam e são consumidos. Se os trabalhadores têm de labutar por 18 horas, não por 12 horas, isso significa um acréscimo de três dias na semana: uma semana se transforma em uma semana e meia, e dois anos, em três anos. Se o sobretrabalho não é pago, então os trabalhadores, além do tempo normal de mais-trabalho, cedem gratuitamente, a cada duas semanas, a terceira, e a cada dois anos, o terceiro. Assim a reprodução do valor da maquinaria é aumentada em 50%, sendo atingida em ⅔ do tempo que se faria necessário na ausência dessas condições.

Aqui, tal como na investigação sobre as variações de preço da matéria--prima (capítulo 6), partimos do pressuposto de que a massa e a taxa do mais-valor são dadas – a fim de evitar complicações desnecessárias.

Como já foi destacado na exposição da cooperação, da divisão do trabalho e da maquinaria*, a economia das condições de produção que caracteriza a produção em larga escala deriva essencialmente do fato de que essas condições funcionam como condições do trabalho social, socialmente combinado, ou seja, como condições sociais do trabalho. Elas são consumidas em conjunto no processo de produção, pelo trabalhador coletivo [*Gesamtarbeiter*], e não de modo fragmentado, por uma massa de trabalhadores desarticulados ou que, no máximo, cooperam diretamente em pequena escala. Numa grande fábrica, com um ou dois motores centrais, os custos desses motores não aumentam na mesma proporção de seus cavalos-vapor e, por conseguinte, de sua esfera possível de atuação; os custos da maquinaria de transferência não aumentam na mesma proporção da massa das máquinas de trabalho às quais elas transmitem o movimento; o tronco da própria máquina de trabalho não se encarece na mesma proporção do número crescente das ferramentas com as quais ela funciona como com seus órgãos etc. A concentração dos meios de produção economiza construções subsequentes de todo tipo, não apenas para os ateliês propriamente ditos, mas também para os locais de armazenamento etc. O mesmo ocorre com os gastos relacionados a queima de combustíveis, iluminação etc. As outras condições de produção permanecem as mesmas, independentemente de serem utilizadas por poucos ou por muitos.

Porém, toda essa economia, que resulta da concentração dos meios de produção e de seu emprego massivo, pressupõe, como condição essencial, a aglutinação e a atuação conjunta dos trabalhadores, ou seja, a combinação social do trabalho. Assim, ela resulta do caráter social do trabalho tanto quanto o mais-valor resulta do mais-trabalho de cada trabalhador, isoladamente considerado. Mesmo os constantes aperfeiçoamentos, que aqui são possíveis e necessários, derivam única e exclusivamente das experiências e das observações sociais que a produção do trabalhador coletivo – combinado em grande escala – proporciona e permite.

O mesmo vale para o segundo grande ramo da economia das condições de produção. Referimo-nos à reconversão dos resíduos da produção, de seus assim chamados resíduos, em novos elementos de produção, seja do mesmo ramo industrial, seja de outro, aos processos mediante os quais esses assim

* Cf. Karl Marx, *O capital*, Livro I, cit., p. 398-400. (N. T.)

chamados resíduos são relançados no ciclo da produção e, por conseguinte, do consumo – produtivo ou individual. Também esse ramo das economias, que analisaremos depois em detalhes, é resultado do trabalho social em larga escala. É graças ao caráter massivo desses resíduos que eles são reconvertidos em objetos de comércio e, com isso, em novos elementos da produção. Apenas como resíduos da produção coletiva e, por conseguinte, da produção em larga escala eles assumem essa importância para o processo de produção e se conservam como portadores de valor de troca. Tais resíduos – abstraindo do serviço que eles prestam como novos elementos de produção –, na mesma medida em que se tornam novamente compráveis, barateiam os custos da matéria-prima nos quais seu resíduo normal está sempre incluído, isto é, a quantidade que, em média, tem de ser desperdiçada em sua elaboração. A redução dos custos dessa parte do capital constante eleva *pro tanto* [proporcionalmente] a taxa de lucro, com dada grandeza do capital variável e dada taxa de mais-valor.

Tendo sido dado o mais-valor, a taxa de lucro só pode ser aumentada mediante a redução do valor do capital constante requerido para a produção de mercadorias. Na medida em que o capital constante entra na produção das mercadorias, o que se considera não é seu valor de troca, mas unicamente seu valor de uso. A quantidade de trabalho que a seda pode absorver numa fiação depende não de seu valor, mas de sua quantidade, dado certo grau da produtividade do trabalho, isto é, certo nível do desenvolvimento técnico. Do mesmo modo, o auxílio que uma máquina presta a, por exemplo, três trabalhadores depende não de seu valor, mas de seu valor de uso como máquina. Em determinado nível do desenvolvimento técnico, uma máquina ruim pode ser cara, ao passo que, em outro nível, uma boa máquina pode ser barata.

O lucro aumentado que um capitalista obtém com o fato de, por exemplo, o algodão e a maquinaria de fiação terem se tornado mais baratos é resultado da produtividade aumentada do trabalho, não certamente na fiação, mas sim na construção de máquinas e na produção de algodão. Para objetivar uma quantidade de trabalho, ou seja, para apropriar dada quantidade de mais-trabalho, é necessário um desembolso menor em condições do trabalho. Caem os custos requeridos para apropriar essa quantidade determinada de mais-trabalho.

Já falamos sobre a economia que resulta da utilização coletiva dos meios de produção pelo trabalhador coletivo – os trabalhadores socialmente combinados – no processo de produção. Mais adiante, analisaremos outra economia, a do desembolso de capital constante, obtida com o encurtamento do tempo de circulação (no qual o desenvolvimento dos meios de comunicação é elemento material essencial). Aqui, porém, ainda resta falar da economia derivada do aperfeiçoamento contínuo da maquinaria, especialmente 1) de seu material, por exemplo, ferro em vez de madeira; 2) do barateamento da maquinaria mediante o aperfeiçoamento da fabricação de máquinas em geral, de modo que o valor da parte fixa do capital constante, embora cresça continuamente com o desenvolvimento do trabalho em larga escala, não cresce de modo algum no mesmo grau[12]; 3) dos aperfeiçoamentos especiais que permitem à maquinaria já existente trabalhar com maiores economia e eficácia, por exemplo aperfeiçoamentos da caldeira etc. – sobre isso, veremos adiante alguns detalhes adicionais; 4) da redução dos resíduos graças à maquinaria aperfeiçoada.

Tudo o que reduz o desgaste da maquinaria e, em geral, do capital fixo para dado período da produção barateia não só a mercadoria individual, uma vez que toda mercadoria individual reproduz em seu preço a alíquota do desgaste que lhe é correspondente, mas também a alíquota do desembolso de capital para esse período. Trabalhos de reparo e outros do mesmo tipo, na medida em que se tornam necessários, são computados no cálculo dos custos originais da maquinaria. Sua redução, em consequência da maior durabilidade da maquinaria, reduz *pro tanto* seu preço.

De toda economia desse tipo, pode-se dizer, em geral, que ela só é possível para o trabalhador combinado e, com frequência, só pode se efetivar em trabalhos efetuados numa escala ainda maior; portanto, ela requer uma combinação ainda maior de trabalhadores diretamente no processo de produção.

Por outro lado, no entanto, aqui o desenvolvimento da força produtiva do trabalho *em um* ramo de produção – por exemplo, na produção de ferro, carvão, máquinas, na construção etc., desenvolvimento que, em parte, pode estar vinculado aos progressos no terreno da produção espiritual, especialmente da ciência da natureza e sua aplicação – aparece como condição do decréscimo do valor e, com isso, dos custos dos meios de produção em *outros* ramos industriais, como a indústria têxtil ou a agricultura. Isso é evidente, já que a mercadoria que resulta como produto de um ramo industrial volta a entrar em outro ramo como meio de produção. Seu preço maior ou menor depende da produtividade do trabalho no ramo de produção do qual ela resulta como produto, sendo ao mesmo tempo uma condição não só para o barateamento das mercadorias em cuja confecção ela entra como meio de produção, mas também para a redução do valor do capital constante, cujo elemento ela se torna aqui, e, assim, para a elevação da taxa de lucro.

---

12 Ver o que diz Ure sobre o progresso na construção das fábricas.

O característico desse tipo de economia do capital constante, que deriva do desenvolvimento progressivo da indústria, é que a elevação da taxa de lucro *em um* ramo industrial se deve ao desenvolvimento da força produtiva do trabalho em *outro* ramo. Aqui, o que o capitalista recebe é novamente um ganho, que é o produto do trabalho social, não o produto do trabalhador diretamente explorado por ele mesmo. Aquele desenvolvimento da força produtiva resulta sempre, em última instância, do caráter social do trabalho posto em ação; da divisão do trabalho no interior da sociedade; do desenvolvimento do trabalho intelectual, especialmente da ciência da natureza. O que o capitalista utiliza aqui são as vantagens do sistema inteiro da divisão social do trabalho. É por meio do desenvolvimento da força produtiva do trabalho em seu setor externo, no setor que lhe fornece meios de produção, que o valor do capital constante utilizado pelo capitalista diminui relativamente, ou seja, que a taxa de lucro é aumentada.

Outra elevação da taxa de lucro resulta não da economia do trabalho, por meio da qual o capital constante é produzido, mas da economia na utilização do próprio capital constante. Mediante a concentração dos trabalhadores e sua cooperação em grande escala, poupa-se, por um lado, capital constante. Edifícios, instalações de aquecimento e iluminação etc. iguais custam relativamente menos para a produção em grande escala do que para a produção em pequena escala. O mesmo pode ser dito da maquinaria de força e de trabalho. Embora seu valor suba em termos absolutos, ele cai em termos relativos, quanto à expansão crescente da produção e à grandeza do capital variável ou da massa da força de trabalho que é posta em movimento. A economia que um capital realiza em seu próprio ramo de produção consiste, inicial e diretamente, numa economia do trabalho, isto é, na redução do trabalho pago de seus próprios trabalhadores; já a economia anteriormente mencionada consiste, ao contrário, em apropriar o máximo possível de trabalho alheio não pago do modo mais econômico possível, isto é, em apropriá-lo, na escala da produção, com os menores custos possíveis. Na medida em que essa economia repousa não sobre a já mencionada exploração da produtividade do trabalho social empregado na produção do capital constante, mas na economia realizada na aplicação do próprio capital constante, ela deriva, ou diretamente da cooperação e da forma social do trabalho no interior do próprio ramo determinado da produção, ou da produção da maquinaria etc. numa escala em que seu valor não cresce no mesmo grau de seu valor de uso.

Há, aqui, dois pontos a ressaltar: se o valor de *c* fosse = 0, então l' seria = m', e a taxa de lucro atingiria seu máximo. No entanto, o que importa para a exploração imediata do próprio trabalho não é de modo nenhum o valor dos meios de exploração utilizados, seja do capital fixo, seja das matérias-primas e dos materiais auxiliares. Na medida em que a maquinaria, os edifícios, as matérias-primas etc. servem como extratores de trabalho, como meios nos quais ou pelos quais o trabalho – e, assim, também o mais-trabalho – se objetiva, o valor de troca desses elementos é absolutamente irrelevante. A única coisa que importa é, por um lado, sua massa, tal como tecnicamente requerida para a conexão com determinada quantidade de trabalho vivo; por outro lado, sua adequabilidade, ou seja, não apenas uma boa maquinaria, mas também boas matérias-primas e bons materiais auxiliares. Da qualidade da matéria-prima depende, em parte, a taxa de lucro. Um bom material gera menos resíduos; portanto, para a absorção da mesma quantidade de trabalho, é requerida uma massa menor de matéria-prima. Além disso, a resistência que a máquina de trabalho encontra é menor. Em parte, isso atua até mesmo sobre o mais-valor e sobre a taxa de mais-valor. Com uma matéria-prima de má qualidade, o trabalhador precisa de mais tempo para trabalhar a mesma quantidade; mantendo-se igual o salário, tem-se redução do mais-trabalho. Ademais, isso exerce um efeito muito significativo sobre a reprodução e a acumulação do capital, que, como expusemos no Livro I, p. 627/619 e seg. [679-80], depende ainda mais da produtividade do que da massa do trabalho empregado.

É compreensível, assim, o fanatismo do capitalista por economizar os meios de produção. Que nada pereça ou seja desperdiçado e que os meios de produção sejam consumidos apenas do modo requerido pela própria produção é algo que depende, em parte, do adestramento e da formação dos trabalhadores e, em parte, da disciplina que o capitalista exerce sobre os trabalhadores combinados, disciplina que se torna supérflua em condições sociais nas quais os trabalhadores operam por conta própria, assim como já agora ela se torna quase supérflua, com a prática do salário por peça. Esse fanatismo também se manifesta de modo inverso, na falsificação dos elementos de produção, meio fundamental de abaixar o valor do capital constante em relação ao capital variável e, com isso, elevar a taxa do lucro; a isso ainda se acrescenta, como elemento importante da fraude, a venda desses elementos de produção acima de seu valor, na medida em que tal valor reaparece no produto. Esse elemento desempenha um papel decisivo especialmente na indústria alemã, que tem como princípio o fato de que as pessoas devem achar muito agradável quando, primeiro, enviamos-lhes boas amostras e, depois, uma mercadoria ruim. Aqui, no entanto, não nos interessam esses fenômenos, que dizem respeito à concorrência.

Cabe observar que essa elevação da taxa de lucro provocada pela redução do valor, ou seja, da onerosidade do capital constante, é inteiramente independente de o ramo industrial no qual ela ocorre produzir produtos de luxo, meios de subsistência que integram o consumo dos trabalhadores ou meios de produção em geral. Essa última circunstância só seria importante caso se tratasse da taxa de mais-valor, que depende essencialmente do valor da força de trabalho, isto é, do valor dos meios de subsistência diários do trabalhador. Aqui, ao contrário, o mais-valor e a taxa de mais-valor são pressupostos como dados. Sob essas circunstâncias, a relação entre o mais-valor e o capital total – e isso determina a taxa de lucro – depende exclusivamente do valor do capital constante e de modo nenhum do valor de uso dos elementos nos quais esse capital consiste.

Naturalmente, o barateamento dos meios de produção não exclui que sua soma absoluta de valor cresça, pois a extensão absoluta em que eles são empregados aumenta extraordinariamente com o desenvolvimento da força produtiva do trabalho e, por consequência, da escala crescente da produção. A economia na utilização do capital constante, não importando de que lado é observada, é, em parte, resultado exclusivo do fato de que os meios de produção funcionam e são consumidos como meios coletivos de produção do trabalhador combinado, de modo que essa própria economia aparece como produto do caráter social do trabalho imediatamente produtivo; em parte, porém, ela é resultado do desenvolvimento da produtividade do trabalho nas esferas que fornecem ao capital seus meios de produção, de modo que, quando se considera o trabalho total diante do capital total, e não meramente o trabalhador empregado pelo capitalista *x* diante desse mesmo capitalista *x*, essa economia volta a se apresentar como produto do desenvolvimento das forças produtivas do trabalho social e a diferença é apenas que o capitalista *x* extrai vantagem não só da produtividade do trabalho de seu próprio ateliê, mas também da de ateliês alheios. Para o capitalista, no entanto, a economia do capital constante aparece como condição inteiramente alheia ao trabalhador, que não lhe diz respeito em absoluto e com a qual o trabalhador não guarda nenhuma relação; ao mesmo tempo que, para o capitalista, fica sempre muito claro que o trabalhador tem algo a ver com o fato de o capitalista comprar muito ou pouco trabalho pelo mesmo dinheiro (pois assim aparece, em sua consciência, a transação entre capitalista e trabalhador). Na utilização dos meios de produção, essa economia aparece num grau ainda muito mais elevado do que nas outras forças imanentes ao trabalho, e esse método de atingir determinado resultado com um mínimo de gastos aparece como uma força inerente ao capital, um método peculiar ao modo de produção capitalista e que lhe é característico.

Esse modo de representação não é nada extravagante, porquanto corresponde à aparência dos fatos e porque a relação do capital oculta seus nexos internos ao submeter o trabalhador à completa irrelevância, à exterioridade e ao estranhamento diante das condições de realização de seu próprio trabalho. *Em primeiro lugar*, os meios de produção que compõem o capital constante representam apenas o dinheiro do capitalista (assim como, segundo Linguet, o corpo do devedor romano representa o dinheiro de seu credor) e encontram-se em relação apenas com ele, ao passo que o trabalhador, quando entra em contato com eles no processo efetivo de produção, o faz como quem lida apenas com valores de uso da produção: meios e materiais de trabalho. O aumento ou a diminuição desse valor é, portanto, algo que atinge tão pouco sua relação com o capitalista quanto a circunstância de seu trabalho ser realizado em cobre ou em ferro. No entanto, como veremos posteriormente, o capitalista prefere conceber a coisa de modo diferente, tão logo se dê o aumento de valor dos meios de produção e, com isso, a redução da taxa de lucro.

Em segundo lugar, uma vez que no processo de produção capitalista esses meios de produção são simultaneamente meios de exploração do trabalho, a relativa modicidade ou a onerosidade desses meios de exploração importam tão pouco aos trabalhadores quanto a um cavalo importa se ele é guiado com um freio caro ou barato.

Finalmente, o trabalhador, como já vimos*, relaciona-se com o caráter social de seu trabalho – a combinação de seu trabalho com o trabalho de outrem para um mesmo fim – como com uma potência que lhe é estranha; as condições de efetivação dessa combinação são, para ele, propriedade alheia, cujo desperdício lhe seria indiferente, não fosse ele forçado a economizá-la. Completamente distinta é a situação nas fábricas que pertencem aos próprios trabalhadores, como em Rochdale.

Não é preciso mencionar que, na medida em que a produtividade do trabalho aparece, num ramo da produção, como barateamento e, em outro ramo, como aperfeiçoamento dos meios de produção – e, com isso, serve para a elevação da taxa de lucro –, esse nexo geral do trabalho social se apresenta como algo absolutamente estranho aos trabalhadores, algo que só diz respeito ao capitalista, já que apenas ele compra e se apropria dos meios de produção. Que ele compra o produto do trabalhador num ramo de produção alheio com o produto do trabalhador em seu próprio ramo de produção e, assim, só dispõe do produto de trabalhadores alheios na medida em que já

* Cf. *O capital*, Livro I, cit., p. 399-401. (N. T.)

se apropriou gratuitamente do produto de seus próprios trabalhadores é um nexo eficazmente encoberto pelo processo de circulação etc.

A isso se acrescenta que, como a maior parte da produção se desenvolve primeiramente na forma capitalista, é a avidez do lucro, por um lado, e a concorrência, por outro – a qual compele à produção mais barata possível das mercadorias –, que fazem com que essa economia no emprego do capital constante apareça como algo peculiar ao modo de produção capitalista e, por conseguinte, como função do capitalista.

O modo de produção capitalista, que por um lado promove o desenvolvimento das forças produtivas do trabalho social, por outro lado exige a economia no emprego do capital constante.

Mas a questão não se limita ao estranhamento e à indiferença entre o trabalhador, o portador do trabalho vivo e a utilização econômica, isto é, racional e parcimoniosa de suas condições de trabalho. De acordo com sua natureza contraditória, antitética, o modo de produção capitalista vai além, ao incluir o desperdício de vida e de saúde do trabalhador, a opressão de suas próprias condições de existência entre os meios para economizar no emprego do capital constante e, com isso, elevar a taxa de lucro.

Como o trabalhador passa a maior parte da vida no processo de produção, as condições do processo de produção constituem, em grande parte, condições de seu processo ativo de vida, suas condições de vida, e a economia destas últimas é um método para aumentar a taxa de lucro; exatamente como o sobretrabalho, a transformação do trabalhador em gado de trabalho é, como já vimos*, um método para a autovalorização do capital, para acelerar a produção do mais-valor. Essa economia se estende à prática de superlotar recintos estreitos e insalubres com trabalhadores – o que, na língua capitalista, chama-se "economizar instalações" –, espremer nesses mesmos recintos uma maquinaria perigosa, desprezar o emprego de meios de proteção contra o perigo, negligenciar regras de precaução em processos de produção insalubres por natureza ou que, como na mineração, apresentam periculosidade etc. Isso sem falar da ausência de quaisquer expedientes para fazer do processo de produção um processo humano, agradável ou simplesmente tolerável ao trabalhador. Do ponto de vista capitalista, isso seria um desperdício desprovido de propósito e sentido. Em geral, a produção capitalista, com toda sua avareza, é absolutamente esbanjadora com o material humano; por outro lado, graças ao método da distribuição de seus produtos por meio do comércio e da prática da concorrência, lida com os meios materiais de modo

* Ibidem, p. 305-74. (N. T.)

esbanjador, perdendo para a sociedade, de um lado, aquilo que, de outro lado, ela ganha para o capitalista individual.

Assim como o capital, ao empregar diretamente o trabalho vivo, tem a tendência de reduzi-lo ao trabalho necessário, abreviando-o sempre, mediante a exploração de sua força produtiva social, ao trabalho necessário à confecção de um produto, ou seja, a tendência de poupar o máximo possível de trabalho vivo diretamente empregado, ele tende também a empregar esse trabalho – reduzido à medida necessária – sob as condições mais econômicas possíveis, isto é, a reduzir ao mínimo possível o valor do capital constante utilizado. Se o valor das mercadorias é determinado pelo tempo de trabalho necessário nelas contido, e não pelo tempo de trabalho nelas contido em geral, então é o capital que primeiro realiza essa determinação e, ao mesmo tempo, encurta continuamente o tempo de trabalho socialmente necessário para a produção de uma mercadoria. Desse modo, o preço da mercadoria é reduzido a seu mínimo, na medida em que cada parte do trabalho requerido para sua produção é reduzida a seu mínimo.

Quando se trata da economia na utilização do capital constante, é preciso atentar para a seguinte distinção: se aumenta a massa e, com ela, a soma de valor do capital empregado, isso significa, de início, apenas a concentração de mais capital numa mão. Porém, é exatamente essa massa maior de capital empregado concentrada numa mão – e à qual corresponde, na maioria das vezes, um número bem maior, porém relativamente menor de trabalho empregado – que possibilita a economia do capital constante. Considerando os capitalistas individuais, o volume do desembolso necessário de capital, especialmente de capital fixo, aumenta; com relação à massa do material trabalhado e do trabalho explorado, seu valor diminui em termos relativos.

Devemos, agora, explicitar isso por meio de ilustrações individuais. Comecemos com o final, com a economia nas condições de produção, na medida em que estas se apresentam como condições de existência e de vida do trabalhador.

II. Economia nas condições de trabalho à custa dos trabalhadores

Mineração de carvão. Negligência das precauções mais necessárias

"Com a concorrência que reina [...] entre os proprietários de minas de carvão, não se tomam senão as precauções mais necessárias para evitar as dificuldades físicas mais palpáveis; e a concorrência entre os trabalhadores das minas, os quais normalmente existem em número excedente, faz com que eles se lancem com prazer a esses consideráveis perigos e às mais nocivas influências em troca de um salário que é apenas um pouco maior que o de seu vizinho, o diarista rural, e isso apenas porque no trabalho de mineração é permitido utilizar suas crianças para fins lucrativos. Essa dupla concorrência é plenamente suficiente [...] para fazer com que uma parte das minas seja explorada com as mais insuficientes drenagem e ventilação; frequentemente, com poços mal construídos, engrenagens ruins, engenheiros incompetentes, pontos de carregamento e túneis mal planejados e mal construídos; e isso provoca uma destruição de vida, membros e saúde, cuja estatística apresentaria um quadro desolador." (*First Report on Children's Employment in Mines and Collieries etc., 21th April 1829*, p. 102)

Nas minas de carvão inglesas, em 1860, morreram em média 15 homens por semana. Segundo o relatório sobre *Coal Mines Accidents* [Acidentes em minas de carvão] (6 de fevereiro de 1862), no decênio entre 1852 e 1861 morreram 8.466 homens no total. Esse número é muito pequeno, como o próprio relatório afirma, já que nos primeiros anos, quando os inspetores haviam acabado de ser nomeados, e sendo seus distritos grandes demais, muitos casos de acidentes e mortes simplesmente não eram contabilizados. O fato de, apesar da dimensão ainda maior da carnificina, bem como do número insuficiente e do poder ínfimo dos inspetores, o número dos acidentes ter caído muito desde a introdução da inspeção evidencia a tendência natural da exploração capitalista. Essas vítimas humanas se devem, na maioria, à avareza suja dos donos das minas, que, por exemplo, faziam cavar apenas uma galeria, impossibilitando com isso não só qualquer ventilação eficaz, como também qualquer saída, ficando obstruída a única via.

A produção capitalista, quando a consideramos de forma isolada, abstraindo do processo da circulação e dos excessos da concorrência, lida de modo extremamente parcimonioso com o trabalho efetivado, objetivado em mercadorias. Em contrapartida, ela é, num grau muito maior que qualquer outro modo de produção, uma dissipadora de seres humanos, de trabalho vivo, uma dissipadora não só de carne e sangue, mas também de nervos e cérebro. Com efeito, é apenas por meio do mais gigantesco desperdício de desenvolvimento individual que o desenvolvimento da humanidade em geral é assegurado e conduzido na época histórica que precede imediatamente à reconstituição consciente da sociedade humana. Como toda essa economia, da qual se trata aqui, resulta do caráter social do trabalho, conclui-se que é esse caráter imediatamente social do trabalho que gera essa dissipação de vida e de saúde dos trabalhadores. Característica, nesse sentido, é a pergunta lançada pelo inspetor de fábricas R. Baker: "*The whole question is* *one for serious consideration, in what way this* sacrifice of infant life occasioned by congregational labour *can be best averted?*"* (*Rep.[orts of the Inspectors of] Fact.[ories], Oct.[ober] 1863*, p. 157).

Fábricas. Inclui-se aqui a supressão de todas as regras de precaução para a segurança, o conforto e a saúde dos trabalhadores também nas fábricas propriamente ditas. Disso provém grande parte dos boletins de batalha, que enumeram feridos e mortos do exército industrial (ver os relatórios anuais de fábrica). Do mesmo modo, falta de espaço, ventilação etc.

Ainda em outubro de 1855, Leonard Horner reclama da resistência de numerosos fabricantes contra as determinações legais sobre dispositivos de proteção em máquinas com eixos horizontais, embora o perigo fosse continuamente comprovado por acidentes, com frequência fatais, e considerando o fato de que os dispositivos de proteção não eram caros nem prejudiciais à empresa (*Rep.[orts of the Inspectors of] Fact.[ories], Oct.[ober] 1855*, p. 6). Em sua resistência contra essas e outras determinações legais, os fabricantes foram nobremente apoiados por juízes de paz não remunerados, que, sendo em sua maioria fabricantes ou amigos, decidiam sobre esses casos. O juiz superior Campbell, com relação a uma decisão contra a qual lhe foi submetida uma apelação, relata o tipo de julgamento que realizavam esses senhores: "Isso não foi uma aplicação da lei parlamentar, mas simplesmente sua abolição" (ibidem, p. 11). No mesmo relatório, Horner conta que em muitas fábricas a maquinaria é posta em funcionamento sem que os trabalhadores sejam avisados com antecedência. Como também na maquinaria parada há sempre algo a fazer, mãos e dedos estão constantemente ocupados nesse trabalho, e acidentes ocorrem com frequência devido a essa simples falta de aviso (ibidem, p. 44). Àquela época, os fabricantes haviam formado um sindicato para resistir à legislação fabril, a chamada National Association for the Amendment of the Factory Laws, em Manchester, que, em março de 1855, mediante contribuições de 2 xelins por cavalo-vapor, reuniu uma soma de mais de £50.000 para cobrir os custos da defesa de seus membros em ações judiciais impetradas pelos inspetores de fábrica e dos processos em defesa da associação. Tratava-se de provar que, quando ocorre em favor do lucro, *killing no murder*** [matar não é assassinar – N. T.]. O inspetor de fábricas na Escócia, *sir* John Kincaid, relata o caso de uma firma em Glasgow que,

* "A questão inteira é digna de uma séria consideração: qual é a melhor maneira de evitar esse *sacrifício da vida infantil ocasionado pelo trabalho em massas aglomeradas?*" (N. T.)

** *Killing no murder* é o título de um panfleto publicado na Inglaterra em 1657. O autor (o *leveller* Sexby) conclamava ao assassinato do lorde-protetor Oliver Cromwell, denunciado como tirano cruel, e conferia a esse ato um alto valor patriótico. (N. E. A.)

utilizando os restos de ferro em sua fábrica, instalou dispositivos de proteção em toda a maquinaria, o que lhe custou £9 e 1 xelim. Se tivesse se juntado àquela associação, ela teria de pagar, por seus 110 cavalos-vapor, £11 de contribuição, ou seja, mais do que lhe custou seu dispositivo de proteção inteiro. Mas a National Association foi fundada em 1854 expressamente para resistir à lei que prescrevia tais dispositivos de segurança. De 1844 a 1854, os fabricantes não haviam demonstrado a mínima consideração pela lei. Sob ordens de Palmerston, os inspetores de fábrica informaram aos fabricantes que a lei seria então levada a sério. Em resposta, os fabricantes fundaram imediatamente sua associação, e entre os membros estavam muitos juízes de paz que, enquanto tais, tinham de aplicar essa mesma lei. Em abril de 1855, quando o novo ministro do Interior, *sir* George Grey, fez uma proposta de mediação, de acordo com a qual o governo pretendia aceitar dispositivos de segurança quase puramente nominais, ela foi rejeitada pela associação com grande indignação. Em diversos processos, o célebre engenheiro William* Fairbairn sacrificou sua reputação de especialista em favor da economia e da liberdade do capital. O chefe da inspeção de fábricas, Leonard Horner, foi perseguido e difamado de todas as maneiras.

Mas os fabricantes não sossegaram até obter um veredito da Court of Queen's Bench, o qual determinava que a lei de 1844 não prescrevia quaisquer dispositivos de segurança em máquinas de eixos horizontais dispostos mais de 7 pés acima do solo. Finalmente, em 1856, por meio do hipócrita Wilson-Patten, um desses beatos cuja afetada religiosidade está sempre disposta a fazer o trabalho sujo para os Cavaleiros da Bolsa de Dinheiro, aprovou-se uma lei parlamentar com a qual, dadas as circunstâncias, podiam dar-se por satisfeitos. Com efeito, a lei privava os trabalhadores de toda proteção especial, encaminhando-os, para pedidos de indenização por acidentes causados pela maquinaria, aos tribunais comuns (um absoluto escárnio, dados os custos judiciais ingleses), enquanto, por outro lado, mediante uma cláusula ardilosa sobre a necessidade de submeter o caso ao parecer de um perito, tornava-se quase impossível aos fabricantes perder um processo. A consequência foi o rápido aumento dos acidentes. No intervalo de maio a outubro de 1858, o inspetor Baker registrou um aumento de 21% nos acidentes em comparação com o semestre precedente. Em sua opinião, 36,7% de todos os casos poderiam ter sido evitados. É verdade que, em 1858 e 1859, o número de acidentes diminuiu consideravelmente quando comparado a 1845 e 1846 – uma redução de 29%, com um aumento de 20% no número de trabalhadores

* Na primeira edição, Thomas. (N. E. A.)

nos ramos industriais submetidos à inspeção. A que se deveu essa redução? Na medida em que o ponto em disputa foi aclarado até este momento (1865), sua resolução foi possível principalmente graças à introdução de nova maquinaria, na qual os dispositivos de proteção já se encontravam instalados desde o início, o que evidentemente agradou aos fabricantes, porque não lhes acarretou custos adicionais. Alguns trabalhadores também conquistaram pesadas indenizações judiciais para seus braços amputados, além de obter a confirmação dessas decisões nas instâncias superiores (*Rep.[orts of the Inspectors of] Fact.[ories], 30. April 1861*, p. 31; *April 1862*, p. 17).

Isso é o bastante sobre a economia dos meios para a segurança da vida e dos membros dos trabalhadores (entre os quais muitas crianças) contra os perigos diretamente derivados de seu emprego junto à maquinaria.

Trabalho em recintos fechados em geral. É fato conhecido até que ponto a economia de espaço e, por conseguinte, de construções provoca a aglomeração dos trabalhadores em locais estreitos. A isso se soma ainda a economia de meios de ventilação. Associados a um tempo mais longo de trabalho, esses dois fatores produzem um grande aumento das doenças das vias respiratórias e, consequentemente, maior mortalidade. Os seguintes exemplos foram extraídos dos relatórios sobre *Public Health, 6th Rep.[ort] 1863*; o relatório foi compilado pelo dr. John Simon, que já nos é bem conhecido do Livro I.

Assim como é a combinação dos trabalhadores e sua cooperação que permite o emprego da maquinaria em grande escala, a concentração dos meios de produção e a economia em seu uso, também é esse trabalho conjunto massivo – em ambientes fechados e sob condições nas quais o decisivo não é a saúde dos trabalhadores, mas a elaboração facilitada do produto –, é essa concentração massiva no mesmo ateliê que, por um lado, constitui a fonte do lucro crescente para o capitalista, enquanto, por outro lado, se não é compensada pelo encurtamento do tempo de trabalho ou por medidas especiais de precaução, constitui simultaneamente a causa da dilapidação da vida e da saúde dos trabalhadores.

O dr. Simon formula a seguinte regra, por ele demonstrada por meio de inúmeros dados estatísticos: "Na mesma proporção em que a população de uma região é empregada num trabalho coletivo em ambientes fechados, aumenta, mantendo-se constantes as demais circunstâncias, a taxa de mortalidade desse distrito, em consequência de doenças pulmonares" ([ibidem,] p. 23). A causa é a má ventilação.

> "É provável que em toda a Inglaterra não haja uma única exceção à regra de que, em qualquer distrito que possua uma indústria importante a empregar o trabalho

em recintos fechados, a elevação da mortalidade desses trabalhadores basta para colorir a estatística de mortalidade do distrito inteiro com um decisivo excesso de doenças pulmonares." ([Ibidem,] p. 24)

Da estatística de mortalidade com relação a indústrias que funcionam em recintos fechados e que foram examinadas em 1860 e 1861 pelo departamento público de saúde, resulta que, enquanto nos distritos agrícolas ingleses em determinado número de homens entre 15 e 55 anos houve 100 casos de morte por tuberculose e outras doenças pulmonares, os óbitos por tuberculose numa população masculina de mesmo número foi: em Coventry, 163; em Blackburn e Skipton, 167; em Congleton e Bradford, 168; em Leicester, 171; em Leek, 182; em Macclesfield, 184; em Bolton, 190; em Nottingham, 192; em Rochdale, 193; em Derby, 198; em Salford e Ashton-under-Lyne, 203; em Leeds, 218; em Preston, 220; e, em Manchester, 263 (idem). A tabela seguinte apresenta um exemplo ainda mais eloquente. Ela indica os óbitos por doenças pulmonares separados por sexo, na faixa etária de 15 a 25 anos e calculados para cada 100.000 [habitantes]. Os distritos escolhidos são aqueles em que apenas as mulheres estão em indústrias que funcionam em recintos fechados, ao passo que os homens estão em todos os ramos possíveis de trabalho.

Nos distritos da indústria da seda, nos quais a participação dos homens no trabalho fabril é maior, também sua mortalidade é significativa. Nesses lugares, como diz o relatório, a taxa de mortalidade por tuberculose etc. em ambos os sexos revela "as atrozes (*atrocious*) circunstâncias sanitárias sob as quais opera grande parte de nossa indústria da seda". Essa é a mesma indústria da seda na qual os fabricantes, em nome de condições sanitárias excepcionalmente favoráveis de sua atividade, reivindicaram um tempo de trabalho excepcionalmente longo para crianças com menos de 13 anos, o que, em parte, também lhes foi concedido (Livro I, capítulo 8, item 6, p. 296/286 [363-5]).

Distrito	**Indústria principal**	**Óbitos por doenças pulmonares de pessoas entre 15 e 25 anos, calculados por 100.000**	
		Homens	**Mulheres**
Berkhamsted	Entrançamento de palha realizado por mulheres	219	578
Leighton Buzzard	Entrançamento de palha realizado por mulheres	309	554
Newport Pagnell	Fabricação de rendas por mulheres	301	617

(continua)

(continuação)

Distrito	Indústria principal	Óbitos por doenças pulmonares de pessoas entre 15 e 25 anos, calculados por 100.000	
		Homens	**Mulheres**
Towcester	Fabricação de rendas por mulheres	239	577
Yeovil	Confecção de luvas, principalmente por mulheres	280	409
Leek	Indústria da seda, principalmente por mulheres	437	856
Congelton	Indústria da seda, principalmente por mulheres	566	790
Macclesfield	Indústria da seda, principalmente por mulheres	593	890
Regiões rurais saudáveis	Agricultura	331	333

"Nenhuma das indústrias até agora examinadas forneceu quadro mais grave do que aquele que o dr. Smith nos apresenta da alfaiataria [...]. Os ateliês, diz ele, são muito distintos em suas condições sanitárias; mas quase todos estão superlotados, mal ventilados e extremamente insalubres [...]. Essas salas já são, por si mesmas, necessariamente quentes; mas, quando se acende o gás, como ocorrem em dias de névoa e à tarde, no inverno, o calor sobe para 80 graus e até mesmo 90 graus" (Fahrenheit = 27 ºC a 33 ºC*), "o que provoca intenso suor e a condensação do vapor nos vidros, de modo que a água escorre continuamente ou pinga das luminárias, e os trabalhadores se veem obrigados a manter algumas janelas abertas, ainda que, com isso, muitos inevitavelmente se resfriem. – Das condições em 16 dos ateliês mais importantes do West End de Londres, ele nos dá a seguinte descrição: o maior volume cúbico de que um trabalhador dispõe nessas salas mal ventiladas é 270 pés cúbicos e o menor é 105 pés, o que dá uma média de apenas 156 pés por pessoa. Num ateliê circundado por uma galeria e dispondo apenas de uma luminária no teto, são empregadas de 92 até mais de 100 pessoas, ao mesmo tempo que se mantém acesa uma grande quantidade de bicos de gás; os resíduos se acumulam bem ao lado dos locais de trabalho, e o espaço não ultrapassa 150 pés cúbicos por pessoa. Em outro ateliê, que só se pode qualificar como um canil num pátio iluminado de cima e ventilado apenas por uma pequena claraboia, trabalham 5 ou 6 homens num espaço de 112 pés cúbicos por pessoa."

* O certo seria "26,66 ºC a 32,22 ºC". (N. T.)

"Nesses infames (*atrocious*) ateliês descritos pelo dr. Smith, os alfaiates costumam trabalhar de 12 a 13 horas por dia; em certas épocas, o trabalho prossegue durante 15 a 16 horas" (p. 25, 26 e 28).

Número de pessoas empregadas	Ramo industrial e localidade	Mortalidade por 100.000, na faixa etária de		
		25-35 anos	35-45 anos	45-55 anos
958.265	Agricultura, Inglaterra e País de Gales	743	805	1.195
22.301 homens e 12.377 mulheres	Alfaiates, Londres	958	1.262	2.093
13.803	Tipógrafos e impressores, Londres	894	1.747	2.367

(p. 30.) Cabe assinalar, e de fato isso é observado por John Simon, chefe do departamento médico de que provém o relatório, que, para a faixa etária de 25 a 35 anos, os dados relativos à mortalidade de alfaiates, tipógrafos e impressores de Londres são mais baixos que os números reais, posto que em ambos os ramos da atividade os mestres londrinos recebem um grande número de jovens (provavelmente até os 30 anos) do campo como aprendizes e "*improvers*" [praticantes], isto é, para o complemento de sua formação. Esse contingente aumenta o número de pessoas empregadas sobre cuja base se devem calcular as taxas de mortalidade na indústria londrina, mas não contribui na mesma medida para o número dos óbitos em Londres, dado que sua permanência na cidade é temporária; se adoecem durante esse período, eles retornam para sua casa no campo, e é lá que a eventual morte será registrada. Essa circunstância afeta preponderantemente os mais jovens e faz com que, para essas faixas etárias, as taxas de mortalidade em Londres careçam completamente de valor como padrões de medida da insalubridade industrial ([ibidem,] p. 30).

Semelhante ao caso dos alfaiates é o dos tipógrafos, que, além da falta de ventilação, do ar pestilento etc., ainda são submetidos ao trabalho noturno. Sua jornada habitual de trabalho dura de 12 a 13 horas e, às vezes, de 15 a 16 horas.

"Calor intenso e atmosfera sufocante, tão logo se acende o gás [...]. Não é raro que dos pisos inferiores se elevem vapores de uma oficina de fundição ou o mau cheiro da maquinaria ou da cloaca, piorando a situação das salas do piso superior. O ar abrasador dos recintos inferiores esquenta os superiores já por meio do aquecimento do piso, e, quando os recintos são pequenos para um grande consumo de gás, o mal é grave. Pior ainda é a situação quando as caldeiras se encontram nas salas inferiores e preenchem o prédio inteiro com um calor indesejado [...]. Em geral, pode-se dizer que a ventilação é escassa e absolutamente insuficiente para eliminar o calor e os produtos da combustão do gás após o anoitecer e que, em muitas oficinas, especialmente naquelas que antes eram residências, as condições são extremamente deploráveis."

"Em algumas oficinas, em especial aquelas de impressão de hebdomadários, nas quais também se empregam jovens de 12 a 16 anos, trabalha-se quase ininterruptamente durante dois dias e uma noite, enquanto em outras tipografias, que se dedicam à realização de trabalho 'urgente', os trabalhadores não têm descanso nem sequer aos domingos e trabalham 7, e não 6 dias na semana." ([Ibidem,] p. 26 e 28)

Com relação ao sobretrabalho, já tratamos do caso das modistas (*milliners* e *dressmakers*) no Livro I, capítulo 8, item 3, p. 249/241 [327-8]. Em nosso relatório, o dr. Ord descreve os locais de trabalho. Ainda que a situação seja melhor durante o dia, os ambientes se tornam superaquecidos, fétidos (*foul*) e insalubres tão logo se acende o gás. Em 34 ateliês da melhor espécie, o dr. Ord constatou que o espaço médio (em pés cúbicos) para cada trabalhadora era,

"em 4 casos, mais de 500; em 4 outros, 400-500; em 5 [outros, de 300 a 400; em 5 outros, de 250 a 300; em 7 outros], de 200 a 250; em 4, de 150 a 200; por último, em 9, de apenas de 100 a 150. Mesmo o mais favorável desses casos é parcamente suficiente para o trabalho duradouro, se o local não for inteiramente ventilado [...]. Mesmo com boa ventilação, os ateliês se tornam extremamente quentes e úmidos após o anoitecer, por causa das muitas chamas de gás que se fazem necessárias."

Eis aqui a observação do dr. Ord sobre um ateliê de tipo inferior, operado por um intermediário (*middleman*):

"Uma sala de 1.280 pés cúbicos; pessoas presentes: 14; espaço para cada uma delas: 91,5 pés cúbicos. As trabalhadoras tinham, aqui, o aspecto de esgotadas e degradadas. Seus ganhos foram declarados em 7-15 xelins semanais, incluindo o chá [...]; o horário de trabalho era de 8 da manhã às 8 da noite. A pequena sala em que se espremiam essas 14 pessoas era mal ventilada. Havia duas janelas basculantes e uma chaminé, porém entupida; não se encontravam instalações de ventilação de nenhum tipo." (p. 27)

Em relação ao sobretrabalho das modistas, o mesmo relatório observa:

"O sobretrabalho de mulheres em ateliês de costura *fashionable* [de moda] se concentra num período de cerca de apenas 4 meses ao ano e atinge um grau tão monstruoso que, em muitas ocasiões, chegou a despertar por um momento o espanto e a indignação do público; durante esses meses, costuma vigorar no ateliê uma jornada de trabalho de 14 horas e, havendo acúmulo de encomendas urgentes, de 17 a 18 horas. Em outras épocas do ano, chega-se a trabalhar entre 10 e 14 horas diárias no ateliê; as que trabalham em casa o fazem regularmente por 12 ou 13 horas. Na confecção de casacos para damas, golas, camisas etc., [...] incluindo o trabalho com a máquina de costura, as horas ocupadas no ateliê inteiro geralmente não ultrapassam 10 ou 12."

Porém, diz o dr. Ord:

"Em certos estabelecimentos, as horas regulares de trabalho são submetidas a um prolongamento considerável por meio de horas extras, que são pagas separadamente; em outros, as trabalhadoras levam trabalho para casa a fim de concluí-lo após a jornada de trabalho regular. Podemos acrescentar que tanto um quanto outro tipo de sobretrabalho são frequentemente compulsórios." ([Ibidem,] p. 28)

John Simon, numa nota no rodapé dessa página, observa:

"O sr. Radcliffe, [...] secretário da Epidemiological Society, o qual teve muitas ocasiões para se inteirar sobre o estado de saúde das modistas das lojas mais importantes [...], constatou que, de cada 20 moças que afirmavam sentir-se 'muito bem', apenas uma estava saudável; as demais evidenciavam diversos graus de debilidade física, esgotamento nervoso e numerosas perturbações funcionais decorrentes dos primeiros. As razões disso são, para ele, as seguintes: em primeiro lugar, a duração da jornada de trabalho, que ele estima ser de no mínimo 12 horas, inclusive fora da alta temporada; em segundo lugar [...], a superlotação e a má ventilação dos ateliês, o ar mefítico, contaminado pelas chamas de gás, uma alimentação insuficiente ou ruim e negligência quanto ao conforto doméstico."

A conclusão a que chega o chefe do departamento de saúde inglês é a de que,

"para os trabalhadores, é praticamente impossível insistir naquilo que, teoricamente, é seu primeiro direito sanitário: o direito de que, seja qual for o trabalho para o qual o empregador os reúne, esse trabalho coletivo, na medida em que isso depende desse empregador e é por ele custeado, seja isento de todas as circunstâncias desnecessariamente insalubres; [...] enquanto os próprios trabalhadores forem efetivamente incapazes de implementar essa justiça sanitária por suas próprias forças, tampouco poderão esperar (não obstante as supostas intenções da lei) qualquer assistência efetiva dos funcionários encarregados da aplicação das *Nuisances Removal Acts* [Leis de Controle Sanitário]." ([Ibidem,] p. 29)

"Sem dúvida, pode haver alguma dificuldade técnica em definir a linha exata a partir da qual os empregadores passam a estar sujeitos à regulação. Mas [...], em princípio, a reivindicação de preservação da saúde é universal. E no interesse de miríades de trabalhadores e trabalhadoras cuja vida é agora desnecessariamente atingida e abreviada por infinitos sofrimentos físicos engendrados por sua mera ocupação, ouso manifestar minha esperança de que as condições sanitárias do trabalho venham a ser colocadas sob a devida proteção legal e de modo igualmente universal; que pelo menos uma ventilação eficaz seja assegurada a todos os recintos de trabalho fechados e que em cada ramo de trabalho insalubre por natureza as influências particularmente nocivas à saúde sejam reduzidas ao mínimo possível." ([Ibidem,] p. 63)

III. Economia na geração e transmissão de força motriz e em instalações

Em relatório de outubro de 1852, L. Horner cita uma carta do célebre engenheiro James Nasmyth de Patricroft, o inventor do martelo a vapor, na qual ele diz, entre outras coisas:

"O público tem pouca ciência do enorme crescimento de força motriz que se alcançou mediante essas mudanças de sistema e aperfeiçoamentos" (nas máquinas a vapor), "tais como aqueles a que me refiro. A força mecânica de nosso distrito" (Lancashire) "permaneceu sob o pesadelo de tradições temerosas e preconceituosas por quase quarenta anos, mas agora estamos felizmente emancipados. Durante os últimos 15 anos, porém especialmente no curso dos últimos 4 anos" (portanto, desde 1848), "verificaram-se algumas modificações muito importantes no sistema de funcionamento das máquinas condensadoras de vapor. [...] O resultado [...] foi que as mesmas máquinas passaram a realizar uma quantidade de trabalho muito maior e, ainda por cima, com uma redução bastante significativa no consumo de carvão [...]. Durante vários anos, desde a introdução da força do vapor nas fábricas deste distrito, a velocidade com a qual se acreditava poder [fazer] trabalhar as máquinas condensadoras de vapor era de aproximadamente 220 pés por minutos; isto é, de 220 pés de percurso de pistão por minuto; ou seja, que uma máquina de 5 pés de percurso de êmbolo já se achava restringida, pelas disposições vigentes, a 22 rotações do eixo de manivelas. Não se considerava prudente [fazer] funcionar a máquina mais rapidamente, e, como todo o mecanismo de transmissão estava adaptado a essa velocidade de 220 pés de percurso de êmbolo por minuto, essa velocidade lenta e absurdamente restringida predominou na indústria inteira durante muitos anos. Finalmente, porém, seja em razão de uma afortunada ignorância do que era prescrito, seja porque prevaleceram as razões de algum audaz inovador, tentou-se uma velocidade maior e, como o resultado fosse extremamente favorável, outros seguiram o exemplo; deu-se, como se dizia, rédeas largas às máquinas, modificando-se as proporções das rodas principais da engrenagem de transmissão de tal modo que a máquina a vapor passou a funcionar a 300 pés ou mais por minuto, enquanto a maquinaria foi geralmente mantida em sua antiga velocidade [...]. Essa aceleração da máquina a vapor [...] é agora quase geral, porque ficou provado que assim não só se obtinha mais força utilizável da mesma máquina, como também, em consequência [...] do maior momento de inércia do voltante, o movimento era muito mais regular [...]. Mantendo-se constantes a pressão do vapor e o vazio no condensador, obtinha-se [...] uma força maior pela simples aceleração do percurso do êmbolo [...]. Se, por exemplo, fizermos com que uma máquina a vapor, que com 200 pés por minuto gera 40 cavalos de força, realizando nela as modificações apropriadas, gere 400 pés por minuto com a mesma pressão do vapor e o mesmo vácuo no condensador, obteremos exatamente o dobro de força [...]; como a pressão do vapor e o vácuo são os mesmos nos dois casos, o aumento da velocidade não implica um aumento substancial do esforço das diversas partes da máquina [...] e, consequentemente, o perigo de 'acidentes'. Toda a diferença reside no fato de que consumimos mais vapor, ou aproximadamente o mesmo, na mesma proporção da aceleração do movimento do êmbolo; além disso, produz-se um desgaste um pouco mais rápido dos rolamentos ou das partes submetidas ao atrito, mas praticamente insignificante [...]. Porém, para se obter da mesma máquina uma força maior mediante o movimento acelerado do êmbolo, é preciso queimar mais carvão sob a mesma caldeira ou utilizar uma caldeira com maior capacidade de vaporização; em suma, é preciso gerar mais vapor. Foi isso o que ocorreu, e caldeiras com maior capacidade de geração de vapor foram instaladas nas antigas máquinas 'aceleradas'; com isso, essas máquinas passaram a fornecer, em muitos casos, 100% mais trabalho. Por volta de 1842, a geração extraordinariamente barata de força mediante máquinas a vapor nas minas de Cornwall começou a despertar a atenção; a concorrência na fiação de algodão forçou os fabricantes a buscar nas 'economias'

a fonte principal de seu lucro; a diferença notável no consumo de carvão por hora e nos cavalos-vapor gerados pelas máquinas de Cornwall, assim como o desempenho extraordinariamente econômico das máquinas de dois cilindros de Woolf, levaram para o primeiro plano, em nossa região, a economia de combustíveis. As máquinas de Cornwall e as máquinas de dois cilindros forneciam um cavalo-vapor por hora por 3½ até 4 libras de carvão por máquina, enquanto as máquinas dos distritos algodoeiros consumiam, em geral, 8 ou 12 libras por cavalo-vapor por hora. A diferença tão significativa levou os fabricantes e os construtores de máquinas de nosso distrito a obter, por meios similares, resultados tão extraordinariamente econômicos como os que já eram habituais em Cornwall e na França, pois ali o alto preço do carvão forçara os fabricantes a restringir o máximo possível esse oneroso ramo de seu negócio. Isso conduziu a resultados muito importantes. Em primeiro lugar, um número elevado de caldeiras, metade de cuja superfície ficava exposta ao ar frio exterior nos bons e velhos tempos dos altos lucros, passaram a ser cobertas com grossas capas de feltro, ladrilhos e argamassa ou outros materiais, impedindo, assim, a irradiação do calor gerado a tão alto custo. Do mesmo modo, cobriram-se com feltro e madeira os tubos condutores de vapor, assim como os cilindros. Em segundo lugar, deu-se início ao uso da alta pressão. Até esse momento, a válvula de segurança era regulada de modo a abrir-se já quando se atingia 4, 6 ou 8 libras de pressão de vapor por polegada quadrada; descobriu-se, então, que, elevando a pressão a 14 ou 20 libras [...], obtinha-se uma economia muito significativa de carvão; em outras palavras, o trabalho da fábrica passou a ser realizado com um consumo significativamente pequeno de carvão [...]. Aqueles que dispunham dos meios e da sagacidade para tanto empregaram em toda sua extensão o sistema da pressão aumentada e da expansão e instalaram caldeiras construídas para fornecer vapor numa pressão de 30, 40, 60 e 70 libras por polegada quadrada, uma pressão que faria desmaiar de pavor um engenheiro da antiga escola. Mas, como o resultado econômico dessa pressão aumentada do vapor [...] não tardou a se apresentar na inconfundível forma de libras esterlinas, xelins e *pence*, o uso de caldeiras de alta pressão em máquinas condensadoras tornou-se quase geral. Aqueles que implementaram radicalmente a reforma [...] empregaram as máquinas de Woolf, e isso ocorreu com a maioria das máquinas de construção recente; mais precisamente, as máquinas de Woolf com 2 cilindros, num dos quais o vapor proveniente da caldeira exerce a força em virtude do excesso de pressão além da pressão atmosférica, e, em seguida, em vez de escapar ao ar livre, como antes, após cada percurso do êmbolo, o vapor entra num cilindro de baixa pressão de capacidade aproximadamente quádrupla e, depois de ter realizado ali uma nova expansão, é conduzido até o condensador. A economia que se obtém com esse tipo de máquina é o rendimento de um cavalo-vapor por hora para cada 3½ até 4 libras

> de carvão, enquanto nas máquinas do sistema antigo eram necessárias de 12 a 14 libras para isso [...]. Um engenhoso dispositivo permitiu aplicar às máquinas mais antigas já existentes o sistema de Woolf do duplo cilindro ou da máquina combinada de alta e baixa pressão, aumentando assim os rendimentos e, ao mesmo tempo, diminuindo o consumo de carvão. O mesmo resultado [...] foi obtido durante os últimos 8-10 anos, ao combinar uma máquina de alta pressão com uma de condensação, de tal modo que o vapor consumido pela primeira passa à segunda, impulsionando-a. Esse sistema se revela útil em muitos casos."

> "Não seria facilmente possível obter um detalhe exato do aumento do rendimento do trabalho das mesmas e idênticas máquinas a vapor, nas quais foram implementados alguns desses novos aperfeiçoamentos – ou todos eles. Porém, estou seguro [...] de que pelo mesmo peso de maquinaria de vapor obtemos agora, em média, no mínimo 50% a mais de serviço ou de trabalho e que, em muitos casos, a mesma máquina a vapor que na época da velocidade limitada a 220 pés por minuto rendia 50 cavalos-vapor rende, hoje, mais de 100. Os resultados extremamente econômicos obtidos com o emprego do vapor de alta pressão nas máquinas de condensação, assim como as exigências muito maiores feitas às antigas máquinas a vapor com o fim de ampliar o negócio, conduziram nos últimos três anos à introdução de caldeiras tubulares e, desse modo, a uma significativa redução dos custos de geração de vapor." (*Rep.[orts of the Inspectors of] Fact.[ories], Oct.[ober] 1852*, p. 23-7)

O que vale para as máquinas geradoras de força motriz vale também para as transmissões dessa força e para a maquinaria de trabalho.

> "Os passos acelerados com que se desenvolveram os aperfeiçoamentos da maquinaria durante os últimos poucos anos permitiram aos fabricantes expandir a produção sem força motriz adicional. A utilização mais econômica do trabalho se tornou necessária em razão do encurtamento da jornada de trabalho, e na maior parte das fábricas bem dirigidas procura-se continuamente uma maneira de aumentar a produção com um gasto menor. Tenho diante de mim um informe, que devo à gentileza de um senhor deveras inteligente de meu distrito, acerca da quantidade e da idade dos trabalhadores empregados em sua fábrica, das máquinas utilizadas e dos salários pagos desde 1840 até hoje. Em outubro de 1840, sua firma empregava 600 trabalhadores, dos quais 200 tinham menos de 13 anos; em outubro de 1852, ela empregava apenas 350 trabalhadores, dos quais apenas 60 tinham menos de 13 anos. Com exceção de algumas poucas fábricas, havia o mesmo número de máquinas em funcionamento, e a mesma soma foi gasta em salários em ambos os anos." ("Informe de Redgrave", em ibidem, p. 58)

Os aperfeiçoamentos na maquinaria só revelam a plenitude de seus efeitos quando tal maquinaria é instalada em novos edifícios fabris, dispostos para essa finalidade.

"Com relação aos aperfeiçoamentos na maquinaria, devo observar que se realizou um grande progresso sobretudo na construção de fábricas apropriadas ao emprego dessa nova maquinaria [...]. No andar térreo, torço todo o meu fio e, apenas ali, instalo 29.000 fusos de torcer. Somente nesse recinto e no galpão já obtenho uma economia de trabalho de pelo menos 10% – não tanto em razão dos aperfeiçoamentos no próprio sistema de torcedura, mas da concentração das máquinas sob um único comando – e posso mover o mesmo número de fusos com um único eixo de transmissão, o que me proporciona uma economia de 60% a 80% em transmissão de força em comparação com outras firmas. Ademais, com isso obtenho uma grande economia de óleo, graxa etc. [...]; em suma, com a instalação aperfeiçoada da fábrica e o melhoramento da maquinaria, poupei, calculando por baixo, 10% em trabalho e, além disso, realizei grandes economias em matéria de energia, carvão, óleo, graxa, eixos de transmissão e polias etc." (Declarações de um fiandeiro de algodão, em *Rep.[orts of the Inspectors of] Fact.[ories], Oct.[ober] 1863*, p. 110)

IV. Aproveitamento dos resíduos da produção

Com o modo de produção capitalista, amplia-se a utilização dos resíduos da produção e do consumo. Pelos primeiros, entendemos os detritos da indústria e da agricultura; pelos últimos, em parte, os resíduos resultantes do metabolismo natural do ser humano e, em parte, a forma em que os objetos de consumo se encontram como resíduos após serem consumidos. Portanto, os resíduos da produção são, na indústria química, os produtos auxiliares que se perdem na produção em pequena escala; as lascas de ferro que sobram na fabricação de máquinas e voltam a entrar como matéria-prima na produção de ferro etc. Resíduos do consumo são as matérias naturais expelidas pelos seres humanos, os restos de roupas em forma de retalhos etc. Os resíduos do consumo são de máxima importância para a agricultura. No que se refere à utilização, tem-se na sociedade capitalista um desperdício colossal; em Londres, por exemplo, com o adubo produzido por 4,5 milhões de seres humanos não ocorre a essa economia fazer nada melhor do que, com enormes custos, utilizá-lo para empestar o Tâmisa.

O encarecimento das matérias-primas constitui, naturalmente, o estímulo ao reaproveitamento dos resíduos.

Em linhas gerais, as condições desse reaproveitamento são a quantidade massiva de tais resíduos, que só resultam do trabalho em larga escala; a melhora da maquinaria, com a qual matérias que antes eram inutilizáveis em sua forma dada recebem uma nova forma apta a servir na nova produção; e o progresso da ciência, especialmente da química, que descobre as propriedades úteis de tais resíduos. Certamente, também na pequena agricultura praticada na escala de jardinagem – por exemplo na Lombardia, no sul da China e no Japão – encontra-se uma grande economia desse tipo. Em geral, no entanto, nesse sistema a produtividade da agricultura é obtida mediante um grande desperdício de força humana de trabalho, que é subtraída de outras esferas da produção.

Os assim chamados resíduos desempenham um papel importante em quase toda indústria. No relatório de fábrica de outubro de 1863, são indicados como uma das principais razões pelas quais, tanto na Inglaterra como em muitas partes da Irlanda, os arrendatários só cultivam o linho em raras ocasiões e de má vontade.

> "A grande quantidade de resíduos [...] gerada na preparação do linho nas pequenas fábricas gramadeiras (*scutch mills*) movidas por energia hidráulica [...]. O resíduo do algodão é relativamente pequeno, mas o do linho é muito grande. Um bom tratamento no processo de maceração e o emprego de gramadeiras mecânicas pode reduzir significativamente essa desvantagem [...]. Na Irlanda, o linho é gramado de forma extremamente vergonhosa, de modo que de 28% a 30% são desperdiçados."

Tudo poderia ser evitado mediante o uso de uma maquinaria melhor. A estopa que sobrava como resíduo alcançava quantidades tais que o inspetor de fábricas diz: "Fui informado de que em algumas das fábricas gramadeiras na Irlanda os trabalhadores frequentemente levavam os resíduos para casa e lá os utilizavam como combustível no fogão, apesar de ser um material muito valioso" (ibidem, p. 140).

Dos resíduos do algodão trataremos adiante, na seção dedicada às oscilações de preço da matéria-prima.

A indústria da lã foi mais astuta que a do linho.

> "Antigamente, era comum desacreditar a preparação de resíduos e farrapos de lã para uma nova elaboração, mas esse preconceito foi inteiramente deixado de lado com relação ao *shoddy trade* (indústria da lã artificial), que se converteu num ramo importante do distrito laneiro de Yorkshire, e não resta dúvidas de que também

o negócio dos resíduos de algodão não tardará a assumir o mesmo lugar, como ramo de negócio que satisfaz uma necessidade reconhecida. Há 30 anos, os trapos de lã, isto é, os retalhos de pano de pura lã etc., valiam, em média, £4 e 4 xelins a tonelada; durante os últimos dois anos, eles chegaram a valer £44 a tonelada. E a demanda cresceu a tal ponto que também se utilizam tecidos mistos de lã e algodão, uma vez que se encontraram meios para destruir o algodão sem danificar a lã; hoje, há milhares de trabalhadores empregados na fabricação de *shoddy*, com grande vantagem para o consumidor, que agora pode comprar pano em geral de boa qualidade a um preço muito baixo." (*Rep.[orts of the Inspectors of] Fact.[ories], Dec.[ember] 1863*, p. 107)

A lã artificial, assim rejuvenescida, já alcançava, no final de 1862, um terço de todo o consumo de lã da indústria inglesa (*Rep.[orts of the Inspectors of] Fact.[ories], Oct.[ober] 1862*, p. 81). A "grande vantagem" para o "consumidor" consiste no fato de que suas roupas de lã necessitam de apenas um terço do tempo anterior para desgastar-se e um sexto para desfiar-se.

A indústria inglesa da seda trilhou o mesmo caminho descendente. De 1839 a 1862, o consumo da seda crua sofreu certa diminuição, enquanto o dos resíduos da seda dobrou. Com uma maquinaria melhor, estava-se em condições de fabricar, com esse material – que em outros lugares era praticamente sem valor –, uma seda utilizável para muitos fins.

O exemplo mais patente de aproveitamento de dejetos é dado pela indústria química. Ela consome não apenas seus próprios dejetos, na medida em que encontra para eles uma nova utilização, mas também os de outras indústrias, transformando, por exemplo, o antraceno, antes quase inútil, em corantes de anilina, garancina (alizarina) e, ultimamente, também em medicamentos.

Dessa economia dos resíduos da produção mediante sua reutilização deve-se distinguir a economia na produção de dejetos, ou seja, a máxima redução possível dos resíduos da produção juntamente com a máxima utilização direta de todas as matérias-primas e todos os materiais auxiliares que integram a produção.

A economia na produção de dejetos se deve, em parte, à qualidade da maquinaria empregada. Óleo, sabão etc. são economizados na mesma proporção em que as partes da máquina são trabalhadas com maior exatidão e são mais bem polidas. Isso no que diz respeito aos materiais auxiliares. Em parte, porém, e isso é o mais importante, depende da qualidade das máquinas e das ferramentas empregadas que uma parte maior ou menor da matéria-prima se transforme em dejetos ao longo do processo de produção. Por último, depende da qualidade da própria matéria-prima, a qual, por sua vez, é condicionada em parte pelo desenvolvimento da indústria extrativa e da agricultura que produzem essa matéria-prima (do progresso da cultura [*Kultur*] em sentido próprio), em parte pelo aperfeiçoamento dos processos que a matéria-prima perfaz antes de ingressar na manufatura.

"Parmentier demonstrou que, desde uma época não tão distante, por exemplo, desde o tempo de Luís XIV, a arte de moer o grão se aperfeiçoou na França de maneira muito significativa, de modo que os novos moinhos, comparados aos antigos, podem fornecer até 50% a mais de pão a partir da mesma quantidade de grão. Com efeito, calculou-se para o consumo anual de um habitante de Paris 4 *setiers* de grão, inicialmente; em seguida, 3; e, por fim, 2; hoje ele chega a apenas 1⅓ *setier*, cerca de 342 libras por cabeça [...]. Em Perche, onde vivi por muito tempo, os moinhos pessimamente construídos, equipados com mós de granito e basalto, foram reconstruídos segundo as regras da mecânica, que teve grandes progressos nos últimos 30 anos. Dotaram-lhes de boas mós de La Ferté, passou-se a moer duas vezes o grão, conferiu-se um movimento circular à peneira, e o produto em farinha aumentou em ⅙ para a mesma quantidade de grão. Compreendo facilmente, portanto, a enorme desproporção entre a quantidade diária de grãos consumida pelos romanos e por nós; a razão disso está simplesmente na imperfeição das técnicas da moenda e da panificação. Devo explicar também um fato notável citado por Plínio, [livro] XVIII, capítulo 20, item 2 [...]. Em Roma, a farinha era vendida, segundo sua qualidade, a 40, 48 ou 96 ases o *modius*. Esses preços, tão elevados em comparação com os preços contemporâneos do grão, explicam-se a partir dos moinhos imperfeitos que, àquela época, ainda se achavam em suas versões mais simples e dos consideráveis custos de moenda daí derivados." (Dureau de la Malle, *Économie politique des romains*, Paris, [Hachette,] 1840, t. I, p. 280)

V. Economia mediante inventos

Essas economias no emprego do capital fixo são, como dissemos, resultado do fato de que as condições de trabalho são empregadas em larga escala, de que elas servem como condições do trabalho imediatamente social, socializado, ou da cooperação direta no interior do processo de produção. Essa é, por um lado, a condição indispensável, a *conditio sine qua non* para que os inventos mecânicos e químicos possam ser empregados sem encarecer o preço da mercadoria. Por outro lado, é somente com a produção em larga escala que se tornam possíveis as economias decorrentes do consumo produtivo coletivo. Finalmente, porém, apenas a experiência do trabalhador combinado descobre e mostra onde e como se deve economizar, como as descobertas já realizadas podem ser aplicadas do modo mais simples, quais são as dificuldades práticas na aplicação da teoria – seu emprego no processo de produção – que precisam ser superadas etc.

Ademais, é preciso diferenciar trabalho geral de trabalho social. Ambos desempenham seu papel no processo de produção, ambos se mesclam, mas ambos também se distinguem entre si. Trabalho geral é todo trabalho científico, toda descoberta, toda invenção. Ele é condicionado, em parte, pela cooperação com o trabalho vivo, em parte, pela utilização dos trabalhos anteriores. O trabalho social pressupõe a cooperação direta entre os indivíduos.

O que foi dito anteriormente obtém uma nova confirmação naquilo que se observa com frequência:

1. A grande diferença nos custos entre a primeira construção de uma nova máquina e sua reprodução; sobre isso, ver Ure e Babbage.
2. Os custos muito mais altos com os quais geralmente se administra um estabelecimento baseado em novas invenções, comparados aos dos estabelecimentos posteriores, erguidos sobre suas ruínas, *ex suis ossibus* [de seus ossos]. Isso chega a tal ponto que, na maioria, os primeiros empresários vão à bancarrota, e só florescem os posteriores, aqueles a cujas mãos chegam mais baratos os edifícios, a maquinaria etc. Por essa razão, na maior parte das vezes é a espécie mais reles e miserável de capitalistas monetários [*Geldkapitalisten*] que extrai o maior lucro de todos os novos desenvolvimentos do trabalho geral do espírito humano e de sua aplicação social mediante o trabalho combinado.

Capítulo 6

Influência das variações de preço

I. Oscilações de preço da matéria-prima; seus efeitos diretos sobre a taxa de lucro

Pressupomos aqui, como o fizemos até então, que não ocorre nenhuma variação na taxa do mais-valor. Tal pressuposto é necessário a fim de examinar o caso em sua pureza. No entanto, seria possível que, mantendo-se constante a taxa do mais-valor, um capital empregasse um número crescente ou decrescente de trabalhadores em consequência da contração ou da expansão que lhe tenham provocado as oscilações de preço da matéria-prima, as quais temos de considerar aqui. Nesse caso, a massa do mais-valor poderia variar com uma taxa constante de mais-valor. Porém, também isso deve ser neste momento deixado de lado, como um caso acidental. Quando o aperfeiçoamento da maquinaria e a modificação do preço da matéria-prima atuam simultaneamente, seja sobre a massa dos trabalhadores empregados por um capital, seja sobre o nível do salário, tem-se apenas de considerar em conjunto: 1) o efeito que a variação no capital constante exerce sobre a taxa de lucro e 2) o efeito que a variação no salário exerce sobre a taxa de lucro; o resultado se apresenta por si só.

Em geral, porém, cabe observar aqui, como no caso precedente, se ocorrem variações – seja em consequência da economia do capital constante, seja em razão de oscilações dos preços da matéria-prima, tais variações sempre afetam a taxa de lucro, ainda que deixem intacto o salário e, por conseguinte, a taxa e a massa do mais-valor. Elas alteram a grandeza de C em $m' \, {}^{v}/_{C}$ e, com isso, o valor da fração inteira. Portanto, aqui também é completamente indiferente – em contraste com o que se mostrou ao considerarmos o mais-valor – em quais esferas da produção ocorrem essas variações; se os ramos da indústria por elas afetados produzem ou não meios de subsistência para os trabalhadores ou capital constante para a produção de tais meios de subsistência.

O que expusemos vale igualmente quando as variações se realizam em produtos de luxo, e por produto de luxo entendemos toda produção que não é requerida para a reprodução da força de trabalho.

Por matéria-prima entendemos aqui também os materiais auxiliares, como índigo, carvão, gás etc. Além disso, na medida em que a maquinaria está incluída nessa categoria, sua própria matéria-prima consiste em ferro, madeira, couro etc. Seu preço é, assim, afetado pelas oscilações de preço da matéria-prima utilizada em sua construção. Na medida em que seu preço sobe por meio das oscilações de preço, seja da matéria-prima de que ela é feita, seja do material auxiliar que ela consome em seu funcionamento, cai *pro tanto* [na mesma proporção] a taxa de mais-valor. E ocorre o inverso, se seu preço cai.

Nas investigações a seguir, nos limitaremos a oscilações de preço da matéria-prima, não na medida em que esta última entra, ora como matéria-prima da maquinaria que funciona como meio de trabalho, ora como material auxiliar em sua utilização, mas na medida em que entra como matéria-prima no processo de produção da mercadoria. Cabe assinalar, aqui, apenas o seguinte: a riqueza natural em ferro, carvão, madeira etc., que são os principais elementos na construção e na utilização da maquinaria, aparece aqui como fertilidade natural-espontânea [*naturwüchsige*] do capital, constituindo um elemento na determinação da taxa de lucro, independentemente do alto ou do baixo valor do salário.

Sendo a taxa de lucro $^{m}/_{C}$, ou = $^{m}/_{c+v}$, fica claro que tudo que causa variação na grandeza de *c* – e, por isso, de C – provoca igualmente variação na taxa de lucro, ainda que *m* e *v*, assim como sua relação mútua, permaneçam constantes. Mas a matéria-prima constitui uma parte principal do capital constante. Mesmo em ramos da indústria nos quais não entra qualquer matéria-prima propriamente dita, ela é usada como material auxiliar ou como componente da máquina etc., de modo que suas variações de preço influenciam *pro tanto* a taxa de lucro. Se o preço da matéria-prima cai numa soma = *d*, então $^{m}/_{C}$ ou $^{m}/_{c+v}$ se transformam em $^{m}/_{C-d}$ ou $^{m}/_{(c-d)+v}$. Aumenta, assim, a taxa de lucro. Inversamente, se sobe o preço da matéria-prima, então $^{m}/_{C}$ ou $^{m}/_{c+v}$ se transformam em $^{m}/_{C+d}$ ou $^{m}/_{(c-d)+v}$; cai, portanto, a taxa de lucro. Assim, mantendo-se constantes as demais circunstâncias, a taxa de lucro cai e sobe em sentido inverso ao preço da matéria-prima. Disso resulta, entre outras coisas, o quão importante para os países industriais é o baixo preço da matéria-prima, mesmo quando as variações em seu preço não são em absoluto acompanhadas de alterações na esfera da venda do produto, ou seja, de modo completamente independente da relação entre oferta e demanda. Resulta, além disso, que o comércio exterior influi sobre a taxa de lucro, inclusive se abstrairmos de toda influência que ele possa exercer sobre o salário mediante o barateamento dos meios necessários à subsistência, pois afeta o preço das matérias-primas ou dos materiais auxiliares que entram na indústria ou na agricultura. A visão ainda bastante precária da natureza da taxa de lucro e de sua diferença específica em relação à taxa do mais-valor se deve ao fato de que, por um lado, economistas que destacam o significativo influxo – confirmado pela experiência prática – do preço da matéria-prima sobre a taxa de lucro dão a esse fenômeno uma explicação teórica absolutamente falsa (Torrens), enquanto economistas que se apoiam em princípios gerais, como Ricardo, desconhecem a influência, por exemplo, do comércio mundial sobre a taxa de lucro.

Compreende-se, assim, a grande importância, para a indústria, da supressão ou da redução das tarifas sobre matérias-primas; permitir que estas últimas possam ser importadas do modo mais livre possível era já a principal doutrina do sistema protecionista mais racionalmente desenvolvido. Era essa, ao lado da supressão das tarifas sobre os cereais, a grande preocupação dos *freetraders* [livre-cambistas] ingleses, que defendiam sobretudo que também a tarifa sobre o algodão fosse abolida.

Um exemplo da importância da redução dos preços, não de uma matéria-prima propriamente dita, mas de um material auxiliar, que, no entanto, é ao mesmo tempo um elemento fundamental da alimentação, está no uso da farinha pela indústria algodoeira. Já em 1837, R. H. Greg[13] calculava que os 100.000 teares a vapor e os 250.000 teares manuais então em funcionamento na Grã-Bretanha consumiam anualmente 41 milhões de libras de farinha para alisar a urdidura. A isso se acrescenta ainda um terço dessa quantidade para o branqueamento e outros processos. Ele calculava valor total da farinha assim consumida em £342.000 anuais para os últimos 10 anos. A comparação com os preços da farinha no continente mostrava que o acréscimo no preço da farinha imposto ao fabricante em virtude das tarifas sobre os cereais alcançava, ele somente, £170.000. Para 1837, Greg o estimou em, no mínimo, £200.000 e mencionou uma firma para a qual o acréscimo no preço da farinha chegava a £1.000 anuais. Em consequência disso, "grandes fabricantes, homens de negócio precavidos e calculistas, disseram que 10 horas diárias de trabalho seriam absolutamente suficientes se as tarifas sobre os cereais fossem abolidas" (*Rep.[orts of Inspectors of] Fact.[ories], Oct.[ober] 1848*, p. 98). As tarifas sobre os cereais foram abolidas; além delas, também a tarifa sobre o

---

13 R. H. Greg, *The Factory Question and the Ten Hours Bill* (Londres, 1837), p. 115.

algodão e outras matérias-primas; porém, mal se atingira esse objetivo, a oposição dos fabricantes contra a *bill* [proposta de lei] das 10 horas foi mais violenta que nunca. Quando, apesar disso, a jornada de trabalho de 10 horas nas fábricas logo se converteu em lei, a primeira consequência foi uma tentativa de redução geral do salário*.

O valor das matérias-primas e dos materiais auxiliares entra por inteiro e de uma só vez no valor do produto para o qual são consumidos; por sua vez, o valor dos elementos do capital fixo só entra no produto na medida de sua depreciação, ou seja, paulatinamente. Disso se segue que o preço do produto é afetado num grau muito maior pelo preço da matéria-prima do que pelo do capital fixo, ainda que a taxa de lucro se determine pela soma do valor total do capital empregado, não importando o quanto desse capital tenha sido ou não consumido. Mas está claro – embora isso só seja mencionado de passagem, porquanto aqui ainda pressupomos que as mercadorias são vendidas por seu valor, de modo que as oscilações provocadas pela concorrência ainda não nos importam – que a ampliação ou a restrição do mercado dependem da mercadoria individual e se encontram na razão inversa do aumento ou da diminuição desse preço. Assim, vemos também que ao aumento do preço da matéria-prima não se segue um aumento do preço do produto final na mesma proporção que aquele e que à queda do preço da matéria-prima tampouco se segue uma diminuição na mesma proporção. Por isso, num caso a taxa de lucro cai abaixo e no outro caso sobe acima do que ocorreria se as mercadorias fossem vendidas por seu valor.

Além disso: a massa e o valor da maquinaria empregada aumentam com o desenvolvimento da força produtiva do trabalho, mas não na mesma proporção em que aumenta essa força produtiva, isto é, em que essa maquinaria fornece uma quantidade maior de produto. Portanto, nos ramos industriais em que entra a matéria-prima em geral, isto é, em que o próprio objeto de trabalho é já o produto de trabalho anterior, o aumento da força produtiva do trabalho se expressa exatamente na mesma proporção em que uma quantidade maior de matéria-prima absorve determinada quantidade de trabalho, ou seja, na maior quantidade de matéria-prima convertida em produto, transformada em mercadoria em, por exemplo, 1 hora de trabalho. Desse modo, na mesma proporção em que se desenvolve a força produtiva do trabalho, o valor da matéria-prima constitui um componente cada vez maior do valor do produto-mercadoria, não apenas porque entra inteiramente nesse valor, mas porque em cada alíquota do produto total decrescem con-

* Cf. Karl Marx, *O capital*, Livro I, cit., p. 355-8. (N. E. A.)

tinuamente tanto a parte constituída pelo desgaste da maquinaria como a parte constituída pelo novo trabalho adicionado. Em consequência desse movimento decrescente, aumenta proporcionalmente a outra parte do valor, que representa a matéria-prima, a menos que esse aumento seja contrabalançado por uma diminuição correspondente no valor da matéria-prima, diminuição que resulta da produtividade crescente do trabalho empregado em sua própria produção.

Além disso: como as matérias-primas e os materiais auxiliares, do mesmo modo que o salário, são componentes do capital circulante e, por isso, precisam ser constantemente repostos em sua totalidade a partir de cada venda do produto, enquanto da maquinaria só se deve repor seu desgaste, e isso, de início, na forma de um fundo de reserva – para o qual, de fato, não é de modo nenhum essencial que cada venda singular contribua com sua parte, pressupondo-se apenas que a venda anual inteira forneça sua parte a esse fundo de reserva –, aqui se mostra outra vez como um aumento no preço da matéria-prima pode cercear ou estorvar o processo inteiro de reprodução, na medida em que o preço obtido com a venda da mercadoria não é suficiente para repor todos os elementos desta última ou na medida em que ele impossibilita a continuidade do processo num nível adequado a seus fundamentos técnicos, de modo que ou apenas uma parte da maquinaria pode ser empregada ou a maquinaria inteira não pode trabalhar todo o tempo habitual.

Por fim, os custos causados por resíduos variam na proporção direta das oscilações do preço da matéria-prima: sobem quando ele sobe, caem quando ele cai. Mas também aqui há um limite. Em 1850, dizia-se:

> "Há uma fonte considerável de perdas derivadas do aumento de preço da matéria--prima que praticamente não chamaria a atenção de alguém que não um fiandeiro prático; trata-se das perdas causadas por resíduos. Sou informado de que, quando o preço do algodão aumenta, os custos para o fiandeiro, e especialmente os de qualidade inferior, aumentam numa proporção maior do que o acréscimo do preço que foi pago. Os resíduos, na fiação de fios de baixa qualidade, chegam facilmente a 15%; portanto, se essa porcentagem provoca uma perda de ½ *penny* por libra com o preço do algodão em 3½ *pence*, ela aumenta a perda a 1 *penny* por libra quando o preço do algodão sobe a 7 *pence* por libra." (*Rep.[orts of Inspectors of] Fact.[ories], April 1850*, p. 17)

Como, em consequência da Guerra Civil Norte-Americana, o algodão aumentou a preços inigualados havia quase 100 anos, o tom do relatório era completamente diferente:

"O preço que atualmente se paga pelos resíduos do algodão e o reaproveitamento dos resíduos na fábrica como matéria-prima oferecem uma compensação para a diferença existente, no que diz respeito às perdas causadas por resíduos, entre o algodão indiano e o norte-americano. Essa diferença é de cerca de 12½%. As perdas na elaboração do algodão indiano são de 25%, de modo que, na realidade, o algodão custa ao fiandeiro ¼ mais do que o preço que ele pagou ao comprá-lo. As perdas causadas por resíduos não eram tão importantes quando o algodão norte-americano custava 5 ou 6 *pence* por libra, pois elas não ultrapassavam ¾ por libra; mas elas se tornaram muito importantes agora que a libra de algodão custa 2 xelins e, portanto, as perdas causadas por resíduos são de 6 *pence* por libra."[14] (*Rep.[orts of Inspectors of] Fact.[ories], Oct.[ober] l863*, p. 106)

II. Aumento do valor e desvalorização; liberação e vinculação de capital

Os fenômenos analisados neste capítulo pressupõem, para seu pleno desenvolvimento, o sistema de crédito e a concorrência no mercado mundial, que constituem a base e a atmosfera vital do modo de produção capitalista. Mas essas formas mais concretas da produção capitalista só podem ser expostas de modo abrangente depois de se ter compreendido a natureza geral do capital; além disso, sua exposição se encontra fora do plano de nossa obra e pertence a sua eventual continuação. No entanto, aqui podemos tratar em geral dos fenômenos descritos no título deste item. Tais fenômenos se encontram conectados, em primeiro lugar, uns com os outros; em segundo lugar, tanto com a taxa quanto com a massa do lucro. Eles também devem ser expostos brevemente já pelo fato de produzirem a impressão de que não só a taxa, mas também a massa do lucro – que, de fato, é idêntica à massa do mais-valor –, pode aumentar e diminuir independentemente dos movimentos do mais-valor, seja da massa, seja da taxa deste último.

Devemos considerar como fenômenos distintos a liberação e a vinculação de capital, de um lado, e o aumento do valor e a desvalorização, do outro?

---

[14] Na frase final, o relatório comete um erro. Em vez de uma perda de 6 *pence* por resíduos, o certo seria 3 *pence*. Essa perda chega, de fato, a 25% no caso do algodão indiano, mas é de apenas 12½% a 15% para o algodão norte-americano, e é deste último que se trata aqui, assim como, antes, calculou-se corretamente a mesma porcentagem no preço de 5 a 6 *pence*. No entanto, também no caso do algodão norte-americano, que chegou à Europa durante os últimos anos da Guerra Civil, a proporção dos resíduos teve um aumento significativo em comparação com o período anterior. (F. E.)

Pergunta-se, em primeiro lugar: o que entendemos por liberação e vinculação de capital? Aumento do valor e desvalorização são evidentes. Eles não significam senão que o capital existente, em consequência de quaisquer circunstâncias econômicas gerais – pois não se trata dos destinos particulares de um capital privado qualquer –, cresce ou decresce seu valor; ou seja, que o valor do capital adiantado para a produção aumenta ou diminui, independentemente de sua valorização por meio do mais-trabalho.

Por vinculação de capital entendemos que determinadas proporções dadas do valor total do produto têm de ser reconvertidas em elementos do capital constante ou do capital variável a fim de que a produção tenha continuidade em sua antiga escala. Por liberação de capital entendemos que uma parte do valor total do produto, que até aqui tinha de ser reconvertida em capital constante ou capital variável, precisa tornar-se disponível e excedente a fim de que a produção prossiga dentro dos limites da antiga escala. Essa liberação ou vinculação de capital é diferente da liberação ou vinculação de renda. Se o mais-valor anual para um capital C é, por exemplo, $= x$, então o barateamento dos preços das mercadorias que entram no consumo dos capitalistas torna $x - a$ suficiente para criar a mesma quantidade de desfrutes etc. que antes. Desse modo, é liberada uma parte da renda $= a$, que pode servir, então, para aumentar o consumo ou para ser reconvertida em capital (para sua acumulação). Por sua vez, se $x + a$ é requerido para dar continuidade ao mesmo modo de vida, então será preciso ou restringir este último ou gastar como renda uma parte dos ganhos $= a$, previamente acumulada.

O aumento do valor e a desvalorização podem afetar o capital constante, o capital variável ou ambos; no caso do capital constante, pode, por sua vez, referir-se à parte fixa, à circulante ou a ambas.

No capital constante, cabe considerar as matérias-primas e os materiais auxiliares – entre os quais também se incluem produtos semifabricados, que agrupamos aqui sob o nome de matérias-primas –, a maquinaria e outro capital fixo.

Anteriormente, consideramos a variação do preço ou do valor da matéria-prima com relação a sua influência sobre a taxa de lucro e estabelecemos a lei geral de que, mantendo-se iguais as demais circunstâncias, a taxa de lucro é inversamente proporcional à grandeza de valor da matéria-prima. Isso é absolutamente correto para o novo capital aplicado num negócio, ou seja, no qual acaba de realizar-se o investimento de capital, a transformação de dinheiro em capital produtivo.

Porém, abstraindo desse novo capital investido, uma grande parte do capital já em funcionamento encontra-se na esfera da circulação, enquanto outra parte encontra-se na esfera da produção. Uma parte está disponível no mercado e deve ser transformada em dinheiro; outra parte está sempre disponível como dinheiro, não importando sob qual forma, e deve ser reconvertida em condições de produção; por fim, uma terceira parte se encontra no interior da esfera da produção, tanto sob a forma originária de meios de produção, matéria-prima, materiais auxiliares, produtos semifabricados comprados no mercado, maquinaria e outro capital fixo, quanto como produto ainda em elaboração. Como o aumento do valor ou a desvalorização atuam aqui é algo que depende da proporção em que esses componentes se encontram um em relação ao outro. Para simplificar a questão, deixemos de lado, por enquanto, todo o capital fixo e consideremos apenas a parte do capital constante formada por matérias-primas, materiais auxiliares, produtos semifabricados e mercadorias – em estágio de elaboração e acabadas – que se encontram no mercado.

Se o preço da matéria-prima aumenta, por exemplo, do algodão, aumenta também o preço das mercadorias de algodão – dos produtos semifabricados, como o fio, e dos acabados, como tecidos etc. – que foram fabricadas com algodão mais barato; do mesmo modo, aumenta o valor do algodão ainda não trabalhado, que se encontra em estoque, assim como do algodão em estágio de elaboração. Este último, por se converter retroativamente em expressão de mais tempo de trabalho, agrega ao produto no qual ele entra como componente um valor maior do que o que ele mesmo possuía de início e maior que o valor que o capitalista pagou por ele.

Portanto, se uma elevação no preço da matéria-prima for acompanhada pela presença no mercado de uma massa considerável de mercadorias acabadas, não importando o grau de acabamento, o valor destas aumentará e, com isso, haverá elevação no valor do capital existente. O mesmo vale para os estoques de matéria-prima etc. que se encontram nas mãos dos produtores. Esse aumento de valor pode compensar – ou mais do que compensar – o capitalista individual, ou toda uma esfera particular da produção, pela queda da taxa de lucro provocada pelo aumento de preços da matéria-prima. Sem entrar nos detalhes dos efeitos da concorrência, podemos observar, a fim de que o quadro fique completo, que: 1) quando os estoques de matéria-prima que se encontram em depósito são consideráveis, eles impedem o aumento de preço originado no foco de produção da matéria-prima; 2) quando os produtos semifabricados ou as mercadorias acabadas que se encontram no mercado têm um grande peso neste último, eles impedem que o preço das mercadorias e dos produtos semifabricados aumentem na proporção do preço de sua matéria-prima.

O inverso ocorre no caso de queda do preço da matéria-prima, que, mantendo-se inalteradas as demais circunstâncias, eleva a taxa de lucro. As mercadorias que se encontram no mercado, os artigos ainda em elaboração e os estoques de matéria-prima se desvalorizam e, com isso, impedem o simultâneo aumento da taxa de lucro.

Quanto menores forem os estoques na esfera da produção e no mercado, por exemplo, no final do ano comercial, época em que se volta a fornecer a matéria-prima em grandes quantidades – no caso de produtos agrícolas, depois da colheita –, mais nítido se revelará o efeito de uma alteração no preço da matéria-prima.

Em toda a nossa investigação, partimos do pressuposto de que o aumento ou a diminuição dos preços são expressões de oscilações efetivas do valor. Como aqui se trata do efeito que essas oscilações de preços exercem sobre a taxa de lucro, então é indiferente, de fato, no que essas oscilações se baseiam; o que expusemos vale igualmente se os preços sobem ou caem, não em consequência de oscilações de valor, mas das influências do sistema de crédito, da concorrência etc.

Como a taxa de lucro é igual à relação entre o excedente de valor do produto e o valor do capital total adiantado, uma elevação da taxa de lucro derivada de uma desvalorização do capital adiantado estaria ligada a uma perda de valor-capital, do mesmo modo que uma diminuição da taxa de lucro derivada de um aumento do valor do capital adiantado estaria possivelmente ligada a um ganho.

No que diz respeito à outra parte do capital constante, à maquinaria e ao capital fixo em geral, os aumentos de valor que ocorrem nesse caso, e que se referem principalmente a construções, terras etc., não são explicáveis sem a teoria da renda da terra e, por isso, não serão tratados aqui. Para a desvalorização, no entanto, são de importância geral:

1) Os constantes aperfeiçoamentos que, de maneira relativa, roubam o valor de uso e, com isso, o valor da maquinaria, das instalações fabris etc. já existentes. Esse processo atua violentamente, em especial na primeira época da nova maquinaria introduzida, antes que esta tenha atingido determinado grau de maturidade e quando, portanto, ela se torna constantemente antiquada antes de ter tido tempo de reproduzir seu valor. Essa é uma das razões do prolongamento desmedido do tempo de trabalho, que costuma ocorrer nessas épocas, do trabalho com turnos alternados diurnos e noturnos, para que o valor da maquinaria se reproduza num intervalo mais curto de tempo, sem que esta última sofra um desgaste muito elevado. Se, ao contrário, o tempo breve de ação da maquinaria (seu breve prazo de vida diante de

aperfeiçoamentos previsíveis) não for compensado desse modo, ela transferirá ao produto uma parcela demasiadamente grande de valor relativa ao desgaste moral, de modo que ela mesma não poderá competir com o trabalho manual[15].

Quando a maquinaria, as edificações, ou seja, o capital fixo em geral alcançou certa maturidade e, por isso, permanece inalterado por um tempo maior, pelo menos em sua construção fundamental, uma desvalorização similar ocorre em consequência de aperfeiçoamentos nos métodos de reprodução desse capital fixo. O valor da maquinaria etc. diminui, então, não porque ela é substituída ou desvalorizada em certo grau por uma maquinaria mais nova, mais produtiva etc., mas porque ela passou a ser reproduzida por um preço menor. Essa é uma das razões pelas quais grandes estabelecimentos industriais só costumam florescer em segundas mãos, depois que o primeiro proprietário foi à falência, e o segundo, que os comprou baratos, começa a produção desde o início com um desembolso menor de capital.

Especialmente na agricultura, salta aos olhos que os mesmos motivos que fazem aumentar ou diminuir o preço do produto também aumentam ou diminuem o valor do capital, porquanto esse mesmo capital se compõe, em grande parte, daquele produto, grão, gado etc. (Ricardo)

* * *

Restaria mencionar o capital variável.

Na medida em que o valor da força de trabalho aumenta porque aumenta o valor dos meios de subsistência requeridos para sua reprodução ou, inversamente, na medida em que diminui porque diminui o valor de tais meios de subsistência – e o aumento de valor e a desvalorização do capital variável não expressam outra coisa senão esses dois casos –, então a diminuição do mais-valor, mantendo-se constante a duração da jornada de trabalho, corresponde a essa alta, e o aumento do mais-valor corresponde a essa desvalorização. A isso também podem estar associadas outras circunstâncias – a liberação e a vinculação do capital – que não foram examinadas antes e agora devem ser brevemente expostas.

Se o salário diminui em consequência de uma queda do valor da força de trabalho (que pode estar associada até mesmo a um aumento no preço real

---

15 Exemplos, entre outros, em Babbage. Aqui também se lança mão do recurso habitual – redução do salário –, e assim essa desvalorização constante atua de modo totalmente distinto do que sonha o sr. Carey, com sua mente harmônica.

do trabalho), então é liberada uma parte do capital que até então fora desembolsada em salário. Ocorre uma liberação de capital variável. Para o novo capital a ser investido, isso tem simplesmente o efeito de que ele funciona com uma taxa de mais-valor aumentada. Com menos dinheiro que antes, põe-se em movimento a mesma quantidade de trabalho, elevando-se, assim, a parte não paga do trabalho às expensas da parte paga. Mas para o capital que já foi empregado até o presente não só se eleva a taxa de mais-valor, como, além disso, libera-se uma parcela do capital que até o momento era desembolsada em salários. Até agora, essa parcela estava vinculada e constituía uma parte estável, que se desprendia da soma obtida com a venda do produto e tinha de ser desembolsada em salários, funcionar como capital variável, a fim de que o negócio continuasse em sua antiga escala. Agora essa parte se torna disponível e, por isso, pode ser utilizada como novo investimento de capital, seja para a ampliação do mesmo negócio, seja para funcionar em outra esfera da produção.

Suponhamos, por exemplo, que inicialmente tenham sido requeridas £500 para pôr em movimento 500 trabalhadores por semana e que agora sejam necessárias apenas £400 para a mesma finalidade. Então, se a massa do valor produzido era, em ambos os casos, = £1.000, a massa do mais-valor semanal era, no primeiro caso, = £500, e a taxa do mais-valor, $^{500}/_{500}$ = 100%; após a queda dos salários, a massa do mais-valor é de £1.000 – £400 = £600, e sua taxa é $^{600}/_{400}$ = 150%. Esse aumento da taxa de mais-valor é o único efeito para quem, tendo nas mãos um capital variável de £400 e um capital constante correspondente, investe num novo negócio na mesma esfera de produção. Num negócio já em funcionamento, nesse caso, não só a massa do mais-valor terá aumentado de £500 para £600 e a taxa de mais-valor passado de 100% para 150% em consequência da desvalorização do capital variável, como terão sido liberadas £100 de capital variável, com as quais se pode explorar trabalho novamente. Assim, a mesma quantidade de trabalho não só é explorada de modo mais vantajoso, como também, em virtude da liberação das £100, com o mesmo capital variável de £500, é possível explorar mais trabalhadores que antes – e com a taxa aumentada.

Vejamos agora o caso inverso. Suponhamos que a proporção originária da distribuição do produto, com 500 trabalhadores empregados, seja = 400*v* + 600*m* = 1.000, isto é, que a taxa de mais-valor seja = 150%. Aqui, pois, o trabalhador recebe semanalmente £⅘ = 16 xelins. Se, em decorrência do aumento de valor do capital variável, 500 trabalhadores custam agora semanalmente £500, o salário semanal de cada um deles será = £1, e £400 poderão pôr somente 400 trabalhadores em movimento. Portanto, ao pôr em movimento o mesmo número de trabalhadores que no presente, teremos $500v + 500m = 1.000$; e a taxa de mais-valor terá caído de 150% para 100%, isto é, em ⅓. Para um novo capital a ser investido, o único efeito seria a diminuição da taxa do mais-valor. Mantendo-se inalteradas as demais circunstâncias, a taxa de lucro teria caído correspondentemente, ainda que não na mesma proporção. Se, por exemplo, $c = 2.000$, temos, num caso, $2.000c + 400v + 600m = 3.000$; $m' = 150\%$, $l' = {}^{600}/_{2.400} = 25\%$. No segundo caso, $2.000c + 500v + 500m = 3.000$; $m' = 100\%$; $l' = {}^{500}/_{2.500} = 20\%$. Para o capital já em funcionamento, o efeito seria duplo. Com £400 de capital variável, agora só se podem empregar 400 trabalhadores, e isso com uma taxa de mais-valor de 100%. Portanto, eles só fornecem um mais-valor total de £400. Além disso, como um capital constante no valor de £2.000 requer 500 trabalhadores para colocá-lo em movimento, 400 trabalhadores põem em movimento apenas um capital constante no valor de £1.600. Consequentemente, para que a produção prossiga na escala vigente até aqui e para que não se paralise ⅕ da maquinaria, o capital variável tem de aumentar em £100 a fim de continuar a empregar, como antes, 500 trabalhadores; e isso só é possível vinculando-se o capital até esse momento disponível, de modo que uma parte da acumulação que devia servir para a expansão sirva agora somente como complemento ou que se agregue ao antigo capital uma parte destinada a ser gasta como renda. Com um desembolso de capital variável aumentado em £100, produz-se, portanto, menos mais-valor. Para pôr em movimento o mesmo número de trabalhadores, é necessário mais capital, ao mesmo tempo que diminui o mais-valor que cada trabalhador individual fornece.

As vantagens que decorrem da liberação de capital variável e as desvantagens oriundas de sua vinculação existem apenas, em ambos os casos, para o capital já investido e que, por isso, se reproduz em relações dadas. Para o novo capital a ser investido, a vantagem, por um lado, e a desvantagem, por outro, limitam-se ao aumento e à diminuição, respectivamente, da taxa de mais-valor e à troca correspondente, embora de modo nenhum proporcional, da taxa de lucro.

* * *

A liberação e a vinculação de capital variável que acabamos de examinar são consequência da desvalorização e do aumento do valor dos elementos do capital variável, isto é, dos custos de reprodução da força de trabalho. Porém, o capital variável também poderia ser liberado se, em consequência do desenvolvimento da força produtiva, e mantendo-se constante a taxa do salário, menos trabalhadores fossem requeridos para pôr em movimento a mesma massa de capital constante. Do mesmo modo, mas em sentido inverso, pode ocorrer uma vinculação de capital variável adicional, se em consequência da redução da força produtiva do trabalho fossem requeridos mais trabalhadores para uma mesma massa de capital constante. Em contrapartida, se uma parte do capital que antes era empregada como variável é agora utilizada em forma de capital constante, ou seja, se ocorre apenas uma distribuição diferente entre os componentes do mesmo capital, isso certamente tem influência sobre a taxa do mais-valor, assim como sobre a taxa de lucro, mas não pertence à categoria, aqui considerada, de vinculação e liberação de capital.

Como já vimos, o capital constante também pode ser vinculado ou desvinculado em consequência do aumento de valor ou da desvalorização dos elementos que o constituem. Abstraindo disso, uma vinculação desse capital só é possível (sem que, por exemplo, uma parte do capital variável se transforme em capital constante) se aumenta a força produtiva do trabalho, ou seja, se a mesma massa de trabalho gera um produto maior e, por isso, põe em movimento mais capital constante. A mesma coisa pode ocorrer, sob certas circunstâncias, se a força produtiva diminui – por exemplo, na agricultura, situação em que a mesma quantidade de trabalho, para gerar o mesmo produto, necessita de mais meios de produção, como semente, adubo, drenagem etc. Sem desvalorização, é possível liberar mais capital constante se, por meio de melhorias, emprego de forças naturais etc., põe-se um capital constante de menor valor em condições de prestar tecnicamente os mesmos serviços antes prestados por outro capital constante de valor maior.

No Livro II, vimos que, depois que as mercadorias foram transformadas em dinheiro, depois que foram vendidas, uma parte determinada desse dinheiro tem de ser reconvertida nos elementos materiais do capital constante, e isso nas proporções requeridas pelo caráter técnico determinado de cada esfera de produção. Aqui, em todos os ramos, o elemento mais importante – abstraindo do salário, ou seja, do capital variável – é a matéria-prima, incluindo os materiais auxiliares, que são especialmente importantes em ramos da produção nos quais não entra uma matéria-prima propriamente dita, como na mineração e na indústria extrativa em geral. A parte do preço que tem de repor o desgaste da maquinaria entra mais idealmente no cálculo, enquanto a maquinaria em geral ainda está em condições de trabalhar, não tendo muita importância se essa parte do preço é paga e reposta em dinheiro hoje ou amanhã nem em que etapa do tempo de rotação do capital. No caso da matéria-prima, é diferente. Se seu preço aumenta, então pode ser impossível repô-lo por inteiro a partir do valor da mercadoria após a dedução do salário. Por isso, violentas oscilações de preços provocam interrupções, grandes colisões e até mesmo catástrofes no processo de reprodução. São em especial os produtos agrícolas propriamente ditos, as matérias-primas provenientes da natureza orgânica, que estão sujeitos – aqui ainda abstraímos por completo do sistema de crédito – a tais oscilações de valor decorrentes das variações nos rendimentos das colheitas etc. A mesma quantidade de trabalho pode-se apresentar, nesse caso, como consequência de condições naturais incontroláveis, das estações favoráveis ou desfavoráveis etc., em quantidades de valores de uso muito distintas, e uma medida determinada desses valores de uso terá, por isso, um preço muito distinto. Se o valor *x* se representa em 100 libras da mercadoria *a*, o preço de 1 libra de *a* será = $^{x}/_{100}$; se ele se representa em 1.000 libras de *a*, o preço de 1 libra de *a* será = $^{x}/_{1.000}$ etc. Esse é, portanto, um dos elementos dessas oscilações do preço da matéria-prima. Um segundo elemento, que aqui só mencionamos para que o quadro fique completo – já que tanto a concorrência como o sistema de crédito ainda se encontram fora de nossa consideração –, é o seguinte: está fundado na natureza das coisas o fato de que substâncias vegetais e animais, cujo crescimento e produção se encontram submetidos a determinadas leis orgânicas, vinculadas a certos intervalos de tempo naturais, não podem ser subitamente aumentadas na mesma medida, por exemplo, das máquinas e de outros capitais fixos, como carvão, minerais etc., cujo aumento, pressupondo-se como dadas as restantes condições naturais, pode ocorrer no menor prazo possível num país industrialmente desenvolvido. Por isso, é possível – na produção capitalista desenvolvida, até mesmo inevitável – que a produção e o aumento da parte do capital constante que consiste de capital fixo, maquinaria etc. obtenha uma significativa vantagem sobre a parte do mesmo capital constante formada por matérias-primas orgânicas, de modo que a demanda por essas matérias-primas cresça mais rapidamente que sua oferta e, em razão disso, seu preço aumente. Esse aumento do preço acarreta, de fato: 1) que essas matérias-primas sejam transportadas de distâncias maiores, já que seu preço aumentado cobre maiores gastos de transporte; 2) que a produção dessas matérias-primas aumente, uma circunstância que, conforme a natureza da coisa, mas talvez apenas um ano mais tarde, pode aumentar realmente a quantidade de produtos; e 3) que se utilize todo tipo de matérias substitutas até então não utilizadas, procedendo-se de modo mais econômico com os dejetos. Quando o aumento dos preços começa a influir muito perceptivelmente sobre a extensão da produção e da oferta, na maioria das vezes é sinal de que já se chegou ao ponto de inflexão em que, em consequência do aumento prolongado da matéria-prima e de todas as mercadorias nas quais ela entra como elemento, diminui a demanda e, com isso, produz-se também uma reação no preço da matéria-prima. Abstraindo das convulsões que isso provoca por meio da desvalorização de capital em diferentes formas, produzem-se ainda outras circunstâncias que devem igualmente ser mencionadas.

Do que foi dito até aqui, já resulta claro que, quanto mais desenvolvida estiver a produção capitalista, e quanto maiores, por isso, forem os meios para um aumento súbito e sustentado da parte do capital constante constituída por maquinaria etc., quanto mais rápida for a acumulação (como ocorre especialmente em épocas de prosperidade), maior será a sobreprodução relativa de maquinaria e de outros capitais fixos, mais frequente será a subprodução relativa das matérias-primas vegetais e animais, mais veementes serão o aumento de seu preço, descrito anteriormente, e a correspondente reação a tal aumento. Tanto mais frequentes serão, pois, as revulsões que se fundam nessa intensa oscilação dos preços como um dos principais elementos do processo de reprodução.

Mas, se ocorre o colapso desses altos preços, devido ao fato de que seu aumento provocou, num caso, uma redução da demanda simultaneamente a uma ampliação da produção e, noutro caso, um abastecimento proveniente de regiões produtoras mais afastadas e que até então haviam sido menos ou ainda não utilizadas em absoluto, ocasionando-se com ambos uma oferta de matérias-primas superior à demanda – superior especialmente com os antigos preços elevados –, então o resultado deve ser analisado por diferentes pontos de vista. O repentino colapso do preço dos produtos primários impõe freios a sua reprodução, e assim é restabelecido o monopólio dos países originários, que produzem sob as condições mais favoráveis; restabelecido talvez com certas restrições, mas restabelecido. A reprodução das matérias-primas prossegue, decerto, em consequência do impulso dado, numa escala ampliada, especialmente naqueles países que possuem em maior ou menor grau o monopólio dessa produção. Mas a base sobre a qual avança a produção em consequência da maquinaria ampliada etc. e que agora, após algumas oscilações, deve ser considerada a nova base normal, o novo ponto de partida, está muito ampliada pelos processos ocorridos durante o último ciclo da rotação. Durante este último, no entanto, a reprodução, que acaba de ser incrementada, volta a experimentar uma considerável inibição numa parte das fontes secundárias de abastecimento. Assim, por exemplo, nos quadros de exportação, é possível indicar como, durante os últimos 30 anos (até 1865), a produção algodoeira indiana aumenta quando há uma queda na norte-americana e logo volta a diminuir subitamente de modo mais ou menos duradouro. Durante a época de encarecimento das matérias-primas, os capitalistas industriais se agrupam, formam associações para regular a produção. Assim foi, por exemplo, em 1848, após o aumento do preço do algodão em Manchester, e de modo semelhante com a produção do linho na Irlanda. Mas, tão logo tenha passado o impulso imediato e o princípio geral da concorrência de "comprar no mercado mais barato" (em vez de, como o pretendem aquelas associações, favorecer a capacidade de produção nos adequados países de origem, sem levar em conta o preço imediato e momentâneo ao qual possam entregar o produto nesse instante), ou seja, tão logo o princípio da concorrência volte a imperar soberano, a tarefa de regular a oferta é outra vez deixada aos "preços". Qualquer ideia sobre um controle comum, amplo e previdente da produção de matérias-primas – controle que, em geral, é também totalmente incompatível com as leis da produção capitalista e que, por isso, permanece sempre como uma boa intenção ou se limita a medidas coletivas excepcionais em momentos de grande perigo e confusão – cede lugar à crença de que a oferta e a demanda se regulam mutuamente[16]. A superstição dos capitalistas é aqui tão grosseira que nem os inspetores de fábricas se cansam de demonstrar, em seus relatórios, estupefação quanto a isso. Naturalmente, a alternância de anos bons e maus também proporciona matérias-primas mais baratas. Além de seus efeitos imediatos sobre a expansão da demanda, há a influência já mencionada sobre a taxa de lucro, como estímulo. E o processo citado, com a paulatina superação da produção de matérias-primas por parte da produção de maquinaria etc., repete-se logo em maior escala. A melhora efetiva da matéria-prima, de modo que esta seja fornecida não só segundo sua quantidade, mas também

[16] Desde que essa passagem foi escrita (1865), a concorrência no mercado mundial aumentou consideravelmente, graças à rápida evolução da indústria em todos os países civilizados, em especial na América e na Alemanha. O fato de que as forças produtivas modernas, que crescem de forma rápida e abrangente, ultrapassam diariamente as leis do intercâmbio mercantil capitalista – no interior das quais elas devem se mover – se impõe também, cada vez mais, à consciência dos próprios capitalistas. Isso se destaca em dois sintomas. Primeiro, na nova e universal mania das tarifas protecionistas, que se diferenciam do antigo protecionismo aduaneiro especialmente pelo fato de que agora os mais protegidos são justamente os artigos exportáveis. Segundo, nos cartéis (trustes) dos fabricantes de grandes esferas inteiras da produção, para a regulação da produção e, por conseguinte, dos preços e dos lucros. É evidente que esses experimentos só podem ser realizados num clima econômico relativamente favorável. A primeira intempérie deve jogá-los por terra e demonstrar que, ainda que a produção necessite de regulação, não é a classe dos capitalistas que deverá efetuá-la. Nesse ínterim, tais cartéis têm apenas a finalidade de cuidar para que os pequenos sejam devorados pelos grandes com ainda mais rapidez que hoje. (F. E.)

segundo a qualidade requerida – por exemplo, algodão de qualidade norte-americana proveniente da Índia –, requereria uma demanda europeia muito avançada, regularmente crescente e constante (abstraindo por completo das condições econômicas sob as quais o produtor indiano se encontra em sua pátria). Desse modo, a esfera da produção das matérias-primas só se amplia de maneira intermitente, repentina, e logo volta a se contrair violentamente. Tudo isso, assim como o espírito da produção capitalista em geral, pode ser muito bem estudado com a crise do algodão de 1861 a 1865, à qual se somou ainda o fato de que durante certo tempo faltou por completo a matéria-prima que constitui um dos principais elementos da reprodução. Também pode ocorrer de o preço aumentar enquanto a oferta é abundante, desde que as condições dessa abundância sejam difíceis. Ou, então, pode haver uma verdadeira escassez de matéria-prima. Foi o que ocorreu, originalmente, na crise do algodão.

Assim, quanto mais nos aproximamos do presente imediato na história da produção, tanto mais regularmente encontramos, em especial nos ramos decisivos da indústria, a alternância constantemente reiterada entre o encarecimento relativo e a posterior desvalorização, dele resultante, das matérias-primas provenientes da natureza orgânica. Ilustra-se o que foi exposto até aqui nos seguintes exemplos, tomados dos relatórios dos inspetores de fábrica.

A moral da história, que também pode ser deduzida de outras considerações sobre a agricultura, é que o sistema capitalista se opõe a uma agricultura racional, ou que a agricultura racional é incompatível com o sistema capitalista (ainda que este promova seu desenvolvimento técnico) e carece da mão do pequeno camponês que vive de seu próprio trabalho ou do controle dos produtores associados.

* * *

Transcrevemos a seguir os exemplos que acabamos de mencionar, extraídos dos relatórios de fábrica ingleses.

> "A situação dos negócios está melhor, mas o ciclo de épocas boas e más se abrevia com o aumento da maquinaria e, como dessa forma aumenta a demanda de matérias-primas, repetem-se também com maior frequência as oscilações no estado dos negócios [...]. No momento presente, não só se restabeleceu a confiança após o pânico de 1857, como até o próprio pânico parece estar quase inteiramente esquecido. Se essa melhora durará ou não é algo que, em grande medida, depende do preço das matérias-primas. Há indícios de que em alguns casos já se

atingiu o ponto máximo, para além do qual a fabricação se tornará cada vez menos lucrativa, até que, por fim, deixará totalmente de dar lucros. Se, por exemplo, tomamos os lucrativos anos do negócio do *worsted* [estame] de 1849 a 1850, vemos que o preço da lã penteada inglesa se encontrava em 13 *pence*, e o da australiana, entre 14 e 17 *pence* a libra, e que na média do decênio de 1841 a 1850 o preço médio da lã inglesa jamais superou os 14 *pence*, tampouco o da lã australiana ultrapassou 17 *pence*. No começo do ano do desastre de 1857, a lã australiana ficou em 23 *pence*; em dezembro, pior período do pânico, ela caiu para 18 *pence*; então, no decorrer de 1858, voltou a subir ao preço atual de 21 *pence*. A lã inglesa também começou em 1857 a 20 *pence*, subiu em abril e setembro a 21 *pence*, baixou em janeiro de 1858 a 14 *pence* e, desde então, aumentou para 17 *pence*, de modo que se encontra em 3 *pence* por libra acima da média dos 10 anos mencionados [...]. A meu ver, isso mostra ou que foram esquecidas as quebras de 1857, provocadas por preços similares, ou que só se produz escassamente a quantidade de lã que pode ser fiada pelos fusos existentes; ou, então, que os preços dos tecidos experimentarão um aumento constante [...]. Porém, em minha experiência até este momento, vi como num período incrivelmente breve fusos e teares não só multiplicaram sua quantidade, como também sua velocidade de operação; que, além disso, nossa exportação de lã para a França aumentou quase na mesma proporção, enquanto tanto no interior como no exterior a idade média das ovelhas criadas é cada vez menor, já que a população aumenta rapidamente e os criadores desejam transformar seus rebanhos em dinheiro o quanto antes. Por isso, com frequência senti ansiedade ao ver a gente que, sem saber disso, investia sua destreza e seu capital em empresas cujo êxito depende do abastecimento de um produto que só se pode multiplicar de acordo com certas leis orgânicas [...]. A situação da oferta e da demanda de todas as matérias-primas [...] parece explicar muitas flutuações no negócio do algodão, bem como a situação do mercado de lã inglês no outono de 1857 e a crise dos negócios que dela se seguiu."[17] (R.[obert] Baker, em *Rep.[orts of Inspectors of] Fact.[ories], Oct.[ober] 1858*, p. 56-61)

A época de florescimento da indústria de *worsted* do West Riding, em Yorkshire, foi em 1849-1850. Lá foram empregadas, nesse ramo, 29.246 pessoas em 1838, 37.060 em 1843, 48.097 em 1845 e 74.891 em 1850. No mesmo distrito, havia 2.768 teares mecânicos em 1838, 11.458 em 1841, 16.870 em 1843, 19.121 em 1845 e 29.539 em 1850 (*Rep.[orts of Inspectors of] Fact.[ories], Oct.[ober]*

[17] Compreende-se que não *explicamos*, como o sr. Baker, a crise da lã de 1857 com base na desproporção dos preços da matéria-prima e dos produtos fabricados. Essa desproporção era, ela mesma, apenas um sintoma, ao passo que a crise era geral. (F. E.)

1850, p. 60). Já em outubro de 1850 esse florescimento da indústria da lã penteada começou a tornar-se suspeito. No relatório de abril de 1851, diz o subinspetor Baker acerca de Leeds e Bradford:

"Desde há algum tempo, o estado dos negócios é extremamente insatisfatório. Os donos de fiações de lã penteada perdem rapidamente os lucros de 1850, e a maioria dos proprietários de tecelagens não progride muito. Creio que, neste momento, há mais maquinaria de lã paralisada do que nunca, e também os fiandeiros de linho despedem trabalhadores e deixam máquinas paradas. Os ciclos da indústria têxtil são agora, de fato, extremamente incertos, e penso que logo chegaremos à convicção [...] de que não há nenhuma relação entre a capacidade produtiva dos fusos, a quantidade da matéria-prima e o aumento da população." ([Ibidem,] p. 52)

O mesmo vale para a indústria algodoeira. No relatório de outubro de 1858, que acabamos de citar, diz-se:

"Desde que foram fixados os horários de trabalho nas fábricas, as quantidades de consumo de matéria-prima, de produção e dos salários foram reduzidas, em todas as indústrias têxteis, a uma simples regra de três [...]. Cito de uma conferência recente [...] do sr. Baynes, atual prefeito de Blackburn, sobre a indústria algodoeira, na qual apresentou a estatística industrial de sua própria região com a maior exatidão possível:
'Cada cavalo-vapor real move 450 fusos de *selfactor* [fiadora automática], além da maquinaria de pré-fiação, ou 200 fusos de *throstle* [tear contínuo], ou 15 teares para pano de 40 polegadas de largura, além de máquinas dobadouras, aparadoras e alisadoras). Cada cavalo-vapor emprega 2½ trabalhadores na fiação, mas 10 na tecelagem; seu salário médio é de 10½ xelins semanais por pessoa [...]. Os números médios elaborados são 30-32 para o fio e 34-36 para a trama; se supomos que o fio produzido semanalmente é de 13 onças por fuso, temos 824.700 libras de fio por semana, quantidade para a qual são consumidas 970.000 libras ou 2.300 fardos de algodão ao preço de £28.300 [...]. Em nosso distrito (num círculo em torno de Blackburn com um raio de 5 milhas inglesas), o consumo semanal de algodão é de 1.530.000 libras ou 3.650 fardos ao preço de custo de £44.625. Isso equivale a $^1/_{18}$ de todo algodão fiado no Reino Unido e ⅙ de toda a tecelagem mecânica.'
Segundo os cálculos do sr. Baynes, portanto, o número total de fusos de algodão do Reino Unido seria de 28.800.000, e para mantê-los plenamente ocupados seriam necessárias anualmente 1.432.080.000 libras de algodão. Mas a importação de algodão, após deduzida a exportação, foi, em 1856 e 1857, de apenas 1.022.576.832 libras; assim, produziu-se um déficit de 409.503.168 libras. O sr. Baynes, que fez

a gentileza de comentar sobre esse ponto comigo, crê que um cálculo do consumo anual de algodão baseado no consumo do distrito de Blackburn se revelaria demasiado elevado em razão da diferença não só entre os números do algodão fiado, como também da qualidade da maquinaria. Ele estima o consumo global anual de algodão do Reino Unido em 1 bilhão de libras. Mas, se tem razão e realmente há um excesso de oferta no montante de 22½ milhões, a oferta e a demanda parecem estar agora quase em equilíbrio – isso sem mencionar os fusos e os teares adicionais, que, segundo o sr. Baynes, encontram-se em processo de instalação em seu próprio distrito e, a julgar por isso, presumivelmente também em outros distritos." ([Ibidem,] p. 59 e 60)

III. Ilustração geral: a crise algodoeira de 1861-1865

Antecedentes: 1845-1860

1845. Florescimento da indústria algodoeira. Baixíssimo preço do algodão. A esse respeito, diz Leonardo Horner:

"Durante os últimos oito anos não encontrei nenhum período de negócios tão animado como o que predominou no verão e no outono passados, especialmente na fiação de algodão. Durante todo esse semestre obtive a cada semana notícias de novos investimentos de capital em fábricas; ora se tratava da construção de novas fábricas, ora as poucas que se achavam vazias ganhavam novos arrendatários, ora se expandiam fábricas que se encontravam em atividade, instalando-se máquinas a vapor novas e mais potentes e aumentando a maquinaria de trabalho." (*Rep.[orts of Inspectors of] Fact.[ories], Nov.[ember] 1845*, p. 13)

1846. Começam as reclamações.

"Desde há muito tempo escuto dos donos de fábricas algodoeiras reclamações frequentes sobre o estado de depressão de seus negócios [...]. Durante as últimas 6 semanas, diversas fábricas começaram a trabalhar em tempo reduzido, normalmente 8 horas diárias em vez de 12; isso parece difundir-se [...]. Houve um grande aumento do preço do algodão; [...] não só não subiu o preço do produto fabril, como [...] seus preços são mais baixos que antes do aumento do algodão. O grande aumento no número de fábricas algodoeiras durante os últimos 4 anos teve como consequência necessária, por um lado, um forte aumento da demanda de matéria-prima e, por outro, um forte aumento da oferta de produtos fabris no mercado; ambas as causas contribuíram para provocar a compressão do lucro, enquanto permaneceram inalteradas a oferta de matéria-prima e a demanda de produtos fabris; mas seus efeitos foram ainda maiores, uma vez que, por um lado, a oferta de algodão era novamente insuficiente e, por outro, a demanda de produtos fabris decresceu em diversos mercados internos e externos." (*Rep.[orts of Inspectors of] Fact.[ories], Oct. 1846*, p. 10)

A crescente demanda de matéria-prima e o abarrotamento do mercado com produtos fabris andam naturalmente em paralelo. Diga-se de passagem, a expansão da indústria àquela época e sua subsequente paralisação não se limitaram aos distritos algodoeiros. No distrito da lã penteada de Bradford, em 1836, havia apenas 318 fábricas, ao passo que em 1846 elas eram 490. Esses números não expressam nem de longe o verdadeiro incremento da produção, uma vez que ao mesmo tempo as fábricas já existentes se ampliaram consideravelmente. Isso também vale para as fiações de linho.

"Todas elas contribuíram em maior ou menor grau, durante os últimos 10 anos, para a saturação do mercado, à qual é preciso atribuir, em sua maior parte, a atual paralisação dos negócios [...]. A situação deprimida dos negócios é uma decorrência absolutamente natural de uma expansão tão rápida das fábricas e da maquinaria." (*Rep.[orts of Inspectors of] Fact.[ories], Oct. 1846*, p. 30)

1847. Em outubro, crise monetária. Desconto de 8%. Isso foi precedido pelo desastre da especulação ferroviária e das letras giradas fraudulentamente sobre as Índias Orientais, porém

"o sr. Baker fornece detalhes muito interessantes sobre o aumento que, nos últimos anos, houve na demanda de algodão, lã e linho em consequência da expansão dessas indústrias. Ele considera que a demanda aumentada dessas matérias-primas, tendo ocorrido num período em que sua oferta caiu muito abaixo da média, é quase suficiente para explicar o atual estado deprimido desses ramos dos negócios, mesmo sem fazer referência à crise monetária. Esse ponto de vista é totalmente confirmado por minhas próprias observações e por minhas conversas com gente entendida a respeito dos negócios. Esses diversos ramos estavam todos numa situação muito deprimida, enquanto descontos eram prontamente obtidos por 5% ou menos. Em contrapartida, a oferta de seda crua era abundante, os preços, moderados, e os negócios, consequentemente, muito ativos, até [...] as últimas 2 ou 3 semanas, quando a crise monetária afetou indubitavelmente não só as pessoas de fato envolvidas na manufatura, porém, mais ainda, seus principais clientes, os fabricantes de artigos de moda. Uma olhada nos informes oficiais demonstra que a indústria algodoeira aumentou quase 27% nos últimos três anos. Em consequência disso, o algodão, em números redondos, passou de 4 a 6 *pence* a libra, enquanto o fio, graças ao aumento da oferta, encontra-se bem pouco acima de seu preço anterior. A indústria da lã começou a expandir-se em 1836; desde então, cresceu 40% em Yorkshire e mais ainda na Escócia. O crescimento é ainda maior na indústria do *worsted* [estame][18]. Nesse caso, os cálculos para o mesmo período revelam uma expansão de mais de 74%. Por essa razão, o consumo de lã crua foi enorme. A indústria do linho mostra, desde 1839, um crescimento de cerca de 25% na Inglaterra, 22% na Escócia e quase 90% na Irlanda[19]; a consequência desse fato, acompanhado de más colheitas de linho, foi que a matéria-prima aumentou em £10 por tonelada, enquanto o preço do fio baixou em 6 *pence* por meada." (*Rep.[orts of Inspectors of] Fact.[ories], Oct.[ober] 1847*, p. 30)

1849. Desde os últimos meses de 1848, reanimam-se os negócios.

"O preço do linho, que estava tão baixo que assegurava um lucro razoável sob quase todas as circunstâncias futuras possíveis, permitiu aos fabricantes dar continuidade a seus negócios. No início do ano, os fabricantes de lã estiveram muito ocupados durante um tempo, [...] mas receio que as consignações de mercadorias de lã tomam com frequência o lugar da demanda real, e que os períodos de prosperidade aparente, ou seja, de pleno emprego, nem sempre coincidem com os de demanda legítima. Durante alguns meses, o negócio do *worsted* foi particularmente bom [...]. No início do período mencionado, o preço da lã esteve consideravelmente baixo; os donos de fiações se haviam acautelado comprando a preços vantajosos e, certamente, também em quantidades significativas. Quando o preço da lã aumentou com as vendas da primavera, os fiandeiros aproveitaram a situação e a conservaram, uma vez que a demanda de produtos fabris se tornou considerável e imprescindível." (*Rep.[orts of Inspectors of] Fact.[ories], [April] 1849*, p. 30 e 31)

"Se observamos as variações na situação dos negócios ocorridas nos distritos fabris [...] de 3 ou 4 anos para cá, creio que temos de admitir que em algum lugar se

---

18 Na Inglaterra, distingue-se estritamente entre *woollen manufacture* [manufatura de lã], que fia e tece fio de lã cardada a partir da lã curta (centro principal: Leeds), e *worsted manufacture* [manufatura de estame], que fia e tece fio de lã penteada a partir da lã longa (sede principal: Bradford, em Yorkshire). (F. E.)

19 Essa rápida expansão da fiação mecânica do linho na Irlanda deu, então, o golpe de misericórdia na exportação do linho alemão (Silésia, Lusácia e Vestfália), tecido com fio feito à mão. (F. E.)

> encontra uma grande causa de perturbações [...]. Não será possível que a gigantesca força produtiva da maquinaria aumentada tenha agregado a isso um novo elemento? (Ibidem, p. 42)

Em novembro de 1848, em maio e no verão de 1849, até outubro, os negócios tomaram cada vez mais impulso.

> "Isso vale principalmente para a fabricação de tecidos de lã penteada, agrupada em torno de Bradford e Halifax; em nenhuma época anterior esse negócio chegou próximo de sua extensão atual [...]. A especulação com a matéria-prima e a incerteza quanto a sua provável oferta sempre provocou grande agitação e oscilações mais frequentes na indústria algodoeira do que em qualquer outro ramo de negócio. Atualmente [...] verifica-se aqui uma acumulação de estoques de mercadorias de algodão de qualidade inferior, o que inquieta os pequenos proprietários de fiações e já os prejudica, fazendo com que vários deles trabalhem jornadas reduzidas." (*Rep.[orts of Inspectors of] Fact.[ories], Oct.[ober] 1849*, p. 42 e 43)

1850. Abril. Os negócios continuam animados. Exceção:

> "Grande depressão numa parte da indústria algodoeira, devido a uma insuficiente oferta de matéria-prima, precisamente para os números de fios grossos e tecidos pesados [...]. Teme-se que o aumento da maquinaria recentemente instalada para o negócio do *worsted* provoque reação semelhante. O senhor Baker calcula que somente em 1849, nesse ramo da atividade, o produto dos teares tenha aumentado 40%, o dos fusos, 25% a 30%, e que a expansão prossiga ainda na mesma proporção". (*Rep.[orts of Inspectors of] Fact.[ories], April 1850*, p. 54)

1850. Outubro.

> "O preço do algodão continua [...] a causar uma considerável compressão nesse ramo da indústria, especialmente para aquelas mercadorias nas quais a matéria--prima constitui uma parte considerável dos custos de produção. Em muitos casos, o grande aumento de preço da seda crua também produziu uma pressão nesse ramo." (*Rep.[orts of Inspectors of] Fact.[ories], Oct.[ober] 1850*, p. 15)

Segundo o relatório do comitê da Real Sociedade para o Cultivo do Linho na Irlanda, o alto preço do linho, mantendo-se baixos os preços de outros produtos agrícolas, assegurou um aumento significativo da produção de linho para o ano seguinte (p. 33).

1853. Abril. Grande prosperidade. "Em nenhum momento dos 17 anos durante os quais tomei conhecimento oficial da situação do distrito fabril de Lancashire deparei-me com uma prosperidade geral semelhante; a atividade é extraordinária em todos os ramos", diz Leonard Horner (*Rep.[orts of Inspectors of] Fact.[ories], April 1853*, p. 19).

1853. Outubro. Depressão da indústria algodoeira. "Sobreprodução" (*Rep.[orts of Inspectors of] Fact.[ories], October 1853*, p. 15).

1854. Abril.

"O negócio da lã, apesar de não estar animado, garantiu pleno emprego em todas as fábricas; o mesmo a indústria algodoeira. O negócio do *worsted* foi irregular, em geral, ao longo de todo o semestre anterior [...]. Na indústria de linho houve perturbações decorrentes da diminuição da oferta reduzida de linho e cânhamo da Rússia ocasionada pela guerra da Crimeia." (*Rep.[orts of Inspectors of] Fact.[ories], [April] 1854*, p. 37)

1859.

"Os negócios ainda estão deprimidos na indústria escocesa de linho [...], já que a matéria-prima é escassa e cara; a baixa qualidade da colheita passada nos países do Báltico, dos quais provinha a principal parte de nossos abastecimentos, provocará um efeito nocivo sobre os negócios desse distrito; em contrapartida, a juta, que em muitos artigos de qualidade inferior toma pouco a pouco o lugar do linho, não é rara nem anormalmente cara [...]; hoje, em Dundee, cerca da metade da maquinaria está fiando juta." (*Rep.[orts of Inspectors of] Fact.[ories], April 1859*, p. 19)

"Devido ao alto preço da matéria-prima, a fiação de linho continua a não valer a pena, e, enquanto todas as fábricas restantes funcionam em tempo integral, temos diversos exemplos de paralisação de maquinaria do linho [...]. A fiação da juta [...] encontra-se numa situação mais satisfatória, já que ultimamente esse material caiu a um preço mais moderado." (*Rep.[orts of Inspectors of] Fact.[ories], Oct.[ober] 1859*, p. 20)

1861-1864. Guerra Civil Norte-Americana. *Cotton Famine* [escassez de algodão]. O maior exemplo de interrupção do processo produtivo por falta e encarecimento da matéria-prima

1860. Abril.

"No que diz respeito à situação dos negócios, alegra-me comunicar-vos que, apesar do alto preço das matérias-primas, todas as indústrias têxteis, com exceção da indústria da seda, estiveram bastante ocupadas durante o último semestre [...]. Em alguns dos distritos algodoeiros publicaram-se anúncios para atrair trabalhadores, que para lá emigraram desde Norfolk e outros condados rurais [...]. Em todos os ramos da indústria parece reinar uma grande escassez de matéria-prima. É [...] somente essa escassez que nos restringe. Na atividade algodoeira, o número de novas fábricas instaladas, a ampliação das já existentes e a demanda de trabalhadores jamais foram tão intensos como agora. Em todas as partes está-se em busca de matérias-primas. (*Rep.[orts of Inspectors of] Fact.[ories], April 1860*, [p. 57])

1860. Outubro.

"A situação dos negócios esteve boa nos distritos algodoeiros, laneiros e do linho; na Irlanda, ela aparenta até estar muito boa desde há mais de um ano – e teria estado melhor ainda, não fosse o alto preço da matéria-prima. Os proprietários de fiações de linho parecem esperar com mais impaciência que nunca pela abertura das fontes de abastecimento indianas por ferrovias e pelo correspondente desenvolvimento de sua agricultura, a fim de finalmente obter uma [...] oferta de linho que corresponda a suas necessidades." (*Rep.[orts of Inspectors of] Fact.[ories], October 1860*, p. 37)

1861. Abril.

"A situação dos negócios está momentaneamente deprimida [...], umas poucas fábricas algodoeiras operam em tempo reduzido, e muitas fábricas de seda estão apenas parcialmente empregadas. A matéria-prima é cara. Em quase todos os ramos da indústria têxtil ela se encontra acima do preço ao qual poderia ser confeccionada para a massa dos consumidores." (*Rep.[orts of Inspectors of] Fact.[ories], April 1861*, p. 33)

Revelava-se, então, que, em 1860, tinha havido sobreprodução na indústria algodoeira; os efeitos disso ainda se faziam sentir durante os anos seguintes. "Decorreram entre dois e três anos até que a sobreprodução de 1860 fosse absorvida no mercado mundial" (*Rep.[orts of Inspectors of] Fact.[ories], December 1863*, p. 127).

"O estado de depressão dos mercados para os produtos manufaturados de algodão na Ásia oriental, no início de 1860, teve uma repercussão correspondente sobre os negócios em Blackburn, onde 30.000 teares mecânicos, em média, estão empregados quase exclusivamente na produção de tecidos para esse mercado. Como consequência, ali a demanda de trabalho já estava limitada muitos meses antes de que se pudessem sentir os efeitos do bloqueio do algodão [...]. Felizmente, isso poupou da ruína muitos fabricantes. O valor das reservas aumentou, enquanto elas eram mantidas em depósito, evitando-se, assim, a espantosa desvalorização que, de outra maneira, era inevitável numa crise dessa proporção. (*Rep.[orts of Inspectors of] Fact.[ories], October 1862*, p. 28 e 29)

1861. Outubro.

"Desde há algum tempo, os negócios têm estado muito deprimidos [...]. Não é de modo nenhum improvável que, durante os meses de inverno, muitas fábricas venham a reduzir significativamente o tempo de trabalho. Mas isso era previsível [...], abstraindo inteiramente das causas que interromperam nosso abastecimento habitual de algodão da América e nossa exportação, o encurtamento do tempo de trabalho para o próximo inverno teria se tornado necessário em consequência do forte aumento da produção nos últimos três anos e das perturbações nos mercados indiano e chinês." (*Rep.[orts of Inspectors of] Fact.[ories], October 1861*, p. 19)

Resíduos de algodão. Algodão das Índias Orientais (Surat). Influência sobre o salário dos trabalhadores. Aperfeiçoamentos na maquinaria. Substituição do algodão por farinha de amido e minerais. Efeitos dessa goma de farinha de amido sobre os trabalhadores. Fiandeiros de fios de números mais finos. Fraudes dos fabricantes.

"Um fabricante me escreve o seguinte: 'No que concerne à estimativa do consumo de algodão por fuso, parece que não levas suficientemente em conta o fato de que, quando o algodão está caro, todo fiandeiro de fios comuns (digamos, até o n. 40, principalmente os números 12-32) fia os mais finos que possa, ou seja, que ele fiará o n. 16 no lugar do anterior n. 12 ou o n. 22 em vez do n. 16 etc.; e o tecelão que tece esses fios finos levará seu tecido ao peso habitual agregando-lhe tanta maior quantidade de goma. Esse recurso é hoje empregado num grau vergonhoso. Ouvi de boa fonte que existem *shirtings* [tecidos para camisas] ordinárias para exportação, com um peso de 8 libras a peça, das quais 2¾ libras são goma [...]. Em tecidos de outros tipos acrescenta-se com frequência até 50% de goma, de modo que o fabricante não mente de modo nenhum quando se vangloria de ter se tornado um homem rico vendendo cada libra de seu tecido por menos dinheiro do que o que ele pagou pelo fio empregado na confecção do produto." (*Rep.[orts of Inspectors of] Fact.[ories], October 1863*, p. 63)

"Ouvi também declarações de que os tecelões atribuem a deterioração de seu estado de saúde à goma que se emprega para as tramas preparadas com algodão das Índias Orientais e que já não se compõe, como antes, só de farinha. Mas esse substituto da farinha ofereceria a grande vantagem de aumentar consideravelmente o peso do tecido, de modo que 15 libras de fio, uma vez tecidas, convertem-se em 20 libras." (Idem. Esse substituto era talco moído, chamado de *China clay* [argila chinesa], ou gesso, chamado de *french chalk* [giz francês].)

"O ganho dos tecelões" (a palavra significa, aqui, trabalhadores) "é bastante reduzido pela utilização de substitutos da farinha para engomar as tramas. Essa goma torna o fio mais pesado, mas também duro e quebradiço. Cada fio da trama passa no tear pelo assim chamado liço, cujos fortes fios mantêm a trama na posição correta; as tramas com goma enrijecida provocam contínuas rupturas dos fios do liço; cada ruptura ocasiona ao tecelão cinco minutos de perda de tempo para reparos; atualmente o tecelão deve reparar esses danos pelo menos 10 vezes mais que antes, o que faz naturalmente com que o tear renda, durante as horas de trabalho, tanto menos." ([Ibidem,] p. 42 e 43)

"Em Ashton, Satlybridge, Mossley, Oldham etc., o tempo de trabalho foi reduzido em ⅓, e as horas de trabalho continuam a ser reduzidas a cada semana [...]. Simultaneamente a esse encurtamento do tempo de trabalho também se opera, em muitos ramos, uma diminuição do salário." ([Ibidem,] p. 13)

No início de 1861 ocorreu uma greve dos tecelões mecânicos em algumas partes de Lancashire. Diversos fabricantes haviam anunciado uma diminuição do salário entre 5% e 7½%; os trabalhadores insistiam em que se mantivessem as taxas salariais, porém que se encurtassem as horas de trabalho. Isso não lhes foi concedido, e teve início a greve. Depois de um mês, os trabalhadores tiveram de ceder. Mas então obtiveram ambas as coisas: "Além da diminuição dos salários, que os trabalhadores acabaram por aceitar, muitas fábricas também passaram a trabalhar por tempo reduzido" (*Rep.[orts of Inspectors of] Fact.[ories], April 1863*, p. 23).

1862. Abril. "Os sofrimentos dos trabalhadores aumentaram significativamente desde a data de meu último relatório; mas em nenhuma época na história da indústria se suportaram padecimentos tão repentinos e graves com tamanha resignação silenciosa e tão paciente dignidade" (*Rep.[orts of Inspectors of] Fact.[ories], April 1862*, p. 10).

"O número proporcional de trabalhadores que neste momento encontram-se totalmente desempregados não parece ser muito maior que em 1848, quando imperava um pânico habitual, mas grave o suficiente para induzir os preocupados fabricantes a encomendar uma estatística sobre a indústria algodoeira tal como a que agora se publica semanalmente [...]. Em maio de 1848, 15% dos trabalhadores algodoeiros de Manchester estavam desempregados, 12% trabalhavam tempo reduzido, enquanto mais de 70% estavam empregados em tempo integral. Em 28 de maio de 1862, 15% estavam desempregados, 35% trabalhavam tempo reduzido, e 49%, tempo integral [...]. Nas localidades vizinhas, como, por exemplo, Stockport, o percentual dos total ou parcialmente desempregados é maior, e o dos plenamente empregados é menor", justamente porque nesse lugar se fiam números mais grosseiros do que em Manchester. ([Ibidem,] p. 16)

1862. Outubro.

"De acordo com a última estatística oficial, havia no Reino Unido [em 1861] 2.887 fábricas de algodão, das quais 2.109 eram em meu distrito (Lancashire e Cheshire). Eu sabia perfeitamente bem que grande parte das 2.109 fábricas em meu distrito eram pequenos estabelecimentos que empregavam poucas pessoas. No entanto, causou-me surpresa descobrir a grandeza desse número. Em 392 delas, ou seja, 19%, a força motriz – de vapor ou hidráulica – é menor que 10 cavalos-vapor; em 345, ou seja, 16%, essa força fica entre 10 e 20 cavalos-vapor; em 1.372 é de 20 cavalos-vapor ou mais [...]. Muitos desses pequenos fabricantes – mais de ⅓ do total – ainda eram recentemente trabalhadores; são pessoas desprovidas de capital [...]. Portanto, o peso principal recairia sobre os ⅔ restantes." (*Rep.[orts of Inspectors of] Fact.[ories], October 1862*, p. 18 e 19)

Segundo o mesmo relatório, naquele momento 40.146 dos trabalhadores algodoeiros em Lancashire e Cheshire encontravam-se plenamente empregados, ou seja, 11,3%; empregados com tempo de trabalho limitado, 134.767, ou seja, 38%; e desempregados, 179.721, ou seja, 50,7%. Se subtraímos disso os dados referentes a Manchester e Bolton, onde se fiam principalmente os números finos, um ramo relativamente pouco afetado pela carestia do algodão, a questão se apresenta ainda mais desfavorável, a saber: plenamente empregados, 8,5%; parcialmente empregados, 38%; e desempregados, 53,5% ([ibidem,] p. 19 e 20).

"Para os trabalhadores, constitui uma diferença essencial que se elabore algodão bom ou ruim. Nos primeiros meses do ano, quando os fabricantes procuravam manter em funcionamento as fábricas utilizando todo o algodão que pudessem comprar a preços baixos, chegou muito algodão ruim às fábricas, nas quais antes se costumava empregar algodão bom; tão grande era a diferença no salário dos trabalhadores que estes deflagraram muitas greves, pois já não podiam obter uma remuneração diária tolerável [...]. Em alguns casos, a diferença pela utilização de algodão de má qualidade chegava à metade do salário total, mesmo com tempo de trabalho pleno." ([Ibidem,] p. 27)

1863. Abril. "No curso deste ano, não se poderá empregar plenamente muito mais que a metade dos trabalhadores algodoeiros" (*Rep.[orts of Inspectors of] Fact.[ories], April 1863*, p. 14).

"Uma desvantagem muito séria da utilização do algodão das Índias Orientais, tal como o que as fábricas têm de empregar agora, é que, com ele, reduz-se muito a velocidade da maquinaria. Durante os últimos anos, fez-se o possível para aumentar essa velocidade, de modo que a mesma maquinaria realizasse um volume maior de trabalho. Mas a velocidade reduzida afeta tanto o trabalhador como o fabricante, pois a maior parte dos trabalhadores é paga por peça; os fiandeiros, por libra fiada; os tecelões, por peça tecida. Mesmo no caso dos outros trabalhadores, pagos com salário semanal, seria verificada uma redução de salário em consequência da produção reduzida. De acordo com minhas averiguações [...] e os informes que me foram apresentados sobre os ganhos dos trabalhadores algodoeiros no curso deste ano [...], houve um decréscimo de 20% em média, e em alguns casos de 50%, calculado segundo os níveis salariais vigentes em 1861." ([Ibidem,] p. 13)

"A soma ganha depende [...] do material que é trabalhado [...]. A situação dos trabalhadores, em relação com o importe salarial recebido, é muito melhor agora" (outubro de 1863) "que nesta mesma época no ano passado. A maquinaria foi aperfeiçoada, conhece-se melhor a matéria-prima e os trabalhadores superam mais facilmente as dificuldades com as quais tinham de lutar de início. Na primavera passada, estive em Preston, numa escola de costura" (instituição de beneficência para desempregados); "duas moças, que no dia anterior haviam sido enviadas a uma tecelagem, por indicação do fabricante de que poderiam ganhar 4 xelins por semana, solicitaram sua readmissão na escola, queixando-se de que na fábrica não teriam conseguido ganhar nem 1 xelim por semana. Obtive informes sobre *self-acting minders* [...], homens que controlam um par de *self-actors* e que, depois de 14 dias de trabalho em tempo integral, ganhavam 8 xelins e 11 *pence*, e dessa soma lhes era descontado o aluguel de suas casas, ocasião na qual o fabricante" (que generoso!) "lhes devolvia a metade do aluguel como brinde. Os *minders* levavam para casa a soma de 6 xelins e 11 *pence*. Em muitos lugares, os *self-acting minders* ganhavam de 5 a 9 xelins, e os tecelões, de 2 a 6 xelins por semana, durante os últimos meses de 1862 [...]. Hoje vigora uma situação muito mais saudável, embora as remunerações ainda tenham decrescido muito na maior parte dos distritos [...]. Muitas outras causas contribuíram para o ganho reduzido, além da fibra mais curta do algodão indiano e de sua impureza. Assim, por exemplo, atualmente é comum misturar grandes quantidades de dejetos de algodão com o algodão indiano, o que naturalmente aumenta ainda mais a dificuldade para os fiandeiros. Por ser a fibra mais curta, os fios se rompem com mais facilidade ao estirar a *mule* e ao torcer o fio, e não se pode manter a *mule* em funcionamento com tanta regularidade [...]. Da mesma forma, devido à grande atenção que se deve dispensar aos fios, ocorre frequentemente que uma tecelã só pode vigiar um tear e muito raramente é capaz de vigiar mais de dois teares [...]. Em diversos casos, o salário dos trabalhadores foi reduzido em 5%, 7½% e 10% [...]; na maioria das vezes, o trabalhador tem de arranjar-se da melhor forma possível com sua matéria-prima e, dadas as taxas salariais vigentes, obter a melhor remuneração que possa conseguir [...]. Outra dificuldade contra a qual às vezes devem lutar os tecelões é a de elaborar um bom tecido com um material ruim e de ser castigados com descontos salariais quando o trabalho não resulta conforme o desejado." (*Rep.[orts of Inspectors of] Fact.[ories], October 1863*, p. 41-3)

Os salários, mesmo onde se trabalhava em tempo integral, eram miseráveis. Os trabalhadores algodoeiros se prontificavam para todos os trabalhos públicos, de drenagem, construção de estradas, britagem de pedras, pavimentação de ruas, nos quais eram empregados para obter uma subvenção (que, na verdade, era uma subvenção para os fabricantes, conforme o Livro I, p. 598-9 [649-50]) das autoridades locais. A burguesia inteira patrulhava os trabalhadores. Se o pior salário era oferecido e o trabalhador não queria aceitá-lo, o comitê de subvenção o eliminava da lista de subvenções. Na medida em que ou os trabalhadores morriam de fome ou tinham de trabalhar por qualquer preço, foi uma idade de ouro para os senhores fabricantes, a mais lucrativa possível para o burguês, e os comitês de subvenção agiam como seus cães de guarda. Ao mesmo tempo, os fabricantes, em conluio secreto com o governo, impediam a emigração tanto quanto possível, em parte para manter sempre à disposição seu capital, existente sob a forma de carne e sangue dos trabalhadores, em parte para garantir o recebimento dos aluguéis, extorquidos aos trabalhadores.

"Neste ponto, os comitês de subvenção atuavam com bastante rigor. Se era oferecido trabalho, suprimiam-se da lista os trabalhadores aos quais ele era oferecido, obrigando-os, assim, a aceitá-lo. Caso se recusassem a aceitar o trabalho, [...] era porque seu pagamento seria só nominal, ao passo que o trabalho era extraordinariamente pesado." (*Rep.[orts of Inspectors of] Fact.[ories], October 1863*, p. 97)

Os trabalhadores se prontificavam a aceitar qualquer tipo de trabalho para o qual fossem recomendados, de acordo com a *Public Works Act* [Lei de Obras Públicas].

"Os princípios segundo os quais se organizavam os empregos industriais variavam consideravelmente de uma cidade para outra. Mas, mesmo naqueles lugares onde o trabalho ao ar livre não servia absolutamente como prova de trabalho (*labour test*), esse trabalho era pago com a mera soma regular do subsídio ou com um acréscimo tão insignificante que ele se convertia, de fato, numa prova de trabalho." ([Ibidem,] p. 69)

"A *Public Works Act* de 1863 destinava-se a remediar esse mal e capacitar o trabalhador a ganhar sua remuneração diária como diarista independente. A finalidade dessa lei era tripla: 1) capacitar as autoridades locais para tomar dinheiro emprestado" (com o consentimento do presidente do departamento estatal de beneficência) "aos comissários dos empréstimos do tesouro; 2) facilitar melhorias nas cidades dos distritos algodoeiros; 3) procurar para os trabalhadores desempregados trabalho e salários remunerativos (*remunerative wages*)."

Até o final de outubro de 1863 haviam sido concedidos, sob essa lei, empréstimos até o montante de £883.700 (p. 70). Os trabalhos realizados eram principalmente de canalização, construção de estradas, pavimentação de ruas, tanques coletores para obras de saneamento etc.

O sr. Henderson, presidente do comitê de Blackburn, escreve sobre isso ao inspetor fabril Redgrave:

"Durante toda a minha experiência no curso da presente época de sofrimento e miséria, nada me comoveu com mais força nem me deu mais contentamento do que a alegre transigência com que os trabalhadores desempregados desse distrito aceitavam o trabalho que, conforme à *Public Works Act*, lhes era oferecido pelo conselho municipal de Blackburn. É difícil de imaginar um contraste maior que o existente entre o trabalhador fiandeiro de algodão que antes trabalhava como hábil operário na fábrica e aquele que atualmente o faz como diarista assalariado, trabalhando num canal de escoamento, a 14 ou 18 pés de profundidade."

(Nesse trabalho eles ganhavam, conforme o tamanho de sua família, de 4 a 12 xelins semanais; esta última soma gigantesca deveria frequentemente bastar para uma família de 8 pessoas. Os patrões burgueses tinham, com isso, um duplo benefício: em primeiro lugar, recebiam o dinheiro para a melhora de suas cidades enfumaçadas e descuidadas, a juros excepcionalmente baixos; em segundo lugar, pagavam os trabalhadores muito abaixo das taxas salariais regulares.)

> "Habituado como estava a uma temperatura quase tropical, a um trabalho para o qual a perícia e a precisão na manipulação lhe eram infinitamente mais úteis do que a força muscular, acostumado a uma remuneração duas ou três vezes maior do que aquela que ele pode obter atualmente, sua espontânea aceitação da atividade oferecida inclui uma soma de renúncia e consideração que o torna merecedor do mais extremo respeito. Em Blackburn os homens foram testados em quase todos os tipos possíveis de trabalho ao ar livre; na escavação de um solo argiloso, rígido e pesado a uma profundidade considerável, na drenagem, na britagem de pedras, na construção de estradas, nas escavações para canais de escoamento a profundidades de 14, 16 e às vezes de 20 pés. Com frequência, durante esses trabalhos eles permanecem com os pés submersos a uma profundidade de 10 a 12 polegadas de lodo e água e, em todos, ficam expostos a um clima cuja frialdade úmida não é superada por nenhum distrito da Inglaterra, se é que há algum que o alcance." ([Ibidem,] p. 91 e 92)

"A postura dos trabalhadores foi quase irrepreensível [...], sua disposição para aceitar o trabalho ao ar livre e arranjar-se com ele" (p. 69).

1864. Abril.

> "Ocasionalmente se ouvem em diversos distritos queixas sobre a falta de trabalhadores, ainda mais em certos ramos, como na tecelagem [...], mas essas queixas têm sua origem tanto no minguado salário que os trabalhadores podem ganhar em decorrência da má qualidade dos fios empregados como numa escassez real qualquer dos próprios trabalhadores nesse ramo particular. No mês passado ocorreram numerosos conflitos salariais entre certos fabricantes e seus trabalhadores. Lamento que as greves tenham se dado com demasiada frequência [...]. Os efeitos da *Public Works Act* são sentidos pelo fabricante como uma concorrência, e, em consequência disso, o comitê local de Bacup suspendeu suas atividades, pois, embora nem todas as fábricas estejam em atividade, ficou evidente que há escassez de trabalhadores." (*Rep.[orts of the Inspectors of] Fact.[ories], April 1864*, p. 9 e 10)

Os senhores fabricantes não tinham tempo a perder. Em decorrência da *Public Works Act*, a demanda cresceu a ponto de, nos canteiros de obras de Bacup, alguns trabalhadores fabris passarem a ganhar de 4 a 5 xelins diários. E assim os trabalhos públicos foram paulatinamente suspensos – essa reedição dos *ateliers nationaux* de 1848, dessa vez estabelecidos para o proveito da burguesia.

Experimentos *in corpore vili* [num corpo sem valor]

"Embora eu tenha registrado o salário muito reduzido" (dos plenamente empregados), "a remuneração efetiva dos trabalhadores em diversas fábricas, disso não se segue de modo nenhum que ganhem a mesma soma a cada semana. Os trabalhadores são aqui expostos a grandes flutuações em consequência da constante experimentação dos fabricantes com diversos tipos e proporções de algodão e dejetos na mesma fábrica; as 'misturas', como são denominadas, são frequentemente alteradas, e a remuneração dos trabalhadores sobe e desce juntamente com a qualidade da mistura do algodão. Às vezes, ela ficava em apenas 15% do pagamento anterior e, em uma ou duas semanas, caía a 50% ou 60%."

O inspetor Redgrave, que é quem fala nessa última citação, apresenta então um rol de salários tomados da prática, do qual bastam aqui os seguintes exemplos:

A) Tecelão, família de 6 pessoas, empregado 4 dias por semana, 6 xelins e 8½ *pence*; B) *twister* [torcedor], 4½ dias por semana, 6 xelins; C) tecelão, família de 4 pessoas, 5 dias por semana, 5 xelins e 1 *pence*; D) *slubber* [pré-fiador], família de 6 [pessoas], 4 dias por semana, 7 xelins e 10 *pence*; E) tecelão, família de 7 [pessoas], 3 dias, 5 xelins etc. Prossegue Redgrave:

"Os exemplos citados merecem consideração, pois comprovam que em algumas famílias o trabalho parece ter-se convertido numa desgraça, uma vez que ele não só reduz a renda, como a reduz a tal ponto que ela se torna insuficiente para satisfazer mais que uma parte ínfima das necessidades absolutas dessas famílias, a não ser que se conceda um auxílio adicional nos casos em que a renda familiar não alcance a soma que ela obteria com subvenções, se todos os membros se encontrassem desempregados." (*Rep.[orts of the Inspectors of] Fact.[ories,] October 1863*, p. 50-3)

"Em nenhuma semana desde 5 junho de 1863 a ocupação média global de todos os trabalhadores foi maior que 2 dias, 7 horas e alguns minutos" (ibidem, p. 121).

Desde o início da crise até 25 de março de 1863 foram gastos quase 3 milhões de libras esterlinas pelas administrações de beneficência, o comitê central de subvenções e o comitê da Mansion House de Londres ([ibidem,] p. 13).

"Num distrito em que se fia decerto o mais fino dos fios [...], os trabalhadores fiandeiros sofrem uma redução salarial indireta de 15% em consequência da passagem do Sea Island ao algodão egípcio [...]. Num vasto distrito, onde dejetos de algodão são empregados em grandes quantidades na mistura com algodão indiano, os fiandeiros tiveram uma redução salarial de 5%, perdendo, além disso, de 20% a 30% em decorrência da elaboração de *surat* [algodão indiano] e de dejetos. Os tecelões passaram de 4 teares a 2. Em 1860, eles faziam em cada tear 5 xelins e 7 *pence*; em 1863, apenas 3 xelins e 4 *pence*. [...] As multas em dinheiro, que anteriormente, quando se utilizava o algodão norte-americano, variavam entre 3 e 6 *pence*" (para os fiandeiros), "vão agora de 1 xelim até 3 xelins e 6 *pence*."

Num distrito onde se utilizava algodão egípcio misturado com o das Índias Orientais,

"em 1860, o salário médio dos fiandeiros de *mule* foi de 18-25 xelins; atualmente, é de 10-18 xelins. Isso não foi provocado exclusivamente pela piora da qualidade do algodão, mas também pela redução da velocidade da *mule* com o objetivo de torcer o fio com mais força, trabalho pelo qual, em tempos normais, teriam sido efetuados pagamentos extras de acordo com a tabela salarial." ([Ibidem,] p. 43, 44 e 45-50)

"Ainda que o algodão das Índias Orientais tenha sido eventualmente elaborado com lucro para os fabricantes, vemos (cf. a tabela salarial, p. 53)* que, em comparação com 1861, os trabalhadores sofrem com ele. Se o uso do *surat* for consolidado, os trabalhadores exigirão o mesmo pagamento de 1861; isso afetaria seriamente o lucro do fabricante, caso este não recebesse uma compensação por meio do preço, fosse do algodão, fosse dos produtos manufaturados." ([Ibidem,] p. 105)

Aluguéis.

"Quando os *cottages* habitados pelos trabalhadores são de propriedade do fabricante, este frequentemente desconta o aluguel do salário deles, inclusive em casos

* Parênteses do relatório original. (N. E.)

de jornada reduzida. Apesar disso, o valor desses edifícios caiu, e atualmente se podem obter casebres por um preço 25%-50% mais barato que antes; um *cottage* que custava 3 xelins e 6 *pence* por semana pode ser obtido agora por 2 xelins e 4 *pence*, às vezes por ainda menos." ([Ibidem,] p. 57)

Emigração. Naturalmente, os fabricantes eram contrários à emigração dos trabalhadores porque, "na expectativa de tempos melhores para a indústria algodoeira, pretendiam conservar ao alcance da mão os meios para fazer funcionar sua fábrica da maneira mais lucrativa". Mas também "vários fabricantes são os proprietários das casas em que vivem os trabalhadores por eles empregados, e pelo menos alguns deles contam imprescindivelmente com receber mais tarde o pagamento da dívida referente ao aluguel acumulado" ([ibidem,] p. 96).

Num discurso a seus eleitores parlamentares, pronunciado em 22 de outubro de 1864, o senhor Bernal Osborne diz que os trabalhadores de Lancashire se comportaram como filósofos antigos (estoicos). Não como ovelhas?

Capítulo 7

Adendo

Partamos do suposto, como no restante desta seção, de que a massa de lucro apropriada em cada esfera da produção é igual à soma do mais-valor produzido pelo capital total investido nessa esfera. Mesmo nesse caso, o burguês não conceberia o lucro como idêntico ao mais-valor, isto é, ao mais-trabalho não pago. Isso se deve às seguintes razões:

1. No processo da circulação, ele se esquece do processo de produção. Para ele, a realização do valor das mercadorias – na qual está incluída a realização de seu mais-valor – equivale à criação desse mais-valor. {Um espaço deixado em branco no manuscrito indica que Marx pretendia desenvolver este ponto em detalhes. – F. E.}
2. Pressupondo-se o mesmo grau de exploração do trabalho, demonstramos que, se abstraímos de todas as modificações introduzidas pelo sistema de crédito, de todas as trapaças e desavenças de uns capitalistas contra os outros, além de qualquer vantagem nascida de uma situação favorável do mercado, a taxa de lucro pode variar muito no caso de se comprar a matéria-prima mais ou menos barata, com maior ou menor conhecimento de causa, conforme a maquinaria empregada seja mais ou menos produtiva, adequada e barata ou a disposição total das diferentes etapas do processo de produção seja mais ou menos perfeita, de se eliminar o desperdício de matéria-prima e se existe um sistema simples e eficaz de direção e supervisão etc. Em resumo, que, dado o mais-valor correspondente a um capital variável determinado, dependerá muito da perícia comercial individual, seja do próprio capitalista, seja de seus capatazes e subordinados, que esse mesmo mais-valor se expresse numa taxa de lucro maior ou menor e, por conseguinte, que forneça uma massa de lucro maior ou menor. Suponhamos, por exemplo, que o mesmo mais-valor de £1.000, o produto de £1.000 de salário, refira-se a um capital constante de £9.000 na empresa *A* e de £11.000

na empresa *B*. No primeiro caso, teremos $l' = {}^{1.000}/_{10.000} = 10\%$. No segundo caso, em contrapartida, teremos $l' = {}^{1.000}/_{12.000} = 8\frac{1}{3}\%$. Em *A*, o capital total produz relativamente mais lucro que em *B*, porque naquele a taxa de lucro é maior do que neste, embora em ambos os casos o capital variável adiantado seja = 1.000, e o mais-valor obtido a partir desse mesmo capital seja também = 1.000, isto é, em ambos os casos se verifique uma exploração igualmente grande do mesmo número de trabalhadores. Essa diferença quanto à conversão em lucro da mesma massa de mais-valor, ou seja, a diversidade das taxas de lucro, e, por isso, do próprio lucro, com uma exploração igual do trabalho, pode derivar de outras fontes, mas também pode derivar única e exclusivamente da maior ou menor perícia empresarial com que ambos os negócios são conduzidos. Por essa circunstância, o capitalista é levado a crer – é convencido disso – que seu lucro se deve não à exploração do trabalho, mas, ao menos em parte, a outras circunstâncias independentes dela e, principalmente, a sua atuação pessoal.

* * *

Do que foi desenvolvido nesta primeira seção, depreende-se que é falso do ponto de vista (Rodbertus) segundo o qual (em contraste com o que ocorre, por exemplo, com a renda fundiária, na qual a superfície da terra continua a ser a mesma enquanto aumenta a renda) uma variação da grandeza do capital permanece sem influência sobre a relação entre lucro e capital e, por isso, sobre a taxa de lucro, já que, ao aumentar a massa do lucro, aumenta também a massa do capital que serve de base para o cálculo do lucro, e vice-versa.

Isso só é verdade em dois casos. Primeiro, quando, pressupondo-se constantes todas as demais circunstâncias, e principalmente a taxa do mais-valor, opera-se uma mudança no valor da mercadoria, que é a mercadoria-dinheiro. (O mesmo ocorre na variação de valor meramente nominal, no aumento ou na diminuição do signo de valor, sem que mudem as demais circunstâncias.) Suponhamos o capital global = £100 e o lucro = £20, de modo que a taxa de lucro = 20%. Se agora o ouro cai ou sobe 100%*, o resultado, no primeiro caso, será que o mesmo capital que antes valia £100 valerá £200, e o lucro terá um valor de £40, isto é, se apresentará nessa expressão monetária, no lugar das £20 anteriores. No segundo caso, o capital diminuirá a um valor de £50, e o lucro se apresentará num produto no valor de £10. Em ambos os cenários,

* Provável deslize de Marx. Considerando o que vem a seguir, o certo seria: "Se o ouro sobe 100% ou cai 50%". (N. T.)

200 : 40 = 50 : 10 = 100 : 20 = 20%. No entanto, em nenhum desses casos teria ocorrido, na realidade, variação de grandeza no valor de capital, mas simplesmente na expressão em dinheiro do mesmo valor e do mesmo mais-valor. Assim, tampouco $^{m}/_{C}$ ou a taxa de lucro poderiam ser afetadas.

O segundo caso a que nos referimos é de quando ocorre uma variação real da grandeza do valor, mas ela não é acompanhada de uma variação na proporção de $v : c$, ou seja, quando, com uma taxa constante de mais-valor, permanece invariável a proporção entre o capital desembolsado em força de trabalho (considerando o capital variável como índice da força de trabalho posta em movimento) e o capital desembolsado em meios de produção. Em tais circunstâncias, se tivermos C, nC ou $^{C}/_{n}$, por exemplo, 1.000, 2.000 ou 500, o lucro será, com uma taxa de 20%, 200 no primeiro caso, 400 no segundo e 100 no terceiro; mas $^{200}/_{1.000} = {}^{400}/_{2.000} = {}^{100}/_{500}$ = 20%. Portanto, a taxa de lucro mantém-se inalterada, porque a composição do capital permanece a mesma e não é afetada por sua variação de grandeza. De maneira que o aumento ou a diminuição da massa do lucro indica apenas, nesse caso, o aumento ou a diminuição na grandeza do capital empregado.

No primeiro caso, a variação da grandeza do capital empregado é apenas aparente, ao passo que, no segundo, é efetiva, mas não uma variação na composição orgânica do capital, na proporção entre sua parte variável e sua parte constante. Porém, com exceção desses dois casos, a variação da grandeza do capital empregado é ou a *consequência* de uma variação de valor anterior num de seus componentes e, por conseguinte (na medida em que com o capital variável não se modifique o próprio mais-valor), de uma variação na grandeza relativa de seus componentes, ou (como nos trabalhos em larga escala, introdução de nova maquinaria etc.) é a *causa* de uma variação na grandeza relativa de seus dois componentes orgânicos. Por isso, sempre que se mantenham inalteradas as demais circunstâncias, a variação da grandeza do capital empregado tem de ser acompanhada necessariamente de uma variação simultânea da taxa de lucro.

* * *

O aumento da taxa de lucro deriva sempre do fato de que o mais-valor aumenta relativa ou absolutamente em relação a seus custos de produção, isto é, ao capital total adiantado, ou de que diminui a diferença entre a taxa de lucro e a taxa de mais-valor.

A taxa de lucro pode oscilar independentemente da variação nos componentes orgânicos do capital ou da grandeza absoluta do capital quando o valor do capital adiantado, exista ele na forma fixa ou circulante, aumente ou diminua em consequência de um aumento ou uma diminuição – independente do capital já existente – do tempo de trabalho requerido para sua reprodução. O valor de cada mercadoria – portanto, também das mercadorias que formam o capital – está condicionado não pelo tempo de trabalho necessário nela contido, mas pelo tempo de trabalho *socialmente* necessário que se exige para sua reprodução. Essa reprodução pode efetuar-se sob circunstâncias favoráveis ou desfavoráveis, distintas das condições da produção originária. Se sob as circunstâncias alteradas despende-se, em geral, o dobro ou, inversamente, a metade do tempo para a reprodução do mesmo capital material, então, mantendo-se inalterado o valor do dinheiro, se antes esse capital valia £100, ele passará a valer £200 ou £50, respectivamente. Se esse aumento ou essa redução do valor afetasse por igual todas as partes do capital, o lucro também se expressaria correspondentemente numa soma monetária aumentada ao dobro ou reduzida à metade. Mas, se essa variação compreender uma modificação na composição orgânica do capital, acrescentando ou reduzindo a proporção entre a parte variável do capital e sua parte constante, então a taxa de lucro, mantendo-se inalteradas as demais circunstâncias, aumentará com um aumento relativo do capital variável e diminuirá com uma diminuição relativa dele. Se o que aumenta ou diminui é apenas o valor monetário do capital adiantado (em consequência de uma modificação do valor do dinheiro), então a expressão monetária do mais-valor aumenta ou diminui na mesma proporção. A taxa de lucro mantém-se inalterada.

Seção II

A TRANSFORMAÇÃO DO LUCRO EM LUCRO MÉDIO

Walter Crane, "Sra. Grundy assustada com sua própria sombra", 1886.

Capítulo 8

Diferente composição dos capitais em diversos ramos da produção e consecutiva diferença entre as taxas de lucro

Na seção anterior, foi demonstrado, entre outras coisas, como, mantendo-se constante a taxa de mais-valor, a taxa de lucro pode aumentar ou diminuir. No presente capítulo, pressupõe-se que o grau de exploração do trabalho e, por conseguinte, a taxa de mais-valor e a extensão da jornada de trabalho sejam de igual grandeza, apresentem o mesmo nível em todas as esferas da produção em que se divide o trabalho social em dado país. Adam Smith já demonstrou detalhadamente as muitas diferenças da exploração do trabalho em diversas esferas da produção, como tais diferenças se nivelam graças a toda sorte de razões compensadoras reais ou aceitas por um preconceito e que, por isso, na qualidade de diferenças só aparentes e efêmeras, não são levadas em conta na investigação das relações gerais. Outras diferenças – por exemplo, no nível do salário – fundam-se em grande parte na distinção, que já mencionamos no começo do Livro I, p. 19 [121-2], entre trabalho simples e complexo e, embora tornem muito desigual o destino dos trabalhadores em diferentes esferas da produção, não afetam de modo nenhum o grau de exploração do trabalho nessas esferas. Por exemplo, se o trabalho de um ourives é mais bem remunerado que o de um diarista, o mais-trabalho do ourives também produz, na mesma proporção, um mais-valor maior que o do diarista. Ainda que a equiparação dos salários e das jornadas de trabalho – e, por conseguinte, da taxa do mais-valor entre diversas esferas da produção ou, mais ainda, entre diferentes investimentos de capital na mesma esfera da produção – seja dificultada por uma série de obstáculos locais, ela se consuma, não obstante, cada vez mais, com o progresso da produção capitalista e a subordinação de todas as relações econômicas a esse modo de produção. Por mais importante que possa ser o estudo de tais conflitos salariais para cada trabalho específico, devemos desconsiderá-lo na investigação geral da produção capitalista, na medida em que se ocupa de elementos acidentais e inessenciais. Numa investigação geral, pressupõe-se sempre que as relações reais correspondam a seu conceito ou, o que é o mesmo, que as relações reais só se apresentam na medida em que expressam seu próprio tipo geral.

Para a presente investigação, é absolutamente irrelevante a diferença entre as taxas de mais-valor em diferentes países e, por conseguinte, entre os graus nacionais de exploração do trabalho. Do que se trata, nesta seção, é de expor concretamente de que modo se estabelece uma taxa geral de lucro em um país. No entanto, é evidente que ao comparar as diversas taxas nacionais de lucro é preciso apenas relacionar o que foi desenvolvido antes com o que desenvolveremos aqui. Primeiramente, temos de examinar a diversidade entre as taxas nacionais do mais-valor, depois do que devemos considerar, com base nessas taxas dadas de mais-valor, a diversidade das taxas nacionais de lucro. Onde essa diversidade não brote da diversidade das taxas nacionais de mais-valor, ela tem necessariamente de resultar de circunstâncias em que, como na investigação realizada neste capítulo, o mais--valor é pressuposto como igual, constante por toda parte.

No capítulo anterior, mostramos que, sendo constante a taxa de mais-valor, a taxa de lucro gerada por um capital determinado pode aumentar ou diminuir por efeito de circunstâncias que elevam ou abaixam o valor de uma ou outra parte do capital constante e, desse modo, afetam em geral a proporção entre os componentes constante e variável do capital. Além disso, observamos que as circunstâncias que prolongam ou abreviam o tempo de rotação de um capital podem afetar de maneira similar a taxa de lucro. Sendo a massa do lucro idêntica à do mais-valor, ao próprio mais-valor, ficou igualmente claro que a *massa* do lucro – diferentemente da *taxa* de lucro – não é afetada pelas flutuações de valor a que acabamos de nos referir. Estas alteram somente a taxa em que se expressa um mais-valor dado e, por conseguinte, também um lucro de grandeza dada, quer dizer, sua grandeza relativa, sua grandeza comparada com a grandeza do capital investido. Sempre que, em consequência dessas oscilações de valor, uma parte do capital é vinculada ou liberada, pode ocorrer que por essa via indireta resulte afetada não só a taxa de lucro, mas o próprio lucro. No entanto, isso se refere apenas ao capital já comprometido, não aos novos investimentos de capital; além disso, o aumento ou a diminuição do próprio lucro depende sempre de que, em consequência daquelas flutuações de valor, seja possível mobilizar com o mesmo capital uma quantidade maior ou menor de trabalho, ou seja, de que com o mesmo capital – mantendo-se constante a taxa do mais-valor – ele possa produzir uma massa maior ou menor de mais-valor. Muito longe de contradizer a lei geral ou de constituir uma exceção a ela, essa aparente contradição era apenas, de fato, um caso especial da aplicação da lei geral.

Na seção anterior demonstramos que, com um grau de exploração constante do trabalho, a taxa de lucro se modificava com a variação do valor dos componentes do capital constante, assim como com a variação do tempo de rotação do capital, do que se depreende que as taxas de lucro de diversas esferas coexistentes da produção serão distintas se, mantendo-se constantes as demais circunstâncias, houver diferença no tempo de rotação dos capitais empregados ou na relação de valor entre os componentes orgânicos desses capitais nos diversos ramos da produção. O que antes examinávamos como alterações sucessivas dentro do mesmo capital, examinamos agora como diferenças que se manifestam simultaneamente entre investimentos coexistentes de capital em distintas esferas da produção.

Cabe-nos examinar: 1) a diversidade da *composição orgânica* dos capitais; 2) a diversidade de seus tempos de rotação.

Em toda essa investigação partimos, naturalmente, do pressuposto de que, quando falamos da composição ou da rotação do capital em determinado ramo da produção, estamos sempre tratando da relação média normal do capital investido nesse ramo da produção e, em geral, da média do capital total investido nessa esfera determinada, e não das diferenças acidentais entre os capitais individuais nela investidos.

Como, além disso, está presumido que a taxa de mais-valor e a jornada de trabalho são constantes e como esse pressuposto inclui igualmente um salário constante, dada quantidade de capital variável expressará certa quantidade de força de trabalho posta em movimento e, por conseguinte, uma quantidade determinada de trabalho que se objetiva. Assim, se £100 representam o salário semanal de 100 trabalhadores, ou seja, indicam uma força de trabalho de 100, então $n \times$ £100 indica a força de trabalho de $n \times 100$ trabalhadores, e $^{£100}/_{n}$, a força de trabalho de $^{100}/_{n}$ trabalhadores. O capital variável serve aqui, portanto (como é o caso sempre que há um salário dado), como índice da massa de trabalho mobilizada por um capital total determinado, de modo que a diversidade da grandeza do capital variável empregado serve como índice da diversidade da massa de força de trabalho empregada. Se £100 representam 100 trabalhadores semanais – e, por conseguinte, no caso de 60 horas de trabalho semanal, representam 6.000 horas de trabalho –, então £200 representarão 12.000 horas de trabalho, e £50, apenas 3.000 [horas de trabalho].

Por composição do capital, entendemos, como já foi exposto no Livro I, a proporção entre seus componentes ativo e passivo, entre o capital variável e o constante. Nisso entram em consideração duas proporções, não de igual importância, ainda que, sob dadas circunstâncias, possam produzir o mesmo efeito.

A primeira proporção se baseia num fundamento técnico e deve ser considerada dada num estágio determinado da evolução da força produtiva. Para produzir numa jornada de trabalho, por exemplo, uma determinada massa de produto e, por conseguinte – o que está aí incluído –, pôr em movimento, consumir produtivamente certa massa de meios de produção, maquinaria, matérias-primas etc., requer-se uma determinada massa de força de trabalho, representada por um determinado número de trabalhadores. A uma determinada quantidade de meios de produção corresponde um determinado número de trabalhadores e, portanto, a uma determinada quantidade de trabalho já objetivado nos meios de produção corresponde uma determinada quantidade de trabalho vivo. Tal proporção é muito variável em diversas esferas da produção, com frequência entre os diversos ramos de uma mesma indústria, ainda que casualmente ela possa ser igual ou quase a mesma em ramos muito diferentes.

Esse fator é a composição técnica do capital e constitui a verdadeira base de sua composição orgânica.

Mas também pode ocorrer que essa proporção seja a mesma em diversos ramos da indústria, no caso em que o capital variável é um mero índice de força de trabalho e o capital constante simplesmente um índice da massa de meios de produção que a força de trabalho mobilizou. Por exemplo, certos trabalhos em cobre e ferro podem pressupor uma mesma proporção entre a força de trabalho e a massa de meios de produção. Mas, como o cobre é mais caro que o ferro, a proporção de valor entre os capitais variável e constante será distinta em ambos os casos, alterando também a composição de valor de ambos os capitais em conjunto. Em cada ramo da indústria, a diferença entre a composição técnica e a composição de valor se mostra no fato de que a proporção de valor entre ambos os capitais pode variar ainda que permaneça constante a composição técnica e, pelo contrário, pode permanecer invariável ainda que a composição técnica varie; este último caso só ocorre, naturalmente, quando a variação da proporção entre as massas dos meios de produção empregados e a força de trabalho é compensada por uma variação de seus valores em sentido contrário.

Chamamos de *composição orgânica* do capital a composição de valor do capital, na medida em que esta é determinada por sua composição técnica e a reflete[20].

---

20 Este parágrafo já se encontra brevemente desenvolvido na terceira edição do Livro I, cit., p. 628 [689], no início do cap. 23. Como nas duas primeiras edições não consta essa passagem, sua repetição se fez aqui necessária. (F. E.)

No caso do capital variável, portanto, partimos do pressuposto de que ele é índice de determinada quantidade de força de trabalho, de determinado número de trabalhadores ou de determinadas massas de trabalho vivo postas em movimento. Na seção anterior, vimos que uma variação na grandeza de valor do capital variável pode representar simplesmente um preço maior ou menor de uma mesma massa de trabalho; mas essa possibilidade desaparece aqui, onde a taxa de mais-valor e a jornada de trabalho são consideradas constantes e o salário para um tempo de trabalho determinado é suposto como uma grandeza dada. Por outro lado, é certo que uma diferença na grandeza do capital constante também pode ser índice de uma variação na massa de meios de produção mobilizados por uma quantidade determinada de força de trabalho, mas pode igualmente provir da diferença de valor dos meios de produção mobilizados numa esfera da produção, em contraste com aqueles mobilizados em outra. Por isso, ambos os pontos de vista entram aqui em consideração.

Por último, cabe destacar o seguinte aspecto fundamental:

Suponhamos que £100 seja o salário semanal de 100 trabalhadores e que estes trabalhem 60 horas por semana. Suponhamos, além disso, que a taxa de mais-valor seja = 100%. Nesse caso, os operários trabalharão 30 das 60 horas para si mesmos e 30 horas gratuitamente para o capitalista. Com efeito, nas £100 de salário só estão incorporadas 30 horas de trabalho dos 100 trabalhadores ou, no total, 3.000 horas de trabalho, enquanto as outras 3.000 horas por eles trabalhadas estão incorporadas nas £100 de mais-valor ou lucro embolsado pelo capitalista. Por conseguinte, embora o salário de £100 não expresse o valor em que se objetiva o trabalho semanal dos 100 trabalhadores, ele indica (pois conhecemos a duração da jornada de trabalho e a taxa de mais-valor) que esse capital pôs em movimento 100 trabalhadores durante um total de 6.000 horas. O capital de £100 evidencia isso, em primeiro lugar, porque indica o número de trabalhadores postos em ação, porquanto £1 = 1 trabalhador por semana, ou seja, £100 = 100 trabalhadores; em segundo lugar, porque cada trabalhador posto em ação, com taxa de mais-valor dada de 100%, executa exatamente o dobro do trabalho contido em seu salário – dito de outro modo, £1, seu salário, expressão de meia semana de trabalho, põe em movimento uma semana integral de trabalho, assim como £100, apesar de conter somente 50 semanas de trabalho, põem em movimento 100 semanas de trabalho. Existe, pois, uma diferença essencial entre o capital variável desembolsado em salários, na medida em que seu valor representa a soma dos salários, uma quantidade determinada de trabalho objetivado, e esse mesmo capital variável na medida em que seu valor é mero índice da massa de trabalho vivo que ele põe em movimento. Esta massa é sempre maior que o trabalho nela contido e se expressa também, portanto, num valor superior ao do capital variável; num valor que é determinado, por um lado, pelo número dos trabalhadores mobilizados pelo capital variável e, por outro, pela quantidade de mais-trabalho que esses trabalhadores executam.

Desse ponto de vista adotado em relação ao capital variável, segue-se: Se na esfera de produção *A* um investimento de capital representa, de um capital total de 700, apenas 100 de capital variável e 600 de capital constante, ao passo que na esfera de produção *B* se investem 600 de capital variável e apenas 100 de capital constante, o capital de 700 investido na esfera *A* só colocará em movimento uma força de trabalho de 100, isto é, segundo a hipótese anterior, apenas 100 semanas de trabalho ou 6.000 horas de trabalho vivo, ao passo que a mesma soma de capital investido na esfera *B* mobilizará 600 semanas de trabalho e, por conseguinte, 36.000 horas de trabalho vivo. Assim, o capital *A* se apropriaria apenas de 50 semanas de trabalho, ou 3.000 horas de mais-trabalho, enquanto o capital de mesma grandeza investido em *B* se apropriaria de 300 semanas de trabalho, ou 18.000 horas. O capital variável é o índice não só do trabalho contido nele mesmo, mas, ao mesmo tempo, com uma taxa de mais-valor dada, do trabalho excedente ou do mais-trabalho que ele mobiliza acima dessa medida. Com o mesmo grau de exploração do trabalho, o lucro no primeiro caso seria de $^{100}/_{700} = ^{1}/_{7} = 14^{2}/_{7}\%$; no segundo, $= ^{600}/_{700} = 85^{5}/_{7}\%$, o que supõe taxa de lucro seis vezes maior. Na verdade, nesse caso o próprio lucro seria seis vezes maior, 600 para *B* e 100 para *A*, porque mobilizou-se uma quantidade de trabalho vivo seis vezes maior com o mesmo capital, ou seja, com um mesmo grau de exploração do trabalho, produziu-se também uma quantidade de mais-valor seis vezes maior e, assim, o sêxtuplo do lucro.

Se em *A* não se empregassem £700, mas £7.000, e em *B* se empregassem apenas £700 de capital, então o capital *A*, permanecendo constante a composição orgânica, empregaria £1.000 das £7.000 como capital variável, ou seja, 1.000 trabalhadores por semana = 60.000 horas de trabalho vivo, das quais 30.000 horas seriam de mais-trabalho. Porém, tal como antes, *A*, com cada £700, continuaria a pôr em movimento apenas $^{1}/_{6}$ do trabalho vivo e, por conseguinte, poria em movimento $^{1}/_{6}$ do mais-trabalho posto em movimento em *B*, produzindo, assim, apenas $^{1}/_{6}$ do lucro. Considerando-se a taxa de lucro, temos $^{1.000}/_{7.000} = ^{100}/_{700} = 14^{2}/_{7}\%$, contra $^{600}/_{700}$ ou $85^{5}/_{7}\%$ do capital *B*. Tomando-se montantes de capital de igual grandeza, a taxa de lucro é diferente, nesse caso, porque, com a mesma taxa de mais-valor, em consequência das massas distintas de trabalho vivo posto em movimento, são diferentes as massas dos mais-valores produzidos e, assim, dos lucros.

O mesmo resultado se produz, de fato, quando os fatores técnicos que intervêm numa esfera de produção são iguais aos que existem em outra, porém é maior ou menor o valor dos elementos de capital constante empregados. Suponhamos que em ambas as esferas se empreguem £100 como capital variável, de modo que sejam necessários 100 trabalhadores por semana para pôr em movimento a mesma quantidade de maquinaria e de matérias-primas, mas que estas últimas sejam mais caras em *B* que em *A*. Nesse caso, digamos que as £100 de capital variável corresponderiam, em *A*, £200 de capital constante; em *B*, £400. Então, com uma taxa de mais-valor de 100%, o mais-valor produzido seria, em ambos os casos, £100; quer dizer, também o lucro seria, em ambos os casos, £100. Em *A*, porém, $^{100}/_{200c + 100v} = \frac{1}{3} = 33\frac{1}{3}\%$; já em *B*, $^{100}/_{400c + 100v} = \frac{1}{5} = 20\%$. De fato, se em ambos os casos tomamos determinada alíquota do capital total, então em *B* apenas £20 de cada £100 constituem capital variável, ou seja, $\frac{1}{5}$, enquanto em *A* essa proporção é de $\frac{1}{3}$, £33$\frac{1}{3}$ para cada £100. *B* produz menos lucro para cada £100 porque põe em movimento menos trabalho vivo que *A*. A diversidade das taxas de lucro volta a decompor-se, aqui, na diversidade das massas de lucro produzidas, em cada caso, para cada 100 de investimento de capital, porquanto são diferentes as massas de mais-valor.

A diferença entre os exemplos é unicamente que, no segundo caso, a equalização entre *A* e *B* exigiria apenas uma variação de valor do capital constante, seja de *A*, seja de *B*, permanecendo invariável a base técnica; no primeiro caso, ao contrário, a base técnica varia nas duas esferas da produção, o que significa que teria de ser revolucionada para que fosse possível uma equalização.

A diferente composição orgânica dos capitais é, pois, independente de sua grandeza absoluta. A única coisa que importa é quanto de cada 100 representa capital variável e quanto representa capital constante.

Capitais de diferente grandeza, percentualmente considerados – ou, o que aqui resulta no mesmo, capitais de igual grandeza – rendem, com uma jornada de trabalho igual e mesmo grau de exploração do trabalho, quantidades muito diferentes de lucro, na medida em que produzem quantidades muito diferentes de mais-valor, e isso porque, conforme muda a composição orgânica do capital em diferentes esferas da produção, sua parte variável é distinta, ou seja, as quantidades do trabalho vivo que esses capitais põem em movimento são outras – por conseguinte, também as quantidades do mais-valor por eles apropriadas, da substância do mais-valor e, com isso, do lucro. Porções de mesma grandeza do capital total nas diversas esferas da produção contêm fontes de mais-valor de diferente grandeza, e a única fonte do mais-valor é o trabalho vivo. Com igual grau de exploração do trabalho, a massa do trabalho mobilizado por um capital = 100 e, assim, também a do mais-trabalho por ele apropriado depende da grandeza de sua parte variável. Se, mantendo-se constante o grau de exploração do trabalho, um capital percentualmente constituído de 90*c* + 10*v* gerasse a mesma quantidade de mais-valor ou lucro que um capital constituído de 10*c* + 90*v*, então seria claro como a luz do sol que o mais-valor, e por conseguinte o valor em geral, deveria ter uma fonte completamente distinta do trabalho, o que faria desaparecer todo o fundamento racional da economia política. Se continuamos a supor que £1 corresponde ao salário semanal de um trabalhador por 60 horas de trabalho e que a taxa de mais-valor é = 100%, é evidente que o produto-valor total que um trabalhador pode fornecer numa semana é = £2; desse modo, 10 trabalhadores não poderiam fornecer mais que £20; e como, dessas £20, £10 se limitam a repor o salário, é evidente que os 10 trabalhadores não poderiam criar um mais-valor maior que £10, enquanto os 90 trabalhadores restantes, cujo produto total é = £180 e cujo salário é = £90, criariam um mais-valor de £90. A taxa de lucro seria, num caso, de 10% e, noutro, de 90%. Para que fosse de outro modo, o valor e o mais-valor teriam de ser outra coisa que não trabalho objetivado. Ora, na medida em que capitais investidos em diferentes esferas da produção, percentualmente considerados – ou seja, capitais de mesma grandeza –, dividem-se desigualmente em seus elementos constante e variável, mobilizam quantidades desiguais de trabalho vivo e, por conseguinte, geram quantidades desiguais de mais-valor e, portanto, de lucro, então varia entre eles a taxa de lucro, que consiste precisamente no percentual que o mais-valor representa no capital total.

Porém, se os capitais de diversas esferas da produção, calculados percentualmente, isto é, capitais de igual grandeza investidos em distintas esferas da produção, geram lucros desiguais devido a sua diferente composição orgânica, isso quer dizer que os lucros de capitais desiguais em distintas esferas da produção não podem achar-se em proporção com suas respectivas grandezas, ou seja, que os lucros obtidos em distintas esferas da produção não são proporcionais às grandezas dos capitais respectivamente investidos nessas esferas. Pois esse aumento do lucro *pro rata* [proporcionalmente] à magnitude do capital empregado teria de pressupor a igualdade dos lucros em termos percentuais, ou seja, que capitais de mesma grandeza em diferentes esferas da produção têm iguais taxas de lucro, apesar da diferença em sua composição orgânica. Apenas no interior da mesma esfera da produção, quer dizer, onde rege a mesma composição orgânica do capital, ou entre esferas de produção distintas, porém com idêntica composição orgânica do capital, as massas dos lucros se encontram em relação diretamente proporcional à massa dos capitais empregados. O fato de os lucros de capitais de grandeza desigual serem proporcionais a suas grandezas não quer dizer senão que capitais iguais proporcionam lucros iguais ou que a taxa de lucro é a mesma para todos os capitais, seja qual for sua grandeza e sua composição orgânica.

O que foi exposto vale sob o pressuposto de que as mercadorias sejam vendidas a seus valores. O valor de uma mercadoria é igual ao valor do capital constante nela contido, mais o valor do capital variável nela reproduzido, mais o incremento desse capital variável, ou seja, o mais-valor produzido. Com igual taxa de mais-valor, a massa deste último depende evidentemente da massa do capital variável. Num caso, o valor do produto do capital de 100 é $90c + 10v + 10m = 110$; no outro, $10c + 90v + 90m = 190$. Se as mercadorias são vendidas por seus valores, o primeiro produto será vendido a 110, dos quais 10 representam mais-valor ou trabalho não pago; já o segundo produto será vendido a 190, dos quais 90 representarão mais-valor ou trabalho não pago.

Isso é importante sobretudo quando se comparam taxas de lucro nacionais*. Suponhamos que a taxa de mais-valor num país europeu seja de 100%, isto é, que o trabalhador trabalhe metade da jornada para si mesmo e a outra metade para seu patrão; digamos que, num país asiático, a taxa do mais-valor seja = 25%, de modo que o trabalhador trabalhe $\frac{4}{5}$ partes do dia para si mesmo e $\frac{1}{5}$ para seu patrão. Porém, suponhamos ainda que a composição do capital nacional no país europeu seja de $84c + 16v$, enquanto no país asiático, onde se emprega pouca maquinaria etc. e onde num tempo dado uma quantidade dada de força de trabalho consome relativamente pouca matéria-prima de modo produtivo, a composição seja de $16c + 84v$. Teremos, então, o seguinte resultado:

No país europeu, valor do produto = $84c + 16v + 16m = 116$; taxa de lucro = $^{16}/_{100}$ = 16%

No país asiático, valor do produto = $16c + 84v + 21m = 121$; taxa de lucro = $^{21}/_{100}$ = 21%

A taxa de lucro no país asiático é, portanto, mais de 25% maior que no país europeu, apesar de que, naquele, a taxa de mais-valor seja quatro vezes menor que neste. Os Careys, Bastiats e *tutti quanti* concluirão exatamente o contrário.

---

* Na primeira edição, "internacionais". (N. E. A.)

Diga-se de passagem, diferentes taxas nacionais de lucro se basearão, na maioria, em diferentes taxas nacionais de mais-valor; mas neste capítulo comparamos taxas de lucro desiguais, provenientes de uma mesma taxa de mais-valor.

Além da diferente composição orgânica dos capitais, ou seja, além das diferentes massas de trabalho e, com isso – mantendo-se iguais as demais circunstâncias –, também de mais-trabalho mobilizadas por capitais de igual grandeza em diferentes esferas de produção, há ainda outra fonte de desigualdade das taxas de lucro: a diversidade na duração do ciclo de rotação do capital nas distintas esferas da produção. No capítulo 4, vimos que, com igual composição dos capitais e inalteradas as demais circunstâncias, as taxas de lucro são inversamente proporcionais ao tempo de rotação; do mesmo modo, vimos que um mesmo capital variável, ao rodar em diferentes intervalos de tempo, gera massas desiguais de mais-valor anual. A diferença entre os tempos de rotação é, pois, uma das razões que explicam por que capitais de igual grandeza não produzem, em diferentes esferas da produção, lucros de igual grandeza nos mesmos intervalos de tempo e por que as taxas de lucro variam nessas diferentes esferas.

Em contrapartida, no que diz respeito à proporção entre capital fixo e circulante na composição do capital, tal proporção, considerada em si mesma, não afeta em nada a taxa de lucro. Só pode afetá-la num destes dois casos: se essa diferente composição coincide com uma diferente proporção entre as partes variável e constante, ou seja, quando a diversidade da taxa de lucro se deve a essa diferença, e não à diferença entre capital fixo e circulante; ou quando a distinta proporção entre os componentes fixo e circulante determina uma diferença no tempo de rotação, durante o qual determinado lucro é realizado. Se os capitais se dividem em fixo e circulante em diferente proporção, é certo que isso terá sempre uma influência sobre seu tempo de rotação e provocará uma diversidade deste último; mas disso não se conclui que seja diferente o tempo de rotação no qual os mesmos capitais realizam lucro. Se, por exemplo, *A* tem de converter constantemente uma parte maior do produto em matérias-primas etc., enquanto *B* emprega as mesmas máquinas por um período maior etc., com uma menor quantidade de matéria-prima, ambos, na medida em que produzem, têm constantemente comprometida uma parte de seu capital; um, em matérias-primas, quer dizer, em capital circulante, e o outro, em máquinas etc., isto é, em capital fixo. *A* converte constantemente parte de seu capital da forma de mercadoria na forma de dinheiro e desta novamente na forma de matéria-prima, ao passo que *B* utiliza parte de seu capital sem tal alteração, como instrumento de trabalho, por um intervalo de tempo mais longo. Se ambos utilizam a mesma quantidade de trabalho, durante o ano venderão, decerto, massas de produtos de valor desigual, mas ambas as massas de produtos conterão igual quantidade de mais-valor, e suas taxas de lucro, calculadas sobre a base do capital total investido, serão iguais, ainda que varie sua composição de capital fixo e circulante e que também seja distinto seu tempo de rotação. Ambos os capitais realizam lucros iguais em tempos iguais, apesar de efetuarem rotações em tempos diferentes[21]. A diferença quanto ao tempo de rotação, considerada por si mesma, só importa na medida em que afeta a massa do mais-trabalho que o mesmo capital pode apropriar e realizar num tempo determinado. Portanto, se uma composição desigual em capital circulante e fixo não compreende necessariamente uma desigualdade do tempo de rotação, que, por sua vez, condiciona uma desigualdade da taxa de lucro, então é evidente que, na medida em que ocorre essa desigualdade, ela não deriva da composição desigual de capital circulante e capital fixo em si mesma, mas, antes, do fato de que essa composição indica aqui apenas a existência de períodos desiguais de rotação, desigualdade que repercute na taxa de lucro.

Por si mesma, a distinta composição do capital constante em fixo e circulante em diversos ramos da indústria não tem, pois, importância nenhuma para a taxa de lucro, pois decisiva é a proporção entre o capital variável e o constante e que o valor do capital constante, ou seja, também sua grandeza relativa em relação com o capital variável, é absolutamente independente do caráter fixo ou circulante dos elementos que o integram. O mais provável, porém – e isso leva a falsas conclusões –, é que, no caso de o capital fixo se achar consideravelmente desenvolvido, esse desenvolvimento não seja mais do que a expressão de que a produção se realiza em grande escala e, por isso, o capital constante prevalece consideravelmente sobre o variável ou que a

---

[21] Como se deduz do cap. 4, o que foi dito anteriormente só é correto para o caso em que os capitais *A* e *B* tenham diferente composição de valor, mas seus componentes percentuais variáveis se encontrem na mesma relação que seus tempos de rotação ou em proporção inversa ao número de suas rotações. Suponhamos que o capital *A* esteja composto percentualmente de 20*c* fixo + 70*c* circulante, ou seja, 90*c* + 10*v* = 100. Com uma taxa de mais-valor de 100%, os 10*v* produzirão, numa rotação, 10*m*; a taxa de lucro para a rotação será de 10%. Suponhamos, ao contrário, que o capital *B* seja = 60*c* fixo + 20*c* circulante, ou seja, 80*c* + 20*v* = 100. As 20*v* produzem, numa rotação e com a taxa anterior do mais-valor, 20*m*; a taxa de lucro para a rotação é de 20%, isto é, o dobro que em *A*. Mas, se *A* roda duas vezes num ano e *B* só o faz uma vez, o resultado para o ano será 2 × 10 = 20*m*, e a taxa de lucro anual será igual para ambos, a saber, 20%. (F. E.)

força de trabalho vivo empregada seja diminuta em relação à massa dos meios de produção que ela mobiliza.

Demonstramos, pois, que em diversos ramos da indústria, em correspondência com a diferente composição orgânica dos capitais, e dentro dos limites assinalados, também em relação a seus diferentes tempos de rotação, prevalecem taxas desiguais de lucro, razão pela qual, com igual taxa de mais-valor, somente quando se trata de capitais de igual composição orgânica – pressupondo-se tempos de rotação iguais – é que se aplica a lei (de acordo com a tendência geral) de que os lucros são diretamente proporcionais às grandezas dos capitais e, por isso, que capitais de mesma grandeza geram lucros de igual grandeza em intervalos de tempo iguais. O que expusemos vale sobre o que, em geral, serviu até agora de base de nossa investigação: que as mercadorias são vendidas por seus valores. Por outro lado, não resta dúvida de que, na realidade, se prescindirmos de diferenças irrelevantes, acidentais e que se compensam reciprocamente, a diferença entre as taxas médias de lucro nos diversos ramos da indústria não existe nem poderia existir sem que isso implicasse na abolição de todo o sistema de produção capitalista. Aqui, portanto, a teoria do valor parece ser incompatível com o movimento real, com os fenômenos efetivos da produção, de modo que se deveria renunciar absolutamente à pretensão de compreender estes últimos.

Da seção I deste livro, depreende-se que os preços de custo são os mesmos para produtos de distintas esferas da produção, nas quais se investem partes iguais de capital, por mais que possa diferir a composição orgânica desses capitais. No preço de custo desaparece para o capitalista a distinção entre capital variável e capital constante. O custo de uma mercadoria em cuja produção ele investe £100 é, para ele, sempre o mesmo, não importando se nela foi desembolsado $90c + 10v$ ou $10c + 90v$. Em todos os casos, ela lhe custa £100, nem mais nem menos. Os preços de custo são iguais para desembolsos iguais de capital em diferentes esferas, por distintos que possam ser os valores e os mais-valores produzidos. E essa igualdade dos preços de custo representa a base da concorrência dos investimentos de capital, por meio da qual se forma o lucro médio.

Capítulo 9

Formação de uma taxa geral de lucro (taxa média de lucro) e transformação dos valores das mercadorias em preços de produção

A composição orgânica do capital depende, em cada momento, de dois fatores: primeiro, da relação técnica entre a força de trabalho empregada e a massa dos meios de produção empregados; segundo, do preço desses meios de produção. Como vimos, devemos considerá-la de acordo com sua relação percentual. Expressamos a composição orgânica de um capital, constituído de ⅘ de capital constante e ⅕ de capital variável, pela fórmula 80*c* + 20*v*. Além disso, na equação é suposta uma taxa invariável de mais-valor, uma taxa qualquer, por exemplo, de 100%. Assim, o capital de 80*c* + 20*v* lança um mais-valor de 20*m*, o que configura uma taxa de lucro de 20% sobre o capital total. A grandeza do valor efetivo de seu produto passa a depender da grandeza da parte fixa do capital constante, de quanto desta última entra no produto e de quanto não entra. Mas, como essa circunstância é de todo indiferente para a taxa de lucro e, assim, também para a presente investigação, aqui pressupomos, a título de simplificação, que o capital constante entra sempre de maneira inteira e uniforme no produto anual desses capitais. Além disso, pressupomos que os capitais realizam anualmente a mesma quantidade de mais-valor nas diferentes esferas da produção em relação à grandeza de sua parte variável; desse modo, abstraímos provisoriamente da diferença que a diversidade entre os tempos de rotação pode acarretar nesse contexto. Esse ponto será tratado adiante.

Tomemos cinco diferentes esferas da produção, atribuindo a cada uma delas uma composição orgânica distinta dos capitais nelas investidos.

Capitais	Taxa de mais-valor	Mais-valor	Valor do produto	Taxa de lucro
I. 80*c* + 20*v*	100%	20	120	20%
II. 70*c* + 30*v*	100%	30	130	30%
III. 60*c* + 40*v*	100%	40	140	40%

(continua)

(continuação)

Capitais	Taxa de mais-valor	Mais-valor	Valor do produto	Taxa de lucro
IV. 85c + 15*v*	100%	15	115	15%
V. 95*c* + 5*v*	100%	5	105	5%

Temos aqui, com o mesmo grau de exploração do trabalho e em correspondência com a diferente composição orgânica dos capitais, taxas de lucro muito distintas para diversas esferas de produção.

A soma total dos capitais investidos nas cinco esferas é = 500; a soma total do mais-valor por eles produzido é = 110; o valor total das mercadorias que produziram é = 610. Se considerarmos 500 um único capital, do qual I-V constituem apenas diferentes partes (tal como numa fábrica de algodão existe uma relação diferente entre os capitais variável e constante em vários departamentos, nas salas de cardagem, de pré-fiação, de fiação e de tecelagem, fazendo-se necessário calcular a proporção média para a fábrica inteira), então a composição média do capital seria, primeiro, 500 = 390*c* + 110*v* ou, percentualmente, 78*c* + 22*v*. Se considerarmos cada um dos capitais de 100 como apenas ⅕ do capital total, sua composição seria essa composição média de 78*c* + 22*v*; do mesmo modo, para cada 100, corresponderia, como mais-valor médio, 22; por conseguinte, a taxa média do lucro seria = 22% e, finalmente, o preço de cada quinta parte do produto total produzido pelas 500 seria = 122. O produto de cada quinta parte do capital total adiantado teria, pois, de ser vendido a 122.

No entanto, para não chegar a conclusões completamente falsas, é necessário não calcular todos os preços de custo como = 100.

Com uma composição de 80*c* + 20*v* e a taxa de mais-valor = 100%, o valor total da mercadoria produzida pelo capital I = 100 seria = 80*c* + 20*v* + 20*m* = 120, sempre que o capital constante inteiro se incorporasse no produto anual. Ora, isso pode ocorrer sob certas circunstâncias e em certos ramos da produção, mas é muito difícil que venha a suceder na proporção *c* : *v* = 4 : 1. Portanto, quanto aos valores das mercadorias que cada 100 dos diferentes capitais produz, deve-se ter em conta que eles serão diferentes em relação à diferente composição de *c* em componentes fixos e circulantes e que, por sua vez, os componentes fixos de diversos capitais se depreciarão com maior ou menor rapidez, ou seja, agregarão ao produto quantidades desiguais de valor em períodos iguais. Para a taxa de lucro, no entanto, isso é indiferente. Se 80*c* cedem ao produto anual o valor de 80, 50 ou 5, ou seja, se o produto anual é = 80*c* + 20*v* + 20*m* = 120, ou 50*c* + 20*v* + 20*m* = 90, ou 5*c* + 20*v* + 20*m* = 45, o excedente de valor do produto, acima de seu preço de custo, é, em todos esses casos, = 20 e, ao determinar a taxa de lucro, esses 20 se calculam sobre um capital de 100; em todos os casos, portanto, a taxa de lucro do capital I é = 20%. Para esclarecer ainda mais, na tabela seguinte, para os mesmos cinco capitais anteriores, introduzimos no valor do produto diferentes partes do capital constante.

Capitais		Taxa de mais-valor	Mais-valor	Taxa de lucro	c consumido	Valor das mercadorias	Preço de custo
I. 80*c* + 20*v*		100%	20	20%	50	90	70
II. 70*c* + 30*v*		100%	30	30%	51	111	81
III. 60*c* + 40*v*		100%	40	40%	51	131	91
IV. 85*c* + 15*v*		100%	15	15%	40	70	55
V. 95*c* + 5*v*		100%	5	5%	10	20	15
Total:	390*c* + 110*v*	–	110	100%	–	–	–
Média:	78*c* + 22*v*	–	22	22%	–	–	–

Se consideramos uma vez mais os capitais I-V como um único capital total, vemos que, também nesse caso, a composição da soma dos cinco capitais é = 500 = 390*c* + 110*v*, ou seja, que a composição média = 78*c* + 22*v* permanece inalterada; o mesmo ocorre com o mais-valor médio = 22*. Desse mais-valor, uniformemente distribuído entre I-V, resultariam os seguintes preços de mercadorias:

Capitais	Mais-valor	Valor das mercadorias	Preço de custo das mercadorias	Preço das mercadorias	Taxa de lucro	Diferença entre o preço e o valor
I. 80*c* + 20*v*	20	90	70	92	22%	+ 2
II. 70*c* + 30*v*	30	111	81	103	22%	- 8
III. 60*c* + 40*v*	40	131	91	113	22%	- 18
IV. 85*c* + 15*v*	15	701**	55	77	22%	+ 7
V. 95*c* + 5*v*	5	20	15	37	22%	+ 17

* Na primeira edição, "22%". Alterado de acordo com o manuscrito de Marx. (N. E. A.)

** Na primeira edição, "40". Alterado de acordo com o manuscrito de Marx. (N. E. A.)

Na soma total, as mercadorias são vendidas a 2 + 7 + 17 = 26 acima do valor e 8 + 18 = 26 abaixo dele, de modo que os desvios do preço se anulam reciprocamente mediante a distribuição igual do mais-valor ou do acréscimo do lucro médio de 22 a cada 100 de capital adiantado aos respectivos preços de custo das mercadorias I-V; na mesma proporção em que uma parte da mercadoria é vendida acima de seu valor, outra parte é vendida abaixo. Apenas a venda por esses preços permite que a taxa de lucro para I-V seja uniforme, 22%, sem que se leve em conta a diferente composição orgânica dos capitais I-V. Os preços que se formam extraindo a média das diferentes taxas de lucro das diversas esferas da produção e agregando-a aos preços de custo das diversas esferas da produção são os *preços de produção*. Seu pressuposto é a existência de uma taxa geral de lucro, e esta, por sua vez, implica que as taxas de lucro, tomadas isoladamente em cada esfera da produção, já se encontrem reduzidas a um número igual de taxas médias. Essas taxas de lucro particulares são, em cada esfera da produção, = $^m/_C$ e, como na primeira seção deste livro, devem ser desenvolvidas a partir do valor da mercadoria. Sem esse desenvolvimento, a taxa geral de lucro – e, por conseguinte, também o preço de produção da mercadoria – seria uma ideia absurda e desprovida de sentido. O preço de produção da mercadoria equivale, pois, a seu preço de custo, acrescido do lucro a ele percentualmente adicionado – em correspondência com a taxa geral de lucro –, ou equivale a seu preço de custo mais o lucro médio.

Em consequência da composição orgânica dos capitais investidos em diferentes ramos de produção – portanto, devido à diferente porcentagem representada pelo capital variável num capital total de dada grandeza –, capitais de igual grandeza mobilizam quantidades muito distintas de trabalho, apropriam-se também de quantidades muito diferentes de mais-trabalho ou produzem massas muito diferentes de mais-valor. Daí que as taxas de lucro que predominam em diferentes ramos de produção sejam originalmente tão distintas. Essas taxas de lucro diversas são compensadas entre si por meio da concorrência numa taxa geral de lucro, que representa a média de todas aquelas taxas de lucro distintas. O lucro que, em conformidade com essa taxa geral de lucro, corresponde a um capital de dada grandeza, seja qual for sua composição orgânica, chama-se lucro médio. O preço de uma mercadoria, o qual equivale a seu preço de custo mais a parte do lucro médio anual, na proporção de suas condições de rotação, corresponde ao capital empregado para produzi-la (e não meramente ao capital consumido em sua produção), é seu preço de produção. Tomemos, por exemplo, um capital de 500, sendo 100 capital fixo e 10% deste último o desgaste durante um período de rotação do capital circulante de 400. Suponhamos que o lucro médio para a duração desse período de rotação seja 10%. Nesse caso, o preço de custo do produto elaborado durante essa rotação será 10*c* para o desgaste, mais 400 ($c + v$) de capital circulante = 410, e seu preço de produção: 410 de preço de custo mais (10% de lucro sobre 500) 50 = 460.

Assim, embora os capitalistas das diferentes esferas da produção, na venda das mercadorias, resgatem os valores de capital consumidos na produção dessas mercadorias, eles não resgatam o mais-valor – nem, por conseguinte, o lucro – produzido em sua própria esfera durante a produção dessas mercadorias, mas apenas a quantidade de mais-valor – e, portanto, de lucro – que corresponde a cada alíquota do capital total por meio da distribuição uniforme do mais-valor total ou do lucro total produzido em dado intervalo de tempo pelo capital total da sociedade no conjunto de todas as esferas da produção. Cada capital investido, seja qual for sua composição, extrai de cada 100, num ano ou em outro intervalo de tempo, o lucro que nesse período corresponde a 100 como alíquota do capital total. No que diz respeito ao lucro, os diversos capitalistas se comportam aqui como meros acionistas de uma sociedade por ações, na qual os dividendos se repartem igualmente por 100, de modo que se distinguem entre si apenas pela grandeza do capital investido por cada um no empreendimento total, pelo número de ações que cada um possui. Por conseguinte, enquanto a parte desse preço das mercadorias que repõe as parcelas de valor do capital consumidas em sua produção e com as quais, portanto, esses valores consumidos do capital devem ser readquiridos; enquanto essa parte, ou seja, o preço de custo, depende inteiramente do desembolso realizado no interior das respectivas esferas da produção, o outro componente do preço da mercadoria, o lucro agregado a esse preço de custo, não depende da massa de lucro produzida por esse capital determinado, nessa esfera determinada da produção e durante um tempo determinado, mas da massa de lucro que corresponde a cada capital empregado como alíquota do capital social total empregado na produção total, em média, durante certo intervalo de tempo[22].

Portanto, quando um capitalista vende sua mercadoria a seu preço de produção, ele retira dinheiro em proporção à grandeza de valor do capital por ele consumido na produção e extrai lucro em proporção ao seu capital adiantado, como mera alíquota do capital social total. Seus preços de custo são específicos. O acréscimo de lucro a esse preço de custo independe de sua esfera particular de produção, pois constitui simplesmente a média percentual de capital adiantado.

---

[22] Cherbuliez [, *Richesse ou pauvreté. Exposition des causes et des effects de la distribution actuelle des richesses sociales*, Paris, 1841, p. 70-2. (N. E. A.)].

Suponhamos que os cinco diferentes investimentos de capital I-V do exemplo anterior pertençam a uma única pessoa. A quantidade de capital variável e constante que seria consumida na produção das mercadorias em cada investimento individual I-V por 100 de capital empregado estaria dada, e essa parcela de valor das mercadorias I-V constituiria evidentemente uma parte de seu preço, já que no mínimo esse preço é requerido para a reposição da parcela de capital adiantada e consumida. Esses preços de custo variariam, portanto, para cada tipo de mercadoria de I-V e, como tais, seriam fixados diversamente por seu possuidor. Porém, no que diz respeito às diferentes massas de mais-valor ou lucro produzidas em I-V, o capitalista poderia muito bem contabilizá-los como lucro de seu capital total adiantado, de modo que para cada 100 de capital correspondesse uma alíquota determinada. Desse modo, as mercadorias produzidas nas diferentes inversões I-V teriam diferentes preços de custo, mas em todas elas seria igual a parte do preço de venda proveniente do lucro que se agrega a cada 100 de capital. O preço total das mercadorias I-V equivaleria, pois, a seu valor total, isto é, à soma dos preços de custo I-V mais a soma de mais-valor ou lucro produzido em I-V; seria, com efeito, a expressão monetária da quantidade total de trabalho, pretérito ou recém-adicionado, contido nas mercadorias I-V. E, assim, na própria sociedade – considerando a totalidade dos ramos da produção –, a soma dos preços de produção das mercadorias produzidas equivale à soma de seus valores.

Parece contradizer essa tese o fato de que na produção capitalista os elementos do capital produtivo são, em geral, comprados no mercado, de modo que seus preços contêm um lucro já realizado e, por conseguinte, o preço de produção de um ramo da indústria juntamente com o lucro nele contido, ou seja, o lucro de um ramo da indústria entra no preço de custo do outro. Mas, se colocamos de um lado a soma dos preços de custo das mercadorias de todo o país e do outro a soma de seus lucros ou mais-valores, é evidente que a conta deve fechar. Tomemos, por exemplo, uma mercadoria *A*, cujo preço de custo pode incluir os lucros de *B, C, D*, assim como, por sua vez, nos preços de custo de *B, C, D* etc. podem ser incluídos os lucros de *A*. Ao efetuarmos o cálculo, faltará o lucro de *A* em seu próprio preço de custo, do mesmo modo que faltarão os lucros de *B, C, D* etc. em seus próprios preços de custo. Ninguém inclui o próprio lucro ao calcular seu preço de custo. Portanto, se existem, por exemplo, n esferas da produção e se em cada uma delas se realiza um lucro l, em todas elas juntas o preço de custo é $= k - nl$. Considerando o cálculo total, os lucros de uma esfera da produção, na medida em que entram no preço de custo das outras, não podem aparecer uma segunda vez ao lado dos lucros, pois já foram levados em conta no preço total do produto final, definitivo. Se figuram desse lado, é apenas porque a própria mercadoria já era o produto final, de modo que seu preço de produção não entra no preço de custo de outra mercadoria.

Se no preço de custo de uma mercadoria entra uma soma = l para os lucros dos produtores dos meios de produção e a esse preço de custo se acrescenta um lucro = l_1, então o lucro total L será = $l + l_1$. O preço de custo total da mercadoria, abstraindo de todas as partes do preço que entram para compor o lucro, é então seu preço de custo menos L. Sendo o preço de custo representado por k, é evidente que $k + L = k + l + l_1$. Ao examinarmos o mais-valor no Livro I, capítulo 7, item 2, p. 211/203 [297-8], vimos que o produto de todo capital pode ser tratado como se uma parte apenas repusesse capital, e a outra só expressasse mais-valor. Ao aplicar esse cálculo ao produto total da sociedade, produzem-se retificações pelo fato de que, levando em conta a sociedade em seu conjunto, o lucro contido, por exemplo, no preço do linho não pode aparecer duas vezes, ao mesmo tempo como parte do preço do linho e do lucro do produtor do linho.

Na medida em que, por exemplo, o mais-valor de *A* entra no capital constante de *B*, não ocorre uma diferença entre lucro e mais-valor. Para o valor das mercadorias, é de todo indiferente se o trabalho nelas contido consiste em trabalho pago ou não pago. Isso indica simplesmente que *B* paga o mais-valor de *A*. No cálculo total, o mais-valor de *A* não pode figurar duas vezes.

A diferença é a seguinte: além do fato de que o preço do produto do capital *B*, por exemplo, diverge de seu valor porque o mais-valor realizado em *B* pode ser maior ou menor que o lucro agregado no preço dos produtos de *B*, a mesma circunstância vale, por sua vez, para as mercadorias que formam a parte constante do capital *B* e, indiretamente, constituem também sua parte variável, como meios de subsistência dos trabalhadores. No que diz respeito à parte constante, ela equivale ao preço de custo somado ao mais-valor, ou seja, é igual ao preço de custo mais o lucro, e esse lucro, por sua vez, pode ser maior ou menor que o mais-valor cujo lugar ele ocupa. Quanto ao capital variável, o salário diário médio é, de fato, sempre igual ao produto de valor do número de horas que o trabalhador precisa trabalhar para produzir os meios de subsistência; mas esse número de horas, por sua vez, é falseado pelo desvio que os preços de produção dos meios de subsistência apresentam em relação a seus valores. No entanto, isso é sempre compensado pelo fato de que o que entra demais numa mercadoria para compor o mais-valor entra de menos na outra e, assim, também se anulam mutuamente os desvios em relação ao valor que se encontram nos preços de produção das mercadorias. Em geral, é apenas de uma maneira muito intricada e aproximada, como uma média de perpétuas oscilações que não se devem jamais fixar, que a lei geral se impõe como a tendência dominante em toda a produção capitalista.

Como a taxa geral de lucro constitui-se pela média das diferentes taxas de lucro para cada 100 de capital adiantado em determinado intervalo de tempo, digamos em um ano, nela também está extinta a diferença produzida pelos tempos de rotação de diversos capitais. Não obstante, essas diferenças entram, determinando-as, nas diversas taxas de lucro das várias esferas da produção, por cuja média se forma a taxa geral de lucro.

Na explicação anterior de como se forma a taxa geral de lucro, supôs-se que cada capital era = 100 em cada esfera da produção; assim se fez para elucidar a diferença percentual da taxa de lucro e, por conseguinte, também a diferença entre os valores das mercadorias produzidas por capitais de igual grandeza. Compreenda-se, porém, que as massas reais do mais-valor geradas em cada esfera particular da produção, porquanto em cada uma de tais esferas da produção a composição do capital está dada, dependem da grandeza dos capitais empregados. No entanto, a *taxa* particular de lucro de uma esfera individual da produção não é afetada pelo fato de que se empregue um capital de 100, de $m \times 100$ ou de $xm \times 100$. A taxa de lucro continua a ser de 10%, não importando se o lucro total é de 10 : 100 ou de 1.000 : 10.000.

No entanto, como as taxas de lucro diferem nas variadas esferas da produção, já que nestas, segundo a proporção entre o capital variável e o capital total, são produzidas massas muito distintas de mais-valor e, como consequência, de lucro, é claro que o lucro médio que se obtém em cada 100 do capital social – e, por isso, a taxa média de lucro ou taxa geral de lucro – será diferente de acordo com as respectivas grandezas dos capitais investidos nas diversas esferas. Tomemos quatro capitais: *A*, *B*, *C* e *D*. Suponhamos que a taxa de mais-valor para todos seja = 100%. Que, para cada 100 do capital total, o capital variável seja para $A = 25$, para $B = 40$, para $C = 15$ e para $D = 10$. Para cada 100 de capital total corresponderia, então, um mais-valor ou um lucro de $A = 25$, $B = 40$, $C = 15$ e $D = 10$; somados, seriam = 90, ou seja, os quatro capitais são de igual grandeza, e a taxa média de lucro é de $^{90}/_{4} = 22\frac{1}{2}\%$.

Em contrapartida, se as grandezas dos capitais totais fossem $A = 200$, $B = 300$, $C = 1.000$ e $D = 4.000$, os lucros produzidos seriam 50, 120, 150 e 400, respectivamente. Somados, teríamos, sobre um capital de 5.500, um lucro de 720, ou uma taxa média de lucro de $13^{1}/_{11}\%$.

As massas de valor total produzido variam segundo as grandezas dos capitais totais respectivamente adiantados em *A*, *B*, *C* e *D*. Por isso, na formação da taxa geral de lucro não importa apenas a diferença entre as taxas de lucro nas diversas esferas da produção, cuja simples média caberia extrair, mas o peso relativo com que essas diversas taxas de lucro entram na formação da média. E isso depende da grandeza relativa do capital investido em cada esfera particular ou de qual alíquota do capital social total constitui o capital investido em cada esfera particular da produção. Naturalmente, é preciso que se dê uma diferença muito grande, dependendo de uma parte maior ou menor do capital total lançar uma taxa de lucro mais alta ou mais baixa. E isso, por sua vez, depende da quantidade de capital que se invista naquelas esferas em que o capital variável é grande ou pequeno em relação ao capital total. Ocorre com isso exatamente o mesmo que com a taxa média de juros aplicada por um agiota que comanda diversos capitais a diferentes taxas de juros, por exemplo, a 4%, 5%, 6%, 7% etc. A taxa média depende inteiramente de quanto capital ele emprestou a cada uma das diferentes taxas de juros.

Assim, a taxa geral de lucro é determinada por dois fatores:

1. Pela composição orgânica dos capitais nas diferentes esferas da produção, ou seja, pelas diversas taxas de lucro nas distintas esferas.
2. Pela distribuição do capital social total nessas diferentes esferas, quer dizer, pela grandeza relativa do capital investido em cada esfera e, por conseguinte, investido a uma taxa particular de lucro; isto é, pela parcela proporcional do capital social total que é absorvida em cada esfera da produção.

Nos Livros I e II, ocupamo-nos apenas dos *valores* das mercadorias. Agora, por um lado, o *preço de custo* foi separado como parte desse valor; por outro, o *preço de produção* foi desenvolvido como uma forma transfigurada do valor.

Se supomos que a composição do capital social médio é $80c + 20v$ e a taxa do mais-valor anual m' é = 100%, o lucro anual médio para um capital de 100 será = 20, e a taxa geral anual de lucro será = 20%. Qualquer que seja o preço de custo k das mercadorias anualmente produzidas por um capital de 100, seu preço de produção seria = $k + 20$. Nas esferas da produção em que a composição do capital é = $(80 - x)c + (20 + x)v$, o mais-valor gerado, ou o lucro anual produzido no interior dessa esfera, seria = $20 + x$, ou seja, maior que 20, e o valor-mercadoria produzido seria = $k + 20 + x$, maior que $k + 20$, maior que seu preço de produção. Nas esferas em que a composição do capital fosse $(80 + x)c + (20 - x)v$, o mais-valor ou o lucro gerado anualmente seria = $20 - x$, ou seja, menor que 20; como reflexo, o valor-mercadoria seria $k + 20 - x$, menor que o preço de produção, que é = $k + 20$. Abstraindo de diferenças ocasionais no tempo de rotação, o preço de produção das mercadorias seria igual a seu valor somente nas esferas em que a composição do capital fosse acidentalmente = $80c + 20v$.

De acordo com seu grau, o desenvolvimento específico da força produtiva social do trabalho é diferente em cada esfera da produção, sendo maior ou menor na medida em que seja grande a quantidade de meios de produção posta em movimento por determinada quantidade de trabalho, ou seja, por determinado número de trabalhadores com dada jornada de trabalho, e pequena a quantidade de trabalho requerida para determinada quantidade de meios de produção. Assim, chamamos de capitais de *alta* composição aqueles que contêm percentualmente mais capital constante, ou seja, menos capital variável que o capital social médio. Inversamente, chamamos de capitais de *baixa* composição aqueles em que o capital constante ocupa um espaço relativamente menor e o capital variável um espaço relativamente maior que no capital social médio. Por último, denominamos capitais de composição média aqueles cuja composição coincide com a do capital social médio. Se o capital social médio está percentualmente composto de $80c + 20v$, um capital de $90c + 10v$ estará *acima* da média social, e um de $70c + 30v$ estará *abaixo* dessa média. Em geral, com uma composição do capital social médio = $mc + nv$, sendo m e n grandezas constantes e $m + n = 100$, então $(m + x)c + (n - x)v$ representará a alta composição, e $(m - x)c + (n + x)v$, a baixa composição de um capital individual ou de um grupo de capitais. O modo como esses capitais funcionam, depois de gerada a taxa média de lucro e sob o pressuposto de uma rotação única no ano, está demonstrado no seguinte quadro, no qual I representa a composição média, de modo que a taxa média de lucro = 20%.

I. $80c + 20v + 20m$; taxa de lucro = 20%; preço do produto = 120; valor = 120
II. $90c + 10v + 10m$; taxa de lucro = 20%; preço do produto = 120; valor = 110
III. $70c + 30v + 30m$; taxa de lucro = 20%; preço do produto = 120; valor = 130

Portanto, no caso das mercadorias produzidas pelo capital II, o valor seria inferior ao preço de produção; no caso daquelas produzidas pelo capital III, o preço de produção seria menor que o valor; apenas no caso do capital I, referente aos ramos da produção cuja composição é, casualmente, a mesma da média social, o valor e o preço de produção seriam iguais. Além disso, ao aplicar esses termos a determinados casos, deve-se levar em conta, naturalmente, em que medida o que faz com que a proporção entre c e v divirja da média geral não é uma diferença na composição técnica, mas mera variação de valor dos elementos do capital constante.

Mediante o desenvolvimento que acabamos de realizar, introduziu-se uma modificação quanto à determinação do preço de custo das mercadorias. De início, supúnhamos que o preço de custo de uma mercadoria era igual ao *valor* das mercadorias consumidas em sua produção. Para o comprador, no entanto, o preço de produção de uma mercadoria é o preço de custo desta última e, por isso, pode entrar como preço de custo na formação do preço da outra mercadoria. Como o preço de produção pode divergir do valor da mercadoria, também o preço de custo de uma mercadoria, no qual está incluído esse preço de produção de outra mercadoria, pode situar-se acima ou abaixo da parte de seu valor total constituída pelo valor dos meios de produção que entram nela. É necessário ter em mente esse significado modificado do preço de custo e não esquecer, portanto, que, se numa esfera da produção o preço de custo da mercadoria é equiparado ao valor dos meios de produção consumidos para produzi-la, é sempre possível haver erro. Para nossa presente investigação, não é preciso detalhar esse ponto. No entanto, permanece correta a tese de que o preço de custo das mercadorias é sempre menor que seu valor, pois, por mais que o preço de custo da mercadoria possa divergir do valor dos meios de produção nela consumidos, para o capitalista esse erro passado é indiferente. O preço de custo da mercadoria é dado, é um pressuposto independente de sua – do capitalista – produção, ao passo que o resultado de sua produção é uma mercadoria que contém mais-valor, ou seja, um excedente de valor acima de seu preço de custo. De resto, a tese de que o preço de custo é menor que o valor da mercadoria converteu-se praticamente na tese de que o preço de custo é menor que o preço de produção. Para o capital social total, no qual o preço de produção é igual ao valor, essa tese é idêntica à anterior, de que o preço de custo é menor que o valor. Embora tenha um sentido divergente para as esferas particulares da produção, essa tese continua sempre a basear-se no fato de que, considerando o capital social total, o preço de custo das mercadorias produzidas por este é menor que o valor ou que o preço de produção, o qual, nesse caso, para a quantidade total das mercadorias produzidas, é idêntico a esse valor. O preço de custo de uma mercadoria refere-se apenas à quantidade de trabalho pago nela contido, e o valor se refere à quantidade total do trabalho pago e não pago nela contido; o preço de produção se refere à soma do trabalho pago mais uma quantidade determinada de trabalho não pago, a qual, no caso da esfera particular da produção, é independente dessa própria esfera.

A fórmula segundo a qual o preço de produção de uma mercadoria é $= k + l$, ou seja, igual ao preço de custo mais o lucro, foi mais bem definida agora, no sentido de que $l = kl'$ (sendo l' a taxa geral de lucro) e, por conseguinte, o preço de produção é $= k + kl'$. Sendo $k = 300$ e $l' = 15\%$, o preço de produção será $k + kl' = 300 + 300^{15}/_{100} = 345$.

O preço de produção das mercadorias em cada esfera da produção pode passar por grandes variações:

1. quando o valor das mercadorias permanece constante (de modo que, tal como antes, a mesma quantidade de trabalho vivo e morto entra em sua produção) em consequência de uma variação na taxa geral de lucro, variação que independe da esfera particular;
2. quando a taxa geral de lucro permanece constante por meio de uma variação no valor, seja na própria esfera particular da produção, em consequência de alterações técnicas, seja por uma variação no valor das mercadorias que entram como elementos formadores em seu capital constante;
3. mediante a ação conjunta de ambas as circunstâncias.

Apesar das grandes mudanças que se produzem constantemente – como veremos adiante nas taxas efetivas de lucro das distintas esferas da produção, uma modificação real na taxa geral de lucro, quando não seja devida a acontecimentos econômicos extraordinários, é sempre o resultado tardio de uma série de flutuações que se estendem por períodos muito prolongados, isto é, de flutuações que requerem muito tempo até se consolidarem e se compensarem, traduzindo-se numa alteração da taxa geral de lucro. Por isso, em todos os períodos mais breves (abstraindo inteiramente das flutuações nos preços do mercado), uma alteração nos preços de produção deve ser sempre explicada, *prima facie*, a partir de uma variação real no valor das mercadorias, isto é, a partir de uma variação na soma total do tempo de trabalho necessário para sua produção. Evidentemente, nem sequer entra aqui em consideração uma variação na expressão monetária dos mesmos valores[23].

Por outro lado, é evidente que, se levarmos em conta o capital social total, a soma de valor das mercadorias por ele produzidas (ou, expressando-a em dinheiro, seu preço) é = valor do capital constante + valor do capital variável + mais-valor. Pressupondo como constante o grau de exploração do trabalho, a taxa de lucro só pode variar caso se mantenha constante a massa do mais-valor, ou seja, se acompanhada de uma variação no capital constante, no valor do capital variável ou em ambos, de modo que C se modifique e, consequentemente, também $^{m}/_{C}$, a taxa geral de lucro. Portanto, uma variação na

[23] Corbet, p. 174.

taxa geral de lucro pressupõe, em todo caso, uma variação no valor das mercadorias que entram como elementos formadores no capital constante, no capital variável ou simultaneamente em ambos.

Pode acontecer também de a taxa geral de lucro variar, mantendo-se constante o valor das mercadorias, quando varia o grau de exploração do trabalho.

Ou pode variar a taxa geral de lucro, mantendo-se constante o grau de exploração do trabalho, quando a soma do trabalho empregado varia em relação ao capital constante, devido a modificações técnicas no processo de trabalho. No entanto, tais modificações técnicas têm sempre de revelar-se numa variação de valor das mercadorias e, assim, estar acompanhadas por essa variação, cuja produção exigiria agora mais ou menos trabalho que antes.

Na seção I, vimos que o mais-valor e o lucro eram idênticos, considerados segundo a massa. No entanto, a taxa de lucro é desde o início distinta da taxa de mais-valor, o que aparece, num primeiro momento, apenas como outra forma de cálculo; mas, como a taxa de lucro pode aumentar ou diminuir quando a taxa de mais-valor é constante e vice-versa, e como, do ponto de vista prático, apenas a taxa de lucro interessa ao capitalista, isso também obscurece e mistifica por completo, desde o início, a verdadeira origem do mais-valor. No entanto, há aí apenas uma diferença de grandeza entre taxa de mais-valor e taxa de lucro, e não entre o próprio mais-valor e o lucro. Como na taxa de lucro o mais-valor é calculado sobre o capital total e é referido a ele como sua medida, o próprio mais-valor aparece como algo que surge do capital total, como se emanasse por igual de todas as suas partes, de modo que a diferença orgânica entre capital constante e variável encontra-se apagada no conceito do lucro; portanto, de fato, nessa figura metamorfoseada como lucro, o próprio mais-valor negou sua origem, perdeu seu caráter, tornou-se irreconhecível. Até agora, no entanto, a diferença entre lucro e mais-valor referia-se apenas a uma mudança qualitativa, a uma variação de forma, enquanto nesse primeiro estágio da transformação o que existe é apenas uma diferença real de grandeza entre taxa de lucro e taxa de mais-valor, mas ainda não entre os próprios lucro e mais-valor.

Diferente é o caso tão logo se tenha estabelecido uma taxa geral de lucro e, por meio dela, um lucro médio correspondente à grandeza do capital empregado nas diversas esferas de produção.

Ora, se o mais-valor e, por conseguinte, o lucro efetivamente gerado numa esfera particular da produção coincidem com o lucro contido no preço de venda da mercadoria, isso não é mais do que casualidade. Em geral, o lucro e o mais-valor, e não apenas suas taxas, são grandezas efetivamente distintas. Com um grau de exploração dado do trabalho, a massa de mais-valor produzida numa esfera particular da produção é mais importante para o lucro médio total do capital social – ou seja, para a classe capitalista em geral – do que diretamente para o capitalista no interior de cada ramo da produção. Ela só é mais importante para este último[24] na medida em que a quantidade de mais-valor produzido em seu ramo intervém como codeterminante na regulação do lucro médio. Mas esse é um processo que transcorre às suas costas, que ele não vê, não entende e que, de fato, não lhe interessa. A diferença efetiva de grandeza entre lucro e mais-valor – não apenas entre taxa de lucro e taxa de mais-valor – nas esferas particulares da produção oculta por completo a verdadeira natureza e a origem do lucro, não só ao capitalista, que aqui tem um interesse especial em enganar a si mesmo, mas também ao trabalhador. Com a transformação dos valores em preços de produção, subtrai-se da vista o próprio fundamento da determinação do valor. Por último, se na mera transformação do mais-valor em lucro a parcela de valor das mercadorias que constitui o lucro se opõe à outra parcela de valor como o preço de custo da mercadoria – de modo que já aqui o conceito do valor escapa ao capitalista, porque este não tem diante de si o trabalho total que custa a produção da mercadoria, apenas a parte do trabalho total que ele pagou na forma de meios de produção, vivos ou mortos, razão pela qual o lucro lhe aparece como algo situado fora do valor imanente da mercadoria –, agora essa ideia é plenamente confirmada, consolidada, ossificada pelo fato de que o lucro agregado ao preço de custo, caso se considere essa esfera particular da produção, não está determinado pelos limites da criação do valor que ocorre no interior dessa própria esfera, mas, pelo contrário, de maneira totalmente exterior.

A circunstância de que aqui tenha se desvelado pela primeira vez essa conexão interna, o fato de que, como se verá a seguir e no Livro IV, a economia até o presente ou tenha abstraído forçadamente das diferenças entre mais-valor e lucro, entre taxa de mais-valor e taxa de lucro, para poder manter a determinação do valor como fundamento, ou tenha abandonado, com essa determinação do valor, o terreno de um proceder científico para aferrar-se às diferenças que se mostram no fenômeno – essa confusão dos teóricos é a melhor demonstração de como o capitalista prático, preso à luta concorrencial e sem compreender em absoluto seus fenômenos, tem de ser completamente incapaz de conhecer, através das aparências, a natureza e a figura intrínsecas desse processo.

---

[24] Evidentemente, aqui se abstrai da possibilidade de se extrair um lucro extramomentâneo por meio da compressão do salário, de preços monopólicos etc. (F. E.)

Com efeito, todas as leis relativas ao aumento e à diminuição da taxa de lucro desenvolvidas na seção I têm o seguinte duplo significado:

1. Por um lado, elas são as leis da taxa geral de lucro. Dadas as muitas causas que, segundo o que foi exposto, fazem subir ou baixar a taxa de lucro, seria possível crer que a taxa geral de lucro variaria todos os dias. Mas o movimento no interior de uma esfera da produção abolirá o que se produz em outra; as influências se entrecruzam e se paralisam. Adiante, investigaremos qual é, em última instância, a tendência dessas flutuações – mas estas são, desde logo, lentas; o caráter súbito, multifacetado, e a diversa duração das oscilações nas esferas individuais da produção fazem com que, em parte, elas se compensem em sua sucessão temporal, de modo que uma queda dos preços venha seguida de uma alta, e vice-versa, e que se mantenham localmente limitadas, isto é, reduzidas a essa esfera particular da produção e, por fim, fazem com que as diversas oscilações locais se neutralizem reciprocamente. No interior de cada esfera particular da produção ocorrem variações, desvios em relação à taxa geral de lucro, que, por um lado, se compensam num intervalo de tempo determinado e, assim, não repercutem sobre a taxa geral de lucro; por outro lado, não repercutem sobre ela pelo fato de serem neutralizadas por outras oscilações locais simultâneas. Como a taxa geral de lucro está determinada não só pela taxa média de lucro em cada esfera, mas também pela distribuição do capital total nas diversas esferas particulares, e como essa distribuição varia constantemente, isso constitui, por sua vez, outra causa constante da variação na taxa geral de lucro – mas uma causa que, por sua vez, dado o caráter ininterrupto e universal desse movimento, paralisa também, em grande parte, a si mesma.
2. No interior de cada esfera conserva-se uma margem de ação para um período mais ou menos longo, durante o qual oscila a taxa de lucro dessa esfera, antes que essas flutuações, após altas e baixas, consolidem-se o suficiente para ganhar tempo e influir na taxa geral de lucro, adquirindo assim uma importância mais que local. Por isso, dentro desses limites no espaço e no tempo valem também aqui as leis da taxa de lucro expostas na primeira seção deste livro.

O ponto de vista teórico – quanto à primeira transformação do mais-valor em lucro – de que cada parte do capital proporciona lucros de maneira uniforme[25] expressa um fato prático. Independentemente de como esteja composto o capital industrial, seja ele formado por ¼ de trabalho morto e ¾ de trabalho

25 Malthus.

vivo ou ¾ de trabalho morto e ¼ de trabalho vivo, assim absorvendo, num caso, o triplo de mais-trabalho ou produzindo o triplo de mais-valor que no outro – com um mesmo grau de exploração do trabalho e abstraindo de diferenças individuais que, de todo modo, desaparecem, uma vez que em ambos os casos temos diante de nós simplesmente a composição média da esfera de produção em seu conjunto –, ele proporciona, em ambos os casos, a mesma quantidade de lucro. O capitalista individual (ou a totalidade dos capitalistas em cada esfera particular da produção), cuja visão é limitada, crê com razão que seu lucro não provém unicamente do trabalho ocupado por ele ou por seu ramo de produção. Isso é absolutamente certo no que diz respeito a seu lucro médio. Até que ponto esse lucro se encontra mediado pela exploração total do trabalho por parte do capital total, isto é, por todos os colegas capitalistas, é algo que, para ele, constitui um insondável mistério, tanto mais que nem mesmo os teóricos burgueses, os economistas políticos, o revelaram até o momento. Uma economia de trabalho – não só do trabalho necessário para produzir um produto determinado, mas também do número de trabalhadores ocupados – e um maior emprego de trabalho morto (capital constante) aparecem como operações econômicas totalmente corretas e, desde o início, não parecem afetar de modo nenhum a taxa geral de lucro nem o lucro médio. Como poderia, então, ser o trabalho vivo a fonte exclusiva do lucro, uma vez que a diminuição da quantidade de trabalho necessária para a produção não só não parece afetar o lucro, como, antes, apresenta-se, sob certas circunstâncias, como fonte direta de multiplicação do lucro, ao menos para o capitalista individual?

Se a parte do preço de custo que representa o valor do capital constante aumenta ou diminui numa dada esfera da produção, tal parte provém da circulação e entra previamente aumentada ou diminuída no processo de produção da mercadoria. Por outro lado, se o número de trabalhadores empregados produz no mesmo tempo mais ou menos que antes, isto é, se, mantendo-se constante o número de trabalhadores, varia a quantidade de trabalho requerida para a produção de determinada quantidade de mercadorias, pode ocorrer que parte do preço de custo que representa o valor do capital variável se mantenha a mesma, ou seja, entre com igual grandeza no preço de custo do produto total. Não obstante, cada uma das mercadorias, cuja soma constitui o produto total, absorverá uma quantidade maior ou menor de trabalho (tanto pago como, por conseguinte, não pago), ou seja, uma quantidade maior ou menor do gasto realizado nesse trabalho, uma parcela maior ou menor do salário. O salário total pago pelo capitalista continua a ser o mesmo, mas é diferente quando o calculamos para cada unidade de mercadoria. Aqui teria lugar, pois, uma alteração nessa parte do preço de custo da mercadoria. Independentemente de o preço de custo da mercadoria individual aumentar ou diminuir em consequência de tais alterações do valor, ocorram estas na própria mercadoria ou nos elementos que a compõem (tampouco importando se aumenta ou diminui o preço de custo da soma das mercadorias produzidas por um capital de grandeza dada), se o lucro médio é, por exemplo, de 10%, ele continua a ser de 10%; ainda que, considerando a mercadoria isolada, esses 10% representem uma grandeza muito distinta segundo as variações consecutivas na variação de valor por nós pressupostas no preço de custo de cada mercadoria individual[26].

Quanto ao capital variável – e este é o mais importante, porque constitui a fonte do mais-valor e porque tudo que encobre sua relação com o enriquecimento do capitalista mistifica o sistema inteiro –, a questão se torna ainda mais confusa, ou aparece para o capitalista da seguinte forma: suponhamos, por exemplo, que um capital variável de £100 represente o salário semanal de 100 trabalhadores. Se esses 100, estando dada a jornada de trabalho, produzem um produto semanal de 200 peças de mercadoria = 200M, então 1M, abstraindo da parte do preço de custo que agrega o capital constante, custa, porquanto £100 = 200M, 1M = $^{\pounds 100}/_{200}$ = 10 xelins. Suponhamos agora uma variação na força produtiva do trabalho, que esta se duplique e que o mesmo número de trabalhadores produza duas vezes 200M no mesmo tempo em que antes produzia 200M. Nesse caso, na medida em que o preço de custo consiste unicamente de salário, como agora £100 = 400M, 1M = $^{\pounds 100}/_{400}$ = 5 xelins. Se a força produtiva fosse reduzida pela metade, o mesmo trabalho produziria apenas $^{200M}/_{2}$; e como £100 = $^{200M}/_{2}$, então 1M = $^{\pounds 200}/_{200}$ = £1. As variações no tempo de trabalho requerido para a produção das mercadorias e, assim, em seu valor aparecem agora, com relação ao preço de custo e, portanto, também ao preço de produção, como uma diferente distribuição do mesmo salário entre uma quantidade maior ou menor de mercadorias, segundo a quantidade maior ou menor de mercadorias que se produzam no mesmo tempo de trabalho e pelo mesmo salário. O que o capitalista vê – e, por conseguinte, também o economista político – é que a parte do trabalho pago correspondente a cada peça de mercadoria altera-se com a produtividade do trabalho e, com ela, também o valor da peça individual; o que ele não vê é que esse é também o caso do trabalho não pago contido em cada peça, tanto menos porque o lucro médio, de fato, está determinado apenas acidentalmente pelo trabalho não pago absorvido em sua esfera. É somente nessa forma tão confusa e carente de sentido que se deixa entrever agora o fato de que o valor das mercadorias se determina pelo trabalho nelas contido.

[26] Corbet.

Capítulo 10

Equalização da taxa geral de lucro por meio da concorrência. Preços de mercado e valores de mercado. Lucro extra

Uma parte das esferas da produção apresenta uma composição média, no que diz respeito aos capitais nela investidos, isto é, uma composição que corresponde integral ou aproximadamente à composição do capital médio da sociedade.

O preço de produção das mercadorias produzidas nessas esferas coincide total ou aproximadamente com seu valor expresso em dinheiro. Se não pudéssemos chegar ao limite matemático por outros meios, poderíamos fazê-lo por este: a concorrência divide o capital da sociedade entre as diversas esferas da produção, de tal modo que os preços de produção em cada uma dessas esferas se estabelecem segundo o modelo dos preços de produção vigentes nessas esferas de composição média, isto é, de modo que sejam $= k + kl'$ (iguais ao preço de custo mais o produto da taxa média de lucro pelo preço de custo). Mas essa taxa média de lucro não é senão o lucro percentualmente calculado que se obtém naquela esfera de composição média, na qual, portanto, o lucro coincide com o mais-valor. A taxa de lucro é, pois, a mesma em todas as esferas da produção, quer dizer, nivela-se em todas elas tendo como base a taxa de lucro que prevalece nessas esferas médias da produção, nas quais impera a composição média do capital. De acordo com isso, a soma dos lucros de todas as diferentes esferas da produção tem de ser igual à soma dos mais-valores, e a soma dos preços de produção do produto total da sociedade tem de ser igual à soma de seus valores. Porém, é evidente que a compensação entre as esferas da produção com diferente composição tenderá sempre a igualá-las com as esferas de composição média, seja no caso em que elas correspondam exatamente à média social, seja no caso em que só correspondam a ela de maneira aproximada. Entre as esferas que se aproximam em maior ou menor medida verifica-se, por sua vez, a mesma tendência à equalização, orientada a atingir a posição intermediária ideal, isto é, não existente na realidade; em outras palavras, uma tendência a normalizar-se em torno dessa posição intermediária.

Desse modo, prevalece necessariamente a tendência a converter os preços de produção em formas meramente transfiguradas do valor, ou os lucros em simples partes do mais-valor, distribuídas não em função do mais-valor obtido em cada esfera particular da produção, mas em função da massa do capital empregado em cada esfera da produção, de modo que as massas de capital de mesma grandeza, independentemente de como estejam compostas, correspondam participações iguais (alíquotas) da totalidade do mais-valor obtido pelo capital total da sociedade.

Em se tratando de capitais de composição média ou próxima da média, o preço de produção coincide, total ou aproximadamente, com o valor, e o lucro, com o mais-valor por eles obtido. Todos os demais capitais, qualquer que seja sua composição, tendem a, sob ação da concorrência, equalizar-se com os de composição média. Mas como os capitais de composição medial ou próxima da média correspondem total ou aproximadamente ao capital médio da sociedade, temos que todos os capitais, qualquer que seja o mais--valor por eles gerados e mediante os preços de suas mercadorias, tendem a realizar, em vez desse mais-valor, o lucro médio; isto é, tendem a realizar os preços de produção.

Por outro lado, podemos afirmar que onde quer que se produza um lucro médio, ou seja, uma taxa geral de lucro – independentemente do modo como esse resultado tenha sido produzido –, esse lucro médio não pode ser outra coisa senão o lucro correspondente ao capital médio da sociedade, cuja soma é igual à soma dos mais-valores, e que os preços obtidos ao somar esse lucro médio aos preços de custo não podem ser senão os valores convertidos em preços de produção. Que alguns capitais, em determinadas esferas da produção, possam não estar submetidos, por quaisquer razões, ao processo de equalização é algo que não afeta em nada os termos do problema. Nesse caso, o lucro médio será calculado sobre a parte do capital social que entra no processo de equalização. É evidente que o lucro médio não pode ser senão a massa total do mais-valor, distribuída entre as massas de capital em cada esfera da produção, em proporção a suas grandezas. Ele é o total do trabalho não pago realizado, e essa massa total se representa, do mesmo modo como as massas do trabalho pago – tanto o trabalho morto quanto o vivo – na massa total de mercadorias e dinheiro que corresponde aos capitalistas.

A questão propriamente difícil que aqui se coloca é saber como se opera essa compensação dos lucros para formar a taxa geral de lucro, já que esta é evidentemente um resultado, e não pode ser um ponto de partida.

De imediato, está claro que uma valoração dos valores-mercadorias, por exemplo, em dinheiro, pode ser apenas resultado de seu intercâmbio, e se, portanto, pressupomos tal valoração, temos de considerá-la necessariamente como o resultado das trocas reais de valor-mercadoria por valor-mercadoria. Mas como se pôde realizar esse intercâmbio de mercadorias com base em seus valores reais?

Suponhamos, primeiro, que todas as mercadorias nas diversas esferas da produção sejam vendidas a seus valores reais. O que ocorreria, então? Segundo o que foi exposto, nas diversas esferas de produção prevaleceriam taxas de lucro muito distintas. *Prima facie*, uma coisa é se as mercadorias se vendem por seus valores (isto é, se se trocam reciprocamente por seus preços-valores, isto é, em proporção ao valor nelas contido) e outra completamente distinta é se são vendidas a preços tais que sua venda proporcione lucros iguais por massas iguais dos capitais adiantados em sua respectiva produção.

O fato de que capitais que movimentam quantidades desiguais de trabalho vivo produzam quantidades desiguais de mais-valor pressupõe, ao menos até certo ponto, que o grau de exploração do trabalho ou a taxa de mais-valor sejam os mesmos, ou que as diferenças neles contidas se considerem equalizadas por causas reais ou imaginárias (convencionais) de compensação. Isso pressupõe a concorrência entre os trabalhadores e a equalização mediante sua constante migração de uma esfera da produção a outra. Essa taxa geral do mais-valor – tendencial, como todas as leis econômicas – é a premissa de que partimos para fins de simplificação teórica; na realidade, é uma premissa efetiva do modo de produção capitalista, ainda que mais ou menos obstaculizada por divergências práticas, produzidas por diferenças locais mais ou menos significativas, como a legislação domiciliar (*settlement laws*) que vigora para os trabalhadores agrícolas na Inglaterra. Teoricamente, no entanto, parte-se do pressuposto de que as leis do modo de produção capitalista se desenvolvam em sua pureza, mas na realidade as coisas se dão sempre de modo aproximado. A aproximação, porém, será tanto maior quanto mais desenvolvido se encontrar o modo de produção capitalista e quanto mais se tiver eliminado sua impureza, separando-o dos restos de realidades econômicas anteriores.

Toda a dificuldade provém do fato de que as mercadorias não se trocam simplesmente como *mercadorias*, mas como *produtos de capitais*, que requerem uma participação proporcional à sua grandeza na massa total do mais-valor, ou uma participação igual quando sua grandeza é igual. O preço total das mercadorias produzidas por um dado capital num prazo determinado deve satisfazer essa exigência. Mas o preço total dessas mercadorias não é mais que a soma dos preços das diversas mercadorias que constituem o produto do capital.

O *punctum saliens* [ponto decisivo] será mais bem ressaltado se concebermos as coisas assim: suponhamos que os próprios trabalhadores se encontrem diretamente de posse de seus respectivos meios de produção e troquem suas mercadorias entre si. Em tais condições, essas mercadorias não serão produtos do capital. Segundo a natureza técnica de seus trabalhos, será distinto o valor dos meios e dos materiais empregados nos diversos ramos de atividade; do mesmo modo, e abstraindo do valor distinto dos meios de produção empregados, uma massa diferente desses meios e materiais de trabalho será requerida para uma massa dada de trabalho, dependendo do prazo em que se possa finalizar determinada mercadoria: se em 1 hora, um dia etc. Suponhamos, além disso, que esses trabalhadores atuem, em média, durante a mesma quantidade de tempo, incluídas as compensações impostas pela diferente intensidade do trabalho etc. Nesse caso, em primeiro lugar, com as mercadorias que constituem o produto de seu trabalho diário, dois trabalhadores poderão repor seus desembolsos, os preços de custo dos meios de produção consumidos, que serão distintos segundo a natureza técnica de seus ramos de trabalho. Em segundo lugar, ambos poderão criar igual quantidade de valor novo, ou seja, o valor agregado aos meios de produção pela jornada de trabalho. Esse valor novo será o mais-valor, o mais-trabalho que sobra depois de cobertas suas necessidades mais urgentes, mas cujo resultado pertencerá aos próprios trabalhadores. Em termos capitalistas, diremos que ambos os trabalhadores receberão o mesmo salário mais o mesmo lucro, = ao valor* que se expressa, por exemplo, no produto de uma jornada de trabalho de 10 horas. Em primeiro lugar, porém, os valores de suas mercadorias serão distintos. Na mercadoria I, por exemplo, a parcela de valor dos meios de produção empregados será maior que na mercadoria II; para incorporar de imediato todas as diferenças possíveis, a mercadoria I absorverá mais trabalho vivo e, assim, exigirá um tempo mais longo de trabalho em sua produção que a mercadoria II. O valor dessas mercadorias I e II será, portanto, muito distinto. E o mesmo ocorrerá com as somas dos valores-mercadorias, que são produto do trabalho efetuado pelos trabalhadores I e II num tempo dado. Também as taxas de lucro serão muito diferentes para I e II, se chamarmos de taxa de lucro a proporção entre o mais-valor e o valor total dos meios de produção adiantados. Os meios de subsistência que I e II consomem diariamente durante a produção, e que representam aqui o salário, constituirão a parte dos meios de produção investidos, que, em outras circunstâncias,

* Na primeira edição, "mas também o"; alterado de acordo com o manuscrito de Marx. (N. E. A.)

chamamos de capital variável. O mais-valor será, para o mesmo tempo de trabalho, igual em I e II; mais exatamente, uma vez que tanto I como II obtêm o valor do produto de uma jornada de trabalho, eles recebem, deduzido o valor dos elementos "constantes" adiantados, valores iguais, dos quais uma parte pode ser considerada a reposição dos meios de subsistência consumidos na produção, e a outra parte, o mais valor que resta depois da reposição daqueles meios de subsistência. Se I tem mais despesas, estas são repostas pela parcela de valor maior de seu produto destinada a repor essa parte "constante", razão pela qual ela tem também de reconverter uma parcela maior do valor total de seu produto em elementos materiais desse capital constante, ao passo que II, se obtém em troca uma quantidade menor, tem também de reconverter uma parte menor. Partindo desse pressuposto, a diversidade das taxas de lucro seria, portanto, uma circunstância indiferente, do mesmo modo como hoje é indiferente para o assalariado saber em que taxa de lucro se expressa a quantidade de mais-valor que lhe é sugada, assim como, no comércio internacional, é indiferente a diversidade das taxas de lucro que vigoram no intercâmbio de mercadorias entre diversas nações.

Logo, o intercâmbio de mercadorias por seus valores, ou aproximadamente por seus valores, requer um estágio muito inferior ao do intercâmbio a preços de produção, para o qual se faz necessário um nível determinado do desenvolvimento capitalista.

Independentemente do modo como estejam fixados ou regulados entre si os preços das diversas mercadorias, é a lei do valor que, num primeiro momento, rege seu movimento. Quando diminui o tempo de trabalho requerido para produzir essas mercadorias, os preços baixam; quando ele aumenta, os preços sobem, mantendo-se constantes as demais circunstâncias.

Ainda sem levar em conta o fato de que os preços e seu movimento são determinados pela lei do valor, é totalmente apropriado considerar os valores das mercadorias não só do ponto de vista teórico, mas também do histórico, como o *prius* [antecedente] dos preços de produção. Isso vale para casos em que os meios de produção pertencem ao trabalhador, o que ocorre tanto no mundo antigo como no moderno, tanto no caso do camponês que possui a terra na qual trabalha para si mesmo, como no do artesão. Isso também está de acordo com nossa opinião, que expressamos anteriormente[27], de que

[27] Em 1865, isso era ainda uma simples opinião de Marx. Hoje, a partir da ampla investigação das comunidades primitivas, de Mauer até Morgan, é um fato que quase não se questiona em parte nenhuma. (F. E.) [Ed. bras.: Karl Marx, *O capital: crítica da economia política*, Livro I: *O processo de produção do capital* (trad. Rubens Enderle, São Paulo, Boitempo, 2013), p. 162. – N. T.]

a transformação dos produtos em mercadorias resulta do intercâmbio entre diversas coletividades, e não entre membros de uma e mesma comunidade. E o que se aplica a esse estado de coisas originário aplica-se também a situações posteriores, fundadas na escravidão e na servidão, assim como às corporações artesanais, por todo o tempo em que os meios de produção imobilizados em cada ramo da produção só possam ser transferidos de uma esfera a outra com muita dificuldade e que, dentro de certos limites, as diferentes esferas da produção se relacionem entre si como o fariam países estrangeiros ou coletividades comunistas.

Para que os preços aos quais as mercadorias são trocadas entre si correspondam aproximadamente a seus valores, é necessário somente: 1) que a troca das diversas mercadorias deixe de ser puramente acidental ou apenas ocasional; 2) que, na medida em que consideramos a troca direta de mercadorias, estas sejam produzidas, em ambos os lados, nas quantidades proporcionais que correspondam aproximadamente à necessidade mútua, o que é indicado pela mútua experiência do mercado e, portanto, resulta do próprio intercâmbio continuado; 3) que, na medida em que falamos da venda, nenhum monopólio natural ou artificial permita a uma das partes contratantes vender acima do valor nem a obrigue a desfazer-se de sua mercadoria abaixo deste último. Por monopólio fortuito, entendemos aquele do qual o comprador ou o vendedor desfruta graças à situação fortuita da oferta e da demanda.

O suposto de que as mercadorias das diferentes esferas da produção são vendidas a seus valores significa apenas, naturalmente, que seu valor é o centro de gravitação em torno do qual giram os preços e com base no qual se compensam suas constantes altas e baixas. Além disso, será sempre preciso distinguir entre um *valor de mercado*, do qual falaremos mais adiante, e o valor individual das mercadorias produzidas pelos diversos produtores. O valor individual de algumas dessas mercadorias ficará abaixo do valor de mercado (quer dizer, menos tempo de trabalho será necessário para sua produção do que o expresso pelo valor de mercado), e o de outras mercadorias ficará acima desse valor. O valor de mercado deverá ser considerado, por um lado, como o valor médio das mercadorias produzidas numa esfera de produção e, por outro, como o valor individual das mercadorias produzidas sob as condições médias dessa esfera e que formam a grande massa de seus produtos. Apenas conjunturas extraordinárias podem fazer com que mercadorias produzidas sob péssimas condições, ou sob as mais favoráveis, venham a regular o valor de mercado, o qual, por sua vez, constitui o centro de gravitação dos preços de mercado, que são sempre os mesmos para mercadorias do mesmo tipo. Quando a oferta das mercadorias ao valor médio, ou seja, ao valor medial da massa situada entre ambos os extremos, satisfaz a demanda habitual, as mercadorias cujo valor individual é inferior ao valor de mercado realizam um mais-valor ou lucro extraordinário, ao passo que aquelas cujo valor individual é superior ao valor de mercado não podem realizar uma parte do mais-valor nelas contido.

De nada adianta dizer que a venda das mercadorias produzidas sob as piores condições é uma demonstração de que essas mercadorias são necessárias para cobrir a demanda*. Se, de acordo com nossa hipótese, o preço fosse maior que o valor médio do mercado, a demanda seria menor**. Com base em certos preços, um tipo de mercadoria pode ocupar determinado lugar no mercado; nesse caso, o lugar só permanece o mesmo ao variarem os preços, quando o preço mais alto coincide com uma quantidade menor de mercadorias, e o mais baixo, com uma quantidade menor. Em contrapartida, se a demanda é tão grande que não se contrai quando o preço é regulado pelo valor das mercadorias produzidas sob as piores condições, são estas que determinam o valor de mercado. Para isso, no entanto, é necessário que a demanda supere aquela que é considerada a demanda normal, ou que a oferta caia abaixo desta. Por último, se a massa das mercadorias produzidas é maior que aquela que pode encontrar saída aos valores médios de mercado, são as mercadorias produzidas sob melhores condições que regulam, então, o valor de mercado. É possível, por exemplo, que elas sejam vendidas por seu valor individual, de maneira total ou aproximada, podendo então suceder que as mercadorias produzidas sob as piores condições nem sequer consigam realizar seus preços de custo, enquanto as que se encontram na média realizem apenas uma parte do mais-valor nelas contido. O que dizemos aqui sobre o valor de mercado se aplica também ao preço de produção, tão logo este substitua valor de mercado. O preço de produção é regulado em cada uma das esferas e de acordo com as circunstâncias particulares. E constitui, por sua vez, o centro em torno do qual giram os preços de mercado diários, servindo de base para sua equalização em determinados períodos. (Sobre a determinação do preço de produção pelos que trabalham nas piores condições, ver Ricardo.)

Como quer que estejam regulados os preços, o resultado é o seguinte:

1. A lei do valor rege seu movimento, uma vez que a alta ou a baixa dos preços de produção decorrem do aumento ou diminuição do tempo de

---

* Na primeira edição, "oferta". (N. E. A.)

** Na primeira edição, "maior"; alterado de acordo com o manuscrito de Marx. (N. E. A.)

trabalho requerido para a produção. É nesse sentido que Ricardo (que, sem dúvida, percebe que seus preços de produção diferem dos valores das mercadorias) diz que *the inquiry to which he wishes to draw the reader's attention, relates to the effect of the variations in the relative value of commodities, and not in their absolute value**.

2. O lucro médio, que determina os preços de produção, tem de ser sempre aproximadamente igual à quantidade de mais-valor que corresponde a um capital dado como alíquota do capital social total. Suponhamos que a taxa geral de lucro e, por conseguinte, o lucro médio estejam expressos num valor monetário mais elevado que o mais-valor médio real, calculado segundo seu valor monetário. Para os capitalistas, é indiferente que cada um deles cobre do outro um lucro de 10% ou 15%. Nenhuma dessas porcentagens corresponde a um valor-mercadoria real maior que a outra, já que o exagero na expressão monetária é recíproco. Mas, no que diz respeito aos trabalhadores (estando pressuposto que eles recebem o salário normal, de modo que o aumento do lucro médio não expressa uma dedução real do salário, isto é, expressa uma coisa inteiramente distinta do mais-valor normal do capitalista), o aumento dos preços das mercadorias, que resulta do aumento do lucro médio, precisa corresponder a uma elevação na expressão monetária do capital variável. Na realidade, essa elevação nominal geral da taxa de lucro e do lucro médio acima da taxa dada pela relação entre o mais-valor real e o capital total adiantado não é possível sem produzir uma alta do salário e, do mesmo modo, uma alta dos preços das mercadorias que formam o capital constante. O mesmo ocorre, de maneira inversa, no caso de uma redução. Como o valor total das mercadorias regula o mais-valor total, que, por sua vez, regula o grau do lucro médio e, assim, da taxa geral de lucro – seja como norma geral, seja regulando as flutuações –, então a lei do valor regula os preços de produção.

O que a concorrência realiza, começando por uma esfera individual da produção, é a criação de um valor de mercado e um preço de mercado iguais a partir dos diversos valores individuais das mercadorias. E é a concorrência dos capitais nas diversas esferas que primeiro fixa o preço de produção, equalizando as taxas de lucro nas distintas esferas. Este último processo requer um grau mais elevado de desenvolvimento do modo de produção capitalista do que o anterior.

---

* "A investigação para a qual ele deseja chamar a atenção do leitor refere-se ao efeito das variações no valor relativo das mercadorias, não em seu valor absoluto." (N. T.)

Para que as mercadorias da mesma esfera de produção, do mesmo tipo e aproximadamente da mesma qualidade, possam ser vendidas a seus valores, são necessárias duas coisas:

Primeiramente, que os diversos valores individuais se equalizem num só valor social, o valor de mercado a que nos referimos anteriormente; para isso, requer-se uma concorrência entre os produtores do mesmo tipo de mercadorias, bem como a existência de um mercado no qual eles ofertem conjuntamente suas mercadorias. Para que o preço de mercado de mercadorias idênticas, porém produzidas, cada uma delas, sob circunstâncias ligeiramente distintas, corresponda ao valor de mercado, não divergindo dele, seja com uma elevação acima, seja com uma redução abaixo de seu valor, é necessário que a pressão que os diversos vendedores exercem uns sobre os outros seja grande o suficiente para lançar no mercado a massa de mercadorias requerida para a satisfação das necessidades sociais, isto é, a quantidade pela qual a sociedade pode pagar o valor de mercado. Se a massa de produtos lançada no mercado excede essas necessidades, as mercadorias terão de ser necessariamente vendidas abaixo de seu valor de mercado; no caso contrário, precisarão ser vendidas acima de seu valor de mercado, caso a massa de produtos não seja suficiente ou, o que dá no mesmo, a pressão da concorrência entre os vendedores não seja suficientemente forte para obrigá-los a levar ao mercado essa massa de mercadorias. Se varia o valor de mercado, variam também as condições nas quais a massa total de mercadorias pode ser vendida. Caindo o valor de mercado, crescem, em média, as necessidades sociais (que, nesse caso, são sempre necessidades solventes), que podem então absorver massas maiores de mercadorias. Subindo o valor de mercado, contraem-se as necessidades sociais com relação a essas mercadorias, de modo que apenas massas menores destas últimas podem ser absorvidas. Assim, se a oferta e a demanda regulam o preço de mercado ou, melhor dizendo, os desvios dos preços de mercado com relação ao valor de mercado, temos que, por outro lado, este regula a relação entre oferta e demanda ou é o centro em torno do qual as flutuações da oferta e da demanda fazem oscilar os preços de mercado.

Se observamos a questão mais de perto, percebemos que as condições que regem o valor da mercadoria individual se reproduzem aqui como condições para o valor da soma total de um tipo*; que a produção capitalista é, em si mesma, produção em massa e que, pelo menos quanto às mercadorias principais, outros modos de produção menos desenvolvidos

* Leia-se: de um tipo de mercadorias. (N. T.)

concentram, acumulam e põem a venda no mercado, em grandes massas e nas mãos de relativamente poucos comerciantes, o produto fabricado em pequena quantidade como produto coletivo – ainda que fruto do trabalho de um grande número de produtores de pequeno porte – de um ramo inteiro da produção ou de um contingente maior ou menor deste último.

Observemos aqui, apenas de passagem, que as "necessidades sociais", isto é, aquilo que regula o princípio da demanda, encontram-se essencialmente condicionadas pela relação das diversas classes entre si e por sua respectiva posição econômica, ou seja, em primeiro lugar, pela proporção entre o mais-valor total e o salário; em segundo lugar, pela proporção entre as diversas partes nas quais se decompõe o mais-valor (lucro, juros, renda fundiária, impostos etc.). De modo que aqui novamente se demonstra que não se pode explicar absolutamente nada a partir da relação entre a oferta e a demanda, antes de estar desenvolvida a base sobre a qual opera essa relação.

Ainda que ambos os elementos, a mercadoria e o dinheiro, sejam unidades de valor de troca e de valor de uso, já vimos (Livro I, capítulo 1, item 3) que, nas operações de compra e venda, essas duas funções aparecem distribuídas como polos extremos, de modo que a mercadoria (vendedor) representa o valor de uso, e o dinheiro (comprador), o valor de troca. A mercadoria tem um valor de uso, ou seja, satisfaz uma necessidade social, e isso constitui precisamente um dos requisitos da venda. O outro requisito é, como vimos, que a quantidade de trabalho contida na mercadoria represente trabalho socialmente necessário, ou seja, que o valor individual (e, o que sob esse pressuposto é sinônimo, o preço de venda) da mercadoria coincida com seu valor social[28].

Apliquemos agora esse raciocínio à massa de mercadorias que se encontra no mercado e que constitui o produto de uma esfera inteira.

A maneira mais fácil de expor o problema é considerar a massa inteira de mercadorias, primeiro, de *um mesmo* ramo da produção, como *uma só* mercadoria, e a soma dos preços das muitas mercadorias idênticas como reunidas em *num só* preço. O que foi dito então sobre a mercadoria individual vale agora para a massa de mercadorias de determinado ramo de produção lançada no mercado. Que o valor individual da mercadoria corresponda a

[28] Karl Marx, *Zur Kritik der pol.[itischen] Ök.[onomie]* (Berlim, 1859) [ed. bras.: *Contribuição à crítica da economia política*, trad. Florestan Fernandes, São Paulo, Expressão Popular, 2008].

seu valor social é algo que aparece agora realizado ou mais bem determinado no sentido de que a quantidade total de mercadorias contém o tempo de trabalho social necessário para sua produção, e que o valor dessa massa é = seu valor de mercado.

Ora, suponhamos que a maior parte dessas mercadorias tenha sido produzida mais ou menos sob as mesmas condições sociais normais, de modo que esse valor seja, ao mesmo tempo, o valor individual das diversas mercadorias que formam essa massa. Se uma parte relativamente pequena foi produzida abaixo dessas condições sociais normais e outra parte acima delas, de tal modo que o valor individual de uma parte seja superior e o de outra inferior ao valor médio da grande massa das mercadorias, porém compensando-se esses dois extremos e fazendo com que o valor médio das mercadorias a eles pertencentes seja igual ao valor das mercadorias pertencentes à massa intermediária, então o valor de mercado estará determinado pelo valor das mercadorias produzidas sob as condições médias[29]. O valor da massa total de mercadorias é igual à soma efetiva dos valores de todas as mercadorias individuais em conjunto, tanto daquelas produzidas sob as condições médias como daquelas feitas acima ou abaixo dessas condições. Nesse caso, o valor de mercado, ou valor social da massa de mercadorias – o tempo de trabalho necessariamente nelas contido –, está determinado pelo valor da grande massa intermediária.

Suponhamos, em contrapartida, que a quantidade total das referidas mercadorias levadas ao mercado continue a mesma, mas que o valor das mercadorias produzidas sob condições desfavoráveis não seja compensado pelo valor das produzidas sob condições favoráveis, de modo que a porção produzida sob as condições desfavoráveis constitua uma grandeza relativamente significativa, tanto em relação à massa intermediária como ao outro extremo: nesse caso, é a massa produzida sob condições desfavoráveis que regula o valor de mercado, ou o valor social.

Suponhamos, por fim, que a massa de mercadorias produzida sob condições mais favoráveis que as condições médias supere significativamente a massa produzida sob condições desfavoráveis e constitua ela mesma uma grandeza significativa em comparação com a produzida sob condições médias: nesse caso, a parte produzida sob condições melhores regula o valor de mercado. Abstraímos aqui da saturação do mercado, situação em que o preço de mercado é sempre regulado pela parte produzida nas melhores condições; mas aqui já não se trata do preço de mercado, na medida em que

---

[29] Idem.

ele se distingue do valor de mercado, mas sim das diversas determinações do próprio valor de mercado[30].

Com efeito, considerando-se essa questão com o máximo rigor (ainda que, naturalmente, na prática as coisas só se apresentem de modo aproximado e com mil modificações), no caso I o valor de mercado regulado pelos valores médios de toda a massa é igual à soma de seus valores individuais; embora, para as mercadorias produzidas nos extremos, esse valor se apresente* como valor médio que lhes é imposto. Os produtores situados no extremo menos favorável têm, então, de vender suas mercadorias abaixo do valor individual; os que se encontram no extremo mais favorável vendem-nas acima desse valor.

No caso II, as massas individuais de valor produzidas em ambos os extremos não se compensam, mas é a massa produzida sob as piores condições que prepondera. A rigor, o preço médio ou o valor de mercado de cada mercadoria individual ou de cada alíquota da massa total de mercadorias estará agora determinado pelo valor total da massa, obtido pela adição dos valores das mercadorias produzidas sob as diversas condições e pela alíquota desse valor total correspondente à mercadoria individual. O valor de

---

30 Sobre a polêmica entre Storch e Ricardo acerca da renda fundiária (polêmica apenas implícita, pois de fato nenhum dos dois leva o outro em consideração), se o valor de mercado (para eles, mais propriamente, o preço de mercado ou o de produção) é regulado pelas mercadorias produzidas sob as condições menos (Ricardo) ou mais (Storch) favoráveis, resulta, finalmente, que ambos estão certos e ambos estão errados e que, do mesmo modo, ambos ignoraram por completo o caso intermediário. Veja o que diz Corbet sobre os casos em que o preço é regulado pelas mercadorias produzidas sob as melhores condições. "*If is not meant to be asserted by him*" (Ricardo) "*that two particular lots of two different articles, as a hat and a pair of shoes, exchange with one another when those two particular lots were produced by equal quantities of labour. By 'commodity' we must here understand the 'description of commodity', not a particular individual hat, pair of shoes etc. The whole labour which produces all the hats in England is to be considered, for this purpose, as divided among all the hats. This seems to me not to have been expressed at first, and in the general statements of this doctrine.*" ["Isso não significa que ele" (Ricardo) "tenha afirmado que dois lotes individuais de dois artigos diferentes, tais como um chapéu e um par de sapatos, intercambiem-se quando esses dois lotes particulares foram produzidos por iguais quantidades de trabalho. Por 'mercadoria' devemos entender aqui a 'descrição de mercadoria', não um chapéu, um par de sapatos etc. individuais. Para esse fim, a totalidade do trabalho que produz todos os chapéus da Inglaterra deve ser considerada dividida entre todos os chapéus. Isso, ao que me parece, não foi expresso inicialmente e não está contido nas teses gerais dessa doutrina." (*Observations on some Verbal Disputes in Pol.[itical] Econ.[onomy Particularly Relating to Value, and to Demand and Supply]*, Londres, [R. Hunter,] 1821, p. 53-4.)

* Na primeira edição, "se coloque"; alterado de acordo com o manuscrito de Marx. (N. E. A.)

mercado assim obtido seria superior ao valor individual não só das mercadorias pertencentes ao extremo favorável, mas também daquelas situadas na camada intermediária; porém, ele continuaria a ser mais baixo que o valor individual das mercadorias produzidas no extremo mais desfavorável. Até onde ele se aproxima deste último, ou termina por coincidir com ele, é algo que depende inteiramente do volume que a massa de mercadorias produzidas ocupa no extremo desfavorável da esfera de mercadorias em questão. Se a demanda apresenta apenas uma pequena preponderância, então é o valor individual das mercadorias produzidas sob condições desfavoráveis que regulará o preço de mercado.

Por último, se, como ocorre no caso III, a quantidade de mercadorias produzidas sob as condições mais desfavoráveis representar uma proporção maior – não só comparada com o outro extremo, mas também com as condições médias –, então o valor de mercado cairá abaixo do valor médio. O valor médio, obtido pela adição das somas de valores dos dois extremos e da camada intermediária, é aqui inferior ao valor desta última e se aproxima ou se distancia dele conforme proporção que o extremo favorável represente. Se a demanda for fraca em relação à oferta, então a parte favoravelmente situada, qualquer que seja sua grandeza, ocupará violentamente espaço por meio da redução de seu preço a seu valor individual. O valor de mercado jamais pode coincidir com esse valor individual das mercadorias produzidas sob as melhores condições, a não ser que a oferta predomine consideravelmente sobre a demanda.

Essa determinação do valor de mercado, aqui exposta *abstratamente*, se estabelece no mercado real mediante a concorrência entre os compradores, pressupondo-se que a demanda seja grande o suficiente para absorver a massa de mercadorias a seu valor assim fixado. Com isso, chegamos ao segundo ponto.

Em segundo lugar, o fato de que a mercadoria tem um valor de uso significa apenas que ela satisfaz uma necessidade social qualquer. Quando tratávamos de mercadorias isoladas, podíamos supor que existia a necessidade dessa mercadoria determinada – em cujo preço já estava incluída sua quantidade – sem nos preocuparmos com o volume dessa necessidade a ser satisfeita. Mas esse volume converte-se num elemento essencial tão logo o produto de um ramo inteiro da produção se situe de um lado e a necessidade social, do outro. Agora é necessário levar em conta a medida, isto é, o volume da necessidade que cabe satisfazer.

Nas considerações anteriores sobre o valor de mercado, partimos do pressuposto de que a massa das mercadorias produzidas permanece igual, como um fator dado; que variava apenas a proporção entre os componentes dessa massa, que foram produzidos sob condições distintas, e que, portanto, o valor de mercado dessa mesma massa de mercadorias era regulado de diferentes maneiras. Suponhamos que essa massa constitua a quantidade normal da oferta, abstraindo para isso da possibilidade de que uma parte das mercadorias produzidas possa ser temporariamente retirada do mercado. Se agora a demanda por essa massa continua a ser a normal, a mercadoria será vendida por seu valor de mercado, independentemente de qual dos três casos examinados possa regular esse valor de mercado. A massa de mercadorias não só satisfaz uma necessidade, mas a satisfaz em seu volume social. Se, ao contrário, a quantidade de mercadorias for menor ou maior que a demanda por elas, haverá divergências entre o preço de mercado e o valor de mercado. A primeira divergência será a de que, quando a quantidade for pequena demais, o valor de mercado será sempre regulado pela mercadoria produzida sob as piores condições, ao passo que, quando é grande demais, ele será sempre regulado pela mercadoria produzida nas melhores condições; isso quer dizer que um dos extremos determinará o valor de mercado, apesar de que, de acordo com a mera proporção entre as massas produzidas em condições distintas, o resultado teria de ser outro. Se a diferença entre a demanda e o volume da produção é mais significativa, também o preço de mercado divergirá do valor de mercado de maneira ainda mais significativa, para cima ou para baixo. Mas a diferença entre a quantidade das mercadorias produzidas e a quantidade em que elas são vendidas por seu valor de mercado pode resultar de duas causas. Pode ocorrer, com efeito, que essa própria quantidade varie, tornando-se pequena ou grande demais, de modo que a reprodução teria ocorrido numa escala que não aquela que regulava o valor de mercado dado. Nesse caso, terá variado a oferta, ainda que a demanda tenha permanecido constante, o que resultará em sobreprodução ou subprodução relativa. Ou, então, que a reprodução, isto é, a oferta, tenha permanecido constante, mas a demanda tenha diminuído ou aumentado, o que pode ocorrer por diversas razões. Nesse caso, embora a grandeza absoluta da oferta tenha permanecido a mesma, sua grandeza relativa terá se modificado, isto é, sua grandeza comparada com a necessidade, ou medida por esta última. O efeito será o mesmo que no primeiro caso, porém em sentido inverso. Por último, no caso de que alterações ocorram dos dois lados, mas em direção oposta ou, se na mesma direção, não na mesma medida; quando, numa palavra, operam-se alterações bilaterais, que, no entanto, modificam a proporção anterior entre os dois lados, o resultado terá sempre de desembocar num dos dois casos aqui considerados.

A verdadeira dificuldade com que deparamos na definição geral da oferta e da demanda é que ela parece resultar numa tautologia. Consideremos primeiro a oferta, o produto que se encontra no mercado, que lhe pode ser fornecido. Para não entrarmos em detalhes que aqui seriam completamente inúteis, pensemos na massa da reprodução anual em qualquer ramo determinado da indústria, abstraindo da maior ou da menor capacidade que as diversas mercadorias possam ter para ser retiradas do mercado e armazenadas para o consumo, digamos, no ano seguinte. Essa reprodução anual expressa, em primeiro lugar, determinada quantidade, uma medida ou um número, conforme se meça a massa de mercadoria como discreta ou contínua; não se trata simplesmente de valores de uso destinados a satisfazer necessidades humanas, mas de valores de uso que se encontram no mercado numa quantidade dada. Em segundo lugar, essa quantidade de mercadorias tem um valor de mercado determinado, que podemos expressar num múltiplo do valor de mercado da mercadoria ou da medida de mercadoria que serve como unidade. Entre o volume quantitativo das mercadorias que se encontram no mercado e seu valor de mercado não existe, portanto, uma conexão necessária, uma vez que, por exemplo, algumas mercadorias têm um valor especificamente alto, e outras, um valor especificamente baixo, de modo que uma soma de valor dada pode ser representada numa quantidade muito grande de uma mercadoria e numa quantidade muito pequena de outra. Entre a quantidade dos artigos que se encontram no mercado e o valor de mercado desses artigos, existe apenas a seguinte relação: partindo de uma base dada de produtividade do trabalho, a elaboração de uma quantidade determinada de artigos requer, em cada esfera particular da produção, certa quantidade de tempo social de trabalho, embora essa relação varie completamente em diversas esferas da produção e não guarde nenhuma relação interna com a utilidade desses artigos nem com o caráter particular de seus valores de uso. Supondo inalteradas todas as demais circunstâncias, se a quantidade *a* de uma classe de mercadorias custa um tempo de trabalho *b*, a quantidade *na* custa um tempo de trabalho *nb*. Além disso, na medida em que a sociedade queira satisfazer necessidades e que um artigo seja produzido para esse fim, ela terá de pagar por ele. Com efeito, como na produção de mercadorias está pressuposta a divisão do trabalho, a sociedade compra esses artigos, empregando em sua produção uma parte de seu tempo disponível de trabalho, ou seja, compra-os mediante determinada quantidade do tempo de trabalho de que essa sociedade pode dispor. A parte da sociedade à qual, em virtude da divisão do trabalho, cabe empregar seu trabalho na produção desses artigos determinados tem de obter um equivalente por meio do trabalho social, representado nos artigos que satisfazem suas necessidades. Mas não existe uma conexão necessária, e sim uma conexão puramente fortuita entre, de um lado, a quantidade total do trabalho social empregado para produzir um artigo destinado à sociedade, isto é, a alíquota de sua força total de trabalho que a sociedade emprega para a produção desse artigo, ou, ainda, o volume que a produção desse artigo ocupa na produção total, e, de outro, o volume no qual a sociedade demanda a satisfação das necessidades que aquele artigo determinado visa cobrir. Embora cada artigo ou cada quantidade determinada de um tipo de mercadoria possa conter somente o trabalho social requerido para sua produção e embora, considerado sob esse aspecto, o valor de mercado de toda essa classe de mercadoria represente apenas trabalho necessário, quando a mercadoria determinada tiver sido produzida numa medida que, em dado momento, ultrapasse a necessidade social, uma parte do tempo de trabalho social terá sido desperdiçada, e a massa de mercadorias representará então, no mercado, uma quantidade de trabalho social muito menor que a quantidade nela efetivamente contida. (É somente onde a produção está submetida a um controle preestabelecido da sociedade que esta última pode estabelecer a coordenação necessária entre o tempo de trabalho social aplicado na produção de determinados artigos e o volume da necessidade social que esse artigo deve satisfazer.) Por conseguinte, essas mercadorias têm de ser vendidas abaixo de seu valor de mercado, e uma parte delas pode até tornar-se invendável. Já quando o volume do trabalho social empregado para a produção de uma classe determinada de mercadorias é pequeno demais para o volume da necessidade social particular que esse produto deve satisfazer, o resultado é o inverso. Em contrapartida, se o volume do trabalho social empregado para a produção de um artigo determinado corresponde ao volume da necessidade social a ser satisfeita, de modo que, mantendo-se inalterada a demanda, a massa produzida corresponda à escala habitual da reprodução, então a mercadoria será vendida por seu valor de mercado. O intercâmbio ou a venda das mercadorias por seu valor é o racional [*das Rationelle*], a lei natural de seu equilíbrio; dela devemos partir para explicar os desvios – e não o inverso, partir dos desvios para explicar a lei.

Voltemo-nos agora ao outro aspecto, o da demanda.

As mercadorias são compradas como meios de produção ou meios de subsistência – embora algumas classes de mercadorias possam servir para ambos os fins – para entrar no consumo produtivo ou individual. Verifica-se, pois, uma demanda dessas mercadorias por parte dos produtores (que são, aqui, capitalistas, pois pressupomos que os meios de produção estão transformados em capital) e dos consumidores. Ambas as coisas parecem supor, de início, um volume dado de necessidades sociais do lado da demanda, ao qual correspondem, do outro lado, determinados volumes de produção social nos diversos ramos da produção. Para que a indústria algodoeira, por exemplo, possa dar continuidade a sua reprodução anual em dada escala, ela necessita da quantidade tradicional de algodão e, se levamos em conta a ampliação anual da reprodução em decorrência da acumulação de capital, concluímos que, mantendo-se inalteradas as demais circunstâncias, ela necessita, além disso, de uma quantidade adicional de matéria-prima. O mesmo ocorre com relação aos meios de subsistência. Para continuar a viver mais ou menos do modo como viveu até então, a classe trabalhadora precisa encontrar uma quantidade pelo menos igual de meios de subsistências necessários, ainda que sua distribuição entre as diversas categorias tenha se alterado em maior ou menor medida; e, se levamos em conta o crescimento anual da população, ela precisa encontrar uma quantidade adicional; o mesmo vale, com maiores ou menores modificações, para as outras classes.

Parece, pois, que, do lado da demanda, encontra-se uma certa grandeza de algumas necessidades sociais, que, para sua satisfação, requer uma quantidade determinada de um artigo no mercado. Mas a determinidade [*Bestimmtheit*] quantitativa dessa necessidade é totalmente elástica e oscilante. Seu caráter fixo é aparente. Se os meios de subsistência fossem mais baratos ou os salários em dinheiro mais elevados, os trabalhadores comprariam uma quantidade maior desses artigos e se ampliaria a "necessidade social" dessa classe de mercadorias, abstraindo por completo dos indigentes etc., cuja "demanda" é inferior a suas necessidades físicas mais elementares. Por outro lado, se o algodão, por exemplo, fosse mais barato, cresceria a demanda de algodão por parte dos capitalistas, uma quantidade maior de capital adicional seria lançada na indústria algodoeira etc. Quanto a isso, não podemos de modo nenhum esquecer que, segundo nosso pressuposto, a demanda de consumo produtivo é a demanda do capitalista e que a verdadeira finalidade deste último é a produção de mais-valor, de modo que ele produz certa classe de mercadoria somente com esse objetivo. Por outro lado, isso não impede que, ao apresentar-se no mercado como comprador, por exemplo, de algodão, o capitalista represente a necessidade de algodão, sendo indiferente ao vendedor de algodão se o comprador transforma o algodão em tecido de camisa ou em algodão-pólvora, ou se pretende usá-lo para tapar seus ouvidos e os do mundo inteiro. Porém, sem dúvida isso exerce grande influência sobre o modo como atua como comprador. Sua necessidade de algodão se encontra essencialmente modificada pela circunstância de que, na realidade, apenas disfarça sua necessidade de obter lucro. Os limites nos quais a necessidade de mercadorias representada no *mercado* – a demanda – é quantitativamente distinta da necessidade *social real* variam muito, naturalmente, segundo as diversas mercadorias; refiro-me à diferença entre a quantidade de mercadorias exigida e a quantidade que se exigiria no caso de mercadorias com outros preços monetários ou de compradores em outras condições financeiras ou de vida.

Não há nada mais fácil de compreender do que as desproporções entre oferta e demanda e a conseguinte divergência entre os preços de mercado e os valores de mercado. A verdadeira dificuldade consiste em definir o que se deve entender por coincidência entre oferta e demanda.

A oferta e a demanda coincidem quando se encontram numa relação tal que a massa das mercadorias de um ramo determinado da produção pode ser vendida por seu valor de mercado, nem acima nem abaixo dele. Essa é nossa primeira comprovação.

A segunda é a seguinte: quando as mercadorias são vendáveis por seu valor de mercado, a oferta e a demanda coincidem.

Quando a oferta e a demanda coincidem, elas deixam de atuar, e precisamente por isso as mercadorias são vendidas por seu valor de mercado. Quando duas forças iguais atuam na mesma medida em sentidos opostos, elas se anulam reciprocamente, não exercem nenhum efeito externo, e os fenômenos que se produzem sob essas condições têm de ser explicados por causas alheias à intervenção dessas duas forças. Quando se anulam mutuamente, a oferta e a demanda já não explicam mais coisa nenhuma, não influem no valor de mercado e, com mais razão ainda, não nos ajudam a compreender por que o valor de mercado se expressa justamente nessa soma de dinheiro, e não em outra. Evidentemente, as leis internas efetivas da produção capitalista não podem ser explicadas pelo efeito recíproco de oferta e demanda (abstraindo de uma análise mais profunda dessas duas forças motrizes sociais, que não cabe aqui), porquanto essas leis só aparecem realizadas em toda sua pureza no momento em que a oferta e a demanda cessam de atuar, isto é, quando coincidem. Com efeito, a oferta e a demanda nunca coincidem, ou, se o fazem, é de modo acidental, de maneira que se deve qualificá-las cientificamente como = 0, isto é, como se tal coincidência não existisse. Na economia política, no entanto, parte-se da premissa de que coincidem. Por quê? Para considerar os fenômenos na forma que corresponde a suas leis, a seu conceito, isto é, para considerá-los independentemente da aparência provocada pelo movimento da oferta e da demanda. Por outro lado, para localizar e, de certo modo, fixar a tendência efetiva de seu movimento, pois as desigualdades são de natureza oposta e, como se sucedem constantemente umas às outras, voltam a compensar-se por suas direções opostas, pela contradição entre elas. Portanto, se a oferta e a demanda não concordam em nenhum caso dado, suas desigualdades se sucedem de maneira tal – e o desvio numa direção provoca como resultado um desvio em direção contrária – que, caso se considere o conjunto num intervalo de tempo maior ou menor, a oferta e a demanda coincidem constantemente, mas apenas como média do movimento transcorrido e como movimento constante de sua contradição. Desse modo, considerados segundo seu número médio, os preços de mercado divergentes dos valores de mercado nivelam-se com estes últimos, na medida em que as divergências se anulam como mais e menos. Esse número médio não tem de modo nenhum uma importância meramente teórica, mas uma grande importância prática para o capital, cujos investimentos se calculam levando em conta as flutuações e compensações num intervalo de tempo mais ou menos determinado.

Por isso, a relação entre oferta e demanda só explica, por um lado, as divergências dos preços de mercado em relação aos valores de mercado e, por outro, a tendência à anulação dessa divergência, isto é, à anulação do efeito da relação entre a oferta e a demanda. (Não cabe aqui considerar os casos excepcionais de mercadorias que têm um preço sem ter valor.) A oferta e a demanda podem anular de maneiras muito diversas os efeitos produzidos por sua desigualdade. Por exemplo, se cai a demanda e, por conseguinte, o preço de mercado, isso pode provocar a retirada de capital, com a consequente redução da oferta. Mas também pode fazer com que o próprio valor de mercado, por meio de inventos que abreviem o tempo de trabalho necessário, diminua e, desse modo, nivele-se com o preço de mercado. Inversamente, se aumenta a demanda e, com isso, o preço de mercado fica acima do valor de mercado, isso pode fazer com que a esse ramo da produção aflua capital em demasia e a produção aumente em tais proporções que o próprio preço de mercado caia abaixo do valor de mercado; por outro lado, pode levar a um aumento de preços que repercuta sobre a demanda, fazendo-a recuar. Num ou noutro ramo da produção, isso pode levar também a um aumento do próprio valor de mercado durante um período mais ou menos longo, ao fazer com que uma parte dos produtos demandados seja produzida, durante esse período, sob piores condições.

Se, por um lado, a oferta e a demanda determinam o preço de mercado, por outro lado é o preço de mercado e, em última análise, o valor de mercado que determinam a oferta e a demanda. No caso da demanda, isso é evidente, já que esta se move em sentido contrário ao preço, aumentando quando ele diminui, e vice-versa. Mas o mesmo ocorre com a oferta, pois os preços dos meios de produção que entram na mercadoria ofertada determinam a demanda desses meios de produção e, por conseguinte, também a oferta das mercadorias cuja oferta inclui a demanda daqueles meios de produção. Os preços do algodão são determinantes para a oferta de tecidos de algodão.

A essa confusão – determinação dos preços por oferta e demanda e, ao mesmo tempo, determinação da oferta e demanda pelos preços – devemos acrescentar que a demanda determina a oferta e esta, por sua vez, a demanda, ou, o que dá no mesmo, que a produção determina o mercado, e este, a produção[31].

---

[31] O grande disparate da seguinte "perspicácia": "*Where the quantity of wages, capital, and land, required to produce an article, have become different from what they where, that which Adam Smith calls the natural price of it, is also different, and that price which was previously its natural price, becomes, with reference to this alteration, its market price; because, though neither the supply, nor the quantity wanted may have changed [...] that supply is not now exactly enough for those persons who are able and willing to pay what is now the cost of production, but is either greater or less than that; so that the proportion between the supply, and what is, with reference to the new cost of production, the effectual demand, is different from what it was. An alteration in the rate of supply will then take place if there is no obstacle in the way of it, and at last bring the commodity to its new natural price. It may then seem good to some persons to say that, as the commodity gets to its natural price by an alteration in its supply, the natural price is as much owing to one proportion between the demand and the supply, as the market price is to another, and consequently, that the natural price, just as much as the market price, depends on the proportion that demand and supply bear to each other. ('The great principle of demand and supply is called into action to determine what A. Smith calls natural price, as well as market price' – Malthus)*" ["Quando a quantidade dos salários, do capital e do solo necessários para a produção de uma mercadoria se altera, também se encontra alterado aquilo que Adam Smith chama de preço natural dessa mercadoria, e esse preço, que antes era seu preço natural, converte-se, com referência a essa alteração, em seu preço de mercado: pois embora nem a oferta nem a quantidade requerida tenham variado" (ambas variam, aqui, precisamente porque varia o valor de mercado ou, como é o caso em Adam Smith, o preço de produção varia em consequência de uma variação de valor), "essa oferta não corresponde inteiramente à demanda daquelas pessoas em condições de pagar – e dispostas a tanto – por aquilo que agora representa o custo de produção, mas é maior ou menor que ela, de modo que a proporção entre a oferta e o que, com referência ao novo custo de produção, é a demanda efetiva, é diferente do que era. Então ocorrerá uma alteração na oferta – se não houver nenhum obstáculo –, e a mercadoria acabará reconduzida a seu novo preço natural. Nesse caso, é possível que algumas pessoas considerem que o melhor seria dizer que – uma vez que a mercadoria alcança seu preço natural em virtude de uma alteração em sua oferta – o preço natural se deve tanto a tal ou qual proporção entre a oferta e a demanda quanto o preço de mercado se deve a outra; e, consequentemente, que o preço natural, assim como o preço de mercado, depende da proporção que a oferta e a demanda guardam entre si. ('O grande princípio da oferta e da demanda foi posto em ação para definir o que A. Smith chama de preços naturais, assim como o que ele chama de preços de mercado.' – Malthus)"] (*Observations on Certain Verbal Disputes etc.*, cit., p. 60-1). O astuto senhor não percebe que, no caso presente, foi precisamente a mudança no *cost of production* [custo de produção], ou seja, também no valor, que havia provocado a alteração na demanda, quer dizer, na proporção entre a oferta e a demanda, e que essa alteração na demanda pode provocar uma alteração na oferta; o que demonstraria precisamente o contrário do que pretende nosso pensador; a saber, demonstraria que a alteração nos custos de produção não está de modo nenhum regulada pela proporção entre a oferta e a demanda, mas que, pelo contrário, é ela mesma que regula essa proporção.

Até o economista vulgar (cf. nota) compreende que, sem uma mudança da oferta ou da demanda provocada por circunstâncias externas, a proporção entre ambas pode se alterar em consequência de uma variação no valor de mercado das mercadorias. Até ele se vê obrigado a reconhecer que, qualquer que seja o valor de mercado, a oferta e a demanda têm de compensar-se para obtê-lo. Isto é, que não é a proporção entre a oferta e a demanda que explica o valor de mercado, mas, ao contrário, é ele que explica as flutuações da oferta e da demanda. Depois da passagem citada na nota, prossegue o autor das "*Observations*":

> "*This proportion*" (entre oferta e demanda) "*however, if we still mean by 'demand' and 'natural price', what we meant just now, when referring to Adam Smith, must always be a proportion of equality: for it is only when the supply is equal to the effectual demand, that is, to that demand, which will pay neither more nor less than the natural price, that the natural price is in fact paid; consequently, there may be two very different natural prices, at different times, for the same commodity, and yet the proportion which the supply bears to the demand, be in both cases the same, namely the proportion of equality.*"*

Admite-se, pois, que, apesar de existirem diferentes *natural prices* [preços naturais] da mesma mercadoria em dois momentos distintos, a oferta e a demanda podem e devem coincidir em ambos os casos, a fim de que a mercadoria seja vendida a seu *natural price* nas duas ocasiões. E como em nenhum desses casos existe diferença na proporção entre oferta e demanda, mas apenas na grandeza do próprio *natural price*, é evidente que este se determina independentemente da oferta e da demanda e que não pode em absoluto ser determinado por estas.

Para que uma mercadoria seja vendida por seu valor de mercado, isto é, na proporção do trabalho socialmente necessário nela contido, a quantidade total de trabalho social empregada na massa total desse tipo de mercadoria tem de corresponder à quantidade das necessidades sociais, isto é, às necessidades sociais solventes. A concorrência e as oscilações dos preços de mercado que correspondem às oscilações da relação entre oferta e demanda

---

* "No entanto, essa proporção" [...] "se ainda entendemos por 'demanda' e 'preço natural' o que até agora entendíamos ao nos referirmos a Adam Smith, tem de ser sempre uma proporção de igualdade, pois somente quando a oferta é igual à demanda efetiva, isto é, a demanda que não pagará nem mais nem menos que o preço natural, é que o preço natural é efetivamente pago; consequentemente, pode haver dois preços naturais muito diferentes, em diferentes momentos, para a mesma mercadoria, e, não obstante, a proporção que a oferta guarda para com a demanda pode ser, em ambos os casos, a mesma, a saber, a proporção de igualdade." (N. T.)

tendem constantemente a reduzir a essa medida a quantidade total do trabalho empregado em cada tipo de mercadoria.

Na relação entre oferta e demanda das mercadorias se repete, em primeiro lugar, a relação entre valor de uso e valor de troca, entre mercadoria e dinheiro, entre comprador e vendedor, e, em segundo lugar, a relação entre produtor e consumidor, ainda que ambos possam estar representados por terceiros, que são os comerciantes. Quanto ao comprador e ao vendedor, é suficiente, para desenvolver a relação, confrontá-los um com o outro. Basta que existam três pessoas para que se opere a metamorfose total da mercadoria e, por conseguinte, a unidade total da venda e da compra. *A* converte sua mercadoria no dinheiro de *B*, a quem ele vende a mercadoria, e reconverte seu dinheiro em mercadoria, empregando-o para comprá-la de *C*; o processo inteiro ocorre entre essas três pessoas. Além disso, em nosso estudo sobre o dinheiro, partimos do pressuposto de que as mercadorias eram vendidas por seu valor, porquanto não havia absolutamente nenhum motivo para considerar preços divergentes do valor, uma vez que se tratava apenas de metamorfoses que a mercadoria sofre em sua conversão em dinheiro e reconversão de dinheiro em mercadoria. Tão logo a mercadoria é vendida e, com a soma por ela paga, uma nova mercadoria é comprada, temos diante de nós a metamorfose completa, sendo indiferente, nesse caso, se o preço da mercadoria esteja abaixo ou acima de seu valor. O valor da mercadoria, como base, conserva sua importância, uma vez que o dinheiro só pode ser desenvolvido em seu conceito a partir desse fundamento, e porque o preço, em relação a seu conceito geral, é primordialmente apenas o valor em forma de dinheiro. No entanto, na análise do dinheiro como meio de circulação, pressupomos que não ocorre somente *uma* metamorfose de uma mercadoria. Consideramos, antes, o entrelaçamento social dessas metamorfoses. Apenas assim chegamos ao curso do dinheiro e ao desenvolvimento de sua função como meio de circulação. Mas essa conexão, por importante que seja para a transição do dinheiro à função de meio de circulação e para sua figura modificada que resulta dessa transição, é de todo indiferente para a transação entre os distintos compradores e vendedores.

Em contrapartida, no caso da oferta e da demanda, a oferta é igual à soma dos vendedores ou dos produtores de determinado tipo de mercadoria, e a demanda é igual à soma dos compradores ou dos consumidores (individuais ou produtivos) do mesmo tipo de mercadorias. E as somas interagem precisamente como unidades, como forças agregadas. O indivíduo só opera aqui como parte de uma potência social, como átomo da massa, e é nessa forma que a concorrência faz valer o caráter *social* da produção e do consumo.

O lado momentaneamente mais fraco da concorrência é, ao mesmo tempo, aquele no qual o indivíduo atua independentemente da massa de seus concorrentes e, com frequência, diretamente contra ela, tornando perceptível precisamente assim a dependência de uns em relação aos outros, ao passo que o lado mais forte sempre enfrenta seu oponente como uma unidade mais ou menos compacta. Se para essa espécie determinada de mercadorias a demanda for maior que a oferta, um comprador oferecerá mais que o outro – dentro de certos limites – e, desse modo, encarecerá a mercadoria para todos acima do valor de mercado*, enquanto que, por outro lado, os vendedores procurarão vender conjuntamente a um preço de mercado mais alto. Se, por sua vez, a oferta for maior que a demanda, um começará a liquidar a mercadoria a um preço menor, e os outros terão de segui-lo, enquanto os compradores se esforçarão em conjunto para reduzir o preço de mercado o máximo possível abaixo do valor de mercado. A ação conjunta só interessa a cada um deles na medida em que se ganhe mais unindo-se a ele do que estando contra ele. E essa ação cessará tão logo esse interesse coletivo caia por terra e cada indivíduo trate de se arranjar da melhor maneira possível por suas próprias forças. Além disso, se um deles produz mais barato e pode liquidar uma quantidade maior, apropriar-se de uma fatia maior do mercado, vendendo abaixo do preço corrente de mercado ou do valor de mercado, ele o faz, e assim tem início a ação que pouco a pouco obriga os outros a introduzir o tipo de produção mais barato e que reduz o trabalho socialmente necessário a uma nova medida menor. Se um lado tem a supremacia, ganha cada um dos membros que o integram; é como se eles tivessem de impor um monopólio comum. Se um lado é o mais fraco, cada membro pode procurar por sua própria conta ser o mais forte (por exemplo, quem trabalha com custos menores de produção) ou pelo menos arranjar-se da melhor maneira possível; nesse caso, ele está pouco se lixando para seu vizinho, embora sua própria ação afete não somente a ele, mas também a todos os seus companheiros[32].

---

* Na primeira edição, "preço de mercado". (N. E. A.)

[32] *"If each man of a class could never have more than a given share, or aliquot part of the gains and possessions of the whole, he would readily combine to raise the gains [...]: this is monopoly. But where each man thinks that he may any way increase the absolute amount of his own share, though by a process which lessens the whole amount, he will often do it: this is competition."* ["Se cada indivíduo de uma classe jamais pudesse ter mais que uma porção dada ou uma alíquota dos lucros e das posses do todo, ele se mostraria disposto a unir-se para aumentar os lucros" (ele o faz, tão logo o permite a relação entre a oferta e a demanda): "isso é o monopólio. Mas se cada indivíduo pensa que de algum modo pode aumentar a soma absoluta de sua própria parte, ainda que em virtude de um procedimento que diminua a soma total, ele com frequência o fará: isso é a concorrência."] (*An Inquiry into those Principles Respecting the Nature of Demand [and the Necessity of Consumption, Lately Advocated by Mr. Malthus]*, Londres, [R. Hunter,] 1821, p. 105.)

A oferta e a demanda pressupõem a transformação do valor em valor de mercado e, na medida em que operam sobre uma base capitalista, em que as mercadorias são produtos do capital, pressupõem processos de produção capitalistas, ou seja, condições muito mais complexas que a mera compra e venda de mercadorias. Aqui, não se trata da transformação puramente formal do valor das mercadorias em preço, isto é, de simples alteração de forma; trata-se das divergências quantitativas determinadas dos preços de mercado com relação aos valores de mercado e, além disso, com relação aos preços de produção. Nas simples operações de compra e venda, basta que os produtores de mercadorias como tais se confrontem uns com os outros. A oferta e a demanda, numa análise mais detalhada, pressupõem a existência das diversas classes e subclasses entre as quais se reparte a renda total da sociedade para ser por elas consumida como renda, e que, portanto, constituem parte da demanda formada pela renda; por outro lado, o entendimento da oferta e da demanda constituídas pelos produtores como tais pressupõe a compreensão da estrutura de conjunto do processo de produção capitalista.

Na produção capitalista não se trata apenas de extrair, em troca da massa de valor lançada na circulação em forma-mercadoria, uma massa igual de valor sob uma forma distinta – seja de dinheiro, seja de outra mercadoria –, mas sim de extrair do capital investido na produção o mesmo mais-valor ou lucro que qualquer outro capital de mesma grandeza, ou *pro rata* [proporcionalmente] a sua grandeza, qualquer que seja o ramo da produção em que ele seja investido; trata-se, portanto, de, pelo menos como mínimo, vender as mercadorias a preços que forneçam o lucro médio, isto é, a preços de produção. Nessa forma, o capital chega à consciência de si mesmo como uma *potência social* na qual cada capitalista se encontra proporcionalmente a sua participação no capital social total.

Em primeiro lugar, à produção capitalista como tal é indiferente o valor de uso determinado e, em geral, as características específicas das mercadorias que ela produz. Em qualquer esfera da produção, o que lhe importa é apenas produzir mais-valor, apropriar-se, no produto do trabalho, de determinada quantidade de trabalho não pago. E o mesmo ocorre, por sua natureza, com o trabalho assalariado submetido ao capital: a apropriação capitalista não se importa com o caráter específico de seu trabalho, desde que ele se transforme conforme as necessidades do capital e se deixe deslocar de uma esfera da produção a outra.

Em segundo lugar, uma esfera da produção é, na realidade, tão boa ou tão má quanto a outra; todas proporcionam o mesmo lucro, e todas careceriam de propósito se as mercadorias que produzem não satisfizessem a uma necessidade social de um tipo qualquer.

Ocorre que, se as mercadorias fossem vendidas por seus valores, haveria, como já foi exposto, taxas de lucro muito diversas nas diversas esferas da produção, segundo a composição orgânica das massas de capital nelas investidas. Mas o capital é retirado de uma esfera com taxa de lucro menor e lançado em outra, que gera lucros maiores. Mediante essa constante emigração e imigração, numa palavra, mediante sua distribuição entre as diversas esferas, conforme em uma delas sua taxa de lucro diminua e, em outra, aumente, o capital engendra uma relação entre a oferta e a demanda de tal natureza que o lucro médio nas diversas esferas da produção torna-se o mesmo e, por conseguinte, os valores se transformam em preços de produção. O capital logra realizar essa equalização em maior ou menor grau quanto maior for o desenvolvimento capitalista num Estado-nação dado, isto é, quanto mais adequadas ao modo capitalista de produção se encontrem as condições do país em questão. Com o progresso da produção capitalista, desenvolvem-se também suas condições, e o conjunto dos pressupostos sociais no interior dos quais transcorre o processo de produção vai sendo progressivamente submetido a seu caráter específico e a suas leis imanentes.

A constante equalização das constantes desigualdades se efetuará tanto mais rapidamente: 1) quanto mais móvel seja o capital, isto é, quanto mais fácil seja transferi-lo de uma esfera da produção a outra e de um lugar a outro; 2) quanto mais rapidamente se possa deslocar força de trabalho de uma esfera de produção a outra e de um ponto a outro. A primeira condição supõe a liberdade plena de comércio no interior da sociedade e a eliminação de todos os monopólios, exceto o natural, ou seja, aquele que deriva do próprio modo de produção capitalista. Supõe, além disso, o desenvolvimento do sistema de crédito, que concentra diante dos capitalistas individuais a massa inorgânica do capital social disponível; por último, a subordinação das diversas esferas da produção aos capitalistas. Este último ponto já se encontra implícito no suposto prévio, no qual se admitia tratar-se da transformação dos valores em preços de produção para todas as esferas de produção exploradas de modo capitalista; mas inclusive essa compensação se choca contra grandes obstáculos quando numerosas e massivas esferas da produção que não se exploram de modo capitalista (por exemplo, a agricultura explorada por pequenos camponeses) se interpõem entre as empresas capitalistas e com elas se concatenam. Por fim, temos a grande densidade da população. A segunda condição pressupõe a abolição de todas as leis que impedem os trabalhadores de transferir-se de uma esfera da produção a outra ou de uma sede local da produção para outra qualquer. Indiferença do trabalhador em relação ao conteúdo de seu trabalho. Em todas as esferas da produção, maior redução possível do trabalho a trabalho simples. Desaparição de todos os preconceitos profissionais entre os trabalhadores. Por fim, e sobretudo, submissão do trabalhador ao modo de produção capitalista. O desenvolvimento desses pontos pertence ao exame especial da concorrência.

Do que foi dito resulta que cada capitalista, assim como o conjunto de todos os capitalistas de cada esfera da produção, se interessa pela exploração da classe trabalhadora inteira pelo capital e pelo grau dessa exploração não só por uma simpatia geral de classe, mas sim diretamente, por motivos econômicos, uma vez que, pressupondo como dadas todas as demais circunstâncias – entre elas, o valor da totalidade do capital constante adiantado –, a taxa média de lucro depende do grau de exploração do trabalho total pelo capital total.

A taxa média de lucro coincide com o mais-valor médio produzido percentualmente pelo capital, e, com relação ao mais-valor, o que acabamos de expor é desde já evidente. No lucro médio, apenas o valor do capital adiantado é agregado como um dos elementos determinantes da taxa de lucro. Na realidade, o interesse especial que atrai um capitalista ou o capital de determinada esfera da produção à exploração dos trabalhadores por ele diretamente ocupados limita-se ao fato de que, seja mediante um excesso excepcional de trabalho, seja mediante a redução do salário a um nível abaixo da média, ou ainda, em virtude de uma produtividade excepcional no trabalho empregado, ele possa obter um ganho extraordinário, um lucro que ultrapasse o lucro médio. Sem levar isso em conta, um capitalista que em sua esfera de produção não empregasse nenhum capital variável e, portanto, não empregasse nenhum trabalhador (o que, com efeito, é uma hipótese exagerada) estaria tão interessado na exploração da classe trabalhadora pelo capital e extrairia seus lucros do mais-trabalho não pago exatamente na mesma medida de, por exemplo, um capitalista que (outra hipótese exagerada) só empregasse capital variável, ou seja, que desembolsasse seu capital inteiro em salários. Ora, com uma jornada de trabalho dada, o grau de exploração do trabalho depende da intensidade média do trabalho e, com uma intensidade de trabalho dada, ele depende da duração da jornada de trabalho. Do grau de exploração do trabalho depende o nível da taxa de mais-valor, portanto, com dada massa total de capital variável, a grandeza do mais-valor e, com ela, a grandeza do lucro. O interesse especial que o capital de uma esfera, em contraste com o capital em seu conjunto, tem na exploração dos trabalhadores por ele especificamente ocupados é o mesmo que o capitalista individual, em contraste com o capital de sua esfera de produção, tem na exploração dos trabalhadores que ele explora pessoalmente.

Por outro lado, o capital de cada esfera particular da produção e cada capitalista individual têm o mesmo interesse na produtividade do trabalho social empregado pelo capital total. E dessa produtividade dependem duas coisas: em primeiro lugar, a quantidade de valores de uso nos quais se expressa o lucro médio; e isso é duplamente importante, na medida em que esse lucro médio serve tanto como fundo de acumulação de novo capital quanto como fundo de renda para o desfrute. Em segundo lugar, o nível de valor do capital total adiantado (constante e variável), que, com uma grandeza dada do mais-valor ou do lucro da classe capitalista inteira, determina a taxa de lucro ou o lucro para certa quantidade de capital. A produtividade particular do trabalho numa esfera particular ou num negócio em particular no interior dessa esfera interessa unicamente aos capitalistas que deles participam diretamente, na medida em que possibilita a essa esfera particular a obtenção de um lucro extraordinário com relação ao capital total ou ao capitalista individual um lucro extraordinário com relação a sua esfera.

Temos aqui, pois, a demonstração matemática exata de por que os capitalistas, apesar das desavenças que os separam no campo da concorrência, constituem, não obstante, uma verdadeira confraria maçônica diante do conjunto da classe trabalhadora.

O preço de produção traz implícito o lucro médio. O que denominamos preço de produção é, na realidade, o mesmo que Adam Smith denomina *natural price* [preço natural]; Ricardo, *price of production, cost of production* [preço de produção, custo de produção]; os fisiocratas, *prix nécessaire* [preço necessário] – ainda que nenhum deles tenha desenvolvido a diferença entre o preço de produção e o valor –, porque por muito tempo ele é a condição da oferta, da reprodução da mercadora de cada esfera da produção em particular[33]. Compreende-se também por que os mesmos economistas que se voltam contra a determinação do valor das mercadorias pelo tempo de trabalho, pela quantidade de trabalho nelas contido, falem sempre dos preços de produção como centros em torno dos quais flutuam os preços de mercado. Eles se permitem fazê-lo porque o preço de produção é uma forma já totalmente exteriorizada e, *prima facie*, absurda do valor-mercadoria; uma forma que se apresenta na concorrência, portanto, na consciência do capitalista vulgar e, logo, também na do economista vulgar.

* * *

[33] Malthus.

Do que expusemos se depreende que o valor de mercado (e tudo o que foi dito sobre ele vale também, com as restrições necessárias, para o preço de produção) inclui um lucro extra para os que produzem nas melhores condições em cada esfera particular da produção. Excetuando os casos de crise e de sobreprodução, isso vale para todos os preços de mercado, por mais que possam divergir dos valores de mercado ou dos preços de produção do mercado, pois o preço de mercado implica que se pague o mesmo preço por mercadorias da mesma espécie, ainda que tenham sido produzidas sob condições individuais bem diversas e, por conseguinte, possam ter preços de custo muito diferentes. (Não falamos aqui dos lucros extras, que derivam de monopólios, artificiais ou naturais, no sentido usual da palavra.)

Mas, além disso, os lucros extras podem ter lugar quando certas esferas da produção se encontrem em condições de subtrair-se à transformação de seus valores-mercadoria em preços de produção e, assim, à redução de seus lucros ao lucro médio. Na seção sobre renda fundiária teremos de considerar outras modalidades dessas duas formas do lucro extra.

Capítulo 11

Efeitos das flutuações gerais dos salários sobre os preços de produção

Suponhamos que a composição média do capital social seja $80c + 20v$, e o lucro, 20%. A taxa do mais-valor será, nesse caso, de 100%. Uma elevação geral dos salários, mantendo-se constantes as demais circunstâncias, é uma redução da taxa de mais-valor. O lucro e o mais-valor coincidem com relação ao capital médio. Suponhamos que os salários aumentem 25%. A mesma massa de trabalho, que antes custava 20 para ser posta em movimento, custa agora 25. Temos, então, em vez de $80c + 20v + 20l$, um valor de rotação de $80c + 25v + 15l$. O trabalho mobilizado pelo capital variável continua a produzir uma soma de valor de 40. Se v aumenta de 20 para 25, o excedente m ou l é apenas = 15. O lucro de 15 sobre 105 representa $14^{2}/_{7}\%$, que seria a nova taxa do lucro médio. E como o preço de produção das mercadorias produzidas pelo capital médio coincide com seu valor, o preço de produção dessas mercadorias não teria variado; por conseguinte, a elevação dos salários teria certamente como consequência uma queda do lucro, mas nenhuma variação do valor nem do preço das mercadorias.

Antes, quando o lucro médio era = 20%, o preço de produção das mercadorias produzidas num período de rotação era igual a seu preço de custo mais um lucro de 20% sobre esse preço de custo, portanto, $k + kl' = k + {}^{20k}/_{100}$, sendo k uma grandeza variável segundo o valor dos meios de produção incorporados nas mercadorias e segundo o grau do desgaste que o capital fixo empregado em sua produção transfere ao produto. Agora, em contrapartida, o preço de produção é $k + {}^{14\,2/7\,k}/_{100}$.

Tomemos, primeiramente, um capital cuja composição seja inferior à composição originária do capital social médio de $80c + 20v$ (que, agora, converteu-se em $76^{4}/_{21}c + 23^{17}/_{21}v$); por exemplo, $50c + 50v$. Se supomos, a título de simplificação, que o capital fixo inteiro entrou como desgaste no produto anual e que o tempo de rotação é o mesmo que no caso I, então o preço de produção do produto anual subiu, antes do aumento dos salários, a $50c + 50v + 20l = 120$. Um aumento dos salários de 25% acarreta, para a mesma quantidade de trabalho posto em movimento, um aumento do capital variável de 50 a $62\frac{1}{2}$. Se o produto anual fosse vendido ao preço de produção anterior de 120, teríamos $50c + 62\frac{1}{2}v + 7\frac{1}{2}l$, ou seja, uma taxa de lucro de $6\frac{2}{3}\%$. Mas a nova taxa média de lucro é de $14\frac{2}{7}\%$, e como partimos do suposto de que todas as demais circunstâncias se mantêm invariáveis, esse capital de $50c + 62\frac{1}{2}v$ também terá de render o mesmo lucro. Ora, um capital de $112\frac{1}{2}$, a uma taxa de lucro de $14\frac{2}{7}$[%], rende um lucro de $16\frac{1}{14}$*. O preço de produção das mercadorias é agora, portanto, $50c + 62\frac{1}{2}v + 16\frac{1}{14}l$** $= 128\frac{8}{14}$***. Por conseguinte, como resultado do aumento salarial em 25%, o preço de produção da mesma quantidade da mesma mercadoria subiu de 120 para $128\frac{8}{14}$****, ou mais de 7%.

Suponhamos, pelo contrário, uma esfera da produção de composição orgânica superior à do capital médio, por exemplo, de $92c + 8v$. Nesse caso, o lucro médio originário será também = 20 e, se voltamos a supor que todo o capital fixo entra no produto anual e que o tempo de rotação é o mesmo que o dos casos I e II, também aqui o preço de produção da mercadoria será = 120.

Em consequência do aumento dos salários em 25%, o capital variável para uma mesma quantidade de trabalho aumentará de 8 a 10 e, portanto, o preço de custo das mercadorias subirá de 100 para 102, enquanto a taxa média do lucro diminuirá de 20% para $14\frac{2}{7}\%$. Mas a proporção é $100 : 14\frac{2}{7} = 102 : 14\frac{4}{7}$*****. O lucro, que agora corresponde a 102, é, portanto, $14\frac{4}{7}$. Por isso, o produto total é vendido a $k + kl' = 102 + 14\frac{4}{7} = 116\frac{4}{7}$. O preço de produção diminui, pois, de 120 para $116\frac{4}{7}$, ou seja, $3\frac{3}{7}$******.

Portanto, como resultado do aumento dos salários em 25%, temos que:

1. com relação ao capital de composição social média, o preço de produção da mercadoria permaneceu inalterado;
2. com relação ao capital de composição mais baixa, o preço de produção da mercadoria aumentou, embora não na mesma proporção em que diminuiu o lucro;

* Na primeira edição, "cerca de 161/2". Alterado de acordo com o manuscrito de Marx. (N. E. A.)

** Na primeira edição, "161/12l". Alterado de acordo com o manuscrito de Marx. (N. E. A.)

*** Na primeira edição, "1287/12". Alterado de acordo com o manuscrito de Marx. (N. E. A.)

**** Na primeira edição, "1287/12". Alterado de acordo com o manuscrito de Marx. (N. E. A.)

***** Na primeira edição, "(aproximadamente)". Alterado de acordo com o manuscrito de Marx. (N. E. A.)

****** Na primeira edição, "mais de 3%". Alterado de acordo com o manuscrito de Marx. (N. E. A.)

3. com relação ao capital de composição mais alta, o preço de produção da mercadoria diminuiu, embora tampouco na mesma proporção do lucro.

Como o preço de produção das mercadorias do capital médio permaneceu constante, igual ao valor do produto, também a soma dos preços de produção dos produtos de todos os capitais permaneceu a mesma, igual à soma dos valores produzidos pelo capital total; a elevação, por um lado, e a diminuição, por outro, compensam-se para o capital total com base no nível do capital social médio.

O preço de produção das mercadorias aumenta no exemplo II e diminui no III; ora, esse efeito contrário, que provoca a queda da taxa de mais-valor ou o aumento geral dos salários, já demonstra que não se pode tratar aqui de uma indenização no preço a fim de compensar o aumento salarial, porquanto em III é impossível que a queda do preço de produção indenize o capitalista pela diminuição do lucro, e em II o aumento do preço não impede a queda do lucro. Ao contrário, em ambos os casos, tanto no do aumento quanto no da queda do preço, o lucro é o mesmo que o obtido no capital médio, no qual o preço permaneceu invariável. Tanto em II como em III, o lucro médio é o mesmo, diminuído em $5^5/_7$, ou seja, em algo acima de 25%. Disso se segue que, se o preço não aumentasse em II nem diminuísse em III, II venderia abaixo e III acima do novo lucro médio diminuído. É claro que, conforme se desembolsam no trabalho 50%, 25% ou 10% de capital, um aumento dos salários tem necessariamente efeitos muito distintos sobre um capital que investe $^1/_{10}$ em salários em contraste com aquele que nele investe ¼ ou mesmo ½. O aumento dos preços de produção, por um lado, e sua diminuição, por outro, com o capital acima ou abaixo da composição social média, efetua-se somente mediante o nivelamento com o novo lucro médio diminuído*.

Qual seria, então, o efeito de uma queda geral dos salários e uma correspondente alta geral da taxa de lucro – e, por conseguinte, dos lucros médios – sobre os preços de produção das mercadorias, que constituem o produto de capitais que divergem da composição social média em sentido contrário? Para chegarmos ao resultado desejado (que Ricardo não examina), temos de inverter nossa argumentação anterior.

---

* Na primeira edição, figura a seguinte frase: "Resulta claro que, em virtude da formação de uma taxa geral de lucro, os valores, ao se transformarem em preços de produção, ainda que diminuam para os capitais de composição inferior (nos quais *v* é superior à média), aumentam no caso dos capitais de composição superior". Na seção de erratas da edição, Engels observa que "toda frase que começa com 'resulta claro' e termina com 'composição superior' deve ser suprimida. Apesar de exata, nesse contexto pode induzir ao erro". (N. E. A.)

I. Capital médio = $80c + 20v = 100$; taxa de mais-valor = 100%; preço de produção = valor-mercadoria = $80c + 20v + 20l = 120$; taxa de lucro = 20%. Suponhamos que os salários diminuam numa quarte parte; teremos, neste caso, que o mesmo capital constante que antes era mobilizado por $20v$ agora o será por $15v$. O valor-mercadoria será $80c + 15v + 25l = 120$. A quantidade de trabalho produzida por v permanece inalterada, mas o novo valor criado por ele se distribui agora de outra maneira entre o capitalista e o trabalhador. O mais-valor aumentou de 20 para 25, e a taxa de mais-valor, de $^{20}/_{22}$ para $^{25}/_{15}$, ou seja, de 100% para $166\frac{2}{3}$%. O lucro para 95 é, agora, = 25; a taxa de lucro para 100 é = $26^{6}/_{19}$. A nova composição percentual do capital passou a ser de $84^{4}/_{19}c + 15^{15}/_{19}v = 100$.

II. Composição baixa. Originalmente, $50c + 50v$, como no caso anterior. Com a queda dos salários em $\frac{1}{4}$, v é reduzido a $37\frac{1}{2}$ e, com isso, o capital total é adiantado a $50c + 37\frac{1}{2}v = 87\frac{1}{2}$. Se lhe aplicamos a nova taxa de lucro de $26^{6}/_{19}$%, então $100 : 26^{6}/_{19} = 87\frac{1}{2} : 23^{1}/_{38}$. A mesma massa de mercadorias que antes custava 120 custa agora $87\frac{1}{2} + 23^{1}/_{38} = 110^{10}/_{19}$; uma redução do preço de quase 10*.

III. Composição alta. Originalmente, $92c + 8v = 100$. Com a queda dos salários em $\frac{1}{4}$, $8v$ é reduzido a $6v$ e o capital total, a 98. Portanto, $100 : 26^{6}/_{19} = 98 : 25^{15}/_{19}$. O preço de produção da mercadoria, que antes era $100 + 20 = 120$, é agora, depois da redução salarial, $98 + 25^{15}/_{19} = 123^{15}/_{19}$; isto é, aumentou quase 4**.

Como vemos, é preciso apenas seguir o mesmo desenvolvimento de antes, porém em sentido inverso, com as modificações necessárias; e vemos também que uma queda geral dos salários tem como consequência um aumento geral do mais-valor, da taxa do mais-valor e, mantendo-se inalteradas as demais circunstâncias, da taxa de lucro, ainda que em outra proporção; uma queda dos preços de produção para os produtos-mercadorias de capitais de composição baixa e preços de produção crescentes para produtos-mercadorias de capitais de composição alta, resultado que é exatamente o inverso daquele que se obtinha quando do aumento geral do salário[34]. Em ambos os casos,

* Na primeira edição, "de quase 10%". A diminuição é de 99/19 ("quase 10") em números absolutos e de 77/19% em números relativos. (N. E. A.)

** Na primeira edição, "em quase 4%"; no manuscrito de Marx figura o aumento absoluto (315/19). O aumento relativo seria de 33/19%. (N. E. A.)

[34] É singular que Ricardo (que naturalmente procede de outra maneira, diferente da daqui, já que não compreendeu o nivelamento dos valores em preços de produção) não tenha sequer considerado essa ocorrência, mas somente o primeiro caso, o aumento do salário e sua influência sobre os preços de produção das mercadorias. E o *servum pecus imitatorum* nem mesmo chegou a efetuar essa dedução mais do que óbvia, de fato tautológica.

tanto no de aumento como no de baixa salarial, pressupõe-se que a jornada de trabalho mantém-se constante – o mesmo ocorrendo com o preço de todos os meios de subsistência. Portanto, a baixa salarial só é possível, aqui, quando os salário já estão de antemão acima do preço normal do trabalho, ou quando estão abaixo dele. Mais adiante, na seção dedicada à renda fundiária, daremos continuidade, em parte, à investigação de como as coisas se modificam quando o aumento ou a baixa salarial provêm de uma variação no valor e, por conseguinte, no preço de produção das mercadorias que se destinam normalmente ao consumo do trabalhador. No entanto, cabe aqui registrar o seguinte:

Se a alta ou a baixa dos salários provêm da variação de valor dos meios de subsistência necessários, o que foi dito mais acima só pode vir a modificar-se na medida em que as mercadorias, cuja mudança de preços aumenta ou diminui o capital variável, entrem também como elementos constitutivos no capital constante e, assim, não influam unicamente sobre os salários. Mas quando se limitam apenas a influir sobre este último, não há nada a acrescentar ao que foi aqui exposto.

Em todo este capítulo, pressupusemos como um fato dado o estabelecimento da taxa geral de lucro, do lucro médio e, portanto, também a transformação dos valores em preços de produção. Caberia apenas averiguar como um aumento ou uma diminuição geral dos salários influem nos preços de produção das mercadorias, que foram pressupostos como fatores dados. Esse é um problema muito secundário, se comparado com os demais pontos importantes tratados nesta seção. No entanto, dos problemas pertinentes ao nosso estudo, é o único que foi tratado por Ricardo, ainda que, como veremos, de maneira unilateral e deficiente.

Capítulo 12

Adendo

I. Causas que condicionam uma alteração no preço de produção

O preço de produção de uma mercadoria pode variar apenas por duas causas:

Primeira. Quando se altera a taxa geral de lucro. Isso só é possível se a taxa média do mais-valor se altera ou, permanecendo constante a taxa média do mais-valor, caso se altere a proporção entre a soma dos mais-valores apropriados e a soma do capital social total adiantado.

Na medida em que a alteração da taxa de mais-valor não se baseia na compressão do salário abaixo de seu nível normal ou em seu aumento acima desse nível – e movimentos desse tipo devem ser considerados como meramente oscilatórios –, tal alteração só pode ocorrer devido a uma diminuição do valor da força de trabalho ou de um aumento desta última; uma coisa é tão impossível quanto a outra sem uma modificação na produtividade do trabalho que gera os meios de subsistência, ou seja, sem uma variação no valor das mercadorias que entram no consumo do trabalhador.

Ou, então, altera-se a proporção entre a soma do mais-valor apropriado e o capital total adiantado da sociedade. Como a variação não emana aqui da taxa do mais-valor, ela deve emanar do capital total – mais precisamente, de sua parte constante. A massa desta última, tecnicamente considerada, aumenta ou diminui em proporção à força de trabalho comprada pelo capital variável, e a massa de seu valor cresce ou decresce com o acréscimo ou o decréscimo de sua própria massa; do mesmo modo, ela aumenta ou diminui em proporção à massa de valor do capital variável. Se o mesmo trabalho põe em movimento mais capital constante, o trabalho torna-se mais produtivo. E vice-versa. Com isso, ocorrerá uma variação na produtividade do trabalho, necessariamente acompanhada de uma variação no valor de certas mercadorias.

Portanto, em ambos, vale esta lei: quando o preço de produção de uma mercadoria varia em consequência de uma mudança na taxa geral de lucro, é possível que seu próprio valor tenha ficado inalterado. Mas uma variação no valor de outras mercadorias deve necessariamente ter ocorrido.

Segunda. A taxa geral de lucro se mantém inalterada. Nesse caso, o preço de produção de uma mercadoria só pode variar porque seu próprio valor se modificou; porque uma quantidade maior ou menor de trabalho é requerida para reproduzir essa mesma mercadoria, uma vez que varia a produtividade do trabalho que produz a própria mercadoria em sua forma última ou a do trabalho que produz as mercadorias que entram em sua produção. O preço de produção do fio de algodão pode cair, seja porque se produz mais barato o algodão cru, seja porque o trabalho de fiação se tornou mais produtivo devido ao emprego de máquinas melhores.

O preço de produção, como mostramos antes, é $= k + l$, igual ao preço de custo mais o lucro. Mas isso é $= k + kl'$, sendo k o preço de custo, uma grandeza indeterminada que varia para diferentes esferas da produção e é, em todos os casos, igual ao valor do capital constante e variável consumido na produção da mercadoria, e sendo l' a taxa média de lucro, calculada percentualmente. Se $k = 200$ e $l' = 20\%$, então o preço de produção é $k + kl' = 200 + 200^{20}/_{100} = 200 + 40 = 240$. Está claro que esse preço de produção pode permanecer o mesmo, ainda que se modifique o valor das mercadorias.

Todas as alterações no preço de produção das mercadorias se reduzem, em última instância, a uma alteração de valor, mas nem todas as alterações no valor das mercadorias têm de se expressar necessariamente numa alteração do preço de produção, já que este não se determina somente pelo valor da mercadoria particular, mas pelo valor total das mercadorias. Portanto, a variação operada na mercadoria *A* pode se compensar por uma variação contrária operada na mercadoria *B*, de tal modo que a proporção geral continue a mesma.

II. Preço de produção das mercadorias de composição média

Vimos como a divergência dos preços de produção com relação aos valores deriva do seguinte:

1. Ao preço de custo de uma mercadoria é agregado não o mais-valor nela contido, mas o lucro médio;
2. O preço de produção de uma mercadoria, que assim diverge do valor desta última, entra como elemento no preço de custo de outras mercadorias, de maneira que no preço de custo de uma mercadoria já pode haver

divergência com relação ao valor dos meios de produção nela consumidos, abstraindo da divergência que possa surgir nela mesma em virtude da diferença entre lucro médio e mais-valor.

Desse modo, é possível que, mesmo no caso de mercadorias produzidas por capitais de composição média, o preço de custo divirja da soma de valor dos elementos dos quais se compõe esse componente de seu preço de produção. Suponhamos que a composição média seja $80c + 20v$. É possível, então, que, nos capitais reais compostos dessa maneira, $80c$ seja maior ou menor que o valor de *c*, o capital constante, já que *c* está formado por mercadorias cujo preço de produção diverge de seu valor. Do mesmo modo, $20v$ poderia divergir de seu valor, se no consumo do salário entrassem mercadorias cujo preço de produção fosse distinto de seu valor; assim, o trabalhador, para a reaquisição dessas mercadorias (reposição), tem de trabalhar um tempo maior ou menor, ou seja, efetuar trabalho necessário numa quantidade maior ou menor que aquela que seria necessária se os preços de produção dos meios de subsistência coincidissem com seus valores.

No entanto, essa possibilidade não modifica em absolutamente nada a correção das teses formuladas para mercadorias de composição média. A quantidade de lucro que corresponde a essas mercadorias é igual à quantidade de mais-valor nelas mesmas contidas. Por exemplo, no capital citado, de composição $80c + 20v$, o importante para a determinação do mais-valor não é se esses números são expressões dos valores reais, mas a proporção entre eles; ou seja, o que importa é que $v = \frac{1}{5}$ do capital total, e $c = \frac{4}{5}$. Enquanto esse for o caso, como foi suposto, o mais-valor gerado por *v* será igual ao lucro médio. Por outro lado, porque é igual ao lucro médio, o preço de produção é = preço de custo + lucro = $k + l = k + m$, praticamente equiparado ao valor da mercadoria. Isso quer dizer que, nesse caso, um aumento ou uma diminuição do salário deixa $k + l$ tão inalterado quanto o deixaria o valor da mercadoria e não provoca mais que um movimento correspondente em sentido inverso, uma diminuição ou um aumento, da parte da taxa de lucro. Se o preço das mercadorias se modificasse em consequência de um aumento ou de uma diminuição do salário, a taxa de lucro ficaria situada, nessas esferas de composição média, acima ou abaixo de seu nível nas outras esferas. Portanto, nela ocorre praticamente o mesmo que se os produtos dessa esfera se vendessem a seu valor real. Quando as mercadorias são vendidas a seu valor real, fica claro que, mantendo-se iguais as demais circunstâncias, um aumento ou uma baixa salariais provocarão a correspondente baixa ou o aumento do lucro, mas não uma variação de valor das mercadorias, e que sob nenhuma circunstância um aumento ou uma baixa do salário afetam o valor das mercadorias, apenas a grandeza do mais-valor.

III. Causas de compensação para o capitalista

Dissemos que a concorrência nivela as taxas de lucro das diversas esferas de produção para formar a taxa média de lucro e, precisamente desse modo, converte os valores dos produtos dessas diferentes esferas em preços de produção. Isso ocorre mediante a contínua transferência de capital de uma esfera para outra, na qual o lucro se encontra momentaneamente acima da média; nessa transferência, no entanto, entram em consideração as oscilações dos lucros vinculadas à variação de anos de vacas magras e anos de vacas gordas, tal como eles se sucedem num ramo específico da indústria, em dada época. A emigração e a imigração ininterruptas do capital, que ocorrem entre diferentes esferas da produção, produzem movimentos de alta e baixa da taxa de lucro, que se compensam mutuamente em maior ou menor grau e que, por isso, têm a tendência a reduzir sempre a taxa de lucro a um mesmo nível geral e comum.

Esse movimento dos capitais é sempre provocado, em primeira linha, pela situação dos preços de mercado, que aqui elevam os lucros acima do nível geral da média e lá os reduzem abaixo desse nível. Por ora, abstraímos do capital comercial, que aqui ainda não nos interessa e que, como mostram os súbitos paroxismos da especulação que emergem em certos artigos prediletos, com extraordinária rapidez pode extrair massas de capital de um ramo de negócios e lançá-las em outro de maneira igualmente repentina. Em todas as esferas da produção propriamente dita – indústria, agricultura, mineração etc. –, a transferência de capital de uma esfera a outra apresenta uma séria dificuldade, ainda mais em virtude do capital fixo existente. Além disso, a experiência demonstra que quando um ramo da indústria – por exemplo, a indústria algodoeira – rende lucros extraordinariamente altos numa época, em outra ela rende um lucro muito escasso ou gera até mesmo prejuízo, de modo que em certo ciclo de anos o lucro médio será quase o mesmo que em outros ramos. O capital logo aprende a contar com essa experiência.

O que a concorrência *não* mostra é a determinação de valor que rege o movimento da produção; são os valores que se acham por trás dos preços de produção e que os determinam em última instância. Ao contrário, a concorrência mostra: 1) os lucros médios, que independem da composição orgânica do capital nas diversas esferas da produção e também, portanto, da massa do trabalho vivo de que um capital dado pode apropriar-se num ramo determinado da exploração; 2) uma alta e uma baixa dos preços de produção devido a variações no nível dos salários – fenômeno que, à primeira vista, contradiz totalmente a proporção de valor entre as mercadorias; 3) flutuações dos preços de mercado, que reduzem o preço médio de mercado das mercadorias num dado período, não ao valor de mercado, mas a um preço de produção de mercado muito diferente dele. Todos esses fenômenos *parecem* contradizer igualmente tanto a determinação do valor mediante o tempo de trabalho como a natureza do mais-valor, na medida em que este se forma por mais-trabalho não pago. *Assim, na concorrência, tudo aparece invertido.* As figuras acabadas das relações econômicas, tal como se mostram na superfície, em sua existência real e, por conseguinte, também nas representações por meio das quais os portadores e os agentes dessas relações procuram obter uma consciência clara dessas mesmas relações, são muito distintas e, de fato, invertidas, antitéticas a sua figura medular interior – essencial, porém encoberta – e ao conceito que lhe corresponde.

Além disso, tão logo a produção capitalista tenha alcançado certo grau de desenvolvimento, a compensação entre as diversas taxas de lucro nas distintas esferas para formar uma taxa geral de lucro já não se produz meramente por meio do jogo de atração e repulsão no qual os preços de mercado atraem ou repelem capital. Uma vez que os preços médios e os preços de mercado a eles correspondentes tenham se consolidado por certo intervalo de tempo, os capitalistas individuais tomam *consciência* de que nesse processo se compensam *determinadas diferenças* e as incluem em seus cálculos recíprocos. Tais diferenças habitam as representações dos capitalistas, que as levam em conta como motivos compensatórios.

A noção fundamental aqui é o próprio lucro médio, a noção de que capitais de igual grandeza devem lançar, nos mesmos intervalos de tempo, lucros de igual grandeza. Tal ideia, por sua vez, baseia-se em outra, segundo a qual o capital de cada esfera da produção tem de participar *pro rata* [proporcionalmente] a sua grandeza no mais-valor total sugado dos trabalhadores pelo capital social total; ou, então, que cada capital tem de ser considerado apenas como um fragmento do capital total, e cada capitalista, na realidade, como um acionista da grande empresa coletiva, de cujo lucro total ele participa *pro rata* à grandeza de sua parcela de capital.

Nessa noção se baseia o cálculo do capitalista, por exemplo, de que um capital cuja rotação é mais lenta, seja porque a mercadoria permanece por mais tempo no processo de produção, seja porque tem de ser vendida em mercados distantes, almeja mesmo assim o lucro que por isso lhe escapa, e se compensa mediante um acréscimo no preço. Ou, então, que investimentos de capital que se encontram expostos a maiores perigos, por exemplo, os realizados na navegação, obtêm uma compensação mediante o aumento dos preços. Com efeito, tão logo esteja desenvolvida a produção capitalista e, com ela, o sistema de seguros, o perigo é de igual grandeza para todas as esferas da produção (ver Corbet); as de maior risco pagam os prêmios de seguro mais elevados, mas os recebem como recompensa no preço de suas mercadorias. Na prática, o resultado disso é que toda circunstância que faz com que um investimento de capital – e todas valem como igualmente necessárias, dentro de certos limites – seja menos rentável, ao mesmo tempo que outro rende um lucro maior, é computada como um motivo compensatório válido de uma vez por todas, sem que a atividade da concorrência se faça necessária, sempre renovadamente, para esclarecer o porquê de tal motivo ou fator de cálculo. O que ocorre é apenas que o capitalista se esquece – ou, antes, não o vê, já que a concorrência não mostra – de que todos esses motivos compensatórios, que os capitalistas exigem uns dos outros no cálculo recíproco dos preços das mercadorias de diferentes ramos de produção, referem-se meramente ao fato de que todos eles, *pro rata* a seu capital, detêm iguais direitos ao butim coletivo, ao mais-valor total. Parece-lhes, antes, uma vez que o lucro por eles embolsado é diferente do mais-valor que sugam, que seus motivos compensatórios não nivelam a participação no mais-valor total, mas *criam o próprio lucro*, de maneira que este derivaria simplesmente do acréscimo ao preço de custo das mercadorias, acréscimo que seria motivado de uma forma ou de outra.

De resto, também para o lucro médio vale o que já foi dito no capítulo 7, p. 116 [171-2], sobre as concepções do capitalista acerca da fonte do mais-valor. Aqui, a questão só se apresenta de maneira diferente na medida em que, estando dados o preço de mercado das mercadorias e a exploração do trabalho, a economia nos preços de custo depende da destreza individual, da atenção etc.

Seção III

A LEI DA QUEDA TENDENCIAL DA TAXA DE LUCRO

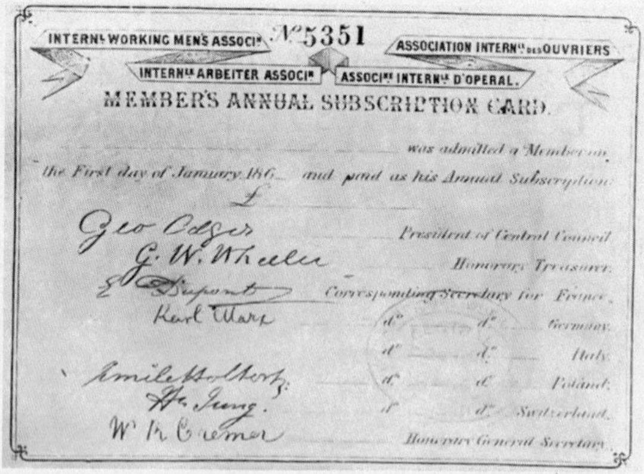

Carteirinha de membro da AIT com a assinatura de Karl Marx.

Capítulo 13

A lei como tal

Com um salário e uma jornada de trabalho dados, um capital variável, por exemplo, de 100, representa um número determinado de trabalhadores postos em movimento; ele é o índice desse número. Seja de £100 o salário de 100 trabalhadores, digamos, por 1 semana. Se esses 100 trabalhadores efetuam tanto trabalho necessário quanto mais-trabalho, ou seja, se trabalham diariamente tanto tempo para si mesmos, isto é, para a reprodução de seu salário, quanto para o capitalista, quer dizer, para a produção de mais-valor, seu produto de valor total seria = £200, e o mais-valor por eles gerado seria de £100. A taxa do mais-valor m/v seria = 100%. No entanto, ela se expressaria, como vimos, em taxas de lucro muito diversas segundo os vários volumes do capital constante *c* e, por conseguinte, do capital total C, uma vez que a taxa de lucro = C. Sendo a taxa de mais valor 100%,

se $c = 50$ e $v = 100$, então $l' = 100/150 = 66\frac{2}{3}\%$
se $c = 100$ e $v = 100$, então $l' = 100/200 = 50\%$
se $c = 200$ e $v = 100$, então $l' = 100/300 = 33\frac{1}{3}\%$
se $c = 300$ e $v = 100$, então $l' = 100/400 = 25\%$
se $c = 400$ e $v = 100$, então $l' = 100/500 = 20\%$

A mesma taxa de mais-valor, com um grau de exploração constante do trabalho, seria expressa assim numa taxa decrescente de lucro, porque, com seu volume material, também aumenta, ainda que não na mesma proporção, o volume de valor do capital constante e, com isso, do capital total.

Se, além disso, partirmos do pressuposto de que essa alteração gradual na composição do capital não se opera simplesmente em esferas isoladas da produção, mas, em maior ou menor grau, em todas ou pelo menos nas esferas decisivas da produção e que, portanto, essas alterações afetam a composição orgânica média do capital total existente numa determinada sociedade, chegaremos necessariamente à conclusão de que crescimento gradual do capital constante em proporção ao variável tem necessariamente como resultado *uma queda gradual na taxa geral de lucro*, mantendo-se constante a taxa do mais-valor, ou seja, o grau de exploração do trabalho pelo capital. Porém, vimos que constitui uma lei do modo de produção capitalista que, conforme este se desenvolve, opera-se uma diminuição relativa do capital variável em relação ao capital constante e, assim, em proporção ao capital total mobilizado. Isso significa apenas que o mesmo número de trabalhadores, a mesma quantidade de força de trabalho tornada disponível por um capital variável de volume de valor dado, mobiliza – elabora, consome produtivamente –, em consequência dos métodos de produção peculiares que se desenvolvem no interior da produção capitalista, uma massa sempre crescente de meios de trabalho, maquinaria e capital fixo de todo tipo, matérias-primas e materiais auxiliares, no mesmo intervalo de tempo e, por conseguinte, também um capital constante de volume de valor sempre crescente. Essa diminuição relativa crescente do capital variável em relação ao capital constante e, assim, ao capital total, é idêntica ao aumento progressivo da composição orgânica do capital social em sua média. E, do mesmo modo, não é mais que outro modo de expressar o desenvolvimento progressivo da força produtiva social do trabalho, que se revela precisamente no fato de que, graças ao emprego crescente de maquinaria e de capital fixo em geral, o mesmo número de trabalhadores transforma em produtos uma quantidade maior de matérias-primas e materiais auxiliares no mesmo tempo, ou seja, com menos trabalho. A esse crescente volume de valor do capital constante – embora ele só represente de forma longínqua o crescimento da massa real dos valores de uso, das quais o capital constante é materialmente constituído – corresponde um crescente barateamento do produto. Cada produto, considerado em si mesmo, contém uma soma de trabalho menor que nos estágios inferiores da produção, nos quais o capital desembolsado em trabalho se encontra em proporção incomparavelmente maior em relação ao capital desembolsado em meios de produção. Portanto, a série hipoteticamente formulada no início expressa a tendência efetiva da produção capitalista. Com a queda progressiva do capital variável em relação ao capital constante, a produção capitalista gera uma composição orgânica cada vez mais alta do capital total, que tem como consequência imediata o fato de que a taxa do mais-valor, mantendo-se constante e inclusive aumentando o grau de exploração do trabalho, se expressa numa taxa geral de lucro sempre decrescente. (Adiante mostraremos* por que esse

* Ver, neste volume, cap. 14. (N. T.)

decréscimo aparece não nessa forma absoluta, mas, antes, tendendo a uma queda progressiva.) A tendência progressiva da taxa geral de lucro à queda é, portanto, apenas *uma expressão, peculiar ao modo de produção capitalista*, do desenvolvimento progressivo da força produtiva social do trabalho. Não dizemos, com isso, que a taxa de lucro não possa cair provisoriamente por outras razões, mas demonstramos como uma necessidade evidente, com base na própria essência do modo de produção capitalista, que no progresso deste último a taxa média geral do mais-valor tem necessariamente de se expressar numa taxa geral decrescente de lucro. Assim como a massa do trabalho vivo empregado sempre decresce em relação à massa do trabalho objetivado que o trabalho vivo mobiliza, isto é, em relação aos meios de produção produtivamente consumidos, também a parte desse trabalho vivo que não é paga e que se objetiva em mais-valor tem de encontrar-se numa proporção sempre decrescente em relação ao volume de valor do capital total empregado. E essa proporção entre a massa de mais-valor e o valor do capital total empregado constitui a taxa de lucro, que tem, portanto, de diminuir constantemente.

Ainda que, de acordo com o que foi exposto até aqui, essa lei pareça muito simples, toda a economia política não conseguiu descobri-la até o momento atual, como veremos numa seção posterior. Ela vislumbrou o fenômeno e supliciou-se em contraditórias tentativas de interpretá-lo. Porém, dada a grande importância que possui para a produção capitalista, pode-se dizer que essa lei constitui o mistério de toda a economia política desde Adam Smith e que a diferença entre as diversas escolas desde Adam Smith consiste nas tentativas de lhe dar uma solução. Se, por outro lado, menciona-se o fato de que a economia política até o presente tateava às cegas a diferença entre capital constante e capital variável, sem jamais conseguir formulá-la com exatidão; que ela jamais apresentou o mais-valor separado do lucro, tampouco este último em forma pura, em contraste com seus diversos componentes reciprocamente autonomizados como lucro industrial, lucro comercial, juros, renda fundiária; que ela jamais analisou profundamente a diferença na composição orgânica do capital e, por isso, tampouco o fez com a formação da taxa geral de lucro – então deixa de ser enigmático o fato de que ela jamais tenha encontrado a solução desse enigma.

É intencionalmente que examinaremos essa lei antes de abordarmos o desdobramento do lucro em categorias diversas, independentes entre si. Que a exposição desse problema do desdobramento do lucro em diferentes partes, correspondentes a diversas categorias de pessoas, seja algo separado demonstra de antemão a independência dessa lei, em termos gerais, com relação àquele desdobramento e às relações recíprocas entre as diferentes categorias de lucro a que ele dá origem. O lucro de que falamos aqui não é mais que um nome distinto para designar o próprio mais-valor, que só se apresenta em relação com o capital total, e não em relação com o capital variável do qual emana. A queda da taxa de lucro expressa, pois, a proporção decrescente entre o próprio mais-valor e o capital total adiantado, razão pela qual é independente de toda e qualquer distribuição desse mais-valor entre diversas categorias.

Vimos que, num estágio do desenvolvimento capitalista no qual a composição do capital *c* : *v* é 50 : 100, uma taxa de mais-valor de 100% se expressa numa taxa de lucro de 66⅔% e que, num estágio superior, no qual *c* : *v* é 400 : 100, a mesma taxa de mais-valor se expressa numa taxa de lucro de apenas 20%. O que vale para diversos estágios sucessivos de desenvolvimento num mesmo país vale também para diversos estágios de desenvolvimento simultaneamente existentes em diferentes países. No país não desenvolvido, no qual a primeira composição do capital constitui a média, a taxa geral de lucro seria = 66⅔%, enquanto no país do segundo estágio de desenvolvimento, muito superior ao primeiro, ela seria = 20%.

A diferença entre ambas as taxas nacionais de lucro poderia desaparecer e inclusive inverter-se se no país menos desenvolvido o trabalho fosse mais improdutivo e, por isso, uma maior quantidade de trabalho se representasse numa quantidade menor da mesma mercadoria, um valor de troca maior num valor de uso menor, ou seja, se o trabalhador dedicasse uma parte maior de seu tempo para a reprodução de seus próprios meios de subsistência ou de seu valor e uma parte menor desse tempo para a criação de mais-valor, se fornecesse menos mais-trabalho, com o que a taxa do mais-valor seria mais baixa. Se no país menos avançado, por exemplo, o operário trabalhasse ⅔ da jornada de trabalho para si mesmo e ⅓ para o capitalista, o resultado seria que, sob o pressuposto do exemplo anterior, a mesma força de trabalho seria paga com 133⅓ e forneceria um excedente de 66⅔. Ao capital variável de 133⅓ corresponderia um capital constante de 50. A taxa de mais valor seria, então, de 133⅓ : 66⅔ = 50%, e a taxa de lucro, 183⅓ : 66⅔, aproximadamente 36½%.

Como até o presente ainda não investigamos os diversos componentes nos quais se decompõe o lucro, de modo que eles ainda não existem para nós, as considerações seguintes visam apenas a evitar possíveis equívocos. Quando comparamos entre si países em diversos estágios de desenvolvimento – especialmente entre os de produção capitalista desenvolvida e aqueles nos quais o trabalho ainda não se acha formalmente subsumido ao capital, apesar de o trabalhador, na realidade, ser explorado pelo capitalista (por exemplo, na Índia, onde o *ryot* trabalha como camponês autônomo, de modo que sua produção como tal ainda não se encontra subsumida ao capital, embora o usurário possa abocanhar, sob a forma do juro, não só todo seu mais-trabalho, mas até mesmo, falando em termos capitalistas, uma parte de seu salário) –, é um grande equívoco querer medir o nível da taxa nacional de lucro com base no nível da taxa nacional de juros. Naquele juro está incluído todo o lucro e mais que o lucro, em vez de ser simplesmente a expressão, como em países de produção capitalista desenvolvida, de uma alíquota do mais-valor ou do lucro produzidos. Por outro lado, aqui a taxa de juros está preponderantemente determinada por condições (adiantamentos dos usurários aos grandes possuidores da renda fundiária) que nada têm a ver com o lucro e representam apenas a proporção na qual o usurário se apropria da renda fundiária.

Em se tratando de países em que a produção capitalista apresenta diversos graus de desenvolvimento e, por conseguinte, diferente composição orgânica do capital, a taxa de mais-valor (um dos fatores que determinam a taxa de lucro) pode ser maior naquele em que a jornada de trabalho normal é mais curta do que em outro no qual ela é mais longa. *Em primeiro lugar*, se a jornada de trabalho inglesa de 10 horas, por exemplo, é, devido a sua maior intensidade, igual a uma jornada de trabalho austríaca de 14 horas, então, com uma divisão igual da jornada de trabalho, 5 horas de mais-trabalho podem representar no primeiro caso um valor maior no mercado mundial do que 7 horas no segundo caso. *Em segundo lugar*, porque no primeiro caso é maior a parte da jornada de trabalho que pode constituir mais-valor.

A lei da taxa decrescente de lucro, na qual se expressa a mesma taxa ou inclusive uma taxa superior de mais-valor, quer dizer, em outras palavras, que, partindo de uma quantidade determinada qualquer do capital social médio, por exemplo, de um capital de 100, a parte destinada a meios de trabalho tende sempre a aumentar, ao passo que a destinada ao trabalho vivo tende a diminuir. Como a massa total do trabalho vivo agregado aos meios de produção diminui em relação ao valor desses meios de produção, diminui também o trabalho não pago e a parcela de valor na qual ele se representa, em relação ao valor do capital total adiantado. Ou: uma alíquota sempre menor do capital total desembolsado converte-se em trabalho vivo, e esse capital total suga, assim, cada vez menos mais-trabalho em relação a sua grandeza, embora a proporção entre a parte não paga do trabalho empregado e a parte paga deste último possa crescer simultaneamente. O decréscimo relativo do capital variável e o acréscimo do capital constante, apesar de ambos crescerem em termos absolutos, é, como já vimos, apenas outra expressão da produtividade aumentada do trabalho.

Suponhamos que um capital de 100 seja formado por 80*c* + 20*v*, sendo este último = 20 trabalhadores, e que a taxa de mais-valor seja de 100%, isto é, que os trabalhadores trabalhem metade da jornada para si mesmos e a outra metade para o capitalista. Consideremos, ainda, que num país menos desenvolvido o capital seja = 20*c* + 80*v* e que estes últimos sejam = 80 trabalhadores. Nesse caso, esses trabalhadores necessitam de ⅔ da jornada de trabalho para si mesmos e só trabalham ⅓ para o capitalista. Supondo iguais os demais fatores, no primeiro caso os trabalhadores produzirão um valor de 40, e no segundo, de 120. O primeiro capital produzirá 80*c* + 20*v* + 20*m* = 120; taxa de lucro = 20%; o segundo capital, 20*c* + 80*v* + 40*m*; taxa de lucro = 40%. Portanto, no segundo caso a taxa de lucro será duas vezes maior que no primeiro, embora no primeiro caso a taxa de mais-valor seja = 100%, o dobro da do segundo, no qual ela é de apenas 50%. No primeiro caso, porém, um capital de igual grandeza se apropria do mais-trabalho de apenas 20 trabalhadores; no segundo, do mais-trabalho de 80.

A lei da queda progressiva da taxa de lucro ou da diminuição relativa do mais-trabalho apropriado em comparação com a massa de trabalho objetivado posta em movimento pelo trabalho vivo não exclui de modo nenhum a possibilidade de crescer a massa absoluta do trabalho posto em movimento e explorado pelo capital social e, por conseguinte, também a massa absoluta do mais-trabalho por ele apropriado; tampouco exclui o fato de que os capitais que se encontram nas mãos de diversos capitalistas movimentem uma massa crescente de trabalho e, assim, de mais-trabalho, ainda que não aumente o número dos trabalhadores por eles empregados.

Tomemos como dada uma população trabalhadora de, digamos, 2 milhões; se, além disso, supomos dadas a extensão e a intensidade da jornada média de trabalho, assim como o salário e, com isso, a proporção entre trabalho necessário e mais-trabalho, teremos que o trabalho total desses 2 milhões, assim como seu mais-trabalho, que se apresenta em forma de mais-valor, produz sempre a mesma grandeza de valor. Porém, à medida que aumenta a massa do capital constante – fixo e circulante – que põe esse trabalho em movimento, diminui a proporção entre essa grandeza de valor e o valor desse capital, que cresce com sua massa, ainda que não na mesma proporção. Essa proporção e, portanto, a taxa de lucro, diminui, embora continue a mobilizar a mesma massa de trabalho vivo que antes e o capital continue dispondo da mesma massa de mais-trabalho. A proporção se altera não porque diminui a massa do trabalho vivo, mas porque aumenta a massa do trabalho já objetivado que aquele põe em movimento. A diminuição é relativa, não absoluta, e de fato nada tem a ver com a grandeza absoluta do trabalho e do mais-trabalho postos em movimento. A queda da taxa de lucro não deriva de uma diminuição absoluta, mas apenas de uma diminuição relativa do componente variável do capital total, de seu decréscimo comparado com o do capital constante.

Desse modo, o que dissemos acerca de massas dadas de trabalho e de mais-trabalho se aplica também a um número crescente de trabalhadores e, portanto, sob os pressupostos de que partimos, a uma massa crescente do trabalho disponível em geral, e de sua parte não paga, o mais-trabalho, em particular. Se a população trabalhadora aumenta de 2 milhões para 3 milhões; se, do mesmo modo, o capital variável que a ela é pago em salários era antes de 2 milhões e agora é de 3 milhões, enquanto o capital constante aumenta de 4 milhões para 15 milhões, então, sob os supostos dados (jornada de trabalho e taxa de mais-valor constantes), cresce a massa de mais-trabalho, do mais--valor, numa metade, em 50%, de 2 milhões para 3 milhões. No entanto, apesar desse aumento da massa absoluta do mais-trabalho, e, por conseguinte, do mais-valor, em 50%, a proporção entre o capital variável e o constante diminuiria de 2 : 4 para 3 : 15, e a proporção entre o mais-valor e o capital total se apresentaria da seguinte maneira (em milhões):

I. $4c + 2v + 2m$; $C = 6$, $l' = 33\frac{1}{3}\%$
II. $15c + 3v + 3m$; $C = 18$, $l' = 16\frac{2}{3}\%$

Quer dizer, enquanto a massa de mais-valor subiu à metade, a taxa de lucro caiu à metade da anterior. O lucro não é outra coisa senão o mais-valor calculado sobre o capital social, e a massa do lucro, sua grandeza absoluta, é, portanto, socialmente considerada, igual à grandeza absoluta do mais--valor. Assim, a grandeza absoluta do lucro, sua massa total, aumentará em 50%, apesar do enorme decréscimo na proporção entre essa massa de lucro e o capital total adiantado ou apesar do enorme decréscimo na taxa geral de lucro. O número de trabalhadores empregados pelo capital, ou seja, a massa absoluta do trabalho que este mobiliza, e, assim, a massa absoluta do mais-trabalho por ele absorvido, quer dizer, a massa do mais--valor por ele produzida, ou seja, a massa absoluta do lucro por ele produzido, *podem* então aumentar, e progressivamente, apesar da queda progressiva da taxa de lucro. E não só *pode* ser o caso, como *tem de* ocorrer necessariamente assim – abstraindo de flutuações transitórias – sobre a base da produção capitalista.

O processo de produção capitalista é ao mesmo tempo, essencialmente, um processo de acumulação. Já vimos como, à medida que progride a produção capitalista, a massa de valor que tem de reproduzir-se ou conservar-se simplesmente aumenta e cresce com o aumento da produtividade do trabalho, mesmo quando a força de trabalho empregada permanece constante. Com o desenvolvimento da força produtiva social do trabalho, porém, incrementa-se ainda mais a massa dos valores de uso produzidos, que é uma das partes que forma os meios de produção. E o trabalho adicional, por meio de cuja apropriação essa riqueza adicional pode voltar a converter-se em capital, não depende do valor, mas da massa desses meios de produção (inclusive os meios de subsistência), já que o trabalhador, no processo de trabalho, não atua de fato sobre o valor, mas simplesmente sobre o valor de uso dos meios de produção. No entanto, a própria acumulação e, com ela, a correspondente concentração do capital, é um meio material para aumentar a força produtiva. E nesse aumento dos meios de produção está implícito o crescimento da população trabalhadora, a criação de uma população trabalhadora que corresponda ao capital excedente e que, em geral, costuma inclusive ultrapassar as necessidades deste último, convertendo-se em superpopulação. Um excedente momentâneo do capital excedente acima da população trabalhadora mobilizada surtiria um duplo efeito. Por um lado, mediante o aumento do salário e o conseguinte abrandamento das influências que dizimam e aniquilam a descendência dos trabalhadores, assim como mediante a facilitação dos matrimônios, tal excedente aumentaria paulatinamente a população trabalhadora; por outro lado, no entanto, mediante a aplicação dos métodos que geram o mais-valor relativo (introdução e aperfeiçoamento de maquinaria), ele criaria com ainda maior rapidez uma superpopulação artificial, relativa, que, por sua vez – já que na produção capitalista a miséria gera população –, se converteria numa nova incubadora de um aumento verdadeiramente rápido do tamanho da população. Da natureza do processo capitalista de acumulação, que não é mais que um aspecto do processo de produção capitalista, segue-se, portanto, que a massa crescente dos meios de produção destinados a converter-se em capital tenha sempre à disposição uma população trabalhadora crescente na mesma proporção, excedente e suscetível de ser explorada. Portanto, à medida que se desenvolve o processo de produção e acumulação, tem de aumentar, do mesmo modo, a massa do mais-trabalho suscetível de apropriação e apropriado e, por conseguinte, a massa absoluta do lucro apropriado pelo capital social. Mas as mesmas leis de produção e acumulação fazem com que, juntamente com a massa, também o valor do capital constante aumente em progressão crescente e mais rapidamente que a parte variável do capital, que é aquela que se troca por trabalho vivo. Desse modo, as mesmas leis produzem para o capital social uma massa crescente e absoluta de lucro e uma taxa de lucro decrescente.

Abstraímos aqui inteiramente do fato de que a mesma grandeza de valor, à medida do progresso da produção capitalista e do conseguinte desenvolvimento da força produtiva do trabalho social e da multiplicação dos ramos da produção – e, assim, dos produtos –, representa uma massa cada vez maior de valores de usos e de desfrutes.

O desenvolvimento da produção e da acumulação capitalistas exige processos de trabalho numa escala cada vez maior e, com isso, em dimensões sempre crescentes, assim como adiantamentos de capital cada vez maiores para cada empresa. A concentração crescente dos capitais (acompanhada, ao mesmo tempo, ainda que em menor medida, de um número cada vez maior de capitalistas) constitui, por isso, tanto uma de suas condições materiais como um de seus próprios resultados. Paralelamente e em correlação com isso, opera-se uma progressiva expropriação dos produtores mais ou menos diretos. Assim se explica que um capitalista individual disponha de exércitos cada vez mais numerosos de operários (ainda que também para ele diminua o capital variável em relação ao capital constante), que a massa do mais-valor e, por conseguinte, do lucro por ele apropriado aumente simultaneamente à queda da taxa de lucro e apesar dessa queda. As causas que concentram massas de exércitos de trabalhadores sob o comando de capitalistas individuais são exatamente as mesmas que fazem com que a massa do capital fixo investido, assim como a das matérias-primas e dos materiais auxiliares, aumente em proporção crescente em relação à massa do trabalho vivo empregado.

Ademais, bastará mencionar aqui que, com base numa população trabalhadora dada, quando aumenta a taxa de mais-valor – seja pelo prolongamento ou intensificação da jornada de trabalho, seja pela queda de valor do salário em consequência do desenvolvimento da força produtiva do trabalho –, a massa do mais-valor (e, portanto, a massa absoluta de lucro) tem necessariamente de aumentar, apesar da queda relativa do capital variável em relação ao capital constante.

O mesmo desenvolvimento da força produtiva do trabalho social, as mesmas leis que se manifestam na baixa relativa do capital variável comparado ao capital total e na consequente acumulação acelerada, enquanto, por outro lado, a acumulação converte-se retroativamente em ponto de partida para o desenvolvimento ulterior da força produtiva e de um subsequente decréscimo relativo do capital variável; esse mesmo desenvolvimento se traduz, abstraindo de flutuações momentâneas, no aumento crescente da força de trabalho total empregada e no incremento contínuo da massa absoluta do mais-valor e, portanto, do lucro.

De que forma, então, tem de se apresentar essa lei dúplice, que se traduz, por um lado, no decréscimo da taxa de lucro e, por outro, derivando das mesmas causas, no acréscimo da massa absoluta do lucro? Uma lei que se baseia no fato de que, sob certas condições, aumenta a massa apropriada do mais-trabalho e, por conseguinte, a do mais-valor, e que, do ponto de vista do capital total e dos distintos capitais como simples porções do capital total, o lucro e o mais-valor são grandezas idênticas?

Suponhamos que a alíquota do capital sobre a qual calculamos a taxa de lucro seja 100. Essas 100 representam a composição média do capital total, digamos, 80*c* + 20*v*. Na seção II deste livro, vimos que a taxa média de lucro nos diversos ramos da produção é determinada não pela composição do capital de cada um desses ramos em particular, mas por sua composição social média. Com o decréscimo relativo da parte variável em relação à constante e, assim, em relação ao capital total de 100, ou seja, se a taxa de lucro cai ao mesmo tempo que o grau de exploração do trabalho permanece igual ou até mesmo aumenta, então cai a grandeza relativa do mais-valor, isto é, sua proporção em relação ao valor do capital total adiantado de 100. Mas não só essa grandeza relativa diminui. A grandeza do mais-valor ou do lucro absorvido pelo capital total de 100 diminui também em termos absolutos. Com base numa taxa de mais-valor de 100%, um capital de 60*c* + 40*v* produzirá uma massa de mais-valor e, portanto, de lucro, de 40; um capital de 70*c* + 30*v* produzirá uma massa de lucro de 30; com um capital de 80*c* + 20*v*, o lucro cairá a 20. Esse decréscimo refere-se à massa do mais-valor – e, portanto, do lucro – e provém do fato de que o capital total de 100 em geral mobiliza menos trabalho vivo em geral, o que significa que, mantendo-se idêntico o grau de exploração, mobiliza também um volume menor de mais-trabalho e, com isso, produz menos mais-valor. Tomando como unidade de medida uma alíquota qualquer do capital social, ou seja, do capital de composição social média, a fim de calcularmos, com base nela, o mais-valor – e isso ocorre em todos os cálculos de lucros –, veremos que a queda relativa do mais-valor e sua queda absoluta são, em geral, idênticas. Nos casos anteriores, a taxa de lucro decresce de 40% para 30% e 20%, porquanto, de fato, a massa de mais-valor – e, assim, de lucro – produzida pelo mesmo capital cai, em termos absolutos, de 40 para 30 e 20. Como a grandeza de valor do capital, segundo a qual se mede o mais-valor, está dada como = 100, uma queda na proporção do mais-valor relativamente a essa grandeza constante não pode ser senão outro modo de expressar o decréscimo da grandeza absoluta do mais-valor e do lucro. Isso é, na realidade, uma tautologia. Mas o fato de que ocorra essa redução deriva, como já demonstramos, da natureza do desenvolvimento do processo de produção capitalista.

Por outro lado, no entanto, as mesmas causas que geram um decréscimo absoluto do mais-valor e, portanto, do lucro sobre determinado capital e, com isso, também da taxa de lucro calculada percentualmente provocam um aumento da massa absoluta do mais-valor e, consequentemente, do lucro apropriado pelo capital social (isto é, pelo conjunto dos capitalistas). Como se deve entender, então, essa lei? Qual é sua única expressão possível, ou quais são as condições implicadas nessa contradição aparente?

Se uma alíquota é = 100 do capital social e, por isso, cada 100 de capital de composição social média representa uma grandeza dada, de modo que, para essas 100, a queda da taxa de lucro coincide com a queda da grandeza absoluta do lucro, e isso precisamente porque aqui o capital pelo qual elas são medidas é uma grandeza constante, então a grandeza do capital social total, assim como o capital que se encontra nas mãos de capitalistas individuais, constitui uma grandeza variável, que, para corresponder às condições pressupostas, tem de variar em proporção inversa ao decréscimo de sua parte variável.

No exemplo anterior, com uma composição percentual de $60c + 40v$, tínhamos um mais-valor ou lucro de 40, de modo que a taxa de lucro era de 40%. Suponhamos que o capital total, com esse grau de composição, fosse de 1 milhão. Nesse caso, o mais-valor total e, portanto, o lucro total, seria de 400.000. Se, mais tarde, a composição fosse = $80c + 20v$, o mais valor ou o lucro, mantendo-se inalterado o grau de exploração do trabalho, seria = 20 para cada 100. Mas, considerando que, como já o demonstramos, o mais-valor ou o lucro, mesmo com essa taxa decrescente de lucro ou dessa produção decrescente de mais-valor para cada capital de, por exemplo, 100, aumente em massa absoluta, digamos, de 400.000 para 440.000, isso só será possível porque o capital total que se formou simultaneamente a essa nova composição terá aumentado a 2.200.000. A massa do capital total posto em movimento terá subido em 220%, enquanto a taxa de lucro terá caído em 50%. Se o capital tivesse apenas duplicado, então uma taxa de lucro de 20% só poderia ter gerado a mesma massa de mais-valor e de lucro que aquela gerada pelo antigo capital de 1.000.000 a 40%. Se tivesse crescido a menos que o dobro, então ela teria produzido menos mais-valor ou lucro que aquele capital de 1.000.000, o qual, dada a composição anterior, só precisaria crescer de 1.000.000 para 1.100.000 a fim de aumentar seu mais-valor de 400.000 para 440.000.

Aqui se mostra a lei já exposta*, segundo a qual, na medida em que diminui relativamente o capital variável, isto é, na medida em que se desenvolve a força produtiva social do trabalho, uma massa maior de capital total é necessária para pôr em movimento a mesma quantidade de força de trabalho e absorver a mesma massa de mais-trabalho. Por isso, na mesma proporção em que se desenvolve a produção capitalista, desenvolve-se a possibilidade de uma população trabalhadora relativamente supranumerária, não porque a força produtiva do trabalho social *diminui*, mas porque *aumenta*, isto é, não por uma desproporção absoluta entre trabalho e meios de existência ou meios para a produção desses meios de existência, mas por uma desproporção decorrente da exploração capitalista do trabalho, da desproporção entre o crescimento progressivo do capital e sua necessidade relativamente decrescente de uma população cada vez maior.

Se a taxa de lucro cai em 50%, então ela cai pela metade. Portanto, para que a massa de lucro permaneça constante, o capital terá de duplicar-se. Para que a massa do lucro continue a mesma ao diminuir a taxa de lucro, o multiplicador que indica o crescimento do capital total tem de ser igual ao divisor que indica a queda da taxa de lucro. Se a taxa de lucro cai de 40 para 20, o capital total tem de aumentar inversamente na proporção de 20 : 40, a fim de que o resultado permaneça o mesmo. Se a taxa de lucro tivesse diminuído de 40 para 8, então o capital precisaria aumentar na relação de 8 : 40, isto é, o quíntuplo. Um capital de 1.000.000 a 40% produz 400.000, e um capital de 5.000.000 a 8% produz igualmente 400.000. Isso tem validade para que o resultado permaneça o mesmo. Se, pelo contrário, o resultado deve aumentar, então o capital terá de crescer numa proporção maior que aquela em que diminui a taxa de lucro. Em outros termos, para que o componente variável do capital total não só permaneça invariável em termos absolutos, mas para que aumente, ainda que diminua sua porcentagem do capital total, é necessário que este último cresça numa proporção maior que a queda percentual do capital variável. Ele tem de aumentar tanto que, em sua nova composição, necessite não só da antiga parte variável do capital, mas de uma quantidade ainda maior desta última para a compra de força de trabalho. Se a parte variável de um capital = 100 diminui de 40 para 20, então o capital total terá de aumentar a mais de 200 para poder empregar um capital variável maior que 40.

* Cf. Karl Marx, *O capital*, Livro I, cit., p. 699-700 e 719-20. (N. T.)

Ainda que a massa explorada da população trabalhadora permanecesse constante e só aumentassem a duração e a intensidade da jornada de trabalho, a massa do capital empregado teria de aumentar, inclusive para que, ao mudar a composição modificada do capital, ela pudesse empregar a mesma massa de trabalho sob as antigas condições de exploração.

Portanto, com o progresso do modo de produção capitalista, o mesmo desenvolvimento da força produtiva social do trabalho se expressa, por um lado, numa tendência à queda progressiva da taxa de lucro e, por outro, no aumento constante da massa absoluta do mais-valor ou do lucro apropriado; de modo que, em geral, ao decréscimo relativo do capital variável e do lucro corresponde um aumento absoluto de ambos. Como já demonstramos, esse efeito dúplice só se pode representar num aumento do capital total em progressão mais acelerada que aquela na qual diminui a taxa de lucro. No caso de uma composição mais alta ou um aumento relativo mais intenso do capital constante, o emprego de um capital variável acrescido em termos absolutos requer que o capital total aumente não só na proporção da composição mais alta, mas com rapidez ainda maior. Disso se segue que, quanto mais se desenvolve o modo de produção capitalista, uma quantidade cada vez maior de capital é requerida para ocupar a mesma força de trabalho e, mais ainda, para ocupar uma força de trabalho crescente. Sobre uma base capitalista, portanto, a crescente força produtiva do trabalho gera necessariamente uma aparente superpopulação trabalhadora permanente. Se o capital variável, que antes constituía ½ do capital total, agora constitui apenas ⅙, então o capital total deverá ser triplicado para empregar a mesma força de trabalho; para empregar o dobro da força de trabalho, o capital total terá de ser sextuplicado.

A economia política anterior, que não soube explicar a lei da taxa decrescente de lucro, concebe a massa crescente de lucros, o crescimento da grandeza absoluta do lucro, seja para o capitalista individual, seja para o capital social, como um tipo de lenitivo, que, no entanto, se baseia também em meras trivialidades e possibilidades.

É mera tautologia dizer que a massa do lucro está determinada por dois fatores: em primeiro lugar, pela taxa de lucro e, em segundo lugar, pela massa do capital empregada com base nessa taxa de lucro. Por conseguinte, dizer que a massa de lucro pode aumentar, ainda que a taxa de lucro caia simultaneamente, é uma simples expressão dessa tautologia, algo que não nos ajuda a avançar nem um único passo, já que é igualmente possível que o capital cresça sem que o mesmo ocorra com a massa do lucro e que ele até mesmo cresça enquanto esta última diminui. 100 a 25% rendem 25; 400 a 5%

rendem apenas 20[35]. Mas, se as mesmas causas que fazem cair a taxa de lucro fomentam a acumulação, isto é, a formação de capital adicional, e se todo capital adicional põe em movimento trabalho adicional e produz mais-valor adicional; e se, por outro lado, a simples queda da taxa de lucro implica que tenha havido um aumento do capital constante e, com ele, do capital anterior em sua totalidade, então todo esse processo perde seu caráter misterioso. Veremos ainda a que tipo de falsificações intencionais de cálculo se recorre para escamotear a possibilidade de que a massa de lucro aumente ao mesmo tempo que a taxa de lucro diminua.

---

[35] *"We should also expect that, however the rate of the profits of stock might diminish in consequence of the accumulation of capital on the land and the rise of wages, yet the aggregate amount of profits would increase. Thus, supposing that, with repeated accumulations of 100.000 £, the rate of profits should fall from 20 to 19, to 18, to 17 percent., a constantly diminishing rate; we should expect that the whole amount of profits received by those successive owners of capital would be always progressive; that it would be greater when the capital was 200.000 £, than when 100.000 £; still greater when 300.000 £; and so on, increasing, though at a diminishing rate, with every increase of capital. This progression, however, is only true for a certain time; thus, 19 percent. on 200.000 £ is more than 20 on 100.000 £; again 18 percent. on 300.000 £ is more than 19 percent. on 200.000 £; but after capital has accumulated to a large amount, and profits have fallen, the further accumulation diminishes the aggregate of profits. Thus, suppose the accumulation should be 1.000.000 £, and the profits 7 percent., the whole amount of profits will be 70.000 £; now if an addition of 100.000 £ capital be made to the million, and profits should fall to 6 percent., 66.000 £ or a diminution of 4.000 £ will be received by the owners of stock, although the whole amount of stock will be increased from 1.000.000 £ to 1.100.000 £."* ["Deveríamos também esperar que, mesmo com uma diminuição da taxa de lucro do capital em consequência do investimento adicional de capital no solo e do aumento dos salários, ainda assim aumentasse a soma total dos lucros. Ora, se supomos que, com repetidas acumulações de capital no montante de £100.000, a taxa de lucro caia de 20% para 19%, para 18%, para 17%, resultando, assim, numa taxa de lucro em queda constante, então deveríamos esperar que a soma total do lucro recebido por esses sucessivos possuidores de capital aumentasse progressivamente, que fosse maior quando o capital era de £200.000 do que quando era de £100.000 e maior ainda quando era de £300.000, e assim por diante, crescendo a cada aumento de capital, ainda que com uma taxa decrescente. No entanto, essa progressão só é correta para certo intervalo de tempo. Assim, 19% de £200.000 é mais que 20% de £100.000, e 18% de £300.000 é mais que 19% de £200.000. Tão logo o capital tenha sido acumulado a uma soma elevada e os lucros tenham caído, a acumulação subsequente reduz a soma total do lucro. Desse modo, supondo que a acumulação fosse de £1.000.000 e o lucro fosse de 7%, a soma total do lucro seria de £70.000. Se, agora, ao milhão fosse adicionado um capital de £100.000, e os lucros caíssem a 6%, os possuidores do capital receberiam, então, £66.000, uma redução de £4.000, ainda que a soma total do capital tivesse aumentado de £1.000.000 para £1.100.000."] Ricardo, "Pol.[itical] Econ.[omy]", cap. 7, em *Works* ([Londres,] MacCulloch, 1852), p. 68-9. Com efeito, aqui está suposto que o capital cresce de 1.000.000 para 1.100.000, ou seja, um aumento de 10%, ao passo que a taxa de lucro cai de 7 para 6, ou seja, uma queda de 142/7%. *Hinc illae lacrimae* ["Daí aquelas lágrimas", diz Públio Terêncio, dramaturgo romano, na comédia *A moça de Andros*, ato I, cena I. – N. E. A.].

Vimos como as mesmas causas que produzem a tendência à queda da taxa geral de lucro determinam uma acumulação acelerada do capital e, por conseguinte, um aumento da grandeza absoluta ou da massa total do mais-trabalho (do mais-valor ou lucro) de que ele se apropria. Mas, como na concorrência e, por isso, na consciência dos agentes da concorrência, tudo se apresenta invertido, o mesmo ocorre com essa lei, isto é, com essa conexão interna e necessária entre dois termos que aparentemente se contradizem. É evidente que, dentro das proporções expostas anteriormente, um capitalista que disponha de um grande capital obterá uma massa maior de lucro que um capitalista menor, que obtenha lucros aparentemente altos. Além disso, a consideração mais superficial da concorrência mostra que, sob certas circunstâncias, quando o capitalista maior deseja conquistar lugar no mercado e, para isso, procura deslocar os menores, como em tempos de crise, ele coloca isso em prática, isto é, reduz intencionalmente sua taxa de lucro para eliminar os capitalistas menores. Sobretudo o capital comercial, do qual falaremos em detalhes mais adiante, apresenta fenômenos que nos permitem vislumbrar a diminuição do lucro como efeito da expansão dos negócios e, portanto, da expansão do capital. A expressão verdadeiramente científica dessa falsa concepção será fornecida adiante. Considerações superficiais similares a essa se depreendem da comparação entre as taxas de lucro obtidas em ramos particulares dos negócios, conforme eles se encontram submetidos ao regime da livre concorrência ou do monopólio. Para termos uma ideia do nível de vulgaridade a que essa noção pode chegar na cabeça dos agentes da concorrência, não precisamos mais do que ler o nosso Roscher, que afirma que essa queda da taxa de lucro é "mais sensata e mais humana". O decréscimo da taxa de lucro se apresenta aqui como um *efeito* do aumento do capital e do conseguinte cálculo do capitalista, de que com uma taxa menor de lucro ele embolsará uma massa de lucro maior. Tudo isso (com exceção de A. Smith, de quem falaremos adiante) se baseia num desconhecimento total sobre o que é, na realidade, a taxa geral de lucro e na ideia tosca de que os preços se determinam, na realidade, pela adição de uma taxa mais ou menos arbitrária de lucros sobre o valor real das mercadorias. Mas essas ideias, por toscas que sejam, brotam necessariamente da distorção que as leis imanentes da produção capitalista experimentam no interior da concorrência.

* * *

A lei segundo a qual a queda da taxa de lucro ocasionada pelo desenvolvimento da força produtiva está acompanhada de um aumento na massa dos lucros se traduz também no fato de que a queda do preço das mercadorias produzidas pelo capital é acompanhada de um aumento relativo das massas de lucro nelas contidas e que se realizam por meio de sua venda.

A partir do momento em que o desenvolvimento da força produtiva e a correspondente elevação da composição do capital fazem com que uma quantidade cada vez menor de trabalho mobilize uma quantidade cada vez maior de meios de produção, cada alíquota do produto total, cada mercadoria individual ou cada medida individual e determinada da massa total das mercadorias produzidas absorve menos trabalho vivo e contém, além disso, menos trabalho objetivado, tanto no que diz respeito à depreciação do capital fixo empregado como às matérias-primas e aos materiais auxiliares consumidos. Por conseguinte, cada mercadoria individual contém uma soma menor de trabalho objetivado nos meios de produção e de trabalho novo agregado durante a produção. Isso faz com que caia o preço da mercadoria individual. Apesar disso, a massa de lucro contida na mercadoria individual pode aumentar sempre que a taxa do mais-valor absoluto ou relativo subir. A mercadoria contém menos trabalho novo agregado, mas a parte não paga desse trabalho aumenta em relação à parte paga. Porém, isso só pode ocorrer dentro de certos limites. À medida que se desenvolve a produção, o enorme incremento da diminuição absoluta da soma de novo trabalho vivo agregado à mercadoria individual é acompanhado da diminuição absoluta da massa de trabalho não pago nela contido, por mais que esta tenha aumentado relativamente em proporção à parte paga desse trabalho. A massa de lucro sobre cada mercadoria individual diminuirá consideravelmente à medida que se desenvolva a força produtiva do trabalho, não obstante o crescimento da taxa de mais-valor; e essa diminuição, exatamente como na queda da taxa de lucro, só se tornará mais lenta por meio do barateamento dos elementos que formam o capital constante e de outras circunstâncias expostas na primeira seção deste livro, as quais elevam a taxa de lucro com base numa taxa dada – e inclusive decrescente – de mais-valor.

A diminuição do preço das diversas mercadorias cuja soma constitui o produto total do capital significa apenas que certa quantidade de trabalho se realiza numa massa maior de mercadorias, isto é, que cada mercadoria individual contém menos trabalho que antes. Isso ocorre mesmo quando aumenta o preço de uma parte do capital constante, da matéria-prima etc. Excetuando casos isolados (por exemplo, quando a força produtiva do trabalho barateia por igual todos os elementos tanto do capital constante como do capital variável), a taxa de lucro diminuirá, apesar da taxa aumentada do mais-valor, 1) porque mesmo uma parte maior não paga da soma total menor do trabalho novo agregado é menor do que uma alíquota menor não paga da soma total maior e 2) porque a composição mais alta do capital na mercadoria individual se expressa no fato de que a parte de valor dessa mercadoria – na qual se apresenta, em geral, o trabalho novo agregado – diminui em relação à parcela de valor que se representa em matérias-primas, materiais auxiliares e depreciação do capital fixo. Essa variação na proporção entre os diversos componentes do preço da mercadoria individual – a diminuição da parte do preço na qual se apresenta o novo trabalho vivo agregado e o aumento das partes do preço nas quais se apresenta o trabalho anteriormente objetivado – é a forma na qual a diminuição do capital variável no preço da mercadoria individual se expressa em relação ao capital constante. Assim como essa diminuição é absoluta para dada medida de capital, por exemplo, 100, ela também o é para cada mercadoria individual como alíquota do capital reproduzido. No entanto, se fosse calculada somente com relação aos elementos de preço da mercadoria individual, a taxa de lucro se apresentaria diferentemente de como ela de fato é. E isso pela seguinte razão:

{A taxa de lucro é calculada sobre o capital total empregado, mas para determinado intervalo de tempo, a saber, um ano. A taxa de lucro se constitui pela relação entre o mais-valor ou lucro obtido e realizado num ano e o capital total percentualmente calculado. Tal taxa, portanto, não coincide necessariamente com uma taxa de lucro baseada não em um ano, mas no período de rotação do capital em questão; ambas só coincidem quando esse capital efetua precisamente uma rotação no ano.

Por outro lado, o lucro obtido no curso de um ano é apenas a soma dos lucros sobre as mercadorias produzidas e vendidas no curso desse mesmo ano. Se calcularmos o lucro sobre o preço de custo das mercadorias, obteremos uma taxa de lucro = $^{l}/_{k}$, na qual l é o lucro realizado no curso do ano, e k é a soma dos preços de custo das mercadorias produzidas e vendidas no mesmo período. Evidentemente, essa taxa de lucro $^{l}/_{k}$ só poderá coincidir com a taxa real de lucro $^{l}/_{C}$, que é a quantidade de lucro dividida pelo capital total C, se k for = C, isto é, se o capital efetua precisamente uma rotação no ano.

Tomemos três diferentes estados de um capital industrial.

1. Um capital de £8.000 produz e vende anualmente 5.000 peças de mercadoria, a 30 xelins cada, efetuando uma rotação anual de £7.500. Isso representa, em relação a cada mercadoria, um lucro anual de 10 xelins = £2.500. Cada mercadoria contém, portanto, 20 xelins de capital investido e 10 xelins de lucro, o que significa que a taxa de lucro por mercadoria é de $^{10}/_{20}$ = 50%. À soma de £7.500 correspondem £5.000 de adiantamento

de capital e £2.500 de lucro; a taxa de lucro sobre a rotação, $^{l}/_{k}$, é igualmente = 50%. Em contrapartida, calculada sobre o capital total, a taxa de lucro é = $^{l}/_{C}$ = $^{2.500}/_{8.000}$ = $31\frac{1}{4}$%.

Suponhamos que o capital aumente para £10.000 e que, devido a um incremento da força produtiva do trabalho, ele esteja em condições de produzir anualmente 10.000 peças de mercadoria ao preço de custo de 20 xelins cada uma. Suponhamos que ele as venda com 4 xelins de lucro, ou seja, a 24 xelins a peça. Então, o preço do produto anual será = £12.000, das quais £10.000 são adiantamento de capital, e £2.000 são lucro. $^{l}/_{k}$ é, por peça, = $^{4}/_{20}$, para a rotação anual, = $^{2.000}/_{10.000}$, isto é, em ambos os casos = 20%, e como o capital total é igual à soma dos preços de custo, isto é, £10.000, também $^{l}/_{C}$, taxa real de lucro, é, nesse caso, = 20%.

2. Suponhamos que, com um aumento sempre crescente da força produtiva do trabalho, o capital se eleve a £15.000 e se produzam agora 30.000 peças de mercadoria no ano, ao preço de custo de 13 xelins cada uma e com um lucro de 2 xelins, isto é, que sejam vendidas a 15 xelins a peça. A rotação anual é, portanto, = 30.000 × 15 xelins = £22.500, das quais £19.500 são adiantamento de capital, e £3.000, lucro. $^{l}/_{k}$ é, assim $^{2}/_{13}$ = $^{3.000}/_{19.500}$ = $15^{5}/_{13}$%. Em contrapartida, $^{l}/_{C}$ = $^{3.000}/_{15.000}$ = 20%.

Vemos, pois, que somente no caso II, em que o valor de capital rodado coincide com o capital total, a taxa de lucro por peça de mercadoria ou pela soma rodada é a mesma que a taxa de lucro calculada sobre o capital total. No caso I, em que a soma rodada é menor que o capital total, a taxa de lucro calculada sobre o preço de custo da mercadoria é maior; no caso III, em que o capital total é menor que a soma rodada, essa taxa é mais baixa que a taxa de lucro real, calculada sobre o capital total. E isso tem validade geral.

Na prática comercial, a rotação costuma ser calculada de modo impreciso. Admite-se que o capital tenha efetuado uma rotação quando a soma dos preços realizados das mercadorias alcança a soma do capital total investido. Mas o *capital* só pode concluir uma rotação completa quando a soma dos *preços de custo* das mercadorias realizadas se iguala à soma do capital total. – F. E.}

Aqui se comprova mais uma vez o quão importante, na produção capitalista, é não considerar isoladamente cada mercadoria individual ou cada produto-mercadoria de um determinado período como simples mercadoria, mas como produto do capital investido e em proporção ao capital total que produz essa mercadoria.

Ora, ainda que a *taxa de lucro* tenha de ser calculada medindo-se a massa do mais-valor produzido e realizado, não só sobre a parte do capital consumido que reaparece nas mercadorias, mas sobre essa parte e, em adição a ela, a parte de capital não consumida, porém empregada e que continua a funcionar na produção, a *massa* do lucro só pode ser igual à massa de lucro ou de mais-valor que está contida nas próprias mercadorias e se realiza mediante sua venda.

Ao aumentar a produtividade da indústria, diminui o preço da mercadoria individual. Nesta está contido menos trabalho, tanto pago como não pago. Suponhamos que o mesmo trabalho produza, por exemplo, o triplo de produto; nesse caso, a cada produto corresponderá uma quantidade ⅔ menor de trabalho. E, como o lucro só pode representar uma parte dessa massa de trabalho contida em cada mercadoria, a massa de lucro por mercadoria individual terá necessariamente de diminuir, e o mesmo ocorrerá, dentro de certos limites, no caso de um aumento da taxa do mais-valor. Em todos os casos, a massa de lucro correspondente ao produto total não cairá abaixo da massa de lucro originária, desde que o capital empregue a mesma quantidade de trabalhadores que antes, com o mesmo grau de exploração. (Isso também pode ocorrer quando se empregam menos trabalhadores com um grau maior de exploração.) Pois na mesma proporção em que diminui a massa de lucro por produto individual, aumenta o número dos produtos. A massa de lucro permanece a mesma, mas se distribui diferentemente entre a soma das mercadorias; e isso não altera em nada as proporções em que a quantidade de valor criada pelo trabalho novo agregado se distribui entre trabalhadores e capitalistas. Empregando-se a mesma massa de trabalho, a massa de lucro só sobe se aumentar o mais-trabalho não pago ou, mantendo-se constante o grau de exploração do trabalho, se aumentar o número de trabalhadores. Ou, ainda, se concorrem ambos os fatores. Em todos esses casos – que, no entanto, conforme nossa hipótese, pressupõem o crescimento do capital constante em relação ao variável e uma grandeza crescente do capital total empregado –, a mercadoria individual contém uma massa menor de lucro, e a taxa de lucro diminui, mesmo quando calculada sobre a mercadoria individual; uma quantidade dada de trabalho adicional se apresenta numa maior quantidade de mercadorias; o preço da mercadoria individual diminui. Com a queda do preço da mercadoria individual em decorrência de um aumento da força produtiva e, por conseguinte, com um aumento simultâneo do número dessas mercadorias mais baratas, é possível que a taxa de lucro, considerada abstratamente, continue a mesma; é o que ocorreria, por exemplo, se o aumento da força produtiva influísse de modo uniforme e simultâneo sobre todas as partes constitutivas das mercadorias, fazendo com que o preço total da mercadoria diminuísse na mesma proporção em que aumentou a produtividade do trabalho e, por outro lado, com que a relação mútua entre os diversos componentes do preço da mercadoria permanecesse constante. A taxa de lucro até poderia aumentar, se ao aumento da taxa de mais-valor estivesse ligada uma diminuição significativa de valor dos elementos do capital constante e, em especial, do capital fixo. Mas, na realidade, como vimos, a taxa de lucro diminuirá por um longo tempo. Em nenhum caso a queda do preço da mercadoria individual permite, por si só, chegar a uma conclusão sobre a taxa de lucro. Tudo depende da grandeza da soma total do capital que participa da sua produção. Suponhamos, por exemplo, que o preço de uma vara de tecido caia de 3 xelins para $1\frac{2}{3}$ xelim; se sabemos que, antes da queda do preço, nela estava contido $1\frac{2}{3}$ xelim de capital constante (fio etc.), $\frac{2}{3}$ de xelim de salário e $\frac{2}{3}$ de xelim de lucro, ao passo que, após a queda do preço, nela se encontra apenas 1 xelim de capital constante, $\frac{1}{3}$ de xelim de salário e $\frac{1}{3}$ de xelim de lucro, não sabemos, então, se a taxa de lucro permaneceu constante. Isso depende de se o capital total adiantado aumentou, e em que medida, e de quantas varas a mais ele produz em dado período.

O fenômeno, derivado da natureza do modo capitalista de produção, de que com uma produtividade crescente do trabalho diminui o preço da mercadoria individual ou de uma quantidade dada de mercadorias, aumenta o número das mercadorias, diminui a massa de lucro por mercadoria individual e a taxa de lucro sobre a soma das mercadorias, ao mesmo tempo que aumenta a massa de lucro sobre a soma total das mercadorias – esse fenômeno evidencia apenas a diminuição da massa de lucro sobre a mercadoria individual, a queda do preço desta última e o aumento da massa de lucro sobre o número total aumentado das mercadorias produzidas pelo capital total da sociedade ou pelo capitalista individual. O que se depreende disso é que o capitalista adiciona menores lucros, por livre determinação, sobre a mercadoria individual, porém se ressarce por meio do maior número de mercadorias que produz. Essa concepção corresponde à ideia do lucro sobre a alienação (*profit upon alienation*), ideia que, por sua vez, baseia-se na concepção própria do capital comercial.

Nas seções IV e VII do Livro I, vimos que o aumento da massa de mercadorias e o barateamento de cada mercadoria resultantes do aumento da força produtiva do trabalho não afetam (na medida em que essas mercadorias não constituem fatores determinantes do preço da força de trabalho), apesar da queda do preço, a proporção entre trabalho pago e não pago no interior de cada mercadoria.

Como tudo se apresenta na concorrência de modo falso, quer dizer, invertido, o capitalista individual pode imaginar: 1) que se reduz seu lucro sobre a mercadoria individual mediante sua baixa de preço, obtém em troca um lucro maior graças à maior massa de mercadorias que vende; 2) que fixa o preço das mercadorias individuais, logo obtendo, mediante multiplicação, o preço do produto total, quando na realidade o procedimento originário é o da divisão (ver Livro I, capítulo 10, p. 314/323 [390-1]) e a multiplicação só intervém em segunda instância, sobre a base daquela divisão. Com efeito, o economista vulgar não faz outra coisa senão traduzir numa linguagem aparentemente mais teórica e generalizante as curiosas ideias dos capitalistas prisioneiros da concorrência, esforçando-se em dar a essas concepções alguma exatidão.

Na realidade, a queda dos preços das mercadorias e o aumento da massa de lucro sobre a massa aumentada das mercadorias mais baratas não é mais que outra maneira de expressar a lei da taxa decrescente de lucro com uma massa de lucro simultaneamente crescente.

Não cabe aqui investigar até que ponto uma taxa decrescente de lucro pode coincidir com preços crescentes, tampouco cabia fazê-lo no Livro I (p. 314/323 [390-1]), dedicado ao mais-valor relativo. O capitalista que emprega métodos de produção aperfeiçoados, mas ainda não generalizados, vende abaixo do preço de mercado, porém acima de seu preço de produção individual; isso faz com que a taxa de lucro aumente para ele até que a concorrência se encarregue de equalizá-la; durante esse período de equalização se cumpre o segundo requisito, que consiste no aumento do capital investido; segundo o grau desse aumento, o capitalista poderá, sob as novas condições, empregar uma parte da massa de trabalhadores anteriormente empregada e inclusive a massa inteira ou uma massa ainda maior, produzindo assim uma massa de lucro igual ou maior que antes.

Capítulo 14

Causas contra-arrestantes

Se consideramos o enorme desenvolvimento das forças produtivas do trabalho social apenas nos últimos trinta anos e comparamos esse período com todos os anteriores, e se levamos em conta sobretudo a enorme massa de capital fixo que, além da maquinaria em sentido estrito, entra no processo social de produção em seu conjunto, vemos que a dificuldade que se apresenta não é a mesma na qual os economistas tropeçam até hoje, isto é, a de explicar a queda da taxa de lucro, mas a dificuldade inversa, a saber: a de explicar por que essa queda não é maior nem mais rápida. É preciso que aí atuem influências contra-arrestantes, que interfiram na ação da lei geral e a anulem, dando a ela apenas o caráter de tendência, razão pela qual também caracterizamos a queda da taxa geral de lucro como tendencial. Entre essas causas, as mais gerais são as seguintes:

I. Aumento do grau de exploração do trabalho

O grau de exploração do trabalho, a apropriação do mais-trabalho e do mais-valor, aumenta especialmente por meio do prolongamento da jornada de trabalho e da intensificação do trabalho. Esses dois pontos foram detalhadamente desenvolvidos no Livro I, quando tratamos da produção do mais-valor absoluto e do mais-valor relativo. Existem muitos fatores de intensificação do trabalho que implicam um crescimento do capital constante com relação ao variável, isto é, uma queda da taxa de lucro, como quando um trabalhador deve supervisionar uma quantidade maior de maquinaria. Nesse caso, como no da maior parte dos procedimentos que servem para a produção do mais-valor relativo, é possível que as mesmas causas que geram um crescimento da taxa do mais-valor impliquem uma diminuição da massa do mais-valor, considerando grandezas dadas de capital total empregado. E existem outros fatores de intensificação, como velocidade acelerada da maquinaria, que assim consome uma quantidade maior de matéria-prima no mesmo período; porém, no que diz respeito ao capital fixo, o desgaste mais rápido da maquinaria não afetará de modo nenhum a relação entre seu valor e o preço do trabalho que a põe em movimento. É especialmente o prolongamento da jornada de trabalho, essa invenção da indústria moderna, que incrementa a massa do mais-trabalho apropriado sem alterar essencialmente a relação entre a força de trabalho empregada e o capital constante que ela põe em movimento e que de fato faz diminuir relativamente este último. Além disso, já está demonstrado – e isso constitui o verdadeiro segredo da queda tendencial da taxa de lucro – que os procedimentos para a geração de mais-valor relativo desembocam, em geral, no seguinte: por um lado, converter em mais-valor a maior quantidade possível de dada massa de trabalho; por outro, empregar, em proporção ao capital adiantado, a menor quantidade de trabalho em geral, de modo que os mesmos motivos que permitem aumentar o grau de exploração do trabalho impeçam que com o mesmo capital total se explore tanto trabalho quanto antes. São essas as tendências antagônicas que, enquanto atuam para uma elevação da taxa de mais-valor, promovem simultaneamente a diminuição da massa do mais-valor gerado por um capital dado e, assim, a queda da taxa de lucro. Devemos mencionar aqui também o emprego massivo de trabalho feminino e infantil, na medida em que toda a família tem de fornecer ao capital uma massa maior de mais-trabalho, ainda que ocorra um aumento da soma total do salário que lhe é pago, o que de modo nenhum é o caso geral. Tudo o que estimula a produção do mais-valor mediante o simples aperfeiçoamento dos métodos, como na agricultura, porém mantendo inalterada a grandeza do capital empregado, surte o mesmo efeito. Nesse caso, não aumenta o capital constante empregado em relação ao capital variável, enquanto considerarmos este último como índice da força de trabalho ocupada, mas aumenta a massa do produto em relação à força de trabalho empregada. O mesmo ocorre quando a força produtiva do trabalho (não importando se seu produto entra no consumo dos trabalhadores ou nos elementos do capital constante) é liberada de impedimentos ao tráfico, de restrições arbitrárias ou tornadas prejudiciais com o passar do tempo e, em geral, de estorvos de todo tipo, sem que isso afete, num primeiro momento, a relação entre o capital variável e o capital constante.

Poderíamos perguntar se entre as causas que inibem a queda da taxa de lucro, embora em última instância sempre a acelerem, estão incluídos também os aumentos do mais-valor acima do nível geral – aumentos temporários, ainda que recorrentes, que surgem ora nesse ramo da produção, ora naquele –

em benefício do capitalista que utiliza os inventos etc., antes que estes tenham se generalizado. A essa pergunta devemos responder afirmativamente.

A massa de mais-valor gerada por um capital de dada grandeza é produto de dois fatores: da taxa do mais-valor, multiplicada pelo número de trabalhadores empregados com a taxa dada. Portanto, dada a taxa do mais-valor, ela depende do número de trabalhadores, e dado o número de trabalhadores, depende da taxa do mais-valor, ou seja, depende em geral da relação composta entre a grandeza absoluta do capital variável e a taxa do mais-valor. Ora, ficou demonstrado que, via de regra, as causas que elevam a taxa do mais-valor relativo são as mesmas que reduzem a massa da força de trabalho empregada, mas está claro que, nesse caso, produz-se mais ou menos, conforme a proporção determinada em que se realiza esse movimento antitético, e que a tendência de diminuição da taxa de lucro é especialmente enfraquecida pela elevação da taxa do mais-valor absoluto, gerado graças ao prolongamento da jornada de trabalho.

No caso da taxa de lucro, descobrimos, em geral, que o crescimento da massa de lucro corresponde à diminuição da taxa ocasionada pelo aumento da massa do capital total empregado. Considerando o capital variável total da sociedade, o mais-valor que ele gera é igual ao lucro produzido. Além da massa absoluta, cresceu também a taxa de mais-valor – a primeira, devido ao aumento da massa da força de trabalho empregada pela sociedade; a segunda, devido ao aumento do grau de exploração desse trabalho. Porém, com relação a um capital de dada grandeza, por exemplo, de 100, a taxa do mais-valor pode aumentar enquanto diminui a média de sua massa, uma vez que a taxa está determinada pela proporção em que a parte variável do capital se valoriza, ao passo que a massa se determina pela parte proporcional do capital total que constitui o capital variável.

O aumento da taxa de mais-valor – porquanto ele também ocorre especialmente em circunstâncias em que, como indicado, não se verifica um aumento do capital constante nem um aumento relativo deste último com relação ao capital variável – é um fator por meio do qual se determinam a massa do mais-valor e, por conseguinte, também a taxa de lucro. Ele não derroga a lei geral, mas faz com que esta atue mais como tendência, isto é, como uma lei cuja aplicação absoluta é contida, refreada e enfraquecida por circunstâncias contra-arrestantes. Considerando que as mesmas causas que elevam a taxa do mais-valor (o prolongamento do tempo de trabalho é um resultado da grande indústria) tendem a diminuir a força de trabalho empregada por dado capital, essas mesmas causas tendem a diminuir a taxa de lucro e a frear o movimento dessa diminuição. Se um trabalhador é forçado a efetuar o trabalho que racionalmente só poderia ser executado por dois trabalhadores e se isso ocorre em circunstâncias nas quais ele poderia substituir outros três, esse trabalhador produzirá tanto mais-trabalho quanto antes o forneciam dois trabalhadores e, em tal medida, terá aumentado a taxa do mais-valor. Mas ele não produzirá tanto quanto antes produziam três, e desse modo a massa do mais-valor terá diminuído. Sua queda estará compensada ou limitada pelo aumento da taxa do mais-valor. Se a população inteira for ocupada com a taxa do mais-valor aumentada, aumentará a massa do mais-valor, ainda que a população permaneça a mesma. E aumentará ainda mais se a população crescer – embora isso esteja ligado a uma queda relativa do número de trabalhadores ocupados em relação com a grandeza de capital total, tal queda se verá moderada ou freada pelo aumento na taxa de mais-valor.

Antes de finalizar esse ponto, cabe sublinhar uma vez mais que, com uma grandeza dada do capital, pode ocorrer um aumento da *taxa* do mais-valor, embora sua *massa* diminua, e vice-versa. A massa do mais-valor é igual à taxa multiplicada pelo número de trabalhadores; a taxa jamais é calculada sobre o capital total, mas sobre o capital variável e, com efeito, apenas sobre uma jornada de trabalho em cada caso. Ao contrário, com uma grandeza dada do valor de capital, a *taxa de lucro* jamais pode aumentar ou diminuir sem que também aumente ou diminua a *massa do mais-valor*.

II. Compressão do salário abaixo de seu valor

Isso só é mencionado aqui empiricamente, já que, de fato, tal como muitas outras coisas que caberiam ser referidas, esse aspecto não guarda nenhuma relação com a análise geral do capital, mas diz respeito à exposição da concorrência, que não é tratada nesta obra. No entanto, é uma das causas mais importantes de contenção da tendência à queda da taxa de lucro.

III. Barateamento dos elementos do capital constante

Aqui devemos tratar de tudo o que foi dito na seção I deste livro acerca das causas que elevam a taxa de lucro quando se mantém constante a taxa de mais-valor ou independentemente dela. Portanto, especialmente do fato de que, quando se considera o capital total, o valor do capital constante não aumenta na mesma proporção que seu volume material. Por exemplo, a massa de algodão que um fiandeiro europeu individual elabora numa fábrica moderna aumentou de maneira colossal em relação ao que antigamente um fiandeiro europeu elaborava com a roda de fiar. Mas o valor do algodão elaborado não cresceu na mesma proporção. O mesmo ocorre com as máquinas e os demais elementos do capital fixo. Em suma, o mesmo desenvolvimento que incrementa a massa do capital constante em relação ao capital variável diminui, em consequência da força produtiva aumentada do trabalho, o valor de seus elementos e, assim, impede que o valor do capital constante, embora aumentando permanentemente, o faça na mesma proporção que seu volume material, isto é, que o volume material dos meios de produção postos em movimento pela mesma quantidade de força de trabalho. Em casos isolados, pode ocorrer inclusive um aumento da massa dos elementos do capital constante, enquanto seu valor permanece igual ou até mesmo diminui.

Ao que foi dito está vinculada a desvalorização do capital existente (isto é, de seus elementos materiais), ocorrida com o desenvolvimento da indústria. Também ela é uma das causas que atuam constantemente, que refreiam a queda da taxa de lucro, apesar de, em determinadas circunstâncias, rebaixar a massa de lucro mediante o rebaixamento da massa do capital que produz lucro. Aqui se mostra outra vez que as mesmas causas que engendram a tendência à queda da taxa de lucro moderam também a efetivação dessa tendência.

IV. A superpopulação relativa

Sua gênese é inseparável do – e acelerada pelo – desenvolvimento da força produtiva do trabalho, que se expressa na diminuição da taxa de lucro. A superpopulação relativa é mais evidente em países onde o modo de produção capitalista é mais desenvolvido. Ela é, por um lado, a causa de que em muitos ramos da produção seja mantida a subordinação mais ou menos incompleta do trabalho ao capital e de que esta dure mais que o tempo que, à primeira vista, corresponde ao estágio geral do desenvolvimento; isso resulta do barateamento e da grande quantidade dos assalariados disponíveis ou liberados, além da maior resistência que alguns ramos de produção, segundo sua natureza, opõem à transformação do trabalho manual em trabalho mecanizado. Por outro lado, abrem-se novos ramos da produção, especialmente para o consumo de luxo, os quais têm como base precisamente essa população relativa, com frequência liberada pelo predomínio do capital constante em outros ramos da produção, que, por sua vez, baseiam-se no predomínio do elemento do trabalho vivo e só paulatinamente realizam o mesmo percurso dos demais ramos da produção. Em ambos os casos, o capital variável constitui uma proporção significativa do capital total, e o salário se encontra abaixo da média, de modo que, nesses ramos da produção, tanto a taxa como a massa do mais-valor são extraordinariamente elevadas. Mas como a taxa geral de lucro é formada por meio da equalização das taxas de lucro nos ramos de produção particulares, a mesma causa que gera a tendência à queda da taxa de lucro produz aqui um contrapeso a essa tendência, paralisando, em maior ou menor grau, seu efeito.

V. O comércio exterior

Na medida em que o comércio exterior barateia em parte os elementos do capital constante, em parte os meios de subsistência nos quais se transforma o capital variável, ele atua no incremento da taxa de lucro, elevando a taxa do mais-valor e reduzindo o valor do capital constante. Em geral, ele atua nesse sentido ao permitir a ampliação da escala da produção. Com isso, acelera, por um lado, a acumulação; por outro, acelera também a diminuição do capital variável em relação ao constante e, com isso, a queda da taxa de lucro. Do mesmo modo, a expansão do comércio exterior, que na infância do modo de produção capitalista constituía a base deste último, converteu-se, no curso de seu progresso, em seu próprio produto, por meio da necessidade interna desse modo de produção, de sua necessidade de um mercado cada vez mais ampliado. Aqui se revela outra vez a mesma bifacialidade do efeito. (Ricardo passou totalmente inadvertido por esse aspecto do comércio exterior.)

Outra pergunta – que, por seu caráter específico, na verdade ultrapassa os limites de nossa investigação – é a seguinte: seria a taxa geral de lucro aumentada em virtude da taxa de lucro mais elevada produzida pelo capital investido no comércio exterior, especialmente no comércio colonial?

Os capitais investidos no comércio exterior podem produzir uma taxa de lucro mais elevada porque nesse caso, em primeiro lugar, compete-se com mercadorias produzidas por outros países, com menos facilidades de produção, de modo que o país mais avançado vende mercadorias acima de seu valor, embora mais baratas que os países concorrentes. Na medida em que aqui o trabalho do país mais adiantado se valoriza como trabalho de maior peso específico, aumenta a taxa de lucro ao vender-se como qualitativamente superior o trabalho que não foi pago como tal. O mesmo pode ocorrer no caso de um país ao qual se enviam mercadorias e do qual se levam mercadorias; a saber, que tal país forneça trabalho objetivado *in natura* numa quantidade maior do que a que recebe e que, apesar disso, obtenha a mercadoria por um preço menor do que se ele mesmo a produzisse. É exatamente como o fabricante que, utilizando um novo invento antes que este se generalize, vende mais barato que seus competidores e, não obstante, vende sua mercadoria acima do valor individual, isto é, que valoriza como mais-trabalho a força produtiva especificamente mais elevada do trabalho por ele empregado. Ele realiza, assim, um lucro extra [*Surplusprofit*]. Por outro lado, no que diz respeito aos capitais investidos em colônias etc., eles podem produzir taxas de lucro mais altas porque nesses lugares, em geral, devido a seu baixo desenvolvimento, a taxa de lucro é mais alta – o mesmo vale para a exploração do trabalho, com o emprego de escravos e cules etc. Não se compreende, pois, por que as taxas de lucro mais altas geradas pelos capitais investidos em certos ramos de produção e remetidas a seu país de origem não teriam de entrar – não havendo monopólio que o impeça – na nivelação da taxa geral de lucro e, assim, elevá-la *pro tanto* [proporcionalmente][36]. Isso é especialmente incompreensível se aqueles ramos de aplicação do capital estão submetidos às leis da livre concorrência. Ao contrário, o que Ricardo imagina é isto: com os preços mais altos obtidos no exterior, compram-se ali mercadorias e se as remetem a seu país de origem; essas mercadorias seriam vendidas, portanto, no mercado interno, de modo que essas esferas favorecidas da produção desfrutariam de uma vantagem temporária sobre as outras. Essa aparência desaparece tão logo se faz abstração da forma monetária. O país favorecido recebe mais trabalho em troca de menos trabalho, embora essa diferença, esse excedente, tal como no intercâmbio entre o trabalho e o capital em geral, seja embolsado por uma classe determinada. Portanto, quando a taxa de lucro é mais alta pelo fato de sê-lo sempre nos países coloniais, essa taxa mais alta pode perfeitamente coincidir – se nesses países se apresentarem as condições naturais favoráveis a isso – com preços mais baixos das mercadorias. Tem-se uma equalização, mas não no nível antigo, como afirma Ricardo.

O mesmo comércio exterior desenvolve no interior o modo de produção capitalista e, com ele, a diminuição do capital variável em relação ao constante;

[36] Nesse caso, A. Smith tem razão ao se opor a Ricardo, que diz: "*They contend the equality of profits will be brought about by the general rise of note profits; and I am of opinion that the profits of the favoured trade will speedily submit to the general level*". ["Eles afirmam que a igualdade dos lucros resultará do aumento geral dos lucros; em minha opinião, os lucros do ramo favorecido cairão rapidamente ao nível geral"]. Em *Works* ([Londres,] MacCulloch, [1852),] p. 73.

por outro lado, gera a superprodução em relação ao exterior e, por isso, com o passar do tempo, acaba por produzir também o efeito contrário.

Foi assim que, em geral, mostrou-se que as mesmas causas que provocam a queda da taxa geral de lucro suscitam efeitos retroativos que inibem, retardam e, em parte, paralisam essa queda. Eles não derrogam a lei, porém enfraquecem seus efeitos. Sem isso, seria incompreensível não a queda da taxa geral de lucro, mas a relativa lentidão dessa queda. É assim que a lei atua apenas como tendência, cujos efeitos só se manifestam claramente sob determinadas circunstâncias e no decorrer de longos períodos.

Antes de seguir adiante, reiteremos ainda, a fim de evitar equívocos, duas teses várias vezes desenvolvidas.

Primeira: o mesmo processo que gera o barateamento das mercadorias no desenvolvimento do modo de produção capitalista provoca uma modificação na composição orgânica do capital social empregado na produção das mercadorias e, consequentemente, a queda da taxa de lucro. Portanto, não se deve identificar a redução do custo relativo da mercadoria individual, tampouco da parte desse custo que contém o desgaste de maquinaria, com o valor crescente do capital constante em comparação com o variável, apesar de que, inversamente, qualquer redução no custo relativo do capital constante, mantendo-se inalterado ou aumentando o volume de seus elementos materiais, influi sobre a elevação da taxa de lucro, isto é, sobre a redução *pro tanto* no valor do capital constante, em comparação com o capital variável empregado em proporções decrescentes.

Segunda: a circunstância de que nas mercadorias individuais, cujo conjunto forma o produto do capital, o trabalho vivo adicional se encontra em proporção decrescente com os materiais de trabalho nelas contidos e os meios de trabalho nelas consumidos; que, portanto, nelas esteja objetivada uma quantidade cada vez menor de trabalho vivo adicional, porquanto o desenvolvimento da força produtiva social faz com que menos trabalho seja necessário para sua produção – essa circunstância não afeta a proporção na qual o trabalho vivo contido na mercadoria se divide em pago e não pago. Pelo contrário. Embora decresça a quantidade total do trabalho vivo adicional nela contido, cresce a parte não paga em relação à paga, seja por uma redução absoluta, seja por uma redução relativa da parte paga, pois o mesmo modo de produção que faz diminuir a massa total do trabalho vivo adicional numa mercadoria é acompanhado do aumento do mais-valor absoluto e relativo. A queda tendencial da taxa de lucro está ligada a um aumento tendencial na taxa do mais-valor, ou seja, no grau de exploração do trabalho. Por isso, nada mais absurdo do que explicar a queda da taxa de lucro com base num aumento na taxa salarial, embora excepcionalmente possa ser o caso. A estatística só pode realizar verdadeiras análises da queda da taxa salarial em épocas e países diferentes depois de devidamente compreendidas as relações que constituem a taxa de lucro. A taxa de lucro não cai porque o trabalho se torna mais improdutivo, mas porque se torna mais produtivo. Ambas as coisas, aumento da taxa do mais-valor e queda da taxa de lucro, são apenas formas particulares nas quais se expressa capitalisticamente a produtividade do trabalho.

VI. O aumento do capital acionário

Aos cinco pontos anteriores ainda é possível adicionar um último, que, no entanto, não será aqui analisado em maior profundidade. Com o progresso da produção capitalista, que anda de mãos dadas com a aceleração da acumulação, uma parte do capital só pode ser calculada e empregada como capital portador de juros. Não no sentido de que todo capitalista que empresta capital contenta-se com receber os juros sobre o empréstimo, enquanto o capitalista industrial embolsa o lucro do empresário. Isso não afeta em nada o nível da taxa geral de lucro, pois para ela o lucro é = juro + lucro de todo tipo + renda fundiária, e a distribuição entre essas categorias particulares é indiferente. Mas no sentido de que esses capitais, apesar de investidos em grandes empresas produtivas, depois de deduzidos todos os custos, geram apenas juros grandes ou pequenos, os chamados dividendos. Por exemplo, em ferrovias. Eles não entram, pois, na equalização da taxa geral de lucro, porquanto geram uma taxa de lucro menor que a taxa média. Se nele entrassem, essa taxa declinaria muito mais. Do ponto de vista teórico, eles poderiam ser incluídos nesse cálculo, o que geraria uma taxa de lucro menor que a aparentemente existente e que de fato vigora nas operações dos capitalistas, pois é justo nessas empresas que o capital constante apresenta maiores proporções em relação ao capital variável.

Capítulo 15

Desenvolvimento das contradições internas da lei

I. Generalidades

Na seção I deste livro, vimos que a taxa de lucro expressa a taxa de mais-valor sempre mais baixa do que é. Depois, vimos que mesmo uma taxa crescente de mais-valor tende a expressar-se numa taxa decrescente de lucro. A taxa de lucro só seria igual à de mais-valor se *c* fosse = 0, isto é, se todo o capital fosse desembolsado em salários. Uma taxa decrescente de lucro só expressa uma taxa decrescente de mais-valor se permanece inalterada a relação entre o valor do capital constante e a quantidade de força de trabalho que põe esse capital em movimento ou se essa força de trabalho aumenta em relação ao valor do capital constante.

Ricardo, sob pretexto de analisar a taxa de lucro, examina de fato somente a taxa do mais-valor, e esta apenas sob o pressuposto de que a jornada de trabalho é uma grandeza constante, tanto intensiva como extensivamente.

A queda da taxa de lucro e a acumulação acelerada só são diferentes expressões do mesmo processo na medida em que ambas expressam o desenvolvimento da força produtiva. A acumulação, por sua vez, acelera a queda da taxa de lucro na medida em que com ela está dada a concentração dos trabalhos em grande escala e, com isso, uma composição mais alta do capital. Por outro lado, a queda da taxa de lucro acelera a concentração do capital e sua centralização por meio da expropriação dos capitalistas menores, da expropriação dos últimos produtores diretos que ainda dispunham de algo a ser expropriado. Desse modo, a acumulação se acelera na proporção de sua massa, ainda que a taxa de acumulação diminua juntamente com a taxa de lucro.

Enquanto a taxa de valorização do capital total, taxa de lucro, é o aguilhão da produção capitalista (assim como a valorização do capital é seu único objetivo), sua queda torna mais lenta a formação de novos capitais independentes e, assim, aparece como ameaça ao desenvolvimento do processo de produção capitalista; tal queda promove a superprodução, a especulação, as crises e o capital supérfluo, além da população supérflua. Por isso, os economistas que, como Ricardo, tomam o modo capitalista de produção como absoluto sentem aqui que esse modo de produção cria uma barreira para si mesmo e atribuem essa barreira não à produção, mas à natureza (na doutrina da renda). Em seu horror à taxa decrescente de lucro, o que importa é o sentimento de que o modo de produção capitalista encontra no desenvolvimento das forças produtivas uma barreira que não tem nenhuma relação com a produção da riqueza como tal – essa barreira peculiar atesta a estreiteza e o caráter meramente histórico e transitório do modo de produção capitalista; atesta que este não é um modo de produção absoluto para a produção da riqueza, mas que, ao contrário, tendo atingido certo estágio, ele entra em conflito com o desenvolvimento ulterior dessa riqueza.

É verdade que Ricardo e sua escola consideram somente o lucro industrial, no qual estão incluídos os juros. Mas também a taxa da renda fundiária tende a cair, embora sua massa absoluta cresça, assim como ela pode crescer proporcionalmente em relação ao lucro industrial. (Ver Ed.[ward] West, que desenvolveu a lei da renda fundiária *antes de* Ricardo.) Se considerarmos o capital social total C e chamarmos de l_1 o lucro industrial que sobra depois de deduzidos os juros e a renda fundiária, *j* os juros e *r* a renda, então $^m/_C = {}^l/_C = {}^{l_1+j+r}/_C = {}^{l_1}/_C + {}^j/_C + {}^r/_C$.

Vimos que, embora no curso do desenvolvimento da produção capitalista a soma total do mais-valor (*m*) cresça constantemente, $^m/_C$ decresce de maneira também constante, pois C cresce ainda mais rápido do que *m*. Portanto, não há nenhuma contradição no fato de que tanto l_1 como *j* e *r* possam crescer constantemente, cada qual por sua parte, ao passo que tanto $^m/_C = {}^l/_C$ como $^{l_1}/_C$, $^j/_C$ e $^r/_C$ decresçam cada vez mais ou que l_1 cresça em relação a *j*, *r* em relação a l_1 ou também relativamente em comparação com l_1 e *j*. Com o aumento do mais-valor ou do lucro total $m = l$, porém acompanhado de uma taxa decrescente de lucro $^m/_C = {}^l/_C$, a proporção de grandezas das partes l_1, *j* e *r* – nas quais $m = l$ se decompõe – pode variar de qualquer maneira dentro dos limites dados pela soma total *m*, sem que, por isso, seja afetada a grandeza de *m* ou de $^m/_C$.

A variação recíproca de l_1, *j* e *r* é só uma distribuição diferente de *m* entre diversas rubricas. Em consequência, também $^{l_1}/_C$, $^j/_C$ ou $^r/_C$ – a taxa do lucro industrial, a taxa de juros e a relação entre a renda e o capital total – podem aumentar uma em relação às outras, embora $^m/_C$, a taxa de lucro, diminua; mantém-se apenas a condição de que a soma das três seja $= {}^m/_C$. Se, por exemplo, a taxa de lucro cair de 50% para 25%, e a composição do capital, com uma taxa de mais-valor = 100%, modificar-se de 50*c* + 50*v* para 75*c* + 25*v*, então, no primeiro caso, um capital de 1.000 renderá um lucro de 500 e, no segundo, um capital de 4.000 renderá um lucro de 1.000. Assim, *m* ou *l* terá se duplicado, mas *l′* terá diminuído pela metade. Se dos 50% anteriores 20% eram lucro, 10% juros e 20% renda, então $^{l_1}/c = 20\%$, $^{j}/c = 10\%$ e $^{r}/c = 20\%$. Se na queda da taxa para 25% as proporções permanecem as mesmas, então $^{l_1}/c = 10\%$, $^{j}/c = 5\%$ e $^{r}/c = 10\%$. Se, em contrapartida, $^{l_1}/c$ cair a 8% e $^{j}/c$ cair a 4%, então $^{r}/c$ aumentará para 13%. A grandeza proporcional de *r* teria aumentado em relação a l_1 e a *j*, mas, apesar disso, *l′* teria permanecido constante. Sob ambos os pressupostos, a soma de l_1, *j* e *r* teria aumentado, porquanto é o produto de um capital quatro vezes maior. Além disso, o pressuposto de Ricardo, de que o lucro industrial (mais os juros) embolsa originalmente todo o mais-valor, é histórica e conceitualmente falso. Pelo contrário, é apenas o progresso da produção capitalista que 1) dá aos capitalistas industriais e comerciais todo o lucro para sua ulterior distribuição e 2) reduz a renda ao excedente acima do lucro. Sobre essa base capitalista cresce, por sua vez, a renda (que é uma parte do lucro, isto é, do mais-valor considerado produto do capital total), mas não a parte específica do produto que o capitalista embolsa.

Estando pressuposta a existência dos meios de produção necessários, isto é, de uma acumulação suficiente de capital, a criação de mais-valor pode encontrar apenas dois obstáculos: a população trabalhadora, se está dada a taxa de mais-valor, isto é, o grau de exploração do trabalho; e o grau de exploração do trabalho, se está dada a população trabalhadora. O processo de produção capitalista consiste essencialmente na produção de mais-valor, representado pelo mais-produto, ou na alíquota das mercadorias produzidas, na qual o trabalho não pago está objetivado. Não se pode jamais esquecer que a produção desse mais-valor – e a reconversão de parte dele em capital (ou seja, a acumulação) constitui parcela integrante dessa produção do mais-valor – é a finalidade direta e o motivo determinante da produção capitalista. Razão pela qual não se deve apresentá-la como o que ela não é, a saber, como uma produção que tem por finalidade direta o desfrute ou a criação de meios de desfrute para o capitalista. Com isso, abstraímos inteiramente de seu caráter específico, que se apresenta em toda sua configuração nuclear interna.

A obtenção desse mais-valor constitui o processo direto de produção, que, como já dissemos, não encontra outros obstáculos senão os já indicados. O mais-valor estará produzido tão logo a quantidade espoliável de mais-trabalho estiver objetivada. Mas com essa produção do mais-valor está consumado apenas o primeiro ato do processo de produção capitalista, o processo direto de produção. O capital absorveu certa quantidade de trabalho não pago. Com o desenvolvimento do processo que se expressa na queda da taxa de lucro, a massa do mais-valor assim produzido aumenta monstruosamente. Tem-se, então, o segundo ato do processo. É preciso vender a massa inteira das mercadorias, o produto total, tanto a parte que repõe o capital constante e variável como a que representa o mais-valor. Se não se conseguir vendê-la ou se conseguir apenas em parte ou a preços inferiores aos de produção, o trabalhador terá sido explorado, certamente, mas sua exploração não se terá realizado como tal para o capitalista, não terá alcançado em absoluto a realização do mais-valor espoliado ou o terá alcançado apenas parcialmente, podendo inclusive acarretar a perda parcial ou total de seu capital. As condições da exploração direta e as de sua realização não são idênticas. Elas divergem não só quanto ao tempo e ao lugar, mas também conceitualmente. Umas estão limitadas pela força produtiva da sociedade; outras, pela proporcionalidade entre os diversos ramos de produção e pela capacidade de consumo da sociedade. Essa capacidade não é determinada pela força absoluta de produção nem pela capacidade absoluta de consumo, mas pela capacidade de consumo sobre a base de relações antagônicas de distribuição, que reduzem o consumo da grande massa da sociedade a um mínimo só suscetível de variação dentro de limites mais ou menos estreitos. Além disso, ela está limitada pelo impulso de acumulação, de aumento do capital e da produção de mais-valor em escala ampliada. Essa é uma lei da produção capitalista, lei dada pelas constantes revoluções nos próprios métodos de produção, pela constante desvalorização do capital existente acarretada por essas revoluções, pela luta concorrencial generalizada e a necessidade de melhorar a produção e ampliar sua escala, apenas como meio de autoconservação e sob pena de sucumbir. Por isso, o mercado precisa ser constantemente expandido, de modo que seus nexos e as condições que os regulam assumam cada vez mais a forma de uma lei natural independente dos produtores, tornem-se cada vez mais incontroláveis. A contradição interna procura ser compensada pela expansão do campo externo da produção. Quanto mais se desenvolve a força produtiva, mais ela entra em conflito com a base estreita sobre a qual repousam as relações de consumo. Sobre essa base plena de contradições não é em absoluto uma contradição que o excesso de capital esteja ligado a um excesso crescente de população, pois, se os fatores combinados fazem aumentar a massa do mais-valor produzido, justamente com isso se acentua a contradição entre as condições nas quais esse mais-valor é produzido e as condições nas quais ele é realizado.

Partindo de dada taxa de lucro, a massa do lucro dependerá sempre da grandeza do capital adiantado. A acumulação se determina, então, pela parte dessa massa que volta a se converter em capital. Porém, essa parte, por ser igual ao lucro menos a renda consumida pelo capitalista, dependerá não só do valor de tal massa, como também do baixo preço das mercadorias que o capitalista pode comprar com ela – mercadorias destinadas em parte a seu consumo, sua renda, em parte a seu capital constante. (Nesse caso, o salário é pressuposto como dado.)

A massa do capital que o trabalhador põe em movimento e cujo valor ele conserva e faz reaparecer no produto por meio de seu trabalho é totalmente distinta do valor que esse mesmo trabalhador agrega. Se a massa do capital é = 1.000 e o trabalho agregado é = 100, o capital reproduzido será = 1.100. Se a massa é = 100 e o trabalho agregado é = 20, o capital reproduzido será = 120. A taxa de lucro será, no primeiro caso, = 10%; no segundo, = 20%. No entanto, pode-se acumular mais a partir de 100 do que a partir de 20. Assim o fluxo do capital (abstraindo de sua desvalorização em virtude do aumento da força produtiva), ou sua acumulação, avança em proporção ao peso que ele já possui, e não em proporção ao nível da taxa de lucro. Uma alta taxa de lucro, desde que se baseie numa alta taxa de mais-valor, é possível quando a jornada de trabalho é muito longa, ainda que o trabalho seja improdutivo; e é possível porque as necessidades dos trabalhadores são muito exíguas, razão pela qual o salário médio é bem baixo, ainda que o trabalho seja improdutivo. O baixo nível do salário corresponderá à falta de energia dos trabalhadores. Nesse caso, o capital se acumula lentamente, apesar da alta taxa de lucro. A população permanece estacionária, e o tempo de trabalho que custa o produto é grande, ainda que o salário pago ao trabalhador seja pequeno.

A taxa de lucro diminui não porque o trabalhador seja menos explorado, mas porque se emprega menos trabalho em proporção ao capital investido em geral.

Se, como demonstramos, a taxa decrescente de lucro coincide com o aumento da massa de lucro, uma parte maior do produto anual do trabalho será apropriada pelo capitalista sob a categoria capital (como reposição do capital consumido), e uma parte proporcionalmente menor, sob a categoria do lucro. Isso explica a fantasia do padre Chalmers de que, quanto menor for a parte do produto anual desembolsada pelos capitalistas como capital, maiores serão os lucros por eles obtidos; e nisso ele recebe a ajuda da Igreja estatal*, que zela pelo consumo, em vez de pela capitalização, de uma grande parte

* Isto é, a Igreja anglicana. (N. T.)

do mais-produto. O padre confunde a causa e o efeito. Além disso, ainda que o lucro seja menor, a massa do lucro aumenta com a grandeza do capital desembolsado. Isso condiciona ao mesmo tempo a concentração do capital, já que agora as condições de produção exigem o emprego massivo de capital. E condiciona também sua centralização – isto é, que os pequenos capitalistas sejam engolidos pelos grandes – e a descapitalização dos primeiros. Trata-se, uma vez mais, porém elevada à segunda potência, do divórcio entre as condições de trabalho e os produtores, entre os quais ainda se encontram esses pequenos capitalistas, já que, no caso deles, o trabalho próprio ainda desempenha certo papel; em geral, o trabalho do capitalista se encontra em proporção inversa à grandeza de seu capital, isto é, ao grau em que ele é capitalista. Esse divórcio entre as condições de trabalho, de um lado, e os produtores, de outro, é o que forma o conceito de capital; um divórcio que tem início com a acumulação primitiva (Livro I, capítulo 24) aparece em seguida como processo constante na acumulação e na concentração do capital e, por fim, se expressa aqui na centralização de capitais já existentes em poucas mãos e na descapitalização de muitos (fenômeno no qual se converte agora a expropriação). Esse processo logo provocaria o colapso da produção capitalista, se tendências contra-arrestantes não atuassem constantemente com um efeito descentralizador junto à força centrípeta.

II. Conflito entre expansão da produção e valorização

O desenvolvimento da força produtiva social do trabalho revela-se duplamente: em primeiro lugar, na grandeza das forças produtivas já produzidas, no volume do valor e da massa das condições de produção sob as quais tem lugar a nova produção e na grandeza absoluta do capital produtivo já acumulado; em segundo lugar, na relativa pequenez da parte de capital desembolsada no salário em relação ao capital total, isto é, na relativa pequenez do trabalho vivo requerido para a reprodução e a valorização de um capital dado, para a produção em massa. Isso supõe, ao mesmo tempo, a concentração do capital.

Com relação à força de trabalho empregada, o desenvolvimento da força produtiva também se revela de dois modos: primeiro, no aumento do mais-trabalho, isto é, na abreviação do tempo de trabalho necessário para a reprodução da força de trabalho. Segundo, na diminuição da quantidade de força de trabalho (número de trabalhadores) que se emprega, em geral, para pôr em movimento um capital dado.

Ambos os movimentos não só transcorrem paralelamente, mas se condicionam de maneira recíproca, são fenômenos nos quais se expressa a mesma lei. No entanto, atuam em sentido contrário sobre a taxa de lucro. A massa total do lucro é igual à massa total do mais-valor, e a taxa de lucro $^{m}/_{C} = {}^{\text{mais-valor}}/_{\text{capital total adiantado}}$. Mas o mais-valor, como soma total, está determinado, em primeiro lugar, por sua taxa e, em segundo lugar, pela massa do trabalho simultaneamente empregado a essa taxa, ou, o que dá no mesmo, pela grandeza do capital variável. Por um lado, aumenta um dos fatores, a taxa de mais-valor; por outro, diminui (relativa ou absolutamente) o outro fator, o número de trabalhadores. Ao diminuir a parte paga do trabalho empregado, o desenvolvimento da força produtiva provoca o aumento do mais-valor, porquanto aumenta sua taxa; porém, ao diminuir a massa total do trabalho empregado por um capital dado, ele diminui o fator do número pelo qual se multiplica a taxa de mais-valor para obter sua massa. Dois trabalhadores que trabalham 12 horas diárias não podem fornecer a mesma massa de mais-valor que 24 trabalhadores que trabalham apenas 2 horas cada, ainda que pudessem viver de ar e, portanto, não tivessem de trabalhar um só minuto para si mesmos. Por isso, aqui a compensação do menor número de trabalhadores mediante o aumento do grau de exploração do trabalho encontra certos limites insuperáveis; ela pode, portanto, frear a queda da taxa de lucro, mas não a anular.

A taxa de lucro diminui, pois, à medida que se desenvolve o modo de produção capitalista, enquanto sua massa aumenta na proporção do crescimento da massa do capital empregado. Partindo de uma taxa dada, a massa absoluta em que cresce o capital depende da grandeza atual deste último. Por outro lado, dada essa grandeza, a proporção na qual ele cresce – a taxa de seu crescimento – depende da taxa de lucro. O incremento da força produtiva (que, além disso, como já indicamos, acompanha sempre a desvalorização do capital existente) só pode aumentar diretamente a grandeza de valor do capital se, elevando a taxa de lucro, ele aumenta a parte de valor do produto anual que se reconverte em capital. Quando se considera a força produtiva do trabalho, isso só pode ocorrer (pois essa força produtiva nada tem a ver diretamente com o *valor* do capital existente) na medida em que se eleve o mais-valor relativo ou se reduza o valor do capital constante, isto é, na medida em que as mercadorias que entram na reprodução da força de trabalho ou nos elementos do capital constante baratearem. Ambas as coisas implicam uma desvalorização do capital existente, e ambas correm paralelamente à redução do capital variável em relação ao capital constante. Ambas condicionam a queda da taxa de lucro, e ambas freiam essa queda. Além disso, elevação da taxa de lucro, enquanto provoca elevação na demanda de trabalho, influi sobre o aumento da população trabalhadora e, por conseguinte, do material explorável, que faz com que o capital seja capital.

Mas o desenvolvimento da força produtiva do trabalho contribui indiretamente para o aumento do valor de capital existente ao incrementar a massa e a variedade dos valores de uso nos quais se apresenta o mesmo valor de troca e que constituem o substrato material, os elementos materiais do capital, os objetos materiais em que consistem diretamente o capital constante e, ao menos indiretamente, o capital variável. Com o mesmo capital e o mesmo trabalho, criam-se mais coisas a ser transformadas em capital, abstraindo de seu valor de troca. Coisas que podem servir para absorver trabalho adicional – portanto, também mais-trabalho adicional – e, assim, formar capital adicional. A massa de trabalho que pode ser comandada pelo capital não depende de seu valor, mas da massa das matérias-primas e dos materiais auxiliares, da maquinaria e dos elementos do capital fixo, dos meios de subsistência que compõem esse capital, independentemente do valor desses componentes. Ao crescer assim a massa do trabalho empregado – e, consequentemente, do mais-trabalho –, aumenta também o valor do capital reproduzido e o mais-valor novo que lhe foi adicionado.

Mas esses dois fatores compreendidos no processo de acumulação não devem ser considerados apenas na tranquila justaposição em que os trata Ricardo; eles implicam uma contradição que se manifesta em tendências e manifestações contraditórias. As forças antagônicas operam umas contra as outras.

Simultaneamente ao impulso para o aumento real da população trabalhadora, impulso que emana do incremento da parte do produto social total que funciona como capital, atuam as forças que criam uma superpopulação apenas relativa.

Simultaneamente à queda da taxa de lucro cresce a massa dos capitais, e paralelamente a essa queda ocorre uma desvalorização do capital existente, que detém essa queda e imprime um impulso acelerador à acumulação de valor do capital.

Simultaneamente ao desenvolvimento da força produtiva há o aumento progressivo da composição do capital e a diminuição relativa da parte variável em relação à parte constante.

Essas diversas influências se fazem sentir, ora de maneira mais justaposta no espaço, ora de maneira mais sucessiva no tempo; o conflito entre as forças antagônicas desemboca periodicamente em crises. Estas são sempre apenas violentas soluções momentâneas das contradições existentes, erupções violentas que restabelecem por um momento o equilíbrio perturbado.

A contradição, expressa de maneira bem genérica, consiste no fato de que o modo de produção capitalista implica uma tendência ao desenvolvimento absoluto das forças produtivas, abstraindo do valor – e do mais-valor nele incorporado – e também das relações sociais no interior das quais se dá a produção capitalista; por outro lado, esse modo de produção tem como objetivo a conservação do valor de capital existente e sua valorização na máxima medida possível (isto é, o incremento cada vez mais acelerado desse valor). Seu caráter específico orienta-se para o valor de capital existente como meio para a maior valorização possível desse valor. Os métodos pelos quais ela atinge esse objetivo incluem: o decréscimo da taxa de lucro, a desvalorização do capital existente e o desenvolvimento das forças produtivas do trabalho à custa das forças produtivas já produzidas.

A desvalorização periódica do capital existente, que é um meio imanente ao modo de produção capitalista para conter a queda da taxa de lucro e acelerar a acumulação do valor de capital mediante a formação de capital novo, perturba as condições dadas nas quais se consuma o processo de circulação e reprodução do capital e é, por isso, acompanhada de paralisações súbitas e crises do processo de produção.

O decréscimo relativo do capital variável em relação ao constante, que ocorre paralelamente ao desenvolvimento das forças produtivas, incentiva o crescimento da população trabalhadora, enquanto cria de modo permanente uma superpopulação artificial. A acumulação do capital, considerada em relação ao valor, é desacelerada pela queda da taxa de lucro a fim de acelerar ainda mais a acumulação do valor de uso, enquanto esta, por sua vez, imprime um movimento acelerado à acumulação em relação ao valor.

A produção capitalista tende constantemente a superar esses limites que lhes são imanentes, porém consegue isso apenas em virtude de meios que voltam a elevar diante dela esses mesmos limites, em escala ainda mais formidável.

O *verdadeiro obstáculo* à produção capitalista é *o próprio capital*, isto é, o fato de que o capital e sua autovalorização aparecem como ponto de partida e ponto de chegada, como mola propulsora e escopo da produção; o fato de que a produção é produção apenas para o *capital*, em vez de, ao contrário, os meios de produção serem simples meios para um desenvolvimento cada vez mais amplo do processo vital, em benefício da sociedade dos produtores. Os limites nos quais unicamente se podem mover a conservação e a valorização do valor de capital, as quais se baseiam na expropriação e no empobrecimento da grande massa dos produtores, entram assim constantemente em contradição com os métodos de produção que o capital tem de empregar para seu objetivo e que apontam para um aumento ilimitado da produção, para a produção como fim em si mesmo, para um desenvolvimento incondicional das forças produtivas sociais do trabalho. O meio – o desenvolvimento incondicional das forças produtivas sociais – entra em conflito constante com o objetivo limitado, que é a valorização do capital existente. Assim, se o modo de produção capitalista é um meio histórico para desenvolver a força produtiva material e criar o mercado mundial que lhe corresponde, ele é, ao mesmo tempo, a constante contradição entre essa sua missão histórica e as relações sociais de produção correspondentes a tal modo de produção.

III. Excedente de capital com excesso de população

Com a queda da taxa de lucro, aumenta o mínimo de capital de que o capitalista individual precisa dispor para um emprego produtivo do trabalho; trata-se do capital requerido tanto para sua exploração em geral como para que o tempo de trabalho empregado seja o necessário à produção das mercadorias, isto é, para que ele não ultrapasse a média do tempo de trabalho socialmente necessário para produzi-las. Em paralelo, aumenta a concentração, porque para além de certos limites, um grande capital com uma taxa pequena de lucro acumula-se mais rapidamente do que um capital pequeno com uma grande taxa de lucro. Por sua vez, essa crescente concentração, atingindo certo nível, provoca uma nova queda da taxa de lucro, o que faz com que a massa dos pequenos capitais fragmentários seja lançada ao acaso: especulação, fraudes creditícias e acionárias, crises. A assim chamada pletora do capital refere-se sempre essencialmente à pletora daquele capital para o qual a queda na taxa do lucro não é compensada por sua massa – e esse é sempre o caso das novas ramificações de capital, recém-formadas – ou à pletora que esses capitais, incapazes de uma ação autônoma, põem à disposição dos grandes ramos de negócios na forma do crédito. Essa pletora do capital surge das mesmas circunstâncias que produzem uma superpopulação relativa e constitui, por isso, um fenômeno complementar desta última, embora ambos estejam situados em polos opostos: o capital desocupado, de um lado; a população trabalhadora desocupada, de outro.

Por isso, a superprodução de capital, e não de mercadorias individuais – apesar de a superprodução de capital implicar a superprodução de mercadorias –, não significa outra coisa senão a superacumulação de capital. Para entender o que significa essa superacumulação (seu exame mais detalhado será realizado adiante), é preciso apenas supô-la como absoluta. Quando seria absoluta a superprodução do capital? E, mais ainda, uma superprodução que não se limitasse a este, a aquele ou a uns poucos terrenos importantes da produção, mas que fosse absoluta em suas próprias dimensões, ou seja, que englobasse todos os terrenos da produção?

Uma superprodução absoluta de capital teria lugar tão logo o capital adicional para os fins da produção capitalista fosse = 0. Mas a finalidade da produção capitalista é a valorização do capital, isto é, a apropriação de mais-trabalho, a produção de mais-valor, de lucro. Tão logo, portanto, o capital tivesse aumentado em relação à população trabalhadora numa proporção em que não se pudessem ampliar nem o tempo absoluto de trabalho fornecido por essa população nem o tempo relativo de mais-trabalho (de qualquer modo, esta última ampliação não seria praticável num caso em que a demanda de trabalho fosse tão intensa, ou seja, com uma tendência ao aumento dos salários); isto é, tão logo o capital acrescido produzisse uma massa de mais-valor igual ou menor do que antes de seu crescimento, teríamos uma superprodução absoluta de capital, ou seja, o capital incrementado C + ΔC não produziria um lucro maior, mas apenas igual ou até mesmo menor que o lucro do capital C antes de seu incremento por meio de ΔC. Em ambos os casos também ocorreria uma forte e repentina queda na taxa geral de lucro – dessa vez em virtude de uma mudança na composição do capital, não pelo desenvolvimento da força produtiva, mas por um aumento no valor monetário do capital variável (em virtude do aumento dos salários) e pelo correspondente decréscimo do mais-trabalho em relação ao trabalho necessário.

Na realidade, as coisas se apresentariam de tal modo que uma parte do capital ficaria total ou parcialmente inativa (pois para se valorizar ela teria primeiro de deslocar o capital já em funcionamento), enquanto a outra parte, devido à pressão do capital desocupado ou semiocupado, se valorizaria a uma taxa de lucro mais baixa. Para isso, seria indiferente que uma parte do capital adicional assumisse o lugar do capital antigo e este passasse a ocupar um lugar no capital adicional. Teríamos sempre, de um lado, a antiga soma de capital e, de outro, a soma adicional. A queda da taxa de lucro estaria acompanhada, nesse caso, de um decréscimo absoluto da massa de lucro, uma vez que, sob nossos pressupostos, nem a massa da força de trabalho empregada nem a taxa de mais-valor poderiam ser aumentadas, ou seja, que tampouco a massa do mais-valor poderia ser incrementada. E a reduzida massa de lucros deveria ser calculada sobre um capital total aumentado. Porém, supondo também que o capital ocupado continuasse a se valorizar à antiga taxa de lucro, ou seja, que a massa de lucros permanecesse a mesma, esta última continuaria a ser calculada sobre um capital total aumentado, o que também implicaria uma queda da taxa de lucro. Se um capital total de 1.000

produzia um lucro de 100 e, após seu aumento a 1.500, continua a produzir apenas 100, então 1.000 rendem, no segundo caso, somente 66⅔. A valorização do antigo capital teria diminuído de forma absoluta. Sob as novas circunstâncias, o capital = 1.000 não renderia mais do que antes um capital = 666⅔.

Está claro, no entanto, que essa desvalorização efetiva do capital antigo não poderia produzir-se sem luta, que o capital adicional ΔC não funcionaria como capital sem luta nenhuma. A taxa de lucro não diminuiria devido à concorrência resultante da superprodução de capital, mas porque, ao contrário, uma vez que a diminuição da taxa de lucro e a superprodução de capital emanam das mesmas circunstâncias, agora teria lugar a luta concorrencial. Os antigos capitalistas atuantes deixariam mais ou menos em reserva a parte de ΔC que se encontrasse em suas mãos a fim de não desvalorizarem eles mesmos seu capital originário e não reduzirem seu lugar no âmbito da produção ou a empregariam para, ainda que com perdas momentâneas, transferir a inatividade do capital adicional aos novos intrusos e a seus concorrentes.

A parcela de ΔC que se encontrasse em novas mãos tentaria ocupar seu lugar à custa do antigo capital e de consegui-lo, em parte, deixando inativa uma cota do capital antigo, obrigando-o a ceder-lhe seu lugar e até ocupando o lugar do capital adicional apenas parcialmente ocupado ou desocupado por completo.

Em todos os casos, uma parcela do antigo capital teria de ser inativada, isto é, teria de deixar de atuar em sua condição de capital, na medida em que deve funcionar e valorizar-se como capital. A luta concorrencial decidiria que parte resultaria especialmente afetada por essa inativação. Enquanto tudo corre bem, a concorrência, tal como se revela no nivelamento da taxa geral de lucro, atua como uma confraria da classe capitalista, que reparte o butim coletivo comunitariamente e em proporção à grandeza da participação de cada um de seus membros. Quando já não se trata de dividir o lucro, e sim as perdas, cada um procura reduzir o máximo possível sua participação e transferi-las a outrem. As perdas são inevitáveis para a classe. Mas a parte que cabe a cada indivíduo nessas perdas, a participação de cada um no cômputo geral, torna-se uma questão de poder e astúcia, e aqui a concorrência converte-se numa luta entre irmãos inimigos. Deflagra-se, então, o antagonismo entre o interesse de cada capitalista individual e o da classe capitalista, do mesmo modo como antes se impunha praticamente a identidade desses interesses por meio da concorrência.

Como reequilibrar as partes em conflito e restabelecer as condições correspondentes ao movimento "saudável" da produção capitalista? A maneira de chegar a esse equilíbrio já está contida na simples enunciação do conflito que se trata de dirimir. Ela inclui uma inativação, até mesmo uma destruição parcial de capital, no montante de valor de todo o capital adicional ΔC ou de uma parcela dele. Ainda que, como já se depreende da exposição do conflito, a distribuição dessas perdas não se estenda de modo nenhum de maneira uniforme aos diversos capitais particulares, mas seja decidida numa luta concorrencial, distribuindo-se de forma muito desigual e diversa conforme as vantagens particulares ou as posições já conquistadas, de modo que um capital se vê inativado, outro destruído, um terceiro experimenta apenas uma perda relativa ou sofre apenas uma desvalorização transitória etc.

Sob qualquer circunstância, o equilíbrio se estabeleceria por inativação e, em maior ou menor medida, mesmo por aniquilação de capital. Isso se estenderia, em parte, à substância material do capital; isto é, uma parte dos meios de produção, capital fixo e circulante, não funcionaria, não atuaria como capital; uma parte dos empreendimentos produtivos iniciados ficaria paralisada. Ainda que, sob esse aspecto, o tempo ataque e deteriore todos os meios de produção (com exceção do solo), teríamos aqui, em decorrência da paralisação das funções, uma destruição real muito mais intensa de meios de produção. No entanto, o efeito principal, sob esse aspecto, seria o de que esses meios de produção deixariam de atuar como tais; uma destruição mais breve ou mais prolongada de sua função como meios de produção.

A destruição principal, com o caráter mais agudo, teria lugar com relação ao capital e, na medida em que este possui atributo de valor, com relação aos *valores* de capital. A parte do valor de capital que só se encontra na forma de indicações de futuras participações no mais-valor, no lucro – de fato, como meros títulos de dívida sobre a produção sob diversas formas –, é imediatamente desvalorizada com a diminuição das entradas sobre as quais está calculada. Uma parte do ouro e da prata cunhados encontra-se inativa, não funciona como capital. Uma parte das mercadorias que se encontram no mercado só pode completar seu processo de circulação e reprodução por meio de uma enorme contração de seus preços, isto é, da desvalorização do capital que essa parte representa. Também os elementos do capital resultam mais ou menos desvalorizados. A isso se acrescenta que determinadas relações pressupostas de preços condicionam o processo de reprodução e que, em virtude disso, esse processo, devido à baixa geral dos preços, entra num estado de paralisação e desequilíbrio. Essa perturbação e esse estancamento paralisam a função do dinheiro como meio de pagamento – função dada simultaneamente com o desenvolvimento do capital e baseada naquelas relações pressupostas de preços –, interrompem em inúmeros pontos a cadeia das obrigações de pagamento em determinados prazos e são intensificados pelo conseguinte colapso do sistema de crédito desenvolvido simultaneamente ao capital, o que conduz a violentas e agudas crises, a súbitas desvalorizações forçadas, a um estancamento e uma perturbação reais do processo de reprodução e, com isso, a uma redução efetiva da reprodução.

Ao mesmo tempo, porém, outros agentes teriam entrado em jogo. A paralisação da produção teria inativado uma parte da classe trabalhadora e, com isso, colocado a parte ocupada numa situação em que ela teria de tolerar uma queda do salário, mesmo que abaixo da média; uma operação cujo efeito, para o capital, é exatamente o mesmo que se obteria se, mantendo-se o salário médio, o mais-valor relativo ou absoluto tivesse sido aumentado. A era de prosperidade teria favorecido os casamentos entre trabalhadores e reduzido a dizimação de sua descendência, circunstâncias que, por mais que possam implicar um aumento real da população, não implicam, em contrapartida, um aumento da população realmente trabalhadora, porém atuam na relação entre os trabalhadores e o capital exatamente como se o número de trabalhadores de fato atuantes tivesse aumentado. Por outro lado, a queda de preços e a luta concorrencial teriam estimulado todo capitalista a reduzir o valor individual de seu produto total abaixo de seu valor geral mediante o emprego de novas máquinas, de novos métodos aperfeiçoados de trabalho, de novas combinações, isto é, a incrementar a força produtiva de dada quantidade de trabalho, diminuir a relação entre o capital variável e o constante e, com isso, liberar trabalhadores; em suma, a criar uma superpopulação artificial. Além disso, a desvalorização dos elementos do capital constante seria ela mesma um elemento a implicar a elevação da taxa de lucro. A massa do capital constante empregado teria aumentado em relação à massa do capital variável, mas o valor daquela massa poderia ter diminuído. A paralisação verificada na produção teria preparado uma ulterior ampliação desta última, dentro dos limites capitalistas.

E assim se percorreria novamente o círculo. Uma parte do capital, desvalorizada pela paralisação de suas funções, recuperaria seu antigo valor. Além disso, o mesmo círculo vicioso seria outra vez percorrido com condições de produção ampliadas, um mercado expandido e uma força produtiva aumentada.

Porém, mesmo sob o pressuposto extremo do qual partimos, a superprodução absoluta de capital não é uma superprodução absoluta em geral, uma superprodução absoluta de meios de produção. É uma superprodução de meios de produção somente na medida em que eles *funcionam como capital* e, por conseguinte, devem implicar – em proporção a seu valor, que aumenta ao aumentar sua massa – uma valorização desse valor, isto é, devem gerar um valor adicional.

Apesar disso, ela seria superprodução, porque o capital seria incapaz de explorar o trabalho num grau de exploração condicionado pelo desenvolvimento "saudável", "normal", do processo de produção capitalista, num grau de exploração que aumenta pelo menos a massa de lucro ao aumentar a massa do capital empregado, isto é, que exclui o fato de que a taxa de lucro decresce na mesma medida em que cresce o capital ou mesmo que a taxa de lucro decresce mais rapidamente do que cresce o capital.

A superprodução de capital não significa outra coisa senão a superprodução de meios de produção – meios de trabalho e de subsistência – que podem atuar como capital, isto é, que podem ser empregados para a exploração do trabalho em dado grau de exploração, uma vez que a queda desse grau de exploração abaixo de certo ponto provoca perturbações e paralisações do processo de produção capitalista, crises e destruição de capital. Não constitui uma contradição o fato de essa superprodução de capital ser acompanhada de uma superpopulação relativa maior ou menor. As mesmas circunstâncias que elevaram a força produtiva do trabalho aumentaram a massa dos produtos-mercadorias, expandiram os mercados, aceleraram a acumulação do capital, em relação tanto a sua massa como a seu valor, e rebaixaram a taxa de lucro; essas mesmas circunstâncias geraram e geram constantemente uma superpopulação relativa, uma superpopulação de trabalhadores que o capital excedente deixa de empregar em virtude do baixo grau de exploração do trabalho, único grau em que ela poderia ser empregada, ao menos em virtude da baixa taxa de lucro que ela proporcionaria como grau dado de exploração.

Se capital é mandado para o exterior, isso não ocorre por ser impossível ocupá-lo no interior, mas porque no exterior pode-se investi-lo com uma taxa de lucro mais alta. Mas esse é um capital absolutamente excedente para a população trabalhadora ocupada e para o país em geral. Ele existe como tal junto à população relativamente excedente, e isso é um exemplo de como ambos coexistem e se condicionam de maneira recíproca.

Por outro lado, a queda da taxa de lucro, vinculada à acumulação, provoca necessariamente uma luta concorrencial. A compensação da queda da taxa de lucro mediante o aumento da massa do lucro vale apenas para o capital total da sociedade e para os grandes capitalistas já consolidados. O novo capital adicional, de funcionamento autônomo, não encontra dada nenhuma dessas condições compensatórias; deve lutar por conquistá-las e, desse modo, a queda na taxa de lucro suscita a luta concorrencial entre os capitais, e não o inverso. No entanto, essa luta concorrencial é acompanhada de um aumento transitório dos salários e, como consequência desse aumento, de uma diminuição temporária da taxa de lucro. O mesmo se manifesta na superprodução de mercadorias, no abarrotamento dos mercados. Como o fim do capital não é a satisfação das necessidades, mas a produção de lucro, e como ele só alcança esse objetivo em virtude de métodos que regulam o volume da produção com relação à escala da produção, e não o inverso, deve produzir-se constantemente uma cisão entre as dimensões restritas do consumo sobre a base capitalista e uma produção que tende constantemente a superar essa barreira que lhe é imanente. Além disso, o capital se compõe de mercadorias, razão pela qual a superprodução de capital implica a superprodução de mercadorias. Daí o curioso fenômeno de os mesmos economistas que negam a superprodução de mercadorias admitirem a de capital. Quando se diz que nos diversos ramos da produção não ocorre uma superprodução geral, mas uma desproporção, isso significa apenas que, no interior da produção capitalista, a proporcionalidade entre os diversos ramos da produção se estabelece como um processo constante a partir da desproporcionalidade, na medida em que aqui a relação da produção total se impõe aos agentes da produção como uma lei cega, e não como uma lei compreendida e, portanto, dominada por sua inteligência associada, que submeta o processo de produção a seu controle coletivo. Além disso, exige-se que países onde o modo de produção capitalista não está desenvolvido consumam e produzam numa medida adequada aos países do modo de produção capitalista. Quando se diz que a superprodução é relativa, isso é totalmente correto; mas o modo de produção capitalista inteiro é apenas um modo de produção relativo, cujos limites não são absolutos, mas que o são para ele, sobre sua base. De outro modo, como poderia faltar a demanda das mesmas mercadorias das quais carece a massa do povo e como seria possível buscar essa demanda no exterior, em mercados mais distantes, para poder pagar aos trabalhadores do próprio país a média dos meios de subsistência? Porque é somente nesse contexto específico, capitalista, que o produto excedente assume uma forma em que seu possuidor só pode colocá-lo à disposição do consumo enquanto esse produto se reconverter para ele em capital. Por fim, ao se afirmar que os capitalistas têm apenas de intercambiar entre si suas mercadorias e consumi-las, esquece-se de todo o caráter da produção capitalista e também de que se trata da valorização do capital, não de seu consumo. Em suma, todas as objeções contra os fenômenos palpáveis da superprodução (fenômenos que não se preocupam com tais objeções) tendem a indicar que os limites da produção *capitalista* não são limites da *produção em geral* e que, por isso, tampouco são limites desse modo específico de produção, o capitalista. Mas a contradição desse modo de produção capitalista consiste precisamente em sua tendência ao desenvolvimento absoluto das forças produtivas, em permanente conflito com as condições específicas de produção em que o capital se move e tem necessariamente de se mover.

Não se produzem demasiados meios de subsistência em proporção à população existente. Pelo contrário. Produzem-se muito poucos para satisfazer a massa da população de maneira digna e humana.

Não se produzem demasiados meios de produção para ocupar a parte da população capaz de trabalhar. Pelo contrário. Em primeiro lugar, produz-se uma parte excessivamente grande da população que, na realidade, não se encontra em condições de trabalhar e que, pelas circunstâncias, depende da exploração do trabalho alheio ou de atividades que só se podem considerar como trabalho dentro de um modo miserável de produção. Em segundo lugar, não se produzem meios de produção suficientes para que toda a população em condições de trabalhar possa fazê-lo sob as condições mais produtivas, isto é, para que seu tempo absoluto de trabalho seja abreviado pela massa e pela eficácia do capital constante que se emprega durante esse tempo de trabalho.

O que ocorre é que se produzem periodicamente meios de trabalho e meios de subsistência numa quantidade excessiva para ser empregados como meios de exploração dos trabalhadores a uma taxa de lucro determinada. Produzem-se demasiadas mercadorias para realizar o valor e o mais-valor nelas contidos sob as condições de distribuição e consumo dadas pela produção capitalista e reconvertê-los em novo capital, isto é, para efetuar esse processo sem explosões sempre recorrentes.

Não é que se produza demasiada riqueza. O que ocorre é que se produz periodicamente demasiada riqueza sob suas formas capitalistas antagônicas.

O limite do modo de produção capitalista se manifesta:

1. No fato de que o desenvolvimento da força produtiva do trabalho gera, com a queda da taxa de lucro, uma lei que, em certo ponto, opõe-se do modo mais hostil ao desenvolvimento dessa força produtiva e que, por isso, tem de ser constantemente superada por meio de crises.
2. No fato de que é a apropriação de trabalho não pago e a proporção entre este último e o trabalho objetivado em geral – dito em termos capitalistas, o lucro e sua proporção entre esse lucro e o capital empregado, ou seja, certo nível da taxa de lucro – que decidem se a produção deve ser expandida ou restringida, e não a relação entre a produção e as necessidades

sociais, as necessidades de seres humanos socialmente desenvolvidos. Por isso, a produção, ao atingir determinado grau de expansão, encontra limitações que, sob outros pressupostos, seriam absolutamente insuficientes. Ela fica paralisada não no ponto em que isso se impõe pela satisfação das necessidades, mas naquele em que isso é exigido pela produção e pela realização de lucros.

Se a taxa de lucro diminui, vemos que, de um lado, o capital é tensionado para que o capitalista individual possa comprimir o valor individual de suas distintas mercadorias abaixo de seu valor social médio mediante a utilização de melhores métodos etc. e, desse modo, com um preço de mercado dado, obter um lucro extra; de outro lado, há um movimento de especulação e um estímulo geral à especulação, mediante apaixonados ensaios de novos métodos de produção, novos investimentos de capital e novas aventuras para garantir um lucro extra que seja independente da média geral e se eleva acima dessa média.

A taxa de lucro, isto é, o incremento proporcional de capital, é especialmente importante para todas as novas ramificações do capital que se agrupam de maneira autônoma. Tão logo a formação de capital caísse exclusivamente nas mãos de uns poucos grandes capitais já estruturados, para os quais a massa do lucro compensa a taxa deste último, o fogo que anima a produção se extinguiria por completo. A produção adormeceria. A taxa de lucro é a força motriz na produção capitalista, na qual só se produz aquilo que se pode produzir com lucro e na medida em que se possa produzi-lo com lucro. Daí o medo dos economistas ingleses diante da diminuição da taxa de lucro. O fato de que a mera possibilidade de tal diminuição inquiete Ricardo demonstra precisamente sua profunda compreensão das condições da produção capitalista. Aquilo que nele se reprova, a saber, o fato de que, ao tratar da produção capitalista, ele não se preocupa com os "seres humanos" e leva em conta apenas o desenvolvimento das forças produtivas – não se importando com o custo desse desenvolvimento em termos de sacrifícios de seres humanos e de *valores* de capital –, é justamente o que esse autor tem de importante. O desenvolvimento das forças produtivas do trabalho social é a missão histórica e a justificação do capital. É precisamente com esse desenvolvimento que o capital cria inconscientemente as condições materiais para uma forma superior de produção. O que inquieta Ricardo é que a taxa de lucro, estímulo da produção capitalista, condição e força motriz da acumulação, seja posta em perigo pelo próprio desenvolvimento da produção. Aqui, a proporção quantitativa é o essencial. Na realidade, isso se baseia em algo mais profundo, que Ricardo mal vislumbra. Aqui se mostra de maneira puramente econômica, isto é, do ponto de vista burguês, dentro dos limites do entendimento capitalista, do ponto de vista da própria produção capitalista, sua limitação, sua relatividade, o fato de não ser um modo de produção absoluto, mas apenas um modo de produção histórico, correspondente a certa época de desenvolvimento limitado das condições materiais de produção.

IV. Adendo

Como o desenvolvimento da força produtiva do trabalho se dá de maneira muito desigual em diversos ramos da indústria, não só apresentando diferenças quanto ao grau em que se produz, mas também transcorrendo em sentido oposto, o resultado é que a massa do lucro médio (= mais-valor) tem de estar muito abaixo do nível que se deveria supor quando se considera o desenvolvimento da força produtiva nos ramos mais avançados da indústria. O fato de que o desenvolvimento da força produtiva nos diversos ramos da indústria transcorre não só em proporções bastante distintas, mas frequentemente em sentido oposto, deriva não só da anarquia da concorrência e da peculiaridade do modo burguês de produção. A produtividade do trabalho também está ligada a condições naturais que frequentemente se tornam menos rentáveis na mesma proporção em que aumenta a produtividade – na medida em que esta última depende de condições sociais. Daí que se produz um movimento antagônico nessas diferentes esferas: progresso num caso, retrocesso noutro. Basta pensar, por exemplo, na simples influência das estações, de que depende a quantidade da maior parte das matérias-primas, o esgotamento dos bosques, das jazidas de carvão, das minas de ferro etc.

Embora a parte circulante do capital constante, da matéria-prima etc. aumente sempre, quanto a sua massa, na proporção da força produtiva do trabalho, isso não ocorre com o capital fixo, edifícios, maquinaria, instalações de iluminação, calefação etc. Com o aumento de seu volume, a máquina encarece em termos absolutos, porém barateia em termos relativos. Se cinco trabalhadores produzem uma quantidade de mercadorias dez vezes maior que antes, nem por isso se decuplica o desembolso de capital fixo; embora o valor dessa parte do capital constante aumente com o desenvolvimento da força produtiva, está longe de fazê-lo na mesma proporção. Já destacamos diversas vezes a diferença que separa a proporção entre capital constante e capital variável, tal como ela se expressa na queda da taxa de lucro, e a mesma proporção, tal como, ao desenvolver-se a produtividade do trabalho, ela se apresenta em relação a cada mercadoria individual e seu preço.

{O valor da mercadoria está determinado pelo tempo total de trabalho, pretérito e vivo, que é nela incorporado. O incremento da produtividade do trabalho consiste precisamente em diminuir a parte do trabalho vivo e aumentar a do trabalho pretérito, mas de tal modo que diminua a soma total do trabalho contido na mercadoria, isto é, de modo que o trabalho vivo diminua mais do que aumenta o trabalho pretérito. O trabalho pretérito contido no valor de uma mercadoria – a parcela do capital constante – consiste, em parte, no desgaste do capital constante fixo e, em parte, no capital constante circulante, incorporado por completo na mercadoria sob a forma de matérias-primas e materiais auxiliares. A parcela de valor proveniente das matérias-primas e dos materiais auxiliares tem de sofrer uma redução com [o aumento d]a produtividade do trabalho, uma vez que, no que diz respeito a esses materiais, essa produtividade revela-se precisamente no decréscimo do valor destes últimos. Em contrapartida, o que caracteriza o aumento da força produtiva do trabalho é justamente o fato de que a parte fixa do capital constante experimenta um forte aumento – o mesmo ocorre com a parcela de valor desse capital constante que se transfere às mercadorias por meio do desgaste. Ora, para que um novo método de produção possa significar um aumento real da produtividade, a parcela adicional de valor que ele transfere à mercadoria individual por meio do desgaste de capital fixo tem de ser menor que a parcela de valor que se economiza em consequência da diminuição de trabalho vivo; em outras palavras, ele tem de reduzir o valor da mercadoria. E tem de fazê-lo, evidentemente, ainda que – como ocorre em alguns casos – entre na formação de valor da mercadoria, além da parte adicional de desgaste do capital fixo, uma parcela adicional de valor relativa ao aumento ou encarecimento das matérias-primas ou dos materiais auxiliares. Todos esses acréscimos de valor precisam ser mais do que compensados pelo decréscimo de valor resultante da redução do trabalho vivo.

Desse modo, a redução da quantidade total de trabalho que entra na mercadoria parece ser a marca essencial do aumento da força produtiva do trabalho, sejam quais forem as condições sociais sob as quais essa redução se produz. Numa sociedade em que os produtores regulassem sua produção segundo um plano traçado de antemão, nele incluída até mesmo a produção simples de mercadorias, a produtividade do trabalho também seria medida incondicionalmente segundo esse padrão. Mas o que ocorre na produção capitalista?

Suponhamos que determinado ramo da produção capitalista produza uma peça normal de mercadoria sob as seguintes condições: o desgaste de capital fixo representa ½ xelim ou marco por peça; as matérias-primas e os materiais auxiliares, 17½ xelins; os salários, 2 xelins; e consideremos ainda que, com uma taxa de mais-valor de 100%, o mais-valor chegue a 2 xelins; o valor total será = 22 xelins ou marcos. Para simplificar, suponhamos que nesse ramo da produção o capital possua a composição média do capital social, isto é, que o preço de produção da mercadoria coincida com seu valor, e que o lucro do capitalista coincida com o mais-valor realizado. Desse modo, o preço de custo da mercadoria será = ½ + 17½ + 2 = 20 xelins, a taxa média de lucro será $^{2}/_{20}$ = 10%, e o preço de produção de uma peça de mercadoria será igual a seu valor = 22 xelins ou marcos.

Suponhamos que se invente uma máquina que reduza à metade o trabalho vivo requerido para cada peça, mas que triplique a parcela de valor constituída pelo desgaste do capital fixo. A questão se apresenta, então, da seguinte maneira: desgaste = 1½ xelim; matérias-primas e materiais auxiliares, como antes, = 17½ xelins; salário = 1 xelim; mais-valor = 1 xelim; total = 21 xelins ou marcos. O valor da mercadoria foi, então, reduzido em 1 xelim; a nova máquina aumentou decisivamente a força produtiva do trabalho. Para o capitalista, no entanto, as coisas se apresentam assim: seu preço de custo é agora de 1½ xelim de desgaste, 17½ xelins de matérias-primas e materiais auxiliares e 1 xelim de salário, o que totaliza 20 xelins, como antes. Como a taxa de lucro não se modifica simplesmente por meio da nova máquina, ela terá de receber 10% acima do preço de custo, o que significa 2 xelins; o preço de produção ficou, portanto, inalterado = 22 xelins, porém 1 xelim acima do valor. Para uma sociedade que produz sob condições capitalistas, a mercadoria *não* barateou, isto é, a máquina nova *não* representou melhoria nenhuma. Por isso, o capitalista não tem interesse em introduzir a nova máquina. Como, ao introduzi-la, ele tornaria sem valor sua maquinaria atual ainda não desgastada, a converteria em sucata e, com isso, experimentaria uma perda positiva, ele evitará cometer essa estupidez, que para ele é utópica.

Para o capital, portanto, a lei do aumento da força produtiva do trabalho não vale incondicionalmente. Para ele, essa força produtiva aumenta não quando se economiza trabalho vivo em geral, mas somente quando a parte de trabalho *pago* que se economiza é maior que a parte de trabalho pretérito que se acrescenta, como indicamos brevemente no Livro I, capítulo 13, item 2, p. 409/398 [466]. O modo de produção capitalista cai aqui numa nova contradição. Sua missão histórica é o desenvolvimento implacável, em progressão geométrica, da produtividade do trabalho humano. Mas ele trai essa missão histórica quando, como ocorre nesse caso, opõe-se ao desenvolvimento da produtividade, freando-a. Com isso, ele só demonstra que esse modo de produção está decrépito e cada vez mais próximo de desaparecer.}[37]

* * *

Na concorrência, o mínimo crescente do capital que, com o aumento da força produtiva, se torna necessário para o funcionamento exitoso de uma empresa industrial autônoma apresenta-se da seguinte forma: assim que o equipamento novo e mais oneroso é introduzido na empresa de maneira generalizada, os pequenos capitais são futuramente excluídos da atividade. Os pequenos capitais só podem atuar de modo independente nos começos dos inventos mecânicos nas distintas esferas de produção. Por outro lado, as empresas muito grandes, com uma proporção extraordinariamente elevada de capital constante – como é o caso, por exemplo, das ferrovias –, não fornecem a taxa média de lucro, mas apenas parte dela, os juros. De outro modo, a taxa geral de lucro diminuiria ainda mais. Em contrapartida, uma grande concentração de capital encontra aqui, sob a forma de ações, um campo direto de ocupação.

O crescimento do capital, isto é, sua acumulação, só implica uma diminuição da taxa de lucro na medida em que com esse crescimento se verificam as modificações citadas na proporção entre os componentes orgânicos do capital. Apesar das constantes transformações diárias do modo de produção, ora essa parte do capital total, ora aquela, maior ou menor, continua a acumular-se durante certos períodos e sobre a base de determinada relação média de tais componentes, de modo que com seu crescimento não está dada uma variação orgânica, tampouco as causas da queda da taxa de lucro. Essa constante ampliação do capital, isto é, também a expansão da produção sobre a base do antigo método de produção, que prossegue tranquilamente, ao mesmo tempo que já são introduzidos os novos métodos, é, por sua vez, uma das causas pelas quais a taxa de lucro não decresce na mesma medida em que cresce o capital total da sociedade.

O aumento do número absoluto de trabalhadores, apesar da diminuição relativa do capital variável desembolsado em salários, não ocorre em todos os ramos da produção nem de maneira uniforme em todos eles. Na agricultura, a diminuição do elemento do trabalho vivo pode ser absoluta.

---

37 A passagem encontra-se entre chaves porque, embora redigida a partir de uma anotação do manuscrito original, transcende em alguns trechos o material que nos foi legado. (F. E.)

Além disso, o fato de que, não obstante sua diminuição relativa, o número de assalariados aumente de forma absoluta constitui apenas uma necessidade do modo de produção capitalista. Para esse modo de produção, as forças de trabalho se tornam supérfluas tão logo não seja mais necessário ocupá-las de 12 a 15 horas diárias. Um desenvolvimento das forças produtivas que reduzisse o número absoluto dos trabalhadores, isto é, que, de fato, capacitasse a nação inteira a efetuar sua produção total num intervalo de tempo menor, provocaria uma revolução, pois deixaria fora de atividade a maior parte da população. Nisso se manifesta, uma vez mais, a limitação específica da produção capitalista e o fato de que ela não é de modo nenhum uma forma absoluta para o desenvolvimento das forças produtivas e a geração de riqueza, mas uma forma que, ao contrário, tão logo atinge certo ponto, entra em colisão com esse desenvolvimento. Essa colisão se manifesta parcialmente em crises periódicas, que decorrem do fato de tornar-se supérflua, ora esta parte da população trabalhadora, ora aquela, em seu antigo modo de ocupação. A limitação da produção capitalista é o tempo excedente dos trabalhadores. O tempo excedente absoluto que a sociedade ganha não lhe importa de modo nenhum. O desenvolvimento da força produtiva só é importante para ela na medida em que aumenta o tempo de mais-trabalho da classe trabalhadora, e não na medida em que reduz em geral o tempo de trabalho para a produção material; a produção capitalista se move, assim, no interior de uma antítese.

Vimos que a crescente acumulação do capital implica uma crescente concentração deste último. Assim cresce o poder do capital, a autonomização das condições sociais da produção, personificadas no capitalista em face dos produtores reais. O capital se mostra cada vez mais como um poder social, cujo funcionário é o capitalista, e que já não guarda nenhuma relação com o que o trabalho de um indivíduo isolado possa criar – mas se apresenta como um poder social estranhado, autonomizado, que se opõe à sociedade como uma coisa, e como poder do capitalista através dessa coisa. A contradição entre o poder social geral em que se converte o capital e o poder privado dos capitalistas individuais sobre essas condições sociais de produção desenvolve-se de maneira cada vez mais gritante e implica a dissolução dessa relação, na medida em que implica ao mesmo tempo a transformação das condições de produção em gerais, coletivas, sociais. Essa transformação está dada pelo desenvolvimento das forças produtivas sob a produção capitalista e pela maneira como se opera esse desenvolvimento.

* * *

Nenhum capitalista emprega voluntariamente um novo método de produção, por mais produtivo que possa ser ou por mais que possa aumentar a taxa de mais-valor, quando esse novo método faz diminuir a taxa de lucro. Mas qualquer um desses novos métodos de produção barateia as mercadorias. Por isso, o capitalista as vende originalmente acima de seu preço de produção e, talvez, acima de seu valor. Ele embolsa a diferença existente entre os custos de produção e o preço de mercado das mercadorias restantes, produzidas com custos mais elevados. Ele pode fazer isso porque a média do tempo de trabalho socialmente requerido para a produção dessas mercadorias é maior que o tempo de trabalho requerido com o novo método de produção. Seu procedimento de produção se encontra acima da média do procedimento social, mas a concorrência o generaliza e o submete à lei geral. Tem-se, então, a queda da taxa de lucro – começando talvez por essa mesma esfera da produção e logo nivelando-se com as outras –, que é, portanto, total e absolutamente independente da vontade do capitalista.

Sobre esse ponto, cabe ainda observar que essa mesma lei também vigora naquelas esferas da produção cujo produto não entra direta nem indiretamente no consumo do trabalhador ou nas condições de produção de seus meios de subsistência; isto é, também naquelas esferas de produção em que nenhum barateamento das mercadorias pode aumentar o mais-valor relativo, baratear a força de trabalho. (No entanto, em todos esses ramos o barateamento do capital constante pode elevar a taxa de lucro, mantendo-se inalterada a exploração do trabalhador.) Assim que o novo método de produção começa a difundir-se – e, com isso, fica efetivamente fornecida a prova de que essas mercadorias podem ser produzidas mais baratas –, os capitalistas que trabalham sob as antigas condições de produção têm de vender seu produto abaixo do preço de produção pleno, pois o valor dessa mercadoria diminuiu e o tempo de trabalho requerido para a produção se encontra acima do tempo de trabalho social. Em outras palavras, e isso se apresenta como efeito da concorrência, precisam também introduzir o novo método de produção, que diminuiu a proporção entre o capital variável e o capital constante.

Todas as circunstâncias que fazem com que o emprego da maquinaria barateie o preço das mercadorias com ela produzidas limitam-se sempre a reduzir a quantidade de trabalho absorvido por uma mercadoria individual; num segundo momento, porém, limitam-se a reduzir a parte de desgaste da maquinaria, cujo valor entra na mercadoria individual. Quanto mais demorado é o desgaste da maquinaria, maior é o número de mercadorias entre as quais se distribui esse desgaste e maior é a quantidade de trabalho vivo que ela repõe até o fim de sua reprodução. Em ambos os casos, aumentam a quantidade e o valor do capital constante fixo em relação ao variável.

> *"All other things being equal, the power of a nation to save from its profits varies with the rate of profits, is great when they are high, less, when low; but as the rate of profit declines, all other things do not remain equal [...]. A low rate of profit is ordinarily accompanied by a rapid rate of accumulation, relatively to the numbers of the people, as in England [...] a high rate of profit by a slower rate of accumulation, relatively to the numbers of the people."** Exemplos: Polônia, Rússia, Índia etc. (Richard Jones, *An Introductory Lecture on Pol.[itical] Econ.[omy]*, Londres, 1833, p. 50 e seg.)

Jones acentua, com razão, que, apesar da queda da taxa de lucro, aumentam as *inducements and faculties to accumulate* [ocasiões e capacidades de acumulação]. Em primeiro lugar, devido ao crescimento da superpopulação relativa. Em segundo lugar, porque com o aumento da produtividade do trabalho aumenta a massa dos valores de uso representados pelo mesmo valor de troca, isto é, dos elementos materiais do capital. Em terceiro lugar, porque os ramos da produção se multiplicam. Em quarto lugar, pelo desenvolvimento do sistema de crédito, das sociedades por ações etc. e pela conseguinte facilidade para converter o dinheiro em capital sem que seja preciso se tornar capitalista industrial. Em quinto lugar, pelo crescimento das necessidades e da ambição de enriquecer-se. Em sexto lugar, porque aumenta o investimento de grandes massas de capital fixo etc.

* * *

Três fatos fundamentais da produção capitalista:

1. Concentração dos meios de produção em poucas mãos, pelo que eles deixam de aparecer como propriedade dos trabalhadores diretos e se convertem em potências sociais da produção, ainda que, num primeiro momento, o façam como propriedade privada dos capitalistas. Estes são

* "Mantendo-se inalteradas todas as demais circunstâncias, a capacidade de uma nação economizar parte de seus lucros varia com a taxa de lucro, sendo maior quando os lucros são elevados e menor quando são baixos; quando cai a taxa de lucro, nem tudo permanece igual [...]. Uma baixa taxa de lucro costuma vir acompanhada de uma rápida taxa de acumulação, em relação ao número de habitantes, como na Inglaterra [...], e uma alta taxa de lucro, por uma taxa de acumulação mais lenta em relação ao número de habitantes." (N. T.)

trustees [administradores] da sociedade burguesa, porém embolsam todos os frutos dessa função.

2. Organização do próprio trabalho como trabalho social – mediante a cooperação, a divisão do trabalho e a combinação deste último com as ciências naturais.
   Tanto no primeiro como no segundo aspecto, o modo de produção capitalista suprime a propriedade privada e o trabalho privado, ainda que o faça sob formas antagônicas.
3. Estabelecimento do mercado mundial.
   A enorme força produtiva, em relação à população, que se desenvolve no interior do modo de produção capitalista e, ainda que não na mesma proporção, o crescimento dos valores de capital (não só de seu substrato material) num ritmo muito mais acelerado que o crescimento da população, contradizem a base cada vez mais reduzida – em relação à riqueza crescente – para a qual opera essa enorme força produtiva e as condições de valorização desse capital em expansão. Daí resultam as crises.

Seção IV

TRANSFORMAÇÃO DE CAPITAL-MERCADORIA E DE CAPITAL MONETÁRIO EM CAPITAL DE COMÉRCIO DE MERCADORIAS E CAPITAL DE COMÉRCIO DE DINHEIRO (CAPITAL COMERCIAL)

Walter Crane, "O homem forte: uma charge para o Dia do Trabalho", 1897.

Capítulo 16

O capital de comércio de mercadorias

O capital comercial ou mercantil se desdobra em duas formas ou categorias: o capital de comércio de mercadorias [*Warenhandlungskapital*] e o capital de comércio de dinheiro [*Geldhandlungskapital*], que agora definiremos em detalhe, na medida em que isso se faz necessário para a análise do capital em sua estrutura própria. E isso é tão mais necessário pelo fato de a economia moderna, mesmo em seus melhores representantes, confundir diretamente o capital comercial com o capital industrial, desconsiderando por completo suas características distintivas.

* * *

O movimento do capital-mercadoria foi analisado no Livro II [capítulo 3]. Considerando o capital total da sociedade, vemos que uma parte dele, apesar de constituída por elementos que mudam constantemente e cujo volume é sempre variável, encontra-se no mercado como mercadoria destinada a converter-se em dinheiro, enquanto outra parte ali se encontra como dinheiro disposto a converter-se em mercadoria. Ele está sempre sujeito ao movimento dessa transformação, dessa transmutação formal. Quando essa função do capital submetido ao processo de circulação em geral se autonomiza como função específica de um determinado capital, fixando-se como uma função imputada pela divisão do trabalho a uma categoria determinada de capitalistas, o capital-mercadoria se converte em capital de comércio de mercadorias, ou capital comercial.

Já explicamos (Livro II, capítulo 6, "Os custos de circulação", itens 2 e 3) até que ponto as indústrias do transporte, do armazenamento e da distribuição das mercadorias, sob uma forma adequada a tal distribuição, podem ser consideradas processos de produção que persistem no interior do processo de circulação. Esses episódios da circulação do capital-mercadoria se confundem, em parte, com as funções peculiares do capital comercial ou do capital de comércio de mercadorias e, em parte, encontram-se vinculados, na prática, às funções próprias deste último, ainda que, com o desenvolvimento da divisão social do trabalho, a função do capital comercial se destaca nitidamente, isto é, mostra-se como separada daquelas funções reais e independente delas. Sendo nosso objetivo definir a diferença específica dessa configuração particular do capital, faremos, pois, abstração dessas outras funções. Na medida em que o capital que funciona apenas no interior do processo de circulação, especialmente o capital de comércio de mercadorias, relaciona essas outras funções às suas próprias, ele não se apresenta em sua forma pura. Se queremos obter esta última, é preciso separá-lo de qualquer outra função.

Como vimos, a existência do capital como capital-mercadoria e a metamorfose que ele experimenta como tal na esfera da circulação, no âmbito do mercado – metamorfose que se decompõe em compras e vendas, em transformação do capital-mercadoria em capital monetário e vice-versa –, constituem uma fase do processo de reprodução do capital industrial, isto é, de seu processo global de produção; ao mesmo tempo, porém, esse capital-mercadoria, em sua função como capital de circulação, diferencia-se de si mesmo como capital produtivo. Trata-se aqui de duas formas de existência separadas e diferentes do mesmo capital. Uma parte do capital social total se encontra continuamente no mercado sob essa forma de capital de circulação em processo de metamorfose, ainda que para cada capital individual sua existência como capital-mercadoria e sua metamorfose como tal constituam apenas uma fase transitória sempre efêmera e sempre renovada, uma fase transitória da continuidade de seu processo de produção, e ainda que, em consequência disso, variem constantemente os elementos do capital-mercadoria que se encontram no mercado, ao serem constantemente retirados do mercado de mercadorias e, com a mesma constância, restituídos a ele sob a forma de novo produto do processo de produção.

Na realidade, o capital de comércio de mercadorias não é outra coisa que a forma modificada de uma parte desse capital de circulação, que se encontra constantemente no mercado, em processo de transmutação, e se encontra permanentemente inserido na esfera da circulação. Se dizemos "de uma parte", evidentemente, é pelo fato de uma parcela da compra e venda das mercadorias realizar-se sempre diretamente entre os próprios capitalistas industriais. No presente estudo, não levaremos em conta essa parte, já que ela em nada contribui para a definição e a compreensão da natureza específica do capital comercial e porque, além disso, já foi estudada, exaustivamente para nossos propósitos, no Livro II.

O comerciante, na qualidade de capitalista, aparece primeiro no mercado como representante de certa soma de dinheiro, que ele adianta como capitalista, isto é, que pretende transformar de x (valor originário dessa soma) em $x + \Delta x$ (a mesma soma mais o lucro correspondente). Mas, se não o consideramos apenas como capitalista em geral, e sim especificamente como comerciante, é evidente que seu capital tem de aparecer originalmente no mercado na forma de capital monetário, já que ele não produz mercadorias, mas se limita a comercializá-las, a servir de mediador de seu movimento, e que, para poder comercializá-las, tem antes de comprá-las, isto é, ser possuidor de capital monetário.

Suponhamos que um comerciante possua £3.000, as quais ele emprega como capital comercial. Com essas £3.000, ele compra, por exemplo, 30.000 varas de tecido do fabricante de tecidos, a 2 xelins cada, e, em seguida, vende essas 30.000 varas. Se a média anual da taxa de lucro é = 10% e se, depois de deduzidos todos os custos auxiliares, ele obtém um lucro anual de 10%, no final do ano ele terá transformado as £3.000 em £3.300. Como ele obtém esse lucro é algo de que trataremos adiante. Aqui nos propomos a examinar, sobretudo, a mera forma do movimento de seu capital. Com as £3.000, ele compra constantemente tecido, para voltar a vendê-lo em seguida; ele repete incessantemente essa operação de comprar para vender, D-M-D′, a forma simples do capital, tal como este é lançado no processo de circulação, sem ser interrompido pelo intervalo do processo de produção, que se encontra à margem de seu movimento e de sua função específicos.

Qual é, então, a relação entre o capital de comércio de mercadorias e o capital-mercadoria como simples modalidade do capital industrial? No que diz respeito ao fabricante de tecido, este realiza, com o dinheiro do comerciante, o valor de seu produto, a primeira fase da metamorfose de seu capital-mercadoria, sua transformação em dinheiro; e agora, permanecendo constantes as demais circunstâncias, pode reconverter o dinheiro em fio, carvão, salário etc., assim como também pode transformá-lo em meios de subsistência etc. para o consumo de sua renda; ou seja, desconsiderando o gasto da renda, ele pode dar continuidade a seu processo de reprodução.

Mas ainda que, para ele, o produtor têxtil, tenha se realizado a metamorfose em dinheiro, isto é, sua venda, esta ainda não se realizou para o próprio tecido, que continua a figurar no mercado como capital-mercadoria, destinado a passar por sua primeira metamorfose, a ser vendido. A única coisa que ocorreu com esse tecido foi uma mudança na pessoa de seu possuidor. Quanto à destinação, à posição no processo, o tecido continua a ser capital-mercadoria, mercadoria vendável; a diferença é que agora ele se encontra nas mãos do comerciante, não nas do produtor. A função de vendê-lo, de intermediar a primeira fase da metamorfose, foi transferida do produtor ao comerciante e transformada no negócio específico deste último, ao passo que antes ela era uma função que o próprio produtor devia desempenhar, depois de produzi-lo.

Suponhamos que não seja possível ao comerciante vender as 30.000 varas de tecido durante o intervalo de tempo que o produtor dessa mercadoria necessita para lançar de novo no mercado outras 30.000 varas por um valor de £3.000. Nesse caso, o comerciante não pode comprar do fabricante sua nova mercadoria, pois tem no armazém as 30.000 varas não vendidas, ainda não transformadas em novo capital monetário. Tem-se, então, um estancamento, uma interrupção da reprodução. O produtor têxtil poderia certamente dispôr de capital monetário adicional, que, independentemente da venda das 30.000 varas, fosse suficiente para converter esse capital monetário em capital produtivo e, assim, dar continuidade ao processo de produção. Mas essa suposição não altera em nada a questão. Na medida em que se considera o capital adiantado nas 30.000 varas, seu processo de reprodução está e segue interrompido. Vemos, pois, de maneira palpável que as operações do comerciante não são senão aquelas que, em geral, devem ser realizadas para transformar em dinheiro o capital-mercadoria do produtor, ou seja, as operações que efetuam a mediação entre as funções do capital-mercadoria no processo de circulação e suas funções no processo de reprodução. Se quem se ocupa exclusivamente dessa venda – e, além disso, da compra – fosse mero subordinado do produtor, e não um comerciante independente, essa conexão não ficaria oculta nem por um instante.

Por conseguinte, o capital de comércio de mercadorias não é senão o capital-mercadoria do produtor, que deve efetuar o processo de sua transformação em dinheiro, executar sua função como capital-mercadoria no mercado; a única diferença é que essa função, em vez de aparecer como operação secundária do produtor, aparece agora como operação exclusiva de uma espécie particular de capitalistas, dos comerciantes, e autonomiza-se como negócio de uma aplicação especial de capital.

Além disso, isso se revela também na forma específica da circulação do capital de comércio de mercadorias. O comerciante compra a mercadoria e a vende em seguida: D-M-D′. Na circulação simples de mercadorias, ou mesmo na circulação de mercadorias que se manifesta como processo de circulação do capital industrial, M′-D-M, a circulação é mediada pelo fato de que toda peça monetária troca duas vezes de mãos. O produtor têxtil vende sua mercadoria, o tecido, transformando-a em dinheiro; o dinheiro do comprador passa para suas mãos. Com esse mesmo dinheiro, ele compra fio, carvão, trabalho etc., volta a gastar o mesmo dinheiro para reconverter o valor do tecido nas mercadorias que constituem os elementos de produção do tecido. A mercadoria que ele compra não é a mesma mercadoria, não é uma mercadoria do mesmo tipo da que ele vende. Ele vendeu produtos e adquiriu meios de produção. A situação é diferente no movimento do capital comercial. Com as £3.000, o comerciante têxtil compra 30.000 varas de tecido e vende as mesmas 30.000 varas de tecido para retirar da circulação o capital monetário (£3.000, além do lucro). Portanto, nesse caso, quem muda duas vezes de lugar não são as mesmas peças monetárias, mas a mesma mercadoria; ela passa das mãos do vendedor às mãos do comprador e das mãos do comprador, que agora tornou-se vendedor, às mãos de outro comprador. Ela é vendida duas vezes e ainda pode ser vendida por diversas outras vezes mediante a interpolação de uma série de comerciantes, e justamente essa repetida venda, a dupla troca de lugar da mesma mercadoria, é o que permite o retorno do dinheiro adiantado na compra da mercadoria pelo primeiro comprador, isto é, que opera a mediação pela qual esse dinheiro reflui para ele. No caso M'-D-M, a dupla mudança de lugar do mesmo dinheiro faz com que a mercadoria seja alienada sob uma forma e apropriada sob outra. No outro caso, D-M-D', a dupla mudança de lugar da mesma mercadoria faz com que o dinheiro adiantado seja outra vez retirado da circulação. Justamente aí se mostra que a mercadoria não se vende de maneira definitiva ao passar das mãos do produtor às do comerciante e que este último não faz mais do que dar continuidade à operação da venda, ou seja, à mediação da função do capital-mercadoria. Ao mesmo tempo, porém, isso mostra que o que para o capitalista produtivo é M-D, mera função de seu capital em sua forma transitória de capital-mercadoria, é para o comerciante D-M-D', uma valorização especial do capital monetário por ele adiantado. Aqui uma fase da metamorfose das mercadorias se mostra, com relação ao comerciante, como D-M-D', isto é, como evolução de uma variedade específica de capital.

O comerciante vende definitivamente a mercadoria, isto é, o tecido, ao consumidor, seja um consumidor produtivo (por exemplo, um branqueador), seja um consumidor individual, que utiliza o tecido para uso privado. Desse modo, ele recupera o capital adiantado (com lucro) e pode recomeçar a operação. Se na compra do tecido o dinheiro tivesse funcionado apenas como meio de pagamento, de modo que o comerciante só precisasse efetuar o pagamento pela mercadoria seis semanas depois de tê-la recebido, e se, além disso, o comerciante a tivesse vendido antes desse tempo, então ele poderia pagar o produtor têxtil mesmo sem ter adiantado nenhum capital monetário. Se não a tivesse vendido, ele teria de pagar as £3.000 no vencimento do prazo, em vez de adiantá-las no momento da entrega do tecido; se devido a uma queda nos preços do mercado ele a tivesse vendido abaixo do preço de compra, então ele teria de repor a parte faltante a partir de seu próprio capital.

Ora, o que confere ao capital de comércio de mercadorias o caráter de um capital de funcionamento autônomo, enquanto é evidente que nas mãos de todo produtor que também se encarrega da venda ele aparece apenas como uma forma particular de seu capital numa fase particular do processo de reprodução deste último, durante a permanência dele mesmo na esfera da circulação?

Primeiro: o fato de que o capital-mercadoria, encontrando-se nas mãos de um agente diferente de seu produtor, completa sua transformação definitiva em dinheiro, isto é, sua primeira metamorfose, a função que lhe corresponde no mercado *qua* [na qualidade de] capital-mercadoria, e que essa função do capital-mercadoria é mediada pela operação do comerciante, por seus atos de compra e venda, de modo que essa operação se apresenta como uma atividade própria, separada das demais funções do capital industrial e, por isso, independente. É uma forma particular da divisão social do trabalho, de maneira que uma parte da função a ser desempenhada – que, em caso contrário, deveria sê-lo numa fase particular do processo de reprodução do capital, nesse caso, a da circulação – aparece como a função exclusiva de um agente de circulação diferente do produtor. Dessa maneira, no entanto, essa atividade particular não apareceria ainda de modo nenhum como a função de um capital particular, diferente e independente do capital industrial implicado em seu processo de reprodução; de fato, ela não aparece como tal se o comércio de mercadorias é realizado por simples caixeiros-viajantes ou outros agentes diretos do capitalista industrial. É preciso, pois, acrescentar a isso outro fator.

Segundo: esse novo fator intervém pelo fato de que o agente autônomo de circulação, o comerciante, adianta capital monetário (próprio ou emprestado) nessa posição. O que para o capital industrial que se encontra em seu processo de reprodução se apresenta simplesmente como M-D, como transformação do capital-mercadoria em capital monetário ou mera venda, apresenta-se para o comerciante como D-M-D′, como compra e venda da mesma mercadoria, e, por isso, como refluxo do capital monetário que se afasta dele na compra e a ele retorna por meio da venda.

Para o comerciante, na medida em que desembolsa capital para comprar mercadoria do produtor, D-M-D se apresenta sempre como M-D, como transformação do capital-mercadoria em capital monetário; o que se dá é sempre a primeira metamorfose do capital-mercadoria, ainda que para um produtor ou para o capital industrial que se encontra em seu processo de reprodução o mesmo ato possa se apresentar como D-M, isto é, como reconversão do dinheiro em mercadoria (os meios de produção) ou como segunda fase da metamorfose. Para o produtor têxtil, M-D foi a primeira metamorfose, a transformação do capital-mercadoria em capital monetário. Para o comerciante, esse ato aparece como D-M, transformação de seu capital monetário em capital-mercadoria. Se agora ele vende o tecido ao branqueador, esse ato constitui, para este último, D-M, transformação de capital monetário em capital produtivo ou a segunda metamorfose de seu capital-mercadoria; para o comerciante, tal ato é M-D, a venda do tecido que ele comprou. Na verdade, só agora o capital-mercadoria produzido pelo fabricante de tecidos foi definitivamente vendido, ou seja, esse D-M-D do comerciante constitui apenas um processo mediador para o M-D entre dois produtores. Ou, então, suponhamos que o fabricante têxtil, com uma parte do valor do tecido vendido, compra fio de um comerciante de fios. Isso constitui, para ele, D-M, mas, para o comerciante que vende o fio, esse ato se apresenta como M-D, revenda do fio; no que diz respeito ao próprio fio como capital-mercadoria, isso representa apenas sua venda definitiva, com a qual ele passa da esfera da circulação à esfera do consumo, M-D, a conclusão definitiva de sua primeira metamorfose. É indiferente, nesse caso, se o comerciante compra do capitalista industrial ou vende a ele; o fato é que o D-M-D do comerciante, o ciclo do capital comercial, expressa aquilo que, com relação ao próprio capital-mercadoria como forma de transição do capital industrial que se reproduz, não é mais que M-D, ou seja, a conclusão de sua primeira metamorfose. O D-M do capital comercial só é simultaneamente M-D para o capitalista industrial, mas não para o capital-mercadoria produzido por esse capitalista* – ele é apenas a transição do capital-mercadoria das mãos do industrial para as mãos do agente da circulação; somente o M-D do capital comercial é o M-D definitivo do capital-mercadoria em funcionamento. D-M-D são apenas dois M-D do mesmo capital-mercadoria, duas vendas sucessivas desse capital, que não fazem mais do que mediar sua venda última e definitiva.

Desse modo, no capital de comércio de mercadorias o capital-mercadoria assume a forma de um tipo autônomo de capital, e isso pelo fato de que o

---

* Na primeira edição, "para este último". Alterado de acordo com o manuscrito de Marx. (N. E. A.)

comerciante adianta capital monetário, que só se valoriza como capital, só funciona como capital na medida em que está exclusivamente ocupado em mediar a metamorfose do capital-mercadoria, sua função como capital--mercadoria, isto é, sua transformação em dinheiro, e o faz mediante compra e venda constante de mercadorias. Essa é sua operação exclusiva; tal atividade mediadora do processo de circulação do capital industrial é a função exclusiva do capital monetário, com o qual opera o comerciante. Mediante essa função, ele converte seu dinheiro em capital monetário, faz com que seu D passe pelo processo D-M-D′ e, através do mesmo processo, converte o capital-mercadoria em capital de comércio de mercadorias.

É evidente que o capital de comércio de mercadorias, na medida em que existe sob a forma do capital-mercadoria – considerando o processo de reprodução do capital social total –, não é outra coisa que a parte do capital industrial que ainda se encontra no mercado, sujeita ao processo de sua metamorfose e que agora existe e funciona como capital-mercadoria. É, pois, pura e simplesmente o capital *monetário* desembolsado pelo comerciante, destinado exclusivamente a comprar e vender e que, por conseguinte, jamais assume outra forma senão a do capital-mercadoria e a do capital monetário, ou seja, jamais a do capital produtivo, e permanece sempre nos limites da esfera de circulação do capital – é apenas esse capital monetário que cabe agora considerar com relação ao processo global de reprodução do capital.

Tão logo o produtor, o fabricante de tecidos, tenha vendido suas 30.000 varas ao comerciante por £3.000, ele compra com esse dinheiro os meios de produção necessários e, com isso, seu capital reingressa no processo de produção; seu processo de produção prossegue ininterruptamente. Para ele, operou-se a transformação de sua mercadoria em dinheiro; para o próprio tecido, como vimos, a transformação ainda não ocorreu. O tecido ainda não foi definitivamente transformado em dinheiro, ainda não entrou como valor de uso, nem no consumo produtivo nem no consumo individual. O comerciante têxtil representa agora, no mercado, o mesmo capital-mercadoria que nele originalmente representava o produtor têxtil. Para este último, o processo da metamorfose foi abreviado, mas apenas para prosseguir nas mãos do comerciante.

Se o produtor têxtil tivesse de esperar que seu tecido deixasse efetivamente de ser uma mercadoria, que passasse às mãos de seu último comprador, do consumidor produtivo ou individual, seu processo de reprodução se interromperia. Para não interrompê-lo, ele teria de restringir suas operações, converter uma parte menor de seu tecido em fio, carvão, trabalho etc., isto é, nos elementos do capital produtivo, conservando como reserva em dinheiro uma parte maior desse capital produtivo; assim, enquanto uma parte de seu capital se encontrasse no mercado como mercadoria, outra parte poderia dar continuidade ao processo de produção, de modo que, quando essa parte ingressasse no mercado como mercadoria, a outra refluiria em forma de dinheiro. Essa divisão do capital não é suprimida pela ingerência do comerciante. Sem esta última, porém, a parte do capital de circulação existente sob a forma de reserva monetária teria de ser sempre maior do que a parte desse capital ocupada sob a forma de capital produtivo, e a escala da reprodução teria de ser limitada na mesma proporção. Graças à mediação do comerciante, o produtor pode investir constantemente uma parte maior de seu capital no verdadeiro processo de produção, destinando uma parte menor a servir de reserva monetária.

Em contrapartida, outra parte do capital social se encontra constantemente dentro da esfera da circulação, sob a forma de capital comercial. Ela só é utilizada para comprar e vender mercadorias. Desse modo, parece ter ocorrido apenas uma troca das pessoas em cujas mãos se encontra esse capital.

Se o comerciante, em vez de comprar tecido por £3.000 com o propósito de revendê-lo, investisse diretamente essas £3.000 de modo produtivo, o capital produtivo da sociedade aumentaria. É evidente que, nesse caso, o produtor têxtil se veria obrigado a imobilizar como reserva monetária uma parte mais considerável de seu capital, e o mesmo teria de fazer o comerciante, agora convertido em capitalista industrial. Por outro lado, se o comerciante continua a atuar como tal, o produtor economiza o tempo que, de outro modo, teria de destinar às vendas, tempo que ele pode empregar na supervisão do processo de produção, ao passo que o comerciante, por sua vez, tem de dedicar às vendas seu tempo integral.

No caso de o capital comercial não ultrapassar suas proporções necessárias, teremos de supor que:

1. Em consequência da divisão do trabalho, o capital destinado exclusivamente a comprar e vender (e nele se inclui, além do dinheiro para a compra de mercadorias, o dinheiro que tem de ser investido no pagamento do trabalho necessário ao funcionamento da empresa comercial, no capital constante do comerciante, em edifícios para depósitos, no transporte etc.) é menor do que seria se o capitalista industrial tivesse de gerir pessoalmente toda a parte comercial de sua empresa.
2. Na medida em que o comerciante se ocupar exclusivamente desse negócio, para o produtor não só sua mercadoria se converte antes em dinheiro como o próprio capital-mercadoria efetua sua metamorfose com maior rapidez do que o faria se estivesse nas mãos do produtor.

3. Considerando o capital comercial total em relação ao capital industrial, uma rotação do capital comercial pode representar não só as rotações de muitos capitais numa esfera da produção, mas as rotações de uma série de capitais em diversas esferas de produção. O primeiro se daria, por exemplo, se o comerciante têxtil, depois de comprar o produto com suas £3.000 de um produtor de tecidos e de tê-lo revendido antes que o mesmo produtor tivesse voltado a lançar no mercado a mesma quantidade de mercadorias, comprasse o produto de outro ou de vários outros produtores têxteis e o vendesse novamente, mediando assim as rotações de diferentes capitais na mesma esfera da produção. O segundo caso se daria se o comerciante, após vender o tecido, comprasse, digamos, seda, promovendo assim a rotação de um capital em outra esfera da produção.

Em geral, é preciso assinalar o seguinte: a rotação do capital industrial está limitada não só pelo tempo de curso, mas também pelo tempo de produção. A rotação do capital comercial, na medida em que só comercializa uma variedade determinada de mercadorias, está limitada não pela rotação de um capital industrial, mas pela de todos os capitais industriais no mesmo ramo da produção. Depois de ter comprado e vendido o tecido de alguém, o comerciante pode comprar e vender o tecido de outro, antes que o primeiro volte a lançar uma mercadoria no mercado. O mesmo capital comercial pode, pois, servir sucessivamente de mediação para as diversas rotações dos capitais investidos num ramo da produção, o que significa que sua rotação não se identifica com as rotações de um capital industrial individual nem se limita, portanto, a repor uma reserva monetária que esse determinado capitalista industrial possa ter *in petto* [secretamente]. A rotação do capital comercial numa esfera da produção está circunscrita, naturalmente, aos limites da produção total dessa esfera, mas não aos limites da produção nem pelo tempo de rotação de um determinado capital dentro da mesma esfera, na medida em que esse tempo de rotação está dado pelo tempo de produção. Suponhamos que *A* forneça uma mercadoria que necessite de três meses para ser produzida. Depois que esse comerciante a tiver comprado e vendido, digamos, num período de um mês, ele poderá comprar e vender o mesmo produto de outro produtor. Ou, então, após vender os grãos de um arrendatário, por exemplo, ele poderá, com o mesmo dinheiro, comprar e vender os grãos de outro etc. A rotação de seu capital está limitada pelo volume de grãos que ele pode comprar e vender sucessivamente em dado intervalo de tempo, por exemplo, um ano, ao passo que a rotação do capital do arrendatário, abstraindo do tempo de curso, está limitada pelo tempo de produção, que dura um ano.

Mas a rotação do mesmo capital comercial pode também mediar as rotações de capitais em diversos ramos da produção.

Quando o mesmo capital comercial, em diversas rotações, serve para converter sucessivamente em dinheiro diversos capitais-mercadorias, quer dizer, para comprá-los e vendê-los um após o outro, a função que ele desempenha como capital monetário com relação ao capital-mercadoria é a mesma que o dinheiro em geral desempenha com relação às mercadorias por meio do número de seus cursos num período dado.

A rotação do capital comercial não é idêntica à rotação ou a uma única reprodução de um capital industrial da mesma grandeza, mas é, antes, igual à soma das rotações de uma série de capitais desse tipo, seja na mesma esfera da produção, seja em esferas de produção distintas. Quanto mais rápida for a rotação do capital comercial, menor será a parte do capital monetário total que figura como capital comercial, e quanto mais lenta for essa rotação, maior será tal parte. Quanto menos desenvolvida estiver a produção, maior será a soma do capital comercial em relação à soma de todas as mercadorias lançadas na circulação; porém, menor ela será em termos absolutos ou se comparada com um nível de produção mais alto. E vice-versa, quando se invertem os termos do problema. Por isso, num modo de produção pouco desenvolvido, a maior parte do capital monetário propriamente dito se encontra nas mãos dos comerciantes, cujo patrimônio constitui, em face dos outros, a riqueza em dinheiro.

A velocidade de circulação do capital monetário desembolsado pelo comerciante depende: 1) da velocidade com que se renova o processo de produção e com que os diversos processos de produção se entrelaçam; 2) da velocidade do consumo.

Não é necessário que o capital comercial percorra meramente a rotação considerada, a de comprar mercadorias por todo o montante de seu valor para depois vendê-las. Pelo contrário, o comerciante realiza ambos os movimentos ao mesmo tempo. Seu capital se divide, então, em duas partes. Uma delas consiste em capital-mercadoria, e a outra, em capital monetário. Num caso, ele compra e, assim, converte seu dinheiro em mercadorias. No outro caso, ele vende e, assim, transforma outra parte do capital-mercadoria em dinheiro. De um lado, seu capital reflui para ele como capital monetário; de outro lado, aflui para ele como capital-mercadoria. Quanto maior é a parte que existe sob uma forma, menor é a parte que existe sob a outra. Elas se alternam e se compensam. Se com o emprego do dinheiro como meio de circulação se combinam seu emprego como meio de pagamento e o sistema de crédito que nele se baseia, diminui ainda mais a parte de capital monetário do capital comercial em proporção à grandeza das transações que esse capital comercial realiza. Se compro vinho por £1.000 com um prazo de pagamento de 3 meses e o vendo à vista antes de expirado esse prazo, então não preciso adiantar nem um centavo para essa transação. Nesse caso, é claro como a luz do dia o fato de que o capital monetário, que aqui figura como capital comercial, não é outra coisa senão o próprio capital industrial em forma de capital monetário, em seu refluxo para si mesmo sob a forma de dinheiro. (O fato de que o produtor que vendeu £1.000 de mercadorias com 3 meses de prazo para o pagamento possa descontar no banco a letra, isto é, a nota promissória, não altera em nada a questão e não tem nenhuma relação com o capital do comerciante.) Se nesse ínterim os preços de mercado da mercadoria caíssem em $^1/_{10}$, o comerciante não só não obteria lucro nenhum, como receberia £2.700, e não £3.000. Para pagar, ele teria de adicionar £300. Essas £300 funcionariam apenas como reserva para o nivelamento da diferença de preços. O mesmo vale para o produtor. Se ele mesmo tivesse vendido a preços decrescentes, ele também teria perdido £300 e não poderia recomeçar a produção na mesma escala, sem capital de reserva.

O vendedor têxtil compra tecido do fabricante por £3.000; dessa soma, o fabricante utiliza £2.000 para comprar fio. O dinheiro com que o fabricante paga esse comerciante não é o do comerciante têxtil, que recebeu mercadorias no valor dessa soma, mas a forma-dinheiro de seu próprio capital. Nas mãos do comerciante de fios, essas £2.000 aparecem agora como capital monetário refluído; mas até que ponto elas o são, como distintas dessas £2.000, isto é, como a forma-dinheiro que o tecido abandonou e a forma-dinheiro que o fio adotou? Se o comerciante de fios comprou a crédito e vendeu à vista antes de expirar seu prazo de pagamento, então nessas £2.000 não há um único centavo de capital comercial que se diferencie da forma monetária adotada pelo próprio capital industrial em seu processo cíclico. Portanto, o capital de comércio de mercadorias, na medida em que não é a mera forma do capital industrial que se encontra sob a figura de capital-mercadoria ou capital monetário nas mãos do comerciante, é tão somente a parte do capital monetário que pertence ao próprio comerciante e que é posto em circulação na compra e venda de mercadorias. Essa parte representa, em escala reduzida, aquela parcela do capital desembolsada para a produção, a qual se encontra sempre nas mãos do industrial como reserva monetária, meio de compra, e há de circular sempre como seu capital monetário. Essa parte se encontra agora reduzida nas mãos de capitalistas comerciais e funciona constantemente como tal no processo de circulação. É a parte do capital total que, abstraindo dos gastos de renda, tem de circular sempre no mercado como meio de compra a fim de assegurar a continuidade do processo de reprodução. Ela é tanto menor em relação ao capital total quanto mais veloz é o processo de reprodução e quanto mais desenvolvida se encontra a função do dinheiro como meio de pagamento, isto é, quanto mais desenvolvido esteja o sistema de crédito[38].

O capital comercial não é senão aquele que atua dentro da esfera da circulação. O processo de circulação constitui uma fase do processo global da reprodução. Mas no processo da circulação não se produz nenhum valor, por conseguinte, tampouco mais-valor. Nele ocorrem apenas alterações de forma da mesma massa de valor. Com efeito, nele não ocorre mais do que a metamorfose das mercadorias, que, como tal, não guarda qualquer relação com a criação ou a modificação de valor. Se na venda da mercadoria produzida

---

[38] Para classificar o capital comercial como capital de produção, [George] Ramsay o confunde com a indústria do transporte e chama o comércio de "*the transport of commodities from one place to another*" [o transporte de mercadorias de um lugar para outro] (*An Essay on the Distribution of Wealth*, [Edimburgo, Adam and Charles Black, 1836,] p. 19). A mesma confusão já se encontra em [Pietro] Verri (*Meditazioni sull'[a] ec.[onomia] pol.[itica]*, [Milão, 1804, p. 32,] §4) e [Jean Baptiste] Say (*Traité d'ec.[onomie] pol.[itique]* v. I, [Paris, Déterville, 1803,] p. 14-5). – Em seus *Elements of pol.[itical] ec.[onomy]* (Andover e Nova York, 1835), diz J. P. Newman: "*In the existing economical arrangements of society, the very act which is performed by the merchant, of standing between the producer and the consumer, advancing to the former capital and receiving products in return, and handing over these products to the latter, receiving back capital in return, is a transaction which both facilitates the economical process of the community, and adds value to the products in relation to which it is performed*" ["Na atual organização econômica da sociedade, a verdadeira operação que o comerciante realiza, a saber, a de estabelecer a mediação entre o produtor e o consumidor, adiantando capital ao primeiro para receber produtos em retorno e transferindo esses produtos ao segundo para receber capital em troca, é uma transação que tanto facilita as operações econômicas da comunidade como agrega valor aos produtos em relação aos quais ela se realiza"] (p. 174). Produtor e consumidor poupam, assim, dinheiro e tempo mediante a interposição do comerciante. Esse serviço exige que se adiante capital e trabalho e tem de ser recompensado, "*since it adds value to products, for the same products, in the hands of consumers, are worth more than in the hands of producers*" ["porquanto agrega valor aos produtos, já que os mesmos produtos valem mais nas mãos do consumidor do que nas mãos do produtor"]. Por isso, para ele o comércio aparece, exatamente como para o senhor Say, como "*strictly an act of production*" [estritamente um ato de produção] (p. 175). Esse critério de Newman é radicalmente falso. O *valor de uso* de uma mercadoria é maior nas mãos do consumidor do que nas mãos do produtor, simplesmente porque é naquelas que ele se realiza, pois o valor de uso de uma mercadoria só se realiza, só entra em funcionamento enquanto a mercadoria não entra na esfera do consumo. Nas mãos do produtor, ele só existe de forma potencial. Uma mercadoria não é paga duas vezes, primeiro em seu valor de troca e depois em seu valor de uso. Quando pago seu valor de troca, aproprio-me de seu valor de uso. E o valor de troca não obtém o mínimo incremento pelo fato de que a mercadoria passa das mãos do produtor ou do intermediário às mãos do consumidor.

se realiza um mais-valor, é porque esse mais-valor já existia nessa mercadoria; no segundo ato, portanto, em que se volta a intercambiar o capital monetário por mercadoria (elementos de produção), tampouco o comprador realiza um mais-valor; esse ato não faz mais do que iniciar a produção de mais-valor mediante o intercâmbio de dinheiro por meios de produção e força de trabalho. Pelo contrário, na medida em que essas metamorfoses consomem tempo de circulação – tempo no qual o capital não produz absolutamente nada, tampouco mais-valor –, o que esse tempo faz é limitar a criação de valor, e o mais-valor, enquanto taxa de lucro, se expressa precisamente na proporção inversa da duração do tempo de circulação. Por conseguinte, o capital comercial não cria valor nem mais-valor, não diretamente. Na medida em que contribui para a abreviação do tempo de circulação, ele pode ajudar indiretamente a aumentar o mais-valor produzido pelo capitalista industrial. Na medida em que ajuda a expandir o mercado e em que medeia a divisão do trabalho entre os capitais, isto é, em que capacita o capital a trabalhar em maior escala, sua função promove a produtividade do capital industrial e sua acumulação. Na medida em que abrevia o tempo de curso, ele eleva a proporção entre o mais-valor e o capital adiantado, isto é, a taxa de lucro. Na medida em que coloca na esfera da circulação uma parte menor do capital como capital monetário, ele aumenta a parte do capital diretamente investida na produção.

Capítulo 17

O lucro comercial

No Livro II [p. 201-5], vimos que as simples funções desempenhadas pelo capital na esfera da circulação – as operações que o capitalista industrial deve efetuar para, em primeiro lugar, realizar o valor de suas mercadorias e, em segundo lugar, reconverter esse valor nos elementos de produção da mercadoria, isto é, as operações necessárias para mediar as metamorfoses do capital-mercadoria M'-D-M, ou seja, os atos da venda e da compra – não geram valor nem mais-valor. Vimos que o tempo necessário para isso impõe limites à formação de valor e mais-valor, objetivamente com relação às mercadorias e subjetivamente com relação aos capitalistas. O que tem validez por si só na metamorfose do capital-mercadoria não se altera de modo nenhum pelo fato de parte desse capital-mercadoria assumir a forma de capital de comércio de mercadorias nem de as operações por meio das quais se realiza a metamorfose do capital-mercadoria aparecerem como a atividade específica de um setor particular de capitalistas ou como função exclusiva de uma parte do capital monetário. Se a venda e a compra de mercadoria – e a isso se reduz a metamorfose do capital mercantil M'-D-M – por parte dos próprios capitalistas industriais não constituem operações que criam valor ou mais-valor, é impossível que se convertam em tais operações pelo fato de que, em vez daquelas, sejam outras as pessoas que as realizam. Além disso, se a parte do capital social total que deve encontrar-se constantemente disponível como capital monetário para que o processo de reprodução não se veja interrompido pelo processo de circulação, mas seja um processo contínuo, se esse capital monetário não cria valor nem mais-valor, ele não passará a ostentar esses atributos no momento em que, em vez de ser lançado constantemente em circulação pelo mesmo capitalista industrial, ele passe a sê-lo por outro setor de capitalistas para desempenhar as mesmas funções. Até onde o capital comercial pode ser indiretamente produtivo é algo que já indicamos e que voltaremos a explorar adiante.

Portanto, o capital de comércio de mercadorias – despojado de todas as múltiplas funções que podem estar vinculadas a ele, como armazenamento, remessa, distribuição, triagem, e restrito a sua verdadeira função de comprar para vender – não cria valor nem mais-valor, apenas medeia sua realização e, assim, ao mesmo tempo, o verdadeiro intercâmbio das mercadorias, sua passagem de uma a outra mão, o metabolismo social. No entanto, como a circulação do capital industrial é uma fase do processo de reprodução tanto quanto a produção, o capital que atua de forma autônoma no processo de circulação tem de gerar o lucro anual médio tanto quanto o capital que atua nos diversos ramos da produção. Se o capital comercial gerasse um lucro percentual médio maior que o gerado pelo capital industrial, uma parte do capital industrial se converteria em capital comercial. Se lançasse um lucro médio mais baixo, ocorreria o processo inverso. Uma parte do capital comercial se converteria em capital industrial. Nenhum gênero de capital apresenta maior facilidade para alterar sua destinação, sua função, do que o capital comercial.

Como o próprio capital comercial não gera mais-valor nenhum, está claro que o mais-valor que lhe corresponde na forma de lucro médio constitui uma parte do mais-valor gerado pelo capital produtivo total. Então, a questão que se coloca é a seguinte: como o capital comercial atrai para si a parte que lhe corresponde do mais-valor ou do lucro gerado pelo capital produtivo?

Que o lucro comercial seja mero acréscimo, uma elevação nominal do preço das mercadorias acima de seu valor, não é mais que aparência.

Resulta evidente que o comerciante só pode extrair seu lucro do preço das mercadorias que ele vende e, mais ainda, que esse lucro, obtido com a venda de suas mercadorias, tem de ser igual à diferença entre seu preço de compra e seu preço de venda, igual ao excedente do primeiro sobre o segundo.

É possível que, depois da compra da mercadoria e antes de sua venda, acrescentem-se custos (de circulação), mas é igualmente possível que isso não ocorra. Se na mercadoria entram tais custos, é claro que o excedente do preço de venda sobre o preço de compra não representa apenas lucro. Para simplificar a investigação, suponhamos primeiro que não entra nenhum custo dessa natureza.

A diferença entre o preço de venda e o preço de compra de suas mercadorias equivale, para o capitalista industrial, à diferença entre seu preço de produção e seu preço de custo; se considerarmos o capital social total, equivale à diferença entre o valor das mercadorias e seu preço de custo para os capitalistas, o que se reduz novamente, por sua vez, à diferença entre a quantidade total de trabalho nelas objetivado e a parcela desse total composta de trabalho pago. Antes que as mercadorias compradas pelo capitalista industrial voltem a ser lançadas no mercado como vendáveis, elas percorrem o processo de produção, no qual se produz precisamente a parte de seu preço que mais tarde deve realizar-se como lucro. No caso do comerciante, a situação é diversa. As mercadorias só se encontram nas mãos dele enquanto estão no processo de circulação. O comerciante apenas dá prosseguimento à venda, à realização de seu preço, iniciada pelo capitalista produtivo; portanto, não as faz percorrer nenhum processo intermediário no qual pudessem voltar a absorver mais-valor. Enquanto o capitalista industrial só realiza na circulação o mais-valor ou o lucro produzido até esse momento, o comerciante, em contrapartida, deve não só realizar seu lucro na circulação e por meio dela, mas também começar a criá-lo. Isso só parece ser possível na hipótese de o comerciante vender acima do preço de produção as mercadorias que o capitalista industrial lhe vendeu ao preço de produção – ou a seu valor, se levarmos em conta o capital-mercadoria total –, ou seja, caso ele realize um acréscimo nominal ao preço ou, ainda, se considerarmos o capital-mercadoria total, de ele vender acima de seu valor e embolsar esse excedente de seu valor nominal acima de seu valor real – em outras palavras, vender as mercadorias mais caras do que elas são.

Essa forma de acréscimo é muito fácil de entender: por exemplo, digamos que uma vara de tecido custe 2 xelins. Se tenho de obter 10% de lucro com a revenda, preciso adicionar $^1/_{10}$ ao preço, isto é, tenho de vender a vara a 2 xelins e $2^2/_5$ *pence*. A diferença entre seu preço de produção real e seu preço de venda é, então, $2^2/_5$ *pence*, e isso constitui um lucro de 10% sobre os 2 xelins. Na verdade, a vara é vendida ao comprador ao preço de $1^1/_{10}$ vara. Ou, o que dá na mesma, tudo se passa como se eu vendesse ao comprador apenas $^{10}/_{11}$ de vara por 2 xelins e mantivesse $^1/_{11}$ para mim. Com efeito, com $2^2/_5$ *pence* posso recomprar $^1/_{11}$ de vara, calculando o preço da vara a 2 xelins e $2^2/_5$ *pence*. Isso seria, pois, apenas um rodeio para participar no mais-valor e no mais-produto mediante a elevação nominal do preço das mercadorias.

Essa é a realização do lucro comercial por meio do incremento de preço das mercadorias, conforme ela se apresenta à primeira vista em sua forma de manifestação. De fato, toda a ideia de que o lucro surge de uma elevação nominal do preço das mercadorias ou da venda destas últimas acima de seu valor tem origem na concepção do capital comercial.

Porém, analisando mais de perto, vê-se que essa realização do lucro é mera aparência. Fica evidente que, pressupondo-se o modo de produção capitalista como dominante, o lucro comercial não se realiza dessa maneira. (Assim, trata-se sempre da média, e não de casos isolados.) Por que supomos que o comerciante de mercadorias só pode realizar um lucro de, digamos, 10% sobre suas mercadorias, vendendo-as 10% acima do preço de produção? Porque consideramos inicialmente que o produtor dessas mercadorias, o capitalista industrial (que, como personificação do capital industrial, figura sempre como "produtor" em relação ao mundo exterior), vendeu-as ao comerciante pelo preço de produção. Se o preço de compra das mercadorias pago pelo comerciante é igual a seu preço de produção e, em última instância, igual a seu valor, de modo que o preço de produção, em última instância o valor das mercadorias, representa o preço de custo para o comerciante, então o excedente de seu preço de venda sobre seu preço de compra – e apenas essa diferença constitui a fonte de seu lucro – tem de ser um excedente do preço comercial dessas mercadorias acima de seu preço de produção, e, em última instância, o comerciante tem de vender todas as mercadorias acima do valor delas. E por que supusemos de início que o capitalista industrial vende ao comerciante as mercadorias ao preço de produção? Ou, antes, o que estava pressuposto nessa conjetura? Que o capital comercial (e aqui temos de encará-lo exclusivamente como capital de comércio de mercadorias) não entra na formação da taxa geral de lucro. Na exposição da taxa geral de lucro, partimos necessariamente desse pressuposto, em primeiro lugar, porque o capital comercial como tal ainda não existia para nós naquele momento; em segundo lugar, porque o lucro médio e, por conseguinte, a taxa geral de lucro ainda tinham necessariamente de ser desenvolvidos como nivelamento dos lucros ou dos mais-valores efetivamente produzidos pelos capitais industriais das diversas esferas da produção. Já no caso do capital comercial, temos de lidar com um capital que participa do lucro sem participar de sua produção. Por isso, agora é necessário completar a exposição anterior.

Suponhamos que o capital industrial total adiantado durante o ano seja $= 720c + 180v = 900$ (por exemplo, em milhões de libras esterlinas) e que $m' = 100\%$. O produto será, consequentemente, $= 720c + 180v + 180m$. Se denominamos M esse produto ou o capital-mercadoria produzido, seu valor ou seu preço de produção (já que ambos coincidem quando se considera a totalidade das mercadorias) é = 1.080, e a taxa de lucro para o capital total de 900 é = 20%. Esses 20% representam, conforme o que foi exposto anteriormente, a taxa média de lucro, pois nesse caso o mais-valor não está calculado sobre esse ou aquele capital de composição particular, mas sobre a base do capital industrial inteiro, com sua composição média. Portanto, M = 1.080, e a taxa de lucro = 20%. Suponhamos agora que, além dessas £900 de capital industrial, acrescentem-se ainda £100 de capital comercial, que, *pro rata* [proporcionalmente] a sua grandeza, tem a mesma participação no lucro que aquele.

Segundo o pressuposto, ele constitui $^1/_{10}$ do capital total de 1.000. Portanto, participa com $^1/_{10}$ no mais-valor total de 180, obtendo assim um lucro a uma taxa de 18%. Com isso, o lucro que deve ser distribuído entre os $^9/_{10}$ restantes do capital é, de fato, apenas = 162, ou, sobre o capital de 900, também = 18%. Por conseguinte, o preço que os possuidores do capital industrial de 900 cobram dos comerciantes para a venda de M é = 720*c* + 180*v* + 162*m* = 1.062. Assim, se o comerciante agregar a seu capital de 100 o lucro médio de 18%, ele venderá as mercadorias a 1.062 + 18 = 1.080, isto é, a seu preço de produção, ou, considerando o capital-mercadoria total, a seu valor, embora ele só obtenha seu lucro na e por meio da circulação e apenas mediante o excedente de seu preço de venda acima de seu preço de compra. No entanto, ele não vende as mercadorias acima de seu valor ou de seu preço de produção, justamente porque as comprou dos capitalistas industriais abaixo de seu valor ou de seu preço de produção.

Portanto, o capital comercial entra de maneira determinante na formação da taxa geral de lucro, *pro rata* à parte que ele representa do capital total. Logo, se no caso dado se diz que a taxa média de lucro é = 18%, então ela seria = 20% se $^1/_{10}$ do capital total não fosse capital comercial e, por conseguinte, a taxa geral de lucro tivesse diminuído em $^1/_{10}$. Com isso, apresenta-se também uma nova determinação restritiva do preço de produção. Por preço de produção deve-se entender, como antes, o preço da mercadoria = seus custos (a soma dos valores do capital constante e do capital variável nela contidos) + o lucro médio correspondente. Esse lucro médio é agora determinado de outro modo: pelo lucro total que gera o capital produtivo total; não calculado sobre esse capital produtivo total, de modo que, se esse fosse, como antes, = 900, e o lucro fosse = 180, a taxa média de lucro seria = $^{180}/_{900}$ = 20%, mas sim calculado sobre o capital produtivo total + capital comercial, de modo que, se o capital produtivo for = 900 e o capital comercial for = 100, a taxa média de lucro será = $^{180}/_{1.000}$ = 18%. O preço de produção é, pois, = *k* (custos) + 18, em vez de ser = *k* + 20. Na taxa média de lucro já foi calculada a parte do lucro total correspondente ao capital comercial. Por isso, o valor real ou preço real de produção do capital-mercadoria total é = *k* + *l* + *h* (sendo *h* o lucro comercial). O preço de produção ou o preço pelo qual o capitalista industrial vende enquanto tal é, assim, menor que o preço de produção real da mercadoria; se levarmos em conta a totalidade das mercadorias, o preço pelo qual a classe capitalista vende essas mercadorias é menor que o valor delas. Assim, no caso anterior: 900 (custos) + 18% sobre 900, ou seja, 900 + 162 = 1.062. Ora, ao vender por 118 uma mercadoria que lhe custa 100, o comerciante agrega, é verdade, 18%; mas o fato de ter comprado por

100 uma mercadoria que vale 118 não faz com que ele tenha de vendê-la acima de seu valor. Conservaremos a expressão "preço de produção" no sentido mais estrito, tal como já a desenvolvemos. Está claro, então, que o lucro do capitalista industrial equivale ao excedente do preço de produção da mercadoria acima de seu preço de custo e que, diferentemente desse lucro industrial, o lucro comercial equivale ao excedente do preço de venda acima do preço de produção da mercadoria, o que constitui seu preço de compra para o comerciante; que, no entanto, o preço real da mercadoria é = seu preço de produção + o lucro mercantil (comercial). Assim como o capital industrial só realiza lucro que já está incorporado como mais-valor no valor da mercadoria, o capital comercial o realiza tão somente porque o mais-valor ou o lucro no preço da mercadoria realizado pelo capitalista industrial ainda não está realizado no mais-valor ou no lucro em sua totalidade[39]. O preço de venda do comerciante não é, portanto, superior ao preço de compra porque está acima do valor total, mas sim porque se encontra abaixo dele.

Por conseguinte, o capital comercial entra na equalização de mais-valor para formar o lucro médio, apesar de não entrar na produção desse mais-valor. Daí que a taxa geral de lucro já contenha a dedução do mais-valor correspondente ao capital comercial, ou seja, uma dedução do lucro do capital industrial.

Do que dissemos até aqui, depreende-se que:

1. Quanto maior for o capital comercial em proporção ao capital industrial, menor será a taxa do lucro industrial, e vice-versa.
2. Se na seção I deste livro vimos que a taxa de lucro expressa sempre uma taxa menor que a taxa do mais-valor real, isto é, que expressa sempre o grau de exploração do trabalho como demasiadamente pequeno – por exemplo, no caso anterior, expressa $720c + 180v + 180m$, uma taxa de mais-valor de 100%, como uma taxa de lucro de apenas 20% –, agora essa relação diverge mais ainda, na medida em que a própria taxa média de lucro, ao incorporar em seu cálculo a parcela correspondente ao capital comercial, volta a aparecer como menor; neste caso, como 18%, em vez de 20%. Assim, a taxa média de lucro do capitalista que explora de maneira direta expressa a taxa de lucro como menor do que ela é na realidade.

Pressupondo como constantes todas as demais circunstâncias, o volume relativo do capital comercial (do qual, porém, constitui uma exceção o capital

[39] John Bellers.

dos comerciantes varejistas, que é um gênero híbrido) será inversamente proporcional à velocidade de sua rotação, isto é, à energia do processo de reprodução em geral. No decurso da análise científica, a formação da taxa geral de lucro aparece como se emanasse dos capitais industriais e de sua concorrência e como se só mais tarde fosse corrigida, complementada e modificada em virtude da ingerência do capital comercial. No curso do desenvolvimento histórico, ocorre exatamente o inverso. É o capital comercial que primeiro determina o preço das mercadorias mais ou menos conforme o valor delas, sendo a esfera da circulação – mediadora do processo de reprodução – o lugar onde se forma uma taxa geral de lucro. O lucro comercial determina originariamente o lucro industrial. É apenas depois de ter-se imposto o modo de produção capitalista e de o próprio produtor tornar-se comerciante que o lucro comercial é reduzido à alíquota do mais-valor total, que corresponde ao capital comercial como alíquota do capital total empregado no processo social da reprodução.

Ao tratar da equalização complementar dos lucros por meio da interposição do capital comercial, vimos que no valor da mercadoria não entra nenhum elemento adicional para o capital em dinheiro desembolsado pelo comerciante; que o acréscimo sobre o preço, por meio do qual o comerciante obtém seu lucro, equivale apenas à parcela de valor da mercadoria que o capital produtivo não contabilizou, omitiu no preço de produção da mercadoria. Com esse capital monetário ocorre o mesmo que com o capital fixo do capitalista industrial, quando não se consome e, por isso, seu valor não representa elemento algum do valor da mercadoria. Pois no preço de compra do capital-mercadoria o comerciante repõe o preço de produção de tal capital, = D, em dinheiro. Seu preço de venda é, como vimos, = D + ΔD, sendo ΔD a expressão do que foi agregado ao preço da mercadoria por meio da taxa geral de lucro. Assim, se o comerciante vende a mercadoria, reflui para ele, além de ΔD, o capital monetário original por ele adiantado na compra das mercadorias. Aqui surge novamente o fato de seu capital monetário não ser outra coisa senão o capital-mercadoria do capitalista industrial, capital que foi transformado em capital monetário e que não pode afetar em absoluto a grandeza de valor desse capital-mercadoria, do mesmo modo que não poderia afetá-la se este último, em vez de ser vendido ao comerciante, fosse vendido diretamente ao consumidor final. Com efeito, aquele capital monetário não faz mais do que antecipar o pagamento da parte desse consumidor final. Mas isso só está correto se, como fizemos até aqui, supomos que o comerciante não tenha nenhuma despesa adicional ou que, além do capital monetário que precisa adiantar para a aquisição da mercadoria do produtor, ele não tenha de antecipar nenhum outro capital, circulante nem fixo, no processo da metamorfose das mercadorias, da compra e da venda. Porém, não é isso o que ocorre, como vimos ao considerar os custos de circulação (Livro II, capítulo 6). Estes se apresentam, em parte, como custos que o comerciante pode reclamar a outros agentes da circulação e, em parte, como custos diretamente derivados de sua atividade específica.

Seja qual for o tipo desses custos de circulação – se provenientes da atividade puramente comercial como tal, isto é, dos custos de circulação específicos do comerciante, ou se representam custos que resultam de processos de produção posteriores, que se acrescentam ao processo de circulação, tais como remessa, transporte, armazenamento etc. –, eles supõem sempre, da parte do comerciante, além do capital monetário adiantado na compra de mercadorias, a existência de um capital adicional, adiantado antes na compra e no pagamento desses meios de circulação. Quando esse elemento dos custos consiste em capital circulante, ele entra inteiramente no preço de venda das mercadorias; quando consiste em capital fixo, ele entra nesse preço como elemento adicional, conforme a medida de seu desgaste; mas entra como elemento que constitui um valor nominal, ainda que não constitua nenhum incremento real de valor à mercadoria, como os custos de circulação puramente comerciais. Seja circulante, seja fixo, esse capital adicional inteiro entra na formação da taxa geral de lucro.

Os custos de circulação puramente comerciais (portanto, excluindo todos os custos de remessa, transporte, armazenamento etc.) se decompõem nos custos necessários à realização do valor da mercadoria, à sua transformação, seja de mercadoria em dinheiro, seja de dinheiro em mercadoria, a fim de mediar sua troca. Com isso, abstraímos inteiramente de eventuais processos de produção que têm continuidade durante o ato da circulação e em relação aos quais a atividade comercial pode existir de forma totalmente separada; por exemplo, a verdadeira indústria do transporte e o serviço de remessa de mercadorias podem constituir – e de fato constituem – ramos da indústria totalmente diferentes do comércio, do mesmo modo que as mercadorias a ser compradas e vendidas podem ser armazenadas em *docks* [docas] e outros locais públicos, transferindo a terceiros os custos que tais atividades geram para o comerciante, sempre que este tenha de adiantá-los. Tudo isso ocorre no comércio atacadista propriamente dito, no qual o capital comercial aparece em seu estado de maior pureza e menos amalgamado com outras funções. O empresário de transportes, o gerente ferroviário, o armador naval não são "comerciantes". Os custos que aqui consideramos são os da compra e os da venda. Já observamos que esses custos se decompõem em cálculo, contabilidade, franqueamento, correspondência etc. O capital constante para isso consiste em escritório, papel, selos etc. Os demais custos se decompõem em capital variável, que é adiantado no emprego de assalariados comerciais. (Os gastos com remessa, transporte, adiantamentos de tarifas alfandegárias etc. podem ser considerados, em parte, como gastos que o comerciante adianta na compra das mercadorias e que, por isso, entram para ele no preço de compra.)

Todos esses custos se efetuam não na produção do valor de uso das mercadorias, mas na realização de seu valor. São custos de circulação puros, que não entram no processo direto de produção, mas no processo de circulação e, por conseguinte, no processo global de reprodução.

A única parte desses custos que aqui nos interessa é a desembolsada em capital variável. (Além disso, teríamos de investigar: primeiro, como vigora no processo de circulação a lei segundo a qual apenas o trabalho necessário entra no valor da mercadoria. Segundo, como a acumulação se apresenta no capital comercial. Terceiro, como funciona o capital comercial no verdadeiro processo global de reprodução da sociedade.)

Esses custos resultam da forma econômica do produto como mercadoria.

Se o tempo de trabalho que os próprios capitalistas industriais despendem para vender diretamente mercadorias uns aos outros – em termos objetivos, o tempo de curso das mercadorias – não agrega valor nenhum a essas mercadorias, então é evidente que esse tempo de trabalho não assumirá outro caráter pelo fato de recair sobre o comerciante, e não sobre o capitalista industrial. A transformação de mercadoria (produto) em dinheiro e de dinheiro em mercadoria (meios de produção) constitui uma função necessária do capital industrial e, por isso, uma operação indispensável do capitalista, que, na verdade, não é mais que o capital personificado, dotado de consciência e vontade próprias. Mas essas funções não incrementam o valor nem criam mais-valor. Ao executar essas operações ou continuar mediando as funções do capital dentro da esfera da circulação depois que o capitalista produtivo deixou de fazê-lo, o comerciante não faz mais do que ocupar o lugar do capitalista industrial. O tempo de trabalho que se despende em tais operações é empregado em operações necessárias no processo de reprodução do capital, mas não adiciona valor nenhum. Se não realizasse essas operações (logo, se tampouco empregasse o tempo de trabalho requerido para isso), o comerciante não investiria seu capital como agente de circulação do capital industrial, não daria continuidade à função interrompida do capitalista industrial nem poderia, pois, participar como capitalista – *pro rata* a seu capital adiantado – na massa de lucro produzida pela classe dos capitalistas industriais. A fim de participar da massa do mais-valor, valorizar seu adiantamento como capital, o capitalista comercial não tem de empregar trabalhadores assalariados. Tratando-se de negócios e capitais pequenos, pode ocorrer que seja ele mesmo seu único trabalhador. Seu pagamento consiste na parte do lucro que resulta para ele da diferença entre o preço de compra das mercadorias e o preço real de produção.

Por outro lado, também é possível que, no caso de o capital adiantado pelo comerciante ser de pequeno volume, o lucro que ele realiza não seja maior, que seja inclusive menor que o salário de um dos assalariados hábeis mais bem remunerados. Com efeito, junto a ele atuam agentes comerciais diretos do capitalista produtivo: compradores, vendedores e viajantes que obtêm ganhos iguais ou superiores ao seu, seja na forma de salário, seja na forma de uma parcela do lucro (porcentagem, comissão) obtido com cada venda. No primeiro caso, o comerciante embolsa o lucro comercial como capitalista independente; no segundo, paga ao vendedor, ao assalariado do capitalista industrial, uma parte do lucro, seja na forma de salário, seja na forma de participação proporcional no lucro do capitalista industrial, cujo agente direto é ele; nesse caso, seu patrão embolsa tanto o lucro industrial como o lucro comercial. Em todos esses casos, ainda que para o próprio agente de circulação seus ganhos possam aparecer como mero salário, como pagamento pelo trabalho efetuado, e ainda que, nos casos em que esse pagamento não aparecer dessa forma, o volume de seu lucro só equivalha ao salário de um dos trabalhadores mais bem remunerados, seus ganhos provêm unicamente do lucro comercial. Isso ocorre porque seu trabalho não é um trabalho criador de valor.

O prolongamento das operações de circulação representa para o capitalista industrial 1) uma perda de tempo pessoal, na medida em que isso o impede de desempenhar sua função como dirigente do próprio processo de produção; 2) uma persistência prolongada de seu produto, sob a forma de dinheiro ou de mercadorias, no processo de circulação, isto é, num processo no qual ele não se valoriza e no qual o fluxo direto de produção é interrompido. Se este último não fosse interrompido, seria preciso limitar a produção ou adiantar capital monetário adicional a fim de que o processo de produção prosseguisse sempre na mesma escala. Disso resulta invariavelmente a obtenção de lucros menores com o capital até então empregado ou a necessidade de adiantar um capital monetário adicional a fim de alcançar um lucro igual ao obtido até o presente. Nada disso se alterará se o comerciante passar a ocupar o lugar do capitalista industrial. Em vez de ser este último a empregar mais tempo no processo de circulação, quem o emprega é o comerciante; em vez de ser o capitalista industrial a adiantar capital adicional para a circulação, quem o adianta é o comerciante; ou, o que dá na mesma, em vez de uma parte maior do capital industrial mover-se permanentemente dentro do processo de circulação, é o capital do comerciante que se encontra incorporado por completo em seu interior; em vez de o capitalista industrial obter um lucro menor, ele tem de ceder inteiramente ao comerciante uma parte de seu lucro. Mantendo-se o capital comercial dentro dos limites nos quais ele se faz necessário, a diferença é apenas que, em virtude dessa divisão da função do capital, menos tempo é empregado exclusivamente no processo de circulação, menos capital adicional é adiantado para ele, e a perda de lucro total que se revela na figura do lucro comercial é menor do que seria em outras condições. Se no exemplo anterior $720c + 180v + 180m$, juntamente com um capital comercial de 100, deixam ao capitalista industrial um lucro de 162 ou de 18%, provocando assim uma dedução de 18, é possível que o capital adicional necessário fosse, sem essa divisão de funções, algo em torno de 200, o que faria com que o capitalista industrial tivesse de adiantar 1.100 em vez de 900 e, com isso, gerasse uma taxa de lucro de somente $16^{4}/_{11}$% para um mais-valor de 180.

Se o capitalista industrial que atua como seu próprio comerciante, além do capital adicional com que compra novas mercadorias – antes de reconverter em dinheiro seu produto que se encontra em circulação –, desembolsou capital (custos de escritório e salários para os trabalhadores do comércio) para a realização do valor de seu capital-mercadoria, ou seja, para o processo de circulação, então esses capitais constituem, decerto, capital adicional, mas não mais-valor. Eles têm de ser repostos a partir do valor das mercadorias, pois uma parcela de valor dessas mercadorias tem de ser novamente convertida nesses custos de circulação; mas desse modo não se forma mais-valor adicional nenhum. No que diz respeito ao capital total da sociedade, isso resulta no fato de que uma parte deste último é requerida para operações secundárias, que não entram no processo de valorização, e que essa parte do capital social precisa ser constantemente reproduzida para essa finalidade. Para o capitalista individual, e para toda a classe dos capitalistas industriais, isso provoca a redução da taxa de lucro, consequência de todo acréscimo de capital adicional, quando este se faz necessário para mobilizar uma massa igual de capital variável.

Uma vez que esses custos adicionais vinculados à própria atividade da circulação são retirados do capitalista industrial por parte do capitalista comercial, opera-se também essa diminuição da taxa de lucro, mas em grau menor e por outras vias. A questão se apresenta agora de tal modo que o comerciante adianta mais capital do que seria necessário se não existissem esses custos e que o lucro sobre esse capital adicional eleva a soma do lucro comercial, isto é, que o capital comercial entra em maior volume no nivelamento da taxa média de lucro com o capital industrial, ou seja, que o lucro médio diminui. Se em nosso exemplo anterior, além dos 100 de capital comercial, adiantam-se ainda 50 de capital adicional para os custos em questão, o mais-valor total de 180 será, então, repartido entre um capital produtivo de 900 mais um capital comercial de 150, cuja soma será = 1.050. A taxa média de lucro diminuirá, portanto, a $17^{1}/_{7}\%$. O capitalista industrial venderá as mercadorias ao comerciante por $900 + 154^{2}/_{7} = 1.054^{2}/_{7}$, e o comerciante as venderá por 1.130 (1.080 + 50 pelos custos que ele tem de repor novamente). Ademais, é preciso supor que a divisão entre capital comercial e industrial está vinculada a uma centralização dos custos comerciais e, por conseguinte, a uma redução destes últimos.

Pergunta-se agora: o que ocorrerá com os trabalhadores assalariados do comércio, empregados pelo capitalista comercial, no caso, o comerciante de mercadorias?

Por um lado, tal trabalhador comercial é um assalariado como qualquer outro. Em primeiro lugar, porque o trabalho é comprado não pelo dinheiro gasto como renda, mas pelo capital variável do comerciante e, por conseguinte, não para a obtenção de um serviço privado, mas com a finalidade da autovalorização do capital ali adiantado. Em segundo lugar, porque o valor de sua força de trabalho – e, portanto, seu salário – está determinado, como no caso de todos os demais assalariados, pelos custos de produção e reprodução de sua força de trabalho específica, e não pelo produto de seu trabalho.

Porém, entre ele e os trabalhadores diretamente empregados pelo capital industrial tem de existir a mesma diferença que há entre o capital industrial e o capital comercial e, por conseguinte, entre o capitalista industrial e o comerciante. Como o comerciante, na qualidade de mero agente da circulação, não produz valor nem mais-valor (pois o valor adicional que ele agrega às mercadorias por meio de despesas adicionais se resume a agregar a elas um valor previamente existente, embora isso implique a pergunta "como ele conserva esse valor de seu capital constante?"), também é impossível que os trabalhadores de comércio que ele emprega nas mesmas funções possam criar diretamente mais-valor para ele. Aqui, como no caso dos trabalhadores produtivos, partimos do suposto de que o salário se determina pelo valor da força de trabalho, isto é, de que o comerciante não lucra com um desconto no salário, estabelecendo em seus cálculos de custos um desembolso para o trabalho que ele paga apenas em parte; em outras palavras, de que o comerciante não enriquece explorando seus empregados etc.

Com relação aos assalariados do comércio, a dificuldade não está de modo nenhum em explicar como eles produzem diretamente lucros para seu empregador, ainda que não produzam diretamente mais-valor (do qual o lucro é apenas uma forma modificada). Na realidade, essa questão já está resolvida mediante a análise geral do lucro comercial. Assim como o capital industrial lucra quando vende o trabalho que está incorporado e realizado nas mercadorias, trabalho pelo qual ele não pagou equivalente nenhum, também o capital comercial obtém lucro quando não paga inteiramente ao capital produtivo o trabalho não pago incorporado na mercadoria (na medida em que o capital desembolsado em sua produção funciona como alíquota do capital industrial total), ao passo que, na venda das mercadorias, exige o pagamento dessa parte ainda incorporada dentro delas e que não foi paga por ele. A relação entre o capital comercial e o mais-valor é diferente daquela entre o capital industrial e o mais-valor. O capital industrial produz o mais-valor mediante a apropriação direta de trabalho alheio não pago. O primeiro se apropria de uma parte desse mais-valor, ao fazer com que o capital industrial lhe transfira essa parte.

É sua função de realização dos valores que permite ao capital comercial funcionar como capital no processo da reprodução e, assim, como capital em funcionamento, extrair para si uma parte do mais-valor produzido pelo capital total. Para o comerciante individual, a massa de seu lucro depende da massa de capital que ele possa empregar nesse processo, e a quantidade desse capital que ele poderá empregar na compra e na venda será proporcional ao trabalho não pago de seus empregados. Na maioria das vezes, o capitalista comercial incumbe seus trabalhadores de realizar a própria função em virtude da qual seu dinheiro é capital. O trabalho não pago de seus empregados, embora não crie mais-valor, cria para ele a apropriação de mais-valor, o que, quanto ao resultado, significa para esse capital exatamente a mesma coisa; para o capitalista comercial, portanto, esse trabalho não pago é fonte de lucro. De outro modo, a atividade comercial jamais poderia ser exercida em grande escala, de maneira capitalista.

Do mesmo modo como o trabalho não pago do trabalhador cria diretamente mais-valor para o capital produtivo, também o trabalho não pago dos assalariados comerciais cria para o capital comercial uma participação naquele mais-valor.

A dificuldade reside no seguinte: se o tempo de trabalho e o trabalho do próprio comerciante não criam valor, apesar de lhe proporcionarem uma participação no mais-valor já criado, o que ocorre então com o capital variável que ele desembolsa na compra de força de trabalho comercial? Deve esse capital variável ser considerado desembolso de custos e incluído no capital comercial adiantado? Do contrário, isso pareceria contradizer a lei do nivelamento da taxa de lucro, pois que capitalista adiantaria 150, se só pudesse calcular 100 como capital adiantado? Uma resposta afirmativa pareceria contradizer a essência do capital comercial, porquanto essa classe de capital, diferentemente do que ocorre com o capital industrial, não funciona como capital pelo fato de pôr em movimento trabalho alheio, mas pelo fato de ela mesma trabalhar, isto é, realizar as funções de compra e de venda, que é justamente o que lhe permite transferir para si uma parte do mais-valor engendrado pelo capital industrial.

(Devemos, pois, examinar os seguintes pontos: o capital variável do comerciante; a lei do trabalho necessário na circulação; de que modo o trabalho do comerciante conserva o valor de seu capital constante; o papel do capital comercial no processo global da reprodução; por último, a duplicação em capital-mercadoria e capital monetário, de um lado, e em capital de comércio de mercadorias e capital de comércio de dinheiro, de outro.)

Se cada comerciante possuísse apenas aquela quantidade de capital que pudesse pôr em rotação mediante seu próprio trabalho, o capital comercial experimentaria uma fragmentação infinita; tal fragmentação teria de aumentar na mesma proporção em que o capital produtivo produz em escala ampliada e opera com massas maiores à medida do desenvolvimento do modo de produção capitalista. Ou seja, teria lugar uma crescente desproporção entre ambos. O capital, na mesma medida em que se centralizaria na esfera da produção, se descentralizaria na da circulação. A atividade puramente comercial do capitalista industrial e, com ela, seus gastos comerciais se ampliariam infinitamente pelo fato de ele ter de tratar com 1.000 comerciantes, e não com 100. Com isso, grande parte das vantagens da autonomização do capital comercial seria perdida; além dos custos puramente comerciais, cresceriam também os custos de circulação, triagem, remessa etc. Isso no que diz respeito ao capital industrial. Consideremos agora o capital comercial. Em primeiro lugar, no que concerne aos trabalhos exclusivamente comerciais. Calcular com números grandes não custa mais tempo do que calcular com números pequenos, mas efetuar 10 compras por £100 custa 10 vezes mais tempo do que efetuar *uma única* compra por £1.000. Corresponder-se com dez pequenos comerciantes custa dez vezes mais correspondência – papel, selos etc. – do que fazê-lo com *um único* grande comerciante. A limitada divisão do trabalho no estabelecimento comercial – no qual um se encarrega da contabilidade; o outro, do caixa; um terceiro, da correspondência; este compra; aquele vende; outro viaja etc. – poupa uma grande quantidade de tempo de trabalho, de modo que o número de trabalhadores comerciais empregados no grande comércio não tem relação nenhuma com a grandeza relativa do negócio. Isso é assim pelo fato de que no comércio, muito mais que na indústria, a mesma função custa igual quantidade de tempo de trabalho, independentemente da escala em que é exercida. É por isso que historicamente a concentração se evidencia antes na empresa comercial que no estabelecimento industrial. Além disso, é preciso levar em conta os gastos com capital constante. 100 pequenos escritórios custam muito mais que um único grande, e o mesmo vale para 100 pequenos depósitos etc. Os custos de transporte, que pelo menos entram na empresa comercial como custos que se devem adiantar, aumentam com a fragmentação.

O capitalista industrial teria de desembolsar mais em trabalho e custos de circulação na parte comercial de sua empresa. Se o mesmo capital comercial fosse distribuído entre muitos pequenos comerciantes, ele exigiria, em razão dessa fragmentação, muitos mais trabalhadores para desempenhar suas funções; além disso, o próprio capital comercial teria de ser maior para efetuar a rotação do mesmo capital-mercadoria.

Se chamarmos de B todo o capital comercial diretamente investido na compra e na venda de mercadorias e de *b* o correspondente capital variável desembolsado no pagamento de trabalhadores comerciários auxiliares, então B + *b* é menor do que deveria ser o capital comercial total se cada comerciante conseguisse se manter sem auxiliares, isto é, se não tivesse uma parte investida em *b*. Mas isso não basta para superarmos essa dificuldade.

O preço de venda das mercadorias tem de bastar 1) para pagar o lucro médio sobre B + *b*. Isso já se depreende do fato de que B + *b* é uma redução do capital original B em geral, de que representa um capital comercial menor do que o que seria necessário sem *b*. Mas esse preço de venda tem de bastar 2) para repor, além do lucro sobre *b*, que agora aparece de maneira adicional, também o salário pago, o próprio capital variável do comerciante = *b*. É neste último que reside a dificuldade. Constitui *b* um novo componente do preço ou é meramente uma parte do lucro realizado com B + *b*, que só aparece como salário com relação ao trabalhador do comércio, ao passo que com relação ao próprio comerciante ele aparece como mera reposição de seu capital variável? Nesse último caso, o lucro obtido pelo comerciante sobre seu capital adiantado B + *b* seria apenas igual ao lucro que – segundo a taxa geral – corresponde a B, acrescido de *b*, sendo este último pago pelo comerciante na forma de salário, o qual, no entanto, não geraria lucro nenhum.

Trata-se, com efeito, de encontrar os limites (no sentido matemático) de *b*. Num primeiro momento, precisamos identificar onde de fato está localizada a dificuldade. Chamemos de B o capital diretamente desembolsado na compra e na venda de mercadorias, de K o capital constante consumido nessa função (as despesas materiais do comércio) e de *b* o capital variável desembolsado pelo comerciante.

A reposição de B não apresenta dificuldade nenhuma. Para o comerciante, isso é apenas o preço de compra realizado, ou o preço de produção para o fabricante. O comerciante paga esse preço e, na revenda, obtém B de volta, como parte de seu preço de venda; além desse B, ele obtém o lucro sobre B, como expusemos antes. Digamos que a mercadoria custe £100 e que o lucro sobre ela seja de 10%. A mercadoria é vendida, então, a 110. Ela já custava 100; o capital comercial de 100 só lhe agrega 10.

Se agora considerarmos K, este será, no máximo, da mesma grandeza, ainda que, na verdade, inferior à parte do capital constante que o produtor consumiria na venda e na compra, mas que constituiria um acréscimo ao capital constante diretamente empregado na produção. No entanto, essa parte precisa ser constantemente reposta com base no preço da mercadoria; em outras palavras, uma parte correspondente da mercadoria tem de ser permanentemente gasta nessa forma, precisa – levando em conta o capital total da sociedade – ser constantemente reproduzida nessa forma. Essa parte do capital constante atuaria restritivamente sobre a taxa de lucro, assim como toda a massa deste último investida diretamente na produção. Quando o capitalista industrial cede ao comerciante a parte comercial de sua empresa, ele não precisa adiantar essa parte de capital. É o comerciante que, em seu lugar, encarrega-se de adiantá-la. Mas essa cessão é apenas nominal; o comerciante não produz nem reproduz o capital constante por ele consumido (as despesas materiais do comércio). A produção desse capital constante aparece, pois, como a atividade própria – ou pelo menos como parte da atividade – de certos capitalistas industriais, que assim desempenham o mesmo papel que aqueles que fornecem o capital constante aos que produzem os meios de subsistência. Desse modo, o comerciante obtém, em primeiro lugar, a reposição dessa parte e, em segundo lugar, o lucro sobre ela. Por meio de ambos, opera-se, por conseguinte, um decréscimo do lucro para o capitalista industrial. Mas devido à concentração e à economia vinculadas à divisão do trabalho, tal decréscimo é menor do que seria se o próprio capitalista industrial tivesse de adiantar esse capital. A diminuição da taxa de lucro é menor porque o capital assim adiantado também é.

Até o momento, portanto, o preço de venda consiste em B + K + o lucro sobre B + K. Essa parte desse preço não oferece dificuldade nenhuma, segundo o que foi aqui exposto. Mas agora intervém *b*, ou seja, o capital variável adiantado pelo comerciante.

Desse modo, o preço de venda se converte em B + K + *b* + o lucro sobre B + K + o lucro sobre *b*.

B repõe somente o preço de compra, mas, além do lucro sobre B, não adiciona nenhuma parte a esse preço. K não só agrega o lucro sobre K, mas também o próprio K; K + lucro sobre K, a parte dos custos de circulação adiantada na forma de capital constante e acrescida do lucro médio correspondente, seria maior nas mãos do capitalista industrial do que nas mãos do capitalista comercial. O decréscimo do lucro médio apresenta-se sob a forma de que, calculado o lucro médio total – depois de deduzir B + K do capital industrial adiantado –, paga-se ao comerciante a dedução do lucro médio correspondente a B + K, de modo que essa dedução aparece como lucro de um capital especial, a saber, do capital comercial.

Diferente é o que ocorre no caso de *b* + o lucro sobre *b*, ou no caso dado, uma vez que pressupusemos a taxa de lucro = 10%, com $b + {}^{1}/_{10}b$. E aqui reside a verdadeira dificuldade.

O que o comerciante compra com *b* é, de acordo com nosso pressuposto, apenas trabalho comercial, isto é, trabalho necessário para realizar as funções da circulação de capital, M-D e D-M. Mas o trabalho comercial é o trabalho estritamente necessário para que um capital funcione como capital comercial, para que realize a transformação de mercadoria em dinheiro e de dinheiro em mercadoria. É trabalho que realiza valores, mas que não os cria. E é apenas quando um capital desempenha essas funções – isto é, quando um capitalista realiza essas operações, esse trabalho com seu capital – que esse capital funciona como capital comercial e participa da regulação da taxa geral de lucro, isto é, extrai seus dividendos do lucro total. Mas em *b* + (lucro sobre *b*) parece que, num primeiro momento, paga-se o trabalho (pois não importa se o capitalista industrial paga ao comerciante por seu próprio trabalho ou pelo trabalho do empregado que é pago pelo comerciante) e, num segundo momento, o lucro sobre o pagamento desse trabalho que o próprio comerciante teria de realizar. O capital comercial obtém, em primeiro lugar, o reembolso de *b* e, em segundo lugar, o lucro sobre *b*; isso deriva, pois, do fato de ele ter de pagar primeiro o trabalho em virtude do qual funciona como capital *comercial* e depois o lucro, uma vez que ele funciona como *capital*, isto é, executa o trabalho que lhe é pago no lucro como capital em funcionamento. Esse é, portanto, o problema que devemos resolver.

Suponhamos que B = 100, *b* = 10 e a taxa de lucro = 10%. Além disso, que K = 0, para que não tenhamos de retornar inutilmente à consideração desse elemento do preço de compra, cujo tratamento não cabe aqui, além de já ter sido realizado. Desse modo, o preço de venda seria = B + *l* + *b* + *l* (= B + B*l'* + *b* + *bl'*, sendo *l'* a taxa de lucro) = 100 + 10 + 10 + 1 = 121.

Mas se *b* não fosse desembolsado em salário pelo comerciante – uma vez que *b* só é pago em troca de trabalho comercial, isto é, de trabalho necessário para a realização do valor do capital-mercadoria lançado no mercado pelo capital industrial –, a questão se apresentaria assim: para comprar ou vender B = 100, o comerciante dedicaria seu tempo, e suponhamos que esse tempo seja o único de que ele dispõe. O trabalho comercial, representado por *b* ou 10, sempre que não é pago mediante um salário, mas mediante um lucro, supõe outro capital comercial = 100, uma vez que este último, a 10%, é = *b* = 10. Esse segundo B = 100 não entraria adicionalmente no preço da mercadoria, mas sim nos 10%. Por conseguinte, duas operações, de 100 cada uma = 200, comprariam mercadorias por 200 + 20 = 220.

Como o capital comercial não é absolutamente outra coisa senão a forma autonomizada da parte do capital industrial que funciona no processo de circulação, todas as questões que lhe dizem respeito têm de ser resolvidas colocando-se inicialmente o problema de forma que os fenômenos peculiares do capital comercial ainda não aparecem de maneira autônoma, mas ainda em conexão direta com o capital industrial, como uma ramificação deste último. No processo de circulação, o capital-mercadoria funciona continuamente como escritório, e não como ateliê. É aqui, portanto, que devemos investigar o elemento *b* que nos ocupa neste momento: no escritório do próprio capitalista industrial.

Desde sempre, esse escritório é insignificantemente pequeno em comparação com o ateliê industrial. Ademais, está claro que, na medida em que se amplia a escala da produção, aumentam as operações comerciais que devem ser constantemente efetuadas para a circulação do capital industrial, tanto para vender o produto existente sob a forma de capital-mercadoria como para reconverter em meios de produção o dinheiro recebido e contabilizar todo o processo. Aqui está incluído o cálculo de preços, a contabilidade, o fluxo de caixa, a correspondência etc. Quanto mais desenvolvida é a escala da produção, maiores – embora de modo nenhum de maneira proporcional – são as operações comerciais do capital industrial, isto é, também o trabalho e os demais custos de circulação para a realização do valor e do mais-valor. Desse modo, torna-se necessário o emprego de assalariados comerciais, que constituem o escritório propriamente dito. O desembolso para esses assalariados, ainda que se efetue na forma de salários, distingue-se do capital variável desembolsado na compra do trabalho produtivo. Com isso, aumentam os desembolsos do capitalista industrial, a massa do capital a ser adiantada, mas sem aumentar diretamente o mais-valor. Aqui se trata de um desembolso para o pagamento de um trabalho empregado somente na realização de valores já criados. Como qualquer outro desembolso do tipo, também esse faz diminuir a taxa de lucro, porquanto o capital adiantado aumenta, mas não o mais-valor. Se o mais-valor *m* permanece constante e o capital adiantado C cresce a C + ΔC, então a taxa de lucro m/C dará lugar à taxa de lucro $m/(C + \Delta C)$, menor que a primeira. O capitalista industrial procura, pois, limitar ao máximo esses custos de circulação, exatamente como seus desembolsos para o capital constante. Por conseguinte, a relação do capital industrial com seus assalariados comerciais não é a mesma que com seus assalariados produtivos. Quanto mais se empregam estes últimos, mantendo-se constantes as demais circunstâncias, maior será o volume da produção, e maior será o mais-valor ou o lucro. E vice-versa. Quanto maior a escala da produção e quanto maior o valor e, por conseguinte, o mais-valor que se deve realizar, ou seja, quanto maior o capital-mercadoria produzido, maior será o crescimento em termos absolutos, ainda que não em termos relativos, dos custos de escritório, que darão ocasião a uma espécie de divisão do trabalho. Na medida em que o lucro é o pressuposto desses gastos se revela, entre outras coisas, no fato de que com o crescimento do salário comercial uma parte deste último costuma ser paga mediante a participação percentual nos lucros. No cerne dessa questão está o fato de que um trabalho que consiste apenas nas operações mediadoras, ligadas em parte ao cálculo dos valores, em parte a sua realização e em parte ao ato de reconverter em meios de produção o dinheiro realizado – meios de produção cujo volume depende da grandeza dos valores produzidos e a ser realizados –, não opera como causa, como no caso do trabalho diretamente produtivo, mas como consequência das respectivas grandezas e massas desses valores. Algo semelhante ocorre com os demais custos de circulação. Para medir, pesar, embalar e transportar em grande quantidade é preciso que essa grande quantidade exista; a massa do trabalho de embalagem e transporte etc. depende da massa das mercadorias que constituem os objetos de sua atividade, e não o inverso.

O trabalhador de comércio não produz diretamente mais-valor, mas o preço de seu trabalho está determinado pelo valor de sua força de trabalho, ou seja, de seus custos de produção, enquanto o exercício dessa força de trabalho, como tensão, exteriorização e desgaste das forças do trabalhador, não está de modo nenhum limitado pelo valor de sua força de trabalho, como ocorre no caso de qualquer outro assalariado. Por isso, seu salário não tem nenhuma relação necessária com a massa do lucro que ele ajuda o capitalista a realizar. O quanto ele custa ao capitalista e o quanto lhe rende são duas grandezas diferentes. Ele lhe rende não porque cria diretamente mais-valor para o capitalista, mas porque o ajuda a reduzir os custos da realização do mais-valor, efetuando trabalho, em parte não pago. O trabalhador comercial propriamente dito pertence à classe dos assalariados mais bem remunerados, àqueles cujo trabalho é qualificado, acima do trabalho médio. No entanto, seu salário tende a cair, inclusive em relação ao trabalho médio, à medida que progride o modo de produção capitalista. Isso se deve, em primeiro lugar, à divisão do trabalho no interior do escritório, que torna desnecessário produzir mais que um desenvolvimento unilateral da capacidade laboral e faz com que uma parte dos custos dessa produção nada custe ao capitalista, mas que a destreza do trabalhador se desenvolva por meio do próprio desempenho de sua função, e isso tanto mais rapidamente quanto mais unilateral essa função se tornar com o avanço da divisão do trabalho. Em segundo lugar, porque o progresso da ciência e da instrução pública faz com que a instrução prévia, os conhecimentos de comércio, línguas etc. se reproduzam com uma rapidez, uma facilidade, uma universalidade cada vez maiores e um custo cada vez menor, à medida que o modo de produção capitalista direciona seus métodos de ensino etc. para a prática. A generalização da instrução pública permite recrutar essa espécie de trabalhadores entre classes até então excluídas do mercado de trabalho e já habituadas a condições piores de vida. Ela provoca o aumento do afluxo de trabalhadores e, com isso, da concorrência. Por isso, com algumas exceções, a força de trabalho dessas pessoas se desvaloriza à medida que avança a produção capitalista; seu salário diminui enquanto aumenta sua capacidade laboral. O capitalista aumenta o número desses trabalhadores quando há mais valor e lucro a realizar. O aumento desse trabalho é sempre um efeito do aumento do mais-valor, nunca a causa[39a].

* * *

Tem-se, portanto, um desdobramento. Por um lado, as funções como capital-mercadoria e capital monetário (que, por isso, é designado mais adiante

---

[39a] Acerca de como esse prognóstico sobre o destino do proletariado comercial foi se cumprindo desde o ano de sua formulação, em 1865, poderiam nos dizer alguma coisa as centenas de empregados de escritório alemães, que, conhecedores de toda sorte de operações comerciais e dominando três ou quatro idiomas, ofereciam em vão seus serviços por 25 xelins semanais na *City* de Londres, isto é, muito abaixo do salário de um hábil serralheiro. Uma lacuna de duas páginas no manuscrito indica que o autor pretendia continuar a desenvolver esse ponto. Além disso, cabe remeter ao Livro II, cap. 6 ("Os custos de circulação"), p. 105-13 [209-15], onde já foram tratados diversos aspectos desse mesmo problema. (F. E.)

como capital comercial) são determinações formais universais do capital industrial. Por outro, há capitais particulares e também grupos particulares de capitalistas, que desempenham com exclusividade essas funções, de modo que elas se transformam em esferas particulares da valorização do capital.

As funções comerciais e os custos de circulação só se encontram autonomizados para o capital comercial. A parte do capital industrial voltada à circulação existe não só em sua presença contínua como capital-mercadoria e capital monetário, mas também no escritório, ao lado do ateliê. Ela se autonomiza para o capital comercial. Para este último, o escritório constitui seu único ateliê. A parte do capital empregada sob a forma de custos de circulação é muito maior no caso do comerciante atacadista do que no caso do industrial, uma vez que, além dos escritórios próprios, vinculados a cada ateliê industrial, a parte do capital que deveria ser assim empregada pela classe inteira dos capitalistas industriais está concentrada nas mãos de alguns comerciantes individuais, os quais, do mesmo modo que tratam de dar continuidade às funções de circulação, garantem o aumento dos custos de circulação.

Para o capital industrial, os custos de circulação aparecem como despesas adicionais – e, de fato, são. Para o comerciante, eles aparecem como fonte de lucro, que, pressupondo-se a taxa geral de lucro, encontra-se em proporção à grandeza desses custos. Por isso, o desembolso que se deve efetuar nesses custos de circulação é, para o capital comercial, um investimento produtivo. Assim como para ele também é diretamente produtivo o trabalho comercial que ele compra.

Capítulo 18

A rotação do capital comercial. Os preços

A rotação do capital industrial constitui a unidade de seu tempo de produção e de seu tempo de circulação, abarcando assim o processo de produção em sua totalidade. Em contrapartida, a rotação do capital comercial, a qual, na realidade, não é mais do que o movimento autonomizado do capital-mercadoria, representa somente a primeira fase da metamorfose da mercadoria, M-D, como movimento de um capital particular que reflui para si mesmo; D-M, M-D, em sentido comercial, como rotação do capital comercial. O comerciante compra, isto é, converte seu dinheiro em mercadoria, para logo vender e reconverter essa mesma mercadoria em dinheiro, e assim sucessivamente, numa repetição constante. No interior da circulação, a metamorfose do capital industrial aparece sempre como M_1-D-M_2; o dinheiro obtido com a venda de M_1, da mercadoria produzida, é utilizado para comprar M_2, novos meios de produção – esse é o verdadeiro intercâmbio entre M_1 e M_2, e assim o mesmo dinheiro muda duas vezes de mãos. Seu movimento serve de mediação para o intercâmbio de duas mercadorias distintas, M_1 e M_2. Porém, no caso do comerciante, dá-se o inverso: a operação D-M-D′ faz com que a mesma mercadoria mude duas vezes de mãos, isto é, medeia simplesmente o refluxo do dinheiro para o comerciante.

Suponhamos, por exemplo, um capital comercial de £100, e que o comerciante compra uma mercadoria por essas £100, vendendo-a em seguida a £110; seu capital de £100 terá efetuado, então, uma rotação, e o número de rotações anuais dependerá da frequência com que se realize esse movimento D-M-D′ no decorrer do ano.

Abstraímos aqui inteiramente dos custos que possam estar incluídos na diferença entre preço de compra e preço de venda, uma vez que eles não modificam em nada a forma que devemos considerar em primeiro lugar.

O número de rotações de um determinado capital comercial apresenta, portanto, uma perfeita analogia com a repetição dos ciclos que o dinheiro percorre como simples meio de circulação. Assim como o mesmo táler, que circula dez vezes, investe em mercadorias dez vezes seu valor, também o mesmo capital monetário do comerciante, no montante, digamos, de [£]100, ao efetuar dez rotações, compra dez vezes seu valor em mercadorias ou realiza um capital-mercadoria total de valor dez vezes maior = 1.000. Mas a diferença é a seguinte: no curso do dinheiro como meio de circulação, a mesma peça monetária passa por diferentes mãos, isto é, desempenha a mesma função repetidas vezes e, por isso, por meio da velocidade do curso, repõe a massa das peças monetárias em curso. Já no caso do comerciante, porém, é o mesmo capital monetário, o mesmo valor monetário, que, não importando de que peças monetárias ele seja composto, compra e vende reiteradamente capital-mercadoria pelo montante de seu valor e, assim, reflui repetidas vezes a seu ponto de partida como D + ΔD, isto é, como valor acrescido de mais-valor. É isso que caracteriza sua rotação como rotação do capital. Ele sempre subtrai da circulação mais dinheiro do que o lançado nela. Além disso, está claro que, com a rotação mais rápida do capital comercial (no qual, ao desenvolver-se o sistema de crédito, predomina a função do dinheiro como meio de pagamento), a mesma massa monetária também acelera sua circulação.

Mas a rotação repetida do capital de comércio de mercadorias jamais representa outra coisa senão a repetição de compras e vendas, diferentemente da rotação repetida do capital industrial, que representa a periodicidade e a renovação do processo global da reprodução (no qual está incluído o processo de consumo). Em se tratando do capital comercial, isso aparece apenas como uma condição externa. Para que a rápida rotação do capital comercial possa ser mantida, o capital industrial precisa lançar constantemente mercadorias no mercado e voltar a retirá-las. Se o processo da reprodução em geral é lento, também o é a rotação do capital comercial. Ora, o capital comercial medeia, decerto, a rotação do capital produtivo, mas apenas na medida em que essa mediação abrevia o tempo de curso deste último. Ele não atua de forma direta sobre o tempo de produção, que constitui também um limite ao tempo de rotação do capital industrial. Essa é a primeira barreira que se impõe à rotação do capital comercial. Em segundo lugar, porém, abstraindo do limite formado pelo consumo reprodutivo, essa rotação se vê restringida, por fim, pela velocidade e pelo volume do consumo individual total, porquanto disso depende toda a parte do capital-mercadoria que entra no fundo de consumo.

Entretanto (abstraindo inteiramente das rotações dentro do mundo do comércio, no qual um comerciante vende sempre a mesma mercadoria a outrem e no qual esse tipo de circulação, em épocas de especulação, pode parecer muito próspero), o capital comercial abrevia, em primeiro lugar, a fase M-D para o capital produtivo. Em segundo lugar, com o moderno sistema de crédito, o capital comercial dispõe de uma grande parte do capital monetário total da sociedade, o que lhe permite repetir suas compras antes de voltar a vender em caráter definitivo o já comprado, sendo aí indiferente se o comerciante vende diretamente ao consumidor final ou se entre ambos existem outros 12 comerciantes. Dado o caráter enormemente elástico do processo de reprodução, capaz de superar qualquer limite dado, o comerciante não encontra nenhuma barreira na própria produção ou encontra apenas uma barreira muito elástica. Além da separação de M-D e D-M, que deriva da natureza da mercadoria, cria-se aqui, portanto, uma demanda fictícia. Apesar de sua autonomia, o movimento do capital comercial jamais é outra coisa senão o movimento do capital industrial no interior da esfera da circulação. Porém, graças a sua autonomia, ele se move, até certo ponto, de forma independente das barreiras do processo de reprodução e, desse modo, impele este último para além de seus próprios limites. A dependência interna e a autonomia externa empurram o capital comercial até um ponto em que a conexão interna se restabelece à força, por meio de uma crise.

Isso explica o porquê de as crises não se manifestarem nem estourarem primeiro nas vendas do varejo, relacionadas ao consumo direto, mas nas esferas do comércio por atacado e dos bancos, que põem à disposição dos atacadistas o capital monetário da sociedade.

É possível que o fabricante venda realmente ao exportador e que este, por sua vez, revenda a clientes no exterior; é possível que o importador venda suas matérias-primas ao fabricante e que este venda seus produtos ao atacadista etc. Porém, em algum ponto singular e invisível é preciso que uma mercadoria reste sem ser vendida ou, então, que se abarrotem pouco a pouco os estoques de todos os produtores e intermediários. Essa situação costuma ocorrer quando o consumo se encontra em pleno florescimento, em parte porque um capitalista industrial põe em movimento diversos outros capitalistas, em parte porque os trabalhadores que eles empregam, estando plenamente empregados, precisam gastar mais que o habitual. Com os ganhos do capitalista, aumentam também seus gastos. Além disso, como já vimos (Livro II, seção III [p. 526-9 e 533-7]), ocorre uma circulação contínua entre capital constante e capital constante (mesmo abstraindo da acumulação acelerada), circulação que, num primeiro momento, é independente do consumo individual, porquanto ela jamais entra neste último. Esse consumo limita definitivamente a circulação, uma vez que a produção de capital constante jamais é um objetivo em si mesmo, mas se dá apenas porque uma quantidade maior de capital constante se faz necessária naquelas esferas da produção cujos produtos entram no consumo individual. No entanto, isso pode prosseguir tranquilamente durante um tempo, estimulado pela demanda prospectiva, de modo que nesses ramos os negócios de comerciantes e industriais avancem de vento em popa. A crise se apresenta tão logo os refluxos dos comerciantes que vendem ao exterior (ou cujos estoques também se acumularam no interior) se tornam tão lentos e escassos que os bancos exigem o pagamento ou as letras emitidas em troca das mercadorias compradas vencem antes de realizada a revenda. Começam, então, as vendas forçadas, as vendas realizadas para poder pagar. Com isso, advém o *crash*, que dá um fim repentino à aparente prosperidade.

Mas o caráter superficial e irracional [*Begriffslosigkeit*]* da rotação do capital comercial é ainda maior, uma vez que a rotação do mesmo capital comercial pode intermediar, simultânea e sucessivamente, as rotações de capitais produtivos muito distintos.

No entanto, a rotação do capital comercial pode servir de mediadora não só para as rotações de diferentes capitais industriais, mas também para a fase contrária da metamorfose do capital-mercadoria. O comerciante compra, por exemplo, o tecido do fabricante e o vende ao branqueador. Nesse caso, a rotação do mesmo capital comercial – de fato, o mesmo M-D, a realização do tecido – representa duas fases opostas para dois capitais industriais distintos. Quando o comerciante vende para o consumo produtivo, seu M-D representa sempre o D-M de um capital industrial; e seu D-M, o M-D de outro capital industrial.

Se, como neste capítulo, deixarmos de incluir o fator K, os custos de circulação, a parte do capital que o comerciante invista além da soma desembolsada na compra das mercadorias, então também desaparecerá, de modo natural, o lucro adicional ΔK, obtido sobre esse capital adicional. Esse é, pois, o método estritamente lógico e matematicamente correto de análise, quando se trata de descobrir como o lucro e a rotação do capital comercial atuam sobre os preços.

---

* O termo "*Begriffslosigkeit*" (substantivação do adjetivo/advérbio *begriffslos*), que aqui traduzimos por "caráter irracional", é empregado por Marx, sob influência da filosofia hegeliana, para designar algo "abstrato", isto é, que não alcançou a concreção dialética do conceito. (N. T.)

Se o preço de produção de 1 libra de açúcar fosse £1, com £100 o comerciante poderia comprar 100 libras de açúcar. Se no decorrer do ano ele comprasse e vendesse essa quantidade e se a taxa média anual de lucro fosse de 15%, ele agregaria £15 às £100 e 3 xelins a £1, o preço de produção de 1 libra. Portanto, ele venderia a libra de açúcar a £1 e 3 xelins. Em contrapartida, se o preço de produção de 1 libra de açúcar caísse a 1 xelim, com £100 o comerciante compraria 2.000 libras e venderia a libra a 1 xelim e 1⅘ *penny*. O lucro anual sobre o capital de £100 desembolsado no negócio açucareiro seria, tal como antes, = £15. Com a única diferença de que, nesse caso, ele teria de vender 100 libras e, no outro, 2.000. O nível mais alto ou mais baixo do preço de produção não teria nenhuma relação com a taxa de lucro, mas teria muitíssimo a ver, de maneira decisiva, com a grandeza da alíquota do preço de venda de cada libra de açúcar que se reduz a lucro comercial, ou seja, com o acréscimo de preço que o comerciante efetua sobre determinada quantidade de mercadoria (produto). Se o preço de produção de uma mercadoria for pequeno, também o será a soma que o comerciante adianta em seu preço de compra, ou seja, para uma massa determinada dessa mercadoria, e, por conseguinte, com uma taxa de lucro dada, o montante do lucro que ele obterá sobre essa quantidade dada de mercadoria barata; ou, o que dá na mesma, ele poderá, com um capital dado, por exemplo, de [£]100, comprar uma grande massa dessas mercadorias baratas, e o lucro total de [£]15 que obtiver sobre as [£]100 será distribuído em pequenas frações sobre cada fragmento individual dessa massa de mercadorias. E vice-versa. Isso depende totalmente da maior ou menor produtividade do capital industrial, cujas mercadorias ele comercializa. Excetuando os casos em que o comerciante monopoliza também a produção, como foi outrora com, por exemplo, a Companhia Holandesa das Índias Orientais, não há nada mais absurdo que essa noção corrente de que depende do comerciante vender muito com pouco lucro ou vender pouco com muito lucro sobre cada mercadoria. Os dois limites de seu preço de venda são: de um lado, o preço de produção da mercadoria, que não depende dele; de outro, a taxa média de lucro, que tampouco depende dele. A única coisa sobre a qual ele pode decidir, mas na qual também influem a grandeza de seu capital disponível e outras circunstâncias, é se ele quer comercializar mercadorias caras ou baratas. A posição adotada pelo comerciante não é algo que depende de sua vontade, mas única e exclusivamente do grau de desenvolvimento do modo de produção capitalista. Uma companhia meramente comercial, como a antiga Companhia Holandesa das Índias Orientais, que detinha o monopólio da produção, podia imaginar-se dando continuidade, sob condições totalmente distintas, a um método que correspondia no máximo aos primórdios da produção capitalista[40].

O preconceito popular, que, como todas as ideias errôneas sobre o lucro etc., deriva da visão restrita ao simples comércio e do preconceito mercantil, mantém-se de pé, entre outras coisas, pelas circunstâncias que seguem:

- *Primeira*: fenômenos de concorrência, mas que afetam somente a distribuição do lucro comercial entre aqueles comerciantes que possuem uma participação no capital comercial total; por exemplo, quando um deles vende mais barato para bater seus concorrentes.
- *Segunda*: um economista do calibre do professor Roscher pode seguir imaginando, em Leipzig, que a variação nos preços de venda se deu por razões de "sensatez e humanidade", e não como resultado de uma transformação no próprio modo de produção.
- *Terceira*: se os preços de produção caem em razão de um aumento na força produtiva do trabalho e, por conseguinte, diminuem também os preços de venda, a demanda aumenta frequentemente com uma rapidez maior que a oferta e, com ela, sobem os preços de mercado, de modo que os preços de venda rendem mais que o lucro médio.
- *Quarta*: um comerciante pode abaixar o preço de venda (que jamais é outra coisa do que uma redução do lucro habitual que ele adiciona ao preço) para rodar um capital maior com mais rapidez em seu negócio. Tudo isso são questões que só dizem respeito à concorrência entre os próprios comerciantes.

No Livro I [p. 587-97], demonstramos que o nível alto ou baixo dos preços das mercadorias não determina a massa do mais-valor produzido por um

40 "*Profit, on the general principle, is always the same, whatever be price; keeping its place like an incumbent body on the swelling or sinking tide. As, therefore, prices rise, a tradesman raises price; as prices fall, a tradesman lowers price*" ["O lucro, em princípio, é sempre o mesmo, qualquer que seja o preço; ele conserva seu posto como um corpo flutuante, tanto na maré cheia como na maré baixa. Portanto, se os preços sobem, o negociante aumenta os preços e, quando os preços baixam, ele os abaixa"] ([Thomas] Corbet, *An Inquiry into the Causes [and Modes] of the Wealth of Individuals[; or the Principles of Trade and Speculation Explained]*, Londres, [Smith, Elder & Co.,] 1841, p. 20). Aqui, como no texto em geral, fala-se somente do comércio normal, e não da especulação, cujo estudo ultrapassa os limites desta obra, assim como, na maior parte, tudo que se refere à distribuição do capital comercial. "*The profit of trade is a value added to capital which is independent of price, the second*" (o lucro da especulação) "*is founded on the variation in the value of capital or in price itself*" ["O lucro comercial é um valor adicionado ao capital e independente do preço, o segundo [...] está fundado na própria variação no valor de capital ou no preço"] (p. 128).

capital dado nem a taxa do mais-valor, ainda que o preço da mercadoria individual e, por conseguinte, também a parte de mais-valor desse preço sejam maiores ou menores de acordo com a quantidade relativa de mercadoria produzida por uma quantidade dada de trabalho. O preço de qualquer quantidade de mercadorias se determina, na medida em que corresponde ao valor, pela quantidade total de trabalho nelas objetivado. Se pouco trabalho é objetivado em muita mercadoria, então o preço da mercadoria individual é baixo, e o mais-valor nela incorporado será escasso. De que modo o trabalho incorporado numa mercadoria se divide em pago e não pago e, por conseguinte, que quantidade desse preço representa mais-valor é algo que não tem nenhuma relação com essa quantidade total de trabalho, ou seja, com o preço da mercadoria. A taxa do mais-valor depende não da grandeza absoluta do mais-valor contido no preço da mercadoria individual, mas de sua grandeza relativa, de sua relação com o salário incorporado na mesma mercadoria. A taxa pode, por isso, ser grande, ainda que seja pequena a grandeza absoluta do mais-valor para cada mercadoria individual. Essa grandeza absoluta do mais-valor em cada mercadoria individual depende, primeiro, da produtividade do trabalho e, apenas num segundo momento, de sua divisão em trabalho pago e não pago.

É sobretudo no caso do preço de venda comercial que o preço de produção é um pressuposto exterior dado.

O nível dos preços comerciais das mercadorias dependia, em épocas anteriores, 1) do nível dos preços de produção, isto é, da improdutividade do trabalho; 2) da falta de uma taxa geral de lucro, na medida em que o capital comercial se apoderava de uma cota de mais-valor muito maior que aquela que lhe teria correspondido no caso de uma mobilidade geral dos capitais. A cessação desse estado de coisas é, pois, considerada sob ambos os aspectos resultado do desenvolvimento do modo de produção capitalista.

As rotações do capital comercial são mais longas ou mais breves; seu número anual é, portanto, maior ou menor em diferentes ramos comerciais. Dentro do mesmo ramo, a rotação é mais rápida ou mais lenta em diversas fases do ciclo econômico. No entanto, verifica-se um número médio de rotações, o qual é encontrado* por meio da experiência.

Vimos anteriormente que a rotação do capital comercial é distinta daquela do capital industrial. Isso decorre da natureza da coisa: uma fase isolada na rotação do capital industrial aparece como a rotação completa de um capital comercial próprio ou como parte dela. Além disso, ela

* Na primeira edição, "que são encontradas". (N. E. A.)

também se relaciona de maneira diferente com a determinação do lucro e do preço.

No caso do capital industrial, a rotação expressa, por um lado, a periodicidade da reprodução, e disso depende, portanto, a massa de mercadorias que se lançam no mercado num período determinado. Por outro lado, o tempo de circulação constitui um limite, certamente elástico, que, ao influir no volume do processo de produção, influi também de maneira mais ou menos restritiva na formação do valor e do mais-valor. Por isso, a rotação entra de maneira decisiva, não como elemento positivo, mas restritivo, na massa do mais-valor anualmente produzido e, portanto, na formação da taxa geral de lucro. Em contrapartida, a taxa média de lucro constitui uma grandeza dada para o capital comercial. Este não contribui diretamente para a criação do lucro ou do mais-valor e só exerce uma influência determinante na formação da taxa geral de lucro na medida em que, de acordo com sua participação no capital total, ele extrai seus dividendos da massa do lucro produzido pelo capital industrial.

Quanto maior é o número de rotações de um capital industrial sob as condições expostas no Livro II, seção II, maior é a massa do lucro que ele gera. Com efeito, ao estabelecer-se a taxa geral de lucro, o lucro total entre os diversos capitais é distribuído não segundo a proporção na qual participam diretamente em sua produção, mas segundo as alíquotas que formam do capital total, isto é, em proporção a sua grandeza. Isso não altera em nada a natureza da questão. Quanto maior é o número de rotações do capital industrial total, maiores são a massa de lucros, a massa do mais-valor anualmente produzida e, por conseguinte, mantendo-se inalteradas as demais circunstâncias, também a taxa de lucro. Diferentemente do que ocorre com o capital comercial. Para este, a taxa de lucro é uma grandeza dada, determinada, por um lado, pela massa dos lucros produzidos pelo capital industrial e, por outro lado, pela grandeza relativa do capital comercial total, por sua relação quantitativa com a soma total do capital adiantado nos processos de produção e de circulação. O número de suas rotações atua de maneira determinante sobre sua relação com o capital total, ou sobre a grandeza relativa do capital comercial necessário à circulação, pois está claro que a grandeza absoluta do capital comercial necessário e a velocidade de rotação deste último são inversamente proporcionais entre si; porém, a grandeza relativa desse capital, ou a parte que ele forma do capital total, está dada por sua grandeza absoluta, pressupondo-se inalteradas todas as demais circunstâncias. Se o capital total é de 10.000, e $^1/_{10}$ dessa soma é formado pelo capital comercial, este último será, então = 1.000; se o capital total é de 1.000, então $^1/_{10}$ dessa soma será = 100. Nesse sentido, ainda que sua grandeza relativa permaneça constante, sua grandeza absoluta varia segundo a grandeza do capital total. Aqui supomos como dada sua grandeza relativa, digamos, de $^{1}/_{10}$ do capital total. Porém, essa própria grandeza relativa é determinada, por sua vez, pela rotação. Com uma rotação rápida, sua grandeza absoluta é, por exemplo, = £1.000 no primeiro caso e = [£]100 no segundo; por conseguinte, sua grandeza relativa = $^{1}/_{10}$. Com uma rotação mais lenta, sua grandeza absoluta é, digamos, = 2.000 no primeiro caso e = 200 no segundo. Por isso, sua grandeza relativa aumentou de $^{1}/_{10}$ para ⅕ do capital total. Circunstâncias que abreviam a rotação média do capital comercial, como o desenvolvimento dos meios de transporte, diminuem *pro tanto* [proporcionalmente] a grandeza absoluta do capital comercial e, por conseguinte, elevam a taxa geral de lucro. E vice-versa. O modo de produção capitalista desenvolvido, em comparação com as condições anteriores, exerce uma dupla influência sobre o capital comercial: a mesma quantidade de mercadorias é rodada com uma massa menor de capital comercial realmente operante; devido à rotação mais rápida do capital comercial e à maior velocidade do processo de reprodução no qual ela se baseia, diminui a proporção entre o capital comercial e o capital industrial. Por outro lado, com o desenvolvimento do modo de produção capitalista, toda a produção se converte em produção de mercadorias e, por conseguinte, todo produto cai nas mãos dos agentes da circulação, ao que devemos acrescentar que no modo de produção anterior, que produzia em pouca quantidade, abstraindo da massa de produto consumidos *in natura* pelo próprio produtor e da massa de serviços pagos *in natura*, grande parte dos produtores vendia sua mercadoria diretamente ao consumidor ou trabalhava por encargo pessoal deste último. Por isso, embora nos modos de produção anteriores o capital comercial fosse maior em relação ao capital-mercadoria que fazia rodar, ele é, na verdade:

1. Menor em termos absolutos, porque uma parte desproporcionalmente menor do produto total é produzida como mercadoria, tem de entrar na circulação como capital-mercadoria e cai nas mãos dos comerciantes; ele é menor porque o capital-mercadoria é menor. É, porém, ao mesmo tempo relativamente maior, não só devido à maior lentidão de sua rotação, mas à massa das mercadorias que faz rodar. É maior porque, devido à menor produtividade do trabalho, o preço dessa massa de mercadorias – e, portanto, também o capital comercial que se deve adiantar sobre ela – é maior que na produção capitalista, razão pela qual o mesmo valor se apresenta em massas menores de mercadorias.

2. Com base no modo de produção capitalista não só se produz uma massa maior de mercadorias (devendo descontar-se o valor mais reduzido dessa massa), como a mesma massa de produto – por exemplo, grãos – forma uma massa maior de mercadorias, o que significa que uma quantidade cada vez maior dessas mercadorias é comercializada. Em consequência disso, cresce não só a massa do capital comercial, mas, em geral, a massa de todo capital investido na circulação, por exemplo, na navegação, em ferrovias, em telégrafos etc.
3. Porém, e esse é um aspecto que pertence à discussão sobre a "concorrência dos capitais", o capital comercial que não atua, ou que atua pela metade, cresce com o progresso do modo de produção capitalista, com a facilidade para intervir no comércio varejista, com a especulação e com o excesso de capital liberado.

No entanto, pressupondo como dada a grandeza relativa do capital comercial em relação ao capital total, a diversidade das rotações em diversos ramos do comércio não influi na grandeza do lucro total correspondente ao capital comercial nem na taxa geral de lucro. O lucro do comerciante está determinado não pela massa do capital-mercadoria que faz rodar, mas pela grandeza do capital monetário que ele adianta para mediar essa rotação. Suponhamos que a taxa geral anual de lucro seja de 15% e que o comerciante adiante £100; nesse caso, se seu capital rodar uma vez no ano, ele venderá sua mercadoria a [£]115. Se seu capital rodar cinco vezes no ano, ele venderá cinco vezes no período, a [£]103, um capital-mercadoria cujo preço de compra é [£]100; ou seja, venderá no ano inteiro, a [£]515, um capital-mercadoria de [£]500. Isso equivale, tal como antes, a um lucro anual de [£]15 sobre seu capital adiantado de [£]100. Se esse não fosse o caso, o capital comercial geraria, em proporção ao número de suas rotações, lucros muito mais elevados que o capital industrial, o que contradiz a lei da taxa geral de lucro.

O número de rotações do capital comercial em diversos ramos do comércio afeta diretamente, pois, o preço comercial das mercadorias. A grandeza do acréscimo comercial ao preço, da alíquota do lucro comercial de um capital dado, que recai sobre o preço de produção da mercadoria individual, é inversamente proporcional ao número de rotações ou à velocidade de rotação dos capitais comerciais em diversos ramos de negócios. Um capital comercial que roda cinco vezes no ano agrega a um capital-mercadoria de mesmo valor apenas ⅕ daquilo que outro capital comercial, que efetuasse apenas uma rotação anual, agregaria a um capital-mercadoria de igual valor.

A influência que o tempo médio de rotação dos capitais em diversos ramos do comércio exerce sobre os preços de venda se reduz ao fato de que, em relação a essa velocidade de rotação, a mesma massa de lucros que, com uma grandeza dada do capital comercial, está determinada pela taxa anual geral de lucro, isto é, que está determinada independentemente do caráter especial da operação comercial desse capital, distribui-se de maneira diferente sobre massas de mercadoria de mesmo valor, agregando ao preço da mercadoria com cinco rotações no ano $^{15}/_{5}$ = 3% e com uma única rotação no ano = 15%, por exemplo.

Assim, a mesma porcentagem do lucro comercial aumenta os preços de venda das mercadorias, em diversos ramos do comércio e segundo a relação de seus tempos de rotação, em porcentagens muito diversas, calculadas sobre o valor dessas mercadorias.

Já no caso do capital industrial, ao contrário, o tempo de rotação não influi de modo nenhum na grandeza de valor das diversas mercadorias produzidas, ainda que, ao afetar a massa do trabalho explorado, ele afete a massa dos valores e dos mais-valores produzidos por um capital num tempo determinado. Esse fato permanece oculto, certamente, e parece ocorrer de outra maneira quando se levam em conta os preços de produção, mas apenas porque os preços de produção das distintas mercadorias divergem de seus valores segundo as leis anteriormente desenvolvidas. Se considerarmos o processo global de produção, a massa de mercadorias produzida pelo capital industrial total, veremos imediatamente confirmada a lei geral.

Portanto, enquanto uma consideração mais exata da influência do tempo de rotação sobre a criação de valor no capital industrial promove um retorno à lei geral e à base da economia política, segundo a qual o valor das mercadorias é determinado pelo tempo de trabalho nelas contido, a influência das rotações do capital comercial sobre o preço comercial revela fenômenos que, sem uma análise mais minuciosa dos elos intermediários, parecem pressupor uma determinação puramente arbitrária dos preços; de forma mais precisa, uma determinação baseada apenas no fato de que o capital estaria decidido a obter uma quantidade determinada de lucro no ano. Devido precisamente a essa influência das rotações, parece que o processo de circulação como tal determina os preços das mercadorias, independentemente, até certo ponto, do processo de produção. Todas as concepções superficiais e errôneas do processo global da reprodução foram deduzidas da consideração do capital comercial e das ideias que seus movimentos peculiares suscitam na mente dos agentes da circulação.

Se – como o leitor terá descoberto, para seu desapontamento – a análise das conexões internas e efetivas do processo de produção capitalista é uma questão muito intricada e um trabalho extremamente minucioso e se compete à ciência reduzir o movimento visível, meramente aparente, ao movimento real interno, é evidente que na mente dos agentes da produção e da circulação capitalistas terão necessariamente de se formar ideias sobre as leis da produção que divirjam inteiramente dessas leis e que sejam apenas a expressão consciente do movimento aparente. As ideias de um comerciante, de um especulador da Bolsa ou de um banqueiro são necessariamente falsas por completo. As dos fabricantes foram falseadas pelos atos de circulação, aos quais está submetido seu capital, e pelo nivelamento da taxa geral de lucro[41]. Na mente desses indivíduos, a concorrência também assume necessariamente um papel equivocado por completo. Se os limites do valor e do mais-valor estão dados, é fácil vislumbrar como a concorrência dos capitais transforma valores em preços de produção e, mais ainda, em preços comerciais, e o mais-valor em lucro médio. Sem esses limites, porém, é absolutamente impossível vislumbrar por que a concorrência reduz a taxa geral de lucro a esse limite, em vez de àquele outro – a 15%, em vez de a 1.500%. No máximo, ela pode reduzi-la a *certo* nível. Mas nela não há absolutamente nenhum elemento que permita determinar esse nível.

Do ponto de vista do capital comercial, a própria rotação aparece, pois, como aquilo que determina os preços. Por outro lado, enquanto a velocidade de rotação do capital industrial, na medida em que capacita um capital dado a explorar mais ou menos trabalho, atua para determinar e delimitar da massa de lucros e, assim, exerce uma influência sobre a taxa geral de lucro, a taxa de lucro está externamente dada ao capital comercial, e a conexão interna desta última com a formação do mais-valor está extinta. Se, mantendo-se inalteradas as demais circunstâncias, especialmente no caso de uma mesma composição orgânica, o mesmo capital industrial efetua quatro rotações no ano em vez de duas, ele produz o dobro do mais-valor e, por conseguinte, do lucro; e isso se mostra de maneira palpável, tão logo e pelo tempo em que o capital possua o monopólio do método de produção aperfeiçoado que lhe possibilita essa aceleração da rotação. Por sua vez, a diferença no tempo de rotação nos diversos ramos do comércio se revela no fato de que o lucro que se obtém sobre a rotação de determinado capital-mercadoria é

---

[41] Uma afirmação muito ingênua, mas ao mesmo tempo bastante exata: "Sem dúvida, também o fato de que a mesma mercadoria possa ser obtida de diferentes vendedores a preços bastante divergentes se deve muito frequentemente a um cálculo incorreto" ([Friedrich Ernst] Feller e [Carl Gustav] Odermann, *Das Ganze der kaufmännischen Arithmetik*, [7. ed., Leipzig, O. A. Schulz,], 1859) [p. 451]. O que demonstra até que ponto a determinação dos preços é algo puramente teórico, abstrato.

inversamente proporcional ao número de rotações do capital monetário que faz rodar esses capitais-mercadorias. *Small profits and quick returns* [lucros pequenos e rotações rápidas] apresentam-se especialmente para o *shopkeeper* [pequeno comerciante] como uma norma que ele segue por princípio.

Além disso, é evidente que essa lei das rotações do capital comercial em todos os ramos do comércio, abstraindo da alternância de rotações mais rápidas e mais lentas que se compensam mutuamente, só tem validade para a média das rotações efetuadas por todo o capital comercial investido nesse ramo. O capital de *A*, que atua no mesmo ramo que *B*, pode efetuar mais ou menos rotações que o número médio. Nesse caso, os demais efetuarão um número maior ou menor de rotações. Isso não altera em nada a rotação da massa total do capital comercial investida nesse ramo, mas tem importância decisiva para grandes ou pequenos comerciantes individuais. Nesse caso, eles obtêm um lucro extra, exatamente do modo que o obtêm os capitalistas industriais quando produzem sob condições mais favoráveis que as condições médias. Se a concorrência os obriga a isso, eles podem vender mais barato que seus colegas, sem rebaixar seu lucro abaixo da média. Se as condições que lhe possibilitam uma rotação mais rápida, por sua vez, podem ser compradas, como uma localização favorável dos estabelecimentos comerciais, então ele poderá pagar por elas uma renda extra, isto é, converter em renda fundiária uma parcela de seu lucro extra.

Capítulo 19

O capital de comércio de dinheiro

O dinheiro efetua movimentos puramente técnicos no processo de circulação do capital industrial e, podemos acrescentar agora, do capital de comércio de mercadorias (porquanto este se encarrega de uma parte do movimento de circulação do capital industrial, fazendo dessa parte seu próprio movimento). A transformação desse capital em capital de comércio de dinheiro se dá justamente por meio desses movimentos, que, uma vez autonomizados, convertem-se na função de um capital particular que executa esses – e somente esses – movimentos como operações que lhes são próprias. Uma parte do capital industrial e, de maneira mais precisa, também do capital de comércio de mercadorias existiria permanentemente não só em forma de dinheiro, como capital monetário em geral, mas como capital monetário empenhado nessas funções técnicas. Porém, agora se separa e se autonomiza do capital total uma parte determinada em forma de capital monetário, cuja função capitalista consiste exclusivamente em efetuar essas operações para a classe inteira dos capitalistas industriais e comerciais. Assim como no caso do capital de comércio de mercadorias, separa-se uma parte do capital industrial existente no processo da circulação sob a forma de capital monetário e efetuam-se essas operações do processo de reprodução para todo o capital restante. De maneira que os movimentos desse capital monetário não são mais do que movimentos de uma parte autonomizada do capital industrial empenhado em seu processo de reprodução.

É somente na medida em que capital novo é investido – o que também ocorre na acumulação – que o capital aparece em forma de dinheiro, como ponto de partida e ponto de chegada do movimento. Para cada capital que já se encontra em seu processo, tanto o ponto de partida como o ponto de chegada aparecem apenas como ponto de transição. De fato, na medida em que o capital industrial, desde sua saída da esfera da produção até seu reingresso nesta última, tem de realizar a metamorfose M'-D-M, D representa, como já se evidenciava na circulação simples de mercadorias, o resultado de uma fase da metamorfose, mas o representa apenas para se tornar o ponto de partida da fase oposta, que a complementa. Embora o M-D do capital industrial se apresente sempre como D-M-D para o capital comercial, para este último, uma vez em funcionamento, o processo real se apresenta sempre como M-D-M. Mas o capital comercial percorre simultaneamente os atos M-D e D-M. Isso significa que não é apenas *um* capital que se encontra no estágio M-D, enquanto o outro se encontra no estágio D-M, mas que o mesmo capital compra e vende constantemente ao mesmo tempo, em razão da continuidade do processo de produção; ele se encontra contínua e simultaneamente em ambos os estágios. Enquanto uma parte desse capital se converte em dinheiro para mais tarde reconverter-se em mercadorias, a outra se converte ao mesmo tempo em mercadoria para mais tarde reconverter-se em dinheiro.

Se o dinheiro atua aqui como meio de circulação ou de pagamento é algo que depende da forma do intercâmbio de mercadorias. Em ambos os casos, o capitalista tem de pagar constantemente em dinheiro a muitas pessoas e receber constantemente em dinheiro de muitas pessoas. Essa operação meramente técnica do pagamento e da cobrança constitui, por si só, trabalho, o qual, na medida em que o dinheiro funciona como meio de pagamento, exige cálculos de balanço patrimonial e atos de compensação. Esse trabalho é um custo de circulação, e não um trabalho que cria valor. Ele é abreviado pela ação de um setor específico de agentes ou capitalistas, que o efetuam para toda a classe capitalista restante.

Uma parte determinada do capital tem de existir permanentemente como tesouro, como capital monetário potencial: reserva de meios de compra, reserva de meios de pagamento, capital ocioso, em forma de dinheiro, que aguarda o momento de ser investido; e uma parte do capital reflui constantemente sob essa forma. Isso significa que, além de cobrar, pagar e fazer a contabilidade, também é necessária a manutenção do tesouro, o que, por sua vez, constitui uma operação especial. O que se tem, na verdade, é a constante redução do tesouro a meios de circulação e meios de pagamento e sua recuperação por meio do dinheiro obtido com as vendas e com os pagamentos vencidos; esse constante movimento da parte do capital existente como dinheiro, dissociado da função própria do capital, essa operação puramente técnica, é o que gera trabalho e custos especiais – os custos de circulação.

A divisão do trabalho acarreta o fato de que essas operações técnicas, condicionadas pelas funções do capital, devam ser realizadas para toda a classe capitalista, na medida do possível, por um setor especial de agentes ou capitalistas, como suas funções exclusivas ou concentradas em suas mãos. Nesse caso, como no capital comercial, a divisão do trabalho tem um duplo sentido. Ela se converte numa atividade especial e, por ser desempenhada como atividade especial para a engrenagem monetária da classe inteira, é concentrada, exercida em grande escala; então se verifica uma divisão do trabalho no interior dessa atividade especial, tanto por meio de sua divisão em diferentes ramos independentes entre si como por meio do aperfeiçoamento dos locais de trabalho dentro desses ramos (grandes escritórios, numerosos contadores e cobradores e uma divisão do trabalho avançada). O pagamento do dinheiro, a cobrança, o ajuste dos balanços, o manejo de contas-correntes, a conservação do dinheiro etc., separados dos atos pelos quais essas operações técnicas se tornam necessárias, convertem o capital adiantado nessas funções em capital de comércio de dinheiro.

As diversas operações de cuja autonomização em atividades especiais surge o comércio de dinheiro resultam das diferentes determinações do próprio dinheiro e de suas funções, que, portanto, o capital também deve desempenhar na forma de capital monetário.

Já indicamos como o sistema monetário se desenvolve originalmente, em geral, no intercâmbio de produtos entre diversas comunidades[42].

Por isso, o comércio de dinheiro, o comércio com a mercadoria-dinheiro, desenvolve-se inicialmente a partir do tráfico internacional. Enquanto existem diversas moedas nacionais, os comerciantes que compram no estrangeiro devem converter suas moedas nacionais em moeda local, e vice-versa, ou também diversas moedas em troca de prata e ouro puros, não amoedados, que funcionam como dinheiro mundial [*Weltgeld*]. Daí o negócio do câmbio, que se deve considerar como um dos fundamentos naturais do moderno comércio de dinheiro[43]. Foi a partir disso que se desenvolveram os bancos de

[42] *Zur Kritik der pol.[itischen] Ökon.[omie]* [(Berlim, 1859)], p. 27 [ed. bras.: *Contribuição à crítica da economia política*, cit.].

[43] "As grandes diferenças existentes entre as moedas, tanto no que diz respeito ao quilate das ligas como à cunhagem realizada por muitos príncipes e muitas cidades dotados do privilégio de emissão de moeda, criou por si só a necessidade de oferecer aos mercadores o câmbio por moeda local, possibilitando-lhes, assim, realizar aquelas transações em que não se aceitava moeda estrangeira. Por isso, para efetuar os pagamentos em dinheiro, os mercadores que viajavam a um mercado estrangeiro provinham-se de prata pura, não amoedada, e às vezes também de ouro. Antes de retornar ao país de origem, voltavam a trocar as moedas locais por prata ou ouro brutos. E foi assim que os negócios cambiais, a troca de metais preciosos não amoedados por moedas locais, e vice-versa, converteu-se numa indústria rentável e muito extensa" ([Karl Dietrich] Hüllmann, *Städtewesen des Mittelalters*, v. 1 (Bonn, [Adolph Marcus,] 1826-1829), p. 437. "O banco de câmbio deve seu nome não [...] à letra de câmbio, mas ao câmbio de diferentes tipos de moedas. Muito antes da fundação do Banco de Câmbio de Amsterdã, em 1609, já existiam, nas cidades hanseáticas dos Países Baixos,

câmbio, nos quais a prata (ou o ouro) funciona como dinheiro mundial – atualmente como moeda bancária ou moeda comercial –, em contraste com a moeda corrente. Transações cambiais, no sentido de meras ordens de pagamento a viajantes por parte de um cambista num país a um cambista em outro país, desenvolveram-se em Roma e na Grécia a partir do negócio de câmbio propriamente dito.

O comércio com ouro e prata como mercadorias (matérias-primas para a produção de artigos de luxo) forma a base natural-espontânea [*naturwüchsige*] do comércio de barras de ouro e prata (*bullion trade*) ou do comércio que medeia as funções do dinheiro como dinheiro mundial. Essas funções, como explicamos no Livro I, capítulo 3, item 3, subitem c [p. 215-9], são duas: mover-se entre as diversas esferas nacionais de circulação a fim de equilibrar os pagamentos internacionais e as migrações do capital em busca de juros; ao mesmo tempo, promover um fluxo de metais preciosos a partir de suas fontes de produção, atravessando o mercado mundial, e distribuir a oferta entre as diversas esferas nacionais da circulação. Durante a maior parte do século XVII, na Inglaterra, os ourives ainda atuavam como banqueiros. O desenrolar do nivelamento dos pagamentos internacionais no comércio de câmbio etc. permanece aqui totalmente fora do campo de análise, assim como tudo que se refere a negócios com títulos de crédito, em suma, todas as formas particulares do sistema de crédito, que por ora ainda não nos interessam.

Como dinheiro mundial, a moeda nacional se despoja de seu caráter local; uma moeda nacional é expressa em outra, e assim todas são finalmente reduzidas a seu conteúdo em ouro ou prata, ao mesmo tempo que estes dois últimos, sendo as duas mercadorias que circulam como dinheiro mundial, devem ser reduzidos a sua relação de valor recíproca, que varia constantemente.

---

cambistas e casas de câmbio, inclusive bancos de câmbio [...]. O negócio desses cambistas consistia em trocar por moedas de curso legal os vários tipos de moedas metálicas que os mercadores estrangeiros levavam ao país. Pouco a pouco, seu raio de ação foi se ampliando [...]. Converteram-se em caixas e banqueiros de sua época. Mas o governo de Amsterdã considerou perigosa essa fusão da atividade de caixa com o negócio bancário e, para enfrentar esse perigo, decidiu fundar um grande estabelecimento dotado de plenos poderes públicos para realizar tanto o câmbio como as funções de caixa. Esse estabelecimento foi o famoso Banco de Câmbio de Amsterdã, fundado em 1609. Os bancos de câmbio de Veneza, Gênova, Estocolmo e Hamburgo também surgiram da constante necessidade de efetuar o câmbio de diferentes tipos de moedas. Deles, apenas o de Hamburgo sobrevive, pois uma tal instituição continua a ser necessária nessa cidade, ainda desprovida de um sistema monetário próprio etc." (S.[imon] Vissering, *Handboek van Praktische Staathuishoudkunde*, Amsterdã, [Van Kampen,] 1860, v. I, p. 247) [Na edição original, este último trecho citado encontra-se em holandês, sem tradução. (N. T.)]

O comerciante de dinheiro faz dessa mediação sua atividade particular. O negócio de câmbio e o comércio de barras de ouro e prata são as formas mais primitivas do comércio de dinheiro e emanam da dupla função do dinheiro: como moeda nacional e como dinheiro mundial.

Do processo de produção capitalista, assim como do comércio em geral, mesmo no caso do modo de produção pré-capitalista, resulta:

- *Em primeiro lugar*, a acumulação do dinheiro como tesouro, isto é, agora, da parte do capital que tem de existir sempre em forma de dinheiro, como fundo de reserva de meios de pagamento e de compra. Essa é a primeira forma do tesouro, tal como ele reaparece no modo capitalista de produção e, em geral, tal como se forma com o desenvolvimento do capital comercial, pelo menos para este último. As duas coisas valem tanto para a circulação doméstica como para a internacional. Esse tesouro está em fluxo ininterrupto, sendo constantemente lançado na circulação e dela retornando com a mesma constância. A segunda forma do tesouro é a do capital em reserva, momentaneamente ocioso, em forma de dinheiro, e a ela pertence também o capital monetário recém-acumulado, ainda não investido. As funções que tornam necessária esse entesouramento como tal são, antes de mais nada, sua guarda, contabilização etc.
- *Em segundo lugar*, porém, isso torna necessário desembolsar dinheiro em compras, cobrar o dinheiro das vendas, efetuar e receber pagamentos, compensar os pagamentos etc. Tudo isso é realizado pelo comerciante de dinheiro, num primeiro momento, como simples *caixa* para os comerciantes e capitalistas industriais[44].

---

[44] "É provável que em nenhum outro lugar a instituição dos caixas tenha conservado seu caráter originário, independente, com tanta pureza, como nas cidades comerciais holandesas (sobre a origem dos caixas em Amsterdã, ver E.[lias] Luzac, *Hollands Rijkdom* [Leiden, 1782], parte III). Suas funções coincidem, em parte, com as do antigo Banco de Câmbio de Amsterdã. O caixa recebe dos mercadores que utilizam seus serviços certo montante em dinheiro e, em troca, lhes abre um 'crédito' em seus livros; mais tarde, esses mercadores lhe enviam notas promissórias, das quais o caixa efetua a cobrança, creditando, então, nas contas as somas recebidas; ao mesmo tempo, ele recebe desses mercadores ordens de pagamento (*kassiers briefjes*), as quais executa, descontando da conta de seus clientes os valores pagos. Por esses pagamentos e recebimentos ele cobra, então, uma pequena comissão, que só chega a constituir uma remuneração adequada a seu trabalho graças aos altos valores das operações realizadas. Quando se trata de saldar pagamentos entre dois mercadores que operam com o mesmo caixa, as transações são efetuadas muito simplesmente por meio de entradas mútuas nos livros, nos quais ele registra diariamente a compensação entre suas respectivas contas. A verdadeira função do caixa consiste, portanto, em servir de

O comércio de dinheiro se encontra plenamente desenvolvido, mesmo em seus primórdios, a partir do momento em que suas funções ordinárias são complementadas pela concessão e pela contração de empréstimos e pelo crédito. Trataremos disso na seção seguinte, dedicada ao capital portador de juros.

O próprio comércio de barras de ouro e prata, a transferência desses metais de um país a outro, é apenas resultado do comércio de mercadorias, determinado pela taxa de câmbio, que expressa a situação dos pagamentos internacionais e da taxa de juros em diversos mercados. O comerciante de barras de ouro e prata, como tal, atua apenas como intermediário dos resultados.

Ao tratarmos do dinheiro, do modo como seus movimentos e suas características formais se desenvolvem a partir da circulação simples de mercadorias, vimos (Livro I, capítulo 3) que o movimento da massa do dinheiro que circula como meio de compra e meio de pagamento está determinado pela metamorfose das mercadorias, pelo volume e pela velocidade desta última, que, como sabemos agora, é ela mesma apenas um momento do processo global da reprodução. No que diz respeito à obtenção do material monetário – ouro e prata – a partir de suas fontes de produção, ela se decompõe em intercâmbio direto de mercadorias e intercâmbio de ouro e prata como mercadoria por outra mercadoria, sendo também, portanto, um momento do intercâmbio de mercadorias, assim como a obtenção de ferro ou outros metais. Quanto ao movimento dos metais preciosos no mercado mundial (abstraímos aqui desse movimento, na medida em que ele expressa uma transferência de capitais a título de empréstimo, que também ocorre sob a forma de capital-mercadoria), ele encontra-se inteiramente determinado pelo intercâmbio internacional de mercadorias, assim como o movimento do dinheiro como meio interno de

intermediário para esses pagamentos, razão pela qual ele permanece excluído de empreendimentos industriais, especulações e concessão de créditos a descoberto, pois a norma é a de que o caixa, ao efetuar pagamentos para aqueles que possuam conta em seus livros, jamais ultrapasse o saldo disponível" ([Simon] Vissering, [*Handboek van Praktische Staathuishoudkunde*,] cit., p. 134). Acerca das associações de caixas em Veneza, diz Hüllmann: "Movidos pela necessidade e pelas características da cidade de Veneza, onde o transporte de moeda metálica era mais difícil que em outros lugares, os grandes mercadores dessa cidade fundaram associações de caixas, submetidas às devidas salvaguarda, supervisão e administração. Os membros dessas associações depositavam nelas certas somas de dinheiro, com as quais os caixas efetuavam ordens de pagamento a seus credores. Em seguida, a soma paga era descontada da conta do devedor e adicionada à do credor nas páginas do livro reservadas a esses registros. Tais associações são os primórdios dos chamados bancos comerciais. Embora sejam bastante antigas, não devemos fazê-las remontar até o século XII, sob pena de confundi-las com o Staatsanleih-Anstalt [Instituto Estatal de Crédito], fundado em 1171" ([Karl Dietrich] Hüllmann, [*Städtewesen des Mittelalters*,] cit., p. 550).

compra e de pagamento está determinado pelo intercâmbio interno de mercadorias. Os movimentos migratórios dos metais preciosos de uma esfera nacional da circulação a outra, na medida em que são ocasionados tão somente pela desvalorização das moedas nacionais ou pelo bimetalismo, são alheios à circulação monetária como tal e constituem mera correção de aberrações arbitrárias, provocadas pela ação do Estado. Por último, a formação de tesouros, na medida em que representam um fundo de reserva de meios de compra ou de pagamento, seja para o comércio interno, seja para o exterior, e também na medida em que não são mais que uma forma de capital momentaneamente imobilizado, constitui, em ambos os casos, apenas um precipitado [*Niederschlag*] necessário do processo de circulação.

Assim como toda a circulação do dinheiro é, em sua extensão, suas formas e seus movimentos, simples resultado da circulação de mercadorias, que, do ponto de vista capitalista, é apenas a expressão do processo de circulação do capital (e nisso se inclui o intercâmbio de capital por renda e de renda por renda, na medida em que o dispêndio da renda se realiza no comércio varejista), é absolutamente evidente que o comércio de dinheiro não promove apenas a circulação de dinheiro, um simples resultado e a forma fenomênica da circulação de mercadorias. Essa circulação de dinheiro, como um momento da circulação de mercadorias, é algo que ele já encontra dado. O que ele promove são suas operações técnicas, que ele concentra, abrevia e simplifica. O comércio de dinheiro não forma os tesouros, mas fornece os meios técnicos para que esse entesouramento, na medida em que é voluntário (ou seja, em que não é expressão de capital ocioso nem de uma perturbação do processo de reprodução), possa ser reduzido a seu mínimo econômico, uma vez que, quando administrados para a classe capitalista inteira, os fundos de reserva para meios de compra e de pagamento não precisam ser tão grandes como teriam de ser se cada capitalista administrasse seu fundo particular. O comércio de dinheiro não compra os metais preciosos, apenas promove sua distribuição, tão logo o comércio de mercadorias os tenha comprado. O comércio de dinheiro facilita a compensação dos saldos na medida em que o dinheiro funciona como meio de pagamento, ao mesmo tempo que, mediante o mecanismo artificial dessas compensações, diminui a massa de dinheiro requerida para isso; mas ele não determina as conexões, tampouco o montante dos pagamentos recíprocos. As letras de câmbio e os cheques, por exemplo, que são trocados uns pelos outros em bancos e *clearing houses* [câmaras de compensação], representam transações totalmente independentes, são resultados de operações dadas, e a questão diz respeito unicamente a uma melhor compensação técnica desses resultados. Na medida em que o dinheiro circula como meio de compra, o volume e o número de compras e vendas são totalmente independentes do comércio de dinheiro. Este último pode apenas abreviar as operações técnicas que acompanham a compra e a venda e, desse modo, reduzir a massa do dinheiro vivo necessário para a rotação das mercadorias.

Portanto, o comércio de dinheiro, na forma pura em que o consideramos aqui, isto é, separado do sistema de crédito, tem a ver apenas com a técnica de um momento da circulação de mercadorias, a saber, com a circulação monetária e com as diversas funções do dinheiro dela derivadas.

Isso constitui uma diferença essencial entre o comércio de dinheiro e o comércio de mercadorias, que promove a metamorfose da mercadoria e o intercâmbio mercantil, ou faz até mesmo com que esse processo do capital-mercadoria apareça como processo de um capital separado do capital industrial. Assim, se o capital de comércio de mercadorias revela uma forma de circulação própria – D-M-D, na qual a mercadoria muda duas vezes e, com isso, possibilita um refluxo de dinheiro, em contraste com a forma M-D-M, na qual o dinheiro troca duas vezes de mãos e, desse modo, promove um intercâmbio de mercadorias –, nenhuma dessas formas particulares pode ser aplicada no caso do capital de comércio de dinheiro.

Na medida em que o capital monetário é adiantado por uma classe especial de capitalistas nessa mediação técnica da circulação monetária – e esse capital, em escala reduzida, representa o capital adicional que, em outras condições, os próprios comerciantes e os capitalistas industriais teriam de adiantar para esses fins –, aqui também se apresenta a forma geral do capital, D-D′. Por meio do adiantamento de D, cria-se D + ΔD para o capitalista que o adiantou. Nesse caso, porém, a mediação de D-D′ não diz respeito aos fatores materiais [*sachlichen*] da metamorfose, mas apenas a seus fatores técnicos.

Está claro que a massa de capital monetário com que operam os comerciantes de dinheiro é o capital monetário dos comerciantes e dos industriais que se encontra em circulação e que as operações que esses comerciantes de dinheiro realizam são apenas as operações próprias daqueles a quem eles servem de intermediários.

Está igualmente claro que o lucro dos comerciantes de dinheiro não é mais que uma dedução do mais-valor, já que eles só precisam operar com valores já realizados (ainda que realizados apenas na forma de títulos de crédito).

Tal como no comércio de mercadorias, também aqui se vê uma duplicação da função, pois uma parte das operações técnicas vinculadas à circulação do dinheiro precisa ser realizada pelos próprios comerciantes e produtores de mercadorias.

Capítulo 20

Considerações históricas sobre o capital comercial

A forma particular da acumulação monetária do capital de comércio de mercadorias e do capital de comércio de dinheiro será considerada apenas na seção seguinte.

A partir do que foi exposto até aqui, torna-se evidente que nada pode ser mais absurdo do que considerar o capital comercial, seja na forma do capital de comércio de mercadorias, seja na do capital de comércio de dinheiro, como um tipo particular do capital industrial, semelhante, por exemplo, ao modo como mineração, agricultura, pecuária, manufatura, indústria do transporte etc. constituem ramificações do capital industrial determinadas pela divisão social do trabalho e, por conseguinte, esferas particulares de investimento do capital industrial. A simples afirmação de que qualquer capital industrial, quando situado na fase de circulação de seu processo de reprodução, desempenha, como capital-mercadoria e capital monetário, funções idênticas àquelas que aparecem como funções exclusivas do capital comercial em suas duas formas, já bastaria para tornar impossível essa concepção tosca. Já no capital de comércio de mercadorias e no capital de comércio de dinheiro, ao contrário, as diferenças entre o capital industrial como capital produtivo e o mesmo capital na esfera da circulação estão delimitadas pelo fato de que as determinadas formas e funções que o capital assume temporariamente aparecem como formas e funções autônomas de uma parte separada do capital e se encontram exclusivamente incorporadas nesta última. A forma modificada do capital industrial e as diferenças materiais, derivadas da natureza dos diversos ramos da indústria, entre capitais produtivos aplicados em diversos investimentos produtivos são coisas abissalmente distintas.

Além do modo grosseiro como o economista geralmente considera as distinções de forma, que, com efeito, só lhe interessam em seu aspecto material, no caso do economista vulgar essa confusão deriva ainda de dois outros fatores. Em primeiro lugar, de sua incapacidade de explicar o lucro comercial em seu caráter peculiar; em segundo lugar, de seu esforço apologético para caracterizar o capital-mercadoria e o capital monetário – e, além disso, o capital de comércio de mercadoria e o capital de comércio de dinheiro – como formas necessariamente derivadas do processo de produção, quando na verdade eles provêm da forma específica do modo de produção capitalista, que, antes de tudo, pressupõe como base a circulação de mercadorias e, por conseguinte, de dinheiro.

Se o capital de comércio de mercadorias e o capital de comércio de dinheiro não diferem do cultivo de cereais mais do que este último difere da pecuária e da manufatura, então é claro como a luz do sol que não há absolutamente nenhuma diferença entre produção e produção capitalista e que, entre outras coisas, a distribuição dos produtos sociais entre os membros da sociedade, seja para o consumo produtivo, seja para o consumo individual, tem de ser eternamente mediada pelos comerciantes e pelos banqueiros, do mesmo modo que o consumo de carne tem de ser assegurado pela pecuária, e o de vestuário, por sua manufatura[45].

Os grandes economistas, como Smith, Ricardo etc., uma vez que, de fato, só consideram a forma fundamental do capital – o capital como capital industrial e o capital de circulação (capital monetário e capital-mercadoria) – na medida em que ele mesmo é uma fase no processo de reprodução de todo capital, ficam atônitos diante do capital comercial como uma espécie independente. As teses sobre a formação do valor, do lucro etc., derivadas da análise do capital industrial, não se aplicam diretamente ao capital comercial.

---

45 O sábio Roscher [*Die Grundlagen der Nationalökonomie*, 3. ed., Stuttgart, Augsburg, 1858, §60, p. 103 – N. E. A.] fez a grande descoberta de que, se certas pessoas caracterizam o comércio como "mediação" entre produtores e consumidores, com o mesmo direito a própria produção poderia ser caracterizada como "mediação" do consumo (entre quem?), do que se segue naturalmente que o capital comercial é uma parte do capital produtivo, tal como o são a agricultura e o capital industrial. Quando se diz que ao ser humano só é dado mediar seu consumo por meios da produção (e isso ele precisa fazer mesmo sem ter estudado em Leipzig) ou que o trabalho é necessário para a apropriação da natureza (o que se pode chamar de "mediação"), segue-se naturalmente que uma "mediação" social qualquer, derivada de uma forma social específica da produção, possui, simplesmente pelo fato de ser uma "mediação", o mesmo caráter de necessidade absoluta que qualquer outra, situando-se todas, portanto, no mesmo patamar. A palavra "mediação" resolve tudo. Além disso, os comerciantes não são mediadores entre produtores e consumidores (estando estes últimos separados dos produtores, e abstraindo, por enquanto, dos consumidores que não produzem), mas da troca dos produtos desses produtores entre si. Os comerciantes são apenas intermediários numa troca que, em milhares de casos, é realizada sem sua participação.

Por isso, eles o deixam totalmente de lado e o mencionam apenas como uma espécie do capital industrial. Quando se ocupam dele em particular, tal como o faz Ricardo, ao tratar do comércio exterior, procuram demonstrar que ele não cria valor nenhum (logo, tampouco cria mais-valor). Mas o que vale para o comércio exterior vale também para o comércio interno.

* * *

Até aqui, consideramos o capital comercial do ponto de vista e dentro dos limites do modo de produção capitalista. Mas não só o comércio, como também o capital comercial, é mais antigo que o modo de produção capitalista; ele é, na realidade, a forma mais antiga de existência livre que o capital apresenta na história.

Como já vimos que para o desenvolvimento do comércio de dinheiro e do capital nele adiantado não se requer outra coisa senão a existência do comércio por atacado e, além disso, do capital de comércio de mercadorias, aqui temos de nos ocupar apenas deste último.

Considerando que o capital comercial está inserido na esfera da circulação e que sua função consiste exclusivamente em mediar o intercâmbio de mercadorias, para sua existência – abstraindo de formas não desenvolvidas, surgidas do intercâmbio direto – não se fazem necessárias outras condições além daquelas exigidas para a circulação simples de mercadorias e de dinheiro. Mais precisamente, esta última é *sua* condição de existência. Qualquer que seja o modo de produção sobre cuja base foram produzidos os produtos que entram na circulação como mercadorias – sobre a base da comunidade primitiva ou da produção escravista, pequeno-camponesa e pequeno-burguesa ou capitalista –, isso não altera em nada seu caráter de mercadorias, que, como tais, devem percorrer o processo da troca e as metamorfoses que o acompanham. Os extremos entre os quais medeia o capital comercial estão dados para ele do mesmo modo que estão dados para o dinheiro e para o movimento deste último. A única coisa necessária é que esses extremos existam como mercadorias, não importando se a produção inteira é produção de mercadorias ou se no mercado se lança apenas o excedente de produtores que produzem por conta própria, ou seja, aquilo que ultrapassa suas necessidades imediatas, que são satisfeitas por sua própria produção. O capital comercial medeia somente o movimento desses extremos, das mercadorias, como pressupostos que lhe estão dados.

O volume em que a produção entra no comércio e passa pelas mãos dos comerciantes depende do modo de produção e alcança seu máximo com o pleno desenvolvimento da produção capitalista, quando o produto passa a ser produzido tão somente como mercadoria, e não como meio direto de subsistência. Por outro lado, sobre a base de todo modo de produção, o comércio promove a criação de produto excedente, destinado a entrar na troca, a fim de incrementar o consumo ou os tesouros dos produtores (termo que, neste caso, designa os proprietários dos produtos); isto é, o comércio confere à produção um caráter cada vez mais direcionado ao valor de troca.

A metamorfose das mercadorias, seu movimento, consiste: 1) materialmente, na troca de diferentes mercadorias entre si; 2) formalmente, na conversão da mercadoria em dinheiro (venda) e na conversão do dinheiro em mercadoria (compra). A função do capital comercial se resume a realizar esse intercâmbio de mercadorias mediante a compra e a venda. Portanto, ele não faz mais do que mediar o intercâmbio de mercadorias, o qual, no entanto, não deve ser previamente concebido apenas como um intercâmbio de mercadorias entre os produtores diretos. Nas condições da escravidão, da servidão ou do sistema de tributos (quando se consideram as comunidades primitivas), o proprietário – por conseguinte, o vendedor do produto – é o senhor de escravos, o senhor feudal ou o Estado que recebe tributos. O comerciante compra e vende para muitas pessoas. Em suas mãos se concentram compras e vendas, o que faz com que a compra e a venda deixem de estar vinculadas à necessidade imediata do comprador (como comerciante).

Seja qual for a organização social das esferas de produção cujo intercâmbio de mercadorias é mediado pelo comerciante, seu patrimônio existe sempre como riqueza monetária, e seu dinheiro funciona sempre como capital. Sua forma é sempre D-M-D′; o dinheiro, a forma autônoma do valor de troca, é o ponto de partida, e o aumento do valor de troca é um fim em si mesmo. O próprio intercâmbio de mercadorias e as operações que o efetuam, separadas da produção e executadas por não produtores, são simples meios para incrementar não só a riqueza, como a riqueza em sua forma social geral, como valor de troca. A mola propulsora e o objetivo determinante é converter D em D + ΔD; os atos D-M e M-D′, que medeiam o ato D-D′, aparecem meramente como fases de transição dessa transformação de D em D + ΔD. Esse D-M-D′, como movimento característico do capital comercial, distingue-se de M-D-M, do comércio de mercadorias entre os próprios produtores, comércio orientado ao intercâmbio de valores de uso como fim último.

Quanto menos desenvolvida é a produção, mais a riqueza monetária é concentrada nas mãos dos comerciantes ou mais ela aparece como forma específica do patrimônio do comerciante.

Dentro do modo de produção capitalista – ou seja, tão logo o capital tenha se apoderado da produção e dado a ela uma forma totalmente modificada e específica –, o capital comercial se manifesta apenas numa função particular. Em todos os modos de produção anteriores, e em maior medida quanto mais a produção se encontra diretamente voltada a prover os meios de subsistência do produtor, o capital comercial parece desempenhar a função *par excellence* do capital.

Portanto, não é nada difícil compreender por que o capital comercial aparece como forma histórica do capital, muito antes de o capital ter estabelecido seu próprio domínio sobre a produção. Sua existência e seu desenvolvimento até certo nível são inclusive o pressuposto histórico para o desenvolvimento do modo de produção capitalista, 1) como precondição da concentração da riqueza monetária e 2) porque o modo de produção capitalista tem como premissa a produção para o comércio, a venda por atacado, e não a um cliente individual, isto é, pressupõe um comerciante que não compra para satisfazer suas necessidades pessoais, mas que em seu ato de compra concentra os atos de compra de muitos indivíduos. Por outro lado, o desenvolvimento inteiro do capital comercial é voltado a conferir à produção um caráter cada vez mais orientado para o valor de troca, para a progressiva conversão dos produtos em mercadorias. Porém, como veremos adiante, seu desenvolvimento, considerado por si só, é insuficiente para explicar e efetuar a transição de um modo de produção ao outro.

Dentro da produção capitalista, o capital comercial perde sua existência autônoma para ser rebaixado a um fator particular do investimento de capital em geral, e o nivelamento dos lucros diminui sua taxa de lucro à média geral. Ele funciona apenas como agente do capital produtivo. Aqui as condições sociais particulares que se formam com o desenvolvimento do capital comercial deixam de ser determinantes; pelo contrário, onde esse capital predomina imperam condições obsoletas. Isso vale inclusive dentro de um país, em que, por exemplo, as cidades puramente comerciais apresentam semelhanças muito mais evidentes com as condições passadas do que as cidades fabris[46].

---

[46] O sr. W.[ilhelm] Kiesselbach (*Der Gang des Welthandels im Mittelalter*, [Stuttgart, J. G. Cotta,] 1860) ainda vive, de fato, em meio às ideias de um mundo em que o capital comercial é a forma do capital em geral. Do significado moderno do capital ele não tem a menor noção, e o mesmo se aplica ao sr. Mommsen, quando ele fala de "capital" e do domínio do capital em sua *História de Roma*. Na história inglesa moderna, o estamento comercial [*Handelsstand*] propriamente dito e as cidades comerciais surgem com um caráter politicamente reacionário e em aliança com as aristocracias fundiária e financeira, contra o capital industrial. Basta comparar, por exemplo, o papel político de Liverpool com o de Manchester e Birmingham. Na Inglaterra, o domínio completo do capital industrial só foi reconhecido pelo capital comercial e pela aristocracia financeira (*moneyed interest*) após a abolição das tarifas sobre os cereais etc.

O desenvolvimento autônomo e preponderante do capital como capital comercial tem o mesmo significado de uma insubmissão da produção ao capital, isto é, do desenvolvimento do capital sobre a base de uma forma social da produção que lhe é estranha e que não depende dele. Portanto, o desenvolvimento autônomo do capital comercial se apresenta na razão inversa do desenvolvimento econômico geral da sociedade.

O patrimônio comercial autônomo, como forma dominante do capital, é a autonomização do processo de circulação em relação a seus extremos, e estes são os próprios produtores que efetuam as trocas. Esses extremos se mantêm autônomos em relação ao processo de circulação, do mesmo modo que este último se mantém autônomo em relação aos primeiros. Aqui o produto se torna mercadoria por meio do comércio. É o comércio que, nesse caso, possibilita que o produto se transfigure em mercadoria, não é a mercadoria produzida que, por seu movimento, faz surgir o comércio. E aqui o capital como tal apresenta-se pela primeira vez no processo de circulação, no qual o dinheiro se transmuta em capital. Na circulação, o produto se desenvolve pela primeira vez como valor de troca: como mercadoria e dinheiro. O capital pode se formar no processo de circulação e tem necessariamente de se formar nele antes de aprender a controlar seus extremos, as diversas esferas da produção, mediadas pela circulação. A circulação de dinheiro e a circulação de mercadorias podem mediar esferas da produção das mais diversas configurações e que, quanto à estrutura interna, ainda se encontram orientadas principalmente para a produção do valor de uso. Essa autonomização do processo de circulação, na qual as esferas da produção são interligadas por meio de um terceiro elemento, expressa duas coisas. Por um lado, que a circulação ainda não se apoderou da produção, mas relaciona-se com ela como um pressuposto dado. Por outro, que o processo de produção ainda não incorporou a circulação como mera fase dele mesmo. Já na produção capitalista, ocorrem as duas coisas. O processo de produção se baseia inteiramente na circulação, e a circulação é um simples momento, uma fase de transição da produção, a mera realização do produto produzido como mercadoria e a reposição de seus elementos de produção produzidos como mercadorias. A forma do capital diretamente derivada da circulação – o capital comercial – só se apresenta aqui como uma das formas do capital em seu movimento de reprodução.

A lei segundo a qual o desenvolvimento autônomo do capital comercial se dá na proporção inversa do grau de desenvolvimento da produção capitalista se manifesta especialmente na história do comércio de transporte de mercadorias*

* Para traduzir o termo inglês *carrying trade*, Marx emprega *Zwischenhandel*, "comércio intermediário". (N. T.)

(*carrying trade*), como no caso dos venezianos, dos genoveses, dos holandeses etc., isto é, o comércio em que o lucro principal era obtido não exportando os produtos de seu próprio país, mas intermediando a troca de produtos de comunidades pouco desenvolvidas do ponto de vista comercial e, em geral, econômico e explorando ambos os países produtores[47]. O capital comercial encontra-se, aqui, em seu estado puro, separado dos extremos, das esferas de produção das quais ele efetua a mediação. Essa é uma fonte principal de sua formação. Mas esse monopólio do comércio de transporte de mercadorias declina, e, com ele, também esse mesmo comércio, na mesma proporção em que avança o desenvolvimento econômico dos povos que ele explorava de ambos os lados e cuja falta de desenvolvimento constituía a base de sua existência. No caso do comércio de transporte de mercadorias, isso aparece como o declínio não só de um ramo comercial particular, mas também da supremacia de povos puramente comerciais e de sua riqueza comercial em geral, cujas bases se assentavam nesse comércio de transporte de mercadorias. Essa é somente uma forma particular em que se expressa a subordinação do capital comercial ao capital industrial à medida que avança a produção capitalista. O modo como o capital comercial atua onde quer que domine diretamente a produção é ilustrado com a máxima evidência não só pela economia colonial em geral (o assim chamado sistema colonial), mas sobretudo pelas operações da antiga Companhia Holandesa das Índias Orientais.

Sendo D-M-D′ o movimento do capital comercial, o lucro do comerciante se obtém, em primeiro lugar, por meio de atos que têm lugar apenas no processo de circulação, isto é, nos atos da compra e da venda; em segundo lugar, ele se efetua no último ato, o da venda. Trata-se, pois, de um lucro sobre a alienação, *profit upon alienation*. *Prima facie*, um lucro comercial puro e independente parece impossível enquanto os produtos forem vendidos por seus valores. Comprar barato para vender caro, essa é a lei do comércio, e não a troca de equivalentes. Nessa lei está incluído o conceito de valor, na medida em que toda mercadoria é valor e, por conseguinte, dinheiro; com

---

47 "Os habitantes das metrópoles comerciais importavam de países mais ricos mercadorias refinadas e artigos de luxo caros, alimentando, assim, a vaidade dos grandes proprietários fundiários, que, com grande avidez, compravam essas mercadorias e as pagavam com grandes quantidades de produtos naturais de suas propriedades. Por isso, naquela época o comércio de grande parte da Europa consistia no intercâmbio da própria produção bruta por produtos manufaturados de nações mais civilizadas [...]. Quando esse gosto generalizou-se a ponto de ocasionar uma demanda considerável, os comerciantes, para economizar as despesas de transporte, trataram naturalmente de implantar algumas manufaturas do mesmo tipo em seu próprio país" (A.[dam] Smith, [*Wealth of Nations*, Londres, Aberdeen, 1848], livro III, cap. 3 [p. 267]).

relação à qualidade, toda mercadoria é, em igual medida, expressão do trabalho social. Mas as mercadorias não são grandezas de valor igual. A razão quantitativa na qual se trocam os produtos é, num primeiro momento, absolutamente casual. Eles assumem a forma de mercadoria na medida em que são intercambiáveis, isto é, a expressão de um mesmo terceiro elemento. A troca continuada e a reprodução mais regular com vistas à troca vão progressivamente abolindo essa casualidade. Inicialmente, porém, isso não ocorre para produtores e consumidores, mas para o intermediário entre ambos, o comerciante, que compara os preços monetários e embolsa a diferença. Mediante seu próprio movimento, ele estabelece a equivalência.

Em seus primórdios, o capital comercial é meramente o movimento mediador entre extremos que ele não domina e entre pressupostos que ele não cria.

Assim como o dinheiro surge da mera forma da circulação de mercadorias – M-D-M – não só como medida do valor e meio de circulação, mas como forma absoluta da mercadoria e, com isso, da riqueza, como tesouro, de tal maneira que sua conservação e seu crescimento como dinheiro se transformam num fim em si mesmo, assim também o dinheiro, o tesouro, surge da mera forma de circulação do capital comercial – D-M-D′ – como algo que se conserva e se multiplica por mera alienação.

Os povos comerciantes da Antiguidade existiam nos intermúndios, como os deuses de Epicuro ou, seria possível dizer ainda, como os judeus nos poros da sociedade polonesa. O comércio das primeiras cidades e dos povos comerciais independentes e altamente desenvolvidos se baseava, como puro comércio de transporte de mercadorias, na barbárie dos povos produtores, entre os quais atuavam como intermediários.

Nos estágios iniciais da sociedade capitalista, o comércio domina a indústria; na sociedade moderna, ocorre o inverso. Naturalmente, o comércio exercerá um efeito retroativo maior ou menor sobre as comunidades entre as quais ele se desenvolve e submeterá cada vez mais a produção ao valor de troca, fazendo com que os desfrutes e a subsistência dependam mais da venda que do uso direto do produto. Desse modo, ele dissolve as antigas relações e incrementa a circulação monetária. Ele não se limita mais a apoderar-se do excedente da produção, mas devora paulatinamente a própria produção, fazendo com que ramos inteiros desta última passem a estar sujeitos a ele. No entanto, esse efeito dissolvente depende muito da natureza da comunidade produtora.

Por todo o tempo em que o capital comercial medeia a troca de produtos de comunidades não desenvolvidas, o lucro comercial não só aparece como logro e vantagem abusiva, mas, em grande parte, resulta realmente destes últimos. Além de explorar a diferença entre os preços de produção de diferentes países (contribuindo, assim, para nivelar e fixar os valores das mercadorias), aqueles modos de produção contam com o fato de que o capital comercial se apropria de uma parte predominante do mais-produto, por um lado, como intermediário entre comunidades cuja produção ainda se encontra fundamentalmente orientada para o valor de uso e para cuja organização econômica a venda da parte do produto que entra realmente na circulação – isto é, em geral, a venda dos produtos por seu valor – tem uma importância secundária; por outro lado, pelo fato de que naqueles modos de produção mais antigos os principais possuidores do mais-produto, com os quais o comerciante negocia – o proprietário de escravos, o senhor feudal e o Estado (por exemplo, o déspota oriental) –, representam a riqueza fruitiva que o comerciante busca abocanhar, como já pressentira corretamente Adam Smith com relação à época feudal, na passagem citada. Portanto, onde quer que o capital comercial exerça um poder preponderante, ele constitui um sistema de saqueio[48], do mesmo modo que seu desenvolvimento nos povos comerciantes, tanto dos tempos antigos como dos mais

---

[48] "Da parte dos mercadores, ouve-se agora uma grande queixa contra cavaleiros ou ladrões. Reclamam de ser obrigados a comerciar em condições muito perigosas e de, além disso, ser aprisionados, golpeados, despojados e saqueados. Mas, se padecessem tudo isso por amor à justiça, os mercadores certamente seriam gente muito santa [...]. Considerando-se que no mundo inteiro grandes injustiças como essas e muitos furtos e roubos anticristãos são cometidos pelos próprios mercadores, inclusive uns contra os outros, quem poderia ficar surpreso se Deus cuidasse que tais e tais bens, tendo sido obtidos com injustiça, voltassem a ser perdidos ou roubados e que, ainda por cima, seus próprios possuidores fossem golpeados nas cabeças ou aprisionados? [...] Aos príncipes caberia, pelo uso da legítima violência, castigar e proibir tão injusto comércio, de modo que seus súditos não fossem tão vergonhosamente defraudados pelos mercadores. Como não o fazem, Deus necessita de cavaleiros e ladrões, que Lhe servem como diabos, por meio dos quais Ele castiga a iniquidade dos mercadores. Do mesmo modo como assola com diabos a terra do Egito e o mundo inteiro, ou o destrói com inimigos, Deus faz com que um velhaco aniquile o outro, sem que, com isso, dê a entender que os cavaleiros sejam ladrões de menor monta que os mercadores, porquanto estes roubam diariamente o mundo inteiro, enquanto um cavaleiro o faz uma ou duas vezes ao ano, assaltando uma ou duas pessoas." "Guiai-vos pelas palavras de Isaías: teus príncipes tornaram-se companheiros dos ladrões. Enquanto mandam enforcar ladrões que roubaram um ou meio florim, os príncipes fazem negócios com aqueles que roubam o mundo inteiro, e roubam com maior segurança que todos os demais, fazendo valer o ditado: os grandes ladrões enforcam os pequenos. Como disse o senador romano Catão: ladrões comuns jazem em masmorras e cadafalsos, mas os ladrões públicos se vestem de ouro e seda. O que dirá Deus, por fim, de tudo isso? Ele fará aquilo que anuncia pela boca de Ezequiel: fundirá príncipes e mercadores, um ladrão ao outro, como o chumbo e o cobre, do mesmo modo como uma cidade se consome em chamas por completo, sem que dela restem príncipes ou mercadores" (Martinho Lutero, *Bücher vom Kaufhandel und Wucher. Vom Jahr 1527*) [Martin Luther, "Von Kauffshandlung und Wucher", em *Der sechste Teil der Bücher des Ehrwirdigen Herrns Doctoris Martini Lutheri*, Wittemberg, 1589, p. 296-7. – N. T.].

recentes, vincula-se diretamente à pilhagem violenta, à pirataria, ao roubo de escravos e ao subjugamento nas colônias; assim foi em Cartago, em Roma e, mais tarde, entre venezianos, portugueses, holandeses etc.

A evolução do comércio e do capital comercial desenvolve por toda parte a orientação da produção para o valor de troca, aumenta seu volume, multiplica-a e cosmopolitiza-a, desenvolvendo o dinheiro em dinheiro mundial. Por isso, o comércio tem, em toda parte, uma ação mais ou menos dissolvente sobre as organizações preexistentes da produção, as quais, em todas as formas distintas, estão orientadas principalmente para o valor de uso. Em que medida ele provoca a dissolução do antigo modo de produção depende, antes de mais nada, da firmeza e da estrutura interna deste último. E onde esse processo de dissolução desembocará, isto é, que novo modo de produção ocupará o lugar do antigo, é algo que não depende do comércio, mas do caráter do próprio modo de produção antigo. No mundo antigo, o desenvolvimento do comércio e do capital comercial sempre resultou na economia escravista; dependendo do ponto de partida, seu resultado foi apenas a transformação de um sistema escravista patriarcal, voltado à produção de meios diretos de subsistência, num sistema voltado à produção de mais-valor. No mundo moderno, em contrapartida, esse desenvolvimento desemboca no modo de produção capitalista. Depreende-se daí que esses mesmos resultados foram condicionados ainda por circunstâncias totalmente distintas do que pelo desenvolvimento do capital comercial.

Reside na natureza das coisas que, tão logo a indústria urbana se separa da agrícola, seus produtos sejam, desde já, mercadorias, cuja venda requer, pois, a mediação do comércio. Nessa medida, compreende-se que o comércio se apoie no desenvolvimento urbano e que, por sua vez, este último seja condicionado pelo comércio. No entanto, saber até onde o desenvolvimento industrial mantém o mesmo ritmo do desenvolvimento do comércio é algo que depende inteiramente de outras circunstâncias. Na Roma Antiga, na época republicana tardia, o capital comercial foi desenvolvido num grau maior do que jamais havia sido em todo o mundo antigo, sem que tenha ocorrido nenhum progresso no desenvolvimento da indústria, ao passo que, em Corinto e em outras cidades gregas da Europa e da Ásia Menor, uma indústria altamente desenvolvida acompanhou o desenvolvimento do comércio. Por outro lado, inversamente ao desenvolvimento das cidades e de suas condições, o espírito comercial e o desenvolvimento do capital comercial costumam ser características de povos nômades, não sedentários.

Não resta dúvida – e precisamente esse fato gerou pontos de vista totalmente falsos – de que nos séculos XVI e XVII as grandes revoluções ocorridas no comércio graças aos descobrimentos geográficos e que incrementaram rapidamente o desenvolvimento do capital comercial constituem um fator fundamental no favorecimento da transição do modo de produção feudal para o modo de produção capitalista. A súbita expansão do mercado mundial, a diversificação das mercadorias em circulação, a disputa entre as nações europeias por apoderar-se dos produtos asiáticos e dos tesouros americanos, o sistema colonial, tudo isso contribuiu de maneira essencial para derrubar as barreiras feudais da produção. No entanto, em seu primeiro período, o da manufatura, o modo de produção moderno só se desenvolveu onde as condições para isso haviam surgido durante a Idade Média. Comparemos, por exemplo, Holanda com Portugal[49]. Se no século XVI e, em parte, ainda no século XVII, a súbita expansão do comércio e a criação de um novo mercado mundial contribuíram de maneira preponderante para o declínio do antigo modo de produção e a ascensão do modo de produção capitalista, isso ocorreu, inversamente, sobre a base do modo de produção capitalista, uma vez que este havia sido criado. O próprio mercado mundial constitui a base desse modo de produção. Por outro lado, a necessidade imanente que este último possui de produzir em escala cada vez maior gera um impulso à constante expansão do mercado mundial, de modo que, nesse caso, não é o comércio que revoluciona a indústria, mas é ela que revoluciona constantemente o comércio. Também o domínio comercial encontra-se agora vinculado ao maior ou ao menor predomínio das condições da grande indústria. Comparemos, por exemplo, Inglaterra e Holanda. A história do declínio da Holanda como nação comercial dominante é a história da subordinação do capital comercial ao capital industrial. Os obstáculos que a firmeza e a estruturação internas dos modos de produção nacionais pré-capitalistas impõem à ação dissolvente do comércio mostram-se decisivos no tráfico dos ingleses com a Índia e a China. A ampla base do modo de produção é aqui formada pela unidade da pequena agricultura e da indústria doméstica, às quais, na Índia, acrescenta-se ainda a forma das comunas aldeãs – que também na China constituíam a forma primitiva – baseadas na propriedade comum

[49] O grande predomínio que – abstraindo de todas as outras circunstâncias – teve no desenvolvimento da Holanda a base estabelecida na pesca, na manufatura e na agricultura já foi exposto por alguns escritores do século XVIII. Ver, por exemplo, Massie. Em contraste com a concepção anterior, que subestimava o volume e a importância do comércio asiático, antigo e medieval, tornou-se moda superestimá-los extraordinariamente. A melhor maneira de curar-se dessa concepção é examinar exportações e importações inglesas no início do século XVIII e confrontá-las com as atuais. No entanto, elas eram incomparavelmente maiores que as de qualquer povo comercial anterior. (Ver Anderson, *History of Commerce* [p. 261 e seg.].)

do solo. Na Índia, os ingleses também empregaram seu poder político e econômico direto, como governantes e rentistas da terra, para aniquilar essas pequenas comunidades econômicas[50]. Se aqui se pode falar em um efeito revolucionador de seu comércio sobre o modo de produção, é apenas na medida em que, por meio do baixo preço de suas mercadorias, eles aniquilam as atividades de fiação e de tecelagem, que constituem, desde tempos antiquíssimos, uma parte integrante dessa unidade da produção agrícola--industrial e, com isso, desagregam essas comunidades. Mesmo nesse caso eles só conseguem realizar esse trabalho de dissolução muito paulatinamente – em especial na China, onde não recebem o auxílio do poder político direto. A grande economia de tempo que resulta da combinação direta de agricultura e manufatura oferece aqui a mais obstinada resistência aos produtos da grande indústria, em cujo preço entram os *faux frais* [custos mortos] do processo de circulação que os atravessa por toda parte. Já o comércio russo, diferentemente do inglês, deixa intactos os fundamentos econômicos da produção asiática[51].

A transição do modo de produção feudal se efetua de duas maneiras. O produtor se torna mercador e capitalista, em contraposição à economia natural agrícola e ao artesanato – organizado em corporações – da indústria urbana medieval. Essa é a via de fato revolucionária. Ou, então, o mercador se apodera diretamente da produção. Ainda que esta última via funcione historicamente como transição – como é o caso, por exemplo, do *clothier* [comerciante têxtil] inglês do século XVII, que coloca sob seu efetivo controle os tecelões nominalmente independentes, vendendo-lhes lã e comprando tecido deles –, ela não produz, por si mesma, a alteração radical [*Umwälzung*] do antigo modo de produção, mas, antes, o conserva e o mantém como seu pressuposto. Assim, por exemplo, em sua maior parte, e ainda até meados deste século, o fabricante na indústria francesa da seda ou na indústria inglesa de meias e de rendas era apenas nominalmente um fabricante, pois, na realidade, ele era um simples mercador, que mantinha os tecelões trabalhando à antiga

50 Mais do que qualquer outro povo, a administração inglesa na Índia oferece a história de experimentos malogrados e realmente ridículos (na prática, infames). Em Bengala, os ingleses criaram uma caricatura da grande propriedade rural inglesa; no sudoeste da Índia, uma caricatura da propriedade parcelária; no noroeste, na medida em que foi possível, transformaram a comuna econômica indiana, com sua propriedade comum da terra, numa caricatura de si mesma.

51 Isso também já começa a se modificar, desde o momento em que a Rússia começou a empreender os esforços mais extremos para desenvolver uma produção capitalista própria, orientada exclusivamente ao mercado interno e ao mercado asiático limítrofe. (F. E.)

maneira fragmentária e exercia apenas o domínio do mercador, para quem, de fato, eles trabalhavam[52]. Esse sistema se apresenta em toda parte como um obstáculo ao modo de produção capitalista e desaparece com o desenvolvimento deste último. Sem revolucionar o modo de produção, ele só faz agravar a situação dos produtores diretos, convertendo-os em meros assalariados e proletários sob condições mais precárias que as dos diretamente subsumidos ao capital, e se apropria de seu mais-trabalho sobre a base do antigo modo de produção. A mesma relação subsiste, um pouco modificada, numa parte da fabricação londrina de móveis, operada de maneira artesanal. Ela é praticada especialmente nos *Tower Hamlets**, em escala muito ampla. A produção inteira está dividida em diversos ramos de atividade independentes entre si. Uma empresa faz somente cadeiras; a outra, somente mesas; a terceira, somente armários etc. Mas essas empresas, embora sejam operadas de maneira mais ou menos artesanal, por um pequeno mestre com uns poucos oficiais, produzem numa quantidade grande demais para que possam trabalhar diretamente para clientes particulares. Seus compradores são os donos de lojas de móveis. Aos sábados, o mestre vai visitá-los e vende seu produto, que tem o preço regateado tal como numa casa de penhores se regateia o valor de tal ou qual objeto. Esses mestres dependem da venda semanal para comprar a matéria-prima que será utilizada na semana seguinte e poder pagar os salários. Sob essas circunstâncias, eles são, na realidade, apenas intermediários entre o mercador e seus próprios trabalhadores. O mercador é o verdadeiro capitalista, que embolsa a maior parte do mais-valor[53]. Semelhante é o que acontece quando transitam para a manufatura aqueles ramos que até então eram operados de forma artesanal ou como ramos acessórios da indústria rural. A depender do desenvolvimento técnico que ostente essa pequena empresa autônoma – onde quer que se utilizem máquinas que permitam uma operação de tipo artesanal –, tem lugar também uma transição para a grande indústria; a máquina não é movida à mão, mas a vapor, tal como ocorre ultimamente, por exemplo, no ramo inglês de fabricação de meias.

---

52 O mesmo valia para passamanarias e tecelagens de seda na Renânia. Em Krefeld, chegou-se a construir uma ferrovia própria para o intercurso entre esses tecelões manuais rurais e os "fabricantes" urbanos. Mais tarde, porém, essa ferrovia foi desativada, juntamente com os tecelões manuais, pelas tecelagens mecânicas. (F. E.)

* Bairro na região leste de Londres. (N. T.)

53 De 1865 para cá, esse sistema desenvolveu-se numa escala ainda maior. Ver mais detalhes a esse respeito em *First Report of the Select Committee of the House of Lords on the Sweating System*, Londres, 1888. (F. E.)

Tem-se, assim, uma tripla transição: *primeiro*, o comerciante converte-se diretamente em industrial; é o que ocorre nas indústrias fundadas no comércio, em especial naquelas de artigos de luxo, os quais os mercadores importam do estrangeiro junto com as matérias-primas e os trabalhadores, como ocorria no século XV, quando se importava de Constantinopla para a Itália. *Segundo*, o mercador transforma os pequenos mestres em seus intermediários (*middlemen*) ou compra diretamente do produtor autônomo; este continua a ser nominalmente autônomo, e seu modo de produção fica inalterado. *Terceiro*, o industrial converte-se em mercador e produz em grande escala, diretamente para o comércio.

Na Idade Média, o mercador, como diz corretamente Poppe*, é apenas um "contratador" [*Verleger*] das mercadorias produzidas, seja pelos artesãos reunidos em corporações, seja pelos camponeses. O mercador torna-se industrial ou, antes, faz com que a indústria artesanal – sobretudo a pequena indústria rural – trabalhe para ele. Por outro lado, o produtor torna-se mercador. Em vez de, por exemplo, o mestre tecelão receber lã do mercador, aos poucos e em pequenas porções, e trabalhar com seus oficiais para este último, ele mesmo compra a lã ou o fio e vende tecido ao mercador. Os elementos de produção entram no processo de produção como mercadorias compradas por ele mesmo. Em vez de produzir para o mercador individual ou para determinados clientes, agora o tecelão de pano produz para o mundo do comércio. O produtor é, ele mesmo, mercador. O capital comercial realiza apenas o processo de circulação. Originalmente, o comércio foi o pressuposto para a transformação da indústria corporativa e doméstico-rural e da agricultura feudal em empresas capitalistas. O comércio desenvolve o produto, transforma-o em mercadoria, em parte criando para ele um mercado e em parte introduzindo novos equivalentes-mercadorias [*Waarenäquivalente*] e agregando novas matérias-primas e materiais auxiliares à produção. Com isso, ele inaugura novos ramos de produção, fundados desde o início no comércio, tanto no que diz respeito à produção para o mercado doméstico e o mercado mundial como no que diz respeito às condições de produção que têm origem no mercado mundial. Tão logo a manufatura se fortalece de alguma maneira – e, mais ainda, a grande indústria –, ela cria um mercado para si mesma, conquista-o por meio de suas mercadorias. Agora o comércio se converte em servidor da produção industrial, para a qual a constante

* Johann Poppe, *Geschichte der Technologie seit der Wiederherstellung der Wissenschaften bis an das Ende des achtzehnten Jahrhunderts*, t. 1 (Götingen, Bey J. F. Röwer, 1807), p. 70. (N. E. A.)

expansão do mercado é condição vital. Uma produção em massa, cada vez mais ampla, inunda o mercado existente e, assim, promove constantemente a expansão desse mercado, a derrubada de suas barreiras. O que limita essa produção em massa não é o comércio (na medida em que ele expressa apenas uma demanda existente), mas a grandeza do capital atuante e a força produtiva desenvolvida do trabalho. O capitalista industrial tem sempre diante de si o mercado mundial; ele confronta e tem de confrontar constantemente seus próprios preços de custo com os preços de mercado, não só aqueles praticados em seu país, mas no mundo inteiro. Na época anterior, realizar essa comparação era algo que competia quase exclusivamente aos mercadores, que assim asseguravam a supremacia do capital comercial sobre o capital industrial.

A primeira abordagem teórica do modo de produção moderno – o sistema mercantilista – teve necessariamente de partir dos fenômenos superficiais do processo da circulação, tais como se apresentam autonomizados no movimento do capital comercial. Por isso, essa abordagem só capturou a aparência, em parte pelo fato de o capital comercial ser o primeiro modo livre de existência do capital em geral, em parte devido a sua preponderância no primeiro período de revolucionamento da produção feudal, o nascimento da produção moderna. A verdadeira ciência da economia moderna só nasce quando a consideração teórica passa do processo de circulação ao processo de produção. É verdade que o capital portador de juros também constitui uma forma extremamente antiga do capital. Adiante, veremos a razão pela qual o mercantilismo não parte dessa forma, mas, ao contrário, polemiza contra ela.

Seção V

CISÃO DO LUCRO EM JUROS E GANHO EMPRESARIAL. O CAPITAL PORTADOR DE JUROS

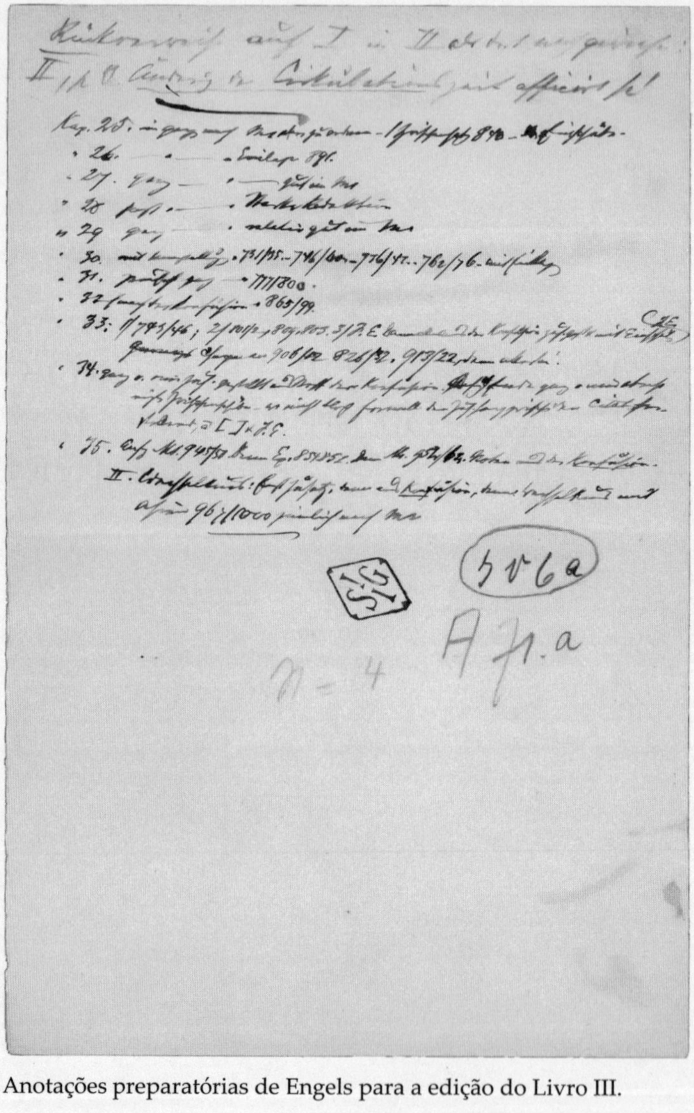

Anotações preparatórias de Engels para a edição do Livro III.

Capítulo 21

O capital portador de juros

Em nossa primeira análise da taxa de lucro geral ou média (seção II deste livro), não tínhamos esta última diante de nós em sua configuração acabada, uma vez que a compensação ainda aparecia meramente como compensação dos capitais industriais investidos em diferentes ramos. Isso se completou na seção anterior, em que examinamos a participação do capital comercial nessa compensação e o lucro comercial. A taxa geral de lucro e o lucro médio se apresentaram, então, dentro de limites mais estreitos do que antes. Ao prosseguirmos a investigação, não podemos perder de vista que doravante, quando falarmos de taxa geral de lucro ou de lucro médio, o faremos com esta última acepção, ou seja, apenas com referência à configuração definitiva da taxa média de lucro. Como ela é, a partir de agora, a mesma para o capital industrial e o capital-mercadoria, tampouco se faz necessário, quando se tratar somente desse lucro médio, estabelecer uma distinção entre o lucro industrial e o lucro comercial. Seja investido industrialmente na esfera da produção, seja investido comercialmente na esfera da circulação, o capital gera, proporcionalmente a seu volume, o mesmo lucro médio anual.

Com base na produção capitalista, o dinheiro – aqui considerado expressão autônoma de uma soma de valor, sendo indiferente se esta existe, de fato, em dinheiro ou em mercadorias – pode ser convertido em capital e, mediante essa conversão, deixar de ser um valor dado para se transformar num valor que valoriza a si mesmo, incrementa a si mesmo. Ele produz lucro, isto é, permite ao capitalista extrair dos trabalhadores determinada quantidade de trabalho não pago, de mais-produto e mais-valor, e de apropriar-se desse trabalho. Com isso, ele obtém, além do valor de uso que já possui como dinheiro, um valor de uso adicional, a saber, aquele de funcionar como capital. Seu valor de uso consiste aqui precisamente no lucro que ele produz ao se converter em capital. Nessa qualidade de capital possível, de meio para a produção do lucro, ele se torna mercadoria, mas uma mercadoria *sui generis*. Em outras palavras, o capital como tal torna-se mercadoria[54].

Suponhamos que a taxa média anual de lucro seja de 20%. Nesse caso, uma máquina no valor de £100 que fosse empregada como capital sob as condições médias e com uma quantidade média de inteligência e adequação aos fins geraria um lucro de £20. Digamos que um homem disponha de £100 e tenha nas mãos o poder de converter essas £100 em £120, produzir um lucro de £20. Ele tem nas mãos um capital possível de £100. Se esse homem cede as £100 por um ano a outro, que as emprega realmente como capital, ele entrega a esse outro o poder de produzir um lucro de £20, isto é, um mais-valor que não lhe custa nada e pelo qual ele não paga equivalente nenhum. Se no final do ano esse homem paga, digamos, £5 ao proprietário das £100, ou seja, uma parte do lucro produzido, ele paga, com isso, o valor de uso das £100, o valor de uso de sua função de capital, da função de produzir £20 de lucro. A parte do lucro que ele lhe paga chama-se juros, que não é mais do que um nome especial, uma rubrica para designar uma parte do lucro que o capital ativo, em vez de colocar em seu próprio bolso, precisa pagar ao proprietário do capital.

É claro que a posse das £100 confere a seu proprietário o poder de receber os juros, isto é, certa parte do lucro produzido por seu capital. Se não entregasse as £100 ao outro, este não poderia produzir o lucro nem atuar de modo nenhum como capitalista com relação a essas £100[55].

Não faz sentido falar aqui de justiça natural, como o faz Gilbart (ver nota). A justiça das transações que se realizam entre os agentes da produção repousam no fato de que essas transações derivam das relações de produção como uma consequência natural. As formas jurídicas, nas quais essas transações econômicas aparecem como atos de vontade dos envolvidos, como exteriorizações de sua vontade comum e como contratos cuja execução pode ser imposta às partes contratantes pelo Estado, não podem determinar, como meras formas que são, esse conteúdo. Elas podem apenas expressá-lo. Quando corresponde ao modo de produção, quando lhe é adequado, esse conteúdo é justo; quando o contradiz,

---

54 Caberia aqui citar algumas passagens em que os economistas abordam essa questão. *"You" (the Bank of England) "are very large dealers in the commmodity of capital?"* ["Os senhores" (o Banco da Inglaterra) "fazem grandes negócios com a *mercadoria capital*?"], pergunta-se a um diretor desse banco nas audiências do *Report on Bank Acts*, H.[ouse] of C.[ommons], 1857 [p. 104].

55 "Que um homem que toma dinheiro emprestado com a intenção de com ele obter um lucro deve ceder ao prestamista uma parte desse lucro é um princípio evidente da justiça natural" (Gilbart, *The History and Principles of Banking*, Londres, 1834, p. 163).

é injusto. A escravidão, sobre a base do modo de produção capitalista, é injusta, assim como a fraude em relação à qualidade da mercadoria.

As £100 geram o lucro de £20 pelo fato de funcionarem como capital, seja industrial, seja comercial. Mas a condição *sine qua non* dessa sua função como capital é que elas sejam desembolsadas como capital, que, portanto, esse dinheiro seja despendido para comprar meios de produção (no caso do capital industrial) ou de mercadoria (no caso do capital comercial). Para poder ser desembolsado, primeiro é necessário que ele exista. Se *A*, o proprietário das £100, as despendesse para seu consumo próprio ou conservasse como tesouro, elas não poderiam ser desembolsadas como capital por *B*, o capitalista atuante. *B* não investe seu próprio capital, mas o de *A*; porém, ele não pode desembolsar o capital de *A* contra a vontade deste último. Na realidade, portanto, é *A* quem originalmente investe as £100 como capital, ainda que sua função inteira como capitalista se reduza a efetuar esse investimento. Na medida em que se consideram essas £100, *B* só atua como capitalista porque *A* lhe cede as £100, despendendo-as assim como capital.

Consideremos, primeiro, a circulação peculiar do capital portador de juros. Num segundo momento, examinemos o modo como ele é vendido como mercadorias, ou, mais precisamente, como é emprestado, em vez de cedido de uma vez por todas.

O ponto de partida é o dinheiro que *A* adianta a *B*. Essa operação pode ser realizada com ou sem garantia; a primeira forma é, no entanto, a mais antiga, com exceção dos empréstimos feitos sobre mercadorias ou sobre títulos, tais como letras de câmbio, ações etc. Essas formas especiais não nos concernem aqui. O que nos interessa é apenas o capital portador de juros em sua forma comum.

Nas mãos de *B*, o dinheiro se converte realmente em capital, descreve o movimento D-M-D′ e, então, retorna às mãos de *A* como D′, como D + ΔD, no qual ΔD representa os juros. Para simplificar o problema, deixamos aqui de lado, por enquanto, o caso em que o capital permanece mais tempo nas mãos de *B* e os juros são pagos periodicamente.

O movimento é, então:

D-D-M-D′-D′

O que aqui aparece duplicado é: 1) o desembolso do dinheiro como capital; 2) seu refluxo como capital realizado, como D′ ou D + ΔD.

No movimento do capital comercial D-M-D′, a mesma mercadoria muda duas vezes de mãos ou, se o comerciante vende a outro comerciante, muda várias vezes de mãos; mas cada uma dessas mudanças de lugar da mesma mercadoria representa uma metamorfose, compra ou venda de mercadoria, por mais que esse processo possa se repetir até que a mercadoria entre definitivamente na esfera do consumo.

Por sua vez, em M-D-M o mesmo dinheiro troca duas vezes de mãos, mas isso indica a metamorfose completa da mercadoria, que primeiro é convertida em dinheiro e, num segundo momento, é reconvertida de dinheiro em outra mercadoria.

Já no capital portador de juros, ao contrário, a primeira troca de lugar de D não é fator da metamorfose da mercadoria, tampouco da reprodução do capital. O dinheiro só se torna um fator desses quando é desembolsado uma segunda vez, isto é, quando se encontra nas mãos do capitalista em atividade, que comercia com ele ou o converte em capital produtivo. A primeira troca de lugar de D não expressa aqui mais que transferência ou cessão de *A* para *B*, uma transferência que costuma se realizar sob certas formas e cautelas legais.

A esse duplo desembolso do dinheiro como capital, sendo o primeiro uma simples transferência de *A* para *B*, corresponde seu duplo refluxo. Como D′ ou D + ΔD, ele reflui do movimento para as mãos do capitalista em atividade *B*. Este o transfere de volta a *A*, porém acrescido de uma parte do lucro, como capital realizado, D + ΔD, no qual ΔD não equivale ao lucro inteiro, mas a uma parte dele, isto é, aos juros. Às mãos de *B* ele retorna somente como aquilo que ele desembolsou, como capital em funcionamento, mas como propriedade de *A*. Para que seu refluxo seja completo, tem de passar novamente das mãos de *B* às mãos de *A*. Porém, além da soma de capital, *B* tem de ceder a *A*, sob o nome de juros, uma parte do lucro por ele obtido mediante essa soma de capital, uma vez que *A* só lhe deu esse dinheiro como capital, isto é, como valor que não só se conserva no movimento, como rende um mais-valor a seu proprietário. Ele só permanece nas mãos de *B* enquanto funciona como capital. Com seu refluxo, isto é, uma vez vencido o prazo, ele deixa de funcionar como capital e, tão logo isso acontece, tem de ser retransferido a *A*, que não deixou de ser seu proprietário legal.

A forma de empréstimo que, em vez da forma da venda, é característica dessa mercadoria – do capital como mercadoria – e que, além disso, ocorre também em outras transações resulta já da determinação de que o capital aparece aqui como mercadoria, de que o dinheiro, como capital, converte-se em mercadoria.

Neste ponto, é preciso estabelecer uma distinção.

Vimos (Livro II, capítulo 1) e aqui recordaremos brevemente que o capital, no processo de circulação, pode funcionar como capital-mercadoria ou como capital monetário. Mas em nenhuma dessas duas formas o capital como tal se converte em mercadoria.

Tão logo o capital produtivo tenha se convertido em capital-mercadoria, ele tem de ser lançado no mercado, tem de ser vendido como mercadoria. Aqui ele funciona apenas como mercadoria. O capitalista aparece como simples vendedor de mercadoria, assim como o comprador surge como simples comprador desta última. Como mercadoria, o produto tem de ser vendido e, com isso, realizar seu valor no processo de circulação, isto é, assumir sua figura transmutada em dinheiro. Por essa razão, é absolutamente irrelevante se essa mercadoria é comprada por um consumidor como meio de subsistência ou por um capitalista como meio de produção, como parte integrante do capital. No ato de circulação, o capital-mercadoria funciona apenas como mercadoria, não como capital. Ele é capital-mercadoria, em contraste com a simples mercadoria, 1) porque está prenhe de mais-valor, de modo que a realização de seu valor é simultaneamente realização de mais-valor – mas isso mantém intacta sua simples existência como mercadoria, como produto de um preço determinado; 2) porque essa sua função como mercadoria representa uma fase de seu processo de reprodução como capital e, por conseguinte, seu movimento como mercadoria, por não ser mais que um movimento parcial de seu processo, representa, ao mesmo tempo, seu movimento como capital – isso, porém, não por meio do ato mesmo da venda, mas somente por meio da conexão desse ato com o movimento total realizado por essa determinada soma de valor como capital.

Enquanto capital monetário, ele também funciona, na realidade, simplesmente como dinheiro, isto é, como meio de compra de mercadorias (dos elementos de produção). O fato de que esse dinheiro seja aqui ao mesmo tempo capital monetário, uma forma do capital, é algo que não deriva do ato da compra, da função efetiva que ele desempenha como dinheiro, mas da conexão desse ato com o movimento total do capital, uma vez que esse ato que ele realiza como dinheiro conduz ao processo de produção capitalista.

Porém, na medida em que de fato funcionam, em que desempenham efetivamente o papel que lhes corresponde nesse processo, o capital-mercadoria atua aqui somente como mercadoria, e o capital monetário, somente como dinheiro. Em nenhum momento da metamorfose, considerado em si mesmo, o capitalista vende ao comprador a mercadoria como *capital*, ainda que esta seja precisamente isso para ele, e tampouco aliena o dinheiro como capital ao vendedor. Tanto num caso como no outro, ele aliena a mercadoria apenas como mercadoria e o dinheiro apenas como dinheiro, como meio de compra de mercadorias.

É apenas na concatenação do processo inteiro, quando o ponto de partida aparece ao mesmo tempo como ponto de retorno, em D-D′ ou M-M′, que o capital surge como tal no processo de circulação (ao passo que no processo de produção ele aparece como capital por meio da submissão do trabalhador ao capitalista e da produção do mais-valor). Nesse momento do refluxo, a mediação desapareceu. O que existe agora é D′ ou D + ΔD (não importando se a soma de valor incrementada em ΔD existe em forma de dinheiro, de mercadoria ou de elementos de produção), uma soma de dinheiro igual à soma primitivamente desembolsada e mais um excedente, que é o mais-valor que se realizou. É precisamente nesse ponto de retorno – na medida em que esse ponto é fixado como ponto de repouso, seja real, seja imaginário – que o capital, que aqui existe como capital realizado e na forma de valor valorizado, não entra em circulação, mas aparenta, antes, ter sido retirado dela como resultado do processo inteiro. Assim que volta a ser desembolsado, ele jamais é alienado *como capital* a um terceiro, mas é vendido como simples mercadoria ou entregue como simples dinheiro em troca de mercadoria. Ele nunca aparece em seu processo de circulação como capital, somente como mercadoria ou dinheiro, e essa é sua única existência *para outrem*. Mercadoria e dinheiro são aqui apenas capital, não na medida em que a mercadoria se converte em dinheiro, e o dinheiro, em mercadoria, isto é, não em suas relações reais com o comprador ou o vendedor, mas tão somente em suas relações ideais, seja com o próprio capitalista (subjetivamente considerado), seja como momentos do processo de reprodução (objetivamente considerados). Em seu movimento real, o capital não existe como tal dentro do processo de circulação, mas apenas no processo de produção, no processo de exploração da força de trabalho.

Diferente é o que acontece com o capital portador de juros, e justamente isso constitui seu caráter específico. O possuidor de dinheiro, que quer valorizá-lo como capital portador de juros, aliena-o a um terceiro, lança-o na circulação, converte-o em mercadoria *como capital*; e não só como capital para ele mesmo, mas também para outros; ele não é capital apenas para quem o aliena, mas é desde o início transferido a um terceiro como capital, como valor que possui o valor de uso de criar mais-valor, lucro; como um valor que conserva a si mesmo no movimento e que, depois de ter funcionado, retorna àquele que o desembolsou originalmente, no caso em questão, ao possuidor do dinheiro; portanto, um valor que só por algum tempo permanece distante de quem o desembolsou, que só transita temporariamente das mãos de seu proprietário para as mãos do capitalista em atividade e que, por conseguinte, não é pago nem vendido, mas apenas emprestado; um valor que só é alienado sob a condição de, em primeiro lugar, retornar a seu ponto de partida após determinado prazo e, em segundo lugar, retornar como capital realizado, isto é, tendo cumprido seu valor de uso, que consiste em produzir mais-valor.

A mercadoria emprestada como capital se apresenta como capital fixo ou capital circulante. O dinheiro pode ser emprestado em ambas as formas. Ele é emprestado como capital fixo, por exemplo, quando é reembolsado na forma de uma renda vitalícia [*Leibrente*], em cujo caso uma porção do capital reflui juntamente com os juros. Certas mercadorias, como casas, navios, máquinas etc., pela própria natureza de seu valor de uso, só podem ser emprestadas como capital fixo. Mas todo capital emprestado, qualquer que seja sua forma e independentemente de como sua devolução possa resultar modificada pela natureza de seu valor de uso, continua a ser apenas uma forma especial do capital monetário. Pois o que se empresta, nesse caso, é sempre uma soma determinada de dinheiro, e sobre essa soma são calculados os juros. Quando se empresta algo que não é dinheiro nem capital circulante, esse algo também é pago do modo como reflui o capital fixo. O prestamista recebe periodicamente os juros e uma parte do valor consumido do mesmo capital fixo, um equivalente pelo desgaste periódico. Ao final do prazo, retorna a ele, *in natura*, a parte não consumida do capital fixo emprestado. Se o capital emprestado é capital circulante, ele retorna igualmente ao prestamista, da mesma maneira como reflui o capital circulante.

Portanto, a *modalidade* do retorno é sempre determinada pelo movimento cíclico real do capital que se reproduz e de suas modalidades particulares. Para o capital emprestado, no entanto, o refluxo assume a *forma* da devolução, uma vez que o desembolso, a alienação desse capital, tem a forma do empréstimo.

Tratamos, neste capítulo, apenas do capital monetário propriamente dito, do qual decorrem as demais formas do capital dado em empréstimo.

O capital emprestado reflui de dois modos: no processo de reprodução, ele retorna ao capitalista em atividade; então, o retorno se repete uma vez mais como transferência ao prestamista, ao capitalista monetário, como devolução do capital a seu proprietário efetivo, a seu ponto de partida jurídico.

No processo efetivo de circulação, o capital se apresenta sempre como mercadoria ou dinheiro, e seu movimento se decompõe numa série de compras e vendas. Em outras palavras, o processo de circulação se decompõe nas metamorfoses da mercadoria. Diferente é o que ocorre quando observamos o processo de reprodução em seu conjunto. Se partimos do dinheiro (e o resultado seria o mesmo se partíssemos da mercadoria, pois, nesse caso, partimos de seu valor, ou seja, a consideramos *sub specie* [sob a forma] de dinheiro), uma soma é desembolsada e, depois de certo período, retorna com um incremento. A reposição da soma de dinheiro desembolsada retorna acrescida de um mais-valor. Tal soma se conservou e se incrementou ao percorrer certo movimento cíclico. Ocorre que o dinheiro, sempre que é emprestado como capital, o é precisamente como essa soma de dinheiro que se conserva e se incrementa; uma soma que, ao final de certo período, retorna com um incremento e pode sempre voltar a percorrer o mesmo processo. Ele não é desembolsado como dinheiro nem como mercadoria – portanto, não é trocado por mercadoria, quando é adiantado como dinheiro, nem é vendido em troca de dinheiro, quando é adiantado como mercadoria –, mas como capital. Sua relação consigo mesmo, isto é, a forma como o capital se apresenta ao enfocar o processo de produção capitalista em seu conjunto e em sua unidade e na qual o capital se mostra como dinheiro que multiplica dinheiro, é aqui expressa sem o movimento intermediário que opera a mediação, mas simplesmente como seu caráter, sua "determinidade" [*Bestimmtheit*]. Nessa determinidade, ele é alienado, emprestado como capital monetário.

Uma concepção extravagante do papel do capital monetário é a de Proudhon (*Gratuité du Crédit. Discussion entre M. F. Bastiat et M. Proudhon*, Paris, 1850). Para ele, emprestar é algo mau, uma vez que não é vender. Emprestar a juros "*est le faculté de vendre toujours de nouveau le même objet, et d'en recevoir toujours de nouveau le prix sans jamais céder la propriété de ce qu'on vend*"* (p. 9). O objeto – dinheiro, uma casa etc. – não muda de dono como na compra e na venda. Mas Proudhon não vê que, quando se cede dinheiro em forma de capital portador de juros, nenhum equivalente é recebido em troca. É verdade que em todo ato de compra e venda, na medida em que tem lugar um processo de troca em geral, o objeto é cedido. Cede-se sempre a propriedade do objeto vendido. Mas não se cede o valor. Na venda, cede-se a mercadoria, mas não seu valor, que é reembolsado sob a forma de dinheiro ou – o que aqui é apenas outra forma do dinheiro – de títulos de crédito ou ordens de pagamento. Na compra, transfere-se o dinheiro, mas não seu valor, que é reposto em forma de mercadoria. Durante todo o processo de reprodução, o capitalista industrial retém em suas mãos o mesmo valor (abstraindo do mais-valor), apenas sob distintas formas.

---

* "É a faculdade de vender repetidas vezes o mesmo objeto e de obter repetidas vezes seu preço, sem jamais ceder a propriedade daquilo que se vende." (N. T.)

Na medida em que há um intercâmbio de objetos, não ocorre nenhuma mudança no valor. O mesmo capitalista retém sempre em suas mãos o mesmo valor. Quando o capitalista produz mais-valor, tal intercâmbio não ocorre; quando ocorre um intercâmbio, o mais-valor já está contido nas mercadorias. Se nos fixarmos, não nos distintos atos de troca, mas no ciclo completo do capital, D-M-D', veremos que determinada soma de dinheiro é constantemente adiantada e que essa soma de valor retorna da circulação acrescida do mais-valor ou do lucro. A mediação desse processo não é visível nos simples atos de troca. É precisamente desse processo de D como capital que provêm os juros do capitalista monetário que empresta dinheiro.

> "Na realidade", diz Proudhon, "o chapeleiro que vende chapéus [...] recebe em troca o valor de seu produto, nem mais nem menos. E o capitalista que empresta dinheiro [...] não só recebe de volta seu capital integral, mas recebe mais do que o capital, mais do que aquilo que ele lança na troca; além do capital, ele recebe juros." (p. 169)

Aqui, em oposição ao prestamista, o chapeleiro representa o capitalista produtivo. Fica claro que Proudhon não conseguiu desvendar o segredo de que o capitalista produtivo possa vender mercadorias a seu valor (em sua concepção, a compensação com base nos preços de produção é aqui indiferente) e, precisamente desse modo, obter um lucro sobre o capital que ele lança na troca. Suponhamos que o preço de produção de 100 chapéus seja = £115 e que esse preço de produção seja casualmente igual ao valor dos chapéus, isto é, que o capital que produz os chapéus seja um capital de composição social média. Se o lucro for = 15%, o chapeleiro realizará um lucro de £15 ao vender as mercadorias a seu valor de [£]115. Para ele, essas mercadorias custam apenas £100. Se ele as produziu com capital próprio, ele embolsa integralmente o excedente de £15; se as produziu com capital emprestado, ele tem de pagar, digamos, £5. Isso não altera em nada o valor dos chapéus, somente a distribuição entre diversas pessoas do mais-valor já contido nesse valor. Portanto, como o valor dos chapéus não é afetado pelo pagamento de juros, é um absurdo quando Proudhon afirma:

> "Como no comércio os juros do capital acrescentam-se ao salário do trabalhador para compor o preço da mercadoria, é impossível que o trabalhador possa recomprar o produto de seu próprio trabalho. *Vivre en travaillant* [viver do

próprio trabalho] é um princípio que, sob o regime dos juros, implica uma contradição." (p. 105)[56]

O quão deficiente é a compreensão de Proudhon acerca da natureza do capital fica demonstrado pela seguinte passagem, em que o movimento do capital em geral é descrito como um movimento peculiar ao capital portador de juros: "*Comme, par l'accumulation des intérêts, le capital-argent, d'échange en échange, revient toujours à sa source, il s'ensuit que la relocation toujours faite par la même main, profite toujours au même personnage*"* [p. 154].

O que é, pois, que continua a ser tão enigmático para ele no movimento peculiar do capital portador de juros? As categorias: compra, preço, cessão de objetos e a forma direta em que o mais-valor se apresenta aqui; em suma, o fenômeno de que aqui o capital como tal converteu-se em mercadoria e de que, por isso, a venda se converteu em empréstimo, e o preço, numa participação no lucro.

O retorno do capital a seu ponto de partida é, em geral, o movimento próprio do capital em seu ciclo completo. Não é isso, portanto, que caracteriza o capital portador de juros. O que é peculiar a esse capital é a forma externa do retorno, apartada do ciclo mediador. O capitalista que cede o empréstimo aparta-se de seu capital, transfere-o ao capitalista industrial, sem receber em troca um equivalente. Sua cessão não constitui de modo nenhum um ato do processo cíclico efetivo do capital, mas o introduz mediante o ciclo que o capitalista industrial tem de realizar. Essa primeira mudança de lugar do dinheiro não expressa nenhum ato da metamorfose, nem compra nem venda. A propriedade não é cedida, porque não se realiza nenhuma troca nem se recebe equivalente nenhum. O retorno do dinheiro das mãos do capitalista industrial para as mãos do capitalista que lhe cede o empréstimo serve apenas de complemento do primeiro ato de cessão do capital. O

---

56 Portanto, segundo Proudhon, "uma casa", "dinheiro" etc. não devem ser emprestados como "capital", mas devem ser alienados como "mercadoria [...] a preço de custo" (p. [43-]44). Lutero estava um pouco à frente de Proudhon. Ele já sabia que a obtenção do lucro é independente da forma do empréstimo ou da compra: "Eles fazem também da compra uma usura. Mas isso é muita coisa para comermos em uma só mordida. Por isso, temos de nos limitar, por ora, ao tratamento da usura no empréstimo e, depois, quando tivermos esgotado esse assunto (depois do Juízo Final), não deixaremos de nos ocupar também com a *usura na compra*" (M.[artinho] Lutero, *An die Pfarherrn wider den Wucher zu predigen*, Wittenberg, 1525).

* "Como o capital monetário, de troca em troca, retorna sempre à sua fonte por meio da acumulação dos juros, segue-se que o reinvestimento, realizado todas as vezes pelas mesmas mãos, gera lucros à mesma pessoa." (N. T.)

capital, adiantado em forma de dinheiro, retorna ao capitalista industrial, pelo processo cíclico, também em forma de dinheiro. Mas como o capital não lhe pertencia no momento em que foi investido, tampouco pode pertencer-lhe no momento em que retorna. Sua passagem pelo processo de reprodução não tem o poder de converter esse capital em propriedade sua. Ele precisa, portanto, devolvê-lo ao prestamista. O primeiro desembolso, que transfere o capital das mãos do prestamista às mãos do prestatário, é uma transação jurídica, que não tem relação nenhuma com o processo real de reprodução do capital e apenas lhe serve de introdução. O reembolso, pelo qual o capital retorna das mãos do prestatário às mãos do prestamista, é uma segunda transação jurídica, complementar à primeira; uma serve de introdução ao processo efetivo, a outra é um ato complementar desse processo. Ponto de partida e ponto de retorno, cessão e restituição do capital emprestado, aparecem, pois, como movimentos arbitrários, mediados por transações jurídicas efetuadas antes e depois do movimento efetivo do capital e que com ele não têm relação nenhuma. Para esses movimentos, seria indiferente se o capital pertencesse desde o início ao capitalista industrial e, por conseguinte, refluísse somente para ele como sua propriedade.

No primeiro ato, que serve de introdução, o prestamista cede seu capital ao prestatário. No segundo ato, que complementa e conclui o processo, o prestatório restitui o capital ao prestamista. Se nos fixarmos exclusivamente na transação entre ambos – e abstrairmos, por enquanto, dos juros –, ou seja, se considerarmos apenas o movimento do capital emprestado entre prestamista e prestatário, veremos que esses dois atos (separados por um período mais ou menos longo, durante o qual tem lugar o verdadeiro movimento de reprodução do capital) abarcam a totalidade desse movimento. Esse movimento – de ceder sob a condição de receber de volta – é, em geral, o movimento de conceder e de tomar empréstimo, dessa forma específica da alienação puramente condicional de dinheiro ou de mercadorias.

O retorno do dinheiro às mãos do capitalista, que constitui o movimento característico do capital em geral, assume no capital portador de juros uma figura completamente exterior, separada do movimento real, do qual ele constitui a forma. *A* cede seu dinheiro não como dinheiro, mas como capital. Aqui o capital não experimenta nenhuma mudança. Ele apenas troca de mãos. Sua transformação efetiva em capital só se realiza nas mãos de *B*. Para *A*, no entanto, ele se tornou capital por meio de mera cessão a *B*. O refluxo efetivo do capital do processo de produção e de circulação ocorre apenas para *B*. Para *A* o refluxo tem lugar na mesma forma que a alienação. O capital passa novamente das mãos de *B* às mãos de *A*. Cessão, empréstimo de dinheiro por certo tempo e devolução desse dinheiro acrescido de juros (mais-valor) constituem a forma integral do movimento, que corresponde ao capital portador de juros como tal. O movimento efetivo que o dinheiro emprestado realiza como capital é uma operação situada à margem das transações entre prestamistas e prestatários. Nessas transações, a mediação é obliterada, não é visível, não está diretamente incluída. O capital, como mercadoria de tipo específico, possui também um modo peculiar de alienação. Por isso, tampouco aqui o retorno se expressa como consequência e resultado de uma série determinada de fenômenos econômicos, mas como efeito de um acordo jurídico especial entre compradores e vendedores. O momento do refluxo depende do curso do processo de reprodução; no capital portador de juros, seu retorno como capital *parece* depender de um simples acordo entre prestamista e prestatário, de maneira que o refluxo do capital, com relação a essa transação, não aparece mais como resultado determinado pelo processo de produção, mas como se em nenhum momento o capital emprestado se despojasse da forma de dinheiro. É verdade que essas transações são, de fato, determinadas pelos refluxos efetivos, mas isso não aparece na transação. Tampouco ocorre sempre assim na prática. Se o verdadeiro refluxo não ocorre em tempo hábil, o prestatário tem de buscar outros recursos para fazer frente a suas obrigações para com o prestamista. A mera *forma* do capital – dinheiro que é desembolsado como soma *A* e que, depois de certo tempo, retorna como soma $A + {}^{1}/_{x}A$, sem sofrer nenhuma outra intervenção além desse intervalo temporal – é apenas a forma sem conceito do movimento efetivo do capital.

No movimento efetivo do capital, o retorno é uma fase do processo de circulação. Primeiro, o dinheiro é convertido em meios de produção; o processo de produção o converte em mercadoria; mediante a venda da mercadoria, ele é novamente convertido em dinheiro e, sob essa forma, retorna às mãos do capitalista, que inicialmente desembolsou o capital em forma de dinheiro. No capital portador de juros, porém, tanto a devolução como a cessão do capital são mero resultado de uma transação jurídica entre o proprietário do capital e uma segunda pessoa. O que vemos é apenas cessão e devolução. Tudo o que se encontra entre esses dois polos se esfuma.

É precisamente porque o dinheiro adiantado como capital tem a qualidade de retornar a quem o adiantou, às mãos de quem o desembolsou como capital, e porque D-M-D′ é a forma imanente do movimento do capital que o possuidor de dinheiro pode emprestá-lo como capital, como algo que possui a qualidade de retornar ao ponto de partida, de conservar-se e incrementar-se ao longo do trajeto percorrido. Ele o cede como capital porque o dinheiro reflui a seu ponto de partida depois de ter sido empregado como capital, ou seja, ele pode ser restituído pelo prestatário depois de certo período precisamente pelo fato de ter retornado antes a esse mesmo prestatário.

O empréstimo de dinheiro como capital – sua cessão sob a condição de ser restituído ao final de certo prazo – pressupõe, pois, que o dinheiro seja de fato empregado como capital, que reflua efetivamente a seu ponto de partida. O movimento cíclico efetivo do dinheiro como capital é, portanto, o pressuposto da transição jurídica pela qual o prestatário se compromete a devolver o dinheiro ao prestamista. Se o prestatário investe ou não como capital o dinheiro recebido é problema dele. O prestamista o empresta como capital, que, como tal, tem de cumprir as funções próprias do capital, que incluem o ciclo do capital monetário até que retorne a seu ponto de partida na forma de dinheiro.

Os atos de circulação D-M e M-D′, em que a soma de valor exerce a função de dinheiro ou de mercadoria, não são mais que processos intermediários, fases do movimento total. Como capital, essa soma de valor realiza o movimento total D-D′. É investida como dinheiro ou soma de valor numa forma qualquer e retorna a seu ponto de partida como soma de valor. O prestamista do dinheiro não o desembolsa na compra da mercadoria ou, caso a soma de valor exista como mercadoria, não a vende por dinheiro, mas a adianta na forma de capital, como D-D′, isto é, como valor que retorna a seu ponto de partida ao fim de um prazo determinado. Ele não compra nem vende, mas empresta. Esse empréstimo constitui, portanto, o modo adequado de se alienar uma soma de valor *como capital*, não como dinheiro nem como mercadoria. O que não significa que o empréstimo não possa servir também para transações sem qualquer relação com o processo capitalista de reprodução.

* * *

Até aqui, limitamo-nos a examinar o movimento do *capital* emprestado entre seu proprietário e o capitalista industrial. Cabe, agora, examinar os *juros*.

O prestamista desembolsa seu dinheiro como capital; a soma de valor que cede a outro é capital e retorna, portanto, para ele. No entanto, o simples retorno a suas mãos não seria o refluxo, como *capital*, da soma de valor emprestada, apenas a devolução de uma soma de valor emprestada. Para refluir como capital, é preciso que a soma de valor adiantada não só se conserve no movimento, mas se valorize, incremente sua grandeza de valor, ou seja, reflua com um mais-valor, como $D + \Delta D$ (ΔD representa, aqui, os juros, ou a parte do lucro médio que não fica nas mãos do capitalista em atividade, mas é apropriada pelo capitalista monetário).

O fato de que o capital seja alienado pelo capitalista significa que ele tem de ser restituído como D + ΔD. Adiante, examinaremos a forma como, durante o período assinalado, refluem periodicamente os juros, mas sem o capital, cujo reembolso não se efetua até o fim de um período mais longo.

O que o capitalista monetário entrega ao prestatário, ao capitalista industrial? O que ele realmente lhe aliena? Temos de levar em conta que é apenas o ato da alienação que converte o empréstimo do dinheiro em alienação do dinheiro como capital, isto é, em alienação do capital como mercadoria.

É apenas por meio do ato dessa alienação que o capital do prestamista de dinheiro é cedido como mercadoria ou que a mercadoria de que ele dispõe é cedida como capital a um terceiro.

O que se aliena numa venda comum? Não o valor da mercadoria vendida, pois ele apenas muda de forma. Tal valor existe idealmente como preço na mercadoria, antes de passar de fato às mãos do vendedor, na forma de dinheiro. Aqui, o mesmo valor e a mesma grandeza de valor não fazem mais que mudar de forma. Deixam de existir em forma-mercadoria e passam a existir em forma-dinheiro. O que é efetivamente alienado pelo vendedor e, por conseguinte, passa também ao consumo individual ou produtivo do comprador é o valor de uso da mercadoria, a mercadoria como valor de uso.

Qual é, então, o valor de uso que o capitalista monetário aliena durante o prazo do empréstimo e cede ao capitalista produtivo, ao prestatário? É o valor de uso que o dinheiro assume ao ser convertido em capital, ao poder funcionar como capital, o que, por conseguinte, deve-se ao fato de que, em seu movimento, ele gera um mais-valor determinado, o lucro médio (o que excede ou fica abaixo dessa média aparece aqui como algo fortuito), e de que, além disso, ele conserva sua grandeza primitiva de valor. Nas demais mercadorias, o valor de uso é, em última instância, consumido juntamente com a substância mesma da mercadoria e, com ela, seu valor. Em contrapartida, a mercadoria capital possui a peculiaridade de que, mediante o consumo de seu valor de uso, seu valor e seu valor de uso não só são conservados, como também incrementados.

É esse valor de uso do dinheiro como capital – a capacidade de engendrar o lucro médio – que o capitalista monetário aliena ao capitalista industrial pelo tempo durante o qual ele cede a este último o direito de dispor do capital emprestado.

Nesse sentido, o dinheiro emprestado apresenta certa analogia com a força de trabalho em sua relação com o capitalista industrial. A diferença é que este último paga o valor da força de trabalho, ao passo que, na relação com o prestamista, ele simplesmente reembolsa o valor do capital emprestado. O valor de uso da força de trabalho para o capitalista industrial está no fato de ela ser consumida gerando um valor (o lucro) maior que aquele que ela mesma possui e custa. Esse excedente de valor é seu valor de uso para o capitalista industrial. E assim o valor de uso do capital monetário também aparece com capacidade de criar e incrementar seu valor.

O capitalista monetário aliena, na realidade, um valor de uso, com o que ele cede algo na qualidade de mercadoria. Até aqui, a analogia com a mercadoria como tal está completa. Em primeiro lugar, trata-se de um valor que se transfere das mãos de um para as mãos de outro. Na mercadoria pura e simples, na mercadoria como tal, o mesmo valor permanece nas mãos do comprador e do vendedor, apenas sob uma forma distinta; ambos continuam a ter o mesmo valor que alienaram – um em forma de mercadoria, outro em forma de dinheiro. A diferença está no fato de que, no empréstimo, o capitalista monetário é o único que desembolsa um valor nessa transação, porém volta a conservá-lo por meio do reembolso futuro. No empréstimo, apenas uma das partes recebe valor, porquanto apenas uma das partes aliena valor. Em segundo lugar, uma das partes aliena um valor de uso real, que a outra recebe e consome. Porém, diferentemente do que ocorre com a mercadoria comum, esse valor de uso é, ao mesmo tempo, valor, a saber, o excedente da grandeza de valor resultante do uso do dinheiro como capital, acima de sua grandeza de valor originária. Esse valor de uso é o lucro.

O valor de uso do dinheiro emprestado consiste em poder funcionar como capital e, como tal, produzir, em circunstâncias usuais, o lucro médio[57].

O que paga, então, o capitalista industrial e qual é, portanto, o preço do capital emprestado? "*That which men pay as interest* for *the use of* what *they borrow*" constitui, segundo Massie, "*a part of the profit it is capable of producing*"*[58].

---

57 "*The equitableness of taking interest depends not upon a man's making or not making profit, but upon its*" (o prestatário) "*being capable of producing profit if rightly employed*" ["A legitimidade da cobrança de juros não depende de que alguém obtenha ou não um lucro, mas de sua" (do prestatário) "capacidade de obtê-lo, sempre que o saiba empregar corretamente" (*An Essay on the Governing Causes of the Natural Rate of Interest, Wherein the Sentiments of Sir W. Petty and Mr. Locke, on that Head, are Considered*, Londres, 1750, p. 49. O autor dessa obra anônima é J. Massie)].

* "Aquilo que os homens pagam como juros pelo uso daquilo que tomam emprestado [...] uma parte do lucro que isso pode produzir" (ibidem, p. 49). (N. T.)

58 "*Rich people, instead of employing their money themselves* [...] *let it out to other people for them to make profit of, reserving for the owners a proportion of the profits so made*" ["Os ricos, em vez de investir eles mesmos seu dinheiro, [...] o emprestam a outras pessoas para que estas lucrem com ele, reservando aos proprietários uma proporção dos lucros assim obtidos" (ibidem, p. 23)].

O que o comprador de uma mercadoria comum compra é seu valor de uso; o que ele paga é seu valor. O que o prestatário do dinheiro compra é também seu valor de uso como capital, mas o que ele paga? Não é, decerto, como no caso das outras mercadorias, seu preço ou seu valor. Entre o prestamista e o prestatário não ocorre, como entre comprador e vendedor, uma mudança de forma do valor, de modo que ele exista ora em forma de dinheiro, ora em forma de mercadoria. A identidade entre o valor cedido e o valor reembolsado mostra-se, aqui, de maneira completamente distinta. A soma de valor, o dinheiro, é cedida sem equivalente nenhum e restituída depois de certo tempo. O prestamista permanece sempre como proprietário do mesmo valor, mesmo depois de este último ter passado de suas mãos às do prestatário. No intercâmbio simples de mercadorias, o dinheiro encontra-se sempre do lado do comprador; no empréstimo do dinheiro, ao contrário, ele se encontra do lado do vendedor. É este último que cede o dinheiro por determinado tempo, e o comprador do capital é quem o recebe como mercadoria. Isso só é possível na medida em que o dinheiro funciona como capital e, por conseguinte, é adiantado. O prestatário recebe em empréstimo o dinheiro como capital, como valor que se valoriza. E, no momento em que é adiantado, ele é apenas capital em potencial, tal como todo capital em seu ponto de partida. Apenas mediante seu uso ele se valoriza, se realiza como capital. Mas é como capital *realizado* que ele deve ser restituído pelo prestatário, ou seja, como valor acrescido de mais-valor (juros); e este último pode ser somente uma parte do lucro realizada pelo capital. Somente uma parte, não a totalidade, pois o valor de uso do capital consiste, para o prestatário, no fato de que ele lhe gera lucro. Do contrário, não teria ocorrido nenhuma alienação do valor de uso da parte do prestamista. Por sua vez, não é possível que todo o lucro seja apropriado pelo prestatário, pois, se assim o fosse, ele não pagaria nada pela alienação do valor de uso e devolveria o dinheiro ao prestamista não como capital, mas como capital realizado, pois ele só é capital realizado como $D + \Delta D$.

Ambos, o prestamista e o prestatário, desembolsam a mesma soma de dinheiro. Mas apenas nas mãos do prestatário ela funciona como capital. O lucro não é duplicado pela dupla existência da mesma soma de dinheiro como capital para duas pessoas distintas. Ele só pode funcionar como capital para ambas mediante a divisão do lucro. A parte do lucro que cabe ao prestamista chama-se juros.

A transação inteira se realiza, de acordo com o pressuposto, entre dois tipos de capitalistas, o monetário e o industrial ou mercantil.

Não se pode jamais esquecer que aqui o capital é, como tal, capital, mercadoria, ou que a mercadoria de que aqui se trata constitui um capital. Todas as relações que aqui se apresentam seriam, portanto, irracionais do ponto de vista da simples mercadoria ou também do ponto de vista do capital, na medida em que este último, em seu processo de reprodução, funciona como capital-mercadoria. Emprestar e tomar emprestado em vez de vender e comprar representa, aqui, uma diferença que deriva da natureza específica da mercadoria, ou seja, do capital. Além disso, significa que o que aqui se paga são os juros, não o preço da mercadoria. Se quisermos chamar os juros de preço do capital monetário, essa é, então, uma forma irracional do preço, em plena contradição com o conceito do preço da mercadoria[59]. O preço se reduz aqui a sua forma puramente abstrata e carente de conteúdo, como uma soma de dinheiro determinada que é paga por algo que, de um modo ou de outro, figura como valor de uso, ao passo que, de acordo com seu conceito, o preço é igual ao valor – expresso em dinheiro – desse valor de uso.

Os juros, como preço do capital, são desde sempre uma expressão absolutamente irracional. Uma mercadoria tem, aqui, um duplo valor: de um lado, um valor; de outro, um preço distinto desse valor, ao passo que, na verdade, o preço é a expressão monetária do valor. Inicialmente, o capital monetário não é mais que uma soma de dinheiro ou o valor de determinada massa de mercadorias fixado como soma de dinheiro. Quando uma mercadoria é emprestada como capital, ela é apenas a forma disfarçada de uma soma de dinheiro, pois o que se empresta como capital não é uma quantidade maior ou menor de libras de algodão, mas certa quantia de dinheiro, que existe como seu valor sob a forma de algodão. O preço do capital se refere, pois, ao capital como soma de dinheiro, embora não como *currency*, como entende o sr. Torrens (nota 59). Como pode ocorrer, então, que uma soma de valor tenha um preço além de seu preço próprio, além do preço que está expresso em sua própria forma de dinheiro? O preço é, com efeito, o valor da mercadoria (e isso também ocorre com o preço de mercado, cuja diferença com relação ao valor não é qualitativa, mas apenas quantitativa, relaciona-se apenas com grandeza de

[59] "O termo 'valor' (*value*) aplicado à *currency* [meios de circulação] tem três acepções [...] 2) *currency actually in hand* [meios de circulação realmente disponíveis], em comparação com a mesma quantidade de *currency* que será recebida numa data posterior. Seu valor é, então, medido pela taxa de juros, e esta é determinada *by the ratio between the amount of loanable capital and the demanda for it* [pela proporção entre a quantidade de capital que pode ser emprestada e a demanda por ele]" (Coronel R. Torrens, *On the Operation of the Bank Charter Act of 1844* etc., 2. ed., 1847 [p. 5-6]).

valor), em contraste com seu valor de uso. Um preço qualitativamente distinto do valor é uma contradição absurda[60].

O capital se manifesta como capital mediante sua valorização; o grau de sua valorização expressa o grau quantitativo em que ele se realiza como capital. O mais-valor ou o lucro que ele engendra – sua taxa ou seu nível – só pode ser medido quando comparado com o valor do capital adiantado. Por conseguinte, também a maior ou a menor valorização do capital portador de juros só pode ser medida comparando-se o montante de juros, isto é, a parte que lhe corresponde no lucro total, com o valor do capital adiantado. Assim, se o preço expressa o valor da mercadoria, os juros expressam a valorização do capital monetário e aparece, portanto, como o preço que se paga ao prestamista pelo capital monetário. Disso se depreende o quão absurdo é, por si só, pretender aplicar diretamente a essas transações, como faz Proudhon, as simples relações do intercâmbio mediado pelo dinheiro, isto é, as relações de compra e venda. O pressuposto fundamental é precisamente o de que o dinheiro funciona como capital em si, podendo ser cedido a um terceiro como capital em potencial.

Porém, aqui o próprio capital só aparece como mercadoria quando é oferecido no mercado e quando o valor de uso do dinheiro é efetivamente alienado como capital. Mas seu valor de uso consiste em engendrar um lucro. O valor do dinheiro, ou das mercadorias consideradas como capital, não está determinado por seu valor como dinheiro ou mercadorias, mas pela quantidade de mais-valor produzida para seu possuidor. O produto do capital é o lucro. Sobre a base da produção capitalista, o capital não é mais que um emprego distinto do dinheiro, seja ele desembolsado como dinheiro, seja ele adiantado como capital. O dinheiro ou a mercadoria são, em si mesmos, capital em potencial, exatamente do mesmo modo que a força de trabalho é capital em potencial, pois 1) o dinheiro pode ser transformado nos elementos de produção e, como tal, é a mera expressão abstrata destes últimos, sua existência como valor; 2) os elementos materiais [*stofflichen*] da riqueza possuem a qualidade de já ser capital em potencial, uma vez que o termo

---

60 *"The ambiguity of the term value of money or of the currency, when employed indiscriminately as it is, to signify both value in exchange for commodities and value in use of capital, is a constant source of confusion"* ["A ambiguidade do termo valor do dinheiro ou do meio de circulação, quando empregado indiscriminadamente para designar tanto o valor de troca das mercadorias como o valor de uso do capital, é uma fonte constante de confusão"] ([Thomas] Tooke, *Inquiry into the Currency Principle*, [2. ed., Londres, Longman, Brown, Green, and Longmans, 1844,] p. 77). Tooke não vê a confusão principal (que reside na coisa mesma), de que o valor como tal (os juros) converte-se em valor de uso do capital.

antagônico que os complementa e os converte em capital – o trabalho assalariado – existe sobre a base da produção capitalista.

Separada do processo de produção, a determinidade social e contraditória da riqueza material – seu antagonismo com o trabalho como trabalho assalariado – já se encontra expressa na propriedade do capital como tal. Ora, esse momento, separado do próprio processo capitalista, do qual ele é sempre o resultado e, como tal, seu eterno pressuposto, se expressa no fato de que o dinheiro e, com ele, também a mercadoria, são por si mesmos, de maneira latente e em potência, capital, ou seja, se expressa no fato de que eles podem ser vendidos como capital e de que, nessa forma, constituem um comando sobre o trabalho alheio, conferem o direito à apropriação do trabalho alheio e são, portanto, um valor que valoriza a si mesmo. Aqui também se evidencia que essa relação constitui o título e o meio para a apropriação de trabalho alheio, e não um trabalho qualquer, como contrapartida da parte do capitalista.

Como mercadoria, o capital aparece, além disso, tão logo a divisão do lucro em juros e lucro propriamente dito passa a ser regulada pela oferta e pela demanda, isto é, pela concorrência, exatamente como os preços de mercado das mercadorias. Mas aqui a diferença salta à vista com tanta força como a analogia. Se demanda e oferta coincidem, o preço de mercado da mercadoria corresponde a seu preço de produção, isto é, seu preço aparece regulado pelas leis internas da produção capitalista, independentemente da concorrência, uma vez que as flutuações da oferta e da demanda não explicam mais do que as divergências entre os preços de mercado e os preços de produção, divergências que se compensam mutuamente, de tal modo que, em certos períodos mais longos, os preços médios de mercado equivalem aos preços de produção. Tão logo coincidem, essas forças deixam de atuar, anulam-se reciprocamente, e a lei geral da determinação dos preços impõe-se também como lei em cada caso concreto; então, o preço de mercado corresponde, já em sua existência direta, não apenas como média do movimento dos preços do mercado, ao preço de produção, que é regulado pelas leis imanentes do modo de produção. O mesmo acontece com o salário. Quando oferta e demanda coincidem, seu efeito é anulado e o salário é igual ao valor da força de trabalho. Mas isso não ocorre com os juros do capital monetário. Nesse caso, a concorrência não determina os desvios da lei, pois não existe lei nenhuma que regule a divisão além daquela imposta pela concorrência, já que, como veremos adiante, não existe um nível "natural" da taxa de juros. Por nível natural da taxa de juros entende-se, antes, a taxa estabelecida pela livre concorrência. Não existem limites "naturais" para o nível da taxa de juros. Onde a concorrência não determina apenas os desvios e as flutuações e onde, portanto, cessa toda determinação relativa ao equilíbrio das forças que se contra-arrestam mutuamente, o que cabe determinar é, por si só, algo sem lei [*Gesetzloses*] e arbitrário. Veremos isso com mais detalhes no capítulo seguinte.

No capital portador de juros, tudo se apresenta externamente: o adiantamento do capital como sua mera transferência do prestamista ao prestatário; o refluxo do capital realizado como mero reembolso, como restituição do capital, com juros, do prestatário ao prestamista. Do mesmo modo, a determinação, imanente ao modo de produção capitalista, de que a taxa de lucro é determinada não apenas pela relação entre o lucro obtido numa única rotação e o valor-capital adiantado, mas também pela duração dessa rotação, ou seja, como lucro que o capital industrial gera em determinados períodos. No capital portador de juros isso também se revela de maneira completamente externa, pelo fato de que o prestatário abona ao prestamista juros determinados por um prazo determinado.

Com sua compreensão usual da concatenação interna das coisas, diz o romântico Adam Müller (*[Die] Elemente der Staatskunst*, Berlim, [Sander,] 1809 [v. III], p. 138): "Na determinação do preço das coisas, o tempo não entra em consideração; para a determinação dos juros, o tempo constitui fator fundamental". Ele não vê como o tempo de produção e o tempo de curso entram na determinação do preço das mercadorias nem como é justamente isso que determina a taxa de lucro para dado período de rotação do capital, ao passo que a definição dos juros depende da determinação do lucro para certo período. Sua sagacidade consiste, aqui como em toda parte, em enxergar somente as nuvens de poeira na superfície e proclamá-las pretensiosamente como algo misterioso e significativo.

Capítulo 22

Divisão do lucro. Taxa de juros. Nível "natural" da taxa de juros

O objeto deste capítulo, assim como, em geral, todas as manifestações do crédito de que ainda devemos tratar, não pode ser aqui investigado em detalhes. A concorrência entre prestamistas e prestatários e as oscilações do mercado monetário que dela derivam estão fora do âmbito de nossa investigação. A exposição do circuito que a taxa de juros percorre durante o ciclo industrial pressupõe a exposição desse ciclo, a qual tampouco pode ser realizada aqui. O mesmo vale para a compensação aproximada, maior ou menor, da taxa de juros no mercado mundial. Aqui nos limitamos a desenvolver a figura autônoma do capital portador de juros e a autonomização dos juros em relação ao lucro.

Como os juros são apenas uma parte do lucro, que, de acordo com o pressuposto de que partimos, o capitalista industrial tem de pagar ao capitalista monetário, vemos que o limite máximo dos juros é o lucro mesmo, sempre que a parte correspondente ao capitalista atuante for = 0. Desconsiderando casos isolados, em que os juros podem ser, de fato, maiores que o lucro, mas não podem ser pagos a partir do próprio lucro, poderíamos talvez considerar como limite máximo dos juros o lucro integral menos a parte deste último a que adiante nos referiremos e que pode ser decomposta em salários de supervisão (*wages of superintendence*)*. O limite mínimo dos juros é absolutamente indeterminável. Pode cair a qualquer patamar. No entanto, apresentam-se sempre circunstâncias contra-arrestantes, que o deixam acima desse mínimo relativo.

"A proporção entre a soma paga pelo uso de um capital e este capital mesmo expressa o nível da taxa de juros, medido em dinheiro." "A taxa de juros depende: 1) da taxa de lucro; 2) da proporção em que o lucro total é repartido entre prestamistas e prestatários" (*Economist*, 22 jan. 1853). "Como

* Ver, neste volume, p. 429. (N. T.)

o que se paga como juros pelo uso do que se toma em empréstimo é uma parte do lucro que aquilo que foi emprestado é capaz de produzir, esses juros têm de ser sempre regulados por aquele lucro" (Massie, [*An Essay on the Governing Causes of the Natural Rate of Interest, Wherein the Sentiments of Sir W. Petty and Mr. Locke, on that Head, are Considered*, Londres, 1750, p. 49).

Suponhamos, de início, que exista uma proporção fixa entre o lucro total e a parte dele que tem de ser paga como juros ao capitalista monetário. Nesse caso, é evidente que os juros subirão ou cairão juntamente com o lucro total e que este é determinado pela taxa geral de lucro e suas oscilações. Se, por exemplo, a taxa média de lucro fosse = 20% e os juros fossem = ¼ do lucro, a taxa de juros seria = 5%; se aquela fosse = 16%, os juros seriam = 4%. Com uma taxa de lucro de 20%, os juros poderiam subir a 8%, e o capitalista industrial continuaria a obter o mesmo lucro que obteria com uma taxa de lucro = 16% e uma taxa de juros = 4%, ou seja, um lucro de 12%. Se os juros subissem somente a 6% ou a 7%, ele continuaria a reter uma parte considerável do lucro. Se os juros fossem iguais a uma cota constante do lucro médio, o resultado seria que, quanto maior fosse a taxa geral de lucro, maior seria a diferença absoluta entre o lucro total e os juros e, portanto, também a parte do lucro total correspondente ao capitalista em atividade, e vice-versa. Suponhamos que os juros sejam = ⅕ do lucro médio. ⅕ de 10 é 2; a diferença entre o lucro total e os juros é = 8. ⅕ de 20 é 4; a diferença = 20 – 4 = 16; ⅕ de 25 = 5; a diferença = 25 – 5 = 20; ⅕ de 30 = 6; a diferença = 30 – 6 = 24; ⅕ de 35 = 7; a diferença = 35 – 7 = 28. As diversas taxas de juros de 4%, 5%, 6%, 7% expressariam sempre, nesse caso, ⅕, ou 20% do lucro total. Se, portanto, as taxas de lucro são diferentes, então taxas de juros distintas podem expressar as mesmas alíquotas do lucro total ou a mesma participação percentual neste último. Com tal proporção constante dos juros, o lucro industrial (isto é, a diferença entre o lucro total e os juros) seria maior quanto maior fosse a taxa geral de lucro, e vice-versa.

Mantendo-se constantes as demais circunstâncias, isto é, considerando como mais ou menos constante a proporção entre os juros e o lucro total, o capitalista produtivo se encontrará apto e disposto a pagar juros mais altos ou mais baixos em proporção direta ao nível da taxa de lucro[61]. Como vimos que o nível da taxa de lucro se encontra em razão inversa ao desenvolvimen-

61 *"The natural rate of interest is governed by the profits of trade to particulars"* ["A taxa natural de juros é regulada pelos lucros dos empreendimentos individuais"] (Massie, *An Essay on the Governing Causes of the Natural Rate of Interest, Wherein the Sentiments of Sir W. Petty and Mr. Locke, on that Head, are Considered*, Londres, 1750, p. 51).

to da produção capitalista, disso se segue que a taxa de juros mais alta ou mais baixa num país é inversamente proporcional ao nível de seu desenvolvimento industrial, sempre que a diferença das taxas de juros expresse efetivamente a diferença das taxas de lucro. Adiante, veremos que não é necessário que as coisas se deem sempre desse modo. Nesse sentido, pode-se dizer que os juros são regulados pelo lucro e, mais precisamente, pela taxa geral de lucro. Esse tipo de regulação vale inclusive para sua média.

Em todo caso, a taxa média de lucro deve ser considerada o limite máximo definitivamente determinável dos juros.

Adiante, examinaremos em mais detalhes a circunstância de que os juros devem se relacionar com o lucro médio. Caso se trate de repartir entre duas pessoas um todo dado, como é o caso do lucro, a primeira coisa que importa é, naturalmente, a grandeza desse todo, e esta última, a grandeza do lucro, está determinada por sua taxa média. Se pressupomos como dada a taxa geral de lucro, ou seja, a grandeza do lucro para um capital de dada grandeza, digamos = 100, temos que as variações dos juros se encontrarão, sem dúvida, na proporção inversa das variações da porção do lucro que resta ao capitalista em atuação, mas que atua com capital emprestado. As circunstâncias que determinam a grandeza do lucro a ser repartido, do produto-valor do trabalho não pago, são muito distintas daquelas que determinam sua repartição entre esses dois tipos de capitalistas e atuam, com frequência, em direções absolutamente contrárias[62].

Se observarmos os ciclos de rotação em que se move a indústria moderna – estabilidade, crescente animação, prosperidade, superprodução, *crash*, estagnação, nova estabilidade etc. –, ciclos cuja análise mais detalhada ultrapassa nosso campo de estudo, veremos que, na maior parte dos casos, o baixo patamar dos juros corresponde aos períodos de prosperidade ou de lucro extra, um aumento dos juros corresponde à separação entre a prosperidade e seu inverso, mas um aumento dos juros até o ponto de extrema usura corresponde ao período de crise[63]. A partir do verão de 1843, iniciou-se

---

[62] Neste ponto, encontra-se a seguinte observação no manuscrito: "O curso deste capítulo mostra que, antes de investigar as leis da distribuição do lucro, é preferível analisar de que maneira a divisão quantitativa se torna uma divisão qualitativa. Para efetuarmos uma transição do capítulo anterior, não precisamos mais do que supor os juros como certa porção indefinida do lucro".

[63] "No primeiro período, imediatamente após um tempo de depressão, o dinheiro é abundante, e não há especulação; no segundo período, o dinheiro é farto, e a especulação é abundante; no terceiro período, a especulação começa a declinar, e há demanda de dinheiro; no quarto período, o dinheiro é raro, e tem início a depressão" (Gilbart, t. I, cit., p. 144.)

claramente uma fase de prosperidade; a taxa de juros, que na primavera de 1842 ainda era de 4½%, caiu para 2% na primavera e no verão de 1843[64] e chegou a 1½% em setembro desse mesmo ano (Gilbart, [*A Practical Treatise on Banking*, 5. ed., Londres, 1849], t. I, p. 166); então, durante a crise de 1847, ela subiu a 8%, e ainda mais.

É certo que, por outro lado, juros baixos podem coincidir com a paralisação dos negócios, e juros moderadamente altos, com uma animação crescente.

A taxa de juros atinge seu nível mais alto durante as crises, quando, para poder pagar, é preciso pegar dinheiro emprestado, custe o que custar. Como a alta dos juros corresponde a uma queda no preço dos papéis, isso representa uma excelente situação para que pessoas que dispõem de capital monetário possam se apropriar por preços irrisórios daqueles papéis portadores de juros, os quais, tão logo a taxa de juros volte a cair, voltarão a atingir, no mínimo, seu preço médio[65].

Existe também uma tendência à queda da taxa de juros, completamente independente das oscilações da taxa de lucro. Mais precisamente, devido a duas causas principais:

1. "Mesmo partindo do pressuposto de que o capital jamais fosse emprestado a não ser para um investimento produtivo, a taxa de juros poderia perfeitamente variar, sem que se produzisse nenhuma variação na taxa do lucro bruto, pois, à medida que uma nação progride no desenvolvimento da riqueza, surge e cresce cada vez mais uma classe de homens que, usufruindo do trabalho de seus antepassados, encontram-se em posse de fundos cujos meros juros lhes garantem renda suficiente para viver. Muitos, incluindo aqueles que em sua juventude e sua vida adulta engajaram-se ativamente nos negócios, retiram-se para viver sua velhice

---

[64] Tooke explica isso "*by the accumulation of surplus capital necessarily accompanying the scarcity of profitable employment for it in previous years, by the release of hoards, and by the revival of confidence in commercial prospects*" ["pela acumulação do capital excedente que necessariamente acompanha a escassez de emprego lucrativo em anos precedentes, pela liberação de tesouros e pela retomada da confiança na atividade econômica"] (*History of Prices from 1839 to 1847*, Londres, 1848, p. 54).

[65] "*An old customer of a banker was refused a loan upon a 200.000 pound bond; when about to leave to make known his suspension of payment, he was told there was no neceasity for the step, under the circumstances the banker would buy the bond at 150.000*" ["A um velho cliente de um banqueiro foi recusado um empréstimo sobre um título no valor de £200.000; mas quando estava prestes a ir embora para tornar pública sua suspensão de pagamento, foi informado de que não havia nenhuma necessidade de fazê-lo, pois, sob tais circunstâncias, o banqueiro compraria o título por £150.000"] ([H. Roy,] *The Theory of the Exchanges. The Bank Charter Act of 1844 etc.*, Londres, 1869, p. 80).

tranquilamente à custa dos juros das somas acumuladas. Essa classe, assim como a anterior, tende a aumentar à medida que cresce a riqueza do país, pois aqueles que começam com um capital considerável conquistam uma fortuna independente com mais rapidez do que aqueles que começam com pouco. Por isso, em países velhos e ricos o montante do capital nacional que costuma pertencer àqueles que não estão dispostos a se submeter ao incômodo de empregá-lo por conta própria representa uma parcela maior do total do capital produtivo da sociedade do que nos países mais recentemente estabelecidos e mais pobres. Como é mais numerosa, em proporção à população, a classe dos rentistas na Inglaterra! Na mesma proporção em que aumenta a classe dos rentistas cresce também a dos prestamistas de capital, pois trata-se das mesmas pessoas" ([George] Ramsay, *[An] Essay on the Distribution of Wealth* [Edimburgo, Adam and Charles Black, 1836], p. 201 [202]).

2. O desenvolvimento do sistema de crédito e o fato de que, em razão desse desenvolvimento e pela mediação dos banqueiros, os industriais e os comerciantes dispõem cada vez mais de todas as poupanças de todas as classes da sociedade, assim como o fato da concentração progressiva dessas poupanças em quantidades nas quais elas podem atuar como capital monetário, são fatores que necessariamente exercem uma pressão sobre a taxa de juros. A esse ponto, retornaremos adiante.

A respeito da determinação da taxa de juros, Ramsay diz que

"depende, em parte, da taxa do lucro bruto e, em parte, da proporção em que esta se divide em juros e ganho empresarial (*profits enterprise*). Essa proporção depende da concorrência entre prestamistas e prestatários de capital; tal concorrência é influenciada, mas não exclusivamente regulada, pela taxa previsível do lucro bruto[66]. A concorrência não é regulada exclusivamente por isso, porque, de um lado, muitos tomam dinheiro emprestado sem a menor intenção de investi-lo de modo produtivo, e, de outro, a grandeza de todo o capital 'emprestável' varia de acordo com a riqueza do país, independentemente de qualquer variação no lucro bruto." (Ibidem, p. 206-7)

[66] Como a taxa de juros em geral é determinada pela taxa média de lucro, pode acontecer com muita frequência que a especulação extraordinária seja acompanhada de uma baixa taxa de juros. Assim ocorreu, por exemplo, na especulação ferroviária no verão de 1844. A taxa de juros do Banco da Inglaterra só voltou a subir a 3% em 16 de outubro de 1844.

Para encontrar a taxa média de juros, deve-se calcular: 1) a média da taxa de juros ao longo de suas variações nos grandes ciclos industriais; 2) a taxa de juros naqueles investimentos em que o capital é emprestado por um prazo maior.

A taxa média de juro vigente num país – diferentemente das taxas de mercado, que flutuam de modo contínuo – não pode ser determinada em absoluto por nenhuma lei. Não existe, nesse âmbito, nenhuma taxa natural de juros, no sentido em que os economistas falam de uma taxa natural de lucro ou de uma taxa natural do salário. Já Massie observa a esse propósito, com toda razão (*An Essay on the Governing Causes of the Natural Rate of Interest etc.*, cit., p. 49):

> *"The only thing which any man can be in doubt about on this occasion, is, what proportion of these profits do of right belong to the borrower, and what to the lender; and this there is no other method of determining than by the opinions of borrowers and lenders in general; for right and wrong, in this respect, are only what common consent makes so."**

A coincidência entre a oferta e a demanda – pressupondo como dada a taxa média de lucro – não importa em absoluto aqui. Sempre que se recorre a essa fórmula (e, nesses casos, isso é praticamente justificado), ela serve apenas como uma fórmula para encontrar a regra fundamental (os limites reguladores ou as grandezas delimitadoras) independente da concorrência e que, antes, a determina; em outras palavras, serve como uma fórmula para quem se encontra preso na prática da concorrência, em seus fenômenos e nas concepções que deles derivam, possibilitando-lhe obter uma ideia, ainda que superficial, de um encadeamento interno das relações econômicas, tal como ele se apresenta no interior da concorrência. É um método que, partindo das variações que acompanham concorrência, permite encontrar os limites dessas variações. Isso já não ocorre com a taxa média de juros. Não existe nenhuma razão para que as relações médias da concorrência, o equilíbrio entre prestamista e prestatário, tenham de render necessariamente ao prestamista uma taxa de juros de 3%, 4%, 5% etc. sobre seu capital ou determinada porcentagem, digamos, de 20% ou 50%, do lucro bruto. Quando o elemento decisivo é a concorrência como tal, a determinação é, por si mesma,

* "A única questão sobre a qual alguém pode ter dúvidas em relação a isso é acerca de qual proporção desses lucros pertence de direito aos prestatários e qual pertence aos prestamistas, e o único modo de responder é escutar as opiniões dos prestamistas e dos prestatários em geral, pois o justo ou o injusto, nesse caso, é apenas aquilo que o consenso geral reputa como tal." (N. T.)

fortuita, puramente empírica, e só o pedantismo ou a fantasia podem pretender desenvolver essa casualidade como algo necessário[67]. Nos informes parlamentares de 1857 e 1858 sobre a legislação bancária e a crise comercial, não há nada mais divertido do que ouvir os diretores do Banco da Inglaterra, os banqueiros londrinos, os banqueiros provinciais e os teóricos profissionais tagarelarem sobre a *"real rate produced"* [taxa de juros realmente produzida] sem chegar a outro resultado senão uns quantos lugares-comuns, como o de que "o preço pago pelo capital emprestável poderia variar com a oferta desse capital" ou de que "uma alta taxa de juros e uma baixa taxa de lucro não podem coexistir por um longo tempo" e outras platitudes do tipo[68]. O costume, a tradição legal etc. influem na determinação da taxa média de juros tanto quanto a concorrência, na medida em que essa taxa existe não só como cifra média, mas como grandeza efetiva. Uma taxa média de juros já precisa ser admitida como norma legal em muitos litígios jurídicos em que há a necessidade de calcular os juros a pagar. Se nos perguntamos por que os limites da taxa média de juros não podem ser derivados de leis gerais, a resposta a isso reside simplesmente na natureza mesma dos juros, que não

---

67 Assim, por exemplo, J. G.[eorge] Opdyke, em *A Treatise on Pol.[itical] Econ.[omy]* (Nova York, 1851), realiza uma tentativa completamente fracassada de explicar o caráter geral da taxa de juros de 5% com base em leis eternas. Muito mais ingenuamente procede o senhor Karl Arnd, em *Die naturgemässe Volkswirtschaft gegenüber dem Monopoliengeiste und dem Kommunismus etc.* (Hanau, 1845). Diz ele: "Na marcha natural da produção de bens há apenas um fenômeno que – em países cujas terras estão de todo cultivadas – parece destinado a regular, em alguma medida, a taxa de juros: referimo-nos à proporção em que a madeira nos bosques europeus é aumentada por meio de seu crescimento anual. Esse novo crescimento ocorre de maneira absolutamente independente de seu valor de troca, numa taxa de 3% a 4%" (que coisa estranha considerar que o crescimento das árvores é algo que não depende de seu valor de troca!). "De acordo com isso" (porquanto o crescimento das árvores é, de fato, completamente independente de seu valor de troca, por mais que seu valor de troca possa depender de seu crescimento), "não se poderia esperar uma queda na taxa de juros abaixo do nível que ela" (a taxa de juros) "apresenta hoje nos países mais ricos" (p. 124). – Poderíamos chamar isso de "taxa florestal primordial de juros", e na mesma obra, mais adiante, seu descobridor atribui a si mesmo um lugar de destaque em "nossa ciência" como "filósofo dos impostos sobre cães" [p. 420].

68 O Banco da Inglaterra aumenta e reduz a taxa de seu desconto, embora o faça, naturalmente, sempre levando em conta a taxa imperante no mercado aberto, de acordo com o afluxo e o refluxo do ouro. *"By which, gambling in discounts, by anticipation of the alterations in the bank rate, has now become half the trade of the great heads of the money centre"* ["Com o que a especulação em descontos, por meio da antecipação das futuras alterações na taxa bancária, responde agora pela metade dos negócios dos grandes agentes do centro monetário"] – isto é, do mercado monetário londrino ([H. Roy,] *The Theory of the Exchanges etc.*, cit., p. 113).

são mais que uma parte do lucro médio. O mesmo capital aparece numa dupla determinação, como capital emprestável nas mãos do prestamista e como capital industrial ou comercial nas mãos do capitalista em atividade. Mas ele só funciona uma vez – e só uma vez produz lucro. No próprio processo de produção, o caráter do capital como capital emprestável não desempenha papel nenhum. De que maneira esse lucro é repartido entre as duas pessoas que o reivindicam é, por si só, um fato puramente empírico, que pertence ao reino da casualidade tanto quanto a repartição dos percentuais do lucro comum de uma companhia entre os diversos coparticipantes. Na divisão entre o mais-valor e o salário, em que a determinação da taxa de lucro se baseia em essência, atuam de modo determinante dois elementos totalmente distintos: a força de trabalho e o capital; eles são funções de duas variáveis independentes, que se delimitam de maneira recíproca, e de sua *diferença qualitativa* surge a *divisão quantitativa* do valor produzido. Adiante, veremos que o mesmo ocorre com a divisão do mais-valor entre a renda fundiária e o lucro. Nada disso acontece com os juros. Nesse caso, ao contrário, a *diferenciação qualitativa* surge, como veremos em seguida, da *divisão puramente quantitativa* da mesma porção do mais-valor.

Do que foi exposto até aqui, depreende-se que não existe uma taxa "natural" de juros. Se, por um lado, em oposição ao que ocorre com a taxa geral de lucro, não há nenhuma lei geral que determine os limites dos juros médios, ou uma taxa média de juros distinta das taxas de juros vigentes no mercado, constantemente flutuantes – pois trata-se apenas da divisão do lucro bruto entre dois possuidores do capital, sob diferentes títulos –, por outro lado, temos que a taxa de juros, seja a taxa média, seja a taxa vigente em cada caso no mercado, aparece como algo totalmente distinto de uma grandeza uniforme, determinada e tangível, como é o caso da taxa geral de lucro[69].

A relação entre a taxa de juros e a taxa de lucro é semelhante àquela entre o preço de mercado da mercadoria e seu valor. Na medida em que a taxa de juros é determinada pela taxa de lucro, isso ocorre sempre pela taxa geral de lucro, e não pelas taxas de lucro específicas que podem vigorar em ramos industriais particulares nem, menos ainda, pelo lucro extra que determinado

[69] "O preço das mercadorias flutua constantemente; todas elas se destinam a distintas modalidades de uso; o dinheiro, ao contrário, serve para toda e qualquer finalidade. As mercadorias, inclusive as do mesmo tipo, distinguem-se por sua qualidade; o dinheiro constante tem sempre, ou pelo menos deve ter, o mesmo valor. Assim se explica que o preço do dinheiro, que conhecemos pelo nome de juros, possua uma firmeza e uma uniformidade maiores que qualquer outra coisa" (J.[ames] Steuart, *Principles of Pol.[itical] Econ.[omy]*, v. 4, tradução francesa, 1789, p. 27).

capitalista possa obter numa esfera particular de negócios[70]. Por conseguinte, a taxa geral de lucro reaparece efetivamente na taxa média de juros, na prática, como fato dado, ainda que esta última não seja uma expressão pura ou fiel da primeira.

Sem dúvida, é certo que a própria taxa de juros é constantemente variável de acordo com as classes das garantias dadas pelos prestatários e a duração do empréstimo; mas para cada uma dessas classes ela é, num momento dado, uniforme. Essa diferença não afeta, portanto, a figura fixa e uniforme da taxa de juros[71].

---

[70] *"This rule of dividing profits is not, however, to be applied particularly to every lender and borrower, but to lenders and borrowers in general [...] remarkably great and small gains are the reward of skill and the want of understanding, which lenders have nothing at all to do with; for as they will not suffer by the one, they ought not to benefit by the other. What has been said of particular men in the same business is applicable to particular sorts of business; if the merchants and tradesmen employed in any one branch of trade get more by what they borrow than the common profits made by other merchants and tradesmen of the same country, the extraordinary gain is theirs, though it required only common skill and understanding to get it; and not the lenders', who supplied them with money [...] for the lenders would not have lent their money to carry on any business or trade upon lower terms than would admit of paying so much as the common rate of interest: and, therefore, they ought not to receive more than that, whatever advantage may be made by their money"* ["Porém, essa regra de divisão dos lucros não deve ser aplicada particularmente a cada prestamista ou prestatário, mas a prestamistas e prestatários em geral [...]. Lucros notavelmente grandes ou pequenos são a recompensa pela habilidade ou pela falta de conhecimento nos negócios, com as quais os prestamistas não têm nenhuma relação, pois, não sendo prejudicados pela segunda, tampouco têm por que se beneficiar com a primeira. O que foi dito dos indivíduos que se dedicam aos mesmos negócios também pode ser aplicado a tipos de negócios distintos; se os comerciantes e os industriais que atuam em qualquer ramo industrial ou comercial obtêm com o dinheiro recebido em empréstimo um lucro maior que aquele normalmente obtido pelos comerciantes ou pelos industriais do mesmo país, o lucro extraordinário pertence a eles – ainda que, para obtê-lo, bastasse possuir a habilidade e a experiência habituais nos negócios –, e não aos prestamistas, que lhes forneceram o dinheiro [...]. Os prestamistas não emprestariam seu dinheiro para explorar um negócio ou uma indústria que rendesse um pagamento abaixo da taxa geral de juros e, por isso, não teriam por que receber mais do que essa taxa, qualquer que fosse a vantagem que se pudesse obter com seu dinheiro"] (Massie, *An Essay on the Governing Causes of the Natural Rate of Interest etc.*, cit., p. 50-1).

[71]

Bank rate	*5 p.c.*
Market rate of disct., 60 days' drafts	*3⅝ p.c.*
Do. do., 3 months	*3½ p.c.*
Do. do., 6 months	$3\frac{5}{16}$ *p.c.*
Loans to bill-brokers, day to day	*1 to 2 p.c.*
Do. do., for one week	*3 p.c.*
Last rate for fortnight, loans to stockbrokers	*4¾ to 5 p.c.*
Deposit allowance (banks)	*3½ p.c.*
Do. do. (discount houses)	*3 to 3¼ p.c.*

A taxa média de juros aparece em cada país, em longos períodos, como uma grandeza constante, porque a taxa geral de lucro – apesar da variação constante das taxas particulares de lucro e levando-se em conta que a variação numa esfera se compensa pela que se opera na outra – se altera apenas em períodos mais longos. Sua constância relativa se manifesta precisamente nesse caráter mais ou menos invariável da taxa média de juros (*average rate or common rate of interest*).

A taxa de juros de mercado, sempre flutuante, é dada em cada momento como uma grandeza fixa, com o preço de mercado das mercadorias, porquanto no mercado monetário todo o capital emprestável confronta-se constantemente, como uma massa total, com o capital em funcionamento, de modo que, em cada caso, o que decide o nível dos juros no mercado é a relação entre a oferta e a demanda de capital emprestável. Isso ocorre com maior frequência quanto mais o desenvolvimento e a correspondente concentração do sistema de crédito conferem ao capital emprestável um caráter social geral, lançando-o de uma vez e simultaneamente no mercado monetário. A taxa geral de lucro, ao contrário, só existe constantemente como tendência, como movimento de equalização das taxas de lucro particulares. A concorrência entre os capitalistas – que é, ela mesma, esse movimento de equalização – consiste aqui em subtrair gradualmente capital das esferas em que o lucro permanece por um longo tempo abaixo do nível médio e adicionar esse capital, de modo igualmente gradual, às esferas em que o lucro se encontra acima da média; ou, então, em distribuir o capital adicional entre essas esferas, pouco a pouco, em proporções diversas. Trata-se de uma constante variação da oferta e da retirada de capital dessas diversas esferas, jamais de uma ação simultânea, em massa, como ocorre na determinação da taxa de juros.

[Taxa de desconto do Banco da Inglaterra	5%
Taxa de mercado, letras de câmbio a 60 dias	3⅝%
Idem, letras de câmbio a 3 meses	3½%
Idem, letras de câmbio a 6 meses	$3\frac{5}{16}$%
Empréstimos a corretores de letras, resgatáveis diariamente	1% a 2%
Idem, por uma semana	3%
Empréstimos a corretores de títulos, por 14 dias	4¾% a 5%
Juros de depósitos (bancos)	3½%
Idem (casas de descontos)	3 a 3¼%]

Quão grande pode ser essa diferença num mesmo dia é demonstrado pela relação das taxas de juros do mercado monetário londrino de 9 de dezembro de 1889, extraída da seção "City" do *Daily News*, 10 dez. 1889. O mínimo é 1%, o máximo, 5%. (F. E.)

Vimos que o capital portador de juros, embora seja uma categoria absolutamente diferente da mercadoria, converte-se numa mercadoria *sui generis*, que tem nos juros seu próprio preço, o qual, tal como o preço de mercado das mercadorias comuns, é fixado em cada momento pela ação da oferta e da demanda. A taxa de juros de mercado, apesar de flutuar constantemente, aparece em cada momento tão constantemente fixada e uniforme como o preço de mercado da mercadoria. Os capitalistas monetários oferecem essa mercadoria, e os capitalistas produtivos a compram, formando assim sua demanda. Isso não ocorre na equalização da taxa geral de lucro. Se os preços das mercadorias em determinada esfera se encontram abaixo ou acima do preço de produção (e aqui não se consideram as flutuações próprias de cada negócio, relacionadas às diversas fases do ciclo industrial), produz-se, então, uma equalização por meio da expansão ou da contração da produção, isto é, da ampliação ou da redução das massas de mercadorias lançadas no mercado pelos capitalistas industriais mediante imigração ou emigração de capital em relação às esferas particulares da produção. É pela equalização assim operada entre os preços médios de mercado das mercadorias com base nos preços de produção que se corrigem os desvios das taxas particulares de lucro em relação à taxa geral ou média de lucro. Esse processo nunca aparece, nem pode aparecer, de maneira que o capital industrial ou mercantil *como tal* represente uma mercadoria diante de um comprador, como o capital portador de juros. Quando esse processo se apresenta, ele o faz somente nas flutuações e nas equalizações dos preços de mercado das mercadorias em relação aos preços de produção, e não como fixação direta do lucro médio. A taxa geral de lucro é determinada, na realidade, 1) pelo mais-valor que o capital total produz, 2) pela relação entre esse mais-valor e o valor do capital total e 3) pela concorrência, mas apenas na medida em que esta é o movimento pelo qual os capitais investidos em ramos particulares da produção procuram extrair dividendos iguais desse mais-valor, em proporção a suas grandezas relativas. Portanto, a taxa geral de lucro é determinada por causas totalmente diversas e muito mais complicadas do que a taxa de juros de mercado, que se deve direta e imediatamente à relação entre oferta e demanda e, por isso, não é um fato dado e tangível, como é o caso da taxa de juros. As taxas particulares de lucro vigentes nas diversas esferas da produção são, elas mesmas, mais ou menos incertas; na medida em que surgem, o que aparece não é sua uniformidade, mas sua diversidade. No entanto, a própria taxa geral de lucro só aparece como limite mínimo do lucro, e não como figura empírica, diretamente visível, da taxa real de lucro.

Ao sublinharmos essa diferença entre a taxa de juros e a taxa de lucro, abstraímos das duas circunstâncias seguintes, que favorecem a consolidação da taxa de juros: 1) a preexistência histórica do capital portador de juros e a existência de uma taxa geral de juros tradicionalmente estabelecida; 2) a influência direta muito maior que o mercado mundial, independentemente das condições de produção de um país, exerce sobre a fixação da taxa de juros, comparada com sua influência sobre a taxa de lucro.

O lucro médio não aparece como fato imediatamente dado, mas como resultado da compensação entre oscilações contrárias, o qual só pode ser constatado por meio da investigação. Diferente é o que ocorre com a taxa de juros. Esta é, em sua vigência geral, pelo menos local, um fato diariamente fixado, fato que o capital industrial e comercial utiliza inclusive como pressuposto e ponto de partida de cálculo em suas operações. O pressuposto é de que cada soma de dinheiro de £100 produz juros de 2%, 3%, 4% ou 5%. Boletins meteorológicos não indicam o estado do barômetro e do termômetro com maior precisão do que os boletins da Bolsa apresentam o estado da taxa de juros, não para este ou aquele capital, mas para o capital que se encontra no mercado monetário, isto é, para o volume inteiro de capital emprestável.

No mercado monetário confrontam-se apenas prestamistas e prestatários. A mercadoria tem a mesma forma, o dinheiro. Aqui se apagam todas as figuras particulares do capital, conforme este é investido em diferentes esferas da produção ou da circulação. Ele existe, nesse caso, na figura mais indistinta, igual a si mesma, a figura do valor independente: o dinheiro. Aqui cessa a concorrência entre as esferas particulares, que são todas reunidas sob a mesma rubrica de prestatárias de dinheiro, e o capital também se confronta com todas elas sob uma forma na qual ele ainda é indiferente quanto à modalidade especial de seu emprego. É na oferta e na demanda de capital que este último aparece realmente, com toda sua força, sob a forma que o capital industrial assume apenas no movimento e na concorrência entre esferas particulares: a forma de *capital comum de uma classe*. Ao mesmo tempo, o capital monetário de fato possui no mercado monetário a forma na qual, independentemente de seu emprego específico, ele é dividido entre as diversas esferas no interior da classe capitalista, como um elemento que lhes é comum, de acordo com as necessidades de produção de cada esfera particular. Acrescentemos a isso o fato de que, com o desenvolvimento da grande indústria, o capital monetário, quando aparece no mercado, tende cada vez mais a não ser representado por um capitalista individual, pelo proprietário dessa ou daquela fração do capital existente no mercado, mas se apresenta como uma massa concentrada, organizada, a qual, de modo completamente distinto da produção real, encontra-se sob controle dos banqueiros, representantes do capital social. De modo que, no que diz respeito à forma da demanda, o capital emprestável se confronta com uma classe inteira, ao passo que, no que diz respeito à oferta, ele mesmo aparece *en masse* [em massa] no mercado como capital de empréstimo.

Essas são algumas das razões pelas quais a taxa geral de lucro aparece como uma forma nebulosa e confusa ao lado da taxa determinada de juros, a qual oscila, decerto, quanto a sua grandeza, mas, pelo fato de oscilar na mesma medida para todos os prestatários, confronta-se sempre com eles como um fator fixo e dado – exatamente do mesmo modo que as variações de valor do dinheiro não impedem que ele tenha o mesmo valor para todas as mercadorias, do mesmo modo que as flutuações no preço de mercado das mercadorias não impedem que esses preços figurem todos os dias nos boletins de cotações. O mesmo acontece com a taxa de juros, que é registrada com a mesma regularidade como "preço do dinheiro". Isso ocorre porque aqui o próprio capital se oferece como mercadoria, sob a forma de dinheiro; a fixação de seu preço é, assim, a fixação de seu preço de mercado, tal como para todas as outras mercadorias; a taxa de juros se apresenta sempre, portanto, como taxa geral de juros, como uma quantia de dinheiro por outra quantia de dinheiro, como quantitativamente determinada. Em contrapartida, a taxa de lucro pode variar inclusive dentro da mesma esfera, com base nos mesmos preços de mercado da mercadoria, segundo as distintas condições em que os diversos capitais produzam essa mercadoria, pois a taxa de lucro para o capital individual é determinada não pelo preço de mercado da mercadoria, mas pela diferença entre o preço do mercado e o preço de custo. Essas diferentes taxas de lucro só podem compensar umas às outras por meio de constantes flutuações, primeiro dentro da mesma esfera e logo entre esferas distintas.

* * *

(Nota para desenvolvimento posterior.) Uma forma especial do crédito. Sabe-se que quando o dinheiro funciona como meio de pagamento, em vez de como meio de compra, a mercadoria é alienada, mas seu valor só é realizado mais tarde. Se o pagamento só se efetiva depois que a mercadoria volta a ser vendida, essa venda não aparece como consequência da compra, mas é por meio da venda que a compra se realiza. Em outras palavras, a venda torna-se um meio da compra. Em segundo lugar, os títulos de crédito, as letras de câmbio etc. tornam-se meios de pagamento para o credor. Em terceiro lugar, a compensação dos títulos de crédito substitui o dinheiro.

Capítulo 23

Juros e lucro do empresário

Os juros, como vimos nos dois capítulos anteriores, são originalmente, e, na realidade, continuam a ser, apenas uma parte do lucro, isto é, do mais-valor que o capitalista ativo, industrial ou comerciante, que não investe capital próprio, mas capital emprestado, precisa pagar ao proprietário e prestamista desse capital. Se ele só emprega capital próprio, não se efetua tal repartição do lucro, que pertence inteiramente a ele. Com efeito, quando os proprietários do capital o empregam por si mesmos no processo de reprodução, eles não concorrem para a determinação da taxa de juros, e nisso já se revela como a categoria dos juros – impossível sem a determinação de uma taxa – é em si mesma alheia ao movimento do capital industrial.

> "*The rate of interest may be defined to be that proportional sum which the lender is content to receive, and the borrower to pay, for a year or for any longer or shorter period for the use of a certain amount of moneyed capital [...] when the owner of capital employs it actively in reproduction, he does not come under the head of those capitalists, the proportion of whom, to the number of borrowers, determines the rate of interest.*"* (T. Tooke, *Hist.[ory] of Prices etc., from 1793 to 1837*, t. 2, Londres, 1857, p. 355)

É a separação dos capitalistas em capitalistas monetários e capitalistas industriais que, na realidade, converte uma parte do lucro em juros e cria, em geral, a categoria dos juros; e a taxa de juros nasce exclusivamente da concorrência entre esses dois tipos de capitalistas.

---

* "A taxa de juros pode ser definida como aquela soma proporcional que o prestamista deve receber e que o prestatário deve pagar pelo uso de certa quantidade de capital monetário durante um ano ou um período mais longo ou mais curto [...]. Quando o proprietário do capital o emprega ativamente na reprodução, ele não conta entre aqueles capitalistas, cuja proporção em relação ao número de prestatários determina a taxa de juros." (N. T.)

Enquanto o capital funciona dentro do processo de reprodução – mesmo pressupondo-se que ele pertença ao mesmo capitalista industrial, sem que este tenha de devolvê-lo a nenhum prestamista –, o capitalista industrial não dispõe, como agente privado, desse capital mesmo, mas apenas do lucro que ele pode investir como renda. Enquanto seu capital funciona como capital, ele pertence ao processo de reprodução, encontra-se imobilizado neste último. O capitalista é, com efeito, seu proprietário, mas essa sua condição não lhe permite dispor desse capital de outro modo, enquanto o emprega como capital para a exploração de trabalho. O mesmo ocorre com o capitalista monetário. Enquanto seu capital está emprestado e, portanto, atua como capital monetário, ele lhe rende juros, uma parte do lucro, mas o capitalista não pode dispor dessa parte. Isso se vê perfeitamente quando, tendo emprestado o dinheiro, digamos, por um ou vários anos, ele obtém os juros em certos prazos, mas sem que o capital lhe seja restituído. No entanto, mesmo a devolução deste último é aqui absolutamente indiferente. Quando o prestamista o recebe de volta, ele tem de emprestá-lo novamente, por todo o tempo em que o capital deve funcionar – nesse caso, como capital monetário. Enquanto se encontra em suas mãos, ele não rende juros nem funciona como capital; enquanto rende juros e funciona como capital, ele não se encontra em suas mãos. Disso deriva a possibilidade de emprestar capital por tempo indeterminado. As seguintes observações de Tooke contra Bosanquet são, por isso, completamente falsas. Ele cita [James Whatman] Bosanquet (*Metallic, Paper, and Credit Currency*, [Londres, P. Richardson, 1842,] p. 73): "Se a taxa de juros fosse rebaixada a 1%, o capital emprestado se encontraria quase no mesmo plano (*on a par*) do capital próprio". Tooke comenta essa afirmação com a seguinte anotação marginal:

> "Dizer que um capital emprestado a essa taxa de juros ou a uma taxa de juros ainda mais baixa deve ser considerado situado quase no mesmo plano que um capital próprio é uma afirmação tão incomum que não mereceria ser examinada seriamente, se não procedesse de um escritor tão inteligente e tão versado em alguns pontos singulares do tema. Por acaso perdeu ele de vista ou considera pouco importante o fato de que seu pressuposto implica a condição do reembolso do capital?" (T.[homas] Tooke, *An Inquiry into the Currency Principle*, 2. ed., Londres, [Longman, Brown, Green, and Longmans,] 1844, p. 80)

Fossem os juros = 0, o capitalista industrial que toma capital emprestado não se diferenciaria em nada daquele que trabalha com capital próprio. Ambos embolsariam o mesmo lucro médio, e o capital, seja emprestado, seja próprio, só funciona como tal quando produz lucro. A condição da restituição do capital não alteraria os termos do problema. Quanto mais a taxa de juros se aproxima de zero, caindo, por exemplo, até 1%, mais o capital emprestado se aproxima do capital próprio. O capital monetário, enquanto existe como tal, tem de ser sempre emprestado de novo, a uma taxa de juros vigente no mercado, digamos, de 1%, e sempre à mesma classe dos capitalistas industriais e comerciais. Enquanto estes funcionam como capitalistas, a diferença entre os que trabalham com capital emprestado e os que o fazem com capital próprio consiste apenas no fato de que os primeiros pagam juros e os segundos, não; isto é, que os primeiros embolsam o lucro integral l e os segundos, apenas $l - j$, o lucro menos os juros; quanto mais j se aproxima de 0, mais $l - j$ tende a ser $= l$, ou seja, mais os dois capitais se aproximam. O primeiro tem de restituir o capital e tomá-lo novamente emprestado; o segundo, por todo o tempo em que funcione seu capital, tem de investi-lo sempre de novo no processo de produção, sem poder dispor dele à margem desse processo. A única diferença que ainda resta é o fato evidente de que o primeiro é proprietário de seu capital, e o segundo, não.

A questão que agora se coloca é a seguinte: como explicar que essa divisão puramente quantitativa do lucro em lucro líquido e juros se transforme numa divisão qualitativa? Em outras palavras, como explicar que também o capitalista que emprega capital próprio, e não capital emprestado, inclua uma parte de seu lucro bruto na categoria especial dos juros e, como tal, a calcule separadamente? E que, portanto, todo capital, emprestado ou não, distinga-se conforme seja portador de juros ou renda um lucro líquido?

Compreende-se que nem toda divisão quantitativa fortuita do lucro converte-se, desse modo, numa divisão qualitativa. Suponhamos, por exemplo, que alguns capitalistas industriais se associem para explorar um negócio, distribuindo entre si os lucros de acordo com normas juridicamente estabelecidas. E suponhamos que outros explorem seus respectivos negócios separadamente, sem se associar a ninguém. Esses não calculam seus lucros separando-os em duas categorias, uma parte como lucro individual e outra como lucro da empresa para os sócios inexistentes. Nesse caso, a divisão quantitativa não se converte em qualitativa. Isso só ocorre quando o proprietário consiste casualmente em diversas pessoas jurídicas, mas não quando essa circunstância não se apresenta.

Para responder à pergunta, temos de nos deter um pouco mais no verdadeiro ponto de partida da formação dos juros, isto é, temos de partir do pressuposto de que o capitalista monetário e o capitalista produtivo confrontam-se realmente, não só como pessoas distintas no âmbito jurídico, mas como personagens que representam papéis diferentes no processo de reprodução ou em cujas mãos o mesmo capital percorre de fato um movimento duplo e completamente distinto. Um deles apenas empresta o capital, enquanto o outro o investe produtivamente.

Para o capitalista produtivo que investe capital emprestado, o lucro bruto se divide em duas partes: os juros, que ele precisa pagar ao prestamista, e o excedente sobre os juros, que forma sua própria participação no lucro. Dada a taxa geral de lucro, essa participação se encontra determinada pela taxa de juros; dada a taxa de juros, ela se encontra determinada pela taxa geral de lucro. Além disso, por mais que o lucro bruto, a grandeza efetiva de valor do lucro total, possa diferir do lucro médio em cada caso, a parte que pertence ao capitalista ativo encontra-se determinada pelos juros, já que estes estão fixados pela taxa de juros geral (abstraindo de estipulações jurídicas particulares) e pressupostos como recebidos de antemão, antes de iniciar-se o processo de produção e, portanto, antes que se obtenha seu resultado, o lucro bruto. Vimos que o produto verdadeiramente específico do capital é o mais-valor, que, de maneira mais concreta, é o lucro. Para o capitalista que trabalha com capital emprestado, esse produto não é o lucro, mas o lucro menos os juros, isto é, a parte do lucro que resta para ele após o pagamento dos juros. Essa parte do lucro, portanto, aparece para ele necessariamente como produto de um capital, pelo tempo em que este funciona; e é, para ele, de fato produto de um capital, pois o capitalista só representa o capital como capital em funcionamento. Ele é a personificação do capital na medida em que este funciona, e este só funciona enquanto é investido na indústria ou no comércio para obter um lucro, ou seja, enquanto com ele, e por meio de quem o emprega, realizam-se as operações necessárias a cada ramo de negócios. Diferentemente dos juros, que o capitalista tem de pagar ao prestamista a partir do lucro bruto, a parte restante do lucro que cabe ao capitalista assume necessariamente a forma do lucro industrial ou comercial ou, para designá-lo com uma expressão alemã que engloba ambos, a forma do ganho empresarial [*Unternehmergewinn*]. Se o lucro bruto equivale ao lucro médio, a grandeza desse ganho empresarial se determina exclusivamente pela taxa de juros. Se o lucro bruto difere do lucro médio, a diferença entre ambos (depois de descontados os juros em ambos os casos) se determina por todas as circunstâncias acidentais que provocam um desvio temporário, seja da taxa de lucro num ramo particular da produção em relação à taxa geral de lucro, seja do lucro obtido por um capitalista isolado em determinada esfera em relação ao lucro médio dessa esfera particular. Ora, vimos que a taxa de lucro dentro do mesmo processo de produção não depende somente do mais-valor, mas de muitas outras circunstâncias: dos preços de compra dos meios de produção, de métodos mais produtivos que a média, da economia do capital constante etc. Saber se – e em que medida – o capitalista compra ou vende acima ou abaixo do preço de produção e, assim, apropria uma porção maior ou menor do mais-valor total no processo de circulação é algo que depende não só do preço de produção, mas de circunstâncias particulares e, em cada transação, do maior ou do menor grau de astúcia e engenho do capitalista. De todo modo, no entanto, a divisão quantitativa do lucro bruto se converte aqui numa divisão qualitativa, e isso tanto mais quanto a própria divisão quantitativa depende *daquilo que* deve ser dividido, da *maneira como* o capitalista ativo emprega o capital e do lucro bruto que este lhe rende como capital em funcionamento, isto é, graças a suas funções como capitalista ativo. O capitalista ativo é aqui pressuposto como não proprietário do capital. A propriedade de capital aparece para ele representada pelo prestamista, o capitalista monetário. Por conseguinte, os juros que ele paga a este último aparecem como a parte do lucro bruto reservada à propriedade do capital como tal. Em oposição a isso, a parte do lucro que compete ao capitalista ativo aparece agora como ganho empresarial, derivado exclusivamente das operações ou das funções que ele realiza no processo de reprodução com esse capital e, especialmente, portanto, das funções que ele efetua como empresário na indústria ou no comércio. Para ele, pois, os juros aparecem como mero fruto da propriedade do capital, do capital em si mesmo, abstraído do processo de reprodução do capital, na medida em que este não "trabalha", não funciona; ao passo que o lucro do empresário aparece para ele, ao contrário, como fruto exclusivo do movimento e da atuação do capital, uma atuação que se lhe apresenta agora como sua própria atividade, em oposição à inatividade, à não participação do capitalista monetário no processo de produção. Essa separação qualitativa entre as duas partes do lucro bruto, que faz com que os juros sejam fruto do capital em si mesmo, da propriedade do capital, sem levar em conta o processo de produção, e o ganho empresarial seja fruto do capital atuante, do capital que atua dentro do processo de produção e, portanto, do papel ativo que o aplicador do capital desempenha no processo de reprodução – essa separação qualitativa não constitui de modo nenhum um entendimento puramente subjetivo do capitalista monetário, de um lado, e do capitalista industrial, de outro. Ela está fundada num fato objetivo, uma vez que os juros fluem para o capitalista monetário, o prestamista, que é mero proprietário do capital e que, portanto, apenas representa a propriedade do capital diante do processo de produção e fora desse processo, ao passo que o ganho empresarial flui para o capitalista ativo, que é não proprietário do capital.

A divisão meramente quantitativa do lucro bruto entre duas pessoas que possuem títulos distintos sobre o mesmo capital – e, portanto, sobre o lucro engendrado por ele – converte-se, assim, numa divisão qualitativa tanto para o capitalista industrial que trabalha com capital emprestado como para o capitalista monetário que não investe diretamente seu capital. Uma parte do lucro se apresenta agora como fruto que, como tal, pertence ao capital na qualidade de juros; a outra parte se apresenta como fruto específico do capital numa forma oposta, isto é, como ganho empresarial. Uma aparece como simples fruto da propriedade do capital, a outra, como fruto da mera operação com o capital, como fruto do capital em ação ou das funções que o capitalista ativo desempenha. Essa ossificação e essa autonomização das duas partes do lucro bruto uma em relação à outra, como se elas emanassem de duas fontes essencialmente distintas, têm agora de fixar-se para toda a classe capitalista e para o capital inteiro. De fato, independentemente de o capital empregado pelo capitalista ativo ser emprestado ou não e de o capital pertencente ao capitalista monetário ser empregado por ele mesmo ou não. O lucro de todo capital, inclusive o lucro médio estabelecido pela compensação dos capitais entre si, divide-se, ou melhor, é separado em duas partes qualitativamente diferentes, autônomas entre si e independentes uma em relação à outra: os juros e o ganho empresarial, ambos determinados por leis especiais. Tanto o capitalista que trabalha com capital próprio quanto o que trabalha com capital emprestado dividem seu lucro bruto nos juros que lhe correspondem como proprietário do capital, como seu próprio prestamista, e no ganho empresarial, que lhe corresponde como capitalista ativo, como capitalista no desempenho de sua função. Para essa divisão, como divisão qualitativa, é indiferente se o capitalista tem realmente de repartir seu lucro bruto com outro ou não. O empregador do capital, ainda que trabalhe com capital próprio, desdobra-se em dois personagens: o simples proprietário do capital e o empregador do capital. Seu próprio capital, com relação aos tipos de lucro que ele gera, decompõe-se em *propriedade* do capital, capital *fora* do processo de produção, que rende juros por si só, e capital *dentro* do processo de produção, que, como capital em ação, gera o ganho empresarial.

Os juros se consolidam, pois, de modo tal que já não se apresentam como uma divisão do lucro bruto indiferente à produção, divisão que só se dá ocasionalmente quando o industrial trabalha com capital alheio. Mesmo que trabalhe com capital próprio, seu lucro se divide em juros e ganho empresarial. Com isso, a divisão puramente quantitativa se converte em divisão qualitativa: ela ocorre independentemente da circunstância fortuita de o industrial ser proprietário ou não proprietário de seu capital. Não se trata simplesmente de alíquotas do lucro distribuídas entre diversas pessoas, mas de duas categorias distintas de lucro, que se encontram numa relação distinta com o capital e, portanto, numa relação com diferentes determinidades do capital.

Ora, é muito simples descobrir as razões pelas quais, tão logo essa divisão do lucro bruto em juros e ganho empresarial se converte numa divisão qualitativa, ela assume esse caráter para o capital total e para a classe capitalista em seu conjunto.

Em primeiro lugar, isso já deriva da circunstância meramente empírica de que a maioria dos capitalistas industriais, ainda que em proporções numéricas distintas, trabalha com capital próprio e emprestado e de que as proporções entre um e outro variam segundo os diferentes períodos.

Em segundo lugar, a conversão de uma parte do lucro bruto na forma dos juros converte sua outra parte em ganho empresarial. Este último é, na verdade, apenas a forma antitética que assume o excedente do lucro bruto sobre os juros, tão logo estes existem como categoria própria. Toda a investigação de como o lucro bruto se desdobra em juros e ganho empresarial reduz-se pura e simplesmente à investigação de como uma parte do lucro bruto se ossifica e se autonomiza como juros. Mas o capital portador de juros existe historicamente como uma forma pronta, dada de antemão, e os juros, portanto, como subforma pronta do mais-valor produzido pelo capital, muito antes de existirem o modo de produção capitalista e as ideias de capital e lucro que lhe correspondem. Isso explica por que, na concepção popular, considera-se o capital monetário, o capital portador de juros, o capital como tal, o capital *par excellence*. Também explica, por outro lado, a ideia dominante até a época de Massie, de que o que se paga nos juros é o dinheiro. O fato de que o capital emprestado produz juros, seja ele realmente empregado como capital ou não – e mesmo que só seja emprestado para fins de consumo –, reforça a ideia da autonomia dessa forma do capital. A melhor prova da autonomia que, nos primeiros períodos do modo de produção capitalista, os juros apresentam em relação ao lucro, e o capital portador de juros em relação ao capital industrial, é que só a partir de meados do século XVIII descobriu-se (por Massie e, depois dele, por Hume) o fato de que os juros são simplesmente uma parte do lucro bruto e de que tal descoberta se fazia necessária.

Em terceiro lugar, se o capitalista industrial trabalha com capital próprio ou com capital emprestado não altera em nada a circunstância de que ele tem de enfrentar a classe dos capitalistas monetários como uma categoria particular de capitalistas, o capital monetário como uma categoria independente de capital e os juros como a forma autônoma do mais-valor correspondente a esse capital específico.

Considerados *qualitativamente*, os juros são o mais-valor gerado pela mera propriedade do capital; o mais-valor lançado pelo capital em si mesmo – ainda que seu proprietário se mantenha à margem do processo de reprodução –, ou seja, o mais-valor lançado pelo capital independentemente de seu processo. Considerada *quantitativamente*, a parte do lucro que forma os juros não aparece em referência ao capital industrial e comercial como tal, mas ao capital monetário, e a taxa dessa parte do mais-valor, o nível ou a taxa de juros, reafirma essa relação. Pois, em primeiro lugar, a taxa de juros – apesar de sua dependência em relação à taxa geral de lucro – é determinada de maneira independente e, em segundo lugar, porque, tal como o preço de mercado das mercadorias, ela aparece frente à inapreensível taxa de lucro como uma proporção que, apesar de todas as variações, permanece fixa, uniforme, tangível e sempre dada. Se todo o capital se encontrasse nas mãos dos capitalistas industriais, não existiriam juros nem taxa de juros. A forma autônoma que assume a distribuição quantitativa do lucro bruto engendra a distribuição qualitativa. Se compararmos o capitalista industrial com o capitalista monetário, veremos que ele se distingue deste último apenas por seu ganho empresarial, pelo excedente de seu lucro bruto sobre os juros médios, que, em virtude da taxa de juros, aparecem como grandeza empiricamente dada. Se, por outro lado, o compararmos com o capitalista industrial que trabalha com capital próprio, e não com capital emprestado, veremos que ele se diferencia deste último apenas como um capitalista monetário, que embolsa os juros, em vez de pagá-los a outrem. Em ambos os casos, a parte do lucro bruto que se distingue dos juros aparece para ele como ganho empresarial, e os próprios juros aparecem como um mais-valor que o capital gera por si só e que, por conseguinte, ele geraria ainda que não fosse investido produtivamente.

Isso está correto, do ponto de vista prático, para o capitalista individual. Ele pode optar por usar seu capital – não importando se este existe desde o início como capital monetário ou se ainda deve ser convertido em capital monetário – emprestando-o como capital portador de juros ou valorizando-o diretamente como capital produtivo. Mas generalizar esse aspecto, referindo-o a todo o capital da sociedade, como o fazem alguns economistas vulgares, e inclusive defini-lo como fundamento do lucro, é naturalmente um disparate. A ideia de converter o capital total da sociedade em capital monetário, sem que existam pessoas que comprem e valorizem os meios de produção – sob cuja forma se encontra a totalidade do capital, com exceção de uma porção relativamente pequena existente em dinheiro –, é evidentemente absurda. E nela vai implícita uma ideia ainda mais absurda, a de que, com base no modo de produção capitalista, o capital poderia gerar juros sem funcionar como capital produtivo, isto é, sem criar mais-valor, do qual os juros não são mais que uma parte; a ideia de que o modo de produção capitalista poderia mover-se sem a produção capitalista. Se um número desproporcionalmente grande de capitalistas resolvesse converter seu capital em capital monetário, a consequência disso seria uma enorme desvalorização do capital monetário e uma enorme queda da taxa de juros; muitos se veriam imediatamente na impossibilidade de viver de seus juros e, portanto, forçados a reconverter-se em capitalistas industriais. Mas, como já foi dito, isso é, em relação ao capitalista individual, um fato. Por isso, mesmo quando opera com seu capital próprio, a parte de seu lucro médio que equivale aos juros médios é por ele considerada necessariamente fruto de seu capital como tal, separado do processo de produção; e, em oposição a essa parte autonomizada nos juros, ele considera o restante de seu lucro bruto simples ganho empresarial.

Em quarto lugar {lacuna no manuscrito}.

Vimos, pois, que a parte do lucro que o capital ativo tem de pagar ao simples proprietário do capital emprestado converte-se na forma autônoma de uma parte do lucro que, sob o nome de juros, é lançada por todo capital como tal, emprestado ou não. A grandeza dessa parte depende da grandeza da taxa média de juros. Sua origem se revela apenas no fato de que o capitalista ativo, quando é proprietário de seu capital, não contribui – pelo menos de forma ativa – para a determinação da taxa de juros. A divisão puramente quantitativa do lucro entre duas pessoas portadoras de diferentes títulos jurídicos sobre ele converteu-se numa divisão qualitativa, que parece decorrer da própria natureza do capital e do lucro. Pois, como vimos, tão logo uma parte do lucro assume em geral a forma dos juros, a diferença entre o lucro médio e os juros, ou a parte do lucro que excede os juros, converte-se numa forma antitética aos juros, a forma dos juros empresariais. Essas duas formas, os juros e o ganho empresarial, só existem em antítese mútua. Nenhuma das duas se refere, portanto, ao mais-valor, do qual elas não são mais do que partes fixadas em categorias, rubricas ou nomes distintos; referem-se, antes, uma à outra. É porque uma parte do lucro se converte em juros que a outra parte aparece como ganho empresarial.

Por lucro entendemos, aqui, sempre o lucro médio, uma vez que as flutuações, sejam do lucro individual, sejam do lucro em diferentes esferas de produção – e, portanto, as variações quanto à distribuição do lucro médio ou do mais-valor, as quais oscilam de acordo com a luta concorrencial e outras circunstâncias –, são totalmente indiferentes para o caso presente. Isso vale para toda a nossa investigação.

Ora, os juros, como os define Ramsay, são o lucro líquido que a propriedade do capital como tal gera, seja para o simples prestamista que permanece à margem do processo de reprodução, seja para o proprietário que investe produtivamente seu próprio capital. Também neste último caso o lucro líquido é gerado para o proprietário não como capitalista ativo, mas como capitalista monetário, como prestamista de seu próprio capital, como capital portador de juros, a si mesmo como capitalista ativo. Assim como a conversão do dinheiro – e do valor em geral – em capital é o resultado constante do processo de produção capitalista, também sua existência como capital é a condição permanente desse processo. Por meio de sua capacidade de converter-se em meios de produção, ele dispõe constantemente de trabalho não pago e, por isso, converte o processo de produção e circulação das mercadorias em produção de mais-valor para seu possuidor. Os juros são, pois, a expressão do fato de que o valor – o trabalho objetivado em sua forma social geral –, isto é, o valor que no processo efetivo de produção assume a forma de meios de produção, confronta-se como uma potência autônoma com a força viva de trabalho e constitui o meio para se apropriar de trabalho não pago; e de que ele é esse poder na medida em que se confronta com o trabalhador como propriedade alheia. Por outro lado, na forma dos juros apaga-se essa antítese em relação ao trabalho assalariado, pois o capital portador de juros não tem como termo antagônico o trabalho assalariado, mas o capital ativo; o capitalista prestamista confronta-se como tal diretamente com o capitalista que atua de fato no processo de reprodução, mas não com o trabalhador assalariado, que se encontra expropriado dos meios de produção justamente com base na produção capitalista. O capital portador de juros é o capital *como propriedade* diante do capital *como função*. Enquanto o capital não funciona, ele não explora os trabalhadores nem assume uma posição antitética em relação ao trabalho.

Por outro lado, o ganho empresarial não se encontra em oposição ao trabalho assalariado, somente aos juros.

Em primeiro lugar, pressupondo o lucro médio como dado, a taxa do ganho empresarial não é determinada pelo salário, mas pela taxa de juros. Ela é alta ou baixa na proporção inversa desta última[72].

Em segundo lugar, o capitalista ativo não deriva seu direito ao ganho empresarial – e, portanto, o próprio ganho empresarial – de sua propriedade

---

[72] *"The profits of enterprise depend upon the net profits of capital, not the latter upon the former"* ["O ganho empresarial depende do lucro líquido do capital, e não o inverso"] ([George] Ramsay, [*An Essay on the Distribution of Wealth*, Edimburgo, Adam and Charles Black, 1836,] p. 214. Para ele, *net profits* são sempre = juros).

sobre o capital, mas da função do capital distinta de sua determinidade como mera propriedade inerte. Isso aparece como antítese diretamente existente tão logo o capitalista opera com capital emprestado, isto é, quando juros e ganho empresarial competem a duas pessoas distintas. O ganho empresarial deriva da função do capital no processo de reprodução, ou seja, das operações, da atividade por meio da qual o capitalista ativo medeia essas funções do capital industrial e do capital-mercadoria. Mas ser representante do capital em funcionamento não constitui uma sinecura, como no caso do representante do capital portador de juros. Sobre a base da produção capitalista, o capitalista dirige tanto o processo de produção como o processo de circulação. A exploração do trabalho produtivo custa um esforço, seja ela realizada pelo próprio capitalista, seja por outrem, em seu nome. Em oposição aos juros, o ganho empresarial se apresenta para o capitalista como independente da propriedade do capital e, mais ainda, como resultado de suas funções de não proprietário, como... *trabalhador*.

Assim se desenvolve necessariamente em seu cérebro a ideia de que seu ganho empresarial, longe de achar-se em qualquer oposição com o trabalho assalariado e de ser apenas trabalho alheio não pago, representa, antes, seu próprio *salário*, um salário de supervisão do trabalho, *wages of superintendance of labour*; um salário maior que o do assalariado comum, 1) por ser um trabalho mais complexo e 2) porque ele mesmo paga seu próprio salário. Que sua função como capitalista consiste em produzir mais-valor, isto é, trabalho não pago, e, além disso, em produzi-lo nas condições mais econômicas é algo que fica completamente esquecido diante do fato antitético de que os juros competem ao capitalista, ainda que ele não desempenhe nenhuma função como capitalista, que seja mero proprietário do capital, e de que, pelo contrário, o ganho empresarial compete ao capitalista ativo, ainda que seja não proprietário do capital com que opera. A forma antagônica das duas partes em que se decompõe o lucro e, portanto, o mais-valor faz com que esqueçamos que ambas não são mais do que partes do mais-valor e de que sua divisão não pode alterar em nada sua natureza, sua origem e suas condições de existência.

No processo de reprodução, o capitalista ativo representa o capital como propriedade alheia diante dos trabalhadores assalariados, e o capitalista monetário, representado pelo capitalista ativo, participa da exploração do trabalho. O fato de que somente como representante dos meios de produção diante dos trabalhadores é possível ao capitalista ativo fazer com que os trabalhadores trabalhem para ele, ou que os meios de produção funcionem como capital, é esquecido na antítese entre a função do capital no processo de reprodução e a mera propriedade do capital fora do processo de reprodução.

Com efeito, nas formas que as duas partes do lucro – *i.e.*, do mais-valor – assumem, as formas dos juros e do ganho empresarial, não está expressa nenhuma relação com o trabalho, uma vez que essa relação só existe entre ele e o lucro ou, antes, entre ele e o mais-valor, como a soma, o todo, a unidade dessas duas partes. A proporção em que o lucro é repartido e os diferentes títulos jurídicos que servem de base a essa repartição pressupõem o lucro como algo dado, pressupõem sua existência. Se, portanto, o capitalista é proprietário do capital com que opera, ele embolsa o lucro ou o mais-valor integral; para o trabalhador, é absolutamente indiferente se o capitalista procede desse modo ou se é obrigado a ceder uma parte a um terceiro como proprietário legal do capital. Os fundamentos que regem a divisão do lucro entre duas classes de capitalistas transformam-se, assim, nos fundamentos da existência do lucro – ou do mais-valor – que tem de ser dividido e que o capital como tal extrai do processo de reprodução, independentemente de toda divisão ulterior. Do fato de que os juros se contrapõem ao ganho empresarial, e este, por sua vez, contrapõe-se aos primeiros, e do fato de que eles se contrapõem apenas um ao outro, mas não ao trabalho, segue-se que o ganho empresarial mais os juros, isto é, o lucro e, mais amplamente, o mais-valor, baseia-se em quê? Nessa forma antitética de suas duas partes! Mas o lucro é produzido antes que nele se opere essa divisão e antes que se possa falar dela.

O capital portador de juros só se conserva pelo tempo em que o capital emprestado se transforma realmente em capital e produz um excedente, do qual os juros são uma parte. Isso não anula o fato de que a capacidade de produzir juros, independentemente do processo de produção, é algo inerente a esse capital. A força de trabalho só conserva sua qualidade criadora de valor quando atua e se realiza no processo de trabalho; e isso não exclui o fato de que uma tal força, em si mesma, é potencialmente uma atividade criadora de valor e de que, como tal, ela não deriva do processo de produção, mas o antecede. Ela é comprada como capacidade de criar valor. Também pode ocorrer que alguém a compre e não a coloque para trabalhar produtivamente; por exemplo, empregando-a para fins puramente pessoais, para o serviço doméstico etc. O mesmo ocorre com o capital. Compete ao prestamista decidir se ele o empregará ou não como capital, ou seja, se colocará ou não efetivamente em ação sua qualidade inerente de produzir mais-valor. O que ele paga é, em ambos os casos, o mais-valor potencial contido no capital-mercadoria.

* * *

Passemos agora ao exame mais detalhado do ganho empresarial.

Uma vez que o atributo social específico do capital no interior do modo de produção capitalista – ser propriedade que permite dispôr do trabalho alheio – é fixado, de modo que os juros aparecem como a parte do mais-valor gerada pelo capital nessa inter-relação, a outra parte do mais-valor – o ganho empresarial – aparece necessariamente como algo que não provém do capital como tal, mas do processo de produção, separado de seu atributo social específico, cujo modo particular de existência já está expresso no termo "juros de capital". O processo de produção, separado do capital, é simplesmente processo de trabalho. O capitalista industrial, como personagem distinto do proprietário do capital, não aparece, portanto, como capital operante, mas como funcionário, independentemente do capital, ou como um simples agente do processo de trabalho em geral, como um trabalhador e, de fato, um trabalhador assalariado.

Os juros, por si, expressam precisamente a existência capitalista das condições de trabalho como capital, em sua antítese social com o trabalho e em sua transformação num poder pessoal, diante do trabalho e sobre o trabalho. Eles representam a mera propriedade do capital como meio de se apropriar de produtos do trabalho alheio. Mas apresentam esse caráter do capital como algo que lhe corresponde fora do processo de produção e que não é de modo nenhum resultado da determinidade especificamente capitalista desse processo de produção. Eles o representam não em contraposição direta ao trabalho, mas sem nenhuma relação com o trabalho, como mera relação de um capitalista com outro. Portanto, como uma determinação externa e indiferente à relação entre o capital e o trabalho. Por isso, nos juros, na forma específica de lucro em que o caráter antitético do capital assume uma expressão autônoma, isso se dá de tal maneira que essa antítese é totalmente apagada e abstraída. Os juros são uma relação entre dois capitalistas, não entre capitalista e trabalhador.

Por outro lado, essa forma de juros confere à outra parte do lucro a forma qualitativa do ganho empresarial e, além disso, do salário de supervisão. As funções específicas que o capitalista como tal tem de desempenhar, e que lhe competem em contraste com os trabalhadores e em oposição a eles, são apresentadas como meras funções do trabalho. Ele cria mais-valor não porque trabalha *como capitalista*, mas porque, abstraindo de sua qualidade como capitalista, ele *também* trabalha. Essa parte do mais-valor não é mais, portanto, mais-valor, mas seu oposto: um equivalente pelo trabalho realizado. Como o caráter estranhado do capital, sua oposição ao trabalho, é relegado a um lugar externo ao processo efetivo de exploração, mais precisamente, ao capital portador de juros, esse mesmo processo de exploração aparece como mero processo de trabalho em que o capitalista atuante apenas desempenha um trabalho distinto daquele do trabalhador, de modo que o trabalho do explorador e o trabalho que é explorado aparecem de maneira idêntica, ambos como trabalho. O trabalho do explorador é tão trabalho quanto o trabalho que é explorado. A forma social do capital recai sobre os juros, porém expressa numa forma neutra e indiferente; a função econômica do capital recai sobre o ganho empresarial, porém abstraída do específico caráter capitalista dessa função.

Na consciência do capitalista, produz-se aqui o mesmo fenômeno que vimos na seção II deste livro, ao tratarmos das razões para a compensação que serve de base à formação do lucro médio. Essas razões para a compensação, que entram como fatores determinantes na distribuição do mais-valor, são distorcidas na mente do capitalista, onde aparecem como razões do surgimento e razões justificadoras (subjetivas) do lucro.

A concepção do ganho empresarial como salário do trabalho de supervisão, que tem origem na antítese entre o ganho empresarial e os juros, é reforçada pelo fato de que uma parte do lucro pode ser separada como salário – e, na realidade, é – ou, ao contrário, pelo fato de que uma parte do salário aparece sobre a base do modo de produção capitalista como parte integrante do lucro. Essa parte, como A. Smith demonstrou corretamente, apresenta-se de forma pura, independente e totalmente separada, por um lado, do lucro (como soma de juros e ganho empresarial) e, por outro lado, daquela parte do lucro que, depois de deduzidos os juros, resta como o assim chamado ganho empresarial no salário do dirigente naqueles ramos de negócio cuja extensão etc. permite uma divisão do trabalho suficientemente ampla para justificar um salário especial para o dirigente.

O trabalho de supervisão e gerência é naturalmente requerido onde quer que o processo direto de produção assuma a forma de um processo socialmente combinado, e não a de um trabalho isolado de produtores independentes[73]. Mas ele tem uma dupla natureza.

Por um lado, todo trabalho que envolve a cooperação de muitos indivíduos exige que uma vontade organizadora coordene e unifique o processo, além de funções que se apliquem não a operações parciais, mas à atividade total da oficina, de modo muito semelhante à função do maestro de uma

---

[73] "*Superintendence is here [...] completely dispensed with*" ["A supervisão é, aqui" (no proprietário da fazenda), "inteiramente dispensável"] (J.[ohn] E.[lliott] Cairnes, *The Slave Power*, Londres, [Parker, Son, and Bourn,] 1862, p. 48).

orquestra. Esse é um trabalho produtivo, que tem de ser executado em todo modo de produção combinado.

Por outro lado – abstraindo de todo departamento comercial –, esse trabalho de supervisão necessariamente surge nos modos de produção que repousam sobre o antagonismo entre o trabalhador como produtor direto e o proprietário dos meios de produção. Quanto maior é esse antagonismo, maior é o papel desempenhado pela supervisão*. Por isso, ela atinge seu auge no sistema escravista[74]. Ela também é imprescindível no modo de produção capitalista, uma vez que nele o processo de produção é, ao mesmo tempo, um processo de consumo da força de trabalho pelos capitalistas. Exatamente como nos Estados despóticos, o trabalho de supervisão e a intervenção do governo envolvem tanto a realização de atividades comuns, que derivam da natureza de todas as comunidades, quanto as funções específicas decorrentes do antagonismo entre o governo e a massa popular.

Nos escritores antigos, que tinham diante de si o sistema escravista, os dois lados do trabalho de supervisão encontram-se inseparavelmente unidos na teoria, do mesmo modo como eram na prática, e tão intimamente combinados quanto nos economistas modernos, que concebem o modo de produção capitalista como o modo de produção absoluto. Por outro lado, como mostrarei a seguir com a ajuda de um exemplo, os apologistas do sistema escravista moderno se servem do trabalho de supervisão como justificativa da escravidão tanto quanto os outros economistas o utilizam para justificar o trabalho assalariado.

O *villicus*, na época de Catão:

> "No auge da escravidão rural** (*familis rustica*), o agricultor (*villicus*, derivado de *villa* [fazenda]), que ganha e despende, compra e vende, recebe instruções do patrão e, na ausência deste último, dá ordens e aplica punições [...]. O agricultor desfrutava naturalmente de uma liberdade de ação maior que a dos demais servos; os livros de Magão aconselhavam que ao agricultor fosse permitido casar-se, criar

* Na primeira edição, "trabalhador-supervisão". Alterado de acordo com o manuscrito de Marx. (N. E. A.)

74 *"If the nature of the work requires that the workmen [...] should be dispersed over an extended area, the number of overseers, and, therefore, the cost of the labour which requires this supervision, will be proportionately increased"* ["Se a natureza do trabalho exigir que os trabalhadores" (especialmente os escravos) "sejam distribuídos sobre uma extensa área, isso provocará um aumento do número de supervisores e, com isso, o custo do trabalho que exige essa supervisão aumentará na mesma proporção"] ([John Elliott] Cairnes, *The Slave Power*, cit., p. 44).

** Na primeira edição e no manuscrito de Marx, "economia escravista rural". (N. E. A.)

filhos e ter seus próprios fundos, e Catão recomendava que ele se casasse com a agricultora; apenas ele podia almejar a liberdade de seu senhor, em caso de bom comportamento. De resto, formavam todos um estamento doméstico comum [...]. Cada escravo, incluindo o próprio agricultor, obtinha seus meios de subsistência à custa de seu senhor, em prazos determinados, e com esses meios ele tinha de sobreviver [...]. A quantidade variava de acordo com o trabalho, razão pela qual o agricultor, cujo trabalho era mais leve que o dos demais servos, recebia uma ração menor que a destes últimos." ([Theodor] Mommsen, *Römische Geschichte*, 2. ed., [Berlim, Weidmann,] 1856, p. 808-10)

Aristóteles: "Ο γὰρ δεσπότης οὐκ ἐν τῷ κτᾶσθαι τοὺς δούλους, ἀλλ᾽ἐν τῷ χρῆσθαι δούλοις" ("Pois o senhor" – o capitalista – "não atua como tal na aquisição de escravos" – na propriedade do capital que lhe permite comprar trabalho – "mas na utilização dos escravos" – na utilização de trabalhadores, que hoje são assalariados, no processo de produção). "Εστι δ᾽ αὕτη ἡ ἐπιστήμη οὐδὲν μέγα ἔχουσα οὐδὲ σεμνόν" ("Mas essa ciência não tem nada de grandioso ou sublime") "ἅ γὰρ τὸν δοῦλον ἐπίστασθαι δεῖ ποιεῖν, ἐκεῖνον δεῖ ταῦτα ἐπίστασθαι ἐπιτάττειν". ("Mas o que o escravo tem de ser capaz de fazer, o senhor tem de ser capaz de ordenar.") "Διὸ ὅσοιςἐξουσία μὴ αὐτοὺς κακοπαθεῖν, ἐπίτροποσ λαμβάνει ταύτην τὴν τιμήν, αὐτοὶ δὲ πολιτεύονται ἢ φιλοσοφοῦθσιν" ("Onde quer que os senhores não estejam obrigados a cumprir eles mesmos essa tarefa, o agricultor assume *essa honra*, enquanto os senhores dedicam-se aos assuntos do Estado ou a filosofar"). (Aristóteles, *Respubl.[ica]* [Política], Bekker, lib. I, 7.)

Que a supremacia nos terrenos político e econômico reserva aos detentores do poder as funções do governo e que, portanto, no terreno econômico, eles têm de saber consumir a força de trabalho é o que Aristóteles diz em tão poucas palavras, acrescentando que não se deve conceder demasiada importância a esse trabalho de supervisão, já que o senhor, se dispõe de riqueza suficiente, concede a um supervisor a "honra" dessa faina.

O trabalho de direção e supervisão – quando não é uma função especial, determinada não pela natureza de todo trabalho social combinado, mas pelo antagonismo entre o proprietário dos meios de produção e o proprietário da simples força de trabalho, sendo indiferente se esta é comprada juntamente com o próprio trabalhador, como é o caso no sistema escravista, ou se o próprio trabalhador vende sua força de trabalho, de modo que o processo de produção aparece também como um processo mediante o qual o capital consome seu trabalho –, função surgida da servidão dos produtores diretos, foi frequentemente usado como justificativa desse mesmo regime de servidão, e a exploração, a apropriação de trabalho alheio, não pago, foi apresentada com a mesma frequência como o salário correspondente ao proprietário do capital. Nesse âmbito, ninguém conseguiu superar um defensor da escravidão nos Estados Unidos, o advogado O'Connor, que num comício em Nova York, no dia 19 de dezembro de 1859, disse, sob a bandeira: "Justiça para o Sul!".

> "*Now, gentlemen*" ["Ora, cavalheiros"], dizia, entre grandes aplausos. "A essa condição de servidão o negro está destinado por natureza [...]. Ele é forte e vigoroso para o trabalho, mas a natureza que lhe deu esse vigor privou-o ao mesmo tempo tanto da inteligência para governar quanto da vontade de trabalhar." (Aplauso.) "Ambas lhe foram negadas. E a mesma natureza que o privou da vontade de trabalhar deu a ele um senhor, encarregado de coagi-lo e fazer dele – no clima ao qual ele estava adaptado – um servidor útil tanto para si mesmo como para o senhor que o governa [...]. Afirmo que não constitui injustiça nenhuma deixar o negro na condição em que a natureza o colocou e dar a ele um senhor que o governe [...], tampouco significa privá-lo de quaisquer de seus direitos se o obrigamos a trabalhar em retribuição, a pagar a seu senhor uma justa compensação pelo trabalho e pelo talento que este empregou em governá-lo e torná-lo útil para si mesmo e para a sociedade."

Ora, o trabalhador assalariado, assim como o escravo, também necessita de um senhor que o faça trabalhar e que o governe. Estando pressuposta essa relação de domínio e servidão, é justo que o trabalhador assalariado se veja obrigado a produzir seu próprio salário e, além disso, também o salário de supervisão, uma compensação pelo trabalho de governo e vigilância sobre ele, e pague "a seu senhor uma justa compensação pelo trabalho e pelo talento que este empregou em governá-lo e torná-lo útil para si mesmo e para a sociedade".

O trabalho de supervisão e direção, na medida em que deriva do caráter antagônico, da supremacia do capital sobre o trabalho, e, por conseguinte, sendo comum a todos os modos de produção que, tal como o capitalista, se baseiam no antagonismo de classes, encontra-se direta e inseparavelmente vinculado às funções produtivas que todo o trabalho social combinado impõe a determinados indivíduos como um trabalho especial. O salário de um *epítropos**, ou do *régisseur*, como era chamado na França feudal, separa-se completamente do lucro e assume também a forma do salário que remunera

* Na Grécia Antiga, capataz ou vigilante do trabalho. (N. T.)

o trabalho qualificado, tão logo a atividade é realizada numa escala suficientemente grande para poder pagar um tal diretor (*manager*), ainda que, nem por isso, nossos capitalistas industriais se dediquem "aos assuntos do Estado ou a filosofar".

Que "a alma de nosso sistema industrial" não são os capitalistas industriais, mas os *managers*, é algo que o sr. Ure já nos havia dito[75]. Quanto à parte comercial do negócio, já dissemos o que devia ser dito na seção anterior [p. 330-2].

A própria produção capitalista fez com que o trabalho de supervisão, apartado da propriedade do capital, se tornasse facilmente disponível. Tornou-se portanto inútil que o capitalista se ocupasse desse trabalho de supervisão. Um maestro não necessita de modo nenhum ser o proprietário dos instrumentos da orquestra, tampouco entre suas funções de maestro se encontra a de determinar o "salário" dos demais músicos. As fábricas cooperativas fornecem a prova de que o capitalista tornou-se tão supérfluo como funcionário na produção quanto ele mesmo, do alto de sua superioridade, considera supérfluo o grande proprietário fundiário. Na medida em que o trabalho do capitalista não deriva do processo de produção como processo puramente capitalista e, portanto, [não] se extingue por si só juntamente com o capital; na medida em que ele não se limita à função de explorar trabalho alheio; portanto, na medida em que ele resulta da forma do trabalho como trabalho social, da combinação e da cooperação de muitos para a obtenção de um resultado comum, o trabalho do capitalista é tão independente do capital quanto o é essa forma mesma, tão logo ela rompe o envólucro capitalista. Dizer que esse trabalho é necessário como trabalho capitalista, como função do capitalista, é o mesmo que dizer que o vulgo é incapaz de conceber as formas que vão se desenvolvendo no curso do modo de produção capitalista, separadas e libertas de seu caráter capitalista antagônico. Comparado ao capitalista monetário, o capitalista industrial é um trabalhador, mas um trabalhador no sentido de capitalista, isto é, um explorador do trabalho alheio. O salário que ele reivindica e recebe por esse trabalho é exatamente igual à quantidade de trabalho alheio apropriada e, na medida em que ele realiza o esforço requerido para a exploração, depende diretamente do grau de exploração desse trabalho, e não do grau de esforço que essa exploração exige e que ele pode transferir a um diretor em troca de uma remuneração moderada.

---

[75] A.[ndrew] Ure, *Philos.[ophy] of Manufactures*, v. 1, tradução francesa, 1836, p. 68, onde esse Píndaro dos fabricantes dá ao mesmo tempo o testemunho de que a maior parte dos fabricantes não tem a menor noção do mecanismo que põe em movimento.

Depois de cada crise, encontra-se nos distritos fabris ingleses um bom número de ex-fabricantes que, por baixos salários, supervisionam as mesmas fábricas das quais antes eram os donos, mas agora como diretores dos novos proprietários, que são frequentemente seus credores[76].

O salário de administração, tanto para os diretores comerciais como para os diretores industriais, aparece completamente separado do ganho empresarial, tanto nas fábricas cooperativas dos trabalhadores como nas empresas capitalistas por ações. A separação entre o salário de administração e o ganho empresarial, que nos demais casos aparece como algo fortuito, é aqui constante. Na fábrica cooperativa desaparece o caráter antagônico do trabalho de supervisão, uma vez que o diretor da fábrica é pago pelos trabalhadores, em vez de representar o capital perante eles. As empresas por ações – que se desenvolvem com o sistema de crédito – tendem a separar cada vez mais esse trabalho administrativo, como função, da posse do capital, seja próprio, seja emprestado, do mesmo modo que, com o desenvolvimento da sociedade burguesa, as funções judiciais e administrativas separam-se da propriedade fundiária, da qual eram atributos na época do feudalismo. Enquanto, de um lado, o capitalista ativo se confronta com o simples proprietário do capital, com o capitalista monetário, e, mediante o desenvolvimento do crédito, esse mesmo capital monetário assume um caráter social, sendo concentrado em bancos e emprestado por estes últimos, e não por seus proprietários diretos, e enquanto, por outro lado, o simples diretor de uma empresa, que não possui o capital sob título nenhum, nem como empréstimo nem sob qualquer outra forma, desempenha todas as funções reais que correspondem ao capitalista ativo como tal, quem permanece no processo de produção é apenas o funcionário; o capitalista desaparece como personagem supérfluo.

Pelos balanços[77] das fábricas cooperativas na Inglaterra, vemos que – depois de deduzido o salário do diretor, que, tal como o salário dos demais trabalhadores, constitui uma parte do capital variável desembolsado – o lucro por eles obtido é superior ao lucro médio, apesar de, às vezes, eles pagarem juros muito mais altos que os fabricantes privados. A causa do lucro mais alto reside, em todos esses casos, na maior economia na aplicação do capital constante. Mas o que nos interessa é que o lucro médio (= juros + ganho

---

[76] Num caso de que tomei conhecimento, ocorrido após a crise de 1868, um fabricante falido tornou-se empregado assalariado de seus antigos trabalhadores. Após a falência, a fábrica passou a ser operada por uma cooperativa de trabalhadores, e seu antigo dono foi empregado como diretor. (F. E.)

[77] Os balanços aqui citados não ultrapassam o ano de 1864, uma vez que o balanço seguinte foi escrito em 1865. (F. E.)

empresarial) apresenta-se aqui, de modo fático e palpável, como uma grandeza totalmente independente do salário de administração. Por ser o lucro, nesse caso, superior ao lucro médio, também o ganho empresarial é maior que o normal.

Esse mesmo fato se revela em algumas empresas capitalistas por ações – por exemplo, nos bancos por ações (*Joint Stock Banks*). O *London and Westminster Bank* pagou, em 1863, 30% de dividendos anuais; o *Union Bank of London* e outros, 15%. Do lucro bruto descontam-se aqui, além dos salários dos gerentes, os juros pagos pelos depósitos. O alto lucro se explica, nesse caso, pela pequena proporção do capital desembolsado em relação aos depósitos. Por exemplo, no *London and Westminster Bank*, 1863: capital desembolsado, £1.000.000; depósitos, £14.540.275. No *Union Bank of London*, 1863: capital desembolsado, £600.000; depósitos, £12.384.173.

A confusão entre ganho empresarial e salário de supervisão ou de administração derivou da forma antagônica que o excedente do lucro sobre os juros assume em oposição a este último. Subsequentemente, desenvolveu-se a partir da tendência apologética de apresentar o lucro não como mais-valor, isto é, não como trabalho não pago, mas como salário que o próprio capitalista recebe pelo trabalho que realiza. Diante disso, os socialistas logo passaram a exigir que o lucro fosse reduzido ao que ele teoricamente deveria ser, isto é, a um simples salário de supervisão. Essa reivindicação resultava mais desagradável para a apologética teórica à medida que, por um lado, esse salário de supervisão, como todos os outros salários, encontrava seu nível determinado e seu preço de mercado em consequência da formação de uma numerosa classe de diretores industriais e comerciais[78]; por outro lado, à medida que, como todo salário pago ao trabalho especializado, ele decrescia em consequência do desenvolvimento geral que faz baixar os custos de produção da

[78] *"Masters are labourers as well as their journeymen. In this character their interest is precisely the same as that of their men. But they are also either capitalists, or the agents of capitalists, and in this respect their interest is decidedly opposed to the interest of the workmen"* ["Os mestres são tão trabalhadores quanto seus oficiais. Nesse sentido, seu interesse é exatamente o mesmo que o de seus homens. Além disso, eles também são capitalistas, ou agentes de capitalistas, e, sob esse aspecto, seus interesses são frontalmente opostos ao interesse dos trabalhadores"] ([Thomas] Hodgskin, *Labour Defended against the Claims of Capital etc.*, Londres, 1825, p. 27). *"The wide spread of education among the journeymen mechanics of this country diminishes daily the value of the labour and skill of almost all masters and employers by increasing the number of persons who possess their peculiar knowledge"* ["A ampla difusão da cultura entre os operários industriais deste país reduz diariamente o valor do trabalho e da perícia de quase todos os mestres e empresários, ao aumentar o número de pessoas que possuem o conhecimento peculiar destes últimos"] (ibidem, p. 30).

força de trabalho especificamente qualificada[79]. Com o desenvolvimento da cooperação da parte dos trabalhadores, das empresas por ações da parte da burguesia, desapareceu o último pretexto para a confusão do lucro do empresário com o salário de administração, e o lucro revelou ser também na prática aquilo que ele já era indiscutivelmente na teoria: simples mais-valor, valor pelo qual não se paga equivalente nenhum, trabalho realizado e não pago; de maneira que o capitalista atuante explora realmente o trabalho e, quando opera com capital emprestado, divide o fruto de sua exploração em juros e lucro do empresário, que é o excedente do lucro sobre os juros.

Sobre a base da produção capitalista desenvolve-se nas empresas por ações uma nova especulação com o salário de administração, que cria, ao lado e acima dos verdadeiros diretores, toda uma série de conselhos de administração e supervisão e, assim, faz com que a administração e a inspeção se convertam em mero pretexto para o saqueio dos acionistas e o autoenriquecimento. Sobre isso, encontramos detalhes muito curiosos em *The City or the Physiology of London Business; with Sketches on Change, and the Coffee Houses*, Londres, 1843.

> "Quanto ganham os banqueiros e os comerciantes pela direção de oito ou nove companhias distintas pode ser constatado com base no seguinte exemplo: o balanço privado do senhor Timothy Abraham Curtis, apresentado ao tribunal de falências por ocasião de sua bancarrota, exibia uma renda entre £800 e £900 anuais, obtida com o cargo de direção. Como o senhor Curtis fora diretor do Banco da Inglaterra e da Companhia das Índias Orientais, qualquer sociedade por ações considerava como um prêmio tê-lo como diretor." (p. 82)

A remuneração dos diretores dessas sociedades é no mínimo um guinéu (21 marcos) por sessão semanal. Os debates perante o tribunal de falências mostram que esse salário de supervisão costuma ser inversamente proporcional à supervisão realmente realizada por esses diretores nominais.

[79] *"The general relaxation of conventional barriers, the increased facilities of education tend to bring down the wages of skilled labour instead of raising those of the unskilled"* ["O relaxamento geral das barreiras convencionais e as maiores facilidades de educação tendem a abaixar os salários dos trabalhadores qualificados, em vez de aumentar aqueles dos trabalhadores não qualificados"] (J.[ohn] S.[tuart] Mill, *Princ.[iples] of Pol.[itical] Econ.[omy]*, v. 1, 2. ed., Londres, 1849, p. 463).

Capítulo 24

A exteriorização da relação capitalista sob a forma do capital portador de juros

É no capital portador de juros que a relação capitalista assume sua forma mais exterior e mais fetichista. Aqui deparamos com D-D′, dinheiro que engendra mais dinheiro, valor que valoriza a si mesmo, sem o processo mediador entre os dois extremos. No capital comercial, D-M-D′, encontra-se pelo menos a forma geral do movimento capitalista, embora ela só se mantenha na esfera da circulação, razão pela qual o lucro aparece aqui como simples lucro de alienação; ele se apresenta, no entanto, como produto de uma *relação* social, e não como produto simples de uma mera *coisa*. A forma do capital comercial continua a representar um processo, a unidade de fases contrapostas, um movimento que se desdobra em dois procedimentos antagônicos, na compra e na venda de mercadorias. Esse processo se apaga em D-D′, ou seja, na forma do capital portador de juros. Quando, por exemplo, o capitalista empresta £1.000, e a taxa de juros é de 5%, então o valor de £1.000 como capital para um ano é = C + C*j*′, sendo C o capital e *j*′ a taxa de juros, ou seja, nesse caso: 5% = $^{5}/_{100}$ = $^{1}/_{20}$, 1.000 + 1.000 × $^{1}/_{20}$ = £1.050. O valor de £1.000 como capital é = £1.050, o que significa que o capital não é uma grandeza simples. É uma *relação* de grandezas, a relação de uma grandeza como soma principal, como valor dado, com ela mesma como valor que valoriza a si mesmo, como soma principal que produziu um mais-valor. Como vimos, o capital se apresenta como tal, como esse valor que valoriza a si mesmo diretamente, para todos os capitalistas ativos, operem eles com capital próprio ou com capital emprestado.

D-D′: temos aqui o ponto de partida do capital, o dinheiro na fórmula D-M-D′, reduzida aos dois extremos D-D′, em que D′ = D + ΔD, ou seja, dinheiro que gera mais dinheiro. É a fórmula geral e originária do capital, condensada de modo absurdo. É o capital consumado, a unidade do processo de produção e do processo de circulação, que, por conseguinte, gera mais-valor ao final de determinado período. Sob a forma do capital portador de juros, isso aparece de maneira direta, sem a mediação do processo de produção e de circulação. O capital aparece como fonte misteriosa e autocriadora de juros, de seu próprio incremento. A *coisa* (dinheiro, mercadoria, valor) é, por si só, capital, e o capital aparece como simples coisa; o resultado do processo inteiro de reprodução aparece como uma qualidade inerente a uma coisa material; depende da vontade do possuidor do dinheiro, isto é, da mercadoria em sua forma constantemente mutável, se ele irá desembolsá-lo como dinheiro ou alugá-lo como capital. No capital portador de juros, portanto, produz-se em toda sua pureza esse fetiche automático do valor que se valoriza a si mesmo, do dinheiro que gera dinheiro, mas que, ao assumir essa forma, não traz mais nenhuma cicatriz de seu nascimento. A relação social é consumada como relação de uma coisa, o dinheiro, consigo mesma. Em vez da transformação real do dinheiro em capital, aqui se mostra apenas sua forma vazia de conteúdo. Assim como na força de trabalho, o valor de uso do dinheiro transforma-se em fonte de criação de valor, de um valor maior que o que está contido nele mesmo. Como tal, o dinheiro é potencialmente um valor que se valoriza a si mesmo e que é emprestado, o que constitui a forma da venda para essa mercadoria peculiar. Assim, criar valor torna-se uma qualidade do dinheiro tanto quanto dar peras é uma qualidade da pereira. E é como uma coisa que dá juros que o prestamista vende seu dinheiro. Mas isso não é tudo. Como vimos, o capital realmente ativo se apresenta de tal modo que rende juros não como capital ativo, mas como capital em si mesmo, como capital monetário.

Também isso aparece invertido aqui: enquanto os juros são somente uma parte do lucro, isto é, do mais-valor que o capitalista ativo arranca do trabalhador, agora os juros aparecem, ao contrário, como o verdadeiro fruto do capital, como o originário, ao passo que o lucro, transfigurado em ganho empresarial, aparece como simples acessório e ingrediente adicionado no processo de reprodução. Aqui se completam a forma fetichista do capital e a ideia do fetichismo do capital. Em D-D', temos a forma mais sem conceito [*begriffslose*] do capital, a inversão e a coisificação das relações de produção elevadas à máxima potência: a forma simples do capital, como capital portador de juros, na qual ele é pressuposto a seu próprio processo de reprodução; a capacidade do dinheiro ou, conforme o caso, da mercadoria, de valorizar seu próprio valor, independentemente da reprodução – eis a mistificação capitalista em sua forma mais descarada.

Para a economia vulgar, que pretende apresentar o capital como fonte independente de valor, de criação de valor, essa forma é naturalmente um achado magnífico, uma forma em que a fonte do lucro não pode mais ser identificada e em que o resultado do processo de produção capitalista – apartado do processo mesmo – assume uma existência independente.

Apenas no capital monetário o capital se converteu em mercadoria, cuja qualidade de valorizar a si mesma tem um preço fixo, que se expressa na taxa de juros vigente em cada momento.

É como capital portador de juros, mais precisamente em sua forma direta de capital monetário portador de juros (as outras formas do capital portador de juros, que aqui não nos interessam, são, por sua vez, derivadas dessa forma e a pressupõem), que o capital reveste sua forma fetichista mais pura: D-D' como sujeito, coisa vendável. *Em primeiro lugar*, por meio de sua existência constante como dinheiro, forma na qual todas as suas outras determinidades se apagam e seus elementos reais são invisíveis. O dinheiro é justamente a forma em que se apaga a diferença das mercadorias como valores de uso e, por conseguinte, também a diferença dos capitais industriais constituídos por essas mercadorias e suas condições de produção; é a forma em que o valor – e, aqui, o capital – existe como valor de troca autônomo. No processo de reprodução do capital, a forma-dinheiro é efêmera, um elemento meramente transitório. No mercado monetário, *ao contrário*, o *capital existe sempre nessa* forma. *Em segundo lugar*, o mais-valor que o capital produz, aqui também na forma do dinheiro, aparece para ele como algo que se lhe acrescenta. Assim como crescer é próprio das árvores, também criar dinheiro (*tokoz*) [juros; descendência] parece ser próprio do capital nessa forma de capital monetário.

No capital portador de juros, abrevia-se o movimento do capital; deixa-se de lado o processo intermediário, de maneira que um capital = 1.000 é fixado como uma coisa que é por si mesma = 1.000* e que, ao final de dado período, converte-se em 1.100, tal como o vinho guardado na adega, que depois de certo tempo também aumenta seu valor de uso. O capital é agora uma coisa, mas, como tal, é capital. O dinheiro tem agora amor no corpo**. Tão logo é emprestado ou investido no processo de reprodução (na medida em que rende ao capitalista ativo, como a seu proprietário, juros separados do ganho empresarial), crescem seus juros, não importando se ele dorme ou está acordado, se está em casa ou viajando, se é dia ou noite. Assim, o desejo do entesourador se realiza no capital monetário portador de juros (e todo capital é, segundo sua expressão de valor, capital monetário – ou é agora considerado a expressão do capital monetário).

* Na primeira edição, "1.100". (N. T.)

** Referência ao verso "*als hätt'es Lieb'im Leibe*" (literalmente: "como se tivesse amor no corpo"), do *Fausto*, de J. W. Goethe (primeira parte, quadro VI, cena I). (N. T.)

É esse enraizamento dos juros no capital monetário como em uma coisa (tal como se apresenta aqui a produção do mais-valor por meio do capital) que tanto preocupa Lutero, em sua ingênua diatribe contra a usura. Depois de expor que juros podem ser exigidos quando um atraso na devolução do dinheiro emprestado gera um prejuízo ao prestamista, que, por sua vez, vê-se obrigado a pagar, ou quando, por essa razão, ele perde um lucro que poderia realizar, por exemplo, mediante a compra de uma horta, Lutero prossegue:

"E agora que te os emprestei (100 florins), me causas um duplo prejuízo, pois assim fico impossibilitado de pagar aqui e comprar ali, de modo que saio perdendo dos dois lados, e a isso se chama *duplex interesse, damni emergentis et lucri cessantis* [duplos juros, pela perda sofrida e pelo lucro que se deixa de obter] [...], ao ouvir que João, por ter emprestado 100 florins, teve prejuízos e exige um justo ressarcimento do valor perdido, vão até ele e o reembolsam com o dobro da quantia emprestada, sendo tal reembolso duplo devido ao não pagamento e ao fato de, nesse ínterim, ele ter ficado impossibilitado de comprar a horta, *como se esse duplo prejuízo tivesse sido causado aos 100 florins*, de maneira que, sempre que dispõem de 100 florins, eles os emprestam e cobram pelos dois prejuízos que não sofreram de modo nenhum [...]. Por isso, és um usurário, tu, que cobras indenizações do dinheiro do próximo por um dano que ninguém te causou e que não podes provar nem calcular. Tais danos são o que os juristas chamam *non verum sed phantasticum interesse* [juros não reais, mas imaginários]. É um dano que cada um imagina ter sofrido [...]. Não vale o argumento, portanto, de que alguém teria sofrido um dano pelo fato de ter ficado impossibilitado de pagar ou comprar, pois, nesse caso, teríamos um *ex contingente necessarium*, que significa transformar o que não é no que deveria ser e o que é incerto em algo certo. Tal usura não haverá de devorar o mundo em poucos anos? [...] Se uma desgraça se abate sobre o prestamista contra sua vontade, ele pode exigir uma indenização para se recuperar; no comércio, porém, o que ocorre é diferente, até mesmo o inverso disso; aqui se procura lucrar à custa do próximo em situação de dificuldade, locupletar-se com sua miséria, refestelar-se no ócio e no luxo às expensas do trabalho alheio, sem nenhuma preocupação, nenhum perigo e nenhum prejuízo; acomodo-me ao pé da lareira e deixo que meus 100 florins acumulem riqueza para mim, e como se trata de dinheiro emprestado ele vem para meu bolso sem nenhum perigo e sem nenhuma preocupação. Meu caro, quem não gostaria disso?" (M.[artinho] Lutero, *An die Pfarherrn wider den Wucher zu predigen etc.*, Wittemberg, 1540)

A ideia do capital como valor que se reproduz a si mesmo e se incrementa na reprodução graças a sua qualidade inata de valor que se conserva e cresce eternamente – isto é, graças à qualidade oculta dos escolásticos – levou aos devaneios fabulosos do dr. Price, que ultrapassam em muito as fantasias dos alquimistas; devaneios nos quais Pitt chegou a crer seriamente e que, em suas leis sobre o *sinking fund* [fundo de amortização da dívida pública], tornaram-se pilares de sua administração financeira.

> "O dinheiro que rende juros compostos cresce a princípio lentamente, mas, como a taxa de crescimento se acelera progressivamente, ela se torna tão rápida que ultrapassa toda a fantasia. Um *penny* emprestado a juros compostos de 5% na época do nascimento de Cristo teria hoje se multiplicado numa soma maior que a que estaria contida em 150 milhões de planetas como a Terra, todos de ouro maciço. Emprestado a juros simples, porém, esse mesmo *penny*, no mesmo período de tempo, não teria ultrapassado 7 xelins e 4½ *pence*. Até hoje, nosso governo preferiu basear suas finanças no segundo método, em vez de no primeiro."[80]

E ainda voa mais alto em suas *Observations on Reversionary Payments etc.*, Londres, 1782:

> "Um xelim investido a 6% de juros compostos na época do nascimento de nosso Redentor" {no templo de Jerusalém, presume-se} "teria crescido hoje até formar

---

80 Richard Price, *An Appeal to the Public on the subject of the National Debt*, 2. ed., Londres, [T. Cadell,] 1772, [p. 19]. Ele faz o ingênuo gracejo: "É preciso tomar dinheiro emprestado a juros simples para incrementá-lo a juros compostos". (R.[obert] Hamilton, *An Inquiry into the Rise and Progress of the National Debt of Great Britain*, 2. ed., Edimburgo, [Oliphant,] 1814 [p. 133].) Seguindo esse raciocínio, tomar dinheiro emprestado seria o meio mais seguro para enriquecer, ainda mais se tratando de particulares. Se consigo, por exemplo, £100 a juros anuais de 5%, terei de pagar, ao final do ano, £5; suponho que esse empréstimo dure 100 milhões de anos, terei de tomar emprestado apenas £100 a cada ano, pelas quais terei de pagar anualmente £5. Por esse processo, tomando £100 emprestadas, jamais chegarei a emprestar £105. De onde terei o dinheiro necessário para pagar os 5% de juros? De novos empréstimos ou, se sou o Estado, de impostos. Por sua vez, se quem toma dinheiro emprestado é um capitalista industrial com um lucro de, digamos, 15%, ele tem, então, de pagar 5% de juros, consumir 5% (ainda que seu apetite aumente com seus ganhos) e capitalizar os 5% restantes. Ele precisa, portanto, de um lucro de 15% para poder pagar constantemente os 5% de juros. Se esse processo se mantém por muito tempo, a taxa de lucro diminuirá pelas razões já expostas, digamos, de 15% para 10%. Mas Price esquece totalmente que os juros de 5% pressupõem uma taxa de lucro de 15% e deixa que esta última permaneça invariável com a acumulação do capital. Os juros não têm absolutamente nenhuma relação com o processo real de acumulação; sua única preocupação é emprestar dinheiro para que ele retorne com juros compostos. De que forma isso tem início é algo que não lhe é totalmente indiferente, uma vez que, para ele, trata-se de uma qualidade inata do capital portador de juros.

uma soma maior que a que poderia caber em todo o Sistema Solar, supondo este último como uma esfera igual à da órbita de Saturno." "Por isso, nenhum Estado teria por que enfrentar dificuldades, pois com as menores economias poderia pagar as maiores dívidas num prazo tão breve quanto o requerido por seus juros." (p. 136)

Que bela introdução teórica à dívida pública inglesa!

Price deixou-se simplesmente cegar pela imensidão das cifras resultantes da progressão geométrica. Pelo fato de desconsiderar por completo as condições de reprodução e do trabalho e conceber o capital como um autômato que regula a si mesmo, como uma simples cifra que aumenta a si mesma (exatamente como Malthus fazia com o homem em sua progressão geométrica), ele podia acreditar ter descoberto a lei de seu crescimento na fórmula $s = c\ (1 + j)^n$, sendo s = à soma de capital + juros compostos, c = ao capital desembolsado, j = à taxa de juros (expressa em alíquotas de 100), e n = ao número de anos que dura o processo.

Pitt levou totalmente a sério a mistificação do dr. Price. Em 1786, a Câmara dos Comuns concordou em levantar £1 milhão para obras de utilidade pública. Segundo Price, em quem Pitt acreditava, o melhor era naturalmente cobrar impostos do povo para "acumular" a soma assim obtida e escamotear a dívida pública por meio do mistério dos juros compostos. A essa resolução da Câmara dos Comuns seguiu-se logo uma lei proposta por Pitt, a qual ordenava a acumulação de £250.000 "até que, com as rendas vitalícias vencidas, o fundo alcançasse a soma de £4.000.000 anuais" (*Act 26*, Jorge III, capítulo 22).

Em seu discurso de 1792, em que propôs aumentar a soma destinada ao fundo de amortização, Pitt elencou, entre as causas da supremacia comercial da Inglaterra: maquinaria, crédito etc.; como

> "a causa mais difundida e duradoura, a acumulação. Esse princípio já se encontra perfeitamente desenvolvido e suficientemente explicado na obra de Smith, esse gênio [...], e essa acumulação, prosseguiu ele, opera-se quando ao menos uma porção do lucro anual é destinada à finalidade de incrementar a soma principal que tem de ser aplicada do mesmo modo no ano seguinte a fim de gerar um lucro contínuo."

Assim, por intermédio do dr. Price, Pitt converte a teoria da acumulação de A. Smith no enriquecimento de um povo por meio da acumulação de dívidas, até chegar à agradável progressão ao infinito de empréstimos em cima de empréstimos, contraídos para pagar empréstimos.

Já em Josias Child, pai do moderno sistema bancário, encontramos que "£100 produzirão em 70 anos, a juros compostos de 10%, a soma de £102.400" (*Traité sur le commerce etc., per J. Child, traduit etc.*, Amsterdã e Berlim, 1754, p. 115. Escrito em 1669).

A maneira irrefletida como as concepções do dr. Price transitam entre os economistas modernos está demonstrada na seguinte passagem:

> *"Capital, with compound interest on every portion of capital saved, is so all-engrossing that all the wealth in the world from which income is derived, has long ago become the interest of capital [...] all rent is now the payment of interest on capital previously invested in the land."** (*Economist*, 19 jul. 1859)

Em sua qualidade de capital portador de juros, pertence ao capital toda a riqueza que se possa produzir, e tudo o que ele obteve até agora é apenas uma prestação paga a seu apetite *all-engrossing*. Segundo suas leis inatas, a ele pertence todo o trabalho excedente que o gênero humano possa produzir. Moloch.

Vejamos, por último, o seguinte galimatias do "romântico" Müller:

> "O enorme crescimento dos juros compostos, exposto pelo dr. Price, ou das forças humanas que aceleram a si mesmas pressupõe, para que possam produzir esses enormes efeitos, uma aplicação uniforme, indivisa e ininterrupta, por vários séculos. Tão logo o capital é dividido, fracionado em várias unidades que crescem por conta própria, volta a iniciar-se o processo global de acumulação de forças. A natureza distribuiu a progressão das forças numa carreira de aproximadamente 20 a 25 anos, os quais, em média, constituem a cota de cada trabalhador individual." (!) "Ao expirar esse prazo, o trabalhador abandona a carreira, e o capital reunido mediante os juros compostos do trabalho tem de ser transferido a um novo trabalhador e, na maioria dos casos, distribuído entre vários trabalhadores ou crianças. Estes, antes de poderem extrair dele verdadeiros juros compostos, têm primeiro de aprender a vivificar e aplicar o capital que lhes corresponde. Além disso, uma enorme quantidade do capital adquirido pela sociedade burguesa é, mesmo nas sociedades mais dinâmicas, acumulado gradualmente durante muitos anos e não empregado na ampliação direta do trabalho; em vez disso, tão logo uma soma importante tenha sido reunida,

---

* "O capital a juros compostos sobre cada uma das partes do capital poupado é tão açambarcante que toda a riqueza produtiva de renda que há no mundo converteu-se desde muito tempo em juros do capital [...]. Toda a renda é hoje pagamento de juros sobre um capital que antes era investido na terra." (N. T.)

ela é cedida a título de empréstimo a outro indivíduo, um trabalhador, um banco, um Estado, para que quem o recebe, pondo em verdadeiro movimento o capital, extraia dele juros compostos e, com isso, possa pagar juros simples ao prestamista. Finalmente, contra aquelas enormes progressões em que se poderiam multiplicar as forças do homem e seus produtos, caso vigesse exclusivamente a lei da produção ou da poupança, reage a lei do consumo, do desejo, do desperdício." (A.[dam] Müller, [*Die Elemente der Staatskunst*, Berlim, Sander,] t. II, p. 147-9)

É impossível desfiar uma quantidade maior de absurdos em tão poucas linhas. Sem falar da tosca confusão entre trabalhadores e capitalistas, entre o valor da força de trabalho e o dos juros de capital etc., a queda dos juros compostos é explicada, entre outras causas, pelo fato de que o capital é "emprestado" e, com isso, gera "juros compostos". O método de nosso Müller é característico do romantismo em todas as áreas. Seu conteúdo consiste em preconceitos cotidianos, extraídos da aparência mais superficial das coisas. Esse conteúdo falso e trivial deve, então, ser "elevado" e poetizado por meio de uma terminologia mistificadora.

O processo de acumulação do capital pode ser concebido como uma acumulação de juros compostos sempre que se puder chamar de juros a parte do lucro (mais-valor) que é reconvertida em capital, isto é, que serve para a absorção de novo mais-trabalho. Porém:

1. Abstraindo de todas as perturbações fortuitas, no curso do processo de reprodução uma grande parte do capital existente é constantemente depreciada, em maior ou menor medida, porquanto o valor das mercadorias é determinado não pelo tempo de trabalho que sua produção custou originalmente, mas pelo tempo de trabalho que custa sua reprodução, tempo este que diminui continuamente em consequência do desenvolvimento da força produtiva social do trabalho. Por isso, num estágio mais elevado de desenvolvimento da produtividade social, todo capital existente aparece não como resultado de um longo processo da economia de capital, mas como resultado de um período de reprodução relativamente curto[81].

---

[81] Ver Mill e Carey, além do comentário errôneo de Roscher sobre isso. [Marx refere-se aqui às seguintes obras: John Stuart Mill, *Principles of Political Economy with Some of their Applications to Social Philosophy*, v. 1, 2. ed., Londres, 1849, p. 91-2; Carey, *Principles of Social Science*, v. 3, Filadélfia/Londres/Paris, 1859, p. 71-3; Roscher, *Die Grundlagen der Nationalökonomie*, 3. ed., Stuttgart, Augsburg, 1858, § 45. – N. E. A.]

2. Como se demonstrou na seção III deste livro, a taxa de lucro diminui em relação ao aumento da acumulação do capital e à correspondente capacidade produtiva do trabalho social, a qual se expressa justamente na diminuição relativa do capital variável em relação ao constante. Para obter a mesma taxa de lucro, supondo que o capital constante posto em ação por um trabalhador fosse multiplicado por dez, o tempo de mais-trabalho também teria de ser multiplicado por dez, e logo teríamos que a jornada inteira de trabalho, e mesmo as 24 horas do dia não seriam suficientes para isso, ainda que fossem inteiramente apropriadas pelo capital. Mas a ideia de que a taxa de lucro não diminui encontra-se na base da progressão de Price e, em geral, do "*all-engrossing capital, with compound interest*" [capital açambarcante, com juros compostos][82].

A identidade do mais-valor e do mais-trabalho impõe um limite qualitativo à acumulação do capital: a *jornada de trabalho total*, o desenvolvimento em cada momento das forças produtivas e da população, que limita o número das jornadas de trabalho que podem ser exploradas de maneira simultânea. Em contrapartida, se o mais-valor é concebido sob a forma sem conceito dos juros, o limite é apenas quantitativo e desafia toda a fantasia.

Mas é no capital portador de juros que aparece consumada a ideia do fetiche do capital, a ideia que atribui ao produto acumulado do trabalho – e, além disso, fixado como dinheiro – a capacidade de criar mais-valor em progressão geométrica por meio de uma misteriosa qualidade inata, como um puro autômato, de tal modo que esse produto acumulado do trabalho, como afirma o *Economist*, tenha descontado desde muito tempo toda a riqueza do mundo do presente e do futuro como algo que lhe pertence e lhe corresponde por direito. O produto do trabalho pretérito, o próprio trabalho pretérito, está aqui, em si mesmo, prenhe de um fragmento de mais-trabalho vivo, presente ou futuro. Sabe-se, em contrapartida, que na realidade a conservação e, portanto, também a reprodução do valor dos

---

[82] *"It is clear that no labour, no productive power, no ingenuity, and no art, can answer the overwhelming demands of compound interest. But all saving is made from the revenue of the capitalist, so that actually these demands are constantly made and as constantly the productive power of labour refuses to satisfy them. A sort of balance is, therefore, constantly struck"* ["É claro que nenhum trabalho, nenhuma força produtiva, nenhum engenho e nenhuma arte pode satisfazer as demandas dos juros compostos. Mas toda poupança é feita dos ganhos do capitalista, de maneira que, na verdade, essas demandas são constantemente apresentadas, e a força produtiva do trabalho recusa-se com a mesma constância a satisfazê-las. Um tipo de equilíbrio é, portanto, alcançado"] ([Thomas] Hodgskin, *Labour Defended against the Claims of Capital*, [Londres, 1825,] p. 23).

produtos do trabalho pretérito são *apenas* resultado de seu contato com o trabalho vivo; além disso, que o comando que os produtos do trabalho pretérito exercem sobre o mais-trabalho vivo só dura enquanto subsiste a relação do capital, quer dizer, a relação social determinada em que o trabalho pretérito se confronta de modo independente e onipotente com o trabalho vivo.

Capítulo 25

Crédito e capital fictício

Uma análise detalhada do crédito e dos instrumentos de que ele se vale (dinheiro creditício etc.) está além de nosso escopo. Aqui devemos ressaltar apenas alguns aspectos necessários para a caracterização do modo de produção capitalista em geral. Para isso, temos de nos ocupar somente do crédito comercial e do crédito bancário. Deixaremos de fora da análise a relação entre o desenvolvimento desses dois tipos de crédito e o crédito público.

Já expusemos anteriormente (Livro I, capítulo 3, item 3, subitem b) de que modo a circulação simples de mercadorias engendra a função do dinheiro como meio de pagamento e, assim, converte a relação entre produtores e comerciantes de mercadorias numa relação entre credores e devedores. O desenvolvimento do comércio e do modo de produção capitalista, que só funciona com vistas à circulação, amplia, generaliza e aperfeiçoa essa base natural-espontânea do sistema de crédito. Aqui, a única função do dinheiro é, em geral, a de meio de pagamento, isto é, a mercadoria é vendida não em troca de dinheiro, mas de uma promessa escrita de pagamento a ser realizado em determinado prazo. A título de simplificação, todas essas promessas de pagamento podem ser aqui reunidas na categoria geral de letras de câmbio. Até o dia de vencimento, quando devem ser quitadas, as letras de câmbio circulam, por sua vez, como meios de pagamento e constituem o dinheiro comercial em sentido estrito. Tão logo são canceladas mediante a compensação de créditos e débitos, elas passam a funcionar plenamente como dinheiro, uma vez que não precisam se converter finalmente em dinheiro. E, assim como esses adiantamentos mútuos que os produtores e os comerciantes realizam entre si em forma de letras de câmbio constituem a verdadeira base do crédito, também seu instrumento de circulação, a letra de câmbio, constitui a base do verdadeiro dinheiro creditício, das cédulas bancárias etc. Estes últimos não repousam na circulação monetária, seja a de dinheiro metálico, seja a de papel-moeda emitidos pelo Estado, mas na circulação de letras de câmbio.

W.[illiam] Leatham (banqueiro de Yorkshire), *Letters on the Currency*, 2. ed., Londres, [P. Richardson,] 1840:

"Segundo meus cálculos, o montante das letras de câmbio que circularam em 1839 foi de £528.493.842" (calculando as estrangeiras em aproximadamente ⅕ do total) ", e o montante das letras de câmbio que circularam simultaneamente no mesmo ano foi de £132.123.460." (p. 56) "As letras de câmbio são uma parte da circulação cujo montante é superior ao de todas as outras partes somadas." (p. 3) "Essa superestrutura colossal das letras de câmbio repousa" (!) "sobre uma base formada pelo montante das cédulas bancárias e do ouro; quando essa base se estreita demasiadamente no curso dos acontecimentos, sua solidez e mesmo sua existência ficam em perigo." (p. 8) "Se calculamos a circulação inteira" {ele se refere às cédulas bancárias} "e o montante das obrigações de todos os bancos, para as quais se pode exigir pagamento imediato, chegamos a uma soma de [£]153 milhões, que, por lei, podem ser convertidas em ouro [...], ao passo que a quantidade de dinheiro para cumprir essa demanda é de [£]14 milhões em ouro." (p. 11) "As letras de câmbio não são submetidas a nenhum controle, exceto prevenindo-se a abundância de dinheiro e taxas de juros ou de desconto muito baixas, que criam uma parte dessas letras de câmbio e estimulam sua grande e perigosa expansão. É impossível dizer qual parte delas provém de transações efetivas, por exemplo, de compras e vendas efetivas, e qual parte é artificialmente criada (*ficticious*) e consiste apenas em letras sem lastro, isto é, letras que se descontam para cobrir outra letra antes de seu vencimento e, assim, criar capital fictício por meio da emissão de simples meios de circulação. Em tempos de dinheiro abundante e barato, sabemos que essas operações ocorrem num grau enorme." (p. 43-4)

J.[ames] W.[hatman] Bosanquet, *Metallic, Paper, and Credit Currency*, Londres, [P. Richardson,] 1842:

"O importe médio dos pagamentos liquidados na Clearing House {onde os banqueiros londrinos trocam entre si os cheques recebidos e as letras de câmbio a vencer} "ultrapassa £3 milhões, e a reserva diária de dinheiro necessário para realizar essas operações é um pouco maior que £200.000." (p. 86) {Em 1889, o total movimentado na Clearing House chegou a £7.618¾ milhões, ou, calculando em 300 dias úteis, uma média de £25½ milhões diárias. – F. E.} "As letras de câmbio são, indiscutivelmente, meios de circulação (*currency*) independentes do dinheiro, na medida em que transferem propriedade de uma mão a outra por meio do endosso." (p. 92) "Pode-se supor que, em média, cada letra de câmbio circulante leva dois endossos e que, portanto, cada uma delas liquida dois pagamentos antes de seu vencimento. Com base nisso, pareceria que o puro e simples endosso de letras de câmbio teria bastado para efetuar uma transferência de propriedade no valor de duas vezes £528 milhões, ou seja, £1,056 bilhão, mais de [£]3 milhões por dia. É evidente, pois, que letras de câmbio e depósitos bancários, mediante a transferência de propriedade de mão em mão e sem recorrer para nada ao dinheiro, realizam funções de dinheiro num volume diário de, no mínimo, £18 milhões." (p. 93)

Tooke diz o seguinte, referindo-se ao crédito em geral:

"O crédito, em sua acepção mais simples, é a confiança bem ou mal fundada que move alguém a ceder a outrem certa soma de capital, seja em dinheiro, seja em mercadorias estimadas em determinado valor em dinheiro, soma que pode ser paga ao final de um prazo estipulado. Quando esse capital se empresta em dinheiro, isto é, em cédulas bancárias, num crédito em dinheiro vivo ou numa ordem de pagamento sobre um corresponsável, calcula-se para o uso do capital um acréscimo de determinada porcentagem sobre a soma que tem de ser devolvida. Em se tratando de mercadorias cujo valor em dinheiro se fixa entre as partes, e cuja transferência constitui uma venda, a soma assinalada, e que tem de ser paga, inclui uma indenização pelo uso do capital e pelo risco que se assume até o dia do vencimento. Na maioria dos casos, dão-se em troca desses créditos obrigações escritas de pagamento com uma data de vencimento fixa. Essas obrigações ou promessas transferíveis constituem os meios pelos quais os prestamistas – quando encontram ocasião para empregar seu capital, seja em forma de dinheiro, seja em forma de mercadorias, antes do vencimento dessas letras de câmbio – podem na maioria das vezes contrair empréstimos ou comprar mais barato, uma vez que seu próprio crédito resulta reforçado pelos nomes estampados nas letras de câmbio em adição a seus próprios nomes." ([Thomas Tooke,] *Inquiry into the Currency Principle*, [2. ed., Londres, Longman, Brown, Green, and Longmans, 1844,] p. 87)

C.[harles] Coquelin, "Du crédit et des Banques dans l'industrie", em *Revue des deux Mondes*, 1842, t. 31 [p. 797]:

"A maioria das operações de crédito se efetua, em todos os países, no âmbito das relações industriais [...], o produtor de matérias-primas as transfere ao fabricante, que deve transformá-las, e obtém deste último uma promessa de pagamento com vencimento fixo. O fabricante, depois de realizar a parte do trabalho que lhe corresponde, adianta, por sua vez, em condições análogas, seu produto a outro fabricante, que deve seguir transformando-o, e assim o crédito se estende cada vez mais, de um a outro, até chegar ao consumidor. O atacadista adianta mercadorias ao varejista, depois de tê-las obtido do fabricante ou do comissionista. Cada um toma emprestado com uma mão e empresta com a outra, às vezes dinheiro, mas, com muito mais frequência, produtos. Assim se realiza, nas operações industriais, um contínuo intercâmbio de adiantamentos, que se combinam e entrecruzam em todas as direções. Na multiplicação e no crescimento desses adiantamentos mútuos consiste precisamente o desenvolvimento do crédito, e aqui se encontra a verdadeira sede de seu poder."

O outro aspecto do sistema de crédito se relaciona com o desenvolvimento do comércio de dinheiro, que, na produção capitalista, acompanha naturalmente o desenvolvimento do comércio de mercadorias. Na seção anterior (capítulo 19), vimos como vão se concentrando nas mãos dos banqueiros os depósitos dos fundos de reserva dos homens de negócios e as operações técnicas de cobranças e desembolsos de dinheiro, de pagamentos internacionais e, assim, do comércio de barras de ouro e prata. Conjuntamente com esse comércio de dinheiro, desenvolve-se o outro lado do sistema de crédito: a administração do capital portador de juros ou do capital monetário como função especial dos negociantes de dinheiro. Emprestar e tomar dinheiro emprestado converte-se num negócio específico desses negociantes, que atuam como intermediários entre o verdadeiro prestamista e o prestatário de capital monetário. Desse ponto de vista, o negócio bancário consiste, em termos gerais, em concentrar nas próprias mãos, em grandes massas, o capital monetário emprestável, de modo que, em vez do prestamista individual, é o banqueiro que aparece como representante de todos os prestamistas de dinheiro diante do capitalista industrial e comercial. Eles se convertem nos administradores gerais do capital monetário. Por outro lado, concentram os prestatários diante de todos os prestamistas, uma vez que tomam dinheiro emprestado para todo o mundo do comércio. Um banco representa, de um lado, a centralização do capital monetário, isto é, dos prestamistas; de outro, a centralização dos prestatários. Seu lucro consiste, em geral, em pegar emprestado a juros menores do que aqueles pelos quais ele empresta.

O capital emprestável à disposição dos bancos flui para eles de diferentes modos. Em primeiro lugar, concentra-se em suas mãos, por serem os bancos os caixas dos capitalistas industriais, o capital monetário que todo produtor e todo comerciante detêm como fundo de reserva ou que flui para eles como pagamento. Esses fundos convertem-se, assim, em capital monetário emprestável. Desse modo, o fundo de reserva do mundo comercial, concentrado como um fundo comum, limita-se ao mínimo necessário, e uma parte do capital monetário, que de outro modo ficaria inativa como fundo de reserva, é emprestada, funciona como capital portador de juros. Em segundo lugar, seu capital emprestável forma-se com base nos depósitos dos capitalistas monetários, que deixam ao encargo dos bancos ceder empréstimos com o dinheiro depositado. Com o desenvolvimento do sistema bancário, sobretudo a partir do momento em que os bancos começam a pagar juros pelo dinheiro depositado, afluem também aos caixas as reservas de dinheiro e o dinheiro momentaneamente inativo de todas as classes. Pequenas somas, incapazes por si só de funcionar como capital monetário, fundem-se em grandes massas e geram, assim, um poder monetário. Essa acumulação de pequenas somas tem de ser entendida como um resultado especial do sistema bancário e, assim, distinguida do papel intermediário que os bancos exercem entre os verdadeiros capitalistas monetários e os prestatários. Por fim, nos bancos também são depositadas as rendas que só devem ser consumidas aos poucos.

Os empréstimos (aqui só nos interessa o crédito comercial propriamente dito) se realizam por meio do desconto de letras de câmbio – conversão destas últimas em dinheiro, antes de seu vencimento – e de adiantamentos sob diversas formas: adiantamentos diretos com base no crédito pessoal, empréstimos com garantias em títulos rentáveis, títulos públicos, ações de todos os tipos, mas principalmente adiantamentos sob a forma de documentos de embarque, *Dockwarrants* [certidões de mercadorias armazenadas] e outros títulos de posse de mercadorias, coberturas de depósitos etc.

O crédito concedido por um banqueiro pode, por sua vez, assumir diversas formas, como a de letras de câmbio ou cheques emitidos sobre outros bancos, a de abertura de créditos do mesmo tipo e finalmente, em se tratando de bancos emissores, a de cédulas do próprio banco. A cédula bancária não é outra coisa senão uma letra de câmbio sobre o banqueiro, de pagamento à vista e ao portador, e que o banqueiro emite em vez de letras privadas. Esta última forma de crédito apresenta, para o leigo, um caráter especialmente impressionante e de grande importância, primeiro porque esse tipo de dinheiro creditício sai da simples circulação comercial para entrar na circulação geral, funcionando aqui como dinheiro, e, além disso, porque na maioria dos países os principais bancos que emitem cédulas bancárias são uma espécie de combinação peculiar de bancos públicos e privados e, como tais, encontram-se na realidade respaldados pelo crédito público, de modo que suas cédulas constituem, em maior ou menor medida, meios legais de pagamento; e porque, nesse caso, vê-se claramente que aquilo com que o banqueiro negocia é o crédito, já que a cédula bancária não é mais que um signo circulante do crédito.

Mas o banqueiro, mesmo quando adianta o dinheiro vivo depositado em seus cofres, também negocia com todas as demais formas de crédito. Na realidade, a cédula bancária é apenas a moeda do comércio atacadista, sendo sempre o depósito aquilo que, nos bancos, constitui o elemento primordial. A melhor prova disso nos dão os bancos escoceses.

Para o propósito aqui, não é necessário considerarmos os diversos institutos de crédito nem as diversas formas dos próprios bancos.

"[...] o negócio dos banqueiros pode ser dividido em dois ramos [...]. Um ramo do negócio dos banqueiros consiste em coletar capital daqueles que não têm onde aplicá-lo diretamente a fim de distribuí-lo ou transferi-lo àqueles que têm onde aplicá-lo. O outro consiste em receber depósitos da *renda* de clientes e reembolsá-los gradualmente, à medida que eles necessitem desses recursos para gastá-los em objetos de consumo [...]; o primeiro é uma circulação de *capital*, e o segundo, de meio de circulação de *dinheiro* (*currency*)." "Uma função relaciona-se à concentração do capital, de um lado, e a sua distribuição, de outro; a outra função relaciona-se à administração da circulação para os propósitos locais do distrito." ([Thomas] Tooke, *Inquiry into the Currency Principles*, cit., p. 36-7)

No capítulo 28, voltaremos a esse assunto.

Reports of Committees, v. VIII. *Commercial Distress*, v. II, parte I, 1847-1848, *Minutes of Evidence*. (Daqui em diante, citado como *Commercial Distress*, 1847-1848.) Na década de 1840, nos descontos de letras efetuados em Londres, foram aceitas em inúmeros casos, em vez de cédulas bancárias, letras de câmbio de um banco para o outro, com vencimento em 21 dias. (Declaração de J. Pease, banqueiro provincial, n. 4.636 e 4.656.) De acordo com o mesmo relatório, os banqueiros, quando escasseava o dinheiro, costumavam pagar regularmente os clientes com letras desse tipo. Se quem as recebia desejava cédulas bancárias, ele tinha de voltar a descontar essas letras. Para os bancos, isso representava um privilégio de criação de dinheiro. Os senhores Jones Loyd e Co. pagavam desse modo "desde tempos imemoriais", sempre que escasseava o dinheiro e a taxa de juros passava de 5%. O cliente sentia-se contente em receber essas *banker's bills* [cédulas bancárias], pois as letras de câmbio de Jones Loyd e Co. eram mais facilmente descontáveis que as suas próprias – às vezes essas letras circulavam por 20, até 30 mãos (ibidem, n. 901-5, 992).

Todas essas formas servem para tornar transferível a promessa de pagamento.

"De todas as formas em que se pode apresentar o crédito, não há praticamente nenhuma em que ele não cumpra às vezes uma função de dinheiro: seja essa forma a de uma cédula bancária, uma letra de câmbio ou um cheque, o processo é essencialmente o mesmo, e o resultado substancialmente idêntico." ([John] Fullarton, *On the Regulation of Currencies*, 2. ed., Londres, [J. Murray,] 1845, p. 38) "As cédulas bancárias são o dinheiro miúdo do crédito." (Ibidem, p. 51)

O que segue foi retirado da obra de J.[ames] W.[illiam] Gilbart, *The History and Principles of Banking*, Londres, [Longman, Rees, Orme, Brown, Green, and Longman,] 1834:

"O capital de um banco está formado por duas partes: o capital de investimento (*invested capital*) e o capital bancário (*banking capital*), que é emprestado." (p. 117) "O capital bancário, ou capital emprestado, é obtido de três modos: 1) pelo recebimento de depósitos, 2) pela emissão de cédulas bancárias, 3) pela emissão de letras de câmbio. Se alguém me empresta gratuitamente £100 e eu empresto essas £100 a um terceiro a 4% de juros, ganharei, em um ano, £4 com essa operação. O mesmo ocorre se alguém aceita minha promessa de pagamento" (*I promise to pay* é a fórmula que costumam adotar as cédulas bancárias na Inglaterra) "para devolver-me o dinheiro ao final do ano, pagando-me por ele 4%: com essa operação, ganho £4, tanto quanto ganharia se emprestasse £100; por fim, se alguém, numa cidade de província, traz-me £100 com a condição de que, passados 21 dias, terei de pagar essa soma a uma terceira pessoa em Londres, então, independentemente dos juros que nesse ínterim eu possa obter desse dinheiro, ele será meu lucro. Eis aqui um resumo real das operações realizadas pelos bancos e dos meios empregados para criar um capital bancário por meio de depósitos, cédulas bancárias e letras de câmbio." (p. 117) "Os lucros de um banqueiro relacionam-se geralmente com o montante de seu capital emprestado ou do capital bancário. Para calcular o lucro real de um banco, é preciso descontar do lucro bruto os juros sobre o capital de investimento. O resto é o lucro bancário." (p. 118) *"Os adiantamentos de um banqueiro a seus clientes são realizados com o dinheiro dos outros."* (p. 146) "Os banqueiros que não emitem cédulas bancárias são justamente aqueles que criam um capital bancário mediante o desconto de letras. Eles aumentam seus depósitos por meio de suas operações de desconto. Os bancos de Londres só descontam para aquelas casas que possuem conta-corrente no próprio banco." (p. 119) "Uma firma que descontou letras em seu banco e pagou juros sobre o montante total dessas letras tem de deixar nas mãos do banco ao menos uma parte desse montante, sem receber juros por isso. Por esse método, o banqueiro obtém sobre o dinheiro adiantado juros superiores à taxa de juros corrente e, além disso, cria um capital bancário mediante o saldo que resta em seu poder." (p. 120)

Economia dos fundos de reserva, depósitos, cheques:

> "Por meio da transferência dos saldos, os bancos de depósito economizam o uso do meio circulante e realizam operações de grande importe com uma pequena soma de dinheiro real. O dinheiro assim liberado é empregado pelo banqueiro em adiantamentos a seus clientes por meio de descontos de letras etc. Desse modo, a transferência dos saldos aumenta a eficácia do sistema de depósitos." (p. 123) "É indiferente se os dois clientes que negociam entre si possuem contas no mesmo banco ou em bancos distintos, pois os banqueiros trocam cheques na Clearing House. Assim, por meio da transferência, o sistema de depósitos poderia se desenvolver até o ponto de eliminar totalmente o uso do dinheiro metálico. Se todos tivessem conta-corrente num banco e fizessem todos os pagamentos por meio de cheques, esses cheques se tornariam o único meio circulante. Nesse caso, é preciso supor que os banqueiros tenham o dinheiro em seu poder, pois de outro modo os cheques não teriam nenhum valor." (p. 124)

A centralização das transações locais nas mãos dos bancos é realizada: 1) por meio de sucursais bancárias – os bancos provinciais possuem sucursais nas menores cidades de seu distrito, e os bancos de Londres as têm nas diferentes regiões da cidade; 2) por meio de agências.

> "Cada banco provincial tem em Londres um agente encarregado de pagar suas cédulas ou suas letras [...] e de receber o dinheiro pago por moradores de Londres em favor de moradores das províncias." (p. 127) "Cada banqueiro aceita as cédulas dos demais, mas não as devolve. Em todas as cidades de grande porte eles se reúnem uma ou duas vezes na semana e descontam essas cédulas. O saldo é quitado mediante uma ordem de pagamento a Londres." (p. 134) "O objetivo dos bancos é facilitar os negócios, e tudo o que facilita os negócios facilita também a especulação. Negócios e especulação estão, em muitos casos, tão intimamente unidos que é impossível dizer onde de fato acabam os negócios e onde começa a especulação [...]. Onde quer que existam bancos, o capital pode ser obtido com mais facilidade e a uma taxa de juros mais baixa. O barateamento do capital favorece a especulação, exatamente do mesmo modo que o barateamento da carne e da cerveja favorece a glutonice e a embriaguez." (p. 137-8) "Como os bancos que emitem cédulas próprias pagam sempre com essas cédulas, pode parecer que suas operações de desconto se realizam exclusivamente com o capital assim reunido, mas isso não procede. Pode muito bem ocorrer que um banqueiro pague com suas próprias cédulas todas as letras por ele descontadas e que, no entanto, $^{9}/_{10}$ das letras que se encontram em sua posse representem capital efetivo. Embora

ele mesmo só forneça seu próprio papel-moeda para cobrir essas letras, não é necessário que esse papel-moeda permaneça em circulação até o vencimento das letras. Estas podem, por exemplo, circular durante três meses, ao passo que as cédulas retornam ao cabo de três dias." (p. 172) "Que os clientes efetuem saques a descoberto constitui uma prática comercial regulada. É, em realidade, o motivo pelo qual se garante um crédito em dinheiro vivo [...]. Os créditos em dinheiro são assegurados não só mediante garantia pessoal, mas também por meio de depósito de títulos públicos." (p. 174-5) "O capital, adiantado com garantia de mercadorias, tem o mesmo efeito que se fosse adiantado por meio do desconto de letras. Quando alguém pega emprestadas £100 com garantia de suas mercadorias, é o mesmo que se tivesse vendido suas mercadorias por uma letra de £100 e descontado essa letra num banco. Mas o adiantamento lhe permite reter suas mercadorias, aguardando uma conjuntura melhor do mercado e, com isso, evitando o sacrifício que de outro modo seria necessário para obter dinheiro para propósitos urgentes." (p. 180-1)

The Currency Theory Reviewed etc., [Edimburgo, 1845], p. 62-3:

"É uma verdade inquestionável que as £1.000 que hoje deposito na conta de *A* serão gastas amanhã e passarão a formar um depósito na conta de *B*. Depois de amanhã, poderão ser gastas de novo por *B*, depositando na conta de *C*, e assim sucessivamente até o infinito. Por conseguinte, essas mesmas £1.000 em dinheiro podem, por meio de uma série de transferências, multiplicar-se numa soma absolutamente indeterminável de depósitos. É possível, assim, que *90% de todos os depósitos da Inglaterra não tenham outra existência senão a de seu registro nos livros dos banqueiros*, cada um dos quais é responsável por sua parte correspondente. [...] Assim é na Escócia, onde o dinheiro circulante" (que, além disso, é quase todo em papel-moeda!) "não excede jamais £3 milhões, e os depósitos chegam a £27 milhões. Enquanto não ocorre uma retirada geral e repentina dos depósitos (*a run on the banks* [uma corrida aos bancos]), as mesmas £1.000, em seu retorno, podem compensar com a mesma facilidade uma soma igualmente indeterminável. Do mesmo modo que essas £1.000 com que hoje saldo minha dívida com um negociante podem amanhã saldar a dívida dele com outro comerciante, depois de amanhã a dívida deste último com o banco, e assim sucessivamente até o infinito, também essas £1.000 podem passar de mão em mão e de banco em banco, compensando qualquer soma imaginável de depósitos."

{Como vimos, em 1834 Gilbart já sabia que "tudo o que facilita os negócios facilita também a especulação. Negócios e especulação estão, em muitos casos, tão intimamente unidos que é impossível dizer onde exatamente acabam os negócios e onde começa a especulação". Quanto maior for a facilidade com que se possam obter adiantamentos sobre mercadorias ainda não vendidas, mais esses adiantamentos serão realizados e maior será a tentação de fabricar mercadorias ou de entulhar mercados distantes com mercadorias já fabricadas, apenas visando a obter esse tipo de adiantamento em dinheiro. Um exemplo patente de como todo o mundo dos negócios de um país pode ser engolfado por tal especulação e os resultados a que isso conduz é fornecido pela história do comércio inglês durante o período entre 1845 e 1847. Aqui vemos do que o crédito é capaz. Para os exemplos a seguir, bastam algumas breves observações.

No final de 1842, a pressão que desde 1837 se exercera quase ininterruptamente sobre a indústria inglesa começou a perder força. Nos dois anos seguintes, a demanda de produtos industriais ingleses por parte de outros países acentuou-se ainda mais: os anos 1845 e 1846 marcaram o apogeu da prosperidade. Em 1843, a Guerra do Ópio abriu ao comércio inglês o mercado da China. O novo mercado oferecia uma oportunidade para a expansão que já se encontrava em pleno auge, sobretudo a da indústria algodoeira. "Como poderíamos chegar a produzir em excesso? Temos 300 milhões de homens para vestir", disse, à época, um fabricante de Manchester ao autor destas linhas. Mas todos os edifícios fabris recém-construídos, todas as máquinas a vapor e de fiar, todos os teares eram insuficientes para absorver a massa de mais-valor que afluía de Lancashire. Com a mesma paixão com que se ampliava a produção, investia-se na construção de ferrovias; a sofreguidão especulativa dos fabricantes e dos comerciantes pareceu encontrar satisfação nesse terreno pela primeira vez, e isso já no verão de 1844. Subscrevia-se o máximo possível de ações, isto é, até onde havia dinheiro para cobrir os pagamentos iniciais: quanto ao resto, o tempo diria! Quando venceram os demais pagamentos – segundo a questão 1.059 do *C.[ommercial] D.[istress]*, de 1848-1857, o capital investido em ferrovias nos anos 1846 e 1847 era de £75 milhões –, foi preciso recorrer ao crédito, e na maioria dos casos os verdadeiros negócios da empresa também tiveram de sangrar.

Na maioria dos casos, esses verdadeiros negócios já se encontravam sobrecarregados. Os lucros, tentadoramente altos, haviam conduzido a operações muito mais extensas do que o justificavam os recursos líquidos disponíveis. Para isso existia o crédito, fácil de obter e, além de tudo, barato. O desconto bancário era baixo: em 1844, de 1¾% a 2¾%; em 1845, até outubro, de menos de 3%, subindo, por um breve tempo, a 5% (fevereiro de 1846) e voltando a baixar, em dezembro de 1846, a 3¼%. Em seus porões, o banco tinha uma reserva de ouro num volume inédito. Todas as cotações domésticas da Bolsa estavam mais altas do que nunca. Que razão haveria, portanto, para desperdiçar tão bela oportunidade? Por que não ir com toda a sede ao pote? Por que não lançar nos mercados estrangeiros, famintos de produtos ingleses, todas as mercadorias que se podiam fabricar? E por que o fabricante deixaria de embolsar o dobro do lucro obtido com a venda, por um lado, de fios e tecidos no Extremo Oriente e, por outro, das mercadorias que os navios transportavam ao retornar à Inglaterra?

Assim surgiu o sistema das consignações massivas à Índia e à China em troca de adiantamentos, o que, como será exposto em detalhe nas notas seguintes, não tardou em transformar-se num sistema de consignações voltado simplesmente à obtenção de adiantamentos e que só podia conduzir a um abarrotamento em massa dos mercados e ao *crash*.

O *crash* ocorreu em consequência da colheita ruim de 1846. A Inglaterra e, sobretudo, a Irlanda precisaram importar enormes quantidades de víveres, especialmente cereais e batatas. Mas os países fornecedores dessas mercadorias só podiam ser pagos numa proporção diminuta em produtos industriais – fazia-se necessário o pagamento com metais preciosos; assim, pelo menos [£]9 milhões em ouro saíram do país. Desse ouro, [£]7½ milhões provinham do tesouro do Banco da Inglaterra, com o que se desferiu um duro golpe em sua liberdade de movimento no mercado monetário; os demais bancos, cujas reservas se acham entesouradas no Banco da Inglaterra e na realidade coincidiam com as reservas desse banco, tiveram de restringir também suas concessões de crédito; o fluxo dos pagamentos, que até então seguia com rapidez e sem dificuldades, começou a paralisar-se, primeiro aqui e ali e logo de modo geral. O desconto bancário, que em janeiro de 1847 era ainda de 3% a 3½%, subiu para 7% em abril, quando estourou a primeira onda de pânico; o verão acarretou um pequeno alívio momentâneo (6,5%, 6%), mas, com o fracasso da nova colheita, desencadeou-se novamente o pânico, agora potencializado. O desconto oficial mínimo do banco subiu em outubro para 7% e em novembro para 10%, o que significou que a imensa maioria das letras só podia ser descontada em troca de colossais juros usurários ou não podia mais ser descontada de modo nenhum; a paralisação geral dos pagamentos provocou a falência de uma série de empresas importantes, além de muitas outras médias e pequenas; o próprio Banco da Inglaterra passou a correr risco de falência em consequência das restrições que lhe haviam sido impostas pela astuciosa lei bancária de 1844, até que, em 25 de outubro, respondendo ao clamor público, o governo suspendeu essa lei, removendo, assim, os absurdos entraves legais que estorvavam os bancos. Agora eles podiam pôr livremente em circulação sua reserva de cédulas bancárias; e, como o crédito dessas cédulas bancárias era na realidade garantido pelo crédito da nação – e, por conseguinte, permanecera protegido de qualquer abalo –, a demanda de dinheiro se viu imediatamente aliviada. É claro que ainda foi à falência uma grande quantidade de empresas grandes e pequenas, cuja situação era desesperadora, mas o ápice da crise estava superado, e em dezembro* o desconto bancário voltou a cair para 5%; o ano de 1848 já anunciava a reanimação nos negócios que em 1849 haveria de embotar os movimentos revolucionários do continente e que na década de 1850 ocasionaria, num primeiro momento, uma prosperidade industrial sem precedente, mas, em seguida, o *crash* de 1857. – F. E.}

1. Informações sobre a colossal desvalorização dos títulos públicos e das ações durante a crise de 1847 podem ser encontradas num documento publicado pela Câmara dos Lordes em 1848. Nele consta que a queda de valor registrada em 23 de outubro de 1847, em comparação com o nível de fevereiro do mesmo ano, era:

em títulos públicos ingleses	£93.824.217
em ações de *docks* e canais	£1.358.288
em ações de ferrovias	£19.579.820
Total	£114.762.325

2. Acerca da especulação no comércio com as Índias Orientais, onde já não se emitiam letras porque mercadorias haviam sido compradas, mas se compravam mercadorias apenas para poder emitir letras descontáveis, conversíveis em dinheiro, diz o *Manchester Guardian* de 24 de novembro de 1848:

   Em Londres, *A* faz com que *B* compre do fabricante *C* em Manchester mercadorias para embarcá-las com destino a *D*, nas Índias Orientais. *B* paga *C* com letras a seis meses, emitidas por *C* para *B*. Este se cobre igualmente com letras a seis meses emitidas para *A*. Assim que a mercadoria é embarcada, *A* emite também letras a seis meses para *D*, contra o certificado de embarque enviado a este último.

"Por conseguinte, tanto o comprador como o vendedor entram em posse de fundos muitos meses antes de pagar efetivamente as mercadorias; com grande

* Na primeira edição, "setembro". (N. E. A.)

frequência, essas letras, ao vencer, foram renovadas sob o pretexto de conceder tempo para o refluxo, uma vez que se tratavam de negócios de tão longo prazo. Infelizmente, nessa classe de operações as perdas não geravam uma restrição dos negócios, mas justamente sua expansão. Quanto mais pobres se tornavam os envolvidos, maior era a necessidade deles de comprar para, por meio disso, encontrarem em novos adiantamentos uma reposição do capital perdido nas especulações anteriores. As compras deixaram, assim, de ser reguladas pelo jogo de oferta e demanda e tornaram-se a parte mais importante das operações financeiras de uma firma operando sob dificuldades. E isso é apenas um aspecto do problema. O mesmo que ocorria no mercado interno com a exportação de mercadorias ocorria também internacionalmente com a compra e o embarque de produtos. Na Índia, os estabelecimentos que dispunham de crédito suficiente para obter o desconto de suas letras compravam açúcar, anil, seda ou algodão, não porque os preços de compra, comparados com os últimos preços de Londres, prometessem um lucro, mas porque se aproximava o vencimento de letras anteriores emitidas sobre a casa de Londres, e era necessário cobri-las. O que podia ser mais simples do que comprar uma carga de açúcar, pagá-la com letras a dez meses sobre o estabelecimento londrino e enviar a Londres, pelo correio, os documentos de embarque? Menos de dois meses depois chegavam à Lombard Street de Londres os documentos de embarque dessas mercadorias recém-carregadas e, com eles, as próprias mercadorias, e o estabelecimento londrino recebia o dinheiro oito meses antes do vencimento das letras emitidas sobre ele. Tudo isso se desenvolvia tranquilamente, sem interrupções nem dificuldades, pelo tempo em que os bancos de desconto encontravam dinheiro abundante para adiantar sobre os documentos de embarque e *dock warrants*, descontando, assim, até quantidades ilimitadas das letras de estabelecimentos indianos emitidas sobre as 'boas' firmas da Mincing Lane."

{Essa prática fraudulenta se manteve pelo tempo em que as mercadorias tinham de ir e voltar da Índia contornando o Cabo da Boa Esperança. Desde que passaram a atravessar o canal de Suez e a ser transportadas em navios a vapor, esse método de fabricação de capital fictício perdeu sua base, que era a longa duração da viagem das mercadorias. Esse método tornou-se completamente impraticável desde que o telégrafo passou a informar no mesmo dia a situação do mercado da Índia ao comerciante inglês e a situação do mercado inglês ao comerciante indiano. – F. E.}

3. As seguintes linhas foram extraídas do já citado informe *Commercial Distress*, 1847-1848:

"Na última semana de abril de 1847, o Banco da Inglaterra notificou o Royal Bank of Liverpool que a partir daquela data reduziria à metade o volume de suas operações de desconto com este último. Essa notificação produziu efeitos desastrosos, já que ultimamente os pagamentos em Liverpool se efetuavam muito mais em letras de câmbio do que em dinheiro vivo e porque os comerciantes que em geral levavam ao banco uma grande quantidade de dinheiro vivo para pagar as letras por eles aceitas só podiam, nos últimos tempos, levar letras de câmbio que haviam recebido por algodão e outros produtos. Esse método havia crescido bastante e, com ele, proliferaram-se também as dificuldades nos negócios. As letras aceitas que o banco tinha de pagar para os comerciantes eram, na maioria, emitidas no exterior e que até então se haviam quase sempre saldado com os pagamentos obtidos em troca de produtos. As letras de câmbio que os comerciantes levavam agora, em vez do antigo dinheiro em espécie, tinham vencimentos diferentes e eram de espécies diferentes, sendo um número considerável delas letras bancárias de três meses da data de emissão, mas a grande maioria eram letras de câmbio sobre algodão. Essas letras de câmbio, quando se tratava de letras bancárias, eram aceitas por banqueiros de Londres e, nos demais casos, por comerciantes de toda espécie que operavam no Brasil, nos Estados Unidos, no Canadá, nas Índias Orientais etc. [...] Os comerciantes não as emitiam uns sobre os outros, mas os clientes do interior do país que haviam comprado produtos em Liverpool os cobriam com letras de câmbio de bancos ou outras casas londrinas – ou de quem fosse. A notificação do Banco da Inglaterra teve como consequência a redução do prazo de vencimento das letras sobre produtos estrangeiros vendidos, o qual costumava ser superior a três meses." (p. 26-7)

O período de prosperidade de 1844 a 1847 na Inglaterra foi acompanhado, conforme já descrevemos, da primeira grande fraude ferroviária. Em relação ao seu efeito sobre os negócios em geral, lemos o seguinte no informe mencionado:

"Em abril de 1847, quase todas as casas comerciais haviam começado a esfomear seus negócios (*to starve their business*) em maior ou menor grau, investindo parte de seu capital comercial em ferrovias." (p. 41) "Contraíram-se também empréstimos a juros altos, por exemplo, de 8%, sobre ações ferroviárias, recorrendo para isso a particulares, banqueiros e companhias de seguros." (p. 66) "Os grandes desembolsos feitos por essas casas ou essas ferrovias os obrigavam, por sua vez, a recorrer aos bancos para obter deles quantidades excessivas de capital, mediante descontos de letras de câmbio, como meios para continuar seu próprio negócio." (p. 67) (Pergunta:) "O senhor diria que os pagamentos feitos sobre ações ferroviárias contribuíram muito para a pressão que dominou {o mercado de dinheiro} em abril e outubro {de 1847}?" (Resposta:) "Creio que não contribuíram quase nada para a pressão em abril. A meu ver, até abril e talvez até o início do verão, fortaleceram mais do que enfraqueceram os banqueiros, pois o emprego real do dinheiro não se realizava, de modo nenhum, tão rapidamente quanto os pagamentos; como consequência, a maioria dos bancos tinha nas mãos, no começo do ano, uma quantidade bastante grande de fundos ferroviários." {Isso é confirmado por numerosos testemunhos de banqueiros no *Commercial Distress*, 1848-1857.} "Esses fundos foram diminuindo aos poucos no verão e, em 31 de dezembro, já eram consideravelmente menores. Uma causa da pressão em outubro era a diminuição gradual dos fundos ferroviários em poder dos bancos; entre 22 de abril e 31 de dezembro, os saldos ferroviários em nossas mãos diminuíram em ⅓. Os pagamentos relativos às ações ferroviárias surtiram o mesmo efeito em toda a Grã-Bretanha; pouco a pouco, eles drenaram os depósitos dos bancos." (p. 43-4)

Assim também diz Samuel Gurney (chefe da famigerada firma Overend, Gurney & Co.):

"Em 1846 houve uma demanda consideravelmente maior de capital para as ferrovias, mas isso não elevou as taxas de juros. Produziu-se uma condensação de somas pequenas em grandes massas, as quais foram absorvidas por nosso mercado; o efeito disso foi, no conjunto, o de lançar mais dinheiro no mercado de dinheiro da City, e não tanto o de retirá-lo dele." [p. 159]

A.[dam] Hodgson, diretor do Liverpool Joint Stock Bank, indica até que ponto as letras de câmbio podem constituir as reservas dos banqueiros:

"Tínhamos o costume de guardar na carteira, em letras de câmbio que venciam de um dia para o outro, pelo menos 9/10 de todos os depósitos e todo o dinheiro que recebíamos de outras pessoas [...], a ponto de, durante a crise, o importe das letras que venciam a cada dia quase equivaler à soma das exigências de pagamento que nos eram feitas diariamente." (p. 53)

Letra especulativa: n. 5.092. "Quem eram aqueles que aceitavam, em sua maior parte, as letras" (por algodão vendido)? {R. Gardner, o fabricante algodoeiro mais citado nesta obra:} "Os corredores de mercadorias; um comerciante compra algodão, transfere-o a um corretor, saca letras sobre este e faz com que estas sejam descontadas." N. 5.094. "Essas letras passam aos bancos de Liverpool e são descontadas lá? – Sim, e também em outros lugares. [...] A meu ver, não fosse por essa concessão de crédito, autorizada principalmente pelos bancos de Liverpool, o algodão teria sido vendido, no ano passado, a 1½ ou 2 *pence* mais barato por libra-peso." N. 600. "O senhor disse que circulava uma quantidade enorme de letras de câmbio, emitidas por especuladores sobre os corretores de algodão de Liverpool. O mesmo vale para seus adiantamentos sobre letras contra outros produtos coloniais, além do algodão?" {A.[dam] Hodgson, banqueiro de Liverpool, responde:} "Vale para os produtos coloniais de todas as espécies, mas especialmente para o algodão." N. 601. "O senhor, como banqueiro, procura manter distância desses tipos de letras? – De modo nenhum; consideramos essas letras perfeitamente legítimas, desde que circulem em quantidades moderadas, [...] letras desse tipo são renovadas com frequência."

Fraude no mercado das Índias Orientais e da China (1847). Charles Turner (chefe de uma das primeiras firmas de Liverpool dedicadas ao comércio com as Índias Orientais): "Estamos todos a par das ocorrências relativas aos negócios com as ilhas Maurício e outras operações semelhantes. Os corretores estavam acostumados a adiantar dinheiro sobre mercadorias não só na chegada destas últimas, para cobrir as letras sacadas sobre essas mercadorias – o que estava inteiramente em ordem, e adiantamentos contra documentos de embarque [...], mas adiantavam também dinheiro sobre o produto antes de ser embarcado e, em alguns casos, até mesmo antes de ser fabricado. Eu, por exemplo, havia comprado em Calcutá, numa ocasião especial, letras por £6.000 a £7.000; o produto dessas letras foi enviado às ilhas Maurício para ser investido em plantações de açúcar; as letras vieram para a Inglaterra, e mais da metade delas foi protestada; mais tarde, quando finalmente chegaram os carregamentos de açúcar com que essas letras deviam ser pagas, verificou-se que, antes de embarcar – na verdade, quase antes de ser produzido –, esse açúcar já havia sido penhorado a terceiros" (p. 78). "Atualmente as mercadorias destinadas ao mercado das Índias Orientais têm de ser pagas em espécie ao fabricante; isso não quer dizer muita coisa, pois, se o comprador dispõe de algum crédito em Londres, ele tem apenas de sacar dinheiro lá e descontar a letra aqui, onde o desconto está agora baixo; com o dinheiro assim obtido, ele paga o fabricante [...], e transcorrem pelo menos doze meses até que um exportador de mercadorias à Índia possa receber deste país os produtos enviados em troca; [...] uma pessoa com £10.000 ou £15.000 que entre no comércio com a Índia obteria um crédito considerável numa casa londrina; ela daria 1% e sacaria sobre ela, com a condição de que o produto da venda das mercadorias enviadas à Índia fosse remetido a essa casa londrina; entretanto, ambas as partes estão tacitamente de acordo quanto ao fato de que a casa londrina não teria de realizar nenhum desembolso em espécie, isto é, de que as letras são prolongadas até que cheguem os produtos da Índia. As letras foram descontadas em Liverpool, Manchester e Londres, e algumas se encontram nas mãos de bancos escoceses." (p. 79) N. 730. "Ao investigar os livros contábeis de uma casa recentemente falida em Londres, descobriu-se o seguinte: uma firma de Manchester e outra de Calcutá haviam aberto nessa casa um crédito de £200.000, isto é, os clientes da firma de Manchester que enviaram para a firma em Calcutá mercadorias em consignação, de Glasgow e Manchester, sacaram letras sobre a casa londrina até o montante de £200.000; combinou-se, ao mesmo tempo, que a firma de Calcutá poderia sacar até a mesma soma de £200.000 sobre a casa londrina; essas letras foram vendidas em Calcutá e, com seu importe, outras letras foram compradas e enviadas a Londres para que a casa daqui pudesse pagar as primeiras letras, sacadas por Glasgow e Manchester. Somente por meio dessa operação puseram-se em circulação letras no valor de £600.000." N. 971. "Na atualidade, quando uma firma de Calcutá compra uma carga" {para a Inglaterra} "e a paga com algumas letras sacadas sobre seu correspondente em Londres, enviando para cá os certificados de embarque, então estes últimos lhe permitem obter imediatamente um adiantamento na Lombard Street; ela dispõe, assim, de um prazo de oito meses, em que pode utilizar o dinheiro antes que seus correspondentes tenham de pagar as letras."

4. Em 1848, a Câmara dos Lordes encarregou uma comissão secreta de investigar as causas da crise de 1847, mas os depoimentos prestados perante essa comissão só foram publicados em 1857 (*Minutes of Evidence, Taken Before the Secret Committee of the H.[ouse] of L.[ords] Appointed to Inquire into the Causes of Distress etc.*, 1857, aqui citado como *C. D.*, 1848-1857). Eis o testemunho do sr. Lister, diretor do Union Bank of Liverpool:

- 2444. "Na primavera de 1847, assistiu-se a uma enorme expansão do crédito [...] porque os negociantes transferiram seus capitais do comércio para as ferrovias e, no entanto, quiseram dar continuidade a seus negócios com o mesmo volume de antes. Provavelmente, todos começaram crendo que poderiam vender as ações ferroviárias com lucro, repondo assim o dinheiro subtraído a seus negócios. Quando perceberam que isso não era possível, solicitaram crédito para suas empresas, que antes pagavam à vista. Isso deu origem a uma expansão do crédito."

- 2.500. "Essas letras, que causavam perdas aos bancos que as haviam tomado, tinham como base principalmente o trigo ou o algodão? [...] Eram letras sobre produtos de todas as espécies, trigo, algodão, açúcar e outros. Naqueles dias não houve quase nada, excetuando-se talvez o óleo, que não tivesse baixado de preço." 2.506. "Um corretor que aceita uma letra não faz isso sem estar suficientemente coberto, inclusive contra uma queda de preço da mercadoria que lhe serve de cobertura."
- 2.512. "Sobre produtos, sacam-se dois tipos de letras de câmbio. No primeiro tipo encontram-se as letras originais, sacadas de ultramar sobre o importador. [...] As letras assim sacadas sobre produtos costumam vencer antes de eles chegarem. Por isso, o comerciante, se uma mercadoria chega a suas mãos e não dispõe de capital suficiente, vê-se obrigado a penhorá-la ao corretor, até que esteja em condições de vendê-la. Logo, o comerciante de Liverpool saca uma letra de outra espécie sobre o corretor, garantida por aquela mercadoria [...], sendo então problema do banqueiro certificar-se se o corretor tem em seu poder a mercadoria e até quanto adiantou sobre ela. Ele precisa estar seguro de que o corretor dispõe de cobertura para recuperar-se em caso de perda."
- 2.516. "Também recebemos letras do exterior [...]. Alguém compra além-mar uma letra sobre a Inglaterra e a envia a uma casa inglesa; a letra não indica se foi sacada de maneira correta ou incorreta, se representa produtos ou apenas vento."
- 2.533. "O senhor dizia que produtos estrangeiros de quase todos os tipos se vendiam com grandes perdas. O senhor acredita ter sido isso uma consequência de especulações injustificadas feitas com esses produtos? – Foi consequência do volume excessivo das importações, sem que houvesse consumo correspondente para escoá-las. Ao que parece, o consumo diminuiu de maneira considerável." 2.534. "Em outubro [...], os produtos eram praticamente invendáveis."

No mesmo relatório, um especialista de primeiro escalão, o digno e esperto quacre Samuel Gurney, da Overden Gurney and Co., revela-nos como, no momento do *crash*, desenvolve-se um *sauve qui peut* [salve-se quem puder] geral. 1.262. "Quando reina o pânico, nenhum homem de negócios se pergunta a que taxa pode investir suas notas de banco nem se perderá 1% ou 2% vendendo seus títulos do Tesouro ou seus papéis a 3%. Dominado pelo pânico, ele não se preocupa com ganhos nem perdas, somente em salvar-se, e o resto do mundo que faça o que quiser."

5. Acerca da saturação recíproca de dois mercados, diz o sr. Alexander, comerciante em negócios com as Índias Orientais, perante a comissão sobre as leis bancárias de 1857 (citada como *B. C.*, 1857): 4.330. "Hoje, se gasto 6 xelins em Manchester, obtenho 5 xelins de volta na Índia; se gasto 6 xelins na Índia, obtenho 5 xelins de volta em Londres". Isso significa que o mercado indiano foi saturado pela Inglaterra, e o mercado inglês, igualmente saturado pela Índia. Essa era a situação no verão de 1857, apenas dez anos desde a amarga experiência de 1847!

Capítulo 26

Acumulação de capital monetário e sua influência sobre a taxa de juros

"Na Inglaterra se produz uma acumulação constante de riqueza adicional, que tende a assumir, por fim, a forma de dinheiro. E, depois do desejo de obter dinheiro, o desejo mais urgente é o de livrar-se dele novamente, por meio de qualquer tipo de investimento que proporcione juros ou lucro; pois o dinheiro, por si só, não rende nada. Assim, se paralelamente a esse constante afluxo de capital excedente não ocorre uma ampliação gradual e suficiente de seu campo de aplicação, nos veremos necessariamente expostos a acumulações periódicas de dinheiro em busca de investimento, as quais serão mais ou menos importantes segundo as circunstâncias. Durante muitos anos, na Inglaterra, o grande meio de absorção da riqueza excedente foi a dívida pública. Ao chegar a seu nível máximo, em 1816, perdendo com isso sua eficácia de absorção, todos os anos uma soma de pelo menos [£]27 milhões ficava à busca de outro campo de investimento. Ademais, ocorriam diversas devoluções de capital. [...]. Ao menos em nosso país, a fim de absorver as acumulações periódicas da riqueza excedente da sociedade que não encontram saída nos ramos habituais de investimento, são absolutamente necessárias [...] empresas que necessitem de um grande capital para se desenvolver e que escoam periodicamente o excedente do capital desocupado." (*The Currency Theory Reviewed*, Londres, 1845, p. 32)

Referindo-se ao ano de 1845, diz essa mesma obra:

"Dentro de um período muito curto, os preços voltaram a subir a partir do ponto mais baixo da depressão [...], a dívida pública a 3% está quase no mesmo nível [...], o ouro entesourado nos porões do Banco da Inglaterra supera toda quantidade deste metal antes lá armazenado. Ações de todos os tipos estão a preços quase inéditos, e a taxa de juros caiu tanto que é quase apenas nominal [...]. Tudo isso é prova de que volta a existir na Inglaterra uma forte acumulação de riqueza ociosa, de que se aproxima um novo período de febre especulativa." (Ibidem, p. 36)

"Embora as importações de ouro não constituam um indício seguro de ganho no comércio exterior, uma parte dessas importações representam *prima facie*, em ausência de outra possível explicação, esse lucro." (J.[ohn] G.[ellibrand] Hubbard, *The Currency and the Country*, Londres, [Longman, Brown, Green, and Longmans,] 1843, p. 41) "Suponhamos que num período de prosperidade nos negócios, de preços remuneradores e de abundante circulação monetária, uma colheita ruim provoque uma exportação de ouro no valor de [£]5 milhões e importação de trigo no mesmo valor. A circulação" {não se trata, como veremos a seguir, de meios de circulação, mas de capital monetário ocioso – F. E.} "diminuirá no mesmo montante. Mesmo que os particulares ainda possuam a mesma quantidade de meios de circulação, os depósitos dos comerciantes em seus bancos, os saldos dos bancos com seus corretores de dinheiro e as reservas de suas caixas estarão todos reduzidos, e a consequência imediata dessa redução na quantia do capital ocioso será um aumento da taxa de juros, digamos, de 4% para 5%. Como a situação dos negócios é próspera, a confiança não será abalada, mas o valor do crédito sofrerá um aumento." (Ibidem, p. 42) "Se cai o preço das mercadorias em geral, o dinheiro excedente reflui para os bancos sob a forma de aumento dos depósitos, a abundância de capital ocioso faz baixar a taxa de juros a um mínimo, e essa situação persiste até que preços mais altos ou uma maior animação dos negócios façam entrar em ação o dinheiro inativo ou até que este seja absorvido mediante seu investimento em títulos estrangeiros ou mercadorias estrangeiras." (Ibidem, p. 68)

Os seguintes trechos também foram extraídos do relatório parlamentar *Commercial Distress*, 1847-1848. Em consequência da colheita ruim e da fome de 1846-1847, foi preciso importar uma grande quantidade de alimentos.

"Isso explica um grande excesso das importações sobre as exportações [...]. Explica também uma considerável retirada de dinheiro dos bancos e um aumento da afluência aos corretores de desconto por pessoas que queriam descontar suas letras; os corretores começaram a examinar as letras com maior atenção. As concessões" {de crédito} "outorgadas até então se restringiram consideravelmente e produziram-se falências entre as firmas menos sólidas. Quem confiava exclusivamente no crédito quebrou. Isso contribuiu para aumentar o clima de alarme que já reinava antes; banqueiros e outros se deram conta de que, para cumprir suas obrigações, já não podiam, com a mesma segurança de antes, contar com a conversão de suas letras e outros títulos em cédulas bancárias; em vista disso, restringiram mais ainda a concessão de crédito e muitas vezes as recusavam terminantemente; em muitos casos, guardavam a sete chaves suas cédulas bancárias para cobrir futuramente suas próprias obrigações; preferiam não entregá-las em sua totalidade. O clima de alarme e a confusão aumentavam diariamente; se não fosse a carta de lorde John Russell, teríamos uma falência geral." (Ibidem, p. 74-5)

A carta de Russell revogou a lei bancária. Charles Turner, que mencionamos anteriormente, afirma:

"Algumas firmas dispunham de grandes recursos, mas sem liquidez. Todo o seu capital se encontrava imobilizado em terras nas ilhas Maurício ou em fábricas de índigo e de açúcar. Tendo contraído obrigações de £500.000 a £600.000, não dispunham de recursos líquidos para pagar as letras correspondentes, até que, por fim, revelou-se que só podiam pagar suas letras mediante seu crédito, e até onde este chegasse." (Ibidem, p. 81)

Diz o S. Gurney, igualmente mencionado: "Hoje" (1848) "temos uma limitação das transações e uma grande abundância de dinheiro". N. 1.763. "Não creio que a escassez de capital tenha sido a culpada por fazer subir tanto a taxa de juros: foi o clima de alarme (*the alarm*), a dificuldade de obter cédulas bancárias."

Em 1847, a Inglaterra pagou ao estrangeiro pelo menos £9 milhões em ouro por alimentos importados. Destes, [£]7½ milhões do Banco da Inglaterra e [£]1½ milhão de outras fontes (p. 245). Morris, governador do Banco da Inglaterra: "Em 23 de outubro de 1847, os fundos públicos e as ações dos canais e das ferrovias já estavam desvalorizados em £114.752.225" (p. 312). O mesmo Morris, respondendo a uma pergunta de lorde G. Bentinck: "O senhor não sabe que todo o capital investido em títulos e todo tipo de produto estava depreciado, do mesmo modo que as matérias-primas, o algodão, a seda e a lã foram enviados para o continente aos mesmos preços rebaixados e que o açúcar, o café e o chá foram liquidados em vendas forçadas? – Era inevitável que a nação realizasse um sacrifício considerável para conter a drenagem de ouro provocada pelas enormes importações de víveres. – O senhor não acredita que teria sido melhor lançar mão das £8 milhões entesouradas nos cofres do banco, em vez de tentar recuperar o ouro à custa de tais sacrifícios? – *Não, não acredito*". E agora o comentário sobre esse heroísmo. Disraeli interroga o sr. W.[illiam] Cotton, diretor e ex-governador do Banco da Inglaterra. "Que dividendos os acionistas do banco obtiveram em 1844? – Para aquele ano, 7%. – E os de 1847? – 9%. – O banco paga o imposto de renda por seus acionistas no ano atual? – Sim. – E fez isso também em 1844?

– Não[83]. – Isso quer dizer que essa lei bancária" (de 1844) "favoreceu muito os interesses dos acionistas. [...] O resultado, portanto, é que desde a introdução da nova lei os dividendos dos acionistas subiram de 7% para 9% e, além disso, agora o imposto de renda é pago pelo banco, ao passo que antes ele era pago pelos próprios acionistas? – *Exato*." (N. 4.356-61)

Acerca do entesouramento nos bancos durante a crise de 1847, diz o sr. Pease, um banqueiro provincial: 4.605. "Uma vez que o banco via-se obrigado a elevar cada vez mais a taxa de juros, os temores iam se generalizando; os bancos do país aumentaram a quantia de dinheiro em seu poder e também a das cédulas bancárias; e muitos de nós, que normalmente não mantínhamos mais que algumas centenas de libras esterlinas em ouro ou em cédulas, passamos imediatamente a acumular milhares de libras em nossos cofres e nossas escrivaninhas, pois uma grande incerteza reinava com relação aos descontos de letras e à possibilidade de sua circulação no mercado; e assim se deu um entesouramento geral". Um membro da comissão observa: 4.691. "Consequentemente, qualquer que tenha sido a causa dessa situação durante os últimos doze anos, seu resultado foi, de todo modo, mais favorável ao judeu e ao negociante de dinheiro do que à classe produtiva em geral".

Em que medida o negociante de dinheiro explora uma época de crise nos é dito por Tooke: "Em 1847, na indústria metalúrgica de Warwickshire e Staffordshire foram recusadas muitas encomendas de mercadorias, porque o fabricante tinha de pagar pelo desconto de suas letras uma taxa de juros tão alta que teria devorado mais que a totalidade de seu lucro" (N. 5.451).

Vejamos agora outro relatório parlamentar já citado, o *Report of Select Committee on Bank Acts, communicated from the Commons to the Lords*, 1857 (citado doravante como *B. C.*, 1857). Nele figura o seguinte testemunho do sr. Norman, diretor do Banco da Inglaterra e um dos principais representantes do *currency principle**:

[83] Isto é, antigamente, primeiro se fixavam os dividendos e, em seguida, ao pagá-los ao acionista individual, deles se descontava o imposto de renda; depois de 1844, porém, antes se pagava o imposto, com base no lucro total do banco, depois se distribuía o dividendo *free of income tax* [isento de imposto de renda]. No último caso, portanto, a mesma porcentagem nominal é mais alta devido ao valor do imposto. (F. E.)

* *Currency principle*: doutrina monetária amplamente difundida na primeira metade do século XIX, que partia da teoria monetária quantitativa. Os representantes da teoria quantitativa defendiam que o preço das mercadorias era determinado pela quantidade de dinheiro em circulação. Os representantes do *currency principle* procuravam imitar as leis da circulação dos metais. Como *currency* (meio de circulação) eles consideravam, além do dinheiro metálico, também o papel-moeda e acreditavam ser possível obter uma circulação monetária estável garantindo um pleno lastro de ouro ao

3.635. "O senhor dizia que, na sua opinião, a taxa de juros não depende da massa das cédulas bancárias, mas da oferta e da demanda de capital. O senhor poderia nos dizer o que entende por 'capital', além de cédulas bancárias e dinheiro metálico? – Creio que a definição usual de 'capital' é: mercadorias ou serviços empregados na produção." 3.636. "Quando fala da taxa de juros, o senhor inclui como 'capital' todas as mercadorias? – Todas as mercadorias empregadas na produção." 3.637. "O senhor inclui tudo isso quando fala da taxa de juros? – Sim. Suponhamos que um fabricante algodoeiro necessite de algodão para sua fábrica; o mais provável é que, para comprá-lo, ele obtenha um adiantamento de seu banqueiro e, com as cédulas bancárias assim recebidas, vá a Liverpool e compre o algodão. O que ele realmente precisa é do algodão; as cédulas bancárias ou o ouro lhe servem simplesmente como meios para obter essa mercadoria. Se precisa de meios para pagar seus trabalhadores, ele toma emprestadas essas cédulas bancárias e com elas paga o salário de seus trabalhadores; e o que estes necessitam, por sua vez, é de alimento e moradia, e o dinheiro não é mais que o meio de pagá-los." 3.638. "Pelo dinheiro se pagam juros? – Certamente, num primeiro momento; mas tomemos outro caso. Suponhamos que o fabricante compre o algodão a crédito, sem buscar um adiantamento no banco; nesse caso, a medida dos juros é a diferença entre o preço com pagamento em dinheiro vivo e o preço a crédito, no momento do vencimento. Os juros existiriam ainda que não houvesse dinheiro nenhum."

Essas pretensiosas fantasias são dignas desse luminar do *currency principle*. Primeiro, a descoberta genial de que as cédulas bancárias ou o ouro são meios para comprar algo e de que ninguém os pega emprestados por eles mesmos. E o que é que se depreende disso, segundo ele? Que a taxa de juros é regulada pela oferta e pela demanda de mercadorias, das quais até agora só sabíamos que regulam o preço de mercado das mercadorias. Porém, taxas de juros bem diversas são compatíveis com preços de mercado constantes das mercadorias. Agora segue a esperteza. Pergunta-se a ele: "Pelo dinheiro se pagam juros?". Isso implica naturalmente outra pergunta: "O que têm a ver com essas mercadorias os juros recebidos pelo banqueiro, que não comercia em absoluto com mercadorias?". E não recebem dinheiro à mesma taxa de juros os fabricantes que gastam esse dinheiro em mercados completamente distintos, nos quais, portanto, apresenta-se uma proporção totalmente

papel-moeda; a emissão deveria, portanto, ser regulada de acordo com a importação e a exportação de metais preciosos. As tentativas do governo inglês (lei bancária de 1844) de se apoiar nessa teoria não obtiveram nenhum êxito e apenas confirmaram sua insustentabilidade teórica e sua inutilidade para fins práticos. (N. E. A.)

distinta entre oferta e demanda das mercadorias empregadas na produção? Ao que esse renomado gênio responde que, se o fabricante compra algodão a crédito, "a medida dos juros está na diferença entre o preço com pagamento em espécie e o preço a crédito, no vencimento". Mas o correto é exatamente o contrário. A taxa de juros vigente, cuja regulação Norman, o gênio, deveria explicar, é a medida da diferença entre o preço com pagamento em espécie e o preço a crédito até o vencimento. Antes de mais nada, o algodão precisa ser vendido por seu preço em dinheiro vivo, e este é determinado pelo preço de mercado, regulado, por sua vez, pela situação da oferta e da demanda. Suponhamos que o preço seja = £1.000. Com isso, está realizada a transação entre o fabricante e o corretor de algodão, no que se refere à compra e à venda. A isso se soma, agora, uma segunda transação, entre prestamista e prestatário. Ao fabricante é adiantado o valor de £1.000 em algodão para que ele o reembolse em dinheiro ao cabo de, digamos, três meses. Os juros correspondentes às £1.000 durante os três meses, determinados pela taxa de mercado, constituem, nesse caso, o acréscimo sobre o preço à vista. O preço do algodão é determinado pela oferta e pela demanda. Mas o preço do adiantamento do valor do algodão, das £1.000 adiantadas por três meses, é determinado pela taxa de juros. E o fato de que o próprio algodão se converta assim em capital monetário prova ao sr. Norman que os juros existiriam ainda que não existisse o dinheiro. Ora, se não existisse dinheiro nenhum, não existiria, desde logo, uma taxa geral de juros.

Temos aí, primeiramente, a ideia vulgar do capital como o conjunto de "mercadorias empregadas na produção". Na medida em que essas mercadorias figuram como capital, seu valor como *capital*, diferentemente de seu valor como *mercadoria*, se expressa no lucro obtido por seu emprego produtivo ou comercial. E, ainda que a taxa de lucro guarde sempre alguma relação com o preço de mercado das mercadorias compradas e com sua oferta e sua demanda, ela é determinada ainda por outras circunstâncias completamente distintas. Não cabe a menor dúvida de que a taxa de juros em geral tem como limite a taxa de lucro. No entanto, o que o sr. Norman deve dizer-nos é precisamente como se determina esse limite. Determina-se, segundo ele, pela oferta e pela demanda de capital monetário, *diferentemente das* outras formas de capital. Ora, poderíamos continuar a perguntar: como se determinam a oferta e a demanda de capital monetário? Não resta dúvida de que entre a oferta de capital-mercadoria e a oferta de capital monetário existe um vínculo tácito, tampouco de que a demanda de capital monetário pelos capitalistas industriais é condicionada pelas circunstâncias da produção real. Mas, em vez de nos explicar isso, o sr. Norman nos brinda com a sabedoria de que a demanda de capital monetário não é idêntica à demanda de dinheiro como tal, sabedoria que provém simplesmente do fato de que nele, como em Overstone e nos demais profetas do *currency principle*, manifesta-se sempre a má consciência de que buscam, por meio de forçadas ingerências legislativas, converter os meios de circulação em si mesmos em capital e elevar a taxa de juros.

Passemos agora a lorde Overstone, aliás Samuel Jones Loyd, tentando explicar por que recebe 10% por seu "dinheiro" devido ao fato de o "capital" no país ser tão escasso.

3.653. "As flutuações que se observam na taxa de juros provêm de duas causas: de uma variação no valor do capital" (magnífico! O valor do capital, em termos gerais, é precisamente a taxa de juros! O que equivale, portanto, a dizer que a variação na taxa de juros deriva, aqui, de uma variação na taxa de juros. O "valor do capital", como demonstramos anteriormente, nunca foi concebido de modo teórico. Ou então, se por valor do capital o sr. Overstone entende a taxa de lucro, é o mesmo que se esse profundo pensador dissesse que a taxa de juros é regulada pela taxa de lucro!) "ou de uma alteração no montante de dinheiro existente no país. Todas as grandes flutuações da taxa de juros, grandes quanto à duração ou ao volume, podem deduzir-se claramente das variações no valor do capital. Não há ilustração prática mais palpável disso do que a alta da taxa de juros em 1847, que voltou a se apresentar nos dois últimos anos (1855-1856); as flutuações menores da taxa de juros, efeitos de uma variação na soma de dinheiro existente, são pequenas tanto em volume quanto em duração. São frequentes, e quanto mais frequentes, tanto mais eficazes para seu fim." Fim que consiste precisamente em enriquecer banqueiros *à la* Overstone. O amigo Samuel Gurney se expressa de maneira muito cândida a esse respeito, perante o *Committee of Lords*, C. D., 1848[-1857]: 1.324. "Sua opinião é de que as grandes flutuações da taxa de juros, ocorridas no ano anterior, foram vantajosas para os banqueiros e os negociantes de dinheiro ou crê que foram prejudiciais? – Creio que foram vantajosas para os negociantes de dinheiro. Todas as flutuações nos negócios são vantajosas para aqueles que sabem o que está acontecendo (*to the knowing men*)". 1.325. "O banqueiro não deveria perder com a alta da taxa de juros, na medida em que seus melhores clientes empobrecem? – Não, não penso que esse efeito se produza em grau considerável." *Voilà ce que parler veut dire**.

Adiante, voltaremos à influência que a soma de dinheiro existente exerce sobre a taxa de juros. Desde já, no entanto, devemos observar que Overstone

* Eis o que falar quer dizer. (N. T.)

cai aqui em novo quiproquó. Em 1847, a demanda de capital monetário (até outubro não existia a menor preocupação com a escassez de dinheiro nem com a "quantidade de dinheiro existente", como ele a denominou antes) cresceu por diversas razões. Encarecimento do trigo, alta do preço do algodão, impossibilidade de vender o açúcar devido à superprodução, especulação ferroviária e *crash*, abarrotamento dos mercados estrangeiros com artigos de algodão, exportações e importações forçadas para a – e da – Índia, a que já nos referimos, sem outra finalidade que não a de sacar letras de câmbio. Todos esses fatores, a superprodução na indústria, assim como a subprodução na agricultura, quer dizer, causas muito distintas, produziram uma alta da demanda de capital monetário, isto é, de dinheiro e crédito. A alta da demanda de capital monetário foi causada pelo desenvolvimento do próprio processo de produção. Porém, independentemente de sua causa, a demanda de capital *monetário* era a responsável pelo aumento da taxa de juros, do valor do capital monetário. Se Overstone quer dizer que o valor do capital monetário aumentou *porque* aumentou, isso não passa de uma tautologia. Mas se por "valor do capital" ele entende aqui a alta da taxa de lucro como causa da alta da taxa de juros, então logo veremos que essa afirmação é falsa. A demanda de capital monetário e, portanto, o "valor-capital" podem subir, ainda que diminua o lucro; tão logo caia a oferta relativa de capital monetário, aumenta seu "valor". O que Overstone pretende demonstrar é que a crise de 1847 e sua consequente alta da taxa de juros não tinham qualquer relação com a "quantidade de dinheiro existente", isto é, com as normas da lei bancária de 1844, por ele inspirada; muito embora, na realidade, essa crise tivesse relação com isso, na medida em que o medo de que se esgotassem as reservas bancárias – obra de Overstone – acrescentou um pânico monetário à crise de 1847-1848. Mas não é disso que tratamos aqui. A escassez do capital monetário derivou do volume das operações, excessivo em comparação com os meios existentes, e foi desencadeada pela interrupção do processo de reprodução, em consequência da colheita ruim, do excesso de investimentos em ferrovias, da superprodução principalmente de artigos de algodão, dos negócios fraudulentos com a Índia e a China, da especulação, do excesso das importações de açúcar etc. Àqueles que haviam comprado trigo a 120 xelins o *quarter*, ao cair seu preço a 60 xelins, faltaram precisamente os 60 xelins que haviam pago a mais e o crédito correspondente em adiantamento pignoratício [*Lombardvorschuß*] sobre o trigo. A escassez de cédulas bancárias não era em absoluto aquilo que os impedia de converter seu trigo em dinheiro ao preço antigo de 120 xelins. O mesmo se deu com quem havia importado açúcar em excesso, quando essa mercadoria se tornou quase invendável. E também com os senhores que imobilizaram seu capital circulante (*floating capital*) em ferrovias, confiando no crédito para repor esse capital em seus negócios "legítimos". Para Overstone, tudo isso ganha expressão numa "consciência moral do valor aumentado de seu dinheiro" (*a moral sense of the enhanced value of his money*). A esse valor aumentado do capital monetário correspondia diretamente, por outro lado, o valor monetário diminuído do capital real (capital-mercadoria e capital produtivo). O valor do capital aumentava numa forma porque diminuía o valor do capital na outra forma. Overstone tenta identificar esses dois valores de tipos distintos de capital num único valor do capital em geral e o faz precisamente contrapondo ambos os valores a uma escassez de meios de circulação, de dinheiro existente. No entanto, a mesma quantia de capital monetário pode ser emprestada com massas muito distintas de meios de circulação.

Passemos agora a seu exemplo de 1847. Em janeiro, a taxa oficial de juros bancários era de 3% a 3½%; em fevereiro, de 4% a 4½%; em março, com a maior frequência, de 4%; em abril (pânico), de 4% a 7½%; em maio, de 5% a 5½%; em todo o mês de junho, de 5%; em julho, de 5%; em agosto, de 5% a 5½%; em setembro, de 5%, com pequenas oscilações a 5¼%, 5½% e 6%; em outubro, de 5%, 5½% e 7%; em novembro, de 7% a 10%; em dezembro, de 7% a 5%. Nesse caso, os juros aumentaram porque diminuíram os lucros e caíram enormemente os valores monetários das mercadorias. Portanto, quando Overstone diz que em 1847 a taxa de juros aumentou porque cresceu o valor do capital, só se pode entender por valor do capital o valor do capital monetário, e o valor do capital monetário é precisamente a taxa de juros e nada mais. Mais tarde, porém, a raposa mostra o rabo*, e o valor do capital é identificado com a taxa de lucro.

Quanto à taxa de juros paga em 1856, Overstone não sabia, na realidade, que ela era, em parte, um sintoma do fato de que quem tomara a dianteira era a classe dos cavaleiros do crédito, que extraem juros não do lucro, mas do capital alheio; uns poucos meses antes da crise de 1857, ele mesmo dizia que "a situação dos negócios era completamente próspera".

Ele diz ainda: 3.722. "A ideia de que o lucro dos negócios é eliminado pela alta da taxa de juros é absolutamente falsa. Em primeiro lugar, a alta da taxa de juros raramente é de longa duração; em segundo lugar, quando dura muito e é importante, ela representa de fato uma alta do valor do capital, e por que o valor do capital aumenta? Devido ao aumento da taxa de lucro".

* Expressão alemã, com o significado de "revelar o verdadeiro caráter ou intenção". (N. T.)

Aqui ficamos sabendo, afinal, o sentido de "valor do capital". De resto, pode ocorrer que a taxa de lucro permaneça alta por muito tempo, ao passo que cai o lucro do empresário e sobe a taxa de juros, de modo que os juros absorverão a maior parte do lucro.

3.724. "A alta da taxa de juros decorreu da enorme expansão dos negócios em nosso país e da grande alta da taxa de lucro; os que se queixam de que a alta taxa de juros destrói ambas as coisas que foram sua própria causa incorrem num absurdo lógico, do qual não se sabe o que dizer." Isso faz tanto sentido quanto dizer que a taxa elevada de lucro foi a causa da alta do preço das mercadorias por obra da especulação e que os que se queixam de que a alta dos preços destrói sua própria causa, a saber, a especulação, incorrem num absurdo lógico etc. Que uma coisa possa destruir sua própria causa só pode constituir um absurdo lógico para o usurário apaixonado pela alta de juros. A grandeza dos romanos foi a causa de suas conquistas, e suas conquistas destruíram sua grandeza. A riqueza é a causa do luxo, e o luxo exerce uma ação destrutiva sobre a riqueza. Que prodígio! Nada caracteriza melhor a idiotice do mundo burguês atual que o respeito que a "lógica" de milionário desse *dung-hill aristocrat** conseguiu infundir em toda a Inglaterra. Além disso, o fato de uma alta taxa de lucro e a expansão dos negócios poderem ser causas de uma alta taxa de juros não significa em absoluto que uma alta taxa de juros seja a causa de um lucro alto. O problema é justamente saber se esses juros altos (como se evidenciou na crise) não persistiram ou mesmo só chegaram a seu ápice depois que a alta taxa de lucro já havia há muito tempo seguido o caminho de toda carne.

3.718. "No que diz respeito a um grande aumento da taxa de desconto, trata-se de um fator que decorre inteiramente do maior valor do capital, e a causa desse maior valor do capital é, a meu ver, algo que qualquer um pode descobrir com absoluta clareza. Já mencionei que, nos treze anos em que vigorou essa lei bancária, o comércio da Inglaterra cresceu de £45 milhões para £120 milhões. Basta pensar em todas as ocorrências implícitas nesse simples dado numérico: imaginar a enorme demanda de capital que um aumento tão gigantesco do comércio acarreta e que se considere, ao mesmo tempo, que a fonte natural da oferta para essa grande demanda, a saber, a poupança anual do país foi consumida, nos últimos três ou quatro anos, por um gasto não rentável para fins de guerra. Confesso que me surpreende o fato de a taxa de juros não estar muito mais alta; dito de outro modo, surpreende-me que a necessidade de capital, em consequência

* Arrivista aristocrata. (N. T.)

dessas enormes operações, não seja muito maior do que a que os senhores puderam constatar."

Que estranha algaravia a de nosso lógico da usura! Aqui está ele de novo com seu valor acrescido do capital! Parece que, em sua imaginação, tinha-se, de um lado, essa enorme expansão do processo de reprodução – portanto, essa acumulação de capital real – e, de outro, havia um "capital", objeto de uma "enorme demanda", disso resultando esse gigantesco aumento do comércio! Ora, esse enorme incremento da produção não era em si mesmo o incremento do capital? E, ao criar a demanda, não criava ele ao mesmo tempo a oferta e também uma oferta aumentada de capital monetário? Se a taxa de juros teve um grande aumento foi simplesmente porque a demanda de capital monetário cresceu com rapidez ainda maior que a oferta, o que, em outros termos, resume-se no fato de que, com a expansão da produção industrial, expandiu-se também seu desenvolvimento sobre a base do sistema do crédito. Em outras palavras, a expansão industrial efetiva provocou uma demanda maior de "concessões de crédito", e esta última demanda é visivelmente o que nosso banqueiro entende por "enorme demanda de capital". Não foi, decerto, a expansão da simples *demanda* de capital que elevou o comércio de exportação de [£]45 milhões para [£]120 milhões. Além disso, o que Overstone entende quando diz que as reservas anuais do país, devoradas pela Guerra da Crimeia, constituem a fonte natural da oferta para essa grande demanda? Em primeiro lugar, de que modo a Inglaterra acumulou capital, de 1792 a 1815, numa guerra inteiramente distinta da pequena Guerra da Crimeia? Em segundo lugar, se a fonte natural se esgotou, de que fonte fluiu, então, esse capital? É sabido que a Inglaterra não recebeu dinheiro de nações estrangeiras. Mas, se além da fonte natural, existe ainda outra fonte, artificial, um dos métodos mais desejáveis para uma nação seria utilizar a fonte natural na guerra, reservando a fonte artificial para os negócios. No entanto, se existia apenas o antigo capital monetário, como pôde ele duplicar sua eficiência por meio de uma elevada taxa de juros? Certamente, o sr. Overstone crê que as poupanças anuais do país (as quais, nesse caso, foram consumidas, ao que parece) se transformam em mero capital monetário. Mas, se não houvesse acumulação real, isto é, aumento da produção e dos meios de produção, de que serviria acumular títulos de dívida em forma-dinheiro sobre essa produção?

Overstone confunde o aumento do "valor-capital", que deriva de uma alta taxa de lucro, com o aumento proveniente da demanda acrescida de capital monetário. Essa demanda pode aumentar por causas completamente independentes da taxa de lucro. Ele mesmo dá o exemplo de que, em 1847, essa demanda subiu em consequência da depreciação do capital real. Segundo o que lhe convém, ele relaciona o valor do capital ao capital real ou ao capital monetário.

A má-fé de nosso lorde bancário, além de seu estreito ponto de vista profissional, que ele leva didaticamente às últimas consequências, evidencia-se também no seguinte: 3.728. (Pergunta:) "O senhor dizia que, em sua opinião, a taxa de desconto não tem uma importância essencial para o comerciante; o senhor teria a bondade de dizer-nos o que considera a taxa usual de lucro?". Responder a isso, diz o sr. Overstone, é "impossível". 3.729. "Supondo que a taxa média de lucro seja de 7% a 10%, uma mudança na taxa de desconto de 2% para 7% ou 8% tem de afetar essencialmente a taxa de lucro, não é?" (A própria pergunta mostra uma confusão entre a taxa de ganho do empresário e a taxa de lucro e ignora que a taxa de lucro é a fonte comum dos juros e do ganho do empresário. A taxa de juros pode não afetar em nada a taxa de lucro, mas afeta o ganho do empresário. Resposta de Overstone:) "Antes de tudo, os homens de negócio não aceitarão pagar uma taxa de desconto que signifique uma redução essencial de seu lucro; eles preferirão, antes, renunciar a seu negócio." (Sim, caso possam fazê-lo sem se arruinar. Enquanto seu lucro é alto, eles pagam o desconto porque querem; quando é baixo, o fazem porque são forçados.) "O que significa o desconto? Por que alguém desconta uma letra? [...] Porque deseja conseguir um capital maior." (Alto lá! Porque deseja antecipar o retorno monetário de seu capital imobilizado e evitar a paralisação de seu negócio. Porque tem de cobrir pagamentos que vencem. Ele só reclama um capital aumentado quando o negócio vai bem ou quando, ainda que o negócio vá mal, especula com o capital alheio. O desconto não é, de modo nenhum, um simples meio de expandir o negócio.) "E por que deseja dispor de um capital maior? Porque quer investi-lo. E por que quer investi-lo? Porque é rentável; mas não seria rentável para ele, se o desconto devorasse seu lucro."

Esse lógico arrogante presume que as letras são descontadas unicamente para expandir o negócio e que o negócio se expande porque é rentável. A primeira presunção é falsa. O homem comum de negócios desconta suas letras para antecipar a forma-dinheiro de seu capital, mantendo, assim, em marcha o processo de reprodução; não para expandir o negócio ou obter capital extra, mas para compensar o crédito que dá por meio do crédito que recebe. Se pretende expandir seu negócio mediante o crédito, de pouco lhe servirá o desconto de letras, que não é outra coisa senão uma simples mudança de forma do capital monetário que já está em suas mãos; nesse caso, ele preferirá contrair um empréstimo fixo em longo prazo. O especulador, no entanto, descontará suas letras especulativas para expandir seu negócio, para cobrir um negócio duvidoso com outro da mesma natureza, não a fim de obter um lucro, mas de obter a posse de capital alheio.

Depois de ter assim identificado o desconto com o empréstimo de capital adicional (em vez de identificá-lo com a conversão das letras de câmbio, que representam capital, em dinheiro vivo), o sr. Overstone volta a se esquivar, assim que começam a apertar-lhe os parafusos*. – 3.730. (Pergunta:) "Os comerciantes, uma vez que entraram no negócio, não precisam dar continuidade a suas operações por algum tempo, ainda que se produza uma alta temporária da taxa de juros?" – (Overstone:) "Está claro que, numa transação isolada qualquer, se alguém pode dispor de capital a uma taxa de juros baixa, em vez de a uma taxa de juros alta, então, considerando o problema desse ponto de vista limitado, isso lhe é agradável." Em contrapartida, o sr. Overstone expressa um ponto de vista muito limitado quando entende por "capital" apenas seu capital de banqueiro e, assim, considera como desprovida de capital a pessoa que desconta as letras em seu banco, simplesmente porque seu capital existe em forma-mercadoria ou porque a forma-dinheiro de seu capital é uma letra de câmbio que ele converte em outra forma-dinheiro.

3.732. "Com relação à lei bancária de 1844, o senhor poderia informar a proporção aproximada entre a taxa de juros e as reservas de ouro do banco? É verdade que, quando o ouro no banco chegava a [£]9 milhões ou [£]10 milhões, a taxa de juros era 6% ou 7% e que, quando chegava a [£]16 milhões, ela era de 3% a 4%?" {O interrogador quer forçá-lo a explicar a taxa de juros, na medida em que é influenciada pelo volume de ouro no banco, a partir da taxa de juros, na medida em que é influenciada pelo valor do capital.} "Não digo que seja o caso [...], mas se assim o fosse, teríamos, a meu ver, de adotar medidas ainda mais severas que as de 1844; pois, se fosse verdade que quanto maior reserva de ouro tanto menor a taxa de juros, então teríamos de arregaçar as mangas, de acordo com esse ponto de vista, e elevar a reserva de ouro em proporções ilimitadas, reduzindo assim os juros a zero." Então prossegue Cayley, o interrogador, sem se comover com essa piada de mau gosto: 3.733. "Se esse fosse o caso, admitindo que se devolvessem ao banco [£]5 milhões em ouro, então as reservas de ouro atingiriam, no curso dos próximos seis meses, a marca de aproximadamente [£]16 milhões, e supondo que a taxa de juros caísse assim a 3% ou 4%, como se poderia afirmar que a queda da taxa de juros teria sido derivada de uma grande diminuição nos

* No original: "*Daumschrauben*" (parafusos de dedos), instrumento medieval de tortura, conhecido em português como "anjinhos". (N. T.)

negócios? – Eu disse que o recente aumento da taxa de juros, e não a queda da taxa de juros, está intimamente vinculada à grande expansão dos negócios". Mas o que Cayley diz é isto: se a alta da taxa de juros, acompanhada da contração das reservas de ouro, sinaliza a expansão dos negócios, então a queda da taxa de juros, acompanhada da expansão da reserva de ouro, tem de sinalizar a diminuição dos negócios. A isso, Overstone não sabe o que responder. 3.736. {Pergunta:} "Percebo que o senhor" (no texto consta sempre *Your Lordship*) "afirmou que o dinheiro é o instrumento para angariar capital." {Aí está precisamente o erro: conceber o dinheiro como instrumento, quando ele é a *forma* do capital.} "Com a redução das reservas de ouro {do Banco da Inglaterra}, "a grande dificuldade não consiste, pelo contrário, no fato de os *capitalistas* não poderem obter dinheiro?" – {Overstone:} "Não, não são os capitalistas, mas os não capitalistas que procuram obter dinheiro. – E por que procuram obter dinheiro? [...] – Porque, por meio do dinheiro, podem dispor do capital dos capitalistas para conduzir os negócios de pessoas que não o são." Aqui Overstone declara com todas as letras que os industriais e os comerciantes não são capitalistas e que o capital do capitalista é apenas capital monetário. "3.737. Então, as pessoas que sacam letras de câmbio não são capitalistas? – As pessoas que sacam letras de câmbio podem ou não ser capitalistas." E daqui ele não se move.

Perguntam-lhe, então, se as letras dos comerciantes não representam as mercadorias vendidas ou embarcadas por eles. Ele nega que elas representem o valor das mercadorias do mesmo modo que as cédulas bancárias representam o ouro (3.740, 3.741). É o cúmulo da insolência.

3.742. "O objetivo do comerciante não é obter dinheiro? – Não, obter dinheiro não é o objetivo de quem saca uma letra; é quando se desconta a letra que se persegue esse objetivo." Sacar uma letra de câmbio é transformar uma mercadoria em forma de dinheiro creditício, do mesmo modo que descontá-la é transformar esse dinheiro creditício em outra forma-dinheiro, a saber, em cédulas bancárias. De todo modo, o sr. Overstone reconhece agora que o objetivo do desconto é a obtenção de dinheiro. Antes, ele só descontava, não para converter capital de uma forma em outra, mas para obter capital adicional.

3.743. "Quando se encontram sob uma pressão tal como a que, segundo seu depoimento, ocorreu em 1825, 1837 e 1839, qual é o grande desejo dos homens de negócios? Apossar-se de capital ou de meios legais de pagamento? – Buscam dispor de capital para continuar seus negócios." O que buscam é obter meios de pagamento para cobrir as letras vencidas devido à escassez de crédito e para não terem de vender suas mercadorias abaixo do preço. Se não dispõem de capital nenhum, com os meios de pagamento obtêm naturalmente, ao mesmo tempo, um capital, porquanto obtêm valor sem equivalente. A demanda de dinheiro como tal jamais é outra coisa do que o desejo de converter o valor da forma de mercadoria ou de título de dívida na forma de dinheiro. Isso também explica, sem levar em conta as crises, a grande diferença que existe entre a transferência de capital e o desconto, que se limita a converter os créditos monetários de uma forma em outra ou em dinheiro real.

{Eu, o editor, permito-me aqui uma observação.

Tanto para Norman como para Loyd-Overstone, o banqueiro aparece sempre como alguém que "adianta capital", e o cliente como aquele que solicita "capital" ao banqueiro. Assim, diz Overstone, por exemplo, que quem desconta suas letras num banco é "porque deseja obter *capital*" (3.729) e que é agradável para essa pessoa "poder *dispor de capital* a uma baixa taxa de juros" (3.730). "O dinheiro é o instrumento para angariar *capital*" (3.736), e, em situações de pânico, o grande desejo do mundo dos negócios é "dispor de *capital*" (3.743). Apesar de toda a confusão de Loyd-Overstone acerca do que é o capital, não resta a menor dúvida de que ele designa como capital aquilo que o banqueiro dá ao cliente, portanto, um capital que o cliente não possuía antes, que lhe é adiantado e que representa um adicional em relação àquele de que já dispunha.

O banqueiro acostumou-se a tal ponto a atuar como distribuidor – em forma de empréstimo – de capital social disponível em forma-dinheiro que considera empréstimo toda operação em que entrega uma quantidade de dinheiro e considera adiantamento todo dinheiro que entrega em pagamento. Se o dinheiro se desembolsa diretamente em empréstimo, isso é correto. Se é investido no desconto de letras, então representa para ele, de fato, um adiantamento até o vencimento da letra. Assim se consolida em sua mente a ideia de que não pode fazer nenhum pagamento que não seja adiantamento. E este, a saber, não simplesmente no sentido de que todo investimento de dinheiro visando ao rendimento de juros ou à obtenção de lucro pode ser considerado economicamente um adiantamento que o possuidor do dinheiro, na qualidade de particular, faz a si mesmo como empresário, mas no sentido concreto de que o banqueiro entrega ao cliente como empréstimo uma soma que aumenta proporcionalmente o capital de que este dispõe.

É essa ideia que, transferida da agência bancária para a economia política, deu origem à controvérsia sobre se aquilo que o banqueiro põe à disposição dos clientes em dinheiro vivo é capital ou meramente dinheiro, meio de circulação, *currency*. Para resolver essa controvérsia – no fundo, simples –, temos de partir do ponto de vista do cliente do banco. Tudo depende do que ele solicita e obtém.

Se, ao conceder um empréstimo ao cliente, o banco se baseia simplesmente em seu crédito pessoal, sem garantia nenhuma de sua parte, então a coisa está clara. O cliente obtém, nesse caso, um adiantamento de determinada grandeza de valor, que se soma ao capital até então empregado por ele. E o recebe em forma-dinheiro – não recebe, pois, apenas dinheiro, mas também *capital* monetário.

Se o adiantamento é concedido com a contrapartida de uma caução de títulos etc., trata-se, então, de um adiantamento no sentido de que o dinheiro lhe foi fornecido sob a condição de que será devolvido. Mas não se trata de adiantamento de capital, pois aqui os títulos também representam capital, e de montante superior ao adiantamento. O prestatário recebe, portanto, um valor-capital inferior ao que dá em penhor; para ele, não se trata de modo nenhum de aquisição de capital adicional. Ele faz o negócio não porque precisa de capital – uma vez que já o possui em seus títulos –, mas porque precisa de dinheiro. Temos aqui, portanto, adiantamento de *dinheiro*, e não de capital.

Se o adiantamento se faz por meio do desconto de letras, então desaparece até mesmo a *forma* de adiantamento. Ele se apresenta como simples operação de compra e venda. A letra passa, por endosso, à propriedade do banco, ao passo que o dinheiro, ao contrário, passa à propriedade do cliente; uma devolução de sua parte nem sequer se cogita. Se o cliente compra dinheiro vivo com uma letra ou outro instrumento de crédito, isso não constitui um adiantamento, do mesmo modo que tampouco o constituiria caso tivesse comprado o dinheiro em espécie com uma mercadoria qualquer de sua propriedade – algodão, ferro, trigo etc. Muito menos constitui um adiantamento de *capital*. Toda compra e venda entre comerciantes implica uma transferência de capital, e um adiantamento só ocorre se a transferência de capital não é mútua, mas unilateral e por um prazo determinado. Adiantamento de capital por meio de desconto de letras só pode ter lugar, portanto, se a letra é sem lastro, não representa nenhuma mercadoria e não é aceita por nenhum banqueiro tão logo reconheça nela o que ela é. No negócio normal de desconto de letras, o cliente não obtém do banco adiantamento nenhum, nem em capital nem em dinheiro, mas recebe dinheiro em troca da mercadoria vendida.

Há, portanto, uma clara distinção entre os casos em que o cliente solicita e obtém capital do banco e aqueles em que ele apenas recebe dinheiro adiantado ou o compra do banco. Como o sr. Loyd-Overstone (que era o banqueiro de minha firma em Manchester) só costumava adiantar seus fundos sem cobertura em ocasiões extremamente raras, é também evidente que suas belas descrições dessas massas de capital que os magnânimos banqueiros põem à disposição dos capitalistas que dele necessitam não passam de um tremendo embuste.

Aliás, Marx diz praticamente a mesma coisa no capítulo 32*:

> "A demanda de meios de pagamento é simples demanda de *conversibilidade em dinheiro* quando comerciantes e produtores podem oferecer boas garantias e é demanda de *capital monetário* quando eles não podem fazê-lo – quando, portanto, um adiantamento de meios de pagamento lhes dá não só a *forma-dinheiro*, mas também o *equivalente* que lhes falta pagar, seja qual for sua forma."

E ainda no capítulo 33**:

> "Com um sistema desenvolvido de crédito, em que o dinheiro se concentra nas mãos dos bancos, são estes que o adiantam, *ao menos nominalmente*. Esse adiantamento diz respeito apenas*** ao dinheiro que se encontra em circulação. É adiantamento de *circulação*, e não adiantamento dos capitais postos em circulação."

Do mesmo modo, o sr. Chapmann, que deve saber do que fala, confirma a concepção das operações de desconto expostas anteriormente, *B. C.*, 1857: "O banqueiro tem a letra, isto é, *comprou a letra*". Evid., pergunta 5.139.

No capítulo 28, teremos a oportunidade de voltar outra vez a esse tema. – F. E.}

3.744. "O senhor faria a gentileza de dizer-nos o que entende realmente por 'capital'?" – {Resposta de Overstone:} O capital consiste em diversas mercadorias por meio das quais se mantém a continuidade do negócio (*capital consists of various commodities, by the means of which trade is carried on*); existe o capital fixo e o capital circulante. Navios, docas, estaleiros são capital fixo; víveres, roupas etc. são capital circulante."

3.745. "A drenagem do ouro para o exterior tem efeitos prejudiciais para a Inglaterra? – Não, se conferimos a essa palavra um sentido racional." (E agora vem a velha teoria monetária de Ricardo.) [...] "No estado natural das coisas, o dinheiro do mundo se distribui em diversas proporções entre os distintos países; essas proporções são tais que, com tal distribuição" {do

* Cf. p. 573. (N. T.)

** Cf. p. 590. (N. T.)

*** Na primeira edição, "não se referem". (N. E. A.)

dinheiro} ", o comércio entre um país qualquer e todos os demais países do mundo é mero comércio de escambo; mas há influências perturbadoras que, de vez em quando, afetam essa distribuição, e quando surgem essas influências, uma parte do dinheiro de dado país escoa para outros países." – 3.746. "O senhor usa agora a palavra 'dinheiro'. Se o entendi bem antes, o senhor referiu-se a isso como perda de capital. – O que eu chamei de perda de capital?" – 3.747. "O escoamento do ouro. – Não, eu não disse isso. Se o senhor considera o ouro como capital, então trata-se sem dúvida de uma perda de capital: renuncia-se a certa proporção desse metal precioso, em que consiste parte do dinheiro do mundo." – 3.748. "O senhor não afirmou que uma variação na taxa de desconto é um simples indício de uma variação no valor do capital? – Sim, eu disse." 3.749. "E que a taxa de desconto varia em geral com as reservas de ouro do Banco da Inglaterra? – Sim; mas eu já disse que as flutuações da taxa de juros decorrentes de uma variação na quantidade de dinheiro" (que aqui ele concebe, portanto, como a quantidade de ouro real) "num país são insignificantes."

3.750. "O senhor quer dizer, então, que ocorreu uma diminuição de capital quando houve uma alta prolongada, porém passageira, da taxa de desconto sobre o nível usual? – Uma diminuição em certo sentido da palavra. Houve uma alteração na proporção entre o capital e a demanda dele, mas isso se deu possivelmente por aumento da demanda, e não pela diminuição do capital." (Mas há pouco ele nos dizia que capital era = dinheiro ou ouro e, ainda um pouco antes, explicava a alta da taxa de juros pela alta taxa de lucro, decorrente da expansão, e não da restrição, dos negócios ou do capital.)

3.751. "A que capital o senhor se refere aqui especificamente? – Isso depende do tipo de capital de que cada indivíduo tem necessidade. É o capital de que a nação dispõe para desenvolver seus negócios, e, quando esses negócios duplicam, tem-se necessariamente um grande aumento na demanda de capital com que se deve desenvolvê-los." (Esse astuto banqueiro começa duplicando os negócios e, em seguida, a demanda do capital com que estes se devem duplicar. Não enxerga nada além do cliente que solicita ao sr. Loyd um capital maior para duplicar seus negócios.) "O capital é como qualquer outra mercadoria;" (mas o sr. Loyd não acaba de nos dizer que o capital é precisamente a totalidade das mercadorias?) "seu preço varia" (isto é, as mercadorias variam duas vezes de preço, uma vez como mercadorias e outra como capital) "conforme a oferta e a demanda."

3.752. "As flutuações na taxa de desconto costumam estar relacionadas com as flutuações da quantidade de ouro nos porões do banco. É a esse capital que o senhor se refere? – Não." 3.753. "O senhor poderia dar um exemplo em que uma acumulação de grande reserva de capital no Banco da Inglaterra tenha coincidido com uma taxa elevada de desconto? – No Banco da Inglaterra não se acumula capital, mas dinheiro." – 3.754. "O senhor afirmou que a taxa de juros depende da quantidade do capital; o senhor poderia dizer a que capital se refere e dar um exemplo em que a taxa de juros estivesse alta ao mesmo tempo que houvesse no banco uma grande reserva de ouro? – É bem possível" (atenção!) "que a acumulação de ouro no banco venha a coincidir com uma baixa taxa de juros, porque um período de menor demanda de capital" (isto é, de capital monetário; o período de que falamos aqui, 1844 e 1845, foi uma época de prosperidade) "é um período durante o qual é possível acumular o meio ou o instrumento que serve para dispor de capital." 3.755. "Isso quer dizer que o sr. não acredita que exista alguma relação entre a taxa de desconto e a massa de ouro nos cofres do banco? – Pode existir uma relação, mas não uma relação de princípio" (no entanto, sua lei bancária de 1844 erige precisamente em princípio que o Banco da Inglaterra regule a taxa de juros pela massa de ouro em seu poder); "podem coincidir no tempo (*there may be a coincidence of time*)." – 3.758. "Então, o senhor quer dizer que a dificuldade para os comerciantes deste país, em épocas de escassez de dinheiro e em consequência de uma alta taxa de desconto, está em conseguir capital, e não em conseguir dinheiro? – O senhor confunde duas coisas que não relaciono dessa forma; a dificuldade está em conseguir capital e também em conseguir dinheiro. [...] A dificuldade em conseguir dinheiro e a dificuldade em conseguir capital são a mesma dificuldade, considerada em duas fases distintas do processo." Aqui, o peixe voltou a enredar-se. A primeira dificuldade está em descontar uma letra ou obter um adiantamento sobre mercadorias. É a dificuldade de converter em dinheiro um capital ou um signo de valor comercial representativo de capital. Essa dificuldade se manifesta, entre outras coisas, na alta taxa de juros. Mas, tão logo se tenha obtido o dinheiro, em que consiste a segunda dificuldade? Quando se trata somente de efetuar pagamentos, alguém encontra dificuldades em desfazer-se de seu dinheiro? E, quando se trata de comprar, quem, em tempos de crise, já encontrou dificuldades? Ainda supondo que isso se referisse ao caso concreto de um aumento dos preços do trigo, do algodão etc., essa dificuldade se apresentaria não no valor do capital monetário, isto é, na taxa de juros, mas somente no preço da mercadoria; essa dificuldade, porém, foi superada desde o momento em que a pessoa dispõe do dinheiro para comprá-la.

3.760. "Apesar disso, uma taxa mais alta de desconto representa uma maior dificuldade para se conseguir dinheiro? – Conseguir dinheiro é uma dificuldade maior, mas não é a posse do dinheiro que interessa; ela não é mais que a forma" {e essa forma permite ao banqueiro embolsar um lucro} "em que se apresenta a maior dificuldade de obter capital nas complexas relações de um país civilizado."

3.763. {Resposta de Overstone:} "O banqueiro é o intermediário que, de um lado, recebe depósitos e, de outro, investe esses depósitos, confiando-os, *sob a forma de capital*, a pessoas que etc."

Aqui, finalmente ficamos sabendo o que *ele* entende por capital. Ele converte dinheiro em capital ao "confiá-lo" a outros; dito com menos eufemismo, ao emprestá-lo a juros.

Depois de ter-nos assegurado que a alteração na taxa de desconto não tem conexão essencial com a alteração no montante das reservas de ouro do banco nem na quantidade de dinheiro existente, ainda que possam, no máximo, coincidir no tempo, o sr. Overstone repete: 3.804. "Quando o dinheiro diminui no país por meio do escoamento, seu valor aumenta, e o Banco da Inglaterra precisa ajustar-se a essa alteração produzida no valor do dinheiro." (Portanto, no valor do dinheiro *como capital* ou, em outros termos, na taxa de juros, porquanto o valor do dinheiro *como dinheiro*, comparado com as mercadorias, continua a ser o mesmo.) "O que, em linguagem técnica, se expressa dizendo que ele aumenta a taxa de juros."

3.819. "Jamais confundo as duas coisas." Quer dizer, dinheiro e capital, pela simples razão de que ele jamais os distingue.

3.834. "A enorme soma que teve de ser paga" (a fim de comprar o trigo, em 1847) "para o sustento necessário do país e que, *na realidade, era capital.*"

3.841. "Não há dúvida que as flutuações na taxa de desconto relacionam-se muito intimamente com o estado das reservas de ouro" {do Banco da Inglaterra} "já que o estado das reservas é o índice do aumento ou da diminuição da quantidade de dinheiro existente no país; e, à medida que a quantidade de dinheiro no país aumenta ou diminui, o valor do dinheiro cai ou sobe na mesma proporção, fazendo com que a taxa bancária de desconto se adapte a essa variação." Aqui ele admite, pois, o que havia negado peremptoriamente no n. 3.755*. 3.842. "Há, entre ambas, uma íntima relação." Quer dizer, entre a quantidade de ouro existente no *issue department* [departamento de emissão de cédulas] e a reserva de cédulas existente no *banking department* [departamento bancário]. Ele explica, aqui, a variação operada na taxa de juros com base na variação da quantidade de dinheiro. Mas o que ele diz é falso. As reservas podem diminuir porque há mais dinheiro circulante no país. É o que ocorre quando o público faz circular mais cédulas bancárias

* Cf. p. 489. (N. T.)

sem que diminuam as reservas metálicas. Então sobe a taxa de juros, porque, de acordo com a lei de 1844, o capital bancário do Banco da Inglaterra está limitado. Mas sobre isso ele não pode dizer nenhuma palavra, porque, de acordo com essa lei, não existe relação entre os dois *departments* do banco.

3.859. "De uma alta taxa de lucro decorrerá sempre uma grande demanda de capital; uma grande demanda de capital aumentará seu valor." Aqui temos, finalmente, a conexão entre uma alta taxa de lucro e a demanda de capital, tal como Overstone a imagina. Em 1844-1845, por exemplo, havia na indústria algodoeira uma alta taxa de lucro, porque, com a forte demanda de artigos de algodão, o preço do algodão cru estava baixo e continuou baixo. O valor do capital (e, numa passagem anterior, Overstone refere-se ao capital como aquilo que cada um emprega em seu negócio), isto é, aqui, o valor do algodão cru, não aumentou para o fabricante. É possível que a alta taxa de lucro tenha motivado alguns fabricantes algodoeiros a pegar dinheiro emprestado para ampliar seus negócios. Isso fez com que aumentasse sua demanda de capital *monetário*, de nada mais.

3.889. "O ouro pode ser dinheiro ou não, do mesmo modo como o papel pode ser uma cédula bancária ou não."

3.896. "Estou certo em acreditar que o senhor abandona a tese que defendia em 1840, segundo a qual as flutuações nas cédulas circulantes do Banco da Inglaterra deviam orientar-se pelas flutuações na quantidade das reservas de ouro? – Abandono-a na medida em que [...], segundo nossos conhecimentos atuais, precisamos acrescentar às cédulas circulantes aquelas entesouradas nas reservas bancárias do Banco da Inglaterra." Isso é superlativo. A norma arbitrária, segundo a qual o banco pode emitir uma quantidade de cédulas de papel equivalente a suas reservas em ouro e mais [£]14 milhões, condiciona naturalmente que sua emissão de cédulas flutue com as flutuações das reservas de ouro. Mas, como "nossos conhecimentos atuais" evidenciaram que a massa de cédulas que o banco pode emitir de acordo com essa norma (e que o *issue department* transfere ao *banking department*), a massa que circula entre os dois departamentos do Banco da Inglaterra, que acompanha as flutuações das reservas de ouro, não determina as flutuações da circulação das cédulas bancárias fora dos limites do Banco da Inglaterra, conclui-se que a última, ou seja, a circulação real, é agora indiferente à administração do banco e que a única circulação decisiva, cuja diferença com relação à circulação real se manifesta nas reservas, é aquela entre esses dois departamentos. Essa circulação só é relevante para o mundo exterior porque as reservas indicam até que ponto o banco se aproxima do teto legal de emissão de cédulas e o montante que os clientes ainda podem obter do *banking department*.

Eis aqui um exemplo brilhante da *mala fides* [má-fé] de Overstone:

4.243. "A seu ver, ocorre uma oscilação na quantidade de capital, de um mês a outro, em tal medida que seu valor varia do modo como vimos nos últimos anos nas flutuações da taxa de desconto? – É claro que a proporção entre a oferta e a demanda de capital pode flutuar mesmo em curtos períodos de tempo. [...] Se amanhã a França anunciasse que deseja contrair um empréstimo de grandes proporções, isso imediatamente provocaria, sem dúvida, uma grande mudança *no valor do dinheiro, isto é, no valor do capital* na Inglaterra."

4.245. "Se a França anunciasse que precisa, de um dia para o outro, de 30 milhões de mercadorias para um fim qualquer, isso provocaria uma grande demanda de *capital*, para usar uma expressão mais científica e mais simples."

4.246. "*Uma coisa* é o *capital* que a França poderia querer comprar com seu empréstimo, e *outra* é o *dinheiro* com que o compra; é o *dinheiro* que muda de valor, ou não? – Retornamos à velha questão, que julgo mais apropriada para o gabinete de estudos de um erudito do que para essa sala de comissão." Dito isso, nosso banqueiro se retira, mas não para o gabinete de estudos[84].

---

[84] Mais detalhes sobre a confusão conceitual de Overstone acerca do capital no final do cap. 32. (F. E.)

Capítulo 27

O papel do crédito na produção capitalista

As observações gerais que fizemos até agora em relação ao sistema de crédito foram as seguintes:

I. Necessidade do sistema de crédito para efetuar a compensação da taxa de lucro ou o movimento dessa equalização, sobre a qual repousa toda a produção capitalista.

II. Redução dos custos de circulação.

1) Um dos principais custos de circulação é o próprio dinheiro, como valor em si mesmo. Ele é economizado de três maneiras por meio do crédito:

a) Ao ser excluído de grande parte das transações.

b) Ao acelerar a circulação do meio circulante[85]. Isso coincide, em parte, com o que se diz no ponto 2. Por um lado, a aceleração a que nos referimos tem caráter técnico; isto é, permanecendo constantes o volume e a quantidade das transações de mercadorias que medeiam realmente o consumo, com uma massa

---

85 "A circulação média de cédulas do Banco da França em 1812 era de 106.538.000 francos; em 1818, de 101.205.000 francos, enquanto a circulação monetária, a massa total de todos os recebimentos e pagamentos, era, em 1812, de 2.837.712.000 francos; em 1818, de 9.665.030.000 francos. Em 1818, portanto, a atividade de circulação na França estava para a de 1812 na proporção de 3 : 1. O grande regulador da velocidade da circulação é o crédito. [...] Isso explica por que uma forte pressão sobre o mercado monetário costuma coincidir com uma circulação plena" (*The Currency Theory Reviewed etc.*, p. 165). – "Entre setembro de 1833 e setembro de 1843 surgiram na Grã-Bretanha cerca de 300 bancos que emitiam suas próprias cédulas; a consequência foi uma redução da circulação de cédulas de £2,5 milhões; ao fim de setembro de 1833, ela era de £36.035.244" (ibidem, p. 53). – "A maravilhosa atividade da circulação escocesa a capacita a concluir com £100 a mesma quantidade de transações monetárias que na Inglaterra requer £420" (ibidem, p. 55. A última citação refere-se apenas à técnica da operação).

menor de dinheiro ou de signos monetários se realiza o mesmo serviço. Isso está relacionado à técnica do sistema bancário. Por outro lado, o crédito aumenta a velocidade da metamorfose das mercadorias e, portanto, acelera a circulação do dinheiro.

c) Substituição do dinheiro-ouro pelo papel-moeda.

2) Aceleração, mediante o crédito, das diferentes fases da circulação ou da metamorfose das mercadorias e também da metamorfose do capital; portanto, aceleração do processo de reprodução em geral. (Por outro lado, o crédito, ao permitir uma separação mais prolongada dos atos de compra e venda, serve de base para a especulação.) Contração dos fundos de reserva, o que se pode entender de dois modos: por um lado, como diminuição do meio circulante; por outro, como limitação da parte do capital que precisa sempre existir em forma-dinheiro[86].

III. Criação de sociedades por ações. E com isso:

1) Enorme expansão da produção e das empresas, numa escala impossível para capitais isolados. Ao mesmo tempo, transformação dessas empresas, que antes eram governamentais, em empresas sociais.

2) O capital que, como tal, tem como base um modo social de produção e pressupõe uma concentração social de meios de produção e forças de trabalho, adquire, assim, diretamente a forma de capital social (capital de indivíduos diretamente associados) em oposição ao capital privado, e suas empresas se apresentam como empresas sociais em oposição a empresas privadas. É a suprassunção [*Aufhebung*] do capital como propriedade privada dentro dos limites do próprio modo de produção capitalista.

3) O capitalista realmente ativo se converte em simples gerente, administrador de capital alheio, e os proprietários de capital em meros proprietários, simples capitalistas monetários. Ainda que nos dividendos que recebem estejam incluídos os juros e o ganho empresarial, isto é, o lucro total (pois a remuneração do gerente é, ou deve ser, mero salário para remunerar certo tipo de trabalho qualificado, cujo preço é regulado no mercado de trabalho, como o de outro trabalho qualquer), esse lucro total é recebido agora apenas na forma de juros, isto é, como simples remuneração à propriedade do capital, que, por sua vez, passa a ser inteiramente separada da função que desempenha no

---

[86] "Antes do estabelecimento dos bancos, o montante de capital utilizado para a função do meio circulante era sempre maior que o exigido pela circulação real das mercadorias" (*Economist*, 1845, p. 238).

processo real de reprodução, do mesmo modo que essa função, na pessoa do dirigente, se encontra separada da propriedade do capital. O lucro aparece assim (e não apenas uma parte dele, os juros, que extrai sua justificação do lucro do prestatário) como simples apropriação de mais-trabalho alheio, proveniente da transformação dos meios de produção em capital, isto é, de sua alienação diante do produtor real, de sua oposição, como propriedade alheia, a todos os indivíduos que tomam parte ativamente na produção, desde o gerente até o último dos diaristas. Nas sociedades por ações, a função aparece separada da propriedade de capital, e o trabalho também aparece, portanto, completamente separado da propriedade dos meios de produção e do mais-trabalho. Esse resultado do máximo desenvolvimento da produção capitalista é uma fase de transição necessária até a reconversão do capital em propriedade dos produtores, mas não mais como propriedade privada de produtores isolados, e sim como propriedade dos produtores associados, como propriedade diretamente social. É, por outro lado, uma fase de transição para a transformação de todas as funções do processo de reprodução até aqui ainda relacionadas à propriedade do capital em simples funções dos produtores associados, em funções sociais.

Antes de seguirmos adiante, resta a seguinte observação, importante do ponto de vista econômico: como o lucro assume aqui puramente a forma dos juros, essas empresas ainda são possíveis quando geram simples juros, e esse é um dos fundamentos que detém a queda da taxa geral de lucro, uma vez que tais empresas, nas quais a proporção entre o capital constante e o capital variável é tão desmedida, não entram necessariamente na compensação da taxa geral de lucro.

{Desde que Marx escreveu o que vai acima, desenvolveram-se, como é sabido, novas formas de empresa industrial, que representam a segunda e a terceira potências das sociedades por ações. A rapidez cada vez maior com que hoje se pode incrementar a produção em todos os campos da grande indústria contrasta com a progressiva lentidão da expansão do mercado para atender a essa produção aumentada. O que aquela produz em meses este só pode absorver, quando muito, em anos. Acrescente-se a isso a política de proteção aduaneira, que faz com que cada país industrial se feche aos demais, especialmente à Inglaterra, aumentando assim, artificialmente, a capacidade interna de produção. Disso resulta: superprodução geral crônica, preços baixos, queda tendencial dos lucros e até mesmo sua total desaparição; em outras palavras, a tão falada liberdade de concorrência chegou ao fim da linha e se vê ela mesma obrigada a proclamar sua manifesta e escandalosa falência. E isso justamente por não haver nenhum país onde os grandes industriais de determinado ramo não se associem para formar um cartel com a finalidade de regular a produção. Uma comissão determina a quantidade que cada estabelecimento tem de produzir e, por fim, reparte as encomendas recebidas. Em alguns casos, formaram-se até mesmo cartéis internacionais, como na produção siderúrgica inglesa e na alemã. No entanto, tampouco essa forma de socialização da produção era suficiente. O antagonismo de interesses entre as distintas empresas rompia com demasiada frequência os diques do cartel e restabelecia a concorrência. Para evitar isso, chegou-se, naqueles ramos em que o nível da produção permitia, a concentrar toda a produção de um ramo de negócios *em uma* grande sociedade por ações com direção única. Na América, isso já ocorreu várias vezes; na Europa, o maior exemplo é até agora o United Alkali Trust, que concentrou toda a produção britânica de álcalis nas mãos de uma única empresa. Os antigos proprietários das diversas minas – mais de trinta – receberam em ações o valor estimado de seus investimentos totais, cerca de £5 milhões ao todo, que constituem o capital fixo do truste. A direção técnica da exploração permanece nas mesmas mãos, mas o controle dos negócios se concentra agora na diretoria-geral. O capital circulante (*floating capital*) no montante aproximado de £1 milhão foi oferecido à subscrição pública. O capital total atinge, portanto, £6 milhões. Assim, nesse ramo, que constitui a base de toda a indústria química, na Inglaterra o monopólio substitui a concorrência e prepara do modo mais encorajador a futura expropriação pela sociedade em seu conjunto, pela nação. – F. E.}

Essa é a suprassunção do modo de produção capitalista no interior do próprio modo de produção capitalista e, portanto, uma contradição que anula a si mesma e se apresenta *prima facie* como simples fase de transição para uma nova forma de produção. Seu modo de manifestação é também o de uma contradição desse tipo. Em certas esferas, ela estabelece o monopólio e, com isso, provoca a ingerência estatal. Produz uma nova aristocracia financeira, uma nova classe de parasitas sob a forma de projetistas, fundadores e diretores meramente nominais; todo um sistema de especulação e de fraude no que diz respeito à fundação de sociedades por ações e ao lançamento e comércio de ações. É produção privada, sem o controle da propriedade privada.

IV. Abstraindo do sistema das ações – que é uma suprassunção da indústria privada capitalista sobre a base do próprio sistema capitalista e que destrói a indústria privada à medida que se expande e se apodera de novos ramos de produção –, o crédito oferece ao capitalista individual, ou a quem exerce esse papel, um poder absoluto, dentro de certos limites, de dispor de capital, propriedade e, portanto, trabalho alheios[87]. A faculdade de dispor de capital social, não de capital próprio, lhe permite dispor também de trabalho social. O próprio capital, que se possui realmente ou na opinião do público, passa a servir de simples base para a superestrutura do crédito. Isso vale em especial para o comércio atacadista, por cujas mãos passa a maior parte do produto social. Desaparecem aqui todas as bases explicativas mais ou menos justificadas no interior do modo de produção capitalista. O que o comerciante atacadista especulador arrisca é a propriedade social, e não a *sua própria*. Não menos absurda torna-se a frase segundo a qual o capital tem origem na poupança, pois o que esse especulador exige é justamente que *outros poupem para ele*. {Do mesmo modo como, recentemente, a França inteira juntou poupanças de 1,5 bilhão de francos para a fraude do canal do Panamá*. Toda a fraude do canal do Panamá está aqui descrita com absoluta precisão, com vinte anos de antecedência. – F. E.} A outra sentença, sobre a abstinência, vê-se desmentida

---

87 Ver, por exemplo, em *The Times* as listas de falências num ano de crise como 1857 e comparar o patrimônio dos falidos com o montante de suas dívidas. – "Na verdade, o poder de compra das pessoas que possuem capital e crédito supera em muito tudo o que podem conceber aqueles que não dispõem de nenhum conhecimento prático de mercados especulativos" ([Thomas] Tooke, *Inquiry into the Currency Principle*, [2. ed., Londres, Longman, Brown, Green, and Longmans,] p. 739). "Um homem que goza da reputação de possuir capital suficiente para seu negócio ordinário e que em seu ramo usufrui de bom crédito pode – se tem uma boa visão da conjuntura ascendente do artigo com que trabalha e se é favorecido pelas circunstâncias no início e no curso de sua especulação – efetuar compras num montante assombroso em comparação com seu próprio capital" (ibidem, p. 136). – "Os fabricantes, os comerciantes etc. fazem todos eles negócios muito acima de seu capital. [...] O capital, hoje, é muito mais a base sobre a qual se erige um bom crédito do que os limites das transações de um negócio comercial qualquer" (*Economist*, 1847, p. 1.333).

* Caso fraudulento que envolveu pessoas da alta política francesa, funcionários públicos e grande parte da imprensa. Em 1879, o engenheiro e negociante Ferdinand de Lesseps fundou na França uma sociedade por ações que deveria financiar a construção do canal do Panamá. No fim de 1888, a sociedade quebrou, provocando a ruína de uma grande massa de acionistas e inúmeras falências. Mais tarde, em 1892, soube-se que, para ocultar sua verdadeira situação financeira, a sociedade, abusando dos recursos pagos pelos acionistas, havia subornado com grandes somas os ex-primeiros ministros da França Freycinet, Rouvier e Floquet, assim como outras pessoas em altos postos. O escândalo do Panamá foi encoberto pela justiça, que se limitou a condenar o chefe da sociedade, Lesseps, além de pessoas de segundo escalão. (N. E. A.)

por seu luxo, convertido também ele num instrumento de crédito. Ideias que numa fase menos desenvolvida da produção ainda podiam ter algum sentido agora perdem toda sua razão de ser. Os triunfos e os fracassos levam aqui simultaneamente à centralização dos capitais e, portanto, à expropriação na escala mais alta. A expropriação se estende, então, desde os produtores diretos até os próprios capitalistas pequenos e médios. Tal expropriação forma o ponto de partida do modo de produção capitalista; realizá-la é seu objetivo; o que se busca, em última instância, é expropriar todos os indivíduos de seus meios de produção, que, ao desenvolver-se a produção social, deixam de ser meios e produtos da produção privada para se converter em meios de produção nas mãos dos produtores associados, portanto, em propriedade social destes últimos, uma vez que já são seu produto social. No interior do próprio sistema capitalista, porém, essa expropriação se apresenta como figura antagônica, como apropriação da propriedade social por poucos, e o crédito confere a esses poucos indivíduos cada vez mais o caráter de simples aventureiros. A propriedade existe aqui em forma de ações, cujo movimento e cuja transferência tornam-se puro resultado de um jogo em que os tubarões da Bolsa devoram os peixes pequenos, e os lobos, as ovelhas. No sistema de ações já está presente a oposição à antiga forma, na qual os meios sociais de produção aparecem como propriedade individual; porém, ao assumir a forma da ação, eles continuam presos às barreiras capitalistas – portanto, em vez de superar o antagonismo entre o caráter social da riqueza e a riqueza privada, limita-se a desenvolvê-la sob uma nova forma.

As fábricas cooperativas dos próprios trabalhadores são, dentro da antiga forma, a primeira ruptura do modelo anterior, apesar de que, em sua organização real, reproduzam e tenham de reproduzir por toda parte, naturalmente, todos os defeitos do sistema existente. Mas dentro dessas fábricas está suprassumido o antagonismo entre capital e trabalho, ainda que, de início, apenas na forma em que os trabalhadores, como associação, sejam seus próprios capitalistas, isto é, empreguem os meios de produção para valorizar seu próprio trabalho. Essas fábricas demonstram como, ao chegar a certo nível de desenvolvimento das forças produtivas materiais e de suas correspondentes formas sociais de produção, do seio de um modo de produção surge e se desenvolve naturalmente um novo modo de produção. Sem o sistema fabril derivado do modo de produção capitalista, não se teriam podido desenvolver as fábricas cooperativas, muito menos sem o sistema de crédito oriundo desse mesmo modo de produção. Esse sistema de crédito, que constitui a base fundamental para a transformação gradual das empresas capitalistas privadas em sociedades capitalistas por ações, proporciona também os meios para a expansão gradual das empresas cooperativas em escala mais ou menos nacional. As empresas capitalistas por ações devem ser consideradas, tanto quanto as fábricas cooperativas, formas de transição entre o modo de produção capitalista e o modo de produção associada, com a única diferença de que, num caso, o antagonismo é abolido negativamente, ao passo que, no outro é abolido em sentido positivo.

Até aqui examinamos o desenvolvimento do sistema de crédito – e a suprassunção latente, contida neste último, da propriedade do capital – com relação fundamentalmente ao capital industrial. Nos capítulos seguintes consideraremos o crédito em relação ao capital portador de juros como tal, tanto seu efeito sobre esse capital como a forma que ele aqui assume; para isso, ainda se fazem necessárias, de modo geral, algumas observações especificamente econômicas.

Antes, porém, diremos o seguinte:

Se o sistema de crédito se apresenta como a alavanca principal da superprodução e do excesso de especulação no comércio, é pura e simplesmente porque o processo de reprodução, que por sua própria natureza é um processo elástico, vê-se forçado aqui até o máximo, e isso porque uma grande parte do capital social é investida por aqueles que não são seus proprietários, os quais atuam, claro, de maneira bem distinta dos proprietários, que a cada passo avaliam cautelosamente os limites e as possibilidades de seu capital privado. Assim, destaca-se somente o fato de que a valorização do capital, baseada no caráter antagônico da produção capitalista, só consente até certo ponto em seu desenvolvimento real, livre, pois na realidade constitui um entrave e um limite imanentes à produção, que são constantemente rompidos pelo sistema de crédito[88]. Por conseguinte, o crédito acelera o desenvolvimento material das forças produtivas e a instauração do mercado mundial, que, por constituírem as bases da nova forma de produção, têm de ser desenvolvidos até um certo nível como tarefa histórica do modo de produção capitalista. O crédito acelera ao mesmo tempo as erupções violentas dessa contradição, as crises e, com elas, os elementos da dissolução do antigo modo de produção.

Tais são as duas características intrínsecas ao sistema de crédito: por um lado, ele desenvolve a mola propulsora da produção capitalista, o enriquecimento

---

[88] Th. Chalmers [, *On Political Economy in Connexion with the Moral State and Moral Prospects of Society*, 2. ed., Glasgow, 1832. – N. T.].

mediante a exploração do trabalho alheio, até convertê-la no mais puro e colossal sistema de jogo e fraude e limitar cada vez mais o número dos poucos indivíduos que exploram a riqueza social; por outro lado, estabelece a forma de transição para um novo modo de produção. É essa duplicidade que confere aos principais porta-vozes do crédito, de Law a Isaac Pereire, o agradável caráter híbrido de vigaristas e profetas.

CAPÍTULO 28

Meios de circulação e capital: as concepções de Tooke e Fullarton

A diferença entre circulação e capital, tal como a apresentam Tooke[89], Wilson e outros, e na qual aparecem misturadas e confundidas as diferenças entre os meios de circulação como dinheiro, como capital monetário em geral e como capital portador de juros (*moneyed capital*, no sentido que os ingleses dão a essa expressão), pode ser resumida em dois aspectos.

[89] Reproduzimos aqui, na língua original, a passagem de Tooke citada na p. 581 [456]. *"The business of bankers, setting aside the issue of promissory notes payable on demand, may be divided into two branches, corresponding with the distinction pointed out by dr. {Adam} Smith of the transactions between dealers and dealers, and between dealers and consumers. One branch of the bankers' business is to collect* capital *from those who have not immediate employment for it, and to distribute or transfer it to those who have. The other branch is to receive deposits of the income, of their customers, and to pay out the amount, as it is wanted for expenditure by the latter in the objects of their consumption [...] the former being a circulation of* capital, *the latter of* currency" ["Se deixarmos de lado a emissão de notas promissórias pagáveis por solicitação, o negócio dos banqueiros pode ser dividido em dois ramos, que correspondem à distinção, assinalada pelo dr. {Adam} Smith, das transações entre negociantes e negociantes e entre negociantes e consumidores. Um ramo do negócio dos banqueiros consiste em coletar *capital* daqueles que não têm onde aplicá-lo diretamente a fim de distribuí-lo ou transferi-lo àqueles que têm onde aplicá-lo. O outro consiste em receber depósitos da *renda* de clientes e reembolsá-los gradualmente, à medida que eles necessitem desses recursos para gastá-los em objetos de consumo [...]; o primeiro é uma circulação de *capital*, e o segundo, de meio de circulação de *dinheiro* (*currency*)"] ([Thomas] Tooke, *Inquiry into the Currency Principle*, [2. ed., Londres, Longman, Brown, Green, and Longmans, 1844,] p. 36). O primeiro é "*the concentration of capital on the one hand and the distribution of it on the other*" ["concentração do capital, de um lado, e sua distribuição, de outro"], o segundo é "*administering the circulation for local purposes of the district*" ["administração da circulação para os propósitos locais do distrito"] (ibidem, p. 37). – Kinnear aproxima-se mais da concepção exata na seguinte passagem: "O dinheiro é usado para realizar duas operações essencialmente distintas. Como meio de troca entre comerciantes e comerciantes, ele é o instrumento por meio do qual se efetuam transferências de capital; isto é, a troca de um montante determinado de capital em dinheiro por um montante igual de capital em mercadorias. No entanto,

O meio de circulação se apresenta, por um lado, como *moeda* (dinheiro), na medida em que possibilita o *dispêndio* de *renda*, isto é, o intercâmbio entre os consumidores individuais e os varejistas, categoria em que se devem incluir todos os comerciantes que vendem aos consumidores, isto é, aos consumidores individuais, diferentemente dos consumidores produtivos ou produtores. Nesse caso, o dinheiro circula na função de moeda, apesar de *repor* constantemente *capital*. Uma determinada parte do dinheiro de um país é sempre destinada a essa função, ainda que seja formada por moedas que são constantemente substituídas. Por outro lado, quando o dinheiro serve de mediação para a *transferência de capital*, seja como meio de compra (meio de circulação), seja como meio de pagamento, ele é *capital*. O que o distingue da moeda não é, pois, nem sua função de meio de compra nem a de meio de pagamento, pois ele também pode atuar como meio de compra entre os comerciantes, sempre que suas compras sejam realizadas à vista, podendo, além disso, figurar como meio de pagamento entre comerciante e consumidor, na medida em que se concede crédito e o rendimento é consumido antes de ser pago. A diferença reside, pois, no fato de que, no segundo caso, esse dinheiro não repõe capital apenas para uma das partes, o vendedor, mas também é desembolsado, adiantado como capital pela outra parte, o comprador. A diferença é, portanto, na realidade, entre *forma-dinheiro da renda e forma-dinheiro do capital*, e não entre circulação e capital, pois como mediador entre comerciantes, do mesmo modo que como mediador entre comerciantes e consumidores, uma porção quantitativamente determinada de dinheiro *circula* e, por conseguinte, desempenha em *ambas* as formas, na mesma medida, as funções próprias da *circulação*. Na concepção de Tooke, evidenciam-se vários tipos de confusão:

1. confusão das determinações funcionais;
2. inclusão da questão da quantidade de dinheiro circulante nas duas funções em conjunto;

---

dinheiro gasto em pagamento de salários e em compra e venda entre comerciante e consumidor não é capital, mas rendimento; é a parte do rendimento da coletividade aplicada em despesas diárias. Esse dinheiro circula no uso diário, contínuo, e apenas isso pode ser denominado, em sentido estrito, meio de circulação (*currency*). Adiantamentos de capital dependem exclusivamente da vontade do banco ou de outro possuidor de capital, pois mutuários sempre se encontram; mas o montante dos meios de circulação depende das necessidades da coletividade, dentro da qual circula o dinheiro destinado às despesas cotidianas" (J.[ohn] G.[ardiner] Kinnear, J.G. *The Crisis and the Currency*, Londres, [J. Muray,] 1847 [p. 3-4]).

3. inclusão do problema das proporções relativas das quantidades de meios que circulam em ambas as funções e, portanto, em ambas as esferas do processo de reprodução.

Sobre o ponto 1, a confusão das determinações funcionais, de que o dinheiro é, numa de suas formas, meio de circulação (*currency*) e, na outra, capital. Na medida em que o dinheiro atua numa ou noutra dessas duas funções, seja para realizar a renda, seja para transferir capital, ele funciona na compra e na venda ou nos pagamentos como meio de compra ou meio de pagamento e, no sentido mais amplo da palavra, como meio de circulação. A outra determinação que ele assume nos cálculos de quem gasta ou recebe, nos quais ele é representado como capital ou renda, não altera isso em absolutamente nada, o que se manifesta de dois modos. Apesar de serem distintas as espécies de dinheiro que circulam em ambas as esferas, a mesma peça monetária – por exemplo, uma cédula de £5 – passa de uma esfera a outra e exerce ora uma, ora outra função; coisa inevitável, entre outras razões, pelo fato de o varejista só poder conferir a forma-dinheiro a seu capital por meio da moeda que recebe de seus compradores. Podemos aceitar o pressuposto de que o centro de gravidade da circulação da moeda fracionária propriamente dita se encontre na área do comércio varejista; o pequeno comerciante necessita dela constantemente para o troco e a recebe constantemente como pagamento de seus clientes. Mas também recebe dinheiro, isto é, moedas cunhadas no metal que forma a medida do valor: na Inglaterra, portanto, peças de £1 e mesmo cédulas bancárias, principalmente de valores pequenos, por exemplo, de £5 e £10. Ele deposita diária ou semanalmente no banco essas peças de ouro e cédulas, além das restantes moedas fracionárias e, com elas, paga suas compras, por meio de ordens de pagamento sobre sua conta-corrente. Porém, todo o público, em sua qualidade de consumidor, também se encarrega de retirar constantemente dos bancos, de maneira direta ou indireta, como forma-dinheiro de sua renda, essas mesmas moedas e cédulas bancárias (os fabricantes, por exemplo, retiram dinheiro vivo para o pagamento de salários), com o que refluem continuamente às mãos dos varejistas, para os quais voltam a realizar uma parte de seu capital e, ao mesmo tempo, também de sua renda. Essa última circunstância é importante e foi totalmente ignorada por Tooke. O valor-capital só existe como tal, em sua forma pura, no momento em que é despendido como capital monetário no começo do processo de reprodução (Livro II, seção I). Na mercadoria produzida está contido não só capital, mas também mais-valor; a mercadoria produzida não é somente capital em si mesma, mas também capital que já se formou, capital acompanhado da fonte de renda que lhe foi incorporada nessa mercadoria. O que o varejista cede pelo dinheiro que reflui a suas mãos, ou seja, sua mercadoria, é para ele, portanto, capital mais lucro, capital mais renda.

Além disso, o dinheiro circulante, ao refluir para o varejista, restabelece a forma-dinheiro de seu capital.

É completamente falso, portanto, querer transformar a diferença entre a circulação como circulação de renda e como circulação de capital numa diferença entre circulação e capital. Em Tooke, essa terminologia deriva do fato de que ele enxerga simplesmente pelo ponto de vista do banqueiro que emite cédulas bancárias próprias. O importe de suas cédulas, que se encontra constantemente nas mãos do público (ainda que sempre formado por cédulas distintas), funcionando como meio de circulação, não lhe custa nada mais que o papel e os gastos de impressão. Essas cédulas constituem títulos de dívidas (letras de câmbio) em circulação sacados sobre ele mesmo, mas que lhe rendem dinheiro e, desse modo, lhe servem como meio de valorização de seu capital. Mas são algo diferente de seu capital, tanto do próprio como daquele que lhe foi emprestado. Por isso Tooke depara com uma diferença especial entre a circulação e o capital, que, no entanto, não tem nenhuma relação com as definições conceituais como tais, e muito menos com aquelas que ele mesmo elaborou.

Num primeiro momento, a determinidade diversa – desde que funcione como forma-dinheiro da renda ou como forma-dinheiro do capital – não altera em nada o caráter do dinheiro como meio de circulação; o dinheiro conserva esse caráter quando desempenha tanto uma função quanto a outra. Está claro que, quando se apresenta como forma-dinheiro da renda, ele funciona mais como meio de circulação propriamente dito (moeda, meios de compra), devido à dispersão dessas compras e vendas e porque a maioria dos que gastam suas rendas, os trabalhadores, podem comprar relativamente pouco a crédito, ao passo que nas transações do mundo comercial, onde o meio de circulação é forma-dinheiro do capital, o dinheiro funciona fundamentalmente como meio de pagamento, em parte devido à concentração e em parte porque aí prevalece o sistema de crédito. Porém, a diferença entre o dinheiro como meio de pagamento e o dinheiro como meio de compra (meio de circulação) não é uma diferença entre dinheiro e capital, mas uma diferença inerente ao próprio dinheiro. O fato de que no comércio varejista circulam mais cobre e prata e no atacadista circula mais ouro não implica que a diferença entre a prata e o cobre, por um lado, e o ouro, por outro, seja idêntica à diferença entre circulação e capital.

Sobre o ponto 2, inclusão do problema sobre a quantidade de dinheiro circulante nas duas funções em conjunto: na medida em que o dinheiro circula, seja como meio de compra, seja como meio de pagamento – numa ou noutra dessas duas esferas e independentemente de sua função de realizar renda ou capital –, valem para sua massa circulante as leis expostas anteriormente, no exame da circulação simples de mercadorias (Livro I, capítulo 3, item 2, subitem b). A velocidade da circulação, portanto, o número de vezes que as mesmas peças monetárias repetem em determinado período a mesma função de meios de compra e de pagamento, a massa das compras e das vendas simultâneas, dos respectivos pagamentos, a soma dos preços das mercadorias circulantes e, finalmente, os saldos a pagar no mesmo período, tudo isso determina em ambos os casos a massa de dinheiro circulante, isto é, a massa de *currency*. Se o dinheiro que assim funciona é, para quem o paga ou quem o recebe, capital ou renda, é indiferente e não altera em nada a questão. Sua massa se determina pura e simplesmente por sua função como meio de compra e meio de pagamento.

Sobre o ponto 3, o problema das proporções relativas das quantidades de meios de circulação que circulam em ambas as funções e, assim, em ambas as esferas do processo de reprodução. As duas esferas de circulação se encontram intimamente relacionadas entre si, uma vez que, por um lado, a massa das rendas que devem ser gastas expressa o volume do consumo e, por outro, a grandeza das massas de capital que circulam na produção e no comércio expressa o volume e a velocidade do processo de reprodução. Não obstante, as mesmas circunstâncias operam de modo distinto, inclusive em sentido oposto, sobre as massas de dinheiro que circulam em ambas as funções ou esferas ou sobre as quantidades da circulação, que é a expressão bancária empregada pelos ingleses. Isso oferece uma nova ocasião para a absurda distinção de Tooke entre circulação e capital. O fato de os senhores da teoria da *currency* confundirem duas coisas distintas não constitui, de modo nenhum, uma razão para apresentá-las como conceitualmente distintas.

Em épocas de prosperidade, grande expansão, aceleração e energia do processo de reprodução, os trabalhadores estão plenamente empregados. Na maioria das vezes, produz-se também um aumento dos salários, que compensa de certo modo a queda desses salários abaixo de seu nível médio em outras épocas do ciclo comercial. Ao mesmo tempo, as rendas dos capitalistas crescem significativamente. O consumo aumenta em geral. O preço das mercadorias também aumenta de maneira regular, ao menos em ramos comerciais decisivos. Tudo isso faz com que aumente a quantidade de dinheiro circulante, ao menos dentro de certos limites, porquanto a maior velocidade de circulação opõe-se, por sua vez, ao aumento da massa dos meios circulantes. Como a parte da renda social formada pelo salário é desembolsada originalmente pelo capitalista industrial na forma de capital variável e sempre em dinheiro, em tempos de prosperidade é necessária uma quantidade maior de dinheiro para sua circulação. Mas isso não pode entrar no cálculo duas vezes, uma como dinheiro necessário para a circulação do capital variável e outra como dinheiro necessário para a circulação da renda dos trabalhadores. O dinheiro pago aos trabalhadores como salário é gasto por estes últimos no comércio varejista e, com isso, reflui mais ou menos semanalmente aos bancos como depósitos dos varejistas, depois de ter efetivado, em ciclos menores, todo tipo de operações intermediárias. Em épocas de prosperidade, o retorno do dinheiro aos capitalistas industriais transcorre sem impedimentos, de modo que sua necessidade de recursos não aumenta pelo fato de terem de pagar mais salários, de precisarem de mais dinheiro para a circulação de seu capital variável.

O resultado total a que chegamos é que, em períodos de prosperidade, aumenta de modo decisivo a massa dos meios de circulação destinados ao desembolso dos rendimentos.

No que diz respeito à circulação requerida para a transferência de capital, isto é, que tem lugar apenas entre os próprios capitalistas, esses períodos prósperos são, ao mesmo tempo, os períodos com maior flexibilidade e facilidade de crédito. A velocidade da circulação entre um capitalista e outro é diretamente regulada pelo crédito, e a massa dos meios de circulação que se exige para saldar os pagamentos, e inclusive para as compras à vista, decresce, portanto, de forma proporcional. Ela pode crescer em termos absolutos, porém diminui em termos relativos, em qualquer circunstância, quando comparada com a expansão do processo de reprodução. Por um lado, quantidades maiores de pagamentos são liquidadas sem nenhuma mediação de dinheiro; por outro, devido à grande vivacidade do processo, impera um movimento mais rápido das mesmas massas monetárias, como meio tanto de compra quanto de pagamento. A mesma massa monetária medeia o refluxo de um número maior de capitais individuais.

Vista em conjunto, a circulação de dinheiro aparece, nesses dois períodos, em sua plenitude (*full*), embora sua parte II (transferência de capitais) sofra uma contração, pelo menos em termos relativos, enquanto a parte I (gasto de rendas) se expande em termos absolutos.

Os refluxos expressam a reconversão do capital-mercadoria em dinheiro, D-M-D′, como vimos na análise do processo de reprodução (Livro II, seção I). O crédito faz com que o refluxo em forma de dinheiro seja independente do momento do refluxo real, tanto para o capitalista industrial quanto para o comerciante. Ambos vendem a crédito; sua mercadoria se aliena, pois, antes que volte a converter-se em dinheiro para ele; antes, portanto, que retorne a suas mãos em forma-dinheiro. Por outro lado, tanto o capitalista industrial como o comerciante compram a crédito, de modo que o valor de sua mercadoria volta a converter-se para eles, seja em capital produtivo, seja em capital-mercadoria, antes que esse valor se tenha convertido realmente em dinheiro, antes que o preço das mercadorias tenha vencido e sido pago. Nesses períodos de prosperidade, o refluxo se dá facilmente, sem atritos. O varejista paga com segurança ao atacadista, que paga ao fabricante, que paga ao importador de matérias-primas etc. Mesmo quando essas condições deixam de existir, a aparência de refluxos rápidos e seguros continua mantendo-se por algum tempo, graças ao crédito posto em movimento, pelo fato de os refluxos baseados no crédito substituírem os refluxos reais. Os bancos pressentem o perigo assim que os clientes começam a pagar mais com letras de câmbio do que com dinheiro. Ver o depoimento do diretor do Banco de Liverpool, p. 398 [p. 466-9].

Devemos inserir aqui algo que já expusemos anteriormente: "Em épocas em que predomina o crédito, a velocidade da circulação de dinheiro cresce mais rapidamente que o preço das mercadorias, ao passo que, quando o crédito diminui, o preço das mercadorias cai mais lentamente que a velocidade da circulação" (*Zur Kritik d.[er] Pol.[itischen] Ökon.[omie]* [Contribuição à crítica da economia política, Berlim], 1859, p. 83-4).

Nos períodos de crise, dá-se o inverso. A circulação I se contrai, e os preços caem, assim como os salários; decresce o número dos trabalhadores empregados e a massa das transações. Na circulação II, ao contrário, à medida que diminui o crédito, aumenta a necessidade de acomodação monetária, ponto que examinaremos adiante em mais detalhes.

Não resta dúvida de que a diminuição do crédito, que coincide com a paralisação do processo de reprodução, é acompanhada da diminuição da massa de circulação exigida por I (desembolso dos rendimentos) e do aumento da exigida por II (transferência de capital). Mas devemos examinar até que ponto essa tese é idêntica à apresentada por Fullarton e outros: "Uma demanda de capital de empréstimo e uma demanda de meios adicionais de circulação são coisas absolutamente diferentes e não costumam ocorrer juntas com frequência"[90].

---

90 "*A demand for capital on loan and a demand for additional circulation are quite distinct things, and not often found associated*" ([John] Fullarton, [*On the Regulation of Currencies*, 2. ed., Londres, J. Murray, 1845,] p. 82, epígrafe do cap. 5). "Na verdade, é um grande equívoco imaginar que a demanda de concessão de crédito (isto é, de empréstimo de capital) seja idêntica à demanda de meios adicionais de circulação ou mesmo que ambas ocorram juntas com frequência. Cada demanda surge sob circunstâncias determinadas, peculiares a cada uma delas e muito diferentes entre si. Quando tudo parece florescer, os salários estão altos, os preços, em ascensão, e as fábricas, ocupadas, em geral se necessita de uma oferta adicional de *meios de circulação* para se efetuarem as funções complementares, inseparáveis da necessidade de ampliação e aumento dos pagamentos; mas é principalmente num estágio mais avançado do ciclo comercial, quando as

Antes de tudo, é claro que no primeiro dos dois casos assinalados anteriormente, em tempos de prosperidade, em que se faz necessário incrementar a massa do meio circulante, a demanda deles aumenta. Mas também é

---

dificuldades começam a se manifestar, os mercados estão saturados e os retornos demoram a chegar, que os juros sobem e os bancos são pressionados a adiantar *capital*. É verdade que o banco só costuma adiantar capital por meio de suas cédulas bancárias e que, por isso, a recusa da emissão de cédulas significa recusa da concessão de crédito. Mas, se a concessão de crédito é autorizada, então tudo se ajusta de acordo com as exigências do mercado: o empréstimo permanece, e o meio de circulação, se não se faz necessário, encontra seu caminho de volta a seu emitente. Desse modo, um simples exame superficial dos relatórios parlamentares basta para convencer qualquer um de que a quantidade dos títulos em poder do Banco da Inglaterra se move com maior frequência em direção oposta à quantidade de suas notas em circulação do que em concordância com ela e de que, por conseguinte, o exemplo desse grande estabelecimento não constitui exceção à doutrina, tão ressaltada pelos banqueiros provinciais, segundo a qual nenhum banco pode aumentar a quantidade de cédulas em circulação quando essa quantidade já corresponde aos objetivos usuais da circulação de cédulas bancárias, mas que, uma vez que esse limite é ultrapassado, todo aumento de seus adiantamentos tem de ser feito com seu capital e suprido mediante a venda de alguns de seus títulos, mantidos em reserva ou por meio da renúncia a novos investimentos nesses títulos. A tabela compilada com base nos relatórios parlamentares relativos ao período de 1833 a 1840, à qual me referi numa página anterior, apresenta diversos exemplos dessa verdade; mas dois deles são tão eloquentes que seria aqui desnecessário ir além deles. Quando, em 3 de janeiro de 1837, os meios monetários do banco haviam se expandido ao máximo para sustentar o crédito e enfrentar as dificuldades do mercado monetário, verificamos que seus adiantamentos para empréstimos e descontos ergueram-se à enorme soma de £17.022.000, montante quase inédito desde a guerra e quase igual à totalidade das cédulas emitidas, que, nesse ínterim, permanecera imóvel num nível tão baixo como £17.076.000. Por outro lado, verificamos em 4 de junho de 1833 uma circulação de cédulas de £18.892.000, vinculada a uma informação do banco sobre a disponibilidade de títulos privados de não mais de £972.000, portanto, quase o nível mais baixo, senão o mais baixo do último meio século" (ibidem, p. 97-8). – Que uma *demand for pecuniary accomodation* [demanda de acomodação pecuniária] não precisa de modo nenhum ser idêntica a uma *demand for gold* [demanda de ouro] (o que Wilson, Tooke e outros chamam capital), verifica-se pelas seguintes declarações do sr. Weguelin, presidente do Banco da Inglaterra: "O desconto de letras até esse montante" (1 milhão diariamente, 3 dias seguidos) "não diminuiria a reserva" (de cédulas bancárias) "se o público não demandasse um montante maior de circulação ativa. As cédulas emitidas no desconto de letras refluiriam por intermédio dos bancos e mediante depósitos. Se aquelas transações não tivessem por objetivo a exportação de ouro ou se não reinasse no país um pânico que levasse o público a reter suas cédulas bancárias em vez de com elas pagar os bancos, a reserva não seria afetada por transações dessa grandeza". – "O banco pode descontar diariamente 1,5 milhão, e isso ocorre continuamente, sem que sua reserva seja minimamente afetada. As cédulas retornam como depósitos, e a única alteração que ocorre é a mera transferência de uma conta para outra" (*Report on Bank Acts*, 1857. *Evidence n. 241, 500*). As cédulas servem aqui apenas como meio para a transferência de créditos.

claro que, quando um fabricante que necessita desembolsar mais capital em forma-dinheiro retira de sua conta-corrente no banco uma maior quantidade em ouro ou em cédulas bancárias, o que aumenta nesse processo não é sua demanda de capital, mas somente sua demanda por essa forma específica em que ele desembolsa seu capital. A demanda diz respeito apenas à forma técnica em que seu capital é lançado em circulação. Assim como, por exemplo, conforme o grau de desenvolvimento do sistema de crédito, o mesmo capital variável, a mesma massa de salários, requer num país uma massa maior de meios de circulação que em outro; na Inglaterra, por exemplo, mais que na Escócia, e na Alemanha mais que na Inglaterra. Assim também, de modo análogo, na agricultura, onde o mesmo capital ativo no processo de reprodução exige, para funcionar, diferentes quantias de dinheiro segundo as estações do ano.

A antítese, como Fullarton a apresenta, não é exata. Diferentemente do que ele diz, não é de modo nenhum a intensa demanda de empréstimos que distingue os períodos de paralisação dos períodos de prosperidade, mas a facilidade com que se satisfaz essa demanda em períodos de prosperidade e a dificuldade com que se satisfaz essa demanda em épocas de paralisação. O que produz a escassez de crédito no período de paralisação é justamente o enorme desenvolvimento do sistema de crédito em épocas de prosperidade e, portanto, também o enorme aumento da demanda de capital de empréstimo, além da facilidade com que, em tais períodos, a oferta se põe à disposição dela. Não é, pois, a diferença quanto à grandeza da demanda de empréstimos que caracteriza os dois períodos.

Como já dissemos, ambos os períodos se distinguem, em primeiro lugar, pelo fato de que nas épocas de prosperidade predomina a demanda de meios de circulação entre consumidores e comerciantes; nas de recessão, a demanda de meios de circulação entre capitalistas. Nos períodos de paralisação dos negócios, diminui a primeira e aumenta a segunda.

Ora, o que chama a atenção de Fullarton e de outros é que, nas épocas em que aumentam as *securities* [títulos] – os penhores e as letras de câmbio – nas mãos do Banco da Inglaterra, sua circulação de cédulas bancárias diminui, e vice-versa. Mas o volume das *securities* expressa o volume da acomodação monetária, das letras descontadas e dos adiantamentos sobre títulos negociáveis. Por isso, Fullarton diz, na passagem citada na nota 90, p. 436 [507-8], que os títulos (*securities*) em poder do Banco da Inglaterra variam quase sempre em razão inversa a sua circulação de cédulas, e isso confirma a tese, há muito tempo sustentada pelos bancos privados, de que nenhum banco pode aumentar sua emissão de cédulas além de certa quantidade, determinada pela necessidade de seu público; se quer fazer adiantamentos acima desse montante, tem de fazê-los com seu capital, seja liquidando títulos em dinheiro, seja empregando para esse fim as entradas em dinheiro que, de outro modo, ele teria investido em títulos.

Nesse ponto também se revela claramente o que Fullarton entende por capital. O que significa aqui capital? Que o banco não pode continuar a fazer adiantamentos com suas próprias cédulas, promessas de pagamento que, naturalmente, nada lhe custam. Com o que ele faz, então, seus adiantamentos? Com o importe obtido na venda de *securities in reserve* [títulos em reserva], isto é, de títulos públicos, ações e outros títulos portadores de juros. Em troca de que ele vende esses valores? Em troca de dinheiro, ouro ou cédulas bancárias, na medida que elas sejam meios legais de pagamento, como são as do Banco da Inglaterra. O que ele adianta é, portanto, em todos os casos, dinheiro. E agora esse dinheiro constitui parte de seu capital. Se ele adianta ouro, isso é palpável. Se adianta cédulas bancárias, então elas representam agora capital, porque têm um valor efetivo, o dos títulos alienados em troca deles. Em se tratando de bancos privados, as cédulas que recebem pela venda de títulos só podem ser, em regra geral, cédulas do Banco da Inglaterra ou cédulas próprias, pois outras dificilmente seriam aceitas em pagamentos dos títulos. Quando se trata do Banco da Inglaterra, as próprias cédulas que ele recebe de volta custam-lhe capital, isto é, títulos portadores de juros. Ademais, com isso ele retira da circulação suas próprias cédulas. Se volta a emiti-las ou, em vez de suas cédulas, emite novas no mesmo montante, essa emissão representa, portanto, um capital. E essas cédulas representam capital, não importando se são empregadas em adiantamentos a capitalistas ou se, mais tarde, ao diminuir a demanda dessa acomodação monetária, são empregadas em novos investimentos em títulos. Em qualquer caso, a palavra "capital" só é empregada aqui em sentido bancário, significando que o banqueiro se vê obrigado a emprestar mais do que seu simples crédito.

Como se sabe, o Banco da Inglaterra faz todos os seus adiantamentos em cédulas próprias. Se, apesar disso, a circulação de cédulas do banco diminui, em regra geral, na mesma proporção em que aumentam as letras descontadas e os penhores em suas mãos, isto é, os adiantamentos feitos por ele, o que ocorre com as cédulas colocadas em circulação? Como elas refluem para o banco?

Em primeiro lugar, quando a demanda de acomodação monetária deriva de uma balança nacional de pagamentos desfavorável e, portanto, provoca uma drenagem de ouro, a coisa é muito simples. As letras se descontam, então, em cédulas bancárias. As cédulas são trocadas no próprio banco, no *issue department*, por ouro, e o ouro é exportado. É como se o banco, ao descontar as letras, pagasse diretamente em ouro, sem a mediação das cédulas. Essa demanda crescente, que, em certos casos, chega a £7 milhões e £10 milhões, não adiciona, naturalmente, nem uma cédula de £5 à circulação interna do país. Quando se diz que aqui o banco adianta capital, e não meios de circulação, isso tem um duplo sentido. Em primeiro lugar, significa que ele não adianta crédito, mas valor real, uma parte de seu próprio capital ou do capital depositado em seus cofres. Em segundo lugar, que adianta dinheiro não para a circulação interna, mas para a circulação internacional, dinheiro mundial; para esse fim, é necessário que o dinheiro assuma sua forma de tesouro, sua corporeidade metálica; que assuma a forma em que não é só forma do valor, mas é ele mesmo igual ao valor, do qual é forma-dinheiro. Ainda que esse ouro represente, tanto para o banco quanto para o comerciante exportador de ouro, capital, capital bancário ou capital comercial, a demanda dele não surge como tal capital, mas como forma absoluta do capital monetário. Essa demanda surge justamente no momento em que os mercados externos se encontram abarrotados de capital-mercadoria inglês irrealizável. Portanto, o que se demanda não é capital como *capital*, mas capital como *dinheiro*, sob a forma em que o dinheiro é mercadoria geral do mercado mundial; e essa é sua forma originária como metal precioso. As evasões de ouro não são, pois, como dizem Fullarton, Tooke e outros, *mere question of capital* [mera questão de capital], mas *question of money* [questão de dinheiro], ainda que numa função específica. Que não se trate de uma questão de circulação *interna*, como sustentam os adeptos da teoria da *currency*, não demonstra de modo nenhum, como sustentam Fullarton e outros, que ela seja uma *mere question of capital*. Trata-se, antes, de uma *question of money*, sob a forma em que o dinheiro constitui um meio internacional de pagamento. "*Whether that capital*" (o preço de compra dos milhões de *quarters* de trigo estrangeiro, depois de uma colheita ruim dentro do país) "*is transmitted in merchandize or in specie, is a point which in no way affects the nature of the transaction*"* (Fullarton, *On the Regulation of Currencies*, cit., p. 131). Isso afeta de maneira considerável a ocorrência ou não de uma drenagem de ouro. O capital é transferido na forma de metal precioso porque não pode ser transferido em sua totalidade, ou somente com enormes perdas, na forma de mercadorias. O pavor que o moderno sistema bancário sente diante da drenagem de ouro excede tudo aquilo com que jamais sonhou o sistema monetário, para

* "Se esse capital [...] é transmitido em mercadorias ou em espécie é um ponto que não afeta de modo nenhum a natureza da transação." (N. T.)

o qual os metais preciosos constituem a única riqueza verdadeira. Vejamos, por exemplo, o que nos diz o diretor do Banco da Inglaterra, Morris, no seguinte depoimento perante a comissão parlamentar sobre a crise de 1847-1848. 3.846. (Pergunta:) "Quando falo da depreciação de estoques (*stocks*) e do capital fixo, o senhor não sabe que todo o capital investido em estoques e produtos de todo gênero se havia depreciado do mesmo modo, que o algodão em rama, a seda crua e lã crua foram enviados ao continente pelos mesmos preços irrisórios e que o açúcar, o café e o chá foram vendidos com grandes sacrifícios como vendas forçadas? – Era inevitável que o país empenhasse um *considerável sacrifício* para fazer frente à *drenagem de ouro* ocorrida em consequência da enorme importação de meios de subsistência." 3.848. "O senhor não acha que teria sido melhor recorrer aos £8 milhões entesourados no banco em vez de tentar recuperar o ouro a custo de tais sacrifícios? – Não, *minha opinião não é essa.*" Como se vê, é o ouro que se considera aqui a única riqueza verdadeira.

A descoberta de Tooke, citada por Fullarton, é de que,

> "*with only one or two exceptions, and those admitting of satisfactory explanation, every remarkable fall of the exchange, followed by a drain of gold, that has occurred during the last half century, has been coincident throughout with a comparatively low state of the circulating medium, and vice versa.*"* (Ibidem, p. 121)

Isso demonstra que essas drenagens do ouro se produzem, em geral, depois de um período de animação e de especulação, como

> "*a signal of a collapse already commenced [...] an indication of overstocked markets, of a cessation of the foreign demand for our productions, of delayed returns, and, as the necessary sequel of all these, of commercial discredit, manufactories shut up, artisans starving, and a general stagnation of industry and enterprise.*"** (Ibidem, p. 129)

* "Salvo uma ou duas exceções, que podem ser satisfatoriamente explicadas, toda queda notável na taxa de câmbio produzida durante o último meio século e seguida de uma drenagem de ouro coincidiu sempre com um nível relativamente baixo dos meios de circulação, e vice-versa." (N. T.)

** "Sinal de um colapso já iniciado [...], um sintoma de mercados abarrotados, de cessação da demanda externa de nossos produtos, de retornos mais lentos e, como consequência necessária de tudo isso, de descrédito no comércio, de fechamento de fábricas, da fome de trabalhadores e de uma estagnação geral da indústria e do comércio." (N. T.)

Essa é, ao mesmo tempo, a melhor refutação da tese defendida pelos adeptos da *currency*, de que *"a full circulation drives out bullion and a low circulation attracts it"**. Ao contrário, apesar de o Banco da Inglaterra geralmente dispor de uma forte reserva de ouro nas épocas de prosperidade, esse tesouro se forma sempre nos períodos de depressão e estagnação que seguem à tormenta.

Toda a sabedoria a respeito das drenagens de ouro consiste, portanto, em dizer que a demanda de meios *internacionais* de circulação e de pagamento é distinta da demanda de meios *internos* de circulação e de pagamento (de onde se deduz, portanto, que *"the existence of a drain does not necessarily imply any diminution of the internal demand for circulation"***, como diz Fullarton; ibidem, p. 112) e que a exportação de metais preciosos, seu lançamento na circulação internacional, é algo distinto do lançamento de cédulas bancárias ou moedas na circulação interna. Além disso, já mostrei anteriormente*** que o movimento do tesouro concentrado como fundo de reserva para os pagamentos internacionais não tem, em si mesmo, nenhuma relação com o movimento do dinheiro como meio de circulação. A situação se complica, porém, pela circunstância de as distintas funções do tesouro que aqui foram expostas com base na natureza do dinheiro – sua função de fundo de reserva para meios de pagamento, para pagamentos vencidos dentro do país, de fundo de reserva de meios de circulação e, por último, de fundo de reserva do dinheiro mundial – serem todas atribuídas a um único fundo de reserva; disso também se segue que, em certas circunstâncias, uma drenagem de ouro do banco para o interior do país possa ocorrer juntamente com a drenagem para o exterior. Outra complicação é derivada de outra função que se confere a esse tesouro de maneira arbitrária: a de servir de fundo de garantia para a convertibilidade das cédulas bancárias naqueles países em que estão desenvolvidos o sistema de crédito e o dinheiro creditício. Acrescente-se a isso, finalmente: 1) a concentração do fundo nacional de reserva num único banco central e 2) sua diminuição ao mínimo possível. Por isso, queixa-se Fullarton:

> *"One cannot contemplate the perfect silence and facility with which variations of the exchange usually pass off in continental countries, compared with the state of feverish disquiet and alarm always produced in England whenever the treasure in the bank seems*

* "Uma circulação plena expulsa o ouro, ao passo que uma circulação baixa o atrai." (N. T.)

** "A existência de uma drenagem não implica necessariamente uma diminuição da demanda interna da circulação." (N. T.)

*** Cf. *O Capital*, Livro I, cit., p. 217-9. (N. T.)

*to be at all approaching to exhaustion, without being struck with the great advantage in this respect which a metallic currency possesses."** (Ibidem, p. 143)

Se abstraímos agora da drenagem de ouro, perguntamos: como pode um banco emissor de cédulas bancárias, por exemplo, o Banco da Inglaterra, aumentar a soma da acomodação monetária por ele concedida sem aumentar sua emissão de cédulas?

Todas as cédulas existentes fora do banco, em circulação ou entesouradas por particulares, estão, no que se refere ao próprio banco, em circulação, isto é, fora de sua posse. Portanto, se o banco expande seus descontos e créditos pignoratícios, seus adiantamentos sobre *securities*, as cédulas entregues nessas operações têm de refluir para suas mãos, pois de outro modo aumentarão o montante da circulação, que é precisamente o que não deve ocorrer. Esse refluxo pode se dar de duas maneiras.

Primeira: o banco paga a *A* em troca de títulos; *A* paga a *B* as letras vencidas, e *B* deposita as cédulas no banco. Com isso, termina a circulação dessas cédulas, mas o empréstimo subsiste. "*The loan remains, and the currency, if not wanted, finds its way back to the issue*"** (ibidem, p. 97). As cédulas adiantadas pelo banco a *A* retornam agora às mãos daquele; em contrapartida, o banco é credor de *A* ou do sacado na letra descontada por *A* e devedor de *B* pela soma de valor expressa nessas cédulas; *B* dispõe, assim, de uma parte correspondente do capital do banco.

Segunda: *A* paga a *B*, e o próprio *B* ou *C*, a quem *B* transferiu as cédulas em pagamento, paga com essas cédulas ao banco, direta ou indiretamente, letras vencidas. Nesse caso, paga-se ao banco com suas próprias cédulas. Com isso, a transação está concluída (faltando apenas que *A* volte a pagar ao banco).

Em que medida se deve considerar o adiantamento do banco a *A* como adiantamento de capital ou simplesmente como adiantamento de meios de pagamento[91]?

* "Não se pode contemplar o perfeito silêncio e a facilidade com que, nos países continentais, costumam transcorrer as alterações da taxa de câmbio, em contraste com o estado de inquietude febril e alarme que se produz na Inglaterra sempre que as reservas do banco parecem aproximar-se de seu esgotamento total, sem se deixar impressionar pelas grandes vantagens que, nesse sentido, tem uma circulação de tipo metálico." (N. T.)

** "O empréstimo subsiste, e o meio de circulação, se não é demandado, encontra seu caminho de retorno ao emitente." (N. T.)

91 A passagem do original está, como conjunto, incompreensível e foi reelaborada pelo editor até o final das chaves. Em outro contexto, esse ponto já foi tratado no cap. 26. (F. E.)

{Isso dependerá da natureza do próprio adiantamento. É preciso examinar, aqui, três casos.

Primeiro caso. *A* recebe do banco os montantes adiantados com base em seu crédito pessoal, sem fornecer nenhuma garantia em troca disso. Nesse caso, ele recebeu não só meios de pagamento como adiantamento, mas também, sem dúvida, um novo capital, que ele pode empregar e valorizar até a devolução em sua empresa como capital adicional.

Segundo caso. *A* penhorou ao banco títulos, obrigações da dívida pública ou ações, obtendo em troca um adiantamento em dinheiro, digamos, de ⅔ do valor do dia. Nesse caso, *A* recebeu os meios de pagamento de que necessitava, mas nenhum capital adicional, porquanto entregou ao banco um valor-capital maior do que dele recebe. Esse valor-capital maior, por um lado, não era utilizável para suas necessidades momentâneas – meios de pagamento –, porque se encontrava investido em determinada forma portadora de juros; por outro lado, *A* tinha suas razões para não convertê-lo diretamente em meios de pagamento mediante sua venda. Seus títulos tinham, entre outras finalidades, a de servir de capital de reserva e, como tal, *A* os colocou em funcionamento. Entre *A* e o banco, realizou-se, portanto, uma transferência de capital, temporária e recíproca, de tal modo que *A* não recebeu capital adicional (pelo contrário!), mas sim os meios de pagamento de que necessitava. Em contrapartida, para o banco, a operação realizada constitui uma imobilização temporária de capital monetário em forma de empréstimo, uma transformação de capital monetário de uma forma em outra, transformação que é precisamente a função essencial das operações bancárias.

Terceiro caso. *A* desconta uma letra no banco e, depois de deduzir o desconto, recebe em troca a importância em dinheiro. Desse modo, ele vendeu ao banco um capital monetário em forma não líquida pelo importe de seu valor em forma líquida; a letra ainda não vencida por dinheiro em espécie. Essa letra é agora propriedade do banco. Nada altera a circunstância de que, em caso de falta de pagamento, o último endossante *A* seja responsável perante o banco pelo importe da letra; ele divide essa responsabilidade com os demais endossantes e com o emitente, pelos quais, por sua vez, tem o direito de ser reembolsado. Aqui não há adiantamento nenhum, apenas um simples ato de compra e venda. Por isso, *A* tampouco tem algo a repagar ao banco, que se ressarce cobrando a letra no vencimento. Houve uma transferência mútua de capital entre *A* e o banco, exatamente igual à que se opera na compra e na venda de qualquer outra mercadoria, razão pela qual *A* não obteve nenhum capital adicional. *A* necessitava de meios de pagamento e os obteve porque o banco converteu uma das formas de seu capital monetário – a letra – em outra forma – o dinheiro.

Desse modo, apenas no primeiro caso pode-se falar em um verdadeiro adiantamento de capital. No segundo e no terceiro casos, no máximo no sentido de que em cada investimento de capital se "adianta capital". Aqui, o banco adianta capital monetário a *A*; mas para *A* só é *capital monetário* no sentido de que é parte de seu capital em geral. Ele o solicita e utiliza não como capital, mas especialmente como meio de pagamento. Não fosse assim, toda e qualquer venda ordinária de mercadorias, com a qual se obtêm meios de pagamento, teria de ser considerada adiantamento de capital. – F. E.}

No caso de bancos privados que emitem suas próprias cédulas, temos essa diferença de que, se suas cédulas não permanecem na circulação local nem retornem a suas mãos na forma de depósitos ou para o pagamento de letras vencidas, elas caem nas mãos de pessoas que forçam o banco privado a resgatá-las em troca de ouro ou cédulas do Banco da Inglaterra. Nesse caso, portanto, o adiantamento de suas cédulas representa, na realidade, um adiantamento de cédulas do Banco da Inglaterra ou, o que para o banco privado dá no mesmo, de ouro, logo, de uma parte de seu capital bancário. O mesmo pode ser dito do caso em que o próprio Banco da Inglaterra, ou outro banco qualquer que tenha um limite máximo legal para sua emissão de cédulas, tenha de vender títulos para retirar suas próprias cédulas de circulação e depois voltar a desembolsá-las sob a forma de adiantamentos; nesse caso, suas próprias cédulas representam uma parte de seu capital bancário mobilizado.

Ainda que a circulação fosse puramente metálica, poderia ocorrer ao mesmo tempo: 1) que uma drenagem do ouro {aqui se alude, evidentemente, que uma drenagem do ouro vá, pelo menos em parte, para o exterior. – F. E.} esvaziasse o tesouro; 2) como o banco demandaria ouro apenas para saldar pagamentos (liquidar transações já efetuadas), seu adiantamento sobre títulos poderia aumentar de modo considerável, porém retornando para ele em forma de depósitos ou de reembolso de letras vencidas, de tal modo que, por um lado, ao aumentar os títulos no *portefeuille* [carteira] do banco, diminuiria seu tesouro total e, por outro lado, a mesma soma que o banco antes possuía como proprietário ele agora reteria como devedor de seus depositantes, reduzindo-se, por fim, a massa total do meio circulante.

Até aqui, partimos do pressuposto de que os adiantamentos são realizados em cédulas bancárias, provocando, assim, um aumento, ao menos momentâneo, mesmo que efêmero, da emissão de cédulas. Mas não é necessário que isso ocorra dessa maneira. Em vez de cédulas de papel, o banco pode abrir para *A* um crédito em seus livros, fazendo com que este, devedor, converta-se em seu depositante imaginário. *A* pagará seus credores com cheques sobre o banco, e os que receberem esses cheques os repassarão ao banqueiro, que os descontará na Clearing House pelos cheques emitidos sobre ele. Nesse caso, as cédulas não operam nenhuma mediação, e toda a operação se limita ao fato de que um crédito do banco seja saldado com um cheque emitido sobre ele mesmo, e sua compensação real consiste no crédito que ele possui sobre *A*. Ao ceder-lhe seu próprio título de dívida, o banco lhe adiantou, aqui, parte de seu capital bancário.

Na medida em que essa demanda de acomodação monetária é uma demanda de capital, ela o é apenas de capital monetário, de capital do ponto de vista do banqueiro, isto é, de ouro – no caso de evasão de ouro para o exterior – ou de cédulas do Banco Nacional, as quais o banco privado só pode obter mediante a compra em troca de um equivalente e que para ele, portanto, representam capital. Ou, uma vez mais, trata-se de títulos portadores de juros, títulos públicos, ações etc., que precisam ser vendidos para se obter ouro ou cédulas bancárias. Mas esses papéis, quando se trata de títulos públicos, são capital apenas para quem os comprou, para quem, portanto, eles representam seu preço de compra, o capital neles investido; em si mesmos, não são capital, mas meros títulos de dívida; em se tratando de hipotecas, são meros direitos a receber a renda fundiária futura; e, em se tratando de ações comuns, são meros títulos de propriedade, que autorizam a receber o mais-valor futuro. Nada disso é capital real, não constitui componente do capital – em si, tampouco é valor. Por meio de transações semelhantes, também é possível converter em depósito o dinheiro pertencente ao banco, de modo que este último se torna o devedor, em vez do proprietário desse dinheiro, e o retém sob outro título de posse. Por mais importante que isso possa ser para o banco, é algo que não altera em nada a massa do capital, ou mesmo do capital monetário, disponível num dado país. O capital só representa aqui, portanto, capital monetário e, quando não está disponível na forma de dinheiro, representa um mero título sobre o capital. Isso é muito importante, pois a escassez e a demanda de capital *bancário* são confundidas com um decréscimo do capital real, que, em contrapartida, existe abundantemente nesses casos em forma de meios de produção e de produtos e pressiona os mercados.

É muito fácil, pois, explicar como a massa dos títulos retidos pelo banco como cobertura aumenta e como, portanto, o banco pode atender à crescente demanda de acomodação monetária, ainda que a massa total dos meios de circulação permaneça constante ou até mesmo diminua. Em tais épocas de escassez de dinheiro, essa massa total se mantém dentro de certos limites de dois modos: 1) pela drenagem do ouro; 2) pela demanda de dinheiro como simples meio de pagamento, quando as cédulas emitidas refluem imediatamente ou quando as transações se realizam sem a mediação de cédulas por meio do crédito aberto nos livros; quando, portanto, os pagamentos são feitos simplesmente por uma transação de crédito, cuja liquidação é o único propósito da operação. A peculiaridade do dinheiro é que, quando serve apenas para saldar pagamentos (e, em época de crises, usa-se do crédito para pagar, não para comprar; para liquidar transações prévias, não para iniciar outras novas), sua circulação é sempre efêmera, mesmo quando o pagamento não é por meio de simples operação de crédito, sem nenhuma mediação do dinheiro, de modo que, havendo uma forte demanda de acomodação monetária, uma massa enorme dessas transações possa realizar-se sem ampliar a circulação. No entanto, o simples fato de que a circulação do Banco da Inglaterra permaneça estável, ou mesmo diminua simultaneamente com uma forte acomodação monetária facilitada por ele, não prova *prima facie*, de modo nenhum, como supõem Fullarton e Tooke, entre outros (devido a sua noção errônea de que a acomodação monetária é idêntica à obtenção de *capital on loan* [capital de empréstimo] como capital adicional), que a circulação do dinheiro (das cédulas bancárias), em sua função de meio de pagamento, não aumenta nem se expande. Como a circulação das cédulas como meios de compra decresce nos tempos de paralisação dos negócios, quando se necessita de uma forte acomodação monetária, sua circulação como meio de pagamento pode aumentar, e o montante total da circulação, a soma das cédulas bancárias que funcionam como meios de compra e de pagamento, pode permanecer estável ou até diminuir. Do ponto de vista desses economistas, a circulação – como meio de pagamento – de cédulas bancárias que refluem imediatamente ao banco emissor não é considerada circulação.

Se a circulação como meios de pagamento aumentasse em grau maior do que diminui a circulação como meios de compra, então a circulação total aumentaria, ainda que diminuísse consideravelmente a massa do dinheiro que funciona como meio de compra. Isso é o que de fato ocorre em certos momentos da crise, ainda mais quando se dá o colapso total do crédito, quando não só as mercadorias e os títulos se tornam invendáveis, mas também as letras não podem mais ser descontadas e só se admitem pagamentos à vista, ou, como dizem os comerciantes, dinheiro na mão. Por não compreenderem que a circulação das cédulas bancárias como meios de pagamento é precisamente a característica dessas épocas de escassez de dinheiro, Fullarton e outros autores tratam esse fenômeno como acidental.

"With respect again to those examples of eager competition for the possession of banknotes, which characterise seasons of panic and which may sometimes, as at the close of 1825, lead

to a sudden, though only temporary, enlargement of the issues, even while the efflux of bullion is still going on, these, I apprehend, are not to be regarded as among the natural or necessary concomitants of a low exchange; the demand in such cases is not for circulation" (o certo seria: circulação como meio de compra) *"but for hoarding, a demand on the part of alarmed bankers and capitalists which arises generally in the last act of the crisis"* (portanto, como reserva para meios de pagamento) *"after a long continuation of the drain, and is the precursor of its termination."** (Ibidem, p. 130)

Ao examinarmos o dinheiro como meio de pagamento (Livro I, capítulo 3, item 3, subitem b), expusemos como, ao interromper-se de forma violenta a cadeia dos pagamentos, ele se converte de uma forma puramente ideal numa forma material [*dinglich*] e, ao mesmo tempo, absoluta de valor, perante as mercadorias. Alguns exemplos disso fornecemos nas notas 100 e 101 [Livro I, p. 211-2]. Essa mesma interrupção é, em parte, efeito e, em parte, causa da instabilidade do crédito e das circunstâncias que o acompanham, tais como saturação dos mercados, depreciação das mercadorias, interrupção da produção etc.

É evidente, no entanto, que Fullarton transforma a distinção entre dinheiro como meio de compra e dinheiro como meio de pagamento na falsa distinção entre *currency* e capital. Isso se deve, mais uma vez, à estreita concepção de banqueiro que esse autor tem da circulação.

Seria possível, ainda, perguntar: o que escasseia nessas épocas de penúria é o capital ou o dinheiro em sua função de meio de pagamento? Isso é, como se sabe, uma controvérsia.

Em primeiro lugar, assim que a escassez se manifesta na drenagem de ouro, é evidente que o que se demanda é o meio internacional de pagamentos. Mas dinheiro, em sua função de meio internacional de pagamentos, é o ouro em sua realidade metálica, como substância que tem valor em si mesma, como uma quantidade de valor. É, ao mesmo tempo, o capital, mas não como capital-mercadoria, e sim como capital monetário, capital não na forma de mercadoria, mas na forma de dinheiro (e precisamente dinheiro no sentido

* "Com referência novamente a esses exemplos de competição voraz pela posse de cédulas bancárias, que caracteriza as épocas de pânico e que às vezes pode conduzir, como ocorreu no final do ano de 1825, a um aumento súbito, ainda que temporário, das emissões de cédulas, mesmo enquanto a drenagem de ouro ainda persiste – esses exemplos, a meu ver, não devem ser considerados fatos concomitantes naturais e necessários de um câmbio baixo; em tais casos, a demanda não é de circulação [...], mas de entesouramento; uma demanda que parte de banqueiros e capitalistas alarmados e que surge geralmente na última fase da crise [...], após um longo período de drenagem do ouro, e que pressagia seu fim." (N. T.)

eminente da palavra, isto é, como mercadoria universal do mercado mundial). Aqui não há contradição entre demanda de dinheiro como meio de pagamento e demanda de capital. A contradição é, antes, entre o capital em sua forma-dinheiro e em sua forma-mercadoria; e a forma em que ele é aqui demandado, a única em que pode funcionar, é sua forma-dinheiro.

Abstraindo dessa demanda de ouro (ou de prata), não se pode dizer que nessas épocas de crise o capital seja mais escasso. Isso pode ocorrer em circunstâncias extraordinárias, tais como encarecimento do trigo, escassez do algodão etc.; mas essas não são, em absoluto, circunstâncias que acompanham tais épocas de maneira necessária ou regular, de modo que a existência de semelhante penúria de capital não pode ser inferida de antemão da circunstância de haver uma demanda urgente de acomodação monetária. Ao contrário: os mercados estão abarrotados, inundados de capital-mercadoria. Não é, portanto, a falta de capital-*mercadoria* o que provoca a escassez. Retornaremos a essa questão adiante.

Capítulo 29

As partes integrantes do capital bancário

Temos agora de analisar detalhadamente em que consiste o capital bancário.

Como já vimos, Fullarton e outros transformam a distinção entre o dinheiro como meio de circulação e o dinheiro como meio de pagamento (e também como dinheiro mundial, na medida em que se considera a drenagem de ouro) numa distinção entre circulação (*currency*) e capital.

O papel peculiar aqui desempenhado pelo capital é a razão pela qual essa economia de banqueiros ensina que o dinheiro é o capital *par excellence* [por excelência], com a mesma insistência com que a economia esclarecida procurava ensinar que o dinheiro não é capital.

Em investigações posteriores, mostraremos que neste ponto confunde-se o capital monetário com o *moneyed capital* no sentido de capital portador de juros, ao passo que, na primeira acepção, o capital monetário é sempre uma mera forma transitória do capital, distinta de suas outras formas, do capital-mercadoria e do capital produtivo.

O capital bancário é constituído: 1) de dinheiro em espécie, ouro ou cédulas; 2) de títulos de valor. Estes, por sua vez, podem se decompor em: títulos comerciais, letras de câmbio, que são flutuantes, vencem periodicamente e cujo desconto constitui o verdadeiro negócio do banqueiro; e títulos públicos, como os da dívida pública, os do Tesouro, ações de todos os tipos, em suma, títulos portadores de juros, mas que se distinguem essencialmente das letras de câmbio. Entre eles, incluem-se também as hipotecas. O capital formado por esses elementos materiais se divide, por sua vez, no capital de investimento do próprio banqueiro e nos depósitos que formam seu *banking capital* ou seu capital emprestado. Nos bancos com emissão de cédulas, acrescentam-se ainda as cédulas bancárias. Deixaremos de lado, por ora, os depósitos e as cédulas. É evidente que as partes constitutivas do capital bancário – dinheiro, letras de câmbio e títulos depositados – não se alteram em nada pelo fato de esses diferentes elementos representarem seu capital próprio ou depósitos, isto é, o capital de outras pessoas. A mesma divisão continuaria válida tanto se o banqueiro operasse seu negócio unicamente com seu próprio capital quanto se o fizesse unicamente com capital recebido em depósito.

A forma de capital portador de juros é responsável pelo fato de que cada rendimento determinado e regular em dinheiro apareça como juros de algum capital, provenha ele de um capital ou não. O rendimento monetário é primeiro convertido em juros, e com os juros se encontra logo o capital do qual ele nasce. Do mesmo modo, o capital portador de juros faz com que toda soma de valor apareça como capital, desde que não seja desembolsada como renda; a saber, como montante principal (*principal*) em oposição aos juros possíveis ou reais que ele pode render.

A questão é simples: suponhamos que a taxa média de juros seja de 5% ao ano. Nesse caso, uma soma de £500, se convertida em capital portador de juros, produziria £25 ao ano. Considera-se, assim, cada ganho fixo anual de £25 como juros de um capital de £500. Mas isso não passa de uma ideia puramente ilusória, exceto no caso em que a fonte das £25 – seja ela um simples título de propriedade, seja um crédito, seja um elemento real de produção, como uma propriedade fundiária – for diretamente transferível ou assumir uma forma transferível. Tomemos como ilustração a dívida pública e o salário.

A cada ano, o Estado precisa pagar a seus credores determinada quantidade de juros pelo capital que lhe emprestam. Nesse caso, o credor não pode reclamar a seu devedor a devolução do dinheiro emprestado, mas simplesmente vender a outro o crédito, ou seja, seu título de propriedade sobre ele. O próprio capital foi consumido, gasto pelo Estado. Ele deixou de existir. O que o credor do Estado possui é: 1) um título de dívida pública, digamos de £100; 2) o direito, que esse título de dívida lhe confere, de participar das receitas anuais do Estado, isto é, sobre o produto anual dos impostos, em determinada soma – digamos, de £5 ou 5%; 3) a possibilidade de vender a outros, quando quiser, esse título de dívida de £100. Se a taxa de juros for de 5% e a garantia oferecida pelo Estado for boa, o proprietário *A* poderá, em regra, vender a *B* o título de dívida por £100, pois para *B* tanto faz emprestar £100 a 5% ao ano ou, em troca do pagamento de £100, garantir para si um tributo anual de £5 por parte do Estado. Porém, o capital, do qual o pagamento pelo Estado é considerado um fruto (juros), é, em todos esses casos, ilusório, fictício. A soma que foi emprestada ao Estado já não existe. Além disso, ela jamais se destinou a ser gasta, investida como capital, e apenas seu investimento como capital poderia tê-la convertido num valor que se conserva. Para o credor original *A*, a parte dos impostos anuais que lhe cabe representa os juros de seu capital, do mesmo modo que para o usurário a parte que lhe cabe do patrimônio do pródigo, embora em nenhum desses casos a soma de dinheiro emprestada tenha sido despendida como capital. A possibilidade de vender ao Estado o título da dívida pública representa para *A* a possível recuperação do montante principal. Quanto a *B*, de seu ponto de vista particular, seu capital foi investido como capital portador de juros. Na realidade, ele apenas apareceu no lugar de *A*, cujo título de dívida pública ele comprou. Não importa quantas vezes se possam repetir essas transações, o capital da dívida pública continua a ser puramente fictício, e a partir do momento em que os títulos da dívida deixam de ser vendáveis se desfaz a aparência ilusória desse capital. Apesar disso, esse capital fictício tem seu próprio movimento, como veremos adiante.

Devemos agora considerar a força de trabalho em contraste com o capital da dívida pública, no qual uma quantidade negativa aparece como capital – sendo o capital portador de juros, em geral, a matriz de todas as formas insanas de capital, o que explica, por exemplo, que as dívidas possam aparecer como mercadorias na concepção do banqueiro. O salário é aqui concebido como juros e, portanto, a força de trabalho como o capital que o gera. Sendo, por exemplo, o salário de um ano = £50 e a taxa de juros de 5%, a força de trabalho anual corresponde a um capital de £1.000. A insanidade da concepção capitalista atinge aqui seu ponto culminante: em vez de explicar a valorização do capital pela exploração da força de trabalho, procede-se do modo inverso, elucidando a produtividade da força pela circunstância de que a própria força de trabalho é essa coisa mística que se chama capital portador de juros. Na segunda metade do século XVII, essa era uma concepção muito valorizada (por Petty, por exemplo), mas ainda hoje ela é utilizada com toda seriedade por alguns economistas vulgares e sobretudo por estatísticos alemães[1]. Infelizmente, dois fatos desagradáveis vêm frustrar essa ideia irrazoável: a primeira é que o trabalhador tem de trabalhar para receber esses juros, e a segunda é que ele não pode converter em dinheiro, por meio de transferência, o valor-capital de sua força de trabalho. Ao contrário, o valor anual de sua força de trabalho equivale a seu salário médio anual, e o que ele tem de devolver a seu comprador mediante seu trabalho é esse próprio valor acrescido do mais-valor, a valorização desse valor. Numa sociedade escravista, o

---

1 "O trabalhador tem valor-capital, o que se constata quando se considera o valor monetário de seu salário anual como juros. [...] Ao [...] se capitalizarem as taxas médias do salário médio diário a 4%, obtém-se como valor médio de um trabalhador agrícola do sexo masculino: na Áustria alemã, 1.500 táleres; na Prússia, 1.500; na Inglaterra, 3.750; na França, 2.000; no interior da Rússia, 750" ([Friedrich Wilhelm] von Reden, *Vergleichende Kulturstatistik*, Berlim, [A. Duncker,] 1848, p. 1.434).

trabalhador tem um valor-capital, que é seu preço de compra. Quando se aluga um escravo, quem o aluga tem de pagar os juros do preço de compra e, além disso, repor a depreciação anual do capital.

A formação do capital fictício tem o nome de capitalização. Para capitalizar cada receita que se repete com regularidade, o que se faz é calculá-la sobre a base da taxa média de juros, como o rendimento que um capital, emprestado a essa taxa de juros, proporcionaria; se, por exemplo, a receita anual é = £100 e a taxa de juros é = 5%, então £100 seriam os juros anuais de £2.000, que poderiam ser agora consideradas o valor-capital do título jurídico de propriedade sobre as £100 anuais. Para a pessoa que compra esse título de propriedade, as £100 de receita anual representam, de fato, os juros de seu capital investido a 5%. Desse modo, apaga-se até o último rastro toda a conexão com o processo real de valorização do capital e se reforça a concepção do capital como um autômato que se valoriza por si mesmo.

Mesmo nos casos em que o título de dívida – o título de valor – não representa, como ocorre com a dívida pública, um capital puramente ilusório, o valor-capital desse título é totalmente ilusório. Vimos de que maneira o sistema de crédito cria capital associado. Os papéis de valor são como títulos de propriedade que representam esse capital. As ações de companhias ferroviárias, de mineração, de navegação etc. representam um capital real, a saber, o capital investido e em funcionamento nessas empresas, ou o montante de dinheiro desembolsado pelos sócios para ser investido como capital em tais empresas. O que não exclui, de forma alguma, a possibilidade de que se trate de mera fraude. Mas esse capital não existe duas vezes: a primeira, como valor-capital dos títulos de propriedade, das ações, e a segunda, como capital realmente investido ou que tem de ser investido naquelas empresas. Ele só existe nesta última forma, e a ação não é mais que um título de propriedade que dá direito a participar *pro rata* [proporcionalmente] no mais-valor que aquele capital vier a realizar. *A* pode vender esse título a *B*, e *B*, a *C*. Essas transações não alteram em nada a natureza do problema. Com isso, *A* ou *B* converteram seu título em capital, mas *C* converteu seu capital em mero título de propriedade sobre o mais-valor que se espera do capital acionário.

O movimento independente do valor desses títulos de posse, não só dos títulos da dívida pública, mas também das ações, reforça a ilusão de que eles constituem um capital real ao lado do capital ou do direito ao qual eles possivelmente deem título. Pois esses títulos se tornam, de fato, mercadorias, cujo preço tem seus próprios movimentos característicos e é fixado de maneira peculiar. Seu valor de mercado é determinado diferentemente de seu valor nominal, sem que se altere o valor (ainda que se possa alterar a valorização) do capital real. Por um lado, seu valor de mercado flutua com o montante e a confiabilidade dos rendimentos sobre os quais conferem título legal. Se o valor nominal de uma ação, isto é, da soma desembolsada que a ação originalmente representa, é de £100, e a empresa gera 10% em vez de 5%, seu valor de mercado, mantendo-se constantes as demais circunstâncias e com uma taxa de juros de 5%, aumentará para £200, pois, capitalizada a 5%, a ação representa um capital fictício de £200. Quem a comprar por £200 obterá 5% de renda sobre esse investimento de capital. E o contrário ocorrerá quando diminui o rendimento da empresa. O valor de mercado desses papéis é, em parte, especulativo, pois não depende somente dos ganhos reais, mas também dos ganhos esperados, calculados por antecipação. Se pressupomos como constante a valorização do capital real ou, onde não existe capital, como no caso da dívida pública, se pressupomos a renda anual como fixada por lei e também antecipada com suficiente segurança, temos que o preço desses papéis aumenta ou diminui na razão inversa da taxa de juros. Se esta sobe de 5% para 10%, então um título que assegura um ganho de £5 representa apenas um capital de £50. Se cai para 2½%, então o mesmo título representa um capital de £200. Seu valor é sempre o rendimento capitalizado, isto é, calculado sobre um capital ilusório, com base na taxa de juros vigente. Por isso, em épocas de dificuldades no mercado monetário, o preço desses títulos cai de duplo modo; primeiro, porque aumenta a taxa de juros e, segundo, porque os títulos são lançados em massa no mercado para serem realizados em dinheiro. Essa queda de preço se produz independentemente da circunstância que o rendimento que esses papéis asseguram a seu possuidor ser constante, como é o caso dos títulos da dívida pública, ou de a valorização do capital real que eles representam ser afetada pelas perturbações do processo de reprodução, como é o caso das empresas industriais. Nesta última situação, à depreciação mencionada acrescenta-se outra. Passada a tormenta, esses papéis voltam a subir ao nível de antes, desde que não representem empresas falidas ou fraudulentas. Sua depreciação durante a crise serve como um poderoso meio de centralização de fortunas em dinheiro[2].

---

[2] Logo após a revolução de fevereiro, quando em Paris mercadorias e títulos estavam muito desvalorizados e se tornaram invendáveis, um comerciante suíço em Liverpool, o sr. R. Zwilchenbart (que contou isso a meu pai), converteu em dinheiro tudo o que pôde, viajou a Paris levando o dinheiro em espécie e foi até Rothschild, a quem propôs um negócio comum. Rothschild o olhou fixamente, atirou-se sobre ele, segurando-o pelos ombros: "*Avez-vous de l'argent sur vous?*" "*Oui, m. le baron.*" "*Alors vous êtes mon homme!*" ["O senhor tem dinheiro consigo?" "Sim, sr. barão." "Então o senhor é meu homem!"] E ambos fizeram um brilhante negócio. (F. E.)

Na medida em que a depreciação ou o aumento de valor desses títulos é independente do movimento de valor do capital real que representam, a riqueza de uma nação permanece a mesma depois dessa desvalorização ou valorização. "Em 23 de outubro de 1847, os títulos públicos e as ações dos canais e das ferrovias já se encontravam desvalorizados num montante de £114.752.225" (Morris, governador do Banco da Inglaterra, testemunho no relatório sobre *Commercial Distress*, 1847-1848 [n. 3.800]). Em todos os casos em que sua desvalorização não refletia uma paralisação real da produção e do tráfego em ferrovias e canais, uma suspensão dos empreendimentos iniciados ou o desperdício de capital em empresas comprovadamente sem valor, a nação não ficou nem um centavo mais pobre ao estourar essa bolha de capital monetário puramente nominal.

Todos esses títulos não representam mais do que direitos acumulados, títulos jurídicos sobre a produção futura, cujo valor monetário ou valor-capital não representa capital nenhum, como no caso da dívida pública, ou é regulado independentemente do valor do capital real que representam.

Em todos os países de produção capitalista encontra-se, nessa forma, uma massa enorme do assim chamado capital portador de juros, ou *moneyed capital*. E por acumulação do capital monetário devemos entender fundamentalmente uma acumulação desses direitos sobre a produção, uma acumulação do preço de mercado, do valor-capital ilusório desses direitos.

Uma parte do capital bancário é agora investida nesses assim chamados papéis portadores de juros. Ela mesma é uma parte do capital de reserva que não desempenha nenhuma função nas operações bancárias reais. A parte mais importante desses papéis está formada pelas letras de câmbio, isto é, pelas promessas de pagamento dos capitalistas industriais ou dos comerciantes. Para quem empresta o dinheiro, essas letras de câmbio são papéis portadores de juros; quando as compra, ele deduz os juros pelo tempo que falta até o vencimento. É o chamado desconto de letras. A grandeza da dedução que se faz da soma que a letra de câmbio representa depende, pois, da taxa de juros vigente em cada momento.

Finalmente, a última parte do capital do banqueiro consiste em sua reserva monetária em ouro ou cédulas bancárias. Os depósitos, quando não de longo prazo, encontram-se sempre à disposição dos depositantes. Estão em constante flutuação. Mas o que uns retiram outros repõem, de modo que a soma média geral flutua pouco em épocas de negócios normais.

Em países de produção capitalista desenvolvida, os fundos de reserva dos bancos expressam sempre, em média, a grandeza do dinheiro entesourado num país, e uma parte desse tesouro é formada por títulos, meros direitos sobre ouro, mas que não têm em si nenhum valor. A maior parte do capital bancário é, pois, puramente fictícia e consiste em títulos de dívidas (letras de câmbio), títulos da dívida pública (que representam capital pretérito) e ações (direitos sobre rendimentos futuros). E não devemos esquecer que o valor monetário do capital representado por esses papéis nos cofres do banqueiro é, ele mesmo, fictício, na medida em que tais papéis consistem em direitos sobre rendimentos seguros (como no caso dos títulos da dívida pública) ou títulos de propriedade de capital real (como no caso das ações) e que esse valor é regulado diferentemente do valor do capital real, que, ao menos em parte, esses papéis representam; ou quando representam mero direito a rendimentos, e não capital, o direito ao mesmo rendimento é expresso num montante de capital monetário fictício constantemente variável. Ademais, é preciso notar que esse capital fictício do banqueiro representa, em grande parte, não um capital do próprio banqueiro, mas do público que o deposita em suas mãos, com ou sem juros.

Os depósitos são sempre feitos em dinheiro, em ouro ou cédulas bancárias ou em direitos sobre estes. Excetuando o fundo de reserva, que, segundo as necessidades da circulação real, se contrai ou se expande, esses depósitos sempre se encontram nas mãos, por um lado, dos capitalistas industriais e dos comerciantes, que com eles descontam suas letras de câmbio e realizam adiantamentos, ou, por outro lado, nas mãos dos negociantes de títulos (corretores da Bolsa), ou de particulares que vendem seus títulos, ou do governo (no caso de títulos do Tesouro e de novos empréstimos). Os próprios depósitos cumprem uma dupla função. Por um lado, como acabamos de mencionar, são emprestados como capital portador de juros e, assim, não estão nos cofres dos bancos, mas apenas figuram em sua contabilidade como créditos dos depositantes. Por outro lado, têm a função de meros registros contábeis, na medida em que os créditos mútuos dos depositantes se equalizam por meio de cheques sobre seus depósitos e, assim, compensam uns aos outros; nesse processo, é irrelevante se os depósitos estão em poder do próprio banqueiro, que trata de compensar as diversas contas entre si, ou em poder de bancos diferentes, que trocam entre si os cheques e apenas saldam as diferenças.

Ao desenvolverem-se o capital portador de juros e o sistema de crédito, todo capital parece duplicar e às vezes triplicar pelos diversos modos em que o mesmo capital ou o mesmo título de dívida aparece sob diferentes formas em diferentes mãos[3]. Esse "capital monetário" é, em sua maior parte, puramente fictício. Todos os depósitos, com exceção do fundo de reserva, não são mais

---

3 {Essa duplicação e essa triplicação de capital foram consideravelmente desenvolvidas nos últimos anos, por exemplo, pelos *financial trusts*, que já ocupam uma rubrica

que créditos contra o banqueiro e jamais existem em depósito. Na medida em que servem para operações de giro, funcionam como capital para os banqueiros, depois que estes os emprestaram. Os banqueiros pagam uns aos outros os direitos recíprocos sobre os depósitos não existentes mediante a compensação mútua desses créditos.

Com relação ao papel desempenhado pelo capital no empréstimo de dinheiro, diz A.[dam] Smith:

> "Mesmo nos negócios monetários, no entanto, o dinheiro é, por assim dizer, mero instrumento que transfere de uma a outra mão os capitais não aplicados por seus próprios proprietários. Tais capitais podem ultrapassar em quase qualquer proporção o montante de dinheiro que serve de instrumento para sua transferência, uma vez que as mesmas peças monetárias servem sucessivamente para muitos empréstimos distintos, assim como para muitas compras distintas. Digamos, por exemplo, que *A* empreste a *W* £1.000, com as quais este último compra imediatamente de *B* mercadorias no valor de £1.000. E que *B*, não tendo aplicação nenhuma para o dinheiro, empreste as mesmas peças monetárias a *X*, com as quais este último imediatamente compra mercadorias de *C* por £1.000. Do mesmo modo, e pelo mesmo motivo, *C* empresta esse dinheiro a *Y*, que o utiliza para comprar mercadorias de *D*. Assim, decorridos alguns dias, as mesmas peças de ouro ou de papel podem servir para mediar três empréstimos diferentes e três compras diferentes, cada um dos quais é igual ao valor do montante total dessas peças. O que os credores *A*, *B* e *C* transferiram aos três mutuários *W*, *X* e *Y* foi o poder de fazer as referidas compras. Nesse poder consiste tanto o valor quanto a utilidade desses empréstimos. O capital emprestado pelos três credores é igual ao valor das mercadorias que com ele podem

especial no boletim da Bolsa de Londres. Constitui-se uma sociedade para a compra de certa classe de papéis portadores de juros – digamos, títulos públicos estrangeiros, títulos da dívida municipal inglesa ou da dívida pública americana, ações ferroviárias etc. O capital de, digamos, £2 milhões é obtido mediante a subscrição de ações; a direção compra os valores correspondentes ou especula com eles mais ou menos ativamente e distribui o montante dos juros anuais obtidos depois de descontar os custos como dividendo entre os acionistas. – Além disso, entre algumas sociedades por ações surgiu o costume de dividir as ações comuns em duas classes, *preferred* [preferenciais] e *deferred* [diferidas]. As *preferred* recebem juros fixos, digamos, de 5%, pressupondo que o lucro total o permita; se restar algo, as *deferred* recebem. Dessa maneira, o investimento "sólido" nas *preferred* é mais ou menos apartado da especulação propriamente dita nas *deferred*. Como algumas grandes empresas recusaram-se a se sujeitar a essa nova moda, formaram-se sociedades que investiram um ou vários milhões de libras esterlinas nas ações daquelas e, em seguida, pelo valor nominal dessas ações, emitiram novas ações, mas sendo metade *preferred*, metade *deferred*. Nesses casos, as ações originárias são duplicadas ao servir de base para a emissão de novas ações. (F. E.)}

ser compradas e é três vezes maior que o valor do dinheiro com que se realizam as compras. Todos esses empréstimos, no entanto, podem ser absolutamente garantidos, pois as mercadorias compradas pelos diversos devedores podem ser empregadas de tal modo que, no devido tempo, deem um retorno de valor igual em ouro ou papel-moeda e até um mesmo lucro. Do mesmo modo que as mesmas peças monetárias podem servir para a mediação de diferentes empréstimos de três ou mesmo de trinta vezes seu valor, elas também podem servir, num momento posterior, como meio de reembolso." (Livro II, capítulo 4*)

Na medida em que a mesma peça monetária pode ser utilizada para diferentes compras, de acordo com a velocidade de sua circulação, ela também pode servir para efetuar diferentes empréstimos, já que as compras fazem com que ela passe de uma pessoa para outra, e o empréstimo não é senão uma transferência do dinheiro de uma pessoa para outra, sem que essa transferência seja mediada por uma compra. Para cada vendedor, o dinheiro representa a forma transfigurada de sua mercadoria; atualmente, quando todo valor se expressa como valor-capital, ele representa, nos diversos empréstimos, diversos capitais sucessivos, o que é apenas outro modo de expressar a afirmação anterior de que ele pode realizar sucessivamente diversos valores-mercadorias. Ao mesmo tempo, serve de meio de circulação para fazer com que os capitais materiais [*sachlichen*] troquem de mãos. Enquanto permanece nas mãos do prestamista, o dinheiro não é meio de circulação, mas existência de valor de seu capital. E é nessa forma que o prestamista o transfere em empréstimo a um terceiro. Se *A* tivesse emprestado o dinheiro a *B*, e este, a *C*, sem mediação de nenhuma compra, o mesmo dinheiro não representaria três capitais, mas somente um: *um único* valor-capital. O número de capitais que ele realmente representa depende de quantas vezes funciona como forma de valor de diferentes capitais-mercadorias.

A mesma coisa que A.[dam] Smith diz dos empréstimos em geral se aplica aos depósitos, que na realidade não são mais que um nome específico para os empréstimos que o público faz aos banqueiros. As mesmas peças monetárias podem servir de instrumento para um número indeterminado de depósitos.

"É indiscutivelmente verdadeiro que as £1.000 que alguém hoje deposita em *A* voltam a ser desembolsadas amanhã para formar um depósito em poder de *B*. No dia seguinte, se são desembolsadas por *B*, podem formar um depósito nas mãos de *C*, e assim por diante, até o infinito. Portanto, as mesmas £1.000 em dinheiro

---

* Adam Smith, *An Inquiry into the Nature and Causes of the Wealth of Nations* (Londres, Aberdeen, 1848), p. 236. (N. E. A.)

podem, mediante uma série de transferências, multiplicar-se numa soma absolutamente indeterminável de depósitos. É possível, portanto, que 9/10 de todos os depósitos do Reino Unido não passem de registros nos livros de contabilidade dos bancos, que, por sua vez, têm de prestar conta deles. [...] Assim acontece, por exemplo, na Escócia, onde a circulação monetária jamais excedeu £3 milhões, mas os depósitos chegam a £27 milhões. Se não houver uma corrida geral aos bancos para o resgate dos depósitos, as mesmas £1.000, percorrendo idêntico caminho em sentido inverso, poderiam saldar uma soma igualmente indeterminável com igual facilidade. Como as £1.000 com as quais hoje alguém salda uma dívida a um varejista podem ser empregadas, amanhã, para saldar a dívida que ele possui com o comerciante atacadista e, no dia seguinte, para cobrir a dívida deste último com o banco, e assim sucessivamente, até o infinito, do mesmo modo essas £1.000 podem passar de mão em mão e de banco em banco e saldar qualquer soma de depósitos que se imagine." (*The Currency Theory Reviewed*, [Londres, 1845,] p. 162-3)

Nesse sistema de crédito, tudo é duplicado, triplicado e transformado em simples fantasias, e o mesmo se aplica ao "fundo de reserva", onde se acreditava enfim poder agarrar algo sólido.

Voltemos a ouvir o que diz o sr. Morris, governador do Banco da Inglaterra:

"As reservas dos bancos privados se encontram nas mãos do Banco da Inglaterra, na forma de depósitos. Uma drenagem de ouro parece, num primeiro momento, afetar somente esse banco, mas afetaria também as reservas dos outros bancos, pois é a drenagem de uma parte da reserva que eles possuem em nosso banco. Do mesmo modo, afetaria as reservas de todos os bancos provinciais." (*Commercial Distress*, 1847-1848 [n. 3.639 e 3.642])

Por último, os fundos de reserva se fundem, na realidade, com o fundo de reserva do Banco da Inglaterra[4]. Mas também esse fundo de reserva tem uma

[4] O quanto esse fenômeno aumentou desde então está demonstrado pela seguinte relação das reservas bancárias dos quinze bancos mais importantes de Londres, em novembro de 1892, extraída do *Daily News* de 15 de dezembro do mesmo ano:

Nome do banco	Passivo (em £)	Reservas em dinheiro (em £)	%
City	9.317.629	746.551	8,01
Capital and Countries	11.392.744	1.307.483	11,47
Imperial	3.987.400	447.157	11,21
Lloyds	23.800.937	2.966.806	12,46
London and Westminster	24.671.559	3.818.885	15,50
London and S. Western	5.570.268	812.353	13,58

(continua)

dupla existência. O fundo de reserva do *banking department* [departamento bancário] equivale ao excesso de cédulas que o Banco da Inglaterra está autorizado a emitir sobre as cédulas que se encontram em circulação. O máximo legal das cédulas que se podem emitir é = £14 milhões (pelo qual não se exige reserva metálica; é aproximadamente o montante da dívida do Estado para com o banco) mais o montante de reservas do banco em metais preciosos. Portanto, supondo que essas reservas cheguem a £14 milhões, o Banco da Inglaterra poderá emitir £28 milhões em cédulas bancárias; se destas circulam £20 milhões, então o fundo de reserva do *banking department* será = [£]8 milhões. Essas [£]8 milhões em cédulas representarão, legalmente, o capital bancário de que o banco poderá dispor e, ao mesmo tempo, o fundo de reserva para seus depósitos. Se, nessas condições, ocorrer uma drenagem do ouro que reduza a reserva metálica em [£]6 milhões – pelo que o mesmo montante em cédulas tem de ser destruído –, a reserva do *banking department* cairia de [£]8 milhões para [£]2 milhões. Por um lado, o banco elevaria consideravelmente sua taxa de juros; por outro, os bancos que nele tivessem depósitos e os outros depositantes assistiriam a uma redução considerável do fundo de reserva para seus próprios créditos no banco. Em 1857, os quatro maiores bancos por ações de Londres ameaçaram retirar seus depósitos caso o Banco da Inglaterra não conseguisse uma "ordem do governo" declarando suspensa[5] a lei

---

(continuação)

Nome do banco	**Passivo (em £)**	**Reservas em dinheiro (em £)**	**%**
London Joint Stock	12.127.993	1.288.977	10,62
London and Midland	8.814.499	1.127.280	12,79
London and County	37.111.035	3.600.374	9,70
National	11.163.829	1.426.225	12,77
National Provincial	41.907.384	4.614.780	11,01
Parrs and the Alliance	12.794.489	1.532.707	11,93
Prescott and Co.	4.041.058	538.517	13,07
Union of London	15.502.618	2.300.084	14,84
Williams, Deacon, and Manchester and Co.	10.452.381	1.317.628	12,60
Total:	232.655.823	27.845.807	11,97

Dessas reservas de quase £28 milhões, pelo menos £25 milhões estão depositados no Banco da Inglaterra, restando no máximo [£]3 milhões em moeda metálica nos cofres dos 15 bancos. Mas as reservas em espécie do departamento bancário do Banco da Inglaterra, no mesmo mês de novembro de 1892, nunca chegaram a um montante de [£]16 milhões! (F. E.)

5 Com a suspensão da lei bancária de 1844, ficava permitido ao banco emitir a quantidade de cédulas que desejasse, sem considerar a cobertura pela reserva de ouro que se encontrava em suas mãos; permitia-se, portanto, criar as quantidades que se desejasse de capital monetário fictício de papel, com ele realizar adiantamentos aos bancos e corretores de letras de câmbio e, por meio destes, ao comércio. (F. E.)

bancária de 1844, o que acarretaria a falência do *banking department*. Desse modo, o *banking department* poderia falir, como ocorreu em 1847, enquanto no *issue department* [departamento de emissão] estão guardados muitos milhões (em 1847, por exemplo, eram [£]8 milhões) para garantir a conversibilidade das cédulas em circulação. Mas isso é, também, algo puramente ilusório.

> "Boa parte dos depósitos, para a qual os próprios banqueiros não têm demanda imediata, vai parar nas mãos dos *bill-brokers*" (que, literalmente, significa corretores de letras de câmbio, mas que são, na realidade, meio banqueiros), "que entregam ao banqueiro, em troca e como garantia, letras de câmbio comerciais já descontadas por eles para pessoas de Londres e das províncias. O *bill-broker* responde perante o banqueiro pelo reembolso desse *money at call*" (dinheiro imediatamente reembolsável assim que solicitado); "e essas operações alcançam um volume tão enorme que o sr. Neave, o atual presidente do Banco" (da Inglaterra), "diz em seu depoimento: 'Sabemos que um *broker* tinha em seu poder [£]5 milhões, e temos razões para supor que outro chegou a possuir entre [£]8 e [£]10 milhões; um tinha 4, outro 3½, outro mais de 8. Refiro-me aos depósitos com os *brokers*'." (*Report of Commitee on Bank Acts*, 1857-1858, p. 5, §8)
>
> "Os *bill-brokers* de Londres [...] efetuavam suas enormes transações sem nenhuma reserva em dinheiro vivo, confiando nas entradas pelas letras que venciam sucessivamente ou, caso necessário, em seu poder de obter adiantamentos do Banco da Inglaterra, garantidos pelo depósito das letras já descontadas por eles." [Ibidem, p. 8, §17] Em 1847, duas firmas de *bill-brokers* de Londres suspenderam pagamentos; mais tarde, ambas voltaram a realizar negócios, até que suspenderam os pagamentos em 1857. Em 1847, o passivo de uma delas chegava, em números redondos, a £2.683.000 para um capital de £180.000; em 1857, seu passivo era = £5.300.000, ao passo que o capital certamente não ia além de ¼ do que fora em 1847. O passivo da outra firma oscilava, em ambos os anos, entre [£]3 milhões e [£]4 milhões, para um capital não superior a £45.000" (Ibidem, p. xxi, §52).

Capítulo 30

Capital monetário e capital real – I

As únicas dificuldades que temos de abordar aqui, em relação ao sistema de crédito, são as seguintes:

Primeira: a acumulação do capital monetário. Até que ponto ela é um signo de acumulação efetiva de capital, isto é, de reprodução em escala ampliada, e até que ponto não o é? A assim chamada pletora de capital, termo que só se utiliza com referência ao capital portador de juros, isto é, ao capital monetário, não é mais que um modo especial de designar a superprodução industrial ou constitui um fenômeno particular ao lado dela? Coincide essa pletora, esse excesso de oferta de capital monetário, com a existência de massas de dinheiro estagnado (lingotes, moedas de ouro e cédulas bancárias), de modo que essa superabundância de dinheiro real seja expressão e forma externa daquela pletora de capital de empréstimo?

Segunda: até que ponto a escassez de dinheiro, isto é, de capital de empréstimo, expressa uma escassez de capital real (de capital-mercadoria e capital produtivo)? Até que ponto ele coincide, por outro lado, com a escassez de dinheiro como tal, com a escassez de meios de circulação?

Em nossa análise da forma peculiar da acumulação do capital monetário e da riqueza monetária em geral, vimos que ela se reduziu à acumulação de títulos de propriedade sobre o trabalho. A acumulação do capital da dívida pública revelou-se como sendo apenas um aumento na classe de credores do Estado, que detêm o privilégio de retirar antecipadamente para si certas somas sobre a massa dos impostos públicos[6]. Por meio desses fatos, nos quais até uma acumulação de dívidas pode aparecer como acumulação de capital, é revelado a que extremo de distorção chega o sistema de crédito.

---

6 "Os títulos públicos não são mais que o capital imaginário, que representa a parte da receita anual destinada ao pagamento das dívidas. Um capital de mesma grandeza foi dissipado; este serve como denominador para o empréstimo, mas não é o que o título

Esses títulos de dívida, que são emitidos sobre o capital originalmente emprestado e gasto há muito tempo, essas duplicatas de papel de um capital já consumido, servem para seus possuidores como capital na medida em que são mercadorias que podem ser vendidas e, com isso, reconvertidas em capital.

Como também vimos, os títulos de propriedade sobre sociedades por ações, ferrovias, minas etc., com efeito, dão direito a um capital real, mas não conferem a quem os possui nenhum poder de dispor desse capital; esse capital não pode ser retirado de onde está. Tais títulos apenas dão direito a reclamar uma parte do mais-valor a ser produzido por esse mesmo capital. Mas esses títulos se convertem também em duplicatas de papel do capital real, como se o conhecimento de carga obtivesse um valor separado do da carga e concomitantemente a ele. Convertem-se em representantes nominais de capitais inexistentes. O capital real existe ao lado deles e não muda de mãos pelo fato de essas duplicatas mudarem de mãos. Esses papéis se convertem em formas do capital portador de juros, não só por garantirem certos rendimentos, mas porque, além disso, podem ser vendidos e reembolsados como valores-capitais. Na medida em que a acumulação desses títulos expressa a acumulação de ferrovias, minas, navios a vapor etc., ela representa a ampliação do processo real de reprodução, do mesmo modo que, por exemplo, a ampliação de uma lista de impostos sobre a propriedade imobiliária representa a expansão dessa propriedade. Porém, como duplicatas que, em si mesmas, podem ser negociadas como mercadorias e, por isso, circulam como valores-capitais, elas são ilusórias, e seu montante de valor pode diminuir ou aumentar com absoluta independência do movimento de valor do capital real, sobre o qual são títulos. Seu montante de valor, isto é, sua cotação na Bolsa, tende a subir com a queda da taxa de juros, na medida em que esta, independentemente dos movimentos peculiares do capital monetário, é simples consequência da queda tendencial da taxa de lucro, de modo que essa riqueza imaginária, de acordo com a expressão de valor de cada uma das alíquotas de determinado valor nominal

público representa, pois o capital já não existe em absoluto. Nesse ínterim, novas riquezas devem surgir do trabalho da indústria; uma parte anual dessas riquezas é destinada, de antemão, àqueles que emprestaram as riquezas dissipadas; essa parte é subtraída, por meio de impostos, daqueles que produzem as riquezas para ser dada aos credores do Estado, e, de acordo com a proporção entre capital e juros habitual no país, supõe-se um capital imaginário, com a mesma grandeza do capital de que poderia surgir a renda anual que os credores têm a receber" (Sismondi, *Nouveaux principes [d'économie politique]*, v. 2, [Paris, Chez Delaunay,], p. 230).

originário, só por essa razão se expande no curso do desenvolvimento da produção capitalista[7].

Ganhar ou perder em virtude das flutuações de preço desses títulos de propriedade e de sua centralização nas mãos dos reis das ferrovias etc. converte-se cada vez mais em obra do acaso, que agora toma o lugar do trabalho como modo original de aquisição da propriedade do capital, e também o lugar da violência direta. Esse tipo de riqueza monetária imaginária constitui uma parte considerável não só da riqueza monetária dos particulares, mas também, como já dissemos, do capital dos banqueiros.

Por acumulação do capital monetário seria possível também entender – mencionamos isso apenas de passagem para liquidar rapidamente o tema – a acumulação da riqueza nas mãos dos banqueiros (prestamistas de dinheiro por profissão), como mediadores entre os capitalistas monetários privados, de um lado, e o Estado, os municípios e os prestamistas reprodutivos, de outro; porque toda a enorme expansão do sistema de crédito, todo o crédito em geral, é explorada por eles como se fosse seu capital privado. Esses sujeitos possuem o capital e a receita sempre em forma de dinheiro ou de direitos que versam diretamente sobre o dinheiro. A acumulação da fortuna dessa classe pode ter lugar de maneira muito distinta da acumulação real, mas, em todo caso, demonstra que essa classe embolsa uma parcela considerável desta última.

Limitemos ainda mais o problema de que tratamos: os títulos estatais, assim como ações e outros títulos de todas as espécies, são esferas de investimento para o capital de empréstimo, para o capital destinado a produzir juros. São formas de empréstimo desse capital. Mas não são, eles mesmos, o capital de empréstimo que se investe neles. Por outro lado, na medida em que o crédito desempenha um papel direto no processo de reprodução, aquilo de que o industrial ou o comerciante necessitam quando querem que se desconte uma letra ou se lhe conceda um empréstimo não são ações nem títulos estatais. Eles precisam é de dinheiro. Por isso, quando não podem obter o dinheiro de outro modo, o que fazem é vender ou penhorar aqueles papéis. É a acumulação *desse* capital de empréstimo que temos de examinar

---

[7] Uma parte do capital monetário acumulado e emprestável é, na realidade, mera expressão de capital industrial. Quando, por exemplo, a Inglaterra, por volta de 1857, investiu £80 milhões em ferrovias americanas e outros empreendimentos, essa aplicação foi quase exclusivamente mediada pela exportação de mercadorias inglesas, pelas quais os americanos não tiveram de pagar nada. Contra essas mercadorias, o exportador inglês emitia letras de câmbio sobre a América, as quais eram compradas pelos acionistas ingleses e enviadas à América como pagamento dos montantes em ações.

aqui, em especial a do capital-monetário emprestável. Nesse caso, não se trata de empréstimos de casas, maquinaria ou outro capital fixo. Tampouco se trata dos adiantamentos que os industriais e os comerciantes se fazem reciprocamente em mercadorias, dentro da órbita do processo de reprodução, embora tenhamos de examinar esse ponto em detalhe adiante. Trata-se exclusivamente dos empréstimos em dinheiro que os banqueiros, como intermediários, fazem a industriais e comerciantes.

* * *

Iniciemos, portanto, com o exame do crédito comercial, isto é, do crédito que os capitalistas ocupados na reprodução concedem uns aos outros. Ele forma a base do sistema de crédito. Seu representante é a letra de câmbio, um certificado de dívida com prazo fixo de vencimento, *document of deferred payment* [documento de pagamento diferido]. Cada um concede crédito com uma das mãos e o obtém com a outra. Abstraiamos, por enquanto, do crédito bancário que constitui um fator completamente distinto, essencialmente diverso. Quando essas letras de câmbio voltam a circular entre os próprios comerciantes como meios de pagamento, mediante endosso de um para o outro, mas sem interferência do desconto, trata-se simplesmente de uma transferência do título de crédito de *A* para *B*, que não altera em nada o processo. O que ocorre é apenas a substituição de uma pessoa por outra. Mesmo nesse caso, a liquidação pode operar-se sem que o dinheiro intervenha. O fiandeiro *A*, por exemplo, tem de pagar uma letra ao corretor de algodão *B*, e este, ao importador *C*. Se agora *C* também se dedica a exportar fios, o que ocorre com bastante frequência, ele pode comprar fio de *A* pagando-lhe com letras, e o fiandeiro *A* pode cobrir o corretor *B* com a própria letra deste último, recebida de *C* em pagamento, caso em que restará apenas, por fim, um saldo em dinheiro a ser pago. Toda essa transação não faz mais do que mediar a troca de algodão por fios. O exportador representa somente o fiandeiro, o corretor, o plantador de algodão.

Ora, examinando o ciclo desse crédito puramente comercial, cabem duas observações:

Primeira: a liquidação desses débitos recíprocos depende do refluxo do capital, isto é, da operação M-D, que aqui está simplesmente suprimida. Se o fiandeiro recebeu uma letra do fabricante de chita, então este poderá pagar-lhe se, nesse ínterim, vendeu a chita por ele lançada no mercado. Se o especulador de trigo deu uma letra de câmbio a seu agente, então este poderá pagar o dinheiro se, nesse ínterim, conseguiu vender o trigo pelo preço esperado.

Esses pagamentos dependem, portanto, da fluidez da reprodução, isto é, dos processos de produção e de consumo. Mas, como os créditos são mútuos, a solvência de cada um depende ao mesmo tempo da solvência dos outros, pois, ao emitir a letra de câmbio, cada um deles confia, seja no retorno do capital em seu próprio negócio, seja no retorno no negócio de um terceiro que tem de lhe pagar uma letra. Abstraindo da perspectiva de retornos do capital, a possibilidade do pagamento dependerá exclusivamente do capital de reserva de que o emissor da letra disponha para poder cumprir seus compromissos, no caso de se retardar o retorno esperado.

Segunda: esse sistema de crédito não exclui a necessidade de pagamentos monetários em espécie. Por um lado, uma grande parte das despesas deve ser sempre paga em espécie, como ocorre com os salários, os impostos etc. Além disso, é possível que *B*, a quem *C* pagou com uma letra de câmbio, tenha, antes que essa letra vença, de pagar a *A* uma letra vencida e, para isso, necessite de dinheiro em espécie. Um ciclo completo de reprodução como o descrito antes, que vai do plantador de algodão até o fiandeiro de algodão, e vice-versa, pode constituir apenas uma exceção e será constantemente interrompido em muitos pontos. Vimos, ao tratar do processo de reprodução (Livro II, seção III), que os produtores de capital constante trocam entre si, em parte, capital constante. Nessas operações, eles podem compensar mais ou menos suas letras de câmbio. O mesmo acontece na linha ascendente da produção, em que o corretor de algodão tem de sacar sobre o fiandeiro; este, sobre o fabricante de chita; este, sobre o exportador; e este, sobre o importador (talvez, novamente, de algodão). Nem sempre ocorre um ciclo das transações e, portanto, uma reversão da linha de créditos. O crédito do fiandeiro contra o tecelão, por exemplo, não é liquidado pelo crédito do fornecedor de carvão contra o fabricante de máquinas; em seu negócio, o fiandeiro jamais tem de conceder créditos compensatórios ao fabricante de máquinas, pois seu produto, o fio, nunca entra como elemento no processo de reprodução deste último. Por isso, esses créditos têm de ser saldados em dinheiro.

Os limites desse crédito comercial, considerados em si mesmos, são: 1) a riqueza dos industriais e comerciantes, isto é, sua possibilidade de dispor de capital de reserva, no caso de haver atraso nos refluxos de capital; 2) esses próprios refluxos, que podem apresentar um atraso temporário. Também pode ocorrer que, nesse ínterim, caia o preço das mercadorias ou que elas se tornem momentaneamente invendáveis pela paralisação dos mercados. Quanto maior for o prazo de vencimento da letra, maior terá de ser o capital de reserva e maior também será a possibilidade de redução ou atraso do refluxo como consequência da queda de preços ou da saturação dos mercados.

E, além disso, os retornos serão tanto mais incertos quanto mais a transação inicial tiver sido determinada pela especulação sobre o aumento ou diminuição do preço das mercadorias. Mas é evidente que, com o desenvolvimento da força produtiva do trabalho e, portanto, da produção em grande escala, 1) os mercados se expandem e se distanciam dos centros de produção; 2) por isso, os créditos têm de prolongar-se; e 3) o elemento especulativo tende a dominar cada vez mais as transações. A produção em grande escala e com destino a mercados mais remotos lança o produto total nas mãos do comércio, mas é impossível que o capital da nação se duplique, fazendo com que o comércio por si só seja capaz de comprar e revender, com seu próprio capital, todo o produto nacional. Nesses casos, portanto, o crédito é indispensável; crédito cujo volume cresce ao crescer o montante de valor da produção e cuja duração se prolonga ao aumentar a distância dos mercados. Tem-se aqui um efeito recíproco. O desenvolvimento do processo de produção expande o crédito, e este último leva à expansão das operações industriais e comerciais.

Ao examinarmos esse crédito separadamente do crédito do banqueiro, fica claro que ele aumenta com o volume do próprio capital industrial. Capital de empréstimo e capital industrial são, aqui, idênticos. O capital emprestado é capital-mercadoria, que se destina ou ao consumo individual final, ou à reposição dos elementos constantes do capital produtivo. Por conseguinte, o que aqui aparece como capital emprestado é sempre capital que se encontra em determinada fase do processo de reprodução, mas que muda de mãos mediante a compra e a venda, enquanto o equivalente dele só é pago [pelo] comprador posteriormente, dentro do prazo estipulado. Por exemplo, o algodão é transferido às mãos do fiandeiro mediante uma letra de câmbio; o fio também passa às mãos do fabricante de chita mediante uma letra; a chita é adquirida em troca de uma letra pelo comerciante, e de suas mãos ela passa, mediante o mesmo instrumento de crédito, às mãos do exportador, que as transfere nas mesmas condições a um comerciante da Índia, que a vende para comprar índigo etc. Durante essa transferência de uma mão a outra, efetua-se a transformação do algodão em chita, que, por fim, é transportada para a Índia e trocada por índigo, o qual, por sua vez, é embarcado para a Europa e ali volta a entrar no processo de reprodução. O crédito serve aqui de mediador das diversas fases do processo de reprodução, sem que o fabricante de fios tenha de pagar o algodão, o fabricante de chita, o fio, o comerciante, a chita etc. Nos primeiros estágios do processo, a mercadoria – o algodão – percorre suas distintas fases de produção, e esse trajeto é mediado pelo crédito. Porém, assim que o algodão recebe na produção sua forma final de mercadoria, esse capital-mercadoria passa somente pelas mãos de diversos comerciantes, que efetuam seu transporte a mercados distantes, até que o último elemento dessa cadeia de comerciantes vende, por fim, a mercadoria ao consumidor e, em troca, compra outra mercadoria destinada ao consumo ou ao processo de reprodução. É preciso distinguir aqui, pois, dois estágios: no primeiro, o crédito medeia as fases reais que se sucedem na produção do mesmo artigo; na segunda, ele medeia apenas a transferência do artigo produzido das mãos de um comerciante às mãos de outro, aí incluindo o transporte, isto é, o ato M-D. Também aqui, no entanto, vemos que a mercadoria se encontra sempre, no mínimo, na esfera da circulação, portanto numa das fases do processo de reprodução.

O que aqui se empresta não é jamais um capital inativo, mas capital que nas mãos de seu possuidor tem de mudar de forma, que existe numa forma em que, para ele, é simples capital-mercadoria, isto é, que tem de ser novamente transformado e, pelo menos num primeiro momento, convertido em dinheiro. Portanto, o crédito serve aqui de mediador da metamorfose da mercadoria; não só M-D, mas também D-M e o processo real de produção. Abundância de crédito dentro do ciclo da reprodução – abstraindo do crédito bancário – não significa abundância de capital desocupado, que se oferece para empréstimo e procura um investimento rentável, mas uma grande ocupação de capital no processo da reprodução. O crédito medeia aqui, portanto: 1) na medida em que se consideram os capitalistas industriais, a transição do capital industrial de uma fase a outra, a conexão entre esferas vinculadas da produção; 2) na medida em que se consideram os comerciantes, o transporte e a transferência das mercadorias de mãos, até sua venda definitiva por dinheiro ou sua troca por outras mercadorias.

O máximo de crédito equivale aqui ao investimento mais pleno do capital industrial, isto é, à máxima atividade de sua força de reprodução, sem levar em conta os limites do consumo. Esses limites do consumo são ampliados pela própria atividade do processo de reprodução; esta aumenta, por um lado, o consumo das rendas pelos trabalhadores e pelos capitalistas e, por outro, é idêntica ao esforço do consumo produtivo.

Enquanto o processo de reprodução é contínuo e, com isso, assegura o refluxo do capital, esse crédito perdura e se expande, e sua expansão se baseia na expansão do próprio processo de reprodução. Quando ocorre uma paralisação em consequência de atrasos nos retornos de capital, mercados saturados ou preços em queda, tem-se um excesso de capital industrial, mas numa forma em que não pode desempenhar sua função. Há uma massa de capital-mercadoria, porém invendável. Uma massa de capital fixo, porém em grande parte ociosa, em virtude do estancamento da reprodução. O crédito contrai-se 1) porque esse capital está desocupado, isto é, paralisado numa das fases de sua reprodução, já que não pode completar sua metamorfose; 2) porque foi perdida a confiança na fluidez do processo de reprodução; 3) porque diminui a demanda desse crédito comercial. O fiandeiro que restringe sua produção e tem em seu estoque uma grande massa não vendida de fios não precisa comprar algodão a crédito; o comerciante não precisa comprar mercadorias a crédito, porque as que tem são mais que suficientes.

Por conseguinte, no caso de algum distúrbio nessa expansão, ou mesmo na atividade normal do processo de reprodução, ocorre com isso também uma escassez de crédito, isto é, a obtenção de mercadorias a crédito fica mais difícil. No entanto, a exigência de pagamento à vista e as precauções que se observam nas vendas a crédito são particularmente características daquela fase do ciclo industrial que se segue ao *crash*. É em plena crise, quando todos têm de vender e não conseguem fazê-lo e, ainda assim, são obrigados a vender para pagar, que a massa, não do capital inativo, à procura de investimento, mas do capital estagnado no processo de reprodução, é a maior, justamente quando a escassez de crédito também é maior que nunca (e, por isso, a taxa de desconto, no crédito bancário, encontra-se em seu nível máximo). O capital já investido está então, de fato, desocupado em grandes quantidades, pois o processo de reprodução está estagnado. As fábricas deixam de funcionar, as matérias-primas se acumulam, os produtos acabados inundam, como mercadorias, o mercado. Nada é mais errôneo, pois, do que culpar a escassez de capital produtivo por essa situação. É justamente nessas épocas que se apresenta uma superabundância de capital produtivo, em parte com relação à escala normal, porém temporariamente reduzida, da reprodução, em parte com relação ao consumo paralisado.

Imaginemos que toda a sociedade seja formada apenas por capitalistas industriais e trabalhadores assalariados. Abstraiamos, além disso, das mudanças de preços, que impedem que grandes porções do capital total da sociedade se reponham em suas proporções médias e que, devido às inter-relações das esferas do processo global de reprodução, tal como o crédito as desenvolve, têm sempre de acarretar paralisações gerais de natureza temporária. Façamos abstração também dos negócios fictícios e das operações especulativas que o sistema de crédito estimula. Nessas condições, uma crise só seria explicável por uma desproporção entre os diversos ramos da produção e por uma desproporção entre o consumo dos próprios capitalistas e sua acumulação. Porém, tal como as coisas se apresentam na realidade, a reposição dos capitais investidos na produção depende, em grande parte, da capacidade de consumo das classes não produtivas, ao passo que a capacidade de consumo dos trabalhadores está limitada, em parte, pelas leis salariais e, em parte, pela circunstância de que essas leis só se aplicam se for em benefício da classe capitalista. A razão última de todas as crises reais é sempre a pobreza e a restrição ao consumo das massas em contraste com o ímpeto da produção capitalista a desenvolver as forças produtivas como se estas tivessem seu limite apenas na capacidade absoluta de consumo da sociedade.

Uma escassez real de capital produtivo, pelo menos entre nações capitalistas desenvolvidas, só pode existir em épocas de fracassos gerais de colheitas, seja dos víveres principais, seja das matérias-primas industriais mais importantes.

No entanto, a esse crédito comercial se acrescenta agora o crédito monetário propriamente dito. Os adiantamentos dos industriais e dos comerciantes entre si se combinam com os adiantamentos de dinheiro feitos a eles por banqueiros e prestamistas. No desconto de letras de câmbio, o adiantamento de dinheiro é puramente nominal. Um fabricante vende seu produto contra letra de câmbio e desconta essa letra num *bill-broker*. Na realidade, este se limita a adiantar o crédito de seu banqueiro, que, por sua vez, adianta ao *bill-broker* o capital monetário de seus depositantes. Estes são os próprios industriais e os comerciantes, mas também os trabalhadores (por meio de caixas de poupança), os rentistas fundiários e as demais classes improdutivas. Desse modo, cada fabricante ou comerciante individual contorna a necessidade de manter um forte capital de reserva e de ser dependente dos refluxos reais. Por outro lado, o processo inteiro se torna tão complicado, em parte devido à simples emissão de letras frias, em parte a negócios de mercadorias realizados com a única finalidade de fabricar letras, que a aparência de negócios sólidos e de refluxos rápidos do capital pode facilmente persistir, uma vez que os refluxos, na realidade, já estão realizados à custa da espoliação fraudulenta, seja de prestamistas, seja de produtores. Por isso, às vésperas da crise os negócios parecem sólidos até demais. A melhor prova disso é fornecida, por exemplo, pelos *Reports on Bank Acts*, de 1857 e 1858, em que todos os diretores de bancos e comerciantes, ou seja, todos os peritos intimados a depor, com lorde Overstone à frente deles, congratulam-se uns aos outros pela prosperidade e solidez dos negócios, apenas um mês antes de estourar a crise de agosto de 1857. É curioso que o próprio Tooke, em sua *History of Prices*, compartilhe uma vez mais, como historiador, dessa ilusão. Os negócios estão sempre sólidos, e o campo, em plena prosperidade, até que de repente, da noite para o dia, estoura a crise.

***

Retornamos agora à acumulação do capital monetário.

Nem todo aumento do capital monetário emprestável é sinal de uma acumulação real de capital ou uma ampliação do processo de reprodução. Isso se revela com maior evidência na fase do ciclo industrial imediatamente posterior à superação de uma crise, quando grandes massas de capital de empréstimo permanecem inativas. Nesses momentos, quando o processo de produção se encontra restringido (depois da crise de 1847, a produção nos distritos industriais ingleses caiu em ⅓), quando os preços das mercadorias atingem seu nível mais baixo, quando o espírito empreendedor se paralisa, a taxa de juros é baixa, o que, nesse caso, significa apenas o aumento do capital emprestável, justamente como resultado da contração e paralisação do capital industrial. É evidente que, ao cair o preço das mercadorias, diminuir as transações e contrair-se o capital investido em salários, menos meios de circulação são necessários; que, por outro lado, ao se liquidarem as dívidas externas, em parte por exportação de ouro e em parte por falências, já não se necessita mais de dinheiro adicional para cumprir a função de dinheiro mundial; e que, finalmente, o volume do negócio de desconto de letras diminui com o número e os montantes dessas próprias letras. Assim, diminui a demanda de capital monetário emprestado, seja para meio de circulação, seja para meio de pagamento (pois ainda não temos o que falar de novos investimentos de capital), com o que esse capital monetário se torna relativamente abundante. Nessas circunstâncias, no entanto, também aumenta de modo positivo a oferta de capital monetário emprestável, como veremos adiante.

Assim, a situação depois da crise de 1847 era de "restrição das transações e um excesso de dinheiro" (*Commercial Distress*, 1847-1848, evid. n. 1.664). A taxa de juros era muito baixa por causa da "destruição quase completa do comércio e da ausência quase total da possibilidade de investir dinheiro" (ibidem, p. 45. Depoimento de Hodgson, diretor do Royal Bank de Liverpool). A seguinte passagem oferece uma amostra dos absurdos a que chegam esses senhores (e Hodgson ainda é um dos melhores) ao explicar isso: "Os apuros" (1847) "surgiram de uma diminuição real do capital monetário dentro do país, causada em parte pela necessidade de pagar em ouro as importações de todas as regiões do mundo e em parte pela transformação do capital de circulação (*floating capital*) em capital fixo" (ibidem, p. 63). Não é fácil compreender como a transformação de capital de circulação em capital fixo pode diminuir o capital monetário dentro do país, uma vez que, por exemplo, no caso das ferrovias – que, à época, eram as empresas em que se investia mais capital –, não se usa ouro nem papel na construção de viadutos ou instalação de trilhos, e o dinheiro para as ações ferroviárias, na medida em que era depositado simplesmente em pagamento, funcionava como qualquer outro dinheiro depositado nos bancos, inclusive aumentava momentaneamente, como já mostramos, o capital monetário emprestável; na medida em que era desembolsado realmente em obras, circulava pelo país como meio de compra e de pagamento. O capital monetário só poderia ser afetado na medida em que o capital fixo não fosse um artigo exportável, isto é, na medida em que, com a impossibilidade de exportação, desaparecesse também o capital disponível, reunido mediante os retornos por artigos exportados, e, portanto, os retornos em espécie ou em lingotes. Também os artigos ingleses de exportação estavam estocados em massa como artigos invendáveis nos mercados estrangeiros. Para os comerciantes e os fabricantes de Manchester etc., que haviam imobilizado uma parte de seu capital operacional normal em ações ferroviárias e, logo, dependiam do capital de empréstimo para operar seus negócios, seu *floating capital* convertera-se em capital fixo, e portanto tinham de arcar com as consequências. O mesmo teria ocorrido se o capital pertencente a seu negócio, porém retirado deste último, fosse investido não em ferrovias, mas, por exemplo, em minas, cujo produto, por sua vez, é *floating capital*, ferro, carvão, cobre etc. A redução real do capital monetário disponível em consequência de colheitas malogradas, importações de cereais e exportações de ouro constituía naturalmente um evento sem qualquer relação com a fraude ferroviária. "Quase todas as casas comerciais tinham começado a restringir em maior ou menor proporção seus negócios, para investir em ferrovias." [Ibidem, p. 42] "Os adiantamentos tão extensos, concedidos às ferrovias pelas casas comerciais, moveram as primeiras a apoiar-se demasiadamente nos bancos, por meio dos descontos de letras, para assim continuar operando suas operações comerciais." (Ainda Hodgson, ibidem, p. 67) "Em Manchester, houve perdas imensas pela especulação com ferrovias." (R. Gardner, já citado no Livro I, capítulo 13, item 3, subitem c, e em outras partes desta obra, depoimento n. 4.884, cit.)

Uma das principais causas da crise de 1847 foi a gigantesca saturação dos mercados e a fraude ilimitada no comércio de mercadorias com as Índias Orientais, mas outras circunstâncias também contribuíram para levar à falência estabelecimentos muito ricos que se dedicavam a esses negócios:

> "Dispunham de abundantes recursos, mas não havia meio de pô-los em circulação. Todo o seu capital estava imobilizado em propriedades territoriais nas ilhas Maurício ou em fábricas de índigo e açúcar. Quando, então, contraíram obrigações

até a soma de £500.000 ou £600.000, eles dispunham de recursos líquidos para pagar suas letras, até que, por último, demonstrou-se que, para pagá-las, deviam se basear inteiramente em seu crédito." (Ch. Turner, grande comerciante das Índias Orientais em Liverpool, n. 730, cit.)

No mesmo sentido, Gardner (n. 4.872, cit.): "Imediatamente após o tratado com a China, abriram-se ao país tão grandes perspectivas de uma extensão formidável de nosso comércio com aquela nação que muitas grandes fábricas foram construídas expressamente para esse negócio, para fabricar os tecidos de algodão que tinham melhor saída no mercado chinês, e estas se somaram a todas as nossas fábricas já existentes". 4.874. "Como se desenvolveu esse negócio? – De um modo tão ruinoso que é quase impossível descrever; não creio que de todos os embarques feitos para a China em 1844 e 1845 se tenham reembolsado mais de ⅔, e como o chá é o principal artigo de reexportação da China e nos haviam oferecido tão grandes expectativas, nós fabricantes contávamos seguramente com uma grande redução das tarifas de importação desse artigo." E agora vem, expresso com ingenuidade, o credo característico do fabricante inglês: "Nosso comércio com um mercado externo não está limitado por sua capacidade de compra de mercadorias, mas por nossa capacidade de consumir os produtos obtidos em troca de nossos artigos industriais". (Os países relativamente pobres, com os quais a Inglaterra comercia, são naturalmente capazes de pagar e consumir todos os artigos industriais ingleses que lhes sejam enviados, mas infelizmente a rica Inglaterra não pode absorver os produtos que lhe são enviados em troca.) 4.876. "Num primeiro momento, enviei para o exterior algumas mercadorias, que foram vendidas com cerca de 15% de prejuízo, com a plena convicção de que o preço a que meus agentes poderiam comprar chá deixaria aqui um lucro tão grande que permitiria cobrir as perdas; mas, em vez de lucro, o que obtive foi uma perda de, às vezes, 25% e até 50%." 4.877. "Exportavam os fabricantes por conta própria? – Quase sempre; porém, ao que parece, os comerciantes logo perceberam que por esse caminho não conseguiam nada e animaram os fabricantes a exportar por consignação em vez de se envolverem eles mesmos no negócio." Em 1857, ao contrário, as perdas e as falências recaíram principalmente sobre os comerciantes, pois dessa vez os fabricantes deixaram a seu encargo a tarefa de abarrotar os mercados estrangeiros "por conta própria".

* * *

Uma expansão do capital monetário, surgida do fato de que, em virtude da difusão do sistema bancário (veja-se, adiante, o exemplo de Ipswich, em que, em poucos anos, imediatamente anteriores a 1857, quadruplicaram-se os depósitos dos arrendatários), o que antes era tesouro privado ou reserva monetária converte-se sempre, por um determinado período, em capital de empréstimo, indica tão pouco um aumento do capital produtivo quanto os depósitos crescentes nos bancos por ações de Londres, a partir do momento em que estes começaram a pagar juros sobre depósitos. Enquanto a escala de produção permanece inalterada, essa expansão conduz apenas à abundância do capital monetário emprestável comparado ao capital produtivo. Isso explica a baixa taxa de juros.

Quando o processo de reprodução volta a alcançar aquele nível de prosperidade que precede à fase de hiperatividade, o crédito comercial alcança uma extensão muito grande; isso reconstitui, de fato, a base "sólida" para o fluxo fácil de retornos e a produção ampliada. Em situações como essa, a taxa de juros continua a ser baixa, ainda que esteja acima de seu mínimo. Esse é, de fato, o *único* momento em que se pode dizer que a baixa taxa de juros e, portanto, a relativa abundância do capital de empréstimo coincidem com uma expansão real do capital industrial. O fluxo fácil e a regularidade dos retornos, combinados com um crédito comercial extenso, asseguram a oferta de capital de empréstimo, não obstante o crescimento da demanda, e impedem o aumento da taxa de juros. Por outro lado, é precisamente nesses momentos que entram em cena, em número considerável, os cavalheiros que operam sem capital de reserva ou mesmo sem capital de nenhum tipo e que, portanto, baseiam-se exclusivamente no crédito monetário. A isso se acrescentam agora a grande expansão do capital fixo sob todas as suas formas e a abertura de uma vasta quantidade de novas empresas de grande alcance. Os juros atingem, agora, seu nível médio. E voltam a alcançar seu nível máximo tão logo estoura a nova crise; o crédito desaparece de repente, os pagamentos se interrompem, paralisa-se o processo de reprodução e, com as exceções indicadas anteriormente, produz-se, ao lado de uma falta quase absoluta de capital de empréstimo, uma abundância de capital industrial inativo.

Em geral, o movimento do capital de empréstimo, tal como se reflete na taxa de juros, vai na direção inversa à do capital industrial. A fase em que a baixa taxa de juros, superior ao mínimo, coincide com o "alívio" e a confiança crescente que se produzem depois da crise, especialmente a fase em que ela alcança seu nível médio, o ponto central, equidistante do mínimo e do máximo, são os únicos momentos que expressam a coincidência entre abundância de capital de empréstimo e grande expansão do capital industrial.

Porém, ao iniciar o ciclo industrial, a baixa taxa de juros coincide com a contração do capital industrial, e, no fim do ciclo, a alta taxa de juros coincide com a superabundância de capital industrial. A baixa taxa de juros, que acompanha o "alívio", expressa o fato de que o crédito comercial só necessita do crédito bancário numa medida muito pequena, pois ainda é capaz de se apoiar sobre seus próprios pés.

Esse ciclo industrial é de tal natureza que, uma vez dado o primeiro impulso, o mesmo ciclo precisa reproduzir-se periodicamente[8]. Na fase de redução da atividade, a produção cai abaixo do nível alcançado no ciclo anterior e para o qual se criou agora a base técnica. Na época de prosperidade – no período intermediário –, ela continua a se desenvolver sobre essa base. No período de superprodução e de especulação, ela ativa ao máximo as forças produtivas, até exceder os limites capitalistas do processo de produção.

Está claro que em épocas de crise ocorre escassez de meios de pagamento. A conversibilidade das letras de câmbio substitui a metamorfose das próprias mercadorias, e tão mais exatamente nessas épocas quanto maior é

[8] Conforme já observei em outra passagem [Livro I, p. 104], desde a última grande crise geral ocorreu aqui uma mudança. A forma aguda do processo periódico, com seu ciclo, até hoje, de dez anos, parece ter cedido lugar a uma alternância mais crônica, mais prolongada, que se distribui entre os diversos países industriais, em tempos diferentes, a uma melhoria relativamente curta e fraca dos negócios, acompanhada de uma pressão relativamente longa e indecisa. Talvez se trate apenas de um prolongamento da duração do ciclo. Na infância do comércio mundial, de 1815 a 1847, podem-se comprovar ciclos [na primeira edição, "crises" (N. E. A.)] de aproximadamente cinco anos; de 1847 a 1867, os ciclos são decididamente de dez anos; será que nos encontramos no período preparatório de um novo *crash* mundial de veemência inédita? Alguns indícios apontam nessa direção. Desde a última crise geral de 1867, ocorreram grandes mudanças. A expansão colossal dos meios de transporte – navios a vapor transatlânticos, ferrovias, telégrafos elétricos, canal de Suez – criou, pela primeira vez, de fato, o mercado mundial. Vários países industriais passaram a competir com a Inglaterra, que antes monopolizava a indústria; ao investimento do capital excedente europeu abriram-se, em todas as partes do mundo, campos infinitamente maiores e mais diversificados, permitindo que ele fosse distribuído com maior amplitude e que a superespeculação local fosse superada com mais facilidade. Por tudo isso, conseguiu-se eliminar ou enfraquecer consideravelmente a maior parte dos focos de crises e das oportunidades de formação de crises anteriores. Ao mesmo tempo, a concorrência no mercado interno recua diante de cartéis e trustes, ao mesmo tempo que é limitada no mercado externo pelas tarifas protecionistas de que lançam mão todos os grandes países industriais, com exceção da Inglaterra. Mas essas próprias tarifas protecionistas não passam de um armamento para a batalha final e geral da indústria, que deverá decidir o domínio do mercado mundial. Assim, cada um dos elementos que se opõem à repetição das velhas crises traz em si o germe de uma crise futura muito mais violenta. (F. E.)

o número de firmas que operam puramente com base no crédito. Uma legislação bancária ignorante e equivocada como a de 1844-1845 pode intensificar essa crise. Mas nenhum tipo de legislação bancária é capaz de eliminá-la.

Num sistema de produção em que toda a rede de conexões do processo de reprodução se baseia no crédito, quando este cessa de repente e só se admitem pagamentos à vista, tem de se produzir evidentemente uma crise, uma demanda violenta de meios de pagamento. À primeira vista, a crise se apresenta como uma simples crise de crédito e crise monetária. E, com efeito, trata-se apenas da conversibilidade das letras de câmbio em dinheiro. Mas a maioria dessas letras representa compras e vendas reais, cuja extensão, que vai muito além das necessidades sociais e acaba servindo de base a toda a crise. Ao mesmo tempo, há uma massa enorme dessas letras que representa apenas negócios fraudulentos, que agora vêm à luz e estouram como bolhas de sabão; além disso, há especulações feitas com capital alheio, porém malogradas; e, por fim, capitais-mercadorias desvalorizados, ou até mesmo invendáveis, ou refluxos de capitais que jamais se realizam. Esse sistema artificial inteiro de expansão forçada do processo de reprodução não pode naturalmente ser remediado fazendo com que um banco, por exemplo, o Banco da Inglaterra, conceda a todos os especuladores, com suas cédulas, o capital que lhes falta e compre todas as mercadorias depreciadas a seus antigos valores nominais. Além disso, aqui tudo aparece distorcido, pois nesse mundo de papel jamais se manifestam o preço real e seus fatores reais; o que se vê são apenas barras, dinheiro metálico, cédulas bancárias, letras de câmbio e títulos. Principalmente nos centros em que se concentra todo o negócio monetário do país, como Londres, nota-se claramente essa distorção; todo o processo se torna incompreensível, mas em menor medida nos centros de produção.

Acerca da superabundância do capital industrial, que se revela nas crises, é preciso observar o seguinte: o capital-mercadoria é em si mesmo, simultaneamente, capital monetário, isto é, uma soma de valor expressa no preço da mercadoria. Como valor de uso, é uma quantidade de determinados objetos úteis, que existem em excesso no momento da crise. Porém, como capital monetário em si mesmo, como capital monetário potencial, ele está sujeito a constantes expansão e contração. Na véspera da crise, e durante esta, produz-se uma contração do capital-mercadoria em sua qualidade de capital monetário potencial. Este representa, para seu possuidor e os credores deste último (e também como garantia de letras e empréstimos), menos capital monetário que no momento em que foi comprado, quando se celebraram os descontos e as penhoras baseados nele. Se é isso o que se quer dizer quando se afirma que o capital monetário de um país diminui em tempos de crises, então isso equivale a falar que cai o preço das mercadorias. Além disso, tal colapso dos preços não faz mais que compensar sua inflação anterior.

A receita das classes improdutivas e dos que vivem de renda fixa permanece na maior parte estacionária durante a inflação dos preços que sempre acompanha a superprodução e a especulação excessiva. Isso provoca uma queda relativa em sua capacidade de consumo e, com ela, também em sua capacidade de repor a parte da reprodução total que *normaliter* [normalmente] teria de entrar em seu consumo. Mesmo quando sua demanda permanece nominalmente inalterada, ela na realidade diminui.

Quanto à importação e à exportação, devemos assinalar que todos os países se veem sucessivamente arrastados para a crise e que logo se evidencia que todos, com pouquíssimas exceções, importaram e exportaram mais que o devido, que *a balança de pagamentos se tornou desfavorável para todos* e que, de fato, o problema não está na balança de pagamentos. A Inglaterra, por exemplo, padece pela evasão de ouro. Ela importou mais do que devia. Ao mesmo tempo, todos os outros países estão saturados de mercadorias inglesas. Portanto, eles também importaram em excesso ou foram excessivamente importados. (Existe, é claro, uma diferença entre o país que exporta a crédito e os que exportam pouco ou absolutamente nada dessa forma. Mas também estes últimos importam a crédito; e isso só não ocorre quando as mercadorias lhes são enviadas em consignação.) Pode ocorrer que a crise estoure primeiro na Inglaterra, no país que concede o maior crédito e toma o mínimo, porque a balança de pagamentos, a balança de pagamentos vencidos que têm de ser imediatamente liquidados, é *desfavorável a* ela, embora a balança comercial geral *lhe seja favorável*. Isso se explica, em parte, pelo crédito que esse país concede e, em parte, pela massa de capitais emprestados ao exterior, de modo que flui para ela uma massa de refluxos em mercadorias, além dos retornos comerciais propriamente ditos. (Às vezes a crise se manifesta antes nos Estados Unidos, país que pega da Inglaterra a maior quantidade de crédito comercial e de capital.) O *crash* produzido na Inglaterra, iniciado e acompanhado pela drenagem de ouro, salda a balança de pagamentos desse país, em parte pela falência de seus importadores (voltaremos a isso adiante), em parte pela expulsão de uma parcela de seu capital-mercadoria a preços baixos ao exterior, em parte pela venda de títulos estrangeiros, a compra de títulos ingleses etc. Logo chega a vez de outro país. A balança de pagamentos era momentaneamente favorável a ele; agora o prazo que em tempos normais existia entre a balança de pagamentos e a balança comercial, devido à crise, desaparece ou se encurta; nesse caso, exige-se que todos os pagamentos sejam efetuados de imediato. E a mesma coisa se repete aqui. Na Inglaterra, produz-se agora um refluxo de ouro, e em outro país, uma drenagem desse metal. O que numa nação aparece como excesso de importações, aparece em outra como excesso de exportações, e vice-versa. A realidade é que em todos os países se produz um excesso de importações e de exportações (não nos referimos a más colheitas etc., mas a uma crise geral), ou seja, superprodução, provocada pelo crédito e pela inflação geral dos preços que o acompanha.

Em 1857, a crise estourou nos Estados Unidos. Seguiu-se a evasão de ouro da Inglaterra para a América. Depois, tão logo disparou a inflação nos Estados Unidos, sobreveio a crise na Inglaterra e o ouro foi drenado da América para a Inglaterra. O mesmo se deu entre a Inglaterra e o continente. A balança de pagamentos, em tempos de crise geral, é desfavorável a todas as nações, pelo menos àquelas comercialmente desenvolvidas, mas sempre a uma após a outra, como disparos sucessivos de um pelotão, tão logo chega sua vez de efetuar os pagamentos; e a crise, uma vez instalada, por exemplo, na Inglaterra, comprime num período muito curto toda a série desses prazos de pagamento. Então se revela que todas essas nações exportaram e importaram excessivamente (portanto, produziram em excesso) e importaram excessivamente (portanto, comerciaram em excesso), que em todas elas os preços foram inflados e o crédito foi demasiadamente ampliado. E em todas sobrevém o mesmo colapso. O fenômeno da drenagem de ouro atinge, então, todas essas nações sucessivamente, e demonstra, justamente por seu caráter geral, 1) que a drenagem de ouro é mero fenômeno da crise, e não sua causa; 2) que a sequência em que se apresenta nas diversas nações é apenas um sinal de que chegou a vez de cada uma delas ajustar suas contas com os céus, que nelas se deu o momento de crise e em seu interior despertaram os elementos latentes desta.

Entre os escritores ingleses da área econômica – e a literatura econômica inglesa digna de menção desde 1830 se reduz, em essência, a obras sobre *currency*, crédito e crises –, é característico considerar a exportação de metais preciosos em tempos de crise, apesar da variação das taxas de câmbio, do ponto de vista da Inglaterra, como um fenômeno apenas nacional, fechando decididamente os olhos para o fato de que, se o Banco da Inglaterra aumenta a taxa de juros nesses momentos, todos os demais bancos europeus fazem o mesmo e que, se hoje se ouve em seu país o grito de socorro devido à evasão de ouro, amanhã ele será ouvido na América e depois de amanhã na Alemanha e na França.

Em 1847, "as obrigações correntes na Inglaterra tinham de ser liquidadas" {em sua maior parte, por trigo}. "Infelizmente, elas foram liquidadas, em grande parte, mediante falências." {A rica Inglaterra obteve um alívio por meio de falências perante o continente e a América.} "Porém, quando não liquidou suas obrigações por meio de falências, o fez recorrendo à exportação de metais preciosos" (*Report of Committee of Bank Acts*, 1857). Portanto, na medida em que as crises na Inglaterra se veem agravadas pela legislação bancária, essa legislação constitui um meio para, em tempos de fome, espoliar as nações exportadoras de cereais, primeiro de seu trigo e, em seguida, do dinheiro devido por ele. Nessas épocas, uma proibição da exportação de trigo constitui, quando se trata de países que sofrem mais ou menos de escassez, um meio muito racional contra esse plano do Banco da Inglaterra de "liquidar obrigações" mediante a importação de trigo "por meio de falências". Nessas condições, é bem melhor que os produtores de trigo e os especuladores percam uma parte dos lucros para o bem de seu país do que todo seu capital para o bem da Inglaterra.

Do que foi dito, depreende-se que, em épocas de crise e de paralisação dos negócios, o capital-mercadoria perde em grande parte sua capacidade de representar capital monetário potencial. O mesmo ocorre com o capital fictício, com os títulos portadores de juros, na medida em que circulam na Bolsa como capitais monetários. Seu preço cai à medida que aumenta a taxa de juros. Ele cai, além disso, pela escassez geral de créditos, que obriga seus possuidores a lançá-los em massa no mercado a fim de conseguir dinheiro. Finalmente, em se tratando de ações, ele cai, em parte pela diminuição das rendas a que dão direito, em parte graças ao caráter fraudulento dos empreendimentos que tão frequentemente representam. Esse capital monetário fictício diminui enormemente em épocas de crises, e, com ele, cai o poder de seus possuidores de obter dinheiro no mercado. A queda da cotação desses títulos nos boletins da Bolsa não tem nenhuma relação com o capital real que representam, mas sim com a solvência de seus proprietários.

Capítulo 31

Capital monetário e capital real – II (continuação)

Ainda não chegamos ao fim do problema de até que ponto a acumulação do capital em forma de capital monetário emprestável coincide com a acumulação real, isto é, com a expansão do processo de reprodução.

A transformação do dinheiro em capital monetário emprestável é um processo muito mais simples que o da transformação de dinheiro em capital produtivo, mas aqui cabe distinguir duas coisas:

1. a simples transformação do dinheiro em capital de empréstimo;
2. a transformação de capital ou renda em dinheiro, que, por sua vez, torna-se capital de empréstimo.

Somente esse segundo ponto pode abranger uma acumulação positiva do capital de empréstimo em conexão com a acumulação real do capital industrial.

1) Transformação de dinheiro em capital de empréstimo

Já vimos que pode haver uma acumulação, um excesso de capital de empréstimo, que só tem conexão com a acumulação produtiva na medida em que é inversamente proporcional a ela. Isso ocorre em duas fases do ciclo industrial: primeiro, quando o capital industrial se contrai em suas duas formas, capital-mercadoria e capital produtivo, isto é, no começo do ciclo posterior à crise; segundo, quando a situação começa a melhorar, mas o crédito comercial ainda não recorre muito ao crédito bancário. No primeiro caso, o capital monetário, que antes se empregava na produção e no comércio, aparece como capital de empréstimo ocioso; no segundo caso, aparece investido em escala crescente, porém a uma taxa muito baixa de juros, pois agora o capitalista industrial e comercial é quem dita os termos do empréstimo ao capitalista monetário.

A abundância de capital de empréstimo expressa, no primeiro caso, um estancamento do capital industrial e, no segundo, uma independência relativa do crédito comercial com relação ao crédito bancário, baseada na fluidez do refluxo, nos créditos de curto prazo e na preponderância dos negócios efetuados com capital próprio. Ainda não entraram em cena os especuladores que contam com capital de crédito alheio; e as pessoas que operam com capital próprio ainda estão muito longe de efetuar operações que se podem considerar remotamente como puras operações de crédito. Na primeira fase, a abundância de capital de empréstimo é o oposto direto da acumulação real. Na segunda fase, ela coincide com a expansão renovada do processo de reprodução; ela acompanha essa expansão, mas não é causa dela. A abundância de capital de empréstimo já começa a diminuir, é ainda apenas relativa, se comparada com a demanda. Em ambos os casos, a expansão do processo real de acumulação é impulsionada pelo fato de que a baixa taxa de juros, que, no primeiro caso, coincide com os preços baixos e, no segundo, com a lenta elevação dos preços, aumenta a parte do lucro que se transforma em ganho do empresário. Isso ocorre num grau ainda maior quando a taxa de juros sobe a seu nível médio, nos períodos de máxima prosperidade, quando eles, de fato, subiram, mas não na proporção do lucro.

Por outro lado, vimos que uma acumulação do capital de empréstimo pode ocorrer sem nenhuma acumulação real, por meios puramente técnicos, tais como a expansão e a concentração do sistema bancário, a economia nas reservas de circulação ou também no fundo de reserva dos meios de pagamento particulares, que, desse modo, convertem-se por um breve período em capital de empréstimo. Ainda que esse capital de empréstimo, que, por essa razão, também se chama capital flutuante (*floating capital*), só conserve a forma de capital de empréstimo por períodos curtos (e também só precise ser descontado por períodos curtos), ele flui e reflui de modo constante. O que uns retiram outros repõem. Desse modo, na realidade, a massa do capital monetário emprestável (não nos referimos aqui a empréstimos por anos, mas apenas a empréstimos de curto prazo, garantidos por letras de câmbio e depósitos) cresce de maneira totalmente independente da acumulação real.

B.[ank] C.[ommitee], 1857. Pergunta n. 501: "O que o senhor entende por *floating capital*?". (Sr. Weguelin, governador do Banco da Inglaterra:) "É o capital que pode ser aplicado em empréstimos de dinheiro em curto prazo [...]. (502) Cédulas do banco da Inglaterra [...] dos bancos provinciais e o montante de moeda no país." – (Pergunta:) "Segundo as informações de que dispomos, se o senhor entende por *floating capital* a circulação ativa" {isto é, as cédulas bancárias do Banco da Inglaterra}, "não parecem ocorrer flutuações muito consideráveis nessa circulação ativa?" (Mas há uma enorme diferença se essa circulação ativa é adiantada pelo prestamista de dinheiro ou pelo próprio capitalista reprodutivo. – Resposta de Weguelin:) "Incluo no *floating capital* as reservas dos banqueiros, nas quais há flutuações consideráveis." Ou seja, as oscilações consideráveis afetam a parcela dos depósitos que os banqueiros não voltaram a emprestar, mas que figura como sua reserva e também, em grande parte, como reserva do Banco da Inglaterra, no qual se encontra depositada. Por último, o mesmo sr. Weguelin nos diz que o *floating capital* é o *bullion,* isto é, as barras e o dinheiro metálico (503). É de fato magnífico ver como nessa algaravia do crédito no mercado monetário todas as categorias da economia política adquirem outro sentido e outra forma. *Floating capital* é aqui sinônimo de *circulating capital,* que naturalmente é algo muito distinto, *money* é *capital, bullion* é *capital,* cédulas bancárias são *circulation, capital* é uma *commodity* [mercadoria], dívidas são *commodities,* e *fixed capital* [capital fixo] é dinheiro investido em títulos que muito dificilmente podem ser vendidos!

"Os bancos por ações de Londres [...] aumentaram seus depósitos de £8.850.774 em 1847 para £43.100.724 em 1857. [...] As provas e os testemunhos de que dispomos permitem concluir que uma grande parte desse enorme montante procede de fontes que antes não se podiam empregar para esse fim e que o costume de abrir uma conta-corrente no banco e depositar dinheiro estendeu-se a inúmeras classes que antes não empregavam seu capital" (!) "dessa maneira. O sr. Rodwell, presidente da Associação dos Bancos Provinciais Privados" {distinto dos bancos por ações} "e escolhido por ela para depor perante a comissão, informa que na região de Ipswich, nos últimos tempos, essa prática quadruplicou entre arrendatários e pequenos comerciantes e que quase todos os arrendatários, mesmo os que só pagam £50 de arrendamento anual, depositam agora seu dinheiro nos bancos. A maior parte desses depósitos acaba naturalmente aplicada nos negócios e gravita principalmente em torno de Londres, o centro das atividades comerciais, onde é empregada no desconto de letras e outros adiantamentos aos clientes dos banqueiros londrinos. No entanto, aquela parcela da qual os próprios banqueiros não têm demanda imediata passa às mãos de *bill-brokers,* que em troca dão aos banqueiros letras comerciais que já haviam descontado uma vez para pessoas em Londres e nas províncias." (*B. C.*, 1858, p. [5, §]8.)

O banqueiro, ao adiantar o dinheiro ao *bill-broker* por conta das letras de câmbio, as quais esse *bill-broker* já havia descontado uma vez, as redesconta, de fato, outra vez; na realidade, porém, muitas dessas letras já foram redescontadas pelo *bill-broker,* e com o mesmo dinheiro com que o banqueiro redesconta as letras do *bill-broker*, este último redesconta novas letras. Vejamos agora a que isso conduz: "Extensos créditos fictícios foram criados por intermédio de letras de acomodação e créditos a descoberto; tudo isso foi facilitado pelos bancos por ações das províncias, que descontavam essas letras e, em seguida, redescontavam-nas junto aos *bill-brokers* no mercado de Londres, com base apenas no crédito do banco, sem nenhuma consideração à qualidade dessas letras" (ibidem, [p. xxi, §54]).

Acerca desse redesconto e do quanto esse aumento puramente técnico do capital monetário emprestável favorece as fraudes creditícias, é interessante o seguinte trecho do *Economist*:

> "Por alguns anos, o capital" (isto é, o capital monetário de empréstimo) "acumulou-se em alguns distritos do país mais rapidamente do que podia ser utilizado; em outros, os meios de investi-lo se multiplicaram mais depressa que o próprio capital. Assim, enquanto nos distritos agrícolas os banqueiros não encontravam meios suficientes de investir seus depósitos de maneira rentável e com segurança em sua própria região, nos distritos industriais e nos centros comerciais eles encontravam uma demanda de capital maior que aquela a que podiam satisfazer. O efeito dessas distintas situações nos diversos distritos levou, nos últimos anos, ao estabelecimento e à difusão vertiginosamente rápida de uma nova classe de casas dedicadas à distribuição do capital, as quais, ainda que geralmente designadas como *bill-brokers*, são na realidade banqueiros em grandíssima escala. O negócio dessas casas consiste em receber, por períodos e juros estipulados, o capital excedente dos bancos naqueles distritos em que ele não pode ser investido, assim como os recursos temporariamente ociosos de sociedades por ações e de grandes casas comerciais, para adiantar esse dinheiro, a uma taxa de juros mais alta, aos bancos dos distritos em que existe maior demanda de capital; geralmente, fazem isso mediante o redesconto das letras de seus clientes. [...] Assim, a Lombard Street tornou-se o grande centro de transferência dos capitais inativos de uma parte do país em que não podem ser empregados de maneira rentável à outra parte, em que existe demanda para eles; e isso tanto para as diversas partes do país quanto para indivíduos que se encontram em situação semelhante. De início, esses negócios se reduziam quase exclusivamente a dar e receber empréstimos com garantia bancária. À medida que o capital do país crescia depressa e era cada vez mais entesourado pela criação de novos bancos, os fundos à disposição dessas casas de desconto tornavam-se tão grandes que passavam a adiantar dinheiro, primeiro, sobre *dock warrants* (certificados de depósito sobre mercadorias guardadas nos armazéns dos portos ou estações) e, posteriormente, sobre talões de carga, que representavam produtos que nem mesmo haviam chegado, embora às vezes,

ainda que não regularmente, já se tivessem sacado letras sobre eles contra o corretor de mercadorias. Essa prática não tardou em modificar todo o caráter dos negócios ingleses. As facilidades que assim se ofereciam na Lombard Street proporcionavam aos corretores de mercadorias de Mincing Lane* uma posição muito forte; esses corretores, por sua vez, transferiam todas as vantagens dos comerciantes importadores, e estes tomavam nelas uma parte tão considerável que, enquanto há 25 anos a tomada de crédito sobre talões de carga – ou mesmo sobre *dock warrants* – teria arruinado o crédito de um comerciante, nos últimos anos essa prática se generalizou tanto que se pode considerá-la regra, não mais, como há 25 anos, rara exceção. Esse sistema foi ampliado a ponto de na Lombard Street grandes somas terem sido levantadas sobre letras de câmbio sacadas contra colheitas ainda em crescimento nas longínquas colônias. A consequência dessas facilidades foi que os comerciantes importadores ampliaram seus negócios no exterior e imobilizaram seu capital flutuante (*floating*), com que até então haviam operado em seus negócios, no mais reprovável dos investimentos, em plantações coloniais, sobre as quais só podiam exercer um controle muito pequeno ou nulo. Vemos, assim, o encadeamento direto dos créditos. O capital do país, que se acumula em nossos distritos agrícolas, é depositado em pequenas quantidades nos bancos rurais e centralizado na Lombard Street para ser utilizado. No entanto, ele se tornou utilizável primeiro para ampliar os negócios em nossos distritos mineiros e industriais, mediante o redesconto de letras àqueles bancos; em segundo lugar, também para a concessão de maiores facilidades aos importadores de produtos estrangeiros, mediante adiantamentos sobre *dock warrants* e talões de carga, por meio do que o capital comercial 'legítimo' de casas dedicadas ao comércio exterior e colonial foi mobilizado, sendo assim destinado aos tipos mais reprováveis de investimento, em plantações no além-mar." (*Economist* [20 nov.], 1847, p. 1.334)

Temos aí, pois, o "belo" entrelaçamento dos créditos. O depositante rural crê que deposita seu dinheiro exclusivamente nas mãos de seu banqueiro e, além disso, alimenta a ilusão de que, quando o banqueiro faz empréstimos, ele o faz para pessoas particulares, dele conhecidas. Nem sequer suspeita que esse banqueiro põe seus depósitos à disposição de um *bill-broker* londrino, sobre cujas operações nenhum dos dois têm o menor controle.

Já vimos como grandes empreendimentos públicos, como a construção de ferrovias, podem elevar temporariamente o capital de empréstimo, deixando sempre disponíveis nos bancos, durante certo tempo, as quantidades desembolsadas, até que chegue a hora de sua aplicação real.

---

* A Bolsa londrina do chá e do café. (N. T.)

* * *

Além disso, a massa do capital de empréstimo difere totalmente da quantidade da circulação. Por quantidade da circulação entendemos aqui a soma de todas as cédulas bancárias e do dinheiro metálico em circulação num país, inclusive as barras de metais preciosos. Uma parte dessa quantidade constitui a reserva dos bancos, cuja grandeza é continuamente variável.

> "Em 12 de novembro de 1857" (data em que se declarou suspensa a lei bancária de 1844), "a reserva total do Banco da Inglaterra, incluindo todas as filiais, era de apenas £580.751; a soma dos depósitos atingia, na mesma data, a quantia de £22,5 milhões, das quais cerca de [£]6,5 milhões pertenciam aos banqueiros londrinos." (*B. A.*, 1858, p. LVII)

As flutuações da taxa de juros (abstraindo daquelas produzidas em longos períodos e das diferenças entre as taxas de juros de diversos países, pois as primeiras seguem as variações da taxa geral de lucro, e as segundas, as diferenças entre as taxas de lucro e o desenvolvimento do crédito) dependem da oferta de capital de empréstimo (supondo que as demais circunstâncias e o nível de confiança etc. permaneçam constantes), isto é, do capital que se empresta em forma de dinheiro, dinheiro metálico e cédulas bancárias; isso em contraste com o capital industrial, que, como tal, em forma-mercadoria, é emprestado por meio do crédito comercial, entre os mesmos agentes da reprodução.

Apesar disso, no entanto, a massa desse capital monetário emprestável é distinta e independente da massa do dinheiro circulante.

Por exemplo, se £20 fossem emprestadas cinco vezes por dia, então seria emprestado um capital monetário de £100, o que implicaria, ao mesmo tempo, que essas £20 teriam funcionado, além disso, pelo menos quatro vezes como meio de compra ou de pagamento; se fosse sem mediação de compra e pagamento, de modo que não teria representado pelo menos quatro vezes a forma transfigurada do capital (isto é, a forma-mercadoria, incluindo também a força de trabalho), então não teríamos um capital de £100, mas apenas cinco créditos de £20 cada um.

Em países com crédito desenvolvido, podemos pressupor que todo o capital monetário disponível para ser emprestado existe na forma de depósitos nas mãos de bancos e prestamistas. Isso é verdade, ao menos, para o negócio de empréstimos de dinheiro em geral. Além disso, em épocas de bons negócios, e antes de desencadear-se a especulação propriamente dita, em condições de crédito fácil e confiança crescente, a maior parte das funções da circulação se realiza por meio de simples transferência de créditos, sem intervenção de dinheiro metálico nem de papel-moeda.

A simples possibilidade de grandes somas em depósito, com uma quantidade relativamente pequena de meios de circulação, depende apenas:

1. do número de compras e pagamentos que a mesma unidade monetária realiza;
2. do número de refluxos, pelos quais ela retorna aos bancos como depósito, de modo que sua repetida função de meios de compra e de pagamento é promovida pelo número de vezes que volta a converter-se em depósito. Por exemplo, um comerciante varejista deposita semanalmente no banco £100 em dinheiro; o banqueiro paga com elas uma parte do depósito do fabricante; este paga com elas os trabalhadores, que, por sua vez, utilizam-nas para pagar o comerciante varejista, que, por fim, volta a depositá-las no banco. Desse modo, as £100 depositadas pelo comerciante varejista serviram, primeiro, para pagar um depósito ao fabricante; segundo, para pagar os trabalhadores; terceiro, para que estes pagassem o próprio varejista; e quarto, para que este depositasse no banco uma nova parte de seu próprio capital monetário; assim, ao final de vinte semanas, supondo que não se veja na necessidade de sacar contra esse dinheiro, o varejista teria depositado nas mãos do banqueiro, com as mesmas £100, uma quantia de £2.000.

Em que medida esse capital monetário fica ocioso só é revelado pelos fluxos de entrada e saída nos fundos de reserva dos bancos. Por isso, o sr. Weguelin, governador do Banco da Inglaterra em 1857, chega à conclusão de que o ouro que se encontra no Banco da Inglaterra é o "único" capital de reserva:

1.258. "A meu ver, o que determina a taxa de desconto é, de fato, o montante de capital inativo existente no país. O volume do capital inativo é representado pela reserva do Banco da Inglaterra que, na realidade, é uma reserva de ouro. Assim, quando o ouro é sacado, diminui o volume do capital inativo dentro do país e, com isso, aumenta o valor da parte restante". – 1.364 [W. Newmarch:] "A reserva de ouro do Banco da Inglaterra é, na verdade, a reserva central ou o tesouro em dinheiro vivo, que serve de base para todos os negócios do país. [...] E é sobre esse tesouro ou esse reservatório que se abatem sempre os efeitos das taxas de câmbio estrangeiras." (*Report on Bank Acts*, 1857 [p. 108-9])

* * *

A estatística das exportações e das importações nos apresenta uma medida para a acumulação do capital real, isto é, do capital produtivo e do capital-mercadoria. Essa estatística nos revela que, no período de desenvolvimento da indústria inglesa (1815-1870), que se move em ciclos decenais, o máximo da última fase de prosperidade *anterior* à crise reaparece sempre como mínimo da fase de prosperidade seguinte e logo ascende a um novo máximo muito mais elevado.

O valor real ou declarado dos produtos exportados pela Grã-Bretanha e pela Irlanda no próspero ano de 1824 foi de £40.396.300. Com a crise de 1825, o volume das exportações caiu, oscilando entre [£]35 milhões e [£]39 milhões por ano. Ao retornar a prosperidade em 1834, ele sobe acima do nível máximo anterior, chegando a £41.649.191; em 1836, alcança o novo máximo de £53.368.571. Em 1837, volta a cair a [£]42 milhões, de modo que o novo mínimo já é muito superior ao antigo máximo, e depois oscila entre [£]50 milhões e [£]53 milhões. A volta da prosperidade faz com que o volume das exportações chegue, em 1844, a [£]58,5 milhões, que ultrapassa em muito o máximo de 1836. Em 1845, ele chega a £60.111.082; cai, então, em 1846, para [£]57 milhões e, em 1847, chega a quase [£]59 milhões. Em 1848, diminui a cerca de [£]53 milhões e, em 1849, volta a subir a [£]63,5 milhões; em 1853, a cerca de [£]99 milhões; em 1854, a [£]97 milhões; em 1855, a [£]94,5 milhões; e, em 1856, a cerca de [£]116 milhões, alcançando o máximo em 1857, com [£]122 milhões. Em 1858, cai a [£]116 milhões, para voltar a subir a [£]130 milhões já em 1859 e, em 1860, a cerca de [£]136 milhões; em 1861, alcança apenas [£]125 milhões (com o que o novo mínimo volta a ser mais alto que o máximo anterior) e, em 1863, [£]146,5 milhões.

O mesmo poderia ser comprovado, decerto, no que diz respeito às importações, que revelam a expansão do mercado; no entanto, aqui tratamos apenas da escala da produção. {Para a Inglaterra, é evidente, isso só vale na época de seu monopólio industrial; mas vale em geral para todos os países dotados de uma grande indústria moderna, enquanto ainda houver expansão do mercado mundial. – F. E.}

2) Transformação de capital ou renda em dinheiro, que, por sua vez, se transforma em capital de empréstimo

Consideramos aqui a acumulação do capital monetário, na medida em que este não expressa uma paralisação do fluxo do crédito comercial nem de economia, seja dos meios efetivamente circulantes, seja do capital de reserva dos agentes empregados na reprodução.

Fora desses dois casos, a acumulação de capital monetário pode resultar de um afluxo extraordinário de ouro, como ocorreu em 1852 e 1853, em consequência da exploração das novas minas de ouro da Austrália e da Califórnia. Esse metal foi depositado no Banco da Inglaterra. Os depositantes receberam em troca cédulas bancárias, as quais não voltaram a depositar diretamente com os banqueiros. Desse modo, aumentou de maneira extraordinária o meio circulante (depoimento de Weguelin, *B. C.*, 1857, n. 1.329). O banco tratou de valorizar esses depósitos, rebaixando a 2% a taxa de desconto. Durante seis meses de 1853, a massa de ouro acumulada no Banco da Inglaterra chegou a [£]22-23 milhões.

Naturalmente, a acumulação de todos os capitalistas que emprestam dinheiro opera-se sempre na forma direta de dinheiro, em contraste com a verdadeira acumulação dos capitalistas industriais, que em geral se efetua, como vimos, mediante o aumento dos elementos do próprio capital reprodutivo. Por isso, o desenvolvimento do sistema de crédito e a enorme concentração do negócio de empréstimo de dinheiro nas mãos dos grandes bancos tem de acelerar por si só a acumulação do capital emprestável, como forma distinta da acumulação real. Esse rápido desenvolvimento do capital de empréstimo é, assim, um resultado da acumulação real, pois deriva do desenvolvimento do processo de reprodução, e o lucro, que forma a fonte de acumulação desses capitalistas monetários, não é senão uma dedução do mais-valor extraído pelos capitalistas reprodutivos (ao mesmo tempo que é a apropriação de uma parte dos juros obtidos sobre as poupanças *de outrem*). O capital de empréstimo se acumula às expensas tanto dos capitalistas industriais como dos capitalistas comerciais. Vimos como, nas fases desfavoráveis do ciclo industrial, a taxa de juros pode subir tanto que, em alguns ramos de negócio em situação especialmente desfavorável, chega a absorver temporariamente o lucro inteiro. Ao mesmo tempo, cai o preço dos títulos públicos e dos outros títulos de crédito. É o momento em que os capitalistas monetários aproveitam para comprar em massa esses títulos depreciados, que, nas fases posteriores, não tardam a subir ao nível normal e acima dele. Então são novamente lançados no mercado, e assim é apropriada uma parte do capital monetário do público. A parcela que não é vendida rende juros mais altos, porque foi adquirida abaixo do preço. Mas todo o lucro obtido pelos possuidores dos capitais monetários e que volta a converter-se em capital eles transformam, antes de mais nada, em capital monetário emprestável. A acumulação deste último, sendo distinta da verdadeira acumulação, ainda que fruto dela, segue seu curso, portanto – quando consideramos apenas os próprios capitalistas monetários, banqueiros etc. –, como acumulação dessa classe especial de capitalistas e tem necessariamente de crescer à medida que se expande o sistema de crédito, da mesma maneira que acompanha a ampliação real do processo de reprodução.

Estando baixa a taxa de juros, a desvalorização do capital monetário recai principalmente sobre os depositantes, não sobre os bancos. Na Inglaterra, antes do desenvolvimento dos bancos por ações, ¾ de todos os depósitos se encontravam em poder dos bancos, sem render juros. Hoje, quando rendem juros, estes estão pelo menos 1% abaixo da taxa de juros praticada no mercado.

Quanto à acumulação de dinheiro das outras classes de capitalistas, desconsideramos a parte que se investe em títulos portadores de juros e é acumulada nessa forma. Limitamo-nos a examinar a parte que é lançada no mercado como capital monetário emprestável.

Aí encontramos, em primeiro lugar, a parte do lucro que não se consome como renda, mas se destina à acumulação; para essa parte, os capitalistas industriais ainda não têm, por ora, emprego em seu próprio negócio. Esse lucro existe diretamente sob a forma de capital-mercadoria, de cujo valor ele constitui uma parte e com o qual ele se realiza em dinheiro. Ora, se não volta a ser transformado nos elementos de produção do capital-mercadoria (abstraímos, por enquanto, do comerciante, de quem trataremos à parte), ele tem de permanecer por algum tempo na forma-dinheiro. Essa massa cresce à medida que cresce a massa do próprio capital, mesmo com taxa decrescente de lucro. A parte que tem de ser gasta como renda é consumida pouco a pouco, mas constitui, como depósito, capital de empréstimo em poder do banqueiro. Portanto, mesmo o crescimento da parte do lucro desembolsada como renda se traduz numa acumulação gradual e constantemente reiterada de capital de empréstimo. O mesmo se dá com a outra parte, destinada à acumulação. Com o desenvolvimento do sistema de crédito e de sua organização, até o aumento das rendas, isto é, do consumo dos capitalistas industriais e comerciais, se traduz, pois, como acumulação do capital de empréstimo. Isso se aplica a todas as rendas consumidas gradualmente, quer dizer, à renda fundiária, aos salários em suas formas superiores, aos ganhos das classes improdutivas etc. Todas elas assumem, por certo tempo, a forma de renda em dinheiro, o que possibilita que se convertam em depósitos e, por conseguinte, em capital de empréstimo. Pode-se dizer que toda renda, destinada seja ao consumo, seja à acumulação, desde que exista numa forma monetária qualquer, é uma parcela de valor do capital-mercadoria transformada em dinheiro e, por isso, é expressão e resultado da acumulação real, mas não do próprio capital produtivo. Se um fiandeiro troca seu fio por algodão e troca a parte que constitui sua renda por dinheiro, então a existência real de seu capital industrial é o fio, que passou às mãos do tecelão ou, eventualmente, do consumidor privado; além disso, o fio é a existência – para fins de reprodução ou de consumo – tanto do valor-capital quanto do mais-valor nele contido. A grandeza do mais--valor convertido em dinheiro depende da grandeza do mais-valor contido no fio. Assim que o fio se tenha convertido em dinheiro, este último passa a ser apenas a existência de valor desse mais-valor. E, como tal, converte-se num fator do capital de empréstimo. Para esse propósito, basta que ele se transforme em depósito, caso já não tenha sido emprestado por seu proprietário. Mas, para que possa ser reconvertido em capital produtivo, é preciso, ademais, que ele alcance certo limite mínimo.

Capítulo 32

Capital monetário e capital real – III (conclusão)

A massa monetária a ser assim reconvertida em capital resulta do enorme processo de reprodução, mas, considerada em si mesma, como capital monetário emprestável, não é, ela própria, massa de capital reprodutivo.

O ponto mais importante de nossa exposição é a expansão da parte da renda destinada ao consumo (abstraindo do trabalhador, já que sua renda = capital variável), que se apresenta primeiro como acumulação de capital monetário. Na acumulação do capital monetário entra, portanto, um fator essencialmente diferente da acumulação real do capital industrial, pois a parte do produto anual destinada ao consumo não se converte de modo nenhum em capital. Uma parte dela *repõe* capital, ou seja, o capital constante dos produtores de meios de consumo; porém, na medida em que se converte de fato em capital, ela existe na forma natural da renda dos produtores desse capital constante. O mesmo dinheiro que representa a renda, que serve como simples intermediário do consumo, converte-se normalmente, durante certo tempo, em capital monetário emprestável. Na medida em que representa salário, esse dinheiro é, ao mesmo tempo, a forma-dinheiro do capital variável; na medida em que repõe o capital constante dos produtores de meios de consumo, é a forma-dinheiro que seu capital constante assume momentaneamente e serve para comprar os elementos naturais de seu capital constante a ser reposto. Nem numa forma nem na outra ele expressa por si só a acumulação, ainda que sua massa aumente com o volume do processo de reprodução. No entanto, ele exerce temporariamente a função de dinheiro emprestável e, portanto, de capital monetário. Nesse sentido, a acumulação do capital monetário tem de refletir sempre uma acumulação maior de capital do que aquela de fato existente, já que a expansão do consumo individual, por ser mediada por dinheiro, aparece como acumulação de capital monetário, porquanto fornece a forma-dinheiro para a acumulação real, para o dinheiro que abre novos investimentos de capital.

Assim, a acumulação do capital monetário emprestável apenas expressa, em parte, o fato de que todo o dinheiro em que o capital industrial se converte em seu processo de circulação se transforma, assume a forma, não de dinheiro que os capitalistas reprodutivos *adiantam*, mas de dinheiro que eles *tomam emprestado*, de maneira que o adiantamento de dinheiro, que tem necessariamente de efetuar-se no processo de reprodução, aparece como adiantamento de dinheiro emprestado. Na realidade, com base no crédito comercial, eles emprestam uns aos outros o dinheiro de que necessitam no processo de reprodução. Isso assume agora a seguinte forma: o banqueiro, que recebe dinheiro emprestado de alguns capitalistas reprodutivos, o empresta a outros desses capitalistas, fazendo com que o banqueiro apareça como dispensador de bênçãos; ao mesmo tempo, a disposição sobre esse capital se concentra inteiramente nas mãos dos banqueiros, como intermediários.

Algumas formas especiais de acumulação de capital monetário ainda precisam ser mencionadas. O capital é liberado, por exemplo, quando cai o preço dos elementos de produção, das matérias-primas etc. Se o industrial não pode expandir diretamente seu processo de reprodução, então uma parte de seu capital monetário é eliminada da circulação como supérflua e se converte em capital monetário emprestável. Em segundo lugar, porém, o capital é liberado em forma-dinheiro, principalmente em poder do comerciante, assim que ocorrem interrupções nos negócios. Se o comerciante concluiu uma série de negócios e, devido a tais interrupções, só inicia a nova série de negócios mais tarde, então o dinheiro realizado representa para ele um tesouro, capital excedente. E representa, ao mesmo tempo, acumulação direta de capital monetário emprestável. No primeiro caso, a acumulação de capital monetário expressa a repetição do processo de reprodução em condições mais favoráveis, liberação real de uma parte do capital que antes se encontrava imobilizada, portanto, a possibilidade de expandir o processo de reprodução com os mesmos recursos monetários. No segundo caso, representa a simples interrupção do fluxo das transações. Em ambos os casos, no entanto, o dinheiro se transforma em capital monetário emprestável, representa acumulação deste último, atua por igual sobre o mercado monetário e a taxa de juros, ainda que às vezes favoreça o processo real de acumulação e outras vezes o iniba. Por fim, tem-se a acumulação de capital monetário pela massa de pessoas que, tendo entesourado o suficiente para garantir seu futuro, retiram-se do processo de reprodução. Quanto maiores forem os lucros obtidos ao longo do ciclo industrial, mais pessoas operarão desse modo. Nesse caso, a acumulação de capital monetário emprestável expressa, por um lado, uma acumulação real (de acordo com seu volume relativo); por outro, apenas a proporção em que os capitalistas industriais se convertem em meros capitalistas monetários.

Já a outra parte do lucro, que não se destina a ser consumida como renda, só se transforma em capital monetário quando não pode ser diretamente empregada para ampliar os negócios no ramo de produção em que foi obtida. Isso pode ter duas causas: porque esse ramo de produção está saturado de capital ou porque a acumulação, para poder funcionar como capital, tem de ter alcançado certo volume, conforme a grandeza do investimento de novo capital nesse negócio específico. Ela começa, pois, convertendo-se em capital monetário emprestável e serve à expansão da produção em outros ramos. Mantendo-se constantes todas as demais circunstâncias, a massa do lucro destinada a reconverter-se em capital dependerá da massa do lucro obtido e, portanto, da expansão do próprio processo de reprodução. Porém, se essa nova acumulação enfrenta dificuldades para ser aplicada, por não se encontrarem lugares de investimento; se, portanto, os ramos de produção estão saturados e há excesso de oferta de capital de empréstimo, essa abundância de capital monetário emprestável é uma simples demonstração dos limites da produção *capitalista*. A fraude subsequente com base no crédito evidencia que não existe obstáculo positivo à aplicação desse capital excedente. Ela revela, no entanto, um obstáculo imposto pelas leis que regem sua valorização, pelos limites dentro dos quais o capital pode valorizar-se como capital. A abundância de capital monetário como tal não indica necessariamente superprodução, tampouco falta de esferas de investimento para o capital.

A acumulação de capital de empréstimo consiste simplesmente no fato de que o dinheiro precipita [*niederschlägt*] como dinheiro emprestável. Esse processo é muito distinto de sua transformação efetiva em capital; ele não é mais que a acumulação de dinheiro numa forma em que pode converter-se em capital. Essa acumulação, como já o demonstramos, pode expressar fatores muito diferentes da acumulação real. Com o aumento constante da acumulação real, essa acumulação ampliada de capital monetário pode, em parte, ser resultado dela, em parte, resultado de fatores que a acompanham, mas que diferem totalmente dela; por fim, pode também ser resultado de paralisações da acumulação real. Já pelo fato de que a acumulação de capital de empréstimo é incrementada por esses fatores independentes da acumulação real, mas que a acompanham, tem de haver necessariamente em certas fases do ciclo uma pletora constante de capital monetário, a qual aumenta com o aperfeiçoamento do crédito. Com ela, tem de desenvolver-se, ao mesmo tempo, a necessidade de impelir o processo de produção para além de seus limites capitalistas: supercomércio, superprodução e supercrédito. Ao mesmo tempo, isso tem sempre de assumir formas que provoquem uma reação.

No que diz respeito à acumulação de capital monetário procedente da renda fundiária, salário etc., não é necessário tratar dela aqui. Bastará destacar este aspecto do problema: a tarefa da verdadeira poupança e da abstinência (pelos entesouradores), na medida em que contribui para a acumulação, é deixada – devido à divisão do trabalho que se desenvolve com a produção capitalista – a cargo daqueles que recebem o mínimo desses elementos e que muitas vezes perdem o que haviam poupado, como ocorre com os trabalhadores nas falências dos bancos. Por um lado, o capital do capitalista industrial não é "poupado" por ele mesmo, mas ele dispõe da poupança dos outros na proporção da grandeza de seu capital; por outro lado, o capitalista monetário converte as poupanças alheias em seu próprio capital, e do crédito que os capitalistas reprodutivos se concedem mutuamente ele faz sua fonte privada de enriquecimento. Destrói-se, assim, a última ilusão do sistema capitalista: a de que o capital é fruto de trabalho próprio e poupança própria. Não só o lucro consiste na apropriação do trabalho alheio, mas também o capital com que esse trabalho alheio é mobilizado e explorado consiste em propriedade alheia, que o capitalista monetário põe à disposição do capitalista industrial e por meio do qual, por sua vez, ele explora este último.

Restam ainda algumas observações acerca do capital de crédito.

A frequência com que a mesma moeda pode figurar como capital de empréstimo depende integralmente, como já expusemos:

1. da frequência com que realiza valores-mercadorias em venda ou pagamento, isto é, da frequência com que transfere capital e, além disso, com que realiza rendas. Por conseguinte, a frequência com que passa a outras mãos como valor realizado, seja de capital, seja de renda, depende evidentemente do volume e da massa das transações reais;
2. isso depende da economia dos pagamentos e do desenvolvimento e organização do sistema de crédito;
3. finalmente, do encadeamento e da velocidade de ação dos créditos, de modo que, quando o dinheiro se cristaliza num ponto como depósito, em outro ponto ele se põe imediatamente em movimento como empréstimo.

Mesmo supondo que o capital de empréstimo exista meramente na forma de dinheiro real, ouro ou prata – a mercadoria cuja matéria serve de medida dos valores –, uma grande parte desse capital monetário tem sempre de ser algo puramente fictício, isto é, títulos sobre valores, do mesmo modo que os signos de valor, o dinheiro. Quando o dinheiro funciona na circulação do capital, ele de fato constitui, por um momento, capital monetário; porém, ele não se converte em capital monetário emprestável, mas, antes, é trocado pelos elementos do capital produtivo ou, ao realizar-se a renda, é desembolsado como meio de circulação, sem que, portanto, possa converter-se em capital de empréstimo para seu possuidor. Quando se converte em capital de empréstimo e o mesmo dinheiro aparece reiteradamente com essa função, é evidente que ele só existe como dinheiro metálico *num* ponto; nos demais, existe apenas na forma de direito a reclamar um capital. Segundo o pressuposto de que partimos, a acumulação desses direitos provém da acumulação real, isto é, da transformação do valor do capital-mercadoria etc. em dinheiro; no entanto, a acumulação desses direitos ou títulos difere, como tal, tanto da acumulação real, da qual ela nasce, quanto da acumulação futura (do novo processo de produção), que é possibilitada pelo empréstimo do dinheiro.

Prima facie, o capital de empréstimo existe sempre em forma de dinheiro[9] e, mais tarde, como direito a reclamar uma quantidade de dinheiro, uma vez que o dinheiro no qual ele existia originalmente agora se encontra nas mãos

---

[9] *B. A.* 1857, depoimentos de Twells, banqueiro. 4.516. "Como banqueiro, o senhor faz negócios em capital ou em dinheiro? – Negociamos em dinheiro." – 4.517. "Como são realizados os depósitos em seu banco? – Em dinheiro." 4.518. "Como eles são reembolsados? – Em dinheiro." – [4.519] "Pode-se, portanto, dizer que são algo diferente de dinheiro? – Não."

Overstone (ver cap. 24) confunde continuamente "*capital*" e "*money*". Para ele, "*value of money*" [valor do dinheiro] também significa juros, mas na medida em que é determinado pela massa de dinheiro; "*value of capital*" deve ser os juros, na medida em que é determinado pela procura por capital produtivo e pelo lucro que ele gera. Ele diz: 4.140. "O uso da palavra 'capital' é muito perigoso." – 4.148. "A exportação de ouro da Inglaterra é uma redução da quantidade de dinheiro no país, e esta tem naturalmente de provocar um aumento da demanda no mercado monetário em geral" {de acordo com isso, portanto, não no mercado de capital}. – 4.112. "Na medida em que o dinheiro sai do país, sua quantidade diminui dentro dele. Essa diminuição da quantidade que permanece no país produz um aumento do valor desse dinheiro." {Isso significa originalmente, em sua teoria, um aumento do valor do dinheiro como tal causado pela contração da circulação, em comparação com os valores das mercadorias; portanto, onde houver esse aumento do valor do dinheiro, haverá também queda do valor das mercadorias. Como nesse ínterim ficou irrefutavelmente demonstrado, mesmo para ele, que a massa do dinheiro circulante *não* determina os preços, então é a diminuição do dinheiro como meio de circulação que agora deve aumentar seu valor como capital portador de juros e, com isso, a taxa de juros.} "Esse valor aumentado do dinheiro restante estanca a drenagem e perdura até que tenha trazido de volta tanto dinheiro quanto necessário para restabelecer o equilíbrio." Adiante, veremos a continuação das contradições de Overstone.

do mutuário na forma real de dinheiro. Para o prestamista, ele se converteu em direito a dinheiro, num título de propriedade. A mesma massa de dinheiro pode representar, portanto, massas muito distintas de capital monetário. O mero dinheiro, represente ele capital realizado ou renda realizada, converte-se em capital de empréstimo por meio do simples ato de emprestar, por meio de sua transformação em depósito, se considerarmos a forma geral com sistema de crédito já desenvolvido. O depósito é capital monetário para o depositante. Nas mãos do banqueiro, ele pode ser simplesmente capital monetário potencial, que permanece ocioso em seu cofre, em vez de estar no de seu proprietário[10].

À medida que cresce a riqueza material, cresce a classe dos capitalistas monetários; aumentam, por um lado, o número e a riqueza dos capitalistas que se retiram, dos *rentiers* [rentistas]; por outro lado, fomenta-se o sistema de crédito e, com isso, aumenta o número de banqueiros, prestamistas, financistas etc. Como já expusemos, o desenvolvimento do capital monetário disponível é acompanhado do aumento da massa dos papéis portadores de

---

[10] Aqui deparamos com a confusão de que ambas as coisas são "dinheiro": o depósito, como direito a reclamar um pagamento do banqueiro, e o dinheiro depositado nas mãos do próprio banqueiro. O banqueiro Twells, em seu depoimento perante a Comissão Bancária de 1857, dá o seguinte exemplo: "Inicio o negócio com £10.000. Com £5.000, compro mercadorias e as coloco no depósito. As £5.000 restantes deposito num banco para sacar à medida que delas necessite. Continuo considerando as £10.000 meu capital, embora £5.000 desse total se encontrem na forma de depósito ou dinheiro." (4.258). A partir disso, desenvolve-se agora um belo debate. 4.531. "Portanto, o senhor deu a outra pessoa suas £5.000 em cédulas bancárias? Exatamente." 4.532. "Então, essa pessoa tem as £5.000 em depósito? Sim." 4.533. "E as outras £5.000 estão depositadas? Exatamente." 4.534. "A outra pessoa tem £5.000 em dinheiro, e o senhor tem £5.000 em dinheiro? Sim." 4.535. "No final das contas, nada mais é que dinheiro? Não." A confusão decorre, em parte, do seguinte: *A*, que depositou no banco as £5.000, pode sacá-las, continua a dispor delas como se ainda as tivesse em suas mãos. Nesse sentido, são, para ele, dinheiro potencial. Ao sacá-las, ele destrói *pro tanto* [proporcionalmente] seu depósito. Se retira dele dinheiro real, e seu dinheiro já foi emprestado a alguém, ele não é pago com seu próprio dinheiro, mas com dinheiro depositado por outra pessoa. Se com um cheque contra seu banqueiro ele paga uma dívida a *B*, e se *B* deposita esse cheque com seu banqueiro, e se o banqueiro de *A* também possui um cheque sobre o banqueiro de *B*, de modo que ambos os banqueiros possam limitar-se a trocar cheques, então o dinheiro depositado por *A* terá cumprido por duas vezes sua função de dinheiro: uma vez, nas mãos daquele que recebeu o dinheiro depositado por *A*; outra vez, nas mãos do próprio *A*. Na segunda vez, opera-se uma compensação de créditos (o crédito de *A* contra seu banqueiro e o crédito deste último contra o banqueiro de *B*) sem que o dinheiro realize nenhuma mediação. Aí o depósito atua duas vezes como dinheiro: uma vez como dinheiro real, outra vez como direito a reclamar uma soma de dinheiro. Meros direitos a dinheiro só podem tomar o lugar de dinheiro por meio da compensação de créditos.

juros, dos títulos públicos, ações etc. Ao mesmo tempo, porém, aumenta a demanda de capital monetário disponível, uma vez que os *jobbers* [corretores de títulos] que especulam com esses títulos desempenham um papel fundamental no mercado monetário. Se todas as compras e vendas desses papéis fossem apenas a expressão de investimentos reais de capital, seria correto dizer que não poderiam influir sobre a demanda de capital de empréstimo, já que, quando *A* vende seu papel, obtém em troca dele exatamente a mesma quantidade de dinheiro que *B* investe no papel comprado. No entanto, uma vez que o papel na verdade existe, mas não o capital (pelo menos não como capital monetário) que ele originalmente representa, cria-se sempre uma nova demanda proporcional de capital monetário. De todo modo, trata-se do capital monetário de que antes dispunha *B* e agora dispõe *A*.

Banks Acts, 1857, n. 4.886: "A seu juízo, seria uma descrição correta das causas que determinam o tipo de desconto dizer que ela é regulada pela quantidade do capital existente no mercado, que se pode aplicar no desconto de letras comerciais, distintas de outros tipos de papéis?" – {Chapman:} "Não; entendo que a taxa de juros está afetada por todos os títulos de crédito facilmente conversíveis (*all convertible securities of a current character*); seria errado limitar o problema ao desconto de letras, pois quando existe uma grande demanda de dinheiro contra" {depósitos de} "*consols* [consolidados], ou mesmo de letras do tesouro, como ocorreu recentemente em grandes proporções e a uma taxa de juros muito mais alta que a comercial, seria absurdo dizer que isso não afeta em nada nosso mundo comercial, pois o afeta de maneira muito decisiva." – 4.890. "Quando se encontram no mercado títulos de crédito bons e correntes, reconhecidos como tais pelos banqueiros, e seus proprietários desejam obter dinheiro sobre eles, é claro que isso terá influência sobre as letras comerciais; não posso esperar, por exemplo, que alguém me dê dinheiro a 5% sobre letras comerciais, se, ao mesmo tempo, pode emprestar esse dinheiro a 6% sobre *consols* etc.; isso nos afeta do mesmo modo; ninguém pode pedir-me que desconte suas letras a 5½%, se tenho a possibilidade de emprestar meu dinheiro a 6%." – 4.892. "De pessoas que compram, como investimentos fixos de capital, títulos no valor de £2.000, £5.000 ou £10.000, não podemos dizer que exerçam uma influência substancial sobre o mercado financeiro. Se o senhor me pergunta pela taxa de juros sobre" {o depósito de} "*consols*, então me refiro a pessoas que fazem negócios no montante de centenas de milhares, os *jobbers*, que subscrevem grandes quantidades de empréstimos públicos ou as compram no mercado e que logo se veem obrigadas a reter esses papéis, até que possam desfazer-se deles com um lucro; para esse fim, essas pessoas têm de tomar dinheiro emprestado."

Ao desenvolver-se o sistema de crédito, criam-se grandes mercados monetários concentrados, como Londres, que são, ao mesmo tempo, centros do comércio com esses papéis. Os banqueiros põem à disposição desses negociantes grandes massas do capital monetário pertencente ao público, e assim cresce essa ninhada de especuladores. "Na Bolsa de Valores, o dinheiro é em geral obtido mais barato que em qualquer outro lugar", dizia em 1848 o então governador* do Banco da Inglaterra, perante a comissão secreta [da Câmara] dos Lordes (*C. D.*, 1848, *printed* 1857, n. 219).

Na discussão sobre o capital portador de juros, já expusemos que os juros médios para uma série maior de anos são determinados, mantendo-se inalteradas as demais circunstâncias, pela taxa média do lucro, e não do ganho do empresário, que equivale ao lucro menos os juros**.

Também já mencionamos, e o examinaremos a fundo mais adiante, que para as variações dos juros comerciais – dos juros calculados pelos prestamistas para descontos e empréstimos dentro do mundo do comércio – advém no curso do ciclo industrial uma fase em que a taxa de juros ultrapassa seu mínimo e alcança o nível médio (o qual, mais tarde, ela também ultrapassa) e em que esse movimento resulta do aumento do lucro.

No entanto, duas coisas devem ser observadas:

Primeira: quando a taxa de juros permanece alta durante um tempo mais longo (referimo-nos aqui à taxa de juros em determinado país, como a Inglaterra, onde a taxa média de juros abrange um período mais longo e se manifesta também nos juros pagos por empréstimos em longo prazo e que podem ser chamados de juros privados), isso demonstra *prima facie* que a taxa de lucro é alta durante esse período, mas não demonstra necessariamente que seja alta a taxa do ganho empresarial. Essa última diferença desaparece em maior ou menor medida em se tratando de capitalistas que operam de preferência com capital próprio; estes realizam uma alta taxa de lucro, porquanto pagam os juros a si mesmos. A possibilidade de uma alta taxa de juros mantida por mais tempo – não nos referimos aqui à fase de aperto propriamente dito – se dá quando vigora uma alta taxa de lucro. É possível, no entanto, que essa alta taxa de lucro, depois de deduzida a alta taxa de juros, só deixe margem a uma taxa baixa de ganho empresarial. Esta última pode contrair-se, enquanto a taxa de lucro se mantém alta. Isso é possível porque os empreendimentos, uma vez iniciados, têm de ser levados adiante. Durante esse período, opera-se consideravelmente com mero capital de crédito

* James Morris. (N. E. A.)

** Cf. cap. 22. (N. T.)

(capital alheio); e a alta taxa de lucro pode, em certos casos, ser especulativa, prospectiva. Uma alta taxa de juros pode ser paga com uma alta taxa de lucro, porém reduzindo o ganho empresarial. Ela pode ser paga – e isso é o que, em parte, ocorre em épocas de especulação – não à custa do lucro, mas do próprio capital alheio tomado em empréstimo, e essa situação pode manter-se por algum tempo.

Segunda: a afirmação de que a demanda de capital monetário e, portanto, a taxa de juros aumentam por ser alta a taxa de lucro não é idêntica à tese de que a demanda de capital industrial aumenta e, por isso, é alta a taxa de juros.

Em épocas de crise, a demanda de capital de empréstimo chega a seu máximo e, com ela, a taxa de juros; a taxa de lucro, juntamente com a demanda de capital industrial, desaparece quase por completo. Nessas épocas, ninguém pede dinheiro emprestado apenas para pagar, para saldar obrigações já contraídas. Ao contrário, nas épocas de reanimação dos negócios que se seguem às crises, procura-se capital de empréstimo para comprar e converter o capital monetário em capital produtivo ou comercial. Nesses casos, quem o procura é o capitalista industrial ou o comerciante. O capitalista industrial o investe em meios de produção e em força de trabalho.

A demanda crescente de força de trabalho, por si só, jamais é a causa da alta da taxa de juros, na medida em que esta é determinada pela taxa de lucro. Salário mais alto jamais é causa de lucro mais alto, ainda que, considerando fases particulares do ciclo industrial, seja uma de suas consequências.

Um aumento da demanda de força de trabalho pode ocorrer porque a exploração de trabalho se dá em condições especialmente favoráveis; no entanto, a demanda crescente de força de trabalho e, assim, de capital variável não aumenta, por si só, o lucro, mas o reduz *pro tanto* [proporcionalmente]. Isso pode provocar um aumento da demanda de capital variável e, portanto, também a demanda de capital monetário, elevando, assim, a taxa de juros. O preço de mercado da força de trabalho aumenta, então, acima de sua média, emprega-se um número de trabalhadores superior à média e, ao mesmo tempo, a taxa de juros aumenta, uma vez que, nessas condições, eleva-se a demanda de capital monetário. A demanda crescente de força de trabalho encarece essa mercadoria, eleva seu preço, mas não o lucro, que repousa fundamentalmente na queda relativa do preço dessa mercadoria. Ao mesmo tempo, nas circunstâncias aqui pressupostas, eleva a taxa de juros, uma vez que aumenta a demanda de capital monetário. Se, em vez de emprestar dinheiro, o capitalista monetário se convertesse em capitalista industrial, a circunstância de ele ter de pagar o trabalho mais caro não elevaria, por si só, seu lucro – ao contrário, o diminuiria *pro tanto*. A conjuntura das circunstâncias pode ser tal que, apesar disso, aumente seu lucro, mas não porque ele paga mais caro pelo trabalho. Porém, essa última circunstância, na medida em que faz aumentar a demanda de capital monetário, basta para provocar o aumento da taxa de juros. Se, por alguma razão, o salário aumentasse durante uma conjuntura econômica de resto desfavorável, então o aumento do salário reduziria a taxa de lucro, mas elevaria a taxa de juros, na medida em que crescesse a demanda de capital monetário.

Abstraindo do trabalho, aquilo que Overstone chama de "demanda de capital" consiste pura e simplesmente na demanda de mercadorias, que provoca a elevação do preço destas últimas, seja porque está acima da média, seja porque a oferta cai abaixo dela. Se agora o capitalista industrial ou o comerciante tivesse de pagar, digamos, £150 pela mesma massa de mercadorias pela qual antes pagava somente £100, ele teria de tomar emprestadas £150, em vez das £100 de antes e, com juros de 5%, pagaria £7½ em vez de £5. A massa de juros que ele teria de pagar aumentaria ao subir a massa do capital emprestado.

O que o sr. Overstone pretende é apresentar como idênticos os interesses do capital de empréstimo e do capital industrial, ao mesmo tempo que sua lei bancária visa justamente a explorar a diferença entre esses interesses em benefício do capital monetário.

Pode ocorrer que a demanda de mercadorias, caso sua oferta caia abaixo da média, não absorva mais capital monetário que antes. Será preciso pagar a mesma soma, ou talvez uma soma menor, por seu valor total, mas pela mesma soma obtém-se uma quantidade menor de valores de uso. Nesse caso, a demanda de capital monetário emprestável continuará a mesma, a taxa de juros não subirá, portanto, ainda que cresça a demanda de mercadoria em relação à oferta e aumente, por conseguinte, o preço da mercadoria. A taxa de juros não pode ser afetada a não ser que aumente a demanda total de capital de empréstimo, o que não é o caso na hipótese anterior.

Outra possibilidade á a oferta de um artigo cair abaixo da média, como no caso de má colheita do trigo, do algodão etc., ao passo que a demanda de capital de empréstimo pode crescer, porque se especula para conseguir que os preços subam ainda mais, e o meio mais direto para fazê-los subir consiste em retirar temporariamente do mercado uma parte da oferta. Para que se possa pagar a mercadoria comprada sem vendê-la, arranja-se dinheiro por meio de "operações com letras comerciais". Nesse caso, aumenta a demanda de capital de empréstimo, e a taxa de juros pode subir em consequência dessa tentativa de barrar artificialmente a oferta de mercadorias. A alta da taxa de juros expressa, então, uma queda artificial da oferta de capital-mercadoria.

Por outro lado, pode ocorrer que a demanda de um artigo aumente porque tenha aumentado sua oferta, e o artigo seja cotado abaixo de seu preço médio.

Nesse caso, a demanda de capital de empréstimo pode ficar igual, ou até mesmo cair, porque com a mesma soma de dinheiro se obtém maior quantidade de mercadorias. Poderia ocorrer também um estocamento especulativo de mercadorias, em parte, para aproveitar o momento favorável para fins de produção, em parte na expectativa de que mais tarde subam os preços. Assim, poderia crescer a demanda de capital de empréstimo, e a elevação da taxa de juros seria, assim, a expressão de um investimento de capital no estocamento excedente de elementos do capital produtivo. Aqui consideramos a demanda de capital de empréstimo apenas na medida em que é influenciada pela oferta e pela demanda de capital-mercadoria. Já destacamos como a situação flutuante do processo de reprodução nas fases do ciclo industrial influi sobre a oferta de capital de empréstimo. Overstone mistura a tese trivial de que a taxa de juros é determinada pela oferta e pela demanda de capital (de empréstimo) com sua própria hipótese de que o capital de empréstimo é idêntico ao capital em geral; desse modo, ele tenta fazer do usurário o único capitalista e de seu capital o único capital.

Em épocas de crises, a demanda de capital de empréstimo é demanda de meios de pagamento e nada mais; de modo nenhum é demanda de dinheiro como meio de compra. Nesses casos, pode subir muito a taxa de juros, não importando se existe excesso ou escassez de capital real – capital-mercadoria ou capital produtivo. A demanda de meios de pagamento é simples demanda de conversibilidade em *dinheiro* quando comerciantes e produtores podem oferecer boas garantias e é demanda de *capital monetário* quando eles não podem fazê-lo; quando, portanto, um adiantamento de meios de pagamento lhes dá não só a *forma-dinheiro*, mas também o *equivalente* que lhes falta pagar, seja qual for sua forma. É nesse ponto que ambos os lados da teoria corrente têm razão e, ao mesmo tempo, não têm razão ao compreender a crise. Os que dizem que existe mera escassez de meios de pagamento se fixam somente nos possuidores de garantias *bona fide* ou são tolos, que creem que um banco tem o dever e o poder de transformar, por meio de pedaços de papel, todos os especuladores falidos em capitalistas sólidos e solventes. Os que dizem que existe simplesmente escassez de capital se entregam a meras logomaquias, uma vez que nessas épocas há uma massa de capital *inconversível* em consequência do excesso de importações e da superprodução, ou se referem meramente àqueles cavaleiros do crédito que agora se veem de fato numa situação em que não obtêm mais capital alheio para operar com ele e, por isso, exigem que o banco não só lhes ajude a pagar o capital perdido, mas, além disso, permita-lhes prosseguir em seus negócios fraudulentos.

Para a produção capitalista, é fundamental que o dinheiro se confronte com a mercadoria como forma autônoma do valor ou que o valor de troca assuma uma forma autônoma no dinheiro, o que só é possível quando determinada mercadoria se converte no material por cujo valor se medem todas as demais mercadorias, transformando-se, assim, na mercadoria geral, a mercadoria *par excellence*, em oposição a todas as demais. Isso tem de manifestar-se de dois modos, sobretudo em países capitalistas desenvolvidos, que substituem o dinheiro em grandes proporções, de um lado, por operações de crédito e, de outro, por dinheiro creditício. Em épocas de crises, em que o crédito se contrai ou desaparece por inteiro, o dinheiro surge de repente como único meio de pagamento e como a verdadeira existência do valor, em confronto absoluto com as mercadorias. Isso explica a depreciação geral das mercadorias, a dificuldade e até mesmo a impossibilidade de convertê-las em dinheiro, isto é, em sua própria forma puramente imaginária. Em segundo lugar, porém, o próprio dinheiro creditício só é dinheiro na medida em que, no montante de seu valor nominal, representa absolutamente o dinheiro real. Com a drenagem de ouro, sua conversibilidade em dinheiro, isto é, sua identidade com o ouro real, torna-se problemática. Isso explica as medidas coercitivas, a elevação da taxa de juros etc. a fim de assegurar as condições dessa conversibilidade. Isso pode agravar-se em maior ou menor medida por uma legislação errada, baseada em falsas teorias monetárias e imposta à nação por interesse dos comerciantes de dinheiro, dos Overstone e consortes. A base disso reside na base do próprio modo de produção. Uma desvalorização do dinheiro creditício (para não falar em uma desmonetização, afinal apenas imaginária, desse dinheiro) faria estremecer todas as relações existentes. Sacrifica-se, portanto, o valor das mercadorias para assegurar a existência imaginária e autônoma desse valor no dinheiro. Como valor monetário, ele só fica assegurado enquanto estiver assegurado o dinheiro. Por uns poucos milhões em dinheiro, é preciso sacrificar, portanto, muitos milhões de mercadorias, o que é inevitável na produção capitalista e constitui uma de suas belezas. Nos modos de produção anteriores, isso não ocorre, pois a estreita base sobre a qual se movem não permite que neles se desenvolvam o crédito nem o dinheiro creditício. Enquanto o caráter *social* do trabalho aparecer como a *existência monetária* da mercadoria e, por isso, como uma *coisa* situada à margem da produção real, serão inevitáveis as crises monetárias, sejam elas independentes de crises reais, sejam elas agravantes destas últimas. Por outro lado, é evidente que, enquanto o crédito de um banco não está abalado, ele pode, nesses casos, mitigar o pânico mediante o aumento do dinheiro creditício e intensificá-lo com sua retirada. Toda a história da moderna indústria ensina que, se a produção interna estivesse organizada, os metais só seriam necessários, na realidade, para saldar o comércio internacional quando seu equilíbrio estivesse momentaneamente perturbado. E o fato de que dentro do país agora já não se necessita de dinheiro metálico é demonstrado com a suspensão dos pagamentos em espécie pelos assim chamados bancos nacionais, meios ao qual se recorre como única medida salvadora em todos os casos urgentes.

Entre dois indivíduos, seria ridículo dizer que, em seu relacionamento mútuo, ambos apresentem uma balança de pagamentos desfavorável. Se são devedor e credor um do outro, e vice-versa, é claro que, caso seus créditos não sejam saldados, um tenha de ficar devedor do outro pelo que resta. Às nações essa ideia simplesmente não se aplica. E isso é algo que todos os economistas reconhecem quando dizem que a balança de pagamentos pode ser favorável ou desfavorável a uma nação, ainda que sua balança comercial tenha finalmente de se compensar. A balança de pagamentos se distingue da balança comercial por ser uma balança comercial que vence dentre de um prazo determinado. O que as crises fazem é condensar num prazo mais curto a diferença entre a balança de pagamentos e a balança comercial; e as circunstâncias determinadas que se desenvolvem na nação em que há crise – e em que, portanto, os pagamentos vencem agora – já se encarregam de produzir essa contração do prazo de compensação. Primeiro, a evasão de metais preciosos; em seguida, a liquidação das mercadorias recebidas em consignação, a exportação de mercadorias para liquidá-las ou para conseguir dentro do país adiantamentos em dinheiro sobre elas; a alta da taxa de juros, o cancelamento dos créditos, a queda dos papéis de crédito, a venda de títulos estrangeiros, a atração de capital estrangeiro para ser investido nesses títulos desvalorizados e, finalmente, a falência, que compensa toda uma massa de créditos. Nesses casos, ainda se envia muitas vezes metal ao país em que estourou a crise, porque nele as letras de câmbio se tornam inseguras, e o pagamento em metal, portanto, torna-se o mais seguro. A isso se acrescenta o fato de que, no que se refere à Ásia, todos os países capitalistas são seus devedores, na maioria das vezes simultaneamente, de modo direto ou indireto. Assim que essas diversas circunstâncias tenham provocado seus plenos efeitos sobre a outra nação envolvida, também nela ocorre exportação de ouro e prata; em suma, vencem os pagamentos, e todos os fenômenos indicados se repetem.

No crédito comercial, os juros, como diferença entre o preço a prazo e o preço à vista, só entram no preço das mercadorias quando as letras têm um prazo de vencimento superior ao de costume. De outro modo, não. A explicação disso está no fato de que cada um toma esse crédito com uma das mãos e o dá com a outra. {Isso não é corroborado por minha experiência. – F. E.} Na medida em que o desconto entra aqui nessa forma, ele não é regulado por esse crédito comercial, mas pelo mercado monetário.

Se a oferta e a demanda de capital monetário, que determinam a taxa de juros, fossem idênticas à oferta e à demanda de capital real, como afirma Overstone, os juros teriam de ser altos e baixos ao mesmo tempo, conforme considerássemos distintas mercadorias ou a mesma mercadoria em etapas diversas (matéria-prima, artigo semifabricado, produto acabado). Em 1844, a taxa de juros do Banco da Inglaterra flutuou entre 4%, de janeiro a setembro, e 2½% e 3%, de novembro até o fim do ano. Em 1845, ela foi de 2½%, 2¾% e 3% de janeiro a outubro e, nos últimos meses do ano, flutuou entre 3% e 5%. O preço médio do bom algodão de Nova Orleans foi, em 1844, de 6¼ *pence* e, em 1845, de 4⅞ *pence*. Em 3 de março de 1844, o estoque do algodão em Liverpool era de 627.042 fardos; em 3 de março de 1845, de 773.800 fardos. A julgar pelo baixo preço do algodão, a taxa de lucro vigente em 1845 devia ser baixa, como de fato foi durante a maior parte daquele ano. A julgar pelo fio, ela deveria ter sido alta, pois os preços estavam altos em termos absolutos, e os lucros, altos em termos relativos. Com o algodão a 4 *pence* a libra, podia-se fiar, em 1845, com 4 *pence* de custo de fiação, um fio (*secunda mule twist* n. 40) que custava, portanto, 8 *pence* ao fiandeiro, e que ele podia vender, em setembro e outubro de 1845, por 10½ ou 11½ *pence* a libra-peso (ver adiante o depoimento de Wylie*).

A questão toda pode ser formulada do seguinte modo:

Se não houvesse prestamistas de dinheiro e, em vez deles, os capitalistas que emprestam possuíssem maquinaria, matérias-primas etc. e as emprestassem ou alugassem – como agora se faz com casas – aos capitalistas industriais, que são, por sua vez, proprietários de uma parte desses objetos, então a demanda e a oferta de capital de empréstimo seriam idênticas à demanda e à oferta de capital em geral (mas essa afirmação é absurda, pois para o industrial ou comerciante a mercadoria é uma forma de seu capital, mas ele nunca demanda capital como tal, sempre somente essa mercadoria específica, que ele compra e paga como mercadoria, trigo ou algodão, independentemente do papel que ela tenha de desempenhar no ciclo de seu capital). Sob tais circunstâncias, a oferta de capital de empréstimo seria igual à oferta de elementos de produção para o capitalista industrial e de mercadorias para o

* Ver, neste volume, p. 613. (N. E.)

comerciante. Mas é claro que, nesse caso, a repartição do lucro entre o prestamista e o mutuário dependeria integralmente, antes de tudo, da proporção em que esse capital fosse emprestado e em que medida ele fosse propriedade de quem o empregasse.

A taxa de juros, nas palavras do sr. Weguelin (*B. A.*, 1857), é determinada pela "massa de capital inativo" (252); não é "mais que um índice da massa do capital inativo, em busca de um investimento" (271); mais adiante, ele chama esse capital inativo de *floating capital* (485) e entende por este último as "cédulas do Banco da Inglaterra e outros meios de circulação dentro do país; por exemplo, as cédulas dos bancos provinciais e a moeda existente no país [...]. Incluo no *floating capital* as reservas dos bancos" (502-3) e, depois, também o ouro em barras (503). O mesmo Weguelin diz que o Banco da Inglaterra influi consideravelmente na taxa de juros em épocas "em que nós" (o Banco da Inglaterra) "temos de fato nas mãos a maior parte do capital inativo" (1.198), enquanto, segundo as declarações do sr. Overstone já reproduzidas, o Banco da Inglaterra "não é lugar para capital". Weguelin diz, além disso: "A meu ver, a taxa de desconto é regulada pela quantidade de capital inativo no país. A quantidade de capital inativo está representada pela reserva do Banco da Inglaterra, que é, de fato, uma reserva metálica. Se, portanto, a reserva metálica é reduzida, a quantidade de capital inativo no país também é; portanto, aumenta o valor do resto que ainda existe." (1.258) J.[ohn] Stuart Mill diz (1.102): "Para manter a solvência de seu *banking department*, o banco se vê obrigado a fazer todo o possível para manter plena a reserva desse departamento; por isso, tão logo perceba que há uma drenagem, deve assegurar-se uma reserva e restringir seus descontos ou vender papéis de crédito". A reserva, quando se considera o *banking department*, é reserva somente para os depósitos. De acordo com os Overstone, o *banking department* deve atuar unicamente como banqueiro, sem se preocupar com a emissão "automática" de cédulas. Porém, em épocas de verdadeira crise, a instituição, independentemente da reserva do *banking department*, a qual consiste apenas de cédulas bancárias, vigia com rigor a reserva metálica – e tem de fazê-lo se não quer ir à falência. À medida que desaparece a reserva metálica, desaparece também a reserva de cédulas bancárias, e ninguém devia saber disso melhor que o sr. Overstone, já que foi precisamente ele quem estabeleceu isso de maneira tão sábia, com sua lei bancária de 1844.

Capítulo 33

O meio de circulação no sistema de crédito

"O grande regulador da velocidade da circulação é o crédito. Assim se explica por que as crises agudas do mercado monetário costumam coincidir com uma abundância da circulação" (*The Currency Theory Reviewed*, p. 65). Isso deve ser entendido em dois sentidos: por um lado, todos os métodos para poupar meios de circulação se baseiam no crédito; por outro, tomemos, como exemplo, uma cédula de £500. *A* entrega essa cédula hoje a *B* em pagamento a uma letra de câmbio; *B* a deposita, no mesmo dia, em seu banco; este desconta, ainda no mesmo dia, uma letra com ela em favor de *C*; *C* paga com ela seu banco, que, por sua vez, a adianta ao *bill-broker* para que a desconte etc. A velocidade com que a cédula circula nesse caso, servindo de meio de compras e de pagamentos, é mediada pela velocidade com que sempre retorna a alguém na forma de depósito e com que se transfere a outrem na forma de empréstimo. A mera economia de meios de circulação aparece desenvolvida ao máximo na Clearing House, no intercâmbio de letras vencidas e na função predominante do dinheiro como meio de pagamento simplesmente para compensação de saldos. A existência dessas letras repousa, por sua vez, sobre o crédito que os industriais e os comerciantes se concedem mutuamente. Se esse crédito diminui, cai o número de letras de câmbio, sobretudo das de longo prazo, e, com elas, cai a eficácia desse método de compensação. Essa economia, que consiste em eliminar o dinheiro das transações e que se baseia inteiramente na função do dinheiro como meio de pagamento, a qual, por sua vez, repousa sobre o crédito, só pode ser (se abstrairmos da técnica mais ou menos desenvolvida de concentrar esses pagamentos) de duas espécies: créditos recíprocos, representados por letras ou cheques, que ou se compensam com o mesmo banqueiro, o qual se limita a transferir o crédito da conta de um cliente à de outro, ou são compensados pelos diversos banqueiros entre si[11]. A concentração de 8 milhões a 10 milhões de letras de câmbio nas mãos de um *bill-broker* – por exemplo, a firma Overend, Gurney & Co. – foi um dos principais meios empregados para expandir localmente a escala dessa compensação. Tal economia aumenta a eficácia do meio de circulação na medida em que, graças a ela, uma quantidade menor desse meio é exigida para a simples liquidação do saldo. Por outro lado, a velocidade do dinheiro que gira como meio de circulação (e com esse giro ele também é economizado) depende inteiramente do fluxo de compras e vendas, ou seja, da concatenação dos pagamentos, à medida que se efetuem uns após os outros em dinheiro. No entanto, o crédito medeia esse processo e, assim, aumenta a velocidade da circulação. Cada peça monetária pode, por exemplo, efetuar apenas cinco rotações e permanece mais tempo em cada mão – como mero meio de circulação, sem interferência do crédito –, se *A*, o possuidor originário, compra de *B*; *B*, de *C*; *C*, de *D*; *D*, de *E*; *E*, de *F*, ou seja, se sua passagem de mão em mão se realiza apenas por meio de compras e vendas reais. No entanto, se *B* deposita com seu banqueiro o dinheiro recebido em pagamento de *A*, e este o entrega a *C* como desconto de uma letra, *C* compra de *D*, este o deposita com seu banqueiro, que o empresta a *E*, que compra de *F*, então até mesmo sua velocidade como mero meio de circulação (meio de compra) é mediada por várias operações de crédito: o depósito que *B* efetua em seu banco e o desconto que este faz a *C*, o depósito de *D* com seu banqueiro e o desconto deste em favor de *E*; portanto, quatro operações de crédito. Sem elas, a mesma peça monetária não teria efetuado cinco compras sucessivas no mesmo período. O fato de que tenha mudado de mãos sem a mediação de compra e venda reais – como depósito e desconto – foi o que acelerou aqui sua troca de mãos numa série de transações reais.

Já vimos anteriormente como a mesma cédula bancária pode criar depósitos em poder de diversos banqueiros. Do mesmo modo, ela pode criar distintos depósitos nas mãos de um mesmo banqueiro. Este desconta, com

---

[11] Número médio de dias em que uma nota de banco permaneceu em circulação:

Ano	£5	£10	£20-£100	£200-£500	£1.000
1798	?	236	209	31	22
1818	148	137	121	18	13
1846	79	71	34	12	8
1856	70	58	27	9	7

(Dados apresentados pelo caixa do Banco da Inglaterra, Marshall. *Report on Bank Acts*, 1857, v. 2, apêndice, p. 301-2.)

a cédula depositada por *A*, a letra de *B*; *B* paga a *C*; e *C* deposita a mesma cédula no mesmo banco que a desembolsou.

* * *

Ao examinar a circulação simples do dinheiro (Livro I, capítulo 3, item 2), demonstramos que a massa realmente circulante, supondo-se dadas a velocidade da circulação e a economia dos pagamentos, é determinada pelo preço das mercadorias e pela massa das transações – e a mesma lei vale para a circulação de cédulas.

No quadro seguinte, está indicada a quantidade média anual das cédulas do Banco da Inglaterra, na medida em que elas se encontram nas mãos do público, especificamente as de £5 e £10, as de £20 a £100 e as cédulas mais altas, de £200 a £1.000, assim como a porcentagem que cada uma delas representa na circulação total. As quantidades são dadas em milhares, omitindo-se as últimas três casas.

Ano	Cédulas de £5-£10		Cédulas de £20-£100		Cédulas de £200-£1.000		Total
	£	%	£	%	£	%	£
1844	9.263	45,7	5.735	28,3	5.253	26,0	20.241
1845	9.698	46,9	6.082	29,3	4.942	28,6	20.723
1846	9.918	48,9	5.771	28,5	4,590	22,6	20.286
1847	9.591	50,1	5.498	28,7	4.066	21,2	19.155
1848	8.732	48,3	5.046	27,9	4.307	23,8	18.085
1849	8.692	47,2	5.234	28,5	4.777	24,3	18.403
1850	9.164	47,2	5.587	28,8	4.646	24,0	19.398
1851	9.362	48,8	5.554	28,5	4.557	23,4	19.473
1852	9.839	45,0	6.161	28,2	5.856	26,8	21.856
1853	10.699	47,3	6.393	28,2	5.541	24,5	22.653
1854	10.565	51,0	5.910	28,5	4.234	20,5	20.709
1855	10.628	53,6	5.706	28,9	3.459	17,5	19.793
1856	10.680	54,4	5.645	28,7	3.324	16,9	19.648
1857	10.659	54,7	5.567	28,6	3.241	16,7	19.467

(*Report on Bank Acts*, 1858, p. i e ii.)

O total das cédulas em circulação diminuiu, portanto, efetivamente entre 1844 e 1857, embora nesse período o tráfico comercial tenha mais que duplicado, como demonstram as exportações e as importações. As cédulas pequenas, de £5 a £10, aumentaram, como indica a tabela, de £9.263.000 em 1844 para £10.659.000 em 1857. Isso ocorreu simultaneamente ao forte aumento da circulação do ouro, que se acentua de modo considerável nessa mesma época. Em contrapartida, houve um decréscimo das cédulas de valores maiores (de £200 a £1.000), de £5.856.000 em 1852 para £3.241.000 em 1857 – decréscimo, portanto, de mais de £2,5 milhões. Isso se explica do seguinte modo:

> "Em 8 de junho de 1854, os bancos privados de Londres permitiram aos bancos por ações participar da Clearing House e, pouco depois, estabeleceu-se o *clearing* final no Banco de Inglaterra. Os saldos diários passaram a ser liquidados mediante transferência nas contas-correntes que os diversos bancos possuem no Banco da Inglaterra. Esse sistema fez com que se tornassem supérfluas as cédulas de alto valor que os bancos antes utilizavam para cobrir suas contas recíprocas." (Ibidem, p. V)

Até que ponto o emprego do dinheiro no comércio atacadista foi reduzido a um mínimo está demonstrado pela tabela que reproduzimos no Livro I, capítulo 3, nota 103 [p. 213] e que foi fornecida à Comissão Bancária por Morrison, Dillon & Co., uma das mais importantes casas de Londres, onde um varejista pode adquirir seu estoque completo de mercadorias de todos os tipos.

Segundo o depoimento de W.[illiam] Newmarch perante a Comissão Bancária (*Report on Bank Acts*, 1857, n. 1.741), houve ainda outras circunstâncias que contribuíam para a economia de meios de circulação: o porte de 1 *penny* para o franqueamento das cartas, das ferrovias, dos telégrafos – numa palavra, o progresso dos meios de comunicação –, o que permite que a Inglaterra possa agora fazer um volume de negócios de cinco a seis vezes maior que antes, com mais ou menos a mesma circulação de cédulas bancárias. Isso se deveu também, essencialmente, segundo tal testemunho, à retirada de circulação das cédulas de mais de £10. Isso parece uma explicação natural para o fato de que na Escócia e na Irlanda, onde circulam também cédulas de £1, a circulação de cédulas tenha aumentado em aproximadamente 31% (1.747). A circulação total de cédulas no Reino Unido, incluindo as de £1, seria de £39 milhões (1.749). A circulação de ouro = £70 milhões (1.750). Na Escócia, a circulação de cédulas foi de £3.120.000 em 1834, de £3.020.000 em 1844 e de £4.050.000 em 1854 (1.752).

Isso já basta para evidenciar que não está de modo nenhum ao alcance dos bancos emissores aumentar a quantidade de cédulas em circulação, enquanto elas forem a qualquer momento conversíveis em dinheiro. {Aqui não se trata de papel-moeda inconversível; as cédulas inconversíveis só podem funcionar como meio geral de circulação onde são efetivamente respaldadas pelo crédito do Estado, como ocorre hoje na Rússia. Isso as coloca sob as leis que regulam o papel-moeda inconversível estatal, que já foram examinadas (Livro I, capítulo 3, item 2, subitem c: "A moeda. O signo de valor"). – F. E.}

A quantidade de cédulas em circulação é regulada pela necessidade de circulação, e cada cédula supérflua retorna imediatamente às mãos de seu emissor. Como na Inglaterra apenas as cédulas do Banco da Inglaterra circulam em geral como meio legal de pagamento, podemos abstrair aqui da circulação insignificante e puramente local das cédulas emitidas pelos bancos provinciais.

O sr. Neave, governador do Banco da Inglaterra, declara perante a Comissão Bancária, *B. A.*, 1858, n. 947: (Pergunta:) "O senhor diz que, quaisquer que sejam as medidas que adote, o montante de cédulas que se encontra nas mãos do público é sempre o mesmo, ou seja, £20 milhões aproximadamente? – Em tempos normais, as necessidades do público parecem exigir cerca de [£]20 milhões. Em certas épocas do ano, que se repetem periodicamente, essa cifra aumenta em [£]1 milhão ou [£]1½ milhão. Se o público necessita de mais, pode sempre obter, como afirmei, no Banco da Inglaterra". – 948. "O senhor disse que, durante o pânico, o público não queria permitir-lhes reduzir a quantidade de cédulas em circulação; o senhor poderia justificar isso? – Em épocas de pânico, o público tem, a meu ver, plenos poderes para obter cédulas; e, naturalmente, enquanto o banco tem uma obrigação, o público pode amparar-se nessa obrigação para retirar as cédulas do banco." – 949. "Quer dizer que são constantemente exigidos £20 milhões em cédulas do Banco da Inglaterra? – 20 milhões de cédulas nas mãos do público; a cifra varia. Às vezes são 18½ milhões; outras vezes, 19 milhões ou 20 milhões etc.; mas, em média, pode-se falar de 19 milhões a 20 milhões."

Depoimento de Thomas Tooke perante a comissão da Câmara dos Lordes sobre a *Commercial Distress* (*C. D.*, 1848-1857), n. 3.094: "O banco não tem poder para aumentar como bem entender a quantidade de cédulas nas mãos do público; o que ele pode fazer, e apenas mediante uma operação muito violenta, é reduzir essa quantidade".

J. C. Wright, há trinta anos banqueiro em Nottingham, depois de expor em detalhes a impossibilidade de os bancos provinciais manterem em circulação mais cédulas do que aquelas de que o público precisa e deseja, declara, referindo-se às cédulas do Banco da Inglaterra (*C. D.*, 1848-1857), n. 2.844:

"Não conheço nenhum limite" (à emissão de cédulas) "por parte do Banco da Inglaterra, mas todo excesso de circulação passa para os depósitos, assumindo, assim, outra forma".

O mesmo pode ser aplicado à Escócia, onde quase só circula papel, pois lá, como na Irlanda, são permitidas também as cédulas de £1, e *the Scotch hate gold* [os escoceses odeiam dinheiro]. Kennedy, diretor de um banco escocês, declara que os bancos não podem sequer reduzir sua circulação de cédulas e é "da opinião de que, pelo fato de as transações internas exigirem cédulas ou ouro para se realizarem, os banqueiros têm de fornecer os meios de circulação necessários para essas transações – seja por demanda de seus depositantes, seja de outra maneira. [...] Os bancos escoceses podem restringir seus negócios, mas não podem exercer nenhum controle sobre sua emissão de cédulas" (ibidem, n. 3.446 e 3.448). Em termos parecidos se expressa Anderson, diretor da Union Bank of Scotland (ibidem, n. 3.578): "O sistema do intercâmbio mútuo de cédulas" {entre os bancos escoceses} "impede que um banco emita mais cédulas do que as necessárias? – Sim, mas temos um meio mais eficaz que a troca de cédulas" (que, na realidade, nada tem a ver com isso, mas confere às cédulas de qualquer banco a capacidade de circular por toda a Escócia) ", e na Escócia há o costume geral de manter uma conta bancária; qualquer pessoa que possui dinheiro tem também uma conta num banco e nele deposita diariamente a quantia de que não precisa de imediato, de modo que, ao fim de cada dia útil, todo o dinheiro esteja nos bancos, com exceção daquele que cada um leva no bolso".

O mesmo ocorre na Irlanda, segundo depoimentos do governador do Banco da Irlanda, MacDonnel, e do diretor do Provincial Bank of Ireland, Murray, perante a mesma comissão.

A circulação de cédulas é não apenas independente da vontade do Banco da Inglaterra, mas também do volume das reservas de ouro nos porões do banco, que assegura a conversibilidade dessas cédulas.

> "Em 18 de setembro de 1846, a circulação de cédulas do Banco da Inglaterra era de £20.900.000, e sua reserva metálica era de £16.273.000; em 5 de abril de 1847, a circulação era de £20.815.000, e a reserva metálica, de £10.246.000. Isso significa que, apesar da exportação de £6 milhões de ouro e prata, a circulação de cédulas bancárias não foi reduzida." (J.[ohn] G.[ardner] Kinnear, *The Crisis and the Currency*, Londres, [J. Murray,] 1847, p. 5)

É claro, no entanto, que isso só tem validade sob as condições atualmente existentes na Inglaterra e, mesmo assim, apenas na medida em que as leis não disponham de outra maneira sobre a proporção entre a emissão de cédulas e a reserva metálica.

Portanto, são apenas as necessidades dos próprios negócios que influem na quantidade de dinheiro circulante – cédulas e ouro. A esse propósito, é preciso levar em conta, antes de mais nada, as flutuações periódicas que se repetem todos os anos, qualquer que seja a situação geral dos negócios, de tal modo que, há vinte anos, "a circulação é, em determinados meses, alta e, em outros, baixa, ao passo que em certos meses ela apresenta um nível médio" (Newmarch, *B. A.*, 1857, n. 1.650).

Assim, todos os anos, no mês de agosto, saem do Banco da Inglaterra alguns milhões, a maior parte em ouro, para a circulação interna, a fim de pagar os custos da colheita; como se trata principalmente de atender ao pagamento de salários, as cédulas da Inglaterra são menos utilizáveis. Antes do fim do ano, todo esse dinheiro retorna aos cofres do banco. Na Escócia, em vez de *sovereign*, quase só existem cédulas de 1 libra; nessas situações, a circulação de cédulas se expande – precisamente duas vezes por ano, em maio e novembro, de 3 milhões para 4 milhões; 14 dias depois já começa o refluxo, e em um mês ele está quase concluído (Anderson, [*C. D.*, 1848-1857, cit., n. 3.595-3.600).

A circulação de cédulas do Banco da Inglaterra também experimenta uma flutuação trimestral, provocada pelo pagamento a cada três meses dos "dividendos", isto é, dos juros da dívida pública, o que faz com que cédulas sejam retiradas de circulação para logo voltar a circular entre o público, retornando em seguida a seu ponto de partida. Weguelin (*B. A.*, 1857, n. 38) calcula em 2½ milhões a flutuação assim ocasionada na circulação de cédulas. Em contrapartida, o sr. Chapman, da conhecida firma Overend, Gurney & Co., estima em proporções muito mais altas a perturbação causada dessa forma no mercado monetário. "Se o senhor retira da circulação 6 milhões ou 7 milhões para impostos a fim de, com esse valor, pagar os dividendos, então é preciso haver alguém que, nesse ínterim, ponha esse montante à disposição" (*B. A.*, 1857, n. 5.196).

Muito mais importantes e duráveis são as flutuações no volume do meio circulante, que correspondem às diversas fases do ciclo industrial. Ouçamos o que diz a respeito disso outro *associé* [sócio] daquela firma, o venerável quacre Samuel Gurney (*C. D.*, 1848-1857, n. 2.645): "No fim de outubro" (de 1847) ", havia nas mãos do público £20.800.000 em cédulas. Naquele momento, era muito difícil obter cédulas bancárias no mercado monetário. Isso se devia ao temor geral de que não seria possível obtê-las em virtude da restrição imposta pela lei bancária de 1844. Atualmente" (março de 1848) ", o montante das cédulas bancárias que se encontra nas mãos do público [...] é de £17.700.000, mas como agora não há nenhum alarme comercial, essa quantidade é muito maior do que a necessária. Em Londres, não há nenhum banqueiro nem negociante de dinheiro que não tenha mais notas de banco do que pode empregar." – 2.650. "O montante das cédulas bancárias [...] que se encontram fora da custódia do Banco da Inglaterra constitui um indicativo totalmente insuficiente da situação ativa da circulação, se ao mesmo tempo se leva em conta [...] a situação ativa do mundo comercial e do crédito." – 2.651. "A sensação de que o montante atual de meios de circulação nas mãos do público é mais do que o necessário decorre em grande medida de nossa situação de intensa estagnação. Com preços altos e negócios animados, as £17.700.000 nos causariam uma sensação de escassez."

{Enquanto a situação dos negócios fizer com que os adiantamentos deem com regularidade um retorno e o crédito permaneça inabalado, a expansão e a contração da circulação simplesmente se ajustarão às necessidades dos industriais e dos comerciantes. Como, pelo menos na Inglaterra, o ouro não desempenha nenhum papel no comércio atacadista, e a circulação de ouro, abstraindo de suas flutuações sazonais, pode ser considerada uma grandeza relativamente constante durante um longo tempo, temos que a circulação de cédulas do Banco da Inglaterra constitui um indicador bastante exato dessas mudanças. Nos períodos de calmaria que sucedem às crises, a circulação se reduz ao mínimo e, ao reanimar-se a demanda, surge uma necessidade maior de meios de circulação, que se acentua à medida que aumenta a prosperidade; a massa dos meios de circulação chega a seu apogeu nos períodos de excesso de tensão e de superespeculação – então volta a estourar a crise e, da noite para o dia, desaparecem do mercado as cédulas bancárias que na véspera circulavam com tamanha abundância e, com elas, os descontadores de letras, os que concedem adiantamentos sobre papéis de crédito, os compradores de mercadorias. O Banco da Inglaterra deve agir para remediar a situação, mas suas forças logo se esgotam, pois a lei bancária de 1844 o obriga a restringir sua circulação de cédulas justamente no momento em que todo mundo clama por elas, em que os possuidores de mercadorias não podem vender e, no entanto, têm de efetuar pagamentos, o que faz com que estejam dispostos a qualquer sacrifício para obter papel-moeda. "Durante o alarme", diz o supracitado banqueiro Wright (ibidem, n. 2.930), "o país precisa do dobro de meios de circulação que em épocas normais, pois o meio de circulação é entesourado por banqueiros e outros".

Quando estoura a crise, interessam apenas os meios de pagamento. Como um depende do outro para obtê-los, e ninguém sabe se o outro estará em condições de pagar no dia do vencimento, começa uma verdadeira correria pelos meios de pagamentos existentes no mercado, isto é, pelas cédulas bancárias. Cada um se dedica a entesourar o máximo que pode, o que faz com que as cédulas desapareçam de circulação justamente quando mais se precisa delas. Samuel Gurney (*C. D.*, n. 1.116) declara que, em outubro de 1847, num momento de pânico, foi retirada de circulação uma quantidade de cédulas no montante de £4 milhões a £5 milhões. – F. E.}

A esse respeito, é especialmente interessante o interrogatório do *associé* de Gurney, o já mencionado Chapman, perante o *bank committee* de 1857. Reproduzo aqui a principal parte de suas declarações, embora nelas haja alguns pontos que só examinaremos adiante.

O sr. Chapman declara o seguinte:

4.963. "Não hesito em dizer que não me parece correto que o mercado de dinheiro se encontre nas mãos de qualquer capitalista individual (como alguns que há em Londres), que possa provocar uma enorme escassez de dinheiro e uma crise justamente nos momentos em que a circulação está num nível muito baixo. [...] Isso é possível [...] porque existe mais de um capitalista que pode retirar da massa dos meios de circulação £1 milhão ou £2 milhões em cédulas bancárias, desde que disso consiga extrair algum benefício." 4.995. Um grande especulador pode vender consolidados* no valor de [£]1 milhão ou [£]2 milhões e, com isso, retirar o dinheiro do mercado. Algo semelhante ocorreu não faz muito tempo, "gerando uma crise extremamente violenta". 4.967. Nesse caso, porém, as cédulas são improdutivas. "Isso não os preocupa, contanto que sirva para atingir um grande objetivo; esse grande objetivo é derrubar o preço dos fundos, provocar um aperto monetário, e eles têm nas mãos todos os meios para fazer isso." Um exemplo: certa manhã, havia grande demanda de dinheiro na bolsa de fundos; ninguém sabia a causa; alguém propôs a Chapman que lhe emprestasse £50.000 a 7%. Chapman surpreendeu-se, pois sua taxa de juros era muito mais baixa, e aceitou a proposta. Pouco depois, a mesma pessoa voltou, contratou outro empréstimo de £50.000 libras a 7½%; em seguida, outro de £100.000 a 8% – e ainda queria obter outro a 8½%. Então, o próprio Chapman ficou com medo. Mais tarde, averiguou-se que uma considerável soma de dinheiro havia sido subitamente retirada do mercado. Porém, diz Chapman, "apesar disso, emprestei uma soma considerável a 8%; senti medo de ir mais longe, pois não tinha ideia do que viria depois".

Não se deve esquecer que, embora nas mãos do público se encontrem, com certa constância, de 19 milhões a 20 milhões de cédulas, por um lado, a

* Títulos da dívida pública. (N. T.)

parte dessas cédulas que efetivamente circula e, por outro, a parte que fica ociosa como reserva em poder dos bancos variam constantemente uma em relação à outra, em proporções consideráveis. Se essa reserva é grande e, portanto, a circulação real é baixa, isso significa, do ponto de vista do mercado monetário, que a circulação está repleta (*the circulation is full, money is plentiful*); se a reserva é pequena e, portanto, a circulação real está repleta, o mercado monetário diz que esta última é baixa (*the circulation is low, money is scarce*); quer dizer, é baixa a parte que constitui capital de empréstimo ocioso. A expansão ou a contração reais da circulação, independentes das fases do ciclo industrial – mas de modo que permaneça a mesma a quantidade de que o público necessita –, só ocorrem por motivos técnicos, por exemplo, nos momentos em que vence o prazo de pagamento dos impostos ou dos juros da dívida pública. O pagamento dos impostos faz com que cédulas e ouro afluam aos cofres do Banco da Inglaterra numa quantidade superior à normal e realmente contrai a circulação, sem considerar as necessidades desta última. O contrário se dá quando se pagam os dividendos da dívida pública. No primeiro caso, contraem-se empréstimos junto ao banco para obter meios de circulação. No segundo, cai a taxa de juros nos bancos privados devido ao aumento momentâneo de suas reservas. Isso nada tem a ver com a massa absoluta dos meios de circulação, apenas com a firma bancária que lança no mercado esses meios de circulação e para a qual esse processo se apresenta como um processo de alienação de capital de empréstimo e que, por isso, embolsa o lucro correspondente.

Num caso, produz-se apenas um *deplacement* [deslocamento] temporário do meio de circulação, compensado pelo Banco da Inglaterra por meio de adiantamentos em curto prazo e a juros baixos, pouco antes de vencerem os impostos trimestrais e os dividendos também trimestrais; essas cédulas excedentes, assim gastas, completam primeiro a lacuna produzida pelo pagamento dos impostos, ao passo que, pouco depois, seu retorno ao banco faz com que reflua o excedente de cédulas que o pagamento dos dividendos lançou ao público.

No outro caso, a circulação baixa ou plena significa tão somente outra distribuição da mesma massa de meios de circulação em circulação ativa e depósitos, isto é, em instrumento de empréstimos.

Por outro lado, quando, por exemplo, aumenta o número de cédulas emitidas em troca do ouro que aflui ao Banco da Inglaterra, essas cédulas ajudam a realizar os descontos fora do banco e refluem para ele na forma de pagamentos de empréstimos, de modo que a massa absoluta das cédulas circulantes só aumenta momentaneamente.

Se a circulação está plena devido à expansão dos negócios (o que também é possível com preços relativamente baixos), a taxa de juros pode estar relativamente alta devido à demanda de capital de empréstimo decorrente da alta dos lucros e do aumento de novos investimentos. Se a circulação é baixa devido à contração dos negócios ou à grande fluidez do crédito, a taxa de juros pode ser baixa também, ainda que os preços sejam altos. (Ver Hubbard.)

A quantidade absoluta da circulação só influi de maneira determinante sobre a taxa de juros em épocas de aperto. Nesses casos, ou a demanda de circulação repleta expressa apenas a demanda de meios de entesouramento (abstraindo da velocidade reduzida com que circula o dinheiro e com que as mesmas peças monetárias convertem-se constantemente em capital de empréstimo), devido à falta de crédito, como ocorreu em 1847, quando a revogação da lei bancária não ocasionou expansão alguma da circulação, mas bastou para trazer de novo à luz as cédulas entesouradas e lançá-las na circulação, ou, em algumas circunstâncias, podem-se realmente exigir mais meios de circulação, como ocorreu em 1857, quando, depois de revogada a lei bancária, a circulação de fato aumentou por algum tempo.

Fora desses casos, a massa absoluta da circulação não tem influência sobre a taxa de juros, porquanto – supondo-se como constantes a economia e a velocidade da circulação – ela é determinada, primeiro, pelo preço das mercadorias e pela massa das transações (desses dois fatores, um neutraliza quase sempre os efeitos do outro) e, por fim, pelo estado atual do crédito, ao passo que o inverso não é de modo nenhum verdadeiro: a massa da circulação não determina o estado do crédito; e uma vez que, em segundo lugar, não existe conexão entre preço de mercadorias e juros.

Enquanto o *Bank Restriction Act** (1797-1820) vigorou, houve um excesso de *currency*, e a taxa de juros passou a ser muito mais alta que tinha sido desde a retomada dos pagamentos em espécie. Mais tarde, essa taxa voltou rapidamente a cair, com a restrição da emissão de cédulas e o aumento da taxa de câmbio. Em 1822, 1823 e 1832, a circulação geral era baixa, e baixa também era a taxa de juros. Em 1824, 1825 e 1836, a circulação era alta, e a taxa de juros subiu. No verão de 1830, a circulação era alta, e a taxa de juros, baixa. A partir das descobertas das minas de ouro, houve uma expansão da circulação de dinheiro em toda a Europa e uma elevação da

* Em maio de 1797, o governo inglês promulgou uma lei que estabelecia um curso forçado para cédulas bancárias e proibia o Banco da Inglaterra de converter cédulas em ouro. Em 1819, essa restrição foi novamente revogada por lei, e até 1821 a conversão de cédulas em ouro foi plenamente retomada. (N. E. A.)

taxa de juros. Esta última não depende, portanto, da quantidade de dinheiro circulante.

A diferença entre a emissão de meios de circulação e os empréstimos de capital fica mais bem evidenciada no processo real de produção. Ao examiná-lo (Livro II, seção III), vimos o intercâmbio que se estabelece entre os diversos componentes da produção. O capital variável, por exemplo, consiste materialmente [*sachlich*] nos meios de subsistência dos trabalhadores, numa parte de seu próprio produto, mas que lhes foi paga parceladamente em dinheiro. Este tem de ser adiantado pelo capitalista, e o fato de na semana seguinte ele poder desembolsar o novo capital variável empregando para isso o dinheiro desembolsado na semana anterior é algo que depende em grande parte da organização do sistema de crédito. O mesmo se dá nos atos de intercâmbio entre os diversos componentes de um capital social considerado em sua totalidade, por exemplo, entre os meios de consumo e os meios de produção de meios de consumo. O dinheiro necessário para pô-los em circulação tem de ser adiantado, como sabemos, por um dos participantes no intercâmbio ou por ambos ao mesmo tempo. Esse dinheiro permanece, então, em circulação, mas, depois de realizado o intercâmbio, retorna sempre àquele que o adiantou, uma vez que o adiantou além do capital industrial que realmente empregou (ver Livro II, capítulo 20). Com um sistema desenvolvido de crédito, em que o dinheiro se concentra nas mãos dos bancos, são estes que o adiantam, pelo menos nominalmente. Esse adiantamento diz respeito apenas ao dinheiro que se encontra em circulação. É adiantamento de circulação, e não adiantamento dos capitais postos em circulação.

Chapman: 5.062. "Pode haver épocas em que as cédulas bancárias que se encontram nas mãos do público representam uma soma muito grande e, apesar disso, seja impossível obtê-las." O dinheiro também existe durante o período de pânico, mas todos evitam convertê-lo em capital emprestável, em dinheiro emprestável; cada um procura reservá-lo para as necessidades reais de pagamento.

5.099. "Os bancos nos distritos agrícolas mandam seus excedentes ociosos para o senhor e outras firmas? – Sim." – 5.100. "Por outro lado, os distritos de Lancashire e Yorkshire solicitam descontos de letras em seu banco para suas necessidades comerciais? – Sim." – 5.101. "Isso quer dizer que o dinheiro excedente numa região do país se põe a serviço das necessidades de outra região? – Exatamente."

Chapman declara que, nos últimos tempos, diminuiu muito o costume dos bancos de investir seu capital monetário excedente por breve tempo na compra de consolidados e títulos do Tesouro, a partir do momento em que passou a ser usual emprestar esse dinheiro *at call* (de um dia para o outro, com a obrigação de devolvê-lo a qualquer momento). Ele mesmo considera a aquisição desse tipo de papéis como altamente inadequada para seu negócio. Por isso, investe-o em boas letras, algumas das quais vencem diariamente, de modo que ele sempre sabe de quanto dinheiro líquido pode dispor todo dia (5.101-5).

Mesmo o aumento da exportação se expressa em grau maior ou menor para cada país, sobretudo para aquele que concede o crédito como demanda crescente no mercado interno de dinheiro, mas que só se faz sentir como tal em épocas de aperto. Em períodos de aumento das exportações, as mercadorias inglesas enviadas em consignação são sacadas com letras geralmente de longo prazo, pelos fabricantes sobre o comerciante exportador (5.126). 5.127. "Não se dá frequentemente o caso de que exista um acordo estabelecendo que essas letras sejam renovadas de tempos em tempos?" – {Chapman:} "Isso é algo que ocultam de nós; jamais aceitaríamos uma letra assim. [...] É certo que isso pode ocorrer, mas sobre esse assunto nada posso dizer." (O inocente Chapman) 5.123. "Quando há grande aumento das exportações, como o de £20 milhões só no ano passado, isso não gera uma grande demanda de capital para o desconto das letras que representam essas exportações? – Sem dúvida." – 5.130. "Uma vez que a Inglaterra costuma conceder crédito ao exterior para todas as suas exportações, isso não exigiria a absorção de um capital adicional correspondente durante o tempo que essa situação se mantenha? – A Inglaterra concede enormes créditos; em contrapartida, toma crédito para suas matérias-primas. Da América sempre sacam sobre nós a 60 dias, e de outros países, a 90. Por outro lado, abrimos crédito aos outros; quando enviamos mercadorias à Alemanha, concedemos de 2 a 3 meses."

Wilson pergunta a Chapman (5.131) se letras sobre a Inglaterra não são sacadas simultaneamente ao embarque dessas matérias-primas e mercadorias coloniais importadas e se essas letras não são recebidas junto com os conhecimentos de embarque. Chapman acredita que sim, mas, por não estar ciente dessas operações "comerciais", recomenda que se consultem pessoas mais bem informadas na matéria. – Nas exportações para a América, observa Chapman, "as mercadorias estão simbolizadas no trânsito" [5.133]; esse palavrório significa que o exportador inglês saca contra essas mercadorias letras com prazo de quatro meses sobre uma das grandes casas bancárias americanas em Londres, ao mesmo tempo que essa firma recebe cobertura da América.

5.136. "Como regra geral, os negócios com países mais longínquos não costumam ser conduzidos pelo comerciante, que espera por seu capital até que as mercadorias sejam vendidas? – É possível que existam firmas extremamente ricas, capazes de investir seu próprio capital sem que nada lhes seja adiantado pelas mercadorias; na maior parte dos casos, porém, essas mercadorias se convertem em adiantamentos por meio dos aceites de firmas bem conhecidas." – 5.137. "Essas firmas estão estabelecidas [...] em Londres, Liverpool e outros lugares." – 5.138. "É indiferente, portanto, que o fabricante tenha de pôr seu próprio dinheiro ou que encontre em Londres ou Liverpool um comerciante que se encarregue de adiantá-lo? Continua a ser um adiantamento feito na Inglaterra? – Exatamente. O fabricante nada tem a ver com isso, a não ser em uns poucos casos" (em 1847, pelo contrário, em quase todos os casos). "Um comerciante de artigos manufaturados, por exemplo, em Manchester, compra mercadorias e as embarca por meio de uma firma respeitável de Londres; tão logo essa firma esteja convencida de que tudo foi embalado como convinha, ele saca sobre esta última letra de seis meses contra essas mercadorias que se destinam à Índia, à China ou para onde quer que seja; em seguida, o mundo bancário intervém e desconta-lhe essas letras, de maneira que, quando chega o dia de pagar as mercadorias em questão, ele já dispõe do dinheiro, graças ao desconto daquelas letras." 5.139. "Mesmo que disponha do dinheiro, ainda assim o banqueiro não teve de adiantá-lo? – *O banqueiro tem a letra, pois a comprou*; ele investe seu capital bancário nessa forma, isto é, no desconto de letras comerciais." {O que quer dizer que também Chapman considera o desconto de letras não um adiantamento, mas compra de mercadorias. – F. E.} 5.140. "Isso constitui sempre parte das demandas sobre o mercado monetário de Londres? – Sem dúvida; essa é a ocupação essencial do mercado monetário e do Banco da Inglaterra. O Banco da Inglaterra fica tão contente quanto nós ao receber essas letras, pois sabe que são um bom investimento." – 5.141. "À medida que aumentam as exportações, aumenta também a demanda no mercado monetário? – À medida que cresce a prosperidade no país, nós" (isto é, os Chapman) "participamos dela." – 5.142. "Quando esses diversos campos de investimento de capital se expandem subitamente, a consequência natural disso é a alta da taxa de juros? – Sem dúvida."

Em 5.143, Chapman diz: "Não consigo compreender plenamente como, com nosso grande volume de exportações, tenhamos tanto campo de emprego para o ouro".

Em 5.144, pergunta o respeitável Wilson: "A explicação não estaria no fato de que abrimos maior crédito sobre nossas exportações do que tomamos sobre nossas importações? – Eu mesmo tenho minhas dúvidas quanto a isso. Se alguém faz aceitar letras contra suas mercadorias enviadas de Manchester para a Índia, então o senhor não pode aceitá-las por menos que 10 meses. Com absoluta certeza, temos de pagar à América por seu algodão, e isso antes de a Índia nos pagar; mas examinar o efeito disso é um ponto bastante delicado". – 5.145. "Se, como no ano passado, tivemos um aumento nas exportações de artigos manufaturados no valor de £20 milhões, então devemos ter experimentado já antes um aumento muito considerável da importação de matérias-primas" (colocado desse modo, a superexportação é idêntica à superimportação, e a superprodução, idêntica ao supercomércio) "para poder produzir essa quantidade maior de mercadorias? – Sem dúvida." – [5.146.] "Tivemos certamente de saldar uma balança muito considerável; isto é, durante esse tempo a balança deve ter sido desfavorável para nós, mas, no longo prazo, o curso das trocas com a América nos favorece, e desde há muito temos recebido desse país quantidades consideráveis de metais preciosos."

Em 5.148, Wilson pergunta ao arquiusurário Chapman se ele não considera seus altos juros um sinal de grande prosperidade e lucros elevados. Chapman, visivelmente surpreso com a ingenuidade revelada por esse sicofanta, responde com naturalidade que sim, mas é sincero o bastante para acrescentar: "Há alguns que não dispõem de alternativa, que têm obrigações a cumprir e devem cumpri-las, seja isso lucrativo ou não; mas quando" {a alta taxa de juros} "perdura, isso indica prosperidade". Ambos se esquecem de que também pode indicar, como ocorreu em 1857, que os cavaleiros andantes do crédito espalham insegurança pelo país, podendo pagar altos juros porque o fazem à custa do bolso alheio (contribuindo, assim, para determinar a taxa de juros para todos) e porque, entretanto, vivem com folga na base de lucros antecipados. Ao mesmo tempo, isso é justamente o que pode permitir aos fabricantes etc. realizar negócios de fato lucrativos. O sistema de adiantamentos faz com que os retornos se tornem completamente enganosos. Isso explica também a seguinte declaração, que, no que diz respeito ao Banco da Inglaterra, não precisa ser explicada, uma vez que este último, com alta taxa de juros, desconta a uma taxa mais baixa que os demais.

5.156. "Creio poder dizer", esclarece Chapman, "que nossas somas de desconto no momento atual, em que tivemos taxa alta de juros há tanto tempo, chegaram a seu máximo." (Isso foi dito por Chapman no dia 21 de julho de 1857, poucos meses antes do *crash*.) 5.157. "Em 1852 [quando a taxa de juros estava baixa], nem de longe eram tão grandes". Porque, de fato, naquela época os negócios estavam muito mais sólidos.

5.159. "Se houvesse no mercado uma superabundância de dinheiro [...] e o desconto bancário fosse baixo, teríamos uma diminuição de letras. [...] Em 1852, estávamos numa fase completamente diversa. Naquele tempo, as exportações e as importações do país não eram nada em comparação com o que são hoje." – 5.161. "Com essa alta taxa de descontos, nossos descontos estão hoje no mesmo nível de 1854" (quando a taxa de juros era de 5% a 5½%).

No interrogatório de Chapman, é muito divertido ver como essa gente, de fato, considera o dinheiro do público propriedade sua e se crê no direito de obter a conversibilidade perpétua das letras que desconta. A ingenuidade das perguntas e das respostas é grande. Torna-se dever do legislador fazer com que sejam sempre conversíveis as letras aceitas pelas grandes firmas e providenciar que o Banco da Inglaterra, sob quaisquer circunstâncias, volte a descontá-las para os *bill-brokers*. Mesmo assim, em 1857, três desses *bill-brokers* ainda foram à falência, com dívidas de cerca de [£]8 milhões e um capital próprio insignificante em comparação com essas dívidas. 5.177. "Quer o senhor dizer com isso que, em sua opinião, eles" (os aceites de Baring ou Loyd) "devem ser obrigatoriamente descontáveis, do mesmo modo que hoje uma cédula do Banco da Inglaterra é obrigatoriamente conversível em ouro? – Penso que seria algo deplorável se não fossem descontáveis; seria uma situação muito extraordinária que alguém tivesse de suspender os pagamentos porque possui aceites de Smith, Payne & Co. ou de Jones Loyd & Co. e não pode descontá-los." – 5.178. "O aceite de Baring não constitui uma obrigação de pagar determinada soma de dinheiro no vencimento da letra? – Exatamente, mas, quando assumem essa obrigação, os srs. Barings, como quaisquer outros comerciantes, nem em sonho pensam que terão de pagá-la com *sovereign*; eles estão certos de que poderão pagá-la na Clearing House." – 5.180. "O senhor acredita que se deveria criar um sistema que dê ao público o direito de receber o dinheiro antes do vencimento da letra, pelo fato de um terceiro ser obrigado a descontá-la? – Não, não pelo aceitante, mas, se com isso o senhor quer dizer que não deveríamos contar com a possibilidade de que nos descontassem letras comerciais, então teríamos de mudar toda a estrutura das coisas." 5.182. "O senhor acredita, pois, que" {a letra comercial} "deveria ser conversível em dinheiro do mesmo modo que uma cédula do Banco da Inglaterra é conversível em ouro? – Claro, em certas circunstâncias." – 5.184. "O senhor crê, portanto, que as instituições de *currency* deveriam estar organizadas de tal modo que uma letra comercial de solidez incontestável pudesse ser convertida em dinheiro a qualquer momento, com a mesma facilidade que uma cédula bancária? – Sim, é o que penso." 5.185. "O senhor não chega a dizer que o Banco da Inglaterra, ou outra instituição qualquer, seja obrigado por lei a descontar essas letras? – Chego, em todo caso, a ponto de sustentar que, se fizermos uma lei para regular a *currency*, deveremos adotar as medidas necessárias para evitar a possibilidade de uma inconversibilidade das letras comerciais emitidas dentro do país, sempre que essas letras forem incontestavelmente sólidas e legítimas." Tal é a conversibilidade da letra comercial diante da conversibilidade da cédula bancária.

5.189. "Os negociantes do país representam, de fato, somente o público", como o sr. Chapman, mais tarde, perante o tribunal no caso Davidson. Vejam os *Great City Frauds**.

5.196. "Ao fim de cada trimestre" (quando se pagam os dividendos) "é [...] absolutamente necessário que recorramos ao Banco da Inglaterra. Se o senhor retira da circulação [£]6 milhões ou [£]7 milhões de receita pública como antecipação dos dividendos, é preciso que, nesse ínterim, alguém recoloque esse montante à disposição." (Nesse caso, trata-se, pois, de fornecimento de dinheiro, e não de capital ou capital de empréstimo.)

5.169. "Quem conhece nosso mundo comercial deve saber que, quando se apresenta uma dessas situações em que os títulos do Tesouro se tornam invendáveis, em que as obrigações da Companhia das Índias Orientais perdem todo seu valor, em que não se podem descontar as melhores letras comerciais, tem de reinar necessariamente uma grande preocupação entre aqueles cujos negócios os obrigam a realizar pagamentos à vista por meio de simples ordem, no meio de circulação corrente, que é o caso de todos os banqueiros. Como consequência, todo mundo duplica suas reservas. Agora imagine o senhor as consequências disso em todo o país, se cada um dos banqueiros de província, dos quais há uns 500, tem de encarregar seu correspondente em Londres de remeter-lhe £5.000 em cédulas bancárias. Ainda que tomássemos por média uma soma tão reduzida, o que já é completamente absurdo, chegamos a £2½ milhões retiradas de circulação. Como repor essa soma?"

Por outro lado, os capitalistas privados etc., que têm dinheiro, não o cedem a juros nenhum, pois dizem, de acordo com Chapman, 5.194: "Preferimos não cobrar juros a ficar em dúvida se poderemos recuperar o dinheiro caso dele necessitemos".

5.173. "Este é o nosso sistema: temos obrigações no montante de £300 milhões, cujo pagamento em moeda corrente nacional podemos reclamar em momento dado; e essa moeda, se a investimos toda para esse fim, chega a £23 milhões ou quanto quer que seja. Não é essa uma situação que a qualquer momento pode arrastar-nos em convulsões?" Daí que, nas crises, o sistema de crédito se converta repentinamente no sistema monetário.

* Marx se refere à obra de Seton Laing, *A New Series of the Great City Frauds of Cole, Davidson & Gordon* [5. ed., Londres, W. Hopcraft, 1869], que trata do processo contra Davidson e outros, por enormes fraudes com letras de câmbio. (N. E. A.)

Abstraindo do pânico interno que se produz nas crises, só se pode falar de quantidade de dinheiro no que se refere ao metal, ao dinheiro mundial. É isso justamente o que Chapman exclui, ao referir-se apenas a [£]23 milhões em *cédulas bancárias*.

O mesmo Chapman, 5.218: "A causa original das perturbações produzidas no mercado monetário" {em abril e mais tarde, em outubro de 1847} "residia, sem dúvida, na quantidade de dinheiro requerida para regular as taxas de câmbio, em virtude do volume extraordinário das importações efetuadas durante o ano". Em primeiro lugar, essa reserva de dinheiro do mercado mundial estava reduzida, naquele momento, a seu mínimo. Em segundo lugar, ela servia ao mesmo tempo como garantia para a conversibilidade do dinheiro creditício, das cédulas bancárias. Reunia, assim, duas funções completamente distintas, mas ambas decorrentes da natureza do dinheiro, uma vez que o dinheiro real é sempre dinheiro do mercado mundial, e o dinheiro creditício tem sempre como base o dinheiro do mercado mundial.

Em 1847, não fosse a revogação da lei bancária de 1844, "as *clearing houses* não teriam liquidado seus negócios" (5.221).

Chapman intuía a crise iminente. 5.236. "Há certas situações do mercado monetário (e a atual não está muito longe disso) em que o dinheiro é muito difícil de conseguir, e torna-se necessário recorrer aos bancos."

5.239. "No que se refere às somas que retiramos do banco na sexta-feira, no sábado e na segunda-feira, dias 19, 20 e 22 de outubro de 1847, teríamos ficado muito gratos se, na quarta-feira seguinte, pudéssemos recuperar as letras; tão logo passou o pânico, o dinheiro retornou instantaneamente para nossas mãos." Com efeito, na terça-feira, 23 de outubro, foi suspensa a lei bancária; com isso, a crise foi detida.

No n. 5.274, Chapman crê que as letras sobre Londres simultaneamente em curso somam cerca de £100 milhões ou £120 milhões. Nessa soma não estão incluídas as letras locais sobre localidades nas províncias.

5.287. "Embora em outubro de 1856 o montante de cédulas bancárias nas mãos do público tivesse subido para £21.155.000, havia uma dificuldade extraordinária para obter dinheiro; mesmo havendo tanto dinheiro nas mãos do público, não podíamos pôr as mãos nele." Isso era consequência do aperto em que o Eastern Bank se encontrava durante algum tempo (março de 1856).

5.190-2. Uma vez passado o pânico, "todos os banqueiros, que fazem lucro com os juros, começam imediatamente a empregar seu dinheiro".

5.302. Segundo Chapman, a inquietação que se produz ao diminuir as reservas bancárias não se deve ao medo com relação aos depósitos, mas ao fato de que todos aqueles que subitamente podem ser obrigados a pagar grandes somas estão perfeitamente conscientes de que o aperto no mercado monetário talvez os obrigue a recorrer ao banco, como último recurso; e, "quando o banco dispõe de uma reserva muito pequena, ele não fica contente em nos receber, muito pelo contrário".

Além disso, é lindo ver como a reserva desaparece como grandeza efetiva. Os banqueiros retêm um mínimo para seus negócios correntes, parte em suas mãos, parte em poder do Banco da Inglaterra. Os *bill-brokers* retêm "o dinheiro bancário solto do país" sem reserva nenhuma, e o Banco da Inglaterra possui para fazer frente a suas obrigações em depósitos apenas a reserva dos banqueiros e de outros, além dos *public deposits* [depósitos estatais] etc., que deixa cair ao nível mais baixo, por exemplo, até [£]2 milhões. Além desses [£]2 milhões em papel, toda essa especulação, em épocas de aperto (e isso diminui a reserva, uma vez que as cédulas bancárias, que entram em troca dos metais que saem, têm de ser anuladas), não conta com nenhuma outra reserva além do Tesouro metálico, e por isso cada decréscimo deste último, pela drenagem de ouro, não faz nada além de acentuar a crise.

5.306. "Se não houvesse dinheiro para operar as compensações na Clearing House, não vejo que outra solução nos restaria senão nos reunirmos e fazermos nossos pagamentos em letras de primeira categoria, letras sobre o Tesouro, sobre Smith, Payne & Co. etc." – 5.307. "Então, se o governo deixasse de vos prover com meios de circulação, os senhores criariam um para si mesmos? – Que poderíamos fazer? O público chega e nos toma das mãos o meio de circulação; este não existe." – 5.308. "Portanto, os senhores se limitariam a fazer em Londres o que diariamente se faz em Manchester? – Sim."

É muito boa a resposta de Chapman à pergunta que Cayley (de Birmingham, da escola de Attwood*) lhe formula a respeito da ideia que Overstone tem do

* Escola de Attwood ou *little-shilling-men* ("homens do pequeno xelim") de Birmingham. Na primeira metade do século XIX, eles propagavam a doutrina de uma medida monetária ideal e consideravam, em conformidade com isso, o dinheiro meramente como entidade de cálculo. Os representantes dessa escola, os irmãos Thomas e Mathias Attwood, Spooner e outros, apresentaram um projeto sobre a baixa do conteúdo de ouro da unidade monetária, na Inglaterra, que foi denominado como "projeto do xelim pequeno". Daí se originou a denominação da própria escola. Ao mesmo tempo, "os homens do xelim pequeno" se voltaram contra as medidas do governo que visavam ao rebaixamento da massa de dinheiro em circulação. Eles defendiam que a aplicação de sua teoria contribuiria, por meio de um aumento artificial dos preços, para reanimar a indústria e assegurar a prosperidade geral do país. No entanto, a proposta desvalorização do dinheiro podia servir simplesmente para amortizar as dívidas do Estado e dos grandes empresários, que eram os principais tomadores dos mais diferentes créditos. Sobre os "homens do xelim pequeno", Marx fala também em seu trabalho *Zur Kritik der politischen Ökonomie* (Berlim, [F. Duncker,] 1859) [ed. bras.: *Contribuição à crítica da economia política*, cit.]. (N. E. A)

capital. 5.315. "Perante a comissão, declarou-se que, numa crise como a de 1847, não se procura dinheiro, mas capital; o que o senhor acha disso? – Não entendo. Operamos apenas com dinheiro; não entendo o que o senhor quer dizer com isso." – 5.316. "Se entende por isso" (por capital comercial) "a quantidade de dinheiro que um homem tem em seu negócio e da qual ele é o proprietário, se é isso que o senhor chama de capital, então essa soma quase nunca representa mais que uma parte muito pequena do dinheiro com que opera em seu negócio, graças ao crédito que o público lhe concede" – por intermédio dos Chapmans.

5.339. "A suspensão de nossos pagamentos em espécie é devida à falta de riqueza? – De modo nenhum; [...] não nos falta riqueza, mas nos movemos dentro de um sistema altamente artificial, e quando há uma demanda enormemente ameaçadora (*superincumbent*) de meio de circulação, podem dar-se circunstâncias que nos impedem de obter este último. É essa uma razão para que se paralise toda a atividade comercial do país? Vamos fechar por isso todos os canais de investimento?" – 5.338. "Se nos fosse dada a alternativa de manter uma das duas coisas, os pagamentos em dinheiro ou a indústria do país, sei muito bem qual das duas eu sacrificaria."

Acerca do entesouramento de cédulas bancárias, "com a intenção de agravar o aperto e aproveitar-se das consequências" {5.358}, diz que isso pode ocorrer muito facilmente. Bastaria que três grandes bancos decidissem fazê-lo. 5.383. "Como homem familiarizado com os grandes negócios de nossa metrópole, o senhor deve saber que os capitalistas utilizam essas crises para obter enormes lucros com a ruína daqueles que se tornam suas vítimas. – Sem a menor dúvida." E podemos acreditar nas palavras do sr. Chapman, embora ele mesmo tenha comercialmente quebrado a cara no intento de "obter enormes lucros com a ruína daqueles que se tornaram suas vítimas". Pois, enquanto seu *associé* Gurney diz que "toda mudança nos negócios é vantajosa para quem está bem informado", Chapman afirma: "Uma parte da sociedade não sabe nada da outra; aqui temos, por exemplo, o fabricante que exporta mercadorias ao continente ou importa matéria-prima de lá; ele nada sabe do outro fabricante, que negocia com barras de ouro". (5.046.) Assim sucedeu que, um belo dia, Gurney e Chapman não "estavam bem informados" e acabaram numa falência infame.

Já vimos que a emissão de cédulas não significa sempre adiantamento de capital. O seguinte depoimento de Tooke perante a comissão de *Commercial Distress* da Câmara dos Lordes, em 1848, demonstra simplesmente que o adiantamento de capital, mesmo quando realizado pelo banco mediante a emissão de novas cédulas, não representa apenas um aumento da quantidade de cédulas em circulação:

3.099. "O senhor crê que o Banco da Inglaterra, por exemplo, possa aumentar significativamente seus adiantamentos sem com isso aumentar a emissão de cédulas? – Há fatos de sobra que demonstram isso. Um dos exemplos mais evidentes é o do ano de 1835, quando o banco lançou mão dos depósitos das Índias Ocidentais e do empréstimo da Companhia das Índias Orientais para aumentar seus adiantamentos ao público; ao mesmo tempo, houve uma diminuição real do montante das cédulas nas mãos do público [...]. E uma discrepância semelhante pode ser observada em 1846, quando se fizeram no banco os depósitos ferroviários; os títulos" (em desconto e em depósito) "elevaram-se a cerca de [£]30 milhões, sem que se produzisse nenhum efeito perceptível sobre o importe de cédulas nas mãos do público."

Além das cédulas bancárias, o comércio atacadista tem outro meio de circulação, muito mais importante para ele: as letras de câmbio. O sr. Chapman nos mostrou o quão essencial é, para a marcha regular dos negócios, que letras sólidas sejam aceitas em pagamento por toda parte e em quaisquer circunstâncias: "*Gilt nich mehr der Tausves-Jontof, was soll gelten, Zeter, Zeter!*"*. Ora, que relação guardam entre si esses dois meios de circulação?

A esse respeito, Gilbart diz: "Ao limitar-se o importe da circulação de cédulas bancárias, aumenta-se regularmente a circulação de letras. As letras são de dois tipos: comerciais e bancárias. [...] Se o dinheiro escasseia, os prestamistas dizem: 'Saque sobre nós, e aceitaremos a letra'. Quando um banqueiro provincial desconta uma letra a um cliente, não lhe dá dinheiro em espécie, mas sua própria letra a 21 dias sobre seu agente de Londres. Essas letras servem de meio de circulação" (G. W. Gilbart, *An Inquiry into the Causes of the Pressure etc.*, [Londres, Longman, Orme, Brown, Green, & Longmans, 1840,] p. 31).

O que é confirmado, de forma um pouco diferente, por Newmarch, *B. A.*, 1857, n. 1.426.

"Não há nenhuma conexão entre as flutuações no montante das letras em circulação e as que afetam o montante das cédulas bancárias em circulação [...]. O único resultado bastante uniforme é [...] que, assim que se apresenta a menor pressão sobre o mercado monetário, como indicada pela alta da taxa de desconto, o volume da circulação de letras experimenta um aumento considerável, e vice-versa."

---

* "Se não vale mais o *Tausves-Jontof*, o que deve valer? Lamento. Lamento." Citação do poema satírico "Disputation", de Heinrich Heine, no qual se apresenta uma disputa entre um monge capuchinho e um rabino. Quando este último invoca o livro judeu *Tausves-Jontof*, o monge manda o livro "para o diabo". Nesse momento, o rabino sai fora de si e profere a exclamação citada por Marx. (N. E. A.)

No entanto, as letras sacadas em tais momentos não se resumem de modo nenhum às letras bancárias de curto prazo a que se refere Gilbart. Pelo contrário. Na maioria das vezes, são letras de acomodação que não representam um negócio real ou negócios iniciados apenas para que se pudessem sacar letras sobre eles; já demos exemplos suficientes de ambos os casos. Por isso, diz o *Economist* (Wilson), comparando a segurança dessas letras com a das cédulas bancárias:

> "As cédulas bancárias pagáveis à vista nunca podem circular em excesso, pois o excedente refluiria sempre ao banco para ser trocado, enquanto as letras a dois meses podem ser emitidas com grande excesso, uma vez que não há meio que permita controlar a emissão até que vençam e, então, já estejam repostas por outras. Para nós, é totalmente incompreensível que um país admita a segurança da circulação de letras pagáveis em data futura e, por outro lado, levante todo tipo de objeções contra a circulação de papel-moeda pagável à vista." (*Economist*, 1847, p. 572)

Portanto, a quantidade de letras em circulação, como a das cédulas bancárias, é determinada exclusivamente pelas necessidades da circulação; em tempos normais, na década de 1850, circulavam no Reino Unido, além de 39 milhões de cédulas bancárias, cerca de 300 milhões de letras de câmbio, das quais 100 milhões a 120 milhões somente em Londres. O volume da circulação de letras não exerce influência sobre o volume da circulação de cédulas bancárias, e esta só influi sobre aquela em épocas de escassez de dinheiro, quando aumenta a quantidade das letras e sua qualidade piora. Por fim, em momentos de crise, falha completamente a circulação de letras; as pessoas só aceitam pagamentos à vista, e as promessas de pagamento não servem para nada; apenas a cédula bancária conserva sua capacidade de circulação, pelo menos até agora na Inglaterra, pois a nação, com toda a sua riqueza, dá cobertura ao Banco da Inglaterra.

* * *

Vimos como até o sr. Chapman, que, afinal, era ele próprio um magnata do mercado monetário em 1857, reclama amargamente de que existam em Londres alguns grandes capitalistas monetários suficientemente fortes para levar a desordem, em dado momento, a todo o mercado de dinheiro, sangrando, assim, do modo mais infame, os operadores monetários menores. Segundo ele, haveria, pois, vários desses grandes tubarões, capazes de agravar consideravelmente qualquer crise ao vender consolidados no valor de [£]1 milhão ou [£]2 milhões e, com isso, subtraindo ao mercado um montante igual de cédulas bancárias (ao mesmo tempo, de capital de empréstimo disponível). A ação conjunta de três grandes bancos, por meio dessa mesma manobra, bastaria para transformar uma crise num pânico.

Em Londres, a maior potência de capital é evidentemente o Banco da Inglaterra, o qual, no entanto, devido a sua posição de instituto semigovernamental, encontra-se impossibilitado de manifestar seu poder de modo tão violento. Apesar disso, ele também conhece suficientemente os meios – sobretudo desde a lei bancária de 1844 – para tirar proveito da situação.

O Banco da Inglaterra tem um capital de £14.553.000 e, além disso, dispõe de cerca de £3 milhões de "saldo", isto é, de lucros não distribuídos, além de todo o dinheiro que o governo recebe a título de impostos etc. e que tem de ser depositado no banco até ser utilizado. Se a isso acrescentarmos a soma dos outros depósitos (que, em tempos normais, chegam a uns £30 milhões) e das cédulas emitidas a descoberto, verificaremos que a estimativa de Newmarch é bastante moderada, quando diz (*B. A.*, 1857, n. 1.889): "Estou convencido de que a soma total dos fundos continuamente ocupados no mercado monetário" {de Londres} "pode ser estimada em cerca de £120 milhões, soma da qual o Banco da Inglaterra dispõe de parte muito considerável, entre 15% ou 20%".

Quando o banco emite cédulas não cobertas pela reserva metálica acumulada em seus cofres, ele cria signos de valor que constituem para ele não apenas meios de circulação, mas também capital adicional, ainda que fictício, no valor nominal dessas cédulas não cobertas. Esse capital adicional rende ao banco um lucro adicional. – Em *B. A.*, 1857, Wilson pergunta a Newmarch, 1.563: "A circulação das cédulas próprias de um banco, isto é, o montante delas que em média permanece nas mãos do público, complementa o capital efetivo desse banco, não é? – Certamente". 1.564. "Todo o lucro que o banco obtém dessa circulação é, portanto, derivado do crédito, e não de um capital que ele realmente possui? – Certamente."

O mesmo se aplica, claro, aos bancos privados que emitem cédulas. Nas respostas n. 1.866-8, Newmarch considera ⅔ de todas as cédulas bancárias emitidas por essas instituições (já que, para o outro ⅓, esses bancos têm de manter reservas metálicas) "criação da mesma quantidade de capital", pois se poupa moeda metálica nesse mesmo montante. O lucro do banqueiro pode, por isso, não ser maior que o lucro de outros capitalistas. Permanece o fato de que ele extrai seu lucro dessa poupança nacional de dinheiro metálico. Que uma poupança nacional apareça como lucro privado não choca em nada aos economistas burgueses, uma vez que o lucro em geral não é senão apropriação do trabalho nacional. Há algo mais absurdo do que, por exemplo, o

Banco da Inglaterra, cujas cédulas bancárias só gozam de crédito graças ao Estado e que, entre 1797 e 1817, se faz pagar na forma de juros pelos empréstimos públicos pelo Estado – portanto, pelo público, pelo poder que o próprio Estado lhe confere de transformar essas mesmas cédulas de papel em dinheiro – e, em seguida, emprestá-las ao Estado?

Além disso, os bancos dispõem de outros meios de criar capital. Ainda segundo Newmarch, os bancos provinciais, como dissemos antes, têm o costume de enviar seus fundos excedentes (isto é, as cédulas do Banco da Inglaterra) aos *bill-brokers* de Londres, que, em troca, devolvem-lhes suas letras descontadas. Com essas letras, os bancos servem aos clientes, pois têm como norma não reemitir as letras recebidas de seus clientes locais para que as operações comerciais desses clientes não se tornem conhecidas em sua vizinhança. Essas letras recebidas de Londres não servem apenas para ser emitidas para clientes, que devem fazer pagamentos diretamente em Londres, a menos que estes prefiram que o banco emita uma ordem de pagamento direta sobre Londres; servem também para efetuar pagamentos na província, pois o endosso do banqueiro lhes garante o crédito local. Assim, em Lancashire, por exemplo, retiraram de circulação todas as cédulas emitidas pelos bancos provinciais e grande parte das cédulas do Banco da Inglaterra (*B. A.*, 1857, n. 1.568-74).

Vemos aqui, pois, de que modo os bancos criam crédito e capital: 1) emitindo cédulas bancárias próprias; 2) emitindo ordens de pagamento sobre Londres com vencimento em até 21 dias, mas que lhes são imediatamente pagas ao ser emitidas; 3) pagando com letras descontadas, cuja dotação de crédito é garantida primordial e essencialmente pelo endosso do banco – ao menos no respectivo distrito local.

O poder do Banco da Inglaterra se revela em sua regulação da taxa de mercado dos juros. Em épocas de normalidade dos negócios, pode ocorrer de o Banco da Inglaterra não conseguir impedir uma evasão moderada de ouro de sua reserva metálica mediante o aumento da taxa de desconto[12] porque a necessidade de meios de pagamento é satisfeita pelos bancos privados e por

[12] Em 17 de janeiro de 1894, na assembleia geral dos acionistas do Union Bank de Londres, o presidente, sr. Ritchie, relatou que em 1893 o Banco da Inglaterra elevara o desconto de 2½% (em julho) para 3% e 4% em agosto; como, apesar disso, ele perdera £4½ milhões em ouro em quatro semanas, para 5%; consequentemente, o ouro refluiu e a taxa do banco foi rebaixada para 4% em setembro e para 3% em outubro. Essa taxa do banco não foi reconhecida no mercado. "Quando a taxa do banco era de 5%, a taxa do mercado era de 3½%, e a taxa para dinheiro de 2½%; quando a taxa do banco caiu para 4%, a taxa de desconto era de 2⅜% e a taxa de dinheiro de 1¾%; quando a taxa do banco era de 3%, a taxa de desconto era de 1½% e a taxa de dinheiro um pouco mais baixa." (*Daily News*, 18 jan. 1894.) (F. E.)

ações e pelos *bill-brokers*, cuja potência de capital aumentou consideravelmente nos últimos trinta anos. Nesse caso, tem de lançar mão de outros recursos. Porém, para os momentos críticos, continua a valer o que o banqueiro Glyn (da firma Glyn, Mills, Currie & Co.) declarou perante a comissão de *C. D.*, 1848/1857. 1.709. "Em épocas de grande recessão no país, o Banco da Inglaterra comanda a taxa de juros." – 1.710. "Em épocas de recessão extraordinária, [...] quando os descontos dos banqueiros privados ou dos *brokers* são relativamente restringidos, eles recaem sobre o Banco da Inglaterra, que tem, então, o poder de fixar a taxa de mercado dos juros."

No entanto, como instituição pública sob proteção governamental e gozando de privilégios correspondentes, ele não pode explorar esse seu poder de maneira tão inescrupulosa como o fazem os negócios particulares. Por essa razão, Hubbard declara perante a comissão bancária, *B. A.*, 1857, 2.844: (Pergunta:) "Não ocorre que, quando a taxa de desconto atinge o máximo, é o Banco da Inglaterra quem serve mais barato e que, quando essa taxa atinge o mínimo, são os *bill-brokers* os mais baratos?". – (Hubbard:) "Isso sempre será assim, pois o Banco da Inglaterra jamais desce tanto quanto seus concorrentes, tampouco sobe tanto quanto eles quando a taxa de juros atinge o máximo."

Apesar disso, tem-se um forte abalo no mundo dos negócios quando o banco, em épocas de crise, aperta os cintos, como se costuma dizer, isto é, eleva ainda mais a taxa de juros, que já se encontra acima da média.

> "Assim que o Banco da Inglaterra aperta os cintos, cessam todas as compras destinadas à exportação [...]. Os exportadores esperam até que a depressão dos preços tenha atingido seu ponto mais baixo e, só então, nunca antes, põem-se a comprar. Quando se chega a esse ponto, o saldo da balança comercial já está de novo reequilibrado: o ouro deixa de ser exportado antes que se chegue a esse ponto máximo de depressão. É possível que compras de mercadorias para a exportação possam trazer de volta uma parte do ouro enviado ao exterior, mas elas chegam tarde demais para impedir a drenagem." (G. W. Gilbart, *An Inquiry into the Causes of the Pressure etc.*, cit., p. 37)

"Outro efeito da regulação do meio de circulação mediante o comércio exterior é que tal regulação, em tempos de crise, provoca uma enorme subida da taxa de juros" (ibidem, p. 40). "Os custos que decorrem do reequilíbrio do saldo da balança comercial recaem sobre a indústria produtiva do país, enquanto, no decorrer desse processo, o lucro do Banco da Inglaterra aumenta positivamente pelo fato de realizar suas operações com uma quantidade menor de metais preciosos" (ibidem, p. 52).

Porém, diz o amigo Samuel Gurney, "as grandes flutuações na taxa de juros são favoráveis aos banqueiros e agentes monetários; todas as flutuações nos negócios favorecem quem está bem informado". Mesmo que os Gurneys fiquem com a melhor parte na exploração inescrupulosa da situação de penúria dos negócios, coisa que o Banco da Inglaterra não se pode permitir com a mesma liberdade, não resta dúvida que também este último obtém com isso belos lucros, sem falar dos lucros privados que caem no colo dos senhores diretores, graças à posição excepcional em que se encontram para se informar sobre a situação geral dos negócios. De acordo com dados apresentados à Comissão dos Lordes, em 1817, ao retomarem-se os pagamentos em espécie, esses lucros do Banco da Inglaterra, para todo o período de 1797 a 1817, foram os seguintes:

Bonuses and increased dividends [Bonificações e aumentos de dividendos]	[£]7.451.136
New stock divided among proprietors [Novas ações distribuídas entre os acionistas]	[£]7.276.500
Increased value of capital [Aumento do valor do capital]	[£]14.553.000
Total:	[£]29.280.636

sobre um capital de £11.642.400 em 19 anos. (D.[aniel] Hardcastle, *Banks and Bankers*, 2. ed., Londres, 1843, p. 120). Estimando-se o lucro total do Banco da Irlanda, que também suspendeu os pagamentos em espécie em 1797, segundo o mesmo método, obtém-se o seguinte resultado:

Dividends as by returns due 1821 [Dividendos com vencimento em 1821]	[£]4.736.085
Declared bonus [Bonificações declaradas]	[£]1.225.000
Increased assets [Aumento do ativo]	[£]1.214.800
Increased value of capital [Aumento do valor do capital]	[£]4.185.000
Total:	[£]11.360.885

sobre um capital de £3 milhões (ibidem, p. 163).

E ainda se fala em centralização! O sistema de crédito, cujo núcleo são os supostos bancos nacionais e grandes prestamistas e usurários de dinheiro a seu redor, constitui uma enorme centralização e confere a essa classe parasitária um poder fabuloso – não só de dizimar periodicamente os capitalistas industriais, mas de intervir da maneira mais perigosa na produção real, da qual esse bando não sabe absolutamente nada e com a qual não tem nenhuma relação. As leis de 1844 e 1845 provam o poder crescente desses bandidos, com os quais se aliam financistas e *stock-jobbers*.

Se alguém ainda duvida que esses honoráveis bandidos exploram a produção nacional e internacional apenas no interesse da produção e dos próprios explorados, acabará certamente convencido do contrário ao ler a seguinte digressão acerca da alta dignidade moral do banqueiro:

> "Os estabelecimentos bancários são [...] instituições religiosas e morais [...]. Com quanta frequência o medo de ser observado pelo olho vigilante e reprobatório de seu banqueiro fez com que um jovem comerciante se afastasse da companhia de amizades turbulentas e pródigas! Que angustiosa preocupação a dele, de não perder a estima do banqueiro, de guardar as aparências da respeitabilidade! O temor de que o banqueiro venha a lhe franzir o cenho tem sobre ele influência maior que as prédicas morais de seus amigos; ele treme diante da possibilidade de cair na suspeita de ter cometido uma fraude ou incorrido no mais leve falso testemunho, receando que disso possam brotar suspeitas que acabem por restringir ou eliminar seu crédito. Para ele, o conselho de seu banqueiro é mais importante que o do sacerdote." (G.[avin] M.[ason] Bell, diretor de um banco escocês. *The Philosophy of Joint Stock Banking*, Londres, [Longman, Orme, Brown, Green, and Longmans,] 1840, p. 46-7)

Capítulo 34

O *currency principle* e a legislação bancária inglesa de 1844

{Numa obra anterior[13], examinamos a teoria de Ricardo sobre o valor do dinheiro em relação ao preço das mercadorias; podemos limitarmo-nos aqui, portanto, ao mais indispensável. De acordo com Ricardo, o valor do dinheiro – metálico – se determina pelo tempo de trabalho nele objetivado, mas apenas na medida em que a quantidade de dinheiro guarda proporção adequada com a quantidade e o preço das mercadorias a serem trocadas. Se a quantidade de dinheiro aumenta acima dessa proporção, então cai seu valor e sobe o preço das mercadorias; se fica abaixo da proporção adequada, então sobe seu valor e cai o preço das mercadorias – sempre pressupondo que as demais circunstâncias permaneçam constantes. No primeiro caso, o país em que existe esse excedente de ouro exportará o ouro que caiu abaixo de seu valor e importará mercadorias; no segundo caso, afluirá o ouro para os países em que se encontre cotado acima de seu valor, ao passo que as mercadorias depreciadas fluirão de lá para outros mercados, onde possam alcançar um preço normal. Uma vez que, nessas condições,

> "o próprio ouro, em moeda ou em barras, pode converter-se num signo de valor, de valor metálico superior ou inferior que o seu próprio, compreende-se que o mesmo destino terão as cédulas bancárias conversíveis que se encontrem em circulação. Ainda que as cédulas bancárias sejam conversíveis, e, portanto, seu valor real corresponda a seu valor nominal, a massa total do dinheiro em circulação, ouro e cédulas (*the aggregate currency consisting of metal and of convertible notes*), pode apreciar-se ou depreciar-se, conforme sua quantidade total, pelas razões anteriormente expostas, eleve-se acima ou caia abaixo do nível determinado pelo valor de troca das mercadorias em circulação e pelo valor metálico do ouro [...].

---

13 K.[arl] Marx, *Zur Kritik der politischen Ökonomie* (Berlim, [F. Duncker,] 1859), p. 150 e seg. [ed. bras.: *Contribuição à crítica da economia política*, cit. – N. E.].

> Essa depreciação, não do papel em relação ao ouro, mas do ouro e do papel juntos, ou seja, da massa total dos meios de circulação de um país, constitui uma das principais descobertas de Ricardo, a qual lorde Overstone & Co. puseram a seu serviço e que *sir* Robert Peel converteu em princípio fundamental de sua legislação bancária de 1844 e 1845." (cit., p. 155)

Não é preciso repetir aqui a demonstração exposta no mesmo lugar da falsidade dessa teoria ricardiana. O que nos interessa é tão somente a maneira como as teses de Ricardo foram processadas pela escola dos teóricos bancários, da qual surgiram as leis bancárias de Peel, citadas anteriormente.

> "As crises comerciais do século XIX, especialmente as grandes crises de 1825 e 1836, não resultaram em nenhum desenvolvimento da teoria monetária ricardiana, mas extraíram dela novas consequências práticas. Não se tratava mais de fenômenos econômicos isolados, como os que em Hume explicam a depreciação dos metais preciosos no século XVI e XVII ou os que em Ricardo determinam a depreciação do papel-moeda durante o século XVIII e no começo do século XIX, mas as grandes tormentas do mercado mundial, em que se desenrola o conflito entre todos os elementos do processo burguês de produção, cujas origem e prevenção foram procuradas dentro da esfera mais superficial e mais abstrata desse processo: a esfera da circulação monetária. O suposto propriamente teórico que forma o ponto de partida da escola dos profetas da meteorologia econômica reduz-se, na verdade, ao dogma de que Ricardo descobriu as leis que regem a circulação puramente metálica. A única coisa que lhes restava a fazer era submeter a essas leis a circulação do crédito ou das cédulas bancárias.
>
> O fenômeno mais geral e palpável das crises comerciais é o declínio súbito e geral do preço das mercadorias que se segue a uma alta prolongada e geral destes últimos. O declínio geral do preço das mercadorias pode ser expresso como aumento do valor relativo do dinheiro, com relação a todas as mercadorias, e o aumento geral, pelo contrário, como um declínio do valor relativo do dinheiro. Em ambas as expressões, o fenômeno é anunciado, mas não explicado. [...] A fraseologia distinta deixa o problema tão intocado como o faria sua tradução do alemão para o inglês. A teoria monetária de Ricardo foi, assim, altamente oportuna, na medida em que conferia a uma tautologia a aparência de relação causal. De onde vem o declínio geral periódico do preço das mercadorias? Da alta periódica do valor relativo do dinheiro. Inversamente, de onde vem a alta geral periódica do preço das mercadorias? Do declínio periódico do valor relativo do dinheiro. Com a mesma razão, seria possível dizer que a alta e o declínio periódicos

dos preços provêm de sua alta e declínio periódicos. [...] Uma vez que se reconhece a transformação da tautologia em relação causal, tudo o mais se deduz de maneira muito simples. A alta do preço das mercadorias decorre da queda do valor do dinheiro. A queda do valor do dinheiro, por sua vez, como sabemos por Ricardo, decorre do excesso de circulação, isto é, do fato de que a massa do dinheiro em circulação sobe acima do nível determinado por seu próprio valor imanente e pelo valor imanente das mercadorias. O mesmo se dá inversamente: a queda geral do preço das mercadorias decorre da alta do valor do dinheiro acima de seu valor imanente, em consequência de uma circulação insuficiente. Por conseguinte, os preços sobem e caem periodicamente porque periodicamente circula dinheiro de mais ou de menos. Ainda que se demonstre que a alta dos preços coincide com uma circulação reduzida de dinheiro, e sua queda, com uma circulação incrementada, sempre se pode afirmar que, devido à diminuição ou ao aumento da massa circulante de mercadorias, ainda que isso seja impossível de demonstrar estatisticamente, a quantidade de dinheiro em circulação aumentou ou diminuiu, se não em termos absolutos, em termos relativos. Ora, já vimos que, segundo Ricardo, essas flutuações gerais dos preços têm de ocorrer também numa circulação puramente metálica, mas se compensam ao se alternar umas com as outras, quando, por exemplo, uma circulação insuficiente provoca a queda do preço das mercadorias, a queda do preço das mercadorias provoca a exportação destas últimas, que, por sua vez, provoca a importação de ouro para o país, e esta, uma nova alta do preço das mercadorias. O contrário ocorre em caso de circulação excessiva, em que se importam mercadorias e se exporta ouro. No entanto, como, apesar dessas flutuações gerais dos preços, que brotam da natureza da própria circulação metálica ricardiana, sua forma violenta e explosiva, sua forma de crise, corresponde aos períodos do sistema de crédito desenvolvido, fica evidente que a emissão de cédulas bancárias não se regula exatamente às leis da circulação metálica. A circulação metálica tem seu remédio na importação e na exportação de metais preciosos, que entram imediatamente em circulação convertidos em moeda e, assim, mediante sua entrada ou sua saída, provocam a queda ou a alta do preço das mercadorias. O mesmo efeito sobre o preço das mercadorias deve agora ser artificialmente produzido pelos bancos, mediante a imitação das leis da circulação metálica. Se dinheiro flui do exterior, isso demonstra que a circulação é insuficiente, que o valor do dinheiro é alto demais e as mercadorias se cotizam a preços demasiado baixos e que, por conseguinte, é necessário lançar na circulação cédulas bancárias na proporção do novo ouro importado. Ao contrário, essas cédulas devem ser retiradas da circulação na mesma proporção em que o ouro sai do país. Em outras palavras, a emissão de cédulas bancárias deve ser regulada de acordo com a importação e a exportação de metais

> preciosos ou com o saldo da balança comercial. A falsa premissa ricardiana, segundo a qual o ouro é apenas moeda, que, portanto, todo o ouro importado aumenta a quantidade de dinheiro em circulação e, por isso, provoca um aumento dos preços e que todo o ouro exportado diminui a quantidade de moeda e, por isso, provoca uma queda dos preços – essa premissa teórica converte-se aqui *no experimento prático de pôr em circulação tanta moeda quanto ouro estiver disponível a cada momento*. Lorde Overstone (o banqueiro Jones Loyd), o coronel Torrens, Norman, Clay, Arbuthnot e toda uma série de escritores conhecidos na Inglaterra sob o nome de escola do *currency principle* não só defenderam essa doutrina, como, além disso, mediante as leis bancárias de *sir* Robert Peel, de 1844 e 1845, fizeram dela a base da legislação bancária inglesa e escocesa. O ignominioso fiasco, tanto teórico como prático, a que essa escola conduziu após experimentos realizados na mais vasta escala nacional só poderá ser exposto quando estudarmos a teoria do crédito." (Ibidem, p. 165-8)

Essa escola foi criticada por Thomas Tooke, James Wilson (*Economist*, 1844-1847) e John Fullarton. Já vimos em várias oportunidades, principalmente no capítulo 28 deste livro, quão defeituosa era sua compreensão da natureza do dinheiro e a falta de clareza que eles tinham sobre a relação entre dinheiro e capital. Diremos agora algo relacionado aos debates da comissão da Câmara dos Comuns de 1857 sobre leis bancárias de Peel (*B. C.*, 1857). – F. E.}

J.[ohn] G.[ellibrand] Hubbard, antigo governador do Banco da Inglaterra, declara: [2.400] "O efeito da exportação de ouro [...] não se refere absolutamente ao preço das mercadorias. Ao contrário, tem uma relação muito grande com o preço dos papéis de valor, porquanto a variação da taxa de juros afeta necessariamente, em fortes proporções, o valor das mercadorias que representam esses juros". Ele acrescenta duas tabelas referentes aos anos 1834-1843 e 1845-1856, que demonstram que o movimento dos preços de quinze dos mais importantes artigos comerciais era totalmente independente da entrada e da saída do ouro e da taxa de juros. Ao contrário, esses quadros revelam uma estreita conexão entre a entrada e saída do ouro, que é, na realidade, "o representante de nosso capital em busca de investimento", e a taxa de juros. [2.402] "Em 1847, transferiu-se de volta à América um volume muito grande de papéis de crédito americanos, assim como papéis de crédito russos retornaram à Rússia, e papéis continentais, aos países dos quais importávamos cereais."

Os quinze artigos principais que servem de base à seguinte tabela de Hubbard são: algodão, fio de algodão, tecido de algodão, lã, pano de lã, linho, tecido de linho, índigo, ferro fundido, latão, cobre, sebo, açúcar, café e seda.

I. De 1834 a 1843

Data	Reserva metálica do banco £	Taxa comercial de desconto	Dos 15 artigos fundamentais, o preço		
			subiu	caiu	manteve-se igual
1834, 1º de março	9.104.000	2¾%	-	-	-
1835, 1º de março	6.274.000	3¾%	7	7	1
1836, 1º de março	7.918.000	3¼%	11	3	1
1837, 1º de março	4.079.000	5%	5	9	1
1838, 1º de março	10.471.000	2¾%	4	11	-
1839, 1º de setembro	2.684.000	6%	8	5	2
1840, 1º de junho	4.571.000	4¾%	5	9	1
1840, 1º de dezembro	3.642.000	5¾%	7	6	2
1841, 1º de dezembro	4.873.000	5%	3	12	-
1842, 1º de dezembro	10.603.000	2½%	2	13	-
1843, 1º de junho	11.566.000	2¼%	1	14	-

II. De 1844 a 1853

Data	Reserva metálica do banco £	Taxa comercial de desconto	Dos 15 artigos fundamentais, o preço		
			subiu	caiu	manteve-se igual
1844, 1º de março	16.162.000	2¼%	-	-	-
1845, 1º de dezembro	13.237.000	4½%	11	4	-
1846, 1º de setembro	16.366.000	3%	7	8	-
1847, 1º de setembro	9.140.000	6%	6	6	3
1850, 1º de março	17.126.000	2½%	5	9	1
1851, 1º de junho	13.705.000	3%	2	11	2
1852, 1º de setembro	21.853.000	1¾%	9	5	1
1853, 1º de dezembro	15.093.000	5%	14	-	1

Hubbard explica esse quadro da seguinte maneira:

"Como nos anos de 1834 a 1843, também entre 1844 e 1853 os movimentos no ouro do banco se fizeram acompanhar de um acréscimo ou decréscimo do valor emprestável do dinheiro adiantado por meio de desconto; por outro lado, as variações no preço das mercadorias dentro do país revelaram-se complemente independentes da massa da circulação, tal como se manifesta nas flutuações de ouro do Banco da Inglaterra." (*Bank Acts Report*, 1857, v. II, p. 290-1)

Como a oferta e a demanda de mercadorias regulam seus preços de mercado, aqui fica evidente o quão falsa é a identificação, defendida por Overstone, da demanda de capital monetário emprestável (ou, melhor dizendo, dos desvios da oferta desse tipo de capital), tal como ela se expressa na taxa de desconto, com a demanda de "capital" real. A tese de que o preço das mercadorias se regula pelas flutuações no volume de *currency* esconde-se agora por trás da tese de que as flutuações na taxa de desconto expressam flutuações na demanda de capital físico real, em contraste com o capital monetário. Vimos como tanto Norman quanto Overstone afirmaram isso perante a mesma comissão e a que pobres subterfúgios este último se viu obrigado a recorrer, até encalhar por completo (capítulo 26). É, na realidade, a velha cantilena de que as mudanças na massa do ouro existente, ao aumentar ou diminuir a massa do meio de circulação no país, provocariam necessariamente um aumento ou uma queda do preço das mercadorias. Segundo essa teoria de *currency*, as exportações de ouro conduzem necessariamente ao aumento do preço das mercadorias no país para onde vai o ouro e, com isso, o valor das exportações do país exportador de ouro no mercado do país que o importa; o valor das exportações deste último no mercado do primeiro cairia, portanto, na mesma medida em que aumentaria em seu país de origem, para onde vai o ouro. Na realidade, porém, a diminuição da quantidade de ouro só faz aumentar a taxa de juros, ao passo que o aumento dessa quantidade a reduz; se essas flutuações da taxa de juros não fossem levadas em conta ao fixar o preço de custo ou ao determinar a oferta e a demanda, elas não afetariam em nada o preço das mercadorias.

No mesmo relatório, N. Alexander, diretor de uma grande firma de comércio com a Índia, expressa o seguinte ponto de vista sobre a forte drenagem de prata para a Índia e a China, em meados da década de 1850, em parte devida à Guerra Civil Chinesa, que impedia a venda de tecidos ingleses na China e, em parte, à praga que afetou os bichos-da-seda na Europa, restringindo consideravelmente a produção de seda na Itália e na França:

4.337. "A drenagem é para a China ou para a Índia? – A prata é enviada para a Índia, e com boa parte dela compram ópio, que vai todo para a China, a fim de formar um fundo destinado à compra de seda; a situação dos mercados na Índia" (apesar da prata ali acumulada) "torna mais lucrativo para o comerciante enviar para lá prata do que tecidos ou outros artigos de fabricação inglesa." – 4.338. "Não houve uma grande drenagem de prata da França, por meio da qual obtivemos esse metal? – Sim, muito grande." – 4.344. "Em vez de importar seda da França e da Itália, mandamos para lá, em grandes quantidades, tanto seda de Bengala como da China."

Enviou-se para a Ásia, portanto, prata – metal monetário desse continente – em vez de mercadorias, mas não porque tivesse subido o preço dessas mercadorias no país que as produz (Inglaterra), mas porque havia caído – devido à superimportação – no país que as importou e embora a Inglaterra tivesse de obter essa prata da França e pagá-la, em parte, com ouro. Segundo a teoria de *currency*, com essas importações os preços teriam de cair na Inglaterra e subir na China e na Índia.

Outro exemplo. Wylie, um dos mais importantes comerciantes de Liverpool, declarou o seguinte perante a comissão da Câmara dos Lordes (*C. D.*, 1848/1857), 1.994: "No fim de 1845, não houve negócio mais lucrativo e que rendesse lucros tão altos" {como a fiação de algodão}. "O estoque de algodão era grande, e a 4 *pence* a libra-peso podia-se obter um algodão de boa qualidade, utilizável para fiar uma *second mule twist* n. 40 com uma despesa de outros 4 *pence*, de modo que a despesa total para o fiandeiro era de 8 *pence*. Esse fio foi vendido em grandes quantidades em setembro e outubro de 1845, tendo-se fechado também grandes contratos de fornecimento, 10½ e 11½ *pence* a libra-peso, e em alguns casos os fiandeiros tiveram lucros iguais ao preço de compra do algodão." – 1.996. "O negócio continuou a ser rentável até o início de 1846." – 2.000. "Em 3 de março de 1844, o estoque de algodão" {627.042 fardos} "chegava a mais que o dobro do que é hoje" {em 7 de março de 1848, o volume era de 301.070 fardos} "; ainda assim, o preço por libra-peso era 1¼ *penny* mais caro." {6¼ *pence* em vez de 5 *pence*.} "Ao mesmo tempo, o fio – *second mule twist* n. 40 de boa qualidade – havia baixado de 11½-12 *pence* para 9½ *pence* em outubro e para 7¾ *pence* no fim de dezembro de 1847; o fio foi vendido ao preço do algodão que constituía sua matéria-prima" (ibidem, n. 2.021-3). Assim se revela a sabedoria interesseira de Overstone, de que o dinheiro deve ser "caro" pelo fato de o capital ser "raro". Em 3 de março de 1844, a taxa bancária de juros era de 3%; em outubro e novembro de 1847, subiu para 8% e 9%; em 7 de março de 1848, era de 4%. O preço do algodão, em consequência da total paralisação das vendas e do pânico produzido pela alta dos juros, foi derrubado muito abaixo do preço correspondente a sua oferta. Isso provocou, por um lado, uma enorme queda das importações em 1848 e, por outro, a diminuição da produção na América, gerando assim uma nova alta do preço do algodão em 1849. Segundo Overstone, as mercadorias eram demasiado caras porque no país havia excesso de dinheiro.

2.002. "A piora da situação da indústria algodoeira nos últimos tempos não resulta da escassez de matéria-prima, pois o preço é mais baixo, apesar de o estoque de algodão em rama ter diminuído consideravelmente." Em Overstone, nota-se uma grande confusão entre o preço – ou o valor – das mercadorias e o valor do dinheiro, ou seja, a taxa de juros. Em sua resposta à pergunta 2.026, Wylie formula seu juízo global sobre a teoria de *currency*, pela qual Cardwell e *sir* Charles Wood, em maio de 1847, "sustentaram a necessidade de pôr em prática a lei bancária de 1844 em sua totalidade". "Creio que esses princípios são de tal natureza que dariam ao dinheiro um valor artificialmente alto e a todas as mercadorias um valor artificialmente baixo e ruinoso." Ele diz, além disso, quanto aos efeitos dessa lei bancária sobre os negócios em geral: "Como as letras a quatro meses, que são os cursos correntes das cidades fabris sobre comerciantes e banqueiros contra mercadorias compradas e destinadas aos Estados Unidos, não podiam ser descontadas senão com grandes sacrifícios, a execução de encomendas ficou dificultada em grande medida até a carta do governo de 25 de outubro" {suspensão da lei bancária} ", quando voltaram a ser descontáveis essas letras a quatro meses". (2.097.) Também nas províncias a suspensão dessa lei bancária funcionou como alívio. 2.102. "Em outubro passado" {de 1847} ", quase todos os compradores americanos que adquirem aqui mercadorias restringiram tanto quanto possível suas encomendas; quando chegou à América a notícia do encarecimento do dinheiro, cessaram todas as novas encomendas." – 2134. "O trigo e o açúcar eram casos especiais. O mercado de trigo foi afetado pelas perspectivas da colheita, e o açúcar pelos enormes estoques e importações." – 2.163. "Uma grande parte de nossas obrigações de pagamento para com a América [...] foi liquidada por meio de vendas forçadas de mercadorias consignadas, e receio que muitas foram anuladas pela bancarrota que aqui se produziu." – 2196. "Se bem me recordo, em nossa Bolsa de Valores chegou-se *a pagar, em outubro de 1847, até 70% de juros*."

{A crise de 1837, com suas largas sequelas, seguida em 1842 de uma crise adicional completa, e a cegueira interessada dos industriais e dos comerciantes, que simplesmente se recusavam a enxergar qualquer superprodução – que era, segundo a economia vulgar, algo totalmente absurdo e impossível – acabaram por inculcar nas pessoas aquela confusão que permitiu à escola de *currency* pôr seu dogma em prática em escala nacional. Assim impôs-se a legislação bancária de 1844-1845.

Com a lei bancária de 1844, o Banco da Inglaterra é dividido em um departamento de emissão de cédulas e um departamento bancário. O primeiro recebe títulos – principalmente de dívida pública – de [£]14 milhões e toda a reserva metálica, da qual no máximo ¼ pode ser de prata, e emite uma quantidade de cédulas equivalente ao importe total de ambas. As cédulas que ainda não estão nas mãos do público encontram-se no departamento bancário e constituem, junto com a pequena quantidade de moedas necessária para o uso diário (cerca de [£]1 milhão), a reserva constantemente disponível desse departamento. O departamento de emissão dá ao público ouro por cédulas e cédulas por ouro; as transações restantes com o público são realizadas pelo departamento bancário. Os bancos privados da Inglaterra e do País de Gales, autorizados em 1844 a emitir suas próprias cédulas, conservaram esse direito, mas sua emissão tem um limite fixado; se um desses bancos deixa de emitir cédulas próprias, o Banco da Inglaterra pode aumentar o importe de cédulas a descoberto em ⅔ da cota estabelecida; por esse método, o montante dessas cédulas se elevou, até 1892, de £14 milhões para £16½ milhões (exatamente £16.450.000).

Para cada £5 em ouro que deixam o Tesouro do banco, uma cédula de £5 retorna ao departamento de emissão e é destruída; para cada cinco *sovereigns* que afluem ao Tesouro, uma nova cédula de £5 entra em circulação. Desse modo, põe-se em prática a circulação ideal de papel-moeda de Overstone, que se rege exatamente pelas leis da circulação metálica e, segundo as afirmações dos partidários de *currency*, ficam para sempre impossibilitadas as crises.

Mas, na realidade, a separação do banco em dois departamentos independentes privava a direção de dispor livremente, em momentos decisivos, de todos seus recursos disponíveis, podendo, assim, ocorrer casos em que o departamento bancário se via à beira da falência, enquanto o departamento de emissão possuía intactos vários milhões em ouro, além de [£]14 milhões de títulos. Isso é tanto mais fácil de ocorrer quanto, em quase todas as crises, há um momento em que se produz uma forte drenagem de ouro ao exterior, que tem de ser coberta principalmente pela reserva metálica do banco. Para cada £5 que fluem para o exterior, uma cédula de £5 é retirada da circulação, isto é, a quantidade de meios de circulação se reduz justamente no momento em que mais se precisa deles e com mais urgência. Assim, a lei bancária de 1844 induz diretamente o mundo comercial a formar, quando a crise estoura, uma reserva de cédulas bancárias, o que acelera e agrava a crise; em razão desse aumento artificial – que se efetua no momento decisivo – da demanda por acomodação monetária, isto é, de meios de pagamento, ao mesmo tempo que se restringe a oferta destes últimos, a lei bancária faz com que a taxa de juros alcance um índice inédito; desse modo, em vez de eliminar as crises, a lei a que nos referimos as fomenta até o ponto de quebrar o mundo industrial ou a própria lei bancária vigente. Por duas vezes, em 25 de outubro de 1847 e em 12 de novembro de 1857, a crise chegou a esse extremo; em vista disso, o governo liberou o banco da restrição de emissão de cédulas, declarando suspensa a lei de 1844, e isso foi suficiente, em ambas as ocasiões, para aplacar a crise. Em 1847, a certeza de que agora podia-se voltar a obter cédulas bancárias contra títulos de primeira ordem foi o suficiente para que retornassem à circulação de 4 milhões a 5 milhões de cédulas entesouradas; em 1857, cerca de 1 milhão de cédulas acima do montante legal foram emitidas, mas apenas por um período muito curto.

Deve-se mencionar, além disso, que a legislação de 1844 ainda exibe as marcas dos primeiros vinte anos do século, da época da suspensão dos pagamentos à vista pelo banco e da desvalorização das cédulas. Ainda se percebe nitidamente o receio de que as cédulas bancárias possam perder o crédito – receio muito injustificado, porquanto em 1825 o dispêndio de uma velha quantidade de cédulas de £1, que se encontravam fora de circulação, aplacou a crise e, com isso, demonstrou que o crédito das cédulas bancárias permanecia inabalável, mesmo nos momentos de desconfiança mais intensa e mais generalizada. Isso é perfeitamente compreensível, já que, na realidade, esses signos de valor estão respaldados por toda a nação e por seu crédito. – F. E.}

Voltemo-nos agora a alguns testemunhos sobre os efeitos da lei bancária. J.[ohn] St.[uart] Mill acredita que a lei bancária de 1844 pôs uma barreira aos excessos da especulação. Por sorte, esse homem sábio falou em 12 de junho de 1857. Quatro meses depois, estourava a crise. Ele felicitou os "diretores de bancos e o público comercial em geral" por "compreenderem bem melhor que antes a natureza de uma crise comercial o os grandes prejuízos que infligiriam a si mesmos e ao público caso apoiassem os excessos de especulação" (*B. C.*, 1857, n. 2.031).

O sagaz sr. Mill pensa que, quando são emitidas "como adiantamentos aos fabricantes etc. que desembolsam salários [...], cédulas de £1 podem chegar a mãos de outros, que as gastam para fins de consumo, em cujo caso as cédulas em si mesmas constituem uma demanda de mercadorias e podem temporariamente fomentar um aumento dos preços". [N. 2.066.] Supõe o sr. Mill, portanto, que os fabricantes pagarão salários mais altos porque os pagarão em papel, em vez de em ouro? Ou entende que, se o fabricante obtém seu adiantamento em cédulas de £100 e as troca por ouro, esses salários formarão uma demanda menor do que se fossem pagos diretamente em cédulas de £1? Por acaso não sabe que, por exemplo, em certos distritos mineiros, os salários eram pagos em cédulas de bancos locais, de modo que vários trabalhadores recebiam uma única cédula de £5? Isso aumenta sua demanda? Ou os banqueiros adiantarão dinheiro aos fabricantes com maior facilidade e em maior quantidade em cédulas pequenas do que em grandes?

{Esse estranho medo que Mill sente das cédulas de £1 seria inexplicável se toda sua obra de economia política não evidenciasse um ecletismo que não recua diante de nenhuma contradição. Por um lado, ele dá razão a Tooke em muitas coisas, contrapondo-se a Overstone; por outro, acredita na determinação do preço das mercadorias pela quantidade de dinheiro existente. Não está, portanto, de modo nenhum persuadido de que para cada cédula de £1 emitida – supondo constantes todas as demais circunstâncias – aflua um *sovereign* ao Tesouro do banco; ele receia que a massa dos meios de circulação possa aumentar e, em consequência disso, desvalorizar-se, isto é, que suba o preço das mercadorias. É isso, e tão somente isso, que se esconde por trás de sua preocupação já citada. – F. E.}

Acerca da divisão do banco em dois departamentos e da excessiva precaução em garantir o reembolso das cédulas bancárias, Tooke declara perante a comissão (*C. D.*, 1848/1857):

As grandes flutuações da taxa de juros em 1847, em comparação com as de 1837 e 1839, devem-se exclusivamente, segundo ele, à divisão do banco em dois departamentos. (3.010.) – A segurança das cédulas bancárias não foi afetada em 1825 nem em 1837 e 1839. (3.015.) – A demanda de ouro em 1825 visava apenas a preencher o vazio produzido pelo completo descrédito das cédulas de £1 emitidas pelos bancos provinciais; esse vazio só podia ser preenchido com ouro, até que o Banco da Inglaterra também emitisse cédulas de £1. (3.022.) – Em novembro e dezembro de 1825, não existia a menor demanda de ouro para a exportação. (3.023.)

"No que diz respeito ao descrédito do banco dentro e fora do país, uma suspensão dos pagamentos de dividendos e depósitos teria consequências muito mais graves que uma suspensão do pagamento das cédulas bancárias." (3.028.)

3.035. "O senhor não é da opinião de que qualquer circunstância que em última instância ameace a conversibilidade das cédulas bancárias num momento de crise comercial pode gerar novas e sérias dificuldades? – De modo nenhum."

No decorrer de 1847, "o aumento da emissão de cédulas bancárias teria talvez contribuído para aumentar de novo a reserva de ouro do banco, como ocorreu em 1825". (3.058.)

À comissão (*B. A.*, 1857), Newmarch dá o seguinte testemunho: 1.357. "O primeiro efeito nocivo [...] dessa divisão" (do banco) "em dois departamentos e da bipartição da reserva de ouro que dela resultou foi que as operações bancárias do Banco da Inglaterra, isto é, todo aquele ramo de suas operações que o põe em contato mais direto com o comércio do país, tinham agora de prosseguir apenas com metade do volume das antigas reservas. Essa bipartição da reserva resultou no fato de que, sempre que se reduzia a reserva do departamento bancário, o banco se via forçado a elevar sua taxa de desconto. Essa redução da reserva causou, assim, uma série de variações bruscas na taxa de desconto". – 1.358. "Desde 1844" (até junho de 1857) ", ocorreram umas 60 variações desse tipo, ao passo que antes de 1844, no mesmo período, mal chegaram a uma dezena."

Especialmente interessante é também o testemunho de Palmer, desde 1811 diretor e, por certo tempo, governador do Banco da Inglaterra, perante a comissão da Câmara dos Lordes (*C. D.*, 1848/1857).

828. "Em dezembro de 1825, o banco só possuía £1.100.000 em ouro. Teria falido inevitavelmente, se naquela época vigorasse essa lei" (de 1844). "Em dezembro, creio que ele emitiu 5 milhões ou 6 milhões de cédulas numa só semana, o que aliviou consideravelmente o pânico existente."

825. "O primeiro período" (desde julho de 1825) "em que a atual legislação bancária teria malogrado se o banco tivesse tentado levar a termo as transações já iniciadas foi em 28 de fevereiro de 1837; naquele momento, o banco dispunha de £3.900.000 a £4 milhões e só teria ficado com uma reserva de £650.000. Outro período é o de 1839, que durou de 9 de julho a 5 de dezembro." – 826. "A quanto chegava a reserva, nesse caso? Em 5 de setembro, consistia num déficit de cerca de £200.000 ao todo (*the reserve was minus altogether £200.000*). Em 5 de novembro, ela subira para cerca de £1-1½ milhão." – 830. "A lei de 1844 teria impedido o banco de fazer frente às operações com a América em 1837." – 831. "Três das principais firmas americanas faliram. [...] Quase toda firma no comércio com a América se encontrava sem crédito, e, se naquele momento o banco não tivesse prestado ajuda, não creio que mais de 1 ou 2 firmas teriam podido salvar-se." – 836. "A crise de 1837 não pode de modo nenhum ser comparada com a de 1847. A de 1837 limitou-se fundamentalmente ao comércio com a América." – 838. (No começo de junho de 1837, a direção do banco discutiu o problema de como dar um fim à crise.) "Sobre isso, alguns senhores defenderam a tese [...] de que o princípio correto seria elevar a taxa de juros, o que faria baixar o preço das mercadorias; em suma, encarecer o dinheiro e baratear as mercadorias, por meio do que seria efetuado o pagamento ao estrangeiro (*by which the foreign payment would*

be accomplished)." – 906. "A lei de 1844, ao introduzir uma restrição artificial – que substituiu a restrição antiga e natural – do poder do banco em relação ao montante real de sua reserva metálica, gerou um agravamento artificial dos negócios e, com isso, um efeito sobre o preço das mercadorias que seria absolutamente desnecessária sem essa lei." – 968. "Sob a lei de 1844, não se pode reduzir, em condições normais, a reserva metálica do banco a menos de [£]9½ milhões. Isso geraria uma pressão sobre os preços e o crédito, que, por sua vez, provocaria necessariamente uma reviravolta no saldo da balança comercial, que aumentaria a importação de ouro e, com ela, a quantidade de ouro existente no departamento de emissão." – 996. "Sob a restrição atual, o senhor" {isto é, o banco} "não tem disponibilidade de prata, que é necessária quando se precisa desse metal para influir no câmbio exterior." – 999. "Qual era a finalidade do preceito que limita a reserva de prata do banco a ⅕ de sua reserva metálica? – A essa pergunta eu não posso responder."

A finalidade era encarecer o dinheiro; do mesmo modo que, abstraindo da teoria de *currency*, a separação dos departamentos bancários e a obrigação imposta aos bancos escoceses e irlandeses de manter ouro em reserva para fazer frente à emissão de cédulas acima de certo limite. Deu-se, assim, uma descentralização do Tesouro metálico nacional, a qual reduzia a capacidade do banco de corrigir taxas de câmbio desfavoráveis. Todas estas disposições resultam na elevação da taxa de juros: a de que o Banco da Inglaterra não pode emitir cédulas acima de £14 milhões, a não ser que estejam cobertas por uma reserva de ouro; a de que o departamento bancário funcione como banco comum, reduzindo a taxa de juros em épocas de abundância de dinheiro e elevando-a em períodos de aperto; a limitação da reserva de prata, meio principal de retificar o saldo da balança comercial com o continente e com a Ásia; as disposições referentes aos bancos escoceses e irlandeses, que jamais necessitam de ouro para as exportações e agora são obrigados a mantê-lo, sob o pretexto de uma conversibilidade de suas cédulas, a qual, na realidade, é puramente ilusória. A realidade é que a lei de 1844 provocou pela primeira vez uma corrida ao ouro dos bancos escoceses em 1857. A nova legislação bancária tampouco distingue entre o fluxo do ouro para o exterior e para o interior do país, embora seus efeitos sejam evidentemente muito distintos. Daí as flutuações constantes e violentas na taxa de mercado dos juros. Sobre a prata, Palmer afirma duas vezes, em 992 e 994, que o banco só pode comprá-la em troca de cédulas quando o câmbio é favorável à Inglaterra, ou seja, quando existe superabundância desse metal, pois, 1.003: "A única finalidade para a qual se pode manter em prata uma parte considerável da reserva metálica é a de facilitar os pagamentos ao estrangeiro durante o tempo em que o comércio exterior é desfavorável à Inglaterra." – 1.004. "A prata é uma mercadoria que, por ser dinheiro em todas as outras partes do mundo, constitui a mais adequada [...] para esse fim" {pagamentos ao estrangeiro}. "Nos últimos tempos, só os Estados Unidos aceitaram exclusivamente ouro."

Em sua opinião, o banco, em tempos de aperto, não precisaria elevar a taxa de juros acima do antigo nível de 5% enquanto taxas de câmbio desfavoráveis não atraíssem o ouro para o estrangeiro. Não fosse a lei de 1844, ele teria podido descontar sem dificuldade todas as letras de primeira classe (*first class bills*) que lhe fossem apresentadas (1.018-20). Porém, com a lei de 1844 e na situação em que o banco se encontrava em outubro de 1847, "não havia taxa de juros que o banco pudesse cobrar de firmas solventes que estas não estivessem dispostas a pagar de boa vontade para prosseguir seus pagamentos." [1.022.] Essa taxa de juros era justamente o objetivo da lei.

1.029. "Cabe-me fazer uma importante distinção entre o efeito da taxa de juros sobre a demanda estrangeira" {de metais preciosos} "e um aumento da taxa de juros imposta com o fim de deter uma corrida ao banco durante um período de escassez interna de crédito." – 1023. "Previamente à lei de 1844, quando as trocas eram favoráveis à Inglaterra e em todo o país havia inquietação, e até mesmo pânico, não se impunham quaisquer limites à emissão de cédulas, o único meio pelo qual essa situação de aperto podia ser aliviada."

Essas são as palavras de um homem que por 39 anos ocupou um posto na direção do Banco da Inglaterra. Ouçamos agora um banqueiro privado, Twells, desde 1801 *associé* de Spooner, Attwoods & Co. É o único de todos os depoentes perante o *bank committee* de 1857 que nos permite vislumbrar a real situação do país e que enxerga a crise que se aproxima. Além disso, trata-se de uma espécie de *little-shiling-man* de Birmingham, uma vez que seus *associés*, os irmãos Attwood, são os fundadores dessa escola (ver *Zur Kritik der pol.[itischen] Ök.[onomie]*, cit., p. 59). Diz ele, 4.488: "Em sua opinião, quais foram os efeitos da lei de 1844? – Se lhe respondesse como banqueiro, eu diria que os resultados foram excelentes, pois forneceu uma rica colheita a banqueiros e capitalistas {monetários} de toda espécie. Mas foi muito ruim para o homem de negócios honrado e laborioso, que precisa de estabilidade da taxa de desconto para poder fazer *arrangements* [transações] com certa segurança [...]. Ela tornou o empréstimo de dinheiro um negócio altamente lucrativo." – 4.489. "Ela" {a lei bancária} "permite aos bancos por ações de Londres pagar 20% a 22% aos acionistas? – Até pouco tempo atrás, um deles pagava 18%, e outro, creio, 20%; eles têm razões de sobra para apoiar a lei." – 4.490. "Essa lei aperta muito os pequenos negociantes e os comerciantes respeitáveis que não dispõem de grande capital. [...] O único meio de que disponho para saber disso é ver a massa surpreendente de letras aceitas por eles e que não são pagas. Essas letras são sempre pequenas, entre £20 e £100, muitas delas ficam a descoberto e retornam protestadas a todas as partes do país, o que é sempre sinal de depressão entre os pequenos comerciantes." No n. 4.494, ele afirma que atualmente os negócios não são rentáveis. As observações que se seguem são importantes, pois indicam que ele via a crise em estado latente, quando nenhum dos outros a percebia.

4.494. "Em Mincing Lane* os preços ainda se mantêm estáveis, mas as vendas estão paradas, e não se consegue vender nada a preço nenhum; as pessoas se atêm ao preço nominal." 4.495. Ele relata um caso: um francês manda para um corretor em Mincing Lane mercadorias no valor de £3.000 para ser vendidas a certo preço. O corretor não pode realizar esse preço, o francês não pode vender por menos. A mercadoria fica sem ser vendida, mas o francês precisa de dinheiro. O corretor lhe adianta, então, £1.000, do seguinte modo: o francês, com a garantia das mercadorias, saca sobre o corretor uma letra de £1.000 a 3 meses. Passados os 3 meses, a letra vence, mas as mercadorias continuam sem ser vendidas. O corretor tem, então, de pagar a letra e, embora tenha cobertura para £3.000, não pode liquidar essa quantidade e se vê em dificuldades. Assim, um arrasta o outro para baixo. 4.496. "No que diz respeito às grandes exportações [...], quando os negócios andam mal dentro do país, isso provoca necessariamente um forte movimento de exportação." – 4.497. "O senhor crê que o consumo interno diminuiu? – *Em proporções muito consideráveis* [...], *verdadeiramente enormes* [...], os comerciantes varejistas são nisso a melhor autoridade." – 4.498. "No entanto, as importações são muito consideráveis. Não indica isso um grande consumo? – Sim, *caso se possa vender*; mas há muitos armazéns cheios dessas mercadorias; no exemplo que acabo de apresentar, vimos que foram importadas por £3.000 mercadorias que permanecem sem ser vendidas."

4.514. "O senhor diria que, quando o dinheiro está caro, o capital está barato? – Sim." O depoente não compartilha da opinião de Overstone de que a alta taxa de juros é o mesmo que capital caro, muito pelo contrário.

Como se fazem agora os negócios. 4.516. "[...] Outros cavalgam a rédeas largas, fazem enormes negócios em exportações e importações, muito além do que seu capital permite; sobre isso, não resta a menor dúvida. Essa gente pode sair-se bem; se tem sorte, pode acumular grandes fortunas e pagar tudo. Esse é, em grande medida, o sistema com base no qual se realiza hoje uma parte considerável dos negócios. Essa gente perde de bom grado 20%, 30%

* Bolsa londrina do café e do chá. (N. T.)

e até 40% num embarque, sabendo que o negócio seguinte lhe ressarcirá dessa perda. Se lhes falha um negócio após outro, eles estão quebrados; e esse é justamente o caso que vimos com frequência nos últimos tempos; casas comerciais foram à falência sem deixar um único xelim no ativo."

4.791. "A taxa mais baixa de juros" {durante os últimos 10 anos} "atua certamente contra os banqueiros, mas, sem lhes mostrar os livros de contabilidade, seria muito difícil explicar aos senhores quão mais altos são os lucros atuais" {dele mesmo} "em comparação com os anteriores. Quando a taxa de juros está baixa, em consequência da emissão excessiva de cédulas bancárias, ocorrem depósitos consideráveis; quando está alta, isso nos traz um lucro direto." – 4.794. "Quando se pode obter dinheiro a uma taxa de juros moderada, aumenta a procura por ele; emprestamos mais, e o dinheiro funciona desse modo" {em favor de nós, os banqueiros}. "Quando a taxa de juros aumenta, recebemos mais do que é justo, mais do que deveríamos receber."

Vimos que o crédito das cédulas do Banco da Inglaterra é considerado inabalável por todos os peritos. Apesar disso, a lei bancária imobiliza de [£]9 milhões a [£]10 milhões em ouro para sua conversibilidade de forma absoluta. A sanidade e a intangibilidade do Tesouro se colocam, assim, em prática de modo muito distinto de como o faziam os antigos entesouradores. W. Brown (Liverpool) declara, em *C. D.*, 1847/1857, n. 2.311: "Em relação à utilidade que então proporcionou esse dinheiro" (a reserva metálica no departamento de emissão) ", diremos que foi a mesma que seria se ele tivesse sido lançado ao mar; não se podia empregar nem uma mínima parte dele sem violar a lei do Parlamento."

O empresário da construção E.[dward] Capps, que já mencionamos anteriormente e de cujas declarações retiramos a descrição do moderno sistema de construção de Londres (Livro II, capítulo 12), resume assim seu ponto de vista acerca da lei bancária de 1844 (*B. A.*, 1857), 5.508: "O senhor pensa, em geral, que o atual sistema" (da legislação bancária) "é uma instituição hábil o suficiente para fazer com que os lucros da indústria fluam periodicamente para o bolso do usurário? – Sim, essa é minha opinião. Sei que no negócio de construção ela produziu esse resultado".

Como dissemos, a lei bancária de 1845 obrigou os bancos escoceses a adotar um sistema muito semelhante ao inglês. Obrigou-lhes a manter ouro em reserva para responder à emissão de cédulas acima do montante fixado para cada banco. Sobre os resultados dessa medida, eis aqui alguns depoimentos perante a comissão bancária, *B. C.*, 1857.

Kennedy, diretor de um banco escocês. 3.375. "Havia na Escócia, antes da introdução da lei de 1845, algo que se pudesse chamar de circulação de ouro? – Nada do tipo." – 3.376. "Surgiu depois uma circulação adicional de ouro? – De modo nenhum; as pessoas não querem ouro (*the people dislike gold*)." – 3.450. Em sua opinião, as aproximadamente £900.000 em ouro que os bancos escoceses têm de manter desde 1845 são apenas prejudiciais e "absorvem sem nenhum lucro uma parte equivalente do capital da Escócia".

Confiramos o que diz Anderson, diretor do Union Bank of Scotland. 3.558. "A única demanda forte de ouro no Banco da Inglaterra por parte dos bancos escoceses ocorreu em razão das taxas externas de câmbio? – Exatamente; e essa demanda não diminui pela circunstância de termos ouro em Edimburgo." – 3.590. "Enquanto tivermos o mesmo montante de títulos de crédito depositados no Banco da Inglaterra" (ou nos bancos particulares dessa nação) "teremos o mesmo poder de antes para drenar o ouro daquele banco."

Por fim, um artigo do *Economist* (Wilson):

> "Os bancos escoceses mantêm montantes inativos em espécie com seus agentes em Londres, e estes os mantêm no Banco da Inglaterra. Isso permite aos bancos escoceses dispor das reservas metálicas do Banco da Inglaterra dentro dos limites daqueles montantes, reservas que ali estão sempre disponíveis quando há que fazer pagamentos ao exterior." (*Economist*, 23 de outubro de 1847)

Esse sistema foi perturbado pela lei de 1845:

> "Ao aplicar-se na Escócia a lei de 1845, houve nos últimos tempos uma forte drenagem de moedas de ouro do Banco da Inglaterra para fazer frente a uma demanda meramente possível na Escócia, que talvez nunca chegue a ocorrer [...]. Desde então, uma soma considerável se encontra normalmente imobilizada na Escócia, e outra soma considerável viaja continuamente de Londres à Escócia e da Escócia a Londres. Se um banqueiro escocês espera que aumente a demanda de suas cédulas, enviam-lhe de Londres uma caixa de ouro; passado esse período, a mesma caixa é devolvida a Londres, na maioria das vezes sem ter sido aberta." (Idem)

{O que diz de tudo isso o pai da lei bancária, o banqueiro Samuel Jones Loyd, lorde Overstone?

Já em 1848, repetiu, perante a comissão sobre a *Commercial Distress* da Câmara dos Lordes, que "o aperto monetário e a taxa elevada de juros, ocasionados pela escassez de capital, não podem ser aliviados pelo aumento da emissão de cédulas bancárias" (1.514), embora a simples *permissão* de aumentar a emissão de cédulas, outorgada pelo governo em 25 de outubro de 1847, bastasse para pôr freio à crise.

Ele insiste em que "a elevada taxa de juros e a depressão da indústria fabril foram consequências necessárias da diminuição do capital *material* utilizável para fins industriais e comerciais" (1.604). No entanto, a depressão da indústria fabril consistia, havia meses, no fato de que o capital-mercadoria material em excesso abarrotava os depósitos e era invendável e que justamente por isso o capital produtivo material mantinha-se ocioso por completo ou em parte, a fim de não produzir ainda mais capital-mercadoria invendável.

Perante a comissão bancária de 1857, ele declara: "Graças à estrita e imediata observância dos princípios da lei de 1844, tudo correu de modo regular e fácil, o sistema monetário está seguro e inabalado, a prosperidade do país é incontroversa, a confiança pública na lei de 1844 ganha força a cada dia. Se a comissão requer provas práticas adicionais da solidez dos princípios sobre os quais descansa essa lei e dos resultados benéficos que ela produz, basta responder o seguinte: olhem ao redor, contemplem a situação atual dos negócios em nosso país, observem a satisfação do povo, a riqueza e a prosperidade de todas as classes da sociedade; então, quando tiverem feito isso, a comissão estará em condições de decidir se deseja impedir que continue em vigor uma lei que foi tão bem-sucedida" (*B. C.*, 1857, n. 4.189).

A resposta a esse ditirambo entoado por Overstone perante a comissão em 14 de julho foi a antístrofe de 12 de novembro do mesmo ano: a carta enviada à direção do banco, na qual o governo declarava suspensa a miraculosa lei de 1844 a fim de salvar o que ainda podia ser salvo. – F. E.}

Capítulo 35

Os metais preciosos e a taxa de câmbio

I. O movimento da reserva de ouro

Quanto à acumulação de cédulas bancárias em épocas de aperto, deve-se notar que se trata de uma repetição do entesouramento de metais preciosos, tal como costuma ocorrer em épocas conturbadas nos estados mais primitivos da sociedade. A lei de 1844 é interessante em seus efeitos precisamente porque visa converter em meio de circulação todo o metal precioso existente no país; ela procura equiparar uma drenagem de ouro a uma contração do meio de circulação, e um refluxo do ouro a uma expansão do meio de circulação. Seu resultado provou exatamente o contrário. Com uma única exceção, que mencionaremos a seguir, desde 1844 a quantidade das cédulas circulantes do Banco da Inglaterra jamais alcançou o máximo que essa instituição estava autorizada a emitir. Por outro lado, a crise de 1857 demonstrou que, em certas circunstâncias, esse máximo não é suficiente. De 13 a 30 de novembro de 1857, circularam diariamente, em média, £488.830 acima do máximo legal (*B. A.*, 1858, p. xi). O máximo estabelecido por lei era, então, de £14.475.000, mais o montante da reserva metálica entesourada no banco.

No que se refere ao fluxo de metais preciosos para fora e para dentro do país, cabe a seguinte observação:

Primeiro, uma distinção deveria ser feita entre, de um lado, o movimento do metal dentro de uma região que não produz ouro nem prata e, de outro, o fluxo do ouro e prata desde suas fontes de produção para os diversos outros países e a distribuição desse metal adicional entre estes últimos.

Antes que as minas de ouro na Rússia, na Califórnia e na Austrália fizessem sentir sua influência, a oferta desde o início deste século só bastava para repor as moedas desgastadas, para o uso geral em artigos de luxo e a exportação de prata para a Ásia.

A partir de então, o comércio asiático com a América e a Europa fez aumentar em proporções extraordinárias a exportação de prata para a Ásia. A prata exportada da Europa foi largamente substituída por um aporte adicional de ouro. Ademais, uma parcela do ouro recém-importado foi absorvida pela circulação monetária interna. Estima-se que até 1857 cerca de [£]30 milhões adicionais em ouro[14] entraram na circulação interna da Inglaterra. Assim, a partir de 1844 subiu o nível médio das reservas metálicas de todos os bancos centrais da Europa e da América. O aumento da circulação monetária interna resultou no período de calma que se seguiu ao pânico, fazendo com que a reserva bancária aumentasse mais rapidamente em consequência da maior massa de moedas de ouro excluídas da circulação interna e imobilizadas. Por fim, o consumo de metal precioso para artigos de luxo cresceu desde as últimas descobertas de jazidas de ouro, em decorrência do aumento da riqueza.

Segundo, entre os países que não produzem ouro nem prata, o metal precioso entra e sai constantemente; o mesmo país importa e exporta continuamente ouro e prata. É somente a predominância da entrada ou da saída que decide se, por fim, há uma evasão ou um afluxo de metal precioso, pois os movimentos meramente oscilatórios e muitas vezes paralelos em grande parte se neutralizam. Porém, quando se visa a esse resultado, deixa-se de perceber a constância e o curso geralmente paralelo desses movimentos. Concebe-se a questão sempre como se o excesso de importação ou de exportação de metal precioso fosse apenas efeito e expressão da proporção entre importação e exportação de mercadorias, enquanto ele expressa, ao mesmo tempo, a relação entre importação e exportação do próprio metal precioso, independentemente do comércio de mercadorias.

---

[14] O modo como isso influiu sobre o mercado monetário é revelado pelas seguintes declarações de W.[illiam] Newmarch, [*B. A.*, 1857,] 1.509: "Em fins de 1853, havia consideráveis temores entre o público; em setembro, o Banco da Inglaterra elevou seu desconto por três vezes seguidas [...]. Nos primeiros dias de outubro, [...] havia um grau considerável de preocupação e alarme entre o público. Esses temores e esse alarme foram em grande parte superados antes do fim de novembro e desapareceram quase totalmente com a chegada de [£]5 milhões de metal precioso da Austrália. O mesmo se repetiu no outono de 1854, com a chegada, em outubro e novembro, de cerca de [£]6 milhões de metal precioso. Voltou a repetir-se no outono de 1855, que foi, como sabemos, um período de inquietação e alarme, com a chegada de aproximadamente [£]8 milhões de metal precioso durante os meses de setembro, outubro e novembro. Em fins de 1856, ocorreu o mesmo. Em resumo, eu poderia perfeitamente apelar à experiência de quase todo membro da comissão para que dissesse se já não estamos habituados, sempre que se apresenta uma crise financeira, a ver na chegada de um navio de ouro sua solução natural e completa".

Terceiro, o excesso da importação sobre a exportação, e vice-versa, mede-se, em conjunto, pelo aumento ou pela diminuição da reserva metálica nos bancos centrais. O nível de exatidão desse indicador depende naturalmente, antes de mais nada, do grau de centralização do sistema bancário, pois disso depende em que medida o metal precioso acumulado no assim chamado banco nacional representa a reserva metálica nacional. Porém, supondo-se que seja esse o caso, aquele indicador não é exato, porque em certas circunstâncias a importação adicional é absorvida pela circulação interna e pelo emprego crescente de ouro e prata para fins de luxo; além disso, porque sem importação adicional poderia ocorrer uma drenagem de moedas de ouro para a circulação interna, o que diminuiria a reserva metálica sem aumentar simultaneamente a exportação.

Quarto, a exportação de metal configura-se como drenagem (*drain*) quando o movimento de decréscimo mantém-se por mais tempo, de modo que o decréscimo se apresenta como tendência do movimento e a reserva metálica do banco cai consideravelmente abaixo de seu nível médio, até o mínimo médio dessa reserva. Este último é fixado mais ou menos arbitrariamente, pois a legislação relativa à cobertura do pagamento à vista das cédulas etc. dispõe de modo diferente em cada caso concreto. Sobre os limites quantitativos que essa drenagem pode atingir na Inglaterra, Newmarch declara perante a comissão *B. A.*, n. 1.494: "Se julgamos pela experiência, é muito pouco provável que a drenagem de metal, em consequência de qualquer flutuação no comércio exterior, exceda £3 milhões ou £4 milhões". A data de 23 de outubro de 1847 assinala o nível mais baixo da reserva de ouro do Banco da Inglaterra, com um decréscimo de £5.198.156 em comparação com o nível de 26 de dezembro de 1846 e de £6.453.748 em comparação com o nível mais alto, atingido em 29 de agosto de 1846.

Quinto, a função da reserva metálica do assim chamado banco nacional, uma função que de modo nenhum regula sozinha o volume dessa reserva, porquanto ela pode crescer pela mera paralisação dos negócios internos e externos, é tríplice: 1) fundo de reserva para os pagamentos internacionais – numa palavra, de fundo de reserva de dinheiro mundial; 2) fundo de reserva para a circulação metálica interna, que ora se expande, ora se contrai; 3) algo que se relaciona com a função bancária e nada tem a ver com as funções do dinheiro como mero dinheiro: servir de fundo de reserva para pagamentos de depósitos e para a conversibilidade de cédulas bancárias. A reserva também pode ser afetada, portanto, por condições relacionadas a cada uma dessas três funções; como fundo internacional, pelo balanço de pagamentos, quaisquer que sejam as razões que o determinam e sua relação com a balança comercial; como fundo de reserva da circulação metálica interna, por sua expansão ou sua contração. A terceira função, a de fundo de garantia, ainda que não determine o movimento autônomo da reserva metálica, atua de modo duplo. Caso se emitam cédulas bancárias que substituem o dinheiro metálico (incluindo, portanto, as moedas de prata em países em que a prata é a medida de valor) na circulação interna, elimina-se a segunda função do fundo de reserva, e uma parte do metal precioso, que servia para isso, emigra permanentemente ao exterior. Nesse caso, nenhuma quantidade de moeda metálica é retirada para a circulação interna, e com isso simultaneamente é eliminado o reforço temporário da reserva metálica mediante a imobilização de uma parte do metal amoedado circulante. Além disso, se um mínimo da reserva metálica para o pagamento de depósitos e conversibilidade de cédulas tem de ser mantido sob todas as circunstâncias, isso afeta de modo peculiar os efeitos de um fluxo de entrada e saída de ouro; esse mínimo influi na parte de reservas que o banco é obrigado a manter sob quaisquer circunstâncias ou naquela parte de que, em outras épocas, ele procura se desfazer, por ser inútil. Com circulação puramente metálica e sistema bancário concentrado, o banco teria também de considerar sua reserva metálica como garantia para o pagamento de seus depósitos, e uma drenagem de metal poderia provocar um pânico igual ao que houve em Hamburgo em 1857.

Sexto, com a possível exceção de 1837, a verdadeira crise sempre estoura após a mudança das taxas de câmbio, isto é, tão logo a importação de metal precioso volta a predominar sobre a exportação.

Em 1825 ocorreu o verdadeiro *crash* depois que a drenagem de ouro havia cessado. Em 1839, houve uma drenagem de ouro, que não chegou a provocar o *crash*. Em 1847, a drenagem de ouro cessou em abril, e o *crash* se deu em outubro. Em 1857, a drenagem de ouro ao exterior havia cessado desde o início de novembro, e o *crash* só ocorreu mais tarde naquele mês.

Isso se evidenciou na crise de 1847, em que a drenagem de ouro cessou já no mês de abril, depois de provocar uma crise relativamente benigna, e só em outubro instaurou-se a verdadeira crise dos negócios.

Os seguintes depoimentos foram prestados perante a comissão secreta da Câmara dos Lordes sobre a crise comercial (*Secret Committee of the House of Lords on Commercial Distress*), em 1848; os depoimentos (*evidence*) só foram publicados em 1857 (citados também como *C. D.*, 1848-1857).

Declaração de Tooke: "Em abril de 1847, iniciou-se uma fase de aperto, que, na verdade, equivalia a um pânico, mas de duração relativamente curta e não acompanhada por falências comerciais minimamente significativas.

Em outubro, o aperto adquiriu uma intensidade bem maior do que qualquer momento em abril e provocou um número quase inédito de falências comerciais". (2.196) – "Em abril, o comércio exterior, sobretudo com a América, obrigou-nos a exportar uma quantidade considerável de ouro para o pagamento de um volume extraordinariamente grande de importações; apenas graças a um esforço extremamente grande o banco conseguiu deter a drenagem de ouro e reequilibrar o saldo da balança." (2.197) – "Em outubro, a balança cambial era favorável à Inglaterra." (2.198) "A mudança na balança comercial começou na terceira semana de abril." (3.000) – "Nos meses de julho e agosto, o saldo se manteve flutuante; a partir do mês de agosto, foi sempre favorável à Inglaterra." (3.001) – "Em agosto, a drenagem de ouro deveu-se à demanda por circulação interna." [3.002]

J.[ames] Morris, governador do Banco da Inglaterra: embora o saldo da balança comercial tenha se tornado favorável à Inglaterra a partir de agosto de 1847, razão pela qual houve importação de ouro, ainda assim a reserva metálica do banco continuou a diminuir. "Em consequência da demanda interna, £2.200.000 em ouro foram espalhadas pelo país." (137) – Isso se explica, por um lado, pelo maior contingente de trabalhadores empregados nas construções de ferrovias e, por outro lado, "pelo desejo dos banqueiros de possuir uma reserva própria de ouro em tempos de crise." (147.)

Palmer, ex-governador e desde 1811 diretor do Banco da Inglaterra:

684. "Durante todo o período que vai de meados de abril de 1847 até o dia da suspensão da lei bancária de 1844, o saldo da balança comercial foi favorável à Inglaterra."

A drenagem do metal, que em abril de 1847 provocou um pânico independente da crise, é, nesse caso como em todos, uma simples precursora da crise e já se inverteu antes que esta fosse deflagrada. Em 1839, num estado de grande depressão comercial, houve drenagem muito forte de metal – por cereais etc. – mas sem crise nem pânico monetário.

Sétimo, tão logo se extinguem as crises gerais, o ouro e a prata – abstraindo do afluxo de novo metal precioso dos países produtores – voltam a distribuir-se nas mesmas proporções em que antes existiam como Tesouro particular dos diversos países em seu estado de equilíbrio. Mantendo-se constantes as demais circunstâncias, sua grandeza relativa em cada nação é determinada pelo papel que esta última desempenha no mercado mundial. O metal precioso flui do país que dele possui uma porção superior à normal para outro; esses movimentos de fluxo e refluxo apenas restabelecem sua distribuição originária entre os diversos tesouros nacionais. No entanto, essa redistribuição é mediada pela ação de diversas circunstâncias, das quais trataremos ao analisar o comércio exterior. Uma vez ultrapassado esse ponto e restabelecida a distribuição normal, tem-se inicialmente um crescimento e, em seguida, outra vez uma drenagem. {Esta última afirmação, claro, só se aplica à Inglaterra, como centro do mercado mundial de dinheiro. – F. E.}

Oitavo, a drenagem de metais é quase sempre sintoma de uma mudança na situação do comércio exterior, e essa mudança, por sua vez, é um presságio de que voltam a amadurecer as condições para uma crise[15].

Nono, a balança de pagamentos pode ser favorável à Ásia e desfavorável à Europa e à América[16].

***

A importação de metais preciosos tem lugar predominantemente em duas épocas. Por um lado, na primeira fase de baixa taxa de juros que sucede a crise e expressa a redução da produção; por outro, na segunda fase, em que a taxa de juros aumenta, mas sem alcançar ainda seu nível médio. Essa é a fase em que é mais fácil obter os retornos, em que o crédito comercial é grande e, portanto, a demanda de capital de empréstimo não cresce de modo proporcional ao aumento da produção. Em ambas as fases, em que o capital de empréstimo é relativamente abundante, o afluxo excedente de capital existente na forma de ouro e prata, isto é, numa forma em que, de início, ele só pode funcionar como capital de empréstimo, tem de influir consideravelmente sobre a taxa de juros e, assim, sobre a tônica de todos os negócios.

Ao mesmo tempo, a drenagem, a grande e contínua exportação de metais preciosos, surge quando as receitas deixam de fluir, os mercados

---

15 De acordo com Newmarch, a drenagem de ouro para o exterior pode resultar de três causas: 1) causas puramente comerciais, isto é, quando a importação ultrapassa a exportação, como ocorreu entre 1836 e 1844 e voltou a acontecer em 1847, principalmente devido à grande importação de trigo; 2) para a obtenção de meios para investimentos de capital inglês no exterior, como ocorreu em 1857 para ferrovias na Índia; e 3) para dispêndio definitivo no exterior, como em 1853 e 1854 no financiamento da guerra no Oriente.

16 1.918, Newmarch: "Se o senhor considerar conjuntamente Índia e China e levar em conta as transações entre Índia e Austrália e, ainda mais importantes, as transações entre China e Estados Unidos – e nesses casos o negócio é triangular, e a compensação ocorre por nossa mediação –, [...] então é correto dizer que a balança comercial era desfavorável não só à Inglaterra, mas também à França e aos Estados Unidos" (*B. A.*, 1857).

estão saturados e a aparente prosperidade só se mantém por meio do crédito; ou seja, quando existe uma demanda muito maior de capital de empréstimo e, por isso, a taxa de juros já atingiu pelo menos seu nível médio. Sob essas condições, que se refletem justo na drenagem de metal precioso, o efeito da subtração contínua de capital numa forma em que existe diretamente como capital monetário emprestável é reforçado de modo considerável. Isso deve influir diretamente na taxa de juros. No entanto, a alta da taxa de juros, em vez de restringir as operações de crédito, amplia-as e conduz à superutilização de todos os seus recursos. Por isso, esse período precede o *crash*.

Pergunta formulada a Newmarch (*B. A.*, 1857):

> 1.520: "Ao aumentar a taxa de juros, aumenta também o volume das letras em circulação? – Assim parece". – 1.522. "Em épocas tranquilas, normais, o verdadeiro instrumento do câmbio é o livro-razão; mas quando, por exemplo, apresentam-se dificuldades, como nas circunstâncias a que me referi, eleva-se a taxa de desconto do banco [...], então as transações são reduzidas por si mesmas à emissão de letras; essas letras não apenas são mais adequadas para servir como prova legal das operações realizadas, mas, além disso, servem melhor à finalidade de realizar novas compras e sobretudo podem ser empregadas como meio de crédito para a obtenção de capital."

A isso se deve acrescentar que, tão logo o banco, em circunstâncias mais ou menos ameaçadoras, eleva a taxa de desconto – o que ao mesmo tempo torna provável que o banco encurte o prazo de vencimento das letras a ser descontadas por ele –, surge o temor de que ele *continue a elevá-la cada vez mais*. Por isso, cada um – em primeiro lugar o aproveitador do crédito – procura descontar as letras futuras e dispor, em dado momento, da maior quantidade possível de meios de crédito. As razões que acabamos de expor resultam, portanto, do fato de que a mera quantidade, tanto do metal precioso importado como do exportado, não influi diretamente como tal, mas, em primeiro lugar, por meio do caráter específico do metal precioso como capital em forma-dinheiro e, em segundo lugar, como a pluma que, acrescentada à carga no prato da balança, basta para incliná-lo definitivamente para um lado; em suma, influi por intervir em circunstâncias em que qualquer excesso num ou noutro sentido se torna decisivo. Sem essas razões, não seria possível compreender que uma evasão de ouro no valor de, digamos, £5 milhões a £8 milhões – e este é o máximo verificado até o presente – pudesse provocar qualquer efeito significativo; essa diferença mínima de capital, a mais ou a menos, que parece ser algo diminuto mesmo em face dos £70 milhões em ouro que circulam em média na Inglaterra, representa, na realidade, numa produção com o volume da inglesa, uma grandeza insignificante[17]. Mas é justamente o desenvolvimento do sistema de crédito e bancário que, por um lado, força todo o capital monetário a pôr-se a serviço da produção (ou, o que dá no mesmo, a converter toda a receita monetária em capital), ao passo que, por outro lado, ao chegar a certa fase do ciclo, reduz a reserva metálica a um mínimo em que já não pode cumprir as funções que lhe cabem – é esse sistema de crédito e bancário desenvolvido que cria a hipersensibilidade de todo o organismo. Em níveis menos adiantados de produção, a contração ou a expansão do Tesouro, em comparação com seu volume médio, são algo relativamente indiferente. De modo semelhante, também uma drenagem muito considerável de ouro é relativamente ineficaz, desde que não ocorra no período crítico do ciclo industrial.

Nessa explanação, não levamos em conta os casos em que a drenagem de metal é consequência de más colheitas etc. Em tais casos, a forte e súbita perturbação do equilíbrio da produção, cuja expressão é a drenagem de metais, torna desnecessária qualquer outra explicação de seus efeitos. Estes são tanto maiores quanto maior é a intensidade da produção no período em que ocorre a perturbação.

Tampouco levamos em conta a função da reserva metálica como garantia da conversibilidade das cédulas bancárias e pivô de todo o sistema de crédito. O banco central é o pivô do sistema de crédito. A reserva metálica é, por sua vez, o pivô do banco[18]. A necessidade de que o sistema de crédito se transforme em sistema monetário já foi exposta no Livro I, capítulo 3, ao tratar do meio de pagamento. Tanto Tooke como Overstone admitem que, nos momentos críticos, os maiores sacrifícios de riqueza real são

---

17 Ver, por exemplo, a resposta ridícula de Weguelin, em que ele diz que [£]5 milhões em ouro drenados equivalem à mesma soma de capital a menos e, com isso, pretende explicar fenômenos que não sucedem em situações de alta de preços ou de depreciação, expansão e contração infinitamente maiores do capital industrial real. Por outro lado, não menos ridícula é a tentativa de explicar esses fenômenos diretamente como sintomas de uma expansão ou de uma contração na massa do capital real (considerado segundo seus elementos materiais).

18 Newmarch (*B. A.*, 1857), 1.364: "A reserva metálica no Banco da Inglaterra é, na verdade, [...] a reserva central ou o Tesouro metálico central que serve de base a todos os negócios do país. É, por assim dizer, o eixo em torno do qual têm de girar todos os negócios do país; todos os demais bancos nacionais consideram o Banco da Inglaterra como o Tesouro central ou o reservatório do qual têm de retirar suas reservas em moeda; e o efeito da taxa de câmbio externa recai continuamente sobre esse tesouro e reservatório".

necessários para manter a base metálica. A controvérsia gira somente em torno do tratamento mais ou menos racional do inevitável[19]. A existência de certa quantidade de metal, insignificante em comparação com a produção total, é reconhecida como pivô do sistema. Disso decorre o belo dualismo teórico, abstraindo da horripilante exemplificação desse caráter de pivô nas crises. Enquanto trata *ex professo* "do capital", a economia esclarecida olha com maior desprezo o ouro e a prata, como se fossem, na realidade, a forma mais indiferente e mais inútil do capital. Tão logo trata do sistema bancário, a coisa se inverte, e o ouro e a prata se convertem no capital *par excellence*, para cuja conservação se há de sacrificar todas as demais formas de capital e trabalho. O que distingue o ouro e a prata das outras formas da riqueza? Não é a grandeza do valor, pois esta se determina pela quantidade do trabalho neles objetivado. É o fato de serem encarnações autônomas, expressões do caráter *social* da riqueza. {A riqueza da sociedade só existe como riqueza dos indivíduos, que são seus proprietários privados e só se afirma como riqueza social pelo fato de que esses indivíduos, para satisfazer suas necessidades, intercambiam entre si os valores de uso qualitativamente distintos. Na produção capitalista, eles só podem fazer isso por meio do dinheiro. Desse modo, é apenas por meio do dinheiro que a riqueza do indivíduo se realiza como riqueza social; é no dinheiro, nessa coisa, que se encarna a natureza social dessa riqueza. – F. E.} Essa existência social aparece, pois, como algo situado no além, como coisa, objeto, mercadoria, ao lado e à margem dos elementos reais da riqueza social. Enquanto a produção flui, isso é esquecido. O crédito, que é também uma forma social da riqueza, expulsa o dinheiro e usurpa seu lugar. É a confiança no caráter social da produção que faz com que a forma-dinheiro dos produtos apareça como algo evanescente, ideal, mera representação. Tão logo o crédito é abalado – fase que se apresenta sempre necessariamente no ciclo da indústria moderna –, pretende-se que toda a riqueza real seja efetiva e subitamente convertida em dinheiro, em ouro e prata; uma pretensão disparatada, decerto, mas que emana necessariamente do próprio sistema. Todo o ouro e toda a prata de que se deve dispor para atender a essas enormes pretensões limitam-se a alguns poucos milhões nos cofres

---

[19] "Na prática, tanto Tooke como Loyd enfrentariam uma demanda excessiva de ouro lançando mão de uma restrição antecipada dos créditos, mediante aumento da taxa de juros e redução do adiantamento de capital. Com sua ilusão, Loyd provoca apenas limitações e prescrições" {legais} "incômodas e mesmo perigosas" (*Economist*, 1847, p. 1.418).

do banco[20]. Os efeitos da retirada do ouro fazem ressaltar nitidamente, portanto, o fato de que a produção, como produção social, não está submetida de fato ao controle social, sob a forma de que a forma social da riqueza existe como uma *coisa* fora dela. O sistema capitalista compartilha essa qualidade com outros sistemas anteriores de produção, na medida em que se baseiam no comércio de mercadorias e no intercâmbio privado. No entanto, apenas nele ela aparece na forma mais palpável e mais grotesca de contradição e contrassenso absurdos, porquanto 1) no sistema capitalista a produção que visa ao valor direto de uso para o consumo dos próprios produtores é suprassumida do modo mais completo, ou seja, é um sistema em que a riqueza só existe como processo social, que se expressa como entrelaçamento de produção e circulação; 2) porque com o desenvolvimento do sistema de crédito, a produção capitalista se esforça por suprassumir continuamente essa barreira metálica, esse limite a um só tempo material e fantástico da riqueza e de seu movimento, mas acaba sempre quebrando a cabeça contra ele.

Nas crises, surge a exigência de que todas as letras, os títulos de crédito e as mercadorias possam ser convertidos de uma vez e simultaneamente em dinheiro bancário, e todo esse dinheiro, por sua vez, em ouro.

II. A taxa de câmbio

{O barômetro do movimento internacional dos metais monetários é, como se sabe, a taxa de câmbio. Se a Inglaterra tem mais pagamentos a fazer à Alemanha do que a Alemanha a fazer à Inglaterra, então em Londres sobe o preço do marco alemão, expresso em libras esterlinas, e em Hamburgo e Berlim cai o preço da libra esterlina, expresso em marco alemão. Se esse superávit de obrigações de pagamento da Inglaterra à Alemanha não for compensado, por exemplo, por meio de um aumento de compras da Alemanha na Inglaterra, então o preço em libras esterlinas das letras em marcos alemães aumentará até o ponto em que será rentável enviar da Inglaterra à Alemanha, como meio de pagamento, metal – moedas ou barras de ouro – em vez de letras. Esse é o modo típico como se desenrolam as coisas.

[20] "O senhor está plenamente de acordo com o fato de que não há outro meio de modificar a demanda de ouro, a não ser pela elevação da taxa de juros?" Chapman {sócio da grande *bill-broker* Overend, Gurney & Co.}: "Esta é minha opinião. Quando nosso ouro cai a certo ponto, o melhor que podemos fazer é soar imediatamente o sinal de alarme e dizer: 'Estamos decaindo, e quem mandar ouro para o exterior tem de fazê-lo por sua conta e risco'.". (*B. A.*, 1857, *Evid.*, n. 5.057)

Se essa exportação de metais preciosos aumenta em volume e se mantém durante bastante tempo, a reserva inglesa será atingida, e o mercado monetário inglês, sobretudo o Banco da Inglaterra, será obrigado a adotar medidas protetoras. Tais medidas consistem essencialmente, como já vimos, em elevar a taxa de juros. Quando a drenagem de ouro assume proporções consideráveis, o mercado monetário fica, em regra, em difícil situação, isto é, a demanda de capital de empréstimo em forma-dinheiro supera consideravelmente a oferta, e disso resulta por si mesma a elevação da taxa de juros; a taxa de desconto decretada pelo Banco da Inglaterra corresponde à situação real e se impõe ao mercado. Também há casos em que a drenagem do metal provém de outros fatores que não as combinações habituais dos negócios (por exemplo, empréstimos contraídos por Estados estrangeiros, investimentos de capital no exterior etc.) e em que a situação do mercado monetário de Londres como tal não justifica em absoluto um aumento eficaz da taxa de juros; nesses casos, o Banco da Inglaterra tem de, como se diz, "escassear o dinheiro" por meio de grandes empréstimos no "mercado aberto" a fim de criar artificialmente a situação que justifique ou torne necessária a elevação da taxa de juros; manobra que, a cada ano, torna-se mais difícil para ele. – F. E.}

O modo como essa elevação da taxa de juros influi no curso de câmbio é evidenciado nos seguintes depoimentos perante a comissão de legislação bancária da Câmara dos Comuns, em 1857 (citada como *B. A.* ou *B. C.*, 1857).

John Stuart Mill, 2.176: "Quando os negócios se tornam difíceis [...], tem-se uma queda considerável no preço dos títulos de crédito [...], estrangeiros mandam comprar aqui na Inglaterra ações ferroviárias, ou proprietários ingleses de ações ferroviárias estrangeiras vendem-nas em outros países [...], e assim se evita nessa proporção a transferência de ouro". – 2.182. "Uma classe grande e rica de banqueiros e comerciantes em títulos de crédito, por meio da qual se costuma efetuar a equalização da taxa de juros e da pressão comercial (*pressure*) entre os diversos países [...] está sempre à espreita para comprar títulos de crédito que prometam subir de preço [...]; o lugar adequado para realizar essas compras será sempre o país que está enviando ouro para o exterior." – 2183. "Esses investimentos de capital efetuaram-se em escala considerável em 1847, em proporções suficientes para diminuir a drenagem de ouro."

J.[ohn] G.[ellibrand] Hubbard, ex-governador e desde 1838 membro da direção do Banco da Inglaterra, 2.545: "Existem grandes quantidades de títulos de crédito europeus [...] com circulação nos diversos mercados monetários da Europa, e esses títulos, tão logo caiam 1% ou 2% num desses mercados, são imediatamente comprados para ser enviados aos mercados em que seu valor foi conservado". – 2.565. "Não têm os países estrangeiros uma dívida considerável com os comerciantes da Inglaterra? – [...] Sim, muito considerável." – 2.566. "A simples cobrança dessas dívidas bastaria para explicar uma enorme acumulação de capital na Inglaterra? – Em 1847, restabelecemos enfim nossa posição, quando cancelamos tantos e tantos milhões que a América e a Rússia deviam à Inglaterra." {Na mesma época, a Inglaterra devia aos mesmos países citados "tantos e tantos milhões" por compra de trigo e tampouco deixou escapar a oportunidade de "cancelá-los", em grande parte mediante a falência dos devedores ingleses. Ver o relatório sobre as leis bancárias de 1857, capítulo 30 deste livro, p. 31 [p. 550].} 2.572. "Em 1847, a taxa de câmbio entre a Inglaterra e São Petersburgo era muito alta. Com a promulgação da carta do governo autorizando o banco a emitir cédulas sem se ater ao limite prescrito de [£]14 milhões" {acima da reserva de ouro} ", impôs-se a condição de que o desconto deveria ser mantido em 8%. Naquele momento, e com tal taxa de desconto, era um negócio rentável enviar ouro de São Petersburgo a Londres e, depois de sua chegada, emprestá-lo a 8% até o vencimento das letras de três meses, sacadas contra o ouro vendido." – 2.573. "Em todas as operações com ouro, muitos pontos devem ser levados em consideração; tudo dependerá da taxa de câmbio e da taxa de juros à qual se possa investir o dinheiro até o vencimento da letra" {sacada contra o ouro}.

A taxa de câmbio com a Ásia

Os pontos seguintes são importantes, em primeiro lugar, porque mostram como a Inglaterra, quando a taxa de câmbio com a Ásia lhe é desfavorável, tem necessariamente de socorrer-se em outros países, cujas importações de produtos asiáticos são pagas por intermédio da Inglaterra. Em segundo lugar, porque o sr. Wilson tenta aqui novamente identificar os efeitos da exportação de metal precioso sobre a taxa de câmbio com os efeitos que a exportação de capital em geral exerce sobre esse curso; em ambos os casos, trata-se da exportação não como meio de pagamento ou de compra, mas para fins de investimento de capital. Antes de tudo, é evidente que, se tantos e tantos milhões de libras esterlinas em metais preciosos ou em trilhos de ferro são enviados à Índia para lá ser investidos em ferrovias, isso constitui apenas duas formas diferentes de transferir o mesmo montante de capital de um país a outro; transferência que, além disso, não entra na contabilidade das operações mercantis usuais e pela qual o país exportador não espera outro refluxo além do futuro rendimento anual que essas ferrovias possam gerar. Se essa exportação ocorre na forma de metal precioso, ela exercerá uma influência direta – por ser metal precioso e, como tal, capital monetário diretamente emprestável e base de todo o sistema monetário – não em todas as circunstâncias necessariamente, mas naquelas já expostas, sobre o mercado monetário e, com isso, sobre a taxa de juros do país que exporta esse metal precioso. Também influirá, não menos diretamente, sobre a taxa de câmbio. Com efeito, só se envia metal precioso porque e na medida em que as letras de câmbio emitidas – por exemplo, sobre a Índia, que são oferecidas no mercado monetário londrino – não bastam para cobrir essas remessas extras. Cria-se, portanto, uma demanda de letras sobre a Índia que ultrapassa a oferta e faz com que a taxa de câmbio se torne momentaneamente desfavorável à Inglaterra, não porque esse país tenha dívidas com a Índia, mas porque tem de enviar-lhe somas extraordinárias. Em prazo mais longo, essas remessas de metal precioso à Índia têm de levar ao aumento da demanda de mercadorias inglesas naquele país, porquanto aumentam de forma indireta a capacidade de consumo da Índia de mercadorias europeias. Se, ao contrário, o capital é enviado sob a forma de trilhos etc., essas remessas não poderão ter influência nenhuma sobre a taxa de câmbio, uma vez que a Índia não tem de pagar à Inglaterra por essas mercadorias. Tampouco terão de influir, pela mesma razão, sobre o mercado monetário. Wilson procura provar a todo custo essa influência, dizendo que tais gastos extras provocariam uma demanda adicional de acomodação monetária e, assim, influiriam sobre a taxa de juros. Pode, de fato, ser assim, mas é totalmente equivocado afirmar que isso tem de ocorrer em todas as circunstâncias. Para onde quer que os trilhos sejam enviados e onde quer que sejam instalados, em solo inglês ou indiano, eles não representam mais que certa expansão da produção inglesa numa esfera determinada. É tolice afirmar que seria impossível expandir a produção, inclusive dentro de limites muito amplos, sem provocar a elevação da taxa de juros. Pode ocorrer um aumento da acomodação monetária, isto é, da soma dos negócios em que intervêm operações de crédito, mas essas operações podem aumentar sem que varie a taxa de juros. Assim ocorreu, com efeito, durante a febre ferroviária na Inglaterra na década de 1840. A taxa de juros não subiu. É evidente que, quando se trata de capital real – nesse caso, de mercadorias –, o efeito sobre o mercado monetário é exatamente o mesmo, estejam essas mercadorias destinadas ao exterior ou ao consumo interno. Só haveria diferença se os investimentos de capital da Inglaterra no exterior exercessem uma influência restritiva sobre sua exportação comercial – a exportação que tem de ser paga e que, portanto, implica um refluxo – ou na medida em que esses investimentos de capital representem já, em geral, um sintoma de hiperexpansão do crédito e início de operações fraudulentas.

No seguinte interrogatório, Wilson pergunta e Newmarch responde.

1.786. "Anteriormente, referindo-se à demanda de prata destinada à Ásia Oriental, o senhor afirmou que, em sua opinião, a taxa de câmbio com a Índia era favorável à Inglaterra, apesar das remessas contínuas de volumes consideráveis de tesouros metálicos à Ásia Oriental; o senhor tem razões para pensar assim? – Evidentemente [...]. Creio que o valor real das exportações do Reino Unido para a Índia, em 1851, chegou a £7.420.000, ao que é preciso acrescentar o montante das letras da India House, isto é, dos fundos que a Companhia das Índias Orientais saca da Índia para cobrir seus próprios gastos. Esses saques chegavam, no referido ano, a £3.200.000, de modo que a exportação total do Reino Unido para a Índia alcançava £10.620.000. Em 1855 [...], o valor real das exportações de mercadorias aumentara para £10.350.000; os saques da India House atingiram naquele ano o montante de £3.700.000; portanto, a exportação total foi de £14.050.000. Para 1851, parece-me que não dispomos de meios para averiguar o valor real das importações de mercadorias da Índia para a Inglaterra; mas dispomos, sim, de dados relativos aos anos de 1854 e 1855. O valor total real das importações de mercadorias da Índia para a Inglaterra foi, em 1855, de £12.670.000, soma que, comparada com as £14.050.000 das exportações, deixa a favor da Inglaterra, no comércio direto entre os dois países, um saldo de £1.380.000."

Wilson observa, em seguida, que a taxa de câmbio também é afetada pelo comércio indireto. Por exemplo, as exportações da Índia para a Austrália e a América do Norte são cobertas com saques sobre Londres, influindo assim sobre a taxa de câmbio da mesma forma como se as mercadorias fossem enviadas diretamente da Índia para a Inglaterra. Além disso, se considerarmos a Índia e a China em conjunto, veremos que a balança é desfavorável à Inglaterra, pois a China tem continuamente de efetuar pagamentos consideráveis à Índia pela compra de ópio, e a Inglaterra tem de fazer o mesmo com a China; nesse giro, os montantes vão para a Índia (1.787-8).

No n. 1.789, Wilson questiona se o efeito sobre a taxa de câmbio não seria idêntico se o capital "saísse na forma de trilhos de ferro e locomotivas ou na forma de dinheiro metálico". A resposta de Newmarch é certeira: os £12 milhões enviados nos últimos anos à Índia para a construção de ferrovias serviram para adquirir uma renda anual que a Índia tem de pagar à Inglaterra, periodicamente e em prazos fixos. "Quanto ao efeito direto sobre o mercado de metal precioso, o investimento dos £12 milhões só pode exercê-lo pelo tempo em que for necessário exportar metal para efetuar o investimento real em dinheiro."

1.797. (Pergunta Weguelin:): "Se esse ferro" (os trilhos) "não gera reembolso algum, como se pode dizer que influi sobre a taxa de câmbio? – Não creio que a parte do desembolso que se exporta em forma de mercadorias afete o nível da taxa de câmbio [...] podemos dizer que o nível da taxa de câmbio entre dois países depende exclusivamente da quantidade de obrigações ou letras que são oferecidas num país, comparada com a quantidade que, em troca, é oferecida no outro; esta é a teoria racional da taxa de câmbio. No que diz respeito à remessa dos [£]12 milhões, o certo é que esses [£]12 milhões foram, por ora, subscritos aqui; se o negócio fosse realizado de tal modo que esses [£]12 milhões se depositassem integralmente em moeda metálica em Calcutá, Bombaim e Madras [...], essa súbita demanda influiria com violência sobre o preço da prata e sobre a taxa de câmbio, como aconteceria se a Companhia das Índias Orientais anunciasse amanhã o aumento do montante de seus saques de [£]3 milhões para [£]12 milhões. Mas metade desses [£]12 milhões é investida [...] na compra de mercadorias na Inglaterra [...], trilhos de ferro, madeira e outros materiais [...], é um investimento de capital inglês na própria Inglaterra para determinado tipo de mercadorias que são enviadas à Índia, e aí termina a coisa." – 1.798 (Weguelin:) "A produção dessas mercadorias de ferro e madeira, necessárias às ferrovias, provoca um forte consumo de mercadorias estrangeiras, o que pode afetar o comércio exterior, não é verdade? – Sem dúvida."

Em seguida, Wilson assinala que o ferro representa, em grande parte, trabalho e que o salário pago por esse trabalho representaria, em grande parte, por sua vez, mercadorias importadas (1.799); depois, logo pergunta:

1.801. "De modo bem geral, se as mercadorias produzidas por meio do consumo dessas mercadorias importadas são exportadas em tais condições que não obtemos nenhum retorno por elas, seja em produtos, seja de outro modo, isso não faria com que a taxa de câmbio se tornasse desfavorável para nós? – Esse princípio foi exatamente o que ocorreu na Inglaterra durante a época dos grandes investimentos ferroviários." {1.845.} Durante três, quatro ou cinco anos seguidos foram investidos £30 milhões em ferrovias, quase tudo em salários. Durante três anos, elas mantiveram, na construção de ferrovias, locomotivas, vagões e estações, um número de pessoas maior que o de todos os distritos fabris em conjunto. Essas pessoas [...] desembolsavam o salário na compra de chá, açúcar, bebidas alcoólicas e outras mercadorias estrangeiras; essas mercadorias tinham de ser importadas; no entanto, é certo que, durante o tempo em que se realizaram esses grandes gastos, não houve uma alteração considerável na taxa de câmbio entre a Inglaterra e outros países. Não houve drenagem, mas, pelo contrário, um afluxo de metal precioso."

1.802. Wilson reitera que, com uma balança comercial e um câmbio equilibrados entre a Inglaterra e a Índia, o envio adicional de ferro e locomotivas "tem necessariamente de afetar a taxa de câmbio com a Índia". Newmarch não pode ver as coisas desse modo, enquanto os trilhos forem exportados como investimento de capital e a Índia não tenha de efetuar nenhum pagamento por eles, de uma forma ou de outra. Ele acrescenta: "Estou de acordo com o princípio de que nenhum país pode ter permanentemente uma taxa de câmbio desfavorável com todos os países com que comercia; uma taxa de câmbio desfavorável com um país produz necessariamente um curso favorável com outro". A isso, Wilson opõe a seguinte trivialidade, 1.803: "A transferência de capital não seria a mesma, fosse realizada dessa ou daquela forma? – No que se refere à dívida contraída, é evidente que sim". – 1.804. "Portanto, o efeito da construção de ferrovias na Índia sobre nosso mercado de capital seria o mesmo e aumentaria tanto o valor do capital como se toda a exportação fosse efetuada em metal precioso?"

O fato de o preço do ferro não ter subido foi, em todo caso, uma prova de que o "valor" do "capital" contido nos trilhos não havia aumentado. Do que se trata é do valor do capital monetário, da taxa de juros. Wilson quer identificar o capital monetário com o capital em geral. O fato simples é, antes de tudo, que na Inglaterra foram subscritos [£]12 milhões para a construção de ferrovias na Índia. Isso é algo que não tem nenhuma relação direta com a taxa de câmbio, e a destinação que se dê aos [£]12 milhões é igualmente indiferente para o mercado monetário. Se a situação do mercado monetário é favorável, essa subscrição não precisa gerar efeito nenhum, do mesmo modo que as subscrições das ferrovias inglesas em 1844 e 1845 não afetaram em nada o mercado monetário. Mas se o mercado monetário já se encontra, em alguma medida, em situação de aperto, a taxa de juros sem dúvida poderia ser atingida por essas subscrições, mas ainda que apenas no sentido de uma alta, o que, de acordo com a teoria de Wilson, teria de influenciar favoravelmente a taxa de câmbio para Inglaterra, isto é, refrear a tendência à exportação de metal precioso; se não para a Índia, para outros países. O sr. Wilson pula de uma coisa para outra. Na pergunta n. 1.802, diz-se que a taxa de câmbio teria de ser afetada; na n. 1.804, o que teria de ser afetado é o "valor do capital" – são duas coisas muito distintas. A taxa de juros pode influir sobre a taxa de câmbio, e esta pode influir sobre a taxa de juros, mas a taxa de câmbio pode variar mantendo-se constante a taxa de juros, e esta última pode variar mantendo-se constante a taxa de câmbio. Não entra na cabeça de Wilson que, na remessa de capital para o exterior, a mera forma em que o capital é remetido faça tal diferença no efeito produzido, isto é, que a diferença de forma do capital tenha essa importância, ainda mais quando se trata de sua forma-dinheiro, o que contradiz abertamente a economia esclarecida. Newmarch responde a Wilson de modo unilateral, porquanto não lhe chama a atenção para seu salto repentino e sem nenhuma justificativa da taxa de câmbio para a taxa de juros. A resposta de Newmarch àquela pergunta n. 1.804 é incerta e vacilante: "Sem dúvida, quando se trata de levantar [£]12 milhões, seria indiferente, no que diz respeito à taxa geral de juros, se esses [£]12 milhões fossem exportados em metal precioso ou em materiais. Creio, porém" (bela transição, essa palavra "porém", para agora dizer exatamente o contrário) ", que isso não seria de todo indiferente" (seria indiferente, no entanto, não seria indiferente) ", porque, num caso, os £6 milhões refluiriam imediatamente, ao passo que, no outro caso, não refluiriam com tanta rapidez. Por isso, faria alguma" (quanta precisão!) "diferença se os [£]6 milhões fossem investidos dentro do país ou enviados em sua totalidade ao exterior". O que quer dizer que os £6 milhões refluiriam imediatamente? Na medida em que esses £6 milhões se investem na Inglaterra, existem na forma de trilhos, locomotivas etc. enviados para a Índia, de onde não voltam, e seu valor só retorna mediante amortização, isto é, muito lentamente, enquanto os [£]6 milhões em metal precioso talvez retornem *in natura*, muito rapidamente. Ao ser investidos em salários, os [£]6 milhões foram consumidos, mas o dinheiro em que foram adiantados continua a circular no país como antes ou é incorporado à reserva. O mesmo ocorre com o lucro dos fabricantes de trilhos e com a parte dos [£]6 milhões destinada a repor seu capital constante. Por conseguinte, Newmarch só emprega essa frase ambígua sobre o refluxo para não dizer diretamente que o dinheiro permaneceu no país e, na medida em que funciona como capital monetário emprestável, a única diferença para o mercado monetário (abstraindo da possibilidade de que a circulação possa ter absorvido uma quantidade maior de dinheiro metálico) é a de que ele é desembolsado por conta de *A*, e não de *B*. Esse tipo de investimento, em que o capital se transfere ao exterior em mercadorias, e não em forma de metal precioso, só pode influir na taxa de câmbio (a saber, não com o país em que o investimento se realiza) na medida em que a produção dessas mercadorias exportadas exige importações extras de outras mercadorias estrangeiras. Nesse caso, a produção não se destina a liquidar essas importações a mais. O mesmo ocorre em todas as exportações a crédito, trate-se de investimentos de capital ou de operações comerciais comuns. Além disso, essas importações extras podem provocar, por repercussão, uma demanda adicional de mercadorias inglesas, por exemplo, nas colônias ou nos Estados Unidos.

* * *

Antes [n. 1.786], Newmarch havia dito que, devido às letras da Companhia das Índias Orientais, as exportações da Inglaterra para a Índia eram maiores que as importações. *sir* Charles Wood o interroga sobre isso. Esse superávit das exportações inglesas para a Índia sobre as importações da Índia à Inglaterra se deve, na realidade, a uma importação da Índia pela qual a Inglaterra não paga equivalente nenhum: os saques da Companhia das Índias Orientais (hoje, do Governo das Índias Orientais) se reduzem a um tributo imposto à Índia. Em 1855, por exemplo, as importações da Índia à Inglaterra foram de £12.670.000; já as exportações da Inglaterra à Índia foram de £10.350.000; saldo a favor da Índia: £2.250.000. "Se a situação se esgotasse nisso, essas £2.250.000 sobrantes teriam de ser reemitidas de alguma forma à Índia. Mas aqui surgem as reivindicações da India House, que anuncia estar em condições de emitir letras sobre as diversas presidências da Índia, no montante de £3.250.000." (Montante recebido para cobrir as despesas londrinas da Companhia das Índias Orientais e para os dividendos a ser pagos aos acionistas.) "Com o que não só se liquida o saldo das £2.500.000 produzido por via do comércio, mas gera ainda um excedente de [£]1 milhão." (1.917)

1.922. (Wood:) "Então, o efeito desse saque da India House não consiste em aumentar as exportações para a Índia, mas sim em reduzi-las *pro tanto*?" (Ele deveria dizer: em reduzir a necessidade de cobrir as importações da Índia com exportações feitas para esse país, no mesmo montante.) O sr. Newmarch explica isso dizendo que os ingleses, em troca dessas £3.700.000, exportam "bom governo" à Índia (1.925). Wood, que, como ministro para a Índia, conhecia muito bem o tipo de "bom governo" que os ingleses exportavam àquele país, diz, com acerto e ironia, 1.926: "Quer dizer, então, que a exportação, que, como o senhor diz, é provocada pelos saques da India House, constitui uma exportação de bom governo, e não de mercadorias?". Uma vez que a Inglaterra exporta muito "desse modo", como "bom governo" e investimentos de capital em países estrangeiros – recebendo, portanto, importações completamente independentes da marcha normal dos negócios, tributos, em parte por "bom governo" exportado, em parte como rendimento do capital investido nas colônias e em outros lugares, tributos pelos quais não tem de pagar equivalente nenhum –, então é evidente que a taxa de câmbio não é afetada pelo fato de que a Inglaterra se limita a consumir esses tributos sem exportar nada em troca; é igualmente evidente que a taxa de câmbio não é afetada se volta a investir esses tributos, não na Inglaterra, mas no exterior, produtiva ou improdutivamente; se os emprega, por exemplo, no envio de munições à Crimeia. Além disso, na medida em que as importações do exterior entram no rendimento da Inglaterra – naturalmente elas têm de ser pagas, seja como tributo, em cujo caso não há necessidade de um equivalente, seja por meio de intercâmbio contra esses tributos não pagos, seja pela via normal do comércio –, a Inglaterra pode consumi-las ou voltar a investi-las como capital. Nenhum dos dois empregos afetará a taxa de câmbio, coisa que o sábio Wilson não vislumbra. Se uma parte do rendimento é formada por produto nacional ou estrangeiro – e, neste último caso, pressupõe-se simplesmente a troca de produtos nacionais por estrangeiros –, o consumo desse rendimento, produtivo ou improdutivo, em nada altera a taxa de câmbio, ainda que influa na escala de produção. A isso devemos nos ater para avaliar o que se diz a seguir.

1.934. Wood pergunta-lhe como a remessa de artigos bélicos para a Crimeia afetaria a taxa de câmbio com a Turquia. Newmarch responde: "Não creio que o simples envio de artigos de guerra afete necessariamente a taxa de câmbio, mas o envio de metal precioso por certo afetaria". Aqui ele distingue, portanto, entre capital em forma-dinheiro e outro tipo de capital. Então, Wilson pergunta:

1.935. "Quando o senhor realiza uma exportação em grande escala de um artigo qualquer, não coberta por outra importação correspondente" (o sr. Wilson esquece que, no que tange à Inglaterra, importações muito importantes são realizadas sem que haja exportações correspondentes, exceto na forma de exportação prévia de "bom governo" ou de capital de investimento; importações que, em todo caso, não entram no movimento normal do comércio. Mas essas importações serão novamente intercambiadas, por exemplo, por produtos norte-americanos, e estes serem exportados sem uma contrapartida de importações correspondentes em nada altera o fato de que o valor dessas importações pode ser consumido sem uma saída equivalente de produtos para o exterior; tais produtos foram recebidos sem uma exportação correspondente, razão pela qual também podem ser consumidos sem entrar na balança comercial) ", o senhor paga a dívida externa que foi contraída pela importação." (Se essa importação já tivesse sido paga previamente, por exemplo, mediante o crédito concedido ao exterior, não se contrairia com isso dívida nenhuma, e a questão não teria a menor relação com a balança internacional; ela se reduziria a desembolso produtivo ou improdutivo, não importando se os produtos consumidos são nacionais ou estrangeiros.) "Por isso essa operação afetaria necessariamente a taxa de câmbio, ao não se pagar a dívida externa, porquanto sua exportação não teria uma importação correspondente. Isso se aplica, de modo geral, a todos os países."

A exposição de Wilson equivale a dizer que toda exportação sem a contrapartida de uma importação correspondente a ela é, ao mesmo tempo, importação sem exportação correspondente; isso porque na produção do artigo exportado entram mercadorias estrangeiras, portanto, importadas. O pressuposto é que cada uma dessas exportações se baseia numa importação não paga ou a gera, isto é, cria uma dívida externa. No entanto, isso é falso, mesmo abstraindo das duas circunstâncias a seguir: 1) importações gratuitas, pelas quais a Inglaterra não paga equivalente nenhum, como ocorre, por exemplo, com uma parte de suas importações da Índia. Ela pode trocá-las por artigos importados da América e exportar estes últimos sem uma importação em contrapartida; em todo caso, no que diz respeito ao valor, ela apenas terá exportado o que nada lhe custou; 2) pode ter pago importações, por exemplo, americanas, que constituem capital adicional; se essas importações são consumidas improdutivamente, como em munições de guerra, isso não constitui dívida nenhuma com a América, tampouco afeta a taxa de câmbio com esse país. Newmarch se contradiz, nos n. 1.934 e 1.935, e Wood chama sua atenção para isso, no n. 1.938: "Se nenhuma parte das mercadorias empregadas na fabricação dos artigos que exportamos sem receber nada em troca" (gastos de guerra) "derivam do país para onde são enviados esses artigos, de que modo isso afeta a taxa de câmbio com esse país? Supondo que o comércio com a Turquia se encontre num estado normal de equilíbrio, como a taxa de câmbio entre a Inglaterra e a Turquia é afetada pela exportação de artefatos bélicos para a Crimeia?". Ao chegar a esse ponto, Newmarch perde a imparcialidade, esquece que já respondera com acerto a essa mesma pergunta simples no n. 1.934 e diz: "Parece-me que esgotamos a questão prática e adentramos agora uma região deveras elevada de discussão metafísica".

* * *

{Wilson oferece ainda outra versão de sua tese de que a taxa de câmbio é afetada por toda transferência de capital de um país para outro, não importando se ela ocorre na forma de metal precioso ou de mercadorias. Wilson sabe que a taxa de câmbio é afetada pela taxa de juros, especialmente pela proporção entre as taxas de juros vigentes nos dois países cuja taxa de câmbio se trata de analisar. Se agora puder demonstrar que o superávit de capital em geral, portanto, antes de mais nada, de mercadorias de todos os tipos, inclusive de metal precioso, também influi de modo determinante sobre a taxa de juros, ele já estará um passo mais próximo de sua meta; a transferência de uma parte considerável desse capital a outro país modificará, então, a taxa de juros em ambos os países, precisamente em sentido inverso, modificando com isso, em segunda instância, a taxa de câmbio entre ambos os países. – F. E.}

Em 1847, Wilson diz no *Economist*, p. 574, que naquele momento era dirigido por ele:

> "Evidentemente, esse superávit de capital, representado por grandes estoques de todas as espécies, inclusive de metal precioso, tem de conduzir não só à baixa do preço das mercadorias em geral, mas também à baixa da taxa de juros pelo emprego de capital (1). Se dispomos de um estoque de mercadorias suficiente para servir o país pelos dois anos seguintes, o comando sobre essas mercadorias, por determinado período, seria obtido a uma taxa muito mais baixa do que se o estoque bastasse apenas para dois meses (2). Todos os empréstimos de dinheiro, sejam quais forem suas formas, são simples transferências do comando sobre mercadorias de uma pessoa para outra. Havendo superabundância de mercadorias, a taxa de juros tem necessariamente de ser baixa, e se aquelas são escassas, esta tem de ser alta (3). Quando as mercadorias se tornam abundantes, cresce o número dos vendedores em relação ao dos compradores, e na proporção em que sua quantidade ultrapassar as necessidades do consumo imediato, uma quantidade cada vez maior terá de ser armazenada para utilização futura. Sob essas circunstâncias, um possuidor de mercadorias que tenha em vista um pagamento futuro ou a crédito venderá sob condições mais desfavoráveis do que se estivesse seguro de que seu estoque inteiro seria vendido num prazo de poucas semanas (4)."

No que diz respeito à tese 1, deve-se notar que a *contração* da produção pode ser acompanhada de um forte *afluxo* de metal precioso, como sempre ocorre no período subsequentes às crises. Na fase seguinte, metais preciosos podem afluir de países que os produzem predominantemente; durante esse período, a importação das outras mercadorias é em geral compensada pela exportação. Nessas duas fases, a taxa de juros é baixa e só aumenta lentamente; já discutimos as razões disso. Essa taxa baixa de juros pôde sempre ser explicada sem recurso à influência de quaisquer "grandes estoques de todos os tipos". Como se daria essa influência? O preço baixo do algodão, por exemplo, permite que os fiandeiros etc. obtenham altos lucros. Por que, então, a taxa de juros é baixa? É claro que não porque seja alto o lucro que se pode obter com o capital emprestado, mas unicamente porque, nas circunstâncias dadas, a demanda de capital de empréstimo não cresce de maneira proporcional a esse lucro, isto é, porque o capital de empréstimo tem um movimento diferente do capital industrial. O que o *Economist* pretende provar é o contrário: que seu movimento coincide exatamente com o do capital industrial.

A tese 2, se a premissa absurda de um estoque que dure dois anos for devidamente reduzida até tornar-se aceitável, pressupõe uma saturação do mercado de mercadorias, o que provocaria uma queda dos preços. O preço a ser pago por um fardo de algodão seria menor. Disso não se segue, em absoluto, que poderia obter-se mais barato o dinheiro necessário para comprar um fardo de algodão. Isso depende da situação do mercado monetário. Se é possível obtê-lo mais barato, é apenas porque o crédito comercial está numa situação que lhe permite recorrer menos que de costume ao crédito bancário. As mercadorias que saturam o mercado são meios de subsistência ou meios de produção. O baixo preço de ambos aumenta o lucro do capitalista industrial. Por que ele baixaria os juros, a não ser em razão da antítese, em vez da identidade, entre abundância de capital industrial e demanda de acomodação monetária? As circunstâncias permitem que o comerciante e o industrial possam conceder-se créditos recíprocos com mais facilidade; essa facilidade do crédito comercial faz com que tanto o industrial como o comerciante necessitem menos do crédito bancário; por isso, a taxa de lucro pode ser baixa. Essa taxa baixa de lucros nada tem a ver com o afluxo de metal precioso, ainda que ambos os fenômenos possam correr paralelamente e ainda que os mesmos fatores que determinam o preço baixo dos artigos de importação possam determinar também a superabundância do metal precioso importado. Se o mercado de importação estivesse de fato saturado, isso provaria que a demanda de mercadorias importadas diminuiu, o que seria inexplicável com preços baixos, a não ser como resultado de contração da produção industrial no interior do país; mas isso, por sua vez, seria inexplicável com excesso de importações a preços baixos. Toda uma série de absurdos para provar que queda dos preços = queda dos juros. Ambos os fenômenos podem correr paralelamente, ao mesmo tempo. Se isso ocorre, é como expressão da antítese entre as duas direções do movimento do capital industrial e do movimento do capital monetário emprestável, e não como expressão de sua identidade.

Mesmo após esse argumento adicional, não se vê por que, na tese 3, a taxa de juros deve ser baixa quando há superabundância de mercadorias. Se as mercadorias são baratas, é preciso, para comprar determinada quantidade delas, digamos, de £1.000, e não de £2.000, como antes. Mas também é possível que agora eu invista £2.000 e compre com elas o dobro de mercadorias, ampliando meu negócio com o mesmo desembolso de capital, o qual talvez tenha de tomar emprestado. Compro agora, como antes, por £2.000. Minha demanda no mercado monetário continua, pois, a mesma, ainda que a demanda que represento no mercado de mercadorias aumente com a queda do preço destas últimas. Se essa segunda demanda cai, isto é, se a produção não se amplia com a queda do preço das mercadorias, o que contrariaria todas as leis do *Economist*, a demanda de capital monetário emprestável diminuiria, ainda que o lucro aumentasse; mas esse lucro aumentado criaria demanda por capital de empréstimo. Além disso, o baixo nível do preço das mercadorias pode resultar de três causas. A primeira é a escassez de demanda. Nesse caso, a taxa de juros é baixa porque a produção está paralisada, e não porque as mercadorias são baratas, uma vez que esse barateamento é simples reflexo daquela paralisação. A segunda causa é o excesso de oferta em relação à demanda. Isso pode ocorrer em consequência da saturação dos mercados etc., que leva à crise, e, durante a própria crise, pode coincidir com a alta taxa de juros. Ou, então, pode ocorrer porque o valor das mercadorias diminui, de modo que a mesma demanda pode ser satisfeita a preços mais baixos. Mas por que, neste último caso, a taxa de juros tem de baixar? Por que aumenta o lucro? Se fosse pelo fato de que se precisa de menos capital monetário para obter o mesmo capital produtivo ou capital-mercadoria, isso só demonstraria que o lucro e os juros se encontram em razão inversa. De todo modo, a tese geral do *Economist* é falsa. Não existe uma relação necessária entre o preço baixo em dinheiro das mercadorias e a baixa taxa de juros. Se não fosse assim, teríamos que, nos países mais pobres, onde é mais baixo o preço em dinheiro dos produtos, seria também mais baixa a taxa de juros, e nos países mais ricos, onde é mais alto o preço em dinheiro dos produtos agrícolas, seria também mais alta a taxa de juros. Em geral, o *Economist* admite que a queda do valor do dinheiro não influi em nada na taxa de juros – £100 continuarão a render £105, tal como antes; se agora as [£]100 valem menos, o mesmo ocorre com as £5 de juros. A proporção não se altera pela alta do valor nem pela depreciação da soma original. Considerada como valor, determinada quantidade de mercadorias é igual a certa soma de dinheiro. Se aumentar seu valor, ele será igual a uma soma maior de dinheiro; se cair, ocorrerá o inverso. Se é = [£]2.000, então 5% = [£]100; se é = [£]1.000, então 5% = [£]50. Com isso, a taxa de juros permanece inalterada. A única conclusão racional a que conduz é a de que uma acomodação monetária maior é necessária quando se precisa de £2.000 para vender a mesma quantidade de mercadorias do que quando se precisa de apenas £1.000. Isso revela aqui apenas a razão inversa que existe entre lucro e juro, pois o lucro aumenta com o barateamento dos elementos do capital constante e do capital variável, e o juro, pelo contrário, diminui. Mas também pode ocorrer o inverso, e com frequência esse é o caso. O algodão, por exemplo, pode ser barato por não haver demanda de fios nem tecidos, e pode ser relativamente caro porque o grande lucro obtido na indústria algodoeira cria uma grande demanda dessa matéria-prima. Por outro lado, o lucro dos industriais pode ser elevado justamente porque o preço do algodão está baixo. A lista de Hubbard evidencia que os movimentos da taxa de juros e os dos preços das mercadorias são absolutamente independentes, ao passo que os movimentos da taxa de juros se ajustam com exatidão aos movimentos da reserva metálica e da taxa de câmbio.

"Por isso", diz o *Economist*, "se há superabundância de mercadorias, a taxa de juros tem de ser baixa". Exatamente o contrário ocorre nas crises: há excesso de mercadorias, inconversíveis em dinheiro, e por isso a taxa de juros é alta; em outra fase do ciclo, há grande demanda de mercadorias e, por conseguinte, retornos fáceis, ao mesmo tempo que sobe o preço das mercadorias e, devido aos retornos fáceis, a taxa de juros é baixa. "Se" (as mercadorias) "são escassas, a taxa de juros tem de ser alta." Outra vez, tem-se o contrário nas épocas em que cessa a tensão, depois da crise. As mercadorias escasseiam, falando em termos absolutos, e não somente com relação à demanda, e a taxa de juros é baixa.

Quanto à tese 4, é bastante evidente que, com o mercado saturado, um possuidor de mercadorias as liquide – supondo que possa vendê-las – a preços mais baixos do que o faria com a perspectiva de um rápido esgotamento dos estoques existentes. Menos evidente, em contrapartida, é a razão pela qual isso provocará uma queda da taxa de juros.

Estando o mercado saturado de mercadorias importadas, a taxa de juros poderá aumentar em virtude da demanda aumentada de capital de empréstimo por parte dos proprietários, que assim deixam de ser obrigados a lançar suas mercadorias no mercado. E pode cair, uma vez que a fluidez do crédito comercial mantém relativamente baixa a demanda de crédito bancário.

* * *

O *Economist* faz menção ao rápido efeito que o aumento da taxa de juros e outras pressões sobre o mercado monetário exerceram sobre a taxa de câmbio em 1847. Não podemos esquecer que o ouro continuou a ser drenado até o final de abril, apesar da variação da taxa de câmbio; uma mudança de rumo só ocorreu no início de maio.

Em 1º de janeiro de 1847, a reserva metálica do banco era de £15.066.691; taxa de juros, 3½%; câmbio a três meses sobre Paris, 25,75; sobre Hamburgo,

13,10; sobre Amsterdã, 12,3¼. Em 5 de março, a reserva metálica diminuíra a £11.595.535; o desconto aumentara para 4%; o câmbio sobre Paris caíra a 25,67½; sobre Hamburgo, a 13,9¼; sobre Amsterdã, a 12,2½. O ouro continuou a ser drenado. Veja a tabela a seguir:

1847	Reserva metálica do Banco da Inglaterra £	Mercado monetário	Taxa máxima de câmbio a 3 meses		
			Paris	Hamburgo	Amsterdã
20 de março	11.231.630	Desconto bancário a 4%	25,67½	13,9¾	12,2½
3 de abril	10.246.410	Desconto bancário a 5%	25,80	13,10	12,3½
10 de abril	9.867.053	Grande escassez de dinheiro	25,90	13,10⅓	12,4½
17 de abril	9.329.841*	Desconto bancário a 5½%	26,02½	13,10¾	12,5½
24 de abril	9.213.890	Pressão	26,05	13,122**	12,6
1º de maio	9.337.716	Pressão aumentada	26,15	13,12¾	12,6½
8 de maio	9.588.759	Pressão máxima	26,27½	13,15½	12,7¾

Em 1847, a exportação total de metal precioso da Inglaterra chegou a £8.602.597. A distribuição foi a seguinte:

Para os Estados Unidos £3.226.411
Para a França £2.479.892
Para as cidades hanseáticas £958.781
Para a Holanda £247.743

Apesar da variação das taxas de câmbio no final de março, o ouro continuou a ser drenado por um mês inteiro, provavelmente para os Estados Unidos.

"Vemos, assim" (diz o *Economist* de 1847, p. 984), "quão rápido e decisivo foi o efeito que o aumento da taxa de juros e o subsequente aperto monetário exerceram sobre a correção de uma taxa de câmbio desfavorável e a reversão da drenagem do ouro, fazendo com que ele voltasse de novo à Inglaterra. Esse efeito foi obtido de forma totalmente independente da balança de pagamentos. Uma taxa de juros mais elevada provocou uma queda

* Na primeira edição, 9.329.941. (N. E. A.)
** Na primeira edição, 13,13. (N. E. A.)

no preço dos títulos de crédito, tanto ingleses quanto estrangeiros, e fez com que uma grande quantidade desses títulos fosse comprada no exterior. Isso fez aumentar a soma das letras emitidas na Inglaterra; por outro lado, com alta taxa de juros, a dificuldade de conseguir dinheiro era tão grande que a demanda dessas letras caiu à medida que aumentava sua soma. Pela mesma razão, cancelaram-se as encomendas de mercadorias estrangeiras e realizaram-se investimentos de capital inglês em títulos de crédito estrangeiros, fazendo com que o dinheiro fosse levado à Inglaterra para ser investido. Desse modo, por exemplo, lemos no *Rio de Janeiro Prices Current* de 10 de maio: "O intercâmbio" {com a Inglaterra} "voltou a retroceder, devido principalmente à pressão exercida sobre o mercado por remessas correspondentes a grandes vendas de fundos públicos" {brasileiros} "feitos por ingleses". Capital inglês, que fora investido no exterior em diversos títulos de crédito quando a taxa de juros era aqui muito baixa, retornou assim ao país quando a taxa de juros subiu.

A balança comercial da Inglaterra

Somente a Índia tem de pagar [£]5 milhões por "bom governo", juros e dividendos de capital britânico etc., sem contar as somas anualmente enviadas a seu país – em parte pelos funcionários, como poupança de seus salários, em parte por comerciantes ingleses, como parte de seus lucros – para que sejam investidas na Inglaterra. Todas as colônias britânicas têm de fazer constantemente grandes remessas pelas mesmas razões. Os bancos da Austrália, das Índias Ocidentais e do Canadá foram, em sua grande maioria, fundados com capital britânico e têm de pagar seus dividendos na Inglaterra, que possui também muitos títulos públicos estrangeiros, europeus, norte-americanos e sul-americanos, dos quais recebe juros. A isso se acrescenta sua participação em ferrovias, canais, minas etc. estrangeiros, com seus correspondentes dividendos. As remessas por todos esses itens são feitas quase exclusivamente em produtos, para além do valor das exportações inglesas. Em contrapartida, o que a Inglaterra remete ao exterior para os portadores de títulos de crédito ingleses e para o consumo de ingleses residentes em outros países é comparativamente insignificante.

No que diz respeito à balança comercial e ao comércio exterior, a questão é,

> "em cada momento dado, um problema de tempo. Em geral [...], a Inglaterra abre créditos de longo prazo para suas exportações, ao passo que as importações são pagas à vista. Em certos momentos, essa diferença de *usance* [hábito] exerce uma influência considerável sobre a taxa de câmbio. Numa época em que, como

ocorreu em 1850, nossas exportações aumentam em proporções consideráveis, é preciso uma expansão constante do investimento de capital britânico [...], de modo que as remessas de 1850 possam ser feitas contra mercadorias exportadas em 1849. Se as exportações de 1850 excedem em [£]6 milhões as de 1849, o efeito prático disso é que se envia mais dinheiro para fora do país, naquela quantia, do que o que refluiu no mesmo ano, produzindo-se, assim, um efeito sobre a taxa de câmbio e a taxa de juros. Ao contrário, tão logo nossos negócios se deprimem em consequência de uma crise e nossas exportações se restringem muito, as remessas vencidas, relativas às maiores exportações efetuadas nos anos anteriores, excedem em muito o valor de nossas importações; a taxa de câmbio assume, com isso, um rumo favorável a nós, o capital se acumula rapidamente dentro do país, e cai a taxa de juros." (*Economist*, 11 jan. 1851)

A taxa de câmbio pode variar:

1. em consequência da balança de pagamentos existente num momento dado, quaisquer que sejam os fatores que a determinem – fatores puramente mercantis, investimentos de capital no exterior ou despesas públicas, em guerras etc., sempre que isso exija pagamentos em dinheiro no exterior;
2. como resultado da depreciação do dinheiro de um país, seja esse dinheiro metálico ou de papel. Isso é puramente nominal. Se £1 passasse a representar somente a metade do dinheiro de antes, ela seria evidentemente cotada a 12½ francos, e não a 25 francos, como antes;
3. quando se trata da taxa de câmbio entre países, um dos quais emprega prata como "dinheiro" e o outro emprega ouro, a taxa de câmbio depende das flutuações relativas de valor desses dois metais, já que suas flutuações sem dúvida alteram a paridade entre ambos. Um exemplo desse caso foram as taxas de câmbio de 1850; elas foram desfavoráveis à Inglaterra, embora suas exportações tivessem aumentado muito. Isso foi resultado da alta momentânea do valor da prata em relação ao valor do ouro. (Ver *Economist*, 30 nov. 1857.)

A paridade do comércio exterior, para £1, é: com Paris, 25 francos e 20 cêntimos; com Hamburgo, 13 marcos e 10½ xelins; com Amsterdã, 11 florins e 97 centavos. Na medida em que o câmbio com Paris excede 25 francos e 20 cêntimos, torna-se ele mais favorável ao devedor inglês que tem de fazer pagamentos à França ou ao comprador de mercadorias francesas. Ambos necessitam de menos libras esterlinas para atingir seu objetivo. Em países mais afastados, onde não é fácil obter metal precioso, quando as letras são escassas e insuficientes para as remessas que devem ser feitas à Inglaterra, a consequência natural é a subida do preço daqueles produtos que normalmente são embarcados com destino à Inglaterra, já que agora aumenta a demanda por eles, a fim de enviá-los a esse país, em vez de letras de câmbio; é este frequentemente o caso na Índia.

Uma taxa de câmbio desfavorável e inclusive uma drenagem de ouro pode correr quando na Inglaterra há uma superabundância de dinheiro, uma taxa baixa de juros e um preço alto dos títulos de crédito.

No decorrer de 1848, a Inglaterra recebeu grandes quantidades de prata da Índia, pois as letras boas escasseavam e as letras medíocres não eram bem aceitas, em consequência da crise de 1847 e da grande escassez de crédito nas operações com a Índia. Toda essa prata mal chegava e já emigrava para o continente, onde a revolução provocara entesouramento por toda parte. Em 1850, a maior parte dessa prata empreendeu a viagem de regresso à Índia, pois a situação da taxa de câmbio tornou lucrativa essa operação.

* * *

O sistema monetário é essencialmente católico; o sistema de crédito, essencialmente protestante. *The Scotch hate gold* [os escoceses odeiam dinheiro]. Como papel, a existência monetária das mercadorias é puramente social. É a *fé* que salva. A fé no valor monetário como espírito imanente das mercadorias, a fé no modo de produção e sua ordem predestinada, a fé nos agentes individuais da produção como meras personificações do capital que se valoriza a si mesmo. Porém, assim como o protestantismo não se emancipa dos fundamentos do catolicismo, tampouco o sistema de crédito se emancipa da base do sistema monetário.

Capítulo 36

Condições pré-capitalistas

O capital portador de juros, ou, para empregar o termo antigo, capital usurário, figura com seu irmão gêmeo, o capital comercial, entre as formas antediluvianas do capital, que precedem por longo tempo o modo de produção capitalista e podem ser encontradas nas mais diversas formações econômicas da sociedade.

A existência do capital usurário requer tão somente que pelo menos uma parcela dos produtos tenha se convertido em mercadorias e que o dinheiro tenha se desenvolvido em suas diversas funções, juntamente com o comércio de mercadorias.

O desenvolvimento do capital usurário está ligado ao desenvolvimento do capital comercial e, especialmente, ao do capital do comércio de dinheiro. Na Roma Antiga, a começar pelos últimos tempos da República, em que a manufatura se encontrava muito abaixo de seu nível médio de desenvolvimento no mundo antigo, o capital comercial, o capital de comércio de dinheiro e o capital usurário haviam chegado ao ponto máximo de desenvolvimento dentro da forma antiga.

Vimos como o dinheiro está necessariamente vinculado ao entesouramento. No entanto, o entesourador profissional só adquire importância quando se transforma em usurário.

O comerciante pega dinheiro emprestado para, com ele, obter algum lucro, empregá-lo como capital, isto é, investi-lo. Nas formas mais antigas, igualmente, ele se confronta com o prestamista de dinheiro, tal como ocorre com o capitalista moderno. Essa relação específica foi também percebida pelas universidades católicas.

"As universidades de Alcalá, Salamanca, Ingolstadt, Freiburg am Breisgau, Mainz, Colônia e Trier reconheceram sucessivamente a licitude dos juros quando se trata de empréstimos comerciais. As cinco primeiras aprovações desse tipo foram

> recolhidas nos arquivos do consulado da cidade de Lyon e impressas no apêndice ao *Traité de l'usure et des intérêts*, Lyon, Bruyset-Ponthus." (M.[arie] Augier, *[Du] crédit public etc.*, Paris, [Guillaumin,] 1842, p. 206)

Em todas as formas em que a economia escravista (não a patriarcal, mas como a dos últimos tempos na Grécia e em Roma) existe como meio de enriquecimento, em que o dinheiro é, portanto, o meio para apropriar-se do trabalho alheio mediante a compra de escravos, terra etc., o dinheiro torna-se portador de juros, e isso justamente porque pode ser investido desse modo, valorizando-se como capital.

No entanto, são duas as formas características em que o capital usurário existe nos períodos que antecedem o modo de produção capitalista. Digo, formas características. Essas mesmas formas voltam a aparecer sobre a base da produção capitalista, mas como puramente secundárias. Já não são mais aqui as formas que determinam o caráter do capital portador de juros. Essas duas são: *primeira*, a usura por meio de empréstimos de dinheiro feitos aos grandes dilapidadores da época, principalmente proprietários de terra; *segunda*, a usura por meio de empréstimos de dinheiro feitos aos pequenos produtores, possuidores das próprias condições de trabalho, entre os quais se inclui o artesão, especialmente o camponês, uma vez que, em geral, em todas as condições pré-capitalistas, na medida em que deixam margem à existência de pequenos produtores isolados e independentes, é a classe camponesa que constitui sua imensa maioria.

Tanto a ruína dos ricos proprietários rurais ocasionada pela usura como o empobrecimento dos pequenos produtores conduzem à formação e à concentração de grandes somas de capitais monetários. Mas em que medida esse processo suprassume o antigo modo de produção, como ocorreu na Europa moderna, para pôr em seu lugar o modo de produção capitalista, é algo que depende inteiramente do estágio de desenvolvimento histórico e das circunstâncias a ele relacionadas.

O capital usurário, como forma característica do capital portador de juros, corresponde ao predomínio da produção em pequena escala, dos camponeses autônomos e dos pequenos mestres artesãos. Quando o trabalhador é confrontado pelas condições de trabalho e pelo produto do trabalho na forma de capital, como no modo de produção capitalista já desenvolvido, ele não precisa pegar dinheiro nenhum emprestado como produtor. Se o pega, ele o faz recorrendo à casa de penhores a fim de atender a suas necessidades pessoais mais urgentes. Em contrapartida, se o trabalhador é proprietário, real ou nominal, de suas condições de trabalho e de seu produto, ele aparece como produtor em relação ao capital do prestamista de dinheiro, que se confronta com ele como capital usurário. Newman expressa isso de modo bastante trivial quando diz que o banqueiro é respeitado, ao passo que o usurário é odiado e desprezado, porque aquele empresta aos ricos, e este, aos pobres ([F.] W. Newman, *Lectures on Pol.[itical] Econ.[omy]*, Londres, 1851, p. 44). Ele ignora que entre um e outro se interpõe a diferença entre dois modos sociais de produção e suas ordens sociais correspondentes, sem que o problema seja passível de resolver invocando o contraste entre pobres e ricos. Poderíamos, pelo contrário, dizer que a usura que espolia os pequenos produtores pobres é sempre acompanhada da usura que espolia os proprietários fundiários ricos. Uma vez que a usura dos patrícios romanos arruinou por completo os plebeus romanos, os pequenos agricultores, essa forma de exploração chegou ao fim, e a economia escravista pura tomou o lugar da produção pequeno-burguesa.

O usurário pode embolsar aqui, sob a forma dos juros, todo o excedente, deixando apenas os meios mais elementares de subsistência (que, mais tarde, formarão o salário) aos produtores (excedente que, depois, reaparece como lucro e renda fundiária); por isso, é extremamente absurdo comparar a grandeza *desses* juros que abrangem, com a única *exceção* da parte que cabe ao Estado, o mais-valor *inteiro* e a grandeza da taxa moderna, em que os juros, pelo menos os normais, só constituem uma parte desse mais-valor. Ao apresentar o problema desse modo, esquece-se de que o assalariado produz e cede ao capitalista que o emprega o lucro, os juros e a renda fundiária, isto é, o mais-valor inteiro. Carey faz essa comparação absurda para mostrar o quão vantajoso para os trabalhadores é o desenvolvimento do capital e a conseguinte queda da taxa de juros. Além disso, se o usurário, não contente em sugar de sua vítima o mais-trabalho, adquire pouco a pouco os títulos de propriedade de suas próprias condições de trabalho, da terra, da casa etc., e dedica-se continuamente a expropriá-lo desse modo, volta a esquecer-se, em face disso, de que essa expropriação completa do trabalhador com relação a suas condições de trabalho não é um resultado que o modo de produção capitalista procura alcançar, mas uma premissa da qual ele parte. O escravo do salário, do mesmo modo que o verdadeiro escravo, está excluído da possibilidade da escravidão por dívidas, pelo menos em sua condição de produtor; só pode sê-lo, quando muito, como consumidor. O capital usurário, sob essa forma, na qual se apropria, de fato, de todo o mais-trabalho dos produtores diretos, sem alterar o modo de produção; sob a forma, portanto, na qual a propriedade ou a posse dos produtores sobre as condições de trabalho – e o sistema de pequenos produtores isolados que a ela corresponde –

constitui uma premissa essencial; em que, por conseguinte, o capital não impera diretamente sobre o trabalho e, assim, não o confronta como capital industrial; esse capital usurário empobrece o modo de produção, paralisa as forças produtivas em vez de desenvolvê-las e, ao mesmo tempo, perpetua esse estado de coisas deplorável, em que a produtividade social do trabalho não se desenvolve, como na produção capitalista, à custa do próprio trabalho.

Assim, a usura exerce, por um lado, uma influência nociva e destrutiva sobre a riqueza e a propriedade antigas e feudais. Por outro lado, solapa e arruína a produção de pequenos camponeses e pequenos burgueses – numa palavra, todas as formas em que o produtor ainda aparece como o proprietário de seus meios de produção. No modo de produção capitalista desenvolvido, o trabalhador não é proprietário das condições de produção, do campo que cultiva, das matérias-primas que processa etc. Mas essa separação do produtor com relação aos meios de produção reflete aqui um revolucionamento real do próprio modo de produção. Os trabalhadores isolados são reunidos em grandes oficinas, nas quais desenvolvem atividades separadas, porém articuladas; a ferramenta se converte em máquinas. O próprio modo de produção não permite mais a dispersão dos instrumentos de produção característica da pequena propriedade, tampouco o isolamento dos próprios trabalhadores. Na produção capitalista, a usura não pode mais implantar o divórcio entre as condições de trabalho e o produtor, pela simples razão de que esse divórcio já existe.

Onde os meios de produção estão dispersos, a usura centraliza fortunas em dinheiro. Ela não altera o modo de produção, mas suga sua substância como um parasita e o arruína. Ela o exaure, enerva-o e obriga a reprodução a desenvolver-se sob condições cada vez mais deploráveis. Isso explica o fato de o ódio popular contra a usura ter sido mais intenso no mundo antigo, quando a propriedade dos meios de produção pelo produtor era ao mesmo tempo a base das relações políticas e da autonomia do cidadão.

Na medida em que prevalece a escravidão ou em que o mais-produto é consumido pelo senhor feudal e por seu séquito, e que o dono de escravos ou o senhor feudal caem nas garras da usura, o modo de produção continua a ser o mesmo; torna-se somente mais duro para o trabalhador. O dono de escravos ou o senhor feudal endividados espoliam mais porque são mais espoliados. Ou, então, acabam cedendo lugar ao usurário, que se converte ele próprio, por sua vez, em proprietário fundiário ou dono de escravos, como os cavaleiros da Roma Antiga. O antigo explorador, cuja exploração tinha um caráter mais ou menos patriarcal, porque era, em grande parte, um meio de poder político, é substituído por um arrivista implacável, ávido de dinheiro. No entanto, o próprio modo de produção não se altera.

A usura tem um efeito revolucionário em todos os modos de produção pré-capitalistas apenas na medida em que destrói e dissolve as formas de propriedade que, reproduzindo-se constantemente na mesma forma, constituem a base firme da organização política. A usura pode perdurar por longo tempo dentro das formas asiáticas sem provocar mais que a decadência econômica e a degeneração política. É apenas onde e quando estão presentes as demais condições do modo de produção capitalista que a usura aparece como um dos meios constitutivos do novo modo de produção – por um lado, mediante a ruína dos senhores feudais e da pequena produção e, por outro, pela centralização das condições de trabalho, que são convertidas em capital.

Na Idade Média, em nenhum país imperava uma taxa geral de juros. A Igreja proibia de antemão toda e qualquer transação com juros. As leis e os tribunais davam poucas garantias para os empréstimos. Isso fazia com que, na prática, a taxa de juros fosse elevadíssima. A escassa circulação monetária e a necessidade de efetuar em espécie a maior parte dos pagamentos implicavam o empréstimo de dinheiro, tanto mais quanto menos desenvolvido estivesse o negócio de letras de câmbio. Havia uma grande disparidade tanto na taxa de juros quando no conceito de usura. Na época de Carlos Magno, usurário era alguém que emprestava dinheiro a 100%. Em 1348, em Lindau, no lago de Constança, cidadãos cobravam, por ano, juros de 216⅔%. Em Zurique, o Conselho Municipal fixou os juros legais em 43⅓%. Na Itália, às vezes era obrigatório pagar 40%, ainda que, do século XII ao XIV, a taxa habitual de juros não excedesse 20%. Em Verona, vigoravam juros legais de 12½%. O imperador Frederico II fixou a taxa de 10%, mas somente para os judeus. Para os cristãos, ele não quis determinar. No século XIII, 10% já era o normal nos territórios da Alemanha renana (Hüllmann, *Geschichte des Städtewesens*, t. II, p. 55-7).

O capital usurário emprega o modo de exploração do capital, mas sem seu modo de produção. Essa relação também se repete no interior da economia burguesa, em ramos industriais atrasados ou naqueles que resistem a transitar para o modo moderno de produção. Se, por exemplo, compararmos a taxa de juros vigente na Inglaterra com a que vigora na Índia, não devemos tomar como norma a primeira delas, mas sim a taxa de juros que os prestamistas de pequenas máquinas aplicam aos pequenos produtores da indústria doméstica.

A usura, em si um processo de surgimento do capital, é historicamente importante diante da riqueza consumidora. O capital usurário e a fortuna comercial promovem a formação de uma fortuna monetária independente da propriedade fundiária. Quanto menos os produtos assumem o caráter de mercadoria, e quanto menos o valor de troca domina intensiva e extensivamente a produção, mais o dinheiro aparece como riqueza propriamente dita, como a riqueza geral diante da representação limitada da riqueza em valores de uso. Nisso repousa o entesouramento. Abstraindo de sua forma como dinheiro mundial e como Tesouro, é como meio de pagamento que o dinheiro aparece na forma absoluta da mercadoria. E é especialmente sua função como meio de pagamento que desenvolve os juros e, com isso, o capital monetário. O que a riqueza pródiga e corruptora deseja é o dinheiro como tal, o dinheiro como meio para comprar tudo (e também pagar dívidas). O pequeno produtor necessita de dinheiro, principalmente para comprar. (Aqui desempenha um grande papel a transformação dos serviços e das contribuições *in natura* aos proprietários fundiários e ao Estado em renda monetária e impostos monetários.) Em ambos os casos, o dinheiro se torna necessário como dinheiro. Por outro lado, é na usura que o entesouramento se torna real, realiza seu sonho. O que é exigido do proprietário de tesouro não é capital, mas dinheiro como tal; mediante os juros, no entanto, ele transforma esse tesouro monetário em capital para si mesmo – num meio pelo qual ele se apodera total ou parcialmente do mais-trabalho e, com isso, de uma parte das próprias condições de produção, ainda que elas continuem nominalmente a existir para ele como propriedade alheia. A usura vive, ao que parece, nos poros da produção, como deuses nos intermúndios de Epicuro. Quanto menos a forma mercadoria é a forma geral do produto, mais difícil se torna obter dinheiro. Daí que o usurário não conhece outra limitação além da capacidade de pagar ou de resistir dos necessitados de dinheiro. Na produção pequeno-camponesa ou pequeno-burguesa, o dinheiro é requerido fundamentalmente como meio de compra, quando o trabalhador (que, nesses tipos de produção, continua a ser predominantemente seu proprietário) se vê privado das condições de produção por motivo de contingências fortuitas ou por abalos extraordinários ou quando, pelo menos, essas condições não são repostas no curso normal da reprodução. Os meios de subsistência e as matérias-primas constituem parte essencial dessas condições de produção. Se se tornam mais caros, isso pode impossibilitar sua reposição a partir do importe obtido com a venda do produto, do mesmo modo como uma simples má colheita pode impedir o camponês de repor *in natura* suas sementes. As mesmas guerras por meio das quais os patrícios romanos arruinavam os plebeus, compelindo-os a prestar serviço militar, que os impediam de reproduzir suas condições de trabalho e, assim, os empobreciam (e o empobrecimento, a mutilação ou a perda dos pré-requisitos da reprodução é aqui a forma predominante), essas mesmas guerras enchiam os celeiros e os porões dos patrícios com o cobre saqueado, que era o dinheiro daquela época. Em vez de entregar diretamente aos plebeus as mercadorias de que eles necessitavam, trigo, cavalos, gado, os patrícios lhes emprestavam esse cobre, que para eles mesmos era inútil, e aproveitavam a situação para arrancar-lhes enormes juros usurários, por meio dos quais faziam deles escravos por dívidas. Sob o reinado de Carlos Magno, também os camponeses francos foram arruinados por guerras, não lhes restando alternativa senão a de converter-se de devedores em servos. Sabemos que, no Império Romano, a fome costumava obrigar os pobres livres a vender seus filhos ou a vender a si mesmos como escravos. Isso basta quanto às grandes mudanças de caráter geral. Observando o problema mais detalhadamente, a conservação ou a perda das condições de produção depende de mil contingências, e cada uma dessas contingências ou perdas representa empobrecimento e abre uma brecha para que o parasita da usura possa instalar-se. A simples morte de uma de suas vacas é suficiente para tornar o pequeno produtor incapaz de retomar sua reprodução na escala anterior. Com isso, ele cai nas garras da usura e, uma vez que ali se encontra, jamais volta a libertar-se.

No entanto, a função do dinheiro como meio de pagamento é o domínio realmente importante e característico da usura. Todo pagamento em dinheiro, toda renda fundiária, tributo, imposto etc. que vence num determinado prazo coloca a necessidade de se dispor de certa soma em dinheiro. Assim se explica que a usura em grande escala tenha se desenvolvido, desde os antigos romanos até os tempos modernos, em conexão com os coletores de impostos, *fermiers généraux* [coletores gerais], *receveurs généraux* [recebedores gerais]. Em seguida, com o comércio e a generalização da produção de mercadorias, desenvolve-se a separação temporal entre a compra e o pagamento. O dinheiro precisa ser entregue num prazo determinado. As modernas crises monetárias demonstram como isso pode conduzir a circunstâncias em que as figuras do capitalista monetário e do usurário ainda hoje se confundem. Mas a própria usura torna-se o meio principal para continuar a desenvolver a necessidade do dinheiro como meio de pagamento, na medida em que endivida cada vez mais o produtor e elimina seus meios comuns de pagamento, impondo-lhe uma carga de juros que impossibilita até mesmo sua reprodução regular. Nesse ponto, a usura brota do dinheiro como meio de pagamento e amplia essa função do dinheiro como seu domínio mais peculiar.

O sistema de crédito completa seu desenvolvimento como reação contra a usura. Mas isso não deve ser mal entendido, e de forma nenhuma interpretado ao modo dos autores antigos, dos padres da Igreja, de Lutero ou dos antigos socialistas. O sistema de crédito não significa nada além da submissão do capital portador de juros às condições e às necessidades do modo de produção capitalista.

Em geral, o capital portador de juros, sob o sistema moderno de crédito, encontra-se adaptado às condições próprias da produção capitalista. A usura como tal não só continua a existir, como, nos povos de produção capitalista desenvolvida, é liberada dos grilhões que lhe haviam sido impostos por toda a legislação prévia. O capital portador de juros conserva a forma de capital usurário em relação a pessoas e classes ou em circunstâncias tais que empréstimos não se realizam nem podem ser realizados no sentido correspondente ao modo de produção capitalista; em condições que, por razões de penúria individual, pega-se emprestado na casa de penhores, empresta-se dinheiro a ricos para a dissipação ou quando o produtor é um produtor não-capitalista, um pequeno camponês, artesão etc., ou seja, alguém que, como produtor direto, ainda detém as próprias condições de produção; por fim, quando o próprio produtor capitalista opera numa escala tão pequena que ele se aproxima daqueles produtores que trabalham para si mesmos.

A diferença entre o capital portador de juros – na medida em que ele constitui um elemento essencial do modo de produção capitalista – e o capital usurário não está de modo nenhum na natureza ou no caráter desse capital em si, mas apenas nas condições modificadas sob as quais ele funciona e, portanto, também no caráter totalmente transformado do mutuário, que se confronta com o prestamista de dinheiro. Mesmo quando um homem carente de meios obtém crédito como industrial ou comerciante, isso ocorre na confiança de que ele atuará como capitalista, ou seja, de que empregará o dinheiro emprestado para apropriar-se de trabalho não pago. O crédito lhe é concedido como capitalista potencial. O fato de que, desse modo, um homem sem fortuna, mas com energia, seriedade, capacidade e conhecimento dos negócios, possa tornar-se um capitalista – e o valor comercial de cada indivíduo é estimado mais ou menos corretamente sob o modo de produção capitalista em geral – é bastante admirado pelos economistas apologéticos, embora esse mesmo fato produza um número indesejado de novos cavaleiros da fortuna, que entram em competição com os diversos capitalistas individuais já existentes, e reforce a dominação do próprio capital, ampliando sua base e permitindo-o recrutar sem interrupção forças novas do substrato da sociedade. Do mesmo modo, o fato de que na Idade Média a Igreja católica formasse sua hierarquia com os melhores cérebros do povo, sem levar em conta estamento, nascimento ou patrimônio, foi um dos principais meios de consolidação do domínio eclesiástico e da supressão do laicismo. O domínio de uma classe é tanto mais sólido e perigoso quanto maior é a capacidade de essa classe dominante assimilar os homens mais importantes das classes dominadas.

Os iniciadores do moderno sistema de crédito não partem da condenação do capital portador de juros em geral, mas, ao contrário, de seu expresso reconhecimento.

Não nos referimos aqui à reação contra a usura, voltada a proteger os pobres contra essa prática, como as de *Monts-de-piété* (fundados em Sarlins, no Franco-Condado, em 1350, e em Perúgia e Savona, na Itália, em 1400 e 1479). Essas instituições só são dignas de nota porque revelam a ironia da história, de como desejos piedosos, ao se realizar, transformam-se em seu exato oposto. Numa estimativa moderada, a classe trabalhadora inglesa paga às casas de penhores, as sucessoras dos *Monts-de-piété*, juros de 100%[21]. Tampouco nos referimos às fantasias sobre o crédito de um dr. Hugh Chamberlayne ou de John Briscoe, que, na última década do século XVII, tentaram livrar a aristocracia inglesa da usura mediante um banco rural que emitisse um papel-moeda baseado na propriedade fundiária[22].

As associações de crédito estabelecidas em Veneza e Gênova nos séculos XII e XIV respondiam à necessidade do comércio marítimo e do comércio atacadista nele baseado de se emanciparem do domínio da usura anacrônica e da monopolização do comércio de dinheiro. Se os bancos fundados nessas cidades-repúblicas assumiram ao mesmo tempo a forma de instituições de crédito público, das quais o Estado recebia adiantamentos por conta de impostos a arrecadar, não se deve esquecer que os próprios comerciantes que formavam as associações eram os cidadãos mais proeminentes daqueles

---

[21] "Se os juros das casas de penhores se tornam tão excessivos é devido aos frequentes empenhos e resgates dentro do mesmo mês e à prática de penhorar um artigo para resgatar outro e, com isso, obter uma pequena diferença em dinheiro. Em Londres, há 240 casas de penhores autorizadas e, no interior do país, cerca de 1.450. Calcula-se que o capital investido nesse negócio seja superior a [£]1 milhão; esse capital realiza pelo menos três rotações ao ano e rende, a cada vez, uma média de 33½%, de modo que as classes humildes da Inglaterra pagam anualmente 100% pelo adiantamento temporário de £1 milhão, sem contar o prejuízo devido à perda do prazo de resgate dos artigos penhorados" (J. [D.] Tuckett, *A History of the Past and Present State of the Labouring Population*, v. 1, Londres, [Longman, Brown, Green and Longmans,] 1846, p. 114).

[22] Mesmo nos títulos de suas obras, anunciavam como objetivo principal "a prosperidade geral dos proprietários fundiários, o grande aumento do valor da propriedade fundiária, a isenção de impostos para a nobreza e para a *gentry* etc., o aumento de sua renda anual etc.". Apenas os usurários sairiam perdendo, esses piores inimigos da nação, que causavam mais prejuízos à nobreza e à *yeomanry* do que um exército invasor francês teria causado.

Estados e estavam interessados em se emancipar dos usurários[23] tanto o governo quanto a si mesmos, ao mesmo tempo que buscavam obter um controle maior e mais seguro sobre o Estado. Assim, quando chegou o momento de fundar o Banco da Inglaterra, os *tories* protestaram: "Os bancos são instituições republicanas. Bancos prósperos existiram em Veneza, Gênova, Amsterdã e Hamburgo. Quem já ouviu falar de um banco da França ou da Espanha?".

O banco de Amsterdã, em 1609, designa tão pouco quanto o de Hamburgo (1619) uma época no desenvolvimento do moderno sistema de crédito. Ele era um banco exclusivamente de depósitos. Os cheques emitidos pelo banco não eram, na realidade, mais do que recibos pelo metal precioso, amoedado ou não, que nele estava depositado e só circulavam com o endosso de seus receptores. Na Holanda, no entanto, o comércio e a manufatura desenvolveram o crédito comercial e o comércio de dinheiro, e o capital portador de juros, no curso de seu próprio desenvolvimento, foi subordinado ao capital industrial e comercial. Isso já se revelava no baixo nível da taxa de juros. Mas, no século XVII, a Holanda era considerada o modelo de desenvolvimento econômico, tal como a Inglaterra atualmente. Naquele país, o monopólio da antiquada usura, que se baseia na pobreza, desfez-se por si mesmo.

Ao longo de todo o século XVIII, ouve-se o grito, apoiado no exemplo da Holanda, pelo rebaixamento forçado da taxa de juros (e a legislação é alterada nesse sentido), a fim de subordinar o capital portador de juros ao capital comercial e industrial, e não o inverso. O principal porta-voz desse movimento era *sir* Josiah Child, o pai da banca privada inglesa ordinária. Ele clamava contra o monopólio dos usurários da mesma maneira como os alfaiates do ramo de confecção em massa Moses & Son o faziam quando lideravam a luta contra o monopólio dos "alfaiates privados". Esse mesmo Josiah Child é também o pai da especulação acionária na Inglaterra. Assim, esse autocrata da Companhia das Índias Orientais defende seu monopólio em

---

23 "Charles II da Inglaterra, por exemplo, ainda tinha de pagar aos 'ourives'" (precursores dos banqueiros) "enormes juros usurário e ágios, de 20% a 30%. Um negócio tão lucrativo levava os 'ourives' a realizar cada vez mais adiantamentos ao rei, a antecipar as receitas globais de impostos, a aceitar como penhor toda liberação de recursos pelo Parlamento, tão logo fosse feita, e também a competir entre si nas compras e a aceitar *bills* [letras], *orders* [ordens de pagamento] e *tallies* [talhas], de modo que, na realidade, o conjunto das receitas públicas passava por suas mãos" (John Francis, *History of the Bank of England*, [3. ed.,] Londres, [Willoughby & Co.,] 1848, v. I, p. 31). "A criação de um banco já havia sido proposta algumas vezes antes. Por fim, tornou-se necessidade" (ibidem, p. 38). "O banco era necessário, entre outras coisas, para que o governo, sugado até a última gota pelos usurários, pudesse obter dinheiro a uma taxa suportável de juros, com a garantia de autorizações parlamentares" (ibidem, p. 59-60).

nome da liberdade do comércio. E diz, contra Thomas Manley (*Interest of Money Mistaken* [Londres, 1668]):

> "Como paladino do tímido e trêmulo bando de usurários, ele instala sua bateria principal no ponto que declarei ser o mais fraco de todos [...], nega abertamente que a baixa taxa de juros seja a causa da riqueza e assegura que ela é apenas seu efeito." (*Traités sur le Commerce etc.*, 1669. Tradução. Amsterdã e Berlim, 1754 [p. 120]) "Se o que enriquece um país é o comércio e se a redução dos juros aumenta o comércio, então uma redução dos juros ou uma restrição da usura representa uma fecunda causa principal das riquezas de uma nação. De modo nenhum é absurdo dizer que o mesmo fator pode, ao mesmo tempo, ser em certas condições a causa e, em outras, o resultado." (p. 55) "O ovo é a causa da galinha, e a galinha, a causa do ovo. A redução da taxa de juros pode provocar um aumento da riqueza, e o aumento da riqueza pode provocar uma redução ainda maior dos juros." (p. 156) "Sou defensor da indústria, e meu adversário defende a preguiça e o ócio." (p. 179)

Essa violenta batalha contra a usura, essa exigência da subordinação do capital portador de juros ao capital industrial, é apenas o prelúdio das criações orgânicas que essas condições da produção capitalista engendram no sistema bancário, o qual, por um lado, despoja o capital usurário de seu monopólio, ao concentrar e lançar no mercado de dinheiro todas as reservas inativas e, por outro lado, limita o monopólio dos próprios metais preciosos mediante a criação do dinheiro creditício.

Do mesmo modo que aqui em Child, em todos os escritos sobre o sistema bancário publicados na Inglaterra no último terço do século XVII e no começo do XVIII encontramos a oposição à usura, a exigência de emancipar dela o comércio, a indústria e o Estado. Ao mesmo tempo, ilusões colossais sobre o efeito milagroso do crédito, a desmonopolização dos metais preciosos, sua substituição pelo papel etc. O escocês William Patterson, fundador do Banco da Inglaterra e do Banco da Escócia, pode ser considerado com justiça o precursor de Law.

"Todos os ourives e os penhoristas levantaram um clamor furioso" contra o Banco da Inglaterra ([Thomas Babington] Macaulay, *The History of England [from the Accession of James II]*, [Londres, 1854-1861,] t. IV, p. 499).

> "Durante os dez primeiros anos, o banco enfrentou grandes dificuldades, uma grande hostilidade do exterior; suas cédulas só eram aceitas muito abaixo de seu valor nominal [...]. Os ourives" (em cujas mãos o comércio de metais preciosos serviu de base a um negócio de tipo primitivo) "tramavam graves intrigas contra

> o banco, porque este havia reduzido seus negócios, minguado seu desconto e se apropriado de suas transações com o governo." (J.[ohn] Francis, [*History of the Bank of England,*] cit., p. 73).

Já antes da fundação do Banco da Inglaterra, em 1683, surgiu o plano de um *National Bank of Credit*, cuja finalidade, entre outras, era que

> "os negociantes que possuem uma quantidade considerável de mercadorias possam, com o apoio desse banco, depositar suas mercadorias e obter um crédito com base em seus estoques imobilizados, dar trabalho a seus empregados e aumentar seus negócios até encontrarem um bom mercado, em vez de vender com prejuízo."

Depois de muitos esforços, esse *Bank of Credit* foi fundado em Devonshire House, Bishopsgate Street. Ele emprestava dinheiro a industriais e comerciantes, com garantia de mercadorias depositadas até ¾ do valor destas últimas, na forma de letras de câmbio. Para tornar circuláveis essas letras, em cada ramo de negócios algumas pessoas foram reunidas em sociedade, da qual cada proprietário de tais letras podia obter mercadorias com a mesma facilidade, como se oferecesse por elas um pagamento à vista. Esse negócio bancário não chegou a florescer. Seu mecanismo era complicado demais, e muito grande o risco que se corria em caso de depreciação das mercadorias.

Se nos concentrarmos no verdadeiro conteúdo daqueles escritos que acompanham e fomentam teoricamente a formação do moderno sistema de crédito na Inglaterra, não encontraremos neles mais que a exigência de que o capital portador de juros e, em geral, os meios de produção suscetíveis de ser emprestados devem submeter-se ao modo de produção capitalista como a uma de suas condições. Por outro lado, se nos limitarmos à simples fraseologia, ficaremos frequentemente assombrados diante da coincidência, às vezes literal, entre essas obras e as ilusões dos saint-simonianos acerca do crédito e dos bancos.

Do mesmo modo que, nos fisiocratas, o *cultivateur* não é o verdadeiro agricultor, mas o grande arrendatário, para Saint-Simon, e ainda hoje para seus discípulos, o *travailleur* não é o trabalhador, mas o capitalista industrial e comercial. "*Un travailleur a besoin d'aides, de seconds, d'ouvriers; il les cherche intelligents, habiles, dévoués; il les met à l'œuvre, et leurs travaux sont productifs*"*

* "Um trabalhador necessita de ajudantes, de auxiliares, de *operários;* ele os quer inteligentes, hábeis, dedicados; ele os põe em ação, e os trabalhos são produtivos." (N. T.)

([Prosper Enfantin,] *Religión saint-simonniene. Economie politique et politique*, Paris, [Au Bureau du Globe,] 1831, p. 104). Não se deve esquecer que até sua última obra, *Nouveau christianisme*, Saint-Simon não se apresenta diretamente como porta-voz da classe trabalhadora e explica a emancipação desta última como o objetivo final de seus esforços. Todos os seus escritos anteriores são, na realidade, mera glorificação da moderna sociedade burguesa contra a sociedade feudal ou uma glorificação dos industriais e dos banqueiros contra os marechais e os fabricantes jurídicos de leis da era napoleônica. Que diferença, quando comparados aos escritos de Owen[24] nessa mesma época! Também nos escritos dos sucessores de Saint-Simon o capitalista industrial continua a ser, como mostra a passagem citada, o *travailleur par excellence* [trabalhador por excelência]. Quem lê suas obras de maneira crítica não se impressiona com o fato de que a realização de seus sonhos creditícios e bancários fosse o *Crédit mobilier*, fundado pelo ex-saint-simoniano Émile Péreire – fórmula que, aliás, só poderia predominar num país como a França, onde nem o sistema de crédito nem a grande indústria haviam se desenvolvido até alcançar o nível moderno. Instituição semelhante teria sido impossível na Inglaterra ou nos Estados Unidos. Nas seguintes passagens, extraídas da *Doctrine de St. Simon. Exposition, Première année. 1828-[18]29*, 3. ed., Paris, 1931, já está contido o germe do *Crédit mobilier*. Logicamente, o banqueiro pode adiantar dinheiro mais barato do que o capitalista e o usurário privado. A esses banqueiros, portanto, é "possível adiantar ferramentas ao industrial a um preço muito inferior, ou seja, a *juros mais baixos* do que poderiam fazê-lo os proprietários fundiários e os capitalistas, os quais facilmente se equivocariam na seleção dos mutuários" (p. 202). Os mesmos autores acrescentam, numa nota:

---

24 Na revisão do manuscrito, Marx teria sem dúvida modificado profundamente essa passagem. Ela está inspirada no papel desempenhado pelos ex-saint-simonianos sob o segundo Império Francês. Nessa época, precisamente no momento em que Marx escrevia essa passagem, as fantasias de crédito da escola, que pretendiam redimir o mundo, realizavam-se, por ironia da história, sob a forma de fraudes numa escala até então desconhecida. Mais tarde, Marx referiu-se sempre com admiração ao gênio e ao talento enciclopédico de Saint-Simon. Se este, em seus escritos anteriores, ignorava a oposição entre a burguesia e o proletariado, que começava a se formar na França, e ainda incluía entre os *travailleurs* a parte da burguesia ocupada ativamente na produção, isso correspondia à concepção de Fourier, que pretendia harmonizar o capital e o trabalho, e se explica pela situação econômica e política da França naquela época. Se, a respeito disso, Owen enxergava adiante, é porque ele vivia em outro ambiente, em meio à Revolução Industrial e ao antagonismo de classes que já começava a se acirrar. (F. E.)

"A vantagem que deveria resultar da interposição do banqueiro entre os ociosos e os *travailleurs* é frequentemente contra-arrestada e até mesmo anulada pela oportunidade, que nossa sociedade desorganizada oferece ao egoísmo, de se manifestar sob as diversas formas de fraude e de charlatanismo; os banqueiros se intrometem frequentemente entre os *travailleurs* e os ociosos, a fim de explorar uns e outros em prejuízo da sociedade."

Travailleur significa aqui *capitaliste industriel* [capitalista industrial]. Além disso, é falso considerar os meios de que dispõe o moderno sistema bancário simplesmente como meios dos ociosos. Em primeiro lugar, trata-se da parte do capital que industriais e comerciantes conservam momentaneamente inativo em forma de dinheiro, como reserva monetária ou capital a investir; portanto, trata-se de capital ocioso, mas não de capital de gente ociosa. Em segundo lugar, daquela parte das rendas e das poupanças de todos que é permanente ou transitoriamente destinada à acumulação. Ambas as coisas são essenciais para o caráter do sistema bancário.

Não se deve esquecer, no entanto, que, em primeiro lugar, o dinheiro – na forma de metais preciosos – permanece a base da qual o sistema de crédito, pela própria natureza da coisa, *jamais* se pode desprender. Em segundo lugar, que o sistema de crédito detém o monopólio dos meios sociais de produção (na forma de capital e propriedade fundiária) nas mãos de particulares e que ele mesmo é, por um lado, uma forma imanente do modo de produção capitalista e, por outro, uma força motriz de seu desenvolvimento para sua forma mais elevada e última possível.

Como já fora exposto em 1697, em *Some Thoughts of the Interest of England*, o sistema bancário, por sua organização formal e sua centralização, é o produto mais artificial e mais refinado que pode resultar do modo de produção capitalista em geral. Isso explica o enorme poder de uma instituição como o Banco da Inglaterra sobre o comércio e a indústria, embora seu movimento real permaneça totalmente de fora de seu domínio e se comporte em relação a ele de maneira passiva. Com isso, está certamente dada a forma de uma contabilidade e uma distribuição gerais dos meios de produção em escala social, mas somente a forma. O lucro médio do capitalista individual, ou de cada capital particular, é, como vimos, determinado não pelo mais-trabalho, de que esse capital se apropria em primeira mão, mas pela quantidade total de mais-trabalho de que o capital inteiro se apropria e do qual cada capital particular extrai seus dividendos como alíquota do capital total. Esse caráter social do capital só se consuma e se realiza integralmente mediante o desenvolvimento pleno dos sistemas de crédito e bancário. Por outro lado, esse sistema segue seu próprio desenvolvimento. Oferece aos capitalistas industriais e comerciais todo o capital disponível da sociedade, inclusive o capital potencial, ainda não ativamente comprometido, de modo que nem o prestamista nem quem emprega esse capital é seu proprietário ou seu produtor. Com isso, ele suprime o caráter privado do capital e, assim, contém em si, somente em si, a supressão do próprio capital. Por meio do sistema bancário, a distribuição do capital é retirada das mãos dos capitalistas particulares e dos usurários como um negócio especial, como função social. Ao mesmo tempo, porém, o banco e o crédito se convertem no meio mais poderoso de impulsionar a produção capitalista para além de seus próprios limites e um dos mais eficazes promotores das crises e da fraude.

Além disso, ao substituir o dinheiro por diversas formas de crédito circulante, o sistema bancário mostra que o dinheiro, na realidade, nada mais é que uma expressão particular do caráter social do trabalho e de seus produtos, mas que, em oposição à base da produção privada, tem sempre de aparecer, em última análise, como uma coisa, uma mercadoria especial ao lado de outras mercadorias.

Finalmente, não resta a menor dúvida de que o sistema de crédito servirá como uma poderosa alavanca durante a transição do modo de produção capitalista para o modo de produção do trabalho associado; mas somente como um elemento em conexão com outras grandes revoluções orgânicas do próprio modo de produção. Por outro lado, as ilusões quanto ao poder miraculoso do sistema de crédito e bancário, no sentido socialista, nascem de uma falta completa de familiaridade com o modo de produção capitalista e o sistema de crédito como uma de suas formas. Assim que os meios de produção deixarem de se transformar em capital (e nisso está implicada a abolição da propriedade fundiária privada), o crédito como tal perderá todo sentido, o que, aliás, é algo que foi compreendido até pelos saint-simonianos. Em contrapartida, enquanto o modo de produção capitalista continuar a existir, perdurará também, como uma de suas formas, o capital portador de juros, que de fato constitui a base de seu sistema de crédito. Somente aquele escritor sensacionalista, Proudhon, que queria manter a produção de mercadorias e abolir o dinheiro[25], foi capaz de imaginar o monstruoso *crédit gratuit* [crédito gratuito], essa pretensa realização do desejo piedoso do ponto de vista da pequena burguesia.

Em *Religion saint-simonienne, Économie [politique] et politique*, lê-se na p. 45:

---

25 Karl Marx, *Misére de la philosophie* (Bruxelas/Paris, [C. G. Vogler/A. Frank,] 1847) [ed. bras.: *Miséria da filosofia*, trad. José Paulo Netto, São Pualo, Boitempo, no prelo]; *Zur Kritik der polit.[ischen] Oekonomie*, p. 64.

> "Numa sociedade em que uns possuem as ferramentas da indústria sem ter a capacidade ou a vontade de empregá-las, enquanto outras pessoas industriosas não têm quaisquer instrumentos de trabalho, o crédito tem a finalidade de transferir esses instrumentos, da maneira mais fácil possível, das mãos dos primeiros, seus possuidores, para as dos outros, que sabem utilizá-los. Notemos que, segundo essa definição, o crédito é uma consequência da maneira como a *propriedade* está constituída."

Com essa constituição da propriedade, portanto, o crédito desaparece. Mais adiante, na p. 98, lê-se que os bancos atuais "consideram-se no dever de seguir o movimento iniciado por transações ocorridas fora de seu domínio, mas não a impulsioná-lo; em outras palavras, os bancos desempenham o papel de capitalistas em relação aos *travailleurs*, aos quais adiantam capitais". Na ideia de que os próprios bancos devem assumir a direção e distinguir-se "pelo número e pela utilidade dos estabelecimentos comanditados e dos trabalhos que promovem", (p. 101) está latente a noção do *crédit mobilier*. Do mesmo modo, Constantin Pecqueur pede que os bancos (o que os saint-simonianos chamam de *systême général des banques* [sistema geral de bancos]) "governem a produção". Pecqueur é essencialmente um discípulo de Saint-Simon, embora muito mais radical. Ele quer que "a instituição de crédito [...] controle o movimento inteiro da produção nacional".

> "Tentai criar um estabelecimento nacional de crédito, que forneça meios a pessoas de talento e mérito, mas desprovidas de posses, sem, no entanto, interligar forçosamente esses mutuários entre si por meio de uma estreita solidariedade na produção e no consumo, mas, ao contrário, de maneira que eles mesmos determinem suas trocas e suas produções. Por esse caminho, conseguireis apenas o que já o conseguem agora os bancos privados: a anarquia, a desproporção entre produção e consumo, a ruína súbita de uns e o enriquecimento súbito de outros; de modo que vossa instituição jamais irá além de produzir para alguns uma quantidade de benefícios equivalente a um infortúnio a ser suportado pelos outros. [...] Tereis apenas fornecido aos trabalhadores assalariados por vós assistidos os meios de competir uns com os outros do mesmo modo que fazem agora seus patrões capitalistas." (C. Pecqueur, *Théorie nouvelle d'économie soc.[iale] et pol.[itique]*, Paris, [Capelle,] 1842, p. 434)

Vimos que o capital comercial e o capital portador de juros são as formas mais antigas do capital. Porém, naturalmente o capital portador de juros se apresenta na imaginação popular como a forma do capital *par excellence*. No capital comercial, ocorre uma atividade mediadora, considerada logro, trabalho ou o que seja. Em contrapartida, no capital portador de juros, o caráter autorreprodutor do capital, o valor que se valoriza a si mesmo, a produção do mais-valor, apresenta-se como qualidade oculta, em estado puro. Resulta daí também que mesmo alguns economistas políticos, particularmente em países em que o capital industrial ainda não está de todo desenvolvido, como na França, aferram-se ao capital portador de juros como forma básica do capital e concebem a renda da terra, por exemplo, apenas como uma forma modificada dela, uma vez que aqui também predomina a forma de empréstimo. Dessa maneira, deixa-se de compreender por completo a articulação interna do modo de produção capitalista, e passa despercebido o fato de que a terra, assim como o capital, só é emprestada a capitalistas. É claro que, em vez de dinheiro, também se podem emprestar meios de produção *in natura*, como máquinas e edifícios empresariais etc. Mas eles representam, então, uma soma de dinheiro determinada, e o fato de que além dos juros seja paga uma parcela para a depreciação decorre de seu valor de uso, isto é, da forma natural específica desses elementos do capital. O fator decisivo é aqui, uma vez mais, se eles são emprestados ao produtor direto, o que pressupõe a inexistência do modo de produção capitalista – pelo menos na esfera em que isso ocorre –, ou se são emprestados ao capitalista industrial, o que é precisamente o pressuposto na base do modo de produção capitalista. Ainda mais impróprio e absurdo é levar a essa questão o empréstimo de casas etc. para o consumo individual. Que a classe trabalhadora também é fraudada dessa forma, e de maneira escandalosa, é evidente; mas isso também ocorre pelas mãos do varejista, que vende os meios de subsistência ao trabalhador. Essa é uma exploração secundária, paralela à exploração original, que tem lugar no próprio processo de produção. A distinção entre vender e emprestar é aqui completamente irrelevante e formal; como já mostramos, é uma diferenciação que só aparece como essencial para quem desconhece por completo a conexão real.

* * *

A usura, assim como o comércio, explora um modo de produção dado; não o cria, relaciona-se com ele externamente. A usura tenta conservá-lo de maneira direta, a fim de poder explorá-lo sempre de novo; ela é conservadora e não faz mais do que tornar esse modo de produção mais miserável. Quanto menos os elementos de produção entram no processo de produção como mercadorias e dele saem como mercadorias, mais a sua origem no dinheiro aparece como um ato separado. Quanto mais insignificante é o papel desempenhado pela circulação na reprodução social, mais florescente é a usura.

Que a riqueza monetária se desenvolve como um tipo especial de riqueza significa, em relação ao capital usurário, que ele possui todos os seus títulos de crédito na forma de títulos de crédito monetários. Esse capital se desenvolve com mais força num país quanto mais a massa da produção se limita a prestações *in natura*, isto é, a valores de uso.

A usura é uma poderosa alavanca para a formação dos pressupostos do capital industrial, na medida em que desempenha dupla função: primeiro, de constituir em geral, ao lado da riqueza comercial, uma riqueza monetária autônoma; segundo, a de se apropriar das condições de trabalho, isto é, de arruinar os possuidores das antigas condições de trabalho.

I. Os juros na Idade Média

"Na Idade Média, a população era puramente agrícola. Num sistema tal como o governo feudal, não pode haver senão pouco intercâmbio e, por conseguinte, pouco lucro. Por isso, as leis contra a usura na Idade Média se justificavam. Além disso, num pais agrícola uma pessoa raramente pretende pegar dinheiro emprestado, a não ser que essa pessoa tenha caído na pobreza e na miséria... No reinado de Henrique VIII, os juros foram limitados a 10%; no de Jaime I, a 8%; no de Carlos II, a 6%; no de Ana, a 5% [...]. Naquele tempo, os prestamistas detinham um monopólio, se não de direito, ao menos de fato, e por isso era necessário impor-lhes certas restrições, assim como aos outros monopolistas [...]. Em nossos dias, é a taxa de lucro que regula a taxa de juros, ao passo que, naquela época, era a taxa de juros que regulava a taxa de lucro. Quando o prestamista de dinheiro cobrava do comerciante uma alta taxa de juros, este tinha de adicionar ao preço de suas mercadorias uma taxa de lucro mais alta. Por isso, uma grande soma de dinheiro era tirada dos bolsos dos compradores e transferida para os dos prestamistas." ([James William] Gilbart, *History and Princ.[iples] of Banking*, [Londres, G. Bell and Sons, 1882,] p. 164-5)

"Fico sabendo que, em todas as feiras de Leipzig, tomam-se anualmente 10 florins, isto é, 30 em cada 100; alguns acrescentam a feira de Neuenburg, e assim se chega a 40 em cada 100; se de fato é assim, não sei. Com os diabos, onde isso vai nos levar? [...] Quem agora possui em Leipzig 100 florins, toma 40 por ano; isso equivale a devorar um camponês ou um burguês em um ano. Se possui 1.000 florins, toma 400 por ano, o que é o mesmo que devorar um cavalheiro ou um nobre rico em um ano. Se possui 10.000, toma por ano 4.000, o que significa devorar um conde rico em um ano. Se possui 100.000, como deve ser o caso dos grandes comerciantes, toma 40.000 anualmente, o que equivale a devorar um grande príncipe rico em um ano. Se possui 1.000.000, toma por ano 400.000, o que é o mesmo que devorar um grande rei em um ano. Com isso, não põe absolutamente em risco nem seu corpo nem seus bens; não trabalha, fica sentado junto ao forno, assando maçãs; assim, um ladrão pode ficar sentado em casa e devorar um mundo inteiro em dez anos." ([M.[artinho] Lutero,] "An die Pfarrherrn wider den Wucher zu predigen", de 1524, em *Luther's Werke*, Wittenberg, 1589, parte VI [p. 312])

"Há 15 anos escrevi contra a usura, que à época já atingira uma extensão tão ampla que me impediu de esperar qualquer melhora. Desde então, ela se tornou tão presunçosa que não quer mais ser vício, pecado ou opróbrio, mas glorificada como virtude e honra, como se fizesse um grande bem e prestasse serviços cristãos às pessoas. De que adianta dar conselhos, se o opróbrio se tornou honra, e o vício, virtude?" ("An die Pfarrherrn wider den Wucher zu predigen", Wittenberg, 1540)

* * *

"Judeus, lombardos, usurários e extorsionários foram nossos primeiros banqueiros, nossos primitivos traficantes de dinheiro, dotados de um caráter que se pode considerar quase infame [...]. A eles se juntaram os ourives de Londres. Como um corpo [...], nossos banqueiros primitivos eram [...] uma sociedade muito má; usurários vorazes, extorsionários com coração de ferro." (D.[aniel] Hardcastle, *Banks and Bankers*, 2. ed., Londres, 1843, p. 19-20)

"O exemplo fornecido por Veneza" (da criação de um banco) "foi, assim, rapidamente imitado; todas as cidades marítimas e, em geral, todas aquelas célebres por sua independência e seu comércio, fundaram seus primeiros bancos. O retorno de seus navios, pelo qual era preciso com frequência esperar muito tempo, levou inevitavelmente ao costume da concessão de crédito, que foi intensificado pela descoberta da América e pelo comércio com aquele continente." (Esse é o ponto principal.) "O carregamento dos navios tornava necessária a realização de grandes empréstimos, o que já ocorria na Antiguidade, em Atenas e em outros cantos da Grécia. Em 1380, a cidade hanseática de Bruges possuía uma companhia de seguros." (M.[arie] Augier, *[Du] crédit public*, cit., p. 202-3)

Nas obras de *sir* Dudley North, entre outros, é possível ver em que medida os empréstimos aos proprietários de terra e, em geral, aos abastados que fruem da riqueza ainda predominavam, mesmo na Inglaterra, no último terço do século XVII, antes do desenvolvimento do moderno sistema de crédito. Ele foi não só um dos principais comerciantes ingleses, mas também um dos mais importantes economistas teóricos de sua época.

"O dinheiro empregado a juros em nosso país não chega sequer a um décimo da soma concedida a homens de negócios para efetuarem seus negócios, mas é, na maior parte, emprestado para ser gasto em artigos de luxo e cobrir as despesas de pessoas que, embora grandes proprietários da terra, gastam mais rapidamente do que o ganho de suas propriedades; e, como evitam a todo custo a venda de suas terras, preferem hipotecar suas propriedades." (*Discourses upon Trade*, Londres, 1691, p. 6-7)

No século XVIII, na Polônia:

"Varsóvia efetuava grandes negócios com letras, que, no entanto, tinham a usura de seus banqueiros como base e meta principais. A fim de obter dinheiro, a ser emprestado aos grandes senhores esbanjadores a 8% ou mais, eles buscavam e encontravam no exterior um crédito de letras descobertas, isto é, que não tinha por base nenhum comércio de mercadorias, mas que as pessoas contra as quais as letras eram emitidas no exterior aceitavam com paciência, enquanto não deixassem de chegar pontualmente as remessas de dinheiro postas em movimento por essas letras de especulação. A falência de gente como Tepper e outros banqueiros muito respeitáveis de Varsóvia foi, para eles, uma severa punição." (J.[ohann] G.[eorg] Büsch, *Theoretisch-praktische Darstellung der Handlung etc*, 3. ed., Hamburgo, [B. G. Hoffmann,] 1808, v. II, p. 232-3)

II. Vantagens obtidas pela Igreja com a proibição dos juros

"A cobrança de juros fora proibida pela Igreja, mas não a venda da propriedade com o objetivo de encontrar alívio numa situação difícil. Ela não proibira nem mesmo a transferência de propriedade ao prestamista de dinheiro por certo tempo ou até que o devedor pudesse pagar ao prestamista a quantidade emprestada, permitindo a este último usufruir da propriedade como uma garantia, além de, durante esse usufruto, encontrar um substituto para o dinheiro por ele emprestado [...]. A própria Igreja, ou as comunas e *pia corpora* [corporações piedosas] a ela pertencentes, tirava grande proveito dessa situação, sobretudo no tempo das cruzadas. Isso fez com que grande parte da riqueza nacional fosse tomada pelas chamadas 'mãos mortas', uma vez que os judeus não podiam praticar tal usura, pois a posse de uma caução tão sólida não era fácil de ocultar [...]. Sem a proibição dos juros, as igrejas e os conventos jamais teriam ficado tão ricos." (Ibidem, p. 55)

Seção VI

TRANSFORMAÇÃO DO LUCRO EXTRA EM RENDA FUNDIÁRIA

Walter Crane, "A verdadeira resposta ao jingoísmo: A Internacional Socialista e o Congresso Sindical", 1896.

Capítulo 37

Preliminares

A análise da propriedade fundiária em suas diversas formas históricas ultrapassa os limites desta obra. Dedicamo-nos a ela somente na medida em que uma parte do mais-valor produzido pelo capital recai no proprietário da terra. Partimos do suposto, pois, que a agricultura está dominada pelo modo de produção capitalista exatamente do mesmo modo que a manufatura, isto é, que a agricultura é operada por capitalistas, que num primeiro momento se distinguem dos demais capitalistas pela maneira como seu capital está investido e pelo trabalho assalariado posto em movimento por esse capital. Para nós, o arrendatário produz trigo etc., assim como o fabricante produz fio ou máquinas. O pressuposto de que o modo de produção capitalista se apoderou da agricultura implica que ele exerce um domínio sobre todas as esferas da produção e da sociedade civil, isto é, que também suas condições, como a livre concorrência dos capitais, a possibilidade de que eles se transfiram de um ramo da produção a outro, um nível igual do lucro médio etc., apresentam-se em sua plenitude. A forma de propriedade fundiária que aqui consideramos é uma forma histórica específica, a forma *transformada* mediante a influência do capital e do modo de produção capitalista, seja da propriedade fundiária feudal, seja da agricultura de pequenos-camponeses voltada à subsistência, na qual a *posse* da terra constitui um dos pré-requisitos da produção para o produtor direto, e em que sua *propriedade* aparece como a condição mais vantajosa para a prosperidade *de seu* modo de produção. Assim como o modo de produção capitalista em geral baseia-se na expropriação dos trabalhadores das condições de trabalho, na agricultura ele se baseia na expropriação dos trabalhadores rurais da terra e sua subordinação a um capitalista, que explora a agricultura visando o lucro. Portanto, para os fins de nossa análise, a objeção de que existiram ou ainda existem outras formas de propriedade fundiária e de agricultura é totalmente irrelevante. Tal objeção só se pode aplicar àqueles economistas que consideram o modo de produção capitalista na agricultura e a forma de propriedade fundiária que lhe corresponde não como categorias históricas, mas, antes, como categorias eternas.

Para nossos propósitos, é necessário estudar a forma moderna da propriedade fundiária porque, de modo geral, nossa tarefa é considerar as relações específicas de produção e de intercâmbio que brotam do investimento do capital na agricultura. Sem isso, a análise dessa propriedade não estaria completa. Limitamo-nos, pois, exclusivamente ao investimento do capital na agricultura em sentido estrito, ou seja, na produção dos principais produtos agrícolas de que vive uma população. Como tal, podemos considerar o trigo, porquanto ele é o principal meio nutricional dos povos modernos, capitalisticamente desenvolvidos. (Onde dizemos agricultura poderíamos também dizer mineração, pois as leis que as regem são as mesmas.)

Uma das grandes contribuições de A.[dam] Smith é ter exposto de que modo a renda fundiária do capital empregado na produção de outros produtos agrícolas, como linho, plantas colorantes, criação autônoma de gado etc., é determinada pela renda fundiária obtida com o capital investido na produção do principal artigo de subsistência*. De fato, nenhum progresso foi feito nesse âmbito desde então. As limitações ou adições que teríamos a apresentar caberiam num estudo especial da propriedade fundiária, não aqui. Portanto, não trataremos *ex professo* [magistralmente] da propriedade fundiária nos casos em que a terra não se destine à produção de trigo, ainda que possamos ocasionalmente nos referir a ela a título de ilustração.

Para não omitir nada, devemos notar que, quando nos referimos ao solo, incluímos também a água etc., na medida em que ele tenha um proprietário e se apresente como acessório do solo.

A propriedade fundiária baseia-se no monopólio de certas pessoas sobre porções definidas do globo terrestre como esferas exclusivas de sua vontade privada, com exclusão de todas as outras[26]. Estando isso pressuposto, passemos

---

* [Adam] Smith, *An Inquiry into the Nature and Causes of the Wealth of Nations* (Londres, Aberdeen, 1848), p. 105-6. (N. E. A.)

[26] Nada pode ser mais curioso que a argumentação da propriedade privada em Hegel. O ser humano, como pessoa, precisa dar realidade a sua vontade como a alma da natureza exterior e, assim, tomar posse dessa natureza como sua propriedade privada. Se essa é a determinação "*da* pessoa", do homem como pessoa, é lógico que todo homem tem de ser proprietário fundiário para poder realizar-se. A livre propriedade da terra – um produto muito moderno – não é, segundo Hegel, uma relação social determinada, mas uma relação do homem como pessoa com a "natureza", um "direito absoluto de apropriação do homem sobre todas as coisais" ([Georg Wilhelm Friedrich] Hegel, *Philosophie des Rechts* [Filosofia do direito], Berlim, 1840, p. 79). É evidente, em primeiro lugar, que o indivíduo não pode afirmar-se como proprietário por sua "vontade"

à exposição do valor econômico, isto é, da valorização desse monopólio que se encontra na base da produção capitalista. A isso não acrescenta nada o poder jurídico dessas pessoas de usar e abusar de porções do planeta. O uso dessas porções depende inteiramente de condições econômicas que não estão relacionadas à vontade desses proprietários. A própria ideia jurídica significa apenas que o proprietário fundiário pode proceder com a terra tal como o proprietário de mercadorias o faz em relação a estas últimas; e essa ideia – a representação jurídica da livre propriedade do solo – só surge, no mundo antigo, à época da dissolução da ordem social orgânica e, no mundo moderno, com o desenvolvimento da produção capitalista. Na Ásia, ela só foi importada pelos Europeus em algumas regiões. Na seção dedicada à acumulação primitiva (Livro I, capítulo 24), vimos que esse modo de produção pressupõe, por um lado, a separação dos produtores diretos de sua condição de meros acessórios da terra (na forma de vassalos, servos, escravos etc.) e, por outro, a expropriação da massa do povo de sua terra. Nesse sentido, o monopólio da propriedade da terra é uma premissa histórica e continua a ser a base constante do modo de produção capitalista, assim como de todos os modos de produção anteriores que, de um modo ou de outro, fundam-se na exploração das massas. Mas a forma de propriedade fundiária com que se confronta o incipiente modo de produção capitalista não é adequada a este

diante da vontade de outro que queira materializar-se igualmente no mesmo pedaço do globo terrestre. Para isso, são necessárias coisas muito distintas da mera boa vontade. Além disso, é absolutamente impossível ver onde "a pessoa" traça o limite da realização de sua vontade, se a existência de sua vontade se realiza num país inteiro ou se necessita de muitos outros países para, por meio de sua apropriação, "manifestar a soberania de minha vontade sobre as coisas" [ibidem, p. 80]. Aqui, Hegel se perde por completo. "A tomada de posse é de natureza absolutamente singular: só tomo posse daquilo que toco com meu corpo; em segundo lugar, ocorre que, ao mesmo tempo, os objetos exteriores têm uma extensão maior que a que posso abarcar. Quando estou de posse de algo, há outra coisa em conexão com esse algo. Exerço a tomada de posse por meio da mão, mas o raio de ação desta última pode ser ampliado" ([ibidem,] p. 90 [91]). A essa outra coisa, por sua vez, está conectada outra coisa, e assim desaparece o limite até onde minha vontade pode derramar-se como alma sobre a terra. "Se possuo algo, a razão passa de imediato a considerar que é meu não só aquilo que é imediatamente possuído por mim, mas também o que está vinculado a isso. Aqui o direito positivo deve efetuar suas constatações, pois a partir do conceito já não se pode deduzir mais nada" ([ibidem,] p. 91). Essa é uma confissão extraordinariamente ingênua "do conceito" e prova que este último, que de antemão comete o erro de considerar absoluta uma representação jurídica da propriedade fundiária totalmente determinada e pertencente à sociedade burguesa, não compreende "nada" das configurações reais dessa propriedade fundiária. Aí está contida, ao mesmo tempo, a confissão de que, com as necessidades cambiantes do desenvolvimento social, isto é, econômico, o "direito positivo" pode e deve mudar suas definições.

último. Apenas ele cria a forma correspondente a si mesmo mediante a subordinação da agricultura ao capital; com isso, também a propriedade feudal da terra, a propriedade do clã ou a pequena propriedade camponesa vinculada às terras comunais se transmutam na forma econômica correspondente a esse modo de produção, não importando o quão diversas sejam suas formas jurídicas. Um dos grandes resultados do modo de produção capitalista é que, por um lado, ele transforma a agricultura, de mero procedimento tradicional, de natureza empírica e mecânica, praticado pela parte menos desenvolvida da sociedade, numa aplicação científica consciente da agronomia, na medida em que isso é possível, em geral, dentro das condições dadas com a propriedade privada[27]; que libera por completo a propriedade fundiária, por um lado, das relações de dominação e servidão e, por outro, separa inteiramente o solo, enquanto condição de trabalho, da propriedade da terra e do proprietário fundiário, para quem o solo já não representa senão determinado imposto em dinheiro que ele, por meio de seu monopólio, cobra do capitalista industrial, do arrendatário [que] rompe o vínculo a ponto de o proprietário fundiário poder passar a vida inteira em Constantinopla, enquanto sua propriedade fundiária está na Escócia. Desse modo, a propriedade fundiária assume sua forma puramente econômica ao despojar-se de todos os enfeites e amálgamas políticos e sociais, em suma, de todos aqueles ingredientes tradicionais que

---

[27] Químicos agrícolas absolutamente conservadores, como Johnston, admitem que uma agricultura de fato racional encontra por toda parte barreiras insuperáveis na propriedade privada. O mesmo fazem autores que defendem *ex professo* o monopólio da propriedade privada no globo terrestre; por exemplo, o sr. Charles Comte numa obra em dois tomos voltada especificamente à defesa da propriedade privada. "Um povo", diz, "não pode alcançar o grau de bem-estar e de poder resultante de sua natureza, a não ser que a destinação dada a cada parte da terra que o alimenta esteja em máxima harmonia com o interesse geral. Para desenvolver bastante suas riquezas, seria preciso que uma vontade, se possível única, sobretudo esclarecida, exercesse o poder de dispor sobre cada parcela de seu território, fazendo assim com que cada uma delas contribuísse para a prosperidade de todas as outras. Mas a existência de tal vontade [...] seria incompatível com a divisão do solo em propriedades privadas [...] e com o direito, conferido a cada proprietário, de dispor de seu patrimônio de maneira quase absoluta". Johnston, Comte etc., diante da contradição entre a propriedade e uma agronomia racional, só têm em vista a necessidade de cultivar a terra de um país como se ela formasse uma unidade. Mas a dependência do cultivo dos diversos produtos agrícolas em relação às flutuações dos preços de mercado – e a constante mudança desse cultivo com tais flutuações, todo o espírito da produção capitalista, orientado para o lucro monetário direto e imediato – contradiz a agricultura, que deve operar com o conjunto das condições vitais permanentes das sucessivas gerações de seres humanos. Um exemplo flagrante disso são as florestas, que só às vezes, e até certo ponto, são exploradas de acordo com o interesse geral, quando não são propriedade privada submetida à administração estatal.

os próprios capitalistas industriais, assim como seus porta-vozes teóricos, denunciam, como veremos posteriormente, no entusiasmo de sua luta contra a propriedade da terra, como uma superafetação inútil e absurda. A racionalização da agricultura, que permite a esta, pela primeira vez, ser praticada com critério social, e a redução da propriedade da terra *ad absurdum* são os grandes méritos do modo de produção capitalista. Como todos os seus outros avanços históricos, esse também foi obtido inicialmente por meio do empobrecimento total dos produtores diretos.

Antes de passarmos ao tema propriamente dito, ainda se fazem necessárias algumas observações preliminares para evitar equívocos.

O pré-requisito para o modo de produção capitalista é, portanto, o seguinte: os verdadeiros cultivadores do solo são assalariados, empregados por um capitalista, o arrendatário, que só se dedica à agricultura como campo de exploração específico do capital, como investimento de seu capital numa esfera particular da produção. Esse capitalista-arrendatário paga ao proprietário fundiário, ao proprietário da terra por ele explorada, em prazos determinados, digamos anualmente, uma soma em dinheiro fixada por contrato (exatamente do mesmo modo que o mutuário de capital monetário paga por ele juros determinados) em troca da permissão de aplicar seu capital nesse campo particular da produção. Essa soma de dinheiro se chama renda fundiária, não importando se é paga por terra cultivável, terreno para construções, minas, pesqueiros, bosques etc. Ela é paga por todo o tempo durante o qual o proprietário da terra emprestou, alugou por contrato, o solo ao arrendatário. Nesse caso, a renda do solo é a forma na qual se realiza economicamente a propriedade fundiária, a forma na qual ela se valoriza. Além disso, aqui estão, reunidas e confrontadas, as três classes – o trabalhador assalariado, o capitalista industrial e o proprietário fundiário – que constituem o marco da sociedade moderna.

O capital pode ser fixado na terra, incorporado a ela, seja de maneira transitória, por exemplo, com melhorias de natureza química, adubação etc., seja de modo mais permanente, com canais de drenagem, obras de irrigação, nivelamento, construção de prédios administrativos etc. Em outra obra, denominei *la terre-capital* ao capital assim incorporado à terra[28]. Ele pertence à

---

[28] *Misère de la philosophie*, cit., p. 165 [ed. bras.: *Miséria da filosofia*, cit.], onde distingo entre *terre-matière* e *terre-capital*. "Basta aplicar novos capitais nas terras, já transformadas em meio de produção, para aumentar a terra-capital sem aumentar em nada a terra-matéria, ou seja, sem ampliar sua extensão. [...] A terra-capital não é mais eterna do que qualquer outro capital. [...] A terra-capital é um capital fixo, mas este se desgasta como os capitais circulantes."

categoria do capital fixo. Os juros pelo capital incorporado na terra e as melhorias assim feitas a ela como instrumento de produção podem formar uma parte da renda que o arrendatário paga ao proprietário da terra[29], mas não formam a renda fundiária propriamente dita, que é paga pelo uso da terra como tal, em seu estado natural ou cultivada. Num estudo sistemático da propriedade fundiária, que não se encontra em nossos planos, teríamos de expor detalhadamente essa parte dos rendimentos do proprietário fundiário. Aqui bastarão poucas palavras sobre isso. Os investimentos mais temporários de capital, exigidos pelos processos habituais de produção na agricultura, são todos, sem exceção, realizados pelo arrendatário. Esses investimentos, como o mero cultivo em geral, quando praticados de modo minimamente racional, isto é, quando não se reduzem a exaurir o solo de maneira brutal, como faziam os antigos escravistas norte-americanos – contra essa prática, no entanto, os senhores rurais se protegem por contrato –, melhoram o solo[30], incrementam seu produto e transformam a terra de mera matéria em terra-capital. Um campo cultivado vale mais que um campo não cultivado de mesma qualidade natural. Também os investimentos mais permanentes, a ser consumidos num tempo mais prolongado, de capitais fixos incorporados à terra, são efetuados em grande parte e, em certas esferas, frequentemente de forma exclusiva pelo arrendatário. Mas tão logo tenha expirado o tempo de arrendamento fixado pelo contrato – e essa é uma das razões pelas quais, com o desenvolvimento da produção capitalista, o proprietário fundiário trata de abreviar o máximo possível o tempo de arrendamento –, as melhorias incorporadas ao solo caem nas mãos do proprietário como acidentes inseparáveis da substância, do solo, como sua propriedade. Ao firmar o novo contrato de arrendamento, o proprietário da terra acrescenta à renda fundiária propriamente dita os juros pelo capital incorporado à terra, não importando se ele aluga o solo ao arrendatário que efetuara as melhorias ou a outro. Desse modo, sua renda cresce; ou, caso queira vender a terra de imediato – e já veremos como se determina seu preço –, seu valor terá aumentado. Ele vende não apenas o solo, mas o solo melhorado, o capital incorporado à terra, que não lhe custou nada. Esse é um dos segredos – abstraindo totalmente do movimento da renda fundiária propriamente dita – do crescente enriquecimento dos proprietários fundiários, do aumento contínuo de suas rendas e do crescente

---

[29] Digo "pode" porque, sob certas circunstâncias, esses juros são regulados pela lei da renda fundiária e, desse modo, com a concorrência de novas terras dotadas de grande fertilidade, por exemplo, eles podem desaparecer.

[30] Ver James Anderson e Carey.

valor monetário de suas terras com o progresso da evolução econômica. Assim, colocam nos próprios bolsos o resultado produzido, sem seu concurso, pelo desenvolvimento social: *fruges consumere nati* [nascidos para consumir os frutos da terra]. Ao mesmo tempo, esse é um dos maiores obstáculos a uma agricultura racional, pois o arrendatário evita qualquer melhoria e investimento cujo retorno total não ocorra durante o período de seu arrendamento; e essa circunstância foi continuamente denunciada como obstáculo, tanto no século passado, por James Anderson, o verdadeiro descobridor da teoria moderna da renda – e que foi arrendatário e um importante agrônomo para sua época –, como em nossos dias, pelos adversários do regime de propriedade fundiária vigente na Inglaterra.

A.[lfred] A. Walton, *History of the Landed Tenures of Great Britain and Ireland*, Londres, [Charles H. Clarke,] 1865, diz a esse respeito, nas páginas 96-7:

> "Todos os esforços das inúmeras associações agrícolas de nosso país não poderão produzir resultados muito significativos ou verdadeiramente perceptíveis no progresso real das melhorias agrícolas enquanto tais melhorias significarem muito mais um acréscimo no valor da propriedade fundiária e na renda do proprietário do que uma melhoria na situação do arrendatário ou do trabalhador rural. Em geral, os arrendatários sabem tão bem quanto o proprietário fundiário, os administradores ou inclusive o presidente de alguma sociedade agrícola que boa drenagem, adubação abundante e bom cultivo, juntamente com um maior emprego de trabalho para limpar e revolver radicalmente a terra, lograrão excelentes resultados, tanto na melhora do solo como no aumento da produção. Tudo isso requer um gasto considerável, e os arrendatários também sabem muito bem que, por mais que melhorem a terra ou aumentem seu valor, é o proprietário fundiário que, em longo prazo, obterá o principal benefício disso, mediante a elevação das rendas e o aumento do valor da terra [...]. Eles são suficientemente astutos para perceber o que esses oradores" (proprietários fundiários e seus administradores falando nos banquetes das sociedade agrícolas) ", por alguma desatenção, sempre se esquecem de lhes dizer: que a parte do leão de todas as melhorias introduzidas pelo arrendatário acabará, em última instância, nos bolsos do proprietário das terras [...]. Por mais que o arrendatário anterior possa ter realizado melhorias na propriedade arrendada, seu sucessor sempre perceberá que o proprietário fundiário aumenta o arrendamento em proporção ao valor da terra incrementado por essas melhorias."

Na agricultura propriamente dita, esse processo não aparece com tanta clareza quanto no caso em que o solo é utilizado como terreno para construção.

A parte imensamente maior da terra que se vende na Inglaterra para fins de construção, mas não como *freehold*, é alugada pelos proprietários rurais por 99 anos ou, se possível, por um período mais breve. Uma vez transcorrido esse período, os edifícios ficam em poder do proprietário fundiário, juntamente com o próprio terreno.

> "Eles" {os arrendatários} "estão obrigados, ao expirar o contrato de aluguel, a entregar a casa ao grande proprietário fundiário, em boas condições de habitabilidade, depois de ter pago uma renda exorbitante pela terra até esse momento. Tão logo expira o contrato de aluguel, chega ao agente o inspetor do proprietário, examina sua casa, cuida para que a coloques em boas condições, toma posse dela e a anexa ao terreno de seu senhor [...]. O fato é que, se permitirmos que esse sistema continue em plena vigência por muito mais tempo, toda a propriedade de edifícios no reino, assim como a propriedade rural, cairá nas mãos dos grandes proprietários fundiários. Todo o West End de Londres, ao norte e ao sul de Temple Bar, pertence de forma quase exclusiva a aproximadamente meia dúzia de grandes proprietários, está alugado a enormes rendas e, onde os contratos de aluguel ainda não expiraram por completo, vencem rapidamente uns após os outros. A mesma coisa vale, em maior ou menor grau, para todas as cidades do reino. Mas nem sequer ali se detém esse sistema ganancioso de exclusividade e monopólio. Quase todas as docas de nossas cidades portuárias se encontram, em consequência desse mesmo processo de usurpação, nas mãos dos grandes leviatãs da terra." (Ibidem, p. 93)

Sob tais circunstâncias, fica claro que, se o censo para Inglaterra e País de Gales em 1861 mostra a existência de 36.032 proprietários de casas numa população total de 20.066.224 habitantes, a proporção dos proprietários com o número de casas e da população assumiria um aspecto totalmente distinto se puséssemos os grandes proprietários de um lado e os pequenos de outro.

Esse exemplo da propriedade dos edifícios é importante, em primeiro lugar, porque mostra claramente a diferença entre a renda da terra propriamente dita e os juros do capital fixo incorporado ao solo, que pode constituir um incremento à renda da terra. Os juros das construções, assim como os do capital incorporado ao solo pelo arrendatário na agricultura, recaem sobre o capitalista industrial, o especulador em construções ou o arrendatário ao longo da vigência do contrato de aluguel e em si não têm nenhuma relação com a renda da terra, que deve ser paga anualmente pela utilização do solo, em datas determinadas; em segundo lugar, porque mostra como, junto com a terra, o capital alheio nela incorporado acaba posteriormente embolsado pelo proprietário fundiário, e os juros por esse capital engrossam sua renda.

Alguns escritores, em parte como porta-vozes da propriedade fundiária contra os ataques dos economistas burgueses, em parte buscando converter o modo de produção capitalista num sistema de "harmonias", em vez de antagonismos, como Carey, procuraram apresentar a renda fundiária, expressão econômica específica da propriedade da terra, como idêntica aos juros. Com isso, estaria extinto o antagonismo entre proprietários fundiários e capitalistas. O método inverso foi aplicado nos primórdios da produção capitalista. Àquela época, na concepção popular ainda se considerava a propriedade da terra como a forma originária e respeitável da propriedade privada, ao passo que os juros do capital eram rejeitados como usura. Por isso, Dudley North, Locke etc. apresentavam os juros do capital como uma forma análoga à renda fundiária, exatamente do mesmo modo que Turgot encontrava a justificação dos juros na existência da renda fundiária. Aqueles escritores mais recentes esquecem – abstraindo totalmente do fato de que a renda da terra pode existir e existe em sua forma pura, sem sofrer nenhum acréscimo de juros pelo capital incorporado ao solo – que, desse modo, o proprietário fundiário não só obtém juros de capital alheio que nada lhe custam, como, ainda por cima, recebe gratuitamente o capital alheio na compra. A justificação da propriedade fundiária, assim como a de todas as outras formas de propriedade de determinado modo de produção, é a de que o próprio modo de produção, bem como as condições de produção e de intercâmbio que dele derivam, possui uma necessidade histórica transitória. De qualquer maneira, como veremos adiante, a propriedade da terra se distingue dos demais tipos de propriedade pelo fato de que, uma vez atingido certo nível de desenvolvimento, ela aparece como supérflua e nociva, mesmo do ponto de vista do modo de produção capitalista.

A renda fundiária ainda pode se confundir com os juros de outro modo, fazendo com que seu caráter específico fique desconhecido. A renda do solo se apresenta numa soma monetária determinada, que o proprietário fundiário obtém anualmente do arrendamento de uma porção do planeta. Vimos como todo ingresso determinado de dinheiro pode ser capitalizado, isto é, considerado juros de um capital imaginário. Por exemplo, se a taxa média de juros é de 5%, uma renda anual de £200 também pode ser considerada juros de um capital de £4.000. É a renda fundiária assim capitalizada que forma o preço de compra ou valor do solo, uma categoria que *prima facie*, exatamente do mesmo modo que o preço do trabalho, é irracional, já que a terra não é produto do trabalho e, por conseguinte, não possui valor nenhum. Por outro lado, essa forma irracional esconde uma relação real de produção. Se um capitalista compra por £4.000 um terreno que fornece uma renda anual de £200, ele obterá os juros médios anuais de 5% de £4.000, exatamente da mesma maneira que se tivesse investido esse capital em títulos portadores de juros ou se o tivesse emprestado diretamente a juros de 5%. Trata-se da valorização de um capital de £4.000 a 5%. Sob tal pressuposto, em 20 anos ele teria reposto o preço de compra de sua propriedade mediante os ganhos desta última. É por isso que, na Inglaterra, o preço de compra das terras é calculado segundo certa quantidade de *years' purchase* [produto anual da terra], o que é apenas outra expressão para a capitalização da renda fundiária. De fato, trata-se do preço de compra não do solo, mas da renda fundiária que ele produz, calculada segundo a taxa de juros habitual. Essa capitalização da renda pressupõe a renda, ao passo que, inversamente, esta última não pode ser deduzida nem explicada a partir de sua própria capitalização. Pelo contrário, sua existência, independentemente da venda, é aqui o pressuposto do qual se parte.

Disso se segue que, uma vez pressuposta a renda fundiária como grandeza constante, o preço do solo pode aumentar ou diminuir na proporção inversa do aumento ou da diminuição da taxa de juros. Se a taxa de juros corrente diminuísse de 5% a 4%, uma renda anual de £200 representaria a valorização anual de um capital de £5.000, em vez de sê-lo de um capital de £4.000, e desse modo o preço do mesmo prédio teria aumentado de £4.000 para £5.000 ou de 20 *years' purchase* para 25. E vice-versa. Esse é um movimento do preço da terra que independe do movimento da própria renda fundiária e que é regulado somente pela taxa de juros. Como vimos que, no progresso do desenvolvimento social, a taxa de juros tem uma tendência à queda e que, por conseguinte, também o tem a taxa de juros, na medida em que ela é regulada pela taxa de lucro, e que, além disso, abstraindo também da taxa de lucro, a taxa de juros tem uma tendência à queda em consequência do crescimento do capital monetário emprestável, segue-se que o preço do solo tem uma tendência à alta, também independentemente do movimento da renda fundiária e do preço dos produtos da terra, do qual a renda constitui uma parte.

A confusão da própria renda fundiária com a forma de juros que ela assume para o comprador do solo – confusão que repousa no total desconhecimento da natureza da renda fundiária – tem necessariamente de conduzir aos mais curiosos paralogismos. Como em todos os países antigos a propriedade fundiária é considerada uma forma especialmente preeminente da propriedade e, além disso, sua compra é tida como um investimento de capital particularmente seguro, a taxa de juros sob a qual se compra a renda fundiária costuma ser mais baixa do que no caso de outros investimentos de capital, estendidos por períodos mais longos, de modo que, por exemplo, o comprador de terras só obtém 4% sobre o preço de compra, ao passo que, de outro modo, obteria 5% pelo mesmo capital ou, o que dá no mesmo, paga mais capital pela renda fundiária do que pagaria por essa mesma entrada anual de dinheiro em outros investimentos. A partir disso, o sr. Thiers, em seu péssimo escrito sobre *La propriété* (reprodução de seu discurso contra Proudhon, pronunciado em 1849 na Assembleia Nacional francesa), conclui pelo baixo nível da renda fundiária, quando na verdade isso demonstra apenas seu alto preço de compra.

A circunstância de a renda capitalizada da terra se apresentar como preço ou valor da terra e, por isso, a terra ser comprada e vendida como qualquer outra mercadoria serve a alguns apologistas como justificativa da propriedade fundiária, uma vez que o comprador pagou por ela, como por qualquer outra mercadoria, um equivalente, e a maior parte da propriedade da terra mudou de mãos dessa maneira. A mesma justificativa serviria, então, para a escravidão, uma vez que, para o escravista que pagou pelos escravos em dinheiro, o produto de seu trabalho só representa os juros do capital investido na compra. Deduzir da compra e da venda da renda fundiária a justificação de sua existência significa, em geral, justificar sua existência a partir de sua existência.

Assim como para a análise científica da renda fundiária – isto é, da forma econômica específica, autônoma, da propriedade da terra sobre a base do modo de produção capitalista – é importante que ela seja observada em sua forma pura, livre de todos os complementos que a falseiam e a obscurecem, é igualmente importante para a compreensão dos efeitos práticos da propriedade da terra – inclusive de uma grande quantidade de fatos que contradizem o conceito e a natureza da renda fundiária, mas que se manifestam como modos de existência desta última – conhecer os elementos dos quais emanam esses turvamentos da teoria.

É claro que, na prática, aparece como renda fundiária tudo o que o arrendatário paga como arrendamento ao proprietário da terra em troca da autorização para cultivar o solo. Quaisquer que sejam os componentes desse tributo, quaisquer que sejam as fontes das quais ele provenha, ele tem em comum com a renda fundiária propriamente dita o fato de que o monopólio de uma porção do globo terrestre capacita o proprietário a cobrar o tributo, a impor essa taxa. Tem em comum com a renda propriamente dita o fato de que ele determina o preço do solo, o qual, como já demonstramos, não é senão a receita capitalizada do arrendamento do solo.

Já vimos que os juros sobre o capital incorporado à terra podem constituir um desses componentes estranhos da renda, o qual, com o progresso do desenvolvimento econômico, tem de constituir um incremento sempre crescente ao montante das rendas de um país. Porém, abstraindo desses juros, é possível que por trás do dinheiro pago pelo arrendamento se esconda, em parte e, em certos casos, inclusive em sua totalidade – ou seja, no caso de ausência total da renda do solo propriamente dita e, por conseguinte, no caso de uma ausência real de valor do solo –, uma dedução, seja do lucro médio, seja do salário normal, seja de ambos ao mesmo tempo. Essa parte, tanto do lucro como do salário, aparece aqui na figura da renda fundiária, porque em vez de cair nas mãos do capitalista industrial ou do assalariado, como seria normal, ela é paga ao proprietário fundiário na forma de arrendamento. Economicamente falando, nem uma parte nem a outra constituem renda fundiária; na prática, no entanto, ela representa uma receita do proprietário da terra, uma valorização econômica de seu monopólio, exatamente do mesmo modo que a renda fundiária propriamente dita, e exerce sobre o preço da terra uma influência tão determinante quanto esta última.

Não falamos aqui de situações nas quais a renda fundiária – o modo da propriedade da terra que corresponde ao modo de produção capitalista – existe formalmente sem que exista o próprio modo de produção capitalista, sem que o próprio arrendatário seja um capitalista industrial ou que seu modo de cultivo seja capitalista. É o caso, por exemplo, da *Irlanda*. Lá o arrendatário é, em média, um pequeno camponês. O que ele paga ao proprietário fundiário a título de arrendamento costuma absorver não só parte de seu lucro, isto é, de seu próprio mais-trabalho, ao qual ele tem direito como proprietário de seus próprios instrumentos de trabalho, mas também parte do salário normal, que, em outras condições, ele obteria pela mesma quantidade de trabalho. Além disso, o proprietário fundiário, que aqui não contribui em nada para a melhoria do solo, expropria-lhe seu pequeno capital, que, na maior parte, o arrendatário incorporou à terra por meio de seu próprio trabalho, exatamente da maneira como faria um usurário em condições semelhantes. A diferença é que o usurário pelo menos arrisca seu próprio capital nessa operação. Esse roubo constante constitui o objeto da celeuma em torno da legislação rural irlandesa, que, em essência, chega ao resultado de que o proprietário fundiário que rescinde o arrendamento deve ser obrigado a indenizar o arrendatário pelas melhorias que este último introduziu no solo ou pelo capital nele incorporado. A isso, Palmerston costumava responder cinicamente: "A Câmara dos Comuns é uma câmara dos proprietários de terra"*.

Tampouco falaremos das condições excepcionais nas quais, inclusive em países de produção capitalista, o proprietário fundiário pode forçar a obtenção de um elevado arrendamento, que não tem relação nenhuma com o produto da terra, como nos distritos industriais ingleses o arrendamento de minúsculas parcelas a trabalhadores fabris para ser destinadas a pequenos hortos ou para nelas praticar a agricultura, à maneira de aficcionados, durante as horas livres (*Reports of Inspectors of Factories*).

Falamos da renda agrícola em países de produção capitalista desenvolvida. Entre os arrendatários ingleses, por exemplo, encontram-se alguns pequenos capitalistas, que, por educação, formação, tradição, concorrência e outras circunstâncias, estão destinados e obrigados a investir seu capital na agricultura como arrendatários. Estão obrigados a contentar-se com menos do que o lucro médio e a ceder uma parte deste último, na forma de renda, ao proprietário da terra. Essa é a única condição sob a qual lhes é permitido investir seu capital no solo, na agricultura. Como os proprietários da terra exercem por toda parte uma influência significativa – no caso da Inglaterra, até mesmo preponderante – sobre a legislação, tal influência pode ser usada para sugar toda a classe dos arrendatários. É verdade que as leis dos cereais de 1815, por exemplo – um imposto sobre o pão, confessadamente aplicado ao país para assegurar aos ociosos proprietários da terra a continuidade de suas rendas, imensamente aumentadas durante a guerra antijacobina –, tiveram o efeito, excetuando-se alguns anos de colheitas excepcionais, de manter o preço dos produtos agrícolas acima do nível a que teriam caído no caso de uma livre importação de grãos. Mas não tiveram o resultado de manter os preços no nível que fora decretado pelos proprietários

* Ver, sobre isso, o artigo de Marx, assinado em 28 de junho de 1853 e intitulado "A questão indiana, o direito irlandês relativo aos arrendamentos" (porém dedicado unicamente, salvo um breve parágrafo inicial, ao segundo desses temas): "O projeto de lei acerca da indenização aos arrendatários (Irlanda), aprovado na sexta-feira passada, contém uma cláusula segundo a qual o arrendatário, ao final do arrendamento, deve receber uma indenização monetária pelas melhorias incorporadas ao solo e pelas que são separáveis deste último; o novo arrendatário estará em liberdade de adquirir as segundas por seu valor de taxação, ao passo que, no caso das melhorias incorporadas ao solo, a indenização deverá ser estipulada por contrato entre o proprietário da terra e o arrendatário". Essa lei, resultado de um compromisso entre os parlamentares irlandeses e os do governo, melhorava um pouco uma situação que Marx sintetiza da seguinte maneira: "O arrendatário irlandês pobre pertence ao solo, e o solo, ao lorde inglês". (N. E. A.)

fundiários legisladores como normais, para que eles constituíssem o limite legal à importação do cereal estrangeiro. Sob a impressão desses preços normais, no entanto, celebraram-se os contratos de arrendamento. Tão logo a ilusão se esvaneceu, uma nova lei foi redigida, introduzindo novos preços normais, que, do mesmo modo como os preços antigos, não eram mais que a expressão impotente da ambiciosa fantasia do proprietário fundiário. Assim os arrendatários foram sugados desde 1815 até a década de 1830. Isso explica, durante toda essa época, o tema constante da *agricultural distress* [crise agrícola], bem como, durante esse período, a expropriação e a ruína de uma geração inteira de arrendatários e sua substituição por uma nova classe de capitalistas[31].

Um fato muito mais geral e importante é a compressão do salário do trabalhador agrícola propriamente dito abaixo de seu nível médio normal, de modo que ao trabalhador é subtraída uma parte do salário, a qual constitui um componente do arrendamento e, desse modo, sob a máscara da renda fundiária, aflui para o proprietário fundiário, em vez de para o trabalhador. Esse é, em geral, o caso, por exemplo, na Inglaterra e na Escócia, com exceção de alguns condados situados em locais favoráveis. O trabalho das comissões parlamentares de inquérito acerca do nível do salário, que foram instauradas na Inglaterra antes da promulgação das leis dos cereais – até hoje as contribuições mais valiosas e quase totalmente inexploradas à história do salário no século XIX e, ao mesmo tempo, uma coluna infame que a aristocracia e a burguesia inglesas ergueram para si mesmas –, demonstram com toda evidência, acima de qualquer dúvida, que as elevadas taxas de renda e o correspondente aumento do preço da terra durante a guerra antijacobina só se deviam em parte ao desconto do salário e à compressão deste último, até mesmo abaixo do mínimo físico; isto é, deviam-se ao fato de se pagar ao proprietário fundiário uma parte do salário normal. Diversas circunstâncias, entre as quais a depreciação do dinheiro, a instrumentalização das leis dos pobres nos distritos agrícolas etc., haviam possibilitado essa operação, ao mesmo tempo que os ganhos dos arrendatários aumentavam enormemente e que os proprietários fundiários enriqueciam de um modo fabuloso. Um dos principais argumentos para a adoção das leis dos cereais, tanto por parte dos arrendatários como por parte dos proprietários fundiários, foi o de

31 Vejam-se os "Anti-Corn-Law Prize-Essays". No entanto, as leis dos cereais continuaram a manter os preços num nível artificialmente alto. Isso favorecia os melhores arrendatários, que aproveitavam a situação estacionária em que as barreiras tarifárias mantinham a grande massa dos arrendatários, que, com ou sem razão, confiaram no preço médio excepcional.

que era fisicamente impossível reduzir ainda mais o salário dos jornaleiros agrícolas. Essa situação não se alterou no essencial, e na Inglaterra, assim como em todos os países europeus, uma parte do salário normal continua a ingressar na renda fundiária. Quando o conde de Shaftesbury, à época lorde Ashley, um dos aristocratas filantropos, comoveu-se extraordinariamente com a situação dos trabalhadores fabris ingleses e converteu-se em seu porta-voz parlamentar durante a agitação pelas dez horas, os porta-vozes dos industriais publicaram, por vingança, uma estatística sobre o salário dos jornaleiros agrícolas nas aldeias que lhes pertenciam (ver Livro I, capítulo 23, item 5, subitem e: "O proletariado agrícola britânico"), a qual demonstrava sem dar margem a dúvida que uma parte da renda fundiária desse filantropo consiste apenas no roubo que seus arrendatários efetuam para ele no salário dos trabalhadores agrícolas. Essa publicação também é interessante porque os fatos nela contidos podem ser corajosamente dispostos ao lado dos piores que foram revelados pelas comissões de 1814 e 1815. Cada vez que as circunstâncias forçam um aumento momentâneo do salário dos jornaleiros agrícolas, ressoa também a gritaria dos arrendatários, de que uma elevação do salário a seu nível normal, tal como vigora em outros ramos da indústria, seria impossível e acabaria por arruiná-los, se não fosse acompanhada de uma diminuição simultânea da renda fundiária. Aqui se encontra, portanto, a confissão de que, sob o nome de renda fundiária, o que se tem é um desconto no salário operado pelos arrendatários, que pagam esse dinheiro aos proprietários da terra. Na Inglaterra, por exemplo, entre 1849 e 1859, o salário dos trabalhadores agrícolas aumentou devido a uma confluência de circunstâncias avassaladoras, tais como o êxodo da Irlanda, que cortou a oferta de trabalhadores agrícolas desse país, uma enorme absorção da população rural pela indústria fabril, a demanda bélica por soldados, uma extraordinária emigração para a Austrália e os Estados Unidos (Califórnia) e outros motivos que não cabem ser aqui mencionados. Ao mesmo tempo, com exceção das colheitas desfavoráveis entre 1854 e 1856, o preço médio dos cereais caiu durante esse período em mais de 16%. Os arrendatários clamavam por uma redução das rendas. Conseguiram, em casos isolados. Em geral, fracassaram com essa exigência. Buscaram proteção contra a baixa dos custos de produção, entre outros recursos, mediante a introdução massiva do locomóvel e de novas maquinarias, que, em parte, substituíram os cavalos, eliminando-os da economia, e, em parte, também provocaram, por meio da liberação de trabalhadores agrícolas, uma superpopulação artificial e, por conseguinte, uma nova redução do salário. Isso ocorreu apesar da diminuição relativa geral da população rural durante esse decênio, comparada com o crescimento da população global, e apesar da diminuição absoluta da população rural em alguns distritos puramente agrícolas[32]. Do mesmo modo, Fawcett, à época professor de economia política em Cambridge, falecido em 1884 como diretor-geral do correio, dizia no Social Science Congress, em 12 de outubro de 1865: "Os jornaleiros agrícolas começaram a emigrar, e os arrendatários passaram a queixar-se de que não estavam mais em condições de pagar rendas tão elevadas, uma vez que o trabalho encarecera devido à emigração". Aqui, portanto, a renda elevada se identifica diretamente com o baixo salário. Na medida em que o nível do preço do solo está condicionado por essa circunstância incrementadora da renda, o aumento do valor da terra é idêntico à desvalorização do trabalho, isto é, o alto nível do preço da terra é igual ao baixo nível do preço do trabalho.

O mesmo vale para a França.

> "O arrendamento aumenta porque, por um lado, sobe o preço do pão, do vinho, da carne, dos legumes e das frutas, enquanto, por outro lado, permanece inalterado o preço do trabalho. Se as pessoas mais velhas analisassem as contas de seus pais, retrocedendo aproximadamente 100 anos, veriam que naquela época o preço de uma jornada de trabalho na França rural era exatamente o mesmo de hoje. O preço da carne triplicou desde então [...]. Quem é a vítima dessa reviravolta? O rico, proprietário do arrendamento, ou o pobre que trabalha para ele? [...] O aumento do preço dos arrendamentos é a demonstração de uma calamidade pública." (M.[aurice] Rubichon, *Du mécanisme de la société en France et en Angleterre*, 2. ed., Paris, 1837, p. 101)

Exemplos de renda como consequência do desconto sobre o lucro médio, por um lado, e sobre o salário médio, por outro:

Morton, o agente imobiliário e engenheiro agrônomo já citado, diz que em muitas regiões observou-se que a renda dos grandes arrendamentos é mais baixa que a dos pequenos, porque

> "a concorrência por estes últimos é habitualmente maior que pelos primeiros e porque os pequenos arrendatários, que raramente estão em condições de lançar-se em algum negócio que não seja a agricultura, com frequência estão dispostos a pagar uma renda que eles mesmos sabem ser demasiadamente elevada, forçados

---

32 John C. Morton, *The Forces used in Agriculture*, palestra proferida na Society of Arts de Londres, em 1860, e baseada em documentos autênticos, reunidos junto a cerca de 100 arrendatários de 12 condados escoceses e 35 condados ingleses.

que estão pela necessidade de encontrar uma ocupação mais adequada." (John [L.] Morton, *The Resources of Estates*, Londres, [Longman, Brown, Green, Longmans, and Roberts,] 1858, p. 116)

No entanto, essa diferença estaria desaparecendo aos poucos na Inglaterra, o que, na opinião dele, teria muito a ver com a emigração que há precisamente entre a classe dos pequenos arrendatários. Morton ainda fornece um exemplo, no qual fica evidente que na renda fundiária entra o desconto realizado no salário do próprio arrendatário e, por conseguinte, com certeza ainda maior, o desconto do salário daqueles que ele emprega. Isso nos arrendamentos abaixo de 70-80 acres (30-34 hectares), que não podem sustentar um arado duplo.

"Se o arrendatário não trabalha com as próprias mãos e com a mesma diligência que qualquer trabalhador, ele não pode subsistir em seus arrendamentos. Se deixa ao encargo de seus homens a execução do trabalho e se limita a supervisioná-los, é altamente provável que ele logo descubra que não está em condições de pagar sua renda." (Ibidem, p. 118)

Disso conclui Morton que os arrendatários da região não são muito pobres e os arrendamentos não devem ser inferiores a 70 acres, de modo que o arrendatário possa manter de dois a três cavalos.

Eis a sabedoria extraordinária do senhor Léonce de Lavergne, "Membre de l'Institut et de la Société Centrale d'Agriculture". Em *Economie rurale de l'Angleterre* (citada segundo a tradução inglesa, Londres, 1855), ele realiza a seguinte comparação entre o rendimento anual do gado bovino, que é empregado na França, mas não na Inglaterra, onde é substituído por cavalos (p. 42):

França		**Inglaterra**	
Leite	£4 milhões	Leite	£16 milhões
Carne	£16 milhões	Carne	£20 milhões
Trabalho	£8 milhões	Trabalho	–
	£28 milhões		£36 milhões

Nesse caso, o produto se mostra mais elevado porque, segundo os próprios dados, o leite é na Inglaterra duas vezes mais caro que na França, ao passo que ele supõe o mesmo preço para a carne em ambos os países (p. 35); assim, o produto lácteo inglês é reduzido a £8 milhões, e o produto total, a £28 milhões, como na França. De fato, é significativo que o senhor Lavergne inclua simultaneamente em seu cálculo a massa de produto e a diferença de preço, de modo que, se a Inglaterra produz certos artigos a um preço maior que a França – o que significa, no máximo, um lucro maior para arrendatários e proprietários fundiários –, isso aparece como vantagem da agricultura inglesa.

Que o sr. Lavergne não só conhece os sucessos econômicos da agricultura inglesa, como crê também nos preconceitos dos arrendatários e dos proprietários rurais ingleses, é algo que fica comprovado na p. 48: "Uma grande desvantagem costuma estar vinculada a plantações de cereais [...]; elas esgotam o terreno sobre o qual se assentam". O sr. Lavergne não só crê que outras plantas não produzem tal efeito, como também que as plantas forrageiras e os tubérculos enriquecem o solo.

> "As plantas forrageiras extraem da atmosfera os principais elementos de seu crescimento e devolvem ao solo mais do que dele extraem; assim, elas contribuem duplamente – tanto de forma direta como por meio de sua transformação em adubo animal – para reparar os danos causados pelos cereais e por outras colheitas que esgotam a terra; por isso, constitui um princípio que, pelo menos, haja alternância entre essas colheitas; nisso consiste a *Norfolk rotation*." ([Ibidem,] p. 50-1)

Não surpreende que o senhor Lavergne, que crê nessas fábulas do ambiente rural inglês, creia também que, desde a derrogação das leis dos cereais, o salário dos jornaleiros agrícolas ingleses tenha perdido a anormalidade anterior. Veja o que dissemos a esse respeito no Livro I, capítulo 23, item 5, p. 701-729 [746-69] e ouçamos ainda o discurso do sr. John Bright, em Birmingham, em 14 de dezembro de 1865. Logo depois de falar de 5 milhões de famílias que não estão representadas de modo nenhum no Parlamento, ele prossegue:

> "Entre eles, há no Reino Unido 1 milhão ou, melhor dizendo, mais de 1 milhão que figuram na infame lista dos *paupers* [indigentes]. Além deles, há outro milhão de pessoas que ainda se mantêm acima do pauperismo, mas que correm permanentemente o risco de também converter-se em *paupers*. Sua situação e suas perspectivas não são mais favoráveis. Observai agora as ignorantes camadas inferiores dessa parte da sociedade. Considerai sua situação abjeta, sua pobreza, seus sofrimentos, sua total desesperança. Mesmo nos Estados Unidos, mesmo nos estados sulistas durante o império da escravidão, todo negro ainda compartilhava da crença de que algum dia teria um ano de jubileu. Para essa gente, para essa massa das camadas mais inferiores de nosso país, não existe, e estou aqui para dizê-lo, a crença em qualquer melhoria nem sequer uma aspiração a que isso

ocorra. Lestes recentemente nos diários uma notícia sobre John Cross, jornaleiro agrícola de Dorsetshire? Ele trabalhava 6 dias na semana, tinha um excelente histórico junto a seu empregador, para quem trabalhara durante 24 anos por um salário semanal de 8 xelins. Com esse salário, John Cross tinha de manter uma família de 7 filhos em um cortiço. Para prover aquecimento à mulher doente e ao bebê, ele tomou – em linguagem jurídica, creio, ele furtou – uma trave de madeira no valor de 6 *pence*. Por esse delito, os juízes de paz o condenaram a 14 ou 20 dias de prisão. Posso dizer-vos que em todo o país se encontram muitos milhares de casos como o de John Cross, especialmente no sul, e que sua situação é tal que até o presente nem o mais diligente dos investigadores conseguiu resolver o mistério de como eles mantêm unidos corpo e alma. Agora lançai um olhar a todo o país e contemplai esses 5 milhões de famílias e a situação desesperadora dessa camada da sociedade. Não se pode dizer, na verdade, que a maior parte da nação, excluída do sufrágio, trabalha duro, dia após dia, e quase não conhece o repouso? Comparai-os com a classe dominante – se o fizer, serei acusado de comunismo – [...], mas comparai essa grande nação, que se mata de trabalhar e é desprovida do sufrágio, com a parte que se pode considerar como as classes dominantes. Observai sua riqueza, sua pompa, seu luxo. Vede sua fadiga – pois também entre eles há fadiga, ainda que a fadiga da fartura – e vede como correm apressados de um lado a outro, como se a única coisa que importasse fosse descobrir novos prazeres." (*Morning Star*, 15 de dezembro de 1865).*

No que segue, demonstra-se como o mais-trabalho e, por conseguinte, o mais-produto em geral são confundidos com a renda da terra, essa parte específica, qualitativa e quantitativamente determinada do mais-produto, pelo menos sobre a base do modo de produção capitalista. A base natural espontânea do mais-trabalho em geral, isto é, uma condição natural sem a qual ele não é possível, é a de que a natureza – seja em produtos da terra, vegetais ou animais, seja em pescados etc. – forneça os meios de subsistência necessários, empregando-se um tempo de trabalho que não devore a jornada inteira. Essa produtividade natural espontânea do trabalho agrícola (na qual

* 14 de dezembro de 1865. Maximilam Rubel afirma corretamente que "a menção do discurso de John Bright pode servir de ponto de referência para a datação da última parte do manuscrito do Livro III", mas não chega à conclusão que parece se impor: se estamos na p. 416 de um manuscrito de 575 páginas, se Marx não a redigiu antes de 14 ou 15 de dezembro de 1865, é muito difícil (desde que essa referência ao discurso de Bright não seja uma inserção tardia) que seu autor tenha podido terminar o manuscrito principal do Livro III nesse mesmo ano, isto é, que tenha composto em quinze dias mais de um quarto desse texto. (N. T.)

se inclui, nesse caso, o simples trabalho de coleta, caça, pesca ou criação de gado) é a base de todo mais-trabalho, assim como todo trabalho está inicialmente voltado para a apropriação e a produção de alimentos. (Nos climas frios, os animais proporcionam simultaneamente a pele como agasalho; além disso, habitações rupestres etc.)

A mesma confusão entre mais-produto e renda fundiária é expressa de outra maneira pelo sr. Dove. Originalmente, o trabalho agrícola e o trabalho industrial não estão separados; o segundo se soma ao primeiro. O mais-trabalho e o mais-produto da tribo, da comunidade doméstica ou da família agrícolas compreendem tanto o trabalho agrícola como o industrial. Ambos andam juntos. A caça, a pesca ou a agricultura são impossíveis sem os instrumentos correspondentes. A tecelagem, a fiação etc. praticam-se pela primeira vez como trabalhos agrícolas secundários.

Demonstramos anteriormente que, assim como o trabalho do trabalhador individual se decompõe em trabalho necessário e mais-trabalho, pode-se dividir o trabalho total da classe trabalhadora de maneira que a parte que produz os meios de subsistência totais para essa classe (inclusive os meios de produção requeridos para isso) desempenha o trabalho necessário para toda a sociedade. O trabalho efetuado por toda a parte restante da classe trabalhadora pode ser considerado mais-trabalho. E o trabalho necessário não se reduz ao trabalho agrícola, mas também ao trabalho que produz todos os demais produtos que entram necessariamente no consumo médio do trabalhador. Do mesmo modo, em termos sociais, uns só efetuam trabalho necessário porque os outros só executam mais-trabalho, e vice-versa. Isso é apenas a divisão do trabalho entre eles. O mesmo ocorre com a divisão do trabalho entre trabalhadores agrícolas e trabalhadores industriais em geral. Ao caráter puramente industrial do trabalho, por um lado, corresponde o caráter puramente agrícola, por outro. Esse trabalho puramente agrícola não é de modo nenhum natural espontâneo, mas é em si um produto – e um produto muito moderno, que de modo nenhum foi alcançado em toda parte – do desenvolvimento social e corresponde a um estágio bem determinado da produção. Assim como uma parte do trabalho agrícola se objetiva em produtos que servem ao luxo ou constituem matérias-primas para indústrias, mas não entram em absoluto na alimentação nem, menos ainda, na alimentação das massas, uma parte do trabalho industrial se objetiva em produtos que servem para os meios de consumo necessários, tanto dos trabalhadores agrícolas como dos não agrícolas. É falso conceber esse trabalho industrial – do ponto de vista social – como mais-trabalho. Ele é, em parte, trabalho tão necessário quanto a parte necessária do trabalho agrícola. É também apenas a forma autonomizada de uma parte do trabalho industrial que antes se encontrava naturalmente ligado ao trabalho agrícola, um complemento recíproco necessário do trabalho puramente agrícola, que agora se encontra separado do primeiro. (Considerado apenas de um ponto de vista material, 500 tecelões mecânicos produzem, por exemplo, uma quantidade muito maior de tecido excedente, isto é, mais do que o requerido para sua própria vestimenta.)

Por fim, ao considerar as formas de manifestação da renda fundiária, isto é, do dinheiro do arrendamento pago ao proprietário da terra a título de renda fundiária em troca da utilização do solo, para fins produtivos ou de consumo, é preciso afirmar que o preço daquelas coisas que não têm valor em si mesmas, isto é, que não são o produto do trabalho, como o solo, ou que não podem ser reproduzidas mediante o trabalho, como as antiguidades, as obras de arte de determinados mestres etc., pode ser determinado por combinações muito fortuitas. Para vender uma coisa, é preciso apenas que ela seja monopolizável e alienável.

* * *

Há três erros principais que devem ser evitados no tratamento da renda da terra e que enturvam sua análise.

1. A confusão entre as diversas formas da renda, que correspondem aos variados graus de desenvolvimento do processo social de produção.

   Todos os tipos específicos de renda têm em comum o fato de que a apropriação da renda é a forma econômica na qual se realiza a propriedade fundiária e que, por sua vez, a renda da terra pressupõe uma propriedade da terra, a propriedade de determinados indivíduos sobre determinadas porções do globo terrestre – seja o proprietário a pessoa que representa a coletividade, como na Ásia, no Egito etc.; seja essa propriedade fundiária apenas um acidente da propriedade que determinadas pessoas detêm sobre os produtores diretos, como ocorria no sistema da escravidão ou da servidão; seja ela a propriedade privada pura de não produtores sobre a natureza, mero título de propriedade do solo; ou, finalmente, seja ela uma relação com o solo, a qual, como no caso dos colonos e dos pequenos camponeses proprietários de terra, isto é, no caso no trabalho isolado e socialmente não desenvolvido, parece diretamente incluída na apropriação e na produção dos produtos de determinadas porções de terra pelos produtores diretos.

Esse *caráter comum* das diversas formas da renda – o de ser a realização econômica da propriedade fundiária, da ficção jurídica graças à qual diversos indivíduos possuem porções determinadas do globo terrestre – faz com que suas diferenças passem despercebidas.

2. Toda renda fundiária é mais-valor, produto de mais-trabalho. É ainda diretamente mais-produto em sua forma não desenvolvida, a renda *in natura*. Daí o erro de que a renda correspondente ao modo de produção capitalista, renda que é sempre um excedente sobre o lucro, isto é, sobre uma parcela de valor da mercadoria, que se compõe ela própria de mais-valor (mais-trabalho), de que esse componente peculiar e específico do mais-valor se explique pelo mero fato de revelar as condições gerais da existência do mais-valor e do lucro em geral. Essas condições são: os produtores diretos têm de trabalhar mais que o tempo requerido para a reprodução de sua própria força de trabalho, de si mesmos. Em geral, têm de executar mais-trabalho. Essa é a condição subjetiva. A condição objetiva é a de que também *possam* efetuar mais-trabalho; que as condições naturais sejam tais que parte de seu tempo de trabalho disponível baste para sua reprodução e sua autoconservação como produtores, que a produção de seus meios de subsistência necessários não consuma toda a sua força de trabalho. A fertilidade da natureza constitui aqui um limite, um ponto de partida, uma base. E o desenvolvimento da força produtiva social de seu trabalho constitui outro limite. Considerado mais de perto, uma vez que a produção dos alimentos é a condição mais primordial de sua vida e de toda produção em geral, o trabalho empregado nessa produção, ou seja, o trabalho agrícola no sentido econômico mais amplo, precisa ser suficientemente produtivo para que todo o tempo de trabalho disponível não seja absorvido na produção de alimentos para os produtores diretos, quer dizer, para que seja possível o mais-trabalho e, por conseguinte, o mais-produto agrícola. Indo além, que o trabalho agrícola total – trabalho necessário e mais-trabalho – de uma parte da sociedade baste para produzir os alimentos necessários para toda a sociedade, ou seja, também para os trabalhadores não agrícolas; que, portanto, seja possível essa grande divisão do trabalho entre agricultores e industriais, assim como a divisão entre aqueles agricultores que produzem alimentos e os que produzem matérias-primas. Embora o trabalho dos produtores diretos que produzem para si mesmos se divida em trabalho necessário e mais-trabalho, ele só representa, com relação à sociedade, o trabalho necessário requerido para a produção dos

alimentos. Além disso, a mesma coisa se produz em toda divisão do trabalho no seio da sociedade inteira, em contraste com a divisão do trabalho no interior de uma oficina particular. Trata-se da divisão do trabalho necessário para a produção de artigos específicos, para a satisfação de uma necessidade pontual da sociedade em relação a determinados artigos. Se essa divisão é proporcional, os produtos dos diversos grupos serão vendidos a seus valores (num momento ulterior do desenvolvimento, a seus preços de produção) ou, então, a preços que, determinados por leis gerais, são modificações desses valores – ou, conforme o caso, preços – de produção. De fato, essa é a lei do valor, que se impõe não com relação às mercadorias ou aos artigos em particular, mas aos produtos totais originados em cada uma das esferas sociais da produção, autonomizadas por meio da divisão do trabalho, de modo que não só se emprega apenas o tempo de trabalho necessário para cada mercadoria individual, como também se emprega a quantidade proporcional do tempo de trabalho social total implicado nos diversos grupos. O valor de uso continua a ser a condição. Mas, se o valor de uso de uma mercadoria individual depende de que esta última satisfaça por si mesma uma necessidade, no caso da massa social dos produtos dessa mercadoria depende de que ela seja adequada à necessidade social quantitativamente determinada de cada tipo específico de produto e que, por isso, o trabalho se encontre proporcionalmente distribuído entre as diversas esferas da produção na proporção dessas necessidades sociais, que são quantitativamente circunscritas. (Inserir esse ponto ao tratar da distribuição do capital entre as diversas esferas da produção.) A necessidade social, isto é, o valor de uso elevado à potência social, aparece aqui como determinante para a cota do tempo total de trabalho social que corresponde às diversas esferas da produção em particular. É apenas a mesma lei que já se manifesta na mercadoria individual, a saber, a de que seu valor de uso é pressuposto de seu valor de troca e, com isso, de seu valor. Esse ponto só tem a ver com a relação entre trabalho necessário e mais-trabalho na medida em que, ao ferir essa proporção, o valor da mercadoria não se pode realizar e, por isso, tampouco o pode o mais-valor nela incorporado. Por exemplo, suponhamos que se tenham produzido telas de algodão numa quantidade proporcionalmente maior que a necessária, ainda que nesse produto total de telas só se realize o tempo de trabalho necessário para isso sob as condições dadas. Em geral, despendeu-se nesse ramo particular uma quantidade de trabalho social maior que a necessária, isto é, uma parte do produto é inútil. Por isso, o produto total só se vende como se tivesse sido produzido na proporção necessária. Esse limite quantitativo das cotas do tempo social de trabalho aplicáveis às diversas esferas particulares da produção é somente a expressão ulteriormente desenvolvida da lei do valor em geral, embora o tempo de trabalho necessário possua aqui um sentido diferente. Uma quantidade determinada desse trabalho basta para a satisfação das necessidades sociais. A limitação se apresenta aqui por meio do valor de uso. Sob as condições de produção dadas, a sociedade só pode empregar certa quantidade de seu tempo total de trabalho na produção desse tipo particular de produto, mas as condições subjetivas e objetivas de mais-trabalho e mais-valor em geral não têm nenhuma relação com a forma determinada, seja do lucro, seja da renda. Elas valem para o mais-valor como tal, independentemente da forma que ele assuma. Por isso, não explicam a renda fundiária.

3. Precisamente no caso da valorização econômica da propriedade fundiária, no desenvolvimento da renda fundiária, manifesta-se como característico o fato de que sua quantidade não esteja determinada em absoluto pela intervenção de seu receptor, mas sim pelo desenvolvimento do trabalho social, que independe da ação desse receptor e no qual ele não participa em absoluto. Por isso, entende-se facilmente como característica da renda (e do produto agrícola em geral) o que, sobre a base da produção de mercadorias e mais precisamente da produção capitalista – que é produção de mercadorias em toda sua extensão –, é comum a todos os ramos da produção e a todos os produtos.

O nível da renda do solo (e, com ela, do valor do solo) se desenvolve no curso do desenvolvimento social como resultado do trabalho social total. Por um lado, expande-se com isso o mercado e a demanda por produtos agrícolas; por outro, expande-se diretamente a demanda pelo próprio solo, como condição concorrencial de produção para todos os ramos possíveis da atividade, inclusive os não agrícolas. Ademais, a renda – e com ela o valor do solo, para falar só da renda agrícola propriamente dita – se desenvolve com o mercado para o produto da terra e, por conseguinte, com o crescimento da população não agrícola; desenvolve-se com sua necessidade e sua demanda, em parte de alimentos, em parte de matérias-primas. É da natureza do modo de produção capitalista que este reduza continuamente a população agrícola em relação à população não agrícola, porquanto na indústria (no sentido mais estrito) o crescimento do capital constante, em relação ao variável, está ligado ao crescimento absoluto – embora ele signifique um decréscimo relativo – do capital variável, ao passo que na agricultura diminui em termos absolutos o capital variável requerido para a exploração de um terreno determinado, ou seja, que tal capital só pode crescer na medida em que novas terras forem cultivadas, o que, por sua vez, pressupõe um crescimento ainda maior da população não agrícola.

De fato, não estamos aqui diante de um fenômeno peculiar à agricultura e a seus produtos. Pelo contrário, com base na produção mercantil e em sua forma absoluta, a produção capitalista, isso vale para todos os demais ramos da produção e produtos.

Esses produtos são mercadorias, valores de uso que possuem valor de troca, mais precisamente um valor de troca realizável, conversível em dinheiro, apenas na medida em que outras mercadorias constituem um equivalente para eles, em que outros produtos se confrontam com eles como mercadorias e como valores; ou seja, na medida em que não são produzidos como meios de subsistência diretos para seus próprios produtores, mas como mercadorias, como produtos que só se tornam valores de uso mediante sua conversão em valor de troca (dinheiro), mediante sua alienação. O mercado para essas mercadorias se desenvolve por meio da divisão social do trabalho; a divisão dos trabalhos produtivos transforma reciprocamente seus respectivos produtos em mercadorias, em equivalentes mútuos, faz com que eles sirvam uns aos outros como mercado. Isso não constitui de modo nenhum algo peculiar aos produtos agrícolas.

A renda só pode se desenvolver como renda monetária sobre a base da produção de mercadorias – mais precisamente, na produção capitalista – e se desenvolve na mesma medida em que a produção agrícola se converte em produção de mercadorias, isto é, em que a produção não agrícola se desenvolve independentemente da produção agrícola, pois nessa mesma proporção o produto agrícola se converte em mercadoria, valor de troca e valor. A produção de mais-valor e mais-produto se dá na mesma medida em que, com a produção capitalista, desenvolvem-se a produção de mercadorias e, por conseguinte, a produção de valor. Mas, na mesma proporção em que se desenvolve esta última, há a capacidade da propriedade fundiária de capturar uma parte crescente desse mais-valor por meio de seu monopólio da terra e, assim, incrementar o valor de sua renda e o próprio preço da terra. O capitalista ainda desempenha uma função ativa no desenvolvimento desse mais-valor e desse mais-produto. Mas o proprietário de terra tem apenas de se apropriar de sua cota crescente do mais-produto e do mais-valor, cota que aumenta sem sua intervenção. Esse é o caráter peculiar de sua situação, não o fato de que o valor dos produtos do solo e, por conseguinte, do próprio solo cresça constantemente na medida em que se amplie o mercado para eles, que a demanda aumente e, com ela, cresça o mundo das mercadorias que se confronta com o produto do solo, isto é, a massa dos produtores mercantis não agrícolas e da produção mercantil não agrícola. No entanto, como isso ocorre sem sua intervenção, aparece como algo específico o fato de que a massa do valor, a massa do mais-valor e a transformação de uma parte desse mais-valor em renda do solo dependam do processo social de produção, do desenvolvimento da produção de mercadorias em geral. Por isso, Dove, por exemplo, quer extrair daí a renda. Ele diz que a renda depende não da massa do produto agrícola, mas de seu valor; este, por sua vez, depende da massa e da produtividade da população não agrícola. O fato de que ele mesmo só se desenvolve como mercadoria – em parte com a massa, em parte com a variedade da série de outras mercadorias que constituem equivalentes para ele – é algo que vale para qualquer produto. Isso já foi demonstrado na exposição geral do valor*. Por um lado, a capacidade de troca de um produto depende, em geral, da multiplicidade das mercadorias que existem fora dele. Por outro, disso depende especialmente a quantidade em que ele mesmo pode ser produzido como mercadoria.

Nenhum produtor, seja industrial ou agrícola, considerado de forma isolada, produz valor ou mercadoria. Seu produto se torna valor e mercadoria apenas no contexto de determinadas relações sociais. Em primeiro lugar, na medida em que aparece como manifestação de trabalho social, isto é, na medida em que seu próprio tempo de trabalho surge como parte do tempo de trabalho social em geral; em segundo lugar, esse caráter social de seu trabalho aparece como caráter social gravado em seu produto, em seu caráter de dinheiro e em sua intercambialidade universal, determinada pelo preço.

Portanto, se por um lado o mais-valor ou, de modo mais estrito, o mais-produto em geral é explicado no lugar da renda, por outro se comete aqui o equívoco de atribuir exclusivamente aos produtos agrícolas um caráter que se aplica a todos os produtos enquanto mercadorias e valores. Isso fica ainda mais superficial quando se retorna da determinação geral do valor à *realização* de certo valor da mercadoria. Toda mercadoria só pode ter seu valor realizado no processo de circulação, e saber se e em que medida ela o realiza é algo que depende das condições do mercado.

* Cf. *O capital*, Livro I, cit., p. 163. (N. T.)

Portanto, a peculiaridade da renda fundiária não está nos produtos agrícolas se transformarem em valores e evoluírem como tais, isto é, que eles como mercadorias se defrontem com outras mercadorias e que os produtos não agrícolas se defrontem com eles como mercadorias ou que se desenvolvam como expressões particulares do trabalho social. A especificidade é que, com as condições em que os produtos agrícolas se desenvolvem como valores (mercadorias) e com as condições de realização de seus valores, há também o poder da propriedade fundiária de apropriar-se de uma parte crescente desses valores criados sem sua participação, e uma parte cada vez maior do mais-valor é convertida em renda fundiária.

Capítulo 38

A renda diferencial: considerações gerais

Em nosso exame da renda fundiária, partiremos do pressuposto de que os produtos que pagam tal renda – nos quais parte do mais-valor e, por conseguinte, também parte do preço total, se resolvem em renda (para nosso propósito, bastará considerar os produtos agrícolas ou os produtos da mineração) –, ou seja, que os produtos do solo ou da mineração, como todas as demais mercadorias, são vendidos ao preço de produção. Em outras palavras, que seus preços de venda são formados por seus elementos de custo (ao valor dos capitais constante e variável consumidos), acrescidos de um lucro, determinado pela taxa geral de lucro e calculado sobre o capital total adiantado, consumido ou não. Suponhamos, pois, que o preço médio de venda desses produtos seja igual a seu preço de produção. Surge, então, a questão de como é possível para a renda fundiária desenvolver-se sob tal pressuposto, isto é, de como é possível transformar-se parte do lucro em renda fundiária e, por conseguinte, de como parte do preço da mercadoria pode recair nas mãos do proprietário fundiário.

Para demonstrar o caráter geral dessa forma da renda fundiária, partiremos do suposto de que as fábricas de um país sejam movidas preponderantemente por máquinas a vapor, embora uma pequena quantidade seja movida por quedas-d'água naturais. Suponhamos que o preço de produção naqueles ramos da indústria seja de [£]115 por uma massa de mercadorias na qual se consumiu um capital de [£]100. Os 15% de lucro são calculados não só sobre o capital consumido de [£]100, mas sobre o capital total empregado na produção desse valor mercantil. Esse preço de produção*, como já expusemos, está determinado não pelo preço de custo de cada industrial produtor em particular, mas pelo preço de custo que custa a mercadoria, em

* Na primeira edição, "processo de produção". Alterado de acordo com o manuscrito de Marx. (N. E. A.)

média, sob as condições médias do capital em toda a esfera da produção. É, com efeito, o preço de produção de mercado, o preço médio de mercado, em contraste com suas oscilações. Em geral, é na figura do preço de mercado e, mais ainda, na figura do preço regulador de mercado, ou preço de produção de mercado, que se apresenta a natureza do valor das mercadorias, o fato de ele ser determinado não pelo tempo de trabalho necessário para a produção de uma quantidade determinada de mercadorias, ou de mercadorias isoladas produzidas individualmente, em suma, não pelo tempo de trabalho necessário para um único produtor determinado, mas pelo tempo de trabalho socialmente necessário, o tempo de trabalho requerido para produzir, sob a média dada das condições sociais de produção, a quantidade total socialmente exigida das espécies de mercadorias que se encontram no mercado.

Como as proporções numéricas determinadas são aqui totalmente indiferentes, suponhamos que o preço de custo nas fábricas movidas a energia hidráulica seja de apenas [£]90, em vez de [£]100. Como o preço de produção da massa dessas mercadorias, preço que regula o mercado, é = [£]115, com um lucro de 15%, os fabricantes que têm suas máquinas movidas a energia hidráulica também venderiam a [£]115, isto é, ao preço médio regulador do preço de mercado. Assim, seu lucro seria de [£]25, em vez de [£]15; o preço de produção regulador lhes permitiria obter um lucro extra de 10%, não porque venderiam a mercadoria acima do preço de produção, mas porque a venderiam pelo preço de produção, porque ela seria produzida ou porque seu capital funcionaria sob condições excepcionalmente favoráveis, que se encontram acima do nível médio dominante nessa esfera.

Duas coisas se mostram de imediato:

Primeira, o lucro extra dos produtores que empregam como força motriz as quedas-d'água naturais se comporta, de início, como qualquer lucro extra (e já desenvolvemos essa categoria ao tratarmos dos preços de produção) que não seja resultado fortuito de transações no interior do processo de circulação, de flutuações acidentais dos preços de mercado. Portanto, esse lucro extra é também igual à diferença entre o preço de produção individual desses produtores favorecidos e o preço de produção social geral, regulador do mercado, de toda essa esfera da produção. Essa diferença é igual ao excedente do preço geral de produção da mercadoria acima de seu preço individual de produção. Os dois limites reguladores desse excedente são, por um lado, o preço de custo individual e, por conseguinte, o preço individual de produção; por outro, o preço geral de produção. O valor da mercadoria produzida com a queda-d'água é menor porque, para sua produção, é requerida uma quantidade menor de trabalho, quer dizer, menos trabalho entra em forma objetivada como parte do capital constante. O trabalho aqui empregado é mais produtivo, sua força produtiva individual é maior que o trabalho empregado na maioria das fábricas do mesmo tipo. Sua força produtiva maior se mostra no fato de que, para produzir a mesma massa de mercadorias, ela necessita de uma quantidade menor de capital constante, uma quantidade menor de trabalho objetivado que as outras; além disso, ela requer uma quantidade menor de trabalho vivo, já que a roda hidráulica não necessita ser aquecida. Essa força produtiva individual maior do trabalho empregado reduz o valor e o preço de custo e, com isso, o preço de produção da mercadoria. Para o industrial, isso se apresenta da seguinte forma: o preço de custo da mercadoria é menor. Ele precisa pagar menos trabalho objetivado e também menos salário por menos força viva de trabalho empregada. Como o preço de custo de sua mercadoria é menor, o preço de produção individual também é. Para ele, o preço de custo é [£]90, não [£]100. Portanto, seu preço de produção individual teria de ser [£]103½, não [£]115 (110 : 115 = 90 : 103½). A diferença entre seu preço de produção individual e o geral está limitada pela diferença entre seu preço de custo individual e o geral. Essa é uma das grandezas que constituem os limites para seu lucro extra. A outra é a grandeza do preço de produção geral, no qual a taxa geral de lucro entra como um dos fatores reguladores. Se o carvão barateasse, diminuiria a diferença entre seu preço de custo individual e seu preço de custo geral; por conseguinte, diminuiria também o lucro extra desse industrial. Se tivesse de vender a mercadoria a seu valor individual ou ao preço de produção determinado por seu valor individual, a diferença desapareceria. Ela resulta, por um lado, do fato de que a mercadoria é vendida ao preço geral de mercado, ao preço em torno do qual gravitam os preços individuais da concorrência; por outro lado, do fato de que a maior força produtiva individual do trabalho que ela põe em movimento beneficia não os trabalhadores, mas, como ocorre com toda força produtiva do trabalho, o empregador; resulta, enfim, do fato de que ela se apresenta como força produtiva do capital.

Como um dos limites desse lucro extra é o nível do preço geral de produção, do qual o nível da taxa geral de lucro constitui um dos fatores, o lucro extra só pode surgir da diferença entre o preço de produção geral e o individual e, por conseguinte, da diferença entre a taxa individual e a taxa geral de lucro. Um excedente acima dessa diferença pressupõe a venda do produto acima do preço de produção regulado pelo mercado.

Segunda, até aqui, o lucro extra do fabricante que emprega a queda-d'água natural no lugar do vapor como força motriz não se diferencia de modo nenhum de outro lucro extra. Todo lucro extra normal, isto é, não produzido por vendas fortuitas nem por flutuações no preço de mercado, está determinado pela diferença entre o preço de produção individual das mercadorias desse capital particular e o preço geral de produção que regula o preço de mercado das mercadorias do capital empregado nessa esfera da produção em geral ou o preço de mercado das mercadorias do capital total investido nessa esfera da produção.

Agora vem a diferença.

A que circunstância o fabricante deve, no caso presente, seu lucro extra, o excedente que ele embolsa pessoalmente por meio do preço de produção regulado pela taxa geral de lucro?

Em primeiro lugar, a uma força natural, a força motriz da queda-d'água, que é dada pela natureza, diferentemente do carvão, que transforma a água em vapor, é produto do trabalho e, por conseguinte, tem valor, custa algo, que deve ser pago mediante um equivalente. É um agente natural da produção, em cuja geração não entra trabalho nenhum.

Isso não é tudo. O fabricante que trabalha com a máquina a vapor também emprega forças naturais que nada lhe custam, mas que tornam mais produtivo o trabalho e, assim barateando a produção dos meios de subsistência requeridos pelos trabalhadores, elevam o mais-valor e, por conseguinte, o lucro; forças naturais, portanto, que são tão monopolizadas pelo capital quanto as forças naturais sociais do trabalho, que provêm da cooperação, da divisão do trabalho etc. O fabricante paga o carvão, mas não a capacidade da água de alterar sua composição, de transformar-se em vapor, nem a elasticidade do vapor etc. Esse monopólio das forças naturais, isto é, do incremento da força de trabalho ocasionado por elas, é comum a todo o capital que trabalha com máquinas de vapor. Ele pode aumentar a parte do produto do trabalho que representa mais-valor em proporção à parte que se transforma em salário. Na medida em que o faz, provoca um aumento da taxa geral de lucro, mas não cria lucro extra, que consiste precisamente no excedente do lucro individual acima do lucro médio. O fato de que o emprego de uma força natural – a queda-d'água – crie lucro extra não pode, portanto, derivar apenas de o aumento da força produtiva do trabalho se dever, nesse caso, ao emprego de uma força natural. É preciso que outras circunstâncias modificadoras entrem em ação.

Pelo contrário. O mero emprego de forças naturais na indústria pode influir sobre o nível da taxa geral de lucro, porquanto repercute na massa do trabalho requerido para a produção de meios de subsistência necessários. Não cria, por si mesmo, uma divergência em relação à taxa geral de lucro, e aqui se trata precisamente desta última. Além disso, o lucro extra, que um capital individual costuma realizar numa esfera particular da produção – pois as divergências das taxas de lucro entre as esferas particulares de produção se nivelam continuamente para formar a taxa média de lucro –, provém, abstraindo das divergências meramente acidentais, de uma redução do preço de custo, isto é, dos custos de produção, a qual pode derivar da circunstância de que se emprega capital em quantidades superiores àquelas que são empregadas em média e, com isso, reduzem-se os *faux frais* da produção, enquanto as causas gerais do aumento da força produtiva do trabalho (cooperação, divisão etc.) podem operar com um grau maior de intensidade, porque o fazem em um campo de trabalho maior; ou, então, da circunstância de que, abstraindo do volume do capital atuante, sejam empregados melhores métodos de trabalho, novas invenções, máquinas aperfeiçoadas, segredos químicos de fabricação etc., em suma, meios e métodos de produção novos, aperfeiçoados e situados acima do nível médio. A redução do preço de custo e o lucro extra daí resultante têm origem aqui na maneira como o capital operante é investido. Eles provêm do fato de que há massas excepcionalmente grandes concentradas numa só mão – circunstância que desaparece quando se empregam, em média, massas de capital de mesma grandeza – ou de que um capital de determinada grandeza funciona de maneira especialmente produtiva – circunstância que desaparece quando o método de produção excepcional se generaliza ou é superado por outro ainda mais desenvolvido.

Portanto, a causa do lucro extra emana aqui do próprio capital (no qual está incluído o trabalho que ele mesmo põe em movimento), seja de uma diferença de grandeza do capital empregado, seja de um emprego mais adequado desse capital; em si mesmo, nada impede que todo capital seja investido na mesma esfera de produção e da mesma maneira. Pelo contrário, a concorrência entre os capitais tende a nivelar cada vez mais essas diferenças; a determinação do valor pelo tempo de trabalho socialmente necessário se impõe por meio do barateamento das mercadorias e pela obrigação de produzi-las sob as mesmas condições favoráveis. O que ocorre no caso do lucro extra do fabricante que utiliza a queda-d'água é diferente. O aumento da força produtiva do trabalho por ele empregado não provém do capital e do próprio trabalho nem do mero emprego de uma força natural diferente do capital e do trabalho, porém incorporada ao capital. Ele provém da maior força produtiva natural espontânea do trabalho, vinculada à utilização de uma força natural, que não se encontra à disposição de todo capital na mesma esfera da produção – como por exemplo, a elasticidade do vapor – e cuja utilização, portanto, não é uma coisa óbvia a partir do momento em que o capital é investido nessa esfera. Provém, ao contrário, de uma força natural monopolizável, que, como a queda-d'água, só se encontra à mercê daqueles que dispõem de determinadas porções do globo terrestre e seus apêndices. A existência dessa condição natural de maior força produtiva do trabalho não depende em absoluto do capital – diferentemente, portanto, do modo que qualquer capital pode transformar água em vapor. Ela só se encontra na natureza de maneira localizada e, onde não está presente, não pode ser produzida mediante determinado desembolso de capital. Não está ligada a produtos que podem ser criados pelo trabalho, como máquinas, carvão etc., mas sim a determinadas condições naturais de determinadas partes do solo. A parcela dos fabricantes que possui as quedas-d'água exclui do emprego dessa força natural a parcela que não as possui, porque o solo é limitado, e mais ainda o solo dotado de energia hidráulica. Isso não exclui o fato de que, embora a quantidade de quedas-d'água naturais de um país seja limitada, é possível aumentar a quantidade de energia hidráulica utilizável na indústria. A queda-d'água pode ser artificialmente desviada para aproveitar por completo sua força motriz; conforme o caso, há a possibilidade de se aperfeiçoar a roda hidráulica para utilizar um máximo de energia hidráulica; quando a roda comum não é adequada ao volume de água, podem-se empregar turbinas etc. A posse dessa força natural constitui um monopólio nas mãos de seu possuidor, uma condição da elevada força produtiva do capital investido que não pode ser engendrada pelo próprio processo de produção do capital[33]; essa força natural, assim monopolizável, está sempre ligada à terra. Tal força natural não faz parte das condições gerais da esfera de produção em questão, tampouco daquelas condições desta última que podem ser universalmente produzidas.

Suponhamos agora que as quedas-d'água, assim como o solo a que pertencem, se encontrem nas mãos de sujeitos considerados donos dessas partes do planeta e que decidam excluir o investimento do capital na queda-d'água e seu uso pelo capital. Eles podem autorizar ou negar a utilização. Mas o capital não pode criar a queda-d'água por si só. O lucro extra que se obtém ao utilizar a queda-d'água não emana, assim, do capital, mas do emprego de uma força natural monopolizável e monopolizada. Sob essas circunstâncias, o lucro extra se converte em renda fundiária, quer dizer, é embolsado pelo proprietário da queda-d'água. Se o fabricante paga a este último £10 anuais pela queda-d'água, seu lucro é de £15 – 15% sobre as £100, às quais

33 Sobre o lucro extra, ver *Inquiry* [*into those Principles Respecting the Nature of Demand*, cit.] (contra Malthus).

se acrescentam, então, os custos de produção; e a situação é tão boa quanto a de todos os demais capitalistas de sua esfera de produção, que trabalham com vapor, ou possivelmente melhor. Em nada alteraria as coisas se o próprio capitalista fosse o proprietário da queda-d'água. Nesse caso, ele continuaria a obter o lucro extra de £10, não como capitalista, mas como proprietário da queda-d'água, e justamente por esse excedente não derivar de seu capital como tal, mas no fato de dispor de uma força natural limitada, separada de seu capital e passível de ser monopolizada, é que ele se converte em renda da terra.

Primeiro: essa renda, evidentemente, é sempre diferencial, pois não entra de maneira decisiva no preço de produção geral da mercadoria, mas o pressupõe. Ela deriva da diferença entre o preço de produção individual do capital individual, que tem à disposição a força natural monopolizada, e o preço de produção geral do capital investido nessa esfera de produção.

Segundo: essa renda fundiária não tem origem no aumento absoluto da força produtiva do capital empregado nem do trabalho por ele apropriado – aumento que, em geral, só pode reduzir o valor das mercadorias –, mas da maior produtividade relativa de determinados capitais individuais investidos numa esfera da produção, em comparação com os investimentos de capital excluídos dessas condições favoráveis excepcionais, criadas pela natureza, da força produtiva. Por exemplo, se a utilização do vapor, apesar de o carvão ter valor e a energia hidráulica não, garantisse vantagens superiores, que ficariam excluídas no uso da energia hidráulica e mais que as compensassem, a energia hidráulica não seria empregada e não poderia gerar nenhum lucro extra e, portanto, nenhuma renda.

Terceiro: a força natural não é a fonte do lucro extra, mas apenas uma base natural dele, uma vez que é a base natural da força produtiva excepcionalmente elevada do trabalho. Assim, o valor de uso em geral é o suporte do valor de troca, mas não sua causa. Se pudesse ser criado sem trabalho, o valor de uso não teria valor de troca, mas conservaria sua utilidade natural como valor de uso. Por outro lado, uma coisa não tem valor de troca sem valor de uso, ou seja, sem esse suporte natural do trabalho. Se os diferentes valores não se compensassem para formar os preços de produção nem os diversos preços individuais de produção o fizessem para formar um preço de produção geral, regulador do mercado, o simples aumento da força produtiva do trabalho mediante o uso da queda-d'água apenas reduziria o preço das mercadorias produzidas dessa maneira, sem elevar a parte do lucro incluído nessas mercadorias, do mesmo modo que, por outro lado, esse aumento na força produtiva do trabalho não se converteria de modo nenhum em mais-valor, caso o capital não se apropriasse da força produtiva, natural e social, do trabalho que emprega, como se fosse sua própria força produtiva.

Quarto: a propriedade do proprietário de terra sobre a queda-d'água nada tem a ver, em si mesma, com a criação da parcela do mais-valor (lucro) e, por conseguinte, do preço da mercadoria em geral, que se produz com ajuda da queda-d'água. Esse lucro extra existiria ainda que não houvesse propriedade fundiária nenhuma; ainda que, por exemplo, a terra à qual pertence a queda-d'água fosse utilizada pelo fabricante como terra sem dono. Portanto, a propriedade da terra não cria a parcela de valor que se transforma em lucro extra, apenas capacita o proprietário fundiário, o proprietário da queda-d'água, a transferir esse lucro extra do bolso do fabricante para seu próprio bolso. Ela é a causa não da criação desse lucro extra, mas de sua conversão à forma da renda fundiária e, assim, da apropriação dessa parte do lucro ou do preço da mercadoria pelo proprietário fundiário ou proprietário da queda-d'água.

Quinto: está claro que o preço da queda-d'água, ou seja, o preço que o proprietário fundiário obteria se a vendesse a um terceiro, ou mesmo ao próprio fabricante, não entra inicialmente no preço de produção das mercadorias, embora entre no preço de custo individual do fabricante; a renda provém, aqui, do preço de produção – regulado independentemente da queda-d'água – das mercadorias do mesmo tipo produzidas com máquinas a vapor. Além disso, esse preço da queda-d'água é, em geral, uma expressão irracional, por trás da qual se esconde uma relação econômica real. A queda-d'água, como a terra em geral ou como qualquer força natural, não tem valor, porque não representa um trabalho nela objetivado; por conseguinte, tampouco tem um preço, o qual *normaliter* [normalmente] não é senão o valor expresso em dinheiro. Onde não há valor, tampouco se pode *eo ipso* [precisamente por isso] representar qualquer coisa em dinheiro. Esse preço não é outra coisa senão renda capitalizada. A propriedade da terra capacita o proprietário a apoderar-se da diferença entre o lucro individual e o lucro médio; o lucro assim embolsado, que se renova anualmente, pode ser capitalizado e aparece, então, como preço da própria força natural. Se o lucro extra que a utilização da queda-d'água rende ao fabricante é de £10 por ano e os juros médios são de 5%, essas £10 representam anualmente os juros de um capital de £200; e essa capitalização das £10 anuais que o proprietário pode extrair do fabricante graças à queda-d'água aparece, então, como valor-capital da própria queda-d'água. Que esta última não tenha valor nenhum em si mesma, mas que seu preço seja um simples reflexo do lucro extra embolsado, calculado de maneira capitalista, é algo que se manifesta de imediato no fato de que o preço de £200 representa apenas o produto do lucro extra de £10 durante 20 anos, enquanto, mantendo-se inalteradas as demais circunstâncias, a mesma queda-d'água capacitará seu proprietário a embolsar anualmente essas £10 por um período indeterminado, por 30, 100, *x* anos, e que, por outro lado, se um novo método de produção não aplicável à energia hidráulica reduzisse de £100 para £90 o preço de custo das mercadorias produzidas pela máquina a vapor, desapareceria o lucro extra e, com ele, a renda e também o preço da queda-d'água.

Depois de termos assim estabelecido o conceito geral da renda diferencial, passemos à consideração dele na agricultura propriamente dita. O que dissermos valerá também, em linhas gerais, para a mineração.

Capítulo 39

Primeira forma da renda diferencial (renda diferencial I)

Ricardo tem toda razão nas seguintes observações:

"*Rent*" {isto é, a renda diferencial, pois sua suposição é de que não existe nenhuma renda além da diferencial} "*is always the difference between the produce obtained by the employment of two equal quantities of capital and labour*"* (*Principles*, p. 59). "Numa mesma quantidade de terreno", ele deveria acrescentar, na medida em que se trata da renda da terra, e não de lucro extra em geral.

Em outras palavras, o lucro extra, quando é normal e não resultado de circunstâncias acidentais no interior do processo de circulação, é sempre produzido como diferença entre o produto de duas quantidades iguais de capital e trabalho, e esse lucro extra se transforma em renda do solo quando duas quantidades iguais de capital e trabalho são empregadas em terrenos de mesmo tamanho e com resultados diferentes. Além disso, não é de modo nenhum imprescindível que esse lucro extra tenha origem nos resultados desiguais de quantidades iguais de capital empregado. Nos diversos investimentos também se podem encontrar ocupados capitais de grandeza desigual – na maioria das vezes, isso é inclusive o pressuposto; mas partes iguais proporcionais, como £100 de cada uma, dão resultados diferentes, isto é, a taxa de lucro é distinta. Esse é o pressuposto geral para a existência do lucro extra numa esfera qualquer de investimento de capital em geral. O segundo pressuposto é a transformação desse lucro extra na forma da renda da terra (em geral, da renda, como forma distinta do lucro); é preciso sempre investigar como, quando e sob quais circunstâncias tem lugar essa transformação.

Além disso, Ricardo tem razão com relação à seguinte tese, na medida em que ela se restrinja à renda diferencial:

---

* "A renda é sempre a diferença entre o produto obtido mediante o emprego de duas quantidades iguais de capital e trabalho." (N. T.)

*"Whatever diminishes the inequality in the produce obtained on the same or on new land, tends to lower rent; and whatever increases that inequality, necessarily produces an opposite effect, and tends to raise it"** (p. 74).

Entre essas causas, no entanto, encontram-se não só as genéricas (fertilidade e localização), mas 1) a distribuição dos impostos, dependendo de se ela atua uniformemente ou não; este é sempre o caso quando, como na Inglaterra, ela não está centralizada e quando os impostos recaem sobre o solo, e não sobre a renda; 2) as desigualdades que emergem do desenvolvimento não uniforme da agricultura em diversas regiões do país, uma vez que esse ramo da indústria, devido a seu caráter tradicional, nivela-se com muito maior dificuldade que a manufatura; e 3) a desigualdade com que o capital está distribuído entre os arrendatários. Uma vez que a invasão da agricultura pelo modo de produção capitalista – a transformação dos camponeses autônomos em assalariados – é, de fato, a última conquista desse modo de produção em geral, essas desigualdades são aqui maiores do que em qualquer outro ramo da produção.

Feitas essas observações preliminares, quero primeiro resumir brevemente as peculiaridades de minha exposição em contraste com a de Ricardo etc.

* * *

Comecemos por considerar os resultados desiguais de quantidades iguais de capital aplicadas a terras de igual extensão; em caso de extensão desigual, calculando os resultados sobre superfícies de mesmo tamanho.

As duas causas gerais desses resultados desiguais, totalmente independentes do capital, são: 1) a *fertilidade* (neste ponto, discutir os diversos fatores incluídos na fertilidade natural das terras) e 2) a *localização* das terras. Esta última é decisiva no caso das colônias e, em geral, para a sequência na qual as terras podem ser sucessivamente cultivadas. Além disso, está claro que essas duas razões distintas da renda diferencial – a fertilidade e a localização – podem atuar em sentido contrário. Um terreno pode estar muito bem situado e ser muito pouco fértil, e vice-versa. Essa circunstância é importante, pois explica como no arroteamento dos solos de dada região é possível proceder tanto de uma terra melhor para uma pior, como em sentido inverso. Por fim, é claro que o progresso da produção social em geral tem, por um

* "Tudo o que diminui a desigualdade no produto obtido na mesma terra ou em terras novas tende a reduzir a renda; tudo que aumenta tal desigualdade produz necessariamente um efeito oposto e tende a elevá-la." (N. T.)

lado, efeito nivelador sobre a localização como causa da renda diferencial, porquanto gera mercados locais e, mediante o estabelecimento dos meios de comunicação e de transporte, cria espaço; além disso, ele aumenta as diferenças entre as localizações das terras por meio da separação entre a agricultura e a manufatura e da criação de grandes centros de produção, por um lado, e do isolamento relativo do campo, por outro.

Deixemos de lado, por ora, esse ponto da localização e tratemos apenas da fertilidade natural. Abstraindo de fatores climáticos etc., a diferença quanto à fertilidade natural reside na composição química da superfície do solo, isto é, em seu variado conteúdo no que diz respeito às substâncias nutritivas das plantas. No entanto, pressupondo-se um conteúdo químico igual e, nesse sentido, uma fertilidade natural igual de duas superfícies de solo, a fertilidade efetiva será diversa conforme essas substâncias nutritivas se encontrem numa forma mais ou menos assimiláveis, diretamente aproveitáveis para a alimentação das plantas. Portanto, a medida em que será possível dispor dessa fertilidade natural em terras igualmente férteis por natureza dependerá em parte do desenvolvimento químico da agricultura, em parte de seu desenvolvimento mecânico. A fertilidade, embora seja uma qualidade objetiva do solo, implica sempre, do ponto de vista econômico, uma relação com o grau de desenvolvimento químico e mecânico alcançado pela agricultura e, por conseguinte, modifica-se com esse grau de desenvolvimento. Seja em consequência de meios químicos (por exemplo, pela aplicação de determinados adubos líquidos sobre um solo argiloso e duro ou pela queima de um solo argiloso e pesado) ou de meios mecânicos (por exemplo, o uso de arados especiais para solos pesados), é possível eliminar os obstáculos que tornaram efetivamente menos rentáveis solos de mesma fertilidade (a drenagem pode ser aqui incluída). Até mesmo a sequência no cultivo dos diversos tipos de solo pode variar, como se fez, por exemplo, com os leves solos arenosos e com as pesadas terras argilosas num período de desenvolvimento da agricultura inglesa. Isso demonstra, uma vez mais, como historicamente – no curso sucessivo do cultivo – se passou de um solo mais fértil a outro menos fértil, e vice-versa. O mesmo pode ocorrer por meio de uma melhoria artificialmente produzida da composição do solo ou por mera modificação nos métodos agrícolas. Por último, o mesmo resultado pode advir de uma modificação na hierarquia dos tipos de solo em consequência de diversas condições do subsolo, tão logo este também seja incorporado à área cultivada e ao estrato agrário. Isso se deve, em parte, ao emprego de novos métodos agrícolas (como plantas forrageiras) e, em parte, a meios mecânicos, que convertem o subsolo em superfície, misturam-no com ela ou cultivam o subsolo sem o levar à superfície.

Essas influências sobre a fertilidade diferencial de diversas terras são tais que, do ponto de vista da fertilidade econômica, o grau da força produtiva do trabalho, que é aqui a capacidade da agricultura de tornar imediatamente explorável a fertilidade natural do solo – capacidade que se apresenta de modo diferente nas diversas fases de desenvolvimento –, é um fator da assim chamada fertilidade natural do solo tanto quanto sua composição química e suas outras qualidades naturais.

Suponhamos, portanto, um dado grau de desenvolvimento da agricultura. Suponhamos, além disso, que a hierarquia dos tipos de solo seja calculada, para essa fase do desenvolvimento, do mesmo modo que para os investimentos simultâneos de capital nos diversos solos. Então, a renda diferencial pode ser representada em ordem ascendente ou descendente, uma vez que, embora a sequência esteja dada para a totalidade dos terrenos realmente cultivados, ela foi invariavelmente formada por uma série de movimentos.

Suponhamos a existência de 4 tipos de solo, *A*, *B*, *C* e *D*. Suponhamos, além disso, que o preço de um *quarter* de trigo seja = £3, ou 60 xelins. Uma vez que se trata de mera renda diferencial, esse preço de 60 xelins por *quarter* para o pior solo é igual aos custos de produção, isto é, ao capital mais o lucro médio.

Seja *A* o solo de pior qualidade, e digamos que por um desembolso de 50 xelins ele renda 1 *quarter* = 60 xelins; portanto 10 xelins de lucro, ou 20%.

Suponhamos que, pelo mesmo desembolso, o solo *B* renda 2 *quarters* = 120 xelins. Teríamos, assim, um lucro de 70 xelins, ou um lucro extra de 60 xelins.

Digamos que, pelo mesmo desembolso, o solo *C* renda 3 *quarters* = 180 xelins; lucro total = 130 xelins. Lucro extra = 120 xelins.

Suponhamos que o solo *D* renda 4 *quarters* = 240 xelins = 180 xelins de lucro extra.

Teríamos, então, a sequência:

Tabela I

Tipo de solo	Produto		Adiantamento de capital	Lucro		Renda	
	Quarters	Xelins		*Quarters*	Xelins	*Quarters*	Xelins
A	1	60	50	⅙	10	-	-
B	2	120	50	1⅙	70	1	60
C	3	180	50	2⅙	130	2	120
D	4	240	50	3⅙	190	3	180
Total	10	600				6	360

As respectivas rendas são: *D* = 190 xelins, 10 xelins, ou a diferença entre *D* e *A*; *C* = 130, 10 xelins, ou a diferença entre *C* e *A*; *B* = 70, 10 xelins, ou a diferença entre *B* e *A*; e a renda total para *B*, *C* e *D* = 6 *quarters* = 360 xelins, igual à soma das diferenças de *D* e *A*, *C* e *A* e *B* e *A*.

Essa sequência, que representa um produto dado num estado de coisas específico, também pode apresentar-se, quando considerada abstratamente (e já expusemos as razões pelas quais esse caso também pode dar-se na realidade), tanto em sucessão descendente (descendendo de *D* até *A*, isto é, do solo fértil até o solo cada vez menos fértil) como em sucessão ascendente (ascendendo de *A* até *D*, de um solo relativamente estéril até o solo cada vez mais fértil); por último, pode-se representá-la de maneira alternada, ora descendendo, ora ascendendo, como por exemplo de *D* a *C*, de *C* a *A* e de *A* a *B*.

O processo, no caso de uma sequência descendente, foi o seguinte: o preço do *quarter* subiu pouco a pouco, digamos, de 15 xelins para 60 xelins. Quando os 4 *quarters* (no lugar dos quais é possível imaginar milhões) produzidos por *D* deixaram de ser suficientes, o preço do trigo aumentou a ponto de o aporte faltante poder ser criado por *C*. Quer dizer, o preço teve de aumentar para 20 xelins por *quarter*. Tão logo o preço do trigo aumentou para 30 xelins por *quarter*, foi possível o cultivo de *B*; quando aumentou para 60 xelins, começou o de *A*, sem que o capital empregado nesse processo tivesse de se contentar com uma taxa de lucro menor que 20%. Formou-se, assim, uma renda para *D*, primeiro, de 5 xelins por *quarter* = 20 xelins pelos 4 *quarters* que produz; em seguida, de 15 xelins por *quarter* = 60 xelins; e, então, de 45 xelins por *quarter* = 180 xelins por 4 *quarters*.

Se originalmente a taxa de lucro de *D* também era = 20%, seu lucro total sobre os 4 *quarters* era também de apenas 10 xelins, o que, no entanto, representava mais grão com um preço de 15 xelins do que de 60 xelins. Como o grão entra na reprodução da força de trabalho, e de cada *quarter* uma parte tem de repor salário, enquanto a outra tem de repor capital constante, então, de acordo com essa hipótese, o mais-valor era mais elevado e, portanto, mantendo-se iguais as demais circunstâncias, também a taxa de lucro. (Investigar em particular e mais detalhadamente a questão da taxa de lucro.)

Em contrapartida, se a sequência fosse na ordem inversa, e o processo tivesse início em *A*, então, assim que novas terras tivessem de ser cultivadas, o preço do *quarter* se elevaria, num primeiro momento, acima de 60 xelins; como *B* forneceria os 2 *quarters* necessários, o preço voltaria a cair para 60 xelins; mas, se *B* produz o *quarter* a 30 xelins, ele o vende por 60 xelins, pois sua oferta é suficiente apenas para cobrir a demanda. Dessa maneira, formou-se uma renda, primeiro, de 60 xelins para *B* e, do mesmo modo, para *C* e *D*, sempre sob o pressuposto de que, embora ambos tenham entregue o *quarter* a um valor real de 20 xelins e 15 xelins respectivamente, o preço de mercado tenha permanecido em 60 xelins, porquanto a oferta do *quarter* entregue por *A* continuava a ser necessária para satisfazer as necessidades globais. Nesse caso, o aumento da demanda acima das necessidades – primeiro satisfeitas por *A*, depois por *A* e *B* – não teria gerado a consequência de que *B*, *C* e *D* pudessem ser sucessivamente cultivados, mas sobretudo que o campo do cultivo fosse ampliado e que as terras mais férteis só depois caíssem ocasionalmente dentro de seu âmbito.

Na primeira sequência, o aumento do preço provocaria um aumento da renda e uma queda da taxa de lucro. Essa queda poderia ser total ou parcialmente paralisada por circunstâncias contra-arrestantes; desenvolver esse ponto em mais detalhes adiante. Não se pode esquecer que a taxa geral de lucro não está uniformemente determinada pelo mais-valor em *todas* as esferas da produção. Não é o lucro agrícola que determina o lucro industrial, mas o inverso. Porém, essa questão será explorada adiante.

Na segunda sequência, a taxa de lucro sobre o capital desembolsado permaneceria a mesma; a massa de lucro se representaria em menos grãos, mas o preço relativo do grão teria aumentado em comparação com o de outras mercadorias. Mas o aumento do lucro, onde isso ocorresse, em vez de fluir para os bolsos dos arrendatários industriais e apresentar-se como lucro crescente, seria separado do lucro na forma de renda. Porém, sob o pressuposto estabelecido, o preço do grão permaneceria estacionário.

O desenvolvimento e o aumento da renda diferencial permaneceriam os mesmos, tanto no caso de preços constantes como no de preços crescentes, tanto na progressão contínua de solos piores a solos melhores como no da regressão contínua de solos melhores a solos piores.

Até aqui, partimos do suposto 1) de que o preço aumenta numa sequência, enquanto permanece estacionário na outra, e 2) que se passa constantemente de um solo melhor a outro pior ou, ao inverso, de um solo pior a outro melhor.

Suponhamos, porém, que a demanda de cereal aumente dos 10 *quarters* originários para 17 *quarters*; que, além disso, o solo *A*, de qualidade inferior, dê lugar a outro solo *A*, que entregue 1⅓ *quarter* a um custo de produção de 60 xelins (50 xelins de custo, mais 10 xelins para um lucro de 20%), cujo preço de produção por *quarter* é, pois, = 45 xelins; ou que, em consequência de um cultivo racional contínuo, o antigo solo *A* tenha sido melhorado ou que, mantendo-se constante os custos, ele tenha sido cultivado de modo mais produtivo, por exemplo, mediante a introdução de trevo etc., de modo que seu produto aumente para 1⅓ *quarter*, mantendo-se constante o adiantamento de capital. Suponhamos, além disso, que os tipos de solo *B*, *C* e *D* continuem a fornecer o mesmo produto, mas que se tenha iniciado o cultivo de novos tipos de solo *A'*, com uma fertilidade entre *A* e *B*; além disso, *B'* e *B''*, com uma fertilidade entre *B* e *C*; nesse caso, teríamos os seguintes fenômenos.

Primeiro: o preço de produção do *quarter* de cereal, ou seu preço regulador de mercado, teria caído de 60 xelins para 45 xelins, ou seja, em 25%.

Segundo: ao mesmo tempo, teria passado de um solo mais fértil a um menos fértil e de um menos fértil a um mais fértil. O solo *A'* é mais fértil que o *A*, porém menos fértil que os solos *B*, *C* e *D*, cultivados até o presente; e *B'*, *B''* são mais férteis que *A*, *A'* e *B*, porém menos férteis que *C* e *D*. Portanto, a sucessão teria descrito um percurso de zigue-zague; não teria avançado até um solo absolutamente menos fértil em comparação com *A* etc., mas sim até um solo relativamente menos fértil em comparação com *C* e *D*, que são os mais férteis até o presente; por outro lado, não se teria avançado até um solo absolutamente mais fértil, mas sim até um relativamente mais fértil em comparação com o solo menos fértil até o presente, isto é, em comparação com *A*, ou respectivamente *A* e *B*.

Terceiro: a renda sobre *B* teria diminuído, e o mesmo teria ocorrido com a de *C* e *D*; porém, a soma das rendas [*Gesamtrental*] em grãos teria aumentado de 6 *quarters* para 7⅔ *quarters*; a extensão das terras cultivadas e geradoras de renda teria aumentado, e a massa do produto teria subido de 10 *quarters* para 17 *quarters*. O lucro, expresso em grãos, teria aumentado, mesmo permanecendo invariável para *A*; a própria taxa de lucro poderia ter subido, porquanto sobe o mais-valor relativo. Nesse caso, em consequência do barateamento dos meios de subsistência, o salário teria baixado – portanto, o dispêndio em capital variável – e, consequentemente, também o dispêndio total. Em dinheiro, a soma total das rendas teria caído de 360 xelins para 345 xelins.

A nova sequência pode ser assim apresentada:

Tabela II

Tipo de solo	Produto		Investimento de capital	Lucro		Renda		Preço de produção por *quarter* (em xelins)
	Quarters	Xelins	I	*Quarters*	Xelins	*Quarters*	Xelins	P
A	1⅓	60	50	$\frac{2}{9}$	10	-	-	45
A'	1⅔	75	50	$\frac{5}{9}$	25	⅓	15	36
B	2	90	50	$\frac{8}{9}$	40	⅔	30	30
B'	2⅓	105	50	$1\frac{2}{9}$	55	1	45	$25\frac{2}{7}$
B''	2⅔	120	50	$1\frac{5}{9}$	70	1⅓	60	22½
C	3	135	50	$1\frac{8}{9}$	85	1⅔	75	20
D	4	180	50	$2\frac{8}{9}$	130	2⅔	120	15
Total	17					7⅔	345	

Por último, se os tipos de solo *A, B, C* e *D* fossem cultivados como sempre, mas sua capacidade de rendimento fosse incrementada de modo que *A*, em vez de 1 *quarter*, produzisse 2 *quarters*; B, em vez de 2 *quarters*, 4 *quarters*; C, em vez de 3 *quarters*, 7 *quarters*; D, em vez de 4 *quarters*, 10 *quarters* – de modo que, portanto, as mesmas causas tivessem atuado de maneira diversa sobre os diferentes tipos de solo, então a produção total teria aumentado de 10 *quarters* para 23 *quarters*. Suponhamos que, devido ao aumento da população e à queda do preço, a demanda tivesse absorvido esses 23 *quarters*; nesse caso, obteríamos o seguinte resultado:

Tabela III

Tipo de solo	Produto		Investimento de capital	Preço de produção por *quarter*	Lucro		Renda	
	Quarters	Xelins		P	*Quarters*	Xelins	*Quarters*	Xelins
A	2	60	50	30	⅓	10	0	0
B	4	120	50	15	2⅓	70	2	60
C	7	210	50	$8\frac{4}{7}$	5⅓	160	5	150
D	10	300	50	6	8⅓	250	8	240
Total	23						15	450

Aqui, do mesmo modo que nas demais tabelas, as relações numéricas são arbitrárias, mas os supostos são totalmente racionais.

O primeiro e principal pressuposto é de que a melhoria na agricultura tem efeito desigual sobre diferentes tipos de solo, exercendo aqui uma influência maior sobre os melhores tipos de solo, *C* e *D*, do que sobre os tipos *A* e *B*. A experiência demonstrou que é isso que em geral ocorre, embora possa acontecer o contrário. Se a melhoria influísse mais sobre os solos melhores que sobre os piores, a renda sobre estes últimos teria diminuído, e não aumentado. Na tabela, porém, o pressuposto do crescimento absoluto da fertilidade de todos os tipos de solo está acompanhado do aumento da fertilidade relativa nos tipos de solos melhores *C* e *D*; por conseguinte, um aumento da diferença do produto em caso de igual investimento de capital e, por fim, um aumento da renda diferencial.

O segundo pressuposto é que o crescimento do produto total seja acompanhado pela demanda total. *Primeiro*, não é preciso imaginar que esse crescimento tenha sido repentino, mas sim gradual, até o estabelecimento da sequência III. *Segundo*, não é verdade que o consumo de meios de subsistência necessários não aumente com seu barateamento. A revogação das leis dos cereais na Inglaterra (ver Newman) demonstrou o contrário, e a ideia oposta só surgiu porque grandes e súbitas diferenças nas colheitas, devidas apenas a fatores climáticos, provocam no preço dos cereais ora uma baixa, ora uma alta, ambas desproporcionais. Se aqui o súbito e fugaz barateamento não tem tempo de exercer efeito sobre a expansão do consumo, ocorre o contrário quando o barateamento resulta da queda do próprio preço regulador da produção; nesse caso, o efeito é duradouro. *Terceiro*, uma parte do cereal pode ser consumida como aguardente ou cerveja, e o consumo crescente desses dois artigos não está confinado, de modo nenhum, em limites estreitos. *Quarto*, essa questão depende, em parte, do crescimento da população e, em parte, da possibilidade de o país ser exportador de grãos, como a Inglaterra ainda era até depois de meados do século XVIII, de modo que a demanda deixa de estar regulada pelos limites do consumo puramente nacional. *Por último*, o aumento e o barateamento da produção de trigo podem convertê-lo no principal alimento das massas da população, no lugar da aveia ou do centeio, o que já basta para aumentar seu mercado, ou o inverso, no caso de produção decrescente e preços crescentes. – Sob esses pressupostos, portanto, e com as relações numéricas supostas, a sequência III dá como resultado que o preço por *quarter* cai de 60 xelins para 30 xelins, ou seja, em 50%, e que a produção, se comparada com a sequência I, cresce de 10 *quarters* para 23 *quarters*, portanto, em 130%; que a renda sobre o solo *B* permanece estacionária, aumentando em 25% em *C* e em $33\frac{1}{3}$% em *D*; e que a soma total das rendas sobe de £18 para £$22\frac{1}{2}$, portanto, 25%*.

Da comparação entre as três tabelas (das quais a sequência I deve ser considerada de duas maneiras: crescente, de *A* a *D*; decrescente, de *D* a *A*), que podem ser consideradas como gradações num estado dado da sociedade – por exemplo, coexistindo em três países diferentes – ou como sucedendo umas às outras em diversos períodos do desenvolvimento de um mesmo país, resulta:

1. Que a sequência, quando concluída – qualquer que tenha sido a marcha de seu processo de formação –, aparece sempre de maneira tal que ela resulta descendente, pois na consideração da renda o primeiro a ser levado em conta será sempre o solo que gera o máximo de renda, e apenas por último será considerado o solo que não gera renda nenhuma.

---

* Na primeira edição, que a renda no solo *B* permaneça estacionária, duplicando-se em *C* e mais do que se duplicando em *D*, ao passo que a soma total das rendas eleva-se de £18 para £22, ou seja, em $22\frac{1}{9}$%. (N. E. A.)

2. O preço de produção do pior solo, que não gera renda, é sempre o preço regulador do mercado, embora este último, na Tabela I, quando esta se formou em sequência ascendente, só tenha permanecido estacionário pelo fato de se terem cultivado solos cada vez melhores. Nesse caso, o preço do grão produzido no melhor solo é o regulador, na medida que é a quantidade por ele produzida que determina se o solo *A* continua a atuar como regulador. Se *B*, *C* e *D* produzissem acima das necessidades, *A* deixaria de ser regulador. É isso que Storch tem em mente quando afirma que o melhor tipo de solo é o elemento regulador. Desse modo, o preço dos cereais norte-americanos regula o dos ingleses.
3. A renda diferencial resulta da variação de fertilidade natural do tipo de solo (aqui ainda desconsideramos a localização), a qual é dada conforme o grau de desenvolvimento do cultivo em cada caso; resulta, portanto, da extensão limitada das melhores terras e da circunstância de que capitais iguais têm de ser investidos em tipos de solos desiguais, que, por isso, rendem um produto desigual para o mesmo capital.
4. A existência de uma renda diferencial e de uma renda diferencial graduada pode transcorrer tanto em escala descendente, passando-se do solo melhor para outro pior, quanto, ao contrário, passando-se de um solo pior para outro melhor, ou ainda por um percurso em zigue-zague. (A sequência I forma-se pelo avanço tanto de *D* até *A* como de *A* até *D*. A sequência II compreende movimentos de ambos os tipos.)
5. Conforme o modo de formação, a renda diferencial constitui-se com um preço estacionário, ascendente ou descendente do produto do solo. No caso do preço decrescente, a produção total e a soma total das rendas podem aumentar, gerando renda em terras até então não rentáveis, apesar de o solo *A*, pior, ter sido deslocado por outro melhor ou ter ele mesmo se tornado melhor e ainda que a renda recaia sobre outros tipos de solos melhores, inclusive sobre os melhores dentre eles (Tabela II); esse processo pode estar relacionado a uma queda da soma total das rendas (em dinheiro). Por último, no caso de preços declinantes, devidos a uma melhoria geral do cultivo, de tal modo que diminuam o produto e o preço do produto do solo pior, a renda pode permanecer inalterada ou diminuir numa parte dos solos de boa qualidade, além de aumentar nos melhores. A renda diferencial de cada solo, em comparação com o pior dos solos, depende, no entanto, do preço, por exemplo, do *quarter* de trigo, caso esteja dada a diferença da massa de produtos. Mas, se o preço é dado, ela depende da grandeza da diferença na quantidade de produtos, e, no caso de um aumento da fertilidade absoluta de todos os solos, a renda dos melhores tipos de solo aumenta relativamente

mais que a dos piores e, com isso, aumenta também a grandeza dessa diferença. Assim (Tabela I), para um preço de 60 xelins, a renda de *D* está determinada por seu produto diferencial em relação a *A*, ou seja, pelo excedente de 3 *quarters*; por conseguinte, a renda é = 3 × 60 = 180 xelins. Na Tabela III, em que o preço é = 30 xelins, ela está determinada pela massa do produto excedente de *D* sobre *A* = 8 *quarters*, porém 8 × 30 = 240 xelins.

Com isso, cai por terra o primeiro pressuposto falso da renda diferencial, tal como ainda predomina em West, Malthus e Ricardo, a saber, o de que ela pressupõe necessariamente um avanço para solos cada vez piores ou uma fertilidade sempre decrescente da agricultura. Como vimos, ela pode ocorrer com um avanço para solos cada vez melhores; pode ocorrer quando um solo melhor assume a posição inferior que antes era ocupada pelo pior; pode estar vinculada a um progresso crescente na agricultura. Sua única condição é a desigualdade dos tipos de solo. Na medida em que o desenvolvimento da produtividade entra em consideração, ela supõe que o incremento da fertilidade absoluta da área total não anula essa desigualdade, mas a aumenta, a deixa estacionária ou apenas a reduz.

Desde os primórdios até meados do século XVIII prevaleceu na Inglaterra, apesar do preço decrescente do ouro e da prata, uma queda permanente do preço dos cereais, acompanhada de um crescimento simultâneo (considerando o período em sua integridade) da renda fundiária, da soma total das rendas, da extensão das terras cultivadas, da produção agrícola e da população. Isso corresponde à Tabela I e se combina à Tabela II em linha ascendente, de modo que o pior solo, o *A*, é objeto de melhorias ou acaba excluído do cultivo de cereais; isso, no entanto, não significa que ele não seja utilizado com outros fins agrícolas ou industriais.

Do começo do século XIX (indicar a data com maior exatidão)* até 1815, houve uma contínua elevação do preço dos cereais, com um aumento constante da renda fundiária, da soma total das rendas, da extensão das terras cultivadas, da produção agrícola e da população. Isso corresponde à Tabela I em linha descendente. (Introduzir aqui uma citação sobre o cultivo de terras piores naquela época.)

À época de Petty e Davenant, agricultores e proprietários de terra se queixavam das melhorias e dos arroteamentos; registrou-se uma queda da renda nas melhores terras e um aumento da soma total das rendas mediante a ampliação do solo que gera renda.

* Este parêntese e o próximo são de Karl Marx. (N. T.)

(Acrescentar outras citações com relação a esses três pontos e também acerca da diferença na fertilidade das diversas partes cultivadas do solo de um país.)*

Ao tratar da renda diferencial, é preciso observar que o valor de mercado se encontra sempre acima do preço total de produção da massa de produtos. Tomemos, por exemplo, a Tabela I. Os 10 *quarters* de produto total são vendidos a 600 xelins porque o preço de mercado está determinado pelo preço de produção de *A*, que é 60 xelins por *quarter*. O preço real de produção é:

A	1 *quarter* = 60 xelins		1 *quarter* = 60 xelins
B	2 *quarters* = 60 xelins		1 *quarter* = 30 xelins
C	3 *quarters* = 60 xelins		1 *quarter* = 20 xelins
D	4 *quarters* = 60 xelins		1 *quarter* = 15 xelins
	10 *quarters* = 240 xelins	Média	1 *quarter* = 24 xelins

O preço real de produção dos 10 *quarters* é 240 xelins; eles são vendidos a 600 xelins, isto é, 250% mais caros. O preço médio real de 1 *quarter* é de 24 xelins; o preço de mercado é de 60 xelins, ou seja, também 250% mais caro.

É essa a determinação mediante o valor de mercado, tal como ele se impõe, por meio da concorrência, sobre a base do modo de produção capitalista, que engendra um valor social falso. Isso tem origem na lei do valor de mercado, à qual se submetem os produtos do solo. A determinação do valor de mercado dos produtos – portanto, também dos produtos do solo – é um ato social, ainda que inconsciente e não intencional, que se baseia necessariamente no valor de troca do produto, e não no solo nem nas diferenças de sua fertilidade. Se imaginarmos abolida a forma capitalista da sociedade e a sociedade organizada como uma associação consciente e planificada, os 10 *quarters* representarão uma quantidade de tempo de trabalho autônomo igual à que está contida em 240 xelins. A sociedade não compraria, portanto, esse produto do solo a um valor 2½ vezes maior que o tempo de trabalho real nele incorporado; com isso, desapareceria a base de uma classe de proprietários de terras. Isso teria exatamente o mesmo efeito que um barateamento do produto no mesmo montante em decorrência de uma importação estrangeira. Assim como é correto dizer que – conservando o modo de produção atual, mas pressupondo que a renda diferencial fosse apropriada pelo Estado – o preço dos produtos agrícolas, mantendo-se inalteradas as demais circunstâncias, continuaria igual, é um erro afirmar que o valor dos produtos per-

* Este parêntese é de Karl Marx. (N. T.)

maneceria igual caso se substituísse a produção capitalista pela associação. A identidade do preço de mercado para mercadorias do mesmo tipo é o modo pelo qual o caráter social do valor se impõe com base no modo de produção capitalista e, em geral, na produção baseada no intercâmbio de mercadorias entre *indivíduos*. O que a sociedade, considerada como consumidor, paga a mais pelos produtos agrícolas, o que constitui um déficit na realização de seu tempo de trabalho em produção agrícola, constitui agora o superávit para uma classe: os proprietários de terra.

Uma segunda circunstância, importante para o que será exposto no próximo capítulo, sob o item II, é a seguinte:

Não se trata apenas da renda por acre ou por hectare, da diferença entre preço de produção e preço de mercado ou entre preço de produção individual e geral por acre, mas também de quantos acres de cada tipo de solo são cultivados. A importância só afeta aqui imediatamente a grandeza da soma total das rendas, isto é, da renda total [*Totalrente*] de toda a superfície cultivada; ao mesmo tempo, porém, ela serve de transição para o desenvolvimento da elevação da *taxa da renda*, ainda que não aumentem os preços nem as diferenças na fertilidade relativa dos tipos de solo ao diminuírem os preços. Tínhamos anteriormente:

Tabela I

Tipo de solo	Acre	Custo de produção	Produto	Renda em grãos	Renda em dinheiro
A	1	£3	1 *quarter*	0 *quarter*	£0
B	1	£3	2 *quarters*	1 *quarter*	£3
C	1	£3	3 *quarters*	2 *quarters*	£6
D	1	£3	4 *quarters*	3 *quarters*	£9
Total	4		10 *quarters*	6 *quarters*	£18

Suponhamos agora que o número de acres cultivados duplique em cada tipo. Teremos:

Tabela Ia

Tipo de solo	Acre	Custo de produção	Produto	Renda em grãos	Renda em dinheiro
A	2	£6	2 *quarters*	0 *quarter*	£0
B	2	£6	4 *quarters*	2 *quarters*	£6
C	2	£6	6 *quarters*	4 *quarters*	£12
D	2	£6	8 *quarters*	6 *quarters*	£18
Total	8		20 *quarters*	12 *quarters*	£36

Suponhamos ainda dois outros casos: o primeiro, em que a produção se estenda aos dois tipos de solo inferiores, portanto, da seguinte maneira:

Tabela Ib

Tipo de solo	Acre	Custo de produção		Produto	Renda em grãos	Renda em dinheiro
		Por acre	Total			
A	4	£3	£12	4 *quarters*	0 *quarter*	£0
B	4	£3	£12	8 *quarters*	4 *quarters*	£12
C	2	£3	£6	6 *quarters*	4 *quarters*	£12
D	2	£3	£6	8 *quarters*	6 *quarters*	£18
Total	12		£36	26 *quarters*	14 *quarters*	£42

Finalmente, uma ampliação desigual da produção e da terra cultivada nos quatro tipos de solo:

Tabela Ic

Tipo de solo	Acre	Custo de produção		Produto	Renda em grãos	Renda em dinheiro
		Por acre	Total			
A	1	£3	£3	1 *quarter*	0 *quarter*	£0
B	2	£3	£6	4 *quarters*	2 *quarters*	£6
C	5	£3	£15	15 *quarters*	10 *quarters*	£30
D	4	£3	£12	16 *quarters*	12 *quarters*	£36
Total	12		£36	36 *quarters*	24 *quarters*	£72

Num primeiro momento, em todos esses casos – I, Ia, Ib e Ic – a renda por acre se mantém inalterada, já que, com efeito, o resultado da mesma massa de capital por acre do mesmo tipo de solo se manteve inalterado; pressupôs-se apenas o que ocorre em qualquer país, em qualquer instante dado, a saber, que os diversos tipos de solo participam em determinadas proporções no solo total cultivado, e o que constantemente ocorre em dois países comparados ou num mesmo país em diversos momentos: que se modifica a proporção na qual o solo cultivado total se distribui entre esses tipos de solo.

Ao comparar Ia com I, vemos que, se o cultivo das terras dos quatro tipos cresce na mesma proporção, com a duplicação dos acres cultivados duplica-se a produção total, assim como a renda em grãos e em dinheiro.

Comparando sucessivamente Ib e Ic com I, vemos que em ambos os casos ocorre uma triplicação da área submetida ao cultivo. Nos dois casos, ela aumenta de 4 acres para 12 acres, mas em Ib os tipos *A* e *B* – dos quais *A* não dá nenhuma renda, e *B*, apenas uma renda diferencial exígua – têm a proporção mais significativa no incremento, isto é, dos 8 novos acres cultivados, 3 correspondem a *A*, e 3, a *B*, num total de 6 acres, enquanto a *C* e *D* recai somente 1 acre a cada um, num total de 2 acres. Em outras palavras, ¾ do crescimento cabem a *A* e *B*, e só ¼, a *C* e *D*. Isso pressuposto, em Ib, comparado com I, a uma extensão triplicada do cultivo não corresponde um produto triplicado, porquanto o produto não se eleva de 10 para 30, mas apenas para 26. Por outro lado, como uma parte significativa do incremento ocorreu em *A*, que não dá renda nenhuma, e como do incremento das terras melhores a parte principal recaiu sobre *B*, a renda em grãos aumentou apenas de 6 *quarters* para 14 *quarters*, e a renda em dinheiro, de £18 para £42.

Se, ao contrário, comparamos Ic com I, onde a terra que não proporciona renda não cresce absolutamente em extensão, a que proporciona uma renda mínima cresce apenas escassamente, enquanto o incremento principal recai sobre *C* e *D*, achamos que com a triplicação da superfície de terreno cultivada a produção aumentou de 10 *quarters* para 36 *quarters*, portanto, mais que o triplo, a renda em grãos passou de 6 *quarters* para 24 *quarters*, ou o quádruplo, do mesmo modo que a renda em dinheiro aumentou de £18 para £72.

Em todos esses casos, é natural que o preço do produto agrícola permaneça estacionário; a soma total das rendas cresce em todos os casos com a extensão do cultivo, desde que ele não se concentre exclusivamente no pior dos solos, que não proporciona renda nenhuma. Esse crescimento varia. Se essa extensão abarca os melhores tipos de solo e, portanto, a massa dos produtos aumenta não só na mesma medida da expansão da área cultivada, mas com rapidez ainda maior, então a renda em grãos e a renda em dinheiro aumentam na mesma proporção. Se, ao contrário, ela se concentra preferencialmente no solo de pior qualidade e nos tipos de solo mais próximos a este último (nesse caso, pressupõe-se que o pior solo é de um tipo constante), a soma total das rendas não aumenta na proporção da extensão do cultivo. Assim, dados dois países em que o solo *A*, que não proporciona renda nenhuma, seja da mesma qualidade, a soma total das rendas é inversamente proporcional à alíquota representada pelo pior solo e pelos tipos inferiores de solo na área total sob cultivo; por isso, é também inversamente proporcional à massa dos produtos, pressupondo-se igual investimento de capital em superfícies totais de mesma grandeza. A relação entre a quantidade do pior e a do melhor solo cultivados dentro da superfície total de terras de um país exerce sobre a soma total das rendas um efeito contrário àquele que a relação entre a qualidade do pior solo cultivado e os solos melhores e ótimos exerce sobre a renda por acre e, por conseguinte, mantendo-se inalteradas as demais circunstâncias, também sobre a soma total das rendas. A confusão desses dois fatores deu chance a todo tipo de objeções errôneas contra a renda diferencial.

Portanto, a soma total das rendas aumenta por mera extensão do cultivo e pelo concomitante emprego mais amplo de capital e trabalho aplicados ao solo.

O ponto mais importante é este: embora nosso pressuposto seja o de que a relação entre as rendas dos diversos tipos de solo, calculados por acre, permanece constante, e, por conseguinte, também a taxa de renda, considerada com relação ao capital investido em cada acre, é preciso observar que, se comparamos Ia com I – o caso em que o número de acres cultivados e o capital neles investido aumentou proporcionalmente –, assim como a produção total cresceu proporcionalmente à superfície de cultivo aumentada, isto é, assim como ambas foram duplicadas, o mesmo ocorreu com a soma total das rendas. Esta subiu de £18 para £36, exatamente como o número de acres, de 4 para 8.

Ao considerar a superfície total de 4 acres, vemos que a soma total das rendas é £18 e que, portanto, a renda média, incluindo a terra que não proporciona rendas, é £4½. Esse cálculo poderia ser feito, por exemplo, por um proprietário fundiário que possuísse todos os 4 acres, e assim é calculada estatisticamente a renda média em todo um país. A soma total das rendas de £18 é obtida investindo-se um capital de £10. À relação entre essas duas cifras chamamos taxa de renda; no caso presente, ela é de 180%.

A mesma taxa de renda resulta em Ia, onde foram cultivados 8 acres em vez de 4 acres, mas todos os tipos de solo participaram em igual proporção no incremento. A soma total das rendas de £36 dá como resultado, para 8 acres e £20 de capital empregado, uma renda média de £4½ por acre e uma taxa de renda de 180%.

Em contrapartida, se considerarmos Ib, onde o incremento se deu principalmente nos dois tipos de solo inferiores, teremos uma renda de £42 sobre 12 acres, isto é, uma renda média de £4½ por acre. O capital total despendido é de £30; portanto, a taxa de renda é = 140%. A renda média por acre diminuiu em £1, e a taxa de renda caiu de 180% para 140%. Assim, um aumento da soma total das rendas de £18 para £42 produz aqui uma queda da renda média, calculada tanto por acre como com relação ao capital, do mesmo modo que a produção aumenta, mas não proporcionalmente. E isso embora a renda sobre todos os tipos de solo, calculada tanto por acre como em relação ao capital desembolsado, permaneça constante. A razão disso está em que ¾ do incremento recaem sobre o solo *A*, que não dá renda, e sobre o solo *B*, que dá apenas a renda mínima.

Se no caso Ib a expansão total só tivesse ocorrido no solo *A*, teríamos 9 acres em *A*, 1 acre em *B*, 1 acre em *C* e 1 acre em *D*. A soma total das rendas continuaria a ser £18, e a renda média por acre, para os 12 acres, seria portanto £1½; £18 de renda para £30 de capital desembolsado proporcionaria, assim, uma taxa de renda de 60%. A renda média, calculada tanto por acre como sobre o capital empregado, teria diminuído muito, ao passo que a soma total das rendas não teria aumentado.

Comparemos, finalmente, Ic com I e Ib. Quando comparada com I, a área do solo triplicou, e o mesmo ocorreu com o capital desembolsado. A soma total das rendas é £72 para 12 acres, ou seja, £6 por acre, contra £4½ no caso I. A taxa de renda sobre o capital desembolsado (£72 : £30) é de 240%, não de 180%. O produto total aumentou de 10 *quarters* para 36 *quarters*.

Em comparação com Ib, onde o número total de acres cultivados, o capital empregado e as diferenças entre os tipos de solo cultivado são os mesmos, porém a distribuição é diferente, o produto é de 36 *quarters* em vez de 26 *quarters*, a renda média por acre é £6, não £3½, e a taxa de renda com relação ao capital total adiantado de igual grandeza é de 240% em vez de 140%.

Tanto faz se consideramos as situações apresentadas nas Tabelas Ia, Ib e Ic como simultâneas e coexistentes em diversos países ou como situações sucessivas num mesmo país, pois o resultado é o mesmo: se o preço dos cereais é estacionário por permanecer constante o rendimento do solo pior, que não dá renda; se permanece constante a diferença de fertilidade entre os diversos tipos de solo cultivados; se permanecem iguais o produto respectivo e o investimento de capital em alíquotas iguais (acres) das superfícies cultivadas em cada tipo de solo; portanto, permanecendo constante a proporção entre as rendas por acre de cada tipo de solo e mantendo-se igual a taxa de renda sobre o capital investido em cada porção de terreno do mesmo tipo, temos que: *primeiro*, a soma das rendas aumenta sempre com a expansão da superfície cultivada e, por conseguinte, com o aumento do investimento de capital, a não ser no caso em que todo o incremento se produzisse sobre a terra que não proporciona renda. *Segundo*, tanto a renda média por acre (soma total das rendas dividida pelo número total dos acres cultivados) como a taxa média de renda (soma total das rendas dividida pelo capital total desembolsado) podem variar de forma muito considerável, e ambas o farão na mesma direção, mas em diferentes proporções. Se não levarmos em conta o caso em que o incremento só se produz no solo *A*, que não dá renda, o resultado é que a renda média por acre e a taxa média de renda sobre o capital investido na agricultura dependem das partes proporcionais que constituem os diferentes tipos de solo na superfície cultivada total ou, o que dá no mesmo, da distribuição do capital total empregado nos tipos de solo de diferente fertilidade. Independentemente de se ter cultivado muito ou pouco terreno e, por isso (com exceção do caso em que o incremento recaia apenas sobre *A*), de a soma total das rendas ser maior ou menor, a renda média por acre ou a taxa média de renda sobre o capital empregado permanecerá a mesma enquanto se mantiverem constantes as proporções da participação dos diversos tipos de solo na superfície total. Apesar do aumento, e até mesmo do aumento considerável, da soma total das rendas resultante da ampliação do cultivo e do investimento crescente de capital, a renda média por acre e a taxa média de renda sobre o capital caem quando a extensão das terras que não proporcionam nenhuma renda e das que proporcionam apenas uma exígua renda diferencial aumenta mais que a das terras melhores, que dão uma renda maior. Inversamente, a renda média por acre e a taxa média de renda sobre o capital aumentam na medida em que as melhores terras constituem uma parte relativamente maior da superfície total, de modo que a elas corresponde proporcionalmente um maior investimento de capital.

Logo, se considerarmos a renda média por acre ou hectare de todo o solo cultivado, como costuma ser o caso nas obras de estatística, nas quais se comparam diferentes países na mesma época ou diferentes épocas num mesmo país, veremos que o nível médio da renda por acre, e portanto também a soma total das rendas, correspondem em certas proporções (embora não avancem de modo nenhum no mesmo ritmo, mas num ritmo muito mais acelerado) não à fertilidade relativa da agricultura num país, mas à fertilidade absoluta, isto é, à massa dos produtos produzida, em média, sobre uma superfície de mesmo tamanho. Quanto maior for a participação dos melhores tipos de solo na superfície total, maior será a massa de produtos, considerando-se um igual investimento de capital numa superfície de terreno de mesmo tamanho, e maior será também a renda média por acre. E vice-versa. Assim, a renda não parece determinada pela relação da fertilidade diferencial, mas pela fertilidade absoluta; com isso, parece ficar abolida a lei da renda diferencial. Por esse motivo, certos fenômenos são negados ou procura-se explicá-los por meio de diferenças inexistentes no preço médio dos cereais e na fertilidade diferencial das terras cultivadas, fenômenos derivados do fato de que a relação da soma total das rendas – seja com a superfície total do solo cultivado, seja com o capital total investido no solo em caso de igual fertilidade do solo que não dá renda, portanto, em caso de iguais preços de produção e de igual diferença entre os diversos tipos de solo – está determinada não só pela renda por acre ou pela taxa de renda sobre o capital, mas também pelo número relativo de acres de cada tipo de solo no número total de acres cultivados; ou, o que dá no mesmo, por meio da distribuição do capital total empregado entre os diversos tipos de solo. É curioso que essa circunstância tenha sido inteiramente ignorada até o presente. Em todo caso, revela-se – e isso é importante para o avanço de nossa investigação – que o nível relativo da renda média por acre e a taxa média de renda ou a proporção entre a soma total das rendas e o capital total investido no solo podem subir ou cair caso permaneçam constantes os preços, a diferença de fertilidade das terras cultivadas e a renda por acre; a taxa de renda pelo capital investido por acre em qualquer tipo de solo que realmente dê renda; ou, ainda, por qualquer capital que realmente gera renda, mediante a simples expansão extensiva do cultivo.

* * *

É preciso fazer ainda os seguintes acréscimos, que em parte servem também para II, com referência à forma de renda diferencial considerada sob I.

Primeiro: vimos como a renda média por acre ou taxa média de renda sobre o capital pode aumentar por meio da expansão do cultivo, de preços estacionários e da fertilidade diferencial constante das terras cultivadas. Quando todo o solo de um país foi apropriado e o investimento de capital na terra, o cultivo e a população chegaram a determinado nível – circunstâncias que estão todas pressupostas tão logo o modo de produção capitalista se converte em dominante, apoderando-se também da agricultura –, o preço do solo não cultivado de diversas qualidades (pressupondo-se unicamente a renda diferencial) é determinado pelo preço das terras cultivadas de igual qualidade e localização equivalente. O preço é o mesmo – deduzidos os correspondentes custos de arroteamento –, embora esse solo não gere renda nenhuma. O preço da terra, de fato, não é outra coisa senão renda capitalizada. Mas também no preço das terras cultivadas são pagas somente as rendas futuras: por exemplo, a renda de vinte anos é paga adiantada e de uma só vez, quando a taxa de juros vigente é de 5%. Quando o solo é vendido, é na qualidade de gerador de renda, e o caráter prospectivo da renda (que aqui é considerada como fruto do solo, o que ela é apenas na aparência) não distingue o solo cultivado do não cultivado. O preço das terras não cultivadas, assim como sua renda, cuja fórmula condensada ele representa, é puramente ilusório enquanto elas não são de fato utilizadas. Mas ele é determinado *a priori* e realizado tão logo se encontrem compradores. Assim, se a renda média real de um país é determinada por sua renda média anual real e sua relação com a área total cultivada, então o preço da parcela não cultivada da terra se dá pelo preço da cultivada e, por conseguinte, não é mais que um reflexo do investimento de capital e de seus resultados nas terras cultivadas. Uma vez que, com exceção do solo pior, todos os tipos de solo geram renda (e que essa renda, como veremos sob II, aumenta com a massa do capital e a intensidade do cultivo a ela correspondente), constitui-se o preço nominal das parcela não cultivadas do solo, e estas se convertem numa mercadoria, numa fonte de riqueza para seus possuidores. Isso explica, ao mesmo tempo, por que aumenta o preço do solo de toda a região, incluindo o do solo não cultivado. (Opdyke.) A especulação com terras, como por exemplo nos Estados Unidos, baseia-se apenas nesse reflexo que o capital e o trabalho lançam sobre o terreno não cultivado.

Segundo: o avanço na extensão do solo cultivado em geral se dá em direção a um solo pior ou a diversos tipos de solos, em diferentes proporções, de acordo com sua disponibilidade. É claro que o avanço em direção a um solo pior jamais ocorre por livre escolha; pode apenas ser consequência – pressupondo-se o modo de produção capitalista – do aumento dos preços e, em qualquer modo de produção, só pode decorrer da necessidade. No entanto, não é inevitável que seja assim. É possível que um solo pior seja preferido a outro relativamente melhor devido à localização, que é um elemento decisivo em toda a expansão do cultivo em países jovens, e também porque, embora a formação geológica de uma faixa de terra seja considerada, no todo, como pertencente aos solos mais férteis, nela estão misturados solos superiores e inferiores, e o solo de pior qualidade tem de ser cultivado justamente por sua conexão com o de melhor qualidade. Se o solo inferior se intercala no superior, então este lhe dá a vantagem da localização com relação às terras mais férteis que não se encontram misturadas às já submetidas ao cultivo ou que estão prestes a ser cultivadas.

Michigan foi, portanto, um dos primeiros estados do Oeste a se converter em exportador de grãos. Seu solo é, em geral, pobre, mas sua vizinhança com o estado de Nova York e a comunicação deles por água, por meio dos lagos e do canal de Erie, deram-lhe prioridade, num primeiro momento, em relação aos estados mais a oeste, por natureza mais férteis. O exemplo desse estado, em comparação com o de Nova York, mostra-nos a transição de terras melhores a outras piores. O solo do estado de Nova York, sobretudo a parte ocidental, é incomparavelmente mais fértil, em especial para o cultivo do trigo. Mas um cultivo predatório tornou estéreis essas terras férteis, e foi então que o solo de Michigan apareceu como o mais fértil.

"Em 1836, embarcou-se farinha de trigo em Buffalo para o Oeste, produzida sobretudo na região tritícola dos estados de Nova York e Alto Canadá. Hoje, apenas 12 anos depois, enormes cargas de trigo e farinha são levadas para o Oeste, através do lago Erie e de seu canal, até chegar em Buffalo e ao porto vizinho de Blackrock, onde são embarcadas para o Leste [...]. A exportação de trigo e farinha foi especialmente estimulada pela carestia europeia de alimentos de 1847. [...] Isso fez com que o trigo barateasse no lado oeste de Nova York e que o cultivo de trigo se tornasse menos rentável, o que levou os granjeiros de Nova York a dedicarem-se mais à pecuária e à indústria leiteira, à fruticultura etc., ramos nos quais, em sua opinião, o Noroeste não estará em condições de concorrer diretamente com eles." (J.[ames Finlay] W.[eir] Johnston, *Notes on North America*, [Edimburgo,] Londres, [W. Blackwood and Sons, 1851, p. 222)

Terceiro: é um falso pressuposto o de que nas colônias e, em geral, em países jovens, que podem exportar grãos a preços mais baratos, o solo seja por isso dotado necessariamente de maior fertilidade natural. O cereal é, aqui, não só vendido abaixo de seu valor, mas, além disso, abaixo de seu preço de produção, isto é, abaixo do preço de produção determinado pela taxa média de lucro nos países mais antigos.

Sim, como diz Johnston ([ibidem,] p. 223), "estamos acostumados a associar a esses novos estados, dos quais chegam anualmente a Buffalo carregamentos de trigo tão grandes, a ideia de uma grande fertilidade natural e de ilimitadas áreas de solo rico"; isso depende, em primeiro lugar, das condições econômicas. A população inteira de uma região, por exemplo, Michigan, ocupa-se num primeiro momento quase exclusivamente da agricultura, sobretudo de produtos em massa, os únicos que ela pode trocar por mercadorias industriais e produtos tropicais. Por isso, todo seu produto excedente aparece na forma de grãos. Isso distingue, desde já, os Estados coloniais fundados sobre a base do mercado mundial moderno em face dos anteriores, especialmente os da Antiguidade. Esses países recebem já prontos, pelo mercado mundial, produtos que em outras circunstâncias eles teriam de produzir por si mesmos: vestuário, ferramentas etc. Somente com base nisso é que os estados sulistas da União puderam converter o algodão em seu produto principal. A divisão do trabalho no mercado mundial lhes permite isso. Por isso, ao levar em conta sua juventude e o número relativamente reduzido de sua população, esses estados parecem produzir um produto excedente muito grande, isso não se deve à fertilidade de seu solo, tampouco à fecundidade de seu trabalho, mas à forma unilateral de seu trabalho e, portanto, do produto excedente no qual este último se apresenta.

Além disso, uma terra arável relativamente menos fértil, mas que seja cultivada pela primeira vez e que ainda esteja intocada pela civilização, terá acumulado – caso as condições climáticas não sejam demasiadamente desfavoráveis –, ao menos em suas camadas superiores, uma quantidade tão grande de substâncias nutritivas e facilmente solúveis para as plantas que por um longo período ela dará colheitas sem precisar de nenhum adubo, e isso com um cultivo bem superficial. As extensas pradarias do Oeste têm a vantagem de não exigirem praticamente nenhum custo de arroteamento, pois são cultiváveis por natureza[33a]. Em regiões menos férteis como essas, o excedente não aparece em virtude da elevada fertilidade do solo, isto é, do rendimento por acre, mas da quantidade de acres que podem ser cultivados de maneira superficial, uma vez que esse solo nada custa ao agricultor ou, em comparação com países mais antigos, custa-lhe uma insignificância. Por exemplo, onde existe o contrato de parceria, como ocorre em partes de Nova York, Michigan, Canadá etc. Suponhamos que uma família cultive superficialmente 100 acres e que, apesar de o produto por acre não ser grande, esses 100 acres proporcionem um excedente considerável para a venda. A isso devemos acrescentar ainda a manutenção quase gratuita do gado nos campos naturais, sem a necessidade de pastagens artificiais. Aqui, o fator decisivo não é a qualidade, mas a quantidade da terra. Naturalmente, a possibilidade desse cultivo superficial se esgota com maior ou menor rapidez na proporção inversa à fertilidade do novo solo e na proporção direta à exportação de seu produto. "Ainda assim, tal país dará excelentes primeiras colheitas, inclusive de trigo; quem extrair essa primeira nata da terra poderá lançar no mercado um abundante excedente de trigo" (ibidem, p. 224). Em países de cultivo mais antigo, as relações de propriedade, o preço do solo não cultivado determinado pelo preço do solo cultivado etc. tornam inviável esse tipo de agricultura extensiva.

Que, por esse motivo, esse solo não tenha de ser muito fértil, como imagina Ricardo, nem se tenham de cultivar apenas tipos de solo de igual fertilidade é algo que se pode constatar pelo que segue: no estado de Michigan

---

[33a] Foi justamente o cultivo em rápida expansão de tais regiões de pradarias ou estepes que nos últimos tempos transformou em brincadeira de criança a célebre tese malthusiana de que "a população pressiona os meios de subsistência" e, em contrapartida, gerou as lamentações dos agricultores, segundo os quais a agricultura – e, com ela, a Alemanha – acabaria arruinada caso não fosse colocado limite aos meios de subsistência que pressionam a população. Lá, o cultivo de estepes, pradarias, pampas, *llanos* etc. encontra-se apenas em seus primórdios; seu efeito revolucionário sobre a economia agrária europeia ainda se fará sentir, pois, de modo totalmente diverso do que até o presente. (F. E.)

foram semeados, em 1848, 465.900 acres de trigo, que produziram 4.739.300 *bushels* – em média, 10⅕ *bushels* por acre; deduzindo-se a semente, isso dá menos de 9 *bushels* por acre. Dos 29 condados do estado, 2 produziram, em média, 7 *bushels*, 3-8, 2-9, 7-10, 6-11, 4-13 *bushels*, e apenas um produziu 16; outro produziu 18 *bushels* por acre (ibidem, p. 225).

Para o cultivo prático, a maior fertilidade do solo coincide com a maior possibilidade de aproveitamento imediato dessa fertilidade. Esta última pode ser maior num solo naturalmente pobre do que em outro naturalmente rico, mas é o tipo de solo que o colono vai explorar de início e que, em caso de carência de capital, ele precisa explorar.

Por último: a extensão do cultivo para áreas maiores – abstraindo do caso anteriormente considerado, no qual se deve recorrer ao solo pior do que o até então cultivado –, para os diversos tipos de solo de *A* até *D*, isto é, por exemplo, o cultivo de áreas maiores de *B* e *C*, não pressupõe de modo nenhum um aumento prévio do preço dos cereais, tampouco a ampliação anual da fiação de algodão, por exemplo, requer um aumento constante dos preços do fio. Embora um considerável aumento ou uma queda dos preços de mercado exerça um efeito sobre o volume da produção, o que vemos é que, abstraindo desse fato, ocorre continuamente na agricultura (assim como em quaisquer outros ramos de produção explorados de maneira capitalista) aquela superprodução relativa que, em si, é idêntica à acumulação, e isso mesmo com aqueles preços médios, cujo nível não inibe nem estimula a produção; em outros modos de produção, essa superprodução relativa é diretamente afetada pelo crescimento populacional e, nas colônias, pela imigração constante. A demanda cresce com constância e, prevendo-se esse fato, investe-se sempre um novo capital em novas terras, ainda que, segundo as circunstâncias, com foco em diferentes produtos agrícolas. O que provoca isso é a formação de novos capitais. No que diz respeito ao capitalista individual, ele mede o volume de sua produção pelo volume de seu capital disponível, na medida em que ele mesmo ainda possa supervisioná-lo. O que ele tem em vista é ocupar o maior espaço possível no mercado. Havendo superprodução, ele não lançará a culpa em si mesmo, mas nos competidores. O capitalista individual pode aumentar sua produção tanto apropriando-se de uma alíquota maior de um mercado quanto ampliando ele mesmo o mercado.

Capítulo 40

Segunda forma da renda diferencial (renda diferencial II)

Até o momento, tratamos da renda diferencial apenas como o resultado da produtividade distinta de investimentos iguais de capital em áreas iguais de fertilidade diversa, de maneira que a renda diferencial se determinava pela diferença entre o rendimento do capital investido no solo pior, que não gera renda, e o do capital investido no solo melhor. Víamos então os investimentos de capital coexistindo em diversas áreas de terra, de modo que a cada novo investimento de capital correspondia um cultivo mais extensivo do solo, uma ampliação da área cultivada. Em última instância, porém, a renda diferencial era apenas resultado da produtividade distinta de capitais iguais investidos no solo. Ora, pode fazer diferença que massas de capital de produtividade diversa sejam investidas sucessivamente num mesmo terreno ou lado a lado em dois terrenos, pressupondo-se que os resultados sejam os mesmos?

De imediato, não se pode negar que, em se tratando da formação do lucro extra, é indiferente se £3 de custos de produção, investidas no acre de *A*, rendem 1 *quarter*, de modo que £3 constituem o preço de produção e o preço regulador de mercado por 1 *quarter*, enquanto £3 de custos de produção sobre o acre *B* rendem 2 *quarters* e, com isso, um lucro extra de £3, assim como £3 de custos de produção por acre de *C* rendem 3 *quarters* e £6 de lucro extra e, finalmente, £3 de custos de produção por acre de *D* rendem 4 *quarters* e £9 de lucro extra; ou, se o mesmo resultado é obtido quando £12 de custos de produção, ou £10, são investidas com os mesmos êxitos e na mesma sequência em um mesmo acre. Em todos os casos, tem-se um capital de £10, cujas parcelas de valor de £2½ cada são investidas uma após a outra, seja sobre 4 acres contíguos de fertilidade diversa, seja de maneira sucessiva, sobre um único e mesmo acre; devido ao produto diferente, uma dessas partes não gera nenhum lucro extra, enquanto as outras partes geram um lucro extra que corresponde à diferença de seu rendimento acima daquele primeiro investimento que não gera renda.

Os lucros extras e diferentes taxas de lucro extra para diferentes parcelas de valor de capital são formados de igual maneira em ambos os casos. E a renda não é outra coisa senão uma forma desse lucro extra, o qual constitui sua substância. De todo modo, no caso do segundo método, apresentam-se dificuldades para a transformação do lucro extra em renda, para essa transmutação formal que implica transferir para o proprietário fundiário os lucros extras do arrendatário capitalista. Daí a teimosa resistência dos arrendatários ingleses contra uma estatística agrícola oficial. Daí também a luta entre eles e os proprietários de terra pela verificação dos resultados reais de seu investimento de capital. (Morton.) Pois, quando há arrendamento das terras, a renda é fixada, de modo que os lucros extras que surgem do investimento sucessivo de capital são embolsados pelo arrendatário enquanto durar o contrato de arrendamento. Daí a luta dos arrendatários por contratos de arrendamento longos e, inversamente, a multiplicação dos contratos rescindíveis a cada ano (*tenancies at will*) em razão da supremacia dos senhores rurais.

Desde o início, portanto, está claro: embora para a lei da formação dos lucros extras seja indiferente se capitais iguais são investidos lado a lado com resultados desiguais em superfícies de mesma extensão ou se o são sucessivamente no mesmo terreno, isso constitui uma diferença significativa para a metamorfose dos lucros extras em renda fundiária. Este último método insere essa metamorfose dentro de limites mais estreitos, por um lado, e mais oscilantes, por outro. Por isso, em países de cultivo intensivo (em sentido econômico, entendemos por cultivo intensivo apenas a concentração de capital numa mesma porção da terra, em vez de sua distribuição sobre superfícies contíguas), a atividade do avaliador torna-se uma profissão extremamente importante, complexa e árdua, como o mostra Morton em *Resources of Estates*. No caso de melhorias permanentes do solo, ao expirar o contrato de arrendamento, a fertilidade diferencial artificialmente elevada do solo coincide com sua fertilidade diferencial natural, e, assim, a avaliação da renda coincide com a fertilidade diferente entre distintos tipos de solo em geral. Por outro lado, na medida em que a formação de lucro extra é determinada pelo nível do capital de giro, ao chegar este a certo nível, a grandeza da renda passa a ser calculada com base na renda média do país, dando ao novo arrendatário capital suficiente para prosseguir com o cultivo da mesma maneira intensiva.

* * *

Na exposição da renda diferencial II ainda se devem ressaltar os seguintes pontos:

Primeiro, seu fundamento e seu ponto de partida, não só histórico, mas na medida em que afeta seu movimento em qualquer momento dado, são a renda diferencial I, isto é, o cultivo simultâneo, contíguo, de tipos de solo de diversa fertilidade e localização; portanto, o emprego simultâneo, contíguo, de diferentes componentes do capital agrícola total em faixas de terra de diferente qualidade.

Do ponto de vista histórico, isso é óbvio. Nas colônias, os colonos têm de investir pouco capital; trabalho e terra são os principais agentes da produção. Cada chefe de família procura uma área de atuação autônoma para si e para os seus, situado junto ao dos demais colonos. De modo geral, esse deveria ser o caso na agricultura propriamente dita, mesmo em modos de produção pré-capitalistas. Na ovinocultura e na pecuária em geral, como ramos autônomos da produção, tem-se uma exploração mais ou menos coletiva do solo, e tal exploração é, desde o início, extensiva. O modo de produção capitalista parte de modos de produção anteriores, nos quais os meios de produção, de fato ou de direito, são propriedade do próprio cultivador – numa palavra, da exploração artesanal da agricultura. Segundo a natureza das coisas, a partir dessa exploração artesanal se desenvolve pouco a pouco a concentração dos meios de produção e sua metamorfose em capital diante dos produtores diretos, convertidos em trabalhadores assalariados. Na medida em que o modo de produção capitalista se manifesta aqui de maneira característica, isso ocorre, inicialmente, sobretudo na criação de ovinos e bovinos; em seguida, porém, não na concentração do capital numa extensão de terras relativamente pequena, mas na produção em maior escala, de modo que há economia na manutenção de cavalos e em outros custos de produção; de fato, porém, não mediante o emprego de mais capital sobre o mesmo solo. Além disso, faz parte das próprias leis naturais do cultivo da terra que, a partir de certo nível do cultivo e do correspondente esgotamento do solo, o capital – incluindo aqui, ao mesmo tempo, os meios de produção já produzidos – converta-se no elemento decisivo do cultivo. Enquanto o terreno cultivado constitui uma extensão relativamente pequena em proporção ao terreno não cultivado e a força do solo ainda não está esgotada (isso ocorre no período em que a criação de gado e a dieta carnívora preponderam sobre a agricultura propriamente dita e a alimentação vegetal), o novo e incipiente modo de produção enfrenta a produção camponesa sobretudo por meio da extensão do terreno que passa a ser cultivado por conta de *um* capitalista, ou seja, uma vez mais, pelo emprego extensivo do capital numa superfície de terreno mais extensa. Por conseguinte, cabe afirmar desde já que a renda diferencial I é a base histórica da qual se parte. Por outro lado, o movimento da renda diferencial II só se produz, em qualquer instante, numa área que constitui, por sua vez, o fundamento variegado da renda diferencial I.

Segundo, no caso da renda diferencial na forma II, à diferença de fertilidade se acrescentam as diferenças na distribuição do capital (e na capacidade de crédito) entre os arrendatários. Na manufatura propriamente dita, logo se forma um mínimo de volume de operações para cada ramo da atividade e, de forma correspondente, um mínimo de capital abaixo do qual não se consegue explorar com êxito uma empresa individual. Do mesmo modo, em cada ramo dos negócios se forma um nível médio normal de capital, situado acima desse mínimo, e do qual a maior parte dos produtores precisa dispor e efetivamente dispõe. O que ultrapassa esse nível médio pode formar lucro extra; o que se mantém abaixo dele não obtém o lucro médio. O modo de produção capitalista só se apodera da agricultura de forma lenta e irregular, como se vê na Inglaterra, país do modo clássico de produção capitalista na agricultura. Enquanto não existe a livre importação de grãos ou enquanto seus efeitos forem limitados pelo fato de o montante de tal importação ser igualmente limitado, o preço do mercado é determinado pelos produtores que trabalham em solos piores, isto é, em condições de produção mais desfavoráveis que a média. Nas mãos desses produtores se encontra grande parte da massa total de capital empregada na agricultura e que está, em geral, à disposição desta última.

É verdade, por exemplo, que o camponês emprega muito trabalho em sua pequena parcela. Trata-se de trabalho isolado e desprovido das condições objetivas, tanto sociais como materiais da produtividade, privado delas.

Essa circunstância faz com que os arrendatários realmente capitalistas sejam capazes de se apropriar de uma parte do lucro extra, o que não ocorreria, pelo menos no que diz respeito a esse ponto, se o modo de produção capitalista estivesse tão desenvolvido na agricultura quanto está na manufatura.

Consideremos, por ora, apenas a formação do lucro extra na renda diferencial II, sem nos ocuparmos ainda das condições sob as quais se pode produzir a transformação desse lucro extra em renda fundiária.

É claro, então, que a renda diferencial II é apenas uma expressão distinta da renda diferencial I, mas que coincide com ela quanto a seu conteúdo. A diferente fertilidade dos diferentes tipos de solo influi na renda diferencial I somente na medida em que faz com que os capitais investidos na terra deem resultados ou produtos desiguais, considerados pela grandeza igual dos capitais ou por sua grandeza proporcional. O fato de que essa desigualdade se produza no caso de capitais distintos, investidos sucessivamente na mesma faixa de terra, ou no caso de capitais empregados em diversas porções de diferentes tipos de solo é algo que não afeta em nada a diferença da fertilidade ou de seu produto, tampouco a formação da renda diferencial para as parcelas de capital investidas de maneira mais produtiva. Continua a ser o solo que, com igual investimento de capital, apresenta uma fertilidade diferente, só que, nesse caso, o mesmo solo desempenha para um capital sucessivamente investido em diferentes parcelas a mesma tarefa que, no caso I, tipos de solo distintos desempenham para as parcelas – de tamanho igual – do capital social neles investidas.

Se o mesmo capital de £10, que na Tabela I, na forma de capitais independentes de £2½ cada um, é investido por diferentes arrendatários, cada um deles sobre um acre dos quatro tipos de solo *A*, *B*, *C* e *D*, estivesse investido de maneira sucessiva num mesmo acre de *D*, de modo que o primeiro investimento rendesse 4 *quarters*; o segundo, 3 *quarters*; o terceiro, 2 *quarters*; e o último, 1 *quarter* (ou também na sequência inversa), então o preço do *quarter* = £3, gerado pela parte menos rentável do capital, não geraria nenhuma renda diferencial, mas determinaria o preço de produção enquanto fosse necessário o fornecimento de trigo, cujo preço de produção é = £3. Considerando que, conforme o pressuposto aqui, produz-se de modo capitalista e, portanto, o preço de £3 inclui o lucro médio que um capital de £2½ rende em geral, então as outras três porções de £2½ gerarão lucros extras segundo a diferença desse produto, uma vez que tal produto não se vende a seu preço de produção, mas ao preço de produção do investimento menos lucrativo de £2½, o qual não gera renda nenhuma e no qual o preço do produto é regulado conforme a lei geral dos preços de produção. A formação dos lucros extras seria a mesma que na Tabela I.

Aqui se mostra, uma vez mais, que a renda diferencial II pressupõe a renda diferencial I. O mínimo de produto que um capital de £2½ rende, isto é, no solo de pior qualidade, é aqui suposto como 1 *quarter*. Suponhamos também que o arrendatário do solo *D* empregue no mesmo solo, além das £2½ que lhe rendem 4 *quarters* – e pelos quais ele paga 3 *quarters* de renda diferencial –, £2½ que só lhe rendem 1 *quarter*, tal como o mesmo capital no solo pior, *A*. Nesse caso, teríamos um investimento de capital que não gera renda, pois só lhe dá em retorno o lucro médio. Não haveria lucro extra para transformar-se em renda. Por outro lado, tampouco esse produto decrescente do segundo investimento de capital em *D* teria qualquer influência sobre a taxa de lucro. Seria o mesmo que se £2½ tivessem sido investidas em outro acre do tipo de solo *A*, circunstância que de modo nenhum afeta o lucro extra; portanto, tampouco interfere na renda diferencial dos tipos de solo *A*, *B*, *C* e *D*. Para o arrendatário, porém, esse investimento adicional de £2½ em *D* teria sido tão vantajoso quanto, de acordo com pressuposto, o investimento das

£2½ originárias no acre *D*, embora este último renda 4 *quarters*. Se, além disso, ao fazer dois novos investimentos de capital de £2½ cada um, o primeiro lhe rende 3 *quarters*, e o segundo, 2 *quarters* de produto adicional, então teria voltado a haver diminuição, caso se compare com o rendimento do primeiro investimento de £2½ em *D*, que foi de 4 *quarters* e que, por conseguinte, teve um lucro extra de 3 *quarters*. No entanto, isso seria apenas uma diminuição no nível do lucro extra e não afetaria o lucro médio nem o preço regulador de produção. Isso só ocorreria se a produção adicional que lança esses lucros extras decrescentes tornasse supérflua a produção de *A* e, com isso, o acre *A* fosse deixado fora de cultivo. Nesse caso, a fertilidade decrescente do investimento adicional de capital no acre *D* estaria vinculada a uma queda no preço de produção, por exemplo, de £3 para £1½, se o acre *B* se convertesse no solo que não gera renda, o solo regulador do preço de mercado.

O produto em *D* seria agora = 4 + 1 + 3 + 2 = 10 *quarters*, ao passo que antes ele era de 4 *quarters*. O preço do *quarter* regulado por *B* teria caído para £1½. A diferença entre *D* e *B* seria = 10 – 2 = 8 *quarters*, a £1½ por *quarter* = £12, ao passo que a renda monetária de *D* era, anteriormente, = £9. Isso precisa ser levado em conta. Calculado por acre, o nível da renda teria aumentado em 33⅓%, apesar da taxa decrescente do lucro extra sobre os dois capitais adicionais de £2½ cada um.

Aqui se vê a que complicadas combinações pode dar lugar a renda diferencial em geral, ainda mais quando se juntam as formas II e I, enquanto Ricardo, por sua vez, a trata de modo totalmente unilateral e como uma coisa simples. Tem-se, como no exemplo, uma queda do preço regulador de mercado e, ao mesmo tempo, um aumento da renda nas terras férteis, de modo que aumentam tanto o produto absoluto como o mais-produto absoluto. (Na renda diferencial I, em linha descendente, o mais-produto relativo e, portanto, a renda por acre pode aumentar, embora o mais-produto por acre permaneça constante ou até mesmo diminua.) Ao mesmo tempo, porém, decresce a produtividade dos investimentos sucessivamente efetuados no mesmo solo, ainda que grande parte deles recaia sobre as terras mais férteis. Ao considerar a questão tanto no que diz respeito ao produto quanto aos preços de produção, vemos que a produtividade do trabalho aumentou. Mas, sob outro ângulo, ela diminuiu, porquanto decrescem a taxa do lucro extra e o mais-produto por acre para os diferentes investimentos de capital no mesmo solo.

A renda diferencial II, ao diminuir a produtividade dos investimentos sucessivos de capital, só estaria necessariamente vinculada a um encarecimento do preço de produção e a um decréscimo absoluto da produtividade se esses investimentos de capital pudessem ser efetuados apenas no pior solo, o *A*. Se o acre de *A*, que com um investimento de capital de £2½ rendeu 1 *quarter* ao preço de produção de £3, caso se invistam outras £2½, isto é, com um investimento total de £5, render apenas 1½ *quarter*, então o preço de produção desse 1½ *quarter* seria = £6, ou seja, 1 *quarter* seria = £4. A diminuição da produtividade, em caso de aumento de investimento de capital, representaria aqui uma redução relativa do produto por acre, ao passo que nos tipos de solo melhores ela seria apenas uma redução do mais-produto excedente.

Mas a natureza das coisas faz com que, com o desenvolvimento do cultivo intensivo, isto é, com sucessivos investimentos de capital numa mesma terra, isso se dê preferencialmente, ou em grau mais elevado, nos melhores tipos de solo. (Não falamos das melhorias permanentes, por meio das quais um solo até então inutilizável é transformado em solo utilizável.) Portanto, a produtividade declinante dos sucessivos investimentos de capital deve atuar principalmente da maneira descrita. O solo de qualidade superior é escolhido por oferecer as melhores perspectivas de o capital nele empregado ser rentável, porquanto tal solo contém a maior parte dos elementos naturais da fertilidade, e trata-se apenas de aproveitá-los.

Quando o cultivo se intensificou na Inglaterra depois da abolição das leis dos cereais, uma grande quantidade de terras anteriormente destinadas ao cultivo de trigo passou a ser utilizada para outros fins, em especial para a pecuária, enquanto as zonas de terras férteis mais apropriadas ao cultivo de trigo foram drenadas e melhoradas; desse modo, o capital destinado à triticultura concentrou-se num território mais restrito.

Nesse caso – e todas as sobretaxas possíveis situadas entre o lucro extra máximo do melhor solo e o produto do solo *A*, que não gera renda, coincidem não com um aumento relativo, mas sim absoluto, do mais-produto por acre –, o lucro extra (eventualmente renda) recém-formado não representa uma parte do lucro médio anterior convertido em renda (parte do produto na qual o lucro médio se representava anteriormente), mas o lucro extra suplementar que, a partir dessa forma, transmutou-se em renda.

Apenas no caso em que a demanda de cereais aumentasse a ponto de o preço de mercado se elevar acima do preço de produção de *A* e, por conseguinte, em *A*, *B* ou em outro tipo [de solo] o mais-produto não pudesse ser fornecido por um preço superior a £3, apenas nesse caso um aumento do preço de produção e do preço regulador de mercado estaria vinculado à redução do resultado de um investimento adicional de capital em alguns dos tipos *A*, *B*, *C* ou *D*. Enquanto isso se estabelecesse por um período mais prolongado e não suscitasse o cultivo de terra adicional *A* (pelo menos, da qualidade *A*) ou se outros fatores não provocassem um abastecimento mais barato, teríamos, mantendo-se constantes as demais circunstâncias, um aumento do salário provocado pelo encarecimento do pão e uma corresponde queda da taxa de lucro. Nesse caso, seria indiferente que o aumento da demanda se satisfizesse por incorporação de terras piores que *A* ou por investimento suplementar de capital, não importando em qual dos quatro tipos de solo. A renda diferencial aumentaria em conexão com a queda da taxa de lucro.

Esse caso, em que a queda da produtividade dos capitais posteriormente agregados a tipos de solo que já se encontram em cultivo pode levar a um aumento no preço de produção, à queda da taxa de lucro e à formação de uma renda diferencial mais elevada – pois esta última, sob as circunstâncias dadas, aumentaria em todos os tipos de solo exatamente como se agora o preço de mercado fosse regulado por um solo pior que *A* –, foi rotulado por Ricardo como único, normal, caso ao qual ele reduziu toda a formação da renda diferencial II.

Também seria assim se fosse cultivado apenas o tipo de solo *A*, e sucessivos investimentos de capital nele realizados não estivessem ligados a um crescimento proporcional do produto.

Portanto, aqui, na renda diferencial II, perde-se completamente de vista a renda diferencial I.

Com exceção desse caso, em que a oferta proveniente dos tipos de solo cultivados não basta e, por isso, o preço de mercado situa-se permanentemente acima do preço de produção até que um novo solo adicional de pior qualidade passe a ser cultivado ou até que o produto total do capital adicional investido nos diferentes tipos de solo só possa ser fornecido a um preço de produção mais elevado do que o vigente até esse momento, a queda proporcional da produtividade dos capitais adicionais deixa intactos o preço regulador de produção e a taxa de lucro. De resto, há ainda três outros casos possíveis:

1. Se o capital adicional em alguns dos tipos de solo *A*, *B*, *C* ou *D* só rende a taxa de lucro determinada pelo preço de produção de *A*, então não se forma nenhum lucro extra, portanto, nenhuma renda possível, exatamente como se tivesse cultivado o solo adicional *A*.
2. Se o capital adicional gera um produto mais elevado, forma-se obviamente um novo lucro extra (renda potencial) quando o preço regulador permanece inalterado. Esse não é necessariamente o caso, especialmente quando essa produção adicional deixa o solo *A* fora de cultivo e, com isso, o exclui também da série de tipos de solo concorrentes. Nesse caso, cai o preço de produção regulador. A taxa de lucro aumentaria se a ela estivesse

vinculada uma queda do salário ou se o produto mais barato ingressasse como elemento no capital constante. Se a produtividade superior do capital adicional tivesse ocorrido nos melhores tipos de solo, *C* e *D*, o nível da produtividade aumentada e a massa dos novos capitais agregados determinariam em que medida a formação de um lucro extra maior (isto é, de um aumento da renda) estaria ligada à queda do preço e ao aumento da taxa de lucro. Esta também pode aumentar sem a queda do salário, mediante o barateamento dos elementos do capital constante.

3. Se o investimento adicional de capital ocorre com uma diminuição dos lucros extras, mas de modo que seu produto deixe um excedente acima do produto do mesmo capital investido no solo *A*, e se o incremento da oferta não deixa o solo *A* fora de cultivo, tem-se, sob todas as circunstâncias, uma nova formação de lucros extras que pode ocorrer simultaneamente em *D*, *C*, *B* e *A*. Se, em contrapartida, o pior solo, o *A*, é excluído do cultivo, cai o preço de produção regulador, e dependerá da relação entre o preço reduzido de 1 *quarter* e o maior número dos *quarters* que constituem o lucro extra o aumento ou a diminuição do lucro extra expresso em dinheiro e, por conseguinte, da renda diferencial. De qualquer maneira, revela-se aqui a curiosa circunstância de que, ao contrário do que parece à primeira vista, com os lucros extras decrescentes de sucessivos investimentos de capital, o preço de produção pode cair em vez de ter de subir.

Esses investimentos adicionais de capital com rendimentos extras decrescentes correspondem inteiramente ao caso em que, em tipos de solo cuja fertilidade se encontra entre *A* e *B*, *B* e *C*, *C* e *D*, por exemplo, fossem investidos quatro novos capitais independentes de £2½ cada um, os quais renderiam respectivamente 1½, 2⅓, 2⅔ e 3 *quarters*. Em todos esses tipos de solo, para os quatro capitais adicionais, haveria lucros extras, rendas potenciais, ainda que a taxa de lucro extra tivesse diminuído em comparação com o mesmo investimento de capital num solo cada vez melhor. Ocorreria exatamente o mesmo se esses quatro capitais fossem investidos em *D* etc. ou distribuídos entre *D* e *A*.

Agora chegamos a uma distinção essencial entre as duas formas da renda diferencial.

Com um preço constante de produção e as diferenças mantendo-se idênticas, na renda diferencial I é possível aumentar, com a renda total, a renda média por acre ou a taxa média de renda sobre o capital; mas a média não é mais que uma abstração. O verdadeiro nível de renda por acre ou calculado sobre o capital permanece o mesmo.

Por outro lado, a partir das mesmas premissas, o nível da renda, medida por acre, pode aumentar ainda que permaneça constante a taxa de renda, medida segundo o capital investido.

Suponhamos uma duplicação da produção pelo fato de que em *A*, *B*, *C* e *D* se invistam £5 em vez de £2½ em cada um, isto é, £20 de capital em vez de [£]10 no total, com uma fertilidade relativa constante. Exatamente o mesmo ocorreria se, de cada um desses tipos de solo, fossem cultivados 2 acres, e não 1 acre, desde que com custos constantes. A taxa de lucro se manteria inalterada, e o mesmo se daria com sua relação com o lucro extra ou com a renda. Mas, se *A* rendesse agora 2 *quarters*; *B*, 4 *quarters*; *C*, 6 *quarters*; e *D*, 8 *quarters*, então, uma vez que esse incremento não se deve à duplicação da fertilidade com um capital constante, mas a uma fertilidade proporcional constante com capital duplicado, o preço de produção continuaria a ser £3 por *quarter*. Os 2 *quarters* de *A* custariam agora £6, assim como antes 1 *quarter* custava £3. O lucro seria duplicado nos 4 tipos de solo, mas apenas porque o capital investido também teria sido duplicado. Por sua vez, a renda teria se duplicado na mesma proporção; ela seria, para *B*, de 2 *quarters*, em vez de 1 *quarter*; para *C*, de 4 *quarters*, em vez de 2 *quarters*; e, para *D*, de 6 *quarters* em vez de 3 *quarters*; de acordo com isso, a renda em dinheiro para *B*, *C* e *D* seria respectivamente £6, £12 e £18. Tal como o produto por acre, a renda em dinheiro por acre seria duplicada e, consequentemente, também o preço do solo em que se capitaliza essa renda em dinheiro se duplicaria. Calculando dessa maneira, eleva-se o nível da renda em grãos e em dinheiro e, portanto, o preço da terra, pois a unidade de medida em que ele é calculado, o acre, é uma extensão de grandeza constante. Em contrapartida, calculada como taxa de renda sobre o capital desembolsado, não ocorreu mudança nenhuma no nível proporcional da renda. A renda total de [£]36 está para o capital desembolsado de [£]20 assim como a renda total de [£]18 está para o capital desembolsado de [£]10. O mesmo vale para a relação entre a renda em dinheiro de cada tipo de solo e o capital nele investido; assim, por exemplo, em *C*, £12 de renda estão para £5 de capital como antes £6 de renda estavam para £2½ de capital. Não surgem aqui diferenças novas entre os capitais desembolsados, mas sim novos lucros extras, apenas porque o capital adicional se investe num dos tipos de solo que geram renda, ou em todos eles, com o mesmo produto proporcional. Se o investimento duplo só se produzisse em *C*, por exemplo, então continuaria igual a renda diferencial, calculada sobre o capital, entre *C*, *B* e *D*; se sua massa em *C* duplica, duplica também o capital investido.

Disso se deduz que, mantendo-se constantes o preço de produção, a taxa de lucro e as diferenças (portanto, taxa de lucro extra ou de renda, calculada sobre o capital), podem elevar-se o nível da renda em produto e em dinheiro por acre e, assim, o preço da terra.

O mesmo pode ocorrer no caso de taxas decrescentes de lucro extra e, portanto, de renda, isto é, no caso de produtividade declinante dos investimentos de capital adicionais que ainda gerem renda. Se os segundos investimentos de capital de £2½ não tivessem duplicado o produto, mas *B* só rendesse 3½ *quarters*; *C*, 5 *quarters*; e D, 7* *quarters*, a renda diferencial para as segundas £2½ de capital seria apenas de ½ *quarter* para *B*, não 1 *quarter*; de 1 *quarter* para *C*, não 2 *quarters*; e de 2 *quarters* para *D*, não 3 *quarters*. As relações entre renda e capital para os dois investimentos sucessivos se apresentariam como a seguir:

Primeiro investimento	Renda	Capital	Segundo investimento	Renda	Capital
B	£3	£2½	B	£1½	£2½
C	£6	£2½	C	£3	£2½
D	£9	£2½	D	£6	£2½

Apesar dessa taxa reduzida da produtividade relativa do capital e, assim, do lucro extra, calculada sobre o capital, a renda em grãos e em dinheiro teria aumentado de 1 *quarter* para 1½ *quarter* (de £3 para £4½) em *B*, de 2 *quarters* para 3 *quarters* (de £6 para £9) em *C* e de 3 *quarters* para 5 *quarters* (de £9 para £15) em *D*. Nesse caso, teríamos uma diminuição das diferenças para os capitais adicionais, comparados com o capital investido em *A*, uma constância dos preços de produtos, um aumento da renda por acre e, portanto, do preço da terra por acre.

A seguir, apresentaremos as combinações da renda diferencial II, que pressupõe como base a renda diferencial I.

* Na primeira edição, "6". (N. E. A.)

Capítulo 41

A renda diferencial II – primeiro caso: preço de produção constante

Aqui, o pressuposto implica que o preço de mercado esteja regulado, como antes, pelo capital investido no solo pior, o *A*.

I. Se o capital adicional investido em qualquer um dos tipos de solo *B*, *C* e *D* que geram renda produz apenas tanto quanto o mesmo capital investido no solo *A*, ou seja, se ao preço regulador de produção ele só produz o lucro médio, nenhum lucro extra, então seu efeito sobre a renda é igual a zero. Tudo permanece na mesma. É como se uma quantidade qualquer de acres da qualidade *A* – o pior dos solos – fosse agregada à superfície até então cultivada.

II. Os capitais adicionais geram, em cada um dos diversos tipos de solo, produtos adicionais proporcionais a sua grandeza, ou seja, o volume da produção aumenta conforme a fertilidade específica de cada tipo de solo, proporcionalmente à grandeza do capital adicional. No capítulo 39, partimos da Tabela I a seguir:

Tabela I

Tipo de solo	Acre	Capital	Lucro	Custo de produção	Produto	Preço de venda	Rendimento	Renda		Taxa de lucro extra
		£	£	£	*quarters*	*quarters*	£	*quarters*	£	
A	1	2½	½	3	1	3	3	0	0	0%
B	1	2½	½	3	2	3	6	1	3	120%
C	1	2½	½	3	3	3	9	2	6	240%
D	1	2½	½	3	4	3	12	3	9	360%
Total	4	10		12	10	30	6	18		

Ela se transforma agora em:

Tabela II

Tipo de solo	Acre	Capital	Lucro	Custo de produção	Produto	Preço de venda	Rendimento	Renda		Taxa de lucro extra
		£	£	£	*quarters*	*quarters*	£	*quarters*	£	
A	1	2½ + 2½ = 5	1	6	2	3	6	0	0	0%
B	1	2½ + 2½ = 5	1	6	4	3	12	2	6	120%
C	1	2½ + 2½ = 5	1	6	6	3	18	4	12	240%
D	1	2½ + 2½ = 5	1	6	8	3	24	6	18	360%
Total	4	20			20		60	12	36	

Nesse caso, não é necessário que o investimento de capital duplique em todos os tipos de solo, como na tabela. A lei é a mesma, desde que se empregue capital adicional, não importando em que proporção, em um ou em vários dos tipos de solo que geram renda. É necessário apenas que, em cada tipo de solo, a produção aumente na mesma proporção que o capital. Nesse caso, a renda só aumenta devido a um maior investimento de capital na terra e em proporção a esse aumento de capital. Esse aumento do produto e da renda devido a um maior investimento de capital e em proporção a ele é, no que diz respeito à quantidade do produto e da renda, exatamente o mesmo que se obteria caso a superfície cultivada das terras de mesma qualidade e geradoras de renda tivesse aumentado e, com um investimento de capital igual ao realizado antes nos mesmos tipos de solo, ela tivesse sido cultivada. No caso da Tabela II, por exemplo, o resultado permaneceria o mesmo se o capital adicional de £2½ por acre fosse investido num segundo acre de *B*, *C* e *D*.

Além disso, essa suposição não implica um emprego mais produtivo do capital, apenas um emprego de mais capital na mesma superfície e com os mesmos resultados de antes.

Nesse caso, as relações proporcionais permanecem inalteradas. De todo modo, caso se levem em conta não as diferenças proporcionais, mas as puramente aritméticas, a renda diferencial pode modificar-se nos diferentes tipos de solo. Suponhamos, por exemplo, que capital adicional só tenha sido investido em *B* e *D*. Então, a diferença entre *D* e *A* é = 7 *quarters*, sendo antes = 3 *quarters*; a diferença entre *B* e *A* é = 3 *quarters*, antes era = 1 *quarter*; a diferença entre *C* e *B* é = -1, antes era = +1 etc. Essa diferença aritmética, decisiva no caso da renda diferencial I, na medida em que nela se expressa a diferença de produtividade no caso de igual investimento de capital, é aqui totalmente indiferente, porque não passa de uma consequência de investimentos suplementares de capital ou de não investimentos suplementares de capital, mantendo-se inalterada a diferença para cada parte igual de capital investida nos diferentes terrenos.

III. Os capitais adicionais geram um produto excedente e, por conseguinte, formam lucros extras, porém com uma taxa decrescente, não na proporção de seu incremento.

Tabela III

Tipo de solo	Acre	Capital	Lucro	Custo de produção	Produto	Preço de venda	Rendimento	Renda		Taxa de lucro extra
		£	£	£	*quarters*	*quarters*	£	*quarters*	£	
A	1	2½	½	3	1	3	3	0	0	0%
B	1	2½ + 2½ = 5	1	6	2 + 1½ = 3½	3	10½	1½	4½	90%
C	1	2½ + 2½ = 5	1	6	3 + 2 = 5	3	15	3	9	180%
D	1	2½ + 2½ = 5	1	6	4 + 3½ = 7½	3	22½	5½	16½	330%
Total	4	17½		21	17		51	10	30	

Nessa terceira hipótese, é novamente indiferente que os segundos investimentos adicionais de capital se distribuam de maneira uniforme entre os diversos tipos de solo; que a produção decrescente de lucro extra se efetue em proporções iguais ou desiguais; que os investimentos adicionais de capital recaiam todos sobre o mesmo tipo de solo gerador de renda ou que se distribuam, uniformemente ou não, entre solos geradores de renda, porém de qualidade diversa. Todas essas circunstâncias resultam indiferentes para a lei a ser desenvolvida. O único pressuposto é que os investimentos adicionais de capital em qualquer um dos tipos de solo geradores de renda resultem em um lucro extra, mas em proporção decrescente em relação à escala do incremento de capital. Nos exemplos da Tabela III, os limites desse decréscimo se encontram entre 4 *quarters* = £12, produto do primeiro investimento de capital no melhor solo, o *D*, e 1 *quarter* = £3, produto do mesmo investimento de capital no pior solo, o *A*. O produto do melhor solo no caso do investimento de capital I constitui o limite máximo, e o produto do pior solo, *A*, que não se torna renda nem lucro extra, com igual investimento de capital, constitui o limite mínimo do produto que realizam os sucessivos investimentos de capital em quaisquer dos tipos de solo que geram lucro extra, com uma produtividade decrescente dos sucessivos investimentos de capital. Assim como o suposto II corresponde a que se agregam à superfície cultivada novas porções de igual qualidade dos melhores tipos de solo, que a quantidade de qualquer dos tipos de solo cultivado aumenta, assim o suposto III corresponde a que se cultivem porções adicionais de terreno, cujos diferentes graus de fertilidade se distribuem entre *D* e *A*, entre os do melhor e os do pior dos solos. Se os sucessivos investimentos de capital se produzem exclusivamente no solo *D*, os mesmos investimentos podem compreender as diferenças existentes entre *D* e *A* e, além disso, entre *D* e *C*, assim como entre *D* e *B*. Se todas se produzem num solo *C*, só podem compreender as diferenças entre *C* e *A*, ou, nesse caso, *B*; caso se produzam em *B*, só podem compreender diferenças entre *B* e *A*.

A lei é que a renda aumenta sem exceção em todos esses tipos de solo, ainda que não em proporção ao capital adicionalmente investido. A taxa de lucro extra diminui, considerando tanto o capital adicional como o capital total investido na terra; a grandeza absoluta do lucro extra aumenta, exatamente como a taxa de lucro decrescente do capital se encontra vinculada, em geral e na maior parte dos casos, a uma taxa absoluta crescente do lucro. Assim, o lucro extra médio do investimento de capital em *B* é = 90% sobre o capital, enquanto no primeiro investimento era = 120%. Mas o lucro extra total aumenta de 1 *quarter* para 1½ *quarter* e de £3 para £4½. A renda total, considerada por si mesma, e não com referência à grandeza duplicada do capital adiantado, aumentou em termos absolutos. A diferença entre as rendas dos diversos tipos de solo e sua relação recíproca pode variar nesse caso, mas essa mudança na diferença é, aqui, consequência do aumento de umas rendas em relação às outras, e não sua causa.

IV. O caso em que os investimentos adicionais de capital nos tipos de solo melhores geram um produto maior que os investimentos originários não requer mais análise. É evidente que, sob essa premissa, as rendas por acre aumentam, em maior proporção que o capital adicional, qualquer que seja o tipo de solo em que se tenha investido. Nesse caso, o investimento adicional de capital está ligado a uma melhoria. Isso inclui a situação em que um acréscimo menor de capital surte o mesmo efeito, ou um efeito maior, que o produzido anteriormente por um acréscimo maior de capital. Esse caso não é idêntico ao anterior, e essa é uma diferença que resulta importante em todos os investimentos de capital. Por exemplo, se 100 dão um lucro de 10, e 200, aplicados de uma forma determinada, dão um lucro de 40, o lucro terá aumentado de 10% para 20% e, nessa medida, é o mesmo que se 50, aplicados de forma mais eficaz, rendessem um lucro de 10 em vez de 5. Suponhamos aqui que o lucro esteja ligado a um aumento proporcional do produto. A diferença é que, num caso, devo duplicar o capital; no outro, provoco o efeito duplo com o mesmo capital que até este momento. Não é em absoluto igual se 1) obtenho o mesmo produto que antes, mas com a metade de trabalho vivo e objetivado; 2) se com o mesmo trabalho, obtenho o dobro do produto anterior; ou, 3) se com o dobro de trabalho, obtenho o quádruplo do produto anterior. No primeiro caso, libera-se trabalho em sua forma viva e objetivada, que poderia ser empregado de outro modo; a capacidade de disposição de trabalho e capital aumenta. A liberação de capital (e trabalho) é, por si só, um aumento da riqueza; tem exatamente o mesmo efeito que se esse capital adicional tivesse sido obtido por acumulação, porém economiza a tarefa da acumulação.

Suponhamos que um capital de 100 tenha dado origem a um produto de 10 metros. Esses 100 incluem tanto capital constante como trabalho vivo e lucro, de modo que o metro custa 10. Se com o mesmo capital de 100 produzo agora 20 metros, o metro custará 5. Se, ao contrário, posso produzir 10 metros com um capital de 50, o metro também custa 5, e se libera um capital de 50, na medida em que seja suficiente a antiga oferta de mercadorias. Se devo investir 200 de capital para produzir 40 metros, o metro custará igualmente 5. A determinação do valor, ou também a do preço, não permite reconhecer aqui diferença nenhuma, assim como a massa de produto proporcional ao adiantamento de capital. Mas, no primeiro caso, libera-se capital; no segundo, produz-se capital adicional, na medida em que seja necessária uma produção dupla; no terceiro caso, o produto aumentado só pode ser obtido aumentando-se o capital adiantado, ainda que não na mesma proporção que seria como se a antiga força produtiva tivesse fornecido o produto aumentado. (Isso pertence à seção I.)

Por esse ponto de vista da produção capitalista e sem levar em conta o aumento do mais-valor, mas a redução do preço de custo e o aumento dos custos, também o elemento formador do mais-valor (o trabalho) empresta ao capitalista esse serviço e forma lucros para ele enquanto o preço regulador de produção permanecer constante; o emprego de capital constante é sempre mais barato que o emprego de capital variável. De fato, isso pressupõe o desenvolvimento do crédito e a abundância de capital de empréstimo correspondentes ao modo de produção capitalista. Por um lado, emprego £100 de capital constante adicional, se £100 é o produto de 5 trabalhadores durante o ano; por outro lado, emprego £100 de capital variável. Se a taxa de mais-valor é = 100%, o valor criado pelos 5 trabalhadores será = £200; em contrapartida, o valor de £100 de capital constante é = £100, enquanto o capital é, digamos, = £105, sendo taxa de juros = 5%. As mesmas somas de dinheiro, adiantadas à produção como grandezas de valor de capital constante ou de capital variável, expressam valores muito diferentes, consideradas em seu produto. Além disso, no que diz respeito ao custo das mercadorias do ponto de vista do capitalista, ainda há a diferença no fato de que, das £100 de capital constante, na medida em que ele seja investido em capital fixo, só o desgaste entra no valor da mercadoria, enquanto as £100 por salário devem estar nelas reproduzidas por completo.

No caso de colonos e, em geral, de pequenos produtores independentes, que não dispõem em absoluto de capital ou só dispõem a juros muito elevados, a parte do produto que representa o salário constitui sua renda, enquanto para o capitalista constitui adiantamento de capital. Por isso, o primeiro considera esse desembolso de trabalho uma condição inexcusável para o rendimento do trabalho, do qual se trata em primeira instância. No que diz respeito a seu trabalho adicional, uma vez deduzido esse trabalho necessário, se realiza, em todo caso, num produto excedente; tão logo possa vendê-lo ou utilizá-lo, considera como algo que nada lhe custou, porquanto não é trabalho objetivado. Apenas o gasto deste último se mostra como alienação de riqueza. Como é natural, ele tenta vender pelo maior preço possível; inclusive a venda abaixo do valor e acima do preço de produção capitalista continua parecendo-lhe lucro, na medida em que esse lucro não está antecipado por endividamento, hipoteca etc. Ao contrário, para o capitalista, tanto o desembolso de capital variável como de capital constante é adiantamento de capital. O adiantamento relativamente maior deste último reduz o preço de custo – mantendo-se constantes as demais circunstâncias –, assim como o valor das mercadorias. Por isso, apesar de o lucro só emanar do mais-trabalho, isto é, do emprego de capital variável, ao capitalista individual poderá parecer que o trabalho vivo é o elemento mais oneroso de seus custos de produção, o que em maior grau deve ser reduzido a um mínimo. Essa é só uma forma, tergiversada de modo capitalista, de um fato real: um emprego proporcionalmente maior de trabalho pretérito, em comparação com o trabalho vivo, significa uma produtividade aumentada do trabalho social e maior riqueza social. Do ponto de vista da concorrência, tudo é tão errôneo, e assim se apresenta tudo de cabeça para baixo.

No pressuposto da constância dos preços de produção, os investimentos adicionais de capital podem ser efetuados com produtividade inalterada, crescente ou decrescente nas melhores terras, isto é, em todas que estejam no nível de *B* ou acima. Sob essa premissa, só teria sido possível em *A* no caso de produtividade constante, em cujas circunstâncias o campo não gera renda nenhuma, como tampouco gerava anteriormente; no caso de aumentar a produtividade, uma parte do capital investido no solo *A* geraria renda em tal eventualidade, e a outra, não. No entanto, seria impossível supor uma diminuição da força produtiva em *A*, pois nesse caso o preço de produção não permaneceria constante, mas aumentaria. Sob todas essas circunstâncias, isto é, que o mais-produto que geram seja proporcional a sua grandeza, esteja acima ou abaixo dessa proporção, quer dizer, se em consequência da taxa de lucro extra o capital permanece constante, aumenta ou diminui em caso de crescimento deste último, aumentam o mais-produto e o lucro extra por acre correspondente a ele e, por conseguinte, também eventualmente a renda, em grão e em dinheiro. O aumento da mera massa do lucro extra ou da renda, calculada por acre, isto é, o aumento da massa calculado segundo uma unidade constante, nesse caso, segundo uma quantidade determinada de terra, de acres ou de hectares, se expressa como proporção crescente. Por isso, o nível da renda, calculada por acre, aumenta, sob essas circunstâncias, simplesmente como consequência do incremento do capital investido na terra. Isso ocorre com preços de produção constantes, sem que importe, em contrapartida, se a produtividade do capital adicional é constante, decrescente ou crescente. Essas circunstâncias modificam o nível em que aumenta a renda por acre, mas não o fato do aumento em si. Esse é um fenômeno peculiar da renda diferencial II, que a distingue da renda diferencial I. Se os investimentos adicionais de capital, em vez de efetuar-se de forma cronologicamente sucessiva num mesmo solo, tivessem sido efetuados de forma topograficamente contígua num novo solo adicional da qualidade respectiva, a massa da renda total teria aumentado e, como demonstramos anteriormente, também teria aumentado a renda média da superfície total cultivada, mas não o nível da renda por acre. Em caso de resultado constante, enquanto entram em consideração a massa e o valor da produção total e o mais-produto, a concentração do capital numa superfície de terreno mais reduzida desenvolve o nível da renda por acre, quando, sob as mesmas circunstâncias, sua dispersão por uma superfície maior, com as demais circunstâncias constantes, não produziria esse efeito. Mas, quanto mais se desenvolve o modo de produção capitalista, mais se desenvolve também a concentração de capital na mesma superfície de terreno e mais aumenta a renda, calculada por acre. Por essa razão, em dois países cujos preços de produção sejam idênticos, em que também o sejam as diferenças entre os tipos de terra e nos quais se tenha investido a mesma massa de capital, mas num deles se tenham feito mais investimentos sucessivos numa superfície de terreno restrita, enquanto no outro se tenha efetuado mais na forma de investimentos coordenados numa superfície mais ampla, a renda por acre e, portanto, o preço da terra seriam mais elevados no primeiro país e mais baixos no segundo, apesar de a massa da renda ser a mesma em ambos os países. Por conseguinte, nesse caso, a diferença no nível da renda não poderia explicar-se a partir de uma diferença na fertilidade natural dos tipos de solo nem a partir da quantidade de trabalho empregado, mas de forma exclusiva a partir da índole diversa dos investimentos de capital.

Quando falamos aqui de mais-produto, temos sempre em mente a alíquota do produto no qual se apresenta o lucro extra. Em geral entendemos por mais-produto o produto excedente, a parte do produto em que se apresenta o mais-valor total ou, em casos isolados, a parte do produto em que se apresenta o lucro médio. O significado específico que esse termo assume para o capital que gera renda dá origem a equívocos, como já demonstramos.

Capítulo 42

A renda diferencial II – segundo caso: preço de produção decrescente

O preço de produção pode cair quando investimentos adicionais de capital são efetuados com uma taxa de produtividade constante, decrescente ou crescente.

I. Quando a produtividade do investimento adicional de capital permanece inalterada

Nesse caso, o suposto é, portanto, que o produto aumente proporcionalmente ao capital investido nos diversos solos e de acordo com suas respectivas qualidades, o que implica, mantendo-se constantes as diferenças entre os tipos de solo, um aumento do mais-produto proporcional ao aumento do investimento de capital. Por conseguinte, esse caso exclui qualquer investimento adicional no solo *A* que afete a renda diferencial. No solo *A*, a taxa do lucro extra é = 0, e continuará sendo = 0, pois pressupomos que a força produtiva do capital adicional e, portanto, a taxa de lucro extra permanecem as mesmas.

Sob essas condições, no entanto, o preço regulador de produção só pode diminuir porque, em vez do preço de produção de *A*, agora quem passa a ser o regulador é o preço do solo imediato superior *B*, ou, em geral, o de qualquer solo melhor que *A*; quer dizer, que se retira capital de *A*, ou de *A* e *B*, se o preço de produção do solo *C* se converte em regulador, isto é, se todas as terras de qualidade inferior desaparecem da concorrência dos tipos de solo produtores de trigo. O pré-requisito para isso, sob as condições dadas, é que o produto extra dos investimentos adicionais de capital satisfaça a demanda, ou seja, que a produção do solo inferior *A* etc. se torne supérflua para o restabelecimento da oferta.

Tomemos, por exemplo, a Tabela II, de modo que, em vez de 20 *quarters*, sejam 18 *quarters* a satisfazer a demanda. Nesse caso, *A* desapareceria, ao passo que *B**, e com ele o preço de produção de 30 xelins por *quarter*, seria convertido em regulador. A renda diferencial assumiria, então, a seguinte forma.

Tabela IV

Tipo de solo	Acres	Capital	Lucro	Custos de produção	Produto	Preço de venda	Rendimento	Renda		Taxa de lucro extra
		£	£	£	*quarters*	*quarters*		*quarters*	£	
B	1	5	1	6	4	1½	6	0	0	0%
C	1	5	1	6	6	1½	9	2	3	60%
D	1	5	1	6	8	1½	12	4	6	120%
Total	3	15	3	18	18		27	6	9	

Isso significa que a renda total, em comparação com a Tabela II, teria caído de £36 para £9 e, em grãos, de 12 *quarters* para 6 *quarters*, enquanto a produção total só teria caído em 2 *quarters*, de 20 *quarters* para 18 *quarters*. A taxa de lucro extra, calculada sobre o capital, teria caído a um terço, de 180% para 60%**. À redução do preço de produção corresponde aqui a redução da renda em grãos e em dinheiro.

Em comparação com a Tabela I, ocorre apenas uma diminuição da renda em dinheiro; a renda em grãos é, em ambos os casos, de 6 *quarters*, com a diferença de que, num caso, eles são = £18 e, no outro, = £9. Para o solo *C****, a renda em grãos permaneceu a mesma indicada na Tabela I. De fato, devido à circunstância de que a produção adicional, obtida mediante um capital suplementar que atuava da mesma forma, colocou fora do mercado o produto de *A* e, com isso, eliminou o solo *A* como agente de produção concorrente, formou-se uma nova renda diferencial I, na qual o solo *B*, melhor, desempenha o mesmo papel antes desempenhado pelo pior tipo de solo, o *A*. Assim desaparece, por um lado, a renda de *B*; por outro, conforme ao previamente suposto, a diferença entre *B*, *C* e *D* permaneceu a mesma em razão do investimento de capital adicional. Desaparece a parte do produto que se transforma em renda.

Se o resultado apresentado – a satisfação da demanda com exclusão de *A* – tivesse sido produzido, por exemplo, por meio do investimento de mais do dobro de capital em *C*, em *D* ou em ambos, as coisas se apresentariam de

* Na primeira edição, "*D*". (N. E. A.)
** Na primeira edição, "teria caído pela metade, de 180% para 90%". (N. E. A.)
*** Na primeira edição, "*C* e *D*". (N. E. A.)

outra maneira. Por exemplo, se o terceiro investimento de capital fosse efetuado em C.

Tabela IVa

Tipo de solo	Acres	Capital	Lucro	Custos de produção	Produto	Preço de venda	Rendimento	Renda		Taxa de lucro extra
		£	£	£	*quarters*	*quarters*	£	*quarters*	£	
B	1	5	1	6	4	1½	6	0	0	0%
C	1	7½	1½	9	9	1½	13½	3	4½	60%
D	1	5	1	6	8	1½	12	4	6	120%
Total	3	17½	3½	21	21		31½	7	10½	

Em comparação com a Tabela IV, o produto em C teve um aumento, aqui, de 6 *quarters* para 9 *quarters*; o mais-produto, de 2 *quarters* para 3 *quarters*; e a renda em dinheiro, de £3 para £4½. Em contrapartida, esta última diminuiu em comparação com a Tabela II, na qual a renda em dinheiro era de £12, e com a Tabela I, na qual era de £6. A renda total em grãos = 7 *quarters* diminuiu em relação à Tabela II (12 *quarters*) e aumentou em relação à Tabela I (6 *quarters*); em dinheiro (£10½), a renda diminuiu em relação a ambas (£18 e £36).

Se o terceiro investimento de capital de £2½ tivesse sido efetuado no solo *B*, isso teria modificado a massa da produção, deixando intacta a renda, já que se supõe que os sucessivos investimentos de capital não produzem diferenças no mesmo tipo de solo e que o solo *B* não gera renda nenhuma.

Suponhamos, ao contrário, que o terceiro investimento de capital tenha sido produzido em *D*, não em *C*. Assim, teremos:

Tabela IVb

Tipo de solo	Acres	Capital	Lucro	Custos de produção	Produto	Preço de venda	Rendimento	Renda		Taxa de lucro extra
		£	£	£	*quarters*	£	£	*quarters*	£	
B	1	5	1	6	4	1½	6	0	0	0%
C	1	5	1	6	6	1½	9	2	3	60%
D	1	7½	1½	9	12	1½	18	6	9	120%
Total	3	17½	3½	21	22		33	8	12	

O produto total é, aqui, de 22 *quarters*, mais que o dobro que na Tabela I, apesar de o capital adiantado ser de apenas £17½, e não de £10, isto é, de não ser o dobro do primeiro. O produto total é, além disso, 2 *quarters* maior que o da Tabela II, apesar de neste último o capital adiantado ser maior, isto é, £20.

No solo *D*, em comparação com a Tabela I, a renda em grãos aumentou de 3 *quarters** para 6 *quarters*, ao passo que a renda em dinheiro permaneceu constante em £9. Em comparação com a Tabela II, a renda em grãos de *D* permaneceu constante, com 6 *quarters*, mas a renda em dinheiro diminuiu de £18 para £9.

Considerando as rendas totais, a renda em grãos de IVb é = 8 *quarters*, maior que a de I = 6 *quarters* e que a de IVa = 7 *quarters*; em contrapartida, é menor que a de II = 12 *quarters*. A renda em dinheiro de IVb = £12 é maior que a de IVa = £10½ e menor que a de I = £18 e que a de II = £36.

Para que, ao desaparecer a renda de *B*, sob as condições da Tabela IVb, a renda total seja igual à da Tabela I, ainda temos de ter £6 de lucro extra, isto é, 4 *quarters* a £1½, que é o novo preço de produção. Teremos, então, novamente uma renda total de £18, como na Tabela I. A grandeza do capital adicional requerido para isso será diferente se investirmos em *C*, em *D* ou o distribuirmos entre os dois.

Em *C*, £5 de capital rendem 2 *quarters* de mais-produto, isto é, £10 de capital adicional rendem 4 *quarters* de mais-produto adicional. Em *D*, bastaria um acréscimo de £5 para produzir os 4 *quarters* de renda adicional em grãos, sob o pressuposto de que a produtividade dos investimentos adicionais de capital permaneça constante. Com isso, teríamos os seguintes resultados:

Tabela IVc

Tipo de solo	Acres	Capital	Lucro	Custos de produção	Produto	Preço de venda	Rendimento	Renda		Taxa de lucro extra
		£	£	£	*quarters*	£	£	*quarters*	£	
B	1	5	1	6	4	1½	6	0	0	0%
C	1	15	3	18	18	1½	27	6	9	60%
D	1	7½	1½	9	12	1½	18	6	9	120%
Total	3	27½	5½	33	34		51	12	18	

A renda total em dinheiro seria exatamente metade daquela na Tabela II, em que os capitais adicionais se investiam com preços de produção constantes.

---

* Na primeira edição, "2 *quarters*". (N. E. A.)

Tabela IVd

Tipo de solo	Acres	Capital	Lucro	Custos de produção	Produto	Preço de venda	Rendimento	Renda		Taxa de sobrelucro
		£			*quarters*	£		*quarters*	£	
B	1	5	1	6	4	1½	6	0	0	0
C	1	5	1	6	6	1½	9	2	3	60%
D	1	12½	2½	15	20	1½	30	10	15	120%
Total	3	22½	4½	27	30		45	12	18	

O fundamental é comparar as tabelas anteriores com a Tabela I.

Constatamos que numa queda do preço de produção pela metade, de 60 xelins para 30 xelins por *quarter*, a renda total permaneceu constante, = £18, e, de acordo com isso, a renda em grãos duplicou, ou seja, passou de 6 *quarters* para 12 *quarters*. Em *B*, a renda desapareceu; em *C*, a renda em dinheiro aumentou metade em IVc, mas diminuiu metade em IVd; em *D*, ela permaneceu constante = £9 em IVc e aumentou de £9 para £15 em IVd. A produção aumentou de 10 *quarters* para 34 *quarters* em IVc e para 30 *quarters* em IVd; o lucro subiu de £2 para [£]5½ em IVc e para [£]4½ em IVd. O investimento total de capital aumentou, num caso, de £10 para £27½; no outro, de £10 para £22½, ou seja, em ambos os casos, para mais do que o dobro. A taxa de renda, a renda calculada sobre o capital adiantado, é a mesma em todos os casos e para todos os tipos de solo em todas as Tabelas, de IV a IVd, o que já estava implícito no fato de a taxa de produtividade dos dois investimentos sucessivos de capital ser pressuposta como constante em todos os tipos de solo. No entanto, em comparação com a Tabela I, diminuiu a média de todos os tipos de solo, assim como para cada um desses solos em particular. Em I, era = £180% em média; em IVc, era = $^{18}/_{27½}$ × 100 = $65^{5}/_{11}$%; em IVd, era = $^{18}/_{22½}$ × 100 = 80%. A renda média em dinheiro por acre aumentou. Ela era, antes, na Tabela I, £4½ por acre nos 4 acres; agora, em IVc e IVd, é de £6 por acre nos 3 acres. A média no solo que gera renda era antes £6 e agora é £9 por acre. O valor em dinheiro da renda por acre aumentou, portanto, e passou a representar um produto em grãos duas vezes maior que antes, mas os 12 *quarters* de renda em grãos são agora menos da metade do produto total de 34 *quarters* e 30* *quarters*, respectivamente, enquanto na Tabela I os 6 *quarters* constituem ⅗ do produto total de 10 *quarters*. Portanto, apesar de a renda, considerada alíquota do produto total, ter diminuído e de o mesmo ter

* Na primeira edição, “33 e 27”. (N. E. A.)

ocorrido quando ela é calculada sobre o capital desembolsado, seu valor em dinheiro, calculado por acre, aumentou, e seu valor-produto subiu mais ainda. Se consideramos o solo *D* na Tabela IVd, nele os custos de produção* são = £15, das quais o capital desembolsado é = £12½. A renda em dinheiro = £15. Na Tabela I, no mesmo solo *D* os custos de produção eram = £3, o capital desembolsado = £2½, e a renda em dinheiro = £9, sendo esta última, por conseguinte, o triplo dos custos de produção e quase o quádruplo do capital. Na Tabela IVd, a renda em dinheiro para *D* é de £15, exatamente igual aos custos de produção e só ⅕ maior que o capital. No entanto, a renda em dinheiro por acre é ⅔ maior, £15 em vez de £9. Em I, a renda em grãos é de 3 *quarters* = ¾ do produto total de 4 *quarters*; em IVd é, com 10 *quarters*, metade de todo o produto (20 *quarters*) do acre de *D*. Isso demonstra como o valor em dinheiro e o valor em grãos da renda por acre podem aumentar, apesar de constituírem uma alíquota menor do rendimento total, que diminuiu em relação ao capital adiantado.

O valor do produto total em I é = £30; a renda é = £18, mais da metade do primeiro. O valor do produto total em IVd é = £45, das quais £18, menos da metade, são de renda.

O fato de que são produzidos mais *quarters* de mais-produto faz com que, apesar da queda de preço de £1½ por *quarter*, isto é, 50%, e apesar da redução do solo concorrente de 4 acres para 3 acres, a renda total em dinheiro permaneça constante e a renda em grãos duplique, enquanto aumentam as rendas em grãos e em dinheiro calculadas por acre. O preço do cereal cai em 50%, e o mais-produto aumenta em 100%. Para alcançar esse resultado, a produção total, sob nossos pressupostos, tem de triplicar, e o investimento de capital nas terras melhores tem de crescer mais que o dobro. A proporção na qual este último deve crescer é algo que depende, num primeiro momento, da distribuição dos investimentos adicionais de capital entre os tipos melhores e ótimos de solo, sempre pressupondo que a produtividade do capital cresça proporcionalmente a sua grandeza em cada um dos tipos de solo.

Se fosse menor a queda do preço de produção, menos capital adicional se faria necessário para produzir a mesma renda em dinheiro. Se fosse maior a oferta necessária para excluir *A* do cultivo – e isso depende não só do produto por acre de *A*, mas também da parte proporcional que *A* abarca de toda a superfície cultivada –, quer dizer, se a oferta necessária para isso fosse maior e, portanto, também a massa de capital adicional requerida num solo melhor que *A*, então, mantendo-se constantes as demais condições, as rendas em

* Na primeira edição, "custos de produção desembolsados". (N. E. A.)

dinheiro e em grãos teriam aumentado ainda mais, apesar de já não se produzirem nenhuma das duas no solo *B*.

Se o capital eliminado de *A* tivesse sido = £5, as tabelas a comparar seriam a II e a IVd. O produto total teria crescido de 20 para 30 *quarters*. A renda em dinheiro seria apenas a metade, £18 em vez de £36; e a renda em grãos seria a mesma = 12 *quarters*.

Se um produto total de 44 *quarters* = £66 pudesse ser produzido em *D* com um capital = £27½ – correspondente à antiga proporção estabelecida para *D*, de 4 *quarters* por £2½ de capital –, a renda total retornaria ao nível de II, e teríamos a seguinte tabela:

Tipo de solo	Capital (£)	Produto (*quarters*)	Renda em grãos (*quarters*)	Renda em dinheiro (£)
B	5	4	0	0
C	5	6	2	3
D	27½	44	22	33
Total	37½	54	24	36

A produção total seria de 54 *quarters*, contra 20 *quarters* na Tabela II, mantendo-se a mesma renda em dinheiro = £36. O capital total seria de £37½, enquanto na Tabela II ele era = [£]20. O capital total investido teria quase duplicado, ao passo que a produção quase teria triplicado; a renda em grãos seria o dobro de antes, e a renda em dinheiro teria permanecido constante. Assim, se em consequência de um investimento de capital monetário adicional, mantendo-se constante a produtividade, cai o preço nos tipos melhores de solo que geram renda, isto é, em todos os tipos de solo melhores que *A*, o capital total tende a não crescer na mesma proporção da produção e da renda em grãos, de maneira que, por meio do aumento da renda em grãos, pode-se compensar novamente a perda na renda em dinheiro ocasionada pela baixa do preço. A mesma lei se manifesta também no fato de que o capital investido tem de ser maior na mesma proporção em que ele é aplicado mais em *C* do que em *D*, mais no solo que gera menos renda do que naquele que gera mais renda. Essa lei é simplesmente a seguinte: para que a renda em dinheiro se mantenha igual ou aumente, é necessário que uma determinada quantidade adicional de mais-produto seja produzida, e isso requer tanto menos capital quanto maior a fertilidade das terras que gerem o mais-produto. Se a diferença entre *B* e *C* e entre *C* e *D* fosse ainda maior, uma quantidade ainda menor de capital adicional seria necessária. A proporção determinada depende 1) da proporção em que o preço cai, isto é, da diferença entre *B*, o solo que agora não gera renda, e *A*, que não a gerava antes; 2) da proporção das diferenças entre os melhores tipos de solo de *B* em diante; 3) da quantidade do capital adicional recém-investido; e 4) de sua distribuição entre os solos de qualidade diversa.

Com efeito, vemos que a lei expressa meramente o que já havíamos demonstrado na primeira tabela: quando o preço de produção está dado, qualquer que seja sua grandeza, a renda pode aumentar devido a um investimento adicional de capital. Pois, devido à eliminação de *A*, temos agora uma nova renda diferencial I com *B* como o pior solo, e £1½ por *quarter* como o novo preço de produção. Isso se aplica tanto para as Tabelas IV como para a Tabela II. É a mesma lei, com a diferença de que se toma como ponto de partida o solo *B*, e não o solo *A*, e o preço de produção é £1½, e não £3.

A questão importante é esta: na medida em que se fazia necessária uma determinada quantidade de capital adicional para subtrair o capital do solo *A* e satisfazer a demanda sem ele, vemos que isso pode estar acompanhado de uma renda por acre constante, crescente ou decrescente, se não em todas as terras, pelo menos em algumas, na média das terras cultivadas. Vimos que a renda em grãos e a renda em dinheiro não mantêm uma relação uniforme uma com a outra. É apenas por tradição que a renda em grãos tem ainda alguma importância na economia. Exatamente do mesmo modo seria possível demonstrar, por exemplo, que, com lucro de £5, um fabricante pode comprar muito mais de seu próprio fio do que antes, com lucro de £10. De qualquer maneira, isso mostra que os senhores proprietários de terra, quando são simultaneamente donos ou acionistas de manufaturas, refinarias de açúcar, destilarias etc., ainda podem obter um lucro considerável como produtores de suas próprias matérias-primas, quando a renda em dinheiro é decrescente[34].

---

[34] Devido a um erro, foi necessário recalcular as Tabelas IVa e IVb. Isso não afetou os pontos de vista teóricos desenvolvidos a partir delas, mas, em parte, introduziu proporções numéricas descomunais no que diz respeito à produção por acre. Mesmo estas, no fundo, não são escandalosas. Em todos os mapas topográficos e altimétricos escolhe-se uma escala significativamente maior para as verticais do que para as horizontais. Ainda assim, quem se sentir ferido em seu sentimento agrário tem a liberdade de multiplicar o número dos acres por qualquer cifra que lhe agrade. Na Tabela I, é possível substituir 1, 2, 3, 4 *quarters* por acre por 10, 12, 14, 16 *bushels* (8 *bushels* = 1 *quarter*); com isso, os números daí resultantes, nas outras tabelas, permanecerão dentro dos limites da probabilidade; verifica-se que o resultado, a proporção entre o aumento da renda e o aumento do capital, acaba sendo o mesmo. Foi isso que ocorreu nas tabelas agregadas pelo editor no capítulo seguinte. (F. E.)

II. Em caso de taxa decrescente de produtividade dos capitais adicionais

Isso não introduz nada novo no problema, pois também nesse caso, como naquele que acabamos de considerar, o preço de produção só poderá cair quando os investimentos adicionais de capital em tipos de solo melhores do que *A* tornarem supérfluo o produto de *A* e, por conseguinte, o capital de *A* for subtraído, ou *A* passar a ser empregado para a obtenção de outros produtos. Esse caso já foi devidamente analisado. Mostrou-se que a renda em grãos e a renda em dinheiro por acre podem crescer, decrescer ou se manter inalteradas.

Para facilitar a comparação, reproduzimos a seguinte tabela:

Tabela I

Tipo de solo	Acres	Capital	Lucro	Custos de produção	Produto	Renda em grãos	Renda em dinheiro	Taxa de lucro extra
		£	£	£	*quarters*	£		
A	1	2½	½	3	1	0	0	0%
B	1	2½	½	1½	2	1	3	120%
C	1	2½	½	1	3	2	6	240%
D	1	2½	½	¾	4	3	9	360%
Total	4	10			10	6	18	180% em média

Consideremos agora que a quantidade de 16 *quarters*, fornecida por *B*, *C* e *D* com uma taxa decrescente de produtividade, seja suficiente para excluir *A* do cultivo. Nesse caso, a Tabela III transforma-se em:

Tabela V

Tipo de solo	Acres	Investimento de capital	Lucro	Produto	Preço de venda	Rendimento	Renda		Taxa de lucro extra
		£	£	*quarters*	£	£	Em grãos *quarters*	Em dinheiro £	
B	1	2½ + 2½	1	2 + 1½ = 3½	$1\frac{5}{7}$	6	0	0	0%
C	1	2½ + 2½	1	3 + 2 = 5	$1\frac{5}{7}$	$8\frac{4}{7}$	1½	$2\frac{4}{7}$	$51\frac{3}{7}$%*

(continua)

* Na primeira edição, "51⅖%". (N. E. A.)

(continuação)

Tipo de solo	Acres	Investimento de capital	Lucro	Produto	Preço de venda	Rendimento	Renda		Taxa de lucro extra
		£	£	*quarters*	£	£	Em grãos *quarters*	Em dinheiro £	
D	1	2½ + 2½	1	4 + 3½ = 7½	$1\frac{5}{7}$	$12\frac{6}{7}$	4	$6\frac{6}{7}$	$137\frac{1}{7}$%*
Total	4	15		16		$27\frac{3}{7}$	5½	$9\frac{3}{7}$	$94\frac{2}{7}$%** em média

Com uma taxa decrescente de produtividade dos capitais adicionais e um decréscimo variável nos diferentes tipos de solo, o preço regulador de produção caiu de £3 para £$1\frac{5}{7}$. O investimento de capital aumentou 50%, de £10 para £15. A renda em dinheiro caiu quase 50%, de £18 para £$9\frac{3}{7}$, mas a renda em grãos só caiu em $\frac{1}{12}$, de 6 *quarters* para 5½ *quarters*. O produto total subiu de 10 para 16, ou 60%***. A renda em grãos é mais que ⅓ do produto total. A proporção do capital adiantado para a renda em dinheiro é de 15 : $9\frac{3}{7}$, enquanto a proporção anterior era de 10 : 18.

III. Em caso de taxa crescente de produtividade dos capitais adicionais

Isso só difere da variante 1 exposta no começo deste capítulo, em que o preço de produção cai enquanto a taxa de produtividade permanece constante, pela circunstância de isso ocorrer aqui com maior rapidez quando se necessita de um produto adicional dado para eliminar o solo *A*.

Isso pode ocorrer de maneira diferente conforme os investimentos estejam distribuídos entre os diversos tipos de solo, tanto no caso de diminuição como no de aumento da produtividade dos investimentos adicionais de capital. À medida que esse efeito variado equilibre ou acentue as diferenças, ele produzirá um aumento ou uma diminuição da renda diferencial dos melhores tipos de solo e, por conseguinte, da renda total, como já ocorreu com a renda diferencial I. De resto, tudo depende da grandeza da área do terreno e do capital excluídos com *A*, assim como da grandeza relativa do capital investido que, em caso de produtividade crescente, se faz necessário para fornecer o produto adicional destinado a satisfazer a demanda.

* Na primeira edição, "137⅕%". (N. E. A.)

** Na primeira edição, "$94\frac{3}{10}$%". Aqui e nas tabelas seguintes, Engels calcula a média apenas dos tipos de solo que geram renda; média *B* - *D* = "$62\frac{6}{7}$%". (N. E. A.)

*** Na primeira edição, "em 160%". (N. E. A.)

O único ponto que vale a pena investigar aqui e que, na realidade, nos conduz de volta à investigação de como se transforma esse lucro diferencial em renda diferencial é o seguinte:

No primeiro caso, em que o preço de produção se mantém o mesmo, o capital adicional que pode ser investido, por exemplo, no solo *A* não afeta a renda diferencial como tal, uma vez que o solo *A* continua a não gerar renda, e o preço de seu produto permanece o mesmo e continua a regular o mercado.

No segundo caso, variante 1, em que cai o preço de produção com uma taxa de produtividade constante, o solo *A* é necessariamente excluído, e mais ainda na variante 2 (preço de produção decrescente, com taxa de produtividade decrescente), já que, de outro modo, o capital adicional investido no solo *A* teria tido de aumentar o preço de produção. Aqui, na variante 3 do segundo caso, em que o preço de produção diminui porque aumenta a produtividade do capital adicional, este último pode ser investido, sob certas circunstâncias, tanto no *A* como em tipos melhores de solo.

Suponhamos que um capital adicional de £2½ seja investido em *A*, produzindo-se 1⅕ *quarter* em vez de 1 *quarter*.

Tabela VI

Tipo de solo	Acres	Capital	Lucro	Custos de produção	Produto	Preço de venda	Rendimento	Renda		Taxa de lucro extra
		£	£	£	*quarters*	£	£	*quarters*	£	
A	1	2½ + 2½ = 5	1	6	1 + 1⅕ = 2⅕	$2^{8}/_{11}$	6	0	0	0%
B	1	2½ + 2½ = 5	1	6	2 + 2⅖ = 4⅖	$2^{8}/_{11}$	12	2⅕	6	120%
C	1	2½ + 2½ = 5	1	6	3 + 3⅗ = 6⅗	$2^{8}/_{11}$	18	4⅖	12	240%
D	1	2½ + 2½ = 5	1	6	4 + 4⅘ = 8⅘	$2^{8}/_{11}$	24	6⅗	18	360%
[Total]	4	20	4	24	22		60	13⅕	36	240%

Essa tabela tem de ser comparada não só com a Tabela I, básica, como também com a Tabela II, na qual um investimento duplo de capital está ligado a uma produtividade constante, proporcional ao investimento efetuado.

De acordo com o pressuposto, o preço de produção regulador cai. Se permanecesse constante, = £3, então o pior solo, o *A*, que anteriormente não gerava renda nenhuma, com um investimento de capital de apenas £2½, começaria a gerar, sem que um solo pior fosse incorporado ao cultivo; isso seria devido ao fato de que a produtividade nesse solo teria aumentado, mas apenas para parte do capital, e não para o capital original. As primeiras £3 de custos de produção geram 1 *quarter*, e as segundas geram 1⅕ *quarter*; o produto inteiro de 2⅕ *quarters* é vendido agora por seu preço médio. Já que a taxa de produtividade aumenta com o investimento adicional de capital, isso implica uma melhoria. Esta pode consistir em empregar mais capital por acre (mais adubo, mais trabalho mecânico etc.) ou em que apenas com esse capital adicional se torne viável efetuar um investimento distinto, mais produtivo. Em ambos os casos, com um desembolso de £5 por acre, obteve-se um produto de 2⅕ *quarters*, ao passo que, com um investimento de metade desse capital, £2½, obteve-se apenas um produto de 1 *quarter*. O produto do solo *A* – abstraindo-se das condições transitórias de mercado – só poderia continuar a ser vendido a um preço de produção mais elevado, em vez de pelo novo preço médio, enquanto uma superfície considerável do solo *A* permanecesse cultivada com um capital de apenas £2½ por acre. Assim que se generalizasse a nova proporção de £5 por acre – e, com ela, o cultivo melhorado –, o preço de produção regulador teria de cair para £2$^{8}/_{11}$. A diferença entre as duas porções de capital desapareceria e, então, seria de fato anormal que 1 acre de *A* fosse cultivado apenas com £2½, pois ele não seria cultivado de acordo com as novas condições de produção. Já não haveria diferença entre o rendimento de diversas porções de capital num mesmo acre, mas sim entre investimento suficiente e insuficiente de capital por acre. Disso se depreende, *primeiro*, que um capital insuficiente nas mãos de grande número de arrendatários (é preciso que se trate de um grande número, pois em número reduzido seriam obrigados a vender abaixo do preço de produção) tem exatamente o mesmo efeito que a diferenciação dos próprios tipos de solo em sucessão decrescente. Um tipo de cultivo pior num solo pior aumenta a renda no solo melhor; num solo de qualidade igualmente inferior, porém mais bem cultivado, pode até mesmo criar uma renda que, de outro modo, este último não forneceria. *Segundo*, vê-se como a renda diferencial, surgida do sucessivo investimento de capital na mesma superfície total, na realidade transforma-se numa média em que os efeitos dos diferentes investimentos de capital já não são reconhecíveis nem diferenciáveis e, por isso, não geram renda no pior solo, mas 1) convertem em novo preço regulador o preço médio do rendimento total, por exemplo, para 1 acre de *A*, e 2) se apresentam como mudança na quantidade total de capital por acre, que é requerida, sob as novas condições, para o cultivo suficiente do solo e na qual se encontram indiscernivelmente fundidos tanto os sucessivos investimentos individuais de capital quanto seus respectivos efeitos. Exatamente o mesmo acontece com as distintas rendas diferenciais dos melhores tipos de solo. Em todos os casos, elas passam a ser determinadas pela diferença entre o produto médio do solo em questão e o do pior solo, com investimento aumentado de capital e que agora se tornou normal.

Nenhum solo dá produto sem investimento de capital. Portanto, mesmo no caso da renda diferencial simples, na renda diferencial I, quando se diz que 1 acre de *A*, do solo que regula o preço de produção, dá determinada quantidade de produto por tal preço e que os tipos de solo melhores, *B*, *C* e *D*, dão determinada quantidade de produto diferencial e, por isso, com esse preço regulador, dão certa quantidade de renda em dinheiro, supõe-se sempre que se emprega um capital específico, considerado normal sob as dadas condições de produção. Exatamente como na indústria se exige um mínimo de capital para cada ramo da atividade, a fim de poder produzir as mercadorias por seu preço de produção.

Se, devido aos sucessivos investimentos de capital no mesmo solo, produzem-se melhorias e modifica-se esse mínimo, isso ocorre gradualmente. Enquanto certo número de acres, por exemplo de *A*, não receberem esse capital adicional de giro, a renda nos acres de *A* mais bem cultivados será gerada pelo preço de produção que permaneceu constante, elevando-se a renda de todos os tipos melhores de solo, *B*, *C* e *D*. No entanto, tão logo o novo método de cultivo tenha sido imposto a ponto de converter-se no método normal, o preço de produção cai; a renda das melhores terras volta a cair, e a parte do solo *A* que agora não dispõe do capital de giro médio tem de vender abaixo de seu preço individual de produção, isto é, abaixo do lucro médio.

Isso também ocorre no caso de um preço decrescente de produção, mesmo quando diminui a produtividade do capital adicional, assim que os tipos melhores de solo forneçam o produto total necessário em decorrência do aumento no investimento de capital e tão logo se subtraia de *A*, por exemplo, o capital de giro, isto é, que *A* já não concorra na produção de um produto determinado, como o trigo. Considera-se normal a quantidade de capital atualmente empregada, em média, no novo solo regulador, *B*, de qualidade melhor; quando se fala da fertilidade diversificada das terras, supõe-se que essa nova quantidade normal de capital seja empregada por acre.

Por outro lado, está claro que esse investimento médio de capital, por exemplo, £8 por acre na Inglaterra de antes de 1848 e £12 depois dessa data, constitui o padrão ao celebrarem-se os contratos de arrendamento. Para o arrendatário que gasta mais, o lucro excedente não se transforma em renda durante a vigência do contrato. Que isso ocorra depois de expirar o contrato é algo que depende da concorrência entre os arrendatários em condições de efetuar o mesmo adiantamento extra. Não se trata aqui de melhorias permanentes do solo, as quais, em caso de um dispêndio igual ou até mesmo decrescente de capital, continuam a assegurar o incremento da produção. Tais melhorias, embora sejam produto do capital, atuam de forma exatamente igual às diferenças naturais na qualidade do solo.

Vemos, portanto, que na renda diferencial II entra em consideração um fator que não se apresenta como tal na renda diferencial I, já que esta pode subsistir independentemente de qualquer mudança no investimento normal de capital por acre. Trata-se, por um lado, da confusão dos resultados de diversos investimentos no solo regulador *A*, cujo produto aparece agora simplesmente como produto médio normal por acre. Por outro lado, da mudança no mínimo normal ou na grandeza média do investimento de capital por acre, de modo que essa mudança se apresente como característica do solo. Por último, é a diferença no modo de transformação do lucro extra em renda.

Além disso, a Tabela VI, em comparação com as Tabelas I e II, mostra que a renda em grãos mais do que duplicou em relação à I e aumentou em 1⅕ *quarter* em relação à II, enquanto a renda em dinheiro duplicou em relação à I e permaneceu inalterada em relação à II. Ela teria aumentado consideravelmente (mantendo-se constantes os demais pressupostos) se o acréscimo de capital tivesse recaído nos melhores tipos de solo ou se, por outro lado, o efeito do capital adicional investido em *A* tivesse sido menor e, portanto, o preço médio regulador do *quarter* de *A* fosse mais alto.

Se o aumento da fertilidade por adição de capital atuasse de maneira diferente sobre os vários tipos de solo, isso produziria uma modificação de suas rendas diferenciais.

De qualquer modo, está demonstrado que, com a queda do preço de produção devido a uma taxa crescente de produtividade dos investimentos adicionais de capital – isto é, na medida em que essa produtividade aumenta em proporção maior do que o adiantamento de capital –, a renda por acre, no caso de um duplo investimento de capital, pode não só duplicar, mas até mesmo mais que duplicar. Ela também pode cair, se, graças a uma produtividade que aumente mais rápido, o preço de produção baixar muito mais no solo *A*.

Suponhamos que os investimentos adicionais de capital, por exemplo em *B* e *C*, não aumentem a produtividade na mesma proporção que em *A*, de modo que para *B* e *C* diminuam as diferenças proporcionais, e o aumento do produto não compense a queda do preço; nesse caso, contrariamente ao que se apresenta na Tabela II, a renda aumentaria em *D* e diminuiria em *B* e *C*.

Por fim, a renda em dinheiro aumentaria se, com o mesmo aumento proporcional da fertilidade, fosse investido nas melhores terras mais capital adicional que em *A* ou se os investimentos adicionais de capital atuassem sobre as terras melhores com uma taxa crescente de produtividade. Em ambos os casos, aumentariam as diferenças.

Tabela VIa

Tipo de solo	Acres	Capital	Lucro	Produto por acre	Preço de venda	Rendimento	Renda em grãos	Renda em dinheiro
		£	£	*quarters*	£	£	*quarters*	£
A	1	2½ + 2½ = 5	1	1 + 3 = 4	1½	6	6	0
B	1	2½ + 2½ = 5	1	2 + 2½ = 4½	1½	6¾	½	¾
C	1	2½ + 2½ = 5	1	3 + 5 = 8	1½	12	4	6
D	1	2½ + 2½ = 5	1	4 + 12 = 16	1½	24	12	18
Total	4	20		32½			16½	24¾

A renda em dinheiro diminui quando as melhorias resultantes de investimentos adicionais de capital reduzem as diferenças, total ou parcialmente, tendo um efeito maior sobre *A* do que sobre *B* e *C*. Diminui tanto mais quanto menor é a elevação da produtividade das terras melhores. Da proporção da desigualdade no efeito provocado depende o fato de que a renda em grãos aumente, diminua ou permaneça constante.

A renda em dinheiro aumenta, e o mesmo ocorre com a renda em grãos, se, em caso de diferença proporcional constante na fertilidade adicional dos diversos tipos de solo, for investido mais capital nos solos que geram renda do que no solo *A*, que não gera, e mais no solo de renda elevada do que no de renda mais baixa ou se a fertilidade, mantendo-se igual o capital adicional, aumenta mais no solo melhor e ótimo do que em *A* – isso na mesma proporção em que esse aumento da fertilidade é maior nos tipos de solo superiores do que nos inferiores.

Sob todas as circunstâncias, a renda aumenta relativamente se a força produtiva mais elevada decorre de um acréscimo de capital, e não apenas de uma fertilidade maior com um investimento constante de capital. Esse é o ponto de vista absoluto que demonstra que nesse caso, como em todos os anteriores, a renda e a renda maior por acre (assim como, na renda diferencial I, em toda a superfície cultivada, o nível da renda total média) são consequência de um maior investimento de capital no solo, não importando se isso transcorre com uma taxa constante de produtividade no caso de preços constantes ou decrescentes, com uma taxa decrescente de produtividade no caso de preços constante ou decrescentes ou com uma taxa crescente de produtividade no caso de preços decrescentes. Nossa hipótese – preço constante com taxa de produtividade constante, crescente ou decrescente do capital adicional e preço decrescente com taxa constante, decrescente ou crescente de produtividade – se resolve em: taxa constante de produtividade do capital adicional com preço constante ou decrescente, taxa decrescente de produtividade com preço constante ou decrescente, taxa crescente de produtividade com preço constante e decrescente. Embora em todos esses casos a renda possa permanecer estacionária ou cair, ela diminuiria ainda mais se o emprego adicional de capital, mantendo-se constantes as demais circunstâncias, não fosse condição do aumento da fertilidade. O acréscimo de capital é sempre, então, a causa do aumento relativo da renda, ainda que esta tenha diminuído em termos absolutos.

Capítulo 43

A renda diferencial II – terceiro caso: preço de produção crescente

{Um preço de produção crescente pressupõe a queda da produtividade do solo de qualidade inferior, que não gera nenhuma renda. Apenas quando as £2½ investidas em *A* produzem menos de 1 *quarter*, as £5 produzem menos de 2 *quarters* ou um solo ainda pior do que *A* tem de ser cultivado, o preço de produção considerado como regulador pode superar £3 por *quarter*.

Com uma produtividade constante ou mesmo crescente do segundo investimento de capital, isso só seria possível se a produtividade do primeiro investimento de capital de £2½ tivesse diminuído. Esse caso ocorre com bastante frequência. Por exemplo, quando, com um arado superficial, a camada superior do solo, esgotada pela exploração antiga, dá rendimentos decrescentes, e as camadas inferiores, levadas à superfície por meio de uma lavra mais profunda, voltam a gerar rendimentos maiores que os anteriores devido a um tratamento mais racional. Mas esse caso específico não deve ser tratado aqui. A queda da produtividade do *primeiro* investimento de capital de £2½ provoca, nos melhores tipos de solo, mesmo supondo-se condições análogas de produção, uma queda da renda diferencial I – e aqui consideramos apenas a renda diferencial II. Considerando-se que o presente caso não pode ocorrer sem que a renda diferencial II esteja pressuposta como existente e, de fato, represente o efeito retroativo de uma modificação da renda diferencial I sobre a II, daremos um exemplo disso.

A renda em dinheiro, bem como o rendimento em dinheiro, é a mesma que na Tabela II. O preço de produção regulador mais alto repõe exatamente o que desapareceu na quantidade do produto; como os dois variam na proporção inversa, é claro que o produto de ambos permanece igual.

Tabela VII

Tipo de solo	Acres	Investimento de capital	Lucro	Custos de produção	Produto	Preço de venda	Rendimento	Renda em grãos	Renda em dinheiro	Taxa de renda
		£	£	£	*quarters*	£	£	*quarters*	£	
A	1	2½ + 2½	1	6	½ + 1¼ = 1¾	3 3/7	6	0	0	0%
B	1	2½ + 2½	1	6	1 + 2½ = 3½	3 3/7	12	1¾	6	120%
C	1	2½ + 2½	1	6	1½ + 3¾ = 5¼	3 3/7	18	3½	12	240%
D	1	2½ + 2½	1	6	2 + 5 = 7	3 3/7	24	5¼	18	360%
		20			17½		60	10½	36	240%

Nesse caso, partimos do suposto de que a força produtiva do segundo investimento de capital é mais elevada que a produtividade original do primeiro investimento. O resultado é o mesmo se para o segundo investimento supusermos a mesma produtividade que originalmente correspondia ao primeiro, como na tabela a seguir:

Tabela VIII

Tipo de solo	Acres	Investimento de capital	Lucro	Custos de produção	Produto	Preço de venda	Rendimento	Renda		Taxa do lucro extra
								Em grãos	Em dinheiro	
		£	£	£	*quarters*	£	£	*quarters*	£	
A	1	2½ + 2½ = 5	1	6	½ + 1 = 1½	4	6	0	0	0%
B	1	2½ + 2½ = 5	1	6	1 + 2 = 3	4	12	1½	6	120%
C	1	2½ + 2½ = 5	1	6	1½ + 3 = 4½	4	18	3	12	240%
D	1	2½ + 2½ = 5	1	6	2 + 4 = 6	4	24	4½	18	360%
		£20			15 *quarters*		60	9	36	240%

Também nesse caso o preço de produção que aumenta na mesma proporção faz com que a queda na produtividade, tanto do rendimento como da renda em dinheiro, seja inteiramente compensada.

O terceiro caso só se apresenta em sua pureza quando cai a produtividade do segundo investimento de capital, ao mesmo tempo que a do segundo investimento permanece constante, tal como em geral se supõe para o primeiro e o segundo caso. Aqui a renda diferencial I não é afetada, e a modificação só ocorre com a parte que deriva da renda diferencial II. Daremos dois exemplos: no primeiro, a produtividade do segundo investimento de capital está reduzida a ½ e, no segundo, a ¼.

Tabela IX

Tipo de solo	Acres	Investimento de capital	Lucro	Custos de produção	Produto	Preço de venda	Rendimento	Renda		Taxa do lucro extra
								Em grãos	Em dinheiro	
		£	£	£	*quarters*	£	£	*quarters*	£	
A	1	2½ + 2½ = 5	1	6	1 + ½ = 1½	4	6	0	0	0%
B	1	2½ + 2½ = 5	1	6	2 + 1 = 3	4	12	1½	6	120%
C	1	2½ + 2½ = 5	1	6	3 + 1½ = 4½	4	18	3	12	240%
D	1	2½ + 2½ = 5	1	6	4 + 2 = 6	4	24	4½	18	360%
		£20			15 *quarters*		60	9	36	240%

A Tabela IX é igual à VIII; a única diferença é que na última a queda da produtividade recai no primeiro investimento de capital, ao passo que na Tabela IX ela recai no segundo.

Tabela X

Tipo de solo	Acres	Investimento de capital	Lucro	Custos de produção	Produto	Preço de venda	Rendimento	Renda		Taxa do lucro extra
								Em grãos	Em dinheiro	
		£	£	£	*quarters*	£	£	*quarters*	£	
A	1	2½ + 2½ = 5	1	6	1 + ¼ = 1¼	4⅘	6	0	0	0%
B	1	2½ + 2½ = 5	1	6	2 + ½ = 2½	4⅘	12	1¼	6	120%
C	1	2½ + 2½ = 5	1	6	3 + ¾ = 3¾	4⅘	18	2½	12	240%
D	1	2½ + 2½ = 5	1	6	4 + 1 = 5	4⅘	24	3¾	18	360%
		£20		24	12½		60	7½	36	240%

Também nessa situação o rendimento total, a renda total em dinheiro e a taxa de renda continuam a ser iguais aos das Tabelas II, VII e VIII, porque o produto e o preço de venda variaram outra vez de modo inversamente proporcional, ao passo que o investimento de capital permaneceu constante.

Mas o que ocorre no outro caso, possível com o preço de produção crescente, isto é, quando se realiza o cultivo de um solo inferior, cujo cultivo não era remunerativo até então?

Suponhamos que entre na concorrência outro solo, que designaremos com a letra *a*. Nesse caso, o solo *A*, que até então não gerava renda, passaria a gerá-la, e as Tabelas VII, VIII e X assumiriam a seguinte forma:

Tabela VIIa

Tipo de solo	Acres	Capital	Lucro	Custos de produção	Produto	Preço de venda	Rendimento	Renda		Aumento
		£	£	£	*quarters*	£	£	*quarters*	£	
a	1	5	1	6	1½	4	6	0	0	0
A	1	2½ + 2½	1	6	½ + 1¼ = 1¾	4	7	¼	1	1
B	1	2½ + 2½	1	6	1 + 2½ = 3½	4	14	2	8	1 + 7
C	1	2½ + 2½	1	6	1½ + 3¾ = 5¼	4	21	3¾	15	1 + 2 × 7
D	1	2½ + 2½	1	6	2 + 5 = 7	4	28	5½	22	1 + 3 × 7
				30	19		76	11½	46	

Tabela VIIIa

Tipo de solo	Acres	Capital	Lucro	Custos de produção	Produto	Preço de venda	Rendimento	Renda		Aumento
		£	£	£	*quarters*	£	£	*quarters*	£	
a	1	5	1	6	1¼	4⅘	6	0	0	0
A	1	2½ + 2½	1	6	½ + 1 = 1½	4⅘	7⅕	¼	1⅕	1⅕
B	1	2½ + 2½	1	6	1 + 2 = 3	4⅘	14⅖	1¾	8⅖	1⅕ + 7⅕
C	1	2½ + 2½	1	6	1½ + 3 = 4½	4⅘	21⅗	2¼	15⅗	1⅕ + 2 × 7⅕
D	1	2½ + 2½	1	6	2 + 4 = 6	4⅘	28⅘	4¾	22⅘	1⅕ + 3 × 7⅕
	5			30	16¼		78	9	48	

Tabela Xa

Tipo de solo	Acres	Capital	Lucro	Custos de produção	Produto	Preço de venda	Rendimento	Renda		Aumento
		£	£	£	*quarters*	£	£	*quarters*	£	
a	1	5	1	6	1⅛	5⅓	6	0	0	0
A	1	2½ + 2½	1	6	1 + ¼ = 1¼	5⅓	6⅔	⅛	⅔	⅔
B	1	2½ + 2½	1	6	2 + ½ = 2½	5⅓	13⅓	1⅜	7⅓	⅔ + 6⅔
C	1	2½ + 2½	1	6	3 + ¾ = 3¾	5⅓	20	2⅝	14	⅔ + 2 × 6⅔
D	1	2½ + 2½	1	6	4 + 1 = 5	5⅓	26⅔	3⅞	20⅔	⅔ + 3 × 6⅔
				30	13⅝		72⅔	8	42⅔	

Por meio dessa intercalação do solo *a* se origina uma nova renda diferencial I; sobre essa nova base, então, a renda diferencial II desenvolve-se também numa figura modificada. Em cada uma das três tabelas anteriores, o solo *a* tem uma fertilidade diferente; a série das fertilidades proporcionalmente crescentes só começa com *A*. De modo correspondente comporta-se a série das rendas crescentes. A renda do solo que gera a pior renda, e que antes não gerava nenhuma, forma uma constante que se soma simplesmente a todas as rendas mais elevadas; apenas depois da dedução dessas constantes é que surgem com clareza a série das diferenças nas rendas superiores e seu paralelismo com a série de fertilidade dos tipos de solo. Em todas as tabelas, a proporção entre as fertilidades, desde *A* até *D*, é de 1 : 2 : 3 : 4, e as rendas guardam, correspondentemente, as seguintes proporções:

em VIIa, $1 : 1 + 7 : 1 + 2 \times 7 : 1 + 3 \times 7$
em VIIIa, $1\frac{1}{5} : 1\frac{1}{5} + 7\frac{1}{5} : 1\frac{1}{5} + 2 \times 7\frac{1}{5} : 1\frac{1}{5} + 3 \times 7\frac{1}{5}$
em Xa, $\frac{2}{3} : \frac{2}{3} + 6\frac{2}{3} : \frac{2}{3} + 2 \times 6\frac{2}{3} : \frac{2}{3} + 3 \times 6\frac{2}{3}$

Em suma, se a renda de *A* é = n e a renda do solo de fertilidade imediatamente maior é = $n + m$, então a série é $n : n + m : n + 2m : n + 3m$ etc. – F. E.}

* * *

{Como o terceiro caso já mencionado não estava desenvolvido no manuscrito, no qual figurava apenas o título, coube ao editor completá-lo da melhor maneira possível. Também coube a ele extrair as conclusões gerais resultantes de toda a investigação realizada até o presente acerca da renda diferencial II nos três casos principais e nos nove casos subsidiários. No entanto, os exemplos dados no manuscrito resultam pouco adequados a esse fim. Eles comparam, em primeiro lugar, porções de terreno cujos rendimentos, para superfícies de igual grandeza, têm entre si a relação de 1 : 2 : 3 : 4; quer dizer, diferenças que de antemão se mostram extremamente exageradas e que no curso dos pressupostos e dos cálculos que se desenvolvem sobre essa base conduzem a relações numéricas totalmente forçadas. Em segundo lugar, causam uma impressão absolutamente falsa. Se para graus de fertilidade que têm entre si uma relação de 1 : 2 : 3 : 4 etc. resultam rendas da série 0 : 1 : 2 : 3 etc., somos tentados a deduzir a segunda série a partir da primeira e de explicar a duplicação, a triplicação etc. das rendas a partir da duplicação, da triplicação etc. dos rendimentos totais. Mas isso seria totalmente errôneo. As rendas também se relacionam como 0 : 1 : 2 : 3 : 4, mesmo se os graus de fertilidade se relacionam como $n : n + 1 : n + 2 : n + 3 : n + 4$; as rendas não têm entre si a mesma proporção que os *graus* de fertilidade, mas sim que as *diferenças* de fertilidade, calculadas a partir do solo que não gera renda, como o ponto zero.

As tabelas do original tiveram de ser apresentadas a título de esclarecimento do texto. Para obter uma base ilustrativa para os resultados da investigação adiante, apresentarei a seguir uma nova série de tabelas, nas quais os rendimentos estão indicados em *bushels* (⅛ de *quarter* ou 36,35 litros) e xelins (= marcos).

A primeira tabela (XI) corresponde à Tabela I. Ela indica os rendimentos e as rendas para cinco qualidades de solo, *A-E*, num *primeiro* investimento de capital de 50 xelins, o qual, com 10 xelins de lucro = 60 xelins de custos totais de produção por acre. Os rendimentos em grãos são fixados num nível baixo, 10, 12, 14, 16, 18 *bushels* por acre. O preço de produção regulador que resulta é de 6 xelins por *bushel*.

As 13 tabelas a seguir correspondem aos três casos da renda diferencial II tratados neste capítulo e nos dois precedentes, com um investimento *adicional* de capital no mesmo terreno de 50 xelins por acre, com preço de produção constante, crescente e decrescente. Cada um desses casos volta a apresentar-se tal como ele se configura: 1) com produtividade constante, 2) com produtividade decrescente e 3) com produtividade crescente do segundo investimento de capital em relação ao primeiro. Disso resultam algumas variantes que ainda cabe ilustrar com mais detalhes.

No caso I, preço de produção constante, temos:

Variante 1: produtividade constante do segundo investimento de capital (Tabela XII).

Variante 2: produtividade decrescente. Pode produzir-se apenas se não se efetua um segundo investimento no solo *A*. E isso ocorre

a) de modo que tampouco o solo *B* gere renda (Tabela XIII) ou

b) de modo que o solo *B* não deixe inteiramente de gerar renda (Tabela XIV).

Variante 3: produtividade crescente (Tabela XV). Também esse caso exclui o segundo investimento de capital no solo *A*.

No caso II, preço de produção decrescente, temos:

Variante 1: produtividade constante do segundo investimento (Tabela XVI).

Variante 2: produtividade decrescente (Tabela XVII). Essas duas variantes implicam que o solo *A* permaneça fora da concorrência e que o solo *B* deixe de gerar renda e regule o preço de produção.

Variante 3: produtividade crescente (Tabela XVIII). Aqui o solo *A* continua a exercer a função reguladora.

No caso III, preço de produção crescente, há duas modalidades possíveis: o solo *A* pode continuar a não gerar renda e a regular o preço ou, então, uma qualidade de solo inferior a *A* entra na concorrência e regula o preço, em cujo caso *A* gerará renda.

Primeira modalidade: o solo *A* continua a ser o regulador.

Variante 1: produtividade constante do segundo investimento (Tabela XIX). Isso só é admissível, dados os pressupostos iniciais, quando cai a produtividade do primeiro investimento.

Variante 2: produtividade decrescente do segundo investimento (Tabela XX). Isso não exclui a produtividade constante do primeiro investimento.

Variante 3: produtividade crescente do segundo investimento (Tabela XXI). Isso implica novamente a produtividade decrescente do primeiro investimento.

Segunda modalidade: entra na concorrência um solo de qualidade inferior (designado como *a*); o solo *A* gera renda.

Variante 1: produtividade constante do segundo investimento (Tabela XXII).

Variante 2: produtividade decrescente (Tabela XXIII).

Variante 3: produtividade crescente (Tabela XXIV).

Essas três variantes se ajustam às condições gerais do problema e não requerem nenhuma observação adicional.

Vejamos as tabelas.

Tabela XI

Tipo de solo	Custos de produção	Produto	Preço de venda	Rendimento	Renda	Aumento da renda
	xelins	*buschels*	xelins	xelins	xelins	
A	60	10	6	60	0	0
B	60	12	6	72	12	12
C	60	14	6	84	24	2 × 12
D	60	16	6	96	36	3 × 12
E	60	18	6	108	48	4 × 12
					120	10 × 12

Com um segundo investimento de capital no mesmo solo.

Primeiro caso: com preço de produção que permanece constante.

Variante 1: com produtividade constante do segundo investimento de capital.

Tabela XII

Tipo de solo	Custos de produção	Produto	Preço de venda	Rendimento	Renda	Aumento da renda
	xelins	*buschels*	xelins	xelins	xelins	
A	60 + 60 = 120	10 + 10 = 20	6	120	0	0
B	60 + 60 = 120	12 + 12 = 24	6	144	24	24
C	60 + 60 = 120	14 + 14 = 28	6	168	48	2 × 24
D	60 + 60 = 120	16 + 16 = 32	6	192	72	3 × 24
E	60 + 60 = 120	18 + 18 = 36	6	216	96	4 × 24
					240	10 × 24

Variante 2: com produtividade decrescente do segundo investimento de capital; sem segundo investimento no solo *A*.

Se o solo *B* deixa de gerar renda.

Tabela XIII

Tipo de solo	Custos de produção	Produto	Preço de venda	Rendimento	Renda	Aumento da renda
	xelins	*buschels*	xelins	xelins	xelins	
A	60	10	6	60	0	0
B	60 + 60 = 120	12 + 8 = 20	6	120	0	0
C	60 + 60 = 120	14 + 9⅓ = 23⅓	6	140	20	20
D	60 + 60 = 120	16 + 10⅔ = 26⅔	6	160	40	2 × 20
E	60 + 60 = 120	18 + 12 = 30	6	180	60	3 × 20
					120	6 × 20

2) Se o solo *B* não deixa de gerar renda totalmente.

Tabela XIV

Tipo de solo	Custos de produção	Produto	Preço de venda	Rendimento	Renda	Aumento da renda
	xelins	*buschels*	xelins	xelins	xelins	
A	60	10	6	60	0	0
B	60 + 60 = 120	12 + 9 = 21	6	126	6	6
C	60 + 60 = 120	14 + 10½ = 24½	6	147	27	6 + 21
D	60 + 60 = 120	16 + 12 = 28	6	168	48	6 + 2 × 21
E	60 + 60 = 120	18 + 13½ = 31½	6	189	69	6 + 3 × 21
					150	4 × 6 + 6 × 21

Variante 3: com produtividade crescente do segundo investimento de capital; tampouco aqui há um segundo investimento no solo *A*.

Tabela XV

Tipo de solo	Custos de produção	Produto	Preço de venda	Rendimento	Renda	Aumento da renda
	xelins	*buschels*	xelins	xelins	xelins	
A	60	10	6	60	0	0
B	60 + 60 = 120	12 + 15 = 27	6	162	42	42
C	60 + 60 = 120	14 + 17½ = 31½	6	189	69	42 + 27
D	60 + 60 = 120	16 + 20 = 36	6	216	96	42 + 2 × 27
E	60 + 60 = 120	18 + 22½ = 40½	6	243	123	42 + 3 × 27
					330	4 × 42 + 6 × 27

Segundo caso: com preço de produção decrescente.

Variante 1: com produtividade constante do segundo investimento de capital. O solo *A* permanece fora da concorrência, e o solo *B* deixa de gerar renda.

Tabela XVI

Tipo de solo	Custos de produção	Produto	Preço de venda	Rendimento	Renda	Aumento da renda
	xelins	*buschels*	xelins	xelins	xelins	
B	60 + 60 = 120	12 + 12 = 24	5	120	0	0
C	60 + 60 = 120	14 + 14 = 28	5	140	20	20
D	60 + 60 = 120	16 + 16 = 32	5	160	40	2 × 20
E	60 + 60 = 120	18 + 18 = 36	5	180	60	3 × 20
					120	6 × 20

Variante 2: produtividade decrescente do segundo investimento de capital; o solo *A* fica fora da concorrência, e o solo *B* deixa de gerar renda.

Tabela XVII

Tipo de solo	Custos de produção	Produto	Preço de venda	Rendimento	Renda	Aumento da renda
	xelins	*buschels*	xelins	xelins	xelins	
B	60 + 60 = 120	12 + 9 = 21	$5\frac{5}{7}$	120	0	6
C	60 + 60 = 120	14 + 10½ = 24½	$5\frac{5}{7}$	140	20	20
D	60 + 60 = 120	16 + 12 = 28	$5\frac{5}{7}$	160	40	2 × 20
E	60 + 60 = 120	18 + 13½ = 31½	$5\frac{5}{7}$	180	60	3 × 20
					120	6 × 20

Variante 3: com produtividade crescente do segundo investimento de capital; o solo *A* permanece na concorrência, e solo *B* gera renda.

Tabela XVIII

Tipo de solo	Custos de produção	Produto	Preço de venda	Rendimento	Renda	Aumento da renda
	xelins	*buschels*	xelins	xelins	xelins	
A	60 + 60 = 120	10 + 15 = 25	4⅘	120	0	0
B	60 + 60 = 120	12 + 18 = 30	4⅘	144	24	24
C	60 + 60 = 120	14 + 21 = 35	4⅘	168	48	2 × 24
D	60 + 60 = 120	16 + 24 = 40	4⅘	192	72	3 × 24
E	60 + 60 = 120	18 + 27 = 45	4⅘	216	96	4 × 24
					240	10 × 24

Terceiro caso: preço de produção crescente.

A. Se o solo *A* continua a não gerar renda e a regular o preço.

Variante 1: com produtividade constante do segundo investimento de capital, o que implica uma queda de produtividade do primeiro investimento.

Tabela XIX

Tipo de solo	Custos de produção	Produto	Preço de venda	Rendimento	Renda	Aumento da renda
	xelins	*buschels*	xelins	xelins	xelins	
A	60 + 60 = 120	5 + 12½ = 17½	6⁶/₇	120	0	0
B	60 + 60 = 120	6 + 15 = 21	6⁶/₇	144	24	24
C	60 + 60 = 120	7 + 17½ = 24½	6⁶/₇	168	48	2 × 24
D	60 + 60 = 120	8 + 20 = 28	6⁶/₇	192	72	3 × 24
E	60 + 60 = 120	9 + 22½ = 31½	6⁶/₇	216	96	4 × 24
					240	10 × 24

Variante 2: produtividade decrescente do segundo investimento de capital, o que não exclui a produtividade constante do primeiro.

Tabela XX

Tipo de solo	Custos de produção	Produto	Preço de venda	Rendimento	Renda	Aumento da renda
	xelins	*buschels*	xelins	xelins	xelins	
A	60 + 60 = 120	10 + 5 = 15	8	120	0	0
B	60 + 60 = 120	12 + 6 = 18	8	144	24	24
C	60 + 60 = 120	14 + 7 = 21	8	168	48	2 × 24
D	60 + 60 = 120	16 + 8 = 24	8	192	72	3 × 24
E	60 + 60 = 120	18 + 9 = 27	8	216	96	4 × 24
					240	10 × 24

Variante 3: produtividade crescente do segundo investimento de capital, o que, dados os pressupostos, implica a produtividade decrescente do primeiro investimento.

Tabela XXI

Tipo de solo	Custos de produção	Produto	Preço de venda	Rendimento	Renda	Aumento da renda
	xelins	*buschels*	xelins	xelins	xelins	
A	60 + 60 = 120	5 + 12½ = 17½	$6^{6}/_{7}$	120	0	0
B	60 + 60 = 120	6 + 15 = 21	$6^{6}/_{7}$	144	24	24
C	60 + 60 = 120	7 + 17½ = 24½	$6^{6}/_{7}$	168	48	2 × 24
D	60 + 60 = 120	8 + 20 = 28	$6^{6}/_{7}$	192	72	3 × 24
E	60 + 60 = 120	9 + 22½ = 31½	$6^{6}/_{7}$	216	96	4 × 24
					240	10 × 24

B. Se um solo inferior (designado como *a*) assume as funções de regulador do preço, em consequência do que o solo *A* gera renda. Isso admite que em todas as variantes haja uma produtividade constante do segundo investimento.

Variante 1: produtividade constante do segundo investimento de capital.

Tabela XXII

Tipo de solo	Custos de produção	Produto	Preço de venda	Rendimento	Renda	Aumento da renda
	xelins	*buschels*	xelins	xelins	xelins	
a	120	16	7½	120	0	0
A	60 + 60 =120	10 + 10 = 20	7½	150	30	30
B	60 + 60 = 120	12 + 12 = 24	7½	180	60	2 × 30
C	60 + 60 = 120	14 + 14 = 28	7½	210	90	3 × 30
D	60 + 60 = 120	16 + 16 = 32	7½	240	120	4 × 30
E	60 + 60 = 120	18 + 18 = 36	7½	270	150	5 × 30
					450	15 × 30

Variante 2: produtividade decrescente do segundo investimento de capital.

Tabela XXIII

Tipo de solo	Custos de produção	Produto	Preço de venda	Rendimento	Renda	Aumento da renda
	xelins	*buschels*	xelins	xelins	xelins	
a	120	15	8	120	0	0
A	60 + 60 =120	10 + 7½ = 17½	8	140	20	20
B	60 + 60 = 120	12 + 9 = 21	8	168	48	20 + 28
C	60 + 60 = 120	14 + 10½ = 24½	8	196	76	20 + 2 × 28
D	60 + 60 = 120	16 + 12 = 28	8	224	104	20 + 3 × 28
E	60 + 60 = 120	18 + 13½ = 31½	8	252	132	20 + 4 × 28
					380	5 × 20 + 10 × 28

Variante 3: produtividade crescente do segundo investimento de capital.

Tabela XXIV

Tipo de solo	Custos de produção	Produto	Preço de venda	Rendimento	Renda	Aumento da renda
	xelins	*buschels*	xelins	xelins	xelins	
a	120	16	7½	120	0	0
A	60 + 60 =120	10 + 12½ = 22½	7½	168¾	48¾	15 + 33¾
B	60 + 60 = 120	12 + 15 = 27	7½	202½	82½	15 + 2 × 33¾
C	60 + 60 = 120	14 + 17½ = 31½	7½	236¼	116¼	15 + 3 × 33¾
D	60 + 60 = 120	16 + 20 = 36	7½	270	150	15 + 4 × 33¾
E	60 + 60 = 120	18 + 22½ = 40½	7½	303¾	183¾	15 + 5 × 33¾
					581¼	5 × 15 + 15 × 33¾

Essas tabelas conduzem a algumas conclusões.

Em primeiro lugar, à de que a série das rendas se comporta exatamente como a série das diferenças de fertilidade, tomando-se como ponto zero o solo regulador, que não gera renda. O que determina a renda não são os rendimentos absolutos, mas apenas as diferenças de rendimento. Não importa que os distintos tipos de solo rendam 1, 2, 3, 4 ou 5 *bushels* por acre ou que deem 11, 12, 13, 14 e 15 *bushels* por acre; em ambos os casos, as rendas são, respectivamente, de 0, 1, 2, 3 e 4 *bushels* ou o equivalente em dinheiro.

Muito mais importante é o resultado em relação aos rendimentos totais da renda no caso de investimento repetido de capital no mesmo solo.

Em cinco dos treze casos examinados, com o investimento de capital, duplica-se igualmente a soma total das rendas; em vez de 10 × 12 xelins, tem-se 10 × 24 xelins = 240 xelins. Esses casos são os seguintes:

Caso I, preço constante, variante 1: aumento constante da produção (Tabela XII).

Caso II, preço decrescente, variante 3: aumento crescente da produção (Tabela XVIII).

Caso III, preço crescente, primeira modalidade, em que o solo *A* continua a ser o regulador em todas as três variantes (Tabelas XIX, XX, XXI).

Em quatro casos, a renda *aumenta em mais do que o dobro*; a saber:

Caso I, variante 3, preço constante, mais aumento constante da produção (Tabela XV). A soma das rendas sobe para 330 xelins.

Caso III, segunda modalidade, em que o solo *A* gera renda em todas as três variantes (Tabela XXII, renda = 15 × 30 = 450 xelins; Tabela XXIII, renda = 5 × 20 + 10 × 28 = 380 xelins; Tabela XXIV, renda = 5 + 15 × 33¾ = 581¼ xelins).

Num caso, a renda *aumenta*, mas não para o dobro da renda que se obtém com o primeiro investimento de capital:

Caso I, preço constante, variante 2: produtividade decrescente do segundo investimento sob condições em que *B* não deixa totalmente de gerar renda (Tabela XIV, renda = 4 × 6 + 6 × 21 = 150 xelins).

Por fim, apenas em três casos a renda total conserva, num segundo investimento de capital e para todos os tipos de solo em conjunto, o mesmo nível do primeiro investimento (Tabela XI); trata-se dos casos em que o solo *A* é deixado fora da concorrência e o solo *B* assume a função reguladora e, com isso, deixa de gerar renda. Portanto, a renda de *B* não só desaparece, como também é deduzida de todos os membros seguintes da série de rendas, o que condiciona o resultado. Esses casos são:

Caso I, variante 2; as condições são tais que o solo *A* é eliminado (Tabela XIII). A soma das rendas é 6 × 20, ou seja, = 10 × 12 = 120 [xelins], como na Tabela XI.

Caso II, variantes 1 e 2. Aqui, de acordo com os pressupostos, o solo *A* é necessariamente eliminado (Tabelas XVI e XVII), e a soma das rendas é novamente = 6 × 20 = 10 × 12 = 120 xelins.

Isso significa, portanto, que na grande maioria de todos os casos possíveis a renda aumenta, tanto por acre do solo gerador de renda como inclusive na soma total, devido ao aumento do investimento de capital no solo. Apenas em três dos treze casos examinados a soma total permanece inalterada. São aqueles em que o solo de qualidade inferior, que até agora não gerava renda e regulava o preço, fica fora da concorrência, e o solo de qualidade imediatamente superior, que, portanto, deixa de gerar renda, assume seu lugar. Também nesses casos aumentam as rendas nos melhores tipos de solo em relação às devidas ao primeiro investimento de capital; se a renda de *C* cai de 24 xelins para 20 xelins, as rendas em *D* e *E* sobem de 36 e 48 xelins para 40 e 60 xelins, respectivamente.

Uma queda das rendas totais abaixo do nível em que se encontram no primeiro investimento de capital (Tabela XI) só poderia ocorrer se, além do solo *A*, também o solo *B* ficasse fora da concorrência e o solo *C* deixasse de gerar renda e se convertesse em regulador.

Assim, quanto mais capital se investe no solo, quanto mais elevado é o desenvolvimento da agricultura e da civilização em geral num país, mais aumentam as rendas por acre, assim como a soma total das rendas, e maior se torna o tributo que a sociedade paga aos latifundiários na forma de lucros extras – isso enquanto todos os tipos de solo que alguma vez foram incorporados ao cultivo continuarem em condições de competir.

Essa lei explica a esplêndida vitalidade da classe dos latifundiários. Não há classe social que viva tão prodigamente, que pretenda ter, como essa, direito a um tradicional luxo "adequado a sua posição social", sem que lhe importe a origem desse dinheiro; nenhuma acumula tão despreocupadamente dívidas e mais dívidas. Mesmo assim, ela sempre volta a ficar de pé, graças ao capital que outras pessoas investem no solo e que lhe proporciona rendas totalmente desproporcionais aos lucros que o capitalista extrai dele.

A mesma lei explica também por que, pouco a pouco, essa vitalidade do latifundiário se esgota.

Quando se revogaram as leis inglesas dos cereais em 1846, os fabricantes ingleses acreditavam que, por meio disso, haviam levado a aristocracia rural à miséria. No entanto, essa classe enriqueceu como nunca antes. Como? Muito simples. Em primeiro lugar, a partir desse momento passou-se a exigir por contrato que os arrendatários desembolsassem £12 anuais por acre, em vez de £8; em segundo lugar, os proprietários fundiários, fortemente representados na Câmara dos Comuns, concederam a si mesmos uma generosa subvenção estatal para a drenagem e as demais melhorias permanentes em suas terras. Como não ocorresse nenhuma supressão total do solo de pior qualidade, mas no máximo um emprego – na maioria dos casos, apenas temporário – para outras finalidades, as rendas aumentaram em proporção ao investimento aumentado de capital, e a situação da aristocracia rural melhorou ainda mais.

Mas tudo é efêmero. Graças aos navios transoceânicos e às ferrovias norte e sul-americanas e indianas, regiões de características muito peculiares passaram a concorrer nos mercados cerealistas da Europa. Entre elas se encontravam, por um lado, as pradarias norte-americanas, os pampas argentinos, as estepes aráveis por obra da própria natureza, terras virgem que ofereciam ricas colheitas durante anos, mesmo quando submetidas a um cultivo primitivo e sem adubos. Aí se encontravam também as terras das coletividades comunistas russas e indianas, que tinham de vender parte de seu produto – parte sempre crescente – para pagar os impostos que lhes eram arrancados pelo implacável despotismo do Estado – muito frequentemente, mediante tortura. Esses produtos eram vendidos sem consideração quanto aos custos de produção, pelo preço que o comerciante oferecia ao camponês, pois este necessitava urgentemente de dinheiro diante do prazo de pagamento dos impostos. Contra essa concorrência – tanto a do solo virgem das estepes quanto a do camponês russo ou indiano garroteado pelos impostos –, o arrendatário e o camponês europeus já não podiam prosperar e, ao mesmo tempo, pagar as antigas rendas. Na Europa, parte do solo foi definitivamente excluída da concorrência para o cultivo de grãos, e as rendas caíram por todo lado; o segundo caso, variante 2, preço decrescente e produtividade decrescente dos investimentos adicionais de capital, converteu-se na regra para a Europa, o que explica as lamentações dos agricultores, desde a Escócia até a Itália, e do sul da França até a Prússia oriental. Felizmente, nem todas as terras de estepes foram submetidas ao cultivo; ainda resta o suficiente para arruinar toda grande propriedade rural europeia e, por acréscimo, a pequena. – F. E.}

* * *

A renda deve ser tratada sob as seguintes rubricas:

A. Renda diferencial.

1. Conceito da renda diferencial. Ilustração com a energia hidráulica. Transição para a renda agrícola propriamente dita.

2. Renda diferencial I, que surge da diferente fertilidade de diferentes solos.
3. Renda diferencial II, que tem origem nos sucessivos investimentos de capital no mesmo solo. Deve investigar-se a renda diferencial II:
   a) com preço de produção constante;
   b) com preço de produção decrescente;
   c) com preço de produção crescente.

   Além disso:
   d) transformação do lucro extra em renda.
4. Influência dessa renda sobre a taxa de lucro.

B. Renda absoluta.
C. Preço da terra.
D. Considerações finais sobre a renda fundiária.

* * *

Da análise da renda diferencial, depreende-se o seguinte resultado geral:

Primeiro, a formação de lucros extras pode produzir-se por diversos meios. Por um lado, mediante a renda diferencial I, isto é, o investimento de todo o capital agrícola numa área com tipos de solo de fertilidade variada. Além disso, pela renda diferencial II, pela produtividade diferencial de investimentos sucessivos de capital no mesmo solo – por exemplo, pela maior produtividade em *quarters* de trigo do que a que seria obtida com o mesmo investimento de capital num solo de qualidade inferior, que não gera renda, porém regulador do preço de produção. Como quer que se originem esses lucros extras, sua transformação em renda, isto é, sua transferência do arrendatário aos senhores rurais, pressupõe como condição que os diversos preços de produção individuais reais (ou seja, independentes do preço de produção geral, regulador do mercado), que possuem os produtos parciais dos sucessivos investimentos individuais de capital, tenham sido reduzidos a um preço de produção médio individual. O excedente do preço de produção geral, regulador do produto de 1 acre, acima de seu preço de produção médio individual, constitui e mede a renda por acre. No caso da renda diferencial I, os resultados são, em si mesmos, indiferenciáveis, pois se produzem em terrenos distintos, situados de forma separada e contígua, supondo-se um investimento de capital por acre considerado normal e seu correspondente cultivo. No caso da renda diferencial II, é preciso antes torná-los diferenciáveis; em primeiro lugar, é preciso reconvertê-los na renda diferencial I, e isso só pode ocorrer da maneira indicada. Consideremos, por exemplo, a Tabela III, p. 226 [751].

Para o primeiro investimento de capital de £2½, o solo *B* rende 2 *quarters* por acre e, para o segundo, de igual grandeza, 1½ *quarter*, o que dá um total de 3½ *quarters* num mesmo acre. Nesses 3½ *quarters* que cresceram no mesmo solo, não é possível verificar quantos deles são produto do investimento de capital I e quantos são produto do investimento de capital II. Eles são, de fato, produto do capital total de £5; e a realidade é que apenas um capital de £2½ rendeu 2 *quarters*, e um de £5 não rendeu 4 [*quarters*], mas sim 3½ [*quarters*]. O caso seria exatamente o mesmo se as £5 rendessem 4 *quarters*, de modo que os rendimentos de ambos os investimentos de capital fossem iguais, ou também se rendessem 5 *quarters*, de modo que o segundo investimento de capital rendesse um excedente de 1 *quarter*. O preço de produção dos primeiros 2 *quarters* é de £1½ por *quarter*, e o do segundo 1½ *quarter* é de £2 por *quarter*. Por isso, os 3½ *quarters* custam, em conjunto, £6. Esse é o preço de produção individual do produto total e constitui, em média £1 e 14²/₇ xelins por *quarter*; arredondando, digamos £1¾. Com um preço de produção geral de £3, determinado pelo solo *A*, isso dá um lucro extra de £1¼ por *quarter* e, portanto, para 3½ *quarters*, um total de £4⅜. Com o preço médio de produção de *B*, isso representa cerca de 1½ *quarter*. O lucro extra de *B* se traduz, assim, numa alíquota do produto de *B*, nesse 1½ *quarter* que constitui a renda expressa em grãos e que, conforme o preço geral de produção, vende-se por £4½. Inversamente, o produto excedente de 1 acre de *B* sobre 1 acre de *A* não é, pura e simplesmente, uma expressão de lucro extra e, por conseguinte, de mais-produto. Conforme os pressupostos, o acre *B* produz 3½ *quarters*, ao passo que o acre *A* produz apenas 1 *quarter*. O produto excedente em B é, portanto, de 2½ *quarters*, mas o mais-produto é de apenas 1½ *quarter*, pois em *B* investiu-se o dobro de capital que em *A*; por isso, os custos de produção são aqui o dobro. Se em *A* também se efetuasse um investimento de £5 e a taxa de produtividade permanecesse constante, então o produto seria de 2 *quarters* em vez de 1 *quarter*, e assim se verificaria que o mais-produto real se encontra, por comparação, não entre 3½ *quarters* e 1 *quarter*, mas entre 3½ *quarters* e 2 *quarters*; que, portanto, ele não é de 2½ *quarters*, mas apenas de 1½ *quarter*. Se, além disso, *B* investisse uma terceira porção de capital de £2½, que rendesse apenas 1 *quarter* e que, portanto, esse *quarter* custasse £3, como em *A*, então seu preço de venda de £3 só cobriria os custos de produção, só renderia o lucro médio, nenhum lucro extra – por conseguinte, nada que pudesse transformar-se em renda. O produto por acre de um tipo de solo qualquer, em comparação com o produto por acre do solo *A*, não informa se ele é produto de igual investimento de capital ou de um investimento maior, tampouco se o produto adicional cobre apenas o preço de produção ou se obedece à maior produtividade do capital adicional.

Segundo, com uma taxa de produtividade decrescente dos investimentos adicionais de capital – cujo limite, na medida em que entra em consideração a nova formação de lucro extra, é o investimento de capital que só cobre os custos de produção, ou seja, que produz o *quarter* com o mesmo investimento de capital num acre de solo *A*, isto é, segundo nossos pressupostos, a £3 –, decorre do que acabamos de expor que o limite em que o investimento total de capital por acre em *B* não formaria renda nenhuma é aquele em que o preço médio individual de produção do produto em *B* se igualaria a seu preço de produção em *A*.

Se *B* só adiciona investimentos de capital que cobrem o preço de produção, isto é, que não geram nenhum lucro extra e, portanto, nenhuma renda nova, isso eleva o preço médio individual de produção por *quarter*, mas não afeta o lucro extra formado pelos investimentos anteriores de capital nem, conforme o caso, a renda. O preço médio de produção permanece sempre abaixo do de *A*; além disso, se diminui o excedente de preço por *quarter*, aumenta o número de *quarters* na mesma proporção, de modo que o excedente total do preço permanece constante.

No caso suposto, os dois primeiros investimentos de capital de £5 geram, em *B*, 3½ *quarters*, isto é, de acordo com o pressuposto, 1½ *quarter* de renda = £4½. Se a eles se acrescenta um terceiro investimento de capital de £2½, que só produza 1 *quarter* adicional, então o preço total de produção (incluindo os 20% de lucro) dos 4½ *quarters* é = £9, isto é, o preço médio por *quarter* é = £2. O preço médio de produção por *quarter* em *B* aumentou, assim, de £$1\frac{5}{7}$ para £2, caindo, portanto, o lucro extra por *quarter*, em comparação com o preço regulador de *A*, de £$1\frac{2}{7}$ para £1. Porém, 1 × £4½ = £4½, exatamente como antes $1\frac{2}{7}$ × 3½ = £4½.

Suponhamos que se tivesse efetuado ainda um quarto e um quinto investimento adicional de capital de £2½ em *B*, que só tivesse produzido o *quarter* a seu preço geral de produção; nesse caso, o produto total por acre seria de 6½ *quarters*, e os custos de produção seriam de £15. O preço médio de produção por *quarter* para *B* teria voltado a subir £2* para £$2\frac{4}{13}$, e o lucro extra por *quarter*, comparado com o preço de produção regulador de *A*, teria caído outra vez de £1 para £$\frac{9}{13}$. Essas £$\frac{9}{13}$ teriam, então, de ser calculadas sobre 6½ *quarters*, não sobre 4½ *quarters*. E $\frac{9}{13}$ × 6½ = 1 × 4½ = £4½.

* Na primeira edição, "£1". (N. E. A.)

Disso decorre, em primeiro lugar, que, sob essas circunstâncias, não é necessária nenhuma elevação do preço de produção regulador para possibilitar investimentos adicionais de capital nos tipos de solo que geram renda, mesmo até o ponto em que o capital adicional cessa completamente de gerar lucro extra e rende apenas o lucro médio. Além disso, depreende-se que, nesse caso, a soma do lucro extra por acre permanece a mesma, por mais que diminua o lucro extra por *quarter*; essa diminuição é sempre compensada por um aumento correspondente de *quarters* produzidos por acre. Para que o preço de produção médio se nivele ao preço de produção geral (nesse caso, que ele chegue a £3 no solo *B*), devem-se aplicar capitais adicionais cujo produto tenha um preço de produção superior ao preço regulador, £3. Mas veremos que isso não basta para nivelar o preço médio de produção por *quarter* de *B* ao preço de produção geral de £3.

Suponhamos que no solo *B* tenham sido produzidos:

1. 3½ *quarters*, como antes, a um preço de produção de £6, isto é, dois investimentos de capital, cada um deles de £2½, ambos gerando lucros extras, porém de nível decrescente.
2. 1 *quarter* a £3; um investimento de capital em que o preço de produção individual seria igual ao preço de produção regulador.
3. 1 *quarter* a £4, um investimento de capital em que o preço de produção individual é 33⅓%* maior do que o preço regulador.

Teríamos, então, 5½ *quarters* por acre a £13, com um investimento de capital de £$10^{7}/_{10}$**, o quádruplo do investimento originário de capital, mas sem chegar ao triplo do produto do primeiro investimento de capital.

5½ *quarters* a £13 dão £$2^{4}/_{11}$ de preço de produção médio por *quarter*, o que significa, com um preço de produção regulador de £3, um excedente de £$^{7}/_{11}$ por *quarter*, que pode transformar-se em renda. 5½ *quarters* à venda ao preço regulador de £3 dão £16½. Descontados os custos de produção de £13, sobram £3½ de lucro extra ou renda, que, com base no atual preço médio de produção do *quarter* para *B*, isto é, a £$2^{4}/_{11}$ por *quarter*, representam $1^{25}/_{52}$ *quarter****. A renda em dinheiro teria caído £1; a renda em grãos, aproximadamente ½ *quarter* – no entanto, apesar de o quarto investimento adicional de capital em *B* não só não gerar nenhum lucro extra, mas ainda menos que o lucro

* Na primeira edição, "25%". (N. E. A.)
** Na primeira edição, "£10". (N. E. A.)
*** Na primeira edição, "$1^{5}/_{72}$ *quarter*". (N. E. A.)

médio, continuam a existir, tal como antes, o lucro extra e a renda. Suponhamos que, além do investimento de capital 3, também o investimento 2 produza mais do que o preço de produção regulador; nesse caso, a produção total será de 3½ *quarters* a £6 + 2 *quarters* a £8, o que dá um total de 5½ *quarters* a £14 de custo de produção. O preço médio de produção por *quarter* seria de £$2^{6}/_{11}$ e deixaria um excedente de £$^{5}/_{11}$. Os 5½ *quarters*, vendidos a £3, dão £16½; deduzindo destas as £14 de custo de produção, restam £2½ de renda. Com o preço de produção médio atual em *B*, isso daria $^{55}/_{56}$ de *quarter*. Portanto, esse solo continua a gerar renda, embora menos do que antes.

De qualquer maneira, isso demonstra que nas melhores terras com investimentos adicionais de capital, cujo produto custa mais que o preço de produção regulador, a renda não deve desaparecer, pelo menos dentro dos limites da prática admissível, mas deve diminuir, proporcionalmente, por um lado, à alíquota que esse capital menos produtivo constitui em relação ao desembolso total de capital e, por outro, em proporção à redução de sua produtividade. O preço médio de seu produto continuaria abaixo do preço regulador e, por isso, ainda geraria um lucro extra transformável em renda.

Suponhamos agora que o preço médio do *quarter* de *B* coincida com o preço geral de produção, devido a quatro investimentos sucessivos de capital (£2½, £2½, £5 e £5) com produtividade decrescente.

	Capital	Lucro	Rendimento	Custos de produção		Preço de venda	Rendimento	Excedente para a renda	
				Por *quarter*	Total				
	£	£	*quarters*	£	£	£	£	*quarters*	£
1)	2½	½	2	1½	3	3	6	1	3
2)	2½	½	1½	2	3	3	4½	½	1½
3)	5	1	1½	4	6	3	4½	-½	-1½
4)	5	1	1	6	6	3	3	-1	-3
	15	3	6		18		18	0	0

O arrendatário vende aqui cada *quarter* ao preço de produção individual e, por conseguinte, o número total de *quarters* ao preço médio de produção por *quarter*, que coincide com o preço regulador de £3. Ele continua a obter, sobre seu capital de £15, um lucro de 20% = £3. No entanto, a renda desapareceu. Onde foi parar o excedente, nesse nivelamento dos preços de produção individuais de cada *quarter* com o preço de produção geral?

O lucro extra sobre as primeiras £2½ era de £3; sobre as segundas £2½, era de £1½; somado, o lucro extra sobre ⅓ do capital adiantado, ou seja, sobre £5 = £4½ = 90%.

No investimento de capital 3, £5 não só não geram lucro extra, como seu produto de 1½ *quarter*, vendido ao preço de produção geral, cria um déficit de £1½. Por fim, no investimento de capital 4, também de £5, o produto de 1 *quarter*, vendido ao preço de produção geral, proporciona um déficit de £3. Ambos os investimentos de capital somados geram, portanto, um saldo negativo de £4½, igual ao lucro extra de £4½ resultante dos investimentos de capital 1 e 2.

Os lucros extras e os déficits se compensam. Por isso, desaparece a renda. De fato, isso só é possível porque os elementos do mais-valor que geravam o lucro extra ou a renda entram agora na formação do lucro médio. O arrendatário obtém esse lucro médio de £3 sobre £15, ou seja, 20%, à custa da renda.

O nivelamento do preço de produção médio individual de *B* para constituir o preço de produção geral de *A*, regulador do preço de mercado, pressupõe que a diferença pela qual o preço individual do produto dos primeiros investimentos de capital se encontra abaixo do preço regulador passa a ser compensada cada vez mais, até ser nivelada pela diferença pela qual o produto dos investimentos posteriores de capital chega a ultrapassar o preço regulador. O que aparece como lucro extra, enquanto o produto dos primeiros investimentos de capital é vendido separadamente, converte-se pouco a pouco em parte de seu preço de produção médio e, com isso, entra na formação do lucro médio, até que, por fim, acaba totalmente absorvido por este.

Se, em vez de investir £15 de capital em *B*, fossem investidas apenas £5 em *B* e os 2½ *quarters* adicionais da última tabela fossem produzidos graças ao novo cultivo de 2½ acres de *A*, com um investimento de capital de £2½ por acre, então o capital adicional investido seria de apenas £6¼, ou seja, o investimento total em *A* e *B* para a produção desses 6 *quarters* seria de apenas £11¼, e não de £15, e os custos totais de produção desses, inclusive o lucro, seriam de £13½. Os 6 *quarters* continuariam a ser vendidos, na totalidade, por £18, mas o desembolso de capital teria diminuído em £3¾, e a renda em *B* aumentaria, como antes, a £4½ por acre. A situação seria outra se para a produção dos 2½ *quarters* adicionais fosse preciso recorrer a terras piores que *A* (*A*-1, *A*-2), de modo que o preço de produção por *quarter*, para 1½ *quarter* no solo *A*-1, seria = £4 e, para o último *quarter* em *A*-2, seria = £6. Nesse caso, £6 se converteriam no preço de produção regulador por *quarter*. Os 3½ *quarters* de *B* seriam vendidos a £21, e não a £10½, o que daria uma renda de £15, em vez de £4½; em grãos, de 2½ *quarters*, e não 1½ *quarter*. Do mesmo modo, o *quarter* de *A* geraria agora uma renda de £3 = ½ *quarter*.

Antes de nos aprofundarmos nesse ponto, cabe ainda uma observação.

O preço médio de *quarter* de *B* se nivela, coincide, com o preço geral de produção de £3 por *quarter*, regulado por *A*, assim que a parte do capital total que produz o 1½ *quarter* excedente é recompensada pela parte do capital total que produz o déficit de 1½ *quarter*. A rapidez com que se alcança esse nivelamento, ou o montante de capital de força produtiva deficitária que deve ser investido para isso em *B*, depende – pressupondo como dada a produtividade excedente dos primeiros investimentos de capital – da subprodutividade relativa dos capitais investidos depois, em comparação com um investimento de capital de igual grandeza no solo pior e regulador, *A*, ou do preço individual de produção de seu produto, comparado com o preço regulador.

* * *

Do que foi exposto até aqui, depreende-se:

Primeiro. Enquanto os capitais adicionais são investidos no mesmo solo com produtividade excedente, ainda que decrescente, aumenta a renda absoluta em grãos e em dinheiro por acre, mesmo que ela diminua relativamente em proporção ao capital adiantado (isto é, a taxa de lucro extra ou da renda). Nesse caso, o limite é formado pelo capital adicional que só gera o lucro médio ou para cujo produto o preço de produção individual coincide com o preço de produção geral. Sob essas circunstâncias, o preço de produção permanece constante, desde que a produção dos piores tipos de solo não se torne supérflua devido ao aumento da oferta. Mesmo no caso de preços decrescentes, esses capitais adicionais, dentro de certos limites, ainda podem produzir lucro extra, mesmo que menor.

Segundo. O investimento de capital adicional, que só produz o lucro médio e cuja produtividade extra é = 0, em nada altera o nível do lucro extra formado nem, por conseguinte, da renda. Isso faz com que o preço médio individual do *quarter* aumente nos tipos de solo melhores; o excedente por *quarter* diminui, mas aumenta o número de *quarters* que rendem esse excedente diminuído, de modo que o produto permanece constante.

Terceiro. Os investimentos adicionais de capital, em cujo produto o preço de produção individual se encontra situado acima do preço regulador, isto é, nas quais a produtividade não só é = 0, mas inferior a zero, uma grandeza relativa, quer dizer, inferior à produtividade de igual investimento de capital no solo regulador *A*, acercam cada vez mais o preço médio individual do produto total do solo melhor ao preço de produção geral, ou seja, reduzem cada vez mais a diferença entre ambos, a qual forma o lucro extra ou a renda. Cada vez entra uma parte maior do que constituiu o lucro extra ou a renda na formação do lucro médio. Porém, o capital total investido no acre de *B* continua a gerar lucro extra, ainda que decrescente, com o incremento da massa do capital de produtividade deficitária e com o grau de tal subprodutividade. Com capital e produção em aumento, a renda diminui aqui em termos absolutos por acre, não como no segundo caso, apenas de forma relativa com relação à grandeza crescente do capital investido.

A renda só pode extinguir-se quando o preço médio de produção individual do produto total coincide, no solo melhor, *B*, com o preço regulador, isto é, quando todo o lucro extra dos primeiros investimentos mais produtivos é consumido para a formação do lucro médio.

O limite mínimo da queda da renda por acre é o ponto em que ela mesma desaparece. Esse ponto não surge assim que os investimentos adicionais de capital passam a produzir com subprodutividade, mas tão logo o investimento adicional das partes subprodutivas do capital se torne tão grande a ponto de seu efeito anular a produtividade excedente dos primeiros investimentos de capital, a produtividade do capital total investido se tornar igual à do capital de *A* e o preço médio individual do *quarter* em *B* se igualar ao preço médio individual do *quarter* em *A*.

Também nesse caso o preço de produção regulador, £3 por *quarter*, permaneceria o mesmo, ainda que a renda desaparecesse. Apenas acima desse ponto o preço de produção teria de crescer em virtude do aumento, fosse do grau de subprodutividade, fosse da grandeza do capital adicional da mesma subprodutividade. Se, por exemplo, na tabela anterior, na p. 265 [792], fossem produzidos no mesmo solo 2½ *quarters* em vez de 1½ *quarter* a £4 por *quarter*, teríamos um total de 7 *quarters* a £22 de custo de produção; o *quarter* custaria £3$^{1}/_{7}$ – quer dizer, $^{1}/_{7}$ acima do preço de produção geral, que deveria aumentar.

Ainda se poderia empregar por muito tempo capital adicional com subprodutividade, mesmo com uma subprodutividade crescente, até que o preço individual do *quarter* se equiparasse, nas melhores terras, ao preço de produção geral; até que o excedente deste último sobre o primeiro – e, com isso, o lucro extra e a renda – desaparecesse por completo.

Mesmo nesse caso, com a extinção da renda nos melhores tipos de solo, o preço médio individual do produto destes últimos acabaria por coincidir com o preço de produção geral, de modo que não se faria necessário nenhum aumento desse preço.

No exemplo anterior, no solo melhor, *B* – que, no entanto, é o de menor qualidade na série dos tipos melhores de solo geradores de renda –, seriam produzidos 3½ *quarters* com capital de £5 com sobreprodutividade e 2½ *quarters* com capital de £10 com subprodutividade, num total de 6 *quarters*; portanto, $^5/_{12}$ desse total seriam produzidos com as últimas parcelas do capital, investidas com subprodutividade. Só nesse ponto o preço de produção médio individual dos 6 *quarters* aumentaria para £3 por *quarter*, coincidindo, assim, com o preço de produção geral.

De acordo com a lei da propriedade fundiária, no entanto, os últimos 2½ *quarters* não teriam sido produzidos, desse modo, a £3 por *quarter*, exceto no caso em que pudessem ser produzidos em 2½ acres novos do tipo de solo *A*. O caso em que o capital adicional ainda é produzido ao preço de produção geral teria constituído o limite. Acima desse limite, seria preciso cessar o investimento adicional de capital no mesmo solo.

Se o arrendatário tem de pagar £4½ de renda pelos dois primeiros investimentos de capital, então ele deve continuar a pagá-las, e todo investimento de capital que produza o *quarter* abaixo de £3 lhe acarretará uma redução do lucro. Desse modo, fica impedido o nivelamento do preço médio individual no caso de subprodutividade.

Tomemos esse caso no exemplo anterior, em que o preço de produção do solo *A*, de £3 por *quarter*, regula o preço de *B*.

Capital	Lucro	Custos de produção	Rendimento	Custos de produção	Preço de venda		Sobrelucro	Perdas
				por *quarter*	por *quarter*	total		
£			*quarters*	£	£		£	
2½	½	3	2	1½	3	6	3	
2½	½	3	1½	2	3	4½	1½	
5	1	6	1½	4	3	4½		1½
5	1	6	1	6	3	3		3
15	3	18				18	4½	4½

Os custos de produção dos 3½ *quarters* nos dois primeiros investimentos de capital são igualmente £3 por *quarter* para o arrendatário, já que ele tem de pagar uma renda de £4½; portanto, a diferença entre o preço de produção individual e o preço de produção geral não aflui para o bolso dele. Por conseguinte, para esse arrendatário o excedente do preço do produto dos dois primeiros investimentos de capital não pode servir para compensar o déficit no caso dos produtos do terceiro e do quarto investimento de capital.

O 1½ *quarter* do investimento de capital 3 custa ao arrendatário, incluindo o lucro, £6; mas, com um preço regulador de £3 por *quarter*, ele só pode vendê-lo a £4½. Assim, ele não só perderia todo o lucro, como, ainda por cima, £½ ou 10% do capital investido de £5. A perda em termos de lucro e de capital no investimento 3 chegaria, para ele, a £1½, e no investimento 4, a £3; no total, £4½, exatamente a mesma quantia da renda dos melhores investimentos de capital, mas cujo preço de produção individual, precisamente por isso, não pode entrar como compensação no preço médio de produção individual do produto total de *B*, porquanto seu excedente é pago como renda a um terceiro.

Se para a demanda fosse necessário produzir o 1½ *quarter* adicional mediante o terceiro investimento de capital, o preço regulador de mercado teria de elevar-se a £4 por *quarter*. Em consequência desse encarecimento do preço regulador de mercado, aumentaria a renda em *B* para o primeiro e o segundo investimentos de capital e se formaria uma renda em *A*.

Ainda que a renda diferencial seja apenas uma transmutação formal de lucro extra em renda e que a terra só possibilite aqui ao proprietário transferir para si mesmo o lucro extra do arrendatário, revela-se que os sucessivos investimentos de capital no mesmo terreno ou, o que dá no mesmo, o aumento do capital investido no mesmo terreno, com uma taxa decrescente de produtividade do capital e preço regulador constante, encontram muito antes seu limite, isto é, uma barreira mais ou menos artificial em consequência da transmutação meramente formal do lucro extra em renda fundiária, que decorre da propriedade fundiária. O aumento do preço geral de produção, que aqui se faz necessário dentro de limites mais estreitos que os habituais, não é, nesse caso, apenas o motivo do aumento da renda diferencial, mas a existência da renda diferencial enquanto renda é, ao mesmo tempo, a razão do aumento prévio e mais rápido do preço de produção geral para, assim, assegurar a oferta aumentada do produto, que se tornou necessária.

Além disso, temos de ressaltar o seguinte:

Por meio da adição de capital no solo *B*, o preço regulador não poderia chegar, como antes, a £4, se, devido a um segundo investimento de capital, o solo *A* fornecesse o produto adicional por menos de £4 ou se entrasse na concorrência um novo solo pior que *A*, cujo preço de produção estivesse acima de £3, mas abaixo de £4. Vemos, assim, que, na medida em que a renda diferencial I é a base da renda diferencial II, ambas constituem ao mesmo tempo seus limites recíprocos, de acordo com os quais são realizados ora investimentos sucessivos de capital no mesmo solo, ora investimentos contíguos de capital em novos solos adicionais. Do mesmo modo, em outros casos, limitam-se reciprocamente quando, por exemplo, chega o momento de explorar solos de melhor qualidade.

Capítulo 44

A renda diferencial, também no pior solo cultivado

Suponhamos uma demanda crescente de grãos e que só se possa suprir a oferta por investimentos sucessivos de capital com subprodutividade em terras que geram renda, por investimentos adicionais de capital, também com produtividade decrescente, no solo *A* ou por investimento de capital em terras novas de qualidade inferior à de *A*.

Tomemos o solo *B* como representante das terras que geram renda.

O investimento adicional de capital requer um aumento do preço de mercado acima do preço de produção regulador em vigência até esse momento, £3 por *quarter*, para possibilitar a sobreprodução de 1 *quarter* (que, nesse caso, pode representar 1 milhão de *quarters*, do mesmo modo que 1 acre pode representar 1 milhão de acres) em *B*. Em *C*, *D* etc., tipos de solo de renda máxima, pode-se ter, então, mais-produto, mas apenas com sobreforça produtiva decrescente; no entanto, pressupomos que esse *quarter* de *B* seja necessário para cobrir a demanda. Se for possível produzir esse *quarter* a um preço menor por um investimento adicional de capital em *B* do que por igual capital adicional em *A* ou por degeneração do solo *A*-1, que só pode, por exemplo, produzir o *quarter* a £4, ao passo que o capital adicional em *A* já consegue produzi-lo a £3¾, então o capital adicional em *B* regulará o preço de mercado.

Suponhamos que, como foi o caso até agora, *A* tenha produzido 1 *quarter* a £3 e *B*, 3½ *quarters* ao preço de produção individual de £6 no total. Se passa a ser necessário em *B* um suplemento de £4 para custo de produção (inclusive lucro) a fim de produzir mais 1 *quarter*, enquanto em *A* ele poderia ter sido produzido a £3¾, então é evidente que ele será produzido em *A*, e não em *B*. Suponhamos que ele pudesse ser produzido em *B* com um custo de produção adicional de £3½. Nesse caso, £3½ se converteriam no preço regulador da produção total. *B* passaria a vender seu produto, agora de 4½ *quarter*, a £15¾. Disso se deduziriam os custos de produção dos primeiros

3½ *quarters*, £6, e os do último *quarter*, £3½, o que daria um total de [£]9½. Resta, então, um lucro extra para a renda = £6¼, em comparação com apenas £4½ anteriores. Nesse caso, o acre de *A* também geraria uma renda de £½; e o que regularia o preço de produção de £3½ não seria o pior solo, *A*, mas sim o solo melhor, *B*. Aqui supomos naturalmente que o novo solo de qualidade *A*, com a mesma localização favorável que o cultivado até o presente, não seja acessível, mas que seria necessário um segundo investimento de capital na área já cultivada de *A*, com maiores custos de produção, ou recorrer a um solo ainda pior, *A*-1. Tão logo a renda diferencial II entre em vigor mediante sucessivos investimentos de capital, os limites do preço de produção ascendente podem ser regulados pelos solos melhores, e o pior solo, base da renda diferencial I, também poderá gerar renda. Desse modo, no caso da simples renda diferencial, todas as terras cultivadas contariam com a possibilidade de gerar renda. Teríamos, então, as duas tabelas seguintes, nas quais se entende por custos de produção a soma do capital adiantado mais 20% de lucro, isto é, £½ de lucro para cada £2½ de capital, num total de £3.

Tipo de solo	Acres	Custos de produção	Produto	Preço de venda	Rendimento em dinheiro	Renda em grãos	Renda em dinheiro
		£	*quarters*	£	£	*quarters*	£
A	1	3	1	3	3	0	0
B	1	6	3½	3	10½	1½	4½
C	1	6	5½	3	16½	3½	10½
D	1	6	7½	3	22½	5½	16½
Total	4	21	17½		52½	10½	31½

Esse é o estado de coisas antes do novo investimento de capital de £3½, que rende apenas 1 *quarter*. Depois desse investimento de capital, a situação é a seguinte:

Tipo de solo	Acres	Custos de produção	Produto	Preço de venda	Rendimento em dinheiro	Renda em grãos	Renda em dinheiro
		£	*quarters*	£	£	*quarters*	£
A	1	3	1	3½	3½	$\frac{1}{7}$	½
B	1	9½	4½	3½	15½	$1\frac{11}{14}$	6¼
C	1	6	5½	3½	19½	$3\frac{11}{14}$	13¼
D	1	6	7½	3½	26½	$5\frac{11}{14}$	20¼
Total	4	24½	18½		64½	11½	40¼

{Mais uma vez, o cálculo não está correto. Ao arrendatário de *B*, os 4½ *quarters* custam, num primeiro momento, £9½ em termos de custos de produção e, num segundo momento, £4½ em termos de renda, num total de £14; a média por *quarter* é = £$3^{1}/_{9}$. Com isso, esse preço médio da produção total se converte no preço regulador de mercado. A renda em *A* seria, pois, £$^{1}/_{9}$, e não £½, e a renda em *B* permaneceria em £4½, como até agora: 4½ *quarters* a £3½ = £14; descontando-se destas últimas £9½ de custos de produção, restam £4½ de lucro extra. Então, apesar dos algarismos que se devem modificar, o exemplo mostra como, por meio da renda diferencial II, o melhor solo, que já gera renda, pode regular o preço e, com isso, fazer com que todos os solos deem renda, inclusive aqueles que até então não geravam renda nenhuma. – F. E.}

A renda em grãos deve aumentar tão logo suba o preço regulador de produção do grão, isto é, tão logo aumente o *quarter* de grão no solo regulador, ou o investimento regulador de capital em um dos tipos de solo. É como se todos os tipos de solo tivessem se tornado menos férteis e só produzissem, por exemplo, com £2½ de novo investimento de capital, $^{5}/_{7}$ de *quarter*, em vez de 1 *quarter*. O que produzem a mais, em termos de grãos com o mesmo investimento de capital, transforma-se em mais-produto, no qual se configuram o lucro extra e, por conseguinte, a renda. Supondo que a taxa de lucro permaneça constante, o arrendatário pode comprar menos grão com seu lucro. A taxa de lucro pode permanecer constante se o salário não subir, seja porque é reduzido ao mínimo físico, isto é, abaixo do valor normal da força de trabalho; seja porque os outros objetos de consumo do trabalhador, fornecidos pela manufatura, tornaram-se relativamente mais baratos; seja porque a jornada de trabalho se prolongou ou tornou-se mais intensa, de modo que a taxa de lucro nos ramos não agrícolas da produção – a qual, no entanto, regula o lucro agrícola – tenha permanecido constante, caso não tenha aumentado; seja, ainda, porque na agricultura, embora com o mesmo capital investido, tenham sido investidas uma maior quantidade de capital constante e uma menor quantidade de capital variável.

Consideramos agora o primeiro modo em que se pode originar renda no solo *A*, que até então era o pior, sem que se incorpore ao cultivo um solo ainda pior; quer dizer, devido à diferença entre seu preço de produção individual, que exercia até agora a função reguladora, e o novo preço de produção, mais elevado, para o qual o último capital adicional, com subprodutividade e num solo melhor, fornece o produto adicional necessário.

Se o produto adicional tivesse de ser provido pelo solo *A*-1, que só pode fornecer o *quarter* a £4, então a renda por acre em *A* teria subido para £1. Nesse caso, porém, *A*-1, na qualidade de pior solo cultivado, teria ingressado, no lugar de *A*, na série dos tipos de solo que geram renda, e como membro inferior dessa série. A renda diferencial I teria sido modificada. Esse caso se encontra, portanto, fora da consideração da renda diferencial II, que emana da diferente produtividade de sucessivos investimentos de capital na mesma porção de terra.

Há, além disso, outras duas maneiras de se produzir renda diferencial no solo *A*.

Com preço constante – um preço qualquer, que inclusive pode ser reduzido, em comparação com preços anteriores –, se o investimento adicional de capital gera sobreprodutividade, o que *prima facie*, até certo ponto, tem sempre de ocorrer no caso do pior solo.

Ou quando, ao contrário, a produtividade dos investimentos sucessivos de capital no solo *A* diminui.

Nos dois casos, pressupõe-se que o aumento da produção seja requerido para cobrir a demanda.

Porém, do ponto de vista da renda diferencial, tem-se aqui uma dificuldade peculiar em razão da lei exposta anteriormente, segundo a qual o decisivo é sempre o preço de produção médio individual do *quarter* na produção total (ou o desembolso total de capital). Mas no solo *A* não está dado, como nos tipos melhores de solo, um preço de produção exterior a ele que delimite, para novos investimentos de capital, o nivelamento do preço de produção individual com preço de produção geral. Pois o preço de produção individual de *A* é precisamente o preço de produção geral que regula o preço de mercado.

Suponhamos:

1) *No caso de força produtiva crescente dos investimentos sucessivos de capital*, podem produzir-se, em 1 acre de *A*, com £5 de adiantamento de capital e, correspondentemente, £6 de custos de produção, 3 *quarters* em vez de 2 *quarters*. O primeiro investimento de capital de £2½ rende 1 *quarter*, e o segundo, 2 *quarters*. Nesse caso, £6 de custo de produção rendem 3 *quarters* e, portanto, o *quarter* custará, em média, £2; isso significa que, se os 3 *quarters* se vendem a £2, *A* continuará a não gerar renda nenhuma, apenas terá sido modificada a base da renda diferencial II. Em vez de £3, o novo preço de produção regulador passa a ser £2; agora, um capital de £2½ produz em média, no pior solo, 1½ *quarter* em vez de 1 *quarter*, e essa passa a ser a fertilidade oficial para todos os tipos de solo de qualidade superior no caso de um investimento £2½. Uma parte do mais-produto anterior entra, a partir de agora, na formação de seu produto necessário, assim como uma parte de seu lucro extra entra na formação do lucro médio.

Se, ao contrário, a base fossem os melhores tipos de solo, nos quais o cálculo médio em nada altera o excedente absoluto, já que o preço de produção geral se encontra como limite do investimento de capital, o *quarter* do primeiro investimento de capital custaria, então, £3, e os 2 *quarters* do segundo solo custariam, cada um, apenas £1½. Surgiria, assim, uma renda em grãos de apenas 1 *quarter* e uma renda em dinheiro de £3 em *A*, mas os 3 *quarters* seriam vendidos ao preço antigo, num total de £9. Se ocorresse um terceiro investimento de capital de £2½ com a mesma fertilidade do segundo investimento, seria produzido um total de 5 *quarters*, com £9 de custo de produção. Se o preço de produção médio individual de *A* continuasse a ser o regulador, o *quarter* teria de ser vendido a £1⅘. O preço médio teria voltado a cair, não devido a um novo aumento da produtividade do terceiro investimento de capital, mas apenas devido ao acréscimo de um novo investimento de capital com a mesma produtividade adicional do segundo. Em vez de elevar a renda, como nos tipos de solo que a geram, os sucessivos investimentos de capital no solo *A*, investimentos com produtividade superior, ainda que constante, reduziriam proporcionalmente o preço de produção e, com isso, mantendo-se iguais as demais circunstâncias, a renda diferencial em todos os demais tipos de solo. Se, ao contrário, o primeiro investimento de capital, que rende 1 *quarter* com um custo de produção de £3, continuasse a ser o regulador, então os 5 *quarters* seriam vendidos a £15, e a renda diferencial dos investimentos posteriores de capital no solo *A* seria de £6. O acréscimo de capital adicional no acre de *A*, qualquer que fosse a forma em que ele se aplicasse, constituiria aqui uma melhoria, e o capital adicional também teria tornado mais produtiva a parte original do capital. Seria tolice afirmar que ⅓ do capital teria produzido 1 *quarter*, e os ⅔ restantes teriam produzido 4 *quarters*. £9 por acre produziriam sempre 5 *quarters*, ao passo que £3 só produziriam 1 *quarter*. Se aqui surgiria ou não renda, lucro extra, é algo que depende inteiramente das circunstâncias. Em geral, o preço de produção regulador teria de cair. Esse é o caso quando o cultivo melhorado – ainda que ligado a maiores custos – do solo *A* só se efetua porque também é aplicado nos tipos de solo melhores, ou seja, em virtude de uma revolução geral na agricultura, de modo que agora, quando se fala da fertilidade natural do solo *A*, supõe-se que ele seja cultivado com [£]6 ou, no caso em questão, com £9, em vez de com £3. Isso seria especialmente válido se a maior parte dos acres cultivados do solo *A*, que fornecem a maior parte da oferta de dado país, fosse submetida a esse novo método. Se a melhoria só atingisse inicialmente uma pequena área de *A*, essa parte mais bem cultivada renderia um lucro extra que o proprietário fundiário poderia logo converter, total ou parcialmente, em renda, fixando-a como tal. Desse modo, se a demanda se mantivesse a par do crescimento da oferta, à medida que o solo *A* fosse submetido ao novo método em toda sua superfície, seria formada pouco a pouco renda em todo o solo de qualidade *A*, e a sobreprodutividade seria, por fim, total ou parcialmente confiscada, segundo as condições do mercado. O nivelamento do preço de produção de *A* para formar o preço médio de seu produto, em caso de aumento do desembolso de capital, poderia ser impedido pela fixação do lucro extra desse maior desembolso de capital em forma de renda. Nesse caso, tal como vimos em relação à força produtiva decrescente dos capitais adicionais nas terras melhores, seria novamente a transformação do lucro extra em renda fundiária, isto é, a intervenção da propriedade fundiária, que elevaria o preço de produção, em vez de fazer com que a renda diferencial fosse apenas consequência das diferenças entre o preço de produção individual e o geral. No caso do solo *A*, impediria a coincidência dos dois preços, pois não permitiria a regulação do preço de produção pelo preço de produção médio de *A*; portanto, manteria um preço de produção mais elevado que o necessário e, desse modo, criaria renda. Mesmo em caso de livre importação de grãos do exterior, seria possível produzir ou manter o mesmo resultado, obrigando o arrendatário a dar uma destinação diferente – por exemplo, pastagens – ao solo que, com preço de produção determinado do exterior, competisse no cultivo de grãos sem gerar renda, pelo que só se submeteriam ao cultivo de grãos as terras que geram renda, isto é, aqueles solos cujo preço de produção médio individual por *quarter* fosse menor que o preço de produção determinado do exterior. Em geral, deve-se supor que, nesse caso, o preço de produção cairá, mas não até seu preço médio, e sim estará situado acima deste, ainda que abaixo do preço de produção do pior solo cultivado de *A*, de modo que ficaria restrita a concorrência de novas terras de *A*.

2) *No caso de força produtiva decrescente dos capitais adicionais*. Suponhamos que o solo *A*-1 só produzisse o *quarter* adicional a £4, mas o solo *A* pudesse fazê-lo a [£]3¾, portanto, mais barato, porém £¾ mais caro que o *quarter* produzido pelo primeiro investimento de capital. Nesse caso, o preço total de ambos os *quarters* produzidos em *A* seria = £6¾; assim, o preço médio por *quarter* seria = £3⅜. O preço de produção se elevaria, mas apenas em £⅜, ao passo que, se o capital adicional tivesse sido investido em novas terras, que produzissem a £3¾, ele teria aumentado em outros £⅜, chegando a £3¾, e, com isso, teria provocado um aumento proporcional de todas as demais rendas diferenciais.

O preço de produção de £3⅜ por *quarter* de *A* seria, assim, nivelado a seu preço de produção médio, com maior investimento de capital, e seria o regulador; ele não geraria, pois, nenhuma renda, porquanto não daria nenhum lucro extra.

Se esse *quarter* produzido pelo segundo investimento de capital fosse vendido a £3¾, o solo *A* passaria a gerar uma renda de £¾, e o mesmo ocorreria em todos os acres de *A* nos quais não se tivesse efetuado nenhum investimento adicional de capital e que, portanto, continuariam a produzir o *quarter* a £3. Enquanto existirem áreas de *A* ainda não cultivadas, o preço só poderia subir temporariamente a £3¾. A incorporação de novas áreas de *A* manteria o preço de produção em £3, até que estivesse esgotado todo o solo de *A*, cuja localização favorável lhe permitisse produzir o *quarter* a um preço menor que £3¾. Isso é o que se deveria supor, ainda que, se 1 acre dá renda, o proprietário fundiário não ceda ao arrendatário nenhum outro acre sem renda nenhuma.

Que o preço de produção seja nivelado para converter-se em preço médio ou que o preço de produção individual do segundo investimento de capital se torne, com £3¾, o preço regulador é algo que dependerá, uma vez mais, da maior ou da menor generalização do segundo investimento de capital no solo existente *A*. Este último caso só ocorre quando o proprietário fundiário tem tempo de fixar como renda o lucro extra obtido, ao preço de £3¾ por *quarter*, até que a demanda esteja suprida.

* * *

Acerca da produtividade decrescente do solo em investimentos sucessivos de capital, o leitor deve consultar Liebig. Vimos que a queda sucessiva da sobreforça produtiva dos investimentos de capital sempre aumenta a renda por acre quando o preço de produção se mantém constante e que pode fazê-lo até mesmo no caso de preço de produção decrescente.

De modo geral, no entanto, temos de observar o seguinte:

Do ponto de vista do modo de produção capitalista, tem-se sempre um encarecimento relativo dos produtos se, para obter o mesmo produto, é preciso pagar algo que antes não se pagava. Por reposição do capital consumido na produção só se deve entender a reposição de valores que se apresentam em determinados meios de produção. Elementos naturais que entram na produção como agentes sem custar nada, qualquer que seja o papel que nela possam desempenhar, não ingressam nesta última como componentes do capital, mas como força natural gratuita do capital, isto é, como força produtiva natural gratuita do trabalho, que, sobre a base do modo de produção capitalista, se apresenta como força produtiva do capital. Se tal força natural, que nada custa originalmente, entra na produção, ela não é levada em conta na determinação do preço enquanto o produto obtido com sua ajuda bastar para cobrir a demanda. Porém, se ao longo da evolução for preciso fornecer um produto maior do que se pode produzir com ajuda dessa força natural, quer dizer, se esse produto adicional tiver de ser fabricado sem a ajuda dessa força natural ou com assistência de intervenção humana, de trabalho humano, um elemento adicional entrará no capital. Haverá, portanto, um desembolso de capital relativamente maior para obter o mesmo produto. Mantendo-se inalteradas as demais circunstâncias, ocorrerá um encarecimento da produção.

* * *

{De um caderno "iniciado em meados de fevereiro de 1876".}

Renda diferencial e renda como meros juros do capital incorporado ao solo.

O que se chama de melhorias permanentes – que modificam as propriedades físicas e, em parte, também as propriedades químicas do solo por meio de operações que custam um desembolso de capital e que se podem considerar como incorporação do capital ao solo – consiste quase sempre em conferir a determinada extensão de terra, ao solo de um lugar determinado e restrito, características que são naturais em outros solos, situados em outros lugares, com frequência nas imediações. Um solo está naturalmente nivelado, o outro precisa ser nivelado; um possui drenagem natural, o outro requer drenagem artificial; um possui por natureza uma profunda camada cultivável, no outro ela tem de ser artificialmente aprofundada; um solo argiloso está naturalmente misturado com a quantidade conveniente de areia, no outro essa proporção ainda deve ser estabelecida; um prado é, por sua natureza, irrigado ou recoberto por limo, o outro implica que isso seja feito por meio do trabalho ou, na linguagem da economia burguesa, do capital.

De fato, é engraçada a teoria que sustenta que, no caso do solo cujas vantagens comparativas foram adquiridas, a renda seja juros, enquanto no outro, que possui tais vantagens por natureza, ela não seja. (Na prática, a questão é distorcida, pois num caso a renda coincide com os juros, enquanto nos outros casos, nos quais isso positivamente não ocorre, deve-se chamá-la de juros.) O solo gera a renda de acordo com o investimento de capital que foi efetuado, não porque nele tenha sido investido capital, mas porque o investimento de capital o tornou mais produtivo do que antes. Supondo-se que todo o solo de um país precise desse investimento de capital, qualquer extensão de terreno que ainda não o tenha recebido deve passar primeiro por essa fase, e a renda (os juros que, no caso dado, esse solo rende) gerada pelo solo que já recebeu o investimento de capital é diferencial, exatamente da mesma maneira que se ele possuísse essa vantagem por natureza e o outro solo tivesse de adquiri-la de forma artificial.

Também essa renda que se pode transformar em juros converte-se em renda puramente diferencial tão logo o capital investido esteja amortizado. Do contrário, o mesmo capital teria de existir duplamente como capital.

* * *

Constitui um dos fenômenos mais hilários o fato de que todos os adversários de Ricardo que combatem a determinação do valor exclusivamente pelo trabalho, quando confrontados com a renda diferencial que emana das diferenças entre os solos, apelam para a circunstância de que nesse caso é a natureza, e não o trabalho, que determina o valor; ao mesmo tempo, eles reivindicam essa determinação para a localização e, ainda em maior proporção, para os juros do capital investido no cultivo do solo. O mesmo trabalho produz igual valor para o produto criado em dado momento; mas a grandeza ou a quantidade desse produto – portanto, também a parcela de valor que corresponde a uma alíquota desse produto – dependem unicamente, para dada quantidade de trabalho, da quantidade do produto, e este, por sua vez, da produtividade da quantidade de trabalho dada, e não da grandeza dessa quantidade. É indiferente que essa produtividade seja devida à natureza ou à sociedade. Apenas quando a produtividade custa trabalho e, portanto, capital, ela aumenta os custos de produção num novo componente, o que já não ocorre na natureza.

Capítulo 45

A renda fundiária absoluta

Na análise da renda diferencial, nosso pressuposto era de que o pior solo não paga renda nenhuma ou, em termos mais gerais, de que só paga renda o solo cujo produto gere um preço individual de produção inferior ao preço de produção regulador do mercado, originando, assim, um lucro extra que se traduz em renda. Antes de mais nada, é preciso observar que a lei da renda diferencial, enquanto tal, é absolutamente independente da correção ou incorreção desse pressuposto.

Se chamamos de P o preço de produção geral, o preço regulador do mercado, vemos que P coincide, para o produto da pior classe de solo, *A*, com seu preço de produção individual; quer dizer, paga o preço do capital constante e do capital variável consumidos na produção mais o lucro médio (= lucro do empresário mais juros).

A renda, nesse caso, é igual a zero. O preço de produção individual da classe de solo imediatamente superior, *B*, é = P′, e P > P′; ou seja, P paga mais do que o preço real de produção do produto da classe de solo *B*. Suponhamos agora que P - P′ seja = *d*; *d*, excedente de P sobre P′, é, então, o lucro extra obtido pelo arrendatário da classe *B*. Esse *d* converte-se na renda que tem de ser paga ao proprietário fundiário. Para a terceira classe de solo, *C*, chamaremos de P″ o preço de produção real e diremos que P - P″ = 2*d*; desse modo, 2*d* se converte em renda; e o mesmo se dá no que diz respeito ao quarto tipo de solo, *D*, sendo o preço de produção individual P‴, e P - P‴ = 3*d*, que se converte em renda fundiária, e assim por diante. Supondo-se agora que, no que diz respeito à classe de solo *A*, seja falso o pressuposto de que a renda é = 0 e que, por isso, o preço de seu produto é = P + 0. Digamos, antes, que também esse solo pague uma renda = *r*. Nesse caso, chegamos a duas conclusões.

Primeira: o preço do produto agrícola do solo da classe *A* não seria regulado por seu preço de produção, mas conteria um excedente sobre ele, seria = P + *r*. Pressupondo-se o modo de produção capitalista em condições normais, isto é, que o excedente *r* que o arrendatário paga ao proprietário fundiário não represente uma dedução do salário nem do lucro médio do capital, a renda só pode ser paga se o arrendatário vende seu produto acima do preço de produção, o que lhe proporcionaria um lucro extra, caso ele não tivesse de ceder esse excedente na forma de renda ao proprietário fundiário. O preço regulador de mercado do produto total de todas as classes de solo não seria, nesse caso, o preço de produção que o capital engendra, em geral, em todas as esferas da produção, isto é, um preço igual ao capital investido mais o lucro médio; seria o preço de produção mais a renda, P + *r*, não P. O preço do produto agrícola da classe *A* expressa, em geral, o limite do preço regulador geral de mercado, do preço pelo qual se pode fornecer o produto total, e, nesse sentido, regula o preço desse produto total.

Segunda: ainda que o preço geral do produto agrícola fosse essencialmente modificado, a lei da renda diferencial não estaria anulada de modo nenhum, pois, se o preço do produto da classe *A* e, com isso, o preço geral de mercado fossem = P + *r*, então o preço das classes *B*, *C*, *D* etc. seria também = P + *r*. Como para a classe *B* temos P - P′ = *d*, então (P + *r*) - (P′ + *r*) também seria = *d*, e para *C*, P - P″ = (P + r) – (P″ + r) = 2*d*; finalmente, para *D*, P - P‴ = (P + *r*) - (P‴ + *r*) = 3*d*; e assim por diante. A renda diferencial continuaria, portanto, a mesma e seria regida pela mesma lei, ainda que contendo um elemento independente dessa lei e, ao mesmo tempo, que experimentasse um aumento generalizado com o preço do produto agrícola. Disso se segue que, independentemente de como se comporte a renda dos tipos de solo menos férteis, a lei da renda diferencial não depende disso, e a única forma de conceber a renda diferencial de acordo com seu caráter consiste em considerar a renda da classe *A* = 0. Que ela seja de fato = 0 ou > 0 é algo que não importa em absoluto no que diz respeito à renda diferencial e, com efeito, não é levado em conta.

Portanto, a lei da renda diferencial independe do resultado da seguinte investigação.

Se continuarmos a perguntar pelos fundamentos do pressuposto de que o produto do pior tipo de solo, *A*, não gera renda nenhuma, a resposta é necessariamente a seguinte: se o preço de mercado do produto agrícola – digamos, dos cereais – alcançou um nível tal que um investimento adicional de capital na classe de solo *A* paga o preço de produção habitual, proporcionando assim ao capital o lucro médio habitual, então essa condição basta para o investimento de capital adicional na classe de solo *A*. Isso quer dizer que essa condição é suficiente para que o capitalista invista novo capital com o lucro habitual e o valorize da maneira normal.

Aqui cabe observar que também nesse caso o preço comercial tem de ser superior ao preço de produção de *A*, pois tão logo se cria a oferta adicional, altera-se evidentemente a relação entre oferta e demanda. A oferta, que antes não bastava, agora é suficiente. O preço tem, portanto, de cair. E, para cair, é necessário que antes ele estivesse acima do preço de produção de *A*. No entanto, o caráter infértil do solo *A*, recém-incorporado ao cultivo, faz com que seu preço não caia tanto quanto à época em que era o preço de produção da classe *B* que regulava o mercado. O preço de produção de *A* constitui o limite, não para uma alta temporária, mas para a alta relativamente permanente do preço de mercado. Se, pelo contrário, o solo recém-incorporado ao cultivo é mais fértil que o solo *A*, que até agora regulava os preços, e, mesmo assim, basta apenas para cobrir a demanda adicional, então o preço de mercado permanece inalterado. A investigação sobre se a classe inferior de solo gera renda coincide, também nesse caso, com a investigação que realizaremos agora, pois também aqui poderíamos esclarecer o pressuposto de que a classe de solo *A* não gera renda nenhuma pelo fato de que o preço de mercado basta ao arrendatário capitalista para, com esse preço, cobrir exatamente o capital investido mais o lucro médio; quer dizer, o preço de mercado cobre o preço de produção de sua mercadoria.

De todo modo, o arrendatário capitalista pode, nessas condições, cultivar a classe de solo *A* na medida em que tenha de decidir como capitalista. Agora se apresenta a condição necessária para que o capital valorize-se normalmente na classe de solo *A*. No entanto, do fato de que o capital possa ser investido pelo arrendatário na classe de solo *A*, de acordo com as condições médias de valorização do capital, ainda que ele não tenha de pagar renda nenhuma, não se depreende que esse solo pertencente à classe *A* esteja, sem mais nem menos, à disposição. A circunstância de o arrendatário poder valorizar seu capital, embolsando o lucro habitual sob a condição de não pagar nenhuma renda não é razão para que o proprietário fundiário tenha de ceder seu solo para o arrendatário e ser filantrópico a ponto de introduzir o *crédit gratuit* [crédito gratuito] a favor desse parceiro. Tal pressuposto implica, na realidade, a eliminação da propriedade fundiária, cuja existência representa precisamente um entrave para o investimento de capital e para sua livre valorização na terra, entrave que de modo nenhum desaparece diante da mera reflexão do arrendatário no sentido de que o preço dos grãos lhe permitiria extrair de seu capital o lucro habitual mediante a exploração do solo de tipo *A*, se não tivesse de pagar renda nenhuma, ou seja, se pudesse, na prática, considerar como não existente a propriedade fundiária. No entanto, na renda diferencial está pressuposto o monopólio da propriedade fundiária, a existência da propriedade fundiária como entrave ao capital, pois, sem esse monopólio, o lucro extra não se converteria em renda fundiária, tampouco caberia ao proprietário fundiário, mas ao arrendatário. A propriedade fundiária continuaria a ser um entrave mesmo onde desaparece a renda como renda diferencial, isto é, no solo tipo *A*. Se examinarmos os casos em que, num país de produção capitalista, pode-se investir capital no solo sem pagamento de renda, veremos que todos eles implicam, de fato, ainda que não juridicamente, a supressão da propriedade fundiária, supressão que só pode ocorrer sob circunstâncias bem determinadas e de natureza puramente fortuita.

Primeiro, se o proprietário fundiário é capitalista ou o próprio capitalista é proprietário fundiário. Nesse caso, *ele mesmo pode explorar* o terreno, tão logo o preço de mercado suba o suficiente para permitir-lhe extrair do que agora é o tipo de solo *A* o preço de produção, isto é, a reposição de capital mais o lucro médio. Por quê? Porque para ele a propriedade fundiária não constitui um entrave ao investimento de seu capital. Ele pode tratar o solo como simples elemento da natureza e, assim, levar em consideração apenas a valorização de seu capital, isto é, interesses capitalistas. Tais casos têm lugar na prática, mas apenas como exceção. Da mesma forma que pressupõe a separação entre o capital ativo e a propriedade fundiária, o cultivo capitalista do solo exclui, em regra, a exploração da propriedade fundiária pelo proprietário. Vê-se, desde já, que isso é puramente fortuito. Se o aumento da demanda de cereais requer o cultivo de uma área do solo de tipo *A* mais extensa do que a que se encontra nas mãos dos proprietários que exploram as próprias terras – em outras palavras, se parte delas precisa ser arrendada para que possa ser de algum modo cultivada –, desaparece imediatamente essa hipotética supressão* do entrave que a propriedade fundiária constitui para o investimento de capital. É uma contradição absurda partir da separação entre o capital e a terra, entre o arrendatário e o proprietário fundiário, característica do modo de produção capitalista, e, a partir disso, em sentido inverso, pressupor como regra geral a exploração direta da terra pelos proprietários fundiários em todos os casos em que o capital não obteria renda do cultivo da terra se a propriedade fundiária não existisse independente dele (ver a passagem em que A.[dam] Smith fala da renda em minas, citada adiante**. Essa supressão da propriedade privada é puramente fortuita. Pode produzir-se ou não.

* Na primeira edição, *Auffassung* (concepção) em vez de *Aufhebung*; alterado de acordo com o manuscrito de Marx. (N. E. A.)

** Ver, neste volume, p. 833-5. (N. T.)

Segundo, pode ocorrer que, dentro da área total de um arrendamento, encontrem-se algumas porções de terreno que, segundo o nível dado dos preços de mercado, não gerem renda nenhuma e que, portanto, sejam cedidas gratuitamente, ainda que o proprietário fundiário não veja a coisa dessa forma, porquanto leva em consideração a renda total do solo arrendado, e não a renda específica das distintas partes que o compõem. Nesse caso, para o arrendatário, quando se consideram as partes do arrendamento que não geram renda, a propriedade fundiária deixa de existir como entrave ao investimento de capital – e mesmo mediante contrato com o próprio proprietário fundiário. Se o arrendatário não paga renda nenhuma por esses terrenos, é simplesmente porque paga pelo solo do qual elas fazem parte. Nesse caso, pressupõe-se uma combinação de circunstâncias em que, para cobrir a demanda, não é necessário recorrer ao tipo pior de solo *A* como campo de produção novo e autônomo, mas em que esse solo constitui uma porção intermediária inseparável do solo de melhor qualidade. O caso a ser examinado é precisamente aquele em que porções do solo do tipo *A* são cultivadas de modo autônomo, razão pela qual devem ser arrendadas separadamente, sob as condições gerais do modo de produção capitalista.

Terceiro, um arrendatário pode investir capital adicional no mesmo arrendamento, ainda que, com os preços de mercado vigentes, o produto adicional assim obtido só lhe proporcione o preço de produção, o lucro corrente, sem lhe permitir o pagamento da renda adicional. Desse modo, com uma parte do capital investido na terra, ele paga a renda fundiária; com a outra, não. No entanto, essa suposição não ajuda a resolver o problema, como nos mostra o fato seguinte: se o preço de mercado (e, ao mesmo tempo, a fertilidade do solo) permite ao arrendatário obter um rendimento extra com o capital adicional – rendimento extra que, como o antigo capital, proporciona-lhe um lucro extra além do preço de produção –, então ele mesmo o embolsa durante a vigência do contrato de arrendamento. Por quê? Porque durante a vigência do contrato de arrendamento desaparece a barreira da propriedade fundiária para o investimento de seu capital no solo. No entanto, a mera circunstância de que, para lhe assegurar esse lucro extra, um solo pior adicional deva ser arroteado e arrendado separadamente demonstra de modo irrefutável que o investimento de capital adicional no solo antigo não é suficiente para produzir a exigida oferta maior. Uma suposição exclui a outra. Ora, seria possível dizer que a própria renda do pior tipo de solo, *A*, é diferencial, quer comparada com o solo cultivado pelo próprio proprietário (o que, no entanto, só ocorre como exceção puramente casual), quer comparada com o investimento adicional de capital nos antigos arrendamentos que não proporcionam renda nenhuma. Isso seria 1) uma renda diferencial que não se originaria de diferenças na fertilidade dos solos e, por isso, *não* pressuporia que o tipo de solo *A* não gera renda e vende seu produto pelo preço de produção. E 2) a circunstância de que investimentos adicionais de capital no mesmo arrendamento gerem renda não é tão indiferente para a circunstância de o novo solo do tipo *A* a ser cultivado gerar renda quanto é, por exemplo, indiferente para a instalação de uma nova empresa fabril saber se outro fabricante do mesmo ramo investe parte de seu capital em papéis que rendem juros porque não pode utilizá-lo por completo em seu negócio ou se ele realiza ampliações isoladas que, ainda que não lhe proporcionem o lucro pleno, pelo menos lhe rendem mais do que os juros. Para ele, essa é uma questão secundária. Os novos estabelecimentos devem, ao contrário, gerar o lucro médio; são instalados com essa expectativa. No entanto, os investimentos adicionais de capital nos antigos arrendamentos e o cultivo adicional de novas terras do tipo *A* constituem limites recíprocos. O limite de investimento de capital adicional sob condições de produção menos favoráveis no mesmo arrendamento está dado pelos novos investimentos adicionais concorrentes na classe de solo *A*; por outro lado, a renda que essa classe de solo pode proporcionar passa a ser limitada pelos investimentos adicionais de capital nos arrendamentos preexistentes.

Nem todos esses subterfúgios resolvem o problema, que, colocado de modo simples, é este: supondo-se que o preço de mercado dos cereais (que, nessa investigação, representa para nós o produto inteiro do solo) seja suficiente para iniciar o cultivo de partes do tipo de solo *A* e que o capital investido nesses novos campos acabe dando o preço de produção do produto, isto é, reposição de capital mais lucro médio. Supondo-se, portanto, que estejam dadas as condições para a valorização normal de capital no tipo de solo *A*, põe-se a questão: é suficiente? Pode-se realmente investir esse capital? Ou o preço de mercado tem de subir até o ponto em que mesmo o pior solo, *A*, gere renda? Será que o monopólio do proprietário fundiário impõe ao investimento do capital um limite que, do ponto de vista puramente capitalista, não existiria sem a existência desse monopólio? Das condições do próprio problema segue que, se nos antigos arrendamentos existem, por exemplo, investimentos adicionais de capital que ao preço vigente de mercado não geram renda, apenas lucro médio, essa circunstância não resolve de modo nenhum a questão de saber se, agora, de fato se pode investir capital no tipo de solo *A*, que também proporcionaria lucro médio, mas nenhuma renda. Essa é justamente a questão. Que os investimentos adicionais de capital, que não geram renda, não satisfazem a demanda é algo que está demonstrado pela necessidade de incorporar novo solo do tipo *A*. Se o cultivo adicional do solo *A* só se efetua na medida em que este gera renda, isto é, mais do que o preço de produção, então há apenas dois casos possíveis. Ou o preço de mercado tem de ser tal que mesmo os últimos investimentos adicionais de capital nos antigos arrendamentos gerem lucro extra, o qual é embolsado pelo arrendatário ou pelo proprietário fundiário. Nesse caso, essa elevação do preço e esse lucro extra dos últimos investimentos adicionais de capital seriam consequência do fato de o solo *A* não poder ser cultivado sem gerar renda. Pois, se para o cultivo bastasse o preço de produção, a obtenção do mero lucro médio, então o preço não teria aumentado tanto, e a concorrência das novas terras já teria surgido assim que elas proporcionassem esse preço de produção. Com os investimentos adicionais de capital nos antigos arrendamentos que não geram renda, concorreriam investimentos de capital no solo *A*, que tampouco gerariam renda. Ou, então, os últimos investimentos de capital nos antigos arrendamentos não geram renda, mas, ainda assim, o preço de mercado é alto o suficiente para o cultivo do solo *A*, gerando renda. Nesse caso, o investimento adicional de capital que não gera renda só seria viável porque o solo *A* não pode ser cultivado até que o preço de mercado lhe permita pagar renda. Sem essa condição, seu cultivo já se teria iniciado com um nível de preço inferior, e os investimentos de capital posteriores nos antigos arrendamentos que precisam do preço de mercado mais elevado para gerar o lucro habitual sem renda não teriam sido efetuados. Pois, com o preço de mercado mais alto, eles só proporcionam o lucro médio. Com um preço mais baixo – o qual, com o cultivo do solo *A*, teria se tornado regulador na qualidade de preço de produção deste último –, o resultado seria que, sob o pressuposto dado, se não gerassem esse lucro, eles não teriam se efetuado em absoluto. A renda do solo *A* constituiria, então, talvez, uma renda diferencial, se comparada com esses investimentos de capital nos antigos arrendamentos que não proporcionam renda. Que as superfícies do solo *A* formem tal renda diferencial é apenas consequência do fato de que elas só se tornam acessíveis ao cultivo se proporcionam renda; isto é, que a necessidade dessa renda – que, em si mesma, não é determinada por diferença nenhuma entre os tipos de solo – existe e constitua condição para o investimento de capitais adicionais nos antigos arrendamentos. Em ambos os casos, a renda do solo *A* não seria simples consequência da elevação do preço do cereal; pelo contrário, a circunstância de que o pior dos solos precisa proporcionar renda para que seu cultivo seja possível seria a causa da elevação dos preços dos cereais até o ponto em que se possa preencher essa condição.

A renda diferencial tem a peculiaridade de que nela a propriedade da terra só intercepta o lucro extra que, de outro modo, seria embolsado pelo arrendatário e que, sob certas circunstâncias, ele embolsa realmente durante a vigência de seu contrato de arrendamento. Nesse caso, a propriedade da terra é apenas a causa da transferência de um aumento do preço da mercadoria, ocorrido sem sua intervenção (melhor dizendo, resultado da determinação do preço de produção regulador do preço de mercado pela concorrência) e que se transforma em lucro extra – isto é, a transferência dessa parte do preço de uma pessoa para a outra, do capitalista ao proprietário fundiário. Mas a propriedade da terra não é a causa que *gera* esse componente do preço ou a elevação de preço que ele pressupõe. Ao contrário, se não é possível cultivar o pior tipo de solo, *A* – embora seu cultivo proporcionasse o preço de produção –, até que ele forneça um excedente acima desse preço de produção, uma renda, então a propriedade do solo é a causa geradora *desse aumento* de preço. *Foi a propriedade fundiária que gerou a renda.* Em nada altera a questão se, como no segundo caso tratado, a renda agora paga pelo solo *A* constitui uma renda diferencial em comparação com os últimos investimentos adicionais de capital em antigos arrendamentos, que só pagam o preço de produção. A circunstância de o solo *A* não poder ser cultivado até que o preço regulador de mercado tenha aumentado o suficiente para permitir que o solo *A* proporcione uma renda é, nesse caso, a única razão para que o preço de mercado suba até o ponto em que, por certo, pague não somente seu preço de produção aos últimos investimentos de capital efetuados nos antigos arrendamentos, mas um preço de produção que ao mesmo tempo proporciona uma renda para o solo *A*. O fato de que este deva proporcionar uma renda é aqui a causa da criação da renda diferencial entre ele e os últimos investimentos de capital nos antigos arrendamentos.

Quando falamos – sob o pressuposto da regulação do preço dos cereais pelo preço de produção – que o tipo de solo *A* não gera renda nenhuma, entendemos "renda" no sentido categórico do termo. Se o que o arrendatário paga pelo arrendamento constitui uma dedução, seja do salário normal de seus trabalhadores, seja de seu próprio lucro médio normal, então ele não paga nenhuma renda, nenhum componente autônomo do preço de sua mercadoria, distinto do salário e do lucro. Já assinalamos que na prática isso ocorre com frequência. Na medida em que o salário dos trabalhadores agrícolas de um país cai em geral abaixo do nível médio normal do salário e, portanto, uma dedução do salário, uma parte deste, ingressa de modo geral na renda, isso não constitui exceção para o arrendatário do pior solo. No mesmo preço de produção que torna possível o cultivo do pior solo, esse salário mais baixo já constitui parte integrante desse preço, e a venda do produto ao preço de produção não habilita o arrendatário desse solo a pagar renda. O proprietário fundiário também pode arrendar sua terra a um trabalhador que se contente em pagar-lhe em forma de renda tudo ou a maior parte daquilo que o preço de venda lhe garanta acima do salário. No entanto, em nenhum desses casos se paga uma renda real, embora seja pago um arrendamento. Onde existem condições correspondentes ao modo de produção capitalista, a renda e o arrendamento têm de coincidir. É precisamente essa relação normal que devemos examinar aqui.

Se os casos antes examinados, nos quais se podem efetuar de fato investimentos de capital no solo, dentro do modo capitalista de produção, sem gerar renda, não ajudam a resolver nosso problema, tampouco a referência a condições coloniais ajuda. O que faz da colônia uma colônia – e aqui falamos apenas de colônias realmente agrícolas – não é apenas a extensão de terras férteis que se encontram em estado natural. Pelo contrário, é a circunstância de que essas terram não foram apropriadas, submetidas à propriedade fundiária. Nisso reside a imensa diferença entre os países antigos e as colônias no que diz respeito ao solo: a inexistência, de direito ou de fato, da propriedade fundiária, como observam corretamente Wakefield[35] e, muito antes, Mirabeau *père*, o fisiocrata, e como outros economistas já haviam descoberto. Nesse caso, é indiferente se os colonos se apropriam simplesmente do solo ou apenas pagam ao Estado, a título de preço nominal do solo, uma taxa por um título jurídico válido sobre o solo. Também é indiferente se colonos já estabelecidos são juridicamente proprietários da terra. A propriedade fundiária não constitui aqui uma barreira para o investimento de capital nem mesmo de trabalho sem capital; a apropriação de uma parte do solo pelos colonos já assentados não exclui os recém-chegados da possibilidade de investir seu capital ou seu trabalho em novas terras. Portanto, quando se trata de investigar como a propriedade fundiária atua sobre o preço dos produtos agrícolas e sobre a renda, nos casos em que ela restringe o solo como campo de aplicação do capital, é o cúmulo do absurdo falar de colônias burguesas livres onde não existe o modo de produção capitalista na agricultura nem a forma de propriedade fundiária que a ele corresponde, sendo que esta última, de fato, não existe em absoluto. Assim, por exemplo, afirma Ricardo no capítulo sobre a renda fundiária. Na introdução, ele diz que sua intenção é investigar o efeito da apropriação do solo sobre o valor dos produtos agrícolas e, logo em seguida, toma como exemplo as colônias, onde supõe que o

---

[35] [Edward Gibbon] Wakefield, *England and America* (Londres, [Richard Bentley,] 1833). Cf. também Livro I, cap. 25 [ed. bras.: Karl Marx, *O capital: crítica da economia política*, Livro I: *O processo de produção do capital*, trad. Rubens Enderle, São Paulo, Boitempo, 2013. (N. E.)].

solo exista num estado relativamente natural e que sua exploração não esteja limitada pelo monopólio da propriedade da terra.

A mera propriedade jurídica do solo não cria renda para o proprietário, mas lhe dá o poder de subtrair suas terras à exploração até que as condições econômicas permitam uma valorização que lhe dê um excedente, tanto se o solo é empregado para a agricultura propriamente dita quanto para outras finalidades de produção, como construções etc. Ele não pode aumentar ou diminuir a quantidade absoluta desse campo de atividade, mas sua quantidade presente no mercado. Por isso, como já observou Fourier, é um fato característico que em todos os países civilizados uma parte relativamente significativa do solo permaneça subtraída ao cultivo.

Portanto, supondo o caso de que a demanda exija a incorporação de novas terras, digamos, menos férteis que as cultivadas até o presente, arrendará o proprietário fundiário gratuitamente essas terras, pois o preço de mercado do produto agrícola terá subido o suficiente para que o investimento de capital nesse solo pague ao arrendatário o preço de produção e, assim, proporcione o lucro corrente? De modo nenhum. O investimento de capital tem de proporcionar-lhe renda. Ele só arrenda suas terras na medida em que possa receber um arrendamento. Portanto, o preço de mercado precisa ter subido acima do preço de produção, a $P + r$, de modo que se possa pagar uma renda ao proprietário fundiário. Já que, conforme o pressuposto, a propriedade fundiária nada rende sem o arrendamento e, assim, carece de valor econômico, bastará um leve aumento do preço de mercado acima do preço de produção para lançar no mercado a nova terra do pior tipo.

Ora, cabe perguntar: do fato de o pior solo gerar renda fundiária, a qual não pode derivar de nenhuma diferença de fertilidade, é possível deduzir que o preço do produto agrícola é necessariamente monopólico no sentido corrente do termo ou um preço em que a renda entra na forma de imposto, porém arrecadado pelo proprietário fundiário, em vez de pelo Estado? É óbvio que esse imposto tem seus limites econômicos dados. Está limitado por investimentos adicionais de capital nos antigos arrendamentos, pela concorrência dos produtos agrícolas estrangeiros – pressupondo-se sua livre importação –, pela competição dos proprietários fundiários entre si e, finalmente, pela necessidade e pela solvência dos consumidores. Mas não é disso que se trata aqui. A questão é saber se a renda proporcionada pelo pior solo entra no preço de seu produto – que, conforme o pressuposto, regula o preço geral de mercado – da mesma maneira que um imposto entra no preço da mercadoria sobre a qual ele recai, isto é, como elemento independente de seu valor.

Essa não é, de forma alguma, uma consequência necessária – e só foi enunciada porque até o presente não se havia compreendido a diferença entre o valor das mercadorias e seu preço de produção. Vimos que o preço de produção de uma mercadoria não é de modo nenhum idêntico a seu valor, apesar de o preço de produção das mercadorias, considerado em sua totalidade, estar regulado apenas por seu valor total e embora o movimento do preço de produção das diferentes espécies de mercadorias, mantendo-se constantes as demais circunstâncias, seja determinado exclusivamente pelo movimento de seus valores. Mostrou-se que o preço de produção de uma mercadoria pode estar acima ou abaixo de seu valor, que só excepcionalmente coincide com ele. Por isso, o fato de os produtos agrícolas serem vendidos acima de seu preço de produção não prova, de maneira nenhuma, que também sejam vendidos acima de seu valor; assim como o fato de que, em média, os produtos industriais sejam vendidos por seu preço de produção não prova em absoluto que sejam vendidos por seu valor. É possível que produtos agrícolas sejam vendidos acima de seu preço de produção e abaixo de seu valor, assim como, por outro lado, muitos produtos industriais só proporcionam o preço de produção porque são vendidos acima de seu valor.

A relação entre o preço de produção de uma mercadoria e seu valor está exclusivamente determinada pela proporção entre a parte variável do capital com a qual é produzida e a parte constante deste último, ou seja, pela composição orgânica do capital que a produz. Se a composição do capital numa esfera da produção é menor que a do capital social médio, ou seja, se seu componente variável, desembolsado em salários, é maior em proporção a seu componente constante, desembolsado nas condições materiais de trabalho, do que é habitual no caso do capital social médio, o valor de seu produto deve encontrar-se acima de seu preço de produção. Quer dizer, por empregar mais trabalho vivo, tal capital produz, com a mesma exploração do trabalho, um mais-valor maior, ou seja, mais lucro do que uma alíquota de mesma grandeza do capital social médio. Por isso, o valor de seu produto se encontra acima de seu preço de produção, já que esse preço de produção é igual à reposição de capital mais o lucro médio e que este é menor que o lucro produzido nessa mercadoria. O mais-valor produzido pelo capital social médio é menor que o mais-valor produzido por um capital com essa composição inferior. O inverso ocorre se o capital investido em determinada esfera de produção tem composição superior à do capital social médio. O valor das mercadorias produzidas por meio dele se encontra abaixo de seu preço de produção, o que em geral ocorre com os produtos das indústrias mais desenvolvidas.

Se numa esfera determinada da produção a composição do capital é mais baixa que a do capital social médio, isso expressa apenas, em primeira instância, que a força produtiva do trabalho social nessa esfera particular se encontra abaixo do nível médio, pois o grau de força produtiva alcançado se evidencia na preponderância relativa da parte constante do capital sobre a parte variável ou na diminuição constante da parte de dado capital desembolsada em salários. Pelo contrário, se o capital em determinada esfera da produção é de composição mais elevada, isso expressa um desenvolvimento da força produtiva acima do nível médio.

Sem falar dos trabalhos artísticos propriamente ditos, cujo exame está excluído de nosso tema por sua própria natureza, é evidente que diferentes esferas da produção exigem, de acordo com suas peculiaridades técnicas, diferentes proporções de capital constante e de capital variável e que o trabalho vivo tem de ocupar em algumas mais espaço, em outras menos. Por exemplo, na indústria extrativa, que se deve distinguir claramente da agricultura, a matéria-prima desaparece por completo como elemento do capital constante, e também o material auxiliar desempenha aqui e ali um papel significativo. Na mineração, no entanto, a outra parte do capital constante, o capital fixo, desempenha um papel importante. Mesmo assim, também nesse caso o progresso do desenvolvimento pode ser medido pelo crescimento relativo do capital constante em comparação com o variável.

Se a composição do capital na agricultura propriamente dita fosse menor que a do capital social médio, isso expressaria *prima facie* que em países com produção desenvolvida a agricultura não teria progredido no mesmo grau que a indústria de transformação. Abstraindo de todas as demais circunstâncias econômicas, em parte decisivas, tal situação já se explicaria a partir do desenvolvimento anterior e mais acelerado das ciências mecânicas, especialmente de sua aplicação, em comparação com o desenvolvimento posterior e, em parte, bastante recente, da química, da geologia e da fisiologia e, uma vez mais, com a aplicação delas na agricultura. Além disso, é fato indubitável há muito conhecido[36] que os progressos da própria agricultura se expressam sempre no crescimento relativo da parte constante do capital em comparação com a variável. Se em determinado país de produção capitalista – por exemplo, na Inglaterra – a composição do capital agrícola é mais baixa que a do

---

36 Ver [Mathieu de] Dombasle e R.[ichard] Jones. [M. de Dombasle, *Annales Agricoles de Rouille*, ou *Mélanges d'Agriculture, d'Économie Rurale, et de Legislation Agricole*, Paris, 1824-1837; R. Jones, *An Essay on the Distribution of Wealth, and on the Sources of Taxation*, Londres, 1831. (N.E.A.)]

capital social médio, isso é uma questão que só se pode resolver estatisticamente e sobre a qual não convém, para nossa finalidade, entrar em detalhe. De todo modo, é teoricamente certo que apenas sob esse pressuposto o valor dos produtos agrícolas pode estar acima de seu preço de produção, isto é, que o mais-valor gerado na agricultura por um capital de certa grandeza, ou, o que dá na mesma, o mais-trabalho por ele mobilizado e comandado (por conseguinte, o trabalho vivo empregado em geral), é maior do que no caso de um capital de igual grandeza e composição social média.

Portanto, para a forma de renda que examinamos aqui, e que só pode produzir-se sob esse pressuposto, é suficiente formular tal pressuposto. Quando se descarta este último, descarta-se igualmente a forma de renda que lhe corresponde.

O fato de existir um excedente do valor dos produtos agrícolas acima de seu preço de produção não bastaria por si só, de modo nenhum, para explicar a existência de uma renda do solo independente da diferença na fertilidade dos tipos de solo ou dos sucessivos investimentos de capital no mesmo solo; em suma, a existência de uma renda distinta da renda concebida como diferencial e que, por isso, podemos designar como *absoluta*. Um grande número de produtos manufaturados se caracteriza pelo fato de seu valor estar situado acima de seu preço de produção, sem que, por isso, esses produtos gerem um excedente sobre o lucro médio ou um lucro extra que pudesse transformar-se em renda. Ao contrário. Tanto a existência como o conceito do preço de produção e da taxa geral de lucro nele incluída se baseiam no fato de que as mercadorias individuais não são vendidas por seu valor. Os preços de produção têm origem numa equiparação dos valores das mercadorias, a qual, após o reembolso dos respectivos valores de capital consumidos nas diferentes esferas da produção, distribui todo o mais-valor não na proporção em que foi gerado nas distintas esferas da produção e, portanto, está contido em seus produtos, mas na proporção da grandeza dos capitais adiantados. Apenas assim surgem um lucro médio e o preço de produção das mercadorias, do qual ele constitui elemento característico. A tendência permanente dos capitais é a de provocar, mediante a concorrência, esse nivelamento na distribuição do mais-valor gerado pelo capital total e superar todos os obstáculos a esse nivelamento. Por isso, sua tendência é a de tolerar apenas lucros extras que tenham origem não na diferença entre os valores e os preços de produção das mercadorias, mas, ao contrário, na diferença entre o preço geral de produção, regulador do mercado, e os preços individuais de produção que dele se diferenciam; lucros extras que, por isso, não ocorrem entre duas esferas diferentes da produção, mas dentro de cada esfera da produção, e, portanto, não afetam os preços gerais de produção das diferentes esferas, isto é, a taxa geral de lucro; pelo contrário, eles pressupõem a metamorfose dos valores em preços de produção e a taxa geral de lucro. No entanto, como expusemos antes, esse pressuposto se baseia na distribuição proporcional continuamente mutável do capital social total entre as diferentes esferas da produção, numa contínua imigração e emigração dos capitais, em sua transferibilidade de uma esfera a outra – em suma, em seu livre movimento entre essas diferentes esferas da produção, como campos de investimento disponíveis para as partes autônomas do capital social total. Pressupõe-se, nesse caso, que não haja obstáculo nenhum ou haja no máximo uma limitação acidental e temporária que impeça a concorrência entre os capitais – por exemplo, numa esfera da produção em que o valor das mercadorias esteja acima do preço de produção ou em que o mais-valor gerado se encontre acima do lucro médio –, provocando uma redução do valor ao preço de produção e, com isso, distribuindo proporcionalmente o mais-valor excedente dessa esfera da produção entre todas as esferas exploradas pelo capital. Porém, se ocorre o contrário e o capital se defronta com um poder alheio, que ele só pode superar em parte e que restringe seu investimento em esferas específicas da produção, permitindo-o apenas sob certas condições que excluem total ou parcialmente aquele nivelamento geral do mais-valor com o lucro médio, seria originado obviamente nessas esferas da produção um lucro extra em virtude do excedente do valor das mercadorias acima de seu preço de produção, lucro extra que poderia converter-se em renda e autonomizar-se enquanto tal em relação ao lucro. Mas é como tal poder alheio, como obstáculo, que a propriedade da terra se confronta com o capital em seus investimentos na terra ou, em outras palavras, que o proprietário fundiário se confronta com o capitalista.

Aqui, a propriedade da terra é a barreira que não permite nenhum novo investimento de capital num solo até então não cultivado ou não arrendado sem receber uma recompensa, isto é, sem exigir uma renda, por mais que o novo solo incorporado ao cultivo pertença a um tipo que não gera renda diferencial nenhuma e que, se não fosse a propriedade fundiária, já poderia ter sido cultivado no caso de haver um incremento menor do preço de mercado, de modo que o preço regulador de mercado só teria pago seu preço de produção a quem cultivasse esse solo pior. No entanto, devido à barreira imposta pela propriedade fundiária, o preço de mercado tem de subir até o ponto em que o solo pague um excedente acima do preço de produção, isto é, uma renda. Como o valor das mercadorias produzidas pelo capital agrícola se encontra, conforme o pressuposto, acima de seu preço de produção, essa renda (com exceção de um caso que logo examinaremos) constitui o excedente do valor sobre o preço de produção ou uma parte deste último. Que a renda seja igual a toda a diferença entre o valor e o preço de produção ou apenas a uma parte maior ou menor dessa diferença dependerá por completo da relação entre oferta e demanda e da extensão desse novo território incorporado ao cultivo. Enquanto a renda não igualar o excedente do valor dos produtos agrícolas sobre seu preço de produção, parte desse excedente sempre entrará no nivelamento geral e na distribuição proporcional de todo o mais-valor entre os diversos capitais individuais. Tão logo a renda iguale o excedente do valor sobre o preço de produção, toda essa parte do mais-valor que excede o lucro médio ficará subtraída a esse nivelamento. Pouco importa que essa renda absoluta se iguale a todo o excedente do valor sobre o preço de produção ou seja apenas igual a uma parte deste último; os produtos agrícolas serão sempre vendidos por um preço monopólico, não porque seu preço se encontre acima de seu valor, mas por estar no mesmo nível ou abaixo dele, porém acima de seu preço de produção. Seu monopólio consiste em não serem nivelados ao preço de produção, como ocorre com outros produtos industriais, cujo valor está situado acima do preço de produção geral. Como parte do valor, assim como do preço de produção, é uma constante efetivamente dada – ou seja, o preço de custo, o capital consumido na produção = *c* –, então sua diferença consiste em outra parte, variável, o mais-valor, que se encontra no preço de produção = *l*, o lucro, isto é, igual ao mais-valor total, calculado sobre o capital social e sobre cada capital individual enquanto alíquota do capital social, mas que no valor da mercadoria é igual ao mais-valor real gerado por esse capital específico e constitui parte integrante dos valores-mercadorias por ele gerados. Se o valor da mercadoria estiver acima de seu preço de produção, então o preço de produção será $= c + l$, e o valor será $= c + l + d$, de modo que o mais--valor nela contido será $= l + d$. Portanto, a diferença entre o valor e o preço de produção é $= d$, o excedente do mais-valor gerado por esse capital acima do que lhe é destinado pela taxa geral de lucro. Disso se deduz que o preço dos produtos agrícolas pode estar acima do preço de produção, sem que alcance seu valor. Sabe-se, além disso, que até certo ponto pode produzir-se um encarecimento contínuo dos produtos agrícolas, antes que seu preço tenha alcançado seu valor. Do mesmo modo, decorre que apenas devido ao monopólio da propriedade do solo pode-se converter o excedente de valor dos produtos agrícolas sobre seu preço de produção num fator determinante de seu preço geral de mercado. Por último, deduz-se que, nesse caso, o encarecimento do produto não é causa da renda; a renda é que é a causa do encarecimento do produto. Se o preço do produto por unidade de superfície do pior solo for

= P + *r*, então todas as rendas diferenciais aumentarão com os correspondentes múltiplos de *r*, já que, segundo o pressuposto, P + *r* se converte no preço regulador do mercado.

Se a composição média do capital social não agrícola fosse = 85*c* + 15*v*, e a taxa do mais-valor fosse de 100%, então o preço de produção seria = 115. Se a composição do capital agrícola fosse = 75*c* + 25*v*, então, com a mesma taxa de mais-valor, o valor do produto e o preço regulador de mercado seriam = 125. Se o produto agrícola e o não agrícola se nivelassem no preço médio (a título de simplificação, suponhamos igual o capital total em ambos os ramos da produção), então o mais-valor total seria = 40, isto é, 20% acima dos 200 de capital. O produto, tanto de um ramo como de outro, seria vendido a 120. Portanto, uma vez nivelados com os preços de produção, os preços médios de mercado do produto não agrícola estariam acima de seu valor, e os do produto agrícola, abaixo do seu. Se os produtos agrícolas fossem vendidos por seu valor pleno, então eles estariam 5 acima e os produtos industriais 5 abaixo do que estão no nivelamento. Se as condições de mercado não permitem vender os produtos agrícolas por seu valor total, por todo o excedente acima do preço de produção, então o efeito está entre os extremos; os produtos industriais seriam vendidos um pouco acima de seu valor, e os produtos agrícolas, um pouco acima de seu preço de produção.

Embora a propriedade fundiária possa elevar o preço dos produtos agrícolas acima de seu preço de produção, não depende dela, mas da situação geral do mercado, até que ponto o preço de mercado se aproxima do valor, ultrapassando o preço de produção, e, por conseguinte, até que ponto o mais-valor gerado na agricultura acima do lucro médio dado se transforma em renda ou entra no nivelamento geral do mais-valor para formar o lucro médio. De todo modo, essa renda absoluta, derivada do excedente do valor sobre o preço de produção, é apenas parte do mais-valor agrícola, a transformação desse mais-valor em renda, a captação dele pelo proprietário da terra; exatamente como a renda diferencial se origina da transformação de lucro extra em renda, da captação deste último pela propriedade da terra, com um preço geral de produção regulador. Essas duas formas da renda são as únicas normais. Fora delas, a renda só pode basear-se num preço monopólico propriamente dito, que não é determinado nem pelo preço de produção nem pelo valor das mercadorias, mas pela necessidade e pela solvência dos compradores. Esse assunto deve ser tratado na teoria da concorrência, na qual se examina o movimento real do preço de mercado.

Se todo o solo cultivável de um país fosse arrendado – pressupondo em geral o modo de produção capitalista e condições normais –, então não haveria solo que não proporcionasse renda, mas poderia haver investimentos de capital, partes isoladas do capital investido no solo, que não proporcionassem renda nenhuma, pois, tão logo o solo esteja arrendado, a propriedade fundiária deixa de atuar como barreira absoluta para o investimento necessário de capital. Continua, porém, a atuar como barreira relativa, na medida em que o capital incorporado ao solo, ao retornar para o proprietário fundiário, opõe aqui barreiras muito precisas ao arrendatário. Somente nesse caso a renda inteira se transformaria em renda diferencial, não em renda diferencial determinada pela diferença de qualidade do solo, mas pela diferença entre os lucros extras resultantes dos últimos investimentos de capital num solo determinado e a renda que se paga pelo arrendamento do solo do pior tipo. A propriedade fundiária só atua de maneira absoluta, como barreira, na medida em que condiciona o acesso ao solo em geral, enquanto campo de investimento de capital, ao pagamento de um tributo ao proprietário fundiário. Uma vez que se tenha produzido esse acesso, o proprietário já não pode opor barreiras absolutas ao volume do investimento de capital em dado terreno. À construção de casas em geral opõe-se uma barreira na propriedade de um terceiro sobre o solo onde a casa será construída. Porém, uma vez arrendado esse solo para a construção de casas, depende do arrendatário se ele construirá uma casa grande ou pequena.

Se a composição média do capital agrícola fosse a mesma ou fosse mais alta que a do capital social médio, a renda absoluta desapareceria, sempre no sentido exposto, isto é, a renda que difere tanto da renda diferencial como da renda baseada no preço monopólico propriamente dito. O valor do produto agrícola não se encontraria, então, acima de seu preço de produção, e o capital agrícola não mobilizaria mais trabalho nem, por conseguinte, realizaria uma quantidade maior de mais-trabalho do que o capital não agrícola. O mesmo ocorreria se, à medida que avança o cultivo, a composição do capital agrícola se nivelasse com a do capital social médio.

À primeira vista, parece contradição supor que, por um lado, eleva-se a composição do capital agrícola, isto é, que sua parte constante aumenta em relação a sua parte variável, enquanto, por outro lado, o preço do produto agrícola se eleva o suficiente para que um solo novo e pior que o anterior pague uma renda que, nesse caso, só poderia provir de um excedente do preço de mercado sobre o valor e o preço de produção – em suma, de um preço monopólico do produto.

Aqui cabe fazer uma distinção.

Inicialmente, ao considerar a formação da taxa de lucro, vimos que capitais que, do ponto de vista técnico, têm a mesma composição orgânica, isto é, que mobilizam uma quantidade igual de trabalho em relação à maquinaria e à matéria-prima, podem ainda assim estar diversamente compostos pelos diversos valores das partes constantes do capital. A matéria-prima ou a maquinaria às vezes são mais caras num caso do que no outro. Para mobilizar a mesma massa de trabalho (que, conforme o pressuposto, seria necessária para elaborar a mesma massa de matéria-prima), seria preciso adiantar um capital maior num caso, uma vez que, por exemplo, com um capital de 100 não me é possível mobilizar a mesma quantidade de trabalho se a matéria-prima, que deve ser coberta com esses 100, custa 40 num caso e 20 no outro. No entanto, o fato de que esses capitais têm a mesma composição técnica se revelaria de imediato se o preço da matéria-prima mais cara caísse ao nível da mais barata. As relações de valor entre capital variável e constante seriam igualadas, então, ainda que não se tivesse produzido nenhuma alteração na relação técnica entre o trabalho vivo empregado e a massa e a natureza das condições de trabalho empregadas. Por outro lado, um capital de composição orgânica inferior, mediante a mera elevação dos valores de suas partes constantes e considerado do ponto de vista da mera composição do valor, poderia, ao menos na aparência, colocar-se no mesmo nível de um capital de composição orgânica superior. Suponhamos que um capital seja = 60*c* + 40*v*, porque emprega muita maquinaria e matéria-prima em proporção à força de trabalho viva, e outro seja = 40*c* + 60*v*, porque emprega muito trabalho vivo (60%), pouca maquinaria (digamos 10%) e matéria-prima escassa e barata (suponhamos 30%) em relação à força de trabalho; assim, em virtude do simples aumento do valor da matéria-prima e das matérias auxiliares de 30 a 80 poderia igualar-se a composição desses capitais, de modo que agora, no segundo capital, a 10 de máquinas corresponderiam 80 de matéria-prima e 60 de força de trabalho, isto é, 90*c* + 60*v*, o que, distribuído percentualmente, seria também = 60*c* + 40*v*, sem que tivesse ocorrido nenhuma mudança na composição técnica. Assim, capitais de igual composição orgânica podem ter diferente composição de valor, e capitais de igual composição percentual de valor podem encontrar-se em diferentes níveis de composição orgânica, ou seja, expressar diversos estágios de desenvolvimento da força produtiva social do trabalho. Desse modo, a mera circunstância de que, quanto a sua composição de valor, o capital agrícola se encontre no nível geral não demonstra que a força produtiva social do trabalho nele está no mesmo grau de desenvolvimento. Só poderia demonstrar que seu próprio produto, que, por sua vez, constitui parte de suas condições de produção, é mais caro ou, então, que matérias auxiliares, como o adubo, que antes se encontravam ao alcance da mão, têm agora de ser transportadas de longe etc.

Abstraindo disso, é preciso mencionar aqui o caráter peculiar da agricultura. Supondo que a maquinaria que poupa trabalho e as matérias químicas auxiliares etc. ocupem aqui um espaço maior, isto é, que o capital constante aumente tecnicamente, não só quanto ao valor, mas também quanto à massa, em relação à massa da força de trabalho empregada, então, no caso da agricultura (bem como no da mineração) não se trata só da produtividade social, mas também da produtividade natural do trabalho, que depende das condições naturais do trabalho. É possível que o aumento da força produtiva social na agricultura compense apenas, ou nem sequer compense, a diminuição da força natural – essa compensação só pode ter efeito por algum tempo –, de modo que, apesar do desenvolvimento técnico, não se barateie o produto, mas apenas se impeça seu encarecimento ainda maior. Também é possível que, ao aumentar o preço dos cereais, diminua a massa absoluta de produto, ao mesmo tempo que cresce o mais-produto relativo – ou seja, havendo aumento proporcional do capital constante, que consiste sobretudo em máquinas ou gado, dos quais só se precisa repor o desgaste, e correspondente redução do capital variável, desembolsado em salários, que tem de ser sempre inteiramente reposta a partir do produto.

Também pode ocorrer que, com o progresso da agricultura, seja necessário apenas um aumento moderado do preço de mercado acima da média para que um solo pior, que num nível inferior dos meios técnicos auxiliares teria exigido uma elevação maior do preço de mercado, possa ser cultivado e, ao mesmo tempo, proporcione renda.

A circunstância de que, por exemplo, na pecuária em larga escala a massa da força de trabalho empregada seja geralmente muito reduzida se comparada com o capital constante existente no próprio gado poderia ser considerada decisiva contra a tese de que o capital agrícola, calculado percentualmente, mobiliza mais força de trabalho do que o capital social médio não agrícola. Aqui, no entanto, é preciso observar que na análise da renda adotamos como fator determinante a parte do capital agrícola que produz os alimentos vegetais mais importantes, portanto, os principais meios de subsistência dos povos civilizados. A.[dam] Smith já demonstrou – e esse é um de seus méritos – que na pecuária e, em geral, em todos os capitais investidos no solo que não o sejam para a produção dos principais meios de subsistência – por exemplo, grãos –, o preço é determinado de maneira inteiramente diversa. Pois este se encontra aqui determinado pela circunstância de que o preço do produto do solo que se emprega, digamos, como pastagem artificial para a criação de gado, mas que do mesmo modo poderia ser transformado em terra cultivável de certa qualidade, deve elevar-se o suficiente para proporcionar a mesma renda que proporcionaria uma terra arada de igual qualidade; nesse caso, a renda das terras produtoras de grãos entra como fator determinante no preço do gado, motivo pelo qual Ramsay observou com razão que, por meio da renda, da expressão econômica da propriedade da terra, isto é, por meio da propriedade fundiária, o preço do gado é elevado artificialmente*.

> "Devido à expansão do cultivo, as terras incultas, ermas, já não bastam para o abastecimento do gado de corte. Grande parte das terras cultivadas tem de ser empregada na criação e na engorda do gado, cujo preço deve ser, por isso, suficientemente elevado para pagar não só o trabalho empregado, mas também a renda e o lucro que o proprietário fundiário e o arrendatário, respectivamente, poderiam ter obtido se as terras fossem destinadas ao cultivo. O gado criado nos terrenos pantanosos mais incultos é vendido, conforme seu peso e sua qualidade, no mesmo mercado, pelo mesmo preço que o gado criado na terra mais bem cultivada. Os proprietários desses terrenos pantanosos lucram com isso e elevam sua renda na proporção do preço do gado." (A.[dam] Smith, Livro I, capítulo 11, item I)

Aqui, portanto, uma vez mais, ao contrário da renda em grão, a renda diferencial favorece o pior solo.

A renda absoluta explica alguns fenômenos que, à primeira vista, fazem aparecer a renda como sendo devida a mero preço monopólico. Tomemos, por exemplo, o proprietário de um bosque que existe sem nenhuma intervenção humana – ou seja, não como produto de reflorestamento – e digamos que esse bosque esteja localizado na Noruega, para mantermos o exemplo de A.[dam] Smith. Se o proprietário recebe uma renda de um capitalista que manda derrubar árvores para, por exemplo, atender à demanda inglesa ou se ele próprio manda derrubá-las na qualidade de capitalista, ele receberá uma renda maior ou menor em madeira, além do lucro sobre o capital adiantado. No caso desse produto puramente natural, isso parece ser um simples adicional de monopólio. Mas, na verdade, o capital consiste aqui quase exclusivamente em capital variável, desembolsado em trabalho, mobilizando também uma quantidade de mais-trabalho maior que outro capital da mesma grandeza. No valor da madeira, há, portanto, um excedente maior de trabalho não pago, ou de mais-valor, do que no produto de capitais de composição mais elevada. Por isso, a madeira pode pagar o lucro médio

* [George] Ramsay, *An Essay on the Distribution of Wealth* (Edimburgo, Londres, [A. and C. Black,] 1836), p. 278-9. (N. E. A)

e ainda proporcionar ao proprietário do bosque um excedente significativo em forma de renda. Ao contrário, podemos supor que, dada a facilidade de expansão da derrubada de árvores, isto é, a rapidez do aumento dessa produção, a demanda tem de aumentar de modo muito considerável para que o preço da madeira se equipare a seu valor e, com isso, todo o excedente de trabalho não pago (acima da parte que cabe ao capitalista como lucro médio) retorne ao proprietário em forma de renda.

Suponhamos que o novo solo recém-incorporado ao cultivo seja de qualidade inferior ao pior solo cultivado por último. Se for melhor, ele dará uma renda diferencial. Mas aqui examinamos precisamente o caso em que a renda não aparece como diferencial. Então há apenas duas possibilidades: o solo recém-incorporado ao cultivo é pior que o último solo cultivado ou é exatamente da mesma qualidade que este último. Já examinamos o caso em que ele é pior. Resta a examinar o caso em que é da mesma qualidade.

Como já explicitamos no exame da renda diferencial, à medida que prossegue o cultivo, é possível que a ele se incorpore tanto um solo igualmente bom ou ainda melhor quanto um solo de pior qualidade.

Primeiro porque na renda diferencial (e na renda em geral, já que também no caso da renda não diferencial sempre se apresenta o problema de saber se a fertilidade do solo, por um lado, e sua localização, por outro, permitem cultivá-lo com lucro e renda nas condições do preço regulador de mercado) atuam duas condições em sentidos opostos, ora se anulando mutuamente, ora predominando uma em relação à outra. A alta do preço de mercado – pressupondo-se que não tenha caído o preço de custo do cultivo ou, em outras palavras, que não haja progressos de ordem técnica a constituir um fator adicional favorável a novos cultivos – pode provocar o cultivo de solos mais férteis que, devido à localização, antes estavam excluídos da concorrência. No caso de um solo menos fértil, pode aumentar as vantagens da localização a ponto de, com isso, sua menor rentabilidade ser recompensada. Ou, então, sem aumento do preço de mercado, a localização pode, devido ao aprimoramento dos meios de comunicação, fazer com que as melhores terras entrem na concorrência, tal como vemos em larga escala nas pradarias norte-americanas. Isso também ocorre com frequência em países de civilização antiga, ainda que não na mesma medida que nas colônias, onde, como bem observa Wakefield*, a localização é decisiva. Portanto, em primeiro lugar, os efeitos contraditórios da localização e da fertilidade e a variabilidade do fator localização – que constantemente é contrabalançado e experimenta

* Edward Gibbon Wakefield, *England and America*, cit., p. 214-5. (N. T.)

modificações progressivas e contínuas, que tendem à compensação – fazem com que entrem alternadamente em concorrência com as terras já cultivadas porções de solo melhores, piores e de igual qualidade.

Segundo, com o desenvolvimento das ciências naturais e da agronomia, modifica-se também a fertilidade do solo à medida que se alteram os meios com os quais os elementos do solo podem tornar-se imediatamente valorizáveis. Foi assim que, há bem pouco tempo, tipos leves de solo na França e nos condados orientais da Inglaterra, antes considerados de má qualidade, foram elevados ao primeiro nível. (Ver Passy.)* Por outro lado, solos considerados ruins não pela composição química, mas porque opunham certos obstáculos físico-mecânicos ao cultivo, transformam-se em terras boas assim que se descobrem os meios para superar tais obstáculos.

Terceiro, em todos os países de antiga civilização, velhas relações históricas e tradicionais – por exemplo, na forma de terras estatais, comunais etc. – subtraíram ao cultivo, de modo puramente acidental, grandes extensões de solo, que só se incorporam ao cultivo pouco a pouco. A sequência em que passam a ser cultivadas não depende de sua qualidade nem de sua localização, mas de circunstâncias totalmente externas. Se estudássemos a história das terras comunais inglesas, como estas foram sucessivamente convertidas em propriedade privada e incorporadas ao cultivo pelas Enclosure Bills**, nada superaria o ridículo da hipótese fantástica de que um químico agrícola moderno, como Liebig, teria sido o responsável por orientar a seleção dessa sequência, escolhendo para o cultivo certos campos em virtude de suas propriedades químicas e excluindo outros. O fator decisivo, nesse caso, foi muito mais a ocasião que faz o ladrão: os pretextos jurídicos de apropriação, mais ou menos plausíveis, que se ofereciam aos grandes proprietários de terra.

Quarto, desconsiderando o fato de que o grau de desenvolvimento da população e do capital em cada caso opõe um obstáculo, ainda que elástico, à expansão do cultivo do solo, e sem levar em conta as circunstâncias fortuitas que atuam temporariamente sobre o preço de mercado – como, por exemplo, uma série de estações do ano favoráveis ou desfavoráveis –, a expansão espacial do cultivo da terra depende do estado geral do mercado de capitais e da situação dos negócios em um país. Em épocas de escassez, não basta que um solo não cultivado possa gerar lucro médio ao arrendatário – quer este pague renda, quer não – para investir capital adicional na agricultura.

---

* [Hippolyte] Passy, "De la rente du sol", em *Dictionnaire de l'économie politique*, v. 2 (Paris, 1854), p. 515. (N. E. A.)

** Cf. *O capital*, Livro I, cit., p. 796 e seg. (N. T.)

Em épocas de abundância de capital, este aflui fortemente para a agricultura, mesmo sem uma alta do preço de mercado, desde que se cumpram as demais condições normais. Com efeito, um solo melhor do que o cultivado até o presente só ficaria de fora da concorrência pelo fator localização, por limitações até então insuperáveis ou circunstâncias ocasionais. Por isso, temos de nos ocupar apenas de tipos de solo da mesma qualidade que os cultivados por último. Mas entre o solo novo e o cultivado por último encontra-se sempre a diferença dos custos de arroteamento, razão pela qual a realização dessa tarefa depende dos preços de mercado e das condições de crédito. Tão logo esse solo entra realmente na concorrência, mantendo-se inalteradas as demais condições, o preço de mercado cai de novo ao nível anterior, fazendo com que o novo solo incorporado possa proporcionar a mesma renda que o antigo solo correspondente. Quem defende a hipótese de que ele não proporcionará renda pressupõe aquilo que deve ser demonstrado, isto é, que o último solo não tenha proporcionado renda nenhuma. Do mesmo modo, seria possível demonstrar que as casas construídas por último não proporcionam renda nenhuma além do aluguel propriamente dito, ainda que estejam alugadas. O fato é que geram renda antes mesmo de gerarem aluguel, pois frequentemente permanecem desocupadas por muito tempo. Assim como investimentos sucessivos de capital numa extensão de terreno chegam a gerar uma renda extra proporcional e, por conseguinte, a mesma renda que os primeiros, também terrenos de qualidade igual à dos cultivados por último às vezes proporcionam o mesmo rendimento pelos mesmos custos. Do contrário, seria totalmente incompreensível que terrenos da mesma qualidade jamais fossem cultivados de forma sucessiva, e não todos de uma só vez, ou nenhum deles, a fim de não concorrerem uns com os outros. O proprietário fundiário está sempre em busca de uma renda, ou seja, visa sempre obter algo de graça; no entanto, o capital exige certas condições para satisfazer seu desejo. Por isso, a concorrência das terras entre si não depende de que o proprietário queira fazê-las concorrer, mas de que se encontre capital para concorrer uns com os outros nos novos campos.

Na medida em que a renda agrícola propriamente dita é mero preço monopólico, esse solo só pode ser pequeno – do mesmo modo que, nesse caso, a renda absoluta – sob condições normais, qualquer que seja o excedente do valor do produto sobre seu preço de produção. A natureza da renda absoluta consiste, portanto, no seguinte: capitais de mesma grandeza em diferentes esferas da produção produzem, conforme sua distinta composição média, com a mesma taxa de mais-valor ou a mesma exploração do trabalho, diferentes massas de mais-valor. Na indústria, essas diferentes massas de mais-valor se nivelam para formar o lucro médio e se encontram uniformemente distribuídos entre os diferentes capitais como alíquotas do capital social. Quando a produção necessita de terra, seja para a agricultura, seja para a extração de matérias-primas, a propriedade do solo impede esse nivelamento dos capitais investidos na terra e retém uma parte do mais-valor, que, de outro modo, tomaria parte no nivelamento para formar a taxa geral de lucro. Assim, a renda constitui uma parte do valor, mais precisamente do mais-valor das mercadorias, com a única diferença de que, em vez de refluir para a classe capitalista, que a extraiu dos trabalhadores, ela reflui para os proprietários fundiários, que a extraem dos capitalistas. Nosso pressuposto aqui é de que o capital agrícola mobiliza mais trabalho do que uma parte de igual grandeza do capital não agrícola. Até onde chega a divergência ou se ela existe em absoluto é algo que depende do desenvolvimento da agricultura em comparação com a indústria. Conforme a natureza da questão, o progresso da agricultura deve diminuir essa diferença sempre que a proporção em que a parte variável do capital cai em relação à parte constante não é maior no capital industrial do que no capital agrícola.

O papel dessa renda absoluta é ainda mais importante na indústria extrativa propriamente dita, na qual desaparece completamente um elemento do capital constante, a matéria-prima, e, excetuando os ramos em que é fundamental a parte que consiste em maquinaria e em outras formas de capital fixo, predomina sempre a composição mais baixa do capital. Precisamente aqui, onde a renda parece ser derivada exclusivamente de um preço monopólico, exigem-se condições de mercado muito favoráveis para que as mercadorias sejam vendidas por seu valor ou para que a renda se torne igual a todo o excedente do mais-valor da mercadoria acima de seu preço de produção. Esse é o caso, por exemplo, da renda de pesqueiros, cantarias, bosques naturais etc.[37]

[37] Ricardo dá por resolvido esse ponto de maneira extraordinariamente superficial. Ver a passagem contra A.[dam] Smith acerca da renda florestal na Noruega, em *Principles*, logo no início do cap. 2.

Capítulo 46

Renda de terrenos para construção. Renda de mineração. Preço da terra

Onde quer que haja renda, a renda diferencial se apresenta por toda parte e obedece sempre às mesmas leis que a renda diferencial agrícola. Onde quer que forças naturais possam ser monopolizadas e proporcionem um lucro extra ao industrial que as explora, seja uma queda-d'água, uma mina rica, águas com abundância de peixes, seja um terreno para construção bem localizado, a pessoa cujo título sobre uma parte do globo terrestre a caracteriza como proprietária desses objetos naturais subtrai esse lucro extra, na forma de renda, ao capital em funcionamento. No que diz respeito aos terrenos para construção, A.[dam] Smith explicou como a renda deles, assim como a de todas as terras não agrícolas, é regulada pela renda agrícola propriamente dita. (Livro I, capítulo 11, itens 2 e 3.) Essa renda se caracteriza, primeiro, pela influência preponderante que aqui a localização exerce sobre a renda diferencial (muito importante, por exemplo, no caso da viticultura e dos terrenos destinados à construção nas grandes cidades); em segundo lugar, pelo caráter evidente da total passividade do proprietário, cuja atividade consiste unicamente (sobretudo no caso da mineração) em explorar o progresso do desenvolvimento social, para o qual em nada contribui e no qual nada arrisca, ao contrário do capitalista industrial; por fim, pelo predomínio do preço monopólico em muitos casos, principalmente na exploração mais desavergonhada da miséria (pois a miséria é, para os locadores de imóveis, uma fonte mais lucrativa do que as minas de Potosí* já foram para a Espanha)[38], e pelo poder descomunal que essa propriedade fundiária proporciona quando, reunida nas mesmas mãos com o capital industrial,

* Ricas estratificações de prata no sul da Bolívia. Foram descobertas em 1545 e, durante séculos se mantiveram como as minas mais rentáveis de prata do mundo. Sua exploração redundou numa enorme riqueza para as classes dominantes da Espanha. (N. E. A.)

38 [Seton] Laing [, *A New Series of the Great City Frauds of Cole*, cit.]; [F. W.] Newman [, *Lectures on Political Economy*, cit., p. 984.]

praticamente habilita este último a excluir da Terra, enquanto sua moradia, os trabalhadores em luta pelo salário[39]. Uma parte da sociedade exige da outra um tributo em troca do direito de habitar a Terra, assim como, de modo geral, a propriedade fundiária implica o direito dos proprietários a explorar o corpo do planeta, as entranhas da Terra, a atmosfera e, com isso, a conservação e o desenvolvimento da vida. Não só o crescimento populacional e, com ele, a crescente necessidade de moradias, mas também o desenvolvimento do capital fixo – que se incorpora à terra ou nela cria raízes, nela repousa, como todos os edifícios industriais, as ferrovias, os armazéns, os galpões de fábricas, as docas etc. –, aumentam necessariamente a renda imobiliária. Nesse caso, nem com a boa vontade de Carey é possível confundir o aluguel, na medida em que consiste de juros e amortização do capital investido no imóvel, com a renda sobre o mero solo, especialmente se, como ocorre na Inglaterra, o proprietário da terra e o especulador imobiliário forem pessoas diferentes. Aqui, dois elementos entram em consideração: por um lado, a exploração da terra para fins de reprodução ou extração; por outro, o espaço requerido como elemento de toda produção e de toda ação humana. Em ambos os sentidos, a propriedade da terra exige seu tributo. A demanda de terrenos para construção eleva o valor do solo como espaço e fundamento, ao passo que, em virtude disso, aumenta simultaneamente a demanda de elementos do corpo terrestre que servem como materiais de construção[40].

Nas cidades em crescimento rápido, particularmente onde a construção se realiza em escala industrial, como em Londres, o objeto principal da especulação não é o imóvel, mas a renda fundiária, como exemplificamos no Livro II, capítulo 12, p. 215-6 [314-6], nas declarações de um grande especulador imobiliário londrino, Edward Capps, perante a Comissão Bancária de 1857. Diz ele, no n. 5.435: "Creio que um homem que queira progredir neste mundo dificilmente pode esperar fazê-lo atendo-se a um comércio justo (*fair trade*) [...]; além disso, ele necessariamente terá de dedicar-se a construir com fins especulativos, e isso em larga escala, pois o empresário obtém muito pouco lucro dos próprios edifícios, já que obtém seu lucro principal das rendas fundiárias acrescidas. Digamos que ele assuma um terreno pagando anualmente £300 e, de acordo com um cuidadoso plano de construção, erija

39 *Crowlington strike* [greve de Crowlington]. [Friedrich] Engels, *Die Lage der arbeitenden Klasse in England* ([Stuttgart, J. H. W. Dietz,] 1892), p. 259 [ed. bras.: *A situação da classe trabalhadora na Inglaterra,* São Paulo, Boitempo, 2008, p. 307].

40 "A pavimentação das ruas de Londres permitiu que proprietários de alguns rochedos sem vegetação, situados na costa escocesa, extraíssem uma renda de um solo pedregoso antes completamente inútil." A.[dam] Smith, [*Wealth of Nations,*] livro I, cit., cap. 11, item 2.

aí a classe adequada de edifícios; nesse caso, ele poderá obter £400 ou £450 por ano, e seu lucro consistirá muito mais na renda fundiária acrescida de £100 ou £150 anuais do que no lucro obtido com os edifícios, o qual, em muitos casos, ele quase não leva em consideração".

Não se deve esquecer que, uma vez vencido o contrato de arrendamento, em geral de 99 anos, a terra, com todas as construções que nela se encontrem e com a renda fundiária, que nesse ínterim elevou-se ao dobro ou ao triplo, retorna do especulador imobiliário ou de seus sucessores legais para o último proprietário fundiário originário.

A renda de mineração propriamente dita é determinada exatamente do mesmo modo que a renda agrícola.

> "Existem algumas minas cujo produto quase não basta para pagar o trabalho e repor o capital nelas investido, bem como o lucro habitual. Essas minas proporcionam algum lucro ao empresário, mas nenhuma renda ao proprietário da terra. Apenas este último pode explorá-las com vantagem, uma vez que, como empresário de si mesmo, ele obtém o lucro habitual a partir de seu capital investido. Muitas minas de carvão na Escócia são exploradas dessa maneira – e não o podem ser de nenhuma outra. O proprietário da terra não permite a ninguém mais explorá-las sem pagar renda, mas ninguém pode pagá-la." (A.[dam] Smith, Livro I, cit., capítulo 11, item 2)

Cabe distinguir se a renda deriva de um preço monopólico por existir um preço monopólico dos produtos ou do próprio solo dela independente ou se os produtos são vendidos por um preço monopólico pelo fato de existir uma renda. Quando falamos de preço monopólico, referimo-nos em geral a um preço determinado apenas pela ânsia de comprar e pela solvência dos compradores, independentemente do preço determinado pelo preço geral de produção, bem como pelo valor dos produtos. Um vinhedo que produz um vinho de qualidade excepcional, que de fato só pode ser produzido em quantidade relativamente pequena, tem um preço monopólico. Devido a esse preço monopólico, cujo excedente acima do valor do produto é determinado exclusivamente pela riqueza e pela paixão de eminentes bebedores de vinho, o viticultor consegue gerar um considerável lucro extra. Esse lucro extra, que aqui emana de um preço monopólico, transforma-se em renda e, desse modo, cai em poder do proprietário fundiário, devido a seu título sobre essa parcela do globo terrestre dotada de atributos especiais. Aqui, portanto, o preço monopólico cria a renda. Ao contrário, a renda geraria o preço monopólico se os cereais fossem vendidos não só acima de seu preço de produção, mas também acima de seu valor, em decorrência da barreira que a propriedade fundiária representa para o investimento de capital, não gerador de renda, em terras incultas. Que isso seja somente o título de certo número de pessoas sobre a propriedade do globo terrestre – título que lhes capacita a se apropriar de parte do mais-trabalho da sociedade na qualidade de um tributo e, com o desenvolvimento da produção, de dele se apropriar em escala sempre crescente – é algo que permanece encoberto pela circunstância de que a renda capitalizada, isto é, precisamente esse tributo capitalizado, aparece como preço do solo e, por isso, pode ser vendida como qualquer outro artigo comercial. Portanto, para o comprador, o direito sobre a renda não aparece como algo obtido gratuitamente, sem o trabalho, que constitui o risco e o espírito empreendedor do capital, mas como algo pago em troca de seu equivalente. Como já observamos, a renda só lhe aparece como juros do capital com o qual ele comprou as terras e, com elas, o direito a receber a renda. Da mesma forma, a um senhor de escravos que tenha comprado um negro, sua propriedade sobre este último não lhe aparece como tendo sido adquirida em virtude da instituição da escravidão como tal, mas sim pela compra e pela venda de mercadoria. Mas a venda não cria o título, ela apenas o transfere. O título precisa existir antes de se poder aliená-lo, mas assim como uma venda não pode criar tal título, tampouco o pode uma série inteira dessas mesmas vendas. O que efetivamente o criou foram as relações de produção. Assim que estas cheguem a um ponto em que precisem metamorfosear-se, desaparece a fonte material do título, econômica e historicamente justificada, emanada do processo de geração social da vida e de todas as transações nele fundadas. Do ponto de vista de uma formação econômica superior da sociedade, a propriedade privada do globo terrestre nas mãos de indivíduos isolados parecerá tão absurda quanto a propriedade privada de um ser humano sobre outro ser humano. Mesmo uma sociedade inteira, uma nação, ou, mais ainda, todas as sociedades contemporâneas reunidas não são proprietárias da Terra. São apenas possuidoras, usufrutuárias dela, e, como *boni patres familias* [bons pais de famílias], devem legá-la melhorada às gerações seguintes.

* * *

Na investigação do preço da terra, feita a seguir, abstraímos de todas as flutuações da concorrência, de todas as especulações fundiárias e também da pequena propriedade fundiária, na qual a terra constitui o principal instrumento dos produtores, que, por isso, precisam comprá-la a qualquer preço.

I. O preço da terra pode subir sem que aumente a renda:

1. em virtude da mera queda da taxa de juros, o que faz com que a renda seja vendida mais cara e, por conseguinte, aumente a renda capitalizada, o preço da terra;
2. porque aumentam os juros do capital incorporado ao solo.

II. O preço da terra pode subir porque a renda aumenta.

A renda pode aumentar porque o preço do produto da terra sobe; nesse caso, sempre cresce a taxa da renda diferencial, quer a renda no pior solo cultivado seja grande, quer seja pequena ou nem mesmo exista. Por taxa entendemos a relação entre a parte do mais-valor que se transforma em renda e o capital adiantado que produz o produto agrícola. Isso é diferente da relação entre o mais-produto e o produto total, pois o produto total não abrange todo o capital adiantado, ou seja, não inclui o capital fixo que subsiste ao lado do produto. Por outro lado, nisso se inclui o fato de que, em todos os tipos de solo que geram renda diferencial, uma parte crescente do produto se transforma em mais-produto. No pior solo, a elevação do preço do produto agrícola cria pela primeira vez a renda e, por conseguinte, o preço da terra.

A renda também pode aumentar sem que suba o preço do produto agrícola. Este pode se manter constante ou até diminuir.

Se permanece constante, a renda só pode aumentar (abstraindo dos preços monopólicos) porque, no caso de igual investimento de capital nos terrenos antigos, cultivam-se novos terrenos de melhor qualidade, suficientes apenas para cobrir a demanda acrescida, de modo que o preço regulador de mercado se mantém inalterado. Nesse caso, não aumenta o preço dos terrenos antigos, mas, para o novo solo incorporado ao cultivo, o preço ultrapassa o dos antigos.

Ou, então, a renda aumenta porque, mantendo-se constantes o rendimento relativo e o preço de mercado, aumenta a massa do capital investido no solo. Por isso, embora a renda permaneça constante em relação ao capital investido, duplica-se, por exemplo, sua massa, porquanto o próprio capital duplicou. Como não ocorreu nenhuma queda do preço, o segundo investimento de capital gera, do mesmo modo que o primeiro, um lucro extra que, expirado o prazo de arrendamento, transforma-se em renda. A massa da renda aumenta porque sobe a massa do capital que gera renda. A afirmação de que diversos investimentos sucessivos de capital num mesmo trecho de terras só podem gerar renda se o rendimento é desigual, dando assim origem a uma renda diferencial, desemboca na afirmação de que, se dois capitais de £1.000 cada um são investidos em dois campos de igual fertilidade, apenas um deles geraria renda, apesar de ambos pertencerem a um tipo de solo melhor, àquele que proporciona renda diferencial. (Por isso, o montante das rendas, a renda total de um país, aumenta com a massa de capital investido, sem que aumente necessariamente o preço de cada terreno, a taxa de renda ou mesmo a massa da renda nas diversas porções de terreno; nesse caso, o montante das rendas aumenta com a expansão espacial do cultivo. Isso pode estar ligado inclusive à queda da renda nas diversas propriedades.) Do contrário, tal afirmação levaria a esta outra: o investimento de capital em dois diferentes terrenos contíguos obedeceria a leis que não as seguidas pelo investimento sucessivo de capital no mesmo terreno, ao passo que a renda diferencial deriva precisamente da identidade da lei em ambos os casos, do maior rendimento do investimento de capital tanto no mesmo campo quanto em campos diferentes. A única modificação que existe aqui, e que passa despercebida, é que o investimento sucessivo de capital em solos distintos acaba por chocar-se com a barreira da propriedade do solo, o que não ocorre com investimentos sucessivos de capital no mesmo solo. Daí decorre também o efeito contrário, em virtude do qual, na prática, essas diferentes formas de investimento se limitam reciprocamente. Aqui nunca se apresenta uma diferença do capital. Permanecendo constantes a composição do capital e a taxa do mais-valor, a taxa de lucro segue inalterada, de modo que, duplicando-se o capital, duplica-se a massa do lucro. Do mesmo modo, sob as condições dadas, a taxa de renda permanece constante. Se um capital de £1.000 gera uma renda x, então um capital de £2.000, sob as circunstâncias pressupostas, gera uma renda $2x$. Porém, calculando-se em relação à superfície do solo, que permaneceu inalterada, já que, conforme o pressuposto, no mesmo campo trabalha o dobro de capital, o nível da renda também sobe devido ao aumento de sua massa. O mesmo acre que dava uma renda de £2 dá agora £4[41].

---

[41] Um dos méritos de Rodbertus, de cujo importante trabalho acerca da renda voltaremos a tratar no Livro IV, é o de ter desenvolvido esse ponto. Todavia, ele comete o erro de, primeiro, supor que no capital o aumento do lucro se expressa sempre também como crescimento do capital, de modo que, ao aumentar a massa do lucro, a proporção permaneceria constante. Isso é um erro, pois, ao modificar-se a composição do capital, apesar de permanecer constante a exploração do trabalho, a taxa de lucro pode aumentar, precisamente porque o valor proporcional da parte constante do capital diminui em comparação com a parte variável. Em segundo lugar, ele comete o erro de considerar essa relação entre a renda monetária e uma porção quantitativamente determinada de terreno – por exemplo, um acre –, como algo suposto em geral pela economia clássica em suas investigações sobre a alta e a queda da renda. Isso também é um erro. A economia clássica sempre trata a taxa de renda, na medida em que considera a renda em sua forma natural, com referência ao produto; e, na medida em que a considera renda monetária, o faz com referência ao capital adiantado, porquanto este é, de fato, sua expressão racional.

A relação entre uma parte do mais-valor, a renda em dinheiro – pois este é a expressão autônoma do valor – e o solo é absurda e irracional, pois aqui se medem entre si grandezas incomensuráveis: por um lado, um valor de uso determinado, um terreno com tantos pés quadrados; por outro, valor, especialmente mais-valor. De fato, isso expressa apenas que, sob as condições dadas, a propriedade desses pés quadrados de solo capacita o proprietário a apoderar-se de uma quantidade determinada de trabalho não pago, que o capital realizou nos pés quadrados como um porco entre as batatas {neste ponto do manuscrito, lê-se entre parênteses, porém riscado: "Liebig"}. *Prima facie,* no entanto, a expressão é a mesma que se empregaria para falar da relação entre uma cédula de £5 libras e o diâmetro da Terra. As mediações das formas irracionais em que se apresentam e se resumem determinadas condições econômicas não importam nada aos agentes práticos dessas condições econômicas em sua atividade cotidiana, e estes, por estarem acostumados a se mover no interior delas, não ficam nem um pouco escandalizados com isso. Uma absoluta contradição não tem nada de misterioso para eles. Dentro das formas de manifestação que, abstraídas de seu contexto e tomadas isoladamente, são absurdas, eles se sentem tão à vontade quanto um peixe na água. Aqui é válido o que diz Hegel com referência a certas fórmulas matemáticas, a saber, que aquilo que o senso comum considera irracional é racional, e o que ele considera racional é a própria irracionalidade*.

Considerado em relação à própria superfície do solo, o aumento na massa da renda se expressa inteiramente como um aumento na taxa de renda, e daí o embaraço que surge quando as condições que esclareceriam um caso estão ausentes no outro.

No entanto, o preço do solo também pode subir mesmo quando cai o preço do produto agrícola.

Assim, por meio de uma diferenciação ulterior, a renda diferencial pode ter aumentado e, portanto, também o preço das terras melhores. Se esse não for o caso, com um incremento da força produtiva do trabalho pode ter caído o preço do produto agrícola, de modo que o incremento da produção compense essa queda. Suponhamos que o *quarter* tenha custado 60 xelins. Se no mesmo acre, com o mesmo capital, fossem produzidos 2 *quarters* em vez de 1 *quarter* e se o *quarter* caísse para 40 xelins, então 2 *quarters*

* [Georg Wilhelm Friedrich] Hegel, *Encyclopädie der philosophischen Wissenschaften im Grundrisse, 1. Th. Die Logik. [Hrsg. von Leopold von Hennig]*, em *Werke*, v. 6 (Berlim, 1840), p. 404 [Ed. bras.: *Enciclopédia das ciências filosóficas em compêndio*, v. 1: *A ciência da lógica*, trad. Paulo Meneses, São Paulo, Loyola, 1995]. (N. E. A.)

proporcionariam 80 xelins, de modo que o valor do produto do mesmo capital teria aumentado, no mesmo acre, em ⅓, embora o preço por *quarter* tenha diminuído em ⅓. Ao tratarmos da renda diferencial, já vimos como isso é possível sem que o produto seja vendido acima de seu preço de produção ou de seu valor. De fato, só é possível de duas maneiras. Uma é que o solo pior seja posto fora da concorrência, mas o preço do solo melhor aumente ao aumentar a renda diferencial, isto é, que a melhoria geral influa de modo desigual sobre os diversos tipos de solo. Outra é que no pior solo o mesmo preço de produção (e o mesmo valor, caso se pague renda absoluta) se expresse, devido ao incremento da produtividade do trabalho, numa massa maior de produto. O produto continuou representando o mesmo valor, mas o preço de suas alíquotas caiu, enquanto a quantidade dessas partes aumentou. Caso se empregue o mesmo capital, isso é impossível, pois se expressa sempre o mesmo valor em qualquer quantidade de produto. É possível, no entanto, desde que se tenha feito uma adição de capital para calcário, guano etc. – em suma, para melhorias cujos efeitos se estendem por vários anos. A condição é que, ainda que diminua o preço do *quarter* individual, isso não ocorra na mesma proporção em que cresce o número dos *quarters*.

III. Essas diferentes condições para o aumento da renda e, por conseguinte, do preço da terra em geral ou de determinados tipos de solo podem, em parte, concorrer umas com as outras e, em parte, se excluir mutuamente e atuar apenas de forma alternada. Do que foi exposto decorre, porém, que o aumento do preço da terra não significa necessariamente aumento da renda, tampouco o aumento da renda, que sempre traz consigo um aumento do preço da terra, implica um aumento dos produtos agrícolas[42].

* * *

Em vez de retornar às verdadeiras causas naturais do esgotamento do solo – que, aliás, devido ao estágio em que se encontrava a química agrícola na época, eram desconhecidas de todos os economistas que escreveram sobre renda diferencial –, recorreu-se à concepção superficial de que não é possível investir massa nenhuma de capital num campo espacialmente limitado; a *Edinburgh Review** sustentava, por exemplo, contra Richard Jones, que não

42 Sobre a queda dos preços da terra com aumento da renda considerada como fato, ver [Hippolyte] Passy [, "De la rente du sol", cit.].

* Na primeira edição, "*Westminster Review*". (N. E. A.)

se podia alimentar a Inglaterra inteira com base no cultivo da Soho Square*. Ainda que isso seja considerado uma desvantagem da agricultura, o correto é exatamente o contrário. Aqui se podem efetuar com êxito sucessivos investimentos de capital porque a própria terra atua como instrumento de produção, o que já não ocorre, ou se dá apenas em limites muito estreitos, numa fábrica, na qual a terra só atua como substrato, como lugar, base espacial de operações. É claro que se pode concentrar – como o faz a indústria – uma grande produção num espaço pequeno, em comparação com os ofícios artesanais dispersos. Mas, dado o estágio de desenvolvimento da força produtiva, é sempre necessário um espaço determinado, e a construção de prédios altos também tem suas limitações práticas específicas. Para ir além delas, a expansão da produção exige a ampliação do espaço do terreno. O capital fixo investido em máquinas etc. não melhora com o uso; pelo contrário, ele se desgasta. Devido a novas invenções, aqui também é possível incorporar melhorias individuais, mas, pressupondo-se o desenvolvimento da força produtiva, a máquina só pode piorar. No caso de um rápido desenvolvimento da força produtiva, é preciso substituir toda a velha maquinaria por outra mais vantajosa, isto é, a velha maquinaria deve perder-se. Já a terra, quando corretamente tratada, melhora continuamente. A melhoria da terra, que se pode obter mediante sucessivos investimentos de capital sem que os anteriores se percam, exclui simultaneamente a possibilidade da diferença de rendimento entre esses investimentos.

* Praça de Londres. (N. E. A.)

Capítulo 47

Gênese da renda fundiária capitalista

I. Introdução

Temos de esclarecer muito bem em que consiste a real dificuldade em examinar a renda fundiária do ponto de vista da economia moderna como expressão teórica do modo de produção capitalista. Mesmo muitos autores mais recentes ainda não compreenderam essa questão, como se pode ver em cada tentativa de explicar a renda fundiária "de um modo novo". Nesse caso, a novidade se encontra quase sempre no retorno a pontos de vista há muito superados. A dificuldade não está em explicar o mais-produto criado pelo capital agrícola e o mais-valor correspondente a esse mais-produto. Esse problema está, antes, resolvido na análise do mais-valor criado por todo capital produtivo, independentemente da esfera em que este se encontre investido. O desafio é demonstrar de onde provém, após o nivelamento do mais-valor entre os diferentes capitais para formar o lucro médio, a participação proporcional, de acordo com suas respectivas grandezas proporcionais, no mais-valor total gerado pelo capital social em todas as esferas da produção somadas; ou seja, de onde procede – depois dessa compensação, estando aparentemente completa a distribuição de todo o mais-valor que há para distribuir – a parte ainda excedente desse mais-valor que o capital investido no solo paga ao proprietário da terra sob a forma de renda fundiária. Abstraindo por completo dos motivos práticos que incitavam os economistas modernos, porta-vozes do capital industrial contra a propriedade fundiária, a examinar essa questão – motivos que analisaremos mais detalhadamente no capítulo dedicado à história da renda fundiária –, a questão tinha para eles, como teóricos, um interesse decisivo. Reconhecer que o fenômeno da renda para o capital investido na agricultura era fruto de um efeito particular da própria esfera do investimento, de propriedades inerentes à própria crosta terrestre, seria renunciar ao conceito de valor em si mesmo, isto é, renunciar a toda possibilidade de conhecimento científico nessa área. A simples admissão de que a renda é paga com base no preço do produto agrícola – o que ocorre mesmo onde ela é paga *in natura*, quando o arrendatário deve obter seu preço de produção – já evidenciava o absurdo de querer explicar o excedente desse preço sobre o preço normal de produção, logo, a relativa escassez do produto agrícola, a partir do excedente da produtividade natural-espontânea da indústria agrícola sobre a produtividade dos outros ramos da indústria; em contrapartida, quanto mais produtivo for o trabalho, mais barata será cada alíquota de seu produto, porque maior é a massa dos valores de uso em que se representa a mesma quantidade de trabalho e, com isso, o mesmo valor.

Assim, toda a dificuldade na análise da renda se encontrava em explicar o excedente do lucro agrícola sobre o lucro médio, não o mais-valor, mas o mais-valor excedente, característico dessa esfera da produção, isto é, tampouco o "produto líquido", mas o excedente deste último sobre o produto líquido dos demais ramos da indústria. O lucro médio é, ele mesmo, um produto, uma formação do processo social que transcorre sob relações históricas de produção muito determinadas; um produto que, como vimos, pressupõe mediações bastante minuciosas. Para que seja possível falar em geral de um excedente sobre o lucro médio, esse próprio lucro médio deve servir de norma e, como é o caso no modo de produção capitalista, valer como regulador da produção em geral. Em sociedades nas quais não é o capital que exerce a função de forçar o mais-trabalho e de se apropriar de todo o mais-valor – nas quais, portanto, o capital ainda não submeteu o trabalho social a seu controle, ou só o fez casualmente – não se pode falar absolutamente de renda no sentido moderno, renda como excedente sobre o lucro médio, isto é, sobre a participação proporcional de cada capital individual no mais-valor produzido pelo capital social total. Uma prova da ingenuidade do sr. Passy (ver adiante) se dá, por exemplo, quando ele fala da renda na sociedade primitiva como de um excedente sobre o lucro, sobre uma forma social historicamente determinada do mais-valor que, portanto, segundo o sr. Passy, quase pode existir sem sociedade nenhuma*.

Para os economistas mais antigos, que mal começavam a analisar o modo de produção capitalista, na época ainda não desenvolvido, a análise da renda não apresentava dificuldade nenhuma ou, então, dificuldades de tipo totalmente diverso. Petty, Cantillon e alguns autores mais próximos do

* Hippolyte Passy, "De la rente du sol", em *Dictionnaire de l'économie politique* (Paris, 1854), t. 2, p. 511. (N. E. A.)

feudalismo veem na renda fundiária a forma normal do mais-valor em geral, ao passo que, para eles, o lucro se funde indefinidamente com o salário ou, no máximo, aparece-lhes como porção desse mais-valor que o proprietário fundiário extorquiu do capitalista. Portanto, partem de uma situação em que, em primeiro lugar, a população agrícola ainda predomina amplamente na nação e em que, em segundo lugar, o proprietário da terra ainda aparece como aquele que se apropria em primeira instância do trabalho excedente dos produtos diretos, mediante o monopólio da propriedade fundiária, ou seja, em que a propriedade fundiária permanece a principal condição da produção. Para eles, ainda era impossível uma problemática que, inversamente, do ponto de vista do modo de produção capitalista, tratasse de investigar como a propriedade fundiária consegue subtrair outra vez do capital uma parte do mais-valor por este produzido (isto é, extorquido do produtor direto) e já apropriado em primeira instância.

Para os *fisiocratas*, a dificuldade é de outra natureza. Como primeiros intérpretes sistemáticos do capital, eles buscam investigar a natureza do mais-valor em geral. A análise coincide, para eles, com a análise da renda, única forma em que, segundo seu ponto de vista, existe o mais-valor. Razão pela qual consideram o capital que gera renda, ou o capital agrícola, como o único capital que gera mais-valor, e o trabalho agrícola mobilizado por esse capital como o único que gera mais-valor e, desse modo, inteiramente correto do ponto de vista capitalista, como o único trabalho produtivo. Têm plena razão em identificar na produção de mais-valor o fator decisivo. Sem levar em conta outros pontos de que trataremos no Livro IV, eles têm desde já o grande mérito de retornar do capital comercial, que opera unicamente na esfera da circulação, ao capital produtivo, opondo-se ao sistema mercantilista, que, com seu realismo grosseiro, formava a economia vulgar propriamente dita daquele tempo e cujos interesses práticos deixaram inteiramente em segundo plano os primórdios de uma análise científica por obra de Petty e seus sucessores. Quanto a essa crítica do sistema mercantilista, cabe mencionar aqui, de passagem, apenas suas concepções sobre o capital e o mais-valor. Já observamos que o sistema monetário proclama corretamente a produção para o mercado mundial e a transformação do produto em mercadoria – portanto, em dinheiro – como pressuposto e condição da produção capitalista. No sistema mercantilista, que é a continuação do sistema monetário, o decisivo já não é a transformação do valor-mercadoria em dinheiro, mas a produção de mais-valor, porém, a partir do ponto de vista não conceitual da esfera da circulação e de tal modo que esse mais-valor é representado em mais-dinheiro, em excedente da balança comercial. Ao mesmo tempo, o que constitui propriamente os interesses de comerciantes e fabricantes daquela época, bem como a fase do desenvolvimento capitalista por eles representada, é que, na transformação das sociedades agrícolas feudais em industriais e na correspondente competição industrial entre as nações no mercado mundial, o que verdadeiramente importa é um rápido desenvolvimento do capital, que não se pode obter pelas chamadas vias naturais, mas apenas por meios coercitivos. Há uma enorme diferença se o capital nacional se transforma gradual e lentamente em capital industrial ou se essa transformação se acelera devido a impostos que, por meio de tarifas protecionistas, recaem principalmente sobre proprietários de terras, pequenos e médios camponeses e artesãos; por meio da rápida expropriação dos produtores independentes, da acumulação e concentração fortemente aceleradas dos capitais, numa palavra, por meio da criação das condições do modo de produção capitalista. Ao mesmo tempo, isso faz uma enorme diferença na exploração capitalista e industrial da força produtiva natural da nação. O caráter nacional do sistema mercantilista não é, assim, uma mera fraseologia na boca de seus porta-vozes. Sob o pretexto de ocupar-se apenas com a riqueza da nação e as fontes de recursos do Estado, eles na verdade declaram os interesses da classe capitalista e o enriquecimento em geral como fim último do Estado e proclamam a sociedade burguesa contra o antigo Estado de direito divino. Ao mesmo tempo, porém, está presente a consciência de que o desenvolvimento do interesse do capital e da classe capitalista, da produção capitalista, tornou-se a base do poder nacional e da supremacia nacional na sociedade moderna.

Além disso, os fisiocratas têm razão ao dizer que, de fato, toda produção de mais-valor, e portanto também todo desenvolvimento do capital, de acordo com sua base natural, repousa sobre a produtividade do trabalho agrícola. Se os homens não fossem capazes de produzir numa jornada de trabalho mais meios de subsistência, ou seja, em sentido estrito, mais produtos agrícolas, do que cada trabalhador necessita para sua própria reprodução, se o dispêndio diário de sua força inteira de trabalho só bastasse para produzir seus meios individuais de subsistência mais indispensáveis, então não se poderia absolutamente falar de mais-produto, nem de mais-valor. Uma produtividade do trabalho agrícola que supere a necessidade individual do trabalhador é a base de toda sociedade e sobretudo a base da produção capitalista, que libera uma parcela cada vez maior da sociedade da produção de meios de subsistência imediatos e, como diz Steuart, a transforma em *free hands* [mãos livres], tornando-a disponível para a exploração em outras esferas.

Mas o que dizer de novos escritores econômicos como Daire, Passy etc., que no crepúsculo de toda a economia clássica, em seu leito de morte, limitam-se a repetir as noções mais primitivas sobre as condições naturais do mais-trabalho e, portanto, do mais-valor, acreditando com isso apresentar algo novo e decisivo sobre a renda fundiária, depois de esta última já ter sido há muito desenvolvida como uma forma particular e uma parte específica do mais-valor? A economia vulgar se caracteriza precisamente por repetir aquilo que, num certo estágio já superado do desenvolvimento, era novo, original e justificado, numa época em que isso se tornou raso, maçante e falso. Com isso, ela reconhece que não tem sequer noção dos problemas que ocuparam a economia clássica, confundindo-os com questões que só poderiam ser colocadas num estágio inferior de desenvolvimento da sociedade burguesa. Do mesmo modo ela procede com seu ruminar constante e autocomplacente das teses fisiocráticos sobre o livre-cambismo. Essas teses perderam há muito todo interesse teórico, por mais que possam interessar de forma prática este ou aquele Estado.

Na economia natural propriamente dita, em que nenhum produto agrícola, ou apenas uma parte muito insignificante dele entra no processo de circulação, e mesmo uma parte relativamente insignificante da parte do produto que representa o rendimento do proprietário fundiário, como era o caso, por exemplo, em muitos latifúndios da Roma Antiga, nas vilas de Carlos Magno e, em grau maior ou menor (ver Vinçard, *Histoire du travail*), ao longo de toda a Idade Média, o produto e o mais-produto das grandes propriedades não se resumia em absoluto aos produtos do trabalho agrícola. Abarcavam também os produtos do trabalho industrial. O artesanato domiciliar e o trabalho manufatureiro, atividades subsidiárias da agricultura, que constitui sua base, são a condição do modo de produção na qual está fundada essa economia natural, tanto na Antiguidade e na Idade Média europeias como atualmente na comunidade indiana, cuja organização tradicional ainda não foi destruída. O modo de produção capitalista supera por completo esse vínculo; trata-se de um processo que, em grande escala, pode ser estudado especialmente na Inglaterra, ao longo do último terço do século XVIII. Mentes educadas em sociedades mais ou menos semifeudais, como a de Herrenschwand, por exemplo, consideram essa separação entre agricultura e manufatura, ainda no final do século XVIII, um tresloucado ato de temeridade social, um modo de existência inconcebivelmente arriscado. Mesmo nas economias agrícolas da Antiguidade, que mostram uma analogia maior com a agricultura capitalista, principalmente as de Cartago e Roma, a semelhança é maior com relação à economia de plantações do que com a forma que corresponde ao modo de exploração realmente capitalista[42a]. Em toda a Antiguidade não se encontra analogia formal – que, porém, em todos os pontos fundamentais converte-se numa ilusão para quem tenha compreendido o modo de produção capitalista e que não enxergue, como o sr. Mommsen[43], o modo de produção capitalista em qualquer economia monetária –, só eventualmente na Sicília, porque existia como país agrícola tributário de Roma e, por isso, lá a agricultura orientava-se essencialmente para a exportação. Aí encontramos arrendatários no sentido moderno.

Uma concepção falsa em relação à natureza da renda baseia-se no fato de que, a partir da economia natural da Idade Média e em plena contradição com as condições do modo de produção capitalista, a renda em sua forma natural foi arrastada para a era moderna, em parte mediante os dízimos eclesiásticos, em parte como curiosidade, perpetuada por contratos antigos. Disso provém a ilusão de que a renda não surgiria do preço do produto agrícola, mas de sua massa, ou seja, não das condições sociais, mas da terra. Já mostramos que, embora o mais-valor represente um mais-produto, o inverso não ocorre; isto é, um mais-produto, no sentido de mero incremento na massa do produto, não representa um mais-valor. Pode representar, sim, um menos-valor. Do contrário, a indústria algodoeira em 1860, comparada com a de 1840, deveria representar um enorme mais-valor, ao passo que, ao contrário, o preço do fio caiu. Por consequência de uma série de más colheitas, a renda pode aumentar enormemente, uma vez que aumenta o preço dos cereais, ainda que esse mais-valor se apresente numa massa decrescente em termos absolutos de trigo mais caro. Por outro lado, em virtude de uma série de anos férteis, a renda pode diminuir, porque diminui o preço, ainda que a renda que diminuiu se represente numa massa maior de trigo mais barato. Por ora, deve-se observar, em relação à renda em produtos, que ela é uma mera tradição, proveniente de um modo de produção ultrapassado e que subsiste como ruína; sua contradição com o modo de produção capitalista se revela por ter desaparecido sozinha dos contratos privados e porque, onde

---

42a A.[dam] Smith destaca que, em sua época (e isso vale também para a nossa, no que diz respeito à economia de *plantation* em países tropicais e subtropicais), a renda e o lucro ainda não haviam se separado, porquanto o proprietário fundiário era ao mesmo tempo o capitalista, como era o caso, por exemplo, de Catão em seus domínios. Essa separação é precisamente o pressuposto do modo de produção capitalista, com cujo conceito a base da escravidão se encontra, além disso, em contradição.

43 O sr. Mommsen, em sua história romana, entende a palavra "capitalista" não no sentido da economia moderna e da sociedade moderna, mas à maneira da concepção popular, tal como ela ainda continua a proliferar, não na Inglaterra nem na América do Norte, mas no continente, como antiga tradição oriunda de condições pretéritas.

a legislação interveio, como no caso dos dízimos eclesiásticos na Inglaterra, ela foi eliminada à força como algo incongruente. Em segundo lugar, onde persistiu sobre a base do modo de produção capitalista, ela não era nem podia ser mais outra coisa que a renda em dinheiro disfarçada numa expressão medieval. Por exemplo, o *quarter* de trigo custa 40 xelins. Parte desse *quarter* precisa repor o salário nele contido e ser vendida para ser novamente desembolsada; outra parte tem de ser vendida para pagar a parte de impostos que recai sobre ele. Onde o modo de produção capitalista e, com ele, a divisão do trabalho social se encontram desenvolvidos, a própria semente e uma parte do adubo entram como mercadorias na reprodução, isto é, têm de ser compradas para a reposição; portanto, outra parte do *quarter* precisa ser vendida a fim de fornecer o dinheiro correspondente. Na medida em que, de fato, não precisam ser compradas como mercadorias, mas são extraídas do próprio produto *in natura* para serem outra vez introduzidas em sua reprodução como condições de produção – o que tem lugar não só na agricultura, mas em diversos ramos da produção que produzem capital constante –, entram no cálculo, expressas em dinheiro contábil, e se deduzem como componentes do preço de custo. O desgaste da maquinaria e do capital fixo em geral tem de ser reposto em dinheiro. Por fim, chegamos ao lucro, que se calcula sobre a soma desses custos expressos em dinheiro real ou em dinheiro contábil. Tal lucro se representa numa parcela determinada do produto bruto, definida por seu preço. E a parte sobrante configura a renda. Se a renda contratual em produtos é superior a esse resto determinado pelo preço, então ela não configura renda, mas dedução do lucro. Essa possibilidade mostra, por si só, que a renda em produtos é uma forma obsoleta, uma vez que não obedece ao preço do produto, podendo, pois, ser maior ou menor que a renda real e, com isso, representar não só uma dedução do lucro, mas também de componentes da reposição de capital. Na medida em que é renda não só pelo nome, mas por sua natureza, a renda em produtos determina-se exclusivamente pelo excedente do preço do produto sobre seus custos de produção. No entanto, ela pressupõe essa grandeza variável como constante. É uma ideia muito reconfortante a de que o produto *in natura* seja suficiente, em primeiro lugar, para alimentar os trabalhadores e, em segundo lugar, para fornecer ao arrendatário capitalista mais alimento do que aquele de que ele necessita, sendo o excedente sobre isso a renda natural. Do mesmo modo como se um fabricante de chita produzisse 200.000 varas. Estas não bastam somente para vestir os trabalhadores desse fabricante, sua mulher e toda a sua prole, assim como ele próprio, mas, além disso, permitem que lhe sobre chita para vender e, por fim, pagar uma enorme renda em telas de algodão. A questão é tão simples! Descontados os custos de produção de 200.000 varas de chita, tem de restar um excedente de chita como renda. Deduzir de 200.000 varas de chita, por exemplo, os custos de produção de £10.000 sem saber o preço de venda da chita, deduzir dinheiro desse tecido, ou seja, de um valor de uso como tal deduzir um valor de troca e, com isso, chegar ao excedente das varas de chita acima das libras esterlinas é, com efeito, uma ideia ingênua. Pior que a quadratura do círculo, que pelo menos está fundada no conceito dos limites nos quais se confundem linhas retas e curvas. Mas tal é a receita do sr. Passy: extrair dinheiro da chita antes que esse tecido tenha, na imaginação ou na realidade, se transformado em dinheiro! O excedente é constituído pela renda, da qual é necessário apoderar-se, no entanto, *naturaliter* [em espécie] (ver, por exemplo, Karl Arndt), e não mediante diabruras "sofísticas"! Toda essa restauração da renda em produtos *in natura* desemboca em absurdos, como o de chegar ao preço de produção deduzindo-o de tantos alqueires de trigo, ou subtrair de uma medida cúbica determinada soma em dinheiro.

II. A renda em trabalho

Se considerarmos a renda fundiária em sua forma mais simples, a da *renda em trabalho*, em que o produtor direto trabalha parte da semana com instrumentos (arado, animais de carga etc.) que lhe pertencem de fato ou de direito, cultivando o solo que lhe pertence, ao passo que nos outros dias da semana trabalha na propriedade do senhor, para este último e sem remuneração, a questão ainda estará aqui bastante clara, pois, nesse caso, a renda e o mais-valor são idênticos. O mais-trabalho se expressa, aqui, sob a forma da renda, e não do lucro. Em que medida o trabalhador (*self-sustaining serf* [servo autossuficiente]) pode obter um excedente sobre seus meios necessários de subsistência, isto é, um excedente sobre aquilo que no modo de produção capitalista chamaríamos de salário, é algo que, mantendo-se inalteradas as demais circunstâncias, depende da proporção em que se dividem tempo de trabalho para si mesmo e tempo de trabalho servil para o senhor da terra. Esse excedente sobre os meios de subsistência, o germe daquilo que, no modo de produção capitalista, aparece como lucro, é, pois, determinado em sua totalidade pelo nível da renda fundiária, que nesse caso não só é mais-trabalho imediatamente não pago, mas também aparece como tal; mais-trabalho não pago para o "proprietário" dos meios de produção, que aqui coincidem com o solo e que, quando se diferenciam deste, não passam de mero acessório.

Que o produto de quem efetua esse trabalho servil tenha de ser suficiente para repor, além de sua subsistência, suas condições de trabalho, é uma circunstância invariável em todos os modos de produção, porquanto não deriva de sua forma específica, mas é uma condição natural de todo trabalho contínuo e reprodutivo em geral, de toda produção contínua, que é sempre, ao mesmo tempo, reprodução, isto é, reprodução das próprias condições de seu agir. É evidente, ademais, que em todas as formas em que o trabalhador direto continua a ser "possuidor" dos meios de produção e das condições de trabalho requeridos para a produção de seus próprios meios de subsistência, a relação de propriedade tem de aparecer simultaneamente como relação direta de dominação e servidão, e, assim, o produtor direto como alguém não livre; essa carência de liberdade poderá atenuar-se gradativamente desde a servidão com trabalho pessoal até a mera obrigação tributária. Conforme os pressupostos, o produtor direto detém seus próprios meios de produção, as condições objetivas de trabalho requeridas para a realização de seu trabalho e para a produção de seus meios de subsistência; ele exerce a agricultura de forma autônoma, bem como a indústria rural caseira vinculada a ela. Tal autonomia não é suprimida pelo fato de, como na Índia, esses pequenos camponeses formarem uma comunidade de produção mais ou menos resultante de um processo natural, porquanto aqui se tem somente a autonomia em face do proprietário nominal da terra. Em tais condições, o mais-trabalho só pode ser extraído deles pelo proprietário nominal da terra por meio da coerção extraeconômica, qualquer que seja a forma em que essa se apresente[44]. O que a diferencia da economia escravista ou de plantação é que nesta o escravo opera com condições de produção alheias, e não de modo autônomo. São necessárias, pois, relações de dependência pessoal – a falta de liberdade pessoal, seja qual for o seu grau, e estar preso à terra como um acessório desta última, a servidão da gleba no sentido próprio do termo. Se não é o proprietário fundiário privado, mas, como na Ásia, o Estado que se confronta com eles diretamente como proprietário fundiário e, ao mesmo tempo, como soberano, então renda e impostos coincidem, ou melhor, não há nenhum imposto que se diferencie dessa forma da renda fundiária. Em tais circunstâncias, a relação de dependência, tanto política como econômica, não precisa assumir nenhuma forma mais rígida do que aquela comum a todos os súditos perante o Estado. O Estado é o supremo proprietário fundiário. A soberania é a propriedade fundiária concentrada em escala nacional.

---

[44] Depois da conquista de um país, o passo seguinte para os conquistadores foi sempre o de se apropriar também dos homens. Cf. Linguet. Ver também Möser.

Em contrapartida, tampouco há a propriedade privada do solo, embora exista a posse e o usufruto, tanto privados quanto públicos, da terra.

A forma econômica específica em que o mais-trabalho não pago é extraído dos produtores diretos determina a relação de dominação e servidão, tal como esta advém diretamente da própria produção e, por sua vez, retroage sobre ela de modo determinante. Nisso se funda, porém, toda a estrutura da entidade comunitária econômica, nascida das próprias relações de produção; simultaneamente com isso, sua estrutura política peculiar. Em todos os casos, é na relação direta entre os proprietários das condições de produção e os produtores diretos – relação cuja forma eventual sempre corresponde naturalmente a determinada fase do desenvolvimento dos métodos de trabalho e, assim, a sua força produtiva social – que encontramos o segredo mais profundo, a base oculta de todo o arcabouço social e, consequentemente, também da forma política das relações de soberania e de dependência, isto é, da forma específica do Estado existente em cada caso. Isso não impossibilita que a mesma base econômica – a mesma no que diz respeito às condições principais –, graças a inúmeras circunstâncias empíricas de diversos tipos, condições naturais, raciais, influências históricas externas etc., manifeste-se em infinitas variações e matizes, que só se podem compreender por meio de uma análise dessas circunstâncias empíricas. No que diz respeito à renda em trabalho, forma mais simples e primitiva da renda, vê-se nitidamente que ela é, aqui, a forma originária do mais-valor e coincide com ele. Além disso, não é preciso nenhuma análise da coincidência do mais-valor com o trabalho alheio não pago, pois ela permanece em sua forma visível, palpável, uma vez que o trabalho do produtor direto para si mesmo se encontra espacial e temporalmente apartado de seu trabalho para o proprietário fundiário, trabalho este que aparece imediatamente na forma brutal de trabalho forçado para outrem. Do mesmo modo, o "atributo" que a terra possui de proporcionar renda se encontra, nesse caso, reduzido a um mistério público e notório, pois à natureza que gera a renda pertence igualmente a força de trabalho humano vinculada à terra e a relação de propriedade que faz com que o dono dessa força de trabalho tenha de empregá-la e explorá-la além do que se requer para a satisfação de suas próprias necessidades indispensáveis. A renda consiste na apropriação direta, pelo proprietário fundiário, dessa força de trabalho excedente, pois o produtor direto não paga a ele nenhuma outra renda. Aqui, onde não só mais-valor e renda são idênticos, como o mais-valor possui ainda manifestamente a forma de mais-trabalho, evidenciam-se as condições ou os limites naturais da renda, porquanto são também condições do mais-trabalho em geral. O produtor direto tem de:

1) possuir suficiente força de trabalho; e 2) as condições naturais de seu trabalho, isto é, em primeiro lugar, as terras a serem cultivadas, têm de ser férteis o suficiente – em suma, a produtividade natural de seu trabalho tem de ser grande o bastante para que lhe reste a possibilidade de trabalho excedente, além do trabalho necessário à satisfação de suas necessidades indispensáveis. Tal possibilidade não cria a renda, o que só ocorre pela coerção, que torna a possibilidade uma realidade. Mas a própria possibilidade está ligada a condições naturais subjetivas e objetivas. Tampouco nisso há qualquer coisa misteriosa. Se a força de trabalho é pequena e as condições naturais de trabalho são precárias, a quantidade de mais-trabalho será escassa – em tal caso, no entanto, também o serão as necessidades dos produtores e, por outro lado, o número relativo de exploradores do mais-trabalho; finalmente, também o será o mais-produto em que se concretiza esse mais-trabalho pouco rentável para esse número mais reduzido de proprietários exploradores. Na renda em trabalho evidencia-se que, mantendo-se constantes as demais circunstâncias, dependerá plenamente do volume relativo do mais-trabalho ou do trabalho de servo da gleba a medida em que o produto direto poderá melhorar sua própria situação, enriquecer, gerar um excedente acima dos meios de subsistência necessários ou, para empregar o modo de expressão capitalista, a medida em que pode gerar algum lucro para si, isto é, um excedente acima do salário produzido por ele mesmo. A renda é, aqui, a forma normal, que tudo absorve, a forma, por assim dizer, legítima do mais-trabalho; e muito longe de ser um excedente sobre o lucro, isto é, nesse caso, acima de qualquer outro excedente sobre o salário, não só o volume de semelhante lucro, mas, mantendo-se inalteradas as demais circunstâncias, inclusive sua existência, dependerá do volume da renda, do mais-trabalho que tem obrigatoriamente de ser efetuado para o proprietário.

Porque o produtor direto não é proprietário, mas apenas possuidor, e porque, de fato, todo seu mais-trabalho pertence *de jure* ao proprietário fundiário, alguns historiadores expressaram sua estranheza pelo fato de que, sob tais condições, pudesse ocorrer um aumento autônomo de patrimônio e, em termos relativos, de riqueza por parte dos servos ou dos indivíduos sujeitos a prestações pessoais. Porém, está claro que nas situações naturais e não desenvolvidas em que se fundamenta essa relação social de produção e o modo de produção a ela correspondente, a tradição tem de desempenhar um papel predominante. Ademais, é nítido que aqui, como sempre, à parte dominante da sociedade interessa consagrar o que já existe, conferindo-lhe o caráter de lei, e fixar como legais as barreiras estabelecidas pelo uso e pela tradição. Abstraindo de todo o resto, isso se produz por si só tão logo a reprodução constante da base das condições prevalecentes, da relação que lhe serve de base, assume com o passar do tempo uma forma regulada e ordenada; essa regra e essa ordem são, elas mesmas, um fator imprescindível de qualquer modo de produção que queira alcançar solidez social e independência em relação ao mero acaso ou à arbitrariedade. Essa regra e essa ordem são exatamente a forma em que se consolidam socialmente esse modo de produção e, assim, a forma de sua relativa emancipação em relação à mera arbitrariedade e ao mero acaso. Elas atingem essa forma no caso de estancamento tanto do processo de produção quanto das relações sociais que a ele correspondem, isto é, pela mera reprodução reiterada desse processo. No caso de essa reprodução ter perdurado por certo tempo, ela se cristaliza como costume e tradição e termina consagrada como lei positiva. Mas, já que a forma desse mais-trabalho, o trabalho de servo da gleba, tem como base a falta de desenvolvimento de todas as forças produtivas sociais do trabalho, a rusticidade do próprio modo de trabalhar, dele tem de restar naturalmente uma alíquota muito menor do trabalho total dos produtores diretos do que em modos de produção desenvolvidos, sobretudo o modo de produção capitalista. Suponhamos, por exemplo, que o trabalho servil para o senhor fundiário tenha sido originalmente de dois dias por semana. Esses dois dias de trabalho servil semanal ficam, então, fixados como grandeza constante, legalmente regulada pela lei escrita ou consuetudinária. Mas a produtividade dos demais dias de semana, dos quais o produtor direto dispõe pessoalmente, constitui uma grandeza variável, que tem de desenvolver-se ao longo de sua experiência, do mesmo modo como as novas necessidades que se lhe apresentam, a expansão do mercado para seu produto e a segurança cada vez maior com que dispõe dessa parte de sua força de trabalho o estimularão a empregar uma quantidade ainda maior de força de trabalho, sem que esqueçamos que o emprego dessa força de trabalho não se limita em absoluto à agricultura, mas inclui a indústria doméstica rural. Aqui está dada a possibilidade de certo desenvolvimento econômico, que naturalmente dependerá das circunstâncias favoráveis, do caráter racial congênito etc.

III. A renda em produtos

Em termos econômicos, a metamorfose da renda em trabalho na renda em produtos não modifica em absolutamente nada a essência da renda fundiária. Esta, nas formas aqui consideradas, é a única forma dominante e normal do mais-valor ou do mais-trabalho, o que, por sua vez, significa que ela é o único mais-trabalho ou o único mais-produto que o produtor direto, detentor das condições de trabalho necessárias para sua própria reprodução, deve ceder ao proprietário da condição de trabalho que, nessas condições sociais, tudo engloba, isto é, ao proprietário da terra; por outro lado, somente a terra se confronta com o produtor direto como condição de trabalho situada em propriedade alheia, que se fez autônoma diante dele e está personificada no proprietário fundiário. Na medida em que a renda em produtos é a forma dominante e mais desenvolvida da renda fundiária, ela é sempre mais ou menos acompanhada por resquícios da forma anterior, isto é, da renda que deve ser diretamente fornecida em trabalho, ou seja, da prestação pessoal de serviços, não importando se o senhor da terra é uma pessoa privada ou o Estado. A renda em produtos supõe um estágio cultural mais elevado do produtor direto, quer dizer, um estágio superior de desenvolvimento de seu trabalho e da sociedade em geral, e distingue-se da forma precedente na medida em que o mais-trabalho deixa de ser executado em sua configuração natural, portanto, não mais sob a vigilância e a coerção diretas do senhor da terra ou de seus representantes; ao contrário, é o produtor direto, movido pelo poder das condições imperantes em vez da coerção direta e pela determinação legal em vez do chicote, que deve realizá-lo sob sua própria responsabilidade. A mais-produção, entendida como produção acima das necessidades indispensáveis do produtor direto e dentro da área de produção que realmente lhe pertence, dentro do solo por ele mesmo explorado, em vez de efetuar-se, como antes, nas terras do senhor, externas e contíguas à própria terra, já se converteu aqui numa regra evidente por si mesma. Nesse sentido, o produtor direto já dispõe em maior ou menor grau do emprego de todo o seu tempo de trabalho, ainda que parte dele, em sua origem quase todo seu tempo excedente, pertença gratuitamente ao proprietário de terra; a diferença é que este já não o recebe por via direta, em sua própria forma natural, mas na forma natural do produto no qual ele se realiza. A dolorosa – e, de acordo com a regulamentação do trabalho servil, mais ou menos nociva – interrupção ocasionada pelo trabalho para o proprietário fundiário (cf. Livro I, capítulo 8, item 2: "A avidez por mais-trabalho. O fabricante e o boiardo") desaparece quando a renda em produtos é pura ou pelo menos está reduzida a uns poucos e breves intervalos no ano, durante os quais mantêm-se algumas prestações pessoais ao lado da renda em produtos. O trabalho do produtor para si mesmo e seu trabalho para o proprietário fundiário deixam de estar visivelmente separados no tempo e no espaço. Em sua forma pura, essa renda em produtos, mesmo que continue a arrastar-se em modos e relações de produção mais evoluídos, segue pressupondo a economia natural, isto é, que as condições econômicas se engendrem inteiramente, ou pelo menos em sua maior parte, na própria economia, que se reponham e se reproduzam diretamente a partir de seu próprio produto bruto. Pressupõe, além disso, a conjunção da indústria doméstica rural com a agricultura; o mais-produto, que forma a renda, resulta desse trabalho familiar agrícola-industrial unificado, não importando se a renda em produtos, como frequentemente ocorria na Idade Média, inclui produtos industriais em maior ou menor grau, ou é paga somente na forma de produto agrícola propriamente dito. Nessa forma da renda, não é de modo nenhum necessário que a renda em produtos, na qual se representa o mais-trabalho, esgote o trabalho excedente da família rural. Pelo contrário, em comparação com a renda em trabalho, o produtor adquire uma liberdade muito maior de movimentos, ganhando tempo para o trabalho excedente, cujo produto pertence a ele mesmo, do mesmo modo que o produto de seu trabalho, que satisfaz suas necessidades mais indispensáveis. Da mesma maneira, com essa forma aparecerão diferenças maiores na situação econômica dos produtores diretos individuais. Isso é, pelo menos, possível, como também é possível que esse produtor direto tenha conseguido, ele mesmo, os meios para explorar trabalho alheio de forma direta. Mas isso não nos interessa aqui, pois nosso objeto é a forma pura da renda em produtos; do mesmo modo, não podemos entrar nas infinitas combinações em que as diversas formas de renda podem se unir, adulterar e entrelaçar. Graças à forma da renda em produtos vinculada a determinado tipo de produto e de produção, à indispensável conjunção de agricultura e indústria domiciliar, à autossuficiência quase completa que a família de camponeses adquire em razão disso, à sua independência em relação ao mercado e à dinâmica da produção e da história por parte da sociedade situada fora dela, em suma, graças ao caráter da economia natural em geral, essa forma é absolutamente adequada para proporcionar a base de condições sociais estacionárias, como as que se veem, por exemplo, na Ásia. Aqui, como na forma anterior da renda em trabalho, a renda fundiária é a forma normal do mais-valor e, por conseguinte, do mais-trabalho, ou seja, de todo o trabalho excedente que o produtor direto tem de executar gratuitamente, isto é, de fato, sob coerção, ainda que essa coerção já não se imponha na antiga forma brutal ao proprietário de sua condição de trabalho mais essencial: a terra. O lucro – se assim denominarmos, antecipando-nos indevidamente, a parcela do excedente de seu trabalho acima do trabalho necessário do qual ele mesmo se apropria – está tão longe de determinar a renda em produtos que, pelo contrário, cresce pelas suas costas e tem seu limite natural no volume da renda em produtos. Tal renda pode ter um volume que ponha seriamente em perigo a reprodução das condições de trabalho, dos próprios meios de produção, que impossibilite em maior ou menor grau a ampliação da produção e reduza os produtores diretos ao mínimo físico de meios de subsistência. Isso se dá especialmente quando uma nação comercial e conquistadora encontra essa forma e passa a explorá-la, como ocorre, por exemplo, com os ingleses na Índia.

IV. A renda em dinheiro

Por renda em dinheiro entendemos aqui – diferenciando-a da renda do solo, industrial ou comercial, baseada no modo de produção capitalista, que constitui apenas um excedente sobre o lucro médio – a renda fundiária proveniente da mera metamorfose da renda em produtos, do mesmo modo que esta não era mais que a metamorfose da renda em trabalho. Aqui o produtor direto tem de pagar ao proprietário fundiário (seja este agora o Estado ou uma pessoa privada) o preço do produto, em vez do próprio produto. Portanto, já não basta um excedente do produto em sua forma natural; ele tem de ser convertido dessa forma natural em forma-dinheiro. Embora o produtor direto continue a produzir pessoalmente ao menos a maior parte de seus meios de subsistência, ele tem agora de transformar uma parte de seu produto em mercadoria, tem de produzi-lo como mercadoria. Por conseguinte, o caráter de todo o modo de produção é alterado em maior ou menor grau. É privado de sua independência, sua desvinculação do contexto social. Torna-se decisiva a relação dos custos de produção, na qual entra agora uma quantidade maior ou menor de gastos em dinheiro; de todo modo, torna-se decisivo o excedente da parte do produto bruto destinada a ser convertida em dinheiro acima da parte destinada a servir novamente, por um lado, como meio de reprodução e, por outro, como meio de subsistência imediato. No entanto, a base desse tipo de renda, apesar de se aproximar de sua dissolução, continua a ser a mesma que na renda em produtos, que forma o ponto de partida. O produtor direto continua a ser o possuidor tradicional da terra, seja por herança, seja por outra via; a ele cabe prover ao senhor fundiário, enquanto proprietário de sua mais essencial condição de produção, o trabalho forçado excedente, isto é, o trabalho não pago, realizado sem equivalente, na forma de mais-produto transformado em dinheiro. A propriedade das outras condições de trabalho distintas do solo – instrumentos agrícolas e demais bens móveis – transforma-se, já nas formas mais antigas, primeiro de fato, e logo também de direito, em propriedade dos produtores diretos, e isso é pressuposto em maior medida para a forma da renda em dinheiro. A transformação da renda em produtos em renda em dinheiro, que ocorre primeiro de forma esporádica, e logo numa escala mais ou menos nacional, já pressupõe um desenvolvimento considerável do comércio, da indústria urbana, da produção de mercadorias em geral e, por conseguinte, da circulação monetária. Pressupõe, além disso, um preço de mercado para os produtos e que eles sejam vendidos aproximadamente a seu valor, o que nas formas anteriores não precisa ocorrer em absoluto. No leste da Europa, em parte, ainda podemos ver com nossos próprios olhos o curso dessa transformação. Quão pouco realizável é essa mudança sem um certo desenvolvimento da força produtiva social do trabalho nos demonstram as várias tentativas fracassadas de sua realização, no Império Romano, e recaídas na renda em espécie, logo depois de se ter pretendido transformar a renda em dinheiro pelo menos a parcela dessa renda que existe como imposto estatal. Uma igual dificuldade de transição se apresenta, por exemplo, na França anterior à Revolução, com a confusão e a adulteração da renda em dinheiro por meio de remanescentes de suas formas anteriores.

Mas a renda em dinheiro, como forma modificada da renda em produtos, e em contraposição a ela, é a última forma e, simultaneamente, a forma da dissolução do tipo de renda fundiária que examinamos até aqui, quer dizer, da renda fundiária como forma normal do mais-valor e do mais-trabalho não pago que deve ser extraído para o proprietário das condições de produção. Em sua forma pura, essa renda, tal como a renda em trabalho e a renda em produtos, não constitui nenhum excedente sobre o lucro. Por definição, ela o absorve. Na medida em que surge de fato junto com ela como parte específica do trabalho excedente, a renda em dinheiro, assim como a renda em suas formas anteriores, continua a ser a barreira normal desse lucro embrionário, que só se pode desenvolver em proporção à possibilidade de exploração, seja de trabalho próprio excedente ou de trabalho alheio, que resta depois de prestado o mais-trabalho representado na renda em dinheiro. Se ao lado dessa renda realmente se origina um lucro, então este não constitui uma barreira para a renda; ao contrário, é a renda que constitui uma barreira para o lucro. Porém, como já dissemos, a renda em dinheiro é, ao mesmo tempo, a forma de dissolução da renda fundiária examinada até aqui, a forma que coincide *prima facie* com o mais-valor e o mais-trabalho, isto é, a renda fundiária como forma normal e predominante do mais-valor. A renda em dinheiro, em seu desenvolvimento, deve conduzir – abstraindo de todas as formas intermediárias, como a do pequeno arrendatário rural – à transformação do solo em propriedade camponesa livre ou à forma do modo de produção capitalista, à renda paga pelo arrendatário capitalista.

Com a renda em dinheiro, a relação tradicional do direito consuetudinário entre o camponês sujeito a prestações, que possui e trabalha uma parcela da terra, e o proprietário fundiário transforma-se necessariamente numa relação apenas monetária, contratual, determinada segundo regras fixas do direito positivo. Assim, aquele que possui e cultiva a terra se converte, na prática, em simples arrendatário. Sob condições gerais adequadas de produção, essa transformação serve, por um lado, para expropriar pouco a pouco os antigos possuidores agrícolas e substituí-los por um arrendatário capitalista; por outro lado, livra o antigo possuidor de sua obrigação de pagar renda e o transforma em camponês independente, com plena propriedade da terra que cultiva. Além disso, a transformação da renda em produtos em renda em dinheiro é não só obrigatoriamente acompanhada, como inclusive precedida pela formação de uma classe de jornaleiros despossuídos que se alugam por dinheiro. Durante o período de surgimento dessa nova classe, em que ela só aparece de maneira esporádica, desenvolveu-se, entre os camponeses em melhor situação e sujeitos ao pagamento de rendas, o hábito de explorar por conta própria os jornaleiros rurais, do mesmo modo como já na época feudal os servos camponeses em melhor situação possuíam, por sua vez, servos. Assim se desenvolve, pouco a pouco, entre eles a possibilidade de acumular certo patrimônio e se transformar em futuros capitalistas. Entre os próprios antigos possuidores da terra, que a cultivavam de maneira autônoma, surge assim uma incubadora de arrendatários capitalistas, cujo desenvolvimento está condicionado pelo desenvolvimento geral da produção capitalista fora do campo e que cresce muito rapidamente quando, como no século XVI na Inglaterra, são auxiliados por circunstâncias tão particularmente favoráveis quanto a desvalorização progressiva do dinheiro, ocorrida naquela época e que, no caso dos tradicionais contratos de arrendamento a longo prazo, fez com que os arrendatários enriquecessem à custa dos proprietários fundiários.

Além disso, tão logo a renda assume a forma de renda em dinheiro, o que confere à relação entre o camponês que paga renda e o proprietário da terra a forma de uma relação contratual – transformação que, em geral, só é possível no caso de um grau dado de desenvolvimento do mercado mundial, do comércio e da manufatura –, tem início também necessariamente o arrendamento do solo a capitalistas que até então se achavam fora dos limites rurais e que, agora, transferem para o campo e para a agricultura o capital obtido no meio urbano, além dos métodos de produção capitalistas já desenvolvidos nas cidades, ou seja, a confecção do produto como mera mercadoria e simples meio para a apropriação de mais-valor. Essa forma só pode converter-se em regra geral em países que, na transição do modo de produção feudal para o capitalista, dominam o mercado mundial. Com o surgimento do arrendatário capitalista entre o proprietário da terra e o agricultor que de fato trabalha, cortam-se todas as relações provenientes do antigo modo rural de produção. O arrendatário se torna o verdadeiro comandante desses trabalhadores agrícolas e o verdadeiro explorador do mais-trabalho destes últimos, ao passo que o proprietário da terra só estabelece com esse arrendatário capitalista uma relação direta, ou seja, uma mera relação monetária e contratual. Desse modo, também a natureza da renda se transforma, não só de fato e fortuitamente, como já ocorria em parte sob as formas anteriores, mas de modo normal, em sua forma reconhecida e dominante. De forma normal do mais-valor e do mais-trabalho, ela é rebaixada a um excedente desse mais-trabalho sobre a parte dele que passa a ser apropriada pelo capitalista explorador sob a forma de lucro; do mesmo modo, agora esse capitalista extrai diretamente todo o mais-trabalho – o lucro e o excedente sobre o lucro – na forma de mais-produto total e o converte em dinheiro. Ao proprietário da terra, sobra, como renda, apenas uma parte excedente desse mais-valor que ele extrai dos trabalhadores rurais graças a seu capital e mediante a exploração direta. O quanto esses trabalhadores lhe cedem é determinado, em geral, como limite, pelo lucro médio que o capital gera nas esferas não agrícolas da produção e pelos preços de produção não agrícola regulados por esse lucro médio. Assim, de forma normal do mais-valor e do mais-trabalho a renda se transforma, então, num excedente dessa esfera particular da produção, a esfera agrícola, num excedente sobre a parte do mais-trabalho que o capital reclama como pertencendo a ele de antemão e *normaliter* [normalmente]. Em vez da renda, é o lucro que agora se converteu em forma normal do mais-valor, e a renda é considerada apenas como uma forma, autonomizada sob circunstâncias especiais, não do mais-valor em geral, mas de determinada ramificação deste último: do lucro extra. Não precisamos insistir na consideração de como a essa transformação corresponde uma transformação gradual no próprio modo de produção. Isso já resulta do fato de que o normal para esse arrendatário capitalista é produzir o produto agrícola como mercadoria e, ao passo que antes só o excedente sobre seu meio de subsistência era transformado em mercadoria, agora apenas uma parcela relativamente ínfima dessas mercadorias é transformada imediatamente em meios de subsistência para ele. Não mais a terra, mas o capital, passou agora a submeter diretamente o trabalho agrícola a si mesmo e a sua produtividade.

O lucro médio e o preço de produção que ele regula são formados fora das condições rurais, no terreno do comércio e da manufatura urbanos. O lucro do camponês obrigado a pagar renda não entra nesse lucro médio como fator de compensação, pois sua relação com o proprietário da terra não é de ordem capitalista. Quando obtém lucro, isto é, realiza um excedente sobre seus meios de subsistência necessários, por meio de trabalho próprio ou da exploração de trabalho alheio, isso se dá por trás das relações normais e, mantendo-se constantes as demais circunstâncias, sem que o nível desse lucro determine a renda, a qual, como limite desse lucro, é que, pelo contrário, o determina. A alta taxa de lucro na Idade Média não é devida apenas à baixa composição do capital, na qual predomina o elemento variável, desembolsado em salários; deve-se às fraudes perpetradas no campo, à apropriação de uma parte da renda do proprietário fundiário e dos rendimentos de seus súditos. Se, na Idade Média, o campo explorava politicamente a cidade em todos os lugares em que o feudalismo não tivesse sido superado por algum desenvolvimento urbano excepcional, como na Itália, assim também a cidade explorava economicamente o campo, por toda parte e sem exceção, impondo-lhe seus preços monopólicos, seu sistema de impostos, suas corporações, sua fraude comercial direta e sua usura.

É possível cogitar que o simples ingresso do arrendatário capitalista na produção agrícola forneça a prova de que o preço dos produtos agrícolas, que sempre pagaram renda numa ou noutra forma, precisa situar-se, ao menos na época desse ingresso, acima dos preços de produção da manufatura, seja porque eleva-se ao nível de um preço monopólico, seja porque subiu até atingir o valor dos produtos agrícolas e seu valor se encontra, de fato, acima do preço de produção regulado pelo lucro médio. Do contrário, seria impossível que o arrendatário, dados os preços preexistentes dos produtos agrícolas, realizasse primeiro o lucro médio a partir do preço desses produtos e, em seguida, a partir do mesmo preço, ainda pagasse um excedente sobre esse lucro sob a forma de renda. Com isso, daria para concluir que a taxa geral de lucro, que o arrendatário capitalista fixa em seu contrato com o proprietário fundiário, formou-se sem inclusão da renda e que, por conseguinte, tão logo esta última entra como reguladora na produção agrícola, encontra já dado esse excedente e o paga ao proprietário fundiário. Tal é o modo tradicional como, por exemplo, o sr. Rodbertus explica essa questão. Porém:

Primeiro. A entrada do capital como poder autônomo e dominante na agricultura não se dá de uma só vez e de modo geral, mas gradualmente e em ramos específicos da produção. De início, não atinge a agricultura propriamente dita, mas ramos da produção como a pecuária, principalmente a ovinocultura, cujo produto principal, a lã, com o avanço da indústria passa a oferecer um constante excedente do preço de mercado sobre o preço de produção, o que se compensa apenas mais tarde. Assim foi na Inglaterra durante o século XVI.

Segundo. Porque inicialmente essa produção capitalista só se instala de forma esporádica, não há como rejeitar de antemão a suposição de que ela, em primeira instância, só se apodera de terras que, graças a sua fertilidade específica ou a sua localização especialmente propícia, podem pagar, em geral, uma renda diferencial.

Terceiro. Mesmo supondo que nos primórdios desse modo de produção, que de fato pressupõe um peso cada vez maior da demanda urbana, os preços do produto agrícola estivessem acima do preço de produção, tal como ocorria, sem dúvida nenhuma, no último terço do século XVII na Inglaterra, assim que esse modo de produção tivesse conseguido livrar-se até certo ponto da mera subordinação da agricultura ao capital e assim que se tivessem verificado a melhoria da agricultura e a redução dos custos de produção – todos esses fatores necessariamente vinculados ao desenvolvimento desse modo de produção –, haveria, então, uma compensação em virtude de uma reação, de uma queda no preço dos produtos agrícolas, como ocorreu na Inglaterra na primeira metade do século XVIII.

Por essa via tradicional, portanto, não é possível explicar a renda como excedente sobre o lucro médio. Independentemente das circunstâncias historicamente preexistentes sob as quais ela apareça em primeira instância, uma vez que se tenha enraizado, a renda só existe sob as condições modernas já apresentadas.

Por fim, é preciso ainda salientar que, com a transformação da renda em produtos em renda em dinheiro, a renda capitalizada, o preço do solo e, logo, sua alienabilidade e sua alienação tornam-se um fator essencial e que, com isso, não só aquele que anteriormente era obrigado a pagar renda pode converter-se em proprietário camponês independente, mas também investidores urbanos e outros possuidores de dinheiro passam a ter a chance de comprar terrenos para arrendá-los, tanto a camponeses como a capitalistas, e de desfrutar da renda como de uma forma dos juros de seu capital investido dessa maneira; assim, também essa circunstância ajuda a transformar o modo de exploração anterior, a relação entre proprietário e agricultor real e a própria renda.

V. O sistema de parceria e a propriedade camponesa parcelária

Chegamos aqui ao fim de nossa série de desenvolvimentos acerca da renda fundiária.

Em todas essas formas de renda fundiária – renda em trabalho, renda em produtos, renda em dinheiro (como mera forma transformada da renda em produtos) –, pressupõe-se sempre o pagador de renda como o verdadeiro possuidor e cultivador do solo, como aquele cujo mais-trabalho não pago é diretamente transferido para o proprietário fundiário. Mesmo na última forma, a da renda em dinheiro – na medida em que esta seja pura, ou seja, mera forma transformada da renda em produtos –, isso não só é possível, como ocorre efetivamente.

Como forma transitória entre a forma originária da renda e a renda capitalista encontra-se o sistema de meias ou de parceria, no qual o cultivador (arrendatário) fornece, além de seu trabalho (próprio ou alheio), uma parte do capital de giro, e o proprietário fundiário, além do solo, outra parte do capital de giro (por exemplo, o gado), sendo o produto dividido em dadas proporções, variáveis nos diferentes países, entre o rendeiro e o proprietário da terra. Nesse caso, para a plena exploração capitalista falta ao arrendatário, por um lado, capital suficiente. Por outro lado, a cota aqui recebida pelo proprietário da terra não tem a forma pura da renda. Ela pode, é verdade, incluir os juros sobre o capital por ele adiantado e uma renda excedente. Também pode absorver o mais-trabalho inteiro do arrendatário ou deixar-lhe uma cota maior ou menor nesse mais-trabalho. Mas o essencial é que a renda nem sequer aparece mais como a forma normal do mais-valor. Por um lado, o rendeiro, empregue ele apenas seu próprio trabalho ou também trabalho alheio, tem direito a uma parte do produto, não em sua qualidade de trabalhador, mas como possuidor de uma parte dos instrumentos de trabalho, como seu próprio capitalista. Por outro lado, o proprietário fundiário exige sua parte não somente com base em sua propriedade do solo, mas também como prestamista de capital[44a].

Um resíduo da antiga propriedade comum do solo, que se conservara depois da transição para a economia camponesa independente, por exemplo, na Polônia e na Romênia, serviu lá de pretexto para provocar a transição às formas inferiores da renda fundiária. Uma porção do solo pertence aos camponeses individuais, que o cultivam de forma autônoma. Outra é cultivada coletivamente e gera um mais-produto que serve, em parte, para cobrir

[44a] Cf. Buret, Tocqueville, Sismondi.

despesas da comunidade e, em parte, como reserva para casos de más colheitas etc. Essas duas últimas parcelas do mais-produto – e, por fim, o mais-produto inteiro, inclusive o solo do qual ele foi colhido – são pouco a pouco usurpadas por funcionários estatais e pessoas privadas, e os proprietários camponeses, originariamente livres, cuja obrigação de cultivar coletivamente esse solo é mantida, transformam-se assim em servos da gleba ou camponeses sujeitos a pagar renda em produtos, ao passo que os usurpadores das terras comunais passam a ser os proprietários fundiários, não só da terra comunal usurpada, mas também dos próprios bens dos camponeses.

Não precisamos detalhar aqui a economia escravista propriamente dita (que também percorre uma escala que vai desde a escravidão patriarcal, predominantemente para consumo próprio, até o sistema de plantações, que trabalha para o mercado mundial) nem o sistema em que o proprietário fundiário cultiva a terra por conta própria, detém todos os instrumentos de produção e explora o trabalho de servos, livres ou não, pagos em produtos ou em dinheiro. Aqui coincidem proprietários de terra e proprietários de instrumentos de produção e, por isso, também o explorador direto dos trabalhadores que se contam entre esses instrumentos de produção. Do mesmo modo, coincidem renda e lucro e não se dá nenhuma separação entre as diversas formas de mais-valor. O mais-trabalho dos trabalhadores que aqui se apresenta no mais-produto é extraído deles diretamente pelo proprietário do conjunto dos instrumentos de produção, entre os quais o solo e, na forma originária da escravidão, os próprios produtores diretos. Onde predomina a concepção capitalista, como nas plantações norte-americanas, todo esse mais-valor é concebido como lucro; já onde nem o modo de produção capitalista está presente, nem seu correspondente modo de conceber as coisas tenha sido transposto de países capitalistas, ele aparece como renda. De todo modo, essa forma não oferece dificuldade nenhuma. O rendimento do proprietário da terra, seja qual for o nome que se lhe dê, o mais-produto disponível que ele apropria, é aqui a forma normal e predominante em que todo o mais-trabalho não pago é diretamente apropriado, e a propriedade fundiária forma a base dessa apropriação.

Além disso, temos a *propriedade parcelária*. Nela, o camponês é ao mesmo tempo livre proprietário de seu solo, que se apresenta como seu principal instrumento de produção, como o campo indispensável de ocupação para seu trabalho e seu capital. Nessa forma, o arrendamento não é pago; por conseguinte, a renda não aparece como uma forma separada do mais-valor, embora em países em que, de resto, o modo de produção capitalista se encontra desenvolvido ela se apresente como lucro extra em comparação com outros ramos da produção, mas como lucro extra que cabe ao camponês, do mesmo modo como, em geral, com todo o produto de seu trabalho.

Essa forma da propriedade do solo pressupõe, como em suas formas mais antigas, que a população rural possua uma grande preponderância numérica sobre a urbana, isto é, que, ainda quando impere o modo de produção capitalista, este esteja relativamente pouco desenvolvido e, por isso, predomine a fragmentação do capital, já que também nos outros ramos de produção a concentração dos capitais se movimenta dentro de limites estreitos. Segunda a natureza das coisas, uma parte predominante do produto da terra tem de ser consumida por seus produtores, os camponeses, como meio direto de subsistência, e só o excedente sobre essa parte pode entrar como mercadoria no comércio com as cidades. Independentemente de como esteja aqui regulado o preço médio de mercado do produto agrícola, a renda diferencial, uma parte excedente do preço das mercadorias para as terras melhores ou mais bem localizadas precisa obviamente existir, assim como no modo de produção capitalista. Mesmo que essa forma se apresente em condições sociais onde nenhum preço geral de mercado esteja sequer desenvolvido, essa renda diferencial existe; ela se manifesta, então, no mais-produto excedente. Só que ela é embolsada pelo camponês, cujo trabalho se efetua sob condições naturais mais favoráveis. Exatamente nessa forma, em que o preço do solo se apresenta para o camponês como elemento dos custos de produção efetivos – uma vez que, com o desenvolvimento ulterior dessa forma, no caso de divisões sucessórias, recebe-se o solo em troca de certo valor em dinheiro ou, no caso de mudanças constantes de dono, seja da propriedade inteira, seja das partes que a integram, o solo é comprado pelo próprio cultivador, na maior parte dos casos por empréstimo de dinheiro sobre hipoteca –, quer dizer, onde o preço da terra, que não é senão a renda capitalizada, é um elemento pressuposto e, por isso, faz com que a renda pareça existir independente de qualquer diferença na fertilidade e localização do solo, é precisamente aqui que cabe supor, em média, que não há uma renda absoluta, isto é, que o solo pior não paga renda nenhuma, já que a renda absoluta pressupõe ou um excedente realizado do valor do produto sobre seu preço de produção ou um preço monopólico acima do valor do produto. Como aqui, no entanto, a economia agrícola consiste em grande parte no cultivo para a subsistência direta e o solo é, para a maior parte da população, um campo indispensável de ocupação de seu trabalho e de seu capital, então apenas sob circunstâncias extraordinárias o preço regulador de mercado do produto atingirá seu valor; mas este estará em média, necessariamente acima do preço de produção, devido à preponderância do elemento de trabalho vivo, ainda que esse excedente do valor sobre o preço de produção seja também novamente limitado pela baixa composição do capital não agrícola em países onde predomina a economia parcelária. Como limite da exploração para o camponês parcelário não aparece, por um lado, o lucro médio do capital, na medida em que ele é um pequeno capitalista; tampouco, por outro lado, a necessidade de uma renda, na medida em que ele é proprietário do solo. Em sua condição de pequeno capitalista, a única coisa que aparece para ele como limite absoluto é o salário que ele paga a si mesmo, após a dedução dos custos propriamente ditos. Enquanto o preço do produto cobre seu salário, ele continua a cultivar suas terras, e isso frequentemente até atingir um mínimo físico do salário. No que diz respeito a sua qualidade de proprietário fundiário, desaparece para ele a limitação da propriedade, que só pode tornar-se efetiva em oposição ao capital separado dela (inclusive trabalho) quando interpõe uma barreira ao investimento desse capital. De todo modo, os juros do preço da terra, que muitas vezes ainda precisam ser pagos a um terceiro, ao credor da hipoteca, são uma limitação. Tais juros, no entanto, podem ser pagos com a parte do mais-trabalho que, sob condições capitalistas, formaria o lucro. A renda antecipada no preço da terra e nos juros pagos por ela pode, então, ser tão somente uma parte do mais-trabalho dos camponeses capitalizado sobre o trabalho indispensável a sua subsistência, sem que esse mais-trabalho seja realizado numa parcela do valor da mercadoria igual a todo o lucro médio e, menos ainda, num excedente sobre o mais-trabalho realizado no lucro médio, num lucro extra. A renda pode ser uma dedução do lucro médio ou, inclusive, a única parte desse lucro médio que se realiza. Por conseguinte, para que o camponês parcelário cultive seu solo ou compre terra para cultivar, não é necessário, como ocorre no modo normal de produção capitalista, que o preço de mercado do produto agrícola suba o suficiente para render-lhe o lucro médio e, menos ainda, um excedente, fixado na forma de renda, sobre esse lucro médio. Não é preciso, portanto, que o preço de mercado se eleve até o valor ou até o preço de produção de seu produto. Isso é um dos fatores que fazem com que o preço dos cereais em países em que predomina a propriedade parcelária seja mais baixo do que em nações com modo de produção capitalista. Uma parte do mais-trabalho dos camponeses que trabalham sob as condições mais desfavoráveis é cedida gratuitamente à sociedade e não entra na regulação dos preços de produção nem na formação do valor em geral. Esse preço inferior é, logo, um resultado da pobreza dos produtores, e não da produtividade de seu trabalho. A livre propriedade parcelária de camponeses que trabalham suas próprias terras, enquanto forma normal e dominante, constitui, por um lado, a base econômica da sociedade nas melhores épocas da Antiguidade clássica, base que podemos encontrar entre os povos modernos como uma das formas que surgem da dissolução da propriedade fundiária rural. É o caso da *yeomanry* na Inglaterra, do campesinato na Suécia, dos camponeses na França e no leste da Alemanha. Não falamos aqui das colônias, porquanto nelas o camponês autônomo se desenvolve sob outras condições.

A livre propriedade do camponês que trabalha sua própria terra é, evidentemente, a forma mais normal de propriedade fundiária para a exploração em pequena escala, isto é, para um modo de produção em que a posse do solo é uma condição da propriedade, por parte do trabalhador, do produto de seu próprio trabalho em que o camponês, seja ele proprietário livre ou não, precisa sempre produzir seus meios de subsistência para si mesmo, com sua família, na qualidade de trabalhador autônomo isolado. A propriedade da terra é tão necessária para o pleno desenvolvimento dessa atividade quanto a propriedade do instrumento para o livre desenvolvimento do artesanato. Tal propriedade forma aqui a base para o desenvolvimento da independência pessoal, um ponto de transição necessário para o desenvolvimento da própria agricultura. As causas de seu declínio revelam sua limitação. São elas: o desaparecimento da indústria doméstica rural, que era seu complemento normal, devido ao desenvolvimento da grande indústria; o empobrecimento gradual e o esgotamento do solo submetido a esse cultivo; a usurpação, por grandes proprietários fundiários, da propriedade comunal, que por toda parte forma o segundo complemento da economia parcelária, porquanto só ela permite a criação de gado; a concorrência do cultivo em grande escala, praticado como sistema de plantações ou como exploração capitalista. Os aperfeiçoamentos na agricultura que, por um lado, provocam uma queda nos preços dos produtos agrícolas e, por outro, exigem maiores gastos e maior abundância de condições materiais de produção também colaboram para isso, como ocorreu na Inglaterra na primeira metade do século XVIII.

Por sua natureza, a propriedade parcelária exclui o desenvolvimento das forças produtivas sociais do trabalho, as formas sociais do trabalho, a concentração social dos capitais, a pecuária em larga escala e o emprego avançado da ciência.

A usura e o sistema de impostos provocarão necessariamente sua ruína por toda parte. O dispêndio do capital no preço da terra subtrai esse capital ao cultivo. A fragmentação infinita dos meios de produção e o isolamento dos próprios produtores. O monstruoso desperdício das forças humanas. A piora progressiva das condições de produção e o encarecimento dos meios de produção constituem uma lei necessária da propriedade parcelária. A desgraça que as estações mais frutíferas do ano representam para esse modo de produção[45].

Um dos males específicos da agricultura em pequena escala, quando vinculada à livre propriedade da terra, advém do fato de que o lavrador, ao comprar a terra, desembolsa um capital. (O mesmo se aplica à forma de transição, em que o grande proprietário fundiário primeiro desembolsa um capital para comprar terras e, em seguida, para que ele mesmo as explore como seu próprio arrendatário.) Dada a natureza móvel que a terra aqui ostenta como mera mercadoria, aumentam as mudanças de posse[46], de modo que, a cada nova geração, com cada partilha, a terra, do ponto de vista do camponês, entra de novo como investimento de capital, isto é, converte-se em terra comprada por ele. Nesse caso, o preço da terra é um fator predominante dos falsos custos individuais de produção ou do preço de custo do produto para os produtores individuais.

O preço da terra não é senão renda capitalizada e, por conseguinte, antecipada. Se a agricultura é explorada ao modo capitalista, de forma que o proprietário da terra recebe apenas a renda, e o arrendatário não paga pela terra senão essa renda anual, então o capital investido pelo próprio proprietário fundiário na compra da terra é evidentemente, para ele, um investimento de capital portador de juros, mas que não guarda absolutamente nenhuma relação com o capital investido na própria agricultura. Não forma parte nem do capital fixo aqui em funcionamento nem do capital circulante[47]; pelo contrário, só garante ao comprador um título quando recebe a renda anual, mas não tem absolutamente nenhuma relação com a produção dessa renda. O comprador paga o capital precisamente àquele que lhe vendeu a terra, e

---

45 Ver, em [Thomas] Tooke [e William Newmarch, *A History of Prices, and of the State of the Circulation, During the Nine Years 1848-1856*, v. 6, Londres, 1857, p. 29-30 – N. E. A.], o discurso do trono pronunciado pelo rei da França.

46 Ver Mounier e [Maurice] Rubichon [, *Du mécanisme de la societé en France et en Anglaterre*, cit.].

47 O sr. dr. H. Maron (*extensivo ou intensivo* {não são dadas maiores indicações sobre essa brochura}) parte do pressuposto falso daqueles a quem ele combate. Admite que o capital investido na compra de terra seja "capital de investimento" e passa a brigar pelas perspectivas definições conceituais de capital de investimento e capital de exploração, isto é, de capital fixo e capital circulante. Suas concepções inteiramente primárias sobre capital em geral, aliás desculpáveis para um não economista pela situação da "teoria da economia política" alemã, ocultam-lhe que esse capital não é nem capital de investimento nem capital de giro; tampouco como o capital que alguém investe na Bolsa na compra de ações ou títulos públicos e que para ele, pessoalmente, representa um investimento de capital, não é "investido" em qualquer ramo de produção.

o vendedor, em contrapartida, renuncia a sua propriedade sobre a terra. Esse capital, portanto, já não existe como capital do comprador, pois este já não o tem; já não pertence, pois, ao capital que ele pode investir de algum modo no próprio solo. Se comprou a terra caro ou barato, ou se a recebeu de graça, é algo que não altera em nada o capital investido pelo arrendatário na exploração, e em nada modifica a renda, mas apenas o seguinte: que esta agora lhe apareça como juros ou não juros ou, respectivamente, como juros altos ou baixos.

Tomemos como exemplo a economia escravista. O preço que se paga pelo escravo não é outra coisa senão o mais-valor ou o lucro, antecipado e capitalizado, a ser extraído dele. Mas o capital que se paga na compra do escravo não pertence ao capital por meio do qual se extrai do escravo o lucro, o mais-trabalho. Pelo contrário. É capital que o senhor de escravos alienou, dedução do capital que ele detém na produção real. Não existe mais para ele, exatamente como o capital investido na compra da terra não existe mais para a agricultura. A melhor prova está no fato de que ele só volta a ter existência para o senhor de escravos ou para o proprietário fundiário quando ele volta a vender o escravo ou a terra. Então se produz a mesma situação para o comprador. A circunstância de que ele tenha comprado o escravo ainda não o capacita a, sem mais nem menos, explorá-lo. Só o capacita a isso um capital posterior, que ele emprega na própria economia escravista.

O mesmo capital não existe duas vezes, uma vez nas mãos do vendedor da terra, outra nas mãos de seu comprador. Ele passa das mãos do comprador às do vendedor; com isso, o assunto está encerrado. Agora, o comprador não tem capital nenhum, mas, em vez disso, possui um terreno. A circunstância de que a renda obtida pelo investimento real de capital nesse terreno venha a ser calculada pelo novo proprietário da terra como juros do capital que ele não investiu na terra, mas cedeu para sua aquisição, não altera em absolutamente nada a natureza econômica do fator terra, do mesmo modo como a circunstância de que alguém tenha pago £1.000 por consolidados a 3% tampouco tem qualquer relação com o capital de cujos rendimentos se pagam os juros da dívida pública.

Com efeito, o dinheiro despendido na compra da terra, assim como o gasto na compra de títulos públicos, só é capital em si, do mesmo modo como, na base do modo de produção capitalista, toda soma de valor é capital *em si*, capital potencial. O que se pagou pela terra, assim como pelos fundos públicos ou por outras mercadorias compradas, foi uma soma em dinheiro. Esta é capital em si, porquanto pode ser transformada em capital. Se o dinheiro recebido pelo vendedor realmente se transforma em capital ou não, isso é algo que depende do uso que ele faz. Para o comprador, ele nunca mais poderá ter essa função, assim como qualquer outro dinheiro que ele tenha gasto definitivamente. Em seus cálculos, isso aparece como um capital portador de juros, uma vez que os rendimentos que ele obtém como renda do solo ou como juros pela dívida pública são calculados como juros do dinheiro que ele pagou na compra do título sobre esse rendimento. Como capital, ele só pode realizá-lo mediante revenda. Mas eis que entra outra pessoa, o novo comprador, na mesma relação em que aquele se encontrava, e não há mudança de mãos que faça com que o dinheiro assim despendido transforme-se em capital real para quem o desembolsa.

Na pequena propriedade, fortalece-se muito mais a ilusão de que a própria terra tem valor e, por isso, entra como capital no preço de produção do produto, exatamente como uma máquina ou a matéria-prima. Porém, vimos que só em dois casos a renda – por conseguinte, a renda capitalizada, o preço da terra – entra de modo decisivo no preço do produto agrícola. Primeiro, se o valor do produto agrícola, em virtude da composição do capital agrícola – de um capital que não tem nada a ver com o capital desembolsado na compra da terra – se encontra acima de seu preço de produção, e as condições de mercado permitem que o proprietário fundiário aproveite essa diferença. Segundo, se existem preços monopólicos. Ambos os casos ocorrem menos que nunca na economia parcelária e na pequena propriedade, justamente porque aqui a produção supre em grande parte as próprias necessidades, funcionando independentemente da regulação pela taxa geral de lucro. Mesmo quando a economia parcelária é praticada em solo arrendado, o dinheiro do arrendamento engloba, muito mais do que em quaisquer outras circunstâncias, uma parte do lucro e até mesmo uma dedução do salário; ele é, então, apenas nominalmente uma renda, e não a renda como categoria independente em relação ao salário e ao lucro.

O dispêndio de capital monetário para a compra da terra não é, pois, um investimento de capital agrícola. É, *pro tanto* [proporcionalmente], uma redução do capital do qual podem dispor os pequenos camponeses em sua própria esfera de produção. Esse desembolso reduz *pro tanto* o volume de seus meios de produção e, por isso, estreita a base econômica da reprodução. Submete o pequeno camponês ao agiota, porquanto nessa esfera, em geral, há pouco crédito propriamente dito. É um entrave para a agricultura, ainda que essa compra ocorra quando se trata de grandes propriedades. Contradiz, com efeito, o modo de produção capitalista, que, em geral, é indiferente à circunstância do endividamento do proprietário fundiário, não importando se ele herdou sua propriedade ou a comprou. Se ele mesmo embolsa a renda ou se tem de gastá-la novamente no pagamento a credores de hipotecas, isso é algo que não altera em nada o próprio cultivo da propriedade arrendada.

Vimos que, com uma renda fundiária dada, é pela taxa de juros que se regula o preço da terra. Se ela é baixa, o preço da terra é alto, e vice-versa. Em condições normais, portanto, um preço alto da terra e uma taxa de juros baixa deveriam coincidir, de modo que, se o camponês, graças à taxa de juros baixa, paga pelas terras um preço alto, essa mesma taxa de juros baixa também teria de proporcionar-lhe capital de giro a crédito sob condições favoráveis. Quando a propriedade parcelária é predominante, porém, as coisas se dão de outra maneira. Em primeiro lugar, as leis gerais do crédito não se aplicam aos camponeses, pois elas pressupõem o produtor no papel do capitalista. Em segundo lugar, onde predomina a propriedade parcelária – não nos referimos a colônias – e o camponês parcelário atua como eixo central da nação, a formação de capital, isto é, a reprodução social, é relativamente fraca, e ainda mais fraca é a formação de capital monetário mutuável, no sentido que expusemos anteriormente. Tal formação pressupõe a concentração e a existência de uma classe de ricos capitalistas ociosos (Massie). Em terceiro lugar, onde a propriedade da terra é uma condição vital para a maior parte dos produtores e um campo de investimento imprescindível para seu capital, o preço da terra é alto, independente da taxa de juros e, com frequência, numa proporção inversa a esta última, devido à superioridade da demanda da propriedade fundiária em relação à oferta. Nesse caso, vendida em parcelas, a terra alcança um preço bem mais alto que na venda de grandes extensões, pois aqui os pequenos compradores são muitos, e o grandes, poucos (*Bandes noires,* Rubichon; Newman). Por tudo isso, o preço da terra aumenta mesmo com uma taxa de juros relativamente alta. Aos juros relativamente baixos que o camponês extrai do capital desembolsado na compra da terra (Mounier) corresponde, do lado oposto, a taxa de juros elevada, usurária, que ele mesmo tem de pagar a seus credores de hipotecas. O sistema irlandês apresenta o mesmo fenômeno, só que em outra configuração.

O preço da terra, elemento em si mesmo estranho à produção, pode elevar-se aqui a um nível em que torna impossível a produção (Dombasle).

Que o preço da terra exerça uma tal papel, que a compra e a venda do solo, a circulação da terra como mercadoria, desenvolvam-se nessas proporções, isso é praticamente consequência do desenvolvimento do modo de produção capitalista, na medida em que a mercadoria se converte na forma geral de todo produto e de todos os instrumentos de produção. Por outro lado, essa evolução só tem lugar se o modo de produção capitalista se desenvolve de maneira limitada, sem atualizar todas as suas potencialidades; precisamente porque ele se baseia no fato de que a agricultura já não está – ou ainda não está – submetida ao modo de produção capitalista, mas a um modo de produção legado pelas gerações passadas e de formas sociais já extintas. Portanto, as desvantagens do modo de produção capitalista, com sua dependência do produtor em relação ao preço em dinheiro de seu produto, nesse caso coincidem com as desvantagens decorrentes do desenvolvimento incompleto do modo de produção capitalista. O camponês se torna comerciante e industrial, mas sem que estejam presentes as condições sob as quais pode produzir seu produto como mercadoria.

O conflito entre o preço da terra como fator do preço de custo para o produtor, e não como fator do preço de produção para o produto (mesmo no caso em que a renda ingressa de modo determinante no preço do produto agrícola, a renda capitalista, que é adiantada por 20 anos ou mais, não ingressa aí de maneira nenhuma de modo determinante), é somente uma das formas em que se apresenta, em geral, a contradição entre a propriedade privada do solo e uma agricultura racional, uma utilização social normal do solo. No entanto, a propriedade privada do solo e, por conseguinte, a expropriação dos produtores diretos do solo – propriedade privada do solo por parte de uns, e consequente não propriedade por parte dos outros – constituem a base do modo de produção capitalista.

Aqui, no cultivo em pequena escala, o próprio preço da terra, que é forma e resultado da propriedade privada da terra, aparece como obstáculo a limitar a produção. Na agricultura em grande escala e na grande propriedade fundiária baseada no modo de exploração capitalista, a propriedade aparece também como um estorvo, pois limita o arrendatário em seu investimento produtivo de capital, que, em última instância, não favorece a ele, mas ao proprietário fundiário. Nas duas formas, o cultivo racional e consciente do solo como propriedade perene da comunidade, condição inalienável da existência e da reprodução das gerações humanas que se substituem umas às outras, cedem lugar à exploração e o desperdício das forças da terra (isso abstraindo do fato de que a exploração se torna dependente não do estágio de desenvolvimento social alcançado, mas das circunstâncias acidentais e desiguais dos produtores individuais). No caso da pequena propriedade, isso decorre da falta de meios e de conhecimentos científicos para empregar a força produtiva social do trabalho. Já na grande propriedade, é fruto da exploração desses meios para que o arrendatário e o proprietário enriqueçam o mais rápido possível. Em ambos os casos, decorre da dependência com relação ao preço de mercado.

Toda crítica à pequena propriedade fundiária se resolve, no final das contas, na crítica à propriedade privada como barreira e obstáculo à agricultura. O mesmo se aplica a toda crítica contra a grande propriedade fundiária. Em ambos os casos, abstrai-se naturalmente de considerações políticas acessórias. Essa barreira e esse obstáculo que toda propriedade privada da terra opõe à produção agrícola e ao cultivo racional, à manutenção e à melhoria da própria terra, apenas assumem diferentes formas em cada um dos casos, e na disputa acerca dessas formas específicas do mal, sua causa última é esquecida.

A pequena propriedade do solo pressupõe que parcela imensamente maior da população seja rural e que não o trabalho social, mas o trabalho isolado seja o predominante; que, por isso, sob tais circunstâncias, estejam excluídos a riqueza e o desenvolvimento da reprodução, em condições tanto materiais quanto espirituais, assim como as condições de um cultivo racional. Por outro lado, a grande propriedade do solo reduz a população agrícola a um mínimo em diminuição constante e opõe-lhe uma população industrial cada vez maior, aglomerada em grandes cidades, gerando assim as condições para uma ruptura irremediável no metabolismo social, prescrito pelas leis naturais da vida; dessa ruptura decorre o desperdício da força da terra, o qual, em virtude do comércio, é levado muito além das fronteiras do próprio país. (Liebig.)

Se a pequena propriedade do solo faz nascer uma classe de bárbaros situados, em parte, à margem da sociedade, que combina toda a rusticidade das formações sociais primitivas com todos os tormentos e as misérias dos países civilizados, a grande propriedade, por outro lado, soterra a força de trabalho no último lugar em que sua energia natural encontra refúgio e se armazena como fundo de reserva para a renovação da energia vital das nações: no próprio campo. A indústria e a agricultura em grande escala, exploradas de modo industrial, atuam de forma conjunta. Se num primeiro momento elas se distinguem pelo fato de que a primeira devasta e destrói mais a força de trabalho e, com isso, a força natural do homem, ao passo que a segunda depreda mais diretamente a força natural da terra, posteriormente, no curso do desenvolvimento, ambas se dão as mãos, uma vez que o sistema industrial na zona rural também exaure os trabalhadores, enquanto a indústria e o comércio, por sua vez, fornecem à agricultura os meios para o esgotamento do solo.

Seção VII

OS RENDIMENTOS E SUAS FONTES

Selo soviético de 1967 em comemoração aos cem anos da primeira edição do Livro I d'*O capital*.

Capítulo 48

A fórmula trinitária

I[48]

Capital-lucro (lucro empresarial mais juros), terra-renda fundiária, trabalho-salário: eis a fórmula trinitária na qual estão contidos todos os segredos do processo de produção social. Levando em conta que, como mostramos anteriormente, os juros se apresentam como o produto próprio e característico do capital, e que o lucro empresarial, em oposição a eles, surge como salário independente do capital, essa fórmula trinitária se reduz, vista mais de perto, à seguinte:

Capital-juros, terra-renda fundiária, trabalho-salário, na qual é felizmente eliminado o lucro, a forma do mais-valor que caracteriza propriamente o modo de produção capitalista.

Ora, examinando essa trindade econômica mais de perto, vemos que:

Primeiro, as supostas fontes da riqueza anualmente disponível pertencem a esferas absolutamente distintas e não apresentam a menor analogia entre si. Entre elas se encontra mais ou menos a mesma relação que existe entre as taxas cartoriais, a beterraba e a música.

Capital, terra, trabalho! Porém, o capital não é uma coisa, mas uma determinada relação social de produção, que pertence a uma determinada formação histórico-social, representa-se numa coisa e confere a esta um caráter especificamente social. O capital não consiste na soma dos meios de produção materiais e produzidos. Ele consiste nos meios de produção transformados em capital, meios que, em si, são tão pouco capital quanto o ouro ou a prata são, em si mesmos, dinheiro. Consiste nos meios de produção monopolizados por determinada parte da sociedade, os produtos e as condições de

---

48 Os três fragmentos seguintes encontram-se em diferentes passagens do manuscrito relativo à seção VI. (F. E.)

atividade da força de trabalho autonomizados precisamente diante dessa força de trabalho, que se personificam no capital mediante essa oposição. O capital não se resume aos produtos dos trabalhadores, produtos transformados em forças autônomas, aos produtores como dominadores e compradores daqueles que os produzem, mas também se constitui pelas forças sociais e a forma futura [...] {? ilegível} desse trabalho que eles se contrapõem como atributos de seu produto. De modo que temos aqui, pois, uma forma social determinada, muito mística à primeira vista, de um dos fatores de um processo social de produção historicamente fabricado.

E agora se nos apresenta a terra, a natureza inorgânica como tal, *rudis indigestaque moles* [a massa rude e caótica], em todo seu primitivismo selvático. O valor é trabalho. Por isso, o mais-valor não pode ser terra. A fertilidade absoluta do solo faz apenas com que certa quantidade de trabalho renda determinado produto, a depender da fertilidade natural do solo. A fertilidade desigual do solo faz com que as mesmas quantidades de trabalho e capital, ou seja, o mesmo valor se representem em diferentes quantidades de produtos agrícolas; portanto, que esses produtos tenham diferentes valores individuais. A nivelação desses valores individuais até formarem valores de mercado faz com que as *advantages of fertile over inferior soil [...] are transferred from the cultivator or consumer to the landlord**. (Ricardo, *Principles*, p. 6.)

Por fim, como terceiro membro dessa aliança, um mero fantasma: "o" trabalho, que não passa de uma abstração e que, considerado em si mesmo, não existe em absoluto ou, se consideramos o [...] {ilegível}, a atividade produtiva do homem em geral, mediante a qual ele medeia o metabolismo com a natureza, desprovida não só de toda forma social e de toda determinação social do caráter, mas inclusive em sua simples existência natural, independente da sociedade, desligada de todas as sociedades e como exteriorização e confirmação vitais tanto do homem que ainda não é social quanto do homem socialmente determinado de alguma forma.

II

Capital-juros; propriedade fundiária, propriedade privada do globo terrestre, precisamente na forma moderna, que corresponde ao modo de produção capitalista-renda; trabalho assalariado-salário. Nessa fórmula é preciso haver,

* "Vantagens do solo fértil sobre o inferior [...] sejam transferidas do lavrador ou do consumidor para o proprietário fundiário." (N. T.)

portanto, correlação entre as fontes do rendimento. Assim como o capital, também o trabalho assalariado e a propriedade fundiária são formas sociais historicamente determinadas; uma, do trabalho, e a outra, do globo terrestre monopolizado – e, com efeito, as duas são formas correspondentes ao capital e fazem parte da mesma formação econômica da sociedade.

O primeiro elemento surpreendente nessa fórmula é que, ao lado do capital, dessa forma de um elemento de produção que pertence a determinado modo de produção, a determinada configuração histórica do processo social da produção, ao lado de um elemento de produção ligado a uma certa forma social e representado nesta última, encontrem-se ordenados, sem mais nem menos, a terra de um lado e o trabalho de outro, isto é, dois elementos do processo efetivo de trabalho, que nessa forma material são comuns a todos os modos de produção, que são os elementos materiais de todo processo de produção e não guardam qualquer relação com a forma social deste.

Segundo. Na fórmula capital-juros, terra-renda fundiária, trabalho-salário, capital, terra e trabalho aparecem respectivamente como fontes de juros (em vez de lucro), e renda fundiária e salário surgem como seus produtos, seus frutos – aqueles são o motivo, estes, a consequência; aqueles a causa, estes, o efeito; e isso de modo que cada uma das fontes está separadamente relacionada a seu produto como aquilo que é derivado e produzido por ela. Todos estes três rendimentos – juros (em vez de lucro), renda, salário – constituem partes do valor do produto, ou seja, partes do valor em geral; se expressamos isso em dinheiro, determinadas partes do dinheiro, do preço. Ora, decerto a fórmula capital-juros é a fórmula do capital que menos corresponde a seu conceito, mas é uma fórmula dele. Como é que a terra poderá gerar um valor, isto é, uma quantidade de trabalho socialmente determinado, e, além disso, essa parte específica de valor de seus próprios produtos que constitui a renda? A terra, por exemplo, atua como agente de produção na criação de um valor de uso, de um produto material, do trigo. No entanto, ela não tem nada a ver com a produção do *valor do trigo*. Na medida em que o valor se representa no trigo, este é considerado apenas como determinada quantidade de trabalho social objetivado, não importando absolutamente a matéria especial em que esse trabalho se representa ou o valor específico de uso dessa matéria. Essa regra não é contraditada pelo fato de que: 1) mantendo-se inalteradas as demais circunstâncias, o baixo ou o alto preço do trigo dependa da produtividade da terra. A produtividade do trabalho agrícola vincula-se a condições naturais e, de acordo com sua produtividade, a mesma quantidade de trabalho pode-se representar em muitos ou poucos produtos, valores de uso. A grandeza da quantidade de trabalho que se representa em um alqueire depende da quantidade de alqueires fornecida pela mesma massa de trabalho. Em que quantidade de produto o valor se representa é algo que depende, aqui, da produtividade do solo; mas esse valor está dado independente dessa distribuição. O valor se representa num valor de uso, e o valor de uso é uma das condições da criação de valor; mas é uma tolice formular uma antítese na qual figura, de um lado, um valor de uso, a terra, e, do outro, um valor – ainda por cima, uma parte específica de valor. 2) {Aqui se interrompe o manuscrito.}

III

A economia vulgar, com efeito, não faz mais que interpretar, sistematizar e louvar doutrinariamente as concepções dos agentes presos dentro das relações burguesas de produção. Não nos deve surpreender, portanto, que ela, precisamente na forma de manifestação alienada das relações econômicas, nas quais essas aparecem, *prima facie,* como contradições totais e absurdas – e toda a ciência seria supérflua se a forma de manifestação e a essência das coisas coincidissem imediatamente –, se sinta aqui perfeitamente à vontade e que essas relações lhe apareçam tanto mais naturais quanto mais escondida se encontrar nela a correlação interna, ao mesmo tempo em que são correntes para a concepção comum. Por isso ela não tem a mínima noção de que a trindade da qual parte – terra-renda; capital-juros; trabalho-salário ou preço do trabalho – é, *prima facie,* de composições impossíveis. Primeiro, há o valor de uso *terra,* que não tem valor nenhum, e o valor de troca *renda* – de maneira que uma relação social, concebida como coisa, está posta em relação com a natureza; logo, duas grandezas incomensuráveis que guardam entre si uma proporção recíproca. Em seguida, *capital-juros.* Se o capital é compreendido *prima facie* como certa soma de valor, representada de forma autônoma em dinheiro, então é tolice que um valor tenha de valer mais do que seu valor real. Na forma capital-juros desaparece toda a intermediação, e o capital é reduzido a sua fórmula mais genérica, mas também por isso a uma fórmula inexplicável e absurda. Daí que o economista vulgar prefira a fórmula capital-juros à fórmula capital-lucro, com a qualidade oculta de ser um valor desigual a si mesmo, pois com esta última já nos aproximamos mais da relação real do capital. Depois, com a agitada sensação de que 4 não são 5 e, por conseguinte, 100 táleres não podem ser jamais 110 táleres, ele foge do capital como valor para a substância material do capital, para seu valor de uso como condição de produção do trabalho: foge para a maquinaria, a matéria-prima etc. Com isso, em vez da incompreensível primeira relação, segundo a qual 4 = 5, ele chega a uma relação completamente incomensurável entre, por um lado, um valor de uso, uma coisa, e, por outro, determinada relação social de produção, o mais-valor: exatamente como na propriedade fundiária. Uma vez de posse desse incomensurável e tudo se esclarece para o economista vulgar, que então já não sente mais a necessidade de continuar a pensar, agora que chegou ao "racional" da concepção burguesa. Finalmente, *trabalho-salário*, o preço do trabalho, como o demonstramos no Livro I, é uma expressão que, *prima facie*, contradiz o conceito de valor, assim como o de preço, que, em geral, não é propriamente mais que uma expressão determinada do valor; e "preço do trabalho" é, do mesmo modo, algo tão irracional quanto um logaritmo amarelo. Mas é nesse ponto que o economista vulgar fica satisfeito, pois chegou, enfim, à visão mais profunda do burguês, convencido de que paga dinheiro pelo trabalho, e porque justamente a contradição entre a fórmula e o conceito de valor o libera da obrigação de compreender este último.

* * *

Vimos[49] que o processo de produção capitalista é uma forma historicamente determinada do processo social de produção em geral. Este último é tanto um processo de produção das condições materiais de existência da vida humana como um processo que, operando-se em condições histórico-econômicas de produção específicas, produz e reproduz essas mesmas relações de produção e, com elas, os portadores desse processo, suas condições materiais de existência e suas relações mútuas, isto é, sua determinada formação socioeconômica. A totalidade dessas relações que os portadores dessa produção estabelecem com a natureza e entre si, relações na quais ele produzem, é justamente a sociedade, considerada em sua estrutura econômica. Como todos os processos de produção antecedentes, a produção capitalista está submetida a determinadas condições materiais que, no entanto, contêm em si relações sociais determinadas que os indivíduos estabelecem no processo de reprodução da vida. Aquelas condições, assim como essas relações, são, por um lado, pressupostos e, por outro, resultados e criações do processo de produção capitalista, que os produz e reproduz. Vimos, além disso, que o capital – e o capitalista não é mais do que o capital personificado, que funciona no processo de produção apenas como portador do capital –,

---

49 Começo do cap. 48, conforme o manuscrito.

logo, o capital durante o processo social de produção que lhe corresponde, extrai determinada quantidade de mais-trabalho dos produtores diretos ou dos trabalhadores, mais-trabalho que o capitalista recebe sem equivalente e que, conforme sua essência, continua sempre a ser trabalho forçado, por mais que possa aparecer como resultado de um contrato livremente consentido. Esse mais-trabalho se representa num mais-valor, e esse mais-valor existe num mais-produto. Mais-trabalho em geral, como trabalho que vai além das necessidades dadas, tem de continuar a existir sempre. No sistema capitalista, porém, assim como no sistema escravista etc., ele assume uma forma antagônica e recebe um complemento na puro ócio de uma parte da sociedade. A necessidade de assegurar-se contra fatos acidentais e a indispensável e progressiva expansão do processo de reprodução – expansão que corresponde ao desenvolvimento das necessidades e ao progresso da população, o que, do ponto de vista capitalista, se chama acumulação – exigem determinada quantidade de mais-trabalho. O capital tem como um de seus aspectos civilizadores o fato de extrair esse mais-trabalho de maneira e sob condições mais favoráveis ao desenvolvimento das forças produtivas, das relações sociais e à criação dos elementos para uma nova formação, superior às formas anteriores da escravidão, da servidão etc. Isso conduz, por um lado, a uma fase em que desaparecem a coerção e a monopolização do desenvolvimento social (inclusive de suas vantagens materiais e intelectuais) por uma parte da sociedade à custa da outra; por outro lado, cria os meios materiais e o germe de relações que, numa forma superior da sociedade, permitirão unir esse mais-trabalho a uma redução maior do tempo dedicado ao trabalho material em geral, pois, na medida do desenvolvimento da força produtiva do trabalho, o mais-trabalho pode ser grande com uma breve jornada total de trabalho e relativamente pequeno com uma grande jornada total de trabalho. Digamos que o tempo de trabalho necessário seja = 3 e o mais-trabalho = 3; a jornada total de trabalho será, então, = 6 e a taxa do mais-trabalho = 100%. Se o trabalho necessário for = 9 e o mais-trabalho for = 3, então a jornada total de trabalho será = 12 e a taxa de mais-trabalho será apenas = 33⅓%. Assim, da produtividade do trabalho depende quanto valor de uso se produz em determinado tempo e, portanto, também em certo tempo de mais-trabalho. A riqueza efetiva da sociedade e a possibilidade de ampliar constantemente seu processo de produção não dependem, desse modo, da duração do mais-trabalho, mas de sua produtividade e das condições mais ou menos abundantes de produção em que ela tem lugar. Com efeito, o reino da liberdade só começa onde cessa o trabalho determinado pela necessidade e pela adequação a finalidades externas; pela própria natureza das coisas, portanto, é algo que transcende a esfera da produção material propriamente dita. Do mesmo modo como o selvagem precisa lutar com a natureza para satisfazer suas necessidades, para conservar e reproduzir sua vida, também tem de fazê-lo o civilizado – e tem de fazê-lo em todas as formas da sociedade e sob todos os modos possíveis de produção. À medida de seu desenvolvimento, amplia-se esse reino da necessidade natural, porquanto se multiplicam as necessidades; ao mesmo tempo, aumentam as forças produtivas que as satisfazem. Aqui, a liberdade não pode ser mais do que fato de que o homem socializado, os produtores associados, regulem racionalmente esse seu metabolismo com a natureza, submetendo-o a seu controle coletivo, em vez de serem dominados por ele como por um poder cego; que o façam com o mínimo emprego de forças possível e sob as condições mais dignas e em conformidade com sua natureza humana. Mas este continua a ser sempre um reino da necessidade. Além dele é que tem início o desenvolvimento das forças humanas, considerado como um fim em si mesmo, o verdadeiro reino da liberdade, que, no entanto, só pode florescer tendo como base aquele reino da necessidade. A redução da jornada de trabalho é a condição básica.

Na sociedade capitalista, esse mais-valor ou esse mais-produto se distribui – abstraindo-se das flutuações ocasionais da distribuição e considerando-se sua lei reguladora, seus limites normativos – entre os capitalistas como dividendos em proporção à cota de capital social pertencente a cada um. Nessa forma, o mais-valor aparece como o lucro médio que diz respeito ao capital, lucro médio que, por sua vez, desdobra-se em ganho empresarial e juros, podendo recair, sob essas duas categorias, em diferentes tipos de capitalista. Por meio do capital, no entanto, essa apropriação e distribuição do mais-valor, ou, a depender do caso, do mais-produto, encontram seu limite na propriedade fundiária. Assim como o capitalista ativo extrai do trabalhador o mais-trabalho e, com isso, sob a forma do lucro, o mais-valor e o mais-produto, também o proprietário fundiário extrai do capitalista uma parte desse mais-valor, ou mais-produto, sob a forma da renda fundiária, segundo as leis anteriormente desenvolvidas.

Quando aqui falamos do lucro como da parcela do mais-valor que recai no capital, referimo-nos com isso ao lucro médio (igual ao lucro empresarial mais os juros) que já se encontra limitado pela dedução da renda do lucro total (igual, em sua massa, ao mais-valor total); pressupõe-se a dedução da renda. Lucro do capital (lucro empresarial mais juros) e renda fundiária não são, portanto, nada além de componentes específicos do mais-valor, categorias em que este se diferencia conforme recaia no capital ou na propriedade da terra, rubricas que, porém, mantêm inalterada sua essência. Somados, formam a totalidade do mais-valor social. O capital extrai diretamente dos trabalhadores o mais-trabalho, que representa o mais-valor e o mais-produto. Nesse sentido, é possível considerá-lo, pois, como produtor do mais-valor. A propriedade fundiária não guarda nenhuma relação com o processo efetivo de produção. Seu papel se limita a fazer com que parte do mais-valor produzido passe do bolso do capital para o seu próprio. Mas o proprietário fundiário desempenha uma função no processo de produção capitalista, não só pela pressão que faz sobre o capital, tampouco somente pelo fato de a grande propriedade fundiária ser um pressuposto e uma condição da produção capitalista – por consistir na expropriação das condições de trabalho do trabalhador –, mas fundamentalmente pelo fato de aparecer como personificação de uma das condições mais essenciais da produção. Por fim, o trabalhador, como proprietário e vendedor de sua força de trabalho pessoal, recebe, nomeadamente como salário, uma parte do produto em que se representa a parte de seu trabalho que designamos como trabalho necessário, isto é, o trabalho necessário à conservação e reprodução dessa força de trabalho, não importando se as condições dessa conservação e dessa reprodução são mais pobres ou mais ricas, mais favoráveis ou mais desfavoráveis.

Ora, essas relações, por mais diferentes que pareçam entre si, possuem todas um ponto em comum: o capital rende, anualmente, lucro para o capitalista; o solo, renda fundiária para o proprietário da terra; e a força de trabalho – sob condições normais e enquanto se mantém como força de trabalho empregável –, salário para o trabalhador. Essas três partes do valor total produzido ano a ano e as partes que lhes dizem respeito do produto total produzido podem – aqui, por ora, prescindimos da acumulação – ser anualmente consumidas por seus respectivos donos, sem o esgotamento da fonte de sua reprodução. Aparecem como frutos de uma árvore perpétua, que podem ser anualmente consumidos, ou, mais precisamente, de três árvores, e formam os rendimentos anuais de três classes – do capitalista, do proprietário fundiário e do trabalhador –, os quais o capitalista ativo distribui como sugador direto do mais-trabalho e empregador do trabalho em geral. Ao capitalista, aparece seu capital; ao proprietário fundiário, seu solo; e ao trabalhador, sua força de trabalho, ou melhor, seu próprio trabalho (porquanto ele só vende efetivamente a força de trabalho na medida em que ela se exterioriza, e porque para ele, como mostramos anteriormente, o preço da força de trabalho, sobre a base do modo de produção capitalista, apresenta-se necessariamente como preço do trabalho) – portanto, três fontes de seus rendimentos específicos: o lucro, a renda fundiária e o salário.

De fato, o são no sentido de que, para o capitalista, o capital é uma perpétua máquina de sugar mais-trabalho; o solo, um ímã inesgotável que atrai para o proprietário fundiário uma parte do mais-valor sugada pelo capital; e, por último, o trabalho é a condição que sempre se renova e o meio para obter, sob a forma de salário, uma parcela do valor produzido pelo trabalhador e, por conseguinte, uma parte do produto social proporcional a essa parte do valor, os meios de subsistência necessários. Além disso, o são no sentido de que o capital fixa na forma de lucro uma parcela do valor e, por isso, do produto do trabalho anual, a propriedade fundiária fixa outra parte na forma da renda, e o trabalho assalariado fixa uma terceira parte na forma do salário; precisamente mediante essa transformação, eles se transformam nos rendimentos do capitalista, do proprietário fundiário e do trabalhador, mas sem criar a própria substância que se converte nessas distintas categorias. A distribuição pressupõe, pelo contrário, a existência dessa substância, isto é, o valor total do produto anual, que nada mais é que trabalho social objetivado. Porém, a questão não se apresenta nessa forma para os agentes da produção, que exercem diferentes funções no processo de produção, mas, antes, numa forma invertida. Por que isso ocorre é algo que desenvolveremos adiante, ao longo da investigação. O capital, a propriedade fundiária e o trabalho aparecem para aqueles agentes da produção como três fontes distintas e independentes, das quais derivam três componentes do valor anualmente produzido e, por conseguinte, do produto em que este existe; ou seja, das quais derivam não só as diferentes formas desse valor como rendimentos, que se aplicam aos fatores particulares do processo social de produção, como também esse mesmo valor e, com ele, a substância dessas formas de rendimento.

{Aqui falta uma folha no manuscrito.}

[...] A renda diferencial se relaciona com a fertilidade relativa dos terrenos, ou seja, com atributos que se originam da terra como tal. Mas na medida em que, em primeiro lugar, ela está fundada nos diferentes valores individuais dos produtos de diferentes tipos de solo, encontra-se apenas na determinação que acabamos de mencionar; na medida em que, em segundo lugar, funda-se no valor regulador geral de mercado, que se distingue desses valores individuais, consiste numa lei social que opera mediante a concorrência e que não guarda qualquer relação com o solo nem com seus diferentes graus de fertilidade.

Poderia aparentar que ao menos em "trabalho-salário" se enuncia uma relação racional. Mas isso está tão distante da realidade quanto no caso de "solo-renda fundiária". Na medida em que é criador de valor e se representa no valor das mercadorias, o salário não tem nada a ver com a distribuição desse valor entre diferentes categorias. Em seu caráter especificamente social do salário, ele não é criador de valor. De modo geral, já demonstramos que salário ou preço do trabalho não é mais que uma expressão irracional para o valor ou o preço da força de trabalho; e as condições sociais bem determinadas sob as quais se vende a força de trabalho não guardam qualquer relação com o trabalho na qualidade de agente geral da produção. O trabalho é também objetivado no componente de valor da mercadoria, o qual, como salário, forma o preço da força de trabalho; ele cria essa parte tanto quanto as outras partes do produto, porém nessa parte ele não se objetiva em maior medida, nem de modo distinto do que nas partes que constituem a renda ou o lucro. De modo geral, se nos fixarmos exclusivamente no trabalho como formador do valor, não poderemos considerá-lo em sua forma concreta de condição de produção, mas apenas numa determinação social que se distingue do trabalho assalariado.

Até mesmo a expressão "capital-lucro" é aqui equivocada. Se compreendemos o capital na única relação em que produz mais-valor, isto é, em sua relação com o trabalhador, em que extrai mais-trabalho por meio da coerção sobre a força de trabalho, quer dizer, sobre o trabalhador assalariado, então, além do lucro (lucros empresariais mais juros) esse mais-valor compreende também a renda ou, em suma, todo o mais-valor indiviso. Aqui, pelo contrário, como fonte de rendimento, tal expressão só se relaciona com a parte que recai no capitalista. Não se trata do mais-valor que o capital extrai em geral, mas tão somente da parte que ele extrai para o capitalista. Com mais razão ainda, desaparece toda conexão assim que a fórmula se transforma em "capital-juros".

Se, num primeiro momento, consideramos a disparidade das três fontes, agora vemos que seus produtos, seus derivados, os rendimentos, são todos integrantes da mesma esfera, a do valor. Isso tudo (essa relação entre grandezas não só incomensuráveis, mas absolutamente heterogêneas, entre coisas sem qualquer relação entre si e impossíveis de comparar) é nivelado porque, com efeito, só se considera o capital, assim como a terra e o trabalho, segundo sua substância material, ou seja, simplesmente como meio de produção produzido, abstraindo-se dele não só na qualidade de relação com o trabalhador, mas também de valor.

Terceiro. Nesse sentido, pois, a fórmula "capital-juros (lucro), terra-renda, trabalho-salário" apresenta uma incongruência uniforme e simétrica. Uma vez que o trabalho assalariado não aparece como forma socialmente determinada do trabalho, mas todo trabalho aparece segundo sua natureza como assalariado (tal como o concebe quem está preso nas relações de produção capitalistas), as formas sociais específicas e determinadas em que as condições materiais de trabalho – os meios de produção produzidos e o solo – se apresentam diante do trabalho assalariado (bem como, ao contrário e por sua vez, pressupõem o trabalho assalariado) também coincidem com a existência material dessas condições de trabalho ou com a estrutura que possuem no processo efetivo de trabalho, independentemente de toda forma social historicamente determinada deste último e, até mesmo, de *toda* forma social que ele venha a assumir. A estrutura das condições de trabalho, alienada do trabalho, autonomizada em relação a ele e, portanto, transformada, ou seja, em que os meios de produção produzidos se convertem em capital e a terra se torna terra monopolizada, propriedade fundiária, essa estrutura própria de um período determinado da história coincide, assim, com a existência e a função dos meios de produção produzidos e, em geral, com a terra no processo de produção. Aqueles meios de produção, em si mesmos, são, por natureza, capital; capital não é mais que um mero "nome econômico" para aqueles meios de produção, e assim a terra, em si mesma, é, por natureza, terra monopolizada por certo número de proprietários. Assim como no capital e no capitalista – que, com efeito, é tão somente capital personificado – os produtos se tornam um poder autônomo frente aos produtores, também no proprietário fundiário se personifica a terra, que do mesmo modo se ergue e, como poder autônomo diante dos produtores, exige sua participação no produto criado com sua ajuda, de modo que não é o solo que recebe a parte que lhe cabe do produto para repor e incrementar sua produtividade, mas é o proprietário da terra que recebe uma parte desse produto, seja para negociar com ela, seja para dissipá-la. É evidente que o capital pressupõe o trabalho como assalariado, mas é igualmente evidente que, se partirmos do trabalho como assalariado, de modo que a coincidência do trabalho em geral com o trabalho assalariado se apresente como algo patente e natural, então também o capital e a terra monopolizada terão de aparecer como forma natural das condições de trabalho frente ao trabalho em geral. Ser capital aparece agora como forma natural dos meios de trabalho e, por conseguinte, como dotado de um caráter puramente material e proveniente de sua função no processo de trabalho em geral. Portando, "capital" e "meios de produção produzidos" passam a ser expressões idênticas. Do mesmo modo, "solo" e "solo monopolizado mediante propriedade privada" se tornam expressões idênticas. Os meios de trabalho como tais, que, por natureza, são capital, convertem-se assim em fonte do lucro, ao mesmo tempo em que a terra, como tal, transforma-se em fonte de renda.

O trabalho, em sua simples determinação de atividade produtiva útil, relaciona-se com os meios de produção não na determinação da forma social, mas na substância material destes últimos, como materiais e meios do trabalho, que também só se distinguem entre si materialmente, como valores de uso: a terra como meio não produzido de trabalho, os outros como meios produzidos. Se, pois, o trabalho coincide com trabalho assalariado, também a forma socialmente determinada em que as condições de trabalho agora se defrontam com o trabalho coincidirá com sua existência material. Os meios de trabalho como tais são, então, capital, e a terra é, como tal, propriedade fundiária. A autonomização formal dessas condições de trabalho em relação ao trabalho, a forma específica da autonomização que tais condições apresentam diante do trabalho assalariado é, pois, um atributo inseparável delas como coisas, como condições de produção materiais, um caráter imanente e intrínseco que lhes corresponde necessariamente como elementos de produção. Seu caráter social no processo de produção capitalista, definido por uma época histórica determinada, é um caráter material, congênito, que lhes é natural e, por assim dizer, eterno, como elementos do processo de produção. Por isso, o papel que cabe à terra, como campo originário de ocupação do trabalho, como reino das forças naturais, como arsenal preexistente de todos os objetos de trabalho, e o outro papel respectivo, que cabe aos meios de produção produzidos (instrumentos, matérias-primas etc.) no processo de produção em geral, devem parecer expressar-se nas partes que lhes correspondem respectivamente como capital e propriedade fundiária, isto é, que afluem para seus representantes sociais na forma de lucro (juros) e renda, assim como para o trabalhador na forma de salário, a parte que seu trabalho representa no processo de produção. Renda, lucro e salário parecem brotar, assim, do papel que, no processo simples de trabalho desempenham a terra, os meios de produção produzidos e o trabalho, ainda que consideremos esse processo de trabalho como ocorrendo apenas entre o homem e a natureza e desconsiderando qualquer determinação histórica. A mesma questão, apenas sob outra forma, surge quando se diz que o produto em que se representa o trabalho do assalariado para ele mesmo, em que ele se representa como seu rendimento, sua renda, não é mais que o salário, a parte do valor (e, por isso, do produto social medido por esse valor) que seu salário representa. Se o trabalho assalariado coincide com o trabalho em geral, então também o salário coincidirá com o produto do trabalho, e a parcela do valor representada pelo salário será igual ao valor que o trabalho cria em geral. No entanto, as outras parcelas do valor, lucro e renda, confrontam-se de forma autônoma como salário e precisam ter origem em fontes próprias, especificamente diversas e independentes do trabalho; têm de brotar dos elementos coadjuvantes na produção, em cujos possuidores eles recaem – o lucro tem, assim, de resultar dos meios de produção; os elementos materiais, do capital; e a renda, da terra ou da natureza, representadas pelo proprietário fundiário. (Roscher.)

Propriedade fundiária, capital e trabalho assalariado convertem-se, desse modo, em fontes do rendimento, na medida em que o capital atrai para o capitalista uma parte do mais-valor que ele suga do trabalho na forma de lucro, que o monopólio da terra atrai para o proprietário da terra outra parte desse mais-valor na forma de renda, e que o trabalho proporciona ao trabalhador, na forma do salário, a última parte ainda disponível do valor; convertem-se, como dizíamos, em fontes por meio das quais uma parte do valor é transmutada em lucro; uma segunda, em renda; e uma terceira, em salário – trata-se de fontes reais, das quais se originam essas partes do valor e as partes respectivas do produto, nas quais aquelas existem e pelas quais podem ser trocadas; por fim, fontes das quais, como nascente última, brota, portanto, o próprio valor do produto[50].

Em nosso exame das categorias mais simples do modo de produção capitalista, e mesmo da produção de mercadorias, ao investigarmos a mercadoria e o dinheiro, já destacamos o caráter mistificador que faz com que as relações sociais, às quais os elementos materiais da riqueza servem como portadores na produção, sejam transformadas em atributos dessas próprias coisas (mercadorias) e, ainda mais explicitamente, a própria relação de produção em uma coisa (dinheiro). Todas as formas sociais, na medida em que conduzem à produção de mercadorias e à circulação de dinheiro, tomam parte nessa distorção. Mas no modo de produção capitalista e no caso do capital, que é sua categoria dominante, sua relação de produção determinante, esse mundo encantado e distorcido se desenvolve com força ainda maior. Considerando primeiro o capital no processo imediato de produção, como extrator de mais-trabalho, essa relação é ainda muito simples, e a conexão real interna se impõe aos portadores desse processo, aos próprios capitalistas, permanece em sua consciência. A intensa luta em torno dos limites da jornada de trabalho é uma prova decisiva disso. Mesmo no interior dessa esfera não mediada, na esfera do processo direto entre trabalho e capital, as coisas não são tão simples. Ao desenvolver-se o mais-valor relativo

---

[50] "Salário, lucro e renda fundiária são as três fontes originárias de todo o rendimento, bem como de todo o valor de troca" (A.[dam] Smith). "Assim, as causas da produção material são, ao mesmo tempo, as fontes dos rendimentos primitivos existentes" ([Heinrich Friedrich von] Storch, [*Cours d'économie politique*, São Petersburgo, A. Pluchart et Comp., 1815]) v. 1, p. 259.

no próprio modo de produção especificamente capitalista, com o qual se desenvolvem as forças produtivas sociais do trabalho, essas forças produtivas e as conexões sociais do trabalho aparecem no processo imediato de trabalho como tendo sido deslocadas do trabalho para o capital. Desse modo, o capital já se transforma num ente altamente místico, na medida em que todas as forças produtivas sociais do trabalho aparecem como forças pertencentes ao capital, e não ao trabalho como tal, como forças que têm origem no seu próprio seio. Logo entra em cena o processo de circulação, em cujo metabolismo e em cuja metamorfose recaem todas as partes do capital, inclusive do capital agrícola, no mesmo grau em que se desenvolve o modo de produção especificamente capitalista. Trata-se, aqui, de uma esfera em que as relações da produção originária de valor caem para um segundo plano. Já no processo direto de produção, o capitalista desempenha simultaneamente as funções de produtor de mercadorias e de diretor da produção. Tal processo de produção, por isso, não se lhe apresenta de maneira nenhuma como mero processo de produção de mais-valor. Porém, qualquer que seja o mais-valor que o capital tenha extraído no processo imediato de produção e tenha representado em mercadorias, o valor e o mais-valor incorporados nas mercadorias hão de realizar-se apenas no processo de circulação. E tanto a restituição dos valores adiantados na produção como, sobretudo, o mais-valor incorporado nas mercadorias parecem não só se realizar na circulação, mas surgir dela, aparência que se reforça especialmente por duas circunstâncias: primeiro, o lucro na venda, que depende de fraude, astúcia, experiência, destreza e de mil contingências de mercado; acrescente-se, ainda, a circunstância de que aqui, ao lado do tempo de trabalho, entra um segundo elemento determinante, o tempo de circulação. Este, é verdade, só funciona como obstáculo negativo à formação de valor e de mais-valor, mas aparenta ser uma causa tão positiva quanto o próprio trabalho e prover uma determinação derivada da natureza do capital e independente do trabalho. É evidente que, no Livro II, só tivemos de apresentar essa esfera da circulação em relação às determinações formais que ela gera e remeter ao desenvolvimento ulterior da figura do capital que nela se verifica. Mas essa esfera é, na verdade, a esfera da concorrência que, considerada em cada caso particular, é dominada pelo acaso; portanto, a lei interna que se impõe nesses acasos e os regula só se torna visível assim que esses acasos se agrupam em grandes massas, nos casos em que, portanto, ela mesma fica invisível e se torna incompreensível para os agentes individuais da produção. Além disso, o processo real de produção, no qual se conjugam o processo imediato de produção e o processo de circulação, engendra novas configurações, nas quais se torna cada vez mais difícil identificar a conexão interna; as relações de produção tornam-se independentes umas das outras e os componentes de valor se ossificam em formas autônomas.

Como vimos, a transformação do mais-valor em lucro é determinada tanto pelo processo de circulação quanto pelo processo de produção. O mais--valor, na forma de lucro, já não se refere à parte do capital desembolsada em trabalho, do qual ele deriva, mas ao capital total. A taxa de lucro é agora regulada por leis próprias, que possibilitam e até condicionam uma alteração dela mesma, com uma taxa constante de mais-valor. Tudo isso contribui para esconder cada vez mais a verdadeira natureza do mais-valor e, por conseguinte, o verdadeiro mecanismo que move o capital. Isso ocorre ainda mais por obra da transformação do lucro em lucro médio e dos valores em preços de produção, nas médias reguladoras dos preços de mercado. Aqui intervém um processo social bastante complexo, o nivelamento dos capitais, que, por meio de capitais específicos, estabelece uma separação entre, por um lado, o preço médio relativo das mercadorias e seu valor e, por outro, entre os lucros médios nas diferentes esferas da produção e a exploração real do trabalho (prescindindo completamente da análise dos investimentos individuais de capital em cada esfera particular da produção). Não só parece ser esse o caso, mas aqui, de fato, o preço médio das mercadorias não coincide com seu valor, isto é, com o trabalho nelas realizado, e o lucro médio de um capital específico é distinto do mais-valor que esse capital extraiu dos trabalhadores por ele empregados. O valor das mercadorias só aparece diretamente na influência da força produtiva flutuante do trabalho sobre a alta e a baixa dos preços de produção, sobre seu movimento, e não sobre seus limites últimos. O lucro aparece determinado pela exploração imediata do trabalho apenas de maneira secundária, na medida em que esta possibilita ao capitalista, com os preços reguladores do mercado que aparentemente independem dessa exploração, realizar um lucro distinto do lucro médio. Os próprios lucros médios normais aparentam ser intrínsecos ao capital, independentes da exploração; a exploração anormal, ou mesmo a exploração média sob condições excepcionalmente favoráveis, parecem condicionar tão somente a variação quanto ao lucro médio, e não este último. A autonomização da forma do mais-valor, sua ossificação em relação a sua substância, a sua essência, completa-se com a divisão do lucro em lucro empresarial e juros (para não falar da atuação do lucro comercial e do lucro no comércio de dinheiro, que se fundam na circulação e parecem derivar inteiramente dela, e não do processo de produção). Uma parte do lucro separa-se inteiramente da relação de capital propriamente dita e, em oposição à outra parte, apresenta-se como derivada não da função de exploração do trabalho assalariado, mas do trabalho assalariado do próprio capitalista. Em contrapartida, os juros aparecem, então, como independentes, seja do trabalho assalariado do trabalhador, seja do próprio trabalho do capitalista, e como tendo origem no capital como sua fonte própria e independente. Se o capital apareceu originalmente, na superfície da circulação, como fetiche de capital, como valor que cria valor, agora ele se apresenta outra vez na forma do capital que rende juros, que é sua forma mais estranhada e peculiar. Por isso, também a fórmula "capital-juros", como terceiro termo para "terra-renda" e "trabalho-salário", é muito mais razoável do que "capital-lucro", uma vez que no lucro persiste sempre uma lembrança de sua origem, ao passo que, nos juros, ela não só é apagada, mas condensada numa forma firmemente contraposta essa origem.

Por último, ao lado do capital como fonte autônoma de mais-valor, surge a propriedade fundiária como algo que limita o lucro médio e transfere uma parte do mais-valor para uma classe que propriamente não trabalha nem explora trabalhadores de maneira direta; tal como o capital que rende juros, não lhe é possível recorrer a lenitivos moralmente edificantes, como, por exemplo, o risco e o sacrifício intrínsecos ao empréstimo de capital. Como aqui uma parte do mais-valor não parece diretamente vinculada a relações sociais, mas a um elemento natural, a terra, então se completa a forma na qual as diferentes partes do mais-valor se estranham e ossificam reciprocamente, a conexão interna é definitivamente rompida e a fonte do mais-valor fica completamente soterrada, precisamente devido à autonomização mútua das relações de produção, vinculadas aos diversos elementos materiais do processo de produção.

Em capital-lucro, ou, melhor ainda, capital-juros, terra-renda fundiária, trabalho-salário – essa trindade econômica que conecta os componentes do valor e da riqueza em geral com suas fontes –, está consumada a mistificação do modo de produção capitalista, a reificação das relações sociais, o amálgama imediato das relações materiais de produção com sua determinação histórico-social: o mundo encantado, distorcido e de ponta-cabeça, em que *monsieur* Le Capital e *madame* La Terre vagueiam suas fantasmagorias como caracteres sociais e, ao mesmo tempo, como meras coisas. O principal mérito da economia clássica é o de ter dissolvido essa falsa aparência, essa empulhação, essa autonomização e ossificação recíprocas dos diferentes elementos sociais da riqueza, essa personificação das coisas e essa reificação das relações de produção, essa religião da vida cotidiana, ao reduzir os juros a uma parte do lucro e a renda ao excedente sobre o lucro médio, de maneira que ambos passam a coincidir no mais-valor; com isso, ela representa o processo de circulação como mera metamorfose das formas e, por último, no processo direto de produção, reduz o valor e o mais-valor das mercadorias ao trabalho. Ainda assim, mesmo seus mais destacados representantes, como não poderia deixar de ser do ponto de vista burguês, continuam mais ou menos prisioneiros do mundo da aparência que sua crítica extinguiu e, por isso, recaem todos eles, em maior ou menor grau, em inconsequências, semiverdades e contradições irresolvidas. Em contrapartida, é natural que os agentes reais da produção se sintam plenamente à vontade nessas formas estranhadas e irracionais de capital-juros, terra-renda, trabalho-salário, pois elas constituem precisamente as configurações da aparência em que tais agentes se movem e com as quais lidam todos os dias. Por isso, é também natural que a economia vulgar, que não é nada além de uma tradução didática, doutrinária em maior ou menor grau, das concepções correntes dos agentes reais da produção, nas quais ela introduz certa ordem inteligível, encontre precisamente nessa trindade, na qual está extinto todo nexo interno, a base natural e indubitável de sua altivez trivial. Ao mesmo tempo, ao proclamar e elevar à qualidade de dogma a necessidade natural e a legitimação eterna de suas fontes de rendimentos, essa fórmula corresponde ao interesse das classes dominantes.

Ao expor a reificação das relações de produção e sua autonomização frente aos agentes da produção, não analisamos de que maneira as conexões que permeiam o mercado mundial, suas circunstâncias, o movimento dos preços de mercado, os períodos do crédito, os ciclos da indústria e do comércio, a alternância de prosperidade e crise se lhes apresentam como leis naturais todo-poderosas, que os dominam contra a sua vontade e se impõem a eles como uma necessidade natural, cega. E não o fizemos porque o movimento real da concorrência encontra-se fora de nosso escopo e pretendemos expor apenas a organização interna do modo de produção capitalista, por assim dizer, em sua média ideal.

Em formas anteriores de sociedade, essa mistificação econômica só ocorre com relação ao dinheiro e ao capital que rende juros. Pela natureza das coisas, ela se encontra excluída, primeiro, de onde predomina a produção para o valor de uso, com o fim de satisfazer diretamente as próprias necessidades imediatas; segundo, de onde a escravidão ou a servidão formam a ampla base da produção social, como era o caso na Antiguidade e Idade Média – aqui, o domínio das condições de produção sobre os produtores se esconde por trás das relações de dominação e servidão, que aparecem e são visíveis como os motores diretos do processo de produção. Nas comunidades primitivas, nas quais impera o comunismo natural-espontâneo, e mesmo nas antigas comunidades urbanas, a base da produção são essas mesmas comunidades, com suas condições, e seu fim último não é mais que sua própria reprodução. Mesmo no sistema corporativo medieval, nem o capital nem o trabalho aparecem desvinculados, mas suas relações aparecem determinadas pelo sistema de corporações e pelas circunstâncias ligadas a ele, assim como pelas correspondentes ideias de dever profissional, maestria etc. Apenas no modo de produção capitalista*...

* Aqui o manuscrito se interrompe. (N. E. A.)

Capítulo 49

Complemento à análise do processo de produção

Para o propósito da investigação que se segue, podemos desconsiderar a distinção entre preço de produção e valor, uma vez que essa distinção desaparece inteiramente quando, como é o caso aqui, o valor do produto total anual do trabalho passa a ser analisado, ou seja, o produto do capital social total.

Lucro (ganho empresarial mais juros) e renda não são mais do que formas peculiares assumidas por certas partes especiais do mais-valor das mercadorias. A grandeza do mais-valor é o limite da soma das grandezas das parcelas em que ela pode ser decomposta. Lucro médio mais renda são, portanto, iguais ao mais-valor. Pode ocorrer que uma parte do mais-trabalho contida nas mercadorias – e, por conseguinte, o mais-valor – não entre imediatamente na equalização que resulta no lucro médio, de maneira que uma parcela do valor das mercadorias nem sequer chegue a ser expressa em seu preço. Ocorre que, em primeiro lugar, essa equalização só se dá porque a taxa de lucro cresce ao mesmo tempo que a mercadoria vendida abaixo de seu valor forma um elemento do capital constante, ou porque lucro e renda são representados num produto maior, quando as mercadorias vendidas abaixo de seu valor entram como artigos de consumo individual na parte do valor que se consome como rendimento. Em segundo lugar, porém, isso é suprassumido no movimento médio. Em todo caso, ainda que para a formação do preço seja perdida uma parcela do mais-valor que não foi expressa no preço da mercadoria, a soma do lucro médio mais a renda jamais pode, em sua forma normal, ultrapassar o mais-valor total, embora possa ser menor que ele. Sua forma normal pressupõe um salário que corresponde ao valor da força de trabalho. Mesmo a renda monopólica, na medida em que não consiste numa dedução do salário – portanto, na medida em que não forma nenhuma categoria especial –, deve ser sempre indiretamente uma parte do mais-valor, se não uma parte do excedente de preço sobre os custos de produção da própria mercadoria, da qual ela forma um componente (como no caso da renda diferencial), ou uma parte excedente do mais-valor da própria mercadoria sobre a parte de seu próprio mais-valor medida pelo lucro médio (como no caso da renda absoluta), pelo menos uma parte do mais-valor de outras mercadorias, isto é, das mercadorias que são trocadas por essa mercadoria, cujo preço é monopólico. A soma de lucro médio mais renda fundiária nunca pode ultrapassar a grandeza, da qual eles são partes e que já é dada por essa divisão. Por isso, é indiferente para nossa análise que o mais--valor total das mercadorias, isto é, todo o mais-trabalho incorporado nas mercadorias, se realize ou não em seu preço. O mais-trabalho, aliás, não se realiza totalmente, já pelo fato de que, com a constante variação da grandeza do trabalho socialmente necessário para a produção de dada mercadoria, variação que deriva da constante alteração na força produtiva do trabalho, uma parte das mercadorias terá sempre de ser produzida sob condições anormais e, consequentemente, vendida abaixo de seu valor individual. De todo modo, a soma do lucro e da renda é igual a todo o mais-valor realizado (mais-trabalho) e, para os fins da presente análise, o mais-valor realizado pode ser equiparado ao mais-valor inteiro, porquanto lucro e renda são mais-valor realizado, ou seja, em geral, o mais-valor que entra no preço das mercadorias, ou, na prática, todo mais-valor que forma um componente desse preço.

Por outro lado, o salário, a terceira forma particular do rendimento, é sempre idêntico ao componente variável do capital, isto é, ao componente que não se desembolsa em meios de trabalho, mas na aquisição da força viva de trabalho, na remuneração dos trabalhadores. (O trabalho que se paga no dispêndio de rendimento é, por sua vez, pago pelo salário, pelo lucro ou pela renda; por isso, não constitui nenhuma parcela de valor das mercadorias com que é pago. Ele não entra, portanto, na análise do valor das mercadorias e dos elementos que o formam.) É a objetivação da parte da jornada total de trabalho, na qual se reproduz o valor do capital variável e, com ele, o preço do trabalho: em outras palavras, a parte do valor das mercadorias em que o trabalhador reproduz o valor de sua própria força de trabalho ou o preço de seu trabalho. A jornada total de trabalho se subdivide em duas partes. A primeira, em que ele realiza a quantidade de trabalho necessária para a reprodução do valor de seus próprios meios de subsistência: trata-se da parte paga de seu trabalho total, a parte necessária para sua própria manutenção e reprodução. A parte restante da jornada de trabalho, toda a quantidade excedente de trabalho que ele executa para além do trabalho realizado no valor de seu salário, é mais-trabalho, trabalho não pago, representado no mais-valor de sua produção total de mercadorias (e, por isso, numa quantidade excedente de mercadoria), mais-valor que, por sua vez, é decomposto em distintas partes, já designadas: lucro (lucro empresarial mais juros) e renda.

Assim, a parte total do valor das mercadorias em que se realiza o trabalho inteiro dos trabalhadores – seja esse valor agregado à mercadoria durante um dia ou um ano –, o valor total do produto anual criado por esse trabalho, decompõe-se no valor do salário, do lucro e da renda, pois esse trabalho total se decompõe em trabalho necessário, por meio do qual o trabalhador cria a parte do valor do produto com que, por sua vez, ele mesmo vem a ser pago, ou seja, o salário, e em mais-trabalho não pago, por meio do qual ele cria a parcela do valor do produto que representa o mais-valor e que, logo depois, divide-se em lucro e renda. Além desse trabalho, o trabalhador não executa trabalho nenhum e, além do valor total do produto, que assume as formas de salário, lucro e renda, ele não cria valor nenhum. O valor do produto anual, em que se representa seu trabalho agregado durante o ano, é igual ao salário ou à soma do valor do capital variável e do mais-valor, que, por sua vez, volta a dividir-se nas formas de lucro e renda.

A parte total do valor do produto que o trabalhador cria durante o ano se expressa, pois, na soma anual de valor dos três rendimentos: o valor do salário, do lucro e da renda. Por isso, resulta evidente que o valor da parte constante de capital não está reproduzido no valor dos produtos criados anualmente, pois o salário só é igual ao valor da parte variável do capital adiantada na produção, ao passo que a renda e o lucro são apenas iguais ao mais-valor, ao excedente de valor produzido sobre o valor total do capital adiantado, que, por seu turno, é igual ao valor do capital constante mais o valor do capital variável.

Para a questão que temos de resolver aqui, é absolutamente indiferente que uma parcela do mais-valor transformado em lucro e renda não se consuma como rendimento, mas sirva para a acumulação. A parte desse mais-valor que se poupa como fundo de acumulação serve para a formação de capital novo, adicional, mas não para a reposição do capital velho nem do componente do antigo capital que foi desembolsado, seja em força de trabalho, seja em meios de trabalho. Portanto, a título de simplificação, podemos supor, aqui, que os rendimentos tenham entrado por completo no consumo individual. A dificuldade apresenta dois aspectos. Por um lado, o valor do produto anual, no qual esses rendimentos – salário, lucro, renda – se consomem, contém em si uma parcela de valor igual àquela da parte constante de capital absorvida em tal produto. Contém essa parcela de valor, além daquela que se resolve em salário e da que se reduz a lucro e renda. Seu valor é, pois, = salário + lucro + renda + C, que representa sua parte constante de valor. Ora, como será possível ao valor produzido anualmente, que é apenas = salário + lucro + renda, comprar um produto cujo valor é = (salário + lucro + renda) + C? Como o valor produzido anualmente poderá comprar um produto cujo valor é superior ao seu?

Por outro lado, se desconsideramos a parte do capital constante que não entrou no produto e que, por isso, embora com valor reduzido, segue existindo depois da produção anual das mercadorias; se, por conseguinte, abstraímos por um instante do capital fixo empregado, porém não consumido, então a parte constante do capital adiantado em forma de matérias-primas e matérias auxiliares se encontra totalmente absorvida no novo produto, ao passo que uma parte dos meios de trabalho foi inteiramente consumida e a outra apenas parcialmente, de modo que na produção consumiu-se somente uma parcela de seu valor. Toda essa parcela do capital constante consumida na produção tem de ser reposta *in natura*. Mantendo-se constantes as demais circunstâncias, isto é, a força produtiva do trabalho, essa parte custa, para sua reposição, a mesma quantidade de trabalho que antes, tendo, portanto, de ser substituída por um equivalente em valor. Onde isso não ocorre, a própria reprodução não pode se dar na antiga escala. Mas a quem cabe executar esses trabalhos, e quem os executa?

Quanto à primeira dificuldade – quem deve pagar a parte constante de valor contida no produto, e com quê? –, supõe-se que o valor do capital constante consumido na produção ressurge como parte do valor do produto. Isso não contradiz os pressupostos da segunda dificuldade, pois já no Livro I, capítulo 5 ("O processo de trabalho e o processo de valorização"), demonstramos como a mera adição de trabalho novo, embora não reproduza o valor antigo, mas só o incremente, isto é, crie apenas valor adicional, faz ao mesmo tempo com que o antigo valor se conserve no produto; além disso, também demonstramos que isso ocorre com o trabalho não na medida em que é criador de valor, ou seja, em que é trabalho em geral, mas em sua função de trabalho produtivo determinado. Nenhum trabalho adicional, portanto, se fazia necessário para conservar o valor da parte constante no interior do produto com que se despende o rendimento, isto é, o valor inteiro criado durante o ano. Mas é sem dúvida necessário um novo trabalho adicional para repor o capital constante consumido em seu valor e valor de uso, durante o ano transcorrido; sem tal reposição, a reprodução é impossível.

Todo trabalho novo agregado fica representado no novo valor criado durante o ano, o qual, por sua vez, decompõe-se em sua totalidade nos três rendimentos: salário, lucro e renda. Por um lado, portanto, não resta nenhum trabalho social excedente para a reposição do capital constante consumido, o qual, em parte, precisa ser reposto *in natura* e segundo seu valor e, em parte, apenas segundo seu valor (pela mera depreciação do capital fixo). Por outro lado, o valor criado pelo trabalho durante o ano, valor que se decompõe nas formas de salário, lucro e renda e tem de ser gasto nelas, não parece o bastante para pagar ou comprar aquela parte constante do capital que, além de seu próprio valor, tem de estar contida no produto anual.

Como vemos, esse problema já ficou resolvido em nosso estudo da reprodução do capital social total: Livro II, seção III. Se aqui retornamos a isso, é sobretudo porque lá o mais-valor ainda não havia sido desdobrado em suas formas de rendimento: lucro (ganho empresarial mais juros) e renda; por isso, tampouco podia ser tratado nessas formas. Mas também porque precisamente a forma de salário, lucro e renda foi objeto de um incrível erro de análise, que atravessa toda a economia política desde A.[dam] Smith.

No estudo referido, dividimos todo o capital em duas grandes classes: a classe I, que produz meios de produção, e a classe II, que produz meios de consumo individual. A circunstância de que certos produtos podem servir tanto para o desfrute pessoal como para meios de produção (um cavalo, grãos etc.) não invalida de modo nenhum a absoluta correção dessa divisão. Com efeito, ela não é nenhuma hipótese, mas tão somente a expressão de um fato. Tomemos o produto anual de um país. Uma parte do produto, seja qual for sua capacidade de servir de meio de produção, ingressa no consumo individual. É o produto em que são gastos salário, lucro e renda. Esse produto é o produto de um determinado setor do capital social. Esse mesmo capital também pode criar produtos pertencentes à classe I. Na medida em que o faz, a parte desse capital consumida no produto da classe II, num produto que realmente se destina ao consumo individual, não será a parte que fornece os produtos que recaem na classe I e são consumidos produtivamente. Todo esse produto II, que entra no consumo individual e no qual, por isso, se gasta o rendimento, é a existência do capital nele consumido mais o excedente produzido. É, portanto, produto de um capital empregado na mera produção de meios de consumo. Do mesmo modo, o setor I do produto anual, setor que serve de meio de reprodução, matéria-prima e instrumentos de trabalho, por mais capacidade que esse produto tenha *naturaliter* [por natureza] de servir de meio de consumo, é produto de um capital investido na mera produção de meios de produção. A maioria dos produtos que formam o capital constante se apresenta, mesmo materialmente, em uma forma na qual esse capital não pode entrar no consumo individual. Nos casos em que isso é possível, como o de um camponês que come suas sementes de trigo ou sacrifica seus bois de tração, a barreira econômica funciona para ele exatamente do mesmo modo, a saber, como se essa parte do capital constante existisse em uma forma não consumível.

Como já dissemos, façamos abstração, nas duas classes, da parte fixa do capital constante, que continua a existir *in natura* e segundo seu valor, independentemente do produto anual das duas classes.

Na classe II, em cujos produtos se despendem salário, lucro e renda – ou seja, nos quais são consumidos os rendimentos –, o próprio produto se divide, segundo seu valor, em três componentes. O primeiro é igual ao valor da parte constante do capital consumida na produção; o segundo é igual ao valor da parte variável adiantada na produção, desembolsada em salários; o terceiro, por fim, é igual ao mais-valor produzido, portanto = lucro + renda. O primeiro componente do produto da classe II, o valor da parte constante do capital, não pode ser consumido pelos capitalistas, nem pelos trabalhadores da classe II, tampouco pelos proprietários fundiários. Ele não constitui nenhuma parte de seus rendimentos, mas deve ser reposto *in natura* e, para que isso seja possível, é preciso vendê-lo. Em contrapartida, os dois outros componentes desse produto são iguais ao valor dos rendimentos gerados nessa classe = salário + lucro + renda.

Na classe I, o produto, no que diz respeito a sua forma, é constituído pelos mesmos componentes. No entanto, a parte que constitui seu rendimento – salário + lucro + renda –, quer dizer, a parte variável do capital + o mais-valor, não se consome aqui na forma natural dos produtos dessa classe I, mas nos produtos da classe II. O valor dos rendimentos da classe I, portanto, precisa ser consumido na parte do produto da classe II, que constitui o capital constante de II a ser reposto. Do produto da classe II, a parte que tem de repor o capital constante dessa mesma classe é consumida em sua forma natural pelos trabalhadores, pelos capitalistas e pelos proprietários fundiários da classe I. Eles desembolsam seus rendimentos nesse produto II. Por outro lado, o produto de I, em sua forma natural, na medida em que representa rendimento da classe I, deve ser consumido produtivamente pela classe II, repondo *in natura* o capital constante desta última. Por fim, a parte constante do capital da classe I, uma vez consumida, é reposta pelos próprios produtos dessa classe, formados precisamente de meios de trabalho, matérias-primas e materiais auxiliares etc., em parte pelo intercâmbio entre os capitalistas I, em parte porque uma parcela desses capitalistas pode voltar a empregar diretamente seu próprio produto como meio de produção.

Retomemos o esquema (Livro II, capítulo 20, II [p. 501]) da reprodução simples:

$$
\left.
\begin{array}{l}
\text{I. } 4.000c + 1.000v + 1.000m = 6.000 \\
\text{II. } 2.000c + 500v + 500m = 3.000
\end{array}
\right\} = 9.000
$$

De acordo com isso, em II os produtores e os proprietários fundiários consomem 500*v* + 500*m* = 1.000 como rendimento; restam 2.000*c* a serem repostos. Tal produto é consumido por trabalhadores, capitalistas e rentistas de I, cuja receita é = 1.000*v* + 1.000*m* = 2.000. O produto consumido de II é consumido como rendimento de I, e a parte do rendimento de I representada no produto que não se pode consumir é consumida como capital constante de II. Falta, portanto, prestar contas dos 4.000*c* em I. Estes são repostos pelo próprio produto de I = 6.000, ou melhor = 6.000 - 2.000, porquanto esses 2.000 já se encontram convertidos em capital constante para II. Porém, é preciso observar que esses números foram escolhidos arbitrariamente, ou seja, que a relação entre o valor do rendimento e o valor do capital constante de II também parece arbitrária. É evidente, no entanto, que na medida em que o processo de reprodução transcorre em plena normalidade, e mantendo-se constantes as demais circunstâncias, isto é, abstraindo da acumulação, a soma do valor de salário, lucro e renda na classe I tem de coincidir com o valor da parte constante de capital da classe II. Caso contrário, a classe II não tem como repor seu capital constante nem a classe I pode converter em consumível seu rendimento inconsumível.

O valor do produto-mercadoria anual, do mesmo modo como o valor do produto-mercadoria de um investimento particular de capital e como o valor de cada mercadoria individual, decompõe-se, portanto, em duas partes de valor: *A*, que repõe o valor do capital constante adiantado, e *B*, que se apresenta na forma de rendimento como salário, lucro e renda. O componente de valor *B* é uma antítese ao primeiro, *A*, uma vez que este último, mantendo-se inalteradas as demais circunstâncias, 1) jamais assume a forma de rendimento, 2) sempre reflui na forma de capital, mais precisamente de capital constante. No entanto, o outro componente, *B*, também é, por sua vez, contraditório em si mesmo. Lucro e renda têm em comum com o salário o fato de os três constituírem formas de rendimento. Apesar disso, distinguem-se essencialmente porque no lucro e na renda se representa mais-valor, ou seja, trabalho não pago, e no salário, trabalho pago. A parte de valor do produto que representa salário desembolsado, ou seja, que repõe o salário e, de acordo com nossos pressupostos, segundo os quais a reprodução se realiza na mesma escala e sob as mesmas condições, converte-se novamente em salário, reflui inicialmente como capital variável, como um componente do capital que se deve adiantar de novo para a reprodução. Esse componente funciona de dois modos. Primeiro, existe na forma de capital e, como tal, é trocado pela força de trabalho. Nas mãos do trabalhador, converte-se no rendimento que este último obtém com a venda de sua força de trabalho; na qualidade de rendimento é transformado em meios de subsistência e, por fim, consumido. Esse duplo processo se mostra na mediação da circulação do dinheiro. O capital variável é adiantado em dinheiro, desembolsado no pagamento de salários. Essa é sua primeira função como capital. Ele é trocado por força de trabalho e, na exteriorização desta última, transforma-se em trabalho. Esse é o processo para o capitalista. Em segundo lugar: com esse dinheiro, os trabalhadores compram uma parte de seu produto-mercadoria, que se mede por esse dinheiro e é por eles consumido como rendimento. Se abstraímos da circulação do dinheiro, então uma parte do produto do trabalhador está no bolso do capitalista, na forma de capital disponível. Ele adianta essa parte como capital, cedendo-a ao trabalhador em troca de nova força de trabalho, ao passo que o trabalhador a consome como rendimento, diretamente ou mediante troca por outras mercadorias. Assim, a parte do valor do produto que na reprodução está destinada a se transformar em salário, em rendimento para os trabalhadores, retorna primeiro para as mãos do capitalista na forma de capital, mais precisamente, de capital variável. Que ele reflua nessa forma é condição fundamental para que se voltem a reproduzir continuamente o trabalho como trabalho assalariado, os meios de produção como capital e o próprio processo de produção como processo capitalista.

Para não nos desviarmos em dificuldades estéreis, temos de distinguir entre, de um lado, rendimento bruto e rendimento líquido e, de outro, receita bruta e receita líquida.

Por rendimento ou o produto bruto entende-se todo o produto reproduzido. Deixando de lado a parte do capital fixo empregada, mas não consumida, o valor do rendimento bruto ou do produto bruto é igual à soma do valor do capital adiantado e consumido na produção, do capital constante e variável, e do mais-valor, que se decompõe em lucro e renda. Ou, se consideramos não o produto do capital individual, mas o do capital social total, o rendimento bruto é então igual aos elementos materiais que formam o capital constante e o capital variável, somados aos elementos materiais do mais-produto, em que estão representados o lucro e a renda.

A receita bruta é a parte do valor – e a parcela do produto bruto medida por essa parte – que resta depois de deduzirmos da produção total a parte de valor – assim como a parcela dos produtos por ela medida – que repõe o capital constante adiantado e consumido na produção. A receita bruta é, pois, igual ao salário (ou à parte do produto destinada a reconverter-se na receita do trabalhador)

+ o lucro + a renda. A receita líquida, em contrapartida, é o mais-valor e, por conseguinte, o mais-produto que resta depois de deduzido o salário; portanto, ela representa, de fato, o mais-valor realizado pelo capital e que deve ser dividido com os proprietários fundiários e o mais-produto medido por esse mais-valor.

Já vimos que o valor de cada mercadoria individual, assim como o valor de todo o produto-mercadoria de cada capital individual, decompõe-se em duas partes: uma que se limita a repor capital constante e outra que, embora uma fração dela reflua como capital variável, portanto, também na forma de capital, destina-se, contudo, a transformar-se completamente em receita bruta e assumir a forma do salário, do lucro e da renda, cuja soma constitui a receita bruta. Vimos, além disso, que esse é igualmente o caso em relação ao valor do produto total anual de uma sociedade. Entre o produto do capitalista individual e o da sociedade, há apenas uma diferença, a saber: considerada do ponto de vista do capitalista individual, a receita líquida se distingue da receita bruta na medida em que esta inclui o salário e aquela o exclui. Quando se considera a receita da sociedade inteira, a receita nacional consiste em salário mais lucro mais renda, ou seja, em receita bruta. Mas isso também é uma abstração, uma vez que toda a sociedade baseada na produção capitalista se coloca do ponto de vista capitalista e, por isso, só considera como receita líquida aquela que é decomposta em lucro e renda.

Em contrapartida, a fantasia, por exemplo, do sr. Say, segundo a qual o rendimento inteiro, o produto bruto total de uma nação, decompõe-se em rendimento líquido ou dele não se distingue, ou seja, que essa diferença deixa de existir do ponto de vista nacional, não é mais que a expressão necessária e última do dogma absurdo que, desde A.[dam] Smith, atravessa toda a economia política, a saber, o de que, em última instância, o valor das mercadorias se decompõe inteiramente em receita: salário, lucro e renda[51].

[51] Ricardo faz a seguinte observação, muito boa, sobre o irrefletido Say: "O sr. Say afirma o seguinte sobre o produto líquido e o produto bruto: 'O valor total produzido é o produto bruto; esse valor, depois de deduzidos os custos de produção, é o produto líquido' (t. 2, p. 491). Não pode haver, portanto, nenhum produto líquido, pois, segundo o sr. Say, os custos de produção consistem em renda, salários e lucro. Na p. 508, ele diz: 'O valor de um produto, o valor de um serviço produtivo, o valor dos custos de produção são, portanto, em sua totalidade, valores semelhantes quando se permite que as coisas sigam seu curso natural'. Caso se tire tudo de um todo, resta nada" (Ricardo, *Principles*, cap. 22, p. 512, nota). Aliás, como veremos mais tarde, em nenhum lugar Ricardo refuta a falsa análise de Smith sobre o preço da mercadoria, sua resolução na soma do valor dos rendimentos. Ele não se preocupa com ela e, em suas análises, a aceita como correta na medida em que "abstrai" da parte constante do valor das mercadorias. Inclusive ele próprio recai de vez em quando no mesmo modo de conceber as coisas.

Considerando-se cada capitalista separadamente, reconhecer que parte de seu produto deve reconverter-se em capital (mesmo abstraindo da expansão da reprodução ou da acumulação) – e isso, decerto, não só em capital variável, que, por sua vez, está destinado a reconverter-se em receita para os trabalhadores, ou seja, numa forma de rendimento, mas, além disso, em capital constante que nunca se pode transformar em receita – é naturalmente algo por demais fácil. A mais simples análise do processo de produção mostra isso com toda a evidência. A dificuldade só começa quando se considera o processo de produção em sua totalidade. O valor de toda a parte do produto que se consome como rendimento na forma de salário, lucro e renda (no qual é completamente indiferente que esse consumo seja individual ou produtivo), na análise e de fato, decompõe-se por completo na soma de valor formada por salário mais lucro mais renda, ou seja, no valor total dos três rendimentos, embora o valor dessa parcela do produto, da mesma forma que o daquela parcela que não entra no rendimento, possua uma parte do valor = C, igual ao valor do capital constante nelas contido; portanto, *prima facie*, essa parte do valor não pode ser limitada pelo valor do rendimento: por um lado, o fato praticamente inegável; por outro, a contradição teórica igualmente inegável. O modo mais fácil de contornar essa dificuldade é presumindo que o valor da mercadoria contém só em aparência, do ponto de vista do capitalista individual, uma parte ulterior de valor distinta da parte existente em forma de rendimento. A fraseologia segundo a qual para um aparece como rendimento o que para outro constitui capital não é mais do que um modo de eximir-se de toda reflexão ulterior. Como, então, pode-se repor o antigo capital, se o valor de todo o produto é consumível na forma de rendimento? E como pode o valor do produto de cada capital individual ser igual à soma de valor dos três rendimentos mais C, capital constante, considerando-se que a soma total de valor dos produtos de todos os capitais é igual à soma de valor dos três rendimentos mais 0? Naturalmente, isso tudo aparenta ser um enigma insolúvel, ao qual se responde dizendo que a análise é absolutamente incapaz de desvendar o mistério dos elementos simples do preço e que, por isso, temos de nos contentar com o círculo vicioso e a progressão ao infinito. De modo que o que se manifesta como capital constante pode ser decomposto em salário, lucro e renda, mas os valores-mercadorias em que se representam o salário, o lucro e a renda voltam a estar determinados, por sua vez, por salário, lucro e renda, e assim sucessivamente, até o infinito[52].

---

52 "Em toda sociedade, o preço de cada mercadoria se resolve, por fim, numa ou noutra dessas três partes ou nas três em seu conjunto" {ou seja, salário, lucro, renda}. "[...]

O dogma absolutamente falso, segundo o qual o valor das mercadorias pode, em última instância, ser decomposto em salário + lucro + renda também pode ser expresso dizendo que, em última instância, o consumidor precisa pagar o valor total do produto total ou que a circulação de dinheiro entre produtores e consumidores precisa, em última instância, ser igual à circulação de dinheiro entre os próprios produtores (Tooke); todas essas teses são tão falsas quanto o axioma sobre o qual repousam.

As dificuldades que conduzem a essa análise errônea e, *prima facie*, absurda são, em suma, as que seguem:

1. Que a relação fundamental entre capital constante e capital variável não foi devidamente compreendida; portanto, tampouco a natureza do mais-valor e, com ela, a base inteira do modo de produção capitalista. O valor de cada produto parcial do capital, de cada mercadoria individual, traz em si uma parte de valor = capital constante, uma parte de valor = capital variável (transformada em salários para os trabalhadores) e uma parte = mais-valor (mais tarde repartida em lucro e renda). Como será possível, então, que o trabalhador com seu salário, o capitalista com seu lucro e o proprietário fundiário com sua renda venham a comprar mercadorias que contêm, cada uma delas, não apenas um desses componentes, mas todos os três, e como poderá a soma de valor de salário, lucro e renda, ou seja, das três fontes de receita, adquirir as mercadorias que entram no consumo total dos destinatários dessa receita, mercadorias que, além desses três componentes de valor, contêm ainda um componente excedente, ou seja, capital constante? Em suma, como lhes será possível, com um valor de três, comprar um valor de quatro[53]?

Uma quarta parte pode parecer necessária para repor o capital do arrendatário ou compensar o desgaste de seus animais de tração e demais instrumentos agrícolas. Mas é preciso ter em conta que o preço de qualquer instrumento agrícola, como o cavalo de tração, compõe-se ele mesmo dessas três partes citadas: a renda da terra, na qual ele é criado, o trabalho de cuidá-lo e criá-lo e o lucro do arrendatário, que adianta a renda de sua terra e o salário de seu trabalho. Portanto, embora o preço do cereal possa pagar tanto o preço do cavalo como sua manutenção, o preço total resolve-se, como sempre, imediatamente ou em última instância, nessas mesmas três partes: renda fundiária, trabalho" {o correto seria: salário} "e lucro." (A.[dam] Smith) Adiante, mostraremos como o próprio A.[dam] Smith sente a contradição e a insuficiência desse subterfúgio – e isso não é, de fato, mais que um subterfúgio, na medida em que ele nos manda de um lado para outro, mas em nenhum momento nos mostra o real investimento de capital em que, sem *progressus* [progressão] ulterior, o preço do produto se resolve puramente e *ultimately* [em última instância] nessas três partes.

53 Proudhon manifesta sua incapacidade de entender isso com a obtusa fórmula: *l'ouvrier ne peut pas racheter son propre produit* [o trabalhador não pode comprar seu próprio

A análise disso já a fizemos na terceira seção do Livro II.

2. Que não se compreendeu de que maneira o trabalho, ao agregar novo valor, conserva o antigo valor em forma nova, sem produzir de novo esse valor.
3. Que não se compreendeu a conexão do processo de reprodução na forma como ele se apresenta, considerado sob a óptica não do capital individual, mas do capital total; a dificuldade de saber como o produto, no qual se realizam o salário e o mais-valor, ou seja, todo o valor criado durante o ano pelo trabalho novo agregado, pode repor sua parte constante e, ao mesmo tempo, resolver-se em valor limitado apenas pelos rendimentos; como, além disso, o capital constante que se consome na produção pode ser reposto materialmente e, de acordo com o valor, por um novo capital constante, ainda que a soma total do trabalho novo agregado só seja realizada em salário e mais-valor e esteja exaustivamente representada na soma do valor de ambos. É exatamente nesse ponto que se encontra a

produto], porque nele mesmo estão contidos os juros que foram agregados ao *prix-de-revien* [preço de custo]. Como o sr. Eugène Forcade lhe corrige? "Se a objeção de Proudhon fosse correta, ela afetaria não só os lucros do capital, mas aniquilaria até mesmo a possibilidade de existência da indústria. Se o trabalhador é forçado a pagar com 100 aquilo pelo que recebeu apenas 80, se o salário só pode voltar a comprar, num produto, o valor que ele mesmo lhe acrescentou, então isso equivale a dizer que o trabalhador não pode recomprar nada que o salário não pague. Com efeito, no próprio preço de custo há sempre algo além do salário do trabalhador; no preço de venda, algo mais do que o lucro do empresário, por exemplo, o preço da matéria-prima, que frequentemente é pago no estrangeiro. [...] Phoudhon esqueceu o crescimento incessante do capital nacional, esqueceu que esse crescimento se verifica para todos os que trabalham, tanto para os empresários quanto para os trabalhadores." (*Revue des Deux Mondes*, t. 24, 1848, p. 998) Aqui se vê o otimismo da irreflexão burguesa na forma que melhor lhe cabe: a da sapiência. Primeiro o sr. Forcade acredita que o trabalhador não poderia viver se, além do valor que ele produz, não recebesse um valor ainda mais elevado, enquanto, pelo contrário, o modo de produção capitalista seria impossível se ele realmente recebesse o valor que ele produz. Em segundo lugar, ele generaliza corretamente a dificuldade que Proudhon só expressou sob um ponto de vista restrito. O preço da mercadoria contém não só um excedente sobre o salário, mas também sobre o lucro, ou seja, sobre a parte constante do valor. De modo que, segundo o argumento de Proudhon, tampouco o capitalista poderia recomprar a mercadoria com seu lucro. Como Forcade resolve esse enigma? Com uma fraseologia sem sentido: o crescimento do capital. Portanto, o crescimento constante do capital deveria verificar-se também pelo fato de que a análise do preço das mercadorias, que para o economista se revela impossível no caso de um capital de 100, torna-se supérflua num capital de 10.000. O que se diria de um químico que, à pergunta de "por que o produto do solo contém mais carbono do que o solo" respondesse dizendo que isso se deve ao crescimento constante da produção do solo? A indulgente boa vontade em descobrir no mundo burguês o melhor dos mundos possíveis substitui, na economia vulgar, todas as exigências do amor à verdade e do impulso à pesquisa científica.

principal dificuldade na análise da reprodução e da relação entre seus diversos componentes, tanto em seu caráter material como em suas relações de valor.

4. A isso se soma uma nova dificuldade, que aumenta à medida que os diferentes componentes do mais-valor surgem na forma de rendimentos independentes entre si: a dificuldade de que as definições rígidas de rendimento e capital se intercambiam e trocam de posição, fazendo com que, do ponto de vista do capitalista individual, elas aparentem ser apenas determinações relativas, que se desvanecem no conjunto do processo de produção total. Por exemplo, o rendimento dos trabalhadores e capitalistas da classe I, que produz capital constante, repõe em valor e matéria o capital constante da classe de capitalistas II, que produz meios de consumo. Desse modo, essa dificuldade pode ser contornada com a concepção de que o que para um é rendimento para o outro é capital, e de tal forma que essas definições nada tenham a ver com as particularidades reais dos componentes de valor da mercadoria. Ademais, mercadorias que, em última instância, estão destinadas a formar os elementos materiais dos dispêndios de rendimento, ou seja, meios de consumo, percorrem durante o ano diversos estágios, por exemplo, fio de lã, tecido. Num deles, integram o capital constante; no outro, são consumidos individualmente, entrando assim inteiramente no rendimento. É possível, pois, imaginar, com A.[dam] Smith, que o capital constante não seja mais do que um elemento aparente do valor da mercadoria, que se desvanece no processo global. Além disso, tem-se assim um intercâmbio entre capital variável e rendimento. O trabalhador compra com seu salário a parte das mercadorias que forma seu rendimento. Com isso, ele repõe simultaneamente para o capitalista a forma-dinheiro do capital variável. Por último, uma parcela dos produtos que constituem capital constante é reposta *in natura* ou pelo intercâmbio dos próprios produtores do capital constante, processo com o qual os consumidores não guardam qualquer relação. Quando se ignora essa circunstância, surge a ilusão de que o rendimento dos consumidores repõe o produto total, ou seja, também a parte constante do valor.
5. Além da confusão que faz com que os valores sejam transformados em preços de produção, surge uma outra, derivada da transformação do mais-valor em diferentes formas particulares de rendimento, independentes umas das outras e relacionadas aos diferentes elementos da produção: o lucro e a renda. Nesse caso, esquece-se que o valor das mercadorias é a base fundamental, e que a decomposição desse valor-mercadoria em

componentes particulares, assim como o desenvolvimento desses componentes do valor em forma de rendimento, sua transformação em relações que os proprietários das diversas forças operantes na produção estabelecem com esses componentes individuais do valor, sua distribuição entre esses proprietários conforme categorias e títulos determinados, não altera em absolutamente nada a própria determinação do valor e sua lei. Tampouco se altera a lei do valor pela circunstância de que a equalização do lucro, isto é, a distribuição do mais-valor total entre os diferentes capitais, e as barreiras que, em parte (na renda absoluta), a propriedade fundiária coloca no caminho dessa equalização determinam o preço médio regulador das mercadorias em divergência com seus valores individuais. Isso afeta apenas o acréscimo de mais-valor sobre os diferentes preços das mercadorias, mas não suprime o próprio mais-valor nem o valor total das mercadorias como fonte desses diversos componentes do preço.

Esse é o quiproquó que consideraremos no capítulo seguinte e que está necessariamente ligado à ilusão de que o valor derive de seus próprios componentes. Ou seja: primeiro os diversos componentes do valor da mercadoria adquirem formas autônomas nos rendimentos e, como tais, referem-se, como sua fonte, não ao valor da mercadoria, mas aos elementos materiais particulares de produção. Referem-se realmente a eles, mas não como componentes do valor, não como componentes de valor, e sim como rendimentos, como componentes de valor que recaem nessas categorias determinadas de agentes da produção: o trabalhador, o capitalista e o proprietário da terra. Ora, é possível imaginar que esses componentes do valor, em vez de terem origem na decomposição do valor da mercadoria, o formam, pelo contrário, mediante sua conjunção, de onde surge, então, o belo círculo vicioso segundo o qual o valor das mercadorias se origina da soma do valor de salário, lucro e renda, e, por sua vez, o valor de salário, lucro e renda se determina pelo valor das mercadorias etc.[54]

[54] "O capital circulante investido em materiais, matérias-primas e produto acabado se compõe, por sua vez, de mercadorias cujo preço necessário é formado pelos mesmos elementos; de modo que, considerando a totalidade das mercadorias num país, seria uma repetição inútil colocar essa parte do capital circulante entre os elementos do preço necessário." ([Heinrich Friedrich] Storch, *Cours d'éc.[onomie] pol.[itique*, v. 2, São Petersburgo, A. Pluchart et comp., 1815,] p. 140) Por esses elementos do capital circulante, Storch entende a parte constante do valor (a parte fixa não é mais que capital circulante em sua forma alterada). "É verdade que o salário do trabalhador, assim como essa parte do lucro do empresário que consiste de salários – se consideramos estes últimos como parte dos meios de subsistência –, compõe-se igualmente de

Se consideramos o estado normal da reprodução, apenas uma parte do trabalho novo agregado é empregada na produção e, por conseguinte, na reposição de capital constante; quer dizer, precisamente a parte que repõe o capital constante consumido na produção de meios de consumo, de elementos materiais do rendimento. Isso se equaliza pelo fato de que essa parte constante da classe II não custa nenhum trabalho adicional. Mas o capital constante – que (considerando a totalidade do processo de reprodução, na qual se inclui, portanto, aquela equalização entres as classes I e II) não é nenhum produto do trabalho novo agregado, embora esse produto não pudesse existir sem ele – está exposto durante o processo de reprodução, do ponto de vista material, a acidentes e perigos que podem dizimá-lo. (Além disso, considerado também de acordo com o valor, ele pode se desvalorizar devido a uma alteração na força produtiva do trabalho; mas isso diz respeito apenas aos capitalistas individuais.) Sendo assim, uma parte do lucro, ou seja, do mais-valor e, por conseguinte, do mais-produto, na qual (considerada segundo seu valor) representa-se somente trabalho novo agregado, serve de fundo de seguros. Em nada altera a natureza da questão que esse fundo de seguros seja administrado ou não por companhias de seguro como um negócio à parte. Essa é a única parcela do rendimento que não se consome como tal nem serve necessariamente como fundo de acumulação. Que

---

mercadorias compradas a preço de mercado e que também inclui salários, rendas dos capitais, rendas fundiárias e ganhos empresariais. [...] Essa observação serve apenas para provar que é impossível decompor o preço necessário em seus elementos mais simples" (idem, nota). Em suas *Considérations sur la nature du revenu national* (Paris, [Bossange Père,] 1824), Storch, em sua polêmica contra Say, reconhece exatamente o absurdo a que conduz a falsa análise do valor da mercadoria, que o decompõe em simples rendimentos e expressa corretamente – do ponto de vista não do capitalista individual, mas de uma nação – a falsidade desses resultados; ele mesmo não avança nenhum passo na análise do *prix nécessaire*, acerca do qual ele, em seu *Cours*, esclarece que seria impossível decompô-lo em seus elementos reais sem resolvê-lo numa falsa progressão ao infinito. "É claro que o valor do produto anual se distribui, parte em capitais, parte em lucros, e que cada uma dessas partes do valor do produto anual comprará regularmente os produtos que a nação requer, tanto para manter seu capital quanto para renovar sua reserva de consumo" (p. 134-5). "[...] Pode ela" (uma família camponesa que trabalha por conta própria) "morar em seus celeiros ou em seus estábulos, comer seus grãos de semente e suas forragens para os animais, vestir-se com seus animais de tração, divertir-se com seus instrumentos agrícolas? Segundo a tese do sr. Say, seria preciso responder afirmativamente a todas essas perguntas" ([p.] 135-6). "[...] Admitindo-se que o rendimento de uma nação equivale a seu produto bruto, isto é, que não há capital algum a deduzir dele, é preciso também admitir que a nação pode consumir improdutivamente o valor inteiro de seu produto anual sem infligir o menor prejuízo a seu rendimento futuro" ([p.] 147). "[...] Os produtos que formam o capital de uma nação não são consumíveis" (p. 150).

ele realmente sirva como tal ou apenas cubra o déficit da reprodução é algo fortuito. Essa é também a única parte do mais-valor e do mais-produto – portanto, do mais-trabalho – que, além da parte que serve para a acumulação, ou seja, para ampliar o processo de reprodução, teria de continuar a existir mesmo depois da abolição do modo de produção capitalista. Isso pressupõe, é claro, que a parte regularmente consumida pelo produtor direto não fique restrita a sua atual medida mínima. Além do mais-trabalho para aqueles que, devido à idade, ainda não podem ou já não podem mais participar da produção, seria suprimido todo o trabalho destinado a sustentar aqueles que não trabalham. Se pensamos nos primórdios da sociedade, vemos que ali ainda não existem meios de produção produzidos, ou seja, nenhum capital constante cujo valor entre no produto e que tenha de ser reposto na reprodução na mesma escala, *in natura*, partindo do produto e numa medida determinada por seu valor. Mas, nesse caso, a natureza fornece os meios imediatos de subsistência, que não precisam ser produzidos. Por isso, ela também fornece ao selvagem, que só tem de satisfazer poucas necessidades, o tempo não para utilizar na nova produção os meios de produção ainda não disponíveis, mas para, ao lado do trabalho que custa a apropriação dos meios de subsistência existentes na natureza, transformar outros produtos naturais em meios de produção: arcos, facas de pedra, canoas etc. Esse processo, no caso do selvagem, se considerarmos apenas seu aspecto material, corresponde inteiramente à reconversão de mais-trabalho em novo capital. No processo de acumulação, continua a ocorrer a transformação de tal produto do trabalho excedente em capital; e a circunstância de que todo capital novo tem origem no lucro, na renda ou em outras formas de rendimento, isto é, no mais-trabalho, leva à falsa concepção de que todo valor das mercadorias tem origem num rendimento. Analisada mais de perto, essa reconversão do lucro em capital mostra, antes, que o trabalho adicional, que se apresenta sempre em forma de rendimento, não serve para a manutenção nem para a reprodução do antigo valor-capital, mas, na medida em que não se consome como rendimento, serve para a criação de novo capital excedente.

Toda a dificuldade resulta do fato de que todo trabalho novo agregado, na medida em que o valor por ele criado não se resolve em salário, aparece como lucro – entendido, aqui, como forma do mais-valor em geral –, isto é, como um valor que nada custou ao capitalista e, por isso, certamente não tem de repor-lhe nenhum adiantamento, nenhum capital. Razão pela qual esse valor existe na forma de riqueza disponível, adicional, ou, da perspectiva do capitalista individual, na forma de seu rendimento. Mas esse valor novo criado pode-se consumir tanto de modo produtivo quanto individual, tanto como capital quanto como rendimento. Segundo sua forma natural, ele tem de ser consumido de modo produtivo. Está claro, portanto, que o trabalho adicionado durante o ano cria tanto capital quanto rendimento, o que, aliás, evidencia-se também no processo de acumulação. Mas a parte da força de trabalho empregada para a nova criação de capital (ou seja, por analogia, a parte da jornada de trabalho que o selvagem emprega não para obter alimentos, mas para confeccionar o instrumento com o qual ele obtém alimentos) torna-se invisível, uma vez que o produto total do mais-trabalho se apresenta inicialmente na forma de lucro; uma destinação que, de fato, nada tem a ver com esse mais-produto mesmo, mas diz respeito apenas à relação privada do capitalista com o mais-valor por ele embolsado. De fato, o mais-valor criado pelo trabalhador se decompõe em rendimento e capital, isto é, em meios de consumo e meios de produção suplementares. Mas o antigo capital constante, recebido do ano anterior (desconsiderando a parte que se perde, ou seja, que é eliminada *pro tanto* [proporcionalmente], quer dizer, o capital constante na medida que não tenha de ser reproduzido, e essas perturbações do processo de reprodução são cobertas pelo seguro), considerado segundo seu valor, não é reproduzido pelo trabalho novo agregado.

Ademais, vemos que uma parte do trabalho novo agregado é constantemente absorvida na reprodução e na reposição do capital constante consumido, ainda que esse trabalho novo agregado só se decomponha em rendimentos: salário, lucro e renda. Nisso não se vislumbra, no entanto, 1) que uma parte do valor do produto desse trabalho *não* é nenhum produto desse trabalho novo agregado, mas capital constante preexistente e consumido; que a parte dos produtos em que essa parte do valor se representa tampouco se converte, por isso, em rendimento, mas repõe *in natura* os meios de produção desse capital constante; 2) que a parte de valor em que esse trabalho novo agregado realmente se representa não se consome *in natura* como rendimento, mas repõe o capital constante em outra esfera, na qual lhe foi conferida uma forma natural que lhe permite ser consumida como rendimento, mas que, por sua vez, não constitui um produto exclusivo do trabalho novo agregado.

Na medida em que a escala da reprodução permanece inalterada, cada elemento consumido do capital constante, se não segundo a quantidade e a forma, pelo menos segundo a eficiência, tem de ser reposto *in natura* por um novo exemplar de tipo correspondente. Permanecendo idêntica a força produtiva do trabalho, então essa reposição *in natura* implica a reposição do mesmo valor que o capital constante possuía em sua forma anterior. Se, no entanto, aumenta a força produtiva do trabalho, possibilitando que os mesmos elementos materiais sejam reproduzidos com menos trabalho, então uma parte menor do valor do produto pode repor plenamente *in natura* a parte constante. O excedente pode prestar-se, então, à formação de capital adicional, ou a uma parte maior do produto pode-se conferir a forma de meios de consumo, ou o mais-trabalho pode ser diminuído. Se, pelo contrário, diminui a força produtiva do trabalho, uma parte maior do produto tem de entrar na reposição do antigo capital; o mais-produto diminui.

A reconversão de lucro, ou de qualquer forma do mais-valor em geral, em capital mostra – abstraindo da forma econômica historicamente determinada e considerando-a apenas como uma formação simples de novos meios de produção – que jamais deixa de existir a situação em que o trabalhador, além do trabalho para a obtenção de meios de subsistência necessários, emprega trabalho para produzir meios de produção. Transformação de lucro em capital significa tão somente emprego de uma parte do trabalho excedente para a formação de meios adicionais de produção. Que isso se dê na forma de transformação de lucro em capital quer dizer apenas que é o capitalista que dispõe do trabalho excedente, não os trabalhadores. Que esse trabalho excedente tenha de passar primeiramente por um estágio em que aparece como rendimento (ao passo que entre os selvagens, por exemplo, ele aparece como trabalho excedente diretamente orientado à produção de meios de produção) significa apenas que esse trabalho, ou seu produto, é apropriado por quem não trabalha. Mas o que de fato se transforma em capital não é o lucro como tal. Transformação de mais-valor em capital quer dizer apenas que o mais-valor e o mais-produto não são consumidos individualmente pelo capitalista como rendimento. O que assim realmente se transforma é, no entanto, valor, trabalho objetivado ou, conforme o caso, o produto em que esse valor se representa imediatamente ou pelo qual ele é intercambiado depois de transformar-se em dinheiro. Mesmo quando o lucro é reconvertido em capital, essa forma determinada do mais-valor, o lucro, não constitui a fonte do novo capital. Nessa operação, o mais-valor é tão somente convertido de uma forma em outra. Mas o que o torna capital não é essa alteração da forma. É a mercadoria e seu valor que, agora, passam a funcionar como capital. Porém, que o valor da mercadoria não seja pago – e só desse modo ele se converte em mais-valor – é algo absolutamente indiferente para a objetivação do trabalho, para o próprio valor.

O equívoco se apresenta de diversas formas. Diz-se, por exemplo, que as mercadorias em que consiste o capital constante também contêm elementos de salário, lucro e renda. Ou, então, que o que para um representa rendimento para outro representaria capital e que, por isso, trata-se aqui de relações meramente subjetivas. O fio do fiandeiro, por exemplo, contém uma parte de valor que, para ele, representa lucro. Assim, quando o tecelão compra o fio, ele realiza o lucro do fiandeiro, mas para ele mesmo o fio é só uma parte de seu capital constante.

Além do que já explicamos sobre a relação entre rendimento e capital, devemos ainda observar que aquilo que, considerado segundo o valor, entra como parte constitutiva no capital do tecelão é o valor do fio. A maneira como as partes desse valor se resolveram em capital e rendimento ou, em outras palavras, em trabalho pago e não pago para o próprio fiandeiro é completamente indiferente para a determinação de valor da própria mercadoria (abstraindo das modificações ocasionadas pelo lucro médio). O que temos aqui, no fundo, é a ideia de que o lucro – e o mais-valor em geral – é um excedente sobre o valor da mercadoria, só obtido por meio de um acréscimo, a trapaça recíproca ou lucro sobre a venda. Quando se paga o preço de produção ou mesmo o valor da mercadoria, pagam-se também, naturalmente, os componentes de valor da mercadoria, que para seu vendedor se apresentam em forma de rendimento. Aqui, é claro, não estamos falando de preços monopólicos.

Em segundo lugar, é absolutamente correto dizer que os componentes das mercadorias que integram o capital constante são redutíveis, como qualquer outro valor-mercadoria, a frações de valor que, para os produtores e os proprietários dos meios de produção, resolvem-se em salário, lucro e renda. Isso não é mais do que o modo capitalista de expressar o fato de que todo valor-mercadoria não é senão a medida do trabalho socialmente necessário contido numa mercadoria. No Livro I, já demonstramos que isso não impede de modo nenhum que o produto-mercadoria de qualquer capital se decomponha em partes separadas, uma das quais representa exclusivamente a parte constante do capital; a outra, a parte variável do capital; e uma terceira, nada mais que o mais-valor.

Storch também expressa a opinião de muitos outros quando diz:

> *"Les produits vendables qui constituent le revenu national doivent être considérés dans l'économie politique de deux manières différentes: relativement aux individus comme des valeurs; et relativement à la nation comme des biens; car le revenu d'une nation ne s'apprécie pas comme celui d'un individu, d'après sa valeur, mais d'après son utilité ou d'après les besoins auxquels il peut satisfaire."** ([Heinrich Friedrich Storch,] *Consid.[érations] sur la nature du revenu national*, cit., p. 19.)

* "Os produtos vendáveis que constituem o rendimento nacional devem ser considerados, na economia política, de dois modos diferentes: em sua relação com os indivíduos enquanto valores e em sua relação com a nação enquanto bens de consumo; pois o rendimento de uma nação não é calculado como o de um indivíduo, segundo seu valor, mas segundo sua utilidade ou segundo as necessidades que ele pode satisfazer." (N. T.)

Em primeiro lugar, é uma falsa abstração considerar que uma nação, cujo modo de produção se baseia no valor e que, além disso, está organizada de modo capitalista, seja um corpo coletivo que trabalha apenas para satisfazer as necessidades nacionais.

Em segundo lugar, posteriormente à abolição do modo de produção capitalista, porém mantendo-se a produção social, continuará a predominar a determinação do valor no sentido de que a regulação do tempo de serviço e a distribuição do trabalho social entre os diferentes grupos de produção – e, por último, a contabilidade relativa a isso – se tornarão mais essenciais do que nunca.

Capítulo 50

A ilusão da concorrência

Mostramos que o valor das mercadorias ou o preço de produção regulado por seu valor total pode-se decompor em:

1. Uma parte do valor que repõe capital constante ou que representa o trabalho pretérito consumido na forma de meios de produção empregados na confecção da mercadoria; numa palavra, o valor ou o preço com que esses meios de produção entraram no processo de produção da mercadoria. Jamais nos referimos aqui à mercadoria individual, mas ao capital-mercadoria, isto é, à forma em que o produto do capital se apresenta em determinado intervalo de tempo, por exemplo anualmente, e da qual a mercadoria individual forma apenas um elemento, que, aliás, conforme seu valor, decompõe-se de forma análoga nesses mesmos componentes.
2. A parte do valor do capital variável que mede os rendimentos do trabalhador e que, para este, converte-se em salário – o qual, portanto, o trabalhador reproduziu nessa parte variável do valor –, em suma, a parte do valor em que se representa a parcela paga do trabalho novo agregado à primeira parte constante na produção da mercadoria.
3. O mais-valor, isto é, a parte do valor do produto-mercadoria em que se representa o trabalho não pago ou o mais-trabalho. Essa parte do valor volta a assumir, por sua vez, as formas autônomas que, ao mesmo tempo, são formas de rendimento: as formas de lucro do capital (lucro do capital como tal e lucro empresarial do capital como capital em funcionamento) e renda fundiária, a qual cabe ao proprietário do solo que coopera no processo de produção. Os componentes 2 e 3, isto é, o componente de valor que assume sempre as formas de rendimento de salário (isso sempre só depois de ter passado pela forma de capital variável), o lucro e a renda, distinguem-se do componente constante 1 pelo fato de que nele se resolve o valor inteiro em que se objetiva o trabalho novo

agregado àquela parte constante, os meios de produção da mercadoria. Se abstraímos agora da parte constante do valor, podemos dizer que o valor da mercadoria, na medida em que representa trabalho novo agregado, divide-se constantemente em três partes, que constituem três formas de rendimento – salário, lucro e renda[55] –, nas quais as respectivas grandezas de valor, isto é, as alíquotas do valor total que essas grandezas representam, estão determinadas por leis distintas e peculiares, desenvolvidas anteriormente. Em contrapartida, seria falso afirmar que o valor do salário, a taxa do lucro e a taxa da renda constituem elementos de valor autônomos, cuja composição, caso não se considere o componente constante, seja a origem do valor da mercadoria; em outras palavras, seria errôneo dizer que formem partes integrantes do valor das mercadorias ou do preço de produção[56].

A diferença logo salta à vista.

Digamos que o valor dos produtos de um capital de 500 seja = 400*c* + 100*v* + 150*m* = 650 e que os 150*m* logo se decomponham em 75 de lucro + 75 de renda. Além disso, para afastar dificuldades desnecessárias, digamos que esse capital seja de composição média, de maneira que seu preço de produção coincida com seu valor, coincidência que se verifica sempre que o produto desse capital individual pode ser considerado produto de uma parte do capital total, correspondente a sua grandeza.

---

[55] Quando o valor agregado à parte constante do capital se decompõe em salário, lucro e renda fundiária, é óbvio que estes são partes do valor. Naturalmente, pode-se concebê-las como existentes no produto direto em que se representa esse valor, isto é, no produto direto que trabalhadores e capitalistas produziram numa esfera específica da produção, por exemplo da fiação, ou seja, em fio. No entanto, não se representam nem mais nem menos nesse produto do que em qualquer outra mercadoria, em qualquer outro componente da riqueza material pelo mesmo valor. De fato, na prática o salário é mesmo pago em dinheiro, portanto, na expressão pura do valor; assim também os juros e a renda. Para o capitalista, a transformação de seu produto em expressão pura do valor é realmente muito importante; ela já está pressuposta na própria distribuição. Em nada altera a questão o fato de que esses valores sejam reconvertidos no mesmo produto, na mesma mercadoria em cuja produção se originaram, que o trabalhador volte a comprar uma parte do produto diretamente produzido por ele ou compre o produto de outro trabalho, de outro tipo. O sr. Rodbertus se exalta muito inutilmente sobre esse tema.

[56] "Bastará observar que a mesma lei geral que regula o valor dos produtos brutos e as mercadorias manufaturadas também é aplicável aos metais; o valor destes não depende da taxa de lucro, da taxa de salários nem da renda paga por minas, mas da quantidade total de trabalho necessário para obter o metal e colocá-lo no mercado" (Ricardo, *Principles*, cit., cap. 3, p. 77).

O salário, medido pelo capital variável, constitui aqui 20% do capital adiantado, e o mais-valor, calculado sobre o capital total, 30%, ou seja, 15% de lucro e 15% de renda. O componente total do valor da mercadoria, em que se objetiva o trabalho novo agregado, é igual a 100*v* + 150*m* = 250. Sua grandeza é independente de sua decomposição em salário, lucro e renda. A partir da relação dessas partes entre si, vemos que a força de trabalho que foi paga com 100 em dinheiro, digamos £100, forneceu uma quantidade de trabalho que se representou numa quantidade de dinheiro de £250. Daí vemos que o trabalhador efetuou 1½ vez mais mais-trabalho do que trabalho para si mesmo. Se a jornada foi = 10 horas, então ele trabalhou 4 horas para si e 6 horas para o capitalista. O trabalho dos operários pagos com £100 se expressa, por isso, num valor de £250. Além dessas £250, não há nada a repartir entre trabalhador e capitalista, entre capitalista e proprietário fundiário. Esse é o novo valor total agregado ao valor de 400 dos meios de produção. O valor-mercadoria de 250 que assim foi produzido e determinado pela quantidade de trabalho nele objetivada constitui, assim, o limite dos dividendos que o operário, o capitalista e o proprietário fundiário podem extrair desse valor na forma de rendimento: salário, lucro e renda.

Suponhamos que um capital de mesma composição orgânica, isto é, de mesma proporção entre a força viva de trabalho empregada e o capital constante movimentado, seja obrigado a pagar, pela mesma força de trabalho que movimenta o capital constante de 400, £150 em vez de £100; além disso, suponhamos que o lucro e a renda também partilhem do mais-valor em diferentes proporções. Tendo pressuposto que o capital variável de £150 movimente a mesma massa de trabalho que anteriormente o de £100, concluímos que o novo valor produzido continuaria a ser = 250 e o valor do produto total seria da mesma forma = 650, mas teríamos então 400*c* + 150*v* + 100*m*; esses 100*m* seriam decompostos em cerca de 45 de lucro mais 55 de renda. A proporção em que o novo valor total produzido se distribui em salário, lucro e renda seria muito distinta, e também o seria a grandeza do capital total adiantado, ainda que movimentasse apenas a mesma massa total de trabalho. O salário chegaria a $27^3/_{11}$%; o lucro, $8^2/_{11}$%; a renda, 10% sobre o capital adiantado; e o mais-valor total, pois, a algo acima de 18%.

Graças à elevação do salário, a parte não paga do trabalho total seria modificada e, com ela, o mais-valor. De uma jornada de trabalho de 10 horas, o operário teria trabalhado 6 horas para si e 4 horas para o capitalista. Seriam igualmente distintas as proporções entre lucro e renda, e o mais-valor diminuído se distribuiria numa proporção alterada entre capitalista e proprietário da terra. Por fim, já que permaneceria inalterado o valor do capital constante e aumentaria o valor do capital variável adiantado, o mais-valor reduzido se expressaria numa taxa bruta de lucro ainda menor, que aqui entendemos como a relação entre o mais-valor global e todo o capital adiantado.

A mudança no valor do salário, na taxa de lucro e na taxa da renda, independentemente do efeito das leis que regulam a relação entre essas partes, só poderia oscilar nos limites traçados pelo novo valor-mercadoria criado de 250. A única exceção seria se a renda se baseasse num preço monopólico. Isso não alteraria em nada a lei, só complicaria a análise. Nesse caso, portanto, se examinamos apenas o produto, a única diferença estaria na repartição do mais-valor; se, no entanto, consideramos seu valor relativo em relação a outras mercadorias, só encontraríamos a diferença de que uma parte do mais-valor foi transferida delas para essa mercadoria específica. Recapitulemos:

	Valor do produto	Valor novo	Taxa de mais-valor	Taxa de lucro bruto
Primeiro caso	$400c + 100v + 150m = 650$	250	150%	30%
Segundo caso	$400c + 150v + 100m = 650$	250	$66\frac{1}{3}$%	$18\frac{2}{11}$%

Em primeiro lugar, o mais-valor cai em $\frac{1}{3}$ do montante anterior: de 150 para 100. A taxa de lucro diminui pouco mais de $\frac{1}{3}$, de 30% para 18%, porque o mais-valor diminuído precisa ser calculado sobre um capital total adiantado maior. Mas ela não cai de modo nenhum na mesma proporção que a taxa de mais-valor. Esta cai de $^{150}/_{100}$ para $^{100}/_{150}$, logo, de 150% para $66\frac{2}{3}$%, ao passo que a taxa de lucro diminui de $^{150}/_{500}$ para $^{100}/_{550}$, ou de 30% para $18^{2}/_{11}$%. A taxa de lucro cai, portanto, numa proporção maior do que a massa do mais-valor, porém menor do que a taxa de mais-valor. Além disso, vemos que tanto os valores quanto as massas dos produtos mantêm-se os mesmos caso continue a ser empregada igual massa de trabalho, ainda que o capital adiantado tenha subido em virtude do aumento de seu componente variável. No entanto, é claro que esse aumento do capital adiantado afetaria fortemente o capitalista que começasse um novo negócio. Mas, considerando-se a totalidade da reprodução, o aumento do capital variável não significa nada além do seguinte: uma parte maior do valor novo gerado pelo trabalho novo agregado converte-se em salário e, por conseguinte, primeiro em capital variável, em vez de transformar-se em mais-valor e mais-produto. O valor do produto, pois, permanece o mesmo, porque é, por um lado, limitado pelo valor constante do capital = 400 e, por outro, pelo número 250, no qual está representado o trabalho novo agregado. Ambos, no entanto, permaneceram inalterados. Esse produto, na medida em que retornasse ao capital constante, continuaria a representar, como antes, uma igual grandeza de valor de uso na mesma grandeza de valor, ou seja, a mesma massa de elementos do capital constante conservaria o mesmo valor. Se o salário aumentasse, as coisas seriam diferentes, mas não pelo fato de o trabalhador receber uma parte maior de seu próprio trabalho, e sim porque, ao receber uma parte maior de seu próprio trabalho, teria decrescido a produtividade do trabalho. Nesse caso, o valor total em que se representaria o mesmo trabalho, pago e não pago, permaneceria inalterado, porém com uma redução da massa de produto em que se representaria essa quantidade de trabalho; isto é, subiria o preço de cada alíquota do produto porque cada parte representaria mais trabalho. O salário aumentado de 150 não representaria mais produto que antes o de 100; o mais-valor diminuído de 100 representaria apenas ⅔ do produto de antes e 66⅔% da massa de valores de uso que antes se representavam em 100. Nesse caso, também o capital constante encareceria na medida em que nele ingressasse esse produto. Mas isso não seria derivado do aumento salarial; este último é que derivaria do encarecimento da mercadoria e da produtividade diminuída da mesma quantidade de trabalho. Aqui surge a ilusão de que a alta do salário teria encarecido o produto; nesse caso, porém, essa alta não é a causa, mas a consequência de uma modificação no valor da mercadoria em virtude da produtividade reduzida do trabalho.

Se, pelo contrário, mantendo-se inalteradas as demais circunstâncias, a mesma quantidade de trabalho empregada se representa, como antes, em 250, então, ao aumentar ou diminuir o valor dos meios de produção por ela empregados, o valor da mesma massa de produtos subiria ou cairia na mesma grandeza. $450c + 100v + 150m$ dá um valor-produto = 700; por sua vez, $350c + 100v + 150m$ dá apenas, para o valor da mesma massa de produtos, 600, não 650, como antes. Assim, se aumenta ou diminui o capital adiantado que põe em movimento a mesma quantidade de trabalho, então, mantendo-se inalteradas as demais circunstâncias, o valor do produto sobe ou cai se o aumento ou a diminuição do capital adiantado deriva de uma alteração na grandeza de valor de parte constante do capital. Pelo contrário, se o aumento ou a diminuição do capital adiantado, mantendo-se constante a força produtiva do trabalho, provém da grandeza alterada do valor da parte variável do capital, então o valor do produto permanece inalterado. No caso do capital constante, o aumento ou a diminuição de seu valor não se compensa por nenhum movimento em sentido contrário. No caso do capital variável, pressupondo constante a produtividade do trabalho, o aumento ou a diminuição de seu valor se compensa pelo movimento contrário no lado do mais-valor, de maneira que permanece inalterado o valor do capital variável somado ao mais-valor, ou seja, o valor novo agregado pelo trabalho aos meios de produção e representados pela primeira vez no produto.

Se, em contrapartida, o aumento ou a diminuição do capital variável ou do salário decorre do encarecimento ou da queda no preço das mercadorias, isto é, da queda ou do aumento da produtividade do trabalho empregado nesse investimento do capital, então isso influi no valor do produto. Mas a queda ou o aumento do salário não é aqui a causa, apenas a consequência.

Se, pelo contrário, no exemplo anterior, com um capital constante inalterado = 400*c*, a mudança de 100*v* + 150*m* para 150*v* + 100*m*, ou seja, o aumento do capital variável, derivasse da diminuição da força produtiva do trabalho, não nesse ramo específico, por exemplo, da fiação de algodão, mas no da agricultura, que fornece ao trabalhador os gêneros alimentícios de que necessita, portanto, como dizíamos, se esse aumento derivasse do encarecimento desses gêneros alimentícios, então o valor do produto se manteria inalterado. O valor de 650 continuaria a se representar, como antes, na mesma quantidade de fio de algodão.

Além disso, do que desenvolvemos resulta que, se a redução no desembolso de capital constante por meio de poupança etc. verifica-se em ramos de produção cujos produtos entram no consumo dos trabalhadores, então isso poderia, tanto quanto o aumento direto da produtividade do próprio trabalho empregado, provocar uma queda do salário devido ao barateamento dos meios de subsistência do trabalhador e, com isso, um crescimento do mais-valor, de maneira que, nesse caso, a taxa de lucro aumentaria por duas razões, a saber: por um lado, porque decresce o valor do capital constante e, por outro, porque cresce o mais-valor. Ao considerarmos a transformação do mais-valor em lucro, supusemos que o salário não cai, mas permanece constante, porque naquele caso teríamos de examinar as oscilações da taxa de lucro independentemente de alterações da taxa de mais-valor. Além disso, as leis lá desenvolvidas são genéricas e se aplicam também a investimentos de capital cujos produtos não entram no consumo do trabalhador, ou seja, onde as alterações no valor do produto não têm nenhuma influência sobre o salário.

* * *

A circunstância de que o valor novo acrescido aos meios de produção ou à parte constante do capital pelo trabalho novo agregado se particularize e se resolva nas diferentes formas de rendimento, isto é, salário, lucro e renda, não altera em nada os limites do próprio valor, a soma do valor que se reparte entre essas categorias; tampouco uma alteração na proporção dessas partes individuais entre si pode alterar sua soma, essa grandeza de valor dada. O número dado de 100 continua o mesmo, ainda que se decomponha em 50 + 50, em 20 + 70 + 10 ou em 40 + 30 + 30. A parte do valor do produto que se decompõe nesses rendimentos está determinada de maneira idêntica à parte constante do valor das mercadorias, isto é, pela quantidade de trabalho nelas objetivado em cada caso. Primeiro, portanto, está dada a massa de valor das mercadorias que se reparte em salário, lucro e renda, isto é, o limite absoluto da soma das frações de valor dessas mercadorias. Segundo, no que diz respeito às próprias categorias singulares, estão igualmente dados seus limites médios e reguladores. Nessa limitação daquelas categorias, o salário constitui sua base. Em um aspecto, ele está regulado por uma lei natural; seu limite mínimo está dado pelo mínimo físico de meios de subsistência que o trabalhador tem de receber para conservar e reproduzir sua força de trabalho, ou seja, por determinada quantidade de mercadorias. O valor dessas mercadorias está determinado pelo tempo de trabalho exigido para sua reprodução, isto é, pela parte do trabalho novo agregado aos meios de produção, ou também pela parte da jornada de trabalho de que o trabalhador precisa para a produzir e reproduzir um equivalente para o valor desses meios de subsistência necessários. Se, por exemplo, no que diz respeito ao valor, a média diária de seus meios de subsistência é = 6 horas de trabalho, então ele tem de trabalhar para si mesmo uma média de 6 horas de sua jornada de trabalho. O valor real de sua força de trabalho diverge desse mínimo físico; é distinta de acordo com o clima e o nível do desenvolvimento social; depende não só das necessidades físicas, mas também das necessidades sociais historicamente desenvolvidas, que se convertem numa segunda natureza. Em cada país, para determinado período, esse salário médio regulador é de uma grandeza dada. Assim, o valor de todos os outros rendimentos tem um limite: é sempre igual ao valor em que se corporifica a jornada total de trabalho (que aqui coincide com a jornada média de trabalho, pois abrange a massa total de trabalho do capital social total em movimento), menos a parte dessa jornada que se corporifica em salário. Seu limite está dado, portanto, pelo limite do valor em que se expressa o trabalho não pago, isto é, pela quantidade desse trabalho não pago. Se a parte da jornada de trabalho de que o trabalhador necessita para reproduzir o valor de seu salário tem seu limite último no mínimo físico de seu salário, então a outra parte da jornada de trabalho, em que se representa seu mais-trabalho, ou seja, também a parte do valor que expressa o mais-valor, tem como limite o máximo físico dessa jornada, isto é, a quantidade total de tempo de trabalho diário que o trabalhador pode em geral fornecer desde que mantenha e reproduza sua força de trabalho. Como na presente análise nos ocupamos da distribuição do valor em que se representou o novo trabalho total anualmente agregado, a jornada de trabalho pode ser aqui considerada uma grandeza constante e está pressuposta como tal, independentemente de quanto ela possa desviar-se de seu máximo físico. Portanto, está dado o limite absoluto da parte do valor que constitui o mais-valor e que se resolve em lucro e renda fundiária; tal limite se determina pelo excedente da parte não paga da jornada de trabalho sobre sua parte paga, isto é, pela parte do valor do produto total em que esse trabalho é realizado. Se, como é o caso, chamamos de lucro o mais-valor assim determinado em seus limites e que se calcula sobre o capital total adiantado, então esse lucro, de acordo com sua grandeza absoluta, é igual ao mais-valor, ou seja, determinado em seus limites pelas mesmas leis que este. Mas a taxa de lucro é, do mesmo modo, uma grandeza que se move dentro de certos limites, determinados pelo valor das mercadorias. É a proporção entre o mais-valor total e o capital social total adiantado para a produção. Se esse capital é = 500 (digamos que sejam milhões) e o mais-valor = 100, então 20% formam o limite absoluto da taxa de lucro. A distribuição do lucro social de acordo com essa taxa entre os capitais investidos nas diferentes esferas de produção gera preços de produção divergentes do valor das mercadorias, que são os preços médios que realmente regulam o mercado. No entanto, a divergência não anula a determinação dos preços pelos valores nem os limites do lucro sujeitos à lei. O valor de uma mercadoria não é mais igual ao capital nela consumido somado ao mais-valor nela contido; seu preço de produção é, agora, igual ao capital nela consumido mais o mais-valor que lhe corresponde devido à taxa geral de lucro, ou seja, por exemplo, 20% sobre o capital adiantado para sua produção, tanto consumido quanto meramente empregado. Esse acréscimo de 20% é ele mesmo determinado pelo mais-valor gerado pelo capital social total e sua proporção com o valor do capital, razão pela qual ele é de 20%, e não de 10% nem de 100%. A conversão dos valores em preços de produção não anula, pois, os limites do lucro, apenas altera sua distribuição entre os diferentes capitais particulares nos quais consiste o capital social, isto é, o distribui de modo uniforme, na proporção em que formam partes do valor desse capital total. Os preços de mercado superam esses preços reguladores da produção ou caem abaixo deles, mas essas oscilações se compensam reciprocamente. Se examinarmos as listas de preços durante um período relativamente prolongado e desconsiderarmos os casos em que o valor real das mercadorias foi alterado devido a uma mudança na força produtiva do trabalho, assim como os casos em que o processo de produção foi perturbado por acidentes naturais ou sociais, ficaremos surpresos, em primeiro lugar, com os limites relativamente estreitos das divergências e, em segundo lugar, com a regularidade de sua compensação. Encontraremos aqui a mesma preponderância das médias reguladoras que Quételet comprovou nos fenômenos sociais. Se a equalização do valor das mercadorias que resulta nos preços de produção não tropeça em nenhum obstáculo, então a renda se resolve em renda diferencial, isto é, restringe-se à equalização dos lucros extras que os preços de produção reguladores dariam a uma parte dos capitalistas e que são agora apropriados pelos proprietários fundiários. O valor da renda é aqui, portanto, determinado pelas divergências entre as taxas individuais de lucro que decorrem da regulação dos preços de produção pela taxa geral de lucro. Se a propriedade fundiária obstaculiza o caminho da equalização do valor das mercadorias – equalização que converte esse valor em preços de produção – por meio da apropriação da renda absoluta, então esta se vê limitada pelo excedente de valor dos produtos agrícolas sobre seu preço de produção, ou seja, pelo excedente do mais-valor contido nesses produtos sobre a taxa de lucro que recai nos capitais por intermédio da taxa geral de lucro. Essa diferença forma, então, o limite da renda que, tal como antes, não é mais que uma parte determinada do mais-valor dado e contido nas mercadorias.

Se, por último, a equalização do mais-valor para chegar ao lucro médio encontra nas diferentes esferas da produção um obstáculo em monopólios artificiais ou naturais, especialmente no monopólio da propriedade da terra, possibilitando assim um preço monopólico superior ao preço de produção e ao valor das mercadorias sobre as quais opera o monopólio, então os limites dados pelo valor das mercadorias não seriam eliminados. O preço monopólico de certas mercadorias não faria mais que transferir uma parte do lucro dos outros produtores de mercadorias para as mercadorias com preço monopólico. Indiretamente, ocorreria uma perturbação local na distribuição do mais-valor entre as diversas esferas da produção, que, no entanto, deixaria inalterado o limite desse mais-valor. Se entrasse no consumo necessário do trabalhador, a mercadoria com preço monopólico elevaria o salário e, com isso, reduziria o mais-valor, sempre que o trabalhador, como até então, recebesse em pagamento o valor de sua força de trabalho. Ela poderia reduzir o salário abaixo do valor da força de trabalho, mas isso apenas na medida em que tal salário se encontrasse acima do limite de seu mínimo físico. Nesse caso, o preço monopólico seria pago por meio de dedução do salário real (isto é, da massa dos valores de uso que o trabalhador receberia pelo mesmo volume de trabalho) e do lucro dos demais capitalistas. Os limites nos quais o preço monopólico afetaria a regulação normal do preço das mercadorias seriam claramente definidos e poderiam ser calculados com exatidão.

Assim como a divisão do valor novo agregado às mercadorias e que em geral se pode decompor em rendimentos encontra seus limites dados e reguladores na relação entre trabalho necessário e mais-trabalho, entre salário e mais-valor, também a divisão do próprio mais-valor em lucro e renda fundiária se encontra, por sua vez, nas leis reguladoras da equalização da taxa de lucro. Ao desdobrar-se em juros e lucro empresarial, o próprio lucro médio forma o limite para os dois em conjunto. Ele fixa a grandeza dada de valor em que eles têm de se dividir e que é a única em que se podem dividir. Nesse caso, a proporção determinada da divisão é contingente, isto é, determinada exclusivamente por relações de concorrência. Enquanto em outros casos a coincidência entre a oferta e a demanda é equivalente à supressão da divergência entre os preços de mercado e seus preços médios reguladores, isto é, à supressão do efeito da concorrência, aqui ela constitui o único fator determinante. Por quê? Porque o mesmo fator de produção, o capital, precisa dividir a parte do mais-valor que lhe toca entre dois possuidores do mesmo fator de produção. Porém, a circunstância de que aqui não exista nenhuma limitação determinada, sujeita à lei, para a divisão do lucro médio não suprime o limite deste último como parte do valor-mercadoria, assim como o fato de que dois sócios de um negócio repartam entre si os lucros de maneira desigual, devido a diversas circunstâncias exteriores, tampouco afeta em absoluto os limites desse lucro.

Se a parte do valor-mercadoria em que se representa o trabalho novo agregado ao valor dos meios de produção é decomposta em diferentes partes que, na forma de rendimentos, apresentam figuras autônomas umas em relação às outras, nem por isso devemos considerar que o salário, o lucro e a renda fundiária sejam os elementos constitutivos, que, uma vez conjugados ou somados, engendrariam o preço regulador (*natural price, prix nécessaire* [preço natural, preço necessário]) das próprias mercadorias; de maneira que, posteriormente à dedução da parte constante do valor, o valor-mercadoria não seria a unidade originária que se decompõe nessas três partes; pelo contrário, o preço de cada uma dessas três partes se determinaria de maneira autônoma, e só com a adição dessas três grandezas independentes seria formado o preço da mercadoria. Na realidade, o valor-mercadoria é a grandeza pressuposta, a soma do valor total de salário, lucro e renda, independentemente da grandeza relativa de cada um desses elementos. Naquela concepção errônea, salário, lucro e renda formam três grandezas de valor autônomas, cuja grandeza total produz, limita e determina a grandeza do valor-mercadoria.

É desde já evidente que, se salário, lucro e renda constituíssem o preço das mercadorias, isso seria válido tanto para a parte constante do valor-mercadoria quanto para as outras partes, nas quais se representam o capital variável e o mais-valor. Podemos aqui, portanto, desprezar completamente essa parte constante, porquanto o valor das mercadorias que a compõem se resolveria igualmente na soma dos valores de salário, lucro e renda. Como já indicamos, essa concepção nega também a existência de tal parte constante do valor.

Além disso, é evidente que aqui desaparece todo o conceito de valor. Permanece apenas a ideia do preço, no sentido de que certa massa de dinheiro é paga aos possuidores da força de trabalho, do capital e da terra. Mas em que consiste o dinheiro? Ele não é uma coisa, mas determinada forma do valor, portanto subordinada, por sua vez, ao valor. Diremos, pois, que determinada massa de ouro ou prata é paga por aqueles elementos da produção ou que estes são equiparados a essa massa dentro de nossa mente. Mas o ouro e a prata (e o economista esclarecido está orgulhoso desse conhecimento) são também eles mercadorias, como todas as outras. O preço do ouro e da prata também é, portanto, determinado por salário, lucro e renda. Por isso, não podemos determinar salário, lucro e renda com base no fato de que eles se equiparam a certa quantidade de ouro e prata, pois o valor desse ouro e dessa prata em que aqueles devem ser avaliados como em seus equivalentes tem de ser determinado primeiro por eles, sem qualquer relação com ouro e prata, isto é, com o valor de cada mercadoria, o qual é precisamente produto daqueles três. Portanto, dizer que o valor de salário, lucro e renda consiste em ser igual a certa quantidade de ouro e prata significaria apenas dizer que eles são iguais a certa quantidade de salário, lucro e renda.

Tomemos, primeiramente, o salário, pois mesmo nessa concepção temos de partir do trabalho. Como se determina, então, o preço regulador do salário, o preço ao redor do qual flutuam seus preços de mercado?

Diríamos que pela oferta e pela demanda de força de trabalho. Mas que demanda de força de trabalho é essa? A demanda efetuada pelo capital. A demanda de trabalho é, por conseguinte, igual à oferta de capital. Para falar de oferta de capital, é preciso antes de mais nada saber o que é capital. Em que consiste o capital? Tomemos sua manifestação mais simples, de dinheiro e mercadorias. Mas o dinheiro é apenas uma forma da mercadoria. O capital se compõe, pois, de mercadorias. O valor das mercadorias, segundo o pressuposto, é determinado, em primeira instância, pelo preço do trabalho que as produz, pelo salário. Aqui o salário é pressuposto e considerado um elemento constitutivo do preço das mercadorias. Esse preço tem agora de ser definido pela proporção entre o trabalho ofertado e o capital. O preço do próprio capital é igual ao preço das mercadorias que o constituem. A demanda de trabalho pelo capital é igual à oferta de capital. E a oferta de capital é igual à oferta de uma soma de mercadorias de um preço dado, o qual é, em primeira instância, regulado pelo preço do trabalho; este, por sua vez, é novamente igual à parte do preço das mercadorias, das quais se compõe o capital variável e que é cedido ao trabalhador em troca de seu trabalho; e o próprio preço das mercadorias, em que esse capital variável consiste, determina-se por sua vez, em primeira instância, pelo preço do trabalho, uma vez que é determinado pelos preços de salário, lucro e renda. De maneira que, para determinar o salário, não é possível pressupor o capital, já que o próprio valor do capital se determina, em parte, pelo salário.

Além disso, de nada nos serviria introduzir a concorrência. Esta faz subirem ou baixarem os preços de mercado do trabalho. Suponhamos que a oferta e a demanda de trabalho coincidam. O que é, então, que determina o salário? A concorrência. Mas o que se pressupõe é justamente que a concorrência deixe de ser determinante e que anule seu efeito graças ao equilíbrio de suas duas forças contrapostas. O que encontraremos é, a rigor, precisamente o preço natural do salário, isto é, o preço do trabalho que não é regulado pela concorrência, mas, pelo contrário, a regula.

Resta tão somente determinar o preço necessário do trabalho pelos meios de subsistência necessários ao trabalhador. Esses meios de subsistência são mercadorias, e estas têm um preço. O preço do trabalho é determinado, pois, pelo preço dos meios de subsistência necessários, e o preço dos meios de subsistência, como o de todas as outras mercadorias, é determinado em primeira instância pelo preço do trabalho. Dessa maneira, o preço do trabalho determinado pelo preço dos meios de subsistência se determina pelo preço do trabalho. O preço do trabalho é determinado por si mesmo. Em outras palavras, não sabemos por meio de que se determina o preço do trabalho. Aqui o trabalho tem um preço porque é considerado mercadoria. Logo, para falar do preço do trabalho, é preciso saber o que é preço em geral. Mas é justamente por esse caminho que jamais chegaremos a saber o que é preço em geral.

Suponhamos, no entanto, que o preço necessário do trabalho se determine dessa alentadora maneira. Ora, como será determinado o lucro médio, o lucro de cada capital em condições normais, que forma o segundo elemento do preço da mercadoria? O lucro médio precisa ser determinado por uma taxa média de lucro; mas como esta é determinada? Pela concorrência entre os capitalistas? Ora, essa própria concorrência já supõe a existência do lucro.

Supõe diferentes taxas de lucro e, por conseguinte, diferentes lucros, seja no mesmo, seja em ramos diversos da produção. A concorrência só pode influir na taxa de lucro na medida que influi no preço das mercadorias. A concorrência pode fazer apenas com que produtores que atuam dentro da mesma esfera de produção vendam suas mercadorias pelo mesmo preço, e que os que se encontram em diferentes esferas da produção vendam suas mercadorias a um preço que lhes proporcione o mesmo lucro, o mesmo acréscimo proporcional sobre o preço da mercadoria já parcialmente determinado pelo salário. Assim, é somente na taxa de lucro que a concorrência pode equalizar desigualdades. Para equalizar taxas de lucro desiguais, o lucro já deve existir como elemento do preço da mercadoria. Ele não é criado pela concorrência. Ela aumenta ou rebaixa, mas não cria o nível, que se estabelece em virtude da equalização. E, quando falamos de uma taxa necessária do lucro, queremos justamente conhecer a taxa de lucro independente dos movimentos da concorrência, isto é, falamos de uma taxa que regule, por sua vez, a concorrência. A taxa média de lucro se forma com o equilíbrio das forças dos capitalistas concorrentes entre si. A concorrência pode estabelecer esse equilíbrio, mas não a taxa de lucro que aparece neste último. Tão logo esse equilíbrio esteja estabelecido, por que a taxa geral de lucro é de 10%, 20% ou 100%? Devido à concorrência. Inversamente, porém, a concorrência eliminou as causas que produziam os desvios desses 10%, 20% ou 100%. Estabeleceu um preço das mercadorias em que cada capital gera o mesmo lucro proporcional a sua grandeza. Mas a grandeza desse mesmo lucro é independente da concorrência, que não faz mais que reduzir todos os desvios sempre de novo a essa grandeza. Um homem concorre com o outro, e a concorrência o força a vender sua mercadoria pelo mesmo preço que o outro. Mas o que faz com que esse preço seja de 10, ou 20 ou 100?

Resta apenas, portanto, explicar a taxa de lucro e, por conseguinte, o lucro como um acréscimo ao preço da mercadoria, determinado de modo incompreensível e que até agora estava dado pelo salário. A única coisa que a concorrência nos diz é que essa taxa de lucro precisa ser de certa grandeza. Mas disso já sabíamos, quando nos referíamos à taxa geral de lucro e ao "preço necessário" do lucro.

Seria totalmente desnecessário demonstrar a absurdidade desse procedimento também no caso da renda fundiária. Mesmo sem uma tal demonstração, vê-se que o procedimento, quando conduzido de modo mais ou menos consequente, faz com que o lucro e a renda apareçam como meros acréscimos – determinados por leis incompreensíveis – ao preço das mercadorias, sendo este último determinado, em primeiro lugar, pelo salário. Em suma, cabe à concorrência explicar toda a falta de lógica dos economistas, quando, ao contrário, são os economistas que teriam de explicar a concorrência.

Ora, se desconsiderarmos aqui a fantasia de um lucro e uma renda criados pela circulação, isto é, de componentes do preço que decorreriam da venda – e a circulação nunca pode dar o que não lhe foi dado anteriormente –, chegaremos, então, ao seguinte resultado:

Seja o preço de uma mercadoria determinado pelo salário = 100; a taxa de lucro, 10% sobre o salário; e a renda, 15% sobre o salário. Logo, o preço da mercadoria, determinado pela soma de salário, lucro e renda, é = 125. Esses 25 adicionais não podem provir da venda da mercadoria. Cada um dos que se vendem aos outros revende por 125 o que lhe custou 100 de salário, o que é exatamente o mesmo que se todos vendessem a 100. De modo que a operação deve ser considerada independentemente do processo de circulação.

Se os três repartirem entre si a própria mercadoria, que agora custa 125 – e em nada altera a questão que o capitalista venda primeiro por 125 e, em seguida, pague 100 ao trabalhador, fique com 10 e dê 15 ao rentista da terra –, então o trabalhador receberá $\frac{4}{5}$ = 100 do valor e do produto. O capitalista recebe $^{2}/_{25}$ do valor e do produto, e o rentista fundiário, $^{3}/_{25}$. Uma vez que o capitalista vende a 125, e não a 100, ele só dá ao trabalhador $\frac{4}{5}$ do produto em que se representa seu trabalho. Seria, assim, exatamente o mesmo que se ele tivesse dado 80 ao trabalhador e retido 20, dos quais 8 caberiam a ele e 12 ao rentista. Ele teria, então, vendido a mercadoria a seu valor, pois os acréscimos no preço são, com efeito, aumentos independentes do valor da mercadoria, que, de acordo com esse pressuposto, é determinado pelo valor do salário. Por um atalho, chega-se então ao resultado de que, nessa concepção, a palavra salário, os 100, é igual ao valor do produto, isto é, = à soma de dinheiro em que se representa essa quantidade determinada de trabalho; como esse valor é, por sua vez, diferente do salário real, ele deixa, portanto, um excedente. Só que, nesse caso, chega-se a isso por meio de um aumento nominal do preço. Se, pois, o salário fosse 110 em vez de 100, o lucro teria de ser = 11 e a renda fundiária = 16½; o preço da mercadoria seria, assim, = 137½. Isso deixaria igualmente inalterada a proporção. Mas como a divisão sempre seria obtida por um aumento nominal de certos percentuais sobre o salário, o preço aumentaria e diminuiria juntamente com o salário. Aqui, o salário é equiparado ao valor da mercadoria e depois volta a apartar-se dele. No entanto, por um atalho absurdo, a coisa desemboca no seguinte: o valor da mercadoria é determinado pela quantidade de trabalho nela contido, ao passo que o valor do salário se determina pelo preço dos meios de subsistência necessários, sendo o lucro e a renda constituídos pelo valor sobre o salário.

A decomposição do valor das mercadorias, uma vez deduzido o valor dos meios de produção que se absorvem em sua produção; a decomposição dessa massa de valor dada, que se determina pela quantidade de trabalho objetivado no produto-mercadoria, nos três componentes, salário, lucro e renda fundiária, que se configuram como formas de rendimento autônomas e mutuamente independentes – essa decomposição se apresenta invertida na superfície visível da produção capitalista e, por conseguinte, na representação dos agentes que se encontram imersos nessa produção.

Suponhamos que o valor total de uma mercadoria qualquer seja = 300, dos quais 200 seriam o valor dos meios de produção consumidos em sua produção ou elementos do capital constante. Restam, pois, 100 como soma do novo valor agregado a essa mercadoria em seu processo de produção. Esse novo valor de 100 é tudo o que está disponível para a distribuição entre as três formas de rendimento. Supondo o salário = x, o lucro = y, a renda fundiária = z, então a soma de $x + y + z$ será, nesse caso, sempre = 100. Mas na concepção de industriais, comerciantes e banqueiros, bem como na de economistas vulgares, isso se dá de modo totalmente diverso. Para eles, o valor da mercadoria, depois de deduzido o valor dos meios de produção nela consumidos, não constitui um valor dado = 100, 100 que serão distribuídos, então, em x, y e z, mas é o preço da mercadoria que se compõe simplesmente das grandezas de valor do salário, do lucro e da renda, determinadas externamente ao valor e como grandezas independentes entre si, o que faz com que x, y e z, cada um por si, estejam dados e determinados de maneira autônoma, e que apenas da soma dessas grandezas, que pode ser menor ou maior do que 100, possa resultar a grandeza de valor da própria mercadoria, como da adição daquelas grandezas que constituem seu valor. Esse quiproquó é inevitável:

Primeiro, porque as partes que integram o valor da mercadoria se confrontam umas com as outras como rendimentos independentes que, como tais, estão referidos a três agentes de produção completamente distintos entre si – o trabalho, o capital e a terra – e, por isso, parecem ter origem nesses agentes. É a propriedade da força de trabalho, do capital e da terra que faz com que os diferentes componentes do valor das mercadorias recaiam em seus respectivos proprietários e, assim, convertam-se em rendimentos para eles. Mas o valor não surge de uma transformação em rendimento; antes de poder ser transformado em rendimento e assumir essa configuração, ele precisa existir. A ilusão da inversão se consolida com maior necessidade quanto mais a determinação da grandeza relativa obedece a leis heterogêneas entre si, cuja conexão com o valor das próprias mercadorias e cuja limitação por tal valor não se mostram em absoluto na superfície.

Segundo: vimos que uma alta ou uma baixa geral do salário, ao produzir um movimento da taxa geral de lucro em direção oposta, mantendo-se iguais as demais circunstâncias, altera os preços de produção das diferentes mercadorias, aumentando uns, baixando outros, de acordo com a composição média do capital nas esferas da produção afetadas. Em todo caso, pois, em algumas esferas da produção a experiência mostra que o preço médio de uma mercadoria sobe porque o salário subiu e cai porque ele caiu. O que a "experiência não mostra" é a regulação secreta dessas alterações pelo valor das mercadorias, que não depende do salário. Se, pelo contrário, o aumento do salário é local, se só se verifica em certas esferas da produção devido a circunstâncias peculiares, então pode ocorrer uma correspondente elevação nominal no preço dessas mercadorias. Esse aumento do valor relativo de um tipo de mercadoria com relação aos demais, para os quais o salário se manteve inalterado, não é mais do que uma reação à perturbação local da distribuição uniforme do mais-valor entre as diversas esferas da produção, uma forma de equalizar as taxas específicas de lucro para chegar à taxa geral. A "experiência" volta, assim, a mostrar uma determinação do preço por meio do salário. Ou seja, o que resulta da experiência nesses dois casos é que o salário determinou o preço das mercadorias. O que a experiência não mostra é a causa oculta dessa correlação. Além disso, o preço médio do trabalho, isto é, o valor da força de trabalho, determina-se pelo preço de produção dos meios de subsistência necessários. Se esse preço aumenta ou diminui, também o fará aquele. O que aqui se experimenta, uma vez mais, é a existência de uma correlação entre o salário e o preço das mercadorias; mas a causa pode apresentar-se como efeito, e o efeito, como causa, tal como ocorre no movimento dos preços de mercado, em que uma alta do salário acima da média corresponde à alta, vinculada ao período de prosperidade, dos preços de mercado acima dos preços de produção, e a subsequente redução do salário abaixo de sua média corresponde à queda dos preços de mercado abaixo dos preços de produção. *Prima facie*, à dependência dos preços de produção com relação ao valor das mercadorias, abstraindo-se dos movimentos oscilatórios dos preços de mercado, deveria sempre corresponder a experiência de que, quando sobe o salário, cai a taxa de lucro, e vice-versa. Mas já vimos que a taxa de lucro pode ser determinada por movimentos no valor do capital constante, sem qualquer relação com as oscilações do salário, de maneira que salário e taxa de lucro movam-se na mesma direção, em vez de em direções opostas, podendo ambos subir ou cair de maneira conjunta. Se a taxa do mais-valor caísse imediatamente com a taxa de lucro, isso não seria possível. Ainda que o salário aumentasse devido a preços mais elevados dos meios de subsistência, a taxa de lucro poderia permanecer igual ou até subir em virtude de uma maior intensidade do trabalho ou ao prolongamento da jornada de trabalho. Todas essas experiências vêm confirmar a ilusão suscitada pela forma falsa, autônoma e invertida dos componentes do valor, como se o valor das mercadorias fosse determinado exclusivamente pelo salário, ou pelo salário e pelo lucro em conjunto. Logo que se produz essa ilusão em relação ao salário e, por conseguinte, o preço do trabalho e o valor gerado pelo trabalho pareçam coincidir, o mesmo se supõe com relação ao lucro e à renda. O preço deles, isto é, a expressão monetária, tem de ser regulado independentemente do trabalho e do valor gerado por este.

Terceiro: suponhamos que o valor das mercadorias ou os preços de produção, independentes dos primeiros apenas na aparência, coincidam direta e constantemente com o preço de mercado das mercadorias, em vez de, pelo contrário, imporem-se apenas como preços médios reguladores por meio da compensação ininterrupta das flutuações constantes dos preços de mercado. Suponhamos, ainda, que a reprodução se verifique sempre sob as mesmas condições, ou seja, que a produtividade do trabalho permaneça constante em todos os elementos do capital. Por último, que a parte do valor do produto-mercadoria, que se forma em cada esfera da produção pelo acréscimo de uma nova quantidade de trabalho, ou seja, o acréscimo de um valor novo produzido ao valor dos meios de produção, se decomponha, sob circunstâncias sempre iguais, em salário, lucro e renda, de modo que o salário de fato pago, o lucro efetivamente realizado e a renda efetiva coincidam constante e diretamente com o valor da força de trabalho, com a parcela do valor total que, em virtude da taxa média de lucro, recai em cada uma das partes do capital total que funcionam de maneira autônoma e com os limites nos quais, *normaliter* [normalmente], a renda fundiária está inserida. Em resumo, suponhamos que a distribuição do produto-valor social e a regulação dos preços de produção sejam realizados sobre uma base capitalista, mas com a eliminação da concorrência.

Sob esses pressupostos, portanto, de que o valor das mercadorias seja e pareça constante; de que a parcela de valor do produto-mercadoria que se decompõe em rendimentos permaneça uma grandeza constante e se apresente invariavelmente como tal; de que, por último, essa parte dada e constante de valor sempre se decomponha, em proporções constantes, em salário, lucro e renda – mesmo sob esses pressupostos, o movimento real se manifestará necessariamente numa forma invertida: não como decomposição em três partes de uma grandeza de valor dada de antemão, partes que assumiriam, assim, formas de rendimento independentes umas das outras, mas, pelo contrário, como formação dessa grandeza de valor a partir da soma dos elementos autônomos, determinados de maneira independente, que são o salário, o lucro e a renda fundiária, levando-se em consideração seus componentes. Tal ilusão surgiria necessariamente pelo fato de que no movimento efetivo dos capitais individuais e de seus produtos-mercadorias não é o valor das mercadorias que aparece como anterior a sua decomposição, mas, ao contrário, são os componentes em que eles se decompõem que funcionam como se fossem anteriores ao valor das mercadorias. Inicialmente, vimos que o preço de custo da mercadoria aparece a todo capitalista como uma grandeza dada, e que assim ele se apresenta constantemente no preço real de produção. Mas o preço de custo equivale ao valor do capital constante, dos meios de produção adiantados, acrescidos do valor da força de trabalho, que, porém, apresenta-se para os agentes da produção na forma irracional do preço do trabalho, de maneira que o salário aparece simultaneamente como rendimento do trabalhador. O preço médio do trabalho é uma grandeza dada, porquanto o valor da força de trabalho, como o de qualquer outra mercadoria, determina-se pelo tempo de trabalho necessário a sua reprodução. Mas a parte do valor das mercadorias que se resolve em salário não se origina do fato de ele assumir essa forma do salário, isto é, de o capitalista adiantar ao trabalhador a parte de seu próprio produto sob a forma aparente de salário, mas do fato de o trabalhador produzir um equivalente de seu salário, quer dizer, de que uma parte de seu trabalho diário ou anual produza o valor contido no preço de sua força de trabalho. Mas o salário é fixado contratualmente, antes que se tenha produzido seu equivalente de valor. Como elemento do preço cuja grandeza está dada antes de produzidos a mercadoria e o valor-mercadoria, como componente do preço de custo, o salário não aparece como uma parte que se autonomiza numa forma apartada do valor total da mercadoria, mas como uma grandeza dada que o determina de antemão, isto é, como formador do preço ou do valor. Um papel similar ao do salário no preço de custo da mercadoria é desempenhado pelo lucro médio em seu preço de produção, uma vez que o preço de produção equivale ao preço de custo mais o lucro médio sobre o capital adiantado. Na concepção e nos cálculos do próprio capitalista, esse lucro médio praticamente representa um elemento regulador, não só na medida em que determina a transferência dos capitais de uma esfera de investimento para outra, mas também com relação a todas as vendas e a todos os contratos que abarcam um processo de reprodução mais prolongado. Mas na medida em que entra nesses cálculos, o lucro médio constitui uma grandeza pressuposta que, com efeito, é independente do valor e do mais-valor gerados em cada esfera particular da produção, e mais ainda, por conseguinte, dos gerados por todo investimento individual de capital em cada uma dessas esferas. Em vez de mostrá-lo como resultado de um desdobramento do valor, sua manifestação o mostra, antes, como uma grandeza independente do valor do produto-mercadoria, dada de antemão no processo de produção das mercadorias e determinante do próprio preço médio das próprias mercadorias, isto é, como formador de valor. Por certo, o mais-valor, em virtude da dissociação de suas diferentes partes em formas totalmente independentes entre si, parece, muito mais concretamente, ser pressuposto à formação do valor das mercadorias. Uma parte do lucro médio, na forma de juros, apresenta-se autonomamente ao capitalista ativo como um elemento pressuposto à produção das mercadorias e a seu valor. Por mais que oscile a grandeza dos juros, estes são, a cada instante e para cada capitalista, uma grandeza dada que, para o capitalista individual, entra no preço de custo das mercadorias por ele produzidas. O mesmo ocorre com a renda fundiária na forma de dinheiro de arrendamento fixado por contrato, no caso do capitalista agrícola, e na forma de aluguel das áreas comerciais, no caso de outros empresários. Assim, essas partes em que se decompõe o mais-valor, por serem dadas para o capitalista individual como elementos do preço de custo, aparecem, pelo contrário, como formadoras do mais-valor, isto é, como formadoras de uma parcela do preço das mercadorias, assim como o salário constitui a parcela restante. O segredo de por que esses produtos da decomposição do valor-mercadoria aparecem sempre como os pressupostos da formação do próprio valor se encontra no fato de que o modo de produção capitalista, como qualquer outro, não apenas reproduz constantemente o produto material, como também as relações socioeconômicas, as determinações econômicas formais sob as quais se cria esse produto. Por isso, o resultado desse modo de produção aparece constantemente como seu pressuposto, assim como suas precondições surgem como seus resultados. É essa constante reprodução das mesmas relações que o capitalista individual assume como óbvia, como fato indiscutível. Enquanto a produção capitalista continuar a existir como tal, uma parte do trabalho novo agregado se resolverá constantemente em salário, outra, em lucro (juros e ganho empresarial), e a terceira, em renda. Isso está pressuposto nos contratos entre os proprietários dos diferentes fatores da produção, e tal pressuposto está correto, por mais que em cada caso individual possam oscilar as proporções relativas de grandeza. A configuração determinada em que as partes do valor se confrontam umas com as outras está pressuposta na medida em que se reproduz constantemente, e se reproduz constantemente por estar constantemente pressuposta.

Ora, a experiência e a aparência também mostram que os preços de mercado, em cuja influência já aparece para o capitalista, considerada segundo sua grandeza, a determinação do valor, não dependem de maneira nenhuma dessas suposições; que eles não se regem pelo fato de que os juros ou a renda tenham sido fixados em nível alto ou baixo. Mas os preços de mercado só são constantes em sua variação, e sua média por períodos mais longos implica justamente as respectivas médias de salário, lucro e renda como grandezas constantes, isto é, grandezas que, em última instância, dominam os preços de mercado.

Por outro lado, parece bastante simples a reflexão de que, se salário, lucro e renda são formadores de valor na medida em que aparecem como pressupostos à produção do valor e, para os capitalistas individuais, encontram-se pressupostos no preço de custo e no preço de produção, é igualmente formadora de valor a parte constante do capital, cujo valor entra como dado na produção de cada mercadoria. Mas a parte constante do capital é tão somente uma soma de mercadorias e, portanto, de valor-mercadoria. Assim chegaríamos à absurda tautologia de que o valor-mercadoria é o formador e a causa do valor-mercadoria.

Porém, tivesse o capitalista algum interesse em refletir sobre isso – e sua reflexão como capitalista é inteiramente condicionada por seu interesse e seus motivos interessados – e a experiência lhe mostraria que o produto que ele mesmo produz entra como parte constante do capital em outras esferas de produção, e que produtos dessas outras esferas da produção entram em seu produto como partes constantes do capital. Uma vez que, portanto, para ele, no que diz respeito a sua nova produção, o acréscimo de valor se forma, segundo a aparência, pelas grandezas do salário, do lucro e da renda, então isso vale igualmente para a parte constante, que se compõe de produtos de outros capitalistas; assim, o preço da parte constante de capital e, por conseguinte, o valor total das mercadorias se reduz, em última instância, ainda que de modo não totalmente claro, à soma de valor que resulta da adição dos formadores de valor autônomos: salário, lucro e renda, regulados por diferentes leis e constituídos a partir de diferentes fontes.

Quarto: a venda ou não venda das mercadorias a seus valores, ou seja, a própria determinação do valor, é algo que não interessa em nada aos capitalistas individuais. Ela é, desde o primeiro momento, algo que transcorre a sua revelia, por força de relações independentes dele, pois o que em cada esfera da produção forma os preços médios reguladores não são os valores, mas os preços de produção, diferentes dos valores. A determinação do valor como tal só interessa ao capitalista individual e ao capital, em cada esfera específica da produção, na medida em que a menor ou a maior quantidade de trabalho requerida com o aumento ou a diminuição da força produtiva do trabalho para a produção das mercadorias num caso lhe possibilita obter um lucro extra, dados os preços de mercado existentes, e em outro caso o obriga a aumentar o preço das mercadorias, porque no produto parcial, ou na mercadoria individual, recai uma fração a mais de salário, uma quantidade maior de capital constante e, por isso, também juros maiores. Isso só lhe interessa na medida em que aumentam ou diminuem, para ele mesmo, os custos de produção da mercadoria, isto é, somente na medida em que o coloca numa situação excepcional.

Pelo contrário, salário, juros e renda lhe aparecem como limites a regular não só o preço pelo qual ele pode realizar a parte do lucro que lhe cabe como capitalista ativo – o ganho empresarial –, mas o preço pelo qual, em geral, ele tem de poder vender a mercadoria de modo a possibilitar uma reprodução continuada. Para ele, é absolutamente indiferente que, pela venda, ele consiga ou não realizar o valor e o mais-valor contidos na mercadoria, pressupondo-se apenas que extraia do preço o ganho empresarial habitual ou um maior, acima do preço de custo que lhe é dado individualmente por salário, juros e renda. Assim, abstraindo da parte constante do capital, o salário, os juros e a renda lhe aparecem como elementos determinantes que limitam e, por conseguinte, criam o preço das mercadorias. Caso, portanto, ele consiga pressionar o salário abaixo do valor da força de trabalho, isto é, abaixo de seu nível normal, ou obter capital a uma taxa de juros mais baixa e pagar um arrendamento inferior ao nível normal da renda, então lhe resulta completamente indiferente vender o produto abaixo de seu valor ou mesmo abaixo do preço geral de produção, ou seja, ceder gratuitamente uma parte do mais-trabalho contido na mercadoria. O mesmo vale para a parte constante do capital. Um industrial que, por exemplo, possa comprar a matéria-prima abaixo de seu preço de produção estará protegido de perdas, ainda que na mercadoria acabada ele revenda essa matéria-prima abaixo de seu preço de produção. Seu ganho empresarial pode permanecer igual, ou mesmo aumentar, bastando para isso que o excedente do preço das mercadorias sobre os elementos deste último que têm de ser pagos, repostos por um equivalente, permaneça o mesmo ou aumente. Porém, além do valor dos meios de produção, que entram na produção de suas mercadorias como grandezas de preço dadas de antemão, são justamente o salário, os juros e a renda que entram nessa produção como grandezas de preço limitativas e reguladoras. Eles aparecem para o industrial, portanto, como elementos que determinam o preço das mercadorias. Desse ponto de vista, o ganho empresarial aparece determinado ou pelo excedente dos preços de mercado, que dependem de relações acidentais de concorrência, acima do valor imanente das mercadorias, o qual, por sua vez, é determinado por aqueles elementos do preço, ou, na medida em que ele mesmo afeta de maneira determinante o preço de mercado, reaparece como dependente da concorrência entre compradores e vendedores.

Tanto na concorrência dos capitalistas individuais entre si como na concorrência no mercado mundial, são o salário, os juros e a renda, como grandezas dadas e pressupostas, que entram no cálculo como grandezas constantes e reguladoras; constantes não no sentido de que não variam, mas no de que estão dadas em cada caso individual e constituem o limite constante dos preços sempre flutuantes de mercado. Na concorrência no mercado mundial, por exemplo, a questão se resume a saber se, com o salário, os juros e a renda dados, a mercadoria pode ser vendida com vantagem aos preços gerais praticados no mercado ou abaixo deles, isto é, com a realização de um ganho empresarial correspondente. Se num país o salário e o preço da terra são baixos e, em contrapartida, os juros do capital são elevados porque ali o modo de produção capitalista ainda não está desenvolvido em absoluto, ao passo que em outra nação o salário e o preço da terra são nominalmente altos, mas, pelo contrário, os juros do capital estão baixos, então num país o capitalista emprega uma quantidade maior de trabalho e terra e, no outro, proporcionalmente mais capital. Esses fatores entram como elementos determinantes no cálculo de até que ponto é possível aqui a concorrência entre os dois. Quer dizer, a experiência mostra na teoria, e o cálculo interessado do capitalista mostra na prática, que o preço das mercadorias está determinado por salário, juros e renda, preço do trabalho, do capital e do solo e que esses elementos são, de fato, aqueles que formam e regulam o preço.

Naturalmente, há sempre um elemento que não está pressuposto, mas que resulta do preço de mercado das mercadorias, a saber, o excedente sobre o preço de custo formado a partir da adição daqueles elementos: salário, juros e renda. Esse quarto elemento aparece determinado, em cada caso, pela concorrência e, na média dos casos, pelo lucro médio, regulado por essa mesma concorrência, porém em períodos mais longos.

Quinto: sobre a base do modo de produção capitalista, torna-se bastante óbvio que o valor em que se representa o novo trabalho agregado pode se decompor nas formas de rendimento de salário, lucro e renda fundiária, que esse método (e nem precisamos tratar de períodos históricos passados, que já mencionamos em nosso exame da renda fundiária) também se emprega onde estão desde sempre ausentes as condições de existência daquelas formas de rendimento. O que significa que nelas tudo se assimila por analogia.

Se um trabalhador autônomo – tomemos um pequeno camponês, pois aqui é possível aplicar todas as três formas de rendimento – trabalha para si mesmo e vende seu próprio produto, então ele é primeiro considerado seu próprio empregador (capitalista), que emprega a si mesmo como trabalhador, e como seu próprio proprietário fundiário, que emprega a si mesmo como seu arrendatário. Como trabalhador assalariado, ele paga salário a si mesmo; como capitalista, apropria-se do lucro; como proprietário fundiário, paga renda a si mesmo. Pressupondo como base social geral o modo de produção capitalista e suas relações correspondentes, essa analogia é correta na medida em que não é em virtude de seu trabalho, mas da posse dos meios de produção – que aqui assumiram em geral a forma de capital –, que se encontra em condições de se apropriar de seu próprio mais-valor. Além disso, na medida em que ele produz seu produto como mercadoria e, portanto, depende do preço desse produto (ainda que não fosse assim, esse preço pode ser avaliado), a massa do mais-trabalho que ele pode valorizar depende não de sua própria grandeza, mas da taxa geral de lucro; do mesmo modo, o eventual excedente sobre a cota de mais-valor determinada pela taxa geral de lucro não está, por sua vez, determinado pela quantidade de trabalho efetuado por esse trabalhador assalariado, mas só pode ser apropriado por este último na medida em que ele é proprietário do solo. Porque tal forma de produção, que não correspondente ao modo de produção capitalista, pode ser assim assimilada e – até certo ponto, de maneira incorreta – subsumida a suas formas de rendimento, consolida-se tanto mais a ilusão de que as relações capitalistas são relações naturais de todo modo de produção.

Porém, caso se reduza o salário a sua base geral, isto é, à parte do próprio produto do trabalho que entra no consumo individual do trabalhador; caso se libere dos entraves capitalistas essa porção e se a amplie até o volume do consumo que, por um lado, é permitido pela força produtiva existente da sociedade (ou seja, a força produtiva social de seu próprio trabalho como trabalho realmente social) e, por outro lado, requer o pleno desenvolvimento da individualidade; caso, além disso, se reduzam o mais-trabalho e o mais-produto à escala que, sob as condições de produção dadas da sociedade, é requerida, por um lado, para formar um fundo de emergência e de reserva e, por outro, para ampliar continuamente a reprodução no grau determinado pela necessidade social; caso se inclua, por fim, no n. 1 o trabalho necessário e no n. 2 o mais-trabalho, a quantidade de trabalho que os membros da sociedade aptos ao trabalho têm sempre de executar para os que ainda não são aptos ou já deixaram de sê-lo, isto é, caso se despoje tanto do salário como do mais-valor, tanto do trabalho necessário como do mais-trabalho, que constitui seu caráter especificamente capitalista, então não restariam de pé precisamente essas formas, mas somente seus fundamentos, que são comuns a todos os modos sociais de produção.

Essa espécie de assimilação, aliás, também é própria de modos de produção anteriormente dominantes, como, por exemplo, o feudal. Relações de produção que não lhe correspondiam em absoluto, que lhe eram completamente alheias, foram subsumidas às relações feudais, como os *tenures in common socage* [feudos camponeses livres] da Inglaterra (em oposição aos *tenures on knight's service* [feudos de cavalaria]), que só implicavam obrigações monetárias e só eram feudais no nome.

Capítulo 51

Relações de distribuição e relações de produção

O novo valor agregado pelo novo trabalho anualmente incorporado ao produto – por conseguinte, também a parte do produto anual em que esse valor se representa e que pode ser extraída, separada do produto total – se decompõe, pois, em três partes, que assumem três diferentes formas de rendimento. Dessas formas, a primeira expressa uma parte desse valor como pertencente ao possuidor da força de trabalho, a segunda, outra parte como pertencente ao possuidor do capital, e a última, uma terceira parte como pertencente ao possuidor da propriedade fundiária; ou cada parte, portanto, recaindo em cada um deles. Essas são, pois, relações ou formas da distribuição, pois exprimem as relações em que o novo valor total gerado se distribui entre os possuidores das diferentes forças atuantes na produção.

Segundo a concepção habitual, essas relações de distribuição aparecem como relações naturais, como relações derivadas pura e simplesmente da natureza de toda produção social, das leis da produção humana. Não se pode negar, é claro, que as sociedades pré-capitalistas mostram outros modos de distribuição, mas estes são interpretados como não desenvolvidos, imperfeitos e disfarçados, como diferentemente matizados daquelas relações naturais de distribuição; como modos que não estão reduzidos a sua expressão mais pura nem a sua configuração mais alta.

A única coisa correta nessa concepção é a seguinte: uma vez suposta uma produção social de qualquer tipo (por exemplo, a das comunidades primitivas hindus, naturais-espontâneas, ou a do comunismo dos peruanos, desenvolvido mais artificialmente), é sempre possível distinguir entre a parte do trabalho cujo produto é consumido direta e individualmente pelos produtores e seus familiares e – abstraindo da parte que recai no consumo produtivo – outra parte, que sempre é mais-trabalho, cujo produto serve sempre para satisfazer necessidades sociais gerais, independentemente de como esse mais-produto seja distribuído e de quem atue como representante dessas necessidades sociais. A identidade dos diferentes modos de distribuição faz, portanto, com que eles resultem idênticos, uma vez que tenhamos abstraído de suas diferenciações e suas formas específicas e só retenhamos a unidade que há neles, por oposição a suas diferenças.

No entanto, uma consciência mais evoluída, mais crítica, é capaz de reconhecer o caráter historicamente desenvolvido das relações de distribuição[56a], mas, em contrapartida, aferra-se com mais firmeza ao caráter constante das próprias relações de produção, que seriam assim originárias da natureza humana e, por conseguinte, independentes de todo o desenvolvimento histórico.

Pelo contrário, a análise científica do modo de produção capitalista demonstra ser ele um modo de produção peculiar, com uma determinação histórica específica; que, como qualquer outro modo de produção determinado, ele pressupõe, como sua condição histórica, um certo nível das forças sociais produtivas e de suas formas de desenvolvimento, uma condição que, por sua vez, é ela mesma resultado e produto histórico de um processo anterior e do qual o novo modo de produção parte como de sua base dada; que as relações de produção que correspondem a esse modo de produção específico e historicamente determinado – relações que os homens contraem no processo de sua vida social e na criação desta última – possuem um caráter específico, histórico e transitório; e que, por fim, as relações de distribuição são essencialmente idênticas a essas relações de produção, expressando-as de modo reverso, de tal forma que ambas compartilham do mesmo caráter historicamente transitório.

Ao examinarmos as relações de distribuição, tomamos como ponto de partida, antes de mais nada, o fato presumido de que o produto anual se divide em salário, lucro e renda fundiária. Assim enunciado, o fato é falso. Por um lado, o produto se divide em capital e, por outro, em rendimentos. Um desses rendimentos, o salário, assume sempre, por sua vez, uma única forma de rendimento, o rendimento do trabalhador, mas só depois de ter se defrontado previamente com esse mesmo trabalhador na *forma de capital*. Para que os produtores imediatos possam se defrontar com as condições de trabalho produzidas e os produtos do trabalho em geral na forma de capital é necessário que, desde um primeiro momento, as condições materiais de trabalho tenham assumido um caráter social determinado frente aos trabalhadores e, com isso, que estes também tenham estabelecido, na própria

---

[56a] J.[ohn] Stuart Mill, *[Essay on] Some Unsettled Questions of Pol.[itical] Econ.[omy]* (Londres, [Harrison,] 1844).

produção, uma relação determinada com os possuidores das condições de trabalho e entre si. Por sua vez, a transformação dessas condições de trabalho em capital implica igualmente a expropriação dos produtores diretos e, desse modo, uma determinada forma de propriedade fundiária.

Se uma parte do produto não se transformasse em capital, a outra não assumiria as formas de salário, lucro e renda.

Por outro lado, se o modo de produção capitalista pressupõe essa configuração social determinada das condições de produção, ele a reproduz constantemente. Não só produz os produtos materiais, mas reproduz constantemente as relações de produção em que aqueles são produzidos e, com isso, também as relações de distribuição correspondentes.

Pode-se afirmar, no entanto, que o próprio capital (e a propriedade da terra, que ele inclui como sua antítese) já pressupõe uma distribuição: a expropriação dos trabalhadores em relação a suas condições de trabalho, a concentração dessas condições nas mãos de uma minoria de indivíduos, a propriedade exclusiva da terra por outros indivíduos e, em suma, todas as relações que foram expostas na seção sobre a acumulação primitiva (Livro I, capítulo 24). Essa distribuição, porém, é completamente diferente daquilo que se entende por relações de distribuição, na medida em que se reivindica para estas, em oposição às relações de produção, um caráter histórico. Com isso, referimo-nos aos diferentes títulos na parte do produto que recai no consumo individual. Em contrapartida, essas relações de distribuição formam os fundamentos de funções sociais específicas que, no interior da própria relação de produção, competem a determinados agentes desta última, em oposição aos produtores imediatos. Elas conferem, assim, uma qualidade social específica às próprias condições de produção e a seus representantes, determinando completamente o caráter e o movimento da produção.

Há dois traços característicos que distinguem de antemão o modo de produção capitalista.

Primeiro, ele produz seus produtos como mercadorias. Produzir mercadorias não o distingue de outros modos de produção, mas sim o fato de que ser mercadoria constitui o caráter dominante e determinante de seu produto. Isso implica, desde já, que o próprio trabalhador só aparece como vendedor de mercadoria e, por isso, como assalariado livre, ou seja, que o trabalho aparece em geral como trabalho assalariado. Depois do que desenvolvemos até aqui, é supérfluo demonstrar novamente de que modo a relação entre capital e trabalho assalariado determina todo o caráter do modo de produção. Os principais agentes desse modo de produção, o capitalista e o trabalhador assalariado, são apenas, como tais, encarnações, personificações do capital e do trabalho assalariado, caracteres sociais determinados que o processo de produção social estampa nos indivíduos; são produtos dessas relações sociais de produção determinadas.

O caráter 1) do produto como mercadoria e 2) da mercadoria como produto do capital já implica o conjunto das relações de circulação, isto é, um processo social determinado que os produtos precisam percorrer e no qual adquirem certos caracteres sociais; implica também determinadas relações entre os agentes da produção, as quais determinam a valorização de seu produto e sua reconversão, seja em meios de subsistência, seja em meios de produção. Mesmo abstraindo disso, toda a determinação do valor e a regulação da produção total pelo valor derivam dos dois caracteres acima mencionados: do produto como mercadoria ou da mercadoria como mercadoria produzida de maneira capitalista. Nessa forma bem específica do valor, o trabalho só conta, por um lado, como trabalho social; por outro lado, a distribuição desse trabalho social e a complementação mútua, o metabolismo de seus produtos, a subordinação à engrenagem social e a inclusão nesta última dependem de ações fortuitas, que se anulam reciprocamente, dos produtores capitalistas individuais. Como estes só se defrontam como possuidores de mercadorias e cada um tenta vender sua mercadoria o mais caro possível (e mesmo, ao que parece, guiando-se apenas por seu arbítrio na regulação da própria produção), a lei interna só se faz valer pela mediação de sua concorrência, da pressão recíproca de uns sobre os outros, em virtude da qual as divergências se anulam mutuamente. A lei do valor só opera aqui, diante de agentes individuais, como lei intrínseca, como lei natural cega, e impõe o equilíbrio social da produção em meio a suas flutuações ocasionais.

Além disso, na mercadoria, e mais ainda na mercadoria como produto do capital, já está incluído aquilo que caracteriza todo o modo de produção capitalista: a reificação das determinações sociais da produção e a subjetivação das bases materiais da produção.

O *segundo* traço que caracteriza especialmente o modo de produção capitalista é a produção do mais-valor como finalidade direta e motivo determinante da produção. O capital produz essencialmente capital, e só o faz na medida em que produz mais-valor. Ao examinar o mais-valor relativo e, além disso, ao considerar a transformação do mais-valor em lucro, vimos como nisso se encontram as bases de um modo de produção peculiar ao período capitalista: uma forma especial do desenvolvimento das forças sociais produtivas do trabalho, mas como forças do capital autonomizadas diante do trabalhador e, por conseguinte, em antítese direta com seu próprio desenvolvimento, com o desenvolvimento do trabalhador. Como mostramos ao longo do desenvolvimento da análise, a produção para o valor e para o mais-valor implica a tendência sempre presente de reduzir o tempo de trabalho necessário para a produção de uma mercadoria, isto é, seu valor, abaixo da média social que vigora na realidade. A avidez por reduzir o preço de custo a seu mínimo se converte na mais forte alavanca para o aumento da força produtiva social do trabalho, que aqui, porém, aparece apenas como aumento constante da força produtiva do capital.

A autoridade que o capitalista assume no processo direto de produção como personificação do capital, a função social que ele exerce como condutor e dominador da produção, é fundamentalmente distinta da autoridade baseada na produção com escravos, servos etc.

Enquanto na base da produção capitalista a massa dos produtores diretos se confronta com o caráter social de sua produção na forma de uma autoridade rigorosamente reguladora e de um mecanismo social do processo de trabalho articulado de modo inteiramente hierárquico – autoridade que, no entanto, só se investe em seus portadores como personificação das condições de trabalho diante do trabalho, e não, como em formas anteriores de produção, como dominadores políticos ou teocráticos –, entre os portadores dessa autoridade, os próprios capitalistas, que só se defrontam uns com os outros como possuidores de mercadorias, reina a mais completa anarquia, no seio da qual a conexão social da produção só se impõe à arbitrariedade individual na forma de uma lei natural inexorável.

É somente porque o trabalho está pressuposto na forma de trabalho assalariado, e os meios de produção, na forma de capital – ou seja, apenas devido à configuração social específica desses dois agentes essenciais da produção –, que uma parte do valor (produto) se apresenta como mais-valor, e esse mais-valor, como lucro (renda), como ganho do capitalista, riqueza adicional disponível, que lhe pertence. Mas é apenas porque esta se apresenta, desse modo, como *seu lucro* que aqueles meios adicionais de produção destinados à ampliação da reprodução e que formam uma parte do lucro apresentam-se como novo capital adicional, e a ampliação do processo de reprodução capitalista em geral, como processo de acumulação capitalista.

Apesar de a forma do trabalho como trabalho assalariado ser decisiva para a configuração de todo o processo e para o modo específico da própria produção, o trabalho assalariado não é determinante de valor. Na determinação do valor, trata-se do tempo social de trabalho em geral, da quantidade de trabalho de que a sociedade costuma dispor e cuja absorção relativa pelos diferentes produtos determina, em certa medida, o respectivo peso social destes últimos. A forma específica em que o tempo social de trabalho se impõe como determinante no valor das mercadorias está, porém, vinculada à forma do trabalho como trabalho assalariado e à forma correspondente dos meios de produção como capital, na medida em que apenas sobre essa base a produção de mercadorias se converte na forma geral da produção.

Examinemos, além disso, as assim chamadas relações de distribuição. O salário pressupõe o trabalho assalariado; o lucro, o capital. Essas formas determinadas de distribuição pressupõem, portanto, certos caracteres sociais das condições de produção e relações sociais específicas entre os agentes da produção. Ou seja, que a relação determinada de distribuição não é outra coisa senão a expressão da relação de produção historicamente dada.

Consideremos, agora, o lucro. Essa forma do mais-valor é a condição prévia para que a nova formação dos meios de produção transcorra como produção capitalista; portanto, uma relação que domina a reprodução, ainda que ao capitalista individual pareça que, na realidade, ele poderia devorar o lucro inteiro como rendimento. Se tentasse fazê-lo, ele encontraria obstáculos que já se contrapõem a ele na forma de fundos de emergência e de reserva, lei da concorrência etc., e que lhe demonstram na prática que o lucro não é em absoluto uma mera categoria de distribuição do produto individualmente consumível. O processo inteiro de produção capitalista é, além disso, regulado pelo preço dos produtos. Mas os preços reguladores de produção são, por sua vez, regulados pela equalização da taxa de lucro e a correspondente distribuição do capital nas diferentes esferas da produção social. O lucro aparece aqui, portanto, como fator principal não da distribuição dos produtos, mas de sua própria produção, como fator de distribuição dos capitais e do próprio trabalho entre as diversas esferas da produção. A divisão do lucro em ganho empresarial e juros aparece como distribuição do mesmo rendimento. Mas esse desdobramento tem origem no desenvolvimento do capital como valor que se autovaloriza e gera mais-valor, ou seja, origina-se dessa configuração social determinada do processo dominante de produção. Partindo de si mesma, ela desenvolve o crédito e as instituições de crédito e, com isso, a configuração da produção. Nos juros etc., as formas presumidas de distribuição entram no preço como momentos determinantes da produção.

Quanto à renda fundiária, seria possível pensar que se trata de mera forma de distribuição, porquanto a propriedade fundiária enquanto tal não desempenha nenhuma função, ao menos nenhuma função normal no próprio processo de produção. Porém, a circunstância de que 1) a renda se limite ao excedente sobre o lucro médio e 2) o proprietário da terra se veja despido de seu papel de condutor e dominador do processo de produção e do processo inteiro da vida social, sendo assim reduzido a mero arrendador de terras, usurário do solo e simples receptor de rendas, é um resultado histórico específico do modo de produção capitalista. Que a terra tenha adquirido a forma de propriedade fundiária é um pressuposto histórico desse modo de produção. Que a propriedade fundiária adquira formas que possibilitem o modo capitalista de exploração da agricultura é um produto do caráter específico desse modo de produção. Em outras formas de sociedade, também se pode chamar de renda a receita do proprietário fundiário, mas ela é essencialmente diversa da renda tal qual aparece nesse modo de produção.

As chamadas relações de distribuição correspondem a – e derivam de – formas especificamente sociais e historicamente determinadas do processo de produção e das relações que os homens estabelecem entre si no processo de reprodução de sua vida. O caráter histórico dessas relações de distribuição é o caráter histórico das relações de produção, das quais aquelas só expressam um aspecto. A distribuição capitalista é distinta das formas de distribuição que têm origem em outros modos de produção, e cada forma de distribuição desaparece juntamente com a forma determinada de produção da qual ela provém e à qual corresponde.

A concepção que só considera como históricas as relações de distribuição, mas não as relações de produção, é, por um lado, a concepção da crítica incipiente, mas ainda inibida, da ciência econômica burguesa. Por outro lado, ela se funda numa confusão e numa identificação do processo social de produção com o processo simples de trabalho, tal como o executaria também um homem anormalmente isolado, trabalhando sem nenhum auxílio social. Na medida em que o processo social é um mero processo entre o homem e a natureza, seus elementos simples continuam a ser comuns a todas as formas sociais de desenvolvimento de tal processo. Mas cada forma histórica determinada desse processo desenvolve ulteriormente as bases materiais e as formas sociais daquele. Uma vez que tenha atingido certo grau de maturidade, remove-se a forma histórica determinada, que dá lugar a uma forma superior. Que tal crise tenha chegado é algo que se mostra tão logo ganham amplitude e profundidade a contradição e a oposição entre as relações de distribuição e, por conseguinte, também entre a configuração historicamente determinada das relações de produção que lhes correspondem, por um lado, e as forças produtivas, a capacidade de produção e o desenvolvimento de seus agentes, por outro. Tem-se, então, um conflito entre o desenvolvimento material da produção e sua forma social[57].

---

[57] Ver o texto sobre *Competition and Co-operation* (1832?) [Marx provavelmente pensa na obra *A Prize Essay on the Comparative Merits of Competition and Cooperation*, Londres, 1834. (N. E. A.)]

Capítulo 52

As classes

Os proprietários de mera força de trabalho, os proprietários de capital e os proprietários fundiários, que têm no salário, no lucro e na renda da terra suas respectivas fontes de rendimento, isto é, os assalariados, os capitalistas e os proprietários fundiários, formam as três grandes classes da sociedade moderna, fundada no modo de produção capitalista.

É na Inglaterra, sem dúvida, que a sociedade moderna está desenvolvida ao máximo, do modo mais clássico. Porém, nem mesmo nesse país a divisão de classes se mostra com toda a nitidez. Também lá suas linhas de demarcação aparecem encobertas por graus intermediários e de transição (embora incomparavelmente menos no campo do que nas cidades). Mas isso é indiferente para nossa análise. Vimos que a tendência constante e a lei de desenvolvimento do modo de produção capitalista consiste em separar cada vez mais do trabalho os meios de produção, bem como concentrar cada vez mais em grandes grupos os meios de produção que se encontram dispersos, isto é, transformar o trabalho em trabalho assalariado e os meios de produção em capital. A essa tendência corresponde, por sua vez, a autonomização da propriedade fundiária em relação ao capital e ao trabalho[58] ou a transformação de toda propriedade da terra em propriedade fundiária correspondente ao modo de produção capitalista.

A próxima pergunta a ser respondida é esta: o que vem a ser uma classe? E é claro que isso decorre da resposta a esta outra pergunta: o que faz com

---

[58] F.[riedrich] List observa corretamente: "O predomínio do cultivo autossuficiente em grandes fazendas demonstra apenas a falta de civilização, de meios de comunicação, de indústrias locais e de cidades ricas. Por isso, ele se encontra por toda parte na Rússia, na Polônia, na Hungria e em Mecklemburgo. Antigamente, ele também predominava na Inglaterra, mas com o advento do comércio e da indústria foi substituído por empresas médias e pelo arrendamento" (*Die Ackerverfassung, die Zwergwirtschaft und die Auswanderung*, 1842, p. 10).

que assalariados, capitalistas e proprietários da terra constituam as três grandes classes sociais?

A resposta se encontra, à primeira vista, na identidade entre rendimentos e fontes de rendimento. Trata-se de três grandes grupos sociais, cujas partes integrantes, os indivíduos que os formam, vivem respectivamente de salário, lucro e renda da terra, da valorização de sua força de trabalho, de seu capital e de sua propriedade fundiária.

Sob essa óptica, no entanto, médicos e funcionários públicos, por exemplo, também formariam duas classes, porquanto pertencem a dois grupos sociais distintos, nos quais os rendimentos dos membros de cada um deles provêm da mesma fonte. O mesmo valeria para a fragmentação infinita dos interesses e das posições em que a divisão social do trabalho separa tanto os trabalhadores quanto os capitalistas e os proprietários fundiários; estes últimos, por exemplo, em viticultores, agricultores, donos de bosques, donos de minas e donos de pesqueiros.

{Aqui se interrompe o manuscrito.}

Apêndice e notas suplementares ao Livro III d'*O capital**

FRIEDRICH ENGELS

* O presente trabalho de Engels foi escrito após a publicação do Livro III d'*O capital*. Como se depreende da carta de Engels a Kautsky, de 21 de maio de 1895, o suplemento ao Livro III deveria aparecer na forma de dois artigos na revista *Die Neue Zeit*. O primeiro, "Lei do valor e taxa de lucro", surgiu como réplica a afirmações, presentes na bibliografia econômica burguesa, segundo as quais haveria uma suposta contradição entre os Livros I e III d'*O capital*. O trabalho foi publicado logo após a morte de Engels, na revista *Die Neue Zeit* (n. 1-2, 1895-1896, p. 6-11 e 37-44). A tradução italiana apareceu, em versão um pouco reduzida, na revista *Critica Sociale*, n. 21-4, de 1º e 16 de novembro, bem como de 1º e 16 de dezembro de 1895. No segundo artigo, Engels pretendia examinar o papel significativamente modificado da Bolsa de Valores a partir de 1865. No entanto, jamais chegou a escrevê-lo; existe somente um plano contendo sete pontos. Esse manuscrito é intitulado "A Bolsa. Comentários suplementares ao Livro II d'*O capital*". (N. E. A.)

Friedrich Engels, 1888; retrato de William Elliott Debenham.

O Livro III d'*O capital*, desde que foi submetido ao julgamento público, já experimentou numerosas e variadas interpretações. Não cabia esperar outra coisa. Ao publicá-lo, o que me interessava era sobretudo reproduzir o texto da maneira mais autêntica possível, apresentar os novos resultados obtidos por Marx, sempre que possível com as próprias palavras do autor, e interferir no texto somente quando fosse absolutamente inevitável, tomando o máximo cuidado para, mesmo nesse caso, não deixar ao leitor a menor dúvida sobre quem está falando. Criticaram-me por isso, disseram que eu deveria ter transformado o material de que dispunha num livro sistemático, *en faire un livre* [fazer disso um livro], como dizem os franceses, ou, em outras palavras, sacrificar a autenticidade do texto à comodidade do leitor. Mas não concebi assim minha tarefa. Faltava-me qualquer justificava para uma reelaboração desse tipo; um homem como Marx tem o direito de ser ouvido pessoalmente, de legar à posteridade suas descobertas científicas na autenticidade plena de sua própria exposição. Além disso, de modo nenhum eu pretendia ultrajar, segundo meu modo de ver, o legado de um homem tão preeminente; isso equivaleria a uma quebra de confiança. Em terceiro lugar, tal expediente teria sido inteiramente inútil. Para as pessoas que não sabem ou não querem ler, e que já no Livro I empenharam-se mais em entendê-lo mal do que em entendê-lo corretamente – a essas pessoas seria pura perda de tempo dedicar qualquer esforço. Mas, para aquelas interessadas numa real compreensão, o mais importante é justamente o texto original; para elas, minha reelaboração teria tido no máximo o valor de um comentário e, ainda por cima, de um comentário sobre um texto inédito e inacessível. Já na primeira controvérsia, teria sido necessário recorrer ao original e, na segunda e na terceira, teria se tornado imprescindível publicá-lo *in extenso*.

Tais controvérsias são evidentes quando se trata de uma obra que apresenta tantos aspectos novos, que nos chegam numa primeira elaboração rapidamente esboçada e parcialmente lacunar. É nesse contexto que minha intervenção pode ser útil para eliminar dificuldades de compreensão, acentuar aspectos cuja importância não se encontra suficientemente ressaltada no texto e, considerando que este foi escrito em 1865, adicionar-lhe alguns importantes dados complementares, ajustando-o assim ao estado de coisas de 1895. Com efeito, temos já aqui dois pontos, sobre os quais penso ser necessária uma breve explicação.

I. Lei do valor e taxa de lucro

Era de esperar que a solução da aparente contradição entre esses dois fatores levaria a debates, tanto antes como depois da publicação do texto de Marx. Há até mesmo aqueles que esperavam assistir a um verdadeiro milagre e se viram frustrados porque, em vez da ansiada prestidigitação, depararam com uma solução simplesmente racional e prosaicamente sóbria da contradição. Quem se mostrou mais satisfeito com essa frustração foi, claro, o renomado e *illustre* Loria, que acabou por encontrar o ponto arquimediano a partir do qual mesmo um homúnculo de seu calibre pode erguer e mandar pelos ares a construção gigantesca e sólida de Marx. Mas – exclama ele indignado – isso pode ser chamado de solução? É, antes, pura mistificação! Pois os economistas, quando falam de valor, referem-se ao valor que se estabelece efetivamente na troca.

> "Porém, ocupar-se com um valor pelo qual as mercadorias não são vendidas *nem podem jamais ser vendidas (nè possono vendersi mai)* é o que nunca fez nem fará qualquer economista que possua um mínimo de critério. [...] Quando Marx diz que o valor pelo qual as mercadorias *nunca* são vendidas é proporcional ao trabalho nelas contido, que outra coisa faz senão repetir, de forma invertida, a tese dos economistas ortodoxos segundo a qual o valor pelo qual as mercadorias são vendidas *não é* proporcional ao trabalho nelas empregado? [...] De nada adianta que Marx afirme que, apesar da divergência dos preços individuais em relação aos valores individuais, o preço total do conjunto das mercadorias coincide sempre com o valor total delas, quer dizer, com a quantidade de trabalho contida na totalidade das mercadorias. Pois, considerando-se que o valor nada mais é que a proporção em que uma mercadoria é trocada por outra, a mera ideia de um valor total é, por si só, um absurdo, um disparate, [...] uma *contradictio in adjecto* [contradição nos termos]."

Já no começo do livro, Marx teria dito que a troca só pode equiparar duas mercadorias por intermédio de um elemento de igual natureza e grandeza contido em ambas – a saber, a quantidade igual de trabalho que elas contêm. E, agora, estaria desmentindo a si mesmo da maneira mais solene, ao afirmar que as mercadorias são trocadas numa proporção que não tem nenhuma relação com a quantidade de trabalho nelas contida.

"Quando já houve uma tão completa redução *ad absurdum*, maior bancarrota teórica? Quando já se cometeu um suicídio científico com maior pompa e solenidade?" (*Nuova Antologia*, 1º fev. 1895, p. 447-9)

Como vemos, nosso Loria está contentíssimo. Não tinha ele razão quando tratou Marx como seu igual, como um reles charlatão? Ora, vemos aí – Marx escarnece de seu público exatamente da mesma maneira que Loria e vive de mistificações tal como o mais insignificante dos professores italianos de economia. Mas enquanto Dulcamara pode permitir-se isso, porque conheceu seu ofício, Marx, esse grosseiro nórdico, dá mostras de uma série de debilidades, comete erros e disparates, de modo que, por fim, nada lhe resta senão um solene suicídio.

Deixemos para mais adiante a afirmação de que as mercadorias jamais se venderam nem se venderão pelos valores determinados pelo trabalho. Atenhamo-nos aqui apenas à afirmação do sr. Loria, de que "o valor nada mais é que a proporção em que uma mercadoria é trocada por outra e, por conseguinte, a simples ideia de um valor total das mercadorias é, por si só, um absurdo, um disparate etc.". A proporção em que duas mercadorias são trocadas, o valor delas, é, portanto, algo puramente fortuito, que tem origem fora das mercadorias e que pode mudar de um dia para outro. Que um quintal métrico de trigo seja trocado por um grama ou um quilo de ouro não depende em absoluto de condições inerentes ao trigo ou ao ouro, mas de circunstâncias totalmente alheias a ambos. Pois, de outro modo, essas condições também teriam de impor-se na troca, regê-la por completo e, mesmo sem levar em conta a troca, ter uma existência autônoma, de maneira que seria possível falar de um valor global das mercadorias. Isso, diz o *illustre* Loria, é um absurdo. Seja qual for a proporção em que se possam trocar duas mercadorias, esse é o valor delas, e ponto final. O valor é, assim, idêntico ao preço, e toda mercadoria tem tantos valores quantos preços possa obter. O preço é determinado pela oferta e demanda, e quem segue a perguntar é um tolo se espera alguma resposta.

Mas a questão tem um pequeno inconveniente. Em condições normais, oferta e demanda coincidem. Dividamos, então, todas as mercadorias existentes no mundo em duas metades: no grupo da demanda e no grupo da oferta, ambos de igual grandeza. Suponhamos que cada grupo represente o preço de 1 bilhão de marcos, francos, libras esterlinas ou qualquer outra moeda. Segundo as regras da aritmética, a soma dos dois dará um preço ou valor de 2 bilhões. Disparate, absurdo, diz o sr. Loria. Os dois grupos em conjunto podem representar um preço de 2 bilhões. Mas isso não se aplica ao valor. Se falarmos de preço, teremos 1 + 1 = 2. Se falarmos de valor, 1 + 1 = 0. Pelo menos nesse caso, em que se trata da totalidade das mercadorias, pois aqui as mercadorias de cada grupo só valem 1 bilhão, uma vez cada um deles quer e pode dar essa soma pelas mercadorias do outro. Mas, se reunirmos a totalidade das mercadorias de ambos nas mãos de um terceiro, então o primeiro já não terá nenhum valor em suas mãos, tampouco o segundo, e menos ainda o terceiro; no final das contas, ninguém terá nada. Admiremos, uma vez mais, a superioridade com que nosso Cagliostro meridional depenou o conceito de valor de tal maneira que deste não restou o menor vestígio. Aí está a perfeição da economia vulgar[1]!

---

[1] Pouco tempo depois, esse mesmo senhor, "conhecido por sua fama" (para usar as palavras de Heine), também achou oportuno responder a meu prefácio ao Livro III, logo após este ter sido publicado em italiano, em 1895, no primeiro fascículo da revista *Rassegna*. A resposta se encontra na *Riforma Sociale* de 25 de fevereiro de 1895. Depois de ter-me cumulado de adulações, que nele são inevitáveis e, por isso mesmo, duplamente asquerosas, declara que jamais tivera a intenção de surrupiar os méritos de Marx quanto à concepção materialista da história. Ele já os teria reconhecido em 1885, isto é, muito de passagem, num artigo de revista. Em contrapartida, insiste em silenciar sobre eles justamente onde mais cabia mencioná-los, a saber, em seu livro sobre o tema, no qual Marx só é citado pela primeira vez na p. 129 e, mesmo assim, apenas a propósito da pequena propriedade fundiária na França. Agora declara, com audácia, que Marx nem sequer seria o autor dessa teoria; se Aristóteles já não a havia insinuado, Harrington sem dúvida nenhuma já teria proclamado em 1665, e, muito antes de Marx, ela já teria sido desenvolvida por uma plêiade de historiadores, políticos, juristas e economistas. Tudo isso se pode ler na edição francesa da obra de Loria. Em suma, Marx seria o plagiador perfeito. Depois de eu ter-lhe impossibilitado que continuasse a jactar-se com seus plágios de Marx, ele afirma arrogantemente que este também se adornava com plumas alheias, tal como ele mesmo. De meus outros ataques, Loria só retoma aquele em que, segundo ele, Marx nunca se propusera escrever um segundo livro d'*O capital*, muito menos um terceiro. "E agora responde Engels triunfante, jogando contra mim os Livros II e III [...] Magnífico! Alegro-me tanto com esses volumes, aos quais devo tantas satisfações intelectuais, que nunca uma vitória me foi tão cara quanto essa derrota de hoje – na hipótese de ter sido uma derrota. Mas o foi, de fato? Será mesmo verdade que Marx tenha escrito, com a intenção de publicar, esse monte de notas desconexas, que Engels coligiu com uma amizade plena de veneração? É realmente lícito supor que Marx [...] tenha confiado a essas páginas o coroamento de sua obra e de seu sistema? Será mesmo que Marx teria publicado aquele capítulo sobre a taxa média de lucro, no qual a solução há tantos anos prometida se reduz às mistificações mais desoladoras, ao jogo de frases mais vulgar? É ao menos permitido

Em *Archiv für soziale Gesetzgebung*, de Braun, VII, caderno 4, Werner Sombart oferece uma exposição, excelente no conjunto, das linhas gerais do sistema marxiano. É a primeira vez que um professor universitário alemão consegue, de maneira aproximada, ver nos escritos de Marx o que neles foi realmente dito, declarando que a crítica ao sistema do autor não pode consistir em refutá-lo – "disso pode encarregar-se o arrivista político" –, mas apenas em continuar a desenvolvê-lo. Também Sombart, é evidente, ocupa-se de nosso tema. Investiga a importância que o valor desempenha no sistema marxiano e chega aos seguintes resultados: o valor não aparece na relação de troca das mercadorias produzidas ao modo capitalista; não vive na consciência dos agentes capitalistas da produção; não é um fato empírico, mas um fato mental, lógico; em Marx, o conceito de valor, em sua determinidade material, nada mais é que a expressão econômica do fato de que a força produtiva social do trabalho é a base da vida econômica; a lei do valor rege, em última instância, os processos econômicos numa ordem econômica capitalista e, de modo geral, tem para esse sistema econômico o seguinte conteúdo: o valor das mercadorias é a forma histórica específica em que se impõe, de maneira determinante, a força produtiva do trabalho, a qual, em último caso, rege todos os processos econômicos. É o que afirma Sombart; não se pode dizer que esteja incorreta essa concepção da importância da lei do valor para a forma de produção capitalista. Porém, parece-me que sua formulação é demasiadamente larga, suscetível de uma formulação mais restrita, mais precisa; a meu ver, ela não esgota de modo nenhum a importância completa da lei do valor para os estágios de desenvolvimento econômico da sociedade regidos por essa lei.

Em *Sozialpolitisches Zentralblatt*, de Braun, de 25 de fevereiro de 1895, n. 22, encontra-se um artigo, igualmente excelente, de Conrad Schmidt, sobre o Livro III d'*O capital*. Deve-se destacar especialmente o fato de o autor ter

---

duvidar disso. [...] Isso demonstra, ao que me parece, que Marx, após a publicação de seu esplêndido (*splendido*) livro, não pretendia dar-lhe um sucessor ou pelo menos tinha a intenção de deixar a seus herdeiros, e fora de sua própria responsabilidade, o acabamento de sua obra gigantesca."

Assim está escrito na p. 267. Heine não podia falar de seu público de filisteus alemães com maior desprezo do que ao dizer: o autor acaba acostumando-se com seu público, como se este fosse um ser racional. Pelo que deve, então, o *illustre* Loria tomar seu público?

Por fim, uma nova carga de encômios, que desaba sobre mim, este infeliz. E, então, nosso Sganarelle compara-se ao Balaão, que teria vindo para amaldiçoar, mas de cujos lábios, contra sua vontade, borbulhavam apenas "palavras de bênção e de amor". O bom Balaão se fazia notar sobretudo por cavalgar um burro mais inteligente que o dono. Dessa vez, é evidente que Balaão deixou seu burro em casa.

demonstrado que Marx, ao derivar o lucro médio do mais-valor, deu pela primeira vez uma resposta à pergunta – até então nem sequer formulada pela ciência econômica – de como se determina o nível dessa taxa média de lucro e de como se explica que ele seja, digamos, de 10% ou 15%, e não de 50% ou 100%. Essa questão se resolve por si mesma, a partir do momento em que sabemos que o mais-valor apropriado em primeira mão pelo capitalista industrial é a única e exclusiva fonte do lucro e da renda fundiária. Essa parte do artigo de Schmidt poderia ter sido escrita diretamente para economistas *à la* Loria, se não fosse inútil o esforço de abrir os olhos daqueles que não querem enxergar.

Também Schmidt apresenta ressalvas formais em relação à lei do valor. Chama-a de uma *hipótese* científica, proposta para a explicação do processo efetivo de troca e que, mesmo perante os fenômenos da concorrência dos preços, que parecem contradizê-la totalmente, conserva-se como ponto de partida teórico necessário, esclarecedor e incontornável; sem a lei do valor, cessa, a seu ver, toda e qualquer compreensão teórica do mecanismo econômico da realidade capitalista. Ademais, numa carta particular, que ele me permite mencionar, Schmidt declara que a lei do valor, no interior da forma capitalista de produção, é uma simples ficção, ainda que teoricamente necessária. Tal concepção é, em minha opinião, absolutamente falha. A lei do valor tem, para a produção capitalista, uma importância muito maior e mais definida que a de uma mera hipótese, que dirá o de uma ficção, mesmo que necessária.

Nem em Sombart nem em Schmidt – só menciono o *illustre* Loria para compor um divertido pano de fundo da economia vulgar – considera-se suficientemente a circunstância de que aí se trata não apenas de um processo puramente lógico, mas também de um processo histórico e seu reflexo explicativo no pensamento, da persecução lógica de seus nexos internos.

A passagem decisiva encontra-se no Livro III, capítulo 10, p. 154 [p. 209]:

> "Toda a dificuldade provém do fato de que as mercadorias não se trocam simplesmente como *mercadorias*, mas como *produtos de capitais*, que requerem uma participação proporcional à sua grandeza na massa total do mais-valor, ou uma participação igual quando sua grandeza é igual."

A título de ilustração dessa diferença, Marx supõe que os trabalhadores estejam de posse de seus meios de produção, trabalhem em média durante um igual período de tempo e com a mesma intensidade e troquem as mercadorias diretamente entre si. Nesse caso, dois trabalhadores, durante uma jornada, teriam agregado a seus produtos, com seus respectivos trabalhos, uma quantidade igual de um valor novo, mas o produto de cada um teria um valor distinto segundo o trabalho antes incorporado nos meios de produção. Essa última parte do valor representaria o capital constante da economia capitalista; a parte do novo valor empregada nos meios de subsistência do trabalhador constituiria o capital variável; e a parte restante do novo valor, o mais-valor, que aqui pertenceria, então, ao trabalhador. Assim, os dois trabalhadores receberiam, deduzida a reposição da parte "constante" do valor por eles adiantada, valores iguais; mas a proporção entre a parte que representa o mais-valor e o valor dos meios de produção – que corresponderia à taxa de lucro capitalista – seria diferente para ambos. No entanto, uma vez que, na troca, cada um deles é restituído do valor dos meios de produção, isso não teria importância nenhuma.

> "[...] o intercâmbio de mercadorias por seus valores, ou aproximadamente por seus valores, requer um estágio *muito inferior* ao do intercâmbio a preços de produção, para o qual se faz necessário um nível determinado do desenvolvimento capitalista. [...] Ainda sem levar em conta o fato de que os preços e seu movimento são determinados pela lei do valor, é totalmente apropriado considerar os valores das mercadorias não só do ponto de vista *teórico*, mas também do *histórico*, como o *prius* [antecedente] dos preços de produção. Isso vale para casos em que os meios de produção pertencem ao trabalhador, o que ocorre tanto no mundo antigo como no moderno, tanto no caso do camponês que possui a terra na qual trabalha para si mesmo, como no do artesão. Isso também está de acordo com nossa opinião, que expressamos anteriormente, de que a transformação dos produtos em mercadorias resulta do intercâmbio entre diversas coletividades, e não entre membros de uma e mesma comunidade. E o que se aplica a esse estado de coisas originário aplica-se também a situações posteriores, fundadas na escravidão e na servidão, assim como às corporações artesanais, por todo o tempo em que os meios de produção imobilizados em cada ramo da produção só possam ser transferidos de uma esfera a outra com muita dificuldade e que, dentro de certos limites, as diferentes esferas da produção se relacionem entre si como o fariam países estrangeiros ou coletividades comunistas." (Marx, III, I, p. 155-6 [p. 211-2])

Tivesse chegado a rever o Livro III, Marx teria certamente desenvolvido de maneira considerável essa passagem. Tal como se apresenta, ela dá apenas um esboço do que se deve dizer sobre o problema. Vejamos essa questão, portanto, em maiores detalhes. É sabido que, nos primórdios da sociedade, os produtos eram consumidos pelos próprios produtores e que estes se organizavam espontaneamente em comunidades geridas de maneira mais ou menos comunista; é sabido também que a troca do excedente desses produtos com estrangeiros, a qual leva à transformação dos produtos em mercadorias, é um fenômeno posterior, que de início ocorre apenas entre comunidades individuais de diferentes tribos, porém mais tarde tem lugar também dentro da comunidade e contribui essencialmente para a dissolução desta última em grupos familiares maiores ou menores. No entanto, mesmo após essa dissolução, os chefes de família, que realizam as trocas, continuam a ser camponeses que trabalham e, com a ajuda de sua família, produzem em suas próprias terras quase tudo de que têm necessidade, obtendo de fora apenas uma pequena parte dos objetos de que precisam em troca de seus próprios produtos excedentes. A família não se ocupa apenas da agricultura e da pecuária, mas também transforma os produtos dessas atividades em artigos prontos para o consumo, às vezes moendo ela mesma o trigo em moinho manual, assando o pão, fiando, tingindo, tecendo o linho e a lã, curtindo o couro, erigindo e consertando construções de madeira, fabricando ferramentas e utensílios e, não raro, fazendo trabalhos de marcenaria e forja; desse modo, a família ou o grupo familiar é, no essencial, autossuficiente.

Ora, mesmo até o início do século XIX na Alemanha, o pouco que tal família precisava obter de terceiros por meio da troca ou da compra resumia-se principalmente a objetos de produção artesanal, ou seja, a coisas cuja fabricação não era de modo nenhum estranha ao camponês e que ele mesmo só não produzia porque ou não dispunha da matéria-prima ou o artigo comprado era de melhor qualidade ou muito mais barato. O camponês da Idade Média tinha plena ciência, portanto, do tempo de trabalho requerido para produzir os objetos que recebia na troca. O ferreiro e o segeiro da aldeia trabalhavam diante de seus olhos; do mesmo modo, o alfaiate e o sapateiro, que em minha juventude circulavam entre nossos camponeses renanos, indo de casa em casa, e dos materiais produzidos por estes confeccionava roupas e calçados. Tanto o camponês como as pessoas de quem ele comprava eram trabalhadores, e os artigos que trocavam entre si eram os produtos do trabalho de cada um. Que despenderam eles na produção desses produtos? Trabalho, apenas trabalho: para repor as ferramentas, produzir a matéria-prima e elaborá-la, não despenderam mais que sua própria força de trabalho; como lhes seria possível, então, trocar seus produtos pelos de outros produtores diretos, a não ser na proporção do trabalho neles empregado? O tempo de trabalho despendido nesses produtos não era apenas o único padrão de medida adequado para determinar quantitativamente as grandezas a serem trocadas; mais que isso, não havia outro além dele. Ou quem acreditaria que o camponês e o artesão fossem estúpidos ao ponto de trocar o produto de dez horas de trabalho de um deles pelo produto de uma única hora de trabalho do outro? Durante todo o período da economia natural camponesa, a única troca possível era aquela em que as quantidades trocadas de mercadorias tendiam a medir-se cada vez mais conforme as quantidades de trabalho nelas incorporadas. A partir do momento em que o dinheiro penetra nesse sistema econômico, torna-se, por um lado, ainda mais explícita a tendência para a adequação à lei do valor (de acordo com a formulação de Marx, *nota bene*!), mas, por outro, tal tendência já se vê perturbada pela intervenção do capital usurário e da espoliação fiscal, alongando assim os períodos em que a média dos preços se aproxima dos valores, até que a diferença entre eles se torna desprezível.

O mesmo vale para a troca entre os produtos dos camponeses e os dos artesãos citadinos. Inicialmente, tal troca era direta, sem mediação do comerciante, em dias de feira nas cidades, quando o camponês vendia seus produtos e realizava suas compras. Também nesse caso, não só as condições de trabalho do artesão eram conhecidas pelo camponês, como também as deste último pelo artesão. Pois ele mesmo era ainda um pouco camponês; possuía não apenas horta e pomar, mas também, com muita frequência, uma pequena porção de terra, uma ou duas vacas, porcos, aves etc. Desse modo, as pessoas da Idade Média eram capazes de calcular, umas em relação às outras, com bastante exatidão, os custos de produção em matérias-primas, materiais auxiliares e tempo de trabalho, pelo menos no que diz respeito aos artigos de uso cotidiano e geral.

Mas como nessa troca medida pela quantidade de trabalho se conseguia calcular esses custos, ainda que apenas de modo indireto e relativo, para produtos que exigiam um período de trabalho mais longo, interrompido por intervalos irregulares e incerto quanto ao rendimento, como, por exemplo, o cereal ou o gado? Ainda mais em se tratando de pessoas que não sabiam calcular? É evidente que isso só era possível através de um demorado processo de aproximação em zigue-zague, frequentemente tateando aqui e ali na escuridão, processo no qual, como de costume, só se aprende errando. Mas a necessidade que cada um sentia de recuperar seus gastos sempre o ajudava a reencontrar a direção correta, e a variedade exígua de objetos que entrava em circulação, assim como o método de produzi-los, que muitas vezes se mantinha invariável por séculos, facilitavam a realização do objetivo. E que não tenha tardado até que se estabelecesse com muita aproximação a grandeza de valor relativa desses produtos fica demonstrado pelo fato de o gado, a mercadoria em que isso parecia mais difícil devido ao longo tempo de produção de cada cabeça, ter sido a primeira mercadoria-dinheiro reconhecida de forma bastante generalizada. Para que isso se consumasse, o valor do gado, sua relação de troca para com toda uma série de outras mercadorias, teve de alcançar uma fixidez relativamente incomum, reconhecida sem contestação no território de diversas tribos. E as pessoas da época eram decerto suficientemente espertas – tanto os criadores de gado como seus fregueses – para não dar em troca, sem equivalente, o tempo de trabalho que haviam despendido. Pelo contrário: quanto mais próximas as pessoas se encontram do estágio primitivo da produção de mercadorias – russos e orientais, por exemplo –, tanto mais tempo elas desperdiçam, ainda em nossos dias, para obter mediante um regateio longo e obstinado a plena recompensa do tempo de trabalho empregado num produto.

Foi a partir dessa determinação do valor pelo tempo de trabalho que se desenvolveu toda a produção de mercadorias e, com ela, as múltiplas relações em que se afirmam os diferentes aspectos da lei do valor, tal como expostos na seção I do Livro I d'*O capital*; ou seja, as condições sob as quais apenas o trabalho é criador de valor. E tais condições, que se impõem sem que os participantes tomem consciência delas e só podem ser abstraídas da prática cotidiana por meio de uma longa investigação teórica, atuam como se fossem leis naturais, o que, como Marx também demonstrou, é algo que decorre necessariamente da natureza da produção de mercadorias. O progresso mais significativo e mais decisivo foi a transição para o dinheiro metálico, a qual, porém, teve por consequência o fato de que, a partir de então, a determinação do valor pelo tempo de trabalho deixava de aparecer de forma visível na superfície da troca de mercadorias. O dinheiro converteu-se, do ponto de vista prático, na medida fundamental do valor, e isso tanto mais quanto mais diversas se tornavam as mercadorias comercializadas, quanto mais longínquos eram os países de onde provinham e, portanto, quanto menos se podia controlar o tempo de trabalho necessário para sua produção. De início, o próprio dinheiro vinha principalmente do exterior; mesmo quando o metal precioso era extraído no país, o camponês e o artesão em parte não eram capazes de estimar aproximadamente o trabalho empregado em sua produção, em parte a consciência da qualidade do trabalho de medir o valor já lhes estava bastante embotada devido ao hábito de calcular em dinheiro; o dinheiro começou a representar o valor absoluto no imaginário popular.

Em resumo: a lei marxiana do valor tem validade geral, desde que as leis econômicas valham para todo o período da produção simples de mercadorias, portanto, até o tempo em que esta experimenta uma modificação por meio da introdução da forma de produção capitalista. Até então, os preços variavam na direção dos valores determinados pela lei marxiana e gravitam em torno desses valores, de modo que, quanto mais desenvolvida a produção simples de mercadorias, tanto mais os preços médios de períodos mais longos, não interrompidos por crises violentas e de origem externa coincidem com os valores, podendo-se desprezar os pequenos desvios. Portanto, a lei marxiana do valor tem validade econômica geral para um período que se estende desde os primórdios da troca que transforma os produtos em mercadorias até o século XV de nossa era. Mas a troca de mercadorias tem origem numa época anterior a toda a história escrita; numa época que, no Egito, remonta a pelo menos 3.500, talvez 5.000, e na Babilônia, a 4.000, talvez 6.000 anos antes de nossa era; a lei do valor vigorou, pois, por um período de cinco a sete milênios. E agora admiremos a integridade do sr. Loria, que qualifica o valor, vigente de maneira geral e direta durante toda essa época, como um valor ao qual as mercadorias não se vendem nem poderão ser jamais vendidas e do qual nunca se poderá ocupar um economista que possua uma centelha de bom senso!

Até agora não falamos do comerciante. Pudemos deixar de considerar sua intervenção até o presente momento, em que passaremos à transformação da produção simples de mercadorias para a produção capitalista de mercadorias. O comerciante foi o elemento revolucionário nessa sociedade, na qual tudo o mais se mantinha estável, por assim dizer, hereditariamente; uma sociedade na qual o camponês recebia não somente sua parcela de terra, mas também sua posição de proprietário livre, de censatário livre ou sujeito à gleba ou de servo vinculado ao senhor, e o artesão citadino, por sua vez, recebia seu ofício e seus privilégios corporativos por herança e em caráter quase inalienável; e cada um deles, sua clientela e seu mercado, bem como sua habilidade, adestrada desde a juventude para a profissão herdada. Nesse mundo ingressou, então, o comerciante, que acabaria por revolucioná-lo. Não o faria na qualidade de revolucionário consciente, mas, pelo contrário, como carne de sua carne e sangue de seu sangue. O comerciante da Idade Média não era em absoluto um individualista, mas essencialmente membro de alguma associação, como todos os seus contemporâneos. No campo, reinava a associação para explorar as terras comuns, oriunda do comunismo primitivo. Cada camponês tinha originalmente uma parcela de mesmo tamanho, com iguais porções de terra de cada qualidade e uma correspondente participação igual nos direitos sobre as terras comuns. Desde que essa associação se tornou um sistema fechado e já não se distribuíam novas parcelas, ocorreram, mediante heranças etc., subdivisões das parcelas e correspondentes subdivisões dos direitos às terras comuns; mas a parcela completa continuou a ser a unidade, de modo que havia metades, quartos e oitavos de parcela com metades, quartos e oitavos de direitos às terras comuns. Todas as associações de produção posteriores se orientaram segundo o modelo dessas associações, especialmente as corporações urbanas, cujo ordenamento não era mais do que a aplicação desse modelo ao privilégio de um ofício, em vez de a um território delimitado. O centro de toda a organização era a participação igual de cada membro na totalidade das prerrogativas e dos benefícios assegurados à associação em seu conjunto, o que ainda se manifesta patentemente no privilégio do "abastecimento de fios" de Elberfeld e Barmen, em 1527 ([Alphons] Thun, *Industrie am Niederrhein*, v. 2, p. 164 e seg.). O mesmo vale para as corporações das minas, nas quais cada cota tinha igual participação e, tal como as parcelas do membro da associação rural, podia ser dividida juntamente com todos os seus direitos e os seus deveres. E o mesmo vale, não em menor grau, para as associações comerciais, que deram origem ao comércio ultramarino. Os venezianos e os genoveses no porto de Alexandria ou Constantinopla, cada "nação" em seu próprio *fondaco* – residência, taberna, armazém, salão de exposição e vendas, além de escritório central –, constituíam associações comerciais completas, fechadas aos concorrentes e aos clientes, vendiam a preços combinados entre si, suas mercadorias tinham uma qualidade determinada, garantida por inspeção pública e muitas vezes por um selo, decidiam conjuntamente os preços a pagar aos nativos pelos produtos deles etc. Do mesmo modo procediam os hanseáticos na Ponte Alemã (Tydske Bryggen) de Bergen, na Noruega, e também seus concorrentes holandeses e ingleses. Pobre daquele que tivesse vendido abaixo ou comprado acima do preço estabelecido! O boicote que se decretava contra ele significava, então, sua inevitável ruína, para não falar das penas diretas que a corporação impunha aos culpados. Mas também se fundaram associações ainda mais fechadas, para fins determinados, como a Maona de Gênova, que, nos séculos XIV e XV, dominou durante muitos anos as minas de alúmen de Foceia, na Ásia Menor, assim como da ilha de Quios, ou a grande sociedade comercial de Ravensberg, que desde o fim do século XIV comerciava com a Itália e a Espanha, fundando ali sucursais, e a sociedade alemã dos Fugger, Welser, Vöhlin, Höchstetter etc. de Augsburgo; os Hirschvogel de Nurembergue e outros, que, com um capital de 66 mil ducados e três navios, participaram da expedição portuguesa à Índia em 1505-1506, obtendo um lucro líquido de 150% ou, segundo outros, de 175% (Heyd, *Levantehandel*, v. II, p. 524) e toda uma série de sociedades *Monopolia*, que tanto irritavam Lutero.

Aqui encontramos pela primeira vez um lucro e uma taxa de lucro. Decerto, os esforços dos comerciantes voltavam-se intencional e conscientemente à equalização dessa taxa de lucro para todos os participantes. Os venezianos no Levante, os hanseáticos no Norte, cada um pagava os mesmos preços que os vizinhos por suas mercadorias, que tinham todas os mesmos custos de transporte, recebia por elas os mesmos preços e pagava o frete de retorno aos mesmos preços que qualquer outro comerciante de sua "nação". A taxa de lucro era, assim, igual para todos. Nas grandes sociedades comerciais, a distribuição do lucro *pro rata* da parte investida do capital é algo evidente, exatamente do mesmo modo que a participação nos direitos sobre as terras comuns se distribui *pro rata* das parcelas legitimamente possuídas ou o lucro das minas *pro rata* das cotas acionárias de minas. A taxa uniforme de lucro, que em seu pleno desenvolvimento é um dos resultados da produção capitalista, revela-se aqui, portanto, em sua forma mais simples, como um dos pontos dos quais partiu historicamente o capital ou, mais ainda, como decorrência direta da sociedade de terras comuns, que, por sua vez, decorre diretamente do comunismo primitivo.

Essa taxa de lucro original era necessariamente elevada. Os negócios eram bastante arriscados, não apenas devido à crescente pirataria, mas também porque as nações concorrentes às vezes se permitiam todos os tipos de violência, quando se ofereciam condições para isso; por último, as vendas e as condições das vendas repousavam sobre privilégios de príncipes estrangeiros, que muito frequentemente as violavam ou revogavam. Portanto, o lucro tinha de incluir um alto prêmio de seguro. Ademais, o movimento comercial era lento, o desenvolvimento dos negócios, moroso e, nas melhores épocas, que raramente duravam muito, tratava-se de um comércio monopólico, com lucro monopólico. Que a taxa de lucro era, em média, muito alta é algo evidenciado também pelas altíssimas taxas de juros então vigentes, as quais, no entanto, deviam ser em geral menores que a porcentagem do lucro habitual do comércio.

Essa elevada taxa de lucro, igual para todos os participantes e resultado da ação coletiva da associação, tinha validade somente local, no interior da associação, ou seja, no caso presente, da "nação". Venezianos, genoveses, hanseáticos e holandeses tinham, cada um em sua nação, uma taxa de lucro própria, e inicialmente, em maior ou menor grau, também uma taxa especial para cada um de seus mercados regionais. A equalização dessas diferentes taxas de lucro corporativas impôs-se pelo caminho inverso, pela concorrência. Num primeiro momento, [equalizaram-se] as taxas de lucro nos diferentes mercados para a mesma nação. Se Alexandria prometia para as mercadorias venezianas lucros maiores que Chipre, Constantinopla ou Trebizonda, Veneza mobilizava mais capital para Alexandria, deslocando-o do intercâmbio com outros mercados. E assim se chegava à equalização progressiva das taxas de lucro entre as diferentes nações que exportavam mercadorias iguais ou similares para os mesmos mercados, processo que, com frequência, acabava por esmagar algumas dessas nações, eliminando-as do comércio. Tal processo, no entanto, experimentou constantes interrupções por acontecimentos políticos, assim como todo o comércio do Levante acabou arruinado devido às invasões mongólicas e turcas, e as grandes descobertas geográficas e comerciais a partir de 1492 não fizeram mais que acelerar essa decadência e, mais tarde, torná-la definitiva.

Num primeiro momento, a súbita expansão que então se verificara nas áreas de mercado, assim como a consequente transformação das vias de tráfego, não gerou mudanças essenciais nas operações comerciais. Também com a Índia e a América, o tráfego ainda esteve inicialmente a cargo das corporações de comerciantes. Primeiro, atrás dessas corporações estavam nações maiores. Os catalães que comerciavam com o Levante cederam lugar, no comércio com a América, à Espanha inteira, grande e unificada, e, junto com ela, a dois grandes países: a Inglaterra e a França. Mesmo Holanda e Portugal, os menores, eram pelo menos tão grandes e fortes quanto Veneza, a maior e mais poderosa nação comercial da época anterior. Isso conferia ao mercador viajante, o *merchant adventurer* dos séculos XVI e XVII, um respaldo que tornava a corporação que protegia os membros, inclusive com as armas, cada vez mais supérflua, convertendo seus custos num fardo insuportável. A riqueza particular de certos indivíduos desenvolveu-se, então, muito mais rapidamente, de modo que logo tornou-se possível a alguns comerciantes isolados investir num empreendimento tantos fundos quanto anteriormente o podia uma associação inteira. As sociedades comerciais, onde ainda subsistiam, transformaram-se na maioria das vezes em corporações armadas, que sob a proteção e a autoridade da metrópole conquistavam países inteiros recém-descobertos e os exploravam monopolicamente. Quanto mais colônias se estabeleciam nos novos territórios, o que em geral ocorria também por iniciativa do Estado, tanto mais o comércio corporativo cedia lugar ao comerciante individual, convertendo a equalização da taxa de lucro cada vez mais numa questão exclusiva da concorrência.

Até aqui conhecemos uma taxa de lucro somente para o capital comercial, pois até então existira apenas o capital comercial e o capital usurário, já que o capital industrial ainda tinha de se desenvolver. A produção ainda se encontrava preponderantemente nas mãos de trabalhadores, que detinham a posse de seus próprios meios de produção, isto é, cujo trabalho não gerava mais-valor para capital nenhum. Se tinham de ceder uma parte de seu produto a terceiros sem nenhuma compensação em troca, era na forma de tributo a senhores feudais. Por isso, o capital comercial só podia obter seu lucro, pelo menos no princípio, dos compradores estrangeiros de produtos nacionais ou dos compradores nacionais de produtos estrangeiros; apenas no fim desse período – na Itália, portanto, com o ocaso do comércio levantino – a concorrência externa e a maior dificuldade para as vendas puderam obrigar o artesão produtor de mercadorias de exportação a cedê-las ao exportador abaixo de seu valor. E assim encontramos aqui o fenômeno de que na circulação varejista, interna, entre os diversos produtores entre si, as mercadorias eram vendidas, em média, a seus valores, o que, no entanto, não era a regra no comércio internacional, pelas razões expostas. Exatamente o contrário do que ocorre no mundo atual, em que os preços de produção têm validade no comércio internacional e no comércio atacadista, ao passo que no comércio urbano varejista a formação de preços é regulada por outras taxas de lucro totalmente distintas. De maneira que, por exemplo, a carne de boi experimenta hoje um acréscimo maior de preço em seu trajeto do atacadista de Londres até o consumidor individual da mesma cidade do que em seu caminho do atacadista de Chicago até o de Londres, incluído aí o transporte.

O instrumento que produziu gradualmente essa mudança na formação dos preços foi o capital industrial. Já na Idade Média se haviam constituído os princípios para isso, mais exatamente em três áreas: navegação, mineração e indústria têxtil. A navegação, na escala em que a praticaram as repúblicas marítimas italianas e hanseáticas, era impossível sem o emprego de marinheiros, isto é, sem trabalhadores assalariados (cuja relação salarial podia, contudo, estar disfarçada sob formas cooperativas, com participação nos lucros), e as galeras daquela época não podiam funcionar sem remadores, fossem eles assalariados ou escravos. As sociedades de exploração das minas, que consistiam originalmente de trabalhadores associados, já se haviam transformado, em quase todos os casos, em sociedades por ações para a exploração das minas mediante trabalhadores assalariados. E, na indústria têxtil, o comerciante começara a empregar diretamente os pequenos mestres tecelões, fornecendo-lhes o fio para que, em troca de salário, o transformassem em tecido, em suma, convertendo-se de simples comprador no que se convencionou chamar de contratador (*Verleger*).

Eis aí os primórdios da formação capitalista do mais-valor. Podemos deixar de lado as corporações mineiras, por serem corporações monopolistas fechadas. Quanto aos armadores, é evidente que seus lucros tinham de ser pelo menos os usuais do país, com um adicional para cobrir o seguro, o desgaste dos navios etc. Mas como era a situação dos contratadores têxteis, que foram os primeiros a levar ao mercado mercadorias produzidas diretamente por conta dos capitalistas e que agora passavam a concorrer com as mercadorias da mesma espécie produzidas por artesãos?

A taxa de lucro do capital comercial já existia. Também já se encontrava nivelada em torno de uma taxa média, pelo menos na respectiva localidade. O que podia, então, induzir o comerciante a encarregar-se desse negócio extra de contratador? Uma única coisa: a perspectiva de obter um lucro maior, vendendo ao mesmo preço dos outros. E essa perspectiva existia para ele. Pondo a seu serviço o pequeno mestre artesão, ele rompia com as barreiras tradicionais opostas à produção, dentro das quais o produtor vendia seu produto acabado e nada mais. O capitalista comercial comprava a força de trabalho, que, naquele momento, ainda possuía seus instrumentos de produção, mas não mais a matéria-prima. Ao assegurar desse modo uma ocupação regular ao tecelão, ele podia, em contrapartida, baixar o salário deste último a ponto de obter gratuitamente uma parte do trabalho efetuado. O contratador convertia-se, assim, em apropriador de mais-valor, além do lucro comercial que já obtivera até então. Porém, precisava empregar capital adicional para comprar fio etc. e pôr essa matéria-prima nas mãos do tecelão, até que este tivesse acabado o tecido, cujo preço total ele anteriormente só tinha de pagar no momento da compra. Ocorre que, em primeiro lugar, na maioria das vezes ele também já lançara mão de capital extra para fazer adiantamentos ao tecelão, que, via de regra, condenava-o à servidão das dívidas e a submeter-se às novas condições de produção. Em segundo lugar, mesmo sem levar em conta esse fator, o cálculo é feito de acordo com o esquema a seguir.

Suponhamos que, em seu negócio de exportação, o comerciante opere com um capital de 30.000 ducados, cequins, libras esterlinas ou qualquer outra moeda. Dessa soma, 10.000 sejam despendidos na compra de mercadorias nacionais, enquanto 20.000 sejam necessários para seu emprego nos mercados ultramarinos. Suponhamos que o capital efetue uma rotação em dois anos, e que a rotação anual seja = 15.000. Nosso comerciante quer agora mandar tecer somente por conta própria, tornar-se contratador. Quanto capital ele terá de adiantar para isso? Digamos que o tempo de produção da peça de tecido, assim como a que ele vende, seja, em média, de dois meses, o que é certamente muito elevado. Digamos, além disso, que tudo tenha de ser pago à vista. Ele terá, então, de adiantar capital suficiente para abastecer seus tecelões de fio para dois meses de produção. Como faz rodar 15.000 ao ano, em dois meses ele terá comprado 2.500 de tecido. Suponhamos que, desse montante, 2.000 representem o valor do fio, e 500, os salários dos tecelões; nesse caso, nosso comerciante precisa investir um capital suplementar de 2.000. Digamos, agora, que o mais-valor que extrai dos tecelões com o novo método seja de apenas 5% do valor do tecido, o que significa que a taxa de mais-valor, decerto muito modesta, é de 25% ($2.000c + 500v + 125m$; $m' = {}^{125}/_{500} = 25\%$, $p' = {}^{125}/_{2.500} = 5\%$). Então nosso homem obterá, sobre sua rotação anual de 15.000, um lucro extra de 750, o que significa que em 2⅔ anos ele terá recuperado seu capital adicional investido.

Mas, a fim de acelerar sua venda e, com isso, sua rotação, obtendo desse modo, com o mesmo capital e num intervalo menor de tempo, o mesmo lucro, isto é, um lucro maior num intervalo de tempo igual, ele presenteará ao comprador uma pequena parte de seu mais-valor, vendendo mais barato que seus concorrentes. Estes também se converterão paulatinamente em contratadores, e então o lucro extra se reduzirá para todos ao lucro habitual, ou inclusive a um lucro menor que este, para o capital acrescentado por todos eles. A uniformidade da taxa de lucro será restabelecida, ainda que possivelmente em outro nível, pelo fato de uma parte do mais-valor obtido dentro do país ter sido cedida aos compradores estrangeiros.

O próximo passo na submissão da indústria ao capital é a introdução da manufatura. Esta também permite ao manufatureiro, que nos séculos XVII e XVIII – na Alemanha, de modo geral, até 1850, e em alguns lugares até os dias de hoje – é seu próprio exportador, a produzir mais barato que seu concorrente antiquado, o artesão. Repete-se o mesmo processo; o mais-valor apropriado pelo capitalista manufatureiro permite a ele – ou, dependendo do caso, ao comerciante exportador, com quem ele reparte esse mais-valor – vender mais barato que seus concorrentes, até que a generalização do novo modo de produção acarrete uma nova equalização. A taxa de lucro comercial preexistente, inclusive quando só se encontra nivelada localmente, continua a ser o leito de Procusto no qual se amputa sem piedade o mais-valor industrial excedente.

Se a manufatura conseguiu impor-se graças ao barateamento dos produtos, isso vale ainda mais para a grande indústria, que, com suas revoluções sempre renovadas da produção, abate cada vez mais os custos de produção das mercadorias, eliminando inexoravelmente todos os modos de produção anteriores. E é também a grande indústria que, em virtude desse processo, conquista definitivamente o mercado interno para o capital, liquida a pequena produção e a economia natural da família camponesa autossuficiente, elimina o intercâmbio direto entre os pequenos produtores e põe a nação inteira a serviço do capital. Do mesmo modo, nivela as taxas de lucro dos diversos ramos comerciais e industriais *numa única* taxa geral de lucro e, por fim, garante à indústria a supremacia que lhe corresponde nessa equalização, uma vez que remove a maior parte dos obstáculos que até então se opunham à transferência de capital de um ramo para outro. Assim se realiza, de maneira geral, para o intercâmbio global, a transformação dos valores em preços de produção. Essa transformação se efetua, portanto, de acordo com leis objetivas, que independem da consciência ou das intenções dos participantes. Que a concorrência reduz ao nível geral os lucros que excedem a taxa geral, subtraindo assim ao primeiro apropriador industrial o mais-valor que ultrapassa a média, é algo que não oferece nenhuma dificuldade teórica. Na prática, porém, isso ocorre porque as esferas de produção que possuem mais-valor excedente, isto é, que apresentam um elevado capital variável e um baixo capital constante, isto é, com um capital de composição inferior, são precisamente, por sua natureza, aquelas que só se submetem tardiamente ao sistema capitalista, e mesmo assim da maneira mais incompleta – sobretudo, a agricultura. Em contrapartida, no que diz respeito à elevação dos preços de produção acima dos valores das mercadorias, a qual é necessária para elevar o mais-valor deficitário contido nos produtos da esfera com capital de composição superior ao nível da taxa média de lucro, isso apresenta enormes dificuldades teóricas, mas na prática, como vimos, realiza-se com extrema facilidade e rapidez. Pois as mercadorias dessa classe, quando são produzidas pela primeira vez de maneira capitalista e ingressam no comércio capitalista, entram em concorrência com mercadorias do mesmo tipo, fabricadas segundo métodos pré-capitalistas e, por isso, mais caras. Por conseguinte, o produtor capitalista pode, inclusive renunciando a uma parte do mais-valor, continuar a obter a taxa de lucro vigente em sua localidade, taxa que originalmente não guardava uma relação direta com o mais-valor, uma vez que surgira do capital comercial muito antes de haver qualquer produção capitalista, isto é, antes que fosse possível a taxa industrial de lucro.

II. A Bolsa

1. Do Livro III, seção V, em especial do capítulo 27, deduz-se a posição que a Bolsa ocupa em geral na produção capitalista. No entanto, desde 1865, quando o livro foi escrito, produziu-se uma modificação que hoje confere à Bolsa uma importância consideravelmente maior, sempre crescente e que, com a evolução ulterior, tende a concentrar a produção global, tanto a industrial como a agrícola, e todo o comércio, tanto os meios de transporte e de comunicação como a função de troca, nas mãos dos operadores da Bolsa, fazendo com que esta última se converta na representante mais conspícua da produção capitalista.

2. Em 1865, a Bolsa era ainda um elemento *secundário* no sistema capitalista. Os títulos públicos constituíam o volume principal dos valores da Bolsa, e mesmo sua quantidade era ainda relativamente exígua. Além deles, havia os bancos por ações, predominantes no continente e na América do Norte, mas que na Inglaterra apenas começavam a absorver os bancos privados aristocráticos. Seu número, porém, era ainda relativamente insignificante. Também a importância das ações ferroviárias, comparada com a de hoje, era relativamente pequena. Havia estabelecimentos diretamente produtivos na forma de sociedade por ações, mas eram apenas alguns poucos. Naquele tempo, o "olho do patrão" era uma superstição ainda não superada e, como os bancos, [existia] sobretudo nos países *mais pobres*, como Alemanha, Áustria, América do Norte etc.

   Naquela época, portanto, a Bolsa era um lugar onde os capitalistas trocavam entre si seus capitais acumulados e que só interessava diretamente aos trabalhadores como nova prova do efeito desmoralizador geral da economia capitalista e como confirmação da doutrina calvinista, segundo a qual a predestinação – aliás, o acaso – decide já nesta vida acerca da salvação ou da perdição eternas, da riqueza, isto é, o gozo e o poder, ou da pobreza, isto é, a penúria e a servidão.
3. Agora as coisas são diferentes. Desde a crise de 1866, a acumulação avançou com velocidade cada vez maior, e de tal maneira que em nenhum país industrial, e menos ainda na Inglaterra, a expansão da produção conseguiu acompanhar a da acumulação, nem o capitalista individual pôde aplicar completamente sua acumulação na expansão de seus próprios negócios; foi o que ocorreu, já em 1845, com a indústria algodoeira inglesa; a fraude ferroviária. No entanto, essa acumulação fez aumentar a massa dos rentistas, daqueles que estavam fartos da tensão cotidiana de seus negócios e que, por isso, queriam divertir-se ou, no máximo, assumir uma ocupação leve como diretores ou conselheiros fiscais de companhias. Em terceiro lugar, a fim de facilitar o investimento dessa massa que assim flutuava como capital monetário, estabeleceram-se, então, em todos os lugares onde isso ainda não havia ocorrido, novas formas legais de sociedades de responsabilidade limitada, reduzindo-se também ± [mais ou menos] as obrigações dos acionistas, que até então eram de responsabilidade ilimitada. (Sociedade por ações na Alemanha, 1890. Subscrição de 40%!)
4. Em seguida, gradativa transformação da indústria em empresas por ações. Um ramo após o outro sucumbe a seu destino. Primeiro, a siderurgia, que passa a exigir investimentos gigantescos (antes, as minas, quando já não haviam sido organizadas como sociedades por ações). Logo, a indústria

química. Indústria de maquinaria. No continente, a indústria têxtil; na Inglaterra, somente em alguns distritos de Lancashire (fiação em Oldham, tecelagem em Burnley etc., cooperativas de alfaiates, mas apenas como etapa preliminar, pois na crise seguinte voltam a cair nas mãos dos *masters* [patrões]); cervejarias (há alguns anos, as cervejarias norte-americanas foram vendidas a capitalistas ingleses; logo depois, Guinness, Bass, Allsopp). Então, os trustes, que criam empresas gigantescas com uma direção comum (como a United Alkali). A firma individual ordinária é + & + [cada vez mais] um mero estágio preliminar para conduzir o negócio até o ponto em que esteja suficientemente grande para ser "fundado"*.

O mesmo vale para o comércio. Leafs, Parsons, Morleys, Morrison, Dillon, todas fundadas. E isso também se aplica ao comércio varejista, e não apenas sob a aparência de cooperação *à la "stores"* [grandes lojas].

O mesmo com relação aos bancos e outras instituições de crédito, também na Inglaterra. Uma infinidade de novas instituições, todas por ações *delimited* [de responsabilidade limitada]. Inclusive bancos antigos, como Glyns etc., converteram-se em *limited* [sociedades limitadas], com sete acionistas privados.

5. O mesmo no domínio da agricultura. Os bancos que se expandiram enormemente, especialmente na Alemanha (sob vários nomes burocráticos), são cada vez mais titulares de hipotecas; com suas ações, transfere-se à Bolsa a propriedade efetiva da propriedade fundiária, e isso tanto mais no caso de as terras caírem nas mãos dos credores. Aqui, a revolução agrícola do cultivo das estepes atua de modo violento. A continuar assim, é de se esperar o momento em que também as terras da Inglaterra e da França estarão em poder da Bolsa.
6. Agora todos os investimentos no exterior são em ações. Para mencionar apenas a Inglaterra: ferrovias americanas, do Norte e do Sul (consultar a lista de cotações), minerações de ouro etc.
7. Logo, a colonização. Essa, atualmente, não passa de mera sucursal da Bolsa, em cujo interesse as potências europeias, há alguns anos, repartiram a África, e os franceses conquistaram Túnis e Tonquim. A África está diretamente arrendada a companhias (Nigéria, África do Sul, África alemã do sudoeste e África alemã oriental), e a Mashonalândia e a Província de Natal foram anexadas à Bolsa por Rhodes.

(Conforme o manuscrito.)

* Isto é, como "sociedade por ações". (N. T.)

CRONOLOGIA RESUMIDA DE MARX E ENGELS

	Karl Marx	Friedrich Engels	Fatos históricos
1818	Em Trier (capital da província alemã do Reno), nasce Karl Marx (5 de maio), o segundo de oito filhos de Heinrich Marx e Enriqueta Pressburg. Trier na época era influenciada pelo liberalismo revolucionário francês e pela reação ao Antigo Regime, vinda da Prússia.		Simón Bolívar declara a Venezuela independente da Espanha.
1820		Nasce Friedrich Engels (28 de novembro), primeiro dos oito filhos de Friedrich Engels e Elizabeth Franziska Mauritia van Haar, em Barmen, Alemanha. Cresce no seio de uma conservadora família de industriais.	George IV se torna rei da Inglaterra, pondo fim à Regência. Insurreição constitucionalista em Portugal.
1824	O pai de Marx, nascido Hirschel, advogado e conselheiro de Justiça, é obrigado a abandonar o judaísmo por motivos profissionais e políticos (os judeus estavam proibidos de ocupar cargos públicos na Renânia). Marx entra para o Ginásio de Trier (outubro).		Simón Bolívar se torna chefe do Executivo do Peru.
1830	Inicia seus estudos no Liceu Friedrich Wilhelm, em Trier.		A população de Paris insurge-se contra a promulgação de leis que dissolvem a Câmara e suprimem a liberdade de imprensa. Luís Filipe assume o poder.
1831			Em 14 de novembro, morre Hegel.
1834		Engels ingressa, em outubro, no Ginásio de Elberfeld.	A escravidão é abolida no Império Britânico. Insurreição operária em Lyon.
1835	Escreve *Reflexões de um jovem perante a escolha de sua profissão.* Presta exame final de bacharelado em Trier (24 de setembro). Inscreve-se na Universidade de Bonn.		Revolução Farroupilha, no Brasil. O Congresso alemão faz moção contra o movimento de escritores Jovem Alemanha.
1836	Estuda Direito na Universidade de Bonn. Participa do Clube de Poetas e de associações estudantis. No verão, fica noivo em segredo de Jenny von Westphalen, sua vizinha em Trier. Em razão da oposição entre as famílias,	Na juventude, fica impressionado com a miséria em que vivem os trabalhadores das fábricas de sua família. Escreve *Poema*.	Fracassa o golpe de Luís Napoleão em Estrasburgo. Criação da Liga dos Justos

	Karl Marx	Friedrich Engels	Fatos históricos
	casar-se-iam apenas sete anos depois. Matricula-se na Universidade de Berlim.		
1837	Transfere-se para a Universidade de Berlim e estuda com mestres como Gans e Savigny. Escreve *Canções selvagens* e *Transformações*. Em carta ao pai, descreve sua relação contraditória com o hegelianismo.	Por insistência do pai, Engels deixa o ginásio e começa a trabalhar nos negócios da família. Escreve *História de um pirata*.	A rainha Vitória assume o trono na Inglaterra.
1838	Entra para o Clube dos Doutores, encabeçado por Bruno Bauer. Perde o interesse pelo Direito e entrega-se com paixão ao estudo da Filosofia, o que lhe compromete a saúde. Morre seu pai.	Estuda comércio em Bremen. Começa a escrever ensaios literários e sociopolíticos, poemas e panfletos filosóficos em periódicos como o *Hamburg Journal* e o *Telegraph für Deutschland*.	Richard Cobden funda a Anti-Corn-Law-League, na Inglaterra. Proclamação da Carta do Povo, que originou o cartismo.
1839		Escreve o primeiro trabalho de envergadura, *Briefe aus dem Wupperthal* [Cartas de Wupperthal], sobre a vida operária em Barmen e na vizinha Elberfeld (*Telegraph für Deutschland*, primavera). Outros viriam, como *Literatura popular alemã*, *Karl Beck* e *Memorabilia de Immermann*. Estuda a filosofia de Hegel.	Feuerbach publica *Zur Kritik der Hegelschen Philosophie* [Crítica da filosofia hegeliana]. Primeira proibição do trabalho de menores na Prússia. Auguste Blanqui lidera o frustrado levante de maio, na França.
1840	K. F. Koeppen dedica a Marx seu estudo *Friedrich der Grosse und seine Widersacher* [Frederico, o Grande, e seus adversários].	Engels publica *Réquiem para o Aldeszeitung alemão* (abril), *Vida literária moderna*, no *Mitternachtzeitung* (março-maio) e *Cidade natal de Siegfried* (dezembro).	Proudhon publica *O que é a propriedade?* [Qu'est-ce que la propriété?].
1841	Com uma tese sobre as diferenças entre as filosofias de Demócrito e Epicuro, Marx recebe em Iena o título de doutor em Filosofia (15 de abril). Volta a Trier. Bruno Bauer, acusado de ateísmo, é expulso da cátedra de Teologia da Universidade de Bonn e, com isso, Marx perde a oportunidade de atuar como docente nessa universidade.	Publica *Ernst Moritz Arndt*. Seu pai o obriga a deixar a escola de comércio para dirigir os negócios da família. Engels prosseguiria sozinho seus estudos de filosofia, religião, literatura e política. Presta o serviço militar em Berlim por um ano. Frequenta a Universidade de Berlim como ouvinte e conhece os jovens hegelianos. Critica intensamente o conservadorismo na figura de Schelling, com os escritos *Schelling em Hegel*, *Schelling e a revelação* e *Schelling, filósofo em Cristo*.	Feuerbach traz a público *A essência do cristianismo* [*Das Wesen des Christentums*]. Primeira lei trabalhista na França.
1842	Elabora seus primeiros trabalhos como publicista. Começa a colaborar com o jornal *Rheinische Zeitung* [Gazeta Renana], publicação da burguesia em Colônia, do qual mais tarde seria redator. Conhece Engels, que na ocasião visitava o jornal.	Em Manchester, assume a fiação do pai, a Ermen & Engels. Conhece Mary Burns, jovem trabalhadora irlandesa, que viveria com ele até a morte dela. Mary e a irmã Lizzie mostram a Engels as dificuldades da vida operária, e ele inicia estudos sobre os efeitos do capitalismo no operariado inglês. Publica artigos no *Rheinische Zeitung*, entre eles "Crítica às leis de imprensa prussianas" e "Centralização e liberdade".	Eugène Sue publica *Os mistérios de Paris*. Feuerbach publica *Vorläufige Thesen zur Reform der Philosophie* [Teses provisórias para uma reforma da filosofia]. O Ashley's Act proíbe o trabalho de menores e mulheres em minas na Inglaterra.
1843	Sob o regime prussiano, é fechado o *Rheinische Zeitung*. Marx casa-se com Jenny von Westphalen. Recusa convite do governo prussiano para ser redator no diário oficial. Redige os manuscritos que viriam a ser conhecidos como *Crítica da filosofia do direito de Hegel* [*Zur Kritik der Hegelschen Rechtsphilosophie*]. Em outubro vai a Paris, onde Moses Hess e George Herwegh o apresentam às sociedades secretas socialistas e comunistas e às	Engels escreve, com Edgar Bauer, o poema satírico "Como a Bíblia escapa milagrosamente a um atentado impudente, ou o triunfo da fé", contra o obscurantismo religioso. O jornal *Schweuzerisher Republicaner* publica suas "Cartas de Londres". Em Bradford, conhece o poeta G. Weerth. Começa a escrever para a imprensa cartista. Mantém contato com a Liga dos Justos. Ao longo desse período, suas cartas à irmã favorita, Marie, revelam seu amor	Feuerbach publica *Grundsätze der Philosophie der Zukunft* [Princípios da filosofia do futuro].

	Karl Marx	Friedrich Engels	Fatos históricos
	associações operárias alemãs. Conclui *Sobre a questão judaica* [*Zur Judenfrage*]. Substitui Arnold Ruge na direção dos *Deutsch-Französische Jahrbücher* [Anais Franco-Alemães]. Em dezembro inicia grande amizade com Heinrich Heine e conclui sua "Crítica da filosofia do direito de Hegel – Introdução" [Zur Kritik der Hegelschen Rechtsphilosophie – Einleitung].	pela natureza e por música, livros, pintura, viagens, esporte, vinho, cerveja e tabaco.	
1844	Em colaboração com Arnold Ruge, elabora e publica o primeiro e único volume dos *Deutsch-Französische Jahrbücher*, no qual participa com dois artigos: "A questão judaica" e "Introdução a uma crítica da filosofia do direito de Hegel". Escreve os *Manuscritos econômico-filosóficos* [*Ökonomisch--philosophische Manuskripte*]. Colabora com o *Vorwärts!* [Avante!], órgão de imprensa dos operários alemães na emigração. Conhece a Liga dos Justos, fundada por Weitling. Amigo de Heine, Leroux, Blanqui, Proudhon e Bakunin, inicia em Paris estreita amizade com Engels. Nasce Jenny, primeira filha de Marx. Rompe com Ruge e desliga-se dos *Deutsch-Französische Jahrbücher*. O governo decreta a prisão de Marx, Ruge, Heine e Bernays pela colaboração nos *Deutsch-Französische Jahrbücher*. Encontra Engels em Paris e iniciam seu primeiro trabalho juntos, *A sagrada família* [*Die heilige Familie*]. Marx publica no *Vorwärts!* artigo sobre a greve na Silésia.	Em fevereiro, Engels publica *Esboço para uma crítica da economia política* [*Umrisse zu einer Kritik der Nationalökonomie*], texto que influenciou profundamente Marx. Segue à frente dos negócios do pai, escreve para os *Deutsch-Französische Jahrbücher* e colabora com o jornal *Vorwärts!*. Deixa Manchester. Em Paris, torna-se amigo de Marx, com quem desenvolve atividades militantes, o que os leva a criar laços cada vez mais profundos com as organizações de trabalhadores de Paris e Bruxelas. Vai para Barmen.	O Graham's Factory Act regula o horário de trabalho para menores e mulheres na Inglaterra. Fundado o primeiro sindicato operário na Alemanha. Insurreição de operários têxteis na Silésia e na Boêmia.
1845	Por causa do artigo sobre a greve na Silésia, a pedido do governo prussiano Marx é expulso da França, juntamente com Bakunin, Bürgers e Bornstedt. Muda-se para Bruxelas e, em colaboração com Engels, escreve e publica em Frankfurt *A sagrada família*. Ambos começam a escrever *A ideologia alemã* [*Die deutsche Ideologie*], e Marx elabora "As teses sobre Feuerbach" [*Thesen über Feuerbach*]. Em setembro, nasce Laura, segunda filha de Marx e Jenny. Em dezembro, ele renuncia à nacionalidade prussiana.	As observações de Engels sobre a classe trabalhadora de Manchester, feitas anos antes, formam a base de uma de suas obras principais, *A situação da classe trabalhadora na Inglaterra* [*Die Lage der arbeitenden Klasse in England*] (traduzida para o inglês 40 anos mais tarde). Em Barmen, organiza debates sobre as ideias comunistas com Hess e profere os *Discursos de Elberfeld*. Em abril sai de Barmen e encontra Marx em Bruxelas. Juntos, estudam economia e fazem uma breve visita a Manchester, onde percorrem alguns jornais locais, como o *Manchester Guardian* e o *Volunteer Journal for Lancashire and Cheshire*. É lançada *A situação da classe trabalhadora na Inglaterra*, em Leipzig. Começa sua vida em comum com Mary Burns.	Criada a organização internacionalista Democratas Fraternais, em Londres. Richard M. Hoe registra a patente da primeira prensa rotativa moderna.
1846	Marx e Engels organizam em Bruxelas o primeiro Comitê de Correspondência da Liga dos Justos, uma rede de correspondentes comunistas em diversos países, a qual Proudhon se nega a integrar. Em carta a Annenkov, Marx critica o recém-publicado *Sistema das contradições econômicas ou Filosofia da miséria* [*Système des contradictions économiques ou*	Seguindo instruções do Comitê de Bruxelas, Engels estabelece estreitos contatos com socialistas e comunistas franceses. No outono, ele se desloca para Paris com a incumbência de estabelecer novos comitês de correspondência. Participa de um encontro de trabalhadores alemães em Paris, propagando ideias comunistas e discorrendo sobre a	Os Estados Unidos declaram guerra ao México. Rebelião polonesa em Cracóvia. Crise alimentar na Europa. Abolidas, na Inglaterra, as "leis dos cereais".

	Karl Marx	Friedrich Engels	Fatos históricos
	Philosophie de la misère], de Proudhon. Redige com Engels a *Zirkular gegen Kriege* [Circular contra Kriege], crítica a um alemão emigrado dono de um periódico socialista em Nova York. Por falta de editor, Marx e Engels desistem de publicar *A ideologia alemã* (a obra só seria publicada em 1932, na União Soviética). Em dezembro, nasce Edgar, o terceiro filho de Marx.	utopia de Proudhon e o socialismo real de Karl Grün.	
1847	Filia-se à Liga dos Justos, em seguida nomeada Liga dos Comunistas. Realiza-se o primeiro congresso da associação em Londres (junho), ocasião em que se encomenda a Marx e Engels um manifesto dos comunistas. Eles participam do congresso de trabalhadores alemães em Bruxelas e, juntos, fundam a Associação Operária Alemã de Bruxelas. Marx é eleito vice-presidente da Associação Democrática. Conclui e publica a edição francesa de *Miséria da filosofia* [*Misère de la philosophie*] (Bruxelas, julho).	Engels viaja a Londres e participa com Marx do I Congresso da Liga dos Justos. Publica *Princípios do comunismo* [*Grundsätze des Kommunismus*], uma "versão preliminar" do *Manifesto Comunista* [*Manifest der Kommunistischen Partei*]. Em Bruxelas, com Marx, participa da reunião da Associação Democrática, voltando em seguida a Paris para mais uma série de encontros. Depois de atividades em Londres, volta a Bruxelas e escreve, com Marx, o *Manifesto Comunista*.	A Polônia torna-se província russa. Guerra civil na Suíça. Realiza-se em Londres o II Congresso da Liga dos Comunistas (novembro).
1848	Marx discursa sobre o livre-cambismo numa das reuniões da Associação Democrática. Com Engels publica, em Londres (fevereiro), o *Manifesto Comunista*. O governo revolucionário francês, por meio de Ferdinand Flocon, convida Marx a morar em Paris após o governo belga expulsá-lo de Bruxelas. Redige com Engels "Reivindicações do Partido Comunista da Alemanha" [*Forderungen der Kommunistischen Partei in Deutschland*] e organiza o regresso dos membros alemães da Liga dos Comunistas à pátria. Com sua família e com Engels, muda-se em fins de maio para Colônia, onde ambos fundam o jornal *Neue Rheinische Zeitung* [Nova Gazeta Renana], cuja primeira edição é publicada em 1º de junho, com o subtítulo *Organ der Demokratie*. Marx começa a dirigir a Associação Operária de Colônia e acusa a burguesia alemã de traição. Proclama o terrorismo revolucionário como único meio de amenizar "as dores de parto" da nova sociedade. Conclama ao boicote fiscal e à resistência armada.	Expulso da França por suas atividades políticas, chega a Bruxelas no fim de janeiro. Juntamente com Marx, toma parte na insurreição alemã, de cuja derrota falaria quatro anos depois em *Revolução e contrarrevolução na Alemanha* [*Revolution und Konterevolution in Deutschland*]. Engels exerce o cargo de editor do *Neue Rheinische Zeitung*, recém-criado por ele e Marx. Participa, em setembro, do Comitê de Segurança Pública criado para rechaçar a contrarrevolução, durante grande ato popular promovido pelo *Neue Rheinische Zeitung*. O periódico sofre suspensões, mas prossegue ativo. Procurado pela polícia, tenta se exilar na Bélgica, onde é preso e depois expulso. Muda-se para a Suíça.	Definida, na Inglaterra, a jornada de dez horas para menores e mulheres na indústria têxtil. Criada a Associação Operária, em Berlim. Fim da escravidão na Áustria. Abolição da escravidão nas colônias francesas. Barricadas em Paris: eclode a revolução; o rei Luís Filipe abdica e a República é proclamada. A revolução se alastra pela Europa. Em junho, Blanqui lidera novas insurreições operárias em Paris, brutalmente reprimidas pelo general Cavaignac. Decretado estado de sítio em Colônia em reação a protestos populares. O movimento revolucionário reflui.
1849	Marx e Engels são absolvidos em processo por participação nos distúrbios de Colônia (ataques a autoridades publicados no *Neue Rheinische Zeitung*). Ambos defendem a liberdade de imprensa na Alemanha. Marx é convidado a deixar o país, mas ainda publicaria *Trabalho assalariado e capital* [*Lohnarbeit und Kapital*]. O periódico, em difícil situação, é extinto (maio). Marx, em condição financeira precária, tenta voltar a Paris, mas, impedido de ficar, é obrigado a deixar a cidade em 24 horas. Graças a uma campanha de arrecadação de fundos	Em janeiro, Engels retorna a Colônia. Em maio, toma parte militarmente na resistência à reação. À frente de um batalhão de operários, entra em Elberfeld, motivo pelo qual sofre sanções legais por parte das autoridades prussianas, enquanto Marx é convidado a deixar o país. É publicado o último número do *Neue Rheinische Zeitung*. Marx e Engels vão para o sudoeste da Alemanha, onde Engels envolve-se no levante de Baden-Palatinado, antes de seguir para Londres.	Proudhon publica *Les confessions d'un révolutionnaire* [As confissões de um revolucionário]. A Hungria proclama sua independência da Áustria. Após período de refluxo, reorganiza-se no fim do ano, em Londres, o Comitê Central da Liga dos Comunistas, com a participação de Marx e Engels.

	Karl Marx	Friedrich Engels	Fatos históricos
	promovida por Ferdinand Lassalle na Alemanha, Marx se estabelece com a família em Londres, onde nasce Guido, seu quarto filho (novembro).		
1850	Ainda em dificuldades financeiras, organiza a ajuda aos emigrados alemães. A Liga dos Comunistas reorganiza as sessões locais e é fundada a Sociedade Universal dos Comunistas Revolucionários, cuja liderança logo se fraciona. Edita em Londres a *Neue Rheinische Zeitung* [Nova Gazeta Renana], revista de economia política, bem como *Lutas de classe na França* [*Die Klassenkämpfe in Frankreich*]. Morre o filho Guido.	Publica *A guerra dos camponeses na Alemanha* [*Der deutsche Bauernkrieg*]. Em novembro, retorna a Manchester, onde viverá por vinte anos, e às suas atividades na Ermen & Engels; o êxito nos negócios possibilita ajudas financeiras a Marx.	Abolição do sufrágio universal na França.
1851	Continua em dificuldades, mas, graças ao êxito dos negócios de Engels em Manchester, conta com ajuda financeira. Dedica-se intensamente aos estudos de economia na biblioteca do Museu Britânico. Aceita o convite de trabalho do *New York Daily Tribune*, mas é Engels quem envia os primeiros textos, intitulados "Contrarrevolução na Alemanha", publicados sob a assinatura de Marx. Hermann Becker publica em Colônia o primeiro e único tomo dos *Ensaios escolhidos de Marx*. Nasce Francisca (28 de março), a quinta de seus filhos.	Engels, ao lado de Marx, começa a colaborar com o Movimento Cartista [Chartist Movement]. Estuda língua, história e literatura eslava e russa.	Na França, golpe de Estado de Luís Bonaparte. Realização da primeira Exposição Universal, em Londres.
1852	Envia ao periódico *Die Revolution*, de Nova York, uma série de artigos sobre *O 18 de brumário de Luís Bonaparte* [*Der achtzehnte Brumaire des Louis Bonaparte*]. Sua proposta de dissolução da Liga dos Comunistas é acolhida. A difícil situação financeira é amenizada com o trabalho para o *New York Daily Tribune*. Morre a filha Francisca, nascida um ano antes.	Publica *Revolução e contrarrevolução na Alemanha* [*Revolution und Konterevolution in Deutschland*]. Com Marx, elabora o panfleto *O grande homem do exílio* [*Die grossen Männer des Exils*] e uma obra, hoje desaparecida, chamada *Os grandes homens oficiais da Emigração*; nela, atacam os dirigentes burgueses da emigração em Londres e defendem os revolucionários de 1848-1849. Expõem, em cartas e artigos conjuntos, os planos do governo, da polícia e do judiciário prussianos, textos que teriam grande repercussão.	Luís Bonaparte é proclamado imperador da França, com o título de Napoleão Bonaparte III.
1853	Marx escreve, tanto para o *New York Daily Tribune* quanto para o *People's Paper*, inúmeros artigos sobre temas da época. Sua precária saúde o impede de voltar aos estudos econômicos interrompidos no ano anterior, o que faria somente em 1857. Retoma a correspondência com Lassalle.	Escreve artigos para o *New York Daily Tribune*. Estuda persa e a história dos países orientais. Publica, com Marx, artigos sobre a Guerra da Crimeia.	A Prússia proíbe o trabalho para menores de 12 anos.
1854	Continua colaborando com o *New York Daily Tribune*, dessa vez com artigos sobre a revolução espanhola.		
1855	Começa a escrever para o *Neue Oder Zeitung*, de Breslau, e segue como colaborador do *New York Daily Tribune*. Em 16 de janeiro, nasce Eleanor, sua sexta filha, e em 6 de abril morre Edgar, o terceiro.	Escreve uma série de artigos para o periódico *Putman*.	Morte de Nicolau I, na Rússia, e ascensão do czar Alexandre II.
1856	Ganha a vida redigindo artigos para jornais. Discursa sobre o progresso técnico e a revolução proletária em uma	Acompanhado da mulher, Mary Burns, Engels visita a terra natal dela, a Irlanda.	Morrem Max Stirner e Heinrich Heine.

	Karl Marx	Friedrich Engels	Fatos históricos
	festa do *People's Paper*. Estuda a história e a civilização dos povos eslavos. A esposa Jenny recebe uma herança da mãe, o que permite que a família se mude para um apartamento mais confortável.		Guerra franco-inglesa contra a China.
1857	Retoma os estudos sobre economia política. Fica no Museu Britânico das nove da manhã às sete da noite e trabalha madrugada adentro. Só descansa quando adoece e aos domingos, nos passeios com a família em Hampstead. O médico o proíbe de trabalhar à noite. Começa a redigir os manuscritos que viriam a ser conhecidos como *Grundrisse der Kritik der Politischen Ökonomie* [Esboços de uma crítica da economia política], e que servirão de base à obra *Para a crítica da economia política* [*Zur Kritik der Politischen Ökonomie*]. Escreve a célebre *Introdução de 1857*. Continua a colaborar no *New York Daily Tribune*. Escreve artigos sobre Jean-Baptiste Bernadotte, Simón Bolívar, Gebhard Blücher e outros na *New American Encyclopaedia* [Nova Enciclopédia Americana]. Atravessa novo período de dificuldades financeiras e tem um filho natimorto.	Adoece gravemente em maio. Analisa a situação no Oriente Médio, estuda a questão eslava e aprofunda suas reflexões sobre temas militares. Sua contribuição para a *New American Encyclopaedia* [Nova Enciclopédia Americana], versando sobre as guerras, faz de Engels um continuador de Von Clausewitz e um precursor de Lenin e Mao Tsé-Tung. Continua trocando cartas com Marx, discorrendo sobre a crise na Europa e nos Estados Unidos.	O divórcio, sem necessidade de aprovação parlamentar, se torna legal na Inglaterra.
1858	O *New York Daily Tribune* deixa de publicar alguns de seus artigos. Marx dedica-se à leitura de *Ciência da lógica* [*Wissenschaft der Logik*] de Hegel. Agravam-se os problemas de saúde e a penúria.	Engels dedica-se ao estudo das ciências naturais.	Morre Robert Owen.
1859	Publica em Berlim *Para a crítica da economia política*. A obra só não fora publicada antes porque não havia dinheiro para postar o original. Marx comentaria: "Seguramente é a primeira vez que alguém escreve sobre o dinheiro com tanta falta dele". O livro, muito esperado, foi um fracasso. Nem seus companheiros mais entusiastas, como Liebknecht e Lassalle, o compreenderam. Escreve mais artigos no *New York Daily Tribune*. Começa a colaborar com o periódico londrino *Das Volk*, contra o grupo de Edgar Bauer. Marx polemiza com Karl Vogt (a quem acusa de ser subsidiado pelo bonapartismo), Blind e Freiligrath.	Faz uma análise, com Marx, da teoria revolucionária e suas táticas, publicada em coluna do *Das Volk*. Escreve o artigo "Po und Rhein" [Pó e Reno], em que analisa o bonapartismo e as lutas liberais na Alemanha e na Itália. Enquanto isso, estuda gótico e inglês arcaico. Em dezembro, lê o recém-publicado *A origem das espécies* [*The Origin of Species*], de Darwin.	A França declara guerra à Áustria.
1860	Vogt começa uma série de calúnias contra Marx, e as querelas chegam aos tribunais de Berlim e Londres. Marx escreve *Herr Vogt* [Senhor Vogt].	Engels vai a Barmen para o sepultamento de seu pai (20 de março). Publica a brochura *Savoia, Nice e o Reno* [*Savoyen, Nizza und der Rhein*], polemizando com Lassalle. Continua escrevendo para vários periódicos, entre eles o *Allgemeine Militar Zeitung*. Contribui com artigos sobre o conflito de secessão nos Estados Unidos no *New York Daily Tribune* e no jornal liberal *Die Presse*.	Giuseppe Garibaldi toma Palermo e Nápoles.

	Karl Marx	Friedrich Engels	Fatos históricos
1861	Enfermo e depauperado, Marx vai à Holanda, onde o tio Lion Philiph concorda em adiantar-lhe uma quantia, por conta da herança de sua mãe. Volta a Berlim e projeta com Lassalle um novo periódico. Reencontra velhos amigos e visita a mãe em Trier. Não consegue recuperar a nacionalidade prussiana. Regressa a Londres e participa de uma ação em favor da libertação de Blanqui. Retoma seus trabalhos científicos e a colaboração com o *New York Daily Tribune* e o *Die Presse* de Viena.		Guerra Civil Norte--Americana. Abolição da servidão na Rússia.
1862	Trabalha o ano inteiro em sua obra científica e encontra-se várias vezes com Lassalle. Em suas cartas a Engels, desenvolve uma crítica à teoria ricardiana sobre a renda da terra. O *New York Daily Tribune*, justificando-se com a situação econômica interna norte-americana, dispensa os serviços de Marx, o que reduz ainda mais seus rendimentos. Viaja à Holanda e a Trier, e novas solicitações ao tio e à mãe são negadas. De volta a Londres, tenta um cargo de escrevente da ferrovia, mas é reprovado por causa da caligrafia.		Nos Estados Unidos, Lincoln decreta a abolição da escravatura. O escritor Victor Hugo publica *Les misérables* [Os miseráveis].
1863	Marx continua seus estudos no Museu Britânico e se dedica também à matemática. Começa a redação definitiva de *O capital* [*Das Kapital*] e participa de ações pela independência da Polônia. Morre sua mãe (novembro), deixando-lhe algum dinheiro como herança.	Morre, em Manchester, Mary Burns, companheira de Engels (6 de janeiro). Ele permaneceria morando com a cunhada Lizzie. Esboça, mas não conclui um texto sobre rebeliões camponesas.	
1864	Malgrado a saúde, continua a trabalhar em sua obra científica. É convidado a substituir Lassalle (morto em duelo) na Associação Geral dos Operários Alemães. O cargo, entretanto, é ocupado por Becker. Apresenta o projeto e o estatuto de uma Associação Internacional dos Trabalhadores, durante encontro internacional no Saint Martin's Hall de Londres. Marx elabora o "Manifesto de Inauguração da Associação Internacional dos Trabalhadores".	Engels participa da fundação da Associação Internacional dos Trabalhadores, depois conhecida como a Primeira Internacional. Torna-se coproprietário da Ermen & Engels. No segundo semestre, contribui, com Marx, para o *Sozial-Demokrat*, periódico da social-democracia alemã que populariza as ideias da Internacional na Alemanha.	Dühring traz a público seu *Kapital und Arbeit* [Capital e trabalho]. Fundação, na Inglaterra, da Associação Internacional dos Trabalhadores. É reconhecido o direito a férias na França. Morre Wilhelm Wolff, amigo íntimo de Marx, a quem é dedicado *O capital*.
1865	Conclui a primeira redação de *O capital* e participa do Conselho Central da Internacional (setembro), em Londres. Marx escreve *Salário, preço e lucro* [*Lohn, Preis und Profit*]. Publica no *Sozial-Demokrat* uma biografia de Proudhon, morto recentemente. Conhece o socialista francês Paul Lafargue, seu futuro genro.	Recebe Marx em Manchester. Ambos rompem com Schweitzer, diretor do *Sozial-Demokrat*, por sua orientação lassalliana. Engels publica *A questão militar na Prússia e o Partido Operário Alemão* [*Die preussische Militärfrage und die deutsche Arbeiterpartei*].	Assassinato de Lincoln. Proudhon publica *De la capacité politique des classes ouvrières* [A capacidade política das classes operárias]. Morre Proudhon.
1866	Apesar dos intermináveis problemas financeiros e de saúde, Marx conclui a redação do Livro I de *O capital*. Prepara a pauta do primeiro Congresso da Internacional e as teses do Conselho Central. Pronuncia discurso sobre a situação na Polônia.	Escreve a Marx sobre os trabalhadores emigrados da Alemanha e pede a intervenção do Conselho Geral da Internacional.	Na Bélgica, é reconhecido o direito de associação e a férias. Fome na Rússia.

	Karl Marx	**Friedrich Engels**	**Fatos históricos**
1867	O editor Otto Meissner publica, em Hamburgo, o primeiro volume de *O capital*. Os problemas de Marx o impedem de prosseguir no projeto. Redige instruções para Wilhelm Liebknecht, recém-ingressado na Dieta prussiana como representante social-democrata.	Engels estreita relações com os revolucionários alemães, especialmente Liebknecht e Bebel. Envia carta de congratulações a Marx pela publicação do Livro I de *O capital*. Estuda as novas descobertas da química e escreve artigos e matérias sobre *O capital*, com fins de divulgação.	
1868	Piora o estado de saúde de Marx, e Engels continua ajudando-o financeiramente. Marx elabora estudos sobre as formas primitivas de propriedade comunal, em especial sobre o *mir* russo. Corresponde-se com o russo Danielson e lê Dühring. Bakunin se declara discípulo de Marx e funda a Aliança Internacional da Social--Democracia. Casamento da filha Laura com Lafargue.	Engels elabora uma sinopse do Livro I de *O capital*.	Em Bruxelas, acontece o I Congresso da Associação Internacional dos Trabalhadores (setembro).
1869	Liebknecht e Bebel fundam o Partido Operário Social-Democrata alemão, de linha marxista. Marx, fugindo das polícias da Europa continental, passa a viver em Londres com a família, na mais absoluta miséria. Continua os trabalhos para o segundo livro de *O capital*. Vai a Paris sob nome falso, onde permanece algum tempo na casa de Laura e Lafargue. Mais tarde, acompanhado da filha Jenny, visita Kugelmann em Hannover. Estuda russo e a história da Irlanda. Corresponde-se com De Paepe.	Em Manchester, dissolve a empresa Ermen & Engels, que havia assumido após a morte do pai. Com um soldo anual de 350 libras, auxilia Marx e sua família. Mantém intensa correspondência com Marx. Começa a contribuir com o *Volksstaat*, o órgão de imprensa do Partido Social-Democrata alemão. Escreve uma pequena biografia de Marx, publicada no *Die Zukunft* (julho). É lançada a primeira edição russa do *Manifesto Comunista*. Em setembro, acompanhado de Lizzie, Marx e Eleanor, visita a Irlanda.	Fundação do Partido Social-Democrata alemão. Congresso da Primeira Internacional na Basileia, Suíça.
1870	Continua interessado na situação russa e em seu movimento revolucionário. Em Genebra, instala-se uma seção russa da Internacional, na qual se acentua a oposição entre Bakunin e Marx, que redige e distribui uma circular confidencial sobre as atividades dos bakunistas e sua aliança. Redige o primeiro comunicado da Internacional sobre a guerra franco-prussiana e exerce, a partir do Conselho Central, uma grande atividade em favor da República francesa. Por meio de Serrailler, envia instruções para os membros da Internacional presos em Paris. A filha Jenny colabora com Marx em artigos para *A Marselhesa* sobre a repressão dos irlandeses por policiais britânicos.	Engels escreve *História da Irlanda* [*Die Geschichte Irlands*]. Começa a colaborar com o periódico inglês *Pall Mall Gazette*, discorrendo sobre a guerra franco-prussiana. Deixa Manchester em setembro, acompanhado de Lizzie, e instala-se em Londres para promover a causa comunista. Lá, continua escrevendo para o *Pall Mall Gazette*, dessa vez sobre o desenvolvimento das oposições. É eleito por unanimidade para o Conselho Geral da Primeira Internacional. O contato com o mundo do trabalho permitiu a Engels analisar, em profundidade, as formas de desenvolvimento do modo de produção capitalista. Suas conclusões seriam utilizadas por Marx em *O capital*.	Na França, são presos membros da Associação Internacional dos Trabalhadores. Em 22 de abril, nasce Vladimir Lenin.
1871	Atua na Internacional em prol da Comuna de Paris. Instrui Frankel e Varlin e redige o folheto *Der Bürgerkrieg in Frankreich* [*A guerra civil na França*]. É violentamente atacado pela imprensa conservadora. Em setembro, durante a Internacional em Londres, é reeleito secretário da seção russa. Revisa o Livro I de *O capital* para a segunda edição alemã.	Prossegue suas atividades no Conselho Geral e atua junto à Comuna de Paris, que instaura um governo operário na capital francesa entre 26 de março e 28 de maio. Participa com Marx da Conferência de Londres da Internacional.	A Comuna de Paris, instaurada após a revolução vitoriosa do proletariado, é brutalmente reprimida pelo governo francês. Legalização das *trade unions* na Inglaterra.

	Karl Marx	Friedrich Engels	Fatos históricos
1872	Acerta a primeira edição francesa de *O capital* e recebe exemplares da primeira edição russa, lançada em 27 de março. Participa dos preparativos do V Congresso da Internacional em Haia, quando se decide a transferência do Conselho Geral da organização para Nova York. Jenny, a filha mais velha, casa-se com o socialista Charles Longuet.	Redige com Marx uma circular confidencial sobre supostos conflitos internos da Internacional, envolvendo bakunistas na Suíça, intitulado *As pretensas cisões na Internacional* [*Die angeblichen Spaltungen in der Internationale*]. Ambos intervêm contra o lassalianismo na social-democracia alemã e escrevem um prefácio para a nova edição alemã do *Manifesto Comunista*.	Morrem Ludwig Feuerbach e Bruno Bauer. Bakunin é expulso da I Internacional no Congresso de Haia.
1873	Impressa a segunda edição de *O capital* em Hamburgo. Marx envia exemplares a Darwin e Spencer. Por ordens de seu médico, é proibido de realizar qualquer tipo de trabalho.	Com Marx, escreve para periódicos italianos uma série de artigos sobre as teorias anarquistas e o movimento das classes trabalhadoras.	Morre Napoleão III. As tropas alemãs se retiram da França.
1874	É negada a Marx a cidadania inglesa, "por não ter sido fiel ao rei". Com a filha Eleanor, viaja a Karlsbad para tratar da saúde numa estação de águas.	Prepara a terceira edição de *A guerra dos camponeses alemães*.	Na França, são nomeados inspetores de fábricas e é proibido o trabalho em minas para mulheres e menores.
1875	Continua seus estudos sobre a Rússia. Redige observações ao Programa de Gotha, da social-democracia alemã.	Por iniciativa de Engels, é publicada *Crítica do Programa de Gotha* [*Kritik des Gothaer Programms*], de Marx.	Morre Moses Hess.
1876	Continua o estudo sobre as formas primitivas de propriedade na Rússia. Volta com Eleanor a Karlsbad para tratamento.	Elabora escritos contra Dühring, discorrendo sobre a teoria marxista, publicados inicialmente no *Vorwärts!* e transformados em livro posteriormente.	É fundado o Partido Socialista do Povo na Rússia. Crise na I Internacional. Morre Bakunin.
1877	Marx participa de campanha na imprensa contra a política de Gladstone em relação à Rússia e trabalha no Livro II de *O capital*. Acometido novamente de insônias e transtornos nervosos, viaja com a esposa e a filha Eleanor para descansar em Neuenahr e na Floresta Negra.	Conta com a colaboração de Marx na redação final do *Anti-Dühring* [*Herrn Eugen Dühring's Umwälzung der Wissenschaft*]. O amigo colabora com o capítulo 10 da parte 2 ("Da história crítica"), discorrendo sobre a economia política.	A Rússia declara guerra à Turquia.
1878	Paralelamente ao Livro II de *O capital*, Marx pesquisa a comuna rural russa, complementada com estudos de geologia. Dedica-se à *Questão do Oriente* e participa de campanha contra Bismarck e Lothar Bücher.	Publica o *Anti-Dühring* e, atendendo ao pedido de Wolhelm Bracke feito um ano antes, publica pequena biografia de Marx, intitulada *Karl Marx*. Morre Lizzie.	Otto von Bismarck proíbe o funcionamento do Partido Socialista na Prússia. Primeira grande onda de greves operárias na Rússia.
1879	Marx trabalha nos Livros II e III de *O capital*.		
1880	Elabora um projeto de pesquisa a ser executado pelo Partido Operário francês. Torna-se amigo de Hyndman. Ataca o oportunismo do periódico *Sozial-Demokrat* alemão, dirigido por Liebknecht. Escreve as *Randglossen zu Adolph Wagners Lehrbuch der politischen Ökonomie* [Glosas marginais ao tratado de economia política de Adolph Wagner]. Bebel, Bernstein e Singer visitam Marx em Londres.	Engels lança uma edição especial de três capítulos do *Anti-Dühring*, sob o título *Socialismo utópico e científico* [*Die Entwicklung des Socialismus Von der Utopie zur Wissenschaft*]. Marx escreve o prefácio do livro. Engels estabelece relações com Kautsky e conhece Bernstein.	Morre Arnold Ruge.
1881	Prossegue os contatos com os grupos revolucionários russos e mantém correspondência com Zasulitch, Danielson e Nieuwenhuis. Recebe a visita de Kautsky. Jenny, sua esposa, adoece, morrendo em 2 de dezembro.	Enquanto prossegue em suas atividades políticas, estuda a história da Alemanha e prepara *Labor Standard*, um diário dos sindicatos ingleses. Escreve um obituário pela morte de Jenny Marx.	Fundação da Federation of Labor Unions nos Estados Unidos. Assassinato do czar Alexandre II.

	Karl Marx	**Friedrich Engels**	**Fatos históricos**
1882	Continua as leituras sobre os problemas agrários da Rússia. Acometido de pleurisia, visita a filha Jenny em Argenteuil. Por prescrição médica, viaja pelo Mediterrâneo e pela Suíça. Lê sobre física e matemática.	Redige com Marx um novo prefácio para a edição russa do *Manifesto Comunista*.	Os ingleses bombardeiam Alexandria e ocupam o Egito e o Sudão.
1883	A filha Jenny morre em Paris (janeiro). Deprimido e muito enfermo, com problemas respiratórios, Marx morre em Londres, em 14 de março. É sepultado no Cemitério de Highgate.	Começa a esboçar *A dialética da natureza* [*Dialektik der Natur*], publicada postumamente em 1927. Escreve outro obituário, dessa vez para a filha de Marx, Jenny. No sepultamento de Marx, profere o que ficaria conhecido como *Discurso diante da sepultura de Marx* [*Das Begräbnis von Karl Marx*]. Após a morte do amigo, publica uma edição inglesa do Livro I de *O capital*; imediatamente depois, prefacia a terceira edição alemã da obra e já começa a preparar o Livro II.	Implantação dos seguros sociais na Alemanha. Fundação de um partido marxista na Rússia e da Sociedade Fabiana, que mais tarde daria origem ao Partido Trabalhista na Inglaterra. Crise econômica na França; forte queda na Bolsa.
1884		Publica *A origem da família, da propriedade privada e do Estado* [*Der Ursprung der Familie, des Privateigentum und des Staates*].	Fundação da Sociedade Fabiana de Londres.
1885		Editado por Engels, é publicado o Livro II de *O capital*.	
1887		Karl Kautsky conclui o artigo "O socialismo jurídico", resposta de Engels a um livro do jurista Anton Menger, e o publica sem assinatura na *Neue Zeit*.	
1889			É fundada em Paris a II Internacional.
1894		Também editado por Engels, é publicado o Livro III de *O capital*. O mundo acadêmico ignorou a obra por muito tempo, embora os principais grupos políticos logo tenham começado a estudá-la. Engels publica os textos *Contribuição à história do cristianismo primitivo* [*Zur Geschischte des Urchristentums*] e *A questão camponesa na França e na Alemanha* [*Die Bauernfrage in Frankreich und Deutschland*].	O oficial francês de origem judaica Alfred Dreyfus, acusado de traição, é preso. Protestos antissemitas multiplicam-se nas principais cidades francesas.
1895		Redige uma nova introdução para *As lutas de classes na França*. Após longo tratamento médico, Engels morre em Londres (5 de agosto). Suas cinzas são lançadas ao mar em Eastbourne. Dedicou-se até o fim da vida a completar e traduzir a obra de Marx, ofuscando a si próprio e a sua obra em favor do que ele considerava a causa mais importante.	Os sindicatos franceses fundam a Confederação Geral do Trabalho. Os irmãos Lumière fazem a primeira projeção pública do cinematógrafo.

COLEÇÃO MARX-ENGELS

Iniciada em 1998 com a publicação do *Manifesto Comunista*, a coleção Marx-Engels vem desde então dando sequência à publicação das obras completas dos filósofos alemães, sempre em traduções diretas do idioma original e acompanhadas de textos críticos dos maiores especialistas na obra marxiana.

O 18 de brumário de Luís Bonaparte
Karl Marx
Tradução de **Nélio Schneider**
Prólogo de **Herbert Marcuse**
Orelha de **Ruy Braga**

Anti-Dühring: a revolução da ciência segundo o senhor Eugen Dühring
Friedrich Engels
Tradução de **Nélio Schneider**
Apresentação de **José Paulo Netto**
Orelha de **Camila Moreno**

O capital: crítica da economia política, Livro I
Karl Marx
Tradução de **Rubens Enderle**
Textos introdutórios de **Jacob Gorender, Louis Althusser** e **José Arthur Gianotti**
Orelha de **Francisco de Oliveira**

O capital: crítica da economia política, Livro II
Karl Marx
Edição de **Friedrich Engels**
Seleção de textos e tradução de **Rubens Enderle**
Prefácio de **Michael Heinrich**
Orelha de **Ricardo Antunes**

O capital: crítica da economia política, Livro III
Karl Marx
Edição de **Friedrich Engels**
Tradução de **Rubens Enderle**
Apresentação de **Marcelo Dias Carcanholo**

Crítica da filosofia do direito de Hegel
Karl Marx
Tradução de **Rubens Enderle** e **Leonardo de Deus**

Crítica do Programa de Gotha
Karl Marx
Tradução de **Rubens Enderle**
Prefácio de **Michael Löwy**
Orelha de **Virgínia Fontes**

Os despossuídos: debates sobre a lei referente ao furto de madeira
Karl Marx
Tradução de **Nélio Schneider**
Prefácio de **Daniel Bensaïd**
Orelha de **Ricardo Prestes Pazello**

Dialética da Natureza
Friedrich Engels
Tradução de **Nélio Schneider**
Orelha de **Ricardo Musse**

Diferença entre a filosofia da natureza de Demócrito e a de Epicuro
Karl Marx
Tradução de **Nélio Schneider**
Prefácio de **Ana Selva Albinati**

Escritos ficcionais: Escorpião Félix/ Oulanem
Karl Marx
Tradução de **Claudio Cardinale, Flávio Aguiar e Tercio Redondo**
Orelha de **Carlos Eduardo Ornelas Berriel**

Grundrisse: manuscritos econômicos de 1857-1858 – Esboços da crítica da economia política
Karl Marx
Tradução de **Mario Duayer** e **Nélio Schneider**, com **Alice Helga Werner** e **Rudiger Hoffman**
Apresentação de **Mario Duayer**
Orelha de **Jorge Grespan**

A guerra civil na França
Karl Marx
Tradução de **Rubens Enderle**
Apresentação de **Antonio Rago Filho**
Orelha de **Lincoln Secco**

A ideologia alemã
Karl Marx e **Friedrich Engels**
Tradução de **Rubens Enderle, Nélio Schneider** e **Luciano Martorano**
Apresentação de **Emir Sader**
Orelha de **Leandro Konder**

Lutas de classes na Alemanha
Karl Marx e **Friedrich Engels**
Tradução de **Nélio Schneider**
Prefácio de **Michael Löwy**
Orelha de **Ivo Tonet**

As lutas de classes na França de 1848 a 1850
Karl Marx
Tradução de **Nélio Schneider**
Orelha de **Caio Navarro de Toledo**

Lutas de classes na Rússia
Textos de **Karl Marx** e **Friedrich Engels**
Organização e introdução de **Michael Löwy**
Tradução de **Nélio Schneider**
Orelha de **Milton Pinheiro**

Manifesto Comunista
Karl Marx e **Friedrich Engels**
Tradução de **Ivana Jinkings** e **Álvaro Pina**
Introdução de **Osvaldo Coggiola**
Orelha de **Michael Löwy**

Manuscritos econômico-filosóficos
Karl Marx
Tradução e apresentação de **Jesus Ranieri**
Orelha de **Michael Löwy**

Miséria da filosofia
Karl Marx e **Friedrich Engels**
Tradução de **José Paulo Netto**

A origem da família, da propriedade privada e do Estado
Friedrich Engels
Tradução de **Nélio Schneider**
Prefácio de **Alysson Leandro Mascaro**
Posfácio de **Marília Moschkovich**
Orelha de **Clara Araújo**

A sagrada família
Karl Marx e **Friedrich Engels**
Tradução de **Marcelo Backes**
Orelha de **Leandro Konder**

A situação da classe trabalhadora na Inglaterra
Friedrich Engels
Tradução de **B. A. Schumann**
Apresentação de **José Paulo Netto**
Orelha de **Ricardo Antunes**

Sobre a questão da moradia
Friedrich Engels
Tradução de **Nélio Schneider**
Orelha de **Guilherme Boulos**

Sobre a questão judaica
Karl Marx
Tradução de **Nélio Schneider** e **Wanda Caldeira Brant**
Apresentação e posfácio de **Daniel Bensaïd**
Orelha de **Arlene Clemesha**

Sobre o suicídio
Karl Marx
Tradução de **Rubens Enderle** e **Francisco Fontanella**
Prefácio de **Michael Löwy**
Orelha de **Rubens Enderle**

O socialismo jurídico
Friedrich Engels e **Karl Kautsky**
Tradução de **Livia Cotrim** e **Márcio Naves**
Prefácio de **Márcio Naves**
Orelha de **Alysson Mascaro**

Últimos escritos econômicos
Karl Marx
Organização de **Sávio Cavalcante** e **Hyury Pinheiro**
Tradução e notas introdutórias de **Hyury Pinheiro**
Apresentação de **Sávio Cavalcante**
Orelha de **Edmilson Costa**

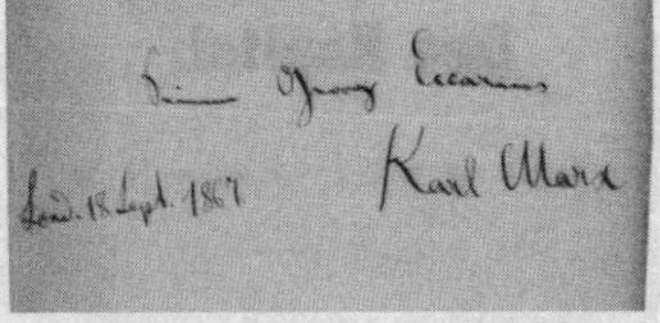

Assinatura e data no verso do frontispício no exemplar da primeira edição do Livro I com que Marx presenteou Johann Georg Eccarius, socialista alemão e um dos líderes operários da Associação Internacional dos Trabalhadores.

Publicado em abril de 2017, ano em que se comemoraram os 150 anos da primeira edição do Livro I de *O capital*, este volume foi composto em Palatino LT 10/12 e Optima 7/9,5 e reimpresso em papel Pólen Natural 70 g/m², pela Lis Gráfica, para a Boitempo, em maio de 2023, com tiragem de 3 mil exemplares (brochura).